über die Zulassung zur Auskultator-Prüfung erst dann treffen, wenn die hiernach erforderliche gutachtliche Aeußerung der Juristen-Fakultät eingegangen ist.

Im Uebrigen erwartet der Justiz-Minister, daß die Studirenden der Rechte Gesuche um Dispensation von dem Triennium soviel als möglich vermeiden und dieselben nur alsdann einreichen werden, wenn dringende Veranlassung dazu vorhanden ist, indem es ebenso sehr das Interesse der Justizverwaltung, als ihr eigenes Interesse erfordert, daß sie nicht blos den formellen Vorschriften über die Zulassung zur ersten juristischen Prüfung nothdürftig genügen, sondern daß sie vielmehr eine möglichst vollständige und gründliche wissenschaftliche Vorbildung zum praktischen Justizdienste sich anzueignen suchen, wozu aber nach den bisherigen Erfahrungen ein dreijähriges fleißiges Studium in der Regel durchaus erforderlich ist.

Den Gerichtsbehörden wird dies hierdurch nachrichtlich mitgetheilt.

Berlin, den 2. Februar 1858.

Der Justiz-Minister
Simons.

An sämmtliche Gerichtsbehörden.

I. 101. U. 11. Vol. 2.

Anlage.

Verzeichniß der akademischen Vorlesungen, welche die Studirenden der Rechte gehört haben müssen, bevor sie zur ersten juristischen Prüfung zugelassen werden können:

1. Logik,
2. Juristische Encyklopädie und Methodologie,
3. Naturrecht (Rechts-Philosophie),
4. Geschichte und Institutionen des Römischen Rechts,
5. Pandekten,
6. Deutsche Rechtsgeschichte,
7. Deutsches Privatrecht,
8. Kirchenrecht,
9. Lehnrecht,
10. Europäisches Völkerrecht,
11. Deutsches Staatsrecht,
12. Kriminalrecht,
13. Gerichtliche Medizin,
14. Preußisches Privatrecht,
15. Gemeiner Civil-Prozeß,
16. Gemeiner Kriminal-Prozeß,
17. ein allgemeines staatswissenschaftliches Kollegium.

Diejenigen, welche die erste juristische Prüfung bei einem Landgericht in der Rheinprovinz ablegen wollen, müssen außerdem noch Vorlesungen über Rheinisches Civilrecht und Rheinisches Civil- und Straf-Prozeßverfahren gehört haben.

4.

Verordnung vom 1. März 1858, — zur Ausführung des Art. 23. des Gesetzes über die Gemeinde-Verfassung in der Rheinprovinz vom 15. Mai 1856.

Wir Friedrich Wilhelm, von Gottes Gnaden, König von Preußen ꝛc. ꝛc.

verordnen, zur Ausführung des Artikels 23. des Gesetzes vom 15. Mai 1856. (Rhein. Samml. Bd. 11. S. 228), betreffend die Gemeinde-Verfassung in der Rheinprovinz, was folgt:

§. 1.

Die Kultur eines Gemeindegrundstücks nach Artikel 23. des Gesetzes vom 15. Mai 1856., betreffend die Gemeinde-Verfassung der Rheinprovinz, kann von jedem einzelnen Gemeindemitgliede, sowie von der Gemeindebehörde — sei es auf deren eigenen Antrieb oder nach Anweisung der vorgesetzten Aufsichtsbehörde — beantragt werden.

§. 2.

Erfolgt Widerspruch, so entscheidet die Regierung über die Zulässigkeit und die Ausführung der Kultur.

§. 3.

Der Beschluß der Regierung ist zu stützen auf:

a) den von einem Sachverständigen zu liefernden Nachweis der Rentabilität und den von eben solchem aufzustellenden Plan und Kostenanschlag,

b) den vom Bürgermeister aufzustellenden Plan zur Aufbringung der Kosten,

c) den Nachweis, daß diese Dokumente (a. b.) in der Gemeinde während eines Zeitraums von vierzehn Tagen offen gelegen haben und daß die Gemeindemitglieder davon auf ortsübliche Weise und mit dem Eröffnen in Kenntniß gesetzt worden sind, wie es ihnen während jener Frist freistehe, die Dokumente einzusehen und ihre Einwendungen gegen deren Inhalt beim Bürgermeister schriftlich oder mündlich zum Protokoll anzubringen,

d) das Gutachten des Gemeinderathes über die Kultur, wie über die etwa erhobenen Einwendungen,

e) den Haushaltsetat der Gemeinde und die abgeschlossene Rechnung des verflossenen Jahres,

f) das auf Vorlegung der Dokumente sub a—e. von den Kreisständen abgegebene Gutachten.

§. 4.

Gegen den Beschluß der Regierung findet der Recurs an die Ministerien des Innern und für die landwirthschaftlichen Angelegenheiten statt.

Für die Frist und den Weg, in welchen derselbe einzulegen ist, gilt der §. 117. der Gemeinde-Ordnung vom 23. Juli 1845 (Gesetz-Samml. S. 553).

§. 5.

Der §. 32. der für die Gemeinde- und Instituts-Waldungen der Regierungsbezirke Coblenz und Trier geltenden Verwaltungs-Instruktion vom 31. August 1839 (Amtsblatt der Regierung zu Coblenz Beilage zu Nr. 62) bleibt durch gegenwärtige Verordnung unberührt.

Urkundlich unter Unserer Höchsteigenhändigen Unterschrift und beigedrucktem Königlichen Insiegel.

Gegeben Berlin, den 1. März 1858.

Im Allerhöchsten Auftrage Sr. Majestät des Königs:
(L. S.) Prinz von Preußen.
v. Westphalen. v. Manteuffel II.

I. 1423. Rhein. Gener. 145. Vol. 3.

5.

Allgemeine Verfügung vom 2. März 1858, — betreffend die technische Revision der in Königlichen Dienstwohnungen auszuführenden baulichen Einrichtungen und Reparaturen.

Allgemeine Verfügung vom 9. März 1843 (Rhein. Samml. Bd. 8. S. 150).

a. Verfügung des Herrn Ministers für Handel, Gewerbe und öffentliche Arbeiten.

Der Königlichen Regierung eröffne ich, daß die Cirkular-Verfügung vom 6. Juni v. J., nach welcher bei baulichen Einrichtungen und Reparaturen an Königlichen Dienstwohnungen im Ressort des Ministeriums für Handel, Gewerbe und öffentliche Arbeiten und des Finanz-Ministeriums, deren Kosten unter 20 Thaler betragen, die Revision durch die Kreis-Baubeamten nur dann erforderlich ist: „wenn wesentliche Veränderungen an dem bestehenden Bauwerke oder solche Vorkehrungen bezweckt werden, welche eine besondere, nur Bauverständigen beiwohnende Sachkenntniß erfordern“, nach Zustimmung der betreffenden

Herren Minister fortan auch auf die Königlichen Dienstwohnungen im Ressort der übrigen Ministerien Anwendung findet, mit Ausnahme der zum Ressort des Ministeriums für die landwirthschaftlichen Angelegenheiten gehörigen höheren landwirthschaftlichen Lehranstalten, für welche besondere Bautechniker angestellt sind, sowie der Dienstwohnungen im Ressort der Militair-Verwaltung, für welche die mittelst Allerhöchster Kabinets-Order vom 25. März 1839 bestätigte Geschäftsordnung für das Garnison-Bauwesen Gültigkeit behält.

Berlin, den 21. Februar 1858.

Der Minister für Handel, Gewerbe und öffentliche Arbeiten.
von der Heydt.

An
sämmtliche Königliche Regierungen
und
an die Königliche Ministerial-Baukommission hier.

b. Verfügung des Justiz-Ministers.

Vorstehende Verfügung wird den Gerichtsbehörden zur Kenntnißnahme und Beachtung mitgetheilt.

Berlin, den 2. März 1858.

Der Justiz-Minister.
Simons.

An sämmtliche Gerichtsbehörden.

I. 796. Justizfonds 17. Vol. 8.

6.

Verfügung vom 11. März 1858, — betreffend die Vollstreckung geringer Gefängnißstrafen gegen Zöglinge der Erziehungs- und Besserungs-Anstalt zu St. Martin bei Boppard und im Landarmenhause zu Trier.

Allerhöchster Erlaß vom 19. September 1857 (Rh. Samml. Bd. 11. S. 380).

Verfügung vom 10. November 1857 (Rh. Samml. Bd. 11. S. 389).

Behufs der Mittheilung an die Ober-Prokuratoren werden Sie davon in Kenntniß gesetzt, daß

die Erziehungs- und Besserungs-Anstalt zu St. Martin bei Boppard und das Landarmenhaus zu Trier

ferner als solche Detentions-Anstalten bezeichnet worden sind, für welche die Ihnen abschriftlich mitgetheilte Allerhöchste Ordre vom 19. September 1857 zur Anwendung kommen kann.

Berlin, den 11. März 1858.

Der Justiz-Minister.
Simons.

An
den Königl. Herrn General-Prokurator zu Cöln.
I. 795. Crimin. 90. Vol. 3.

7.

Verfügung vom 25. März 1858, — betreffend die Nothwendigkeit einer Vorlegung der Prozeßakten von Seiten der Regierung bei Erhebung eines Competenzkonfliktes vor Erlaß des Sistirungsbeschlusses.

Die in Ihrem Berichte vom 5. März d. J., betreffend die Weigerung der dortigen Regierung zur Mittheilung der Akten bei Erhebung eines Competenzkonflikts ausgesprochene Ansicht, daß vor Erlaß des Sistirungsbeschlusses dem Gerichte nothwendig die Akten des Prozesses vorgelegt werden müßten, kann als richtig nicht anerkannt werden. Die den Conflikt erhebende Behörde ist nicht die Partei, also nicht nothwendig im Besitz der Akten; der Conflikt kann selbst wider den Willen beider Parteien erhoben werden. Auch hat es keine Bedenken, auf Grund des Beschlusses über die Erhebung des Conflikts das Sistirungs-Urtheil zu erlassen, obgleich ein anderweitiger Nachweis über die Anhängigkeit der Sache nicht vorliegt, indem dadurch eventuell nur etwas Ueberflüssiges geschähe.

Hiernach bedurften Sie der betreffenden Akten zu dem Antrage auf Einstellung des Verfahrens in dem vorliegenden Falle nicht; dagegen ist zum Zweck des zu erstattenden Berichtes deren Mittheilung erboten. Sollte bei besonderer Lage des Falles, oder zum Zwecke des Berichtes die Mittheilung der Akten verweigert werden, so bleibt Ihnen überlassen alsdann darüber näher zu berichten.

Berlin, den 25. März 1858.

Der Justiz-Minister.
Simons.

An
den Königl. Herrn Ober-Prokurator zu N.
I. 1030. Rhein. Gener. 132. Vol. 2.

8.

Verfügung vom 25. März 1858, — die in der administrativen Voruntersuchung wegen Postkontravention veranlaßten Kosten fallen dem im gerichtlichen Verfahren demnächst Verurtheilten zur Last und sind gegen ihn exekutorisch zu erklären.

Gesetz v. 5. Juni 1852. §. 43 (Rh. Samml. Bd. 10. S. 445).

Sie erhalten hierbei Abschrift eines Schreibens des Herrn Handels-Ministers vom 11. d. Mts.

betreffend die Ertheilung eines Exekutorii gegen den wegen Postkontravention gerichtlich verurtheilten N. N. über die in der administrativen Voruntersuchung veranlaßten Kosten

mit dem Eröffnen, daß sich der Justiz-Minister nur damit einverstanden erklären kann, daß das verlangte Exekutorium im Allgemeinen nicht zu verweigern sei. Das Gesetz vom 18. Germinal VII. spricht den Grundsatz aus, daß der Verurtheilte alle Kosten ersetzen muß, zu denen die Verfolgung und Bestrafung des Vergehens Veranlassung gegeben hat, und es kann sich nur fragen, ob die Kosten in einem durch die Prozedurgesetze vorgeschriebenen strafrechtlichen Verfahren überhaupt veranlaßt sind. Für Post- und Porto-Uebertretungssachen schreibt aber der §. 43. des Gesetzes vom 5. Juni 1852 (Rh. Samml. Bd. 10. S. 445), unter Verweisung auf das bei Zuwiderhandlungen gegen die Vorschriften über die Erhebung der Zölle vorgeschriebene Verfahren ausdrücklich vor, daß der gerichtlichen Untersuchung ein administratives Verfahren vorhergehen *müsse*. Das letztere bildet daher einen nothwendigen Theil der gerichtlichen Untersuchung. Die Vorschrift, daß beim Antrage auf gerichtliches Gehör der administrative Strafbescheid als nicht ergangen angesehen werden soll, trifft nicht das dem letzteren zu Grunde liegende Verfahren.

Diesem allgemeinen Gesichtspunkte entsprechend schrieb schon die Verordnung vom 26. Dezember 1808 wegen Errichtung der Provinzial-Polizei- und Finanz-Behörden (Gesetz-Samml. von 1806—1810. S. 476) im §. 45 ausdrücklich vor, daß die in dem administrativen Vorverfahren veranlaßten Kosten von dem im gerichtlichen Verfahren demnächst Verurtheilten getragen werden müßten und die auch im dortigen Bezirke geltende Steuerordnung vom 8. Februar 1819 verweist im §. 93 (Gesetz-Samml. S. 116) hinsichtlich des fraglichen Verfahrens bei der Untersuchung und Bestrafung der Steuervergehen auf jenen §. 45 der Verordnung vom 26. Dezember 1808. Wenn diese Vorschrift in dem Zollstrafgesetz vom 23. Januar 1838 (Gesetz-Samml. S. 78) nicht ausdrücklich wiederholt ist, so kann daraus nicht deren Aufhebung sondern nur gefolgert werden, daß sie sich nach allgemeinen Grundsätzen von selbst verstehe. Das Gesetz vom 3. Mai 1852 enthält im Art. 136 (Gesetz-Samml. S. 241) dieselbe Vorschrift, ohne daß die Materialien für deren Aufnahme besondere Motive ergäben, so daß für diejenigen Landestheile, in welchen die Verordnung vom 3. Januar 1849 (Gesetz-Samml. S. 14) gilt, die Erstattung der fraglichen Kosten von dem gerichtlich verurtheilten Kontravenienten keinem Zweifel unterliegt und nicht anzunehmen ist, daß im Bezirk des Appellationsgerichtshofes zu Cöln bei einem im übrigen gleichmäßigen Verfahren nur bei Steuerkontraventionen, nicht aber bei Zoll- und Postkontraventionen derselbe Grundsatz gelten sollte.

Das in Ihrem Schreiben an die dortige Oberpost-Direktion vom 14. November v. J. bezogene Urtheil des Ober-Tribunals vom 26. Juni 1856 wider Klotz und Cons. (Goltdammer Archiv Bd. 4. S. 681) hat einen wesentlich verschiedenen Fall vor Augen. Es handelte sich dabei von Kosten, die gar nicht durch das Strafverfahren oder jedenfalls nicht vorschriftsmäßig veranlaßt waren und der allgemeine Satz, daß nur diejenigen Kosten dem Verurtheilten zur Last gelegt werden könnten, welche durch das in der Kriminal-Prozeßordnung vorgesehene gerichtliche Verfahren veranlaßt worden, ist nothwendig nur von denjenigen Fällen zu verstehen, in welchen die gerichtliche Untersuchung lediglich nach den Vorschriften der Kriminal-Prozeß-Ordnung geführt werden kann und nicht etwa auf Grund späterer Gesetze ihr ein besonders regulirtes Vorverfahren vorhergehen muß.

Berlin, den 25. März 1858. Der Justiz-Minister.
Simons.

An
den Königl. Herrn General-Prokurator zu Cöln.

I. 1047. Rhein. Gener. 10. Vol. 3.

9.

Verfügung vom 2. April 1858, — betreffend die Dispensation der französischen Unterthanen von der Beibringung des Attestes ihrer Heimathsbehörde behufs ihrer Verehelichung in Preußen.

Ges. v. 13. März 1854 §. 2 (Rh. Samml. Bd. 11. S. 13).
Verfügung v. 31. Aug. 1856 (Rh. Samml. Bd. 11. S. 279).

Nachdem bei Gelegenheit eines Spezialfalles festgestellt worden, daß französische Unterthanen nach den dortigen Landesgesetzen zur Eingehung einer Ehe einer besonderen Zustimmung der betreffenden Verwaltungsbehörde nicht bedürfen, daß ferner die Beibringung des im §. 1 des Gesetzes vom 13. März 1854 für Ausländer vor Eingehung einer Ehe in den Königlichen Staaten vorgeschriebenen Attestes nach dortiger Landesverfassung in der Regel nicht möglich ist, und daß endlich Ausländerinnen durch Verheirathung mit einem Franzosen in das staatsbürgerliche Verhältniß des Ehemannes treten und jedes in einer solchen Ehe, gleichviel ob im In- oder Auslande, geborene Kind die Unterthans-Eigenschaft des Vaters erwirbt: haben wir auf Grund des §. 2 des Gesetzes vom 13. März 1854 beschlossen,

den französischen Unterthanen, welche in Preußen eine Ehe einzugehen beabsichtigen, die Beibringung des Attestes, daß sie hierzu nach den Gesetzen ihrer Heimath, unbeschadet ihrer Staatsangehörigkeit, befugt seien, hiermit allgemein zu erlassen.

Indem wir die Königliche Regierung zur Beachtung hiervon in Kenntniß setzen, bemerken wir, daß die Legitimation eines französischen Unterthans in seiner Eigenschaft als solcher durch den Paß einer französischen Behörde nur dann als geführt angesehen werden kann, wenn dem Inhaber in diesem Passe seine Eigenschaft als Franzose ausdrücklich bezeugt ist.

Ueber obwaltende Zweifel, ob der Beweis der Nationalität als geführt zu erachten sei, hat die betreffende Königliche Regierung zu entscheiden.

Berlin, den 2. April 1858.

Der Justiz-Minister.	Der Minister der geistlichen, Unterrichts- und Medizinal-Angelegenheiten.	Der Minister des Innern.
(gez.) Simons.	v. Raumer.	v. Westphalen.

Cirkulare an sämmtliche Königliche Regierungen*).

I. 851. E. 32. Vol. 2.

---

*) Der General-Prokurator zu Cöln ist durch Reskript vom 21. April 1858 angewiesen worden, die Verfügungen vom 31. August 1856 (Rhein. Samml. Bd. 11. S. 279) und die obige Verfügung vom 2. April 1858 zur Belehrung der Civilstandsbeamten den Ober-Prokuratoren mitzutheilen.

10.

Verfügung vom 26. April 1858, — betreffend die Unzulässigkeit polizeilicher Taxen für die Vertreter der Parteien bei den Friedensgerichten.

Gewerbe-Ordnung vom 17. Januar 1845 §§. 88 ff. (Gesetz-Samml. S. 57).

Sie werden davon in Kenntniß gesetzt, daß hinsichtlich der in Ihrem Jahresberichte vom 15. März v. J. behandelten Frage über die Zulässigkeit polizeilicher Taxen für die Vertreter der Parteien bei den Friedensgerichten, wie solche der Landrath zu N. erlassen hat, der Herr Minister für Handel, Gewerbe und öffentliche Arbeiten in einem Schreiben vom 16. d. Mts. sich damit einverstanden erklärt hat, daß die Aufstellung solcher Taxen weder mit der Vorschrift der §§. 88 ff. der Allgemeinen Gewerbeordnung (Ges.-Samml. von 1845 S. 57) vereinbar, noch nach gegenwärtiger Lage der Verhältnisse in praktischer Hinsicht für empfehlenswerth zu erachten sei. Die Regierungen der Rheinprovinz sollen hiernach beschieden werden. Dem Treiben der Winkelkonsulenten bei den Gerichten ist übrigens von Ihrer Seite fortwährend besondere Aufmerksamkeit zu widmen.

Berlin, den 26. April 1858.

Der Justiz-Minister.
Simons.

An
den Königl. Herrn General-Prokurator zu Cöln.

I. 1528. Rhein. Gener. 80. Vol. 2.

11.

Gesetz vom 3. Mai 1858, — betreffend die Gebühren und Kosten des Verfahrens bei Theilungen und bei gerichtlichen Verkäufen von Immobilien im Bezirk des Appellationsgerichtshofes zu Cöln.

Wir Friedrich Wilhelm, von Gottes Gnaden, König von Preußen rc. rc.

verordnen unter Aufhebung der Verordnung vom 27. Juli 1855 (Rhein. Samml. Bd. 11. S. 129) hinsichtlich der Gebühren und Kosten, welche das Verfahren bei Theilungen und bei gerichtlichen Verkäufen von Immobilien veranlaßt (Gesetz vom 18. April 1855 Rhein Samml. Bd. 11. S. 78), mit Zustimmung beider Häuser des Landtages Unserer Monarchie für den Bezirk des Appellationsgerichtshofes zu Cöln, was folgt:

§. I. Allgemeine Bestimmungen.

Artikel 1.

Die Ansetzung und Erhebung der Gebühren und Kosten soll nach Maaßgabe der in dem Bezirk des Appellationsgerichtshofes zu Cöln geltenden Bestimmungen und der nachfolgenden Abänderungen und Ergänzungen derselben stattfinden.

§. II. Bestimmungen, betreffend das gerichtliche Theilungsverfahren.

Artikel 2.

Die Anwalte erhalten:

1) für die Bittschrift an den Präsidenten um Ernennung eines Kommissars oder Notars (Art. 1. Absatz 2, Art. 4. des Gesetzes vom 18. April 1855) die Gebühr des Artikels 76. des Tarifs vom 16. Februar 1807;
2) für den Anwaltsakt, durch welchen die Verfügung des Präsidenten zur Ernennung des Kommissars oder Notars zugestellt wird, die Gebühr des Artikels 70. des Tarifs;
3) für den Antrag, betreffend die Bestätigung des Gutachtens der Sachverständigen (Art. 3. des Gesetzes), ingleichen für den die Antwort darauf enthaltenden Akt, die Gebühr des Artikels 71. des Tarifs;
4) für die Anfertigung des Hefts der Verkaufbedingungen (Art. 4. des Gesetzes) die Gebühr des Artikels 72. Nr. 1. des Tarifs;
5) für die Hinterlegung desselben beim Notar eine Vakation nach Artikel 91. des Tarifs;
6) für die Zustellung der Abschrift des Hefts der Verkaufbedingungen an die Anwalte der Mitversteigerer die Gebühr des Artikels 70. des Tarifs;
7) für die Abschrift, welche zugestellt wird, die Gebühr des Artikels 72. Nr. 2. des Tarifs;
8) für den Antrag, betreffend die Streitigkeiten über die Verkaufbedingungen, ingleichen für den Antrag, durch welchen ein verspäteter Einspruch gegen die Verkaufbedingungen wieder aufgenommen wird (Art. 5. des Gesetzes), sowie für die Antwort darauf, die Gebühr des Artikels 71. des Tarifs;
9) für den Antrag auf Ermächtigung zum Verkauf unter dem Schätzungspreise (Art. 6. des Gesetzes), ingleichen für die Antwort darauf, die Gebühr des Artikels 71. des Tarifs;
10) für das Gesuch an den Notar um Bestimmung eines Termins, in welchem die Parteien erscheinen sollen, um zu den Theilungsverrichtungen zu schreiten (Art. 7. des Gesetzes), die Gebühr des Artikels 76. des Tarifs;

11) für den Anwaltsakt, durch welchen die Mitbetheiligten aufgefordert werden, im Termin vor dem Notar zu erscheinen, die Gebühr des Artikels 70. des Tarifs;

12) für den Antrag, um die vor dem Notar erhobenen Streitigkeiten zu erledigen (Art. 8. des Gesetzes), ingleichen für die Antwort darauf, die Gebühr des Artikels 71. des Tarifs;

13) im Falle ohne vorheriges Gutachten von Sachverständigen sowohl der Verkauf verordnet, als auch die Schätzung durch das Gericht selbst bewirkt wird (Art. 2. des Gesetzes), für den vorhergegangenen mündlichen Vortrag das Doppelte der Gebühr des Tarifs;

14) im Falle dem Antrage auf Bestätigung des Gutachtens der Sachverständigen (Art. 3. des Gesetzes) oder auf Verordnung einer neuen Versteigerung (Art. 6. des Gesetzes), oder auf Bestätigung der Theilung (Art. 981. der Civilprozeß-Ordnung) von keiner Partei widersprochen wird, für den mündlichen Vortrag nur die Hälfte der Gebühr des Tarifs;

15) um die Theilungsklage durch den Gerichtsschreiber visiren zu lassen (Art. 967. der Civilprozeß-Ordnung), keine Gebühr.

Artikel 3.

Den Notarien werden die Protokolle und Konferenzen, welche die gerichtliche Theilung zum Gegenstande haben, nebst den zur Vorbereitung derselben erforderlich gewesenen Arbeiten, sowie die Uebermittelung der Urschrift des Protokolls über die Streitigkeiten zum Zweck der Hinterlegung auf dem Sekretariat, nach den darauf verwendeten Arbeitsstunden bezahlt. Für eine jede Stunde werden funfzehn Silbergroschen angesetzt. Die angefangene Stunde wird für voll berechnet. Hierbei können ohne Unterschied, ob das Geschäft am Wohnorte des Notars oder außerhalb desselben stattgefunden hat, die Gebühren nach der ganzen dazu wirklich verwendeten Zeit berechnet werden.

Die allgemeinen Bemerkungen zu der Taxordnung für die Notarien unter Nr. 2. 4. 5. 8. kommen auch hier zur Anwendung.

Die Notarien müssen die verwendeten Stunden, unter Angabe des Anfangs und des Schlusses der Arbeitszeit, sowie ihre Gebühren und Auslagen, bei Strafe von fünf Thalern, unter jedem Protokoll und jeder Ausfertigung gewissenhaft spezifiziren.

Jedes Protokoll muß nach Vorschrift des Artikels 43. der Notariats-Ordnung und bei Vermeidung der dort bestimmten Strafe unter dem Tage seiner Aufnahme ins Repertorium eingetragen werden, auch wenn es nur den Anfang oder die Fortsetzung der Theilungsverhandlungen enthält.

Artikel 4.

Die Notarien sind ferner bei Strafe von fünf Thalern verpflichtet, unter dem schließlichen Theilungsprotokoll und unter der Ausfertigung desselben die sämmtlichen in dem Verfahren für das Theilungsgeschäft (ausschließlich der Verrichtungen in Betreff der Verkäufe) berechneten Arbeitsstunden, unter Angabe der Tage, sowie die sämmtlichen Gebühren und Auslagen speziell aufzustellen; die nicht in dieser Weise verzeichneten Gebühren und Auslagen können nicht erhoben werden.

Artikel 5.

Die von dem Notar für die Theilungsgeschäfte berechneten Gebühren und Auslagen können auf Verlangen jedes Betheiligten oder, wenn Minderjährige oder denselben gleichgestellte Personen oder Vermögensmassen (Art. 29. 31. des Gesetzes vom 18. April 1855) betheiligt sind, auf Antrag der Staatsanwaltschaft durch den Präsidenten des Landgerichts, in dessen Bezirk der Notar angestellt ist, nach mündlicher oder schriftlicher Vernehmung des letzteren, mit Rücksicht auf die Beschaffenheit der Sache und die Mühewaltung des Notars bei derselben, nach billigem Ermessen ermäßigt werden.

Die Verfügung des Präsidenten ist einem Rechtsmittel nicht unterworfen. Durch diese Bestimmung wird das Disziplinarverfahren im geeigneten Falle nicht ausgeschlossen.

Artikel 6.

Den Notarien wird der Akt über die Hinterlegung der Verkaufbedingungen (Art. 4. des Gesetzes vom 18. April 1855) gleich einem Akt über eine einseitige Erklärung nach der Taxordnung vom 25. April 1822 (Rhein. Samml. Bd. 2. S. 256) bezahlt; im Uebrigen kommen in Betreff der Gebühren und Auslagen der Notarien für Verrichtungen, welche den Verkauf von Immobilien zum Gegenstande haben, die Bestimmungen des §. IV. dieses Gesetzes zur Anwendung.

§. III. Bestimmungen, betreffend das außergerichtliche Theilungsverfahren.

Artikel 7.

Für den Akt über die außergerichtliche Theilung (Art. 12., Art. 13. Nr. 1. des Gesetzes vom 18. April 1855) oder über die Vereinbarung zum Verkauf (Art. 22. Nr. 1.), sowie für die zur Herbeiführung derselben erforderlich gewesenen Vorarbeiten, stattgefundenen Verhandlungen und Konferenzen über Aufstellung der Masse, über Feststellung der Ansprüche und Berechnungen und über Auseinandersetzung der Betheiligten, ingleichen für die Protokolle über Loosziehung, über Tausche von Loosen und über Vergleiche bei der Theilung (Art. 15.) erhalten die Notarien Gebühren nach den Arbeitsstunden; für jede Stunde werden funfzehn Silbergroschen angesetzt, die angefangene Stunde wird für voll berechnet.

Die sämmtlichen Bestimmungen des Artikels 3. dieses Gesetzes finden auch hier Anwendung.

Artikel 8.

Was in Artikel 4. dieses Gesetzes wegen Angabe der Arbeitszeit und der Gebühren und Auslagen in Beziehung auf das schließliche Theilungsprotokoll und dessen Ausfertigung bestimmt ist, gilt in gleicher Weise und unter denselben Nachtheilen der Zuwiderhandlung auch in Beziehung auf die Theilungsurkunde bei der außergerichtlichen Theilung und in Beziehung auf die Urkunde der Vereinbarung über den Verkauf, sowie in Beziehung auf die Ausfertigungen derselben.

Die Bestimmungen des Artikels 5. finden gleichfalls hier Anwendung.

Artikel 9.

Die Notarien erhalten:

1) für den Akt über die Hinterlegung der Bestätigung der Theilung oder der Vereinbarung über den Verkauf (Art. 19. 24. des Gesetzes) die Gebühr für eine einseitige Erklärung nach der Taxordnung vom 25. April 1822;

2) für die Bescheinigung darüber, ob und wann die Hinterlegung der Bestätigung der Theilung oder der Vereinbarung über den Verkauf stattgefunden hat, die in der gedachten Taxordnung unter dem Satze: „Notariats-Attest" bestimmte Gebühr.

Artikel 10.

Bei dem Friedensgericht dürfen für Familienrathsbeschlüsse, welche die Genehmigung der außergerichtlichen Theilung oder die Vereinbarung über den Verkauf betreffen, drei Vakationen in Ansatz kommen, wenn die entsprechende Zeit wegen besonderer Schwierigkeiten hat verwendet werden müssen. Ist dies nicht der Fall, so bleibt es bei der Bestimmung, welche die Anmerkung zu Artikel 4. des Tarifs vom 16. Februar 1807 enthält.

Artikel 11.

Die Anwalte erhalten:

1) für die Bittschrift an die Rathskammer um Bestätigung der Theilung oder der Vereinbarung über den Verkauf, oder um Bestätigung des Familienrathsbeschlusses, welcher die Genehmigung enthält (Art. 17., Art. 23. letzter Absatz, Art. 29. des Gesetzes vom 18. April 1855), die Gebühr des Artikels 79. des Tarifs vom 16. Februar 1807.

Wird auf die Bittschrift ein Vorbescheid erlassen, so kann für dieselbe, sowie für jede folgende Bittschrift, nur die Gebühr des Artikels 78. des Tarifs berechnet werden;

2) für die Bittschrift an die Rathskammer um Verordnung einer neuen Versteigerung im Falle des letzten Absatzes des

Artikels 25. des Gesetzes die Gebühr des Artikels 78. des Tarifs;

3) für die Bittschrift an den Landgerichtspräsidenten um Ernennung eines Notars in dem durch Artikel 25. des Gesetzes bezeichneten Falle, oder um Ernennung von Sachverständigen im Falle des Artikels 27. des Gesetzes die Gebühr des Artikels 76. des Tarifs.

§. IV. Bestimmungen, betreffend den gerichtlichen Verkauf von Immobilien.

Artikel 12.

Die Anwalte erhalten:

1) für die Bittschrift an die Rathskammer um Verordnung des Verkaufs oder um Bestätigung des den Verkauf betreffenden Familienrathsbeschlusses (Art. 31. 32. des Gesetzes vom 18. April 1855), ingleichen für die Bittschrift um die Ermächtigung zum Verkauf unter dem Schätzungspreise (Art. 50. des Gesetzes), die Gebühr des Artikels 78. des Tarifs vom 16. Februar 1807.

   Wird auf die Bittschrift ein Vorbescheid erlassen, so kann für dieselbe, sowie für jede folgende Bittschrift nur die Gebühr des Artikels 76. des Tarifs berechnet werden;

2) um im Falle des Artikels 70. des Gesetzes auf dem Sekretariat die Aufnahme des Aktes, durch welchen die Bürgschaft übernommen wird, zu bewirken und die Nachweise über die Zahlungsfähigkeit des Bürgen zu hinterlegen, eine Vakation nach Artikel 91. des Tarifs;

3) um auf dem Sekretariat die Nachweise über die Zahlungsfähigkeit des Bürgen einzusehen, eine Vakation nach Artikel 91. des Tarifs;

4) für die Amtsverrichtungen in dem Verfahren, welches gemäß Artikel 64., Artikel 71. und Artikel 84. des Gesetzes vom 18. April 1855 stattfindet, die Gebühren für summarische Sachen nach Artikel 67. des Tarifs vom 16. Februar 1807.

Artikel 13.

Die Notarien liquidiren nach der Taxordnung vom 25. April 1822 unter dem Satze: „Subhastation von Immobilien."

Hierbei treten folgende Bestimmungen ein:

a) Neben der Gebühr für die öffentliche Bekanntmachung können die anzuheftenden Abschriften nach der Position „Abschrift" in der Taxordnung vom 25. April 1822, sowie die Auslagen für die Insertion in die öffentlichen Blätter berechnet werden.

b) Für Anfertigung des Hefts der Verkaufbedingungen erhält der Notar die in der Taxordnung vom 25. April 1822 unter dem Satze „Subhastation von Immobilien litt. b." bestimmte Gebühr, jedoch nur die Hälfte dieser Sätze, wenn derselbe für Entwerfung der Kaufbedingungen schon anderweitig eine Vergütigung erhalten hat (Art. 22. des Gesetzes vom 18. April 1855).

c) Eines Aktes über die Hinterlegung des Hefts der Verkaufbedingungen bedarf es nur bei dem gerichtlichen Theilungsverfahren, aber auch bei diesem nur dann, wenn der mit dem Verkaufe beauftragte Notar das Heft der Verkaufbedingungen nicht selbst angefertigt hat. Für den Akt über die Hinterlegung des letzteren erhalten die Notarien keine besondere Gebühr.

d) Für Offenlegung der Kaufbedingungen oder des Gutachtens der Sachverständigen, für Ertheilung von Auskunft, für die Beifügung von Nachweisen zu dem Heft der Bedingungen und für sonstige, die Versteigerung vorbereitende Verrichtungen wird nichts vergütet, dagegen die auf Anfertigung des Eingangs zum Verkaufsprotokoll vor dem Termin verwendete Zeit bei der für Abhaltung des Verkaufs zu berechnenden Zeit mit in Anschlag gebracht.

e) Für die dem betreibenden Anwalte auf dessen Verlangen zu gebende Abschrift des Hefts der Verkaufbedingungen werden die in der Tax-Ordnung vom 25. April 1822 unter Position „Abschrift" bestimmten Gebühren berechnet.

f) Der Notar kann einen Ausrufer zur Versteigerung der Immobilien zuziehen, wenn er es für erforderlich erachtet. Die Wahl desselben steht dem Notar zu. Als Gebühren für den Ausrufer kommen funfzehn Silbergroschen für die erste Stunde, fünf Silbergroschen für jede folgende Stunde in Rechnung.

g) Der Vorschrift des Artikels 49. Nr. 4. des Gesetzes vom 18. April 1855 wird dadurch genügt, daß im Versteigerungsprotokoll auf das bei den Urschriften des Notars beruhende Heft der Verkaufbedingungen Bezug genommen, sodann letzteres seinem ganzen Inhalte nach bei dem Anfange der Versteigerung vorgelesen und diese Vorlesung im Versteigerungsprotokoll erwähnt wird.

Bei der Ausfertigung des Versteigerungsprotokolls sind alsdann aus dem Heft der Verkaufbedingungen die Erwähnung der betreffenden Eigenthumstitel, sowie die Kaufbedingungen mit auszufertigen, jedoch nicht die Verfügung des Gerichts, durch welche der Verkauf verordnet worden, der bestätigte Familienrathsbeschluß und das Gutachten der

Sachverständigen. Die zum Zwecke des Verfahrens bei dem Notar hinterlegten Ausfertigungen der letztgedachten drei Schriftstücke (Art. 36. des Gesetzes vom 18. April 1855) bleiben bis nach erfolgter Versteigerung im Gewahrsam des Notars. Insofern diese Ausfertigungen nicht in den Verkaufbedingungen dem Verkäufer vorbehalten sind, hat der Notar dieselben dem Ansteigerer mit der exekutorischen Ausfertigung des Versteigerungsprotokolls zu übergeben; wenn die Grundstücke im Einzelnen angesteigert wurden, so erhält die Ausfertigungen der Ansteigerer des Grundstücks, an dessen Erwerb nach Inhalt der Verkaufbedingungen der Anspruch auf die hinterlegten Ausfertigungen geknüpft ist, in Ermangelung einer solchen Bestimmung der Ansteigerer, welcher den höchsten Kaufpreis zu zahlen hat; die übrigen Ansteigerer können bei entstehendem Bedürfniß auf ihre Kosten neue Ausfertigungen bei der Gerichtsschreiberei entnehmen.

Ist bei der Versteigerung der Schätzungspreis nicht geboten worden, so sind die betreffenden Urkunden demjenigen, der sie übergeben hat, auf Verlangen zur weiteren Veranlassung zurückzugeben.

h) Ueber das Aufgeld muß der Notar dem Verkäufer Rechnung legen; was nach Abzug der gesetzlichen Gebühren und Auslagen davon übrig bleibt, tritt dem Kaufpreise hinzu.

Artikel 14.

Die Notarien erhalten für das Protokoll über das Verlangen des Wiederverkaufs, in welchem die Bescheinigung über Nichterfüllung der Bedingungen enthalten ist (Art. 55. des Gesetzes vom 18. April 1855), die in der Tax-Ordnung vom 25. April 1822 unter dem Satze: „einseitige Erklärung" bewilligte Gebühr und die Gebühren für die Zeugen.

Findet ein Verfahren vor dem Präsidenten statt, so wird nach Vakationen gerechnet.

Artikel 15.

Die Gebühren beim Friedensgericht in dem Verfahren der Artikel 69. bis 87. des Gesetzes vom 18. April 1855 werden nach der Gebührentaxe für das Subhastationsverfahren angesetzt.

Für die Aufnahme des Antrages auf Versteigerung (Art. 73. des Gesetzes), für die Abfassung des Versteigerungspatents (Art. 74. daselbst) und für die Abhaltung des Versteigerungstermins und die Abfassung des Protokolls darüber (Art. 76—81. daselbst) sind die Gebühren wie nach a. c. und d. der Gebührentaxe zur Subhastations-Ordnung vom 1. August 1822 (Rhein. Samml. Bd. 2. S. 291) zu beziehen.

§. V. Gemeinsame Bestimmungen, das außergerichtliche Theilungsverfahren und den gerichtlichen Verkauf von Immobilien betreffend.

Artikel 16.

Die Gebühren der Sachverständigen zur Begutachtung der Theilbarkeit, Schätzung oder Loosebildung (Art. 18. 23. 27. 33. des Gesetzes vom 18. April 1855) werden nach Maaßgabe der Artikel 159. bis 163. des Tarifs vom 16. Februar 1807 durch den Richter, vor welchem die Vereidung erfolgt ist, festgesetzt und exekutorisch erklärt.

Artikel 17.

Für die Verrichtungen in Betreff der Ernennung und Vereidung von Sachverständigen liquidiren die Friedensrichter und Gerichtsschreiber ihre Gebühren nach der Order vom 28. April 1832 (Jahrb. Bd. 39. S. 481); für die Hinterlegung des Gutachtens erhalten sie keine Gebühr. Die Bestimmung des Artikels 15. des Tarifs vom 16. Februar 1807 wird hierdurch nicht berührt.

Das Gutachten und die Protokolle über die Vereidung der Sachverständigen und die Hinterlegung des Gutachtens bleiben in Urschrift bei dem Gericht, bei welchem die Vereidung und die Hinterlegung erfolgt ist, und werden von dem Gerichtsschreiber dieses Gerichts ausgefertigt.

Artikel 18.

Ueber die Einreichung der Ausfertigung des bei einem anderen Gericht hinterlegten Gutachtens von Sachverständigen (Art. 18. 23. 27. 34. des Gesetzes vom 18. April 1855), sowie über die Einreichung des Familienraths-Beschlusses zur Bestätigung (Art. 17. 23. 32. 50. des Gesetzes) wird ein Hinterlegungsakt auf dem Sekretariat nicht aufgenommen.

Artikel 19.

In die Ausfertigung des Rathskammer-Beschlusses, welcher die Bestätigung der außergerichtlichen Theilung oder der Vereinbarung über den Verkauf, oder die Bestätigung des die Genehmigung enthaltenden Familienraths-Beschlusses betrifft, ingleichen in die Ausfertigung des Rathskammer-Beschlusses, welcher die Verordnung des gerichtlichen Verkaufs von Immobilien, oder die Bestätigung des desfallsigen Familienraths-Beschlusses betrifft, werden die Bittschrift des Anwalts, die Verfügungen des Präsidenten (Art. 885. der Civilprozeß-Ordnung) und die Anträge der Staatsanwaltschaft nicht aufgenommen.

Die Verfügungen des Präsidenten und die Anträge der Staatsanwaltschaft werden unter die Bittschrift des Anwalts geschrieben, welche bei dem Gerichte zurückbleibt. In dem Rathskammer-Beschluß ist der Beschluß des Familienraths, unter Angabe des Datums, genau zu bezeichnen und zu erwähnen, daß der schriftliche Antrag der Staatsanwaltschaft und der Vortrag eines Berichterstatters vorhergegangen sind.

Der Ausfertigung des Rathskammer-Beschlusses, welcher die Bestätigung ertheilt, wird die von dem Anwalt eingereichte Ausfertigung des Familienraths-Beschlusses vermittelst des Gerichtssiegels beigeheftet.

§. VI. Schlußbestimmung.

Artikel 20.

Die bis dahin geltenden Vorschriften in Betreff des Armenrechts und in Betreff der Kosten in Vormundschaftssachen finden auch in dem durch das Gesetz vom 18. April 1855 geregelten Verfahren Anwendung.

Die baaren Auslagen können überall gefordert und eingezogen werden. Zu denselben sind die Kosten der nothwendigen Kopialien, zu Einem Silbergroschen für die Rolle, zu rechnen.

Wenn die Vormundschaft einstweilen kostenfrei bearbeitet wird, so kann gleichwohl in allen Fällen, in welchen einem Bevormundeten durch die Theilung oder durch den Verkauf ein reines Vermögen im Werthe von fünfhundert Thalern oder mehr überwiesen ist, der auf denselben fallende Antheil der Gebühren und Kosten des Verfahrens sofort von ihm eingezogen werden.

In Betreff der Stempelabgabe zu den Verhandlungen in diesem Verfahren bleibt es bei den darauf bezüglichen gesetzlichen Bestimmungen.

Urkundlich unter Unserer Höchsteigenhändigen Unterschrift und beigedrucktem Königlichen Insiegel.

Gegeben Berlin, den 3. Mai 1858.

Im Allerhöchsten Auftrage Sr. Majestät des Königs:
(L. S.) Prinz von Preußen.
v. Manteuffel. v. d. Heydt. Simons. v. Raumer.
v. Westphalen. v. Bodelschwingh. v. Massow.
Graf v. Waldersee. v. Manteuffel II.

I. 1786. Rheinprov. Offizianten-Sachen 17.

12.

Allerhöchster Erlaß vom 6. Mai 1858, — betreffend die Anrechnung des im Jahre 1849 zur Unterdrückung des Aufstandes im Königreich Sachsen stattgefundenen Kampfes als Kriegsjahr bei Pensionirungen.

Militär-Pensionsreglement vom 13. Juni 1825. §. 8.
Allerhöchster Erlaß vom 6. November 1849 (Rhein. Samml. Bd. 10. S. 71).

Im Verfolg Meiner an das Staats-Ministerium erlassenen Order vom 6. November 1849 will Ich mit Bezug auf den §. 8. des Militär-Pensions-Reglements vom 13. Juni 1825 hierdurch bestimmen, daß auch der im Jahre 1849 zur Unterdrückung des Aufstandes im Königreich Sachsen stattgefundene Kampf den Preußischen Militärpersonen, welche die Gefechte in Dresden mitgemacht haben, bei Berechnung der Dienstzeit als ein Kriegsjahr in Anrechnung gebracht werden soll, insofern sie nicht bereits aus der Theilnahme an den späteren kriegerischen Operationen des Jahres 1849 ein Anrecht auf die Doppelrechnung desselben besitzen.

Berlin, den 6. Mai 1858.

Im Allerhöchsten Auftrage Seiner Majestät des Königs:
Prinz von Preußen.
(gegengez.) Graf v. Waldersee.

An das Staats-Ministerium.

Vorstehender Allerhöchster Erlaß wird sämmtlichen Gerichtsbehörden zur Nachachtung bekannt gemacht.

Berlin, den 26. Juni 1858.

Der Justiz-Minister
Simons.

An
sämmtliche Gerichtsbehörden.

I. 2158. P. 45.

13.

Uebereinkunft unter den Rheinuferstaaten vom 7. Mai 1858, — betreffend den Bau der stehenden Rheinbrücke zu Cöln.

Zwischen den unterzeichneten zu einer außerordentlichen Session der Central-Kommission für die Rheinschiffahrt zusammengetretenen Bevollmächtigten der Rheinuferstaaten ist heute in besonderem Auftrage Ihrer Regierungen folgende Uebereinkunft vereinbart worden:

Artikel I.

Die Schiffe und Flösse, welche die stehende Brücke bei Cöln passiren werden, haben dafür keine Durchlaßgebühr zu entrichten; die Königlich Preußische Regierung verzichtet auf die Erhebung einer solchen Gebühr bei Cöln selbst für den Fall, wenn neben der stehenden Brücke eine Schiffbrücke beibehalten oder wieder aufgerichtet werden sollte.

Artikel II.

Den Eigenthümern derjenigen zur Fahrt auf dem Rhein berechtigten Segel- und Dampfschiffe, welche nicht jetzt schon zum Passiren fester, nach oben geschlossener Brücken eingerichtet sind, und welche bereits bisher, oder doch längstens binnen drei Monaten nach der Hinterlegung der Ratifikations-Urkunden dieser Uebereinkunft, den Strom an Cöln vorüber befahren haben, wird eine Entschädigung für die Vorrichtungen zum Senken und Wiederaufrichten der Maste, beziehungsweise der Kamine, aus der Preußischen Staatskasse gewährt werden. Diese Entschädigung gilt zugleich als Vergütung

für das Stillliegen des Schiffes während der zum Anbringen der Vorrichtungen erforderlichen Zeit,

für die etwaige Erschwerung des Dienstes auf dem Schiffe,

für die eventuelle Beschränkung des nutzbaren Laderaums, endlich

für alle sonstigen Anschaffungen und Aenderungen, welche in Folge jener Vorrichtungen für einzelne Fahrzeuge nothwendig werden können.

Schiffe, welche an sich zur Entschädigung zuzulassen, aber erst nach dem in diesem Artikel bestimmten äußersten Termin an Cöln vorübergefahren sind, desgleichen Schiffe, bei welchen wegen Alters oder Schadhaftigkeit die Vorrichtung zum Senken und Heben nicht mehr ausgeführt werden kann, endlich alle vom Tage der Vollziehung dieses Vertrages ab neu zu bauenden Schiffe haben keinen Anspruch auf Entschädigung.

Artikel III.

Im Einverständnisse sämmtlicher Uferstaaten wird die Entschädigung in Bausch und Bogen auf feste Geldsätze nach Maaßgabe der Ladungsfähigkeit der einzelnen Fahrzeuge festgestellt und ein- für allemal gewährt, wie folgt:

A. Bei Dampfschiffen:

1) Für Dampfschlepper von mehr als zweihundert Pferdekraft mit . . . . 350 Rthlr.

2) Für kleinere Dampfschlepper und große Personenboote mit . . . . 250 „

3) Für kleinere Dampfboote, sofern sie überhaupt einer Vorrichtung zum Senken der Kamine bei ihrer Durchfahrt unter der Brücke bedürfen, mit 100 Rthlr.

B. Bei Segelschiffen.

Für Schiffe

1)	von 10,000 Ztr und mehr mit 950 Rthlr.						im Mittel	
2)	„	10,000	bis 8000 Ztr.	mit	950—750	Rthlr.	850	Rthlr.
3)	„	8,000	„ 6000 „	„	750—550	„	650	„
4)	„	6,000	„ 4000 „	„	550-350	„	450	„
5)	„	4,000	„ 3000 „	„	350—250	„	300	„
6)	„	3,000	„ 1500 „	„	250—150	„	200	„
7)	„	1,500	„ 800 „	„	150— 30	„	90	„
8)	„	800	„ und weniger Tragfähigkeit 25 Rthlr.					

Für Schiffe, deren Tragfähigkeit zwischen die angegebenen Grenzen hineinfällt, ist nach Maaßgabe dieser Skala die Entschädigung verhältnißmäßig auszumitteln.

Die Feststellung des Entschädigungsbetrages für jedes einzelne Schiff erfolgt durch das Königlich Preußische Eisenbahn-Kommissariat zu Cöln endgültig unter Ausschluß jedes Rekurses.

Artikel IV.

Die Schiffseigenthümer, welchen nach den vorstehenden Bestimmungen ein Entschädigungsanspruch zusteht, haben denselben nach der amtlichen Aufforderung, welche die Regierungen der Uferstaaten in ihren Gebieten erlassen werden, spätestens bis zum 31. Dezember dieses Jahres, bei Verlust ihres Anrechts, bei dem Königlich Preußischen Eisenbahn-Kommissariate zu Cöln anzumelden. Diese Anmeldung muß von der Vorlage des Patents und des Aichscheins begleitet sein. Dieselben haben ferner durch eine Bescheinigung des Hafen-Kommissariats zu Cöln nachzuweisen, daß sie mit dem in dem Patent bezeichneten Schiffe einmal und spätestens binnen drei Monaten nach Hinterlegung der Ratifikations-Urkunden dieser Uebereinkunft auf dem Rhein vor Cöln vorübergefahren sind.

Das Königlich Preußische Eisenbahn-Kommissarjat zu Cöln wird den Schiffseigenthümern über die erfolgte Anmeldung eine Beurkundung mit der Zusage ertheilen, daß, wenn die nachstehend bezeichneten Bedingungen von ihnen erfüllt sein werden, der Schiffseigenthümer auf die der Summe nach genau zu bezeichnende Entschädigung Anspruch habe. Demnächst haben die Schiffseigenthümer die zum Senken und Heben der Maste, beziehungsweise der Kamine, nöthigen Vorrichtungen anfertigen zu lassen und mit den so hergerichteten Schiffen die stehende Brücke bei Cöln spätestens bis zum Schlusse der Schiffahrt des Jahres 1860 zu passiren.

Nach Erfüllung dieser Bedingungen, worüber ein Zeugniß

des Cölner Hafen-Kommissariats beizubringen ist, wird den Schiffseigenthümern der Betrag der Entschädigung auf Anweisung des Königlich Preußischen Eisenbahn-Kommissariats zu Cöln von der dortigen Regierungs-Hauptkasse ausgezahlt werden. Die Zahlung erfolgt an den Schiffseigenthümer, welchen das Patent als solchen ausweist, oder an dessen gehörig beglaubigten und in gleicher Weise legitimirten Bevollmächtigten.

Artikel V.

Die Königlich Preußische Regierung übernimmt es, vom ersten April 1859 bis zum Schlusse des Jahres 1860 neben der stehenden Brücke zu Cöln eine dem Bedürfnisse entsprechende Anzahl von provisorischen Krahnen-Anlagen zum Heben und Senken der Maste aufstellen zu lassen. Eine Gebühr für deren Hülfsleistung wird von den Schiffern nicht erhoben werden.

Artikel VI.

Die Regierungen von Baden, Bayern, Frankreich, Hessen, Nassau und Niederland betrachten die früheren Bedenken gegen die Konstruktion der stehenden Rheinbrücke bei Cöln, namentlich nach deren bereits verfügter Höherlegung auf 53 Fuß Preußisch, für erledigt; sie erkennen an, daß Preußen in Betreff dieser Brücke durch Uebernahme der in diesem Vertrage bezeichneten Leistungen allen denjenigen Interessen und Rechten der freien Schiffahrt auf dem Rhein genügt, welche auf den bezüglichen völkerrechtlichen Vereinbarungen beruhen, oder durch Anwendung des Art. 67. der Rheinschiffahrts-Konvention vom 31. März 1831 auf den Cölner Brückenbau begründet werden können; sie erklären Ihrerseits, bei späteren festen Ueberbrückungen des Rheins auf Ihren Gebieten darüber wachen zu wollen, daß das Interesse der freien Schiffahrt und Flösserei in einer den Verträgen und Bedürfnissen entsprechenden Weise gewahrt werde.

Artikel VII.

Gegenwärtige Uebereinkunft soll nach erfolgter landesherrlicher Genehmigung durch ministerielle Urkunden ratifizirt werden und dadurch die Kraft und Wirkung eines Staatsvertrages erhalten. Die von jedem Uferstaat in einem Exemplar auszufertigenden Ratifikations-Urkunden sollen am 11. Juni dieses Jahres in das Archiv der Centralkommission niedergelegt werden.

Mainz, am 7. Mai 1858.

Für	Baden:	von Uria.
"	Bayern:	von Kleinschrod.
"	Frankreich:	Goepp.
"	Hessen:	Schmitt.
"	Nassau:	von Zwierlein.
"	Niederlande:	Travers.
"	Preußen:	Matzerath.

(L. S.)

Die vorstehende Uebereinkunft ist auf Grund der Allerhöchsten Order vom 3. Juni 1858 ratifizirt, auch von Seiten sämmtlicher übriger Rheinuferstaaten ratifizirt, und es sind die Ratifikations-Urkunden in das Archiv der Rheinschiffahrts-Centralkommission zu Mainz am 11. Juni 1858 niedergelegt worden.

I. 2434. E. 37. Vol. 22.

14.

Allerhöchste Ordre vom 10. Mai 1858 und Verfügung vom 18. Mai 1858, — betreffend das Rangverhältniß der wiedergewählten Mitglieder der Handelsgerichte.

Zur Beseitigung der Zweifel über das Rangverhältniß derjenigen Mitglieder der Handelsgerichte, welche nach Ablauf der Zeit für welche sie gewählt worden, unmittelbar wiedergewählt werden und deren Funktionen danach faktisch keine Unterbrechung erleiden, haben des Königs Majestät auf meinen Antrag durch Allerhöchste Ordre vom 10. d. Mts. zu bestimmen geruht, daß solche Handelsrichter ihren bisherigen Rang im Kollegium beibehalten sollen. Sie erhalten hierbei Abschrift dieser Allerhöchsten Ordre zur Kenntnißnahme und Mittheilung an die Handelsgerichte.

Berlin, den 18. Mai 1858.

Der Justiz-Minister.
Simons.

An
den Königl. Herrn General-Prokurator
zu Cöln.

I. 1876. Rhein. Gener. 52. Vol. 5.

Anlage.

Auf Ihren Bericht vom 6. Mai d. J. will Ich hierdurch bestimmen, daß im Bezirke des Apellationsgerichtshofes zu Cöln, Handelsrichter, deren unmittelbare Wiederwahl von Mir, unter Dispensation von der Vorschrift des Artikel 623. des Handelsgesetzbuches genehmigt worden, unter den Mitgliedern des Handelsgerichts ihren bisherigen Rang beibehalten und jederzeit den neugewählten Mitgliedern vorgehen sollen. Ich überlasse Ihnen, hiernach das Weitere zu verfügen.

Berlin, den 10. Mai 1858.

Im Allerhöchsten Auftrage Seiner Majestät des Königs:
Prinz von Preußen.

An den Justiz-Minister.

15.

Verfügung vom 1. Juni 1858, — betreffend die Stempelpflichtigkeit der Erkenntnisse der Gewerbegerichte über die Klagen auf Ausstellung von Entlassungs-Zeugnissen für Gewerbe-Gehülfen, Gesellen und Lehrlinge.

Gewerbe-Ordnung vom 17. Januar 1845 §§. 142 und 156 (Gesetz-Samml. S. 68 und 70).

Auf Ihren Bericht vom 13. Juni 1857

die Stempelpflichtigkeit der Erkenntnisse der Gewerbegerichte über die Klagen auf Ausstellung von Entlassungszeugnissen für Gewerbe-Gehülfen, Gesellen und Lehrlinge betreffend

wird Ihnen eröffnet, daß der Herr Finanz-Minister sich nunmehr damit einverstanden erklärt hat, daß zu den fraglichen Erkenntnissen kein Werthstempel genommen werde, weil sich annehmen lasse, daß es sich in solchen Prozeßsachen nicht von einem nach Gelde nicht schätzbaren oder von einem Gegenstande von 50 Rthlr. oder mehr handele. Bei dem in der Regel leicht lösbaren Verhältniß zwischen Arbeitgeber und Arbeitsnehmer, zwischen Lehrherrn und Lehrling, komme es nämlich dem Arbeitsnehmer oder Lehrling, wenn er seinen bisherigen Fabrikherrn oder Meister verlasse, und deshalb das in den §§. 142 und 156 der Gewerbe-Ordnung vom 17. Januar 1845 (Gesetz-Samml. S. 68 und 70) vorgeschriebene Entlassungszeugniß begehre, vorzugsweise darauf an, durch letzteres in den Stand gesetzt zu werden, alsbald ein anderweites Unterkommen wieder zu finden. Ganz versagt werden dürfe die Ausstellung eines solchen Zeugnisses nicht; es bestehe daher das Interesse, welches bei Anstellung einer Klage auf dessen Ertheilung vorwalte, wesentlich in dem Geldverluste, welcher dem Gehülfen, Gesellen oder Lehrling aus der Weigerung der sofortigen Ausstellung des Zeugnisses erwachse. Dieser Verlust werde aber einen mäßigen Betrag niemals übersteigen und es lasse sich mit Rücksicht hierauf wohl behaupten, daß das derartige Klageobjekt den Betrag von 50 Rthlr. nicht erreiche.

Der Provinzial-Steuer-Direktor zu Cöln ist demnach von dem Herrn Finanz-Minister angewiesen, von der Forderung des Werthstempels zu den fraglichen Erkenntnissen sowohl für die Vergangenheit als auch für die Zukunft abzustehen.

Sie werden veranlaßt, hiervon die Gewerbegerichte Ihres Bezirks in Kenntniß zu setzen.

Berlin, den 1. Juni 1858.

Der Justiz-Minister.
Simons.

An
den Königl. Herrn General-Prokurator zu Cöln.

I. 1999. Rhein. Gener. 62. Vol. 8.

16.

Allgemeine Verfügung vom 12. Juni 1858, — betreffend die Benachrichtigung der Ober-Postdirektionen von den gerichtlichen Klagen, welche gegen Kassenbeamte der Post wegen Geldforderungen angestellt werden.

Verordn. vom 26. Dezbr. 1808 §. 47 (Ges.-Samml. S. 477).
Anhang zur Allgemeinen Gerichtsordnung §. 49 (zu Th. I. Tit. 6 §. 8).

Im §. 49 des Anhangs zur Allgemeinen Gerichts-Ordnung Th. I. Tit. 6. §. 8 ist auf Grund des §. 47 der Verordnung wegen verbesserter Einrichtung der Provinzial-Polizei- und Finanzbehörden vom 26. Dezember 1808 festgesetzt worden:

daß, wenn gegen Kassenbeamte des Regierungs-Ressorts Geldforderungen eingeklagt werden, davon der betreffenden Regierung sofort Nachricht gegeben werden solle.

Das Interesse des Dienstes erfordert es, daß diese Vorschrift auch bei den gegen Kassenbeamte der Post angestellten Klagen wegen Geldforderungen beachtet wird. Die Gerichte werden deshalb angewiesen, von solchen Klagen in vorkommenden Fällen bei Einleitung des Prozesses derjenigen Ober-Postdirektion, welcher der verklagte Beamte unterworfen ist, sofort Nachricht zu geben.

In dem Bezirk des Appellationsgerichtshofes zu Cöln ist diese Benachrichtigung in Gemäßheit des §. 38 des Ressort-Reglements vom 20. Juni 1818 durch die Ober-Prokuratoren zu bewirken, und falls derartige Klagen bei den Friedensgerichten verhandelt werden, nach Vorschrift der Verfügung vom 19. Dezember 1841 (Rhein. Samml. Bd. 7. S. 374) zu verfahren.

Berlin, den 12. Juni 1858.

Der Justiz-Minister.
Simons.

An sämmtliche Gerichtsbehörden.

I. 2024. K. 28.

17.

Allgemeine Verfügung vom 4. September 1858, — betreffend die Benutzung der Preußischen Eisenbahn-Telegraphen.

Reglement vom 10. März 1858 (Staatsanzeiger S. 554).
Allgemeine Verfügung vom 3. Septbr. 1853 (Rhein. Samml. Bd. 10. S. 598).

a.

Nach einer Mittheilung des Herrn Ministers für Handel, Gewerbe und öffentliche Arbeiten ist zur Erhöhung der Nutzbarmachung der elektromagnetischen Telegraphie der Versuch gemacht worden, die Betriebs-Telegraphen der Eisenbahnen zur Depeschen-Beförderung für den allgemeinen Verkehr heranzuziehen.

Damit indessen nicht hierdurch den Eisenbahn-Verwaltungen eine unverhältnißmäßige Belästigung aufgebürdet werde, ist es erforderlich, daß die durch dieselben unentgeltlich zu befördernden Depeschen nicht ohne Noth gehäuft, sondern die Beförderung unter Beachtung der nachstehend abgedruckten §§. 7. 8. und 12 des Reglements vom 10. März d. J. nur in den dringendsten Fällen, namentlich nur dann in Anspruch genommen wird, wenn der Zweck auf schriftlichem Wege nicht zu erreichen ist.

Die Gerichtsbehörden und Beamten der Staatsanwaltschaft werden angewiesen, hiernach zu verfahren, auch in Betreff der Fassung der telegraphischen Depeschen die allgemeine Verfügung vom 3. September 1853 (Rhein. Samml. Bd. 10. S. 598) zu beachten.

Ein Verzeichniß derjenigen Stationen, nach und von welchen Depeschen befördert werden, befindet sich in der amtlichen Ausgabe des Eisenbahn-; Post- und Dampfschiff-Coursbuches.

Berlin, den 4. September 1858.

Der Justiz-Minister.
Simons.

An
sämmtliche Gerichtsbehörden und
Beamte der Staatsanwaltschaft.
I. 3016. T. 20. Vol. 2.

b.

Auszug aus dem Reglement für die Benutzung der Preußischen Eisenbahn-Telegraphen zur Beförderung von solchen Depeschen, welche nicht den Eisenbahndienst betreffen, vom 10. März 1858.

§. 7.

Die Depeschen zerfallen rücksichtlich ihrer Behandlung in folgende Gattungen:

I. Staatsdepeschen, d. h. Depeschen, welche von dem Staats-Oberhaupte oder den Regierungs-Organen des Inlandes ausgehen,
II. Dienstdepeschen,
III. Privatdepeschen.

§. 8.

Die Depeschen müssen in deutscher Sprache abgefaßt sein.

Sie müssen als Staatsdepeschen bezeichnet und durch Siegel oder Stempel als solche beglaubigt sein.

§. 12.

Bei Aufgabe der Depeschen sind sämmtliche dafür zu zahlende Gebühren, mit Ausnahme etwaigen — im Falle der Bestellung durch die Post von dem Adressaten zu erhebenden — Brief-Bestellgeldes, im Voraus zu entrichten.

Staatsdepeschen (§. 7) sind jedoch, sofern die Adreßstation nicht außerhalb des Preußischen Staats-Telegraphennetzes liegt, gebührenfrei.

18.

Verfügung vom 8. September 1858, — betreffend die Behandlung von Strafgefangenen, welche während ihrer Strafzeit wegen Verbrechen oder Vergehen von Neuem zur Untersuchung gezogen werden.

Verfügung der Minister des Innern vom 18. Januar 1832 und der Justiz vom 30. deff. Mts. (Rhein. Samml. Bd. 3. S. 428).

In der Anlage erhalten Sie, Herr General-Prokurator, eine an den Justiz-Minister gerichtete Eingabe des dortigen Untersuchungsrichters vom 23. v. Mts., mit dem Auftrage, denselben zu bescheiden, daß der Justiz-Minister der von der Regierung zu Cöln in deren Schreiben vom 28. Dezember 1850 und vom 2. Juli d. J. näher entwickelten, in Ihrer Verfügung vom 2. Januar 1851 gebilligten Ansicht im Allgemeinen beitritt, wonach die bereits zur Strafe Verurtheilten, wenn sie während der Strafzeit wegen neuer Verbrechen oder Vergehen zur Untersuchung gezogen werden, deshalb nicht aufhören, Strafgefangene zu sein, und daher an sich keinen Anspruch auf die Behandlung als Untersuchungsgefangene haben. Selbst ihre Uebersiedelung in das Untersuchungs-Gefängniß erscheint nur in sofern geboten, als das Interesse der Untersuchung solches nothwendig macht, und es unterliegt keinem Bedenken, daß da, wo Straf- und Untersuchungsgefangene in denselben Anstalten aufbewahrt werden, die Behandlung der bereits verurtheilten und in neue Untersuchung verwickelten Strafgefangenen dieselbe bleiben kann. Dadurch wird jedoch nicht ausgeschlossen, daß auch in solchen Fällen der Untersuchungsrichter die Direktion des Arresthauses veranlaßt, die im Interesse der neuen Untersuchung für nothwendig erachteten Anordnungen zu treffen, und es ist keine Veranlassung zu der Annahme vorhanden, daß dem nicht werde entsprochen werden.

Was insbesondere die dem Untersuchungsrichter in den Verfügungen der Minister des Innern vom 18. Januar 1832 und der Justiz vom 30. ejusd. (Rhein. Samml. Bd. 3. S. 428) vorbehaltene Genehmigung zur Fesselung von Untersuchungsgefangenen betrifft, so liegt es in der Natur der Verhältnisse, daß die Arresthausverwaltung vorzugsweise in der Lage ist, die Nothwendigkeit der Fesselung eines Gefangenen als Sicherheitsmaaßregel zu beurtheilen, und es kann nicht gebilligt werden, wenn der Untersuchungsrichter seine Genehmigung ohne alles Interesse für die spezielle Untersuchung aus Gründen verweigert, die seiner Beurtheilung ganz fremd sind. So wurde in dem Falle des N., der bereits zu lebenslänglicher Zwangsarbeit verurtheilt und mehrmals entsprungen war, auch damals sich wieder wegen gewaltsamen Ausbruchs in Untersuchung befand, die Fesselung für unzulässig hauptsächlich aus dem Grunde erklärt, weil nach der Ansicht des Untersuchungsrichters eine bessere Aufsicht für die Sicherheit desselben genüge.

Sollte sich in einzelnen Fällen ergeben, daß das Verfahren der Arresthausverwaltung mit dem Interesse der Untersuchung nicht zu vereinigen ist, so hat der Instruktionsrichter darüber an Sie zu berichten, und wird Ihnen anheimgestellt, über die sich etwa ergebenden Mißstände, welche nicht durch Korrespondenz mit der dortigen Regierung zu beseitigen sind, dem Justiz-Minister nähere Anzeige zu machen.

Berlin, den 8. September 1858.

Der Justiz-Minister.
Simons.

An
den Königl. Herrn General-
Prokurator zu Cöln.

I. 3061. Rhein. Crimin. 5. Vol. 7.

19.

Allgemeine Verfügung vom 11. September 1858, — betreffend das Verfahren bei Einholung der Gutachten der Sachverständigen-Vereine in Untersuchungen wegen Nachdrucks und unbefugter Nachbildung.

Gesetz vom 11. Juni 1837 §§. 17. 31. (Ges.-Samml. S. 165).
Instruktion vom 15. Mai 1838 (Ges.-Samml. S. 277).
Allgemeine Verfügung vom 25. Februar 1842 (Rhein. Samml. Bd. 8. S. 19).

Nach einer Mittheilung des Herrn Ministers der geistlichen, Unterrichts- und Medizinal-Angelegenheiten ist es in neuerer Zeit zum öfteren vorgekommen, daß in Untersuchungen wegen Nachdrucks oder unbefugter Nachbildung von einzelnen Gerichtsbehörden gegen die auf den status causae et controversiae bezüglichen Bestimmungen der Instruktion vom 15. Mai 1838 (Gesetz-Sammlung S. 277) und des Cirkular-Reskripts vom 25. Februar 1842 (Rhein. Samml. Bd. 8. S. 19) gefehlt worden ist. Die Gerichtsbehörden und die Beamten der Staatsanwaltschaft werden deshalb an die genaue Beachtung jener Bestimmungen hiermit erinnert und namentlich darauf hingewiesen:

daß, bevor zur Regulirung des status causae et controversiae geschritten werden kann, sämmtliche Parteien über die Sache selbst vernommen sein müssen;

daß ferner die Regulirung des status causae et controversiae nicht von den Beamten der Staatsanwaltschaft vorgenommen werden kann, vielmehr gerichtlich, und zwar unter Zuziehung der Parteien erfolgen muß,

und daß endlich die Unterzeichnung des regulirten status causae et controversiae als eine wesentliche Förmlichkeit des Verfahrens anzusehen ist.

Berlin, den 11. September 1858.

Der Justiz-Minister.
Simons.

An
sämmtliche Gerichtsbehörden und
Beamte der Staatsanwaltschaft.

I. 3148. N. 3. Vol. 8.

20.

Allerhöchster Erlaß vom 12. September 1858, — betreffend die Errichtung einer Handelskammer für den Kreis Eupen und die Aufhebung der in der Stadt Eupen bestehenden konsultativen Kammer für Manufakturen, Fabriken, Künste und Gewerbe.

Auf Ihren Bericht vom 8. September d. J. genehmige Ich die Errichtung einer Handelskammer für den Kreis Eupen im Regierungsbezirk Aachen. Die Handelskammer nimmt ihren Sitz in der Stadt Eupen. Sie soll aus sieben Mitgliedern bestehen, für welche eben so viele Stellvertreter gewählt werden. Zur Theilnahme an der Wahl der Mitglieder und Stellvertreter sind sämmtliche Gewerbetreibende des Kreises Eupen berechtigt, welche in der Steuerklasse der Kaufleute mit kaufmännischen Rechten Gewerbesteuer entrichten. Zur Gewerbesteuer nicht veranlagte Bergwerksgesellschaften und Hüttengewerkschaften werden hinsichtlich der Wahlfähigkeit und Wahlberechtigung ihrer Mitglieder, sowie bei der nach der Vorschrift des §. 17. der Verordnung vom 11. Februar 1848 (Rhein. Samml. Bd. 9. S. 282) über die Errichtung der Handelskammern vorzunehmenden Veranlagung des etatsmäßigen Kostenaufwandes für die Handelskammer als Handlungsgesellschaften angesehen, welche in der Steuerklasse der Kaufleute mit kaufmännischen Rechten zu einer Gewerbesteuer von zwölf Thalern veranlagt sind. — Im Uebrigen finden die Vorschriften der gedachten Verordnung vom 11. Februar 1848 Anwendung. Die in der Stadt Eupen auf Grund des Dekrets vom 10. Thermidor des Jahres XI. bestehende konsultative Kammer für Manufakturen, Fabriken, Künste und Gewerbe wird hierdurch aufgehoben.

Dieser Erlaß ist durch die Gesetz-Sammlung zur öffentlichen Kenntniß zu bringen.

Domanze, den 12. September 1858.

Im Allerhöchsten Auftrage Sr. Majestät des Königs:
Prinz von Preußen.
v. d. Heydt.

An
den Minister für Handel, Gewerbe
und öffentliche Arbeiten.

I 3611. Rhein. Gener. 52. Vol. 5

21.

Allgemeine Verfügung vom 13. September 1858, — betreffend den unmittelbaren Geschäftsverkehr zwischen den Kaiserlich Oesterreichischen und den Königlich Preußischen Gerichtsbehörden.

Allgemeine Verfügung vom 9. August 1856 (Rhein. Samml. Bd. 11. S. 241).

Nach der allgemeinen Verfügung vom 9. August 1856, betreffend den unmittelbaren Geschäftsverkehr zwischen den Kaiserlich Oesterreichischen und den Königlich Preußischen Gerichtsbehörden, bedarf es zur Vermittelung des Schriftwechsels der diesseitigen Gerichte und Beamten der Staatsanwaltschaft mit den Kaiserlich Oesterreichischen Gerichten nicht ferner einer diplomatischen Intervention.

Da diese Bestimmung neuerlich nicht selten unbeachtet geblieben ist, so findet der Justiz-Minister sich veranlaßt, dieselbe den Gerichtsbehörden und Beamten der Staatsanwaltschaft in Erinnerung zu bringen.

Berlin, den 13. September 1858.

Der Justiz-Minister.
Simons.

An sämmtliche Gerichtsbehörden.

I. 3238. Requisitionen 48. Vol. 3.

22.

Allgemeine Verfügung vom 29. September 1858, — betreffend die Kassirung der Akten bei den Gerichten im Bezirk des Appellationsgerichtshofes zu Cöln.

Ueber die Aufbewahrung und Kassirung der Akten bei den Gerichten im Bezirk des Appellationsgerichtshofes zu Cöln wird hierdurch Nachstehendes angeordnet:

I. Die Akten in Strafsachen sind, wenn rechtskräftig auf Strafe erkannt worden ist, in Kriminalsachen 20 Jahre, in Zuchtpolizeisachen 10 Jahre, und die Erkenntnisse, sowie die Verhandlungen über die Vollstreckung der Strafe 30 Jahre nach vollendeter Strafvollstreckung aufzubewahren. Ist auf Freisprechung erkannt, so kann die Vernichtung nach 10 Jahren, vom Tage der Rechtskraft der Entscheidung, erfolgen. Ist in der Sache nicht definitiv erkannt, oder der Verurtheilte flüchtig, so bleiben die Akten, beziehungsweise das Erkenntniß, so lange aufbewahrt, als noch eine Wiederaufnahme der Untersuchung, beziehungsweise Vollstreckung des Erkenntnisses zulässig und möglich ist.

Die Akten in Polizeisachen sind 2 Jahre, die Erkenntnisse in denselben, sowie bei Holzdiebstahls-, Forst- und ähnlichen Sachen die tabellarischen Frevelverzeichnisse, 5 Jahre nach rechtskräftiger Entscheidung der Sache aufzubewahren.

II. Die Vormundschafts-Akten sind bei gesetzlichen Vormundschaften 10 Jahre, die darin befindlichen Inventarien und Theilungsverhandlungen, sowie die Akten in Dativ-Vormundschaften und die Vormundschaftsregister, 30 Jahre nach Beendigung der Vormundschaft, beziehungsweise aller in den Registern eingetragenen Vormundschaften, aufzubewahren.

III. Die Personal-Akten der Beamten und die Akten über Disziplinar-Untersuchungen gegen dieselben sind 10 Jahre nach ihrem Tode, und falls dieser unbekannt geblieben, 20 Jahre nach ihrem Ausscheiden aus dem Dienste aufzubewahren.

IV. Die Büreaukosten-Rechnungen sind 20 Jahre nach ertheilter Decharge aufzubewahren. Hinsichtlich der Beläge der dechargirten Rechnungen verbleibt es bei den Bestimmungen des durch die allgemeine Verfügung vom 31. Mai 1844 (Justiz-Ministerial-Bl. S. 133) veröffentlichten Reglements des Königlichen Staats-Ministeriums vom 7. desselben Monats.

V. Die bei den Gerichten und in deren Registraturen zur Kontrollirung des Geschäftsganges geführten Listen und Bücher, sowie die von den Friedensgerichten, beziehungsweise den Landgerichten eingesandten Tabellen, aus denen die Resultate den vorgesetzten Behörden mitgetheilt worden sind, sind 5 Jahre aufzubewahren. Jedoch sind die Civil-Repertorien der Friedensgerichte, die Journale und Deliktenregister der Ober-Prokuratoren, die Register der Sekretariate über Strafsachen, 30 Jahre aufzubewahren, und falls sie zu Repertorien über die reponirten oder kassirten Akten dienen, von der Vernichtung ganz auszuschließen.

VI. Die Akten der Staatsanwaltschaft, betreffend Beschwerden, Bittschriften, Requisitionen, requirirte Strafvollstreckungen, Armenrechts-Gesuche, vakante Nachlassenschaften, Interdiktionen, Geisteskranke, Revisionen und Rektifikationen der Civilstandsregister, Abwesenheits-Erklärungen, Eröffnung der Schwurgerichte und Geschworenenlisten, sind 5 Jahre nach deren Erledigung aufzubewahren.

VII. Finden sich in den Akten Urkunden, welche auf das Privat-Interesse der Parteien von Einfluß sind, und deren Rückgabe nicht füglich bewirkt werden kann, so sind dieselben 30 Jahre, von der Zeit der Uebergabe an gerechnet, aufzubewahren.

VIII. Nach Ablauf der vorstehend I.—VII. bestimmten Fristen sind die Akten zu kassiren; jedoch bleibt es dem Ermessen des Ersten Präsidenten des Appellationsgerichtshofes und des

General-Prokurators, beziehungsweise der Landgerichts-Präsidenten und der Ober-Prokuratoren überlassen, aus besonderen Gründen die längere Aufbewahrung der vorerwähnten Akten oder einzelner Stücke derselben anzuordnen, auch hinsichtlich der hier nicht genannten Akten die Kassirung derselben nach Analogie der gegenwärtigen Vorschriften zu veranlassen.

IX. Sollte eine Kassation der Akten in Civilprozeß- und Handelsgerichtssachen, namentlich bei einzelnen Friedensgerichten, angemessen und zulässig erscheinen, so ist darüber in Betreff jedes einzelnen Gerichts an den Justiz-Minister zu berichten.

X. Bei den Landgerichten ist die Aussonderung der zu kassirenden Akten alle 3 Jahre zu bewirken und damit im Laufe dieses Jahres zu beginnen. Das Geschäft ist, unter Oberaufsicht eines Mitgliedes des Gerichts oder eines Staats-Prokurators, einigen Referendarien und dazu geeigneten Auskultatoren zu übertragen, welche die Akten nach den Repertorien durchzusehen und in diesen zu bemerken haben, welche Verhandlungen aufzubewahren sind. Hiernächst sind diese Verhandlungen von dem Sekretariat aus den Akten zu trennen und mit den Repertorien dem mit der Oberaufsicht beauftragten Mitgliede des Gerichts oder Staats-Prokurator vorzulegen, von welchem, falls die vorgeschriebenen Anordnungen beobachtet sind, definitiv die Kassirung der Akten verfügt wird.

Bei den Friedensgerichten geschieht die Aufräumung der Akten durch den Friedensgerichtsschreiber unter spezieller Aufsicht des Friedensrichters. Die Bestimmung angemessener Zeiträume für die Aufräumung der Akten bei den Friedensgerichten bleibt den Ober-Prokuratoren überlassen.

XI. Die zu kassirenden Erkenntnisse, Untersuchungs-Akten, Denunziationen und die Personal-Akten der Beamten dürfen nur zum Einstampfen in den Papiermühlen, oder zu einem sonstigen, sie vernichtenden Gebrauche an zuverlässige Personen verkauft werden. Alle übrigen Akten sind öffentlich an den Meistbietenden zu veräußern. Einer Anfertigung besonderer Verzeichnisse der zum Verkauf bestimmten Akten bedarf es nicht. Vor dem Verkauf sind die Deckel von den Akten abzutrennen, die Rücken loszuschneiden und die einzelnen Hefte, von einander gesondert, in verschiedene Packete zu bringen.

XII. Bei dem Verkauf selbst ist Folgendes zu beobachten:

1) die Lizitationstermine sind in angemessenen Zwischenräumen anzusetzen, wenn bei großen Quantitäten verkaufbarer Akten sonst zu besorgen steht, daß die Gebote zu niedrig ausfallen;
2) der Verkauf kann im Ganzen oder in Partien, namentlich zentnerweise erfolgen;

3) diejenigen Personen, welche Akten kaufen, die eingestampft oder sonst vernichtet werden müssen, haben sich bei der Empfangnahme schriftlich zu verpflichten, daß sie die erstandenen Akten ohne Ausnahme einstampfen oder sonst vernichten lassen, und vorher Niemandem deren Durchsicht gestatten wollen. Für den Kontraventionsfall ist eine Konventionalstrafe bis auf Höhe des doppelten Betrages der für sämmtliche erstandene Akten gezahlten Kaufsummen zu verabreden und festzusetzen;

4) eine Versendung von zu verkaufenden Akten ist nur in solchen Fällen zu veranlassen, wenn vorausgesehen werden kann, daß der durch die Versendung zu erreichende höhere Kaufpreis die Kosten des Transports hinlänglich deckt.

XIII. Von dem Erlöse der verkauften Akten fließen 80 Prozent zur Justiz-Offizianten-Wittwenkasse, die übrigen 20 Prozent bleiben zur Disposition des Ersten Präsidenten und des General-Prokurators, beziehungsweise der Landgerichts-Präsidenten und der Ober-Prokuratoren, welche dieselben, nach Abzug der baaren Auslagen, zu Remunerationen für die mit der Aussonderung der Akten beschäftigten Beamten verwenden können. Die zur Justiz-Offizianten-Wittwenkasse fließenden Beträge sind von dem Friedensrichter an den betreffenden Landgerichts-Präsidenten und Ober-Prokurator einzusenden und von diesen in der gewöhnlichen Weise an die gedachte Kasse zu befördern.

Berlin, den 29. September 1858.

An die Gerichtsbehörden im Bezirk des Appellationsgerichtshofes zu Cöln.

Der Justiz-Minister.
Simons.

I. 3057. Rhein. Gener. 164.

23.

Allgemeine Verfügung vom 13. Oktober 1858, — betreffend die Einholung des Gutachtens der Königlichen General-Münz-Direktion in Untersuchungen wegen Münzverbrechen.

Allg. Verf. vom 2. Jan. 1826 (Rh. Samml. Bd. 3. S. 4).
Allg. Verf. v 22. Septbr. 1855 (Rh. Samml. Bd. 11. S. 147).

Der den Gerichtsbehörden durch die allgemeinen Verfügungen vom 2. Januar 1826 und 22. September 1855 ertheilten Anweisung,

in den Untersuchungen wegen Münzverbrechen das zur Feststellung des Thatbestandes erforderliche Gutachten darüber, ob eine in Beschlag genommene Münze falsch sei, von der Königlichen General-Münz-Direktion einzuholen,

ist nach einer Mittheilung der Königlichen Verwaltung des Staatsschatzes und Münzwesens in neuerer Zeit in mehreren Fällen nicht entsprochen worden.

Die Gerichtsbehörden und die Beamten der Staatsanwaltschaft werden daher aufgefordert, dafür Sorge zu tragen, daß bei Führung der Voruntersuchung in den Untersuchungen wegen Münzverbrechen jene Anweisung nicht unbeachtet bleibe.

Berlin, den 13. Oktober 1858. Der Justiz-Minister.
Simons.

An
sämmtliche Gerichte und Beamte
der Staatsanwaltschaft.

I. 3421. Criminalia 122. Vol. 3.

24.

Verfügung des Justiz-Ministers vom 18. Oktober 1858 für das Gebiet des rheinischen Rechts-Verfahrens, — betreffend die Eingangsformel für die in exekutorischer Form zu ertheilenden Ausfertigungen der Urtheile, der Notariats- und sonstigen dazu geeigneten Urkunden.

Seine Königliche Hoheit der Prinz von Preußen haben bei Uebernahme der Regentschaft anzuordnen geruht, daß Gesetze, Verordnungen und andere in ähnlicher Weise abzufassende Ausfertigungen nachstehenden Eingang erhalten sollen:

Im Namen Seiner Majestät des Königs. Wir Wilhelm, von Gottes Gnaden Prinz von Preußen, Regent, verordnen 2c.

Die Gerichte und Notare für das Gebiet des rheinischen Rechtsverfahrens werden hiervon mit der Anweisung in Kenntniß gesetzt, demgemäß bei den in exekutorischer Form zu ertheilenden Ausfertigungen der Urtheile, der Notariats- und der sonstigen dazu geeigneten Urkunden fortan die Eingangsformel:

Im Namen Seiner Majestät des Königs. Wir Wilhelm, von Gottes Gnaden Prinz von Preußen, Regent, thun kund und fügen hiermit zu wissen, daß 2c.

anzuwenden.

Berlin, den 18. Oktober 1858. Der Justiz-Minister.
Simons.

An
sämmtliche Gerichte und Notare für das
Gebiet des rheinischen Rechtsverfahrens.

I. 3608. Rhein. Gener. 106.

25.

Allgemeine Verfügung vom 9. November 1858, — betreffend die Ertheilung des Urlaubs an Friedensgerichtsschreiber.

Zur Beseitigung der Zweifel, welche über die Befugniß zur Ertheilung des Urlaubs an die Friedensgerichtsschreiber im Bezirk des Appellationsgerichtshofes zu Cöln entstanden sind, und zur Herstellung eines gleichmäßigen Verfahrens wird hierdurch für den ganzen Bezirk des Appellationsgerichtshofes bestimmt:

daß den Friedensgerichtsschreibern Urlaub bis zu einem Monat von dem Ober-Prokurator des betreffenden Landgerichtsbezirks, und über einen Monat von dem General-Prokurator ertheilt werden kann.

Die Urlaubsgesuche sind in der Regel bei dem betreffenden Friedensrichter einzureichen und von demselben mittelst Berichts an den Ober-Prokurator zu befördern.

Für besonders dringende Fälle wird den Friedensrichtern die Befugniß beigelegt, ihren Gerichtsschreibern Urlaub bis zu acht Tagen zu ertheilen; die Friedensrichter sind jedoch verpflichtet, in solchen Fällen sofort dem Ober-Prokurator Anzeige davon zu machen.

Berlin, den 9. November 1858.

Der Justiz-Minister.
Simons.

An
die Gerichte und Beamten der Staatsanwaltschaft
im Bezirk des Appellationsgerichtshofes zu Cöln.

I. 3650. Rhein. Offizianten-Sachen 37.

26.

Allgemeine Verfügung vom 15. November 1858, — betreffend die Bekanntmachung der Steckbriefe.

Nachdem von Seiten des Herrn Ministers des Innern diejenigen Polizeibehörden, welche das Central-Polizei-Blatt halten, von der Fortführung der bisher von ihnen zu führenden besonderen Steckbrief-Kontrolle entbunden worden sind, werden sämmtliche Gerichte und Beamte der Staatsanwaltschaft angewiesen, die von ihnen erlassenen Steckbriefe in denjenigen Fällen, in welchen eine weitere Verbreitung nach der größeren Wichtigkeit der Sache und der Beschaffenheit der Umstände zweckmäßig und die Beschränkung des Abdrucks auf das amtliche Blatt des zunächst liegenden Bezirks, insbesondere wegen der Wahrscheinlichkeit einer weiteren Entfernung des Verfolgten, ungenügend erscheint, neben der Veröffentlichung durch den Anzeiger des Amtsblattes auch der Redaktion des Preußischen Central-Polizei-Blattes hierselbst zur einmaligen Einrückung, welche kostenfrei erfolgt, mitzutheilen.

Berlin, den 15. November 1858.

Der Justiz-Minister.
Simons.

An
sämmtliche Gerichte und Beamte
der Staatsanwaltschaft.
I. 3792. Criminalia 64. Vol. 2.

27.

Verfügung vom 3. Dezember 1858, — betreffend die Vereidigung der Eisenbahnwärter durch die Friedensrichter.

Art. 154 der Rheinischen Straf-Prozeß-Ordnung.
Gesetz vom 3. November 1838 §. 23 (Ges.-Samml. S. 509).

Auf Ihren Bericht vom 18. September d. J., die Vereidigung der Bahnwärter der Rhein-Mosel-Eisenbahn betreffend, erklärt sich der Justiz-Minister damit einverstanden, daß die Ansicht des Friedensrichters zu N. und des Ober-Prokurators zu N., wonach die Ableistung des allgemeinen Diensteides der mit der Eisenbahn-Polizei beauftragten Bahnwärter um deswillen vor dem Polizeirichter geschehen müsse, weil dadurch die sonst erforderliche Ableistung von Zeugeneiden in jeder einzelnen Sache vermieden werden solle, auf einer unrichtigen Auffassung beruht. Es ist vielmehr unbedenklich, daß jener allgemeine Diensteid vor der dem Beamten vorgesetzten oder vor derjenigen Königl. Behörde abgeleistet werden kann, welche etwa in dem nach §. 23. des Gesetzes vom 3. November 1838 (Ges.-Samml. S. 509) von dem Herrn Handels-Minister zu erlassenden Reglement bestimmt ist und es ist die Beweisfähigkeit der vor solchen Beamten aufgenommenen Protokolle nicht davon abhängig zu machen, ob der Diensteid vor dem Friedensrichter abgeleistet wurde oder nicht. Eine zweimalige Ableistung des Diensteides seitens jener Beamten erscheint aber unstatthaft; die Friedensrichter haben daher diesen Eid nur dann abzunehmen, wenn solches in jenem Reglement vorgeschrieben ist oder etwa von der vorgesetzten Dienstbehörde des Beamten besonders requirirt wird. Von Seiten des Herrn Handels-Ministers wird die Anordnung getroffen werden, daß die Friedensgerichte von der Anstellung und Vereidung jedes Bahn-Polizeibeamten, dessen Anzeigen zu ihrer Cognition kommen sollen, Kenntniß erhalten.

Was endlich die Frage betrifft, ob die fraglichen Bahnwärter zu denjenigen Beamten zu rechnen sind, deren Protokollen nach Artikel 154 der Straf-Prozeß-Ordnung bis zum Beweise des Gegentheils Glauben beizumessen ist, so ist der Justiz-Minister auch in dieser Hinsicht mit der diese Frage bejahenden Ausführung Ihres Berichtes einverstanden. Sollte dies in vorkommenden Fällen prinzipiell nicht anerkannt werden, so ist die Frage durch Einlegung der geeigneten Rechtsmittel zur Entscheidung des höchsten Gerichtshofes zu bringen. Hiernach haben Sie den Ober-Prokurator zu N. und nöthigenfalls auch die übrigen Ober-Prokuratoren mit Anweisung zu versehen.

Berlin, den 3. Dezember 1858. Der Justiz-Minister.
An Simons.
den Königl. Herrn General-Prokurator zu Cöln.

I. 4093. Rhein. Gener. 131.

28.

Verfügung vom 24. Dezember 1858, — betreffend die Rückgabe polizeilich mit Beschlag belegter Drucksachen nach Aufhebung der Beschlagnahme durch den Staatsanwalt.

Gesetz v. 12. Mai 1851 §. 29 (Rh. Samml. Bd. 10. S. 314).

Wenn die von einer Polizeibehörde verhängte vorläufige Beschlagnahme eines Preßerzeugnisses von dem Beamten der Staatsanwaltschaft, in Gemäßheit des §. 29 des Gesetzes vom 12. Mai 1851 über die Presse, aufgehoben und gegen die gleichförmige Verfügung des Ober-Staatsanwaltes von der Polizeibehörde der weitere Rekurs an den Justiz-Minister ergriffen wird, so wohnt dieser letzteren Rekursbeschwerde keine suspensive Wirkung bei, vielmehr ist nach der von dem Ober-Staatsanwalte getroffenen Entscheidung die verfügte Aufhebung der Beschlagnahme als rechtskräftig feststehend zu erachten, und demgemäß sofort zur Ausführung zu bringen.

Der Herr Minister des Innern hat die Königlichen Regierungen hiernach mit Belehrung und Anweisung versehen, und haben Sie, Herr General-Prokurator, an die Ihnen untergebenen Beamten der Staatsanwaltschaft gleichfalls die erforderliche Weisung zu erlassen.

Berlin, den 24. Dezember 1858. Der Justiz-Minister.
An Simons.
den Königl. Herrn General-Prokurator zu Cöln.

I. 4383. P. 50. Vol. 5.

XLVI.

1859.

Gesetze, Verordnungen, Rescripte.

29.

Allgemeine Verfügung vom 10. Januar 1859, — betreffend das Verfahren bei den medizinisch-gerichtlichen Untersuchungen menschlicher Leichname.

Allgemeine Verfügung vom 17. März 1845 (Rhein. Samml. Bd. 9. S. 16).

Da das Regulativ für das Verfahren bei den medizinisch-gerichtlichen Untersuchungen menschlicher Leichname vom 21. Oktober 1844 (Rhein. Samml. Bd. 9. S. 16) den Lehren der vorgeschrittenen gerichtlichen Arzneiwissenschaft und der jetzigen Lage der Strafgesetzgebung nicht mehr überall entspricht, so ist dasselbe Seitens der Königlichen wissenschaftlichen Deputation für das Medizinalwesen einer Revision unterzogen, und das hieraus hervorgegangene neue Regulativ von dem Herrn Minister der geistlichen, Unterrichts- und Medizinal-Angelegenheiten genehmigt worden.

Letzteres wird sämmtlichen Gerichten und Beamten der Staatsanwaltschaft nachstehend bekannt gemacht.

Berlin, den 10. Januar 1859.

Der Justiz-Minister.
Simons.

An
sämmtliche Gerichte und Beamte
der Staatsanwaltschaft.
I. 4590. O. 110. Vol. 3.

a.

Regulativ
für das Verfahren der Gerichtsärzte bei den medizinisch-gerichtlichen Untersuchungen menschlicher Leichname.

I. Allgemeine Bestimmungen.

§. 1.

Gerichtsärztliche Besichtigungen und Oeffnungen von menschlichen Leichen dürfen nur auf Requisition der betreffenden richterlichen Behörden und letztere nur im Beisein des vollständig besetzten Kriminalgerichts vorgenommen werden.

§. 2.

Die betreffenden Physiker sind verpflichtet, jede ihnen übertragene legale Besichtigung einer Leiche selbst vorzunehmen, ebenso jede ihnen übertragene Oeffnung einer Leiche in Gemeinschaft mit dem gerichtlichen Wundarzte selbst auszuführen, und dürfen sich nur in den gesetzlichen Behinderungsfällen durch einen anderen Physikus oder Arzt vertreten lassen.

§. 3.

Vor Ablauf von 24 Stunden nach dem Tode, vorausgesetzt, daß die Zeit desselben bekannt war, dürfen gerichtliche Obduktionen in der Regel nicht vorgenommen werden. Die bloße Besichtigung einer Leiche kann jedoch schon früher geschehen.

§. 4.

Wegen vorhandener Fäulniß dürfen Obduktionen in der Regel nicht unterlassen und von den gerichtlichen Aerzten abgelehnt werden. Denn selbst bei einem hohen Grade der Fäulniß können Abnormitäten und Verletzungen der Knochen noch ermittelt, manche die noch zweifelhaft gebliebene Identität der Leiche betreffenden Momente, z. B. Farbe und Beschaffenheit der Haare, Mangel von Gliedmaßen u. s. w. festgestellt, eingedrungene fremde Körper aufgefunden, Schwangerschaften entdeckt und manche Vergiftungen noch nachgewiesen werden. Es haben deshalb auch die requirirten Aerzte, wenn es sich zur Ermittelung derartiger Momente um die Wiederausgrabung einer Leiche handelt, für dieselbe zu stimmen, ohne Rücksicht auf die seit dem Tode verstrichene Zeit.

§. 5.

Die gerichtlichen Aerzte haben dafür zu sorgen, daß bei jeder Obduktion die erforderlichen Instrumente vollständig und in brauchbarem Zustande zur Hand sind. Die gerichtlichen Wundärzte haben überdies noch die Verpflichtung, nach beendigter Obduktion und möglichster Beseitigung der Abgänge die geöffnet gewesenen Körperhöhlen kunstmäßig wieder zu schließen.

§. 6.

Behufs der Obduktion ist für Beschaffung eines hinreichend geräumigen und hellen Lokals, angemessene Lagerung des Leichnams und Entfernung störender Umgebung möglichst zu sorgen. Obduktionen bei künstlichem Licht sind, einzelne, keinen Aufschub gestattende Fälle ausgenommen, unzulässig. Der Ausnahme ist im Protokoll (§. 19) unter Anführung der Gründe ausdrücklich zu erwähnen.

II. Verfahren bei der Obduktion.

§. 7.

Es kann erforderlich sein, zuvörderst den Ort und die Umgebungen, wo der Leichnam aufgefunden worden ist, auch ärztlicher Seits in Augenschein zu nehmen, die Lage, in der der Leichnam gefunden worden, zu ermitteln und dessen Bekleidungsstücke zu besichtigen. In der Regel werden zwar die Obduzenten eine hierauf bezügliche richterliche Requisition abwarten können; doch kann es unter Umständen auch angemessen sein, daß die Obduzenten bei Zeiten auf die Nothwendigkeit einer solchen Voruntersuchung aufmerksam machen. Dieselben sind auch berechtigt, über andere als die hier bezeichneten Umstände des Todes des Verstorbenen, wenn und soweit dergleichen zur Zeit der Obduktion bereits ermittelt sind, sich Aufschluß von der anwesenden Gerichtsdeputation zu erbitten.

§. 8.

Zeigen sich an dem Leichnam Verletzungen, welche muthmaßlich die Ursache des Todes gewesen, und haben sich Werkzeuge vorgefunden, mit denen diese Verletzungen bewirkt sein konnten, so haben die Obduzenten auf Erfordern des Richters jene mit diesen zu vergleichen und sich darüber zu äußern, ob diese Verletzungen mit diesem Werkzeuge zu bewirken gewesen, und ob aus der Lage und Beschaffenheit der Wunde ein Schluß auf die Art, wie der Thäter wahrscheinlich, und auf die Kraft, mit der er verfahren, gemacht werden könne.

§. 9.

Die Obduktion selbst zerfällt in zwei Haupttheile:

A. äußere Besichtigung (Inspektion),

B. innere Besichtigung (Sektion).

§. 10.

Bei der äußeren Besichtigung ist die äußere Beschaffenheit des Körpers im Allgemeinen und die seiner einzelnen Theile zu untersuchen.

Betreffend den Körper im Allgemeinen, sind zu beachten: Alter, Geschlecht, Größe, Körperbau, allgemeiner Ernährungszustand, besondere Abnormitäten, z. B. Narben, Tätowirungen, Ueberzahl oder Mangel an Gliedmaßen, Krankheitsresiduen, wie Fußgeschwüre und dergleichen, welche sämmtliche Momente, namentlich bei Leichen noch unbekannter Verstorbener zu registriren sind (§. 21). Ferner sind bei allen Leichen ohne Ausnahme die Zeichen des Todes und die der etwa schon eingetretenen Verwesung genau zu prüfen. Zu diesem Behuf müssen, nachdem etwanige Besudelungen der Leiche durch Blut, Koth, Schmutz und dergleichen durch Abwaschen beseitigt worden, geprüft werden: die vorhandene oder nicht vorhandene Leichenstarre, die allgemeine Hautfarbe der Leiche und Art und Grade der etwanigen Verfärbungen einzelner Theile derselben durch die Verwesung, sowie die Art und Beschaffenheit der Todtenflecke, welche durch Einschnitte als solche festzustellen sind, um jede Verwechselung derselben mit Blutunterlaufungen unmöglich zu machen.

Betreffend die Besichtigung der einzelnen Theile ist Folgendes zu beachten: Bei unbekannten Leichen die Farbe der Haare und Augen, deren Schilderung es bei Leichen bekannter Personen in der Regel nicht bedarf; das etwanige Vorhandensein von fremden Gegenständen in den natürlichen Oeffnungen des Körpers, die Zahnreihen und die Beschaffenheit und Lage der Zunge.

Demnächst sind zu untersuchen: der Hals, dann die Brust, der Unterleib, die Rückenfläche, der After, die Genitalien und endlich die Extremitäten. Findet sich an irgend einem Theile eine Verletzung, so ist ihre allgemeine Gestalt, ihre Lage und Richtung mit Beziehung auf feste Punkte des Körpers, ferner ihre Länge und Breite nach Rheinländischen Zollen anzugeben; das Sondiren von Kontinuitätstrennungen bei der äußeren Besichtigung ist in der Regel überflüssig, da sich die Tiefe derselben bei der inneren Besichtigung des Körpers und der verletzten Stellen ergiebt. Halten die Obduzenten die vorsichtige Einführung der Sonde in die Wunde für erforderlich, so haben sie die Gründe für ihr Verfahren im Protokoll (§. 19) anzugeben. Bei vorgefundenen Wunden ist ferner die Beschaffenheit ihrer Ränder und Umgebungen zu berücksichtigen und nach erfolgter Untersuchung und Schilderung der ursprünglichen Wunde dieselbe zu erweitern, um die innere Beschaffenheit ihrer Ränder und des Unterhautzellgewebes zu prüfen.

Bei Verletzungen und Beschädigungen der Leiche, die ganz augenscheinlich einen nicht mit dem Tode im Zusammenhang stehenden Ursprung haben, z. B. bei Merkmalen von Rettungsversuchen, Zernagungen von Thieren und dergleichen, genügt eine summarische Schilderung dieser Befunde. Ebenso ist es gestattet, bei Blutunterlaufungen, abgeschilferten Hautstellen und dergleichen, die gleichfalls augenscheinlich nicht mit dem Tode im Zusammenhang stehen, dieselben ihrer allgemeinen Gestalt nach mit bekannten Körpern zu vergleichen, z. B. einem Geldstück, einer Frucht und dergleichen.

§. 11.

Bei der inneren Besichtigung sind die drei Haupthöhlen des Körpers: Kopf-, Brust- und Bauchhöhle zu eröffnen. In allen Fällen, in welchen von der Eröffnung der Wirbelsäule irgend erhebliche Befunde erwartet werden können, ist dieselbe nicht zu unterlassen. In jeder der genannten Höhlen sind zuerst die Lage der in ihr befindlichen Organe, sodann etwa vorhandene Ergießungen von Flüssigkeiten, deren Menge nach dem Gewicht zu bestimmen, und endlich jedes einzelne Organ äußerlich und innerlich zu betrachten. Läßt sich im Voraus vermuthen, in welcher Höhle sich die Ursache des Todes finden werde, so ist mit dieser Höhle der Anfang zu machen, sonst aber mit dem Kopfe zu beginnen, worauf dann Brust und Unterleib zu eröffnen sind. Wegen der Neugeborenen s. §. 16.

§. 12.

Die Eröffnung der Kopfhöhle geschieht, wenn nicht etwa Verletzungen, die, so viel als möglich, mit dem Messer umgangen werden müssen, ein anderes Verfahren gebieten, am besten mittelst eines, von einem Ohr zum andern mitten über den Scheitel hin geführten Schnittes, worauf sodann die weichen Kopfbedeckungen nach vorn und hinten herabgezogen und untersucht werden. Nachdem alsdann die Oberfläche der knöchernen Schädeldecke geprüft worden, wird letztere durch einen Sägen-Kreisschnitt abgenommen und deren innere Fläche, sowie die Beschaffenheit der Schädelknochen untersucht. Hierauf werden die blutführenden Gehirnhäute und die Spinnwebenhaut untersucht, sodann durch schichtweises Abtragen die Halbkugeln, zur Prüfung der Konsistenz und des Blutreichthums des großen Gehirns, etwaniger Ergüsse, eingedrungener fremder Körper u. s. w., ferner die Beschaffenheit der Ventrikel und resp. Adergeflechte, das Verhalten des Gehirnknotens und des verlängerten Markes, die durch mehrfache Einschnitte zu prüfende Beschaffenheit des kleinen Gehirns, worauf endlich die Untersuchung der Schädelgrundfläche und der Blutleiter folgt.

§. 13.

Zur Eröffnung des Halses, der Brust- und Bauchhöhle genügt in der Regel ein durch die allgemeinen Bedeckungen vom Kinn bis zur Schaambeinfuge an der linken Seite des Nabels fortgeführter Schnitt. Es folgt dann zunächst die Untersuchung des Halses, an welchem namentlich der Kehlkopf nebst Luftröhre, der Schlund und die Speiseröhre, die großen Blutgefäße und Nervenstämme und die Halswirbel zu berücksichtigen sind. Um auch den etwanigen Inhalt der Verzweigungen der Luftröhre zu prüfen, ist nach Eröffnung der letzteren und der Brusthöhle ein vorsichtiger Druck auf die Lungen auszuüben und zu beobachten, ob und welche Flüssigkeiten u. s. w. dabei in die Luftröhre hinaufsteigen. In Fällen, in denen eine genauere Untersuchung des Kehlkopfes erheblich erscheint, ist derselbe herauszunehmen und an seiner hinteren Seite zu eröffnen.

Um die Brusthöhle zu eröffnen, ist es am zweckmäßigsten,

zunächst die Rippenknorpel an ihren Vereinigungsstellen mit den Rippen, mit Vermeidung von Einstichen in die Lungen, zu durchschneiden. Hierauf wird das Zwerchfell von den untersten Rippen und dem schwertförmigen Knorpel getrennt, das Brustbein nach aufwärts geschlagen und dessen Handhabe aus der Verbindung mit den Schlüsselbeinen und den Knorpeln der ersten Rippen — mit sorgfältiger Vermeidung der darunter gelegenen Blutgefäße — getrennt. Es werden nunmehr die etwa noch vorhandene Thymusdrüse, die Lungen, die Bronchien, das Rippenbrustfell, der Herzbeutel und sein Inhalt, das Herz, das so viel als möglich in seiner Lage zu lassen ist, und die großen Blutgefäße untersucht.

§. 14.

Zur Eröffnung der Bauchhöhle wird der bereits gemachte Längenschnitt (§. 13) weiter durch das Bauchfell geführt. Hierauf werden die Bauchdecken nach beiden Seiten so zurückgelegt, daß der glatte Rand der unteren Rippen auf beiden Seiten sich dem Auge darbietet. Nach den allgemeinen, jede Höhle betreffenden Ermittelungen (§. 11) sind in der Bauchhöhle zu untersuchen: Leber, Magen und Darmkanal, Netze und Gekröse, Milz, Nieren und Harnblase, bei weiblichen Leichen die Gebärmutter mit ihren Anhängen, die großen Blutgefäße, und wenn es nach Lage der Sache erforderlich erscheint, das Bauchfell. Zur genaueren Schätzung des Blutgehalts in der unteren Hohlader ist es zweckmäßig, vor der Untersuchung der Bauchhöhle den Oberkörper der Leiche etwas höher zu lagern. Um die Quelle der Blutung aus einem verletzten Gefäße zu ermitteln, kann der Stamm desselben eröffnet und mit einem Tubulus Luft eingeblasen werden.

§. 15.

Bei Verdacht einer Vergiftung müssen um den unteren Theil der Speiseröhre und etwa den mittleren des Dünndarms doppelte Ligaturen gelegt und Speiseröhre und Dünndarm zwischen den Ligaturen durchschnitten werden. Hierauf wird der Magen mit dem oberen Theil des Dünndarms aus der Bauchhöhle herausgenommen, nach vorgängiger anatomischer Untersuchung in ein reines Gefäß von Porzellan oder Glas gethan und den Gerichtspersonen zur weiteren Veranlassung übergeben. In dasselbe Gefäß ist auch die Speiseröhre, nachdem sie nahe am Halse unterbunden und über der Ligatur durchschnitten worden, nach vorgängiger anatomischer Untersuchung zu legen. Endlich sind auch andere Substanzen und Organtheile, wie Blut, Harn, Stücke der Leber, der Milz u. s. w., aus der Leiche zu entnehmen und den Gerichtspersonen in abgesonderten Gefäßen zur weiteren Veranlassung zu übergeben, wenn die Spuren des Gifts in diesen Substanzen erwartet werden können.

§. 16.

Bei den Obduktionen Neugeborener sind noch folgende besondere Punkte zu beachten.

Es müssen erstens die Zeichen der Reife und Lebensfähigkeit ermittelt werden. Dahin gehören: Länge und Gewicht des Kindes, Beschaffenheit der allgemeinen Bedeckungen und der Nabelschnur, Länge und Beschaffenheit der Kopfhaare, Größe der Fontanellen, der Längen-, Quer- und Diagonal-Durchmesser des Kopfes, Beschaffenheit der Augen (Pupillarmembran), der Nasen- und Ohrknorpel, Länge und Beschaffenheit der Nägel, die Querdurchmesser der Schultern und Hüften, bei Knaben die Beschaffenheit des Hodensacks und die Lage der Hoden, und bei Mädchen die Beschaffenheit der äußeren Geschlechtstheile. Endlich ist noch der Knochenkern in der unteren Epiphyse eines Oberschenkels zu ermitteln. Zu diesem Behufe wird die Kopfbedeckung über dem Knorpel durch einen Querschnitt bis auf den Knorpel getrennt, dann die Extremität im Gelenke stark gebogen, die Kniescheibe entfernt und nun dünne Knorpelschichten so lange abgetragen, bis man auf den größten Durchmesser des etwa vorhandenen Knochenkerns gelangt, welcher nach Linien genau zu messen ist.

Ergiebt sich aus der Beschaffenheit der Frucht, daß dieselbe zweifellos eine lebensfähige nicht gewesen, so kann von der Obduktion Abstand genommen werden, wenn dieselbe nicht von den Gerichtspersonen ausdrücklich gefordert wird.

§. 17.

Hat sich ergeben, daß das Kind lebensfähig gewesen, so muß zweitens untersucht werden, ob es nach der Geburt wirklich gelebt, das heißt geathmet hatte. Es ist deshalb die Athemprobe anzustellen, und zu diesem Zweck:

a) schon nach Eröffnung der Bauchhöhle der Stand des Zwerchfells nach der entsprechenden Rippe zu beachten, zu dessen richtiger Ermittelung bei Neugebornen überall die Bauchhöhle zuerst und dann erst die Brust- und Kopfhöhle zu eröffnen sind;

b) die Ausdehnung und die von derselben abhängige Lage der Lungen (letztere namentlich in Beziehung zum Herzbeutel) zu betrachten;

nunmehr

c) Behufs der Herausnahme der Brustorgane aus der Brusthöhle der Herzbeutel zu eröffnen und die Luftröhre einfach zu unterbinden und oberhalb der Ligatur zu durchschneiden;

d) nach Herausnahme der Brustorgane die Luftröhre und ihre Verzweigungen zu eröffnen und zu untersuchen;

sodann

e) die Farbe und die Konsistenz der Lungen zu prüfen;

hierauf

f) nach Beseitigung der Thymusdrüse die Lungen mit dem Herzen in einem geräumigen, mit reinem kalten Wasser gefüllten Gefäß auf ihre Schwimmfähigkeit zu prüfen;

alsdann

g) die Lungen von dem Herzen zu trennen und dieselben abermals auf ihre Schwimmfähigkeit zu prüfen;

ferner

h) in beide Lungen Einschnitte zu machen, und auf etwa wahrzunehmendes knisterndes Geräusch, sowie

i) auf Menge und Beschaffenheit des bei gelindem Druck auf diese Schnittflächen hervorquellenden Blutes zu achten und

k) die Lungen auch unterhalb des Wasserspiegels einzuschneiden, um zu beobachten, ob Luftbläschen aus den Schnittflächen emporsteigen;

endlich

l) beide Lungen zunächst in ihre einzelnen Lappen, diese dann noch in einzelne Stückchen zu zerschneiden und alle insgesammt auf ihre Schwimmfähigkeit zu prüfen.

§. 18.

Im Allgemeinen wird den Obduzenten zur Pflicht gemacht, auch alle in dem Regulativ nicht namentlich aufgeführten Organe, falls sie an denselben Verletzungen oder sonstige Regelwidrigkeiten finden, zu untersuchen und den Befund in das Obduktions-Protokoll aufzunehmen.

III. Abfassung des Obduktions-Protokolls und des Obduktions-Berichts.

§. 19.

Ueber alles die Obduktion Betreffende wird an Ort und Stelle von dem Richter ein Protokoll aufgenommen. (Obduktions-Protokoll §. 168 der Kriminal-Ordnung.)

§. 20.

Beim Erheben der Leichenbefunde müssen die Obduzenten überall den richterlichen Zweck der Leichen-Untersuchung und deren Unterschied von einer pathologisch-anatomischen Sektion im Auge behalten und Alles, was jenem Zwecke dient, mit Genauigkeit und Vollständigkeit untersuchen, dagegen Ausführlichkeit über diese Grenze hinaus vermeiden. Alle erheblichen Befunde müssen, bevor sie in das Protokoll aufgenommen, dem Richter von den Obduzenten vorgezeigt werden.

§. 21.

Der technische Inhalt des Obduktions-Protokolls, welchen der die Obduktion leitende Gerichtsarzt angiebt, muß deutlich, bestimmt und auch dem Nichtarzte möglichst verständlich abgefaßt sein. Zu letzterem Zwecke sind namentlich bei der Bezeichnung der Befunde fremde Kunstausdrücke, so viel es unbeschadet der Deutlichkeit möglich ist, zu vermeiden. In dem technischen Theil des Obduktions-Protokolls sind die beiden Hauptabtheilungen, die äußere und innere Besichtigung, mit großen Buchstaben (A. und B.) und die Eröffnungen der drei Haupthöhlen mit römischen Zahlen (I. II. III.) zu bezeichnen. Außerdem ist die Untersuchung jedes einzelnen Theils unter eine besondere, mit arabischen Zahlen zu bezeichnende Rubrik zu bringen, welche bis zum Schlusse des Protokolls fortlaufen. Mehrere Theile dürfen nicht unter Eine Nummer gebracht, überhaupt nicht kollektiv abgehandelt und kein Theil darf ganz mit Stillschweigen übergangen werden. Die Befunde müssen in thatsächlichen Schilderungen, nicht in der Form von bloßen Urtheilen (z. B. „entzündet," „brandig" und dergleichen) zu Protokoll gegeben werden. Am Schlusse der Obduktion haben die Obduzenten ihr vorläufiges Gutachten über den Fall summarisch und ohne Angabe der Gründe zum Protokoll abzugeben.

§. 22.

Wird von den Obduzenten ein Obduktions-Bericht (motivirtes Gutachten) erfordert, so haben sie, nach einem gewöhnlichen geschäftlichen, kurzen Eingang, mit Beseitigung unnützer Formalien, eine kurze Geschichtserzählung des Falls, wenn und soweit sie durch Kenntnißnahme der bisherigen Verhandlungen dazu im Stande sind, voranzuschicken. Sodann haben sie in diesen Bericht das Obduktions-Protokoll, seinem, für die Beurtheilung der Sache wesentlichen Inhalte nach, wörtlich und mit den Nummern des Protokolls aufzunehmen, auch auf etwaige Abweichungen von demselben ausdrücklich aufmerksam zu machen. Die Fassung des Obduktions-Berichts muß gleichfalls bündig und deutlich sein und die Begründung des Gutachtens so entwickelt werden, daß sie auch für den Nichtarzt überzeugend ist. Wenn den Obduzenten für ihre Begutachtung richterlicherseits bestimmte Fragen vorgelegt worden, so haben sie dieselben vollständig und möglichst wörtlich zu beantworten, oder die Gründe anzuführen, aus welchen dies nicht möglich gewesen. Einer Beantwortung der drei Fragen des §. 169 der Kriminal-Ordnung, resp. der vier Fragen des für die Rhein-Provinzen erlassenen Ministerial-Rescripts vom 15. Mai 1833, betreffend den Tod durch Verletzungen, bedarf es in Folge des §. 185 des Strafgesetzbuchs vom 14. April 1851 nicht mehr, es sei denn, daß eine solche Beantwortung von den Obduzenten ausdrücklich gefordert worden. Da es sich von selbst versteht, daß jeder Obduktions-Bericht gewissenhaft und nach wissenschaftlichen Lehren und Grundsätzen abgefaßt werden muß, so bedarf es einer Versicherung der Obduzenten, daß dies geschehen sei, am Schlusse des Berichts nicht.

Der Obduktions-Bericht muß von den Obduzenten unterschrieben, und wenn ein Physikus die Obduktion mit vorgenommen hat, mit dessen Amtssiegel versehen werden.

Jeder erforderte Obduktions-Bericht muß von den Obduzenten spätestens nach vier Wochen eingereicht werden.

Berlin, den 15. November 1858.

Königliche wissenschaftliche Deputation für das Medizinalwesen.

Das vorstehende Regulativ wird hierdurch, unter Aufhebung des Regulativs vom 21. Oktober 1844, genehmigt und die Beachtung desselben den betreffenden Medizinalpersonen zur Pflicht gemacht.

Berlin, den 1. Dezember 1858.

Der Minister der geistlichen, Unterrichts- und Medizinal-Angelegenheiten.
v. Bethmann-Hollweg.

30.

Verfügung vom 20. Januar 1859, — betreffend die Verminderung der Zeugeneide der Beamten.

Art. 154 und 189 der Rheinischen Strafprozeßordnung.

Es ist neuerdings die Häufigkeit der förmlichen Zeugeneide, welche Beamte nach den Vorschriften des im Bezirk des Appellationsgerichtshofes zu Cöln geltenden Verfahrens in Polizei- und Zuchtpolizeisachen zu leisten haben, zur Sprache gebracht und zugleich eine Verschiedenheit des in dieser Beziehung von den dortigen Gerichten befolgten Verfahrens behauptet worden. Wenn es auch nicht für angemessen erachtet wird, die desfallsigen Vorschriften der Rheinischen Strafprozeßordnung abzuändern und im Wege der Gesetzgebung eine Versicherung auf den Diensteid der Ableistung des förmlichen Zeugeneides zu substituiren, so ist es doch nothwendig, daß auf eine Verminderung der besonderen Zeugeneide von Beamten, so weit dies die Gesetze gestatten, von den Gerichten möglichst Bedacht genommen werde. Es ist insbesondere auf eine umfassende Anwendung der Art. 154 und 189 der Rheinischen Strafprozeßordnung hinzuwirken. Nach denselben sollen Uebertretungen und Vergehen in der Regel durch

Protokolle und Berichte der zu ihrer Verfolgung und Constatirung berufenen Beamten bewiesen werden. Wo die Protokolle ausreichen, bedarf es der Vernehmung dieser Beamten überhaupt nicht; aber auch dann, wenn dieselben um Weitläuftigkeiten zu vermeiden, zur Sitzung des Strafgerichts vorgeladen sind, wird in vielen Fällen ihre förmliche Vereidung unterbleiben können, wenn es sich lediglich von einer näheren Aufklärung des Inhaltes ihrer Protokolle und nicht etwa von einer förmlichen Widerlegung des zulässigen und versuchten Gegenbeweises handelt, oder das Protokoll an sich zu dem erforderlichen Beweise nicht genügt.

Hiernach haben Sie dahin zu wirken, daß bei den Gerichten und von Seiten der Beamten der Staatsanwaltschaft nach den vorstehend entwickelten Grundsätzen verfahren wird.

Berlin, den 20. Januar 1859.

Der Justiz-Minister.
Simons.

An
den Königl. Herrn Ersten Präsidenten
und den Königl. Herrn General-
Prokurator zu Cöln.

I. 101. Rhein. Crimin. 30.

31.

Verfügung vom 25. Januar 1859, — betreffend die Kosten der Abschriften, welche von der Steuerbehörde bei Stempelrevisionen für nothwendig erachtet werden.

In Folge eines zwischen der Provinzial-Steuer-Direktion zu Cöln und dem Landgerichte zu Coblenz entstandenen Konflikts über die Frage:

> wer die Kosten der Abschriften von Urkunden zu tragen habe, deren Vorlage die genannte Direktion zur Beurtheilung von bestrittenen Stempelrevisions-Erinnerungen für nöthig hält,

hat zwischen dem Herrn Finanz-Minister und dem Justiz-Minister eine Korrespondenz stattgefunden, nach deren Ergebniß die prinzipielle Entscheidung jener Frage um so mehr auf sich beruhen bleiben kann, als es nur darauf ankommt, daß die erforderlichen Abschriften so viel als möglich ohne Kosten beschafft und eventuell die letztern auf die eine oder andere Staatskasse mit den geringsten Schwierigkeiten angewiesen werden. Der Herr Finanz-Minister hat demnach die abschriftlich anliegende

Verfügung vom 13. d. Mts. an den Provinzial-Steuer-Direktor in Cöln erlassen, von deren Inhalt Sie den Landgerichts-Präsidenten und den Ober-Prokurator zu Coblenz in Kenntniß zu setzen und letzteren mit entsprechender Anweisung zu versehen haben.

Berlin, den 25. Januar 1859.

Der Justiz-Minister.
Simons.

An
den Königl. Herrn General-Prokurator zu Cöln.

I. 231. Rhein. Gener. 62. Vol. 8.

Anlage.

Da es sich nach Ew. Hochwohlgeboren Bericht vom 24. November v. J. von der Stempelrevision bei dem Landgerichte zu Coblenz, mithin von der Revision eines Gerichts am Sitze eines Stempelfiskalats handelt, so wird es keine Schwierigkeit finden, die Abschriften der Dokumente, deren Einsicht zur Entscheidung auf die von der Gerichtsbehörde bestrittenen Revisions-Erinnerungen nöthig erscheint, um das Entstehen von Kosten zu vermeiden, vom Stempel-Fiskalats-Assistenten im Gerichts-Lokal anfertigen zu lassen. Hierdurch wird diese Angelegenheit zur Zeit ihre Erledigung finden.

Berlin, den 13. Januar 1859.

Der Finanz-Minister.
v. Patow.

An
den Königl. Geheimen Ober-Finanzrath Herrn Dach Hochwohlgeboren zu Cöln.

32.

Verfügung vom 26. Januar 1859, — betreffend die Zuziehung der nicht etatsmäßigen Assessoren zu den Assisen-Sitzungen.

Art. 253 der Rheinischen Strafprozeßordnung.

Auf Ihren Bericht vom 19. d. Mts.

die Zuziehung der nicht etatsmäßigen Assessoren zu den Assisen-Sitzungen betreffend,

werden die Landgerichts-Präsidenten hierdurch ermächtigt, im Falle des Bedürfnisses und unter Berücksichtigung der Vorschriften des Art. 253 der Straf-Prozeß-Ordnung künftig auch nicht etatsmäßige Assessoren als Richter bei den Assisenhöfen mit der Maßgabe zu bezeichnen, daß in jeder einzelnen Sache in der Regel nur ein solcher Assessor und nur in ganz besonders dringenden Fällen ein zweiter zugezogen werden darf.

Sie haben hiervon die Landgerichts-Präsidenten und Ober-Prokuratoren bei sämmtlichen Landgerichten in Kenntniß zu setzen.

Berlin, den 26. Januar 1859.

Der Justiz-Minister.
Simons.

An
den Königl. Herrn Ersten Präsidenten
und den Königl. Herrn General-
Prokurator zu Cöln.

I. 356. Rhein. Crimin. 21. Vol. 3.

33.

Verfügung vom 7. Februar 1859, — betreffend die bei der Aufnahme in die Allgemeine Wittwenverpflegungsanstalt zu beobachtenden Förmlichkeiten.

Die General-Direktion der Königlichen Allgemeinen Wittwen-Verpflegungsanstalt hat sich veranlaßt gefunden, in einer Bekanntmachung vom 29. Januar d. J. diejenigen Vorschriften zusammenzustellen, welche zur Aufnahme in die gedachte Anstalt von den betheiligten Personen zu berücksichtigen sind. Diese Bekanntmachung wird sämmtlichen Gerichtsbehörden und Justizbeamten nachstehend zur Kenntnißnahme und Beachtung mitgetheilt.

Berlin, den 7. Februar 1859.

Der Justiz-Minister
Simons.

An sämmtliche Gerichtsbehörden
und Justizbeamten.

I. 579. O. 137. Vol. 6.

a.

Bekanntmachung vom 29. Januar 1859.

Die Königlichen Regierungs-Hauptkassen, denen im Interesse der Staatsbeamten und zur Vereinfachung unserer Verwaltung die Vermittelung von Aufnahmen in unsere Anstalt obliegt, werden seit längerer Zeit dadurch, daß die betreffenden Anträge von Behörden und einzelnen Personen in der Regel höchst unvollständig und mit unzulässigen Nebenanträgen bei ihnen eingehen, mit Korrespondenzen zur Beseitigung der vorgefundenen Mängel und Beantwortung unstatthafter Anträge in demselben

Maaße ungebührlich belastet, wie unsere eigene Verwaltung. Wir machen daher in Folgendem alles dasjenige bekannt, was bei der Reception in unsere Anstalt erforderlich ist, und bemerken dabei ausdrücklich, daß Abweichungen von diesen Bestimmungen unter keiner Bedingung gestattet werden können. Sollte also dagegen irgendwie verstoßen oder irgend eine vorgeschriebene Form nicht ganz genau beachtet werden, worüber die mit uns in Verbindung stehenden Königlichen Kassen und unsere Agenten streng zu wachen haben, so müssen die betreffenden Personen erwarten, daß ihre Aufnahmen abgelehnt oder verzögert und ihnen umständliche Korrespondenzen und Portokosten verursacht werden.

I. Es können in die Königlich Preußische Allgemeine Wittwen-Verpflegungsanstalt nach den bestehenden Bestimmungen nur aufgenommen werden (und zwar auch nur unter der Voraussetzung, daß nicht etwa Gesundheits- oder Alters-Verhältnisse obwalten, die nach den §§. 3 und 4 unseres Reglements überhaupt gänzlich von der Reception ausschließen);

a) diejenigen im unmittelbaren Staatsdienste angestellten Civilbeamten, welche nach dem Pensions-Reglement vom 30. April 1825 pensionsberechtigt sind und daher zum Pensionsfond beitragen, jedoch mit der Maaßgabe, daß diejenigen unter ihnen, deren fixirtes Diensteinkommen die Summe von jährlich 250 Thalern nicht übersteigt, höchstens eine Wittwenpension von 50 Thalern versichern dürfen;

b) die Assessoren bei den Regierungen, den Obergerichten und den Rheinischen Landgerichten, auch wenn sie weder Gehalt noch Diäten beziehen, sowie die bei den Auseinandersetzungsbehörden als Spezial-Kommissarien dauernd beschäftigten Oekonomie-Kommissarien, noch ehe sie in den Genuß eines pensionsberechtigten Einkommens treten; jedoch alle diese unter b. angeführten Beamten nur mit der Versicherung einer Wittwenpension von höchstens 100 Thalern, vorbehaltlich einer künftigen Erhöhung derselben für den Fall, daß ihnen später die Pensionsberechtigung beigelegt werden sollte;

c) die im eigentlichen Seelsorgeramte, sowohl unter Königlichen als unter Privat-Patronaten angestellten Geistlichen;

d) die an Gymnasien und diesen gleich zu achtenden Anstalten, an Schullehrer-Seminarien, sowie an höheren und an allgemeinen Stadtschulen angestellten wirklichen Lehrer; nicht aber auch die Hülfslehrer solcher Anstalten und die Lehrer an solchen Klassen derselben, welche als eigentliche Elementarklassen nur die Stelle der mit jenen höheren Unterrichtsanstalten verbundenen Elementarschulen ersetzen;

e) die Professoren bei den Universitäten, wenn sie mit einer fixirten Besoldung angestellt sind;

f) die reitenden Feldjäger.

Außerdem sind zwar noch einige andere Beamtenklassen, als die Hofdiener u. s. w., beitrittsfähig, diese befinden sich jedoch uns gegenüber in einer ganz besonderen Ausnahmestellung und werden niemals von unseren Agenten oder den Königlichen Regierungs-Hauptkassen, sondern zum größten Theil von ihren eigenen, mit unseren Aufnahmebestimmungen vollkommen bekannten Behörden zur Reception bei uns angemeldet. Es bedarf daher hier nicht weiter ihrer Erwähnung.

II. Wer nun hiernach der Königlich Preußischen Allgemeinen Wittwenverpflegungsanstalt beitreten will, hat vorzulegen:

a) ein Attest seiner vorgesetzten Behörde, daß er zu einer der genannten Klassen gehöre, also zu Ia. ausdrücklich darüber, daß er ein pensionsbeitragspflichtiges Gehalt und event. zu welchem jährlichen Betrage beziehe; zu Ib. wegen der Oekonomie-Kommissarien, daß er bei einer Auseinandersetzungsbehörde dauernd beschäftigt sei; zu Id. dagegen darüber, daß er zu den nach der Allerhöchsten Kabinets-Order vom 17. April 1820 receptionsfähigen Lehrern gehöre. Ausgenommen sind hierbei nur die Geistlichen und die bei den Regierungen und Obergerichten oder anderen Landes-Kollegien als wirkliche Räthe angestellten Staatsbeamten, da diese über ihre Stellung keines besonderen Nachweises bedürfen.

Heirathskonsense können nur dann die Stelle solcher Atteste vertreten, wenn in denselben das Verhältniß des Beamten oder Lehrers, welches ihn nach den obigen Bestimmungen zur Aufnahme in unsere Anstalt berechtigt, besonders und bestimmt ausgedrückt, auch event. das pensionsbeitragspflichtige Diensteinkommen des Beamten ad Ia. angegeben ist. Versicherungen, welche die Recipienden selbst über ihre Stellung abgeben oder einfache Bescheinigungen einzelner Behörden: „daß N. N. berechtigt oder verpflichtet sei, der Königlichen Allgemeinen Wittwen-Verpflegungsanstalt beizutreten,“ können uns niemals genügen, da wir diese Berechtigung oder Verpflichtung auf eigene Verantwortung selbst zu prüfen haben.

b) Förmliche Geburtsatteste beider Gatten und einen Kopulationsschein.

Die in diesen Dokumenten vorkommenden Zahlen müssen mit Buchstaben ausgeschrieben sein, und die Vor- und Zunamen beider Eheleute in den Geburtsscheinen müssen mit den Angaben des Kopulationsscheins so genau übereinstimmen, daß die Identität der Personen durchaus keinem Zweifel unterliegt, der sonst anderweitig auf glaubhafte Weise zu heben sein würde.

Bloße Taufscheine ohne bestimmte Angabe der Geburtszeit sind ungenügend; sind aber solche Angaben im Kopulationsscheine vorhanden, so können sie als Ersatz etwa fehlender besonderer Geburtsatteste nur dann gelten, wenn die Trauung in derselben Kirche erfolgt ist, in welcher die Taufe vollzogen wurde, und wenn die Kopulations- und Geburts-Angaben ausdrücklich auf Grund der Kirchenbücher einer und derselben Kirche gemacht werden. Sollte in besonderen Fällen es nicht möglich sein, einen Geburtsschein zu erhalten, und diese Unmöglichkeit bescheinigt oder wenigstens wahrscheinlich gemacht werden, so muß das Alter durch gültige Atteste seit der Zeit der Konfirmation, durch glaubwürdige Bescheinigung der Eltern oder Taufzeugen, durch gerichtliche Vormundschaftsbestellungen, worin das Alter der aufzunehmenden Eheleute angeführt wird, durch Dokumente, welche geraume Zeit vor beantragter Reception im Druck erschienen sind, oder sonst durch andere, allenfalls durch das suppletorium zu bekräftigende Mittel erweislich gemacht werden.

Einer gerichtlichen Beglaubigung der Kirchenzeugnisse bedarf es nicht mehr, wohl aber muß der Unterschrift des Ausstellers das Kirchensiegel deutlich beigedruckt sein. Auch sind diese Dokumente stempelfrei, den Predigern aber ist es nachgelassen, für Ausfertigung eines jeden solcher Zeugnisse kirchliche Gebühren, jedoch höchstens im Betrage von 7 Sgr. 6 Pf. zu fordern.

Da die Kirchenzeugnisse bis nach Beendigung der Mitgliedschaft bei unseren Akten verbleiben müssen, so ist denjenigen Recipienden, die sie etwa auf Stempelpapier einreichen und also später auch zu anderen Zwecken als zum Einkauf in unsere Anstalt benutzen können, ganz besonders anzurathen, von vorn herein uns zu unseren Akten nicht die

Originalien, sondern stempelfreie beglaubigte Abschriften zugehen zu lassen, jedoch mit dem ausdrücklichen Vermerke des vidimirenden Beamten, daß den Originalien die Kirchensiegel beigedruckt seien. Jedenfalls besitzen wir keine Arbeitskräfte, um später auf Verlangen einzelner Interessenten beglaubigte Abschriften der bei unseren Akten beruhenden Atteste ertheilen zu können.

c) Ein ärztliches, ebenfalls stempelfreies Attest in folgender Fassung:

„Ich (der Arzt) versichere hierdurch auf meine Pflicht und an Eidesstatt, daß nach meiner besten Wissenschaft Herr N. N. weder mit der Schwindsucht, Wassersucht, noch einer anderen chronischen Krankheit, die ein baldiges Absterben befürchten ließe, behaftet, auch überhaupt nicht krank, noch bettlägerig, sondern gesund, nach Verhältniß seines Alters bei Kräften und fähig ist, seine Geschäfte zu verrichten."

Dieses Attest des Arztes muß von vier Mitgliedern unserer Anstalt, oder, wenn solche nicht vorhanden sind, von vier anderen bekannten redlichen Männern dahin bekräftigt werden:

„daß ihnen der Aufzunehmende bekannt sei und sie das Gegentheil von dem, was der Arzt attestirt habe, nicht wissen."

Wohnt der Recipiend außerhalb Berlin, so ist noch außerdem ein Certifikat hinzuzufügen, dahin lautend:

„daß sowohl der Arzt als die vier Zeugen das Attest eigenhändig unterschrieben haben, auch keiner von ihnen ein Vater, Bruder, Sohn, Schwiegersohn oder Schwager des Aufzunehmenden oder der Frau desselben sei."

Dieses Certifikat darf nur von Notar und Zeugen, von einem Gericht oder von der Ortspolizei-Behörde ertheilt werden; bei den Gesundheitsattesten für aufzunehmende Gendarmen sind jedoch ausnahmsweise auch die Certifikate von Gendarmerie-Offizieren zulässig.

Das ärztliche Attest selbst können wir nur von einem approbirten praktischen Arzte oder von einem Kreiswundarzte annehmen. Wundärzte erster Klasse, die nicht im Staatsdienste angestellt sind, dürfen dergleichen Atteste nur dann ausstellen, wenn uns zugleich von der Ortsobrigkeit bescheinigt wird, daß an ihrem Wohnorte zur Zeit ihrer Niederlassung daselbst ein zum Doktor promovirter praktischer Arzt nicht ansässig gewesen.

Das Attest, die Zeugen-Aussagen und das Certifikat dürfen nie vor dem 16. Januar oder 16. Juli datirt sein, je nachdem die Aufnahme zum 1. April oder 1. Oktober erfolgen soll, und die oben vorgeschriebene Form muß in allen Theilen Wort für Wort ganz genau beobachtet werden.

III. Die Aufnahme-Termine sind, wie eben angedeutet, der 1. April und 1. Oktober eines jeden Jahres.

Wer also nach I. zur Reception berechtigt oder verpflichtet ist und diese durch eine Königliche Regierungs-Haupt- oder Instituten-Kasse, oder durch einen unserer Kommissarien bewirken will, hat an dieselben seinen Antrag und die zu II. genannten Dokumente vor dem 1. April oder 1. Oktober so zeitig einzureichen, daß sie spätestens bis zum 15. März oder 15. September von dort aus bei uns eingehen können. Anträge, welche nicht bis zu diesem Zeitpunkte gemacht und bis dahin nicht vollständig belegt worden sind, werden von den Königlichen Kassen und Kommissarien zurückgewiesen und können nur noch spätestens bis zum 1. April oder 1. Oktober in portofreien Briefen unmittelbar an uns selbst eingesandt werden.

In der Zwischenzeit der vorgeschriebenen Termine werden keine Receptions-Anträge angenommen und keine Aufnahmen vollzogen.

IV. Den zu II. genannten Attesten sind womöglich gleich die ersten, praenumerando zu zahlenden halbjährlichen Beiträge beizufügen, die nach dem Tarif zu dem Gesetze vom 17. Mai 1856 (Gesetz-Samml. S. 479) sehr leicht berechnet werden können. Dieser Tarif ist im Verlage der hiesigen Decker'schen Geheimen Ober-Hofbuchdruckerei erschienen und ist also Jedermann zugänglich. Bei Berechnung der Alter ist jedoch der §. 5 unseres Reglements zu beachten, wonach einzelne Monate unter Sechs gar nicht, vollendete Sechs Monate aber und darüber als ein ganzes Jahr gerechnet werden.

Stundungen der ersten Beiträge oder einzelne Theilzahlungen zur Tilgung derselben sind unstatthaft, und vor vollständiger Einsendung der tarifmäßigen Gelder und der vorgeschriebenen Atteste kann unter keinen Umständen eine Reception bewirkt werden.

V. Was die Festsetzung des Betrages der zu versichernden Pension betrifft, so haben hierüber nicht wir, sondern die den Recipienden vorgesetzten Dienstbehörden zu bestimmen. Es kann daher hier nur im Allgemeinen bemerkt werden, daß nach den, höheren Orts erlassenen Verordnungen die Pension mindestens dem fünften Theile des Diensteinkommens gleich sein muß, wobei jedoch zu berücksichtigen ist, daß die Versicherungen nur von 25 Thalern bis 500 Thaler incl., immer mit 25 Thalern steigend stattfinden können.

VI. Bei späteren Pensions-Erhöhungen, die jedoch in Beziehung auf die Beiträge, Probejahre u. s. w. als ganz neue, von den älteren ganz unabhängige Versicherungen und nur insofern mit diesen gemeinschaftlich betrachtet werden, als ihr Gesammtbetrag die Summe von 50 Thalern, resp. 100 Thalern und 500 Thalern nicht übersteigen darf (vergl. I a. und b.), ist die abermalige Beibringung der Kirchenzeugnisse nicht erforderlich, sondern nur die Anzeige der älteren Receptions-Nummer, ein neues vorschriftsmäßiges Gesundheitsattest und, wenn die zu I a. und b. bezeichneten Grenzen überschritten werden sollen, ein amtliches Attest über die veränderte Stellung und Besoldung, sowie über die etwa erlangte Pensionsberechtigung. Auch die Beträge der Erhöhungen müssen wie die ersten Versicherungen durch 25 ohne Bruch theilbar sein.

VII. Nach dem Gesetze vom 17. Mai 1856 werden nicht mehr Goldsummen, sondern nur noch Summen in Silbergeld versichert, sowie auch die halbjährlichen Beiträge nur noch in Silbergeld berechnet werden.

VIII. Da wir im Schlußsatze der Receptions-Dokumente stets förmlich und rechtsgültig über die ersten halbjährlichen Beiträge quittiren, so werden besondere Quittungen über dieselben, wie sie sehr häufig von uns verlangt werden, unter keinen Umständen ertheilt.

Berlin, den 29. Januar 1859.

General-Direktion der Königlichen Allgemeinen
Wittwen-Verpflegungsanstalt.
Freiherr von Monteton.

34.

Verfügung vom 7. Februar 1859, — betreffend die Annahme und Verrechnung von Abschlagszahlungen auf Geldbußen und Kosten.

Art. 1244. 1253—1256 des Rheinischen Civil-Gesetzbuches.
Gesetz vom 5. September 1807.
Art. XXVII. §. 3 des Einführungsgesetzes zum Strafgesetzbuch (Rhein. Samml. Bd. 10. S. 634).

Mit Bezug auf Ihren Bericht vom 28. Juni v. J. betreffend die Verrechnung von Abschlagszahlungen auf Geldbußen und Kosten,

wird Ihnen in der Anlage Abschrift der von dem Herrn Finanz-Minister an die Rheinischen Regierungen über diesen Gegenstand erlassenen Verfügung vom 23. v. Mts. zur Kenntnißnahme mitgetheilt.

Berlin, den 7. Februar 1859.

Der Justiz-Minister.
Simons.

An
den Königl. Herrn General-Prokurator
zu Cöln.

I. 447. Rhein. Crimin. 59. Vol. 2.

Anlage.

Die Königliche Regierung hat in dem Bericht vom 9. Januar v. J. die Frage zur Entscheidung gestellt, ob nach dem im Bezirk des Rheinischen Appellationsgerichtshofes geltenden Rechte die fiskalischen Kassenzahlungen, welche auf eine durch strafrichterliches Erkenntniß begründete Forderung an Geldbuße und Gerichtskosten einschließlich der Stempelgebühr in einer, den Gesammtbetrag der diesfälligen Forderung nicht deckenden Summe unter dem Verlangen der Abrechnung auf die Geldstrafe geleistet werden, entgegen diesem Verlangen zu vorzugsweiser Tilgung der Kosten und Stempelgebühr verwendet werden dürfen. Für die Beurtheilung dieser Frage sind, wie ich mit der Königlichen Regierung einverstanden bin, lediglich die von der Anrechnung und resp. von der Verpflichtung zur Annahme von Theilzahlungen handelnden Vorschriften des Rheinischen Civilgesetzbuches maaßgebend. Die diesfälligen aus den Art. 1253—56 und resp. 1244 a. a. O. zu entnehmenden Vorschriften fassen sich in ihrem hier einschlagenden Theil dahin zusammen, daß der Gläubiger die Annahme von Stückzahlungen ablehnen kann, also bei Vorhandensein mehrerer Forderungen an denselben

Schuldner auf keine derselben theilweise Zahlungen anzunehmen verbunden ist, dagegen insoweit, als volle Zahlungen auf die einzelnen Forderungen geleistet werden, dem Zahlenden die Bestimmung derjenigen Schuldposten nicht versagen kann, auf welche angerechnet werden soll, sowie endlich, daß beim Mangel solcher Bestimmung von Seiten des Schuldners die Anrechnung durch Auslieferung und Annahme einer dieselbe speziell bezeichnenden Quittung rechtsverbindlich geregelt wird. Auf die Anwendung dieser Grundsätze ist ohne Einfluß, ob einzelne von den mehreren Forderungen des Gläubigers mit einem gesetzlichen Vorzugsrechte verbunden sind, und ebenso wenig unterscheiden die einschlagenden Vorschriften, ob die mehreren Forderungen aus verschiedenen Titeln, oder ob sie, wie rücksichtlich des in einem Strafurtheil sich gründenden Anspruchs auf Zahlung von Geldbußen und Gerichtskosten, einschließlich Stempelgebühren der Fall ist, aus demselben Titel herrühren. Die einzige gesetzliche Beschränkung aber, welche das Recht des Schuldners auf freie Auswahl der seinerseits abzutragenden Forderungen durch den Art. 1254 für die Fälle der Theilzahlungen auf zinstragende Forderungen erleidet, trifft hier nicht zu.

Demnach und in gleichzeitigem Betracht, daß Geldbuße und Kosten nicht eine einzige unzertrennliche Schuld, sondern zwei besondere, sowohl nach ihrem Verhältniß zu anderen Schulden, als auch nach der Art und Weise ihrer Exigibilität verschiedene Forderungen bilden, ergiebt sich aus den oben zusammengefaßten Rechtssätzen bei Anwendung derselben auf die zur Entscheidung gestellte Frage die Folgerung:

1) daß dem Verurtheilten, welcher einen der genannten Schuldposten (Geldstrafe oder Kosten) in unzertrennlicher Summe zu tilgen beabsichtigt, nicht die Bestimmung darüber verschränkt werden kann, auf welchen derselben die Anrechnung der Zahlung geschehen soll;
2) daß, wenn keine solche Bestimmung getroffen ist, die Zahlung von der Empfangsstelle zunächst auf Kosten unter Ausantwortung einer dem entsprechenden nach Art. 1255 l. c. die Stelle der Uebereinkunft vertretenden Quittung verrechnen darf;
3) daß, wenn der Verurtheilte eine Stückzahlung unter ausdrücklicher Bestimmung der Anrechnung auf die Geldbuße leistet und diese Stückzahlung angenommen wird, eine, von der Bestimmung des Schuldners abweichende Verrechnung nicht einseitig von der Empfangsstelle zu veranlassen, sondern nur vermöge Abkommens mit dem Schuldner zu erzielen ist.

Zu letzterem Zweck würde das Recht des Gläubigers, die Annahme von Theilzahlungen zu versagen, das geeignete Mittel bilden, indem hiernach die Bewilligung stückweiser Abtragung als ein Zugeständniß behandelt und letzteres an Bedingungen, folglich auch an eine vorzugsweise Tilgung der Kosten und Stempelforderung geknüpft werden könnte.

Aus dem Standpunkte des Rechts würden einem derartigen Verfahren nicht eben Bedenken entgegenstehen und es würde in so weit auch keine Veranlassung vorliegen, allgemein von demselben abzusehen.

Wenn jedoch andrerseits nach Maaßgabe der oben unter Nr. 1. angeführten Folgerung sich überhaupt nicht verhindern läßt, daß vor den Kosten und ohne deren gleichzeitige Bezahlung die Strafe zur Abtragung gebracht wird, so kann ich in Betracht dessen mich nicht dafür aussprechen, daß in Ansehung von Stückzahlungen, welche auf die Strafe beabsichtigt werden, ein verschiedenes Verfahren statthabe und die Annahme solcher Zahlungen, bevor nicht die Kostenschuld getilgt ist, gänzlich versagt und resp. an die Bedingung vorgängiger Berichtigung der letzteren geknüpft werde.

Ich finde demnach nichts dagegen zu erinnern, daß es bei dem im Bezirk der dortigen Regierung hinsichtlich der Einziehung gerichtlich erkannter Geldstrafen und der in gerichtlichen Untersuchungen erwachsenen Kosten bisher beobachteten Verfahren, nach welchem die Leistung von Stückzahlungen auf Strafe oder Kosten stets unverschränkt geblieben ist, Abschlagszahlungen aber, welche ohne nähere Seitens des Schuldners erklärte Bezeichnung der damit zu tilgenden Schuldpost erfolgen, allemal zunächst auf die Kosten gebucht werden, auch ferner bewende.

Ob etwa wegen der Form der in den oben unter Nr. 2. vorausgesetzten Fällen anzufertigenden Quittungen den Steuer-Erhebern Ihres Bezirks eine besondere Anweisung zu ertheilen nöthig ist, bleibt dem pflichtmäßigen Ermessen der Königlichen Regierung überlassen.

Was übrigens die Fälle zwangsweiser Beitreibung von Forderungen der fraglichen Art anbelangt, so versteht sich von selbst, daß, wenn es gleichzeitig wegen rückständiger Beträge an Strafe, Kosten und Stempel zur Exekutions-Vollstreckung gelangt, die solchergestalt beigetriebene, zur Deckung sämmtlicher Beträge nicht zureichende Summe nach Berichtigung der Exekutionsgebühren zunächst auf die Kosten und Stempel mit Rücksicht auf die den letzteren Forderungen nach Art. XXVII. §. 3 des Einführungsgesetzes zum Strafgesetzbuch und nach dem Gesetz vom 5. September 1807 bei einer Collocation zuzusprechenden Vorzugsrechte, zu verrechnen sein wird, wohingegen bei einer zwar im Stadium des Exekutions-Verfahrens, aber vor der Exekutions-Vollstreckung freiwillig erfolgenden Theilzahlung wiederum dieselben

Grundsätze werden maaßgebend sein müssen, wie sie für Anrechnung von Zahlungen überhaupt vorgeschrieben sind.

Berlin, den 23. Januar 1859.

An
die Königl. Regierung zu Aachen.

Abschrift vorstehender Verfügung erhält die Königl. Regierung zur Kenntnißnahme.

Berlin, den 23. Januar 1859.

Der Finanz-Minister.
Im Auftrage.
Horn.

An
die Königl. Regierungen zu Cöln, Düsseldorf, Coblenz und Trier.

35.

Allgemeine Verfügung vom 14. Februar 1859, — betreffend die Benachrichtigung der Militair-Intendanturen von der Anstellung versorgungsberechtigter Militair-Anwärter.

Staats-Minist.-Beschluß vom 30. Mai 1844 (Rh. Samml. Bd. 8. S. 327).

Allgemeine Verfügung vom 19. September 1845 (Justiz-Minist.-Bl. S. 186).

Nach einer Mittheilung der Königlichen Ober-Rechnungskammer erscheint es nothwendig, daß von der erfolgten diätarischen Beschäftigung resp. Anstellung der im Subaltern- oder Unter-Beamtendienste fungirenden Militair-Anwärter, auch wenn dieselben nicht zu den Invaliden oder Halbinvaliden zählen, sondern noch dem stehenden Heere angehören, von der betreffenden Civilbehörde der Militair-Intendantur Nachricht gegeben werde.

Diese Benachrichtigung soll den Zweck haben, daß die Intendantur, sobald eine in Reih und Glied stehende Militairperson entweder zur Probedienstleistung bei Civilbehörden Behufs Anstellung in etatsmäßige Stellen abkommandirt oder behufs einstweiliger Beschäftigung im Civildienste beurlaubt ist, hiervon wegen der alsdann nach §§. 119 und 121 des Allerhöchst bestätigten Reglements über die Geldverpflegung der Truppen im Frieden vom 7. April 1853 gebotenen Sistirung der Zahlungen aus Militairfonds Kenntniß erhält, und sie auf diese Weise die ihr obliegende Kontrolle hierüber durch die Festsetzung der Verpflegungsberechnungen des Truppentheils auszuüben im Stande ist.

Die Gerichtsbehörden werden angewiesen, demgemäß in Zukunft zu verfahren.

Berlin, den 14. Februar 1859.

Der Justiz-Minister
Simons.

An sämmtliche Gerichtsbehörden.

I. 559. J. 26. Vol. 3.

36.

Allerhöchster Erlaß vom 14. Februar 1859, — betreffend die Ausdehnung der Stempelfreiheit auf die Tauf-, Trau- und Todtenscheine, welche Eisenbahnbeamte bei den unter der Verwaltung des Staats stehenden Eisenbahnen zur Betheiligung bei den Pensions- und Unterstützungskassen derselben beizubringen haben.

Auf den Bericht vom 8. Februar d. J. will Ich nach Ihrem gemeinschaftlichen Antrage auch den Tauf-, Trau- und Todtenscheinen, deren Beibringung Behufs der Betheiligung bei den Pensions- und Unterstützungs-Kassen der für immer unter der Verwaltung des Staats stehenden Eisenbahnen erforderlich ist, die Stempelfreiheit bewilligen.

Berlin, den 14. Februar 1859.

Im Namen Seiner Majestät des Königs:
Wilhelm, Prinz von Preußen, Regent.
(gegengez.) von der Heydt. von Patow.

An
den Minister für Handel, Gewerbe und öffentliche Arbeiten und den Finanz-Minister.

Vorstehender Allerhöchster Erlaß wird sämmtlichen Gerichtsbehörden und den Civilstands-Beamten im Bezirke des Apellationsgerichtshofes zu Cöln zur Nachachtung bekannt gemacht.

Berlin, den 29. September 1859.

Der Justiz-Minister.
Simons.

An
sämmtliche Gerichtsbehörden.

I. 3589. Steuersachen 6. Vol. V.

37.

Verfügung vom 18. Februar 1859, — betreffend die Beschlagnahme des Vermögens ausgetretener Militairpflichtiger im Bezirk des Appellationsgerichtshofes zu Cöln.

Strafgesetzbuch §. 110.
Gesetz vom 10. März 1856 (Rh. Samml. Bd. 11. S. 166).

Zur Herbeiführung eines gleichmäßigen Verfahrens der Landgerichte im Bezirk des Appellationsgerichtshofes zu Cöln bei Erwirkung der durch §. 110 des Strafgesetzbuchs und das Gesetz vom 10. März 1856 (Rhein. Samml. Bd. 11. S. 166) vorgeschriebenen Beschlagnahme des Vermögens ausgetretener Militairpflichtiger und beurlaubter Landwehrmänner, welche ohne Erlaubniß auswandern, wird auf Ihren Bericht vom 21. Juli v. J. nachstehende Anweisung ertheilt:

1) Die Beschlagnahme ist in allen Fällen von der Staatsanwaltschaft zu beantragen, wenn solche auch nicht ausdrücklich von der Regierung verlangt wird, oder die Beschuldigten ohne Vermögen sind.
2) Die Beschlagnahme ist bei der Straf-Rathskammer zu beantragen und von dieser zu verfügen.
3) Die Beschlagnahme ist in allen Fällen bis zur Höhe von 1000 Thalern und eines muthmaßlichen Kostenbetrages zu beantragen, indem der §. 110 a. a. O. bei der Beschlagnahme dem später erkennenden Richter nicht vorzugreifen gestattet, sondern die Vollziehung der höchsten Strafe, welche möglicherweise erkannt werden kann, sicher gestellt wissen will, und das im §. 110 hervorgehobene Ermessen des Richters sich nur auf die Vermögensstücke bezieht, auf welche die Beschlagnahme unter Umständen beschränkt werden kann.
4) Die Königlichen Regierungen sind von dem Herrn Minister des Innern angewiesen, wenn sie nicht ausnahmsweise eine beschleunigte Verfolgung für nothwendig erachten, nur einmal im Jahre eine Nachweisung der ausgetretenen Militairpflichtigen respektive der ohne Konsens ausgewanderten Landwehrmänner den Ober-Prokuratoren zur Verfolgung mitzutheilen. Von den Landgerichten ist gegen sämmtliche in einer Nachweisung aufgeführte Individuen durch einen einzigen Beschluß die Beschlagnahme zu verfügen.
5) Von den Beschlagnahme-Verfügungen sind der Regierung keine Ausfertigungen, sondern nur Auszüge

zu ertheilen und zwar, nach einem Einverständnisse mit dem Herrn Minister des Innern, nicht in Betreff eines jeden Beschuldigten ein besonderer Auszug, sondern nur so viel verschiedene Auszüge, als die Beschuldigten verschiedenen Kreisen angehören.

Die Auszüge sind nach dem Kriminalkosten-Tarif zu berechnen.

Sie werden angewiesen, auf die Befolgung dieser Verfügung, welche durch das Justiz-Ministerial-Blatt bekannt gemacht werden wird, zu wachen.

Berlin, den 18. Februar 1859.

Der Justiz-Minister.
Simons.

An
den Königl. Herrn General-Prokurator zu Cöln.

Vorstehende Verfügung wird den Gerichten und Beamten der Staatsanwaltschaft im Bezirk des Appellationsgerichtshofes zu Cöln zur Kenntnißnahme und Beachtung mitgetheilt.

Berlin, den 18. Februar 1859.

Der Justiz-Minister.
Simons.

An
sämmtliche Gerichte und Beamte der Staatsanwaltschaft im Bezirk des Appellationsgerichtshofes zu Cöln.

I. 648. Rhein. Crimin. 3. Vol. 3.

38.

Verfügung vom 15. März 1859, — betreffend die Gebühren der Aerzte in Kriminalsachen.

Regulativ vom 10. November 1844 §. 5 (Justiz-Ministerial-Blatt von 1845 S. 148).

Der Königlichen Regierung erwiedern wir auf den Bericht vom 21. Dezember v. J. betreffend die den Aerzten für gerichtlich-medizinische Verrichtungen aus dem Kriminalfonds zu bewilligenden Gebühren, daß von dem allgemein geltenden und in dem Regulativ vom 10. November 1844 §. 5 (Justiz-Minist.-Blatt von 1845 S. 148) für die Gerichtsbehörden der übrigen Provinzen ausgesprochenen Grundsatz, wonach auf den Kriminalkostenfonds immer nur die niedrigsten Sätze der überhaupt zulässigen Auslagen angewiesen werden dürfen, für den Bezirk des Appellationsgerichtshofes zu Cöln keine Ausnahme gemacht werden kann und dazu auch in dem dort geltenden Verfahren keine hinreichende Veranlassung vorliegt.

Berlin, den 15. März 1859.

Der Justiz-Minister. Der Minister der geistlichen &c. Angelegenheiten.

Simons. v. Bethmann-Hollweg.

An die Königl. Regierung zu Trier.

I. 558. Rhein. Gener. 37. Vol. 3.

39.

Verfügung vom 23. März 1859, — betreffend die Stempelrevision beim Königlichen Landgericht zu Aachen.

In Betreff derjenigen Monita, welche von der Steuerbehörde bei der im Dezember 1856 vorgenommenen Stempelrevision bei dem dortigen Landgericht erhoben, von dem Landgerichte aber nicht als begründet anerkannt sind, wird Ihnen im Einverständnisse mit dem Herrn Finanz-Minister Folgendes eröffnet:

I. Erste Civilkammer.

1. Monitum 93. Der von einer Ehefrau, nachdem die eheliche Gütergemeinschaft für aufgelöst erklärt war, in dem Auseinandersetzungsverfahren aufgestellte und zur gerichtlichen Entscheidung gebrachte Antrag, den Ehemann zu verurtheilen, die klagende Ehefrau von einer mit jenem solidarisch übernommenen Schuld von 5000 Rthlr. zu liberiren, oder, falls dies nicht binnen einer bestimmten Frist geschehe, jene Summe an sie zu zahlen oder sie durch Bürgschaftsstellung sicher zu stellen — betrifft schon um deswillen einen schätzbaren Gegenstand zum vollen Betrage von 5000 Rthlr., weil eine Liberirung von dieser solidarisch schuldigen Summe verlangt worden. Es muß daher der Prozentstempel nach diesem Betrage berechnet und nicht ein Unschätzbarkeits-Stempel verwendet werden. Das Monitum ist hiernach als begründet anzuerkennen.

2. Monitum 99. Bei der auf einen bestrittenen Privat-Kaufakt gegründeten Klage auf Herausgabe eines angeblich gekauften Hauses ist nicht, wie das Landgericht annimmt, ein unschätzbares Interesse der Parteien an dem Bestehen oder Nichtbestehen des Privat-Kaufakts, sondern der Uebergang des Eigenthums an dem Hause der eigentliche Streitgegenstand und nach dem Werthe desselben der Prozentstempel zu berechnen.

3. Monitum 103. Bei der Klage auf Auflösung eines über den Verkauf eines Hauses für 1000 Rthlr. abgeschlossenen Vertrages gilt dasselbe, wie in dem vorigen Falle, und es kann bei der Berechnung des Streitgegenstandes nicht, wie das Landgericht annimmt, in Betracht kommen, daß bei einer Auflösung des Kaufvertrages der Kaufpreis zurückerstattet werden muß.

II. Zweite Civilkammer.

4. Monitum 1. Wenn das Gericht auf eine mehrere Forderungen umfassende Klage hinsichtlich einer Forderung sich inkompetent erklärt und hinsichtlich der übrigen interloquirt, so ist das Erkenntniß in Betreff der ersteren Forderung ein definitives und es muß zu demselben, wenn, wie in dem vorliegenden Falle, der Gegenstand dieser Forderung nicht nach Gelde zu schätzen ist, der Unschätzbarkeitsstempel verwendet werden. Die von dem Landgericht aufgestellte Unterscheidung zwischen dem Falle, in welchem das Gericht die Klage wegen Inkompetenz abweist und demjenigen, in welchem es sich nur inkompetent erklärt, ist ohne alle rechtliche Bedeutung.

5. Monitum 14. Bei einer Opposition wider einen auf Notariatsakt gegründeten Zahlungsbefehl bildet die in dem Zahlungsbefehl geforderte Summe den Streitgegenstand, nach welchem der Stempel zu berechnen ist, ohne daß es darauf ankommt, ob die Schuld selbst, oder nur deren Fälligkeit bestritten wird.

6 und 7. Monitum 18. Die Klage auf Abschluß eines notariellen Aktes, wodurch Verklagter erklären soll, daß Kläger zur Hälfte an einem Kaufe betheiligt sei, mittelst dessen Verklagter ein Gut für 20,600 Gulden gekauft hat, eventuell auf Verurtheilung des Verklagten zum Schadenersatz, hat nicht, wie das Landgericht aufstellt, die Betheiligung des Klägers an dem durch den Gutskauf beabsichtigten unbestimmbaren Gewinn, sondern das Miteigenthum an dem gekauften Gute zum Gegenstande. Die Steuerbehörde verlangt daher mit Recht einen nach der Hälfte des Kaufpreises berechneten Prozentstempel.

8 und 9. Monitum 22. Bei Klagen auf Herausgabe käuflich erworbener Grundstücke ist der Werth dieser Grundstücke als Streitobjekt zu behandeln, wenn auch die Verpflichtung zur Herausgabe nicht bestritten wird. Das Monitum ist daher begründet.

10 und 11. Monitum 34. Bei der Klage des Käufers gegen seinen Verkäufer, daß letzterer verurtheilt werde, den Nachweis der Löschung mehrerer auf den gekauften Immobilien haftenden Hypothekar-Inskriptionen zum Gesammtbetrage von 2225 Rthlr. binnen 24 Stunden zu führen, widrigenfalls Kläger ermächtigt werde, den Verklagten für jenen Betrag in seinem Vermögen zu diskutiren, ist nicht eigentlich jene Summe von 2225 Rthlrn., sondern das nach Gelde nicht zu schätzende Inter-

esse des Käufers an der Befreiung der gekauften Grundstücke von den darauf haftenden Inskriptionen als Gegenstand des Prozesses anzusehen und die eventuelle Ermächtigung zur Beitreibung jener Summen aus dem Vermögen des Verkäufers hat die Natur eines Zwangsmittels zur executio ad faciendum. Das Landgericht hat daher mit Recht nur den Unschätzbarkeitsstempel verwendet.

12. Monitum 35. Das Erkenntniß über die gegen ein Subhastationsverfahren erhobenen Ansprüche Dritter ist nicht als ein Nebenerkenntniß im Subhastationsverfahren zu behandeln, vielmehr zu demselben ein besonderer Werthstempel zu verwenden. In dem vorliegenden Falle widersetzt sich Opponent dem eingeleiteten Subhastationsverfahren aus dem Grunde, weil er zur Hälfte Eigenthümer der in Beschlag genommenen Immobilien sei und deshalb das ungetheilte Eigenthum nicht verkaufen zu lassen brauche. Er beantragte aber nicht die Zuerkennung des Eigenthums an jener Hälfte, sondern nur die Vernichtung der Beschlagnahme. Bei dem so gestellten Antrage ist das Miteigenthum nur Fundament der Klage und die Quote desselben für die Entscheidung unerheblich. Gegenstand des Prozesses ist daher nur die Aufhebung des Subhastationsverfahrens, dessen Interesse nicht nach Gelde zu schätzen ist. Das Landgericht hat daher mit Unrecht nur einen Stempel von 15 Sgr. verwendet, aber auch das Monitum der Steuerbehörde, welches den Stempel nach dem halben Werth der Immobilien berechnen will, geht zu weit. Es ist vielmehr der Unschätzbarkeitsstempel von 5 Rthlr. zu verwenden.

13. Monitum 50. Der Drittopponent gegen ein Subhastationsverfahren beantragt in diesem Falle ausdrücklich, daß er zum Eigenthümer der subhastirten Immobilien erklärt werde. Er vindicirt hier das Eigenthum; es muß daher der Prozentstempel nach dem Werthe des letzteren berechnet werden. Das Monitum ist daher hier begründet.

14. Monitum 42. Bei der Klage auf Zahlung eines bestimmten Kaufpreises kann nicht um deswillen der Unschätzbarkeitsstempel angewendet werden, weil die Zahlung lediglich aus dem Grunde geweigert wird, weil noch Hypothekar-Inskriptionen auf dem Grundstücke haften, da es nicht auf den Grund der Zahlungsweigerung ankommt. Es ist der Prozentstempel zu verwenden und danach das Monitum begründet.

Hiernach sind die erhobenen Monita zu erledigen.

Berlin, den 23. März 1859. Der Justiz-Minister.
Simons.

An
den Königl. Herrn Landgerichts-Präsidenten und
den Königl. Herrn Ober-Prokurator zu Aachen.

I. 1127. Rhein. Gener. 62. Vol. 8.

40.

Verfügung vom 5. April 1859, — betreffend die Wahrnehmung der Polizeianwaltschaft in den nach der rheinischen Städteordnung verwalteten Städten.

Art. 144 der Rheinischen Kriminal-Prozeß-Ordnung.
Städteordnung vom 15. Mai 1856 §. 57 Nr. 3 (Rhein. Samml. Bd. 11. S. 212).

Nach Art. 144 der Rheinischen Kriminal-Prozeß-Ordnung sollen die Funktionen eines Polizeianwalts von dem Polizei-Kommissar und eventuell von dem Bürgermeister desjenigen Ortes wahrgenommen werden, an welchem das Polizeigericht seinen Sitz hat, ohne Rücksicht darauf, ob der Bezirk des Gerichts ganz oder theilweise zu dem sonstigen Amtsbezirk des Polizei-Kommissars oder Bürgermeisters gehört. Nach §. 57 Nr. 3 der Städte-Ordnung vom 15. Mai 1856 (Rh. Samml. Bd. 11. S. 212) bedarf es aber für den Bürgermeister derjenigen Orte, an welchen diese Städte-Ordnung gilt, eines besonderen Auftrags zur Vertretung der Polizeianwaltschaft für die nicht zu ihrem Amtsbezirk gehörenden Gemeinden. Da jedoch dessen Ertheilung nicht umgangen werden kann, weil für die letzteren Gemeinden, in denen die Städte-Ordnung nicht eingeführt ist, die Funktionen des Polizeianwalts nur durch den Bürgermeister am Sitze des Gerichts wahrzunehmen sind, so wird hiermit zur Vermeidung unnöthiger Schreiberei allgemein bestimmt, daß die Bürgermeister derjenigen Orte, an welchen das Polizeigericht seinen Sitz hat, und in welchen die Städte-Ordnung vom 15. Mai 1856 eingeführt ist, die Handhabung der Ortspolizei aber nicht Königlichen Behörden übertragen ist, die Funktionen des Polizeianwalts für sämmtliche Gemeinden, die zu dem Bezirk des Polizeigerichts gehören, nach Maaßgabe der Vorschriften des Art. 144 der Rheinischen Kriminal-Prozeß-Ordnung wahrnehmen sollen.

Mit Bezug auf Ihren Bericht vom 13. Juli v. J. veranlassen wir Sie, Herr General-Prokurator, zur Ausführung dieser Bestimmung die weiter erforderlichen Anweisungen zu erlassen, wobei wir bemerken, daß dem Königl. Ober-Präsidenten der Rheinprovinz eine gleichlautende Verfügung zugegangen ist.

Berlin, den 5. April 1859.

Der Minister des Innern. Flottwell. | Der Justiz-Minister. Simons.

An
den Königl. Herrn General-Prokurator zu Cöln.

I. 649. Rhein. Offizianten-Sachen 26.

41.

Verfügung vom 29. April 1859, — betreffend die vorläufige Sistirung des Kontumazial-Verfahrens bei Verbrechen.

Verfügung vom 19. Mai 1826 (Rh. Samml. Bd. 3. S. 28).

Die Verfügung vom 19. Mai 1826 (Rhein. Samml. Bd. 3. S. 28) betreffend das Kontumazial-Verfahren bei Verbrechen, hat insofern sich nicht als angemessen ergeben, als nach derselben den Ober-Prokuratoren aufgegeben ist, die Sache erst dann auf sich beruhen zu lassen, nachdem das Anklage-Urtheil ergangen ist. Es wird dadurch nicht nur die später nöthige Fortsetzung der Untersuchung, sondern auch die Entscheidung über Incidentfragen, deren Erledigung durch Richterspruch im Vorverfahren zulässig sein würde, erschwert. Es empfiehlt sich daher, in denjenigen Fällen, in welchen die Beschuldigten flüchtig sind und die Durchführung des Kontumazial-Verfahrens nicht nothwendig oder sonst angemessen erscheint, bei der Rathskammer des Landgerichts die vorläufige Reposition der Akten zu beantragen und sich dadurch die Wiederaufnahme der Sache vorzubehalten.

Sie haben hiernach die Ober-Prokuratoren mit Anweisung zu versehen.

Berlin, den 29. April 1859.

Der Justiz-Minister.
Simons.

An
den Königl. Herrn General-
Prokurator zu Cöln.

I. 1926. Rhein. Criminalia 8. Vol. 3.

42.

Gesetz vom 3. Mai 1859, — betreffend die Gewährleistung wegen verborgener Mängel bei dem Verkaufe und Tausche von Hausthieren im Bezirk des Appellationsgerichtshofes zu Cöln.

Im Namen Sr. Majestät des Königs.

Wir Wilhelm, von Gottes Gnaden Prinz von Preußen, Regent,

verordnen nach Anhörung des Provinziallandtages der Rheinprovinz mit Zustimmung beider Häuser des Landtages der Monarchie, für den Bezirk des Appellationsgerichtshofes zu Cöln, was folgt:

§. 1.

Bei dem Verkauf von Hausthieren muß die auf Gewährsmängel gegründete Klage und Einrede bei Verlust derselben binnen einer Frist von zwei und vierzig Tagen nach der Ueberlieferung angestellt, beziehungsweise geltend gemacht werden (Art. 1648 des bürgerlichen Gesetzbuches). Der Tag der Ueberlieferung wird in die Frist nicht eingerechnet.

Sind mehrere Thiere gleicher Art verkauft, und ist bei einem derselben als Gewährsmangel eine ansteckende Krankheit nachgewiesen, so kann der Käufer die Zurücknahme sämmtlicher Thiere fordern, wenn sie bei dem Verkäufer mit einander in Berührung gekommen sind.

§. 2.

Eines vorherigen Sühneversuchs bedarf es bei dieser Klage nicht. Die Sache ist als dringliche und summarische zu behandeln.

§. 3.

Innerhalb der im §. 1 bestimmten Frist und vor Anstellung der Klage kann der Käufer das Vorhandensein von Gewährsmängeln bei den gekauften Hausthieren durch Sachverständige feststellen lassen, die sich zugleich über das wahrscheinliche Alter des vorhandenen Mangels gutachtlich zu äußern haben.

§. 4.

Auf seinen Antrag ernennt und vereidet der Friedensrichter des Ortes, an welchem sich das Thier befindet, je nach den Umständen, einen oder drei Sachverständige.

Bei Departements- und Kreis-Thierärzten genügt die Bestätigung des Gutachtens auf den geleisteten Diensteid.

§. 5.

Der Friedensrichter verordnet gleichzeitig, daß und in welcher Weise der Verkäufer von der vorzunehmenden Untersuchung des Thieres in Kenntniß zu setzen ist. Auf den Antrag des Verkäufers kann die Zuziehung fernerer Sachverständigen angeordnet werden.

§. 6.

Zu den in den beiden vorhergehenden Paragraphen angegebenen Verrichtungen des Friedensrichters ist bei dessen Verhinderung auch der Ergänzungsrichter befugt.

§. 7.

Das schriftlich abzufassende Gutachten der Sachverständigen wird auf der Gerichtsschreiberei des Friedensgerichts, welches die Sachverständigen ernannt hat, hinterlegt.

§. 8.

Der in dem späteren Prozesse erkennende Richter kann das in dem Vorverfahren erstattete Gutachten seiner Entscheidung zum Grunde legen; auch kann aus der Ertheilung des Gutachtens kein Grund hergeleitet werden, die Sachverständigen in dem späteren Prozesse zu verwerfen (Art. 283 der bürgerlichen Prozeß-Ordnung).

§. 9.

Die Kosten dieses Vorverfahrens werden in dem späteren Prozesse den Kosten des letzteren gleichgestellt.

§. 10.

Alle vorstehenden für den Kauf von Hausthieren gegebenen Vorschriften sind auf den Tausch derselben anwendbar.

Urkundlich unter Unserer Höchsteigenhändigen Unterschrift und beigedrucktem Königlichen Insiegel.

Gegeben Berlin, den 3. Mai 1859.

(L. S.) Wilhelm, Prinz von Preußen, Regent.

Fürst zu Hohenzollern-Sigmaringen. Flottwell. v. Auerswald. v. d. Heydt. Simons. v. Schleinitz. v. Bonin. v. Patow. Gr. v. Pückler. v. Bethmann-Hollweg.

I. 2045. Rhein. Gener. 98. Vol. 2.

43.

Gesetz vom 9. Mai 1859, — wegen Abänderung einiger Bestimmungen des Rheinischen Handelsgesetzbuches.

Im Namen Sr. Majestät des Königs.

Wir Wilhelm, von Gottes Gnaden Prinz von Preußen, Regent,

verordnen für den Bezirk des Appellationsgerichtshofes zu Cöln, mit Zustimmung beider Häuser des Landtages der Monarchie, was folgt:

Die Artikel 441. bis 447. 454. 456. 480. 483. bis 485. 497. 498. und 527. des Rheinischen Handelsgesetzbuches werden aufgehoben und durch folgende ersetzt:

Artikel 441.

Das Falliment wird von dem Handelsgerichte, in dessen Bezirk der Fallit seinen Wohnsitz, oder die im Fallimentszustande sich befindende Handelsgesellschaft ihre Hauptniederlassung hat, durch ein Urtheil eröffnet, welches zugleich den Tag des Eintritts der Zahlungseinstellung festsetzt.

Ist diese Festsetzung im Urtheile nicht erfolgt, so wird der Tag der Fallimentseröffnung, oder, wenn der Fallit früher verstorben ist, der Todestag desselben als der Tag der Zahlungseinstellung angenommen.

Das Handelsgericht ist befugt, den Tag der Zahlungseinstellung, so lange dessen Festsetzung von einem Gläubiger oder einem anderen Betheiligten durch ordentliche Rechtsmittel angefochten ist oder angefochten werden kann, auf den Bericht des Fallimentskommissars von Amtswegen anderweit zu bestimmen.

Auf das in diesem Falle zu erlassende neue Urtheil finden die Vorschriften des Artikels 457. dieses Gesetzbuches mit der Maaßgabe ebenfalls Anwendung, daß den Gläubigern und anderen Betheiligten eine Frist von vierzehn Tagen zur Opposition auch gegen das neue Urtheil zusteht, sofern der Artikel 457. nicht schon eine längere Frist bewilligt.

In keinem Falle darf der Tag der Zahlungseinstellung auf einen früheren Zeitpunkt als sechs Monate vor der Fallimentseröffnung festgesetzt oder angenommen werden.

Artikel 442.

Mit dem Tage der Fallimentseröffnung verliert der Fallit von Rechtswegen die Befugniß, sein Vermögen zu verwalten und über dasselbe zu verfügen.

Artikel 443.

Wer jedoch noch am Tage der Fallimentseröffnung oder an einem der beiden nächstfolgenden Tage Zahlungen oder Aushändigungen an den Falliten bewirkt hat, ist dadurch gegen die Fallimentsmasse befreit, wenn ihm nicht nachgewiesen wird, daß ihm damals die Fallimentseröffnung bereits bekannt gewesen ist.

Artikel 444.

Rechtshandlungen, welche seit dem Tage der Zahlungseinstellung oder innerhalb der nächst vorhergegangenen zehn Tage vorgenommen wurden, sind in Beziehung auf die Gläubigerschaft nichtig, wenn sie eines der folgenden Geschäfte darstellen:

1) freigebige Verfügungen des Falliten über Vermögensrechte jeder Art;
2) die Zahlung einer noch nicht fälligen Schuld, es mag die Zahlung baar, durch Hingabe an Zahlungsstatt oder in anderer Weise vom Falliten erfolgt sein;
3) jede durch Vertrag oder Urtheil bewirkte Erwerbung einer Hypothek, eines Faust- oder Nutzungspfandes an Vermögensstücken des Falliten zur Sicherung von Forderungen, welche bereits vor diesen Sicherungsmaaßregeln bestanden.

Artikel 445.

Alle andere Zahlungen und Rechtsgeschäfte des Falliten, welche in die Zeit zwischen der Zahlungseinstellung und der Fallimentseröffnung fallen, können in Beziehung auf die Gläubigerschaft für nichtig erklärt werden, wenn der andere Theil bei dem Empfange der Zahlung oder bei dem Abschlusse des Rechtsgeschäfts von der Zahlungseinstellung des Falliten Kenntniß hatte.

Jedoch findet die Rückforderung der Zahlung eines von dem Falliten ausgestellten indossirten eigenen Wechsels nur gegen den ersten Indossanten, und die Rückforderung der Zahlung eines auf den Falliten gezogenen Wechsels nur gegen denjenigen statt, für dessen Rechnung der Wechsel gezogen wurde, und auch gegen diese nur dann, wenn der Erstere beim Indossiren, der Letztere bei Ausstellung oder Begebung des Wechsels davon Kenntniß besaß, daß bereits der Fallit die Zahlungen eingestellt hatte.

Bei einem trassirt eigenen Wechsel auf eigene Order, welcher von dem ersten Indossatar weiter indossirt ist, findet die Rückforderung der Zahlung nur gegen den ersten Indossatar statt, und auch gegen diesen nur dann, wenn derselbe beim Weiterindossiren von der Zahlungseinstellung des Falliten Kenntniß gehabt hat.

Artikel 446.

Gültig erworbene Privilegien und Hypothekenrechte, welche nicht unabhängig von jeder Eintragung bestehen, sind gegen die Gläubigerschaft nur wirksam, wenn sie bis zur Fallimentseröffnung eingetragen sind.

Auch können diejenigen Eintragungen, welche nach der Zahlungseinstellung oder innerhalb der nächst vorhergegangenen zehn Tage stattgefunden haben, zu Gunsten der Gläubigerschaft für nichtig erklärt werden, wenn zwischen dem Tage der Erwerbung der Privilegien und Hypotheken und demjenigen der Eintragung vierzehn Tage verflossen sind.

Dagegen können diejenigen gültig erworbenen Privilegien, von denen die Artikel 2103. und 2111. des Civilgesetzbuches handeln, sowie die Privilegien des öffentlichen Schatzes, Artikel 2098., innerhalb der zu ihrer Bewahrung gestatteten Fristen auch nach der Fallimentseröffnung wirksam eingetragen werden; jedoch ist die im Artikel 2110. des bürgerlichen Gesetzbuches vorgeschriebene Eintragung des ersten Protokolles gegen die Gläubigerschaft nicht wirksam, wenn sie nicht bis zur Fallimentseröffnung stattgefunden hat.

Artikel 447.

Durch die vorhergehenden Bestimmungen wird die sonstige Befugniß der Gläubiger nicht berührt, die zu irgend einer Zeit in der Absicht, sie zu benachtheiligen, vorgenommenen Geschäfte nach den Bestimmungen des bürgerlichen Gesetzbuches anzufechten.

Artikel 454.

Das Handelsgericht ernennt in demselben Urtheil, durch welches die Fallimentseröffnung und die Anlegung der Siegel verordnet wird, eines seiner Mitglieder zum Fallimentskommissar und, je nach der Wichtigkeit des Fallimentes, einen oder mehrere Agenten, um unter der Aufsicht des Kommissars die ihnen gesetzlich auferlegten Verrichtungen zu erfüllen.

In dem Falle, wo auf den Grund der Notorietät die Siegel von dem Friedensrichter angelegt worden sind, muß das Gericht im Uebrigen die oben gegebenen Vorschriften befolgen, sobald es von dem Falliment Kenntniß erhält.

Artikel 456.

Die Agenten, welche das Gericht ernennt, können aus den muthmaaßlichen Gläubigern oder aus allen anderen Personen gewählt werden, welche für die Treue ihrer Geschäftsführung die meiste Sicherheit darbieten.

Artikel 480.

Der Fallimentskommissar nimmt die Vorschläge der versammelten Gläubiger in Betreff der zu ernennenden provisorischen Syndiken entgegen. Das Handelsgericht ernennt dieselben unter Berücksichtigung der von den Gläubigern gemachten Erklärungen und Vorschläge, ohne jedoch an solche gebunden zu sein.

Auch die bisherigen Agenten können zu provisorischen Syndiken ernannt werden.

Artikel 483.

Die Agenten haben, nachdem sie ihre Rechnung abgelegt, auf eine Entschädigung Anspruch, welche auf den Bericht des Fallimentskommissars von dem Handelsgerichte festgesetzt wird.

Artikel 484.

Bei der Festsetzung der Entschädigung hat das Handelsgericht nach billigem Ermessen zu verfahren und hauptsächlich auf den Betrag der Fallimentsmasse, auf den Umfang der Geschäftsführung, auf die Schwierigkeiten derselben, auf die bewiesene Thätigkeit und Umsicht, sowie auf den Betrag der der Masse verursachten anderweiten Kosten Rücksicht zu nehmen.

Artikel 485.

Baare Auslagen und etwaige Reisekosten, sowie Gebühren, welche der Agent in der Eigenschaft als Advokatanwalt zu liquidiren berechtigt ist, werden aus der Masse besonders vergütet.

Artikel 497.

Die Syndiken sind verpflichtet, wöchentlich dem Fallimentskommissar eine Uebersicht der Einnahmen und Ausgaben vorzulegen, und die Bestände an Geldern, soweit der Kommissar nicht bestimmt hat, daß ein Theil derselben zur Bestreitung der Auslagen und Kosten in ihren Händen verbleiben soll, innerhalb acht Tagen nach dem Empfange der Gelder bei derjenigen öffentlichen Kasse zu hinterlegen, welche zur Empfangnahme von Geldern bestimmt ist, deren Hinterlegung auf Anordnung der Gerichte oder nach gesetzlicher Vorschrift bei einer öffentlichen Kasse geschehen muß.

Im Falle der Unterlassung der Hinterlegung verschulden die Syndiken von Rechtswegen seit dem Tage des Empfanges der Masse sechs Prozent Zinsen, welche das Handelsgericht bis auf zwanzig Prozent erhöhen kann, vorbehaltlich der sonst etwa gegen sie zu ergreifenden Maaßregeln.

Die hinterlegten Gelder sind nur mit Genehmigung des Fallimentskommissars aus der Kasse zurückzuziehen.

Wegen der Entschädigung der provisorischen Syndiken kommen die in den Artikeln 483—485. in Betreff einer Entschädigung der Agenten gegebenen Vorschriften zur Anwendung.

Artikel 498.

Das Handelsgericht kann jederzeit auf den Vortrag des Fallimentskommissars die provisorischen Syndiken entlassen, die abgegangenen ersetzen und ihre Zahl vermehren.

Die Entlassung eines Syndiks kann von dem Fallimentskommissar auf Grund von Beschwerden der Gläubiger und des Falliten, oder von Amtswegen vorgeschlagen werden.

Veranlaßt der Kommissar nicht innerhalb acht Tagen eine Entscheidung des Handelsgerichts über die Anträge der Beschwerdeführer, so können diese sich direkt an das Gericht wenden.

Das Handelsgericht beschließt in der Rathskammer über die Entlassung des Syndiks, nach vorheriger Vernehmung desselben, und über die Ernennung eines anderen. Gegen diesen Beschluß ist kein Rechtsmittel zulässig.

Zu der Ernennung neuer Syndiken bedarf es keiner nochmaligen Vorschläge der versammelten Gläubiger, wenn nicht etwa deren Einholung für angemessen erachtet wird.

Der entlassene Syndik muß, sobald er durch den Fallimentskommissar von seiner Entlassung in Kenntniß gesetzt ist, seine Verrichtungen einstellen, und nach Vorschrift des Artikels 481. dem neuen Syndik Rechnung legen.

Artikel 527.

Kommt kein Konkordat zu Stande, so schließen die von dem Fallimentskommissar zusammenberufenen Gläubiger nach Stimmenmehrheit der anwesenden Personen einen Vertrag über die auszuführende Liquidation der Masse (Vereinigungsvertrag). Sie haben zugleich ihre Vorschläge in Betreff der zu ernennenden definitiven Syndiken zum Protokoll des Kommissars zu machen.

Das Handelsgericht ernennt ohne Verzug, unter Berücksichtigung der von den Gläubigern gemachten Vorschläge, ohne jedoch an dieselben gebunden zu sein, einen oder mehrere definitive Syndiken, denen auch die Funktionen eines Kassirers obliegen, wenn nicht zur Empfangnahme der eingehenden Gelder ein besonderer Syndik oder Kassirer ernannt wird.

Die provisorischen Syndiken können zu definitiven ernannt werden. Geschieht dies nicht, so haben sie den definitiven Syndiken Rechnung zu legen, wie dies im Artikel 481. hinsichtlich der Agenten bestimmt ist.

Die in den Artikeln 497. und 498. in Betreff der provisorischen Syndiken gegebenen Vorschriften finden auch bei den definitiven Syndiken Anwendung.

Urkundlich unter Unserer Höchsteigenhändigen Unterschrift und beigedrucktem Königlichen Insiegel.

Gegeben Berlin, den 9. Mai 1859.

(L. S.) Wilhelm, Prinz von Preußen, Regent.

Fürst zu Hohenzollern-Sigmaringen. Flottwell. v. Auerswald. v. d. Heydt. Simons. v. Schleinitz. v. Bonin. v. Patow. Gr. v. Pückler. v. Bethmann-Hollweg.

I. 2047. Rhein. Gener. 151. Vol. 2.

44.

Allgemeine Verfügung vom 19. Mai 1859, — betreffend die erste juristische Prüfung.

Regulativ v. 10. Dezbr. 1849 (Rh. Samml. Bd. 10. S. 72).

Um Unzuträglichkeiten zu beseitigen, die sich darin gezeigt, daß Rechtskandidaten häufig die Prüfung bei Obergerichten ablegen, in deren Bezirken sie demnächst nicht ihre praktische Ausbildung nachsuchen, bestimme ich hiermit:

> daß die Obergerichte (und ebenso die Rheinischen Landgerichte) fortan nur diejenigen Rechtskandidaten zur ersten Prüfung zuzulassen haben, welche bei ihrer Meldung versichern, in dem betreffenden Bezirk demnächst ihre praktische Ausbildung — bis zur Referendariats-Prüfung — zurücklegen zu wollen.

Berlin, den 19. Mai 1859.

Der Justiz-Minister.
Simons.

An
sämmtliche Obergerichte und an die
Rheinischen Landgerichte.

I. 2026. O. 9. Vol. 5.

45.

Gebührentaxe vom 23. Mai 1859, — für die Friedensgerichte im Bezirk des Appellationsgerichtshofes zu Cöln.

Im Namen Sr. Majestät des Königs.

Wir Wilhelm, von Gottes Gnaden Prinz von Preußen, Regent,

verordnen, unter Zustimmung beider Häuser des Landtages der Monarchie, für den Bezirk des Appellationsgerichtshofes zu Cöln, was folgt:

Erster Titel.

Von den Gebühren der Friedensrichter.

Artikel 1.

Der Friedensrichter erhält für jede dreistündige Arbeitszeit (Vakation) an Gebühren 1 Rthlr. 6 Sgr. bei folgenden Dienstverrichtungen:

1) bei Anlegung, Anerkennung und Abnahme der Siegel;
Art. 907. ff., 928. ff. der Civilprozeß-Ordnung.
2) beim Referéverfahren in Ver- und Entsiegelungs-Angelegenheiten;
Art. 921. 922. 935. ibid.
3) bei der Ueberreichung eines aufgefundenen Testaments oder versiegelten Papiers an den Landgerichtspräsidenten;
Art. 916. ibid.
4) bei der Berathung und Beschlußnahme eines Familienraths;
N.B. Für die Abhaltung eines Familienraths sollen nicht mehr als zwei Vakationen berechnet werden; jedoch können für Familienrathsbeschlüsse, welche die Genehmigung einer Theilung oder die Vereinbarung über den Verkauf von Immobilien im außergerichtlichen Theilungsverfahren nach Vorschrift des Gesetzes vom 18. April 1855 zum Gegenstande haben, drei Vakationen in Ansatz kommen. Die berechnete Zeit muß wirklich verwandt sein und dem Geschäfte entsprechen.
5) bei der Revision periodischer Verwaltungsübersichten und Rechnungen der Vormünder;
6) bei der Aufnahme einer Verhandlung
a) über die beiderseitige Einwilligung in eine Adoption;
Art. 353. des bürgerlichen Gesetzbuchs.

b) über die Annahme als Pflegekind;
Art. 363. ibid.
c) über die Ernennung eines Rathgebers für die überlebende Mutter;
Art. 392. ibid.
d) über die Ernennung eines Vormundes durch den Vater oder die Mutter;
Art. 398. ibid.
e) über die Emanzipation eines Kindes durch den Vater oder die Mutter;
Art. 477. ibid.

Wenn der Familienrath Behufs Ernennung des Kurators sofort zur Stelle gebracht werden kann, darf nicht für jeden Akt besonders gerechnet werden.

7) bei der Aufnahme einer Notorietäts-Urkunde;
8) bei der Aufnahme eines Testaments an Orten, mit welchen der Verkehr wegen ansteckender Krankheiten unterbrochen ist;
Art. 985. ibid.
9) für die Gegenwart bei Eröffnung von Thüren im Falle der Mobiliarpfändung;
Art. 587. der Civilprozeßordnung.
10) bei Aufnahme der Erklärung und Affirmation eines Dritt-Arrestaten in Sachen, die nicht zur Kompetenz des Friedensrichters gehören;
Art. 571—573. ibid.
11) bei einer Ortsbesichtigung und bei der Vernehmung von Zeugen oder Sachverständigen an Ort und Stelle;
12) bei der Abnahme von Entscheidungseiden außerhalb des Gerichtslokals, wenn die Partei im Gerichtslokal nicht erscheinen oder der Eid daselbst nicht abgenommen werden kann.

N.B. In den Fällen von Nr. 11. und 12. muß das Protokoll ausdrücklich erwähnen, ob von Amtswegen oder auf den vom Richter für begründet erachteten Antrag der Parteien die Verhandlung an Ort und Stelle, oder außerhalb des Gerichtslokals stattfinde.

Artikel 2.

Der Friedensrichter erhält für die Gegenwart bei Verhaftung eines Schuldners im Falle des Artikels 781. Nr. 5. der Civilprozeß-Ordnung eine feste Gebühr von 2 Rthlrn. 12 Sgr., und in folgenden Fällen eine feste Gebühr von 15 Sgr.:

1) für Aufnahme der Verhandlung über die Annahme-Erklärung des bei der Wahl nicht zugegen gewesenen Haupt- oder Neben-Vormundes;

2) für die Prüfung und etwaige eidliche Bekräftigung eines Vermögens-Verzeichnisses;
3) für die Vereidung eines besonderen Abschätzers in Vormundschafts- und Erbschaftssachen, wenn solche auf Antrag einer Partei geschieht, ungeachtet ständige und ein- für allemal vereidete Abschätzer vorhanden sind;
4) für die Aufnahme eidlicher oder eidesstattlicher Bekräftigungen, wo solche zur Geltendmachung von Rechten außerhalb des Bezirks des Appellationsgerichtshofes zu Cöln erforderlich sind;
5) für die Ordonnanz, durch welche im Falle des Artikels 909. Nr. 2. der Civilprozeß-Ordnung die Erlaubniß ertheilt wird, die Anlegung der Siegel nachzusuchen;
6) für die Ordonnanz, durch welche Termin zur Abnahme der Siegel anberaumt wird;
   Art. 931. Nr. 2. der Civilprozeß-Ordnung.
7) für die Ordonnanz, durch welche die in den Artikeln 558. 819. 822. 826. der Civilprozeß-Ordnung vorgesehenen Beschlagnahmen gestattet werden, sofern die Sache nicht zur Kompetenz des Friedensrichters gehört (Gesetz vom 11. Mai 1843 Art. 7.);
8) für die Ordonnanz, durch welche im Falle des Art. 106. des Handelsgesetzbuchs Sachverständige ernannt werden.

Artikel 3.

Der Friedensrichter erhält im Falle der Subhastation oder Resubhastation oder des Wiederverkaufs in Folge eines Uebergebots, je nachdem die Grundsteuer der zu versteigernden Grundstücke bis zu vier Thalern oder über vier bis zwanzig Thaler oder über zwanzig Thaler beträgt:

1) für die Aufnahme des Antrags auf Beschlagnahme oder auf Wiederverkauf 20 Sgr., beziehungsweise 1 Rthlr. 10 Sgr. und 2 Rthlr.;
2) für die Verfügung einer Beschlagnahme 15 Sgr., beziehungsweise 1 Rthlr. und 1 Rthlr. 15 Sgr.;
3) für die Abfassung des Patents 1 Rthlr., beziehungsweise 2 Rthlr. und 3 Rthlr.;
4) für die Abhaltung des Versteigerungstermins und die Abfassung des Protokolls darüber 3 Rthlr., beziehungsweise 4 Rthlr. 15 Sgr. und 6 Rthlr.;
   Subhastations-Ordnung vom 1. August 1822, Gesetz vom 18. April 1855 Art. 73.

Artikel 4.

Für die im Theilungsverfahren erforderlichen Familienrathsbeschlüsse liquidirt der Friedensrichter seine Gebühren nach Artikel 1. dieses Gesetzes.

Derselbe erhält außerdem:

1) für die Ordonnanz, durch welche Termin zur Vereidung von Sachverständigen im außergerichtlichen Theilungsverfahren anberaumt wird, 15 Sgr.;

   N.B. Für die Ernennung des Sachverständigen wird keine besondere Gebühr bewilligt.

2) für die Vereidung von Sachverständigen 15 Sgr.

Artikel 5.

Der Friedensrichter erhält bei den ihm durch §. 4. des Gesetzes vom 25. Mai 1857 im Expropriationsverfahren übertragenen Verrichtungen:

1) für die Ordonnanz, durch welche der Tag zur Ortsbesichtigung und Vereidung der Sachverständigen bestimmt wird, 15 Sgr.;
2) für die Vereidung der Sachverständigen, falls sie nicht im Ortsbesichtigungstermine stattfindet, 15 Sgr.;
3) für die Aufnahme der Verhandlung über die Ortsbesichtigung und Vernehmung der Sachverständigen wird nach Vakationen gerechnet (Art. 1. dieses Gesetzes).

Artikel 6.

Der Friedensrichter erhält bei der Erledigung von Aufträgen der oberen Gerichte oder der Requisition von Gerichten außerhalb des Bezirks des Appellationsgerichtshofes zu Cöln in nicht gebührenfrei zu behandelnden Civilsachen:

1) für die Ordonnanz, welche den Tag zu einer Verhandlung festsetzt, 15 Sgr.;
2) für die Vereidung von Sachverständigen 15 Sgr.;
3) für die Aufnahme von Verhandlungen über Ortsbesichtigungen, Vernehmungen von Zeugen, Sachverständigen und Parteien, sowie über die Abnahme eines Entscheidungseides, wird nach Vakationen gerechnet (Art. 1. dieses Gesetzes).

Artikel 7.

Der Friedensrichter erhält für die Vereidung von Beamten oder von Personen, die mit öffentlichen Funktionen betraut werden, als Forst- und Feldhüter, Nachtwächter, Frucht- und Feldmesser, Personen, die von den Bergwerksbesitzern mit dem Vermessen, Verwiegen, oder Abzählen der Produkte und Führung der Bücher beauftragt werden, und anderen, wenn in zulässigen Fällen eine solche Vereidung beantragt wird, und die Kosten nicht der Staatskasse zur Last fallen würden, 15 Sgr.

Werden mehrere Personen in demselben Termine zu denselben öffentlichen Funktionen vereidet, so wird die Gebühr nur einmal berechnet.

Artikel 8.

Der Friedensrichter erhält:

1) für das Wiederinkourssetzen der unter öffentlicher Autorität auf jeden Inhaber lautenden Papiere (§. 3. des Gesetzes vom 4. Mai 1843) 1/6 Prozent des Nominalwerthes oder des eingezahlten Betrages, wenn die Einzahlung nicht voll geschehen ist;

Die Gebühr darf in keinem Falle, auch wenn mehrere solche Papiere gleichzeitig für dieselbe Person wieder in Kours gesetzt werden, den Betrag von 2 Rthlrn. übersteigen.

2) für die Einregistrirung von Urkunden unter Privatunterschrift einschließlich der Bescheinigung eines jeden Zusatzes:
   a) wenn der Gegenstand der Urkunde weniger als 1000 Rthlr. beträgt, 5 Sgr.;
   b) wenn der Gegenstand von höherem Werth ist, 10 Sgr.

Zweiter Titel.

Von den Gebühren der Friedensgerichtsschreiber.

Artikel 9.

Der Friedensgerichtsschreiber erhält für seine Theilnahme an den im Artikel 1. unter Nr. 1. 2. 4. 6. 7. 10. 11. 12., im Artikel 2. unter Nr. 1. 3. 4., in den Artikeln 4. 5. 6. 7. bezeichneten Geschäften zwei Drittheile, bei den im Artikel 3. unter Nr. 1. und 4. bezeichneten Geschäften die Hälfte, und bei dem im Artikel. 8. Nr. 2. bezeichneten Geschäfte den gleichen Betrag der dem Friedensrichter bewilligten Gebühren.

Artikel 10.

Der Friedensgerichtsschreiber erhält:

1) für jedes Blatt der von ihm ertheilten Ausfertigung, welches 20 Zeilen auf der Seite und 10 Silben in der Zeile enthalten muß, einschließlich der Entschädigung für Papier, 4 Sgr.;

2) für die Ausfertigung des Protokolls, welches feststellt, daß die Parteien sich nicht vereinigt haben, und welches nur die summarische Erwähnung enthalten darf, daß die Parteien sich nicht haben vereinigen können, 8 Sgr.;

Artikel 54. der Civilprozeß-Ordnung.

3) für die Uebersendung der Rekusation und der Antwort des Richters an den Oberprokurator, mit Einschluß des Porto, 1 Rthlr. 10 Sgr.;

4) für die Redaktion des Gutachtens der Sachverständigen und seine Gegenwart bei deren Verrichtungen, falls sie

alle oder einer von ihnen nicht zu schreiben verstehen, für jede Vakation 24 Sgr.;

Artikel 317. der Civilprozeß-Ordnung.

5) für die in den Städten, wo sie vorgeschrieben ist, auf dem Sekretariate des Landgerichts abzugebende Erklärung über die Anlegung der Siegel 24 Sgr.;

Artikel 925. der Civilprozeß-Ordnung.

6) für jede Opposition bei Versiegelungen durch Erklärung zum Siegelungs-Protokoll, sowie für jeden Auszug aus den Oppositionen bei Versiegelungen, und zwar für jede Opposition 4 Sgr.;

Artikel 926. der Civilprozeß-Ordnung.

7) für die Bescheinigung, ob in den vorhandenen Vormundschaftsregistern Jemand als Vormund eingetragen sei, 10 Sgr.;

8) für Aufnahme des Protokolls über das im Artikel 1. Nr. 5. bezeichnete Geschäft, falls die Zuziehung stattgefunden hat, 15 Sgr.

Artikel 11.

Der Friedensgerichtschreiber darf vollständige Ausfertigungen der Verhandlungen über die Anlegung, Anerkennung und Abnahme der Siegel nur ertheilen, wenn er schriftlich darum ersucht wird. Er ist verpflichtet, auf Verlangen Auszüge aus diesen Verhandlungen zu ertheilen, wenn auch deren vollständige Ausfertigung weder verlangt noch ertheilt ist.

Dritter Titel.

Gemeinsame Bestimmungen.

Artikel 12.

Bei Dienstreisen, wenn die Entfernung mehr als eine Viertelmeile vom Sitze des Gerichts beträgt, erhalten der Friedensrichter und der Gerichtsschreiber für die Meile auf der Hinreise und auf der Rückreise jeder 15 Sgr.

Es kann eine volle Meile für die Hinreise und ebenso für die Rückreise berechnet werden, wenn die Entfernung über eine Viertel-, aber keine ganze Meile beträgt. Bei Entfernungen über eine Meile wird nach Viertelmeilen, und dabei die angefangene Viertelmeile für eine volle Viertelmeile gerechnet.

Werden auf derselben Reise mehrere Geschäfte für verschiedene Parteien ausgeführt, so werden die Reisegebühren nur einmal berechnet und auf die verschiedenen Geschäfte mit der Maaßgabe gleichmäßig vertheilt, daß dadurch die Kosten für das einzelne Geschäft nicht mehr betragen dürfen, als wenn es allein vorgenommen wäre.

Artikel 13.

1) Bei Dienstgeschäften, die außerhalb des Amtsbezirks vorgenommen werden, erhält der Friedensrichter neben den Reisekosten und Termins-Gebühren an Diäten täglich 2 Rthlr., der Friedensgerichtsschreiber 1 Rthlr. 10 Sgr.

2) Bei Dienstgeschäften innerhalb des Amtsbezirks wird die auf die Reise verwendete Zeit nach dem Maaßstabe, daß für jede Meile 1½ Stunde anzunehmen ist, der auf das Geschäft selbst verwendeten Zeit hinzugerechnet, und für die Nacht vom Friedensrichter 1 Rthlr. 15 Sgr., vom Friedensgerichtsschreiber 1 Rthlr. berechnet, wenn die genannten Beamten zur Fortsetzung des Geschäfts am folgenden Tage über Nacht bleiben.

Wegen der Vertheilung der nach diesem Artikel zu berechnenden Gebühren auf mehrere Geschäfte sind die Bestimmungen des vorigen Artikels ebenfalls maaßgebend.

Artikel 14.

Wenn die Gebühren nach Vakationen berechnet werden, muß die Zeit des Anfangs jeder Verhandlung im Eingange derselben und die Zeit der Beendigung am Schlusse angegeben werden.

Die erste Vakation wird für eine volle gerechnet, wenn sie auch nicht drei Stunden gedauert hat. Die ferner verwendete Zeit wird nach Drittheilen einer Vakation und dabei die begonnene Stunde für eine volle gerechnet.

Artikel 15.

Auch für begonnene und nicht zu Stande gekommene Verhandlungen können die Gebühren berechnet werden. Wenn jedoch eine an ordentlicher Gerichtsstelle vorzunehmende Verhandlung wegen Nichterscheinens der Parteien nicht stattfinden kann, so darf für das vergebliche Warten nur die halbe Gebühr und, wenn das Geschäft nach Vakationen bezahlt wird, nur eine halbe Vakation berechnet werden.

Die Bestimmungen dieses Artikels finden bei vormundschaftlichen Verhandlungen keine Anwendung.

Artikel 16.

Für Geschäfte, für welche nicht eine Gebühr ausdrücklich bewilligt ist, darf nichts gefordert und nichts angenommen werden; insbesondere ist für Papier zu Urschriften und Ausfertigungen, sowie für die zur Ausführung des Geschäftes erforderlichen Utensilien, z. B. Siegellack, nichts zu berechnen.

Artikel 17.

Hinsichtlich der Gebühren und Reisekosten in Strafsachen und der Gebühren für Mobiliarversteigerungen verbleibt es bei den bestehenden Verordnungen.

Die bis dahin geltenden Vorschriften in Betreff des Armenrechts, namentlich auch in Vormundschaftssachen, kommen ferner in Anwendung.

Artikel 18.

Die Friedensgerichtsschreiber müssen bei Strafe von 1 bis 5 Rthlrn. für jede Unterlassung unter allen Urschriften und Ausfertigungen die Gebühren und Reisekosten mit Angabe des Artikels der Taxordnung vollständig verzeichnen und deren erfolgte Zahlung auf den Ausfertigungen bescheinigen.

Artikel 19.

Der Landgerichtspräsident kann die berechneten Gebühren, wenn sie übermäßig erscheinen, auf Antrag der Betheiligten, oder des Oberprokurators und selbst von Amtswegen, nach mündlicher oder schriftlicher Vernehmung der Liquidanten ermäßigen.

Die Verfügung des Präsidenten ist einem Rechtsmittel nicht unterworfen. Das Disziplinarverfahren in geeignetem Falle wird hierdurch nicht ausgeschlossen.

Artikel 20.

Die Liquidation der Gebühren kann auf den Antrag der Berechtigten von dem Landgerichtspräsidenten exekutorisch erklärt werden. Das Exekutorium ist in Urschrift vollstreckbar.

Artikel 21.

Alle diesem Gesetze entgegenstehenden Gesetze und Verordnungen, insbesondere die Artikel 1. bis 20. und Artikel 151. Nr. 5. des Civil-Kostentarifs vom 16. Februar 1807, die Gebührentaxe zur Subhastationsordnung vom 1. August 1822, der §. 10. des Gesetzes vom 23. April 1824 über die Einregistrirung, die Kabinetsorder vom 28. April 1832, betreffend die Gebühren für kommissarische Aufträge der Friedensgerichte, sind aufgehoben, soweit sie die Gebühren der Friedensrichter und Friedensgerichtsschreiber betreffen. Wo in einzelnen Gesetzen auf die aufgehobenen Vorschriften verwiesen ist, treten die Bestimmungen des gegenwärtigen Gesetzes an deren Stelle.

Urkundlich unter Unserer Höchsteigenhändigen Unterschrift und beigedrucktem Königlichen Insiegel.

Gegeben Berlin, den 23. Mai 1859.

(L. S.) Wilhelm, Prinz von Preußen, Regent.

Fürst zu Hohenzollern-Sigmaringen. Flottwell. v. Auerswald. v. d. Heydt. Simons. v. Schleinitz. v. Bonin. v. Patow. Gr. v. Pückler. v. Bethmann-Hollweg.

I. 2268. Rhein. Offizianten-Sachen 43.

46.

Gesetz vom 30. Mai 1859, — betreffend die Abänderung einiger Bestimmungen des Strafgesetzbuches.

Im Namen Sr. Majestät des Königs.

Wir Wilhelm, von Gottes Gnaden Prinz von Preußen, Regent,

verordnen, mit Zustimmung beider Häuser des Landtages der Monarchie, was folgt:

Artikel I.

In dem Strafgesetzbuche für die Preußischen Staaten werden die §§. 35. 243. 316. und 349., und zwar ein jeder einzelner in der Art abgeändert, wie derselbe nachstehend unter seiner bisherigen Nummer umgestaltet ist.

§. 35.

Auf den Theilnehmer an einem Verbrechen oder Vergehen, oder an einem strafbaren Versuche eines Verbrechens oder Vergehens ist dasselbe Strafgesetz anzuwenden, welches auf den Thäter Anwendung findet.

Wird festgestellt, daß im Falle des §. 34. Nr. 2. die Theilnahme eine nicht wesentliche war, so sind nachstehende Bestimmungen maaßgebend:

1) Statt der Todesstrafe oder ausschließlich lebenslänglichen Zuchthausstrafe tritt zeitige Zuchthausstrafe von mindestens sechs Jahren und Stellung unter Polizeiaufsicht ein.
2) In allen übrigen Fällen kann die Strafe bis auf die Hälfte des niedrigsten Maaßes der auf das Verbrechen oder Vergehen angedrohten Freiheitsstrafe und Geldbuße ermäßigt werden.

Findet bei einem mit Zuchthausstrafe bedrohten Verbrechen der Richter bei dieser Ermäßigung eine kürzere als zweijährige Freiheitsstrafe angemessen, so ist nicht auf Zuchthausstrafe, sondern auf Gefängnißstrafe und auf zeitige Untersagung der Ausübung der bürgerlichen Ehrenrechte zu erkennen.

Im Uebrigen bleiben die in den §§. 10. 15. 17. enthaltenen Vorschriften über das geringste Maaß der Zuchthausstrafe, der übrigen Freiheitsstrafen und der Geldbuße anwendbar.

§. 243.

Mit Gefängniß nicht unter drei Monaten und zugleich mit Geldbuße von funfzig bis zu Eintausend Thalern, sowie mit zeitiger Untersagung der Ausübung der bürgerlichen Ehrenrechte wird bestraft:

1) wer sich wissentlich unrichtiger zum Messen oder Wiegen bestimmter Werkzeuge zum Nachtheile eines Anderen bedient;
2) wer einen Ankäufer von Gold oder Silber über die Eigenschaften dieser Waare hintergeht, indem er ihm geringhaltigeres Gold oder Silber für vollhaltigeres verkauft;
3) wer echte, zum Umlauf bestimmte Metallgeldstücke durch Beschneiden, Abfeilen oder auf andere Art verringert und als vollgültig ausgiebt oder auszugeben versucht;
4) wer solche verringerte Münzen gewohnheitsmäßig oder im Einverständnisse mit dem, welcher sie verringert hat, als vollgültig ausgiebt oder auszugeben versucht;
5) wer Geldpackete, die mit einem öffentlichen Siegel verschlossen und mit Angabe des Inhalts versehen sind, zu ihrem vollen Inhalte ausgiebt oder auszugeben versucht, obgleich er weiß, daß sie eröffnet und ihr Inhalt verringert worden;
6) wer in der Absicht, eine verhängte Exekution abzuwenden oder hinauszuschieben, von einem Postscheine über eine Versendung von Geld oder anderen Werthgegenständen Gebrauch macht, obgleich er weiß, daß der versendete Brief oder das versendete Packet dasjenige nicht enthält, was durch den Postschein als abgesendet nachgewiesen werden soll;
7) wer Grenzsteine oder andere zur Bezeichnung einer Grenze oder des Wasserstandes bestimmte Merkmale zum Nachtheile eines Anderen wegnimmt, vernichtet, unkenntlich macht, verrückt oder fälschlich setzt;
8) wer Urkunden, welche ihm entweder gar nicht oder nicht ausschließlich gehören, zum Nachtheile eines Anderen vernichtet, beschädigt oder unterdrückt.

Wird in dem Falle Nr. 6. festgestellt, daß mildernde Umstände vorhanden sind, so kann die Strafe bis auf Eine Woche Gefängniß oder auch auf bloße Geldbuße von mindestens fünf Thalern ermäßigt werden.

§. 316.

Ein Beamter, welcher in Ausübung oder in Veranlassung der Ausübung seines Amtes vorsätzlich Mißhandlungen oder Körperverletzungen verübt oder verüben läßt, wird mit Gefängniß nicht unter drei Monaten bestraft, auch kann gegen denselben auf zeitige Unfähigkeit zu öffentlichen Aemtern erkannt werden.

Wird festgestellt, daß mildernde Umstände vorhanden sind, so kann auf Gefängniß auch unter drei Monaten oder auf Geldbuße bis zu dreihundert Thalern erkannt werden.

Ist die Mißhandlung oder Körperverletzung eine schwere (§. 193.) und findet keiner der im §. 196. vorgesehenen Milderungsgründe statt, so tritt Zuchthaus nicht unter drei Jahren ein.

§. 349.

Mit Geldbuße bis zu funfzig Thalern oder Gefängniß bis zu sechs Wochen wird bestraft:

1) wer unbefugt ein fremdes Grundstück oder einen öffentlichen oder Privatweg oder Grenzraine durch Abgraben oder Abpflügen verringert;
2) wer unbefugt von öffentlichen oder Privatwegen Erde, Steine oder Rasen, oder aus Grundstücken, welche einem Anderen zugehören, Erde, Lehm, Sand, Grand oder Mergel gräbt, Plaggen oder Bülten haut, Rasen, Steine, Mineralien, zu deren Gewinnung es einer Verleihung, einer Konzession oder einer Erlaubniß der Behörde nicht bedarf, oder ähnliche Materialien wegnimmt;
3) wer Früchte, Eßwaaren oder Getränke von unbedeutendem Werthe oder in geringer Quantität entwendet, selbst wenn die Entwendung vermittelst Einbruches oder Einsteigens in ein unbewohntes Gebäude oder in einen demselben gleichstehenden umschlossenen Raum erfolgt.

   Geschieht die Entwendung unter einem anderen der im §. 218. bezeichneten erschwerenden Umstände oder in gewinnsüchtiger Absicht, so kommen die Strafen des Diebstahls zur Anwendung;
4) wer von einem zum Dienststande gehörenden Unteroffizier oder Gemeinen, ohne die schriftliche Erlaubniß des vorgesetzten Kommandeurs, Montirungs- oder Armaturstücke kauft oder zum Pfande nimmt;
5) wer bei den Uebungen der Artillerie verschossene Eisenmunition, oder wer Bleikugeln aus den Kugelfängen der Schießstände der Truppen widerrechtlich sich zueignet;
6) ein Pfandleiher, welcher bei Ausübung seines Gewerbes den darüber gesetzlich erlassenen Anordnungen entgegen handelt;
7) wer Getraide oder andere zur Fütterung des Viehes bestimmte oder geeignete Gegenstände zum Zwecke der Verfütterung an das Vieh des Eigenthümers wider dessen Willen wegnimmt.

   Geschieht die Wegnahme in gewinnsüchtiger Absicht, so kommen die Strafen des Diebstahls zur Anwendung.

Artikel II.

Wo in den Gesetzen und insbesondere in dem Strafgesetzbuche selbst bisher auf einen der im Eingange des Artikels I.

bezeichneten Paragraphen hingewiesen ist, bezieht diese Hinweisung sich fortan auf den Paragraphen in seiner vorstehend abgeänderten Gestalt.

Urkundlich unter Unserer Höchsteigenhändigen Unterschrift und beigedrucktem Königlichen Insiegel.

Gegeben Cöslin, den 30. Mai 1859.

(L. S.) Wilhelm, Prinz von Preußen, Regent.

Fürst zu Hohenzollern-Sigmaringen. Flottwell. v. Auerswald. v. d. Heydt. Simons. v. Schleinitz. v. Bonin. v. Patow. Gr. v. Pückler. v. Bethmann-Hollweg.

I. 2390. Landrecht 38. Vol. 12.

47.

Verfügung vom 7. Juni 1859, — betreffend die Verweisung der Notarien auf früher geleistete Diensteide und die Berichterstattung über die Beschäftigung der Notariatskandidaten.

Hinsichtlich der von dem Ober-Prokurator zu N. zur Sprache gebrachten Vereidigung der Notare hat es kein Bedenken, daß die Verweisung des in einen anderen Landgerichtsbezirk versetzten Notars und des zum Notar ernannten Referendars auf den früher geleisteten Diensteid für nothwendig, aber auch für genügend zu erachten ist, daß es aber dieser neuen Verpflichtung bei der Versetzung eines Notars innerhalb des Landgerichtsbezirks nicht bedarf.

Der Justiz-Minister ist damit einverstanden, daß Referendarien, welche sich dem Notariate widmen wollen eben so, wie die übrigen, auf den früher geleisteten Diensteid zu verweisen sind, und daß die Berichte über ihre Beschäftigung während der Notariatsstagen an den Landgerichts-Präsidenten und den Ober-Prokurator zugleich gerichtet werden.

Berlin, den 7. Juni 1859.

Der Justiz-Minister.
Simons.

An
den Königl. Herrn General-Prokurator zu Cöln.

I. 2837. Rhein. Offizianten-Sachen 38.

48.

Verfügung vom 7. Juni 1859, — betreffend die Requisitionen altländischer Gerichte um Abnahme von Manifestations-Eiden.

Die Schwierigkeiten, welche nach dem Berichte des Ober-Prokurators zu N. durch Requisitionen altländischer Gerichte um Abnahme von Manifestations-Eiden entstehen sollen, erledigen sich, wie Sie mit Recht annehmen, dadurch von selbst, daß für die Bewohner des dortigen Bezirks eine gesetzliche Verpflichtung zur Ableistung des Manifestationseides überhaupt nicht vorhanden ist.

Berlin, den 7. Juni 1859.

Der Justiz-Minister.
Simons.

An
den Königl. Herrn General-Prokurator zu Cöln.

I. 2839. Rhein. Gener. 131.

49.

Gesetz vom 14. Juni 1859, — wegen Verschaffung der Vorfluth in den Bezirken des Appellationsgerichtshofes zu Cöln und des Justizsenates zu Ehrenbreitstein, sowie in den Hohenzollernschen Landen.

Im Namen Sr. Majestät des Königs.

Wir Wilhelm, von Gottes Gnaden Prinz von Preußen, Regent,

verordnen, nach Anhörung des Provinziallandtages der Rheinprovinz, mit Zustimmung beider Häuser des Landtages der Monarchie, was folgt:

Erster Abschnitt.

Gemeinsame Bestimmungen.

§. 1.

In den Bezirken des Appellationsgerichtshofes zu Cöln und des Justizsenates zu Ehrenbreitstein, sowie in den Hohenzollernschen Landen, kann jeder Eigenthümer, welcher sein Grundstück entwässern, oder Teiche und Seen ablassen will, in Fällen des überwiegenden Landeskultur-Interesses verlangen, daß ihm gegen vollständige Entschädigung das Servitutsrecht eingeräumt wird, das Wasser von seinem Boden in offenen Gräben oder bedeckten Kanälen (Röhren) durch fremde Grundstücke, welche sein Grundeigenthum von einem Wasserlaufe oder einem anderen Abflußwege trennen, auf seine Kosten abzuleiten oder zu diesem Ende vorhandene Gräben und Fließe zu erweitern und zu vertiefen.

§. 2.

Die Entwässerungsanlage darf nur an der Stelle des belasteten Grundstücks ausgeführt werden, wo sie dem Eigenthümer desselben, unbeschadet ihres Zweckes, am wenigsten lästig ist. Durch Gebäude, nebst den damit in Verbindung stehenden Hofräumen kann das Recht (§. 1.) gar nicht, durch Gärten und eingeschlossene Parkanlagen nur mittelst bedeckter Kanäle oder Röhren ausgeübt werden, insoweit es sich nicht blos um Erweiterung und Vertiefung vorhandener offener Gräben und Fließe handelt.

Einer vorhandenen gewerblichen Anlage darf durch die Entwässerungs-Anlage das zum Betriebe des Werkes in dem bisherigen Umfange nothwendige Wasser nicht entzogen werden.

Eine Abänderung gewerblicher Anlagen, wodurch ihr Betrieb in dem bisherigen Umfange in anderer Weise möglich gemacht wird, muß sich der Besitzer gefallen lassen.

§. 3.

Der Eigenthümer des von der Entwässerungsanlage durchschnittenen Grundstücks kann deren Mitbenutzung in Anspruch nehmen. Dasselbe Recht steht unter den Bedingungen des §. 1. auch den Eigenthümern benachbarter Grundstücke zu.

Wer die Mitbenutzung in Anspruch nimmt, muß einen verhältnißmäßigen Beitrag zu den Kosten der Anlage und Unterhaltung, insoweit er Nutzen davon zieht, leisten, und die Kosten der in seinem Interesse etwa erforderlichen Abänderung der Anlage allein tragen.

Wenn die Servitut später den Eigenthümer des belasteten Grundstücks an nützlichen Verbesserungen hindert, oder ihn sonst mehr als Anfangs belästigt, so kann derselbe eine Verlegung der Anlage an eine andere Stelle auf seine Kosten vornehmen, falls dadurch die Ausübung der Servitut nicht wesentlich erschwert wird.

§. 4.

In Ermangelung gütlicher Einigung entscheidet die Bezirksregierung — nach Anhörung der Betheiligten und nach vorheriger Lokaluntersuchung durch sachkundige Kommissarien — mit Ausschluß des Rechtsweges durch einen mit Gründen versehenen Beschluß:

1) über das Vorhandensein der Bedingungen, unter welchen die in §§. 1—3. erwähnten Rechte in Anspruch genommen werden können, über den Entwässerungsplan, sowie über die Art und Weise der Ausführung und späteren Abänderung der Anlagen;
2) wenn mehrere Theilnehmer vorhanden sind (§. 3.), über den Beitrag eines Jeden zu den Kosten der Anlage und deren Unterhaltung nach Verhältniß des Vortheils;
3) desgleichen über die künftige Unterhaltung alter Wasserläufe, welche nur erweitert oder vertieft sind. Wenn dabei die Unterhaltung demjenigen verbleibt, welcher den alten Wasserlauf bisher zu unterhalten hatte, so muß bei Bestimmung der ihm zu leistenden Entschädigung auch auf die mehreren ihm in der Folge zur Last fallenden Unterhaltungskosten billige Rücksicht genommen werden.

Gegen die Entscheidung der Regierung ist binnen sechs Wochen nach deren Zustellung an die Betheiligten Rekurs an das Ministerium für die landwirthschaftlichen Angelegenheiten zulässig.

§. 5.

Mit Vorbehalt der Berufung auf den Rechtsweg wird von der Bezirks-Regierung die zu gewährende Entschädigung festgestellt, auf Grund einer Schätzung durch Sachverständige, welche die Regierung ernennt, wenn sich die Betheiligten über deren Person nicht geeinigt haben. Insofern die Betheiligten sich nicht einigen, können die sachkundigen Kommissarien, welche die Untersuchung des Entwässerungsplanes bewirken, zugleich mit der Abschätzung der Entschädigungen beauftragt werden, wenn die Regierung das für angemessen erachtet.

Die Regierung kann die Festsetzung der Entschädigung ausdrücklich für eine vorläufige erklären und eine nähere Feststellung bis nach Beendigung der Anlage vorbehalten. Die nähere Feststellung muß aber jedenfalls binnen Jahresfrist nach Beginn der Arbeiten auf dem belasteten Grundstück erfolgen.

Sie kann die Ausführung der Anlage, der Berufung auf den Rechtsweg ungeachtet, gegen Zahlung oder Deposition der vorläufig festgestellten Entschädigung gestatten.

Entsteht über die Existenz oder den Umfang eines Rechtes, auf welches ein Widerspruch oder ein Entschädigungsanspruch gegründet wird, Streit, so ist bei Feststellung der Entschädigung der bisherige Besitzstand oder auch das Maaß der Berechtigung, soweit solche nach dem Ermessen der Regierung nachgewiesen ist, vorbehaltlich des Rechtsweges, zum Grunde zu legen.

Die Regierung kann aber auch in solchem Falle das weitere Verfahren so lange aussetzen, bis darüber von den Gerichten rechtskräftig entschieden ist.

§. 6.

Gegen das Resolut der Regierung, welches die Entschädigung feststellt, ist binnen sechs Wochen nach der Zustellung an die Betheiligten die Betretung des Rechtsweges bei dem ordentlichen Gericht der belegenen Sache zulässig. Wird innerhalb dieser Frist die Klage von der einen Partei beim Gericht angestellt, so kann die Gegenpartei im Wege der Widerklage die Abänderung der Entscheidung der Regierung auch ihrerseits noch nach Ablauf von sechs Wochen geltend machen.

§. 7.

Wenn durch eine Entwässerungsanlage Grundstücke in den Bezirken mehrerer Regierungen betroffen werden, so bestimmt das Ministerium für die landwirthschaftlichen Angelegenheiten, welche Regierung das Verfahren zu leiten und die Entscheidungen abzufassen hat.

§. 8.

Die Kosten des Verfahrens der Verwaltungsbehörde werden ebenso aufgebracht, wie die Kosten der Anlage. Die Kosten der Rekurs-Instanz, sowie des gerichtlichen Verfahrens, treffen den unterliegenden Theil nach Verhältniß der Sukkumbenz.

§. 9.

Das Gesetz, betreffend das für Entwässerungsanlagen einzuführende Aufgebots- und Präklusions-Verfahren vom 23. Januar 1846 (Gesetz-Samml. S. 26) wird in den Bezirken des Appellationsgerichtshofes zu Cöln und des Justizsenates zu Ehrenbreitstein, sowie in den Hohenzollernschen Landen für anwendbar erklärt.

Zweiter Abschnitt.

Besondere Bestimmungen für die Hohenzollernschen Lande.

§. 10.

Rücksichtlich der Hohenzollernschen Lande sollen die in den Abschnitten X. (§§. 23—27. einschließlich), XI. (§. 28.) und die in den daselbst unter Nr. 6. bezogenen Abschnitten II. (§§. 5 bis 7. einschließlich), III. (§. 8.) und IV. (§. 9.) enthaltenen Vorschriften der Mühlen-Ordnung für das Fürstenthum Hohenzollern-Sigmaringen vom 8. November 1845 (Gesetz-Sammlung für dasselbe Bd. VII. S. 157. ff.), soweit sie dort noch Gültigkeit haben und mit dem gegenwärtigen Gesetze nicht im Widerspruch stehen, fortan auch in dem Gebiete des Fürstenthums Hohenzollern-Hechingen Anwendung finden.

Ein Abdruck dieser Vorschriften ist dem gegenwärtigen Gesetze beigefügt.

§. 11.

In Ansehung der Räumung der Gräben und anderer Wasserabzüge werden die Bestimmungen der Mühlen-Ordnung vom 8. November 1845 dahin erweitert, daß überhaupt Jeder, welchem die Unterhaltung eines Grabens oder Wasserabzugs obliegt, zu dessen Auskrautung oder Räumung polizeilich angehalten werden kann, sobald aus der Vernachlässigung derselben, oder aus Mangel an der erforderlichen Tiefe, Nachtheil für die Besitzer anderer Grundstücke oder nutzbarer Anlagen, oder auch für die Gesundheit der Anwohner entsteht.

Die Bestimmung, wann und wie die Auskrautung oder Räumung bewirkt werden soll, gehört dabei lediglich zur Kognition der Polizeibehörden, und jeder Unterhaltungspflichtige muß sich derselben unbedingt unterwerfen.

Urkundlich unter Unserer Höchsteigenhändigen Unterschrift und beigedrucktem Königlichen Insiegel.

Gegeben Berlin, den 14. Juni 1859.

(L. S.) Wilhelm, Prinz von Preußen, Regent.

Fürst zu Hohenzollern-Sigmaringen. Flottwell. v. Auerswald. v. d. Heydt. Simons. v. Schleinitz. v. Bonin. v. Patow. Gr. v. Pückler. v. Bethmann-Hollweg.

I. 2688. Rhein. Gener. 88.

50.

Verordnung vom 14. Juni 1859, — über die Einrichtung und Verwaltung des Landarmenwesens in der Rheinprovinz.

Im Namen Sr. Majestät des Königs.

Wir Wilhelm, von Gottes Gnaden Prinz von Preußen, Regent,

verordnen über die Einrichtung und Verwaltung des Landarmenwesens in der Rheinprovinz, nach Anhörung des Provinziallandtages derselben, auf Grund des §. 11. des Gesetzes über die Verpflichtung zur Armenpflege vom 31. Dezember 1842, was folgt:

§. 1.

Jeder der fünf Regierungsbezirke bildet für sich einen besonderen Landarmenverband.

§. 2.

Die Verwaltung des Landarmenwesens liegt den Regierungen ob, welche mit der Ausführung ihrer Anordnungen, insoweit es erforderlich, die ihnen untergeordneten Behörden zu beauftragen haben.

Insbesondere bleibt der Festsetzung der Regierung vorbehalten:

1) ob die Fürsorge für einen Verarmten von dem Landarmenverbande ihres Bezirks zu übernehmen sei;
2) in welcher Art diese Fürsorge zu bewirken sei, ob auf dem im §. 15. des Gesetzes vom 31. Dezember 1842 (Gesetz-Samml. von 1843 S. 10) bezeichneten Wege oder durch Schließung eines besonderen Abkommens mit einem Privaten, einer Anstalt rc., oder durch Bewilligung einer Geldunterstützung oder durch Aufnahme in die Landarmenanstalt.

§. 3.

In der für die Landarmenverbände der Regierungsbezirke Coblenz, Aachen, Cöln und Düsseldorf errichteten Landarmenanstalt zu Brauweiler, deren Räume von den für die dortigen Detinirten bestimmten Lokalen stets gänzlich getrennt zu halten sind, steht jedem der vier genannten Landarmenverbände die beliebige Benutzung einer nach der Kopfzahl seiner Bevölkerung bestimmten Anzahl von Stellen zu.

§. 4.

Für die wirklich benutzten Stellen hat jeder Landarmenverband am Schlusse des Jahres der Anstalt zu Brauweiler denjenigen Verpflegungssatz zu zahlen, welcher sich bei einer Vergleichung der Gesammtkosten dieser Anstalt mit der Summe der stattgefundenen Verpflegungstage ergeben wird.

§. 5.

Wenn der Raum in den Landarmenanstalten zu Brauweiler und Trier es gestattet, können in denselben gegen vollständige Erstattung der Kosten auch solche Arme untergebracht werden, deren Unterstützung den Ortsarmen-Verbänden obliegt.

§. 6.

Die Kosten des Landarmenwesens eines jeden Regierungsbezirks werden in der Art aufgebracht, daß der am Jahresschlusse sich ergebende Gesammtbetrag der Ausgabe jedes Landarmenverbandes nach dem Maaßstabe der direkten Staatssteuern, und zwar der Grund-, Klassen-, klassifizirten Einkommen- und Gewerbe-Steuer auf die einzelnen Gemeinden vertheilt und den letzteren die Art und Weise der Aufbringung durch Aufnahme in den Gemeindehaushalts-Etat überlassen wird.

Unter der Gewerbesteuer ist die in Gemäßheit des Gesetzes vom 18. November 1857 (Gesetz-Sammlung S. 849) eingeführte Gewerbesteuer der Aktiengesellschaften mitbegriffen, wogegen die Hausirgewerbesteuer ausgeschlossen bleibt. Bei den mahl- und schlachtsteuerpflichtigen Städten wird an Stelle der Klassensteuer die Mahl- und Schlachtsteuer nach Abzug des für die Gemeinden erhobenen Steuerdrittels der Repartitionsberechnung zu Grunde gelegt.

§. 7.

Die Verrechnung der für das Landarmenwesen bestimmten Fonds erfolgt bei den Regierungs-Hauptkassen, welche darüber jährlich Rechnung zu legen haben.

§. 8.

Die Kontrolle der Verwaltung und insbesondere die Prüfung und Abnahme der darüber geführten Rechnungen liegt einer für jeden Landarmenverband zu bildenden ständischen Kommission ob, welche

1) aus dem Regierungspräsidenten oder einem Stellvertreter desselben als Vorsitzenden,
2) aus einem von der Regierung aus ihrer Mitte zu bestellenden Kommissarius, und
3) aus Deputirten der Kreisstände, von denen jede Kreisversammlung einen nebst je einem Stellvertreter aus ihrer Mitte zu wählen hat,

zusammengesetzt wird.

§. 9.

Die Kommission wählt aus ihrer Mitte und den Stellvertretern einen aus drei Mitgliedern bestehenden Ausschuß, sowie zwei Stellvertreter, welchem

a) die Vorrevision der Rechnungen (vorbehaltlich der vom Plenum der Kommission zu ertheilenden Decharge),
b) die Begutachtung der von Ortsarmenverbänden wegen Unvermögens auf Grund des §. 14. des Gesetzes vom 31. Dezember 1842 (2318.) (Gesetz-Samml. von 1843 S. 10) an den Landarmenverband gerichteten Unterstützungsanträge (cfr. §. 10. des Regulativs),
c) die Beschlußnahme über Anstellung von Prozessen im Namen des Landarmenverbandes

obliegt.

§. 10.

Der Ausschuß (§. 9.) versammelt sich unter dem Vorsitze des Regierungspräsidenten oder des von diesem statt seiner zu delegirenden Regierungs-Mitgliedes nach Maaßgabe des obwaltenden Bedürfnisses, mindestens aber jährlich einmal.

Inzwischen vorkommende Geschäfte können auf Veranlassung des Vorsitzenden durch schriftliches Votiren erledigt werden.

Die Kommission (§. 8.) versammelt sich der Regel nach alle drei Jahre einmal; doch erfolgt ihre Zusammenberufung auch vor Ablauf des dreijährigen Zeitraums, wenn die Regierung solches für nöthig hält oder der Ausschuß es beantragt.

§. 11.

Für das Verfahren der Kommission und des Ausschusses sind die Beschlüsse des Provinziallandtages maaßgebend. Die ständischen Mitglieder erhalten für ihre durch die Theilnahme an den Sitzungen bedingten Reisen nach den Grundsätzen der Verordnung vom 28. Juni 1825 (Gesetz-Samml. S. 163) und der Allerhöchsten Order vom 10. Juni 1848 (Gesetz-Samml. S. 151) an Diäten zwei und einen halben Thaler und an Reisekosten Einen Thaler, resp. bei Benutzung von Dampfschiffen oder Eisenbahnen zehn Silbergroschen für die Meile.

§. 12.

Wenn im Falle eines wirklichen Unvermögens einer Gemeinde zur Verpflegung ihrer Armen die Beihülfe des Landarmenverbandes in Gemäßheit des §. 14. a. a. O. in Anspruch genommen wird, so hat die Regierung zuvor darüber den ständischen Ausschuß mit seinem Gutachten zu hören.

§. 13.

Wenn zwischen verschiedenen Landarmenverbänden oder zwischen einem Landarmenverbande und einem Ortsarmenverbande über die Verpflichtung zur Armenpflege Streit entsteht, so ist hierüber von derjenigen Regierung, deren Land- oder Ortsarmenverband in Anspruch genommen wird, mittelst Resoluts zu entscheiden und gegen dieses Resolut, insoweit dasselbe die Frage betrifft, wem die Verpflichtung zur Fürsorge obliege, nur der Rechtsweg zulässig.

Ueber sonstige Streitigkeiten und Beschwerden zwischen verschiedenen Landarmenverbänden der Provinz, zwischen den Regierungen und den ständischen Kommissionen und deren Ausschüssen, sowie zwischen Ortsarmenverbänden und den Regierungen als Vertreterinnen der Landarmenverbände entscheidet der Oberpräsident.

§. 14.

Das unter dem 31. Januar 1845 (Amtsblatt der Regierung zu Cöln von 1845 S. 113) genehmigte Regulativ über die interimistische Behandlung des Landarmenwesens der Rheinprovinz tritt außer Kraft.

Gegeben Berlin, den 14. Juni 1859.

(L. S.) Wilhelm, Prinz von Preußen, Regent.

Flottwell. von Patow.

I. 2748. Rhein. Gener. 141.

51.

Allgemeine Verfügung vom 18. Juni 1859, — betreffend die Mittheilung der Untersuchungsakten über Münzverbrechen und Münzvergehen an den Herrn Finanz-Minister.

Allgem. Verfüg. v. 29. Juni 1851 (Just.-Minist.-Bl. S. 232).

Mit Bezug auf die in der allgemeinen Verfügung vom 29. Juni 1851 unter Nr. 12. enthaltene Bestimmung werden die Beamten der Staatsanwaltschaft hierdurch angewiesen, in den Untersuchungen wegen Münzverbrechen und Münzvergehen, sobald rechtskräftig erkannt und die Strafvollstreckung verfügt ist, die gerichtlichen Akten von jetzt ab nicht mehr dem Ministerium des Innern, sondern dem Herrn Finanz-Minister einzusenden.

Berlin, den 18. Juni 1859.

Der Justiz-Minister.
Simons.

An
sämmtliche Gerichte und Beamte
der Staatsanwaltschaft.

I. 2284. Criminalia 122. Vol. 3.

52.

Beschluß des Königlichen Staats-Ministeriums vom 18. Juni 1859, — betreffend die Behandlung der militairpflichtigen Civilbeamten im Fall ihrer Einberufung zu den Fahnen bei der im April 1859 angeordneten Kriegsbereitschaft der Armee.

Staats-Ministerial-Beschluß vom 19. Juli 1850 (Rhein. Samml. Bd. 10. S. 228).

Auf den Antrag des Kriegs-Ministers vom 4. Mai d. J. beschließt das Staats-Ministerium,

daß die in der Anlage des Staats-Ministerial-Beschlusses vom 19. Juli 1850 zusammengestellten Bestimmungen über die Behandlung der Civilbeamten, welche in dem Falle einer Mobilmachung in die Armee eintreten, auch auf diejenigen Civilbeamten anzuwenden sind, welche in Folge der mittelst Allerhöchster Kabinets-Order vom 20. und 29. April d. J. angeordneten Kriegsbereitschaft der Armee aus dem Reserve- oder Landwehr-Verhältnisse zu den Fahnen bereits einberufen sind oder noch einberufen werden.

Von diesem Beschlusse erhält jeder Minister eine beglaubigte Abschrift, um danach für sein Ressort das Erforderliche zu veranlassen.

Berlin, den 18. Juni 1859.

Das Staats-Ministerium.

Fürst zu Hohenzollern-Sigmaringen. Flottwell. von Auerswald. von der Heydt. Simons. Frhr. von Schleinitz. von Bonin. Frhr. von Patow. Gr. von Pückler. von Bethmann-Hollweg.

Vorstehender Beschluß des Königlichen Staats-Ministeriums wird sämmtlichen Gerichtsbehörden, sowie den Beamten der Staatsanwaltschaft, zur Kenntnißnahme und Beachtung mitgetheilt.

Berlin, den 5. Juli 1859.

Der Justiz-Minister.
Simons.

An
sämmtliche Gerichtsbehörden und an die Beamten der Staatsanwaltschaft.

I. 2442. O. 136. Vol. 3.

53.

Allgemeine Verfügung vom 23. Juni 1859, — betreffend das Verfahren der Gerichte bei Auszahlung von Depositalgeldern, wenn die Interessenten im Bezirk des Appellationsgerichtshofes zu Cöln sich befinden.

Nach Mittheilungen, welche dem Justiz-Minister zugegangen sind, ist es in neuerer Zeit zum öfteren vorgekommen, daß den Gerichten, sowie den Ober-Prokuratoren im Bezirk des Appellationsgerichtshofes zu Cöln, Gelder zur Auszahlung an Personen, welche sich in dem dortigen Bezirk befinden, von den Gerichten der übrigen Landestheile übersandt worden sind.

Da bei den Rheinischen Gerichten keine Depositat-Einrichtungen bestehen, so bleibt in solchen Fällen den dortigen Beamten nichts anderes übrig, als für die einstweilige Aufbewahrung der Gelder bis zu deren Auszahlung auf irgend eine Weise selbst zu sorgen, was indeß den Interessenten nicht die durch die Gesetze erforderte Sicherheit gewährt.

Der Justiz-Minister findet sich deshalb veranlaßt, die Gerichtsbehörden in denjenigen Landestheilen der Monarchie, in denen die Deposital-Ordnung von 1783 Geltung hat, darauf aufmerksam zu machen, daß das erwähnte Verfahren den Vorschriften der §§. 181 ff. Tit. II. der Deposital-Ordnung nicht entspricht und daher in Zukunft zu unterlassen ist.

Bei Beträgen von 10 Thalern oder weniger genügt der Postschein, nach §. 16 der Verordnung vom 18. Juli 1849 (Gesetz-Samml. S. 299) als Rechnungsbelag, und kann daher in solchen Fällen der Betrag unmittelbar durch die Post versandt werden. In den übrigen Fällen sind die im Bezirk des Appellationsgerichtshofes zu Cöln wohnenden Interessenten zu veranlassen, Zahlungen, welche sie aus gerichtlichen Depositorien in den übrigen Landestheilen zu erheben haben, entweder persönlich in Empfang zu nehmen, oder durch gehörig legitimirte Bevollmächtigte erheben zu lassen.

Berlin, den 23. Juni 1859.

Der Justiz-Minister.
Simons.

An sämmtliche Gerichtsbehörden.

I. 2470. D. 15. Vol. 10.

54.

Verfügung vom 8. Juli 1859, — betreffend die Vollstreckung gerichtlich erkannter Gefängnißstrafen an den Häuslingen der Arbeitsanstalt zu Brauweiler und ähnlichen Detentionsanstalten.

Allerhöchste Ordre v. 19. September 1857 (Rhein. Samml. Bd. 11. S. 380).

In der Anlage erhalten Sie, Herr General-Prokurator, Abschrift einer Allerhöchsten Ordre vom 14. Juni d. J.

betreffend die Anwendung der Allerhöchsten Ordre vom 19. September 1857 auf alle Detinirte der Provinzial-Arbeitsanstalt zu Brauweiler,

um danach die Ober-Prokuratoren in Betreff der Vollstreckung von Strafen in der gedachten Arbeitsanstalt mit Anweisung zu versehen.

Hinsichtlich der übrigen Detentionsanstalten bleibt die nähere Anweisung noch vorbehalten.

Berlin, den 8. Juli 1859.

Der Justiz-Minister.
Simons.

An
den Königl. Herrn General-Prokurator zu Cöln.

I. 2582. Criminalia 90. Vol. 4.

Anlage.

Auf Ihren Bericht vom 25. Mai d. J. genehmige Ich hierdurch nach dem Antrage in der zurückerfolgenden Petition der Provinzial-Stände der Rheinprovinz vom 23. Dezember pr., daß die Bestimmung in der Ordre vom 19. September 1857, wonach die gegen Zöglinge der Detentions-Anstalten gerichtlich erkannten Gefängnißstrafen von der Dauer bis zu einer Woche, anstatt in einem gerichtlichen Gefängnisse, in der betreffenden Anstalt selbst vollstreckt werden dürfen, auch auf jugendliche Verbrecher, welche als zurechnungsfähig nach §. 43. des Strafgesetzbuchs zu einer Gefängnißstrafe verurtheilt und demnächst in die Arbeits-Anstalt zu Brauweiler aufgenommen sind, sowie überhaupt auf alle Häuslinge der Anstalt ausgedehnt werde. Zugleich ermächtige Ich Sie, diese Bestimmungen rücksichtlich aller derjenigen Detentionsanstalten zur Ausführung zu bringen, rücksichtlich welcher die Anwendbarkeit der Ordre vom 19. September 1857 bereits ausgesprochen worden ist, oder von Ihnen noch ausgesprochen werden wird; auch sehe Ich zu seiner Zeit von Ihnen, dem Minister des Innern, einem entsprechenden Bescheide für die rheinischen Provinzial-Stände zu Meiner Vollziehung durch den Landtags-Abschied entgegen.

Berlin, den 14. Juni 1859.

Im Namen Sr. Majestät des Königs:
Wilhelm, Prinz von Preußen.
Flottwell. Simons.

An
die Minister des Innern
und der Justiz.

55.

Bekanntmachung der Ministerial-Erklärung vom 7. Juli 1859, — betreffend die Uebereinkunft zwischen Preußen und Bayern zur gegenseitigen Verhütung und Bestrafung der Forst-, Jagd-, Feld- und Fischereifrevel in den Grenzgebieten. Vom 13. Juli 1859.

Nachdem die Königlich Preußische und die Königlich Bayerische Regierung übereingekommen sind, wirksamere Maaßregeln zur Verhütung und Bestrafung der Forst-, Jagd-, Feld- und Fischerei-Frevel in den Grenzgebieten gegenseitig zu treffen, sind zwischen beiden Regierungen, unter gleichzeitiger Aufhebung der Uebereinkunft vom $\frac{4. \text{ Mai}}{6. \text{ April}}$ 1822 (Gesetz-Samml. S. 144.), die nachstehenden Bestimmungen verabredet worden:

Artikel I.

Es verpflichten sich beide kontrahirenden Regierungen, die Forst-, Jagd-, Feld- und Fischerei-Frevel, welche ihre Unterthanen in dem Gebiete der anderen Regierung verüben sollten, sobald sie davon Kenntniß erhalten, nach denselben Gesetzen zu untersuchen und zu bestrafen, nach welchen sie untersucht und bestraft werden würden, wenn sie im Inlande begangen worden wären.

Artikel II.

Die betreffenden Forst- und Polizei-Beamten sollen befugt sein, zum Zwecke der Ermittelung oder Ueberführung des Thäters, sowie zur Ermittelung der entwendeten Gegenstände Haussuchungen auch im Gebiete des anderen Staates zu veranlassen. Dieselben haben sich zu diesem Behufe an den Ortsvorstand der betreffenden ausländischen Gemeinde zu wenden, welcher in ihrer Gegenwart zur Vornahme der Haussuchung zu schreiten hat.

Artikel III.

Ueber die vorgenommene Haussuchung und deren Ergebniß ist von dem Ortsvorstande ein Protokoll in zwei gleichlautenden Exemplaren aufzunehmen und eines davon dem requirirenden Beamten auszuhändigen, das andere aber unverzüglich der vorgesetzten Behörde einzureichen.

Artikel IV.

Die Forst- und Polizei-Beamten bleiben befugt, den auf dem Gebiete ihres Staates betroffenen Frevler zu verhaften und zur Feststellung seiner Person an die nächstbelegene Ortsbehörde abzuliefern.

Dieselben sind aber auch berechtigt, die Spur der Frevler in das Gebiet des anderen Staates zu verfolgen und letztere auf dem fremden Gebiete zu verhaften, mit der Verbindlichkeit jedoch, die Verhafteten unverzüglich der nächsten Polizei- oder Justiz-Behörde desselben Gebietes zuzuführen, damit von dieser der Name und Wohnort der Verhafteten ausgemittelt werden kann.

Artikel V.

Für die Konstatirung eines der im Artikel I. bezeichneten Frevel, welcher von einem Angehörigen des einen Staates in dem Gebiete des anderen Staates begangen worden, soll den Protokollen und Abschätzungen, welche von den kompetenten Forst-, Polizei- und sonstigen zuständigen Beamten des Ortes des begangenen Frevels aufgenommen sind, derselbe Glaube von der zur Aburtheilung zuständigen Behörde beigemessen werden, welchen die Gesetze den Protokollen und Abschätzungen der inländischen Beamten beilegen.

Artikel VI.

Den untersuchenden und bestrafenden Behörden beider Staaten wird zur Pflicht gemacht, die Untersuchung und Bestrafung der zu ihrer Kenntniß gebrachten Frevel so schleunig vorzunehmen, als es nach den Gesetzen des betreffenden Staates nur immer möglich ist. Der requirirenden Behörde soll das Ergebniß der Untersuchung mitgetheilt und von der Vollstreckung der erkannten Strafe Kenntniß gegeben werden.

Artikel VII.

Die Vollziehung der Straferkenntnisse, sowie die Beitreibung der den Wald-, Jagd-, Flur- und Fischerei-Eigenthümern zuerkannten Entschädigungsgelder geschieht nach den Gesetzen des Landes, in welchem das Erkenntniß gefällt worden ist.

Der Betrag der Strafe, sowie der Gerichtskosten verbleibt demjenigen Staate, dessen Behörde die Strafe erkannt hat. Dagegen wird der Betrag des Schadensersatzes und der Pfandgebühren an die betreffende Kasse desjenigen Staates abgeführt, in welchem der Frevel verübt worden ist.

Artikel VIII.

Gegenwärtige Ministerial-Erklärung soll, nachdem sie gegen eine übereinstimmende Erklärung des Königlich Bayerischen Ministeriums ausgewechselt worden, öffentlich bekannt gemacht werden.

Berlin, den 7. Juli 1859.

Der Königlich Preußische Minister der auswärtigen Angelegenheiten.

(L. S.) v. Schleinitz.

Vorstehende Ministerial-Erklärung wird, nachdem sie gegen eine übereinstimmende Erklärung des Königlich Bayerischen Ministeriums der auswärtigen Angelegenheiten vom 1. d. M. ausgewechselt worden, hierdurch zur öffentlichen Kenntniß gebracht.

Berlin, den 13. Juli 1859.

Der Minister der auswärtigen Angelegenheiten.

v. Schleinitz.

I. 2877. F. 48. Vol. 7.

56.

Verfügung vom 19. Juli 1859, — betreffend die Stempel-Revision bei dem Königlichen Landgericht zu Cöln.

In Betreff der Monita 3 und 10 der Defekten-Tabelle vom 4./17. Dezember 1857 über die Stempel-Revision bei dem dortigen Landgericht wird Ihnen im Einverständnisse mit dem Herrn Finanz-Minister Folgendes eröffnet.

1. Monitum 3. In der Prozeßsache des N. wider N. verlangte Kläger, welcher eine ihm gegen einen Dritten zustehende Forderung von 5000 Rthlr. dem Verklagten cedirt hatte, daß ihm jene Forderung gegen Ersatz der Cessions-Kosten zurückcedirt, oder aber, falls Verklagter dies innerhalb bestimmter Frist zu thun unterlassen sollte, derselbe zur Zahlung einer Summe von 532 Rthlr. verurtheilt werde. Es wurde hiernach nicht die Zahlung der Schuld eingeklagt (der eigentliche Schuldner war gar nicht im Prozeß), sondern nur die Cession der Schuldtitel. Gegenstand des Prozesses war also der Werth dieser Schuldtitel, d. h. nicht der sogenannte Nominalwerth, sondern der wirkliche Werth, und es ist nicht anzunehmen, daß dieser höher gewesen als 532 Rthlr., gegen welche Summe Kläger den Verklagten von der principaliter eingeklagten Verbindlichkeit befreien will. Der Werthstempel ist deshalb mit Recht nach diesem Betrage, und nicht nach dem Nominalwerth des Schuldtitels berechnet.

2. Monitum 10. In Sachen N. wider N. wurde auf Grund des Art. 1167 des Civilgesetzbuchs auf Auflösung eines Vertrages, durch den der Schuldner des Klägers dem Verklagten Immobilien übertragen hatte, und demzufolge auf Herausgabe der Immobilien an den vakanten Nachlaß des erwähnten Schuldners geklagt. Gerade der Umstand, daß der Nachlaß des Schuldners für vakant erklärt war, veranlaßte den Kläger, nicht bloß auf Herausgabe der Immobilien oder deren Werthes, so weit solches zur Deckung seiner Forderung hinreichend, sondern auf Einwerfung der ganzen Immobilien in die Nachlaßmasse zu klagen, und den Kurator dieser Masse mit in den Prozeß zu setzen. Hiernach bildet die Herausgabe der Immobilien den Gegenstand des Prozesses, nach deren Werth der Stempel zu berechnen ist. Das Landgericht hat zwar angenommen, daß für den klagenden Gläubiger und selbst für die Nachlaßmasse die Herausgabe nur insofern ein Interesse habe, als der Werth der Immobilien nach Abzug der Hypothekenschulden noch einen Ueberschuß gewährt; das Interesse der Parteien bei der Auflösung

solcher Verträge ist aber nicht maaßgebend, sondern der bestrittene Eigenthums-Uebergang an den übertragenen Gegenständen, folglich der Werth dieser Gegenstände selbst. In dem vorliegenden Falle ist hiernach der Werthstempel von dem Betrage von 17,462 Rthlr. zu berechnen.

Sie haben hiernach das Erforderliche zur Erledigung des Monitums 10 zu veranlassen.

Berlin, den 19. Juli 1859.

Der Justiz-Minister.
Simons.

An
den Königl. Herrn Landgerichts-Präsidenten
und den Königl. Herrn Ober-Prokurator
zu Cöln.

I. 2742. Rhein. Gener. 62. Vol. 8.

57.

Verfügung vom 8. August 1859, — betreffend den Erlaß von Polizei-Verordnungen und die Kontrolle der polizeilichen Verfolgungen in der Rheinprovinz.

Mit Bezugnahme auf Ihren Bericht vom 28. November 1857, die Zunahme der polizeilichen Urtheile in der Rheinprovinz betreffend, erhalten Sie, Herr General-Prokurator, hierbei Abschrift der dieserhalb von dem Herrn Minister des Innern an den Königl. Ober-Präsidenten der Rheinprovinz erlassenen Verfügung vom 28. v. Mts. zur Kenntnißnahme.

Sie haben die Ober-Prokuratoren nunmehr anzuweisen, darauf zu wachen, daß auch von Seiten der Beamten der gerichtlichen Polizei, namentlich der Polizeianwalte eine unnöthige Häufung polizeigerichtlicher Verfolgungen möglichst vermieden werde, insbesondere ist nur ein Protokoll aufzunehmen, oder doch nur eine gemeinschaftliche Procedur einzuleiten, wenn mehrere Personen gleichzeitig sich derselben Uebertretung schuldig gemacht haben; eben so ist vor Erwirkung einer Vorladung zu prüfen, ob durch die eingereichten Protokolle faktisch oder rechtlich eine Uebertretung begründet und ob eventuell eine nähere Information oder eine selbstständige Reposition der Anzeige angemessen erscheint.

Berlin, den 8. August 1859.

Der Justiz-Minister.
Simons.

An
den Königl. Herrn General-
Prokurator zu Cöln.

I. 3003. Rhein. Crimin. 10. Vol. 3.

Anlage.

Unter Remission der Anlagen des gefälligen Berichts vom 27. April d. J. ersuche ich Ew. Hochwohlgeboren hierdurch ergebenst, nach den von Ihnen gemachten eventuellen, auf Verhütung einer Wiederkehr der im Jahre 1855/56 hervorgetretenen Vermehrung der Polizei-Contraventionsfälle in der Rheinprovinz abzielenden Vorschlägen, denen ich im Einverständniß mit dem Herrn Justiz-Minister zustimme, nunmehr

1) anzuordnen, daß die Bürgermeister — mit Ausnahme besonders dringender Fälle einerseits, und der Bürgermeister in Städten über 10,000 Einwohner andererseits — verpflichtet werden, die von ihnen beabsichtigten Polizei-Verordnungen vor ihrer Veröffentlichung dem Landrathe einzureichen und nicht eher zu publiziren, als bis seitdem acht Tage ohne Einlegung eines Widerspruchs von Seiten des Landraths verflossen sind;
2) den Regierungen die Vornahme einer Revision der in ihren resp. Bezirken vorhandenen Polizei-Verordnungen nach ihrem pflichtmäßigen Ermessen anheimzugeben, und
3) die Regierung zu einer Aufforderung an die Polizei-Dirigenten dahin zu veranlassen, daß sie den von ihren Untergebenen durch zu häufige Denunciationen etwa bewiesenen übertriebenen Diensteifer, wo solcher sich zeigen sollte, durch geeignete Einwirkung unter Hinweisung auf die zu scharf von ihnen behandelten Spezialfälle angemessen regeln und ihnen, wo es die Umstände gestatten, zuvörderst das Einschreiten im Wege der Verwarnung empfehlen.

Außerdem empfehle ich Ihrer Erwägung, ob nicht, wie der Herr Justiz-Minister dies vorgeschlagen, die Regierungen anzuweisen sein möchten, dahin Vorkehrungen zu treffen, daß

4) die betreffenden Polizeibeamten resp. Gendarmen in den nach Nr. 3 vorkommenden Fällen die von ihnen etwa vorgenommenen Verwarnungen in dem Protokoll oder in ihrem Dienstjournal vermerken und dadurch nachweislich machen, und daß endlich
5) die Veröffentlichung der Polizei-Verordnungen der beregten Art, Behufs ihrer möglichsten Verbreitung durch die Kreisblätter überall da, wo solche bestehen, zu erfolgen hat.

Sollten gegen die Durchführbarkeit der letzterwähnten beiden Vorschläge etwa noch Bedenken geltend zu machen sein, so will ich event. Ihrem anderweiten gefälligen Berichte darüber entgegen sehen.

Berlin, den 28. Juli 1859.

Der Minister des Innern.
Graf v. Schwerin.

An
den Königl. Herrn Ober-Präsidenten
der Rheinprovinz zu Coblenz.

58.

Verfügung vom 25. August 1859, — betreffend die Vereinbarungen mit den die Rheinprovinz begrenzenden Staaten wegen gegenseitiger Bestrafung gewisser Arten von Vergehen und Uebertretungen.

Vertrag vom $\frac{24.\ \text{Mai}}{11.\ \text{März}}$ 1822 (Ges.-Samml. S. 151).
Vertrag vom 26./13. Mai 1838 (Ges.-Samml. S. 349).
Vertrag vom 9. Februar 1849 (Ges.-Samml. S. 131).
Vertrag vom 20./27. Febr. 1856 (Ges.-Samml. S. 130).
Vertrag vom 7./13. Juli 1859 (Ges.-Samml. S. 362).

Auf den Bericht vom 23. Mai d. J., betreffend die im Auslande begangenen Uebertretungen, wird Ihnen, Herr General-Prokurator, unter Rücksendung der Original-Anlagen, eröffnet, daß nach einer Mittheilung des Herrn Ministers der auswärtigen Angelegenheiten zwar im Jahre 1821 diesseits auch mit den Regierungen von Bayern, Oldenburg wegen Birkenfeld, und vom Großherzogthum Hessen gleiche Verhandlungen wie mit Hessen-Homburg wegen gegenseitiger Verfolgung von Verbrechen stattgefunden haben, daß dieselben aber, wie die jetzt vollständiger mitgetheilten Korrespondenzen ergeben, nicht als Uebereinkommen im Sinne des §. 4. des Strafgesetzbuchs aufgefaßt werden können.

Besondere Verträge, welche die gegenseitige Bestrafung gewisser Arten von Vergehen sichern, bestehen mit Bayern vom 7./13. Juli d. J. (Ges.-Samml. S. 362), mit Luxemburg vom 9. Februar 1849 (Ges.-Samml. S. 131), mit Oldenburg vom 26./13. Mai 1838 (Ges.-Samml. S. 349), mit Nassau vom 20./27. Februar 1856 (Ges.-Samml. S. 130) und mit dem Großherzogthum Hessen vom $\frac{24.\ \text{Mai}}{11.\ \text{März}}$ 1822 (Ges.-Samml. S. 151).

Berlin, den 25. August 1859.

Der Justiz-Minister.
Simons.

An
den Königl. Herrn General-Prokurator zu Cöln.

I. 3219. Auslieferungen 21.

59.

Verfügung vom 8. September 1859, — betreffend die Befugniß der aus ihrem Dienstverhältniß entlassenen Civilbeamten zur Tragung der Uniform.

Auf Ihre Eingabe vom 30. v. Mts. wird Ihnen hierdurch eröffnet, daß nach einer Allerhöchsten Bestimmung vom Jahre 1846 den ehrenvoll aus ihrem Dienstverhältniß entlassenen Civilbeamten nur dann die Befugniß, von ihrer Uniform ohne Weiteres ferner Gebrauch zu machen, beigelegt ist, wenn sie zu den höheren Civilbeamten von den Räthen Erster Klasse aufwärts gehört haben. Den übrigen Civilbeamten muß dies durch spezielle Allerhöchste Erlaubniß bewilligt sein.

Berlin, den 8. September 1859.

Der Justiz-Minister.
Simons.

An
den Königl. Ober-Prokurator a. D.
Herrn N. zu N.

I. 3330. Rhein. Offizianten-Sachen 50.

60.

Allgemeine Verfügung vom 22. September 1859, — betreffend die Mittheilung der Untersuchungsakten über Münzverbrechen und Münzvergehen an den Herrn Finanz-Minister.

Allg. Verf. v. 29. Juni 1851 (Justiz-Minist.-Bl. S. 230).
Allg. Verf. v. 18. Juni 1859 (Rh. Samml. Bd. 12. S. 105).

Nach einer Mittheilung des Herrn Finanz-Ministers ist die durch die allgemeinen Verfügungen vom 29. Juni 1851 Nr. 12 und vom 18. Juni 1859 angeordnete Einsendung der gerichtlichen Akten in allen Untersuchungen wegen Münzverbrechen und Münzvergehen nicht ferner erforderlich.

Die den Beamten der Staatsanwaltschaft auferlegte Verpflichtung zur Einsendung jener Akten von Amtswegen, wird daher hierdurch aufgehoben.

Berlin, den 22. September 1859.

Der Justiz-Minister.
Simons.

An
sämmtliche Gerichte und Beamte
der Staatsanwaltschaft.

I. 3488. Crimin. 122. Vol. 3.

61.

Verfügung vom 27. September 1859, — betreffend die Verhütung von Stempeldefekten.

Instruktion vom 17. Januar 1840 (Rhein. Samml. Bd. 7. S. 133).

Es sind in den letzten Jahren bei den rheinischen Landgerichts-Sekretariaten mehrfache, nicht unerhebliche Defekte zu Tage gekommen, welche sammt dem für die Staatskasse entstandenen Verluste wahrscheinlich vermieden worden wären, wenn die Bestimmungen der Instruktion vom 17. Januar 1840, betreffend die den rheinischen Sekretarien bewilligte Stempeltantieme (Rh. Samml. Bd. 7 S. 133) überall Beachtung gefunden hätten.

Der Justiz-Minister nimmt hieraus Veranlassung, die genaueste und sorgfältigste Beachtung der Instruktion in Erinnerung zu bringen und den Gerichtsvorständen um so mehr zur Pflicht zu machen, so weit es sie betrifft, die geeignete Ueberwachung und Kontrolle mit besonderer Umsicht eintreten zu lassen, als Vernachlässigungen oder Säumnisse in den ihnen durch die Instruktion vom 17. Januar 1840 gemachten oder aus der Natur der Aufsicht sich ergebenden Obliegenheiten geeigneten Falles den betreffenden Beamten mit der Gefahr des Regresses bedrohen.

Insbesondere ist darauf zu sehen, daß die Bestimmung der Nr. 4. — wonach ein Sekretair, der nicht der Ober-Sekretair sein soll, mit der Bearbeitung des Stempelwesens beauftragt werde, nicht blos durch eine Designation eines solchen Sekretairs ihre Erledigung finde, sondern auch die dauernde Beachtung dieser Bestimmung von den Gerichtsvorständen überwacht werde.

Berlin, den 27. September 1859.

Der Justiz-Minister.
Simons.

An
sämmtliche Königl. Herren Landgerichts-Präsidenten, sämmtliche Königl. Herren Ober-Prokuratoren und sämmtliche Königl. Herren Handelsgerichts-Präsidenten.

Sie erhalten Abschrift einer am heutigen Tage an sämmtliche Landgerichts-Präsidenten und Ober-Prokuratoren, sowie an die Handelsgerichts-Präsidenten erlassene, die genaue Befolgung der Instruktion vom 17. Januar 1840 betreffende Verfügung zur Kenntnißnahme und eigenen Nachachtung.

Berlin, den 27. September 1859.

Der Justiz-Minister.
Simons.

An
den Königl. Herrn Ersten Präsidenten
und den Königl. Herrn General-
Prokurator zu Cöln.

I. 3487. Rhein. Gener. 62. Vol. 9.

62.

Verfügung vom 30. September 1859, — betreffend eine Stempelrevision beim Königlichen Landgericht zu Düsseldorf.

Verfügung vom 6. August 1842 Nr. VII. der Anlage (Rh. Samml. Bd. 8. S. 94).
Verfügung vom 26. Juli 1850 (Rhein. Samml. Bd. 10. S. 233).

Indem Ihnen Abschrift des Berichtes zugefertigt wird, welchen der Provinzial-Steuer-Direktor zu Cöln unter dem 29. Juli d. J. über die zwischen ihm und dem Königlichen Landgerichte streitig gebliebenen Monita der Defektentabelle vom 31. Dezember v. J. erstattet hat, wird Ihnen im Einverständnisse mit dem Herrn Finanz-Minister Folgendes eröffnet:

ad mon. 15. 32. 43. Diese Erinnerungen betreffen die Frage, ob zu Urtheilen, welche die Auflösung von Verträgen aussprechen, der Unschätzbarkeitsstempel von 5 bis 20 Rthlr. oder der nach dem Werthe des in Folge der Vertragsauflösung an den Kläger zurückfallenden Eigenthums oder Rechtes zu ermittelnde Prozentstempel, falls dieser mehr betragen würde, zu verwenden sei. Die Steuerverwaltung behauptet mit Recht das letztere.

Die nämlichen Gründe, welche zur Entscheidung in der Verfügung vom 26. Juli 1850 (Rhein. Samml. Bd. 10. S. 233) geführt haben, sind auch in den vorliegenden Fällen maaßgebend und lassen den Ansatz des Stempels für unschätzbare Objekte nicht gerechtfertigt erscheinen.

ad mon. 21. H. hat bei dem Friedensgerichte die Beschlagnahme eines Hauses wegen einer ihm gegen B. zustehenden Forderung erwirkt. Die K. legt Einspruch ein, weil ihr das Haus von B. für 1000 Rthlr. verkauft sei. Das Landgericht giebt dem Einspruche statt und erklärt, dem H. gegenüber, die K. für die Eigenthümerin des Hauses.

Das Landgericht erachtet nur die Verwendung eines Stempels von 5 Rthlr. erforderlich, weil der Streitgegenstand unschätzbar sei, da H. nicht für sich das Eigenthum des Hauses in Anspruch nehme, vielmehr nur aus dem Erlöse des Hauses seine Befriedigung suchen wolle. So richtig nun auch diese Anführung thatsächlich ist, so folgt doch daraus nur, daß H. von der Verfolgung seines hypothekarischen Rechtes Abstand hätte nehmen müssen, wenn er anderweitig für seine Forderung Befriedigung erhalten hätte. Wäre diese Forderung geringer gewesen, als der auf 1000 Rthlr. geschätzte Werth des Hauses, so würde sich allerdings sagen lassen, daß das Interesse, welches H. am Prozesse hatte, nicht höher sein konnte, als seine Forderung an B., und daß, in dieser Voraussetzung, der Werth des Hauses nicht unbedingt maaßgebend für den Stempelansatz gewesen wäre. Da jedoch die Forderung, für welche die Beschlagnahme erfolgt war, mehr als 3600 Rthlr. betrug, so stand für H. ebenso wie für die K. der volle Werth des Hauses, d. h. der Betrag von 1000 Rthlr. in Frage. Es muß demnach der Prozentstempel nach letzterer Summe berechnet werden.

ad mon. 42. Zu dem Urtheile, welches den Vertrag über den Kauf zweier Pferde auflöst und den Verklagten zum Schadensersatze verurtheilt, ist der Unschätzbarkeitsstempel von 5 Rthlr. richtig verwendet. Es fragt sich, welcher Stempel zu dem ferneren Urtheile, durch welches der Schadensersatz auf 922 Rthlr. 10 Sgr. festgestellt wird, zu verwenden sei. Das Landgericht erachtet einen Stempel von 15 Sgr. nach der Tarifposition: „Erkenntnisse A c" für genügend, der Stempelfiskal verlangt den Procentstempel, will jedoch den Stempel zum ersten Erkenntnisse in Anrechnung bringen, der Provinzial-Steuer-Direktor ist gegen diese Anrechnung, tritt im Uebrigen aber dem Stempelfiskal bei. Die Ansicht des Provinzial-Steuer-Direktors erscheint begründet. Der in Rede stehende, in zwei Stadien zerfallende Schadensliquidations-Prozeß liegt in steuerlicher Beziehung ebenso wie ein Rechnungslegungsprozeß, in welchem durch erstes Erkenntniß die Pflicht zur Rechnungslegung, — wie hier die Pflicht zum Schadensersatze, — sodann durch zweites Urtheil ein Rechnungs-Liquidum, — wie hier ein Schadensliquidum — festgestellt wird. Daß in Rechnungsprozessen dieser Art zu dem ersten Erkenntnisse — (mit Vorbehalt des in dem Schreiben vom 11. April 1841 Nr. VII. — Rhein. Samml. Bd. 8. S. 94 — erwähnten Falles) — der Unschätzbarkeitsstempel, zum zweiten aber selbstständig der Procentstempel zu verwenden sei, ist mehrfach entschieden, z. B. in der Verfügung an das Landgericht zu Elberfeld vom 26. April 1853. Es liegt kein Grund vor, in den gleichgearteten Schadensprozessen anders zu verfahren, insbesondere kann ein Motiv zu einer Verschiedenheit in der steuerlichen Behandlung daraus nicht entnommen werden, daß für die Einführung des Prozesses in das Stadium der Liquidirung durch die Civilprozeßordnung verschiedene Formen, für die Rechnungslegung nach Art. 534., für die Schadensliquidation nach Art. 523. der Bürgerlichen Prozeßordnung, vorgeschrieben sind. Das Monitum ist hiernach zu erledigen.

Berlin, den 30. September 1859.

Der Justiz-Minister.
Simons.

An
den Königl. Herrn Landgerichts-Präsidenten
und den Königl. Herrn Ober-Prokurator
zu Düsseldorf.

I. 3549. Rhein. Gener. 62. Vol. 9.

63.

Allgemeine Verfügung vom 14. November 1859, — betreffend die Angabe der den Rückfall betreffenden Thatsachen in den Anklagen und die Feststellung dieser Thatsachen in den strafgerichtlichen Erkenntnissen.

Strafgesetzbuch §§. 58—60.
Einführungsgesetz vom 14. April 1851 Artikel VI. und XXVI.

In den Fällen, wo der Anklage zufolge der Angeklagte ein Verbrechen oder Vergehen im Rückfalle begangen haben soll, wird es von Seiten der Staatsanwaltschaft nicht selten unterlassen, die Thatsachen besonders hervorzuheben, durch deren Vorhandensein der Rückfall bedingt wird. Ebenso findet sich häufig in den Erkenntnissen eine Feststellung der thatsächlichen Voraussetzungen des Rückfalles nicht, indem manche Gerichte davon auszugehen scheinen, es sei die Erklärung hinreichend, daß der Angeklagte bereits ein oder mehrere Male wegen desselben Verbrechens oder Vergehens rechtskräftig verurtheilt worden, und es genüge für die Prüfung des etwa angerufenen höheren Richters die Beifügung der Vorakten.

Das Königliche Ober-Tribunal hat jedoch durch ein von den vereinigten Abtheilungen des Senats für Strafsachen erlassenes Urtheil*) entschieden, daß die Feststellung der Instanzrichter hinsichtlich der thatsächlichen Voraussetzungen des Rückfalles mittelst der Nichtigkeitsbeschwerde nicht angreifbar sei.

---

*) Vgl. Erkenntniß v. 10. Oktbr. 1859 (Just.-Min.-Bl. S. 379).

Es wird daher jetzt um so mehr auf eine sorgfältige Abfassung der Anklagen und der Erkenntnisse in dieser Beziehung ankommen.

Im Allgemeinen wird es genügen, wenn aus der Anklage resp. aus dem Urtheil sich klar ergiebt, daß, wann, von welchem Gericht und wegen welcher strafbaren Handlung das frühere Urtheil gegen denselben Angeklagten ergangen sei; daß dasselbe bereits rechtskräftig gewesen sei, als die neue That verübt wurde; und daß seit der Abbüßung der Freiheitsstrafe oder Zahlung der Geldbuße oder seit dem Erlasse dieser Strafen bis zu der neuen That nicht zehn Jahre verflossen seien.

Das Vorhandensein der nämlichen Voraussetzungen muß in Beziehung auf die fernere Verurtheilung und auf die derselben gefolgte fernere That erhellen, wenn wiederholter Rückfall angenommen wird.

Falls sich auf Anregung der Staatsanwaltschaft, des Angeklagten oder von Amtswegen über das Vorhandensein des ersten oder des wiederholten Rückfalles rechtliche Zweifel erheben, z. B. darüber, ob das frühere Urtheil bereits rechtskräftig gewesen sei, als die neue That begangen wurde und dergleichen, so müssen die Thatsachen, welche der rechtlichen Beurtheilung, ob ein Rückfall im gesetzlichen Sinne anzunehmen sei, zur Grundlage dienen, angegeben und von den Gerichten selbstständig, nicht durch Bezugnahme auf die Vorakten, festgestellt werden.

Die Gerichte und die Beamten der Staatsanwaltschaft werden auf diese Gesichtspunkte aufmerksam gemacht.

Berlin, den 14. November 1859.

Der Justiz-Minister.
Simons.

An
sämmtliche Gerichte und Beamte
der Staatsanwaltschaft.
I. 4059. Crimin. 40.

64.

Allgemeine Verfügung vom 20. Dezember 1859, — betreffend die Unzulässigkeit eines Denunciantenantheils der Gendarmen bei Gewerbepolizei-Uebertretungen.

Allgemeine Gewerbe-Ordnung vom 17. Januar 1845 §. 177 (Gesetz-Samml. S. 75).

Im Einverständnisse mit den Herren Ministern für Handel, Gewerbe und öffentliche Arbeiten und des Innern ist bereits früher festgestellt worden, daß in allen Untersuchungen wegen Gewerbepolizei-Uebertretungen den Gendarmen ein Anspruch auf Bewilligung eines Denuncianten-Antheils nicht zusteht.

Den Gerichtsbehörden wird dies zur Nachachtung mit dem Eröffnen mitgetheilt; daß danach auch in den Fällen ein Denuncianten-Antheil nicht gewährt werden kann, in welchen mit der gedachten Uebertretung eine Gewerbesteuer-Kontravention verbunden, und deshalb gemäß §. 177 der Allgemeinen Gewerbe-Ordnung vom 17. Januar 1845 die durch die Gewerbepolizei-Kontravention verwirkte Strafe zu verschärfen ist.

Berlin, den 20. Dezember 1859.

Der Justiz-Minister.
Simons.

An sämmtliche Gerichtsbehörden.

I. 4620. F. 12. Vol. 5.

65.

Allgemeine Verfügung vom 24. Dezember 1859, — betreffend die Instruktion für die Erhebung der Gerichtsschreibereigebühren in dem Bezirk des Appellationsgerichtshofes zu Cöln vom 22. August 1859.

Die nachstehend abgedruckte Instruktion für die Erhebung der Gerichtsschreiberei-Gebühren in dem Bezirk des Appellationsgerichtshofes zu Cöln wird den dortigen Gerichtsbehörden mit der Anweisung bekannt gemacht, dieselbe auf alle vom 1. April 1860 ab zum Ansatze kommenden Gebühren, auch wenn der betreffende Akt schon vor diesem Zeitpunkt vorgenommen sein sollte, zur Anwendung zu bringen.

Berlin, den 24. Dezember 1859.

Der Justiz-Minister.
Simons.

An
die Gerichtsbehörden im Bezirk des
Appellationsgerichtshofes zu Cöln.

I. 4578. Rhein. Offizianten-Sachen 72. Vol. 3.

a.

Instruktion

für die Erhebung der Gerichtsschreiberei-Gebühren im Bezirk des Appellationsgerichtshofes zu Cöln.

I. Theil.

Ueber die Gerichtsschreiberei-Gebühren im Allgemeinen.

§. 1.

Die Gerichtsschreiberei-Gebühren sind öffentliche Abgaben, welche im Bezirk des Appellationsgerichtshofes zu Cöln für gewisse Amtshandlungen der Gerichtsschreiber beim Appellationsgerichtshofe, bei den Landgerichten und bei den Handelsgerichten, in Gemäßheit der Gesetze vom 21. Ventôse und 22. Prairial VII., sowie des Kaiserlichen Dekrets vom 12. Juli 1808 auf der linken, und des Bergischen Dekrets vom 17. Dezember 1811 auf der rechten Rheinseite erhoben werden.

§. 2.

Amtshandlungen der Gerichtsschreiber, welche im Straf- und Disziplinar-Verfahren bei den im §. 1 genannten Gerichten vorkommen, oder welche kraft deren Delegation von anderen, als jenen Gerichtsbehörden vorgenommen werden, unterliegen diesen Gebühren nicht. Eben so wenig sind dieselben für Akte der Gerichtsschreiberei zu erheben, welche die Staatsanwaltschaft auf Grund desfallsiger Gesetze bei den Civilgerichten von Amtswegen erwirkt. Diejenigen Amtshandlungen der Gerichtsschreiber bei den genannten Gerichten, welche in Folge von Requisitionen anderer Gerichte vorgenommen werden, sind diesen Gebühren jedoch unterworfen.

§. 3.

Das Verfahren, welches in Gemäßheit des Gesetzes vom 2. August 1828 (Rhein. Samml. Bd. 3. S. 243) bei Todeserklärungen von Personen zu beobachten ist, welche an den Kriegen von 1806 bis 1815 Theil genommen haben und nicht zurückgekehrt sind, unterliegt nach §. 5. dieses Gesetzes den Gerichtsschreiberei-Gebühren nicht.

§. 4.

Den im aktiven Militairdienste stehenden Militairpersonen, vom Feldwebel und Wachtmeister abwärts, sie mögen bei der Linie oder bei der Landwehr stehen, imgleichen den bei den Garnison- und Invaliden-Kompagnieen stehenden Militairpersonen gleichen Ranges, und den bei dem Kriegswesen verpflichteten und im Dienste stehenden niederen Beamten, Feldpost-Bedienten und Trainsoldaten; ferner den im Dienste befindlichen Gendarmen und reitenden Feldjägern gleichen Ranges ist für ihre Person, ihre Ehefrauen und für die in der Garnison bei dem Vater lebenden, noch unter väterlicher Gewalt stehenden Kinder Befreiung von den Gerichtsschreiberei-Gebühren bewilligt, insoweit dieselben bei ihrer Erhebung der Staatskasse verbleiben würden. vergl. §. 54.

Diese Befreiung fällt jedoch weg bei allen Prozessen, in welchen die genannten Militairpersonen in der Eigenschaft als Besitzer von liegenden Gründen oder Gerechtigkeiten, oder aus dem Betriebe eines bürgerlichen Gewerbes klagen oder verklagt werden.

Verordnung v. 17. Febr. 1838 (Rh. Samml. Bd. 6. S. 419).

§. 5.

Amtshandlungen der Gerichtsschreiberei beim Appellationsgerichtshofe, welche durch die Berufung von Erkenntnissen der Rheinzoll-Gerichte veranlaßt werden, sind gebührenfrei; §§. 49, 53 und 56 der Verordnung vom 30. Juni 1834 (Rh. Samml. Bd. 4. S. 96).

§. 6.

Das Verfahren auf zwangsweise Abtretung von Grundeigenthum des öffentlichen Nutzens wegen unterliegt den Gerichtsschreiberei-Gebühren in soweit nicht, als dieselben bei ihrer Erhebung der Staatskasse verbleiben würden. vergl. §. 54; Allerhöchste Kabinets-Order vom 4. Mai 1838 und §. 15 des Gesetzes vom 3. November 1838 (Ges.-Samml. S. 508).

Diese Gebührenfreiheit bezieht sich jedoch nicht auf Prozesse über die Höhe der zu gewährenden Grundentschädigung.

§. 7.

Den Gerichtsschreibern ist es bei der im Gesetze bestimmten Strafe untersagt, Ausfertigungen oder Abschriften von Urschriften, welche sie in Verwahrung haben, auszuhändigen, bevor die Gebühren für die Ausfertigung und die Urschrift — insofern auch diese gebührenpflichtig war, — eingezahlt sind.

Art. 11. des Gesetzes vom 21. Ventôse VII. und Art. 148 des Dekrets vom 17. Dezember 1811.

§. 8.

Die Gerichtsschreiberei-Gebühren bestehen:

a) in der Gebühr für das Auftragen auf die Audienz-Rolle des Gerichts,
b) in der Abfassungs- (Redaktions-) Gebühr,
c) in der Ausfertigungs- (Expeditions-) Gebühr.

Art. 2. des Gesetzes vom 21. Ventôse VII. und Art. 137. des Dekrets vom 17. Dezember 1811.

II. Theil.

Ueber die Gerichtsschreiberei-Gebühren im Besonderen.

1. Abschnitt.

Gebühren für das Auftragen auf die Rolle.

§. 9.

Unter Rolle ist das Register oder Verzeichniß zu verstehen, welches bei den Civil- und Handels-Gerichten geführt wird und hauptsächlich den Zweck hat, die Reihenfolge festzustellen, in welcher die einzelnen Prozeßsachen zur Verhandlung kommen sollen.

§. 10.

Die Gebühr für das Auftragen auf die General-Rolle wird nur einmal erhoben. Ist daher eine Prozeßsache von der Rolle gestrichen worden und soll der Prozeß fortgesetzt werden, so bleibt die abermalige Auftragung von der Gebühr befreit.

Dasselbe gilt von Einsprüchen, welche wider Kontumazial-Urtheile erhoben werden, sowie von Reassumtions- und Peremtions-Klagen. Art. 149 ff., 342 ff., 397 ff. der Bürgerlichen Prozeß-Ordnung. Auch geben Incidentpunkte, Interventionen und Adcitationen zur Erhebung der Rollengebühr ebensowenig Anlaß, als ein Reféré-Verfahren, oder durch bloße Gesuche gestellte Anträge, bei welchen die Vorladung einer Gegenpartei nicht erfolgt.

Art. 3. des Gesetzes vom 21. Ventôse VII., Art. 5. des Dekrets vom 12. Juli 1808 und Art. 138. des Dekrets vom 17. Dezember 1811.

§. 11.

Die Gebühr für das Auftragen auf die General-Rolle beträgt:

1) 5 Francs (1 Thaler 10 Sgr.)

bei dem Appellationsgerichtshofe zu Cöln;

2) 3 Francs (24 Sgr.)

bei den Landgerichten:

a) wenn sie in zweiter Instanz über Berufungen von Urtheilen der Friedensgerichte zu erkennen haben,

b) wenn es sich von Sachen handelt, über welche im ordinairen Prozeßverfahren zu verhandeln ist.

3) 1 Franc 50 Cent. (12 Sgr.)

a) bei den Landgerichten für die im summarischen Verfahren zu verhandelnden Sachen, mit Ausnahme der Appellationen von friedensrichterlichen Urtheilen,

b) bei den Handelsgerichten, und zwar auch dann, wenn sie auf die Berufung von Urtheilen der Gewerbegerichte zu entscheiden haben.

Art. 3. des Gesetzes vom 21. Ventôse VII. und Art. 138. des Dekrets vom 17. Dezember 1811.

§ 12.

Von den Sachen, welche bei den Landgerichten zur Rolle gelangen und über welche summarisch zu verhandeln ist, sind die nachbenannten hervorzuheben:

1) rein persönliche und auf einem unangefochtenen Titel beruhende Klagen, wie hoch sich auch ihr Betrag belaufen mag;

2) Klagen, welche auf einem Titel nicht beruhen, insofern der Werth des Klagegegenstandes 1000 Francs (266 Thaler 20 Sgr.) nicht übersteigt;

3) Klagen, welche auf Erlaß einer provisorischen Entscheidung gerichtet sind;

4) Klagen auf Zahlung von Pacht-, Mieth- oder Rent-Gefällen;

5) Erbtheilungs-Klagen, sowie Klagen auf Aufhebung von Gemeinschaften, welche nicht durch Erbgang entstanden sind;
6) Klagen auf Einreichung von Experten-Gutachten, welche wider säumige Sachverständige erhoben werden;
7) auf gepfändete Mobilien gerichtete Revindikations-Klagen;
8) Einsprüche wider das Subhastations-Verfahren;
9) Klagen auf Nichtigerklärung des beim Personalarreste beobachteten Verfahrens, oder auf Entlassung aus dem Personalarreste;
10) Klagen auf Gültigerklärung einer Mobiliar-Beschlagnahme, welche zur Deckung rückständiger Pacht oder Miethe stattgefunden hat;
11) Klagen gegen Notare und Gerichtsschreiber, welche sich weigern, Ausfertigungen und Abschriften von Urkunden zu ertheilen, die sich in ihrem Gewahrsam befinden;
12) Einsprüche gegen Familienraths-Beschlüsse;
13) Anträge auf Expropriation des öffentlichen Nutzens halber, Einsprüche wider die Expropriation und Streitigkeiten über die Höhe der zu bewilligenden Grundentschädigung, sowie Klagen auf Zahlung der Entschädigungssumme;
14) Klagen auf Theilung oder Ablösung in Gemäßheit des für die Landestheile des linken Rheinufers erlassenen Gesetzes vom 19. Mai 1851 (Rhein. Samml. Bd. 10. S. 332);
15) Antrag der Erben und Wittwen, sowie der geschiedenen, oder blos in Ansehung des Vermögens getrennten Ehefrauen, auf Verlängerung der gesetzlichen Inventarisations- und Deliberationsfrist.

Ferner gehören wegen Dringlichkeit zu den summarischen Sachen:

16) Klagen auf Beseitigung des Einspruchs, welcher gegen die Abschließung einer Ehe angemeldet worden ist;
17) Klagen auf Entsetzung von Vormündern und Kuratoren;
18) Klagen auf Auflösung von Pacht- und Miethverträgen, wenn es sich darum handelt, einen Pächter oder Miether auszuweisen, weil er das gepachtete oder gemiethete Grundstück verdirbt oder einer Miethsaufkündigung nicht Folge giebt, welche ihm vom Verpächter oder Vermiether insinuirt worden ist;
19) Klagen, bei welchen auf eine kürzere, als die gewöhnliche Erscheinungsfrist vorgeladen ist;
20) Klagen auf Anerkennung von Schriftstücken, oder deren Prüfung mittelst des Schriftvergleichungs-Verfahrens;
21) Klagen auf Bestimmung des zuständigen Richters, wenn eine und dieselbe Sache bei verschiedenen Friedensgerichten anhängig gemacht worden ist;

22) Einsprüche des Schuldners gegen Möbel- und Früchte-Pfändung;
23) Klagen auf Gültigerklärung von Mobiliar-Beschlagnahmen wider auswärtige Schuldner;
24) Klagen, welche die Hypothekengläubiger erheben, um auf ein Uebergebot nach freiwilliger Veräußerung die angebotene Bürgschaft für genügend erklären und die Versteigerung verordnen zu lassen (Art. 70 und 71 des Gesetzes vom 18. April 1855 Rhein. Samml. Bd. 11. S. 98);
25) Klagen, wodurch auf Gültigerklärung einer Mobiliar-Beschlagnahme angetragen wird, welche der Verkäufer wegen des rückständigen Kaufpreises an dem Kaufobjekte oder der Eigenthümer an einer gestohlenen oder verloren gegangenen Sache erwirkt hat; imgleichen die Klage des Eigenthümers auf Gültigerklärung der Beschlagnahme von beweglichen Sachen des Pächters oder Miethers, welche dieser von dem gepachteten oder gemietheten Grundstücke entfernt hat;
26) Einsprüche gegen richterliche Ordonnanzen, wodurch schiedsrichterliche Urtheile für vollziehbar erklärt worden sind;
27) Klagen der Gerichtsvollzieher und Anwalte wegen Gebühren und Auslagen.

Das vorstehende Verzeichniß ist jedoch, unbeschadet der anderweiten Qualifikation, welche das Gericht der Sache geben sollte, nur für die Erhebung der Gebühr maaßgebend.

2. Abschnitt.

Abfassungs- (Redaktions-) Gebühren.

§. 13.

Als Regel gilt, daß nur solche Akte in der Urschrift oder Minute einer Abfassungsgebühr unterliegen, welche der Gerichtsschreiber, den gesetzlichen Bestimmungen gemäß, selbstständig aufzunehmen hat, also nicht diejenigen, bei denen die Aufnahme unter der Mitwirkung und Mitvollziehung des Richters erfolgt. Ausnahmen von dieser Regel bilden:

a) die Zeugenvernehmungs-Protokolle,
b) die Protokolle über die Vernehmung einer Partei auf Fragestücke (Interrogatoire sur faits et articles) Art. 324 ff. der Bürg. Proz.-Ordnung,
c) Adjudikations-Protokolle in Subhastationssachen, wenn die Subhastation bei einem Landgericht betrieben wird (§§. 1 und 40 der Subhastations-Ordnung vom 1. Aug. 1822 (Rhein. Samml. Bd. 2. S. 280),
d) Verhandlungen über die Produktion der Titel Seitens der Gläubiger im Distributions- oder Kollokations-Verfahren (Art. 660 und 754 der Bürg. Proz.-Ordnung),

e) Erklärungen der Anwalte über Einsprüche gegen Kontumazial-Urtheile und über Einlegung der Berufung, indem die Anwalte diese Erklärungen selbst einzutragen haben (Art. 163 und 549 der Bürg. Proz.-Ordnung).

§. 14.

Die Abfassungs-Gebühr, welche für einen Akt nie weniger als 1 Franc 25 Cent. (10 Sgr.) beträgt (Art. 3 des Dekrets vom 12. Juli 1808, Art. 142 des Dekrets vom 17. Dezember 1811), ist entweder eine fixe oder eine proportionelle. Die fixe Gebühr beträgt nach der Verschiedenheit der Akte, welche ihr unterliegen,

3 Francs (24 Sgr.),
1 Franc 50 Cent. (12 Sgr.), oder
1 Franc 25 Cent. (10 Sgr.).

§. 15.

Eine Abfassungs-Gebühr von 3 Francs (24 Sgr.) wird entrichtet von dem Akte über die im Art. 752 der Bürg. Prozeß-Ordnung vorgeschriebene Hinterlegung des Hypotheken-Auszugs zur Einleitung des Kollokations-Verfahrens. Die Erhebung hat Statt auf die Ordonnanz des Richter-Kommissars, wodurch das Verfahren eröffnet wird und die inskribirten Gläubiger aufgefordert werden, ihre Titel vorzulegen.

§. 16.

Einer Abfassungs-Gebühr von 1 Franc 50 Cent. (12 Sgr.) unterliegen:

die Protokolle über die Produktion der Titel Seitens der Gläubiger im Distributions- und Kollokations-Verfahren (Art. 660 und 754 der Bürg. Prozeß-Ordnung), und zwar ist für jeden Produktions-Akt eine Gebühr von 12 Sgr. zu erheben. Werden für einen Gläubiger mittelst eines und desselben Gesuchs mehrere Titel über getrennte Forderungen eingereicht, so berechtigt dieses nicht, nach deren Anzahl die Gebühr mehrfach zu erheben. Auch unterliegen Ergänzungen schon gemachter Produktionen zur ferneren Justifizirung der bereits angemeldeten Forderungen, gegebene Aufklärungen, Erklärungen, wodurch das Gesuch eines Gläubigers modifizirt oder zurückgezogen wird, sowie auf den Vertheilungsplan überhaupt bezügliche Erklärungen der Abfassungs-Gebühr selbst dann nicht, wenn der Gerichtsschreiber diese Produktionen resp. Erklärungen ohne Zuziehung des Richters beurkundet hätte.

Ferner sind Einsprüche, welche im Distributions- oder Kollokations-Verfahren wider den Vertheilungsplan angemeldet werden, der Gebühr nicht unterworfen. Art. 1 Nr. 2 des Dekrets vom 12. Juli 1808 und Art. 140 des Dekrets vom 17. Dezember 1811.

§. 17.

Einer Abfassungs-Gebühr von 1 Franc 25 Cent. (10 Sgr.) unterliegen, mit Ausnahme der Atteste der Gerichtsschreiber bei den Handelsgerichten, für welche lediglich der zu Nr. 15 I. der Tax-Ordnung vom 17. November 1826 (Rh. Samml. Bd. 3. S. 75) bestimmte Gebührensatz von 8 Sgr. entrichtet wird, alle in den §§. 15 und 16 nicht aufgeführte Verhandlungen und Akte, welche der Gerichtsschreiber selbstständig aufzunehmen, sowie die Atteste — Certifikate — welche er zu ertheilen gesetzlich befugt ist, ingleichen die Zeugenvernehmungs-Protokolle und die Protokolle über die Vernehmung einer Partei auf Fragestücke. (§. 11 Litt. b.)

Bei Zeugenvernehmungs-Protokollen kommen, außer der Gebühr von 10 Sgr. für die Verhandlung, 50 Cent. oder 4 Sgr., so viel mal zur Erhebung, als Zeugen vernommen worden sind.

Die Gebühr von 10 Sgr. darf nicht mehrfach erhoben werden, wenn das Zeugenverhör auf Grund eines und desselben Urtheils in mehreren Sitzungen abgehalten worden ist; es sind vielmehr die Protokolle der einzelnen Sitzungen als ein Ganzes aufzufassen.

Insbesondere unterliegen der Abfassungsgebühr von 10 Sgr.:

1) die Verhandlung, wodurch der Verzicht auf eine Erbschaft oder eheliche Gütergemeinschaft konstatirt wird (Art. 784 und 1457 des Bürg. Gesetz-Buchs; Art. 997 der Bürg. Prozeß-Ordnung),
2) die Erklärung über die Annahme einer Erbschaft unter der Rechtswohlthat des Inventariums (Art. 793 des Bürg. Gesetz-Buchs),
3) die Erklärung des Drittbesitzers von verhypothecirten Immobilien, daß er dieselben aufgeben wolle (Art. 2174 des B. G.-B.),
4) Falliments-Erklärungen (Art. 440 des Handels-Gesetzbuchs),
5) die Verhandlungen, welche der Gerichtsschreiber in Gemäßheit des Art. 854 der B. P.-O. bei Ertheilung einer zweiten Ausfertigung aufzunehmen hat,
6) die Erklärung desjenigen, bei welchem Gelder, oder sonstige bewegliche Sachen, insbesondere Renten des Schuldners, mit Arrest belegt worden sind (Art. 571 und 638 der B. P.-O.). Ist bei mehreren Personen wider einen Schuldner Arrest angelegt und wird über deren Erklärungen Eine Verhandlung aufgenommen, so darf die Gebühr auch nur Einmal zur Erhebung kommen;
7) Erklärungen über die Submission des Bürgen (Art. 519 der B. P.-O.),
8) Erklärungen über die Mißbilligung von Anerbietungen oder Zugeständnissen, in Gemäßheit des Art. 353 der B. P.-O.,

9) Anträge auf Verweisung einer Sache an ein anderes Gericht wegen Verwandtschaft, oder Schwägerschaft, sowie Rekusationen eines Richters oder eines Beamten des öffentlichen Ministeriums (Art. 370 und 384 der B. P.-O.),

10) Erklärungen über die Einlegung der Berufung von einem Urtheile, welches auf den Antrag, eine Sache, wegen Verwandt- oder Schwägerschaft, an ein anderes Gericht zu verweisen, oder auf eine Rekusation ergangen ist (Art. 377 und 392 der B. P.-O.),

11) die Erklärung, daß eine Urkunde, welche im Laufe eines Rechtsstreites produzirt worden ist, als falsch angegriffen werde (Art. 218 der B. P.-O.),

12) die Verhandlung über den Zustand einer nicht anerkannten Privaturkunde, welche im Schrift-Vergleichungs-Verfahren auf der Gerichtsschreiberei hinterlegt ist (Art. 196 der B. P.-O.),

13) die Verhandlung über die Einsicht, welche der Verklagte im Schriftvergleichungs-Verfahren von der nicht anerkannten, auf der Gerichtsschreiberei hinterlegten Privaturkunde nehmen kann (Art. 198 der B. P.-O.),

14) die Verhandlung über die Wahl von Sachverständigen, in Gemäßheit des Art. 306 der B. P.-O.),

15) Reise-Akte, d. h. Erklärungen, welche nicht am Gerichtssitze wohnende Parteien im Prozeß-Verfahren darüber abgeben, daß sie zu ihren Anwalten gereist seien, um sich mit ihnen über den Rechtsstreit zu besprechen.

Erscheinen gleichzeitig mehrere Parteien, die in demselben Prozesse befangen sind, um solche Erklärungen auf der Gerichtsschreiberei abzugeben, so ist nur Ein Reise-Akt aufzunehmen und dafür die Gebühr mit 10 Sgr. nur Einmal zu erheben;

16) die Verhandlung über die Hinterlegung der Kosten, mit welchen eine Ortsbesichtigung, ein Zeugenverhör und dergleichen in Rücksicht auf den Transport des Gerichtspersonals verbunden ist (Art. 301 der B- P.-O.),

17) die Verhandlung über die Hinterlegung der Kaution für Prozeßkosten, im Falle ein Ausländer als Kläger auftritt und die Hinterlegung auf der Gerichtsschreiberei erfolgt (Art. 167 der B. P.-O),

18) die Erklärungen, welche Anwalte, in Gemäßheit der Art. 163 und 549 der B. P.-O., über Einsprüche gegen Kontumazial-Urtheile und über Einlegung der Berufung in ein besonderes Register der Gerichtsschreibereien eingetragen haben,

19) die Transskription der Auszüge aus Verträgen über die Begründung, Aenderung oder Auflösung von Gesellschaften und die Beurkundung ihrer Veröffentlichung, in Gemäßheit des Art. 42 des Handels-Ges.-Buchs.

In diesem, sowie in dem zu Nr. 18 erwähnten Falle ist die Abfassungs-Gebühr jedoch erst dann zu erheben, wenn eine Ausfertigung von jenen Erklärungen oder vom transskribirten Gesellschaftsvertrage ertheilt wird, für welche dann außerdem die Expeditions-Gebühr (§. 24) zu entrichten ist;

20) die Eintragung von Siegel-Anlagen in das Register, welches im Art. 925 der B. P.-O. vorgeschrieben ist,

21) die Verhandlung über Einsprüche, welche in Gemäßheit des Art. 608 des H.-G.-B., wider die Rehabilitirung des in Fallitzustand gerathenen Schuldners erhoben werden.

Ferner unterliegen die nachbenannten Hinterlegungsakte einer Abfassungs-Gebühr von 10 Sgr.:

22) der Akt über die Hinterlegung von Beweisstücken zur Justifizirung von Forderungen, welche im Fallimentsverfahren angemeldet werden (Art. 508 des H.-G.-B.),

23) der Akt über die Hinterlegung von schiedsrichterlichen Urtheilen (Art. 1020 der B. P.-O. und 61 des H.-G.-B.),

24) der Akt über den Eingang und die Hinterlegung von Experten-Gutachten,

25) der Akt über die Hinterlegung von Kontestations-Verhandlungen, welche Notare in Theilungssachen auf Grund des Art. 977 der B. P.-O. aufzunehmen haben,

26) der Akt über die Hinterlegung der Bilanz 2c., welche beim Güterabtretungs-Verfahren, in Gemäßheit des Art. 898 der B. P.-O. stattfindet,

27) der Akt über die Hinterlegung eines mit der Incident-Fälschungsklage angegriffenen Schriftstücks (Art. 219, 221 und 225 der B. P.-O.).

Beim Schrift-Verifikations-Verfahren ist für die Hinterlegung der nicht anerkannten Privaturkunden eine besondere Gebühr außer derjenigen, welcher die Verhandlung über den Zustand der Urkunde unterliegt (oben Nr. 12), nicht zu erheben;

28) der Akt über die Hinterlegung von Vergleichungsstücken im Schrift-Verifikations- und Incident-Fälschungs-Verfahren (Art. 202, 208 und 236 der B. P.-O.),

29) der Akt über die Hinterlegung der Titel, wodurch die Solvenz eines Bürgen dargethan werden soll (Art. 440 und 518 der B. P.-O.),

30) der Akt über die Hinterlegung von Schriftstücken, von denen die Parteien zur Begründung ihrer Anträge Gebrauch machen (Art. 96, 97, 101, 102, 108, 189, 518 und 523 der B. P.-O.),

31) der Akt über die Hinterlegung der Namensunterschrift von neu ernannten Notarien, in Gemäßheit des §. 12 der Notariats-Ordnung vom 25. April 1822.

Werden jedoch die für die verschiedenen Landgerichte bestimmten Unterschriften sämmtlich beim Sekretariate desjenigen Landgerichts eingereicht, in dessen Bezirk der Notar angestellt ist, so berechtigt der Eingang der einzelnen Unterschrifts-Exemplare bei den übrigen Sekretariaten nicht zur Gebührenerhebung;

32) der Akt über die Veröffentlichung des Erwerbstitels, in Gemäßheit des Art. 2194 des B. G.-B., um ein erworbenes Grundstück von den darauf lastenden gesetzlichen Hypotheken zu befreien,

33) der Akt über die Veröffentlichung des Auszugs aus einem Ehevertrage, in Gemäßheit der Art. 67 bis 69 des H.-G.-B.,

34) der Akt über die Veröffentlichung des Auszugs aus einer Gütertrennungsklage und des Auszugs aus einem Erkenntnisse, welches die Gütertrennung zwischen Eheleuten ausgesprochen hat (Art. 866, 867 und 872 der B. P.-O.),

35) der Akt über die Veröffentlichung des Auszugs aus Erkenntnissen, wodurch zwischen Eheleuten die Trennung von Tisch und Bett ausgesprochen wird (Art. 880 der B. P.-O.),

36) die Akte über die Veröffentlichung von Interdiktions-Urtheilen oder von Urtheilen, wodurch einem Schwachsinnigen ein Beistand angeordnet wird (Art. 501 des B. G.-B. und 897 der B. P.-O.),

37) der Akt über die Veröffentlichung des Antrags eines Schuldners auf Zulassung zur Güter-Abtretung an seine Gläubiger (Art. 903 der B. P.-O.).

In den zu 32 bis 37 aufgeführten Fällen ist für die Hinterlegung der betreffenden Urkunden eine Gebühr nicht zu erheben. Atteste, welche den Extrahenten über diese Veröffentlichungen ausgehändigt werden, berechtigen nicht zur Gebühr. (Art. 1 und 2 des Dekrets vom 12. Juli 1808 und Art. 140 und 141 des Dekrets vom 17. Dezember 1811.)

§. 18.

Der Gerichtsschreiber hat die Hinterlegungs-Akte in ein besonderes, vom Präsidenten des Gerichts zu foliirendes und zu paraphirendes Register (Depot-Register) einzutragen. Die Bescheinigung über den Rückempfang der hinterlegten Stücke, insofern darüber eine Verhandlung aufgenommen wird, unterliegt einer Gebühr von 10 Sgr. Art. 2 des Dekrets vom 12. Juli 1808 und Art. 141 des Dekrets vom 17. Dezember 1811.

Alle Hinterlegungen im Theilungs- und Ablösungs-Verfahren, welches durch das Gesetz vom 19. Mai 1851 (Rhein. Samml. Bd. 10. S. 332) vorgeschrieben ist, geschehen jedoch in Gemäßheit des §. 63 dieses Gesetzes kostenfrei. Auch sind die Akte, welche der Gerichtsschreiber über die Hinterlegung von

Civilstands-Registern im Archiv des Landgerichts aufnimmt, der Gebühr ebensowenig unterworfen, als die Randvermerke, welche er in diese Register einzutragen hat. (Art. 43, 49 und 101 des B. G.-B.)

§. 19.

Eine proportionelle Gebühr ist zu erheben:

1) von jeder Anweisung, welche der Gerichtsschreiber im Distributions- oder Kollokations-Verfahren, in Gemäßheit der Art. 665, 671, 759 und 771 der B. P.-O. ertheilt.

Die Gebühr beträgt $\frac{1}{4}$ Prozent von dem angewiesenen Betrage und nie weniger als 10 Sgr.

Lautet die Anweisung auf mehrere Gläubiger mit getrennten Forderungen, so ist die Gebühr nach der Gesammtsumme der Forderungen zu erheben.

Die Gebühr von $\frac{1}{4}$ Prozent ist auch dann zu erheben, wenn der Käufer des Grundstücks, dessen Erlös zu vertheilen ist, als Gläubiger des Verkäufers auf sich selbst angewiesen wird;

2) von den Immobilar-Versteigerungs-Potokollen, welche in Subhastationssachen von einem Mitgliede des Landgerichts aufgenommen werden.

Die Gebühr in diesem Falle beträgt $\frac{1}{2}$ Prozent von den ersten 5000 Frcs. (1333 Thaler 10 Sgr.) und $\frac{1}{4}$ Prozent von dem Theile des Kaufpreises, welcher 1333 Thaler 10 Sgr. übersteigt; sie kann aber nie weniger als 10 Sgr. betragen.

Findet jedoch in Gemäßheit der §§. 36 ff. der Subhastations-Ordnung vom 1. August 1822 (Rh. Samml. Bd. 2. S. 289) ein Wiederverkauf subhastirter Immobilien statt (Resubhastation), so unterliegt das fernere Licitations-Protokoll nur für den Betrag der proportionellen Gebühr, um welchen der zweite Zuschlagspreis den ersten übersteigt. Jedenfalls ist von dem zweiten Licitations-Protokolle eine Gebühr von 10 Sgr. zu erheben. Erhält ein Miteigenthümer den Zuschlag, so ist die Gebühr nur nach den Antheilen der übrigen Miteigenthümer an dem Verkaufsgegenstande zu berechnen. (Art. 1 Nr. 2 und Art. 3 des Dekrets vom 11. Juli 1808 und Art. 140 und 142 des Dekrets vom 17. Dezember 1811.)

Wird wider das Subhastations-Verfahren Einspruch erhoben, und die Licitation vernichtet, so kann die proportionelle Gebühr bis auf den Betrag von 10 Sgr., unter Beobachtung der für die Restitution eingezahlter Steuern gegebenen Vorschriften zurückgefordert werden. (Art. 4 des Dekrets vom 11. Juli 1808 und Art. 142 des Dekrets vom 17. Dezember 1811.)

3. Abschnitt.

Ausfertigungs- (Expeditions-) Gebühr.

§. 20.

Die Ausfertigungs-Gebühr wird von den Ausfertigungen oder Abschriften entrichtet, welche der Gerichtsschreiber von Urtheilen oder anderen richterlichen Bescheiden oder überhaupt von Urschriften ertheilt, die er in seinem Gewahrsam hat. Sie wird nach der Anzahl der Blätter (Rollen) erhoben, aus denen die Ausfertigung besteht. (Art. 2 Nr. 3 und Art. 7, 8 und 9 des Gesetzes vom 21. Ventôse VII.; Art. 137 und 144 ff. des Dekrets vom 17. Dezember 1811.) Der Ausfertigungs-Gebühr, welche in diesen Gesetzen angeordnet ist, unterliegen jedoch Auszüge aus den Civilstands-Registern, die bei den Landgerichten hinterlegt sind, nicht.

Ausfertigungen von Rathskammer-Beschlüssen über Armenrechts-Gesuche (Verordn. vom 16. Februar 1823, Rh. Samml. Bd. 2. S. 347 und Allerh. Kab.-Order vom 25. Mai 1831, Rhein. Samml. Bd. 3 S. 374) sind gebührenfrei zu ertheilen.

Von Ausfertigungen, welche in Vormundschafts- und Kuratelsachen ertheilt werden, die nach dem Gesetze vom 23. Dezember 1846, (Rh. Samml. Bd 9. S. 135), in gewissen Fällen gerichtskostenfrei zu bearbeiten sind, wird in diesen Fällen zum Vortheile der Staatskasse eine Gebühr nicht erhoben; die Gerichtsschreiber sind jedoch befugt, sich für solche Ausfertigungen von den Extrahenten die Emolumente zahlen zu lassen, welche ihnen von den Ausfertigungs-Gebühren überhaupt, nach Maaßgabe desjenigen, was im §. 54 verfügt ist, zustehen. (§. 4 des Gesetzes vom 23. Dezember 1846.)

§. 21.

Jede Ausfertigung oder Abschrift muß im Durchschnitte 20 Zeilen auf der Blattseite und die Zeile 8 bis 10 Silben enthalten. Zahlen, welche die Urschrift enthält, sind daher mit Buchstaben in die Ausfertigungen aufzunehmen. Würden letztere jedoch hierdurch an Uebersichtlichkeit verlieren, wie z. B. bei Rechnungen, so kann die Urschrift auch, was die Form anbelangt, für die Ausfertigung maaßgebend bleiben. Es ist aber in solchen Fällen die Anzahl der Rollen nach billigem Ermessen vom Gerichtsschreiber zu berechnen und am Ende der Ausfertigung zu vermerken.

Dasselbe gilt in den Fällen, wo Handzeichnungen und dergleichen in die Ausfertigung aufzunehmen sind.

Eine angefangene Rolle unterliegt derselben Gebühr, wie eine vollendete.

Die Ausfertigungs-Gebühr beträgt entweder
2 Frcs. (16 Sgr.),
oder 1 Frc. 25 Cent. (10 Sgr.),
oder 1 Frc. (8 Sgr.)
von der Rolle.

§. 22.

Einer Gebühr von 16 Sgr. unterliegen die Ausfertigungen von Definitiv-Erkenntnissen, welche der Appellationsgerichtshof auf die Berufung von Urtheilen der Land- und Handelsgerichte, von schiedsrichterlichen oder im Reféré-Verfahren ergangenen Entscheidungen kontradiktorisch oder in contumaciam erläßt.

Dieselbe Gebühr ist von Ausfertigungen schiedsrichterlicher Entscheidungen zu entrichten, welche auf die Berufung von Erkenntnissen der Land- und Handelsgerichte ergangen und im Sekretariate des Appellationsgerichtshofes hinterlegt sind.

Ausfertigungen von Kostenexekutorien, welche in Folge von Erkenntnissen des Appellationsgerichtshofes extrahirt werden, unterliegen jedoch nur einer Rollen-Gebühr von 8 Sgr.

§. 23.

Die Gebühr beträgt 10 Sgr. von der Rolle:

1) für Ausfertigungen von Definitiv-Urtheilen der Landgerichte, vorausgesetzt, daß sie nicht als Handelsgerichte erkannt haben, sei es, daß dieselben kontradiktorisch oder in contumaciam, in erster oder letzter Instanz erlassen sind, imgleichen für Ausfertigungen von Erkenntnissen, welche Landgerichte auf die Berufung von Urtheilen der Friedensgerichte erlassen haben;
2) für Ausfertigungen von schiedsrichterlichen Definitiv-Urtheilen, welche bei den Landgerichten hinterlegt sind;
3) für Ausfertigungen von Adjudikations-Protokollen in Subhastationssachen, wenn die Subhastation vor einem Mitgliede der Landgerichte betrieben worden ist.

§. 24.

Einer Rollen-Gebühr von 8 Sgr. unterliegen:

1) Ausfertigungen von Urtheilen der Handelsgerichte und der Landgerichte, wenn sie als Handelsgerichte erkannt haben. Desgleichen Ausfertigungen von schiedsrichterlichen Entscheidungen in Handelssachen, welche bei diesen Gerichten hinterlegt sind, und Kosten-Exekutorien;
2) Ausfertigungen von interlokutorischen oder präparatorischen Urtheilen und überhaupt von allen in den §§. 22 und 23 nicht genannten Verhandlungen und Akten, welche auf der Gerichtsschreiberei errichtet oder hinterlegt sind. (Art. 7, 8 und 9 des Gesetzes vom 21. Ventôse VII., Art. 144, 145 und 146 des Dekrets vom 17. Dezember 1811.)

§. 25.

Urtheile, durch welche die Instanz beendigt wird, sind als Definitiv-Urtheile anzusehen; Urtheile dagegen, welche einen Beweis aufgeben, oder eine Verfügung treffen, durch welche die Entscheidung der Sache erst vorbereitet werden soll, gehören zu den interlokutorischen oder präparatorischen Erkenntnissen.

§. 26.

Wird über einen Theil des Klagegegenstandes definitiv erkannt und über einen anderen Theil die Entscheidung vorbehalten, so ist die Gebühr für Ausfertigungen von Definitiv-Erkenntnissen zu erheben.

Urtheile dagegen, welche über bloße Einreden entscheiden und die Entscheidung in der Sache selbst vorbehalten, oder durch welche im Laufe des Prozesses eine provisorische Maaßregel getroffen wird, sind der Gebühr für Ausfertigung von Definitiv-Urtheilen nicht unterworfen.

§. 27.

Wenn in Folge einer Fälschungsklage (Art. 214 ff. der B. P.-O.) außer der als falsch angegriffenen Urkunde, Urschriften auf der Gerichtsschreiberei hinterlegt sind, welche sich in Verwahrung eines öffentlichen Beamten, z. B. eines Notars, befanden, so unterliegen die Ausfertigungen, welche der Gerichtsschreiber von solchen Urschriften ertheilt, dem Gebührensatze, welcher zur Anwendung kommen würde, wenn der Beamte, welcher die Urkunde bisher aufzubewahren hatte, dieselbe ertheilt hätte; vorausgesetzt jedoch, daß dieser Gebührensatz geringer ist als derjenige, welchen das Gesetz vom 21. Ventôse VII. und das Dekret vom 17. Dezember 1811 angeordnet haben.

Art. 245 der Bürgerlichen Prozeß-Ordnung.

§. 28.

Ausfertigungen der Ordonnanzen des Richter-Kommissars im Kollokations-Verfahren, wodurch dem Hypotheken-Bewahrer aufgegeben wird, die Inskriptionen der Gläubiger zu löschen, welche nicht nützlich locirt sind — Art. 774 B. P.-O. — unterliegen einer Rollen-Gebühr von 8 Sgr.

Die Anweisungen (bordereaux), welche den nützlich locirten Hypothekargläubigern und den Chirographargläubigern im Distributions-Verfahren ertheilt werden (Art. 665, 671, 759 und 771 der B. P.-O.) sind nicht allein der Ausfertigungs-Gebühr unterworfen, sondern unterliegen auch der Redaktions-Gebühr, von welcher im §. 19 die Rede ist.

§. 29.

Die Gerichtsschreiber sind verpflichtet, die auf der Gerichtsschreiberei beruhenden Urschriften aufzubewahren, und es ist ihnen untersagt, dieselben, wenn sie nicht blos vorübergehend hinterlegt sein sollten, den Anwalten oder den Parteien auszuhändigen.

Es muß daher jeder, welcher von solchen Schriftstücken der Gerichts-Registraturen zur Verfolgung oder zum Schutze seiner Rechte Gebrauch machen will, selbst in dem Falle Ausfertigungen entnehmen, wenn in einer Prozeßsache von einem Urtheile Gebrauch gemacht werden soll, welches das Gericht erlassen hat, bei dem die Sache anhängig ist, und in dessen Registratur sich die Urschrift des Urtheils befindet.

Urtheile und Ordonnanzen, welche im Reféré-Verfahren ergehen, und auf die Urschrift vollziehbar erklärt sind; ferner die auf Bittschriften, an deren Fuß, erlassenen einfachen Ordonnanzen, welche en brevet auszuliefern sind (Reskr. vom 4. Oktober 1841, Rhein. Samml. Bd. 7. S. 348), machen hiervon eine Ausnahme. (Art. 811 der B. P.-O.)

Ferner tritt eine Ausnahme ein, wenn das Gericht die Vorlage der Urschrift verordnet hat. Auch ist es bei Einsprüchen wider den Vertheilungsplan im Distributions- und Kollokations-Verfahren nicht nöthig, dem Gericht, welches darüber erkennen soll, eine Ausfertigung vom Plane vorzulegen. (Art. 666, 758 der B. P.-O. und Anmerkung zum Art. 137 des Civil-Prozeßkosten-Dekrets vom 16. Februar 1807.)

Wenn zur Erledigung eines Rechtsmittels die Einsicht von Zeichnungen, Karten oder Darstellungen, welche einem Gutachten von Sachverständigen, einem Ortsbesichtigungs- oder Zeugenvernehmungs-Protokolle beigefügt sind, oder die Einsicht von gerichtlichen Verhandlungen, Protokollen oder Vertheilungsplänen, welche in einem Subhastations-, Kollokations- oder Distributions-Verfahren gefertigt sind, erforderlich erscheint, so kann der Vorsitzende der mit der Sache befaßten Abtheilung des höheren Gerichts auf desfallsiges Ersuchen verordnen, daß jene Schriftstücke in Urschrift von der Gerichtsschreiberei des Gerichts, bei welchem dieselben beruhen, an die Gerichtsschreiberei des befaßten Gerichts eingesendet werden. (Art. 7 des Gesetzes vom 11. Mai 1855, Rhein. Samml. Bd. 11. S. 113.)

III. Theil.

Verwaltung der Gerichtsschreiberei-Gebühren.

1. Erhebung der Gebühren.

§. 30.

Die Gebühren für das Auftragen auf die Rolle (§§. 9 bis 12) werden von der Gerichtsschreiberei erhoben, und am Schlusse eines jeden Monats, unter Vorlegung der Rolle, an die Steuer-Hebestelle abgeliefert. Letztere hat demnächst zu prüfen, ob die Gebühr richtig erhoben ist, auf der Rolle selbst über den eingezahlten Betrag zu quittiren, die Gebühren in das Register einzutragen, welches nach dem beiligenden Formular A. zu führen ist, und nach erfolgter Buchung die Rolle zurückzugeben.

§. 31.

Die Gerichtsschreiberei hat ein Register zu führen, in welches täglich, unter fortlaufenden Nummern, die gebührenpflichtigen Verhandlungen und Ausfertigungen, mit Ausschluß derjenigen, welche von im Armenrechte prozedirenden Parteien extrahirt werden, einzutragen sind.

In diesem Register sind Spalten anzulegen für die Namen der Parteien und für die Bezeichnung desjenigen, der den gebührenpflichtigen Akt erwirkt; ferner für den Betrag der Gebühren, und zwar für die Abfassungs- und die Ausfertigungs-Gebühren besondere Spalten; für das Datum der Einzahlung der Gebühr an die Steuer-Hebestelle und für die Nummer des Hebe-Registers, unter welcher der gebührenpflichtige Akt bei der Steuerstelle eingetragen ist. (§. 32.) Auch hat die Gerichtsschreiberei in der Spalte für die Ausfertigungs-Gebühren die Anzahl der Rollen — nach den verschiedenen Gebührensätzen getrennt — in besonderen Kolonnen vorzutragen.

Dieses Register, welches vom Gerichts-Präsidenten foliirt und paraphirt werden muß (Art. 13 des Gesetzes vom 21. Ventôse VII. und Art. 150 des Dekrets vom 17. Dezember 1811) ist auf Erfordern der Steuerbehörde zur Einsicht mitzutheilen.

§. 32.

Die Abfassungs- und Ausfertigungs-Gebühren werden gleichfalls von der Gerichtsschreiberei eingefordert und erhoben; sie sind jedoch — unbeschadet der Bestimmung zu §. 17 Nr. 19 — binnen 10 Tagen nach Aufnahme der gebührenpflichtigen Verhandlung, beziehungsweise nach Vollendung der Ausfertigungen, unter Vorlegung der Akte, auf welchen die betreffende Nummer des Gebühren-Registers (§. 31) zu vermerken und die Gebühr zu taxiren ist, an die Steuer-Hebestelle abzuliefern. Letztere prüft die Richtigkeit der Gebühren-Beträge und stellt sie im Hebe-Register, welches nach dem beiliegenden Formular B. jahrgangsweise mit fortlaufenden Nummern zu führen ist, in Einnahme. Demnächst ertheilt sie auf den einzelnen Urkunden, unter Angabe der Register-Nummer, bei welcher die Gebühr gebucht ist, Quittung, und giebt die Urkunde zurück.

§. 33.

Ist die Einzahlung binnen der zehntägigen Frist bei der Gerichtsschreiberei nicht erfolgt, so hat sie die Gebühren der Steuer-Hebestelle zur Beitreibung im Exekutionswege zu überweisen und ihr gleichzeitig die Ausfertigungen und Verhandlungen zu übersenden, von denen die Gebühr erhoben werden soll.

Nach Einzahlung der Ausfertigungs-Gebühr kann die Steuer-

Hebestelle die mit Quittung versehene Ausfertigung (§. 31) dem Einzahler gleich einhändigen, sie hat jedoch der Gerichtsschreiberei, unter Angabe der betreffenden Nummer des Hebe-Registers, über die Einzahlung Mittheilung zu machen.

Handelt es sich von rückständiger Abfassungs-Gebühr, so hat die Steuer-Hebestelle, nachdem sie sich von der Richtigkeit des angesetzten Gebührenbetrags überzeugt hat, die Verhandlung der Gerichtsschreiberei wieder zurückzugeben. Die Steuer-Hebestelle hat jedoch, nach erfolgter Einzahlung, die betreffende Verhandlung wieder einzufordern, damit auf ihr der Empfang der Gebühr bescheinigt werden kann.

§. 34.

Findet die Hebestelle, daß auf einem ihr vorgelegten Akte von der Gerichtsschreiberei die Gebühr zu gering notirt ist, so unterbleibt die Quittung; der für den betreffenden Akt bestimmte Gebührenbetrag ist aber ad depositum zu nehmen und die Gerichtsschreiberei, unter Bezeichnung des Aktes, um Einzahlung des Fehlenden zu ersuchen. Erfolgt die Einzahlung, so ist der ergänzte Restbetrag nebst den betreffenden Akten unter der laufenden Registernummer einzutragen und das Depositum im Depositenregister zu löschen. Behauptet dagegen die Gerichtsschreiberei, daß sie die Gebühr richtig erhoben habe, so ist behufs Erledigung der Differenz zunächst von dem betreffenden Hauptamte an den Provinzial-Steuer-Direktor Bericht zu erstatten.

§. 35.

In Spalte 3 des Hebe-Registers (§. 32) ist hinsichtlich der Zeugenvernehmungs-Protokolle die Anzahl der vernommenen Zeugen zu bemerken. Auf jeder Registerseite sind die für Zahlenangaben bestimmten Spalten zu summiren und die ermittelten Summen auf der nächstfolgenden Seite vorzutragen. Das Hebe-Register, welches jahrgangsweise zu führen, ist monatlich abzuschließen. Am Ende eines jeden Vierteljahrs sind die Einnahme-Ergebnisse der 3 Monate und am Jahresschlusse die Einnahmebeträge der vier Quartale zusammenzustellen.

§. 36.

Die Gerichtsschreiberei hat jede Gebühren-Ablieferung an die Hebestelle, also auch die der Rolle-Gebühr, in ein Verzeichniß oder Quittungsbuch einzutragen und dasselbe bei den einzelnen Ablieferungen der Hebestelle vorzulegen. Der Hebe-Beamte quittirt durch bloße Namensunterschrift in der letzten Spalte des Verzeichnisses und giebt dasselbe zurück.

Dem Verzeichnisse sind folgende Spalten zu geben:

1) Zeit der Ablieferung,
2) Gesammtbetrag der Abfassungs- und Ausfertigungs-Gebühren,

3) Gesammtbetrag der Rolle-Gebühr,
4) Unterschrift des Hebe-Beamten statt Quittung.

Dasselbe ist auf Ersuchen, insbesondere zum Zwecke der Kassenrevisionen, welchen die Hebestelle unterliegt, der Steuerbehörde zur Einsicht mitzutheilen.

2. Behandlung der gestundeten Gebühren.

§. 37.

Stundung der Gerichtsschreiberei-Gebühr kann eintreten, wenn die gebührenpflichtigen Akte:

1) von einer zum Armenrechte zugelassenen Partei,
2) Namens und im Interesse des Staats,
3) im Fallimentsverfahren, vorausgesetzt, daß dasselbe von Amtswegen oder auf den Antrag des Falliten eingeleitet worden ist,

erwirkt werden.

Allh. Kab.-Order vom 16. Februar 1823 (Rhein. Samml. Bd. 2. S. 347), Art. 20 des Gesetzes vom 21. Ventôse VII. und Art. 154 des Dekrets vom 17. Dezember 1811.

a. Gebührenstundung in Armensachen.

§. 38.

Die Gerichtsschreiberei hat für die Prozesse, in welchen eine zum Armenrechte zugelassene Partei der betreibende Theil ist, ein besonderes, vom Präsidenten des Gerichts zu foliirendes und zu paraphirendes Register zu führen, dessen Spalten, wie folgt, zu überschreiben sind:

1) fortlaufende Nummer,
2) Namen, Stand und Wohnort der Parteien,
3) Bezeichnung der Akte, von welchen die Gebühr zu stunden ist,
4) Datum der Aufnahme dieser Akte,
5) Rollenzahl,
6) Betrag der gestundeten Gebühren,
   a) für das Auftragen auf die Rolle,
   b) Ausfertigungs-Gebühren,
   c) Abfassungs-Gebühren,
7) Stempel zu den Ausfertigungen,
8) Entschädigung für Papier,
9) Totalbetrag,
10) Nummer des Debet-Manuals der Hebestelle (§. 39),
11) Namen der Partei, welcher die Kosten zur Last gelegt sind, sowie sonstige Bemerkungen.

Jeder Armensache ist in diesem Register eine besondere Abtheilung (Konto) zu geben, in welche, der Zeitfolge nach, die einzelnen gebührenpflichtigen Akte einzutragen sind. Ist der Prozeß bei dem Gericht, wo er schwebte, zu Ende, so ist das Konto abzuschließen und der Hebestelle binnen 8 Tagen eine beglaubigte Abschrift desselben zu übersenden.

Außerdem ist die Gerichtsschreiberei gehalten, dieses Register auf Erfordern der Steuerbehörde mitzutheilen.

§. 39.

Auch die Hebestelle hat, nach dem beiliegenden Formular C., ein Stundungs-Manual zu führen, in welchem für jede Armensache, unter fortlaufenden Nummern, eine Abtheilung (Konto) zu eröffnen ist.

Die einzelnen Akte, von welchen die Gebühren gestundet werden, hat die Gerichtsschreiberei gleich denjenigen, bei welchen sofortige Zahlung erfolgt, unter Angabe der Nummer des Stundungsregisters (§. 38) der Hebestelle einzureichen. Dieselbe trägt die Akte in die betreffende Abtheilung des Stundungs-Manuals ein; sie bescheinigt unter Angabe des gestundeten Betrags und der Nummer des Manuals auf dem Akte selbst, daß die Gebühr in debet notirt sei, und läßt den Akt an die Gerichtsschreiberei zurückgelangen.

Da in der Regel die Gebühr für das Auftragen auf die Rolle die erste ist, welche gestundet wird, so hat die Hebestelle im Stundungs-Manual ein Konto zu eröffnen, sobald sie bei Vorlage der Rolle (§. 30) von der Sache Kenntniß erlangt.

§. 40.

Ergeht in der Sache ein Endurtheil, welches über den Kostenpunkt entscheidet, so hat die Hebestelle die ihr zugehende Abschrift des betreffenden Konto's der Gerichtsschreiberei (§. 38) mit dem Konto des Stundungs-Manuals hinsichtlich der Uebereinstimmung zu vergleichen, das etwa Uebersehene nachzutragen, das Konto abzuschließen und die ihr zugegangene Abschrift beim Debet-Manual aufzubewahren.

§. 41.

Sind die Prozeßkosten dem Gegner der Armenpartei ganz zur Last gelegt, so hat die Hebestelle die gestundeten Gebühren auf Grund der Entscheidung sofort von dem verurtheilten Theile, unter Androhung des Zwangsverfahrens, zunächst jedoch kostenfrei, einzufordern. Weist dieser nach, daß er wider das Erkenntniß ein Rechtsmittel eingelegt hat, so ist die Beitreibung der Gebühren bis dahin zu beanstanden, daß über das Rechtsmittel rechtskräftig entschieden sein wird.

Unterläßt der Aufgeforderte die Zahlung, und weist er auch nicht nach, daß er wider das verurtheilende Erkenntniß ein Rechtsmittel erhoben, so hat sich die Hebestelle zunächst über seine Vermögens-Verhältnisse zu erkundigen und im Falle von einer zwangsweisen Vollstreckung Erfolg zu erwarten ist, bei der Gerichtsschreiberei die Ausfertigung eines Kosten-Exekutoriums, oder des Erkenntnisses, worin die Kosten mit Einschluß der Gerichtsschreiberei-Gebühren festgesetzt sind, zu erwirken. Auf den Ausfertigungen sind die Gebühren für ihre Ertheilung anzusetzen und als Nachtrag bei dem betreffenden Konto des Stundungs-Manuals einzutragen. Demnächst ist die Ausfertigung einem Gerichtsvollzieher zu übergeben, damit er die gestundeten Gebühren mit Einschluß der Gebühr für die Ausfertigung beitreibe.

§. 42.

Die Armenpartei, welcher die Gebühren gestundet worden sind, bleibt stets für deren Zahlung verhaftet. Sollte daher die Exekution wider den Gegner erfolglos bleiben, sie selbst zu sämmtlichen, oder nur zu einem Theile der Kosten verurtheilt, oder zwischen den streitenden Theilen die Kompensation der Kosten ausgesprochen sein, so kann sie wegen der Gebühren, zu denen aber die Kosten von Exekutorien, welche wider ihren Gegner ertheilt sind (§. 41), nicht gehören, zwar in Anspruch genommen werden, jedoch erst dann, wenn sich ihre Vermögensverhältnisse seit Erlangung des Armenrechts, sei es durch den Ausgang des Prozesses, oder durch andere Veranlassung gebessert haben. Die Hebestelle hat hierüber Erkundigungen einzuziehen, insbesondere nachzusehen, ob der Armenpartei durch das Erkenntniß Vermögensvortheile zugesprochen sind, und, im Falle diese Ermittelungen günstig ausfallen, die Gebühren vorerst kostenfrei einzufordern, dabei jedoch eine Androhung der Exekution für den Nichtzahlungsfall noch zu unterlassen.

Ueberhaupt ist festzuhalten, daß der Besitz von pfändbaren Gegenständen, welche zur Deckung der Gebühren hinreichen, für sich allein ein Vorgehen wider die Armenpartei noch nicht rechtfertigen kann.

Meldet sich der Angemahnte nicht, oder wendet er ein, daß sich seine Vermögensverhältnisse nicht gebessert hätten, während die Steuerbehörde bei der entgegengesetzten Meinung beharren zu können glaubt, so ist der betreffende Vertreter der Staatsanwaltschaft, unter Mittheilung der nöthigen Data, zu ersuchen, beim Gericht den Antrag zu stellen, daß über die Einforderbarkeit der Gebühren Beschluß gefaßt werde. Erklärt das Gericht die Gebühren für einforderbar, so wird der Vertreter der Staatsanwaltschaft der Hebestelle (dem Hauptamte) eine kostenfrei zu ertheilende Ausfertigung des desfallsigen Rathskammer-Beschlusses zugehen lassen. Die Hebestelle hat dann dem Gebührenschuldner diesen Beschluß mittheilen und ihn, unter Androhung der Exekution, nochmals zur Zahlung auffordern zu lassen.

Mit der Vollstreckung, welche nach Maaßgabe der Steuer-Exekutions-Ordnung zu bewirken ist, muß jedoch eingehalten werden, wenn der Schuldner wider den Beschluß des Gerichts Rekurs angemeldet hätte und sich darüber auswiese.

§. 43.

Wurden in erster Instanz der Armenpartei sämmtliche Kosten, oder ein bestimmter Theil derselben zur Last gelegt, oder wurde die Kompensation der Kosten ausgesprochen, und hat sie wider das betreffende Erkenntniß mit Erfolg Berufung erhoben, so daß in zweiter Instanz der Gegner zu den Kosten verurtheilt und hinsichtlich der Gebühren die Distraktion zum Vortheil des Fiskus ausgesprochen wäre, so hat die Steuerstelle, bei welcher das Erkenntniß zweiter Instanz zur Vorlage gelangt, der Steuerstelle bei dem Gericht erster Instanz unter Uebersendung des Kosten-Exekutoriums, beziehungsweise einer Urtheils-Ausfertigung, Mittheilung zu machen, damit die in beiden Instanzen gestundeten Gerichtsschreiberei-Gebühren von dem Gegner der Armenpartei, nach Maaßgabe der Bestimmung im §. 41, eingefordert werden. Hat die Armenpartei wider ein Erkenntniß, welches zu ihrem Nachtheile ausgefallen, den Kassations-Rekurs eingelegt, und ist Kassation, unter gleichzeitiger Entscheidung in der Sache selbst, zu Gunsten der Armenpartei erfolgt, deren Gegner in die Prozeßkosten verurtheilt und auch in Ansehung der Gebühren die Distraktion zum Vortheile des Staats ausgesprochen, so hat die betreffende Gerichtsschreiberei, sobald ihr das Erkenntniß des Ober-Tribunals zugeht, um dasselbe am Rande des kassirten Urtheils einzutragen, der Hebestelle die erforderliche Mittheilung zu machen, damit die gestundeten Gebühren von der unterlegenen Partei eingefordert werden.

§. 44.

Insofern in Theilungsprozessen, welche von einer zum Armenrechte zugelassenen Partei betrieben worden, der Masse die Kosten zur Last gelegt sind, hat sich die Hebestelle an den vom Gericht mit den Theilungs-Operationen beauftragten Notar zu wenden, indem schon wegen der amtlichen Stellung der Notarien anzunehmen ist, daß sie sich die Berichtigung der Gebühren angelegen sein lassen werden.

Sollte die Masse bereits ausgeschüttet sein, oder der Notar erklären, daß er außer Stande sei, die Gebühren zu entrichten, und auch sonstige Schritte bei einem Inhaber der Masse erfolglos bleiben, so sind dieselben von der Armenpartei unter den im §. 42 erwähnten Voraussetzungen und unter Beobachtung des dort vorgeschriebenen Verfahrens einzufordern.

Die Hebestelle hat hierbei in Betracht zu ziehen, daß gewöhnlich in Folge von Theilungen die Vermögensverhältnisse der Interessenten eine Verbesserung erfahren. Ueber den Betrag des Vermögens, welches der Armenpartei zugetheilt wird, sind in der Regel die Notarien im Stande, Aufschluß zu geben.

§. 45.

Sind seit dem letzten gebührenpflichtigen Akte zwei Jahre verflossen, ohne daß der Prozeß fortgesetzt worden und eine Entscheidung über den Kostenpunkt erfolgt ist, so können die Gebühren von der Armenpartei eingefordert werden, vorausgesetzt jedoch, daß die Bedingungen der Einforderbarkeit zutreffen, deren im §. 42 gedacht ist. Die Gerichtsschreiberei hat daher in solchen Fällen der Hebestelle einen Auszug aus dem Stundungsregister zu übersenden.

§. 46.

Die Akte, von welchen die Gebühren in Fallitsachen gestundet werden (§. 37), sind gleichfalls in das Stundungs-Manual und zwar unter einer besonderen Abtheilung einzutragen, woselbst für jede Sache ein Konto anzulegen ist.

In den Spalten 3 und 4 des Manuals sind, außer den Namen und dem Wohnorte des Falliten, auch die Namen und der Wohnort der Agenten und Syndiken anzugeben, an welche sich die Hebestelle wegen Einzahlung der Gebühren aus den Fonds der Fallitmasse zu wenden hat.

Im Uebrigen sind auch für Fallitsachen die im §. 39 gegebenen Vorschriften maaßgebend. Da, wo, wie in größeren Städten, Fallimente häufig vorkommen, kann für dieselben, nach dem Ermessen der Steuerstelle, ein besonderes Verzeichniß geführt, und die Eintragung im Stundungsmanual für Armensachen unterbleiben.

§. 47.

Werden die gestundeten Gebühren, der Ausfertigungsstempel und die Papiergelder, welche der Gerichtsschreiberei in Gemäßheit der Allerh. Kab.-Order vom 24. Februar 1839 (Rh. Samml. Bd. 7. S. 23) zustehen, eingezahlt, so hat die Hebestelle die ersteren im Heberegister resp. im Register für die Rolle-Gebühr unter der laufenden Nummer zu buchen, in der letzten Spalte dieses, so wie des Rollegebühren-Registers die betreffende Nummer des Stundungs-Manuals zu vermerken und in dem letzteren die Spalten 12 und 13 dem Vordrucke gemäß auszufüllen.

Die erhobenen Papiergelder werden dem Gerichtsschreiber, welcher in der betreffenden Spalte des Stundungs-Manuals durch bloße Verzeichnung seines Namens zu quittiren hat, monatlich ausgezahlt. (§. 55.)

Der eingegangene Stempelbetrag wird in der für die Stempel-Einnahme ohne Material-Ausgabe bestimmten Spalte des Stempelgeld-Einnahme-Journals gebucht und die betreffende Nummer dieses Journals in die Spalte 14 des Stundungs-Manuals eingetragen.

§. 48.

Genügt der eingezahlte Betrag nicht, um die Gebühren,

den Ausfertigungsstempel und das Papiergeld für die Gerichtsschreiberei vollends zu decken, so ist derselbe zunächst auf das Papiergeld, sodann verhältnißmäßig auf die Gebühren und den Stempel zu verrechnen.

§. 49.

Sind seit Beendigung des Prozesses, beziehungsweise seit der im §. 45 vorgeschriebenen Aufforderung, drei Jahre verflossen, ohne daß sich die Vermögensverhältnisse der Armenpartei so gestaltet haben, daß sie zur Zahlung der Gebühren angehalten werden könnte, so ist durch das betreffende Hauptamt vierteljährlich beim Provinzial-Steuer-Direktor die Niederschlagung zu beantragen.

Zu diesem Zwecke sind die Niederschlagungs-Anträge in einer Uebersicht nach dem beiliegenden Muster Lit. D. tabellarisch zusammenzustellen und die Beläge, aus welchen die Uneinziehbarkeit hervorgehen soll, gehörig geheftet und nach den einzelnen Positionen der Nachweise geordnet, beizufügen.

Nach Eingang des Niederschlagungs-Dekrets sind die beiden letzten Spalten des Stundungs-Manuals, der Ueberschrift gemäß, auszufüllen.

b. Gebühren-Stundung in Fiskalsachen.

§. 50.

Die in Fiskalsachen gestundeten Gebühren sind gleichfalls in das Stundungs-Manual einzutragen, und zwar in eine besondere Abtheilung desselben. Im Uebrigen gilt auch für diese Sachen die im §. 39 ertheilte Vorschrift. Ergeht im Prozesse ein Endurtheil, so ist das Konto im Manual abzuschließen, sobald das Erkenntniß zur Eintragung gelangt.

§. 51.

Die Gebühren bleiben bis zum Ausgange der Sache, sei es, daß derselbe durch Erkenntniß oder durch Vergleich erfolgt, oder daß der Prozeß blos nicht fortgesetzt wird, gestundet. Die Hebestelle hat daher, sobald sie aus dem Endurtheile die Beendigung des Prozesses ersieht, die betreffende Verwaltungsbehörde unter Mittheilung des Gebührenbetrags um Einzahlung zu ersuchen. Ist seit dem letzten zur Eintragung gelangten gebührenpflichtigen Akte ein Jahr verstrichen, ohne daß ein Enderkenntniß zur Vorlage gekommen wäre, so hat die Steuerstelle bei der betreffenden Behörde über die Lage des Prozesses anzufragen und die gestundeten Gebühren einzufordern, wenn der Bescheid erfolgt, daß vom Prozesse Abstand genommen, oder daß er verglichen sei.

Ist zwar ein Endurtheil ergangen, dagegen jedoch ein Rechtsmittel eingelegt, — worüber die Behörde Mittheilung machen wird — so kann bis zum Ausgange der Sache mit der Gebühren-Einziehung gewartet werden. Ueberhaupt hat die Steuerstelle, damit die Einzahlung nicht zu sehr verschoben werde, von Zeit zu Zeit bei der betreffenden Behörde über den Stand der Sache Erkundigung einzuziehen.

§. 52.

Werden die gestundeten Gebühren eingezahlt, so sind sie unter der laufenden Nummer in die betreffenden Spalten des Hebe-Registers und des Registers für die Rolle-Gebühr mit Bezugnahme auf die Nummer des Stundungs-Manuals einzutragen und zwar in rother Schrift.

Demnächst werden im Manual die Spalten 12 und 13 der Ueberschrift gemäß ausgefüllt.

§. 53.

Die in den §§. 50 bis 52 ertheilten Vorschriften gelten auch für Prozesse, in welchen die Königliche Universität zu Bonn auftritt, insofern von ihren Vertretern die gebührenpflichtigen Akte erwirkt werden.

3. Gebühren-Antheile der Gerichtsschreibereien.

§. 54.

Den Gerichtsschreibereien steht von den erhobenen Gebühren ein Antheil zu, welcher beträgt:

1) Ein Zehntel der Gebühr für das Auftragen auf die Rolle und der Abfassungs- (Redaktions-) Gebühren;
2) Dreißig Centimes (2 Sgr. 5 Pf.) von jeder Rolle der Ausfertigungen, mit Ausnahme derjenigen, welche Staatsbehörden als solche entnehmen. Für diese Ausfertigungen ist der Gerichtsschreiberei nur eine Tantieme von zwanzig Centimes (1 Sgr. 7 Pf.) für die Rolle zugebilligt.

Von Ausfertigungen, welche für die Universität zu Bonn erwirkt werden, steht der Gerichtsschreiberei jedoch eine Tantieme von 30 Cent. für die Rolle zu. (Art. 19 und 20 des Gesetzes vom 21. Ventôse VII., Art. 152 und 155 des Dekrets vom 17. Dezember 1811.)

§. 55.

Zu Anfang eines jeden Monats hat die Hebestelle kontradiktorisch mit der Gerichtsschreiberei die Gebühren-Antheile, nach Maaßgabe der Hebe-Register für die Rolle, und andere Gebühren, sowie in Ansehung der in Fiskalsachen gestundeten Gebühren nach der betreffenden Abtheilung des Stundungs-Manuals und zwar nach den Spalten für die Anschreibung festzustellen. Dabei kommen in den beiden Hebe-Registern nur die mit schwarzer Dinte eingetragenen Zahlen in Betracht, weil hinsichtlich der in rother Schrift eingetragenen Gebühren der Antheil bereits gezahlt worden ist. (§. 52.)

Nachdem der Präsident des betreffenden Gerichts die Feststellung, welche nach dem beiliegenden Muster Lit. E. anzufertigen ist, für vollziehbar erklärt hat, zahlt die Steuer-Hebestelle die Tantiemen aus und läßt sich darüber auf der Abrechnung selbst vom Gerichtsschreiber Quittung ertheilen.

§. 56.

Vierteljährlich und zwar spätestens bis zum 8. des ersten auf das Quartal folgenden Monats, sind die Abrechnungen mit den Gerichtsschreibereien dem Provinzial-Steuer-Direktor unter Beischluß einer Liquidation, in welcher die in den einzelnen Monaten des Quartals erhobenen Gebühren, sowie die Beträge der Antheile, welche die Gerichtsschreibereien bezogen haben, getrennt werden müssen, einzureichen.

Der Kassenkurator hat unter dieser Liquidation zu bescheinigen, daß das vorgetragene Einnahme-Ergebniß mit dem Hebe-Register und dem Register über die Gebühr für das Auftragen auf die Audienz-Rolle übereinstimmt.

Das beiliegende Formular Lit. F. ist bei Aufstellung dieser Liquidationen anzuwenden.

4. Ablieferung der Gebühren, Aufstellung der Verwaltungs-Extrakte und Kontrole.

§. 57.

Werden die Gebühren unmittelbar von einem Hauptamte oder von einem Unteramte erhoben, so sind sie, nach Maaßgabe der betreffenden Hebe-Register, täglich in einer Summe in das Depositen-Manual einzutragen. Das Hauptamt bucht die monatlich an die Gerichtsschreibereien gezahlten Gebühren-Antheile als Vorschuß.

Findet die Gebühren-Erhebung bei einem Unteramte statt, so liefert dasselbe, nach Auszahlung der Tantieme die Gebühren monatlich an das betreffende Hauptamt theils baar, theils in Belägen durch Uebersendung der Abrechnungen (§. 55) ab. Das Hauptamt hat demnächst den ganzen Betrag in seinem Depositen-Register in Einnahme zu stellen und die gezahlten Gebühren-Antheile bei den Vorschüssen zu buchen.

Auf Grund der vierteljährlich an den Provinzial-Steuer-Direktor einzureichenden Liquidationen (§. 56) wird das Hauptamt angewiesen, die als Vorschuß gebuchten Gebührenantheile in der Extraordinarien-Rechnung in Ausgabe zu stellen.

Die Einnahme an Gebühren ist von den Hauptämtern vierteljährig mit besonderen Lieferzetteln, welchen eine, nach dem Formular G. aufzustellende Einnahme-Deklaration beizufügen ist, vollständig an die betreffende Regierungs-Hauptkasse abzuliefern.

§. 58.

Bis zum 8. des auf das Quartal folgenden Monats haben die Hauptämter dem Provinzial-Steuer-Direktor einen nach dem beiliegenden Formular Lit. H. aufzustellenden Verwaltungs-Abschluß und bis zum 8. Januar über die Einnahme an Gebühren im Vorjahre einen Final-Verwaltungs-Extrakt unter Benutzung des beiliegenden Formulars Lit. J. einzureichen.

§. 59.

Am Jahresschlusse hat der Hauptamts-Dirigent die Einnahme in den beiden Hebe-Registern festzustellen und ein Attest auszustellen, aus welchem sich die Gebühren-Einnahme des Jahres ergiebt.

Zugleich hat er, unter Zurhandnahme des Stundungs-Manuals und des Stundungs-Registers der Gerichtsschreiberei, zu prüfen:

a) ob die in dem letzteren eingetragenen Konten mit denen des Stundungs-Manuals übereinstimmen,
b) ob sich die Steuer-Hebestelle im abgelaufenen Jahre die Einziehung der gestundeten Gebühren hat angelegen sein lassen,
c) ob die aus dem Stundungs-Manual als eingegangen ersichtlichen Gebührenposten gehörig in die Hebe-Register aufgenommen sind und ob die Niederschlagung der dazu geeigneten Gebührenbeträge nachgesucht worden ist.

Ueber diese Prüfung hat der Hauptamts-Dirigent eine Verhandlung aufzunehmen und bis zum 15. Januar nebst dem Atteste über die Jahres-Einnahme dem Provinzial-Steuer-Direktor einzureichen.

Auch im Laufe des Jahres haben sich der Hauptamts-Dirigent und die Kassenkuratoren von der Thätigkeit der Steuer-Hebestellen in Beziehung auf die gestundeten Gebühren Ueberzeugung zu verschaffen und etwaige Unregelmäßigkeiten oder Verschleppungen abzustellen.

Berlin, den 22. August 1859.

Der Justiz-Minister. Simons.

Der Finanz-Minister. Frhr. v. Patow.

Formulare.

Formular A.

Register

des Königlichen .... Amtes zu .... über die Gebühren für das Auftragen auf die Rolle.

Jahr, Monat und Tag der Eintragung.	Sachen eingetragen auf der Rolle												Summa		
	des Appellationsgerichtshofes			des Landgerichts						des Handelsgerichts					
	zu 1 Thlr. 10 Sgr			zu 24 Sgr.			zu 12 Sgr.			zu 12 Sgr.					
	Anzahl der Positionen.	Betrag.		Anzahl der Positionen.	Betrag.		Anzahl der Positionen.	Betrag.		Anzahl der Positionen.	Betrag.		der Positionen.	der Gebühren.	
		Thlr.	Sgr.		Thlr.	Sgr.		Thlr.	Sgr.		Thlr.	Sgr.		Thlr.	Sgr.

Dieses Register ist mit der Feder anzulegen.

Formular B.

Hebe-Register

für die beim Königlichen .... aufkommenden Gerichtsschreiberei-Gebühren.

Dasselbe enthält ....: paraphirte Blätter und umfaßt den Zeitraum vom .... bis zum ....

Jahr, Monat und Tag der Eintragung.	Laufende Nummer.	Bezeichnung. Akte.	Der Kläger.		Der Verklagten.		Datum der Akte.	Betrag der Abfassungs-Gebühr			Ausfertigungs Gebühren.							Bemerkungen.
											Zahl der Rollen				Geldbetrag.			
											in Worten.	in Ziffern						
			Namen.	Wohnort.	Namen.	Wohnort.		Rthl.	Sgr.	Pf.		zu 8 Sgr.	zu 10 Sgr.	zu 16 Sgr.	Rthl.	Sgr.	Pf.	

Dieses Register wird gedruckt geliefert.

Formular C.

Manual

des Königlichen .... Amts zu .... für die beim Königlichen .... Gericht zu .... gestundeten Gerichtsschreiberei-Gebühren.

Laufende Nummer.	Nummer des Stundungs-Registers der Gerichtsschreiberei.	Anschreibung. Der Parteien. Name, Gewerbe und Wohnort mit Angabe der Armenpartei und derjenigen, welchen die Kosten zur Last gelegt sind. Kläger.	Anschreibung. Der Parteien. Name, Gewerbe und Wohnort mit Angabe der Armenpartei und derjenigen, welchen die Kosten zur Last gelegt sind. Verklagte.	Datum der Stundung.	Bezeichnung der Akte, von denen die Gebühr gestundet ist.	Betrag der Gerichtsschreiberei-Gebühren. Thlr. Sgr.	Betrag des Ausfertigungs-Stempels. Thlr. Sgr.	Betrag des Papiergeldes. Thlr. Sgr. Pf.	Betrag Summa. Thlr. Sgr. Pf.	Angabe der zum Einziehen geschehenen Schritte.	Die Anschreibung ist erledigt durch erfolgte Zahlung. Datum der Einzahlung	Der Heberegister, in welchen die Gebühren gebucht sind. Jahrgang.	Band.	Seite.	Nummer.	Nummer des Stempelgeld-Einnahme-Journals.	Quittung des Gerichtsschreibers über die Papiergelder.	durch Uneinziehbarkeit. Datum der Abschreibung.	Kurze Angabe der Belagstücke für die Uneinziehbarkeit und der Löschungs-Verfügung.
1	2	3	4	5	6	7	8	9	10	11	12	13				14	15	16	17

Dieses Register wird gedruckt geliefert.

Formular D.

Nachweise
uneinziehbarer gestundeter Gerichtsschreiberei-Gebühren.

Nummer.	Des Stundungs-Registers		Namen und Wohnort		Betrag der Gebühren.	Darauf sind		Die Kosten sind zur Last gelegt dem	Nummer der Beläge.	Bemerkungen und Gründe der Niederschlagung.
	Jahrgang.	Nummer.	der Kläger.	der Verklagten.		eingezahlt.	niederzuschlagen.			
					ℛ Sg ₰	ℛ Sg ₰	ℛ Sg ₰			
1	2	3	4	5	6	7	8	9	10	11

Formular E.

Abrechnung

mit der Gerichtsschreiberei des Königlichen .... Gerichts zu N. ....
über Gebühren-Antheile für den Monat ....

Nummer.	Bezeichnung der Gebühren.	Gebühren-Betrag Thlr.	Sgr.	Pf.	Antheile der Gerichtsschreiberei. Maaßstab der Berechnung.	Betrag Thlr.	Sgr.	Pf.
	Für							
1	Eintragung auf die Rolle ..	—	—	—				
2	Redaktionen...........	—	—	—				
	Summe	—	—	—	$^1/_{10}$ der Gebühren.	—	—	—
3	Ausfertigungen							
	Rollen in Fiskalsachen							
	zu 16 Sgr. Anzahl ...	—	—	—				
	" 10 " " ...	—	—	—				
	" 8 " " ...	—	—	—				
	Summe	—	—	—	20 Ct. (1 sgr. 7 pf.) für die Rolle frcs. cent.	—	—	—
b.	Rollen in anderen Sachen							
	zu 16 Sgr. Anzahl ...	—	—	—				
	" 10 " " ...	—	—	—				
	" 8 " " ...	—	—	—				
	Summe	—	—	—	30 Ct. (2 sgr. 5 pf.) für die Rolle frcs. cent.	—	—	—
	Total-Summe	—	—	—		—	—	—

Kontradiktorisch festgestellt zwischen dem unterzeichneten und der Gerichtsschreiberei.

N. ...., den .. ten .... 18..

Das Königliche .... Amt. Das Sekretariat.

Formular F.

Liquidation

über Gebühren-Antheile, welche der Gerichtsschreiberei beim Königlichen .... Gerichte für das ..... Quartal 18.. zustehen.

Angabe des Jahres und Monats.	Betrag der Gebühren.									Betrag der an die Gerichtsschreiberei gezahlten Antheile.											
	für das Auftragen auf die Rolle und für Redaktionen.			für Ausfertigungen.			Ueberhaupt.			von der Rollen- und der Redaktions-Gebühr.			von der Ausfertigungsgebühr						Ueberhaupt.		
													den Antheil zu 30 Cent. (2 Sgr. 5 Pf.) pro Rolle.			den Antheil zu 20 Cent. (1 Sgr. 7 Pf.) pro Rolle.					
	Thlr	Sgr	Pf	Thlr	Sgr	Pf	Thlr	Sgr	Pf	Thlr	Sgr	Pf	Thlr	Sgr	Pf	Thlr	Sgr	Pf	Thlr	Sgr	Pf
18.. Januar																					
Februar																					
März																					
Summa																					

Formular G.

Deklaration

der Einnahme des ..... Amts zu ..... an Gerichtsschreiberei=Gebühren für das ..... Quartal 18 ..

Laufende Nummer.	Benennung der Gerichte.	Gebühren=Betrag. Im abgelaufenen Quartal.			Gebühren=Betrag. In den vorhergegangenen Quartalen.			Gebühren=Betrag. Ueberhaupt.		
		ℛℳ	Sgr	₰	ℛℳ	Sgr	₰	ℛℳ	Sgr	₰
	Summa									

Formular H.

Verwaltungs-Extrakt

über die beim Königlichen .... Amte zu N. .... vereinnahmten, das Königliche .... Gericht zu N. .... betreffenden Gerichtsschreiberei-Gebühren für das ...... Quartal 18..

	Im abgelaufenen Quartal.			In den vorhergehenden Quartalen.			Ueberhaupt.		
	Thlr.	Sgr.	Pf.	Thlr.	Sgr.	Pf.	Thlr.	Sgr.	Pf.
Es wurden erhoben:									
An die Königliche Regierungs-Haupt-Kasse zu N. wurden abgeliefert.									
Hiervon sind die an die Gerichtsschreiberei des Königlichen .... Gerichts zu N. gezahlten Gebühren-Antheile im Betrage von Thlr. Sgr. Pf. in Abzug zu bringen. Dieselben sind besonders liquidirt.									

	Im entsprechenden Quartal.			In den vorhergegangenen Quartalen.			Ueberhaupt.		
Im vorigen Jahre wurden vereinnahmt									
Mithin im Vergleich mit dem Vorjahre { mehr									
Mithin im Vergleich mit dem Vorjahre { weniger . . .									

Die Richtigkeit dieses Extrakts und seine Uebereinstimmung mit den Registern bescheinigt

N. .... den ..ten .... 18..

Formular J

Schluß=Verwaltungs=Extrakt

über die beim Königlichen .... Amte zu N. .... im Jahre 18.. vereinnahmten, das Königliche .... Gericht zu N. .... betreffenden Gerichtsschreiberei=Gebühren.

	im ersten Quartal.			im zweiten Quartal.			im dritten Quartal.			im vierten Quartal.			Ueberhaupt.		
	ℛ	Sgr	₰	ℛ	Sgr	₰	ℛ	Sgr	₰	ℛ	Sgr	₰	ℛ	Sgr	₰
Es wurden erhoben:															
An die Königliche Regierungs=Haupt=Kasse zu N. .... wurden abgeliefert . . . . Hiervon sind die an die Gerichtsschreiberei des Königlichen .... Gerichts gezahlten und besonders liquidirten Gebühren=Antheile im Betrage von .... abzusetzen.															

Die Richtigkeit dieses Extrakts und dessen Uebereinstimmung mit den Registern bescheinigt

N. .... den .. ten .... 18..

66.

Verfügung vom 28. Dezember 1859, — betreffend die Anfertigung einer dritten Proberelation zur dritten juristischen Prüfung.

Verfügung vom 12. Mai 1837 (Jahrb. Bd. 49. S. 480).

Auf Ihren Bericht vom 10. d. Mts., betreffend die Anfertigung einer dritten Proberelation zur dritten Prüfung, wird Ihnen hierdurch eröffnet, daß die durch die Verfügung vom 12. Mai 1837 (Jahrb. 49. S. 480) den Präsidenten der Appellationsgerichte in den nicht rheinischen Provinzen ertheilte Befugniß, einem Kandidaten des dritten Examens nach zwei mißlungenen Proberelationen aus besonderen Gründen ein drittes Referat zu geben, von dem Justiz-Minister auf den Antrag der Immediat-Justiz-Examinations-Kommission seit dem Jahre 1852 aufgehoben und dahin abgeändert worden ist, daß, wenn dem Kandidaten die zweite Relation mißlingt, die Zutheilung eines dritten Referats ohne Weiteres nicht Statt findet, sondern unter Uebersendung der Censuren der mißlungenen Arbeiten der Immediat-Justiz-Examinations-Kommission Anzeige gemacht, und dem Ermessen derselben überlassen wird, ob Gründe vorhanden sind, ausnahmsweise die Zulassung zu einem neuen Versuche bei dem Justiz-Minister zu befürworten.

Damit bei der Beurtheilung der Frage, ob ausnahmsweise die Zulassung zu einer dritten Probearbeit zu gestatten sei, nach gleichen Grundsätzen verfahren werde, hält der Justiz-Minister es für angemessen, dies Verfahren auch auf den Bezirk des Appellationsgerichtshofes zu Cöln auszudehnen.

Ihnen, dem Herrn Ersten Präsidenten bleibt deshalb die Zutheilung der ersten und zweiten Proberelation an die Kandidaten des dritten Examens nach den bisherigen Vorschriften überlassen. Wenn aber beide mißlingen, so ist von Ihnen, dem Herrn Ersten Präsidenten und Ihnen, dem Herrn General-Prokurator über dieses Ergebniß, unter Einreichung der Vorcensuren der beiden mißlungenen Arbeiten, ohne die Proberelationen, an die Immediat-Justiz-Examinations-Kommission zur weiteren Veranlassung Bericht zu erstatten.

Berlin, den 28. Dezember 1859.

Der Justiz-Minister.
Simons.

An
den Herrn Ersten Präsidenten des Königl. Appellationsgerichtshofes und den Königl. Herrn General-Prokurator zu Cöln.

I. 4673. Rhein. Offizianten-Sachen 7. Vol. 4.

67.

Beschluß des Königlichen Staats-Ministeriums vom 31. Dezember 1859, — betreffend die Behandlung der militairpflichtigen Civilbeamten, welche in Folge der gegenwärtigen Formationsverhältnisse der Armee aus dem Reserve oder Landwehr-Verhältnisse zu den Fahnen einberufen sind oder noch einberufen werden.

Staats-Ministerial-Beschluß vom 18. Juni 1859 (S. 105 dieses Bandes).

Nach dem Antrage des Finanz-Ministers vom 5. d. Mts. erklärt das Staats-Ministerium sich damit einverstanden, daß der Staats-Ministerial-Beschluß vom 18. Juni d. J. auch auf diejenigen Civil-Beamten zu beziehen ist, welche in Folge der gegenwärtigen, einen Zustand fortdauernder Kriegsbereitschaft darstellenden Formations-Verhältnisse der Armee aus dem Reserve- oder Landwehr-Verhältnisse zu den Fahnen einberufen sind oder noch einberufen werden.

Von diesem Beschluß erhält jeder Minister eine beglaubigte Abschrift, um danach für sein Ressort das Erforderliche zu veranlassen.

Berlin, den 31. Dezember 1859.

Das Staats-Ministerium.

Fürst zu Hohenzollern-Sigmaringen. v. Auerswald. v. d. Heydt. Simons. v. Schleinitz. v. Patow. Gr. v. Pückler. v. Bethmann-Hollweg. Gr. v. Schwerin. v. Roon.

Vorstehender Beschluß des Königlichen Staats-Ministeriums wird sämmtlichen Gerichtsbehörden, sowie den Beamten der Staatsanwaltschaft zur Kenntnißnahme und Beachtung mitgetheilt.

Berlin, den 8. Februar. 1860.

Der Justiz-Minister.
Simons.

An
sämmtliche Gerichtsbehörden und an die Beamten der Staatsanwaltschaft.

I. 450. O. 136. Vol. 4.

XLVII.

1860.

Gesetze, Verordnungen, Rescripte.

68.

Allgemeine Verfügung vom 24. Januar 1860, — betreffend die Portofreiheit in Justizsachen.

Der Herr Minister für Handel, Gewerbe und öffentliche Arbeiten hat im Einverständnisse mit dem Justiz-Minister das nachstehend abgedruckte Regulativ über die Portofreiheit in Justizsachen für den Bezirk des Appellationsgerichtshofes zu Cöln mit der Bestimmung erlassen, daß dasselbe bei den betreffenden Postanstalten vom 1. Februar d. J. ab zur Anwendung gebracht werden soll.

Die Gerichte und Beamten der Staatsanwaltschaft in dem gedachten Bezirk werden angewiesen, die in diesem Regulativ enthaltenen Vorschriften sorgfältig zu beachten, namentlich aber darauf zu halten, daß

1) nur solche Sendungen unter dem Vermerk der Portofreiheit befördert werden, denen die Portofreiheit zugestanden ist; daß ferner
2) bei portofreien Sendungen die Vorschrift des §. 10 über die äußere Beschaffenheit einer portofreien Sendung genau beachtet wird, und daß endlich
3) bei eingehenden Sendungen, welche mit dem Vermerk der Portofreiheit versehen sind, geprüft wird, ob der Sendung auch die Portofreiheit zusteht, und wenn solches nicht der Fall ist, daß der Orts-Postanstalt alsdann, unter Beifügung des Kouverts oder einer mit allen Postzeichen versehenen beglaubigten Abschrift desselben, desgleichen unter Bezeichnung des Absenders und kurzer Angabe und Bescheinigung des Inhalts, sowie bei Sendungen von Behörden mit Angabe der Expeditions-Nummer, von der mißbräuchlichen Anwendung des Portofreiheits-Vermerks Nachricht gegeben wird.

Uebertretungen der in dem Regulativ zusammengestellten Vorschriften sind auch ohne Antrag der Postverwaltung im Aufsichtswege mit der erforderlichen Strenge zu rügen. Erfolgt die Rüge auf den Antrag einer Postbehörde, so ist derselben von der erlassenen Verfügung Nachricht zu geben.

Berlin, den 24. Januar 1860.

Der Justiz-Minister.
Simons.

An
die Gerichte und Beamten der Staatsanwaltschaft im Bezirk des Appellationsgerichtshofes zu Cöln.

I. 265. Rhein. Gener. 10. Vol. 3.

Anlage.

Regulativ

über die Portofreiheit in Justizsachen für den Bezirk des Appellationsgerichtshofes in Cöln.

§. 1.

Die Portofreiheit einer Sendung in Justizsachen wird nach verschiedenen Grundsätzen beurtheilt, je nachdem die Sendung in Justizdienst-Einrichtungs- und Aufsichtssachen (Verwaltungssachen) oder in einzelnen Rechtsangelegenheiten (Parteisachen) ergangen ist.

§. 2.

I. Portofreiheit in Justiz-Verwaltungs-Sachen.

In Justiz-Verwaltungssachen sind alle Sendungen zwischen den Gerichten, und zwar den Friedensgerichten, den Präsidenten oder Sekretariaten bei den übrigen Gerichten, den Untersuchungsrichtern, den Beamten der Staatsanwaltschaft, den Beamten der Polizei-Anwaltschaft, den Bürgermeistern, insoweit diese in der vorerwähnten amtlichen Eigenschaft als Organe der Staatsgewalt einzutreten haben, unter sich und mit anderen Königlichen Behörden und die dienstliche Korrespondenz der Gerichtsvollzieher, der Forst- und Feldhüter mit den vorgenannten Justizbehörden, portofrei, sofern dieselben nicht im Interesse einer Privatperson abgelassen werden; wogegen Sendungen zwischen den genannten Justizbehörden einerseits, und Privatpersonen, Privatgesellschaften und nicht Königlichen Behörden andererseits der Portozahlung unterliegen, sofern die Sendung nicht unzweifelhaft im ausschließlichen Interesse des Staats abgelassen worden ist, ein Interesse einer Privatperson u. s. w. mithin dabei nicht konkurrirt.

Es sollen jedoch ohne Rücksicht auf ein konkurrirendes Interesse einer Privatperson die zur Justiz-Offizianten-Wittwenkasse fließenden Beträge bei ihrer Versendung zwischen den Justizbehörden und der Justiz-Offizianten-Wittwenkasse in Berlin portofrei befördert werden.

Zu den Sendungen, bei denen ein Privatinteresse konkurrirt, und welche deshalb die Portofreiheit nicht genießen, gehören insbesondere:

1) Gesuche der Beamten in persönlichen Angelegenheiten, z. B. um Urlaub, Zulage, Beförderung u. s. w., und die darauf erlassenen Bescheide, sowie alle Sendungen zwischen Behörden und Privatpersonen wegen Anschaffung von Büreau-Utensilien, Büchern, Druckmaterialien zu Formularen u. s. w. für den Königlichen Dienst.
2) Sendungen, welche durch das Verschulden eines Beamten herbeigeführt werden, wohin insbesondere Strafverfügungen und alle Monitorien gerechnet werden, welche dadurch nöthig geworden sind, daß der Beamte eine schon ergangene Erinnerung unbeachtet gelassen hat.
3) Geldsendungen aus Königlichen Kassen an Beamte und Privatpersonen, oder von diesen an Königliche Kassen, soweit dabei der Grundsatz in Anwendung kommen kann, daß die zu erhebenden oder zu zahlenden Beträge bei derjenigen Kasse in Empfang genommen oder gezahlt werden müssen, auf welche die Zahlungsanweisung lautet (erste Receptur). Insbesondere dürfen Diäten, Besoldungsgelder und Gebühren an Beamte oder Kommissarien nicht portofrei abgesandt werden, vielmehr hat für dergleichen Sendungen der Empfänger das Porto zu zahlen, es sei denn, daß die Versendung durch dienstliche Anordnungen nothwendig geworden ist, welche den Empfänger verhindern, die Beträge bei der betreffenden Kasse zu erheben.
4) Versendungen der Eheverkündigungen und der im Interesse der betheiligten Privatpersonen erfolgenden Sendungen in Civilstandsangelegenheiten zwischen den Civilstandsbeamten.

§. 3.

II. Portofreiheit in Justiz-Partei-Sachen.

A. In Strafsachen.

In Strafsachen, insofern sie von Amtswegen verfolgt werden, sind sämmtliche von den im §. 2 bezeichneten Justizbehörden abgehenden Erlasse und Aktensendungen portofrei. Dies gilt auch von den an Privatpersonen gerichteten Erlassen, sofern diese nicht in besonderem Interesse des Adressaten ergehen, und deshalb das Porto diesem und nicht der Staatskasse zur Last fällt.

Die Korrespendenz der Gerichtsvollzieher ist in Strafsachen nur dann portofrei, wenn sie an Königliche Gerichtsbehörden oder Beamte der Staats- und Polizei-Anwaltschaft, die der Forst- und Feldhüter nur dann, wenn sie an die vorgesetzten Behörden gerichtet ist.

Privatpersonen müssen auch in Strafsachen ihre Eingaben an die Justizbehörden frankiren. Doch ist das Porto für dergleichen Sendungen, wenn sie unfrankirt eingehen, wieder zu löschen, resp. zu erstatten, sobald von der auf der Adresse benannten Justizbehörde bescheinigt wird, daß die Sendung im ausschließlichen Interesse des Staats erfolgt ist.

Die Portofreiheit in Strafsachen bezieht sich übrigens nur auf Korrespondenz- und Aktensendungen, doch soll auch die Versendung von Ueberführungsstücken (corpora delicti), selbst wenn sie in baarem Gelde oder in Packeten zum Gewicht von mehr als resp. 10 und 20 Pfd. (§. 8) bestehen, portofrei erfolgen.

§ 4.

B. in Angelegenheiten des Disziplinar-Raths der Advokat-Anwalte.

Die amtliche Korrespondenz und Aktensendungen des Disziplinar-Raths der Advokat-Anwalte wird portofrei befördert.

§. 5.

C. in Civil-Prozeßsachen.

In Civil-Prozeßsachen sind alle Sendungen portopflichtig, doch soll ausnahmsweise in Armen-Prozeßsachen und in Armen-Vormundschaftssachen Portofreiheit nach Maaßgabe der folgenden Vorschriften (§§. 6 und 7) eintreten.

§. 6.

D. in Armen-Prozeßsachen.

Die Portofreiheit in Armen-Prozeßsachen erstreckt sich:

I. auf die Korrespondenz- und Aktensendungen, welche in Angelegenheiten einer Armenpartei von den Gerichten, und zwar von den Friedensgerichten, den Präsidenten oder den Sekretariaten (Gerichtsschreibereien), bei den übrigen Gerichten den Untersuchungsrichtern, oder von den Beamten der Staatsanwaltschaft abgesandt werden,

und

II. auf die Korrespondenz- und Aktensendungen, welche in Armen-Prozeßsachen

a. zwischen den Armenparteien und den denselben im Armenrecht bestellten Advokat-Anwalten und Gerichtsvollziehern;

b. zwischen diesen Advokat-Anwalten und Gerichtsvollziehern untereinander;
c. zwischen den den Armenparteien im Armenrechte bestellten Advokat-Anwalten in verschiedenen Instanzen, und
d. zwischen den a. bis c. genannten Personen und den Gerichten (I.) oder den Beamten der Staatsanwaltschaft

verschickt werden.

Rücksichtlich der hiernach portofrei zu befördernden Aktensendungen gilt durchweg als Bedingung, daß dieselben einzeln das postzwangspflichtige Packetgewicht von 20 Pfund Preußisch nicht übersteigen dürfen.

Die Portofreiheit in gerichtlichen Armensachen tritt ein, wenn eine Partei wirklich gerichtlich zum Armenrechte verstattet worden ist, und beschränkt sich auf die bezeichneten Sendungen, welche in Angelegenheiten der zum Armenrechte verstatteten Partei nöthig werden. Die Korrespondenz- und Aktensendungen der Behörden in Betreff der Zulassung zum Armenrecht gehören zu den Justiz-Dienstsachen.

Die Portofreiheit in gerichtlichen Armensachen kann nur dann berücksichtigt werden, wenn die Sendung auf der Adreßseite mit dem handschriftlichen Vermerk:

„Gerichtliche Armensache"

versehen ist.

Den Sendungen, welche von den Gerichten oder den Beamten der Staatsanwaltschaft (Nr. I.) abgesandt werden, tritt der Verschluß mit dem Amtssiegel hinzu.

Bei allen Sendungen, welche nicht von den Gerichten oder den Beamten der Staatsanwaltschaft ausgehen, müssen die Briefe offen oder unter Kreuz- oder Streifband verschlossen aufgegeben werden und die Aktensendungen in der Art eingerichtet sein, daß sich der Gegenstand der Sendung als ein in der gerichtlichen Armensache verhandeltes Aktenstück erkennen läßt. Unter dem Vermerke der Portofreiheit müssen der Name und der Wohnort des Absenders angegeben sein.

Es soll jedoch auch bei diesen Sendungen der Verschluß der Briefe und Packete unter der Bedingung gestattet sein, daß der Friedensrichter oder der Beamte der Staatsanwaltschaft nach vorgängiger Prüfung der Portofreiheit die von der Armenpartei, deren Advokat-Anwalt oder Gerichtsvollzieher abzusendenden Briefe oder Akten auf der Adresse mit dem handschriftlichen Vermerk

„Gerichtliche Armensache"

versehen und mit dem Amtssiegel verschlossen hat.

§. 7.

E. in Armen-Vormundschaftssachen.

In Armen-Vormundschaftssachen sind die Korrespondenz-

und Aktensendungen zwischen den Gerichten oder Beamten der Staatsanwaltschaft unter sich oder zwischen diesen Behörden einerseits, und anderen Behörden und Privatpersonen, insbesondere den Vormündern andererseits portofrei, sofern diese Sendungen im alleinigen Interesse des Bevormundeten ergehen und unter dem Rubrum:

„Gerichtliche Armensache"

abgelassen werden.

Vormünder und andere Privatpersonen haben die Absendung dieser Korrespondenz und Akten unter portofreiem Rubrum durch Vermittelung der Gerichte oder der Beamten der Staatsanwaltschaft zu bewirken.

Diese Vermittelung ist zurückzuweisen, wenn der Inhalt der Sendung ergiebt, daß dieselbe nicht im alleinigen Interesse des Bevormundeten abgelassen wird.

Sind derartige Sendungen nicht mit dem Siegel eines Gerichts oder der Staatsanwaltschaft verschlossen, so haben die Postanstalten dieselben mit Porto zu belegen. Das Porto ist aber wieder zu löschen, wenn von dem auf der Adresse genannten Gericht oder Staatsanwalt das Unvermögen des bei der Sendung ausschließlich betheiligten Bevormundeten bescheinigt wird.

§. 8.

III. Allgemeine, die Portofreiheit beschränkende Maaßregeln.

Es ist möglichst dafür zu sorgen, daß die nach den vorhergegangenen Bestimmungen portofreien Aktensendungen in solchen Packeten zur Post gegeben werden, welche das Gewicht von 20 Pfd. nicht übersteigen. Portofreie Packetsendungen, welche nicht Schriften, Akten, dienstliche Listen, Tabellen oder Rechnungen, sondern andere Gegenstände, z. B. Proben, Muster, Modelle, Siegel, Maaße, Waagen und Gewichte, überhaupt Utensilien enthalten, dürfen das Gewicht von 10 Pfd. für jede abgehende Post nicht übersteigen.

Ueberdies sollen die Posten überhaupt nicht dazu benutzt werden:

1) um die Versendung von Akten auszuführen, welche dadurch nothwendig wird, daß Registraturen verlegt, ganz oder theilweise geräumt, oder unbrauchbar gewordene Akten verkauft werden sollen;
2) um Behörden oder Beamten Schreibmaterialien zum Dienstgebrauch zuzusenden.

Jedenfalls sind dergleichen Sendungen (1 und 2) portopflichtig.

§. 9.

Auch für portofreie Sendungen muß entrichtet werden:

1) das Bestellgeld nach Maaßgabe der allgemeinen Verfügung vom 19. Mai 1855 (Post-Amtsblatt S. 105 und 106 und Justiz-Ministerial-Blatt S. 151), die Bestellung mag am Orte der Postanstalt durch die gewöhnlichen Briefträger oder außerhalb dieses Ortes durch die Landbriefträger auszuführen sein;
2) das Packkammer- oder Lagergeld;
3) die Prokura-Gebühr für Vorschußsendungen, welche jedoch bei Vorschußsendungen in reinen Verwaltungs-Angelegenheiten außer Ansatz bleiben;
4) die Einzahlungs-Gebühr für baare Einzahlungen.

Eine Befreiung von der Entrichtung des ausländischen Portos bei Sendungen nach dem Auslande tritt bei Packet-, Geld- und sonstigen Werthsendungen überhaupt nicht, bei Korrespondenz-Sendungen aus Preußen nach anderen Städten des Deutsch-Oesterreichischen Postvereins nur ein:

1) für Korrespondenz-Sendungen bis zum Gewicht von 1 Pfd., welche in reinen Verwaltungs-Angelegenheiten ergehen, und mit dem für diese bestimmten Rubrum versehen sind;
2) für Korrespondenz-Sendungen in Parteisachen, sofern diesen nach den vorangegangenen Bestimmungen die Portofreiheit zusteht, wenn
   a) dergleichen Sendungen das Gewicht von 4 Loth nicht übersteigen, oder wenn
   b) bei einem Gewicht der Korrespondenz-Sendung von 4 bis 16 Loth die Beförderung mit der Briefpost durch einen Beisatz auf der Adresse ausdrücklich verlangt worden ist.

§. 10.

IV. Aeußere Beschaffenheit der portofreien Sendungen.

Soll eine nach den vorangegangenen Bestimmungen portofreie Sendung von den Postbeamten als solche anerkannt werden, so muß sie

1) mit einem öffentlichen Siegel verschlossen oder unter Streif- oder Kreuzband aufgegeben;
2) auf der Adreßseite mit dem handschriftlichen Portofreiheits-Vermerk versehen

und

3) dieser Vermerk vorschriftsmäßig beglaubigt sein.

Der Portofreiheits-Vermerk besteht für diejenigen Sachen, welche als Verwaltungssachen nach §. 2 Portofreiheit genießen, in den Worten:

„Königliche Dienstsache,“

wogegen die nach §. 3 portofreien Sendungen in Strafsachen mit dem Vermerke:

„Portofreie Justizsache,"

und die nach den §§. 6 und 8 portofreien Sendungen in Armen-Prozeßsachen und Armen-Vormundschaftssachen mit dem Vermerk:

„Gerichtliche Armensache"

zu versehen sind.

Die Beglaubigung des Portofreiheits-Vermerks erfolgt dadurch, daß dem Vermerk die Namens-Unterschrift eines Beamten hinzugefügt wird. Es kann solches vermittelst eines Stempels geschehen, der den Namen des beglaubigenden Beamten enthält und von diesem zur Vermeidung eines Mißbrauchs sorgfältig aufzubewahren ist.

Zur Beglaubigung des Portofreiheits-Vermerks sind außer den Vorständen der in §. 2 bezeichneten Justizbehörden, sowie außer denjenigen Beamten, welche eine dieser Behörden repräsentiren, nur diejenigen Beamten und deren Stellvertreter befugt, welche von ihren Vorgesetzten damit ein- für allemal beauftragt und der Orts-Postanstalt namhaft gemacht worden sind.

Die Gerichtsvollzieher, Forst- und Feldhüter, welche kein öffentliches Siegel führen, können zwar ihre portofreie Korrespondenz an die in den §§. 2 und 3 genannten Behörden mit einem Privatsiegel verschließen, müssen aber den Portofreiheits-Vermerk eigenhändig unterschreiben und ihrer Unterschrift die Angabe ihrer amtlichen Eigenschaft hinzufügen.

§. 11.

Entspricht die äußere Beschaffenheit der Sendung der Vorschrift des §. 10 in der einen oder anderen Beziehung nicht, so muß die Sendung von den Postanstalten als portopflichtig behandelt und austaxirt werden, auch wenn dieselbe an eine Königliche Behörde gerichtet sein sollte. Dabei ist der Grund der Austaxirung auf der Adresse kurz zu vermerken, z. B. öffentliches Siegel fehlt, Beglaubigung fehlt.

Wird in dergleichen Fällen die Portofreiheit der Sendung

a) durch Vorzeigung des Inhalts,

b) bei Sendungen an Königliche Behörden durch Namhaftmachung des Absenders, sowie durch kurze Angabe des Inhalts der Sendung und deren Bescheinigung auf dem Kouverte,

dargethan, so wird das vom Adressaten erhobene Porto demselben erstattet.

In jedem Falle kann die Erstattung des Portos nur gegen Rückgabe des Kouverts oder einer mit allen Postzeichen versehenen beglaubigten Abschrift desselben erfolgen.

§. 12.

V. Ueberwachung der Sendungen gegen mißbräuchliche Anwendung des Portofreiheits-Vermerks:

a) Seitens der Justiz-Behörden und Beamten.

Es gehört zu den dienstlichen Obliegenheiten aller Behörden und Beamten, jede Verkürzung der Porto-Einnahme durch mißbräuchliche Anwendung des Portofreiheits-Vermerks von der Staatskasse abzuwenden und insbesondere streng darüber zu wachen, daß

1) nur solche Sendungen unter dem Vermerk der Portofreiheit abgelassen werden, denen die Portofreiheit zugestanden ist, daß ferner
2) bei portofreien Sendungen die Vorschrift des §. 10 über die äußere Beschaffenheit einer portofreien Sendung genau beachtet wird, und daß endlich
3) bei eingehenden Sendungen mit dem Vermerk der Portofreiheit sorgfältig geprüft wird, ob der Sendung die Portofreiheit auch zusteht, und wenn solches nicht der Fall ist, der Orts-Postanstalt unter Beifügung des Kouverts oder einer mit allen Postzeichen versehenen beglaubigten Abschrift desselben mit Bezeichnung des Absenders und kurzer Angabe und Bescheinigung des Inhalts, sowie bei Sendungen von Behörden mit Angabe der Expeditions-Nummer von der mißbräuchlichen Anwendung des Portofreiheits-Vermerks Nachricht gegeben wird.

§. 13.

b) Seitens der Post-Behörden und Beamten.

Die Postbehörden und Postbeamten sind nicht nur befugt, sondern auch verpflichtet, die mit dem Vermerk der Portofreiheit versehenen Sendungen in Absicht auf die Anwendbarkeit dieses Vermerks zu kontroliren, und wenn begründete Zweifel gegen die Anwendbarkeit der Portofreiheit obwalten, die Sendung bis zur näheren Ausweisung über den portofreien Inhalt mit Porto zu belegen.

Bei Ausführung der Kontrole soll jedoch zur Vermeidung jeder unzeitigen Belästigung der Behörden mit Vorsicht und möglichster Schonung zu Werke gegangen werden, und es soll der vorläufige Porto-Ansatz in dergleichen Fällen nur dann eintreten, wenn wirklich begründete Zweifel gegen die Anwendbarkeit der Portofreiheit obwalten.

Liegen dergleichen Zweifel vor, so wird auf die Adresse der Vermerk gesetzt:

„bis zur näheren Ausweisung über die Portofreiheit"

und wenn der Adressat die Erstattung des von ihm erhobenen Portos verlangt, auf gleiche Weise wie in dem §. 11 bestimmten Falle (wenn die äußere Beschaffenheit der Sendung den gegebenen Vorschriften nicht entspricht) verfahren.

Ergiebt sich bei Vorzeigung des Inhalts der Sendung oder bei Sendungen an Behörden aus der Bescheinigung des Inhalts auf der Adresse, daß eine portopflichtige Sendung mit dem Vermerk der Portofreiheit versehen worden ist, so hat die distribuirende Postanstalt der Postanstalt des Aufgabe-Ortes von dem Falle unter Mittheilung der Beweisstücke Nachricht zu geben. Diese zieht von dem Absender (auch von der absendenden Gerichtsbehörde) das Porto für die Sendung und das einfache Briefporto für die Rücksendung ein, und veranlaßt das Erforderliche in Absicht auf die Einleitung der Untersuchung wegen Portokontravention gegen den Absender.

Die Einleitung der Untersuchung bleibt jedoch bei Sendungen von Behörden auf diejenigen Fälle beschränkt, in welchen sich ergiebt, daß der betreffende Beamte bei der mißbräuchlichen Anwendung des Portofreiheits-Vermerks durch ein eigenes persönliches Interesse geleitet worden ist, insbesondere seine amtliche Stellung dazu gemißbraucht hat, Privatsendungen unter dem Vermerke der Portofreiheit abzuschicken, oder portofreien dienstlichen Sendungen Privatmittheilungen beizupacken.

Aber auch in allen übrigen Fällen der unrichtigen Anwendung jenes Vermerks muß bei der absendenden Behörde die Rüge im Disziplinarwege gegen den betreffenden Beamten beantragt werden.

Zu diesem Zwecke sind die Akten der vorgesetzten Ober-Postdirektion zu übersenden, welche die Rüge gegen den betreffenden Beamten bei dessen vorgesetzter Dienstbehörde zu beantragen und sich davon Kenntniß zu verschaffen hat, daß dergleichen mißbräuchliche Anwendungen des Portofreiheits-Vermerks nicht ungerügt bleiben. Sollten sich bei einer und derselben Behörde die Fälle einer mißbräuchlichen Anwendung des Portofreiheits-Vermerks wiederholen, so ist die Abstellung solcher Mißbräuche bei der höheren Behörde zu beantragen oder nach Bewandniß der Umstände an das General-Postamt zur weiteren Veranlassung zu berichten.

§. 14.

Wird bei Sendungen, welche entweder wegen Mängel in der äußeren Beschaffenheit (§. 11) oder wegen begründeter Zweifel über die Anwendbarkeit der Portofreiheit (§. 13) austaxirt worden sind, die vorläufige Zahlung des Portos verweigert, so sind dergleichen Sendungen von den Postanstalten als unbestellbar zu behandeln und an den Abgangsort zurückzuschicken. Ist jedoch eine Sendung von einer Königlichen Behörde abgelassen worden, und wird Seitens des Adressaten deren portofreie Verabfolgung verlangt, so ist dieser kein Anstand zu geben, in solchen Fällen aber eine genaue Abschrift der Adresse mit Angabe der absendenden Behörde, welche aus dem Siegel zu ersehen oder von dem Empfänger zu erfragen ist, zur weiteren Veranlassung unter Angabe der obwaltenden Zweifel über die Anwendbarkeit der Portofreiheit der vorgesetzten Ober-Postdirektion einzureichen.

§. 15.

Meinungsverschiedenheiten über die Portofreiheit einer Sendung zwischen einer Postanstalt und einer anderen Behörde muß die Postanstalt zur Entscheidung der vorgesetzten Ober-Postdirektion vortragen, und darf sich über dergleichen Meinungsverschiedenheiten in eine Korrespondenz mit anderen Behörden nicht einlassen. Die Ober-Postdirektionen haben in den ihnen zweifelhaften Fällen die Entscheidung des General-Postamts einzuholen.

Die Vorschriften über die Portofreiheit in Justizsachen, §§. 105 bis 138 der Uebersicht der Portofreiheits-Verhältnisse, und die dazu ergangenen abändernden und ergänzenden Bestimmungen werden aufgehoben.

Berlin, den 3. Januar 1860.

Der Minister für Handel, Gewerbe und öffentliche Arbeiten.
von der Heydt.

69.

Verfügung des General-Prokurators zu Cöln vom 28. Januar 1860, — betreffend die Empfangsbescheinigung über die Aushändigung der für preußische Unterthanen oder für französische Staatsangehörige, welche sich in Preußen aufhalten, bestimmten Urkunden französischer Gerichtshöfe.

Die von den Königlichen Herren Ober-Prokuratoren an des Herrn Ministers der auswärtigen Angelegenheiten Excellenz Behufs weiterer Uebermittelung an die Kaiserlich französische Gesandtschaft eingesendeten Empfangsscheine über die richtige Zustellung der für diesseitige Unterthanen oder in Preußen sich aufhaltende französische Staatsangehörige bestimmten Urkunden französischer Gerichtshöfe sind nicht selten Gegenstand von Reklamationen der französischen Gesandtschaft, weil oft mehrere Personen auf einem und demselben Blatt und bisweilen für mehrere, oft auch von verschiedenen Gerichten, an eine und dieselbe Person gerichteten Urkunden die Empfangsbescheinigung ausstellen, und es alsdann für die genannte Gesandtschaft äußerst schwierig, zuweilen unmöglich ist, aus diesen Empfangsscheinen zu ersehen, ob jeder der Unterzeichneten auch die für ihn bestimmte Anzahl von Urkunden richtig empfangen habe, oder den betreffenden Gerichten den richtigen Empfangsschein zugehen zu lassen.

Zur Beseitigung dieses Uebelstandes werden Sie, in Gemäßheit einer Verfügung des Herrn Justiz-Ministers Excellenz vom 25. d. Mts hierdurch angewiesen:

über jede Ihnen zur weiteren Aushändigung von dem Herrn Minister der auswärtigen Angelegenheiten zugehende Urkunde französischer Gerichtshöfe einen besonderen Empfangsschein einzusenden, und zugleich in diesen eine nähere Bezeichnung der Urkunde aufzunehmen, über deren Aushändigung er ausgestellt worden ist.

Cöln, den 28. Januar 1860.

Der General-Prokurator.
Nicolovius.

An
sämmtliche Königl. Herren
Ober-Prokuratoren.

ad I. 451. Rhein. Gener. 116. Vol. 2.

70.

Beschluß des Königlichen Staats-Ministeriums vom 25. Februar 1860, — betreffend die Behandlung der bei einer Mobilmachung der Armee als Offiziere oder als Militair-Administrations-Beamte eingezogenen pensionirten oder auf Wartegeld stehenden Civilbeamten.

Staats-Ministerial-Beschluß vom 19. Juli 1850 (Rhein. Samml. Bd. 10. S. 228).

Auf den Antrag der Minister der Finanzen und des Krieges vom 6. Dezember v. J. beschließt das Staats-Ministerium, unter Vorbehalt der Einholung der Allerhöchsten Genehmigung:

die §§. 18 des Staats-Ministerial-Beschlusses vom 22. Januar 1831 und 8 der Beilage des Staats-Ministerial-Beschlusses vom 19. Juli 1850, sowie den Staats-Ministerial-Beschluß vom 23. Januar 1850 dahin abzuändern:

daß den bei einer Mobilmachung der Armee als Offiziere oder als Militair-Administrations-Beamte eingezogenen pensionirten oder auf Wartegeld stehenden Civilbeamten in den Fällen, wo ihr Militairgehalt geringer, als das vor ihrer Pensionirung oder Stellung auf Wartegeld bezogene letzte Friedensgehalt ist, ein Zuschuß zu dem ersteren bis zur Höhe des letzteren aus ihrer Pension oder ihrem Wartegelde, soweit diese Kompetenzen reichen, gewährt, und hiernach auch schon in Betreff der bei der vorjährigen Mobilmachung zum Kriegsdienste eingezogenen derartigen Beamten verfahren werden darf.

Von diesem Beschlusse erhält, sobald derselbe die Allerhöchste Genehmigung erlangt haben wird, ein jeder Minister eine beglaubigte Abschrift, um danach für seinen Bereich das Erforderliche zu veranlassen.

Berlin, den 25. Februar 1860.

Das Staats-Ministerium.

Fürst zu Hohenzollern-Sigmaringen. v. Auerswald. v. d. Heydt. Simons. v. Schleinitz. v. Patow. Gr. v. Pückler. v. Bethmann-Hollweg. Gr. v. Schwerin. v. Roon.

Vorstehender Beschluß des Königlichen Staats-Ministeriums wird sämmtlichen Gerichtsbehörden, sowie den Beamten der Staatsanwaltschaft, zur Kenntnißnahme und Beachtung mitgetheilt.

Berlin, den 26. März 1860.

Der Justiz-Minister.
Simons.

An
sämmtliche Gerichtsbehörden und an die Beamten der Staatsanwaltschaft.

I. 1115. O. 136. Vol. 4.

71.

Allerhöchster Erlaß vom 12. März 1860, — betreffend die Ergänzung resp. Abänderung der §§. 6. 9. 72. und 73. des revidirten Reglements für die Provinzial-Feuer-Sozietät der Rheinprovinz vom 1. September 1852 (Rh. Samml. Bd. 10. S. 480).

Auf den Bericht vom 3. März d. J. will Ich in Berücksichtigung der Anträge des XIII. Provinziallandtages der Rheinprovinz folgende Ergänzungen und resp. Abänderungen des Revidirten Reglements für die Provinzial-Feuersozietät der Rheinprovinz vom 1. September 1852 (Rh. Samml. Bd. 10. S. 480) genehmigen.

Zu §. 6.

Den Vorschriften dieses Paragraphen unterliegen auch alle innerhalb sechszig Fuß Entfernung von einer mit Lokomotiven befahrenen Eisenbahn belegenen Gebäude.

Zu §. 9.

Die Bestimmungen dieses Paragraphen des Reglements werden aufgehoben und treten an deren Stelle die folgenden:

Ein und dasselbe Gebäude, sowie mehrere Gebäude, welche innerhalb eines Gehöftes liegen, darf resp. dürfen im Falle das oder die Gebäude bei der Provinzial-Feuersozietät versichert worden, nur bei dieser versichert sein. Diese Bestimmung bezieht sich jedoch nicht auf diejenigen in einzelnen Landestheilen bestehenden, oder noch zu errichtenden kleineren Privatvereine, in welchen sich die Nachbarn untereinander bei einem Brandschaden durch Naturalpräftation gegen Bezahlung unterstützen. Ausnahmsweise soll eine Versicherung besonders werthvoller und feuergefährlicher Gebäude in zwei oder mehreren Sozietäten nach dem Ermessen der Direktion zulässig sein. Der Gesammtbetrag sämmtlicher Versicherungssummen eines solchen Gebäudes darf aber die nach §. 13 zulässige Höhe nicht übersteigen. Findet sich zu irgend einer Zeit, daß ohne Zustimmung der Direktion, den vorstehenden Bestimmungen entgegen, ein bei der Provinzialsozietät versichertes Gebäude noch anderswo, also doppelt versichert, oder ein Gebäude, welches mit einem anderen bei der Provinzial-Feuersozietät versicherten Gebäude innerhalb desselben Gehöftes liegt, anderswo versichert ist, so werden die bei der Provinzial-Feuersozietät versicherten Gebäude nicht allein in dem Kataster der Sozietät sofort gelöscht, sondern es ist auch der Eigenthümer im Falle eines Brandunglücks der ihm sonst aus derselben zukommenden Brandvergütung verlustig, ohne daß gleichwohl seine Verbindlichkeit zu allen Feuerkassenbeiträgen bis zum Ablaufe des Jahres, in welchem die Ausschließung erfolgt, eine Abänderung erleidet, und die Sozietät ist überdies verpflichtet, den Fall zur näheren Bestimmung darüber, ob Grund zur gerichtlichen Untersuchung vorhanden ist, der kompetenten Justizbehörde von Amtswegen mitzutheilen.

Zu §. 72.

Die Bürgermeister erhalten eine Vergütung von sechs Prozent von der Einnahme.

Zu §. 73.

Der Inspektor erhält dieselben Reisekosten und Diätensätze, welche dem Direktor zustehen. Eben diese Sätze dürfen auch den von der Direktion besonders angenommenen Technikern gewährt werden.

Dieser Mein Erlaß ist durch die Gesetz-Sammlung zu publiziren.

Berlin, den 12. März 1860.

Im Namen Sr. Majestät des Königs:
Wilhelm, Prinz von Preußen, Regent.
Gr. v. Schwerin.

An
den Minister des Innern.

I. 1473. Rhein. Gener. 85.

72.

Verfügung vom 3. April 1860, — betreffend die Portofreiheit in armen Vormundschaftssachen.

Regulativ vom 3. Januar 1860 (S. 161 dieses Bandes).

Der Justiz-Minister kann sich nicht veranlaßt sehen, aus den in Ihrem Berichte vom 12. d. Mts. näher ausgeführten Gründen eine Aenderung des Regulativs über die Portofreiheit in Justizsachen vom 3. Januar d. J. zu erwirken, und namentlich in Vormundschaftssachen die Stundung des Porto's für gewisse Fälle zu befürworten. — Die Umständlichkeit einer desfallsigen Einrichtung würde mit dem zu erzielenden Resultate in keinem Verhältniß stehen. Die hervorgehobenen Schwierigkeiten werden aber auch ihre genügende Erledigung finden, wenn von der richtigen Ansicht ausgegangen wird, daß namentlich in Vormundschaftssachen theils die nothwendige Korrespondenz, sofern sie im Interesse des Dienstes von Amtswegen geführt wird, schon als Justizverwaltungssache nach §. 2 des Regulativs Portofreiheit genießt, und anderen Theils schon die unterbliebene Regulirung eines Stundungsverfahrens zu erkennen giebt, daß in Beziehung auf Portofreiheit die Vormundschaft so lange als arm erachtet werden kann, als nicht unzweifelhaft anzunehmen ist, daß sie zu den zahlbaren gehört.

Aus dem erwähnten Gesichtspunkte ist es z. B. unbedenklich, daß die im Interesse des Vormundschaftswesens überhaupt angeordnete Verpflichtung der Geistlichen und Civilstandsbeamten zur Anzeige von betreffenden Sterbefällen und die dadurch veranlaßte Korrespondenz als Justizverwaltungssache anzusehen ist. Nach demselben Gesichtspunkte können Korrespondenzen in einzelnen Vormundschaftssachen vorkommen, die von Amtswegen im Interesse des Dienstes erfolgen müssen, ohne daß der Adressat oder ein Absender mit dem Porto belastet werden kann. Ob ein solcher Fall vorhanden ist, muß der pflichtmäßigen Beurtheilung des korrespondirenden Beamten überlassen bleiben. Es kann auch nicht mit dem Berichte als richtig anerkannt werden, daß für solche Fälle die bisher übliche und als zweckmäßig bewährte Vermittelung der Korrespondenz durch die Bürgermeister nach dem §. 7 des Regulativs unzulässig erscheine. Eine solche Vermittelung würde nach wie vor nur dann nicht stattfinden dürfen, wenn sie zur Umgehung der Portopflichtigkeit diente.

Berlin, den 3. April 1860.

Der Justiz-Minister.
Simons.

An
den Königl. Herrn General-Prokurator zu Cöln.

I. 1069. Rhein. Gener. 10. Vol. 4.

73.

Verfügung vom 13. April 1860, — betreffend die Umwandlung der von den Verwaltungsbehörden festgesetzten Geldbußen in Gefängnißstrafen.

Allerhöchster Erlaß vom 11. April 1839 (Rhein. Samml. Bd. 7. S. 42).

Auf den von Ihnen unterm 25. März d. J. erstatteten Jahresbericht wird Ihnen Folgendes eröffnet:

Die Ausführung des Ober-Prokurators zu N. über die fernere Anwendbarkeit der Allerhöchsten Ordre vom 11. April 1839, betreffend die Umwandlung der von den Verwaltungsbehörden festgesetzten Geldbußen in Gefängnißstrafe kann der Justiz-Minister nicht mit Ihnen als rechtlich begründet anerkennen. Die gedachte Ordre hat nämlich die Befugniß zu den fraglichen Umwandlungen, wenn auch mit Rücksicht auf die den Gerichten sonst zustehende Strafgerichtsbarkeit, doch ganz selbstständig regulirt, so daß eine Aenderung dieser Strafgerichtsbarkeit nicht von selbst eine Aenderung jener Befugniß zur Folge gehabt hat. Die hiernach gesetzlich begründete Praxis, nach welcher derartige Strafumwandlungen ohne Rücksicht auf die Höhe der festgesetzten Geldbuße im Bezirke des Appellationsgerichtshofes zu Cöln von den Strafrathskammern der Landgerichte ausgesprochen werden, im Wege der Gesetzgebung zu beseitigen, ist keine hinreichende Veranlassung vorhanden. Was dagegen die Frage betrifft, ob bei diesen Umwandlungen je nach der Höhe der festgesetzten Geldbuße und selbst mit Rücksicht darauf, ob das festgesetzte Strafmaaß lediglich in der den Verwaltungsbehörden allein zustehenden Befugniß zur Milderung der Strafe seinen Grund hat, die §§. 14. 17 oder die §§. 334. 335 des Strafgesetzbuchs zum Maaßstabe zu nehmen sind, so muß solche der richterlichen Entscheidung für den einzelnen Fall überlassen bleiben. Es wird aber kein Bedenken haben, daß bei der Umwandlung solcher Strafen, welche von den Polizeigerichten hätten erkannt werden können, die Umwandlung in eine polizeiliche Gefängnißstrafe nach Vorschrift des §. 335 des Strafgesetzbuchs erfolgt.

Berlin, den 13. April 1860.

Der Justiz-Minister.
Simons.

An
den Königl. Herrn General-
Prokurator zu Cöln.

I. 1811. Steuersachen 26. Vol. 6.

74.

Allgemeine Verfügung vom 15. April 1860, — betreffend die Betheiligung der Justizbeamten als Mitglieder der Verwaltungsvorstände bei Aktien- und ähnlichen Gesellschaften.

Nachstehende an sämmtliche Obergerichte und Ober-Staatsanwalte erlassene Verfügung vom 12. d. Mts. wird den Gerichtsbehörden und Justizbeamten hierdurch zur Kenntniß und Nachachtung mitgetheilt.

Berlin, den 15. April 1860.

Der Justiz-Minister.
Simons.

a.

Verfügung vom 12. April 1860.

Die Betheiligung der Beamten als Mitglieder der Verwaltungsvorstände (Verwaltungsräthe, Ausschüsse rc.) bei Aktien- oder ähnlichen Gesellschaften, welche ganz oder theilweise auf einen Handels- oder Gewerbebetrieb gerichtet sind, hat mehrfach zu Uebelständen geführt, welche es in einzelnen Fällen den Central-Behörden zur Nothwendigkeit gemacht haben, die betreffenden Beamten zur Niederlegung solcher Nebenbeschäftigungen zu veranlassen. Um dergleichen Unzuträglichkeiten vorzubeugen, ist es erforderlich, der Uebernahme von Nebenbeschäftigungen der genannten Art Seitens der Beamten eine sorgfältige Prüfung der Frage vorangehen zu lassen, ob den letzteren die Nebenbeschäftigung im dienstlichen Interesse gestattet werden kann.

Hinsichtlich der richterlichen Beamten bestimmt bereits der §. 19 Tit. 3 Thl. III. der Allgemeinen Gerichts-Ordnung in Verbindung mit dem §. 8 Tit. 8 daselbst, daß dieselben ohne

Erlaubniß des Chefs der Justiz keine Nebenbedienungen annehmen, viel weniger sich mit Besorgung der Privat- oder außergerichtlichen Angelegenheiten der Parteien rc. oder sonst mit dergleichen zerstreuenden Nebengeschäften abgeben sollen, und es unterliegt keinem Zweifel, daß zu den hier erwähnten Nebengeschäften auch die Funktion als Mitglied eines Verwaltungsvorstandes bei den oben gedachten Gesellschaften zu zählen ist. Im Anschluß an jene gesetzliche Vorschrift und mit Bezug auf die Allerhöchste Order vom 20. November 1840 (Jahrbücher Bd. 56 S. 518) findet sich der Justiz-Minister zu der Bestimmung veranlaßt, daß die Justizbeamten aller Kategorieen, mit Ausnahme derjenigen, welche, ohne eine Besoldung aus der Staatskasse zu beziehen, durch ihren Beruf darauf hingewiesen sind, ihren Erwerb durch Dienstleistungen für das Publikum zu suchen, sich fernerhin nicht mehr als Mitglieder der Verwaltungsvorstände bei industriellen Aktien- oder ähnlichen Gesellschaften betheiligen dürfen, ohne zuvor die Genehmigung des Justiz-Ministers dazu nachgesucht und erhalten zu haben.

Berlin, den 12. April 1860.

Der Justiz-Minister.
Simons.

An
sämmtliche Gerichtsbehörden
und Justizbeamte.

I. 981. O. 161. Vol. 2.

75.

Gesetz vom 21. April 1860, — betreffend die Deklaration des §. 54. des Gesetzes über die Presse vom 12. Mai 1851.

Im Namen Sr. Majestät des Königs.

Wir Wilhelm, von Gottes Gnaden Prinz von Preußen, Regent,

verordnen, mit Zustimmung beider Häuser des Landtages der Monarchie, zur Deklaration des §. 54 des Gesetzes über die Presse vom 12. Mai 1851 (Rh. Samml. Bd. 10. S. 320), was folgt:

Die Vorschriften der §§. 71 bis 74 der Allgemeinen Gewerbe-Ordnung vom 17. Januar 1845 finden auf die im §. 1 des Gesetzes über die Presse vom 12. Mai 1851 genannten Gewerbetreibenden keine Anwendung. Gegen diese Gewerbetreibenden ist nur von dem zuständigen Richter und nur in Gemäßheit des §. 54 des letztgenannten Gesetzes auf den Verlust der Befugniß zum Gewerbebetrieb zu erkennen.

Urkundlich unter Unserer Höchsteigenhändigen Unterschrift und beigedrucktem Königlichen Insiegel.

Gegeben Berlin, den 21. April 1860.

(L. S.) Wilhelm, Prinz von Preußen, Regent.

Fürst zu Hohenzollern-Sigmaringen. v. Auerswald. v. d. Heydt. Simons. v. Schleinitz. v. Patow. Gr. v. Pückler. v. Bethmann-Hollweg. Gr. v. Schwerin. v. Roon.

I. 1755. P. 50. Vol. 5.

76.

Verfügung vom 4. Mai 1860, — betreffend die Verjährung der Untersuchungen gegen flüchtige Verbrecher nach Art. 637 der Rheinischen Strafprozeß-Ordnung *).

Rheinische Strafprozeß-Ordnung Art. 637.
Verfügung vom 19. Mai 1826 (Rh. Samml. Bd. 3. S. 28).

Auf Ihren Bericht vom 28. März d. J. erklärt sich der Justiz-Minister damit einverstanden, daß die wegen politischer Verbrechen verfügte strafrechtliche Verfolgung des N. und der mit ihm in gleicher Lage befindlichen Mitbeschuldigten als verjährt zu betrachten ist. Denn wenn auch der in der vorliegenden Untersuchungssache noch maaßgebende Art. 637 der Rheinischen Strafprozeßordnung am Schlusse für eine Unterbrechung der Verjährung auch solche Instruktions-Handlungen erklärt, welche in der betreffenden Sache nicht gegen den speziellen Mitbeschuldigten gerichtet waren, und im vorliegenden Falle innerhalb der letzten zehn Jahre noch über einzelne Komplicen abgeurtheilt ist, so spricht doch der allegirte Art. 637 nur von solchen Instruktions-Handlungen, auf welche keine Entscheidung erfolgt ist. Diese letzte Bedingung entspricht der gesetzlichen Vorschrift, daß gegen flüchtige Mitschuldige in contumaciam verfahren werden soll. Durch das Reskript vom 19. Mai 1826 (Rh. Samml. Bd. 3. S. 28) ist aber angeordnet, daß ein solches Kontumazial-Verfahren gegen Flüchtige in der Regel nicht eintreten soll und in Folge dieser Anordnung muß das fernere Verfahren gegen die verhafteten Beschuldigten als ein von der Untersuchung gegen die flüchtigen Mitbetheiligten formell getrenntes angesehen wer-

*) Bei ähnlicher Veranlassung ist eine gleiche Verfügung an den Ober-Prokurator in Düsseldorf erlassen.

den, so daß Instruktions-Handlungen, welche lediglich die Ersteren betreffen, nicht die Wirkung einer Unterbrechung der für die Letzteren laufenden Verjährung äußern.

Aus diesen Gründen werden Sie angewiesen, die Untersuchung gegen den N. und Gen. auf Grund der Verjährung als erledigt zu betrachten und hiervon die betreffende Polizeibehörde in Kenntniß zu setzen.

Berlin, den 4. Mai 1860.

Der Justiz-Minister.
Simons.

An
den Königl. Herrn Ober-Prokurator
zu Elberfeld.

I. 1880. Rhein. Crimin. 1.

77.

Allgemeine Verfügung vom 7. Mai 1860, — betreffend die Stempelverwendung in Expropriations-Prozessen bei den Gerichten im Bezirke des Appellationsgerichtshofes zu Cöln.

Allerhöchste Order vom 4. Mai 1833 (Ges.-Samml. S. 49).
Gesetz vom 3. November 1838 §. 15 (Ges.-Samml. S. 508).
Gesetz vom 25. Mai 1857 (Rh. Samml. Bd. 11. S. 345).

Der §. 15 des Gesetzes über die Eisenbahnunternehmungen vom 3. November 1838 und die hierbei maaßgebende Allerhöchste Kabinets-Order vom 4. Mai 1833, betreffend die Stempelfreiheit bei Besitzveränderungen, welche zum Zweck des allgemeinen Besten angeordnet werden, sowie die an das Kammergericht erlassene Verfügung vom 13. Juli 1845 (Rhein. Samml. Bd. 9. S. 44), nach welcher diese Stempel- und Sportelfreiheit auf Prozesse über die für den abzutretenden Grund und Boden zu bewilligende Geldentschädigung sich nicht erstrecken soll, haben bei den Gerichten im Bezirk des Appellationsgerichtshofes zu Cöln eine verschiedene Anwendung erfahren.

Zur Herstellung einer Gleichmäßigkeit der Stempelverwendung wird im Einverständniß mit dem Herrn Finanz-Minister darauf aufmerksam gemacht, daß zuvörderst das Privilegium der Stempel- und Sportelfreiheit sowohl dem Expropriationsberechtigten, als dem zu Expropriirenden bewilligt ist, daß aber dies Privilegium auf diejenigen Verhandlungen beschränkt bleiben muß, welche die Besitzveränderung betreffen und nothwendig sind, um diese Besitzveränderung, d. h. den Eigenthumserwerb für den Expropriationsberechtigten, zum völligen Abschluß zu bringen.

Im Rechtsgebiete des Allgemeinen Landrechts wird dies Resultat durch das von den Verwaltungsbehörden zu leitende Abtretungs- und Abschätzungsverfahren, sowie durch die Empfangnahme oder gerichtliche Deposition der Entschädigungsgelder, und durch die in der Hypothekenverfassung begründete Umschreibung vollständig erreicht. Die auch dort zulässige gerichtliche Klage auf Erhöhung der zugebilligten Entschädigung ist auf die Besitzveränderung ohne Einfluß, und es ist deshalb mit Recht in der Verfügung vom 13. Juli 1845 ausgesprochen, daß jenes Privilegium sich auf Prozesse über diese Entschädigung nicht erstreckt.

Im Bezirk des Appellationsgerichtshofes zu Cöln bildet dagegen nach dem System des Expropriationsgesetzes vom 8. März 1810 die gerichtliche Feststellung der Entschädigung einen integrirenden Theil der zur Besitzveränderung nothwendigen Verhandlungen, indem die nach Art. 13 dieses Gesetzes auf einseitigen Antrag erfolgende und jedenfalls stempelfreie Einweisung des Expropriationsberechtigten in den Besitz nur unter gewissen Bedingungen geschieht, zu denen namentlich die vertragsmäßig oder im Wege des Prozesses erst zu bewirkende Feststellung der Entschädigung gehört. In dem lediglich nach den Vorschriften des Gesetzes vom 8. März 1810 betriebenen Expropriationsverfahren würde daher auch diesen Verhandlungen und Urtheilen Stempelfreiheit zustehen.

Dagegen hat die Novelle zu diesem Expropriationsgesetze, nämlich das Gesetz vom 25. Mai 1857 (Rh. Samml. Bd. 11. S. 345) ein Verfahren eingeführt, nach welchem die vorläufige Feststellung der Entschädigung, ähnlich wie im Rechtsgebiete des Allgemeinen Landrechts, von den Verwaltungsbehörden bewirkt wird, und die Besitzveränderung mit dem im §. 2 der Novelle vorgeschriebenen Expropriations-Erkenntnisse und dessen Vollstreckung, sowie mit der Zahlung oder Deposition des vorläufig festgestellten Entschädigungsbetrages ihren Abschluß findet. Fernere Verhandlungen, namentlich das nach §. 7 vorbehaltene gerichtliche Verfahren über die Entschädigung haben daher auf Stempelfreiheit keinen Anspruch.

Berlin, den 7. Mai 1860.

Der Justiz-Minister.
Simons.

An
die Justizbehörden im Bezirk des Königl. Appellationsgerichtshofes zu Cöln.

I. 961. Rhein. Gener. 62. Vol. 9.

78.

Gesetz vom 14. Mai 1860, — betreffend das städtische Einzugs-, Bürgerrechts- und Einkaufsgeld. Ges.-Samml. S. 237.

I. 2325. S. 12. Vol. 5.

79.

Allgemeine Verfügung vom 20. Mai 1860, — betreffend die Betheiligung der Mitglieder beider Häuser des Landtags an den Funktionen der Geschworenen.

Verordnung vom 3. Januar 1849 §§. 66—68 (Ges.-Samml. S. 26).
Gesetz vom 3. Mai 1852 Artikel 58 und 60 (Ges.-Samml. S. 221).
Rheinische Strafprozeß-Ordnung Artikel 387. 395.

Um zu vermeiden, daß Mitglieder des Landtags während der Dauer desselben als Geschworene einberufen werden, sind von dem Herrn Minister des Innern hinsichtlich der nach §§. 66 und 67 der Verordnung vom 3. Januar 1849 und Artikel 58 des Gesetzes vom 3. Mai 1852, beziehungsweise Artikel 387 und 395 der Rheinischen Strafprozeß-Ordnung, aufzustellenden Dienst- und Ergänzungslisten die erforderlichen Anordnungen an die betreffenden Verwaltungsbehörden erlassen worden. Da jedoch die Eigenschaft einer Person als Mitglied des Landtags erst nach Uebersendung der Listen an das Gericht, beziehungsweise an den Assisen-Präsidenten, entstanden oder bekannt geworden, oder auch die Eintragung in dieselben aus Versehen erfolgt sein kann, so ist von den Vorsitzenden der Schwurgerichte darauf zu achten, daß in die von ihnen nach §. 68 der Verordnung vom 3. Januar 1849 und Artikel 60 des Gesetzes vom 3. Mai 1852, beziehungsweise nach Artikel 387 der Rheinischen Strafprozeß-Ordnung, festzustellende Dienstliste die Mitglieder des Landtags nicht aufgenommen werden.

Berlin, den 20. Mai 1860.

Der Justiz-Minister.
Simons.

An sämmtliche Gerichte.

I. 1780. Crimin. 4. Vol. 14.

80.

Gesetz vom 21. Mai 1860, — betreffend die Abänderung mehrerer auf das Postwesen sich beziehenden Vorschriften.

Im Namen Sr. Majestät des Königs.

Wir Wilhelm, von Gottes Gnaden Prinz von Preußen, Regent,

verordnen, mit Zustimmung beider Häuser des Landtages der Monarchie, was folgt:

§. 1.

Der nach §. 5 Nr. 3. des Gesetzes über das Postwesen vom 5. Juni 1852 (Rhein. Samml., Bd. 10. S. 437) für ungemünztes Gold und Silber, Juwelen und Pretiosen, sowie der nach Nr. 4 ebendaselbst für Packete bis zu zwanzig Pfund bestehende Postzwang wird aufgehoben.

§. 2.

Unverschlossene Briefe, welche in versiegelten, zugenäheten, oder sonst verschlossenen Packeten versandt werden, sind den verschlossenen Briefen gleich zu achten und dürfen, mit Ausnahme der in den §§. 7 und 8 des Gesetzes vom 5. Juni 1852 bestimmten Fälle, nicht auf andere Weise als durch die Post versandt werden. Im Uebertretungsfalle treffen den Versender die in den §§. 35 und 36, den Beförderer aber, sofern er den verbotwidrigen Inhalt des Packets zu erkennen vermochte, die in den §§. 32 und 34 des genannten Gesetzes bestimmten Strafen; doch soll es gestattet sein, versiegelten, zugenäheten, oder sonst verschlossenen Packeten solche unverschlossene Briefe, Fakturen, Preiskurante, Rechnungen und ähnliche Schriftstücke beizufügen, welche den Inhalt des Packets betreffen.

§. 3.

Der Postzwang für Zeitungen und Anzeigeblätter (§. 5 Nr. 2 des Gesetzes vom 5. Juni 1852) wird auf Zeitungen politischen Inhalts beschränkt.

§. 4.

Es steht fortan einem Jeden die Befugniß zu, Gegenstände, welche dem Postzwange nicht unterworfen sind, gegen Bezahlung mit unterwegs gewechselten Transportmitteln oder zwischen bestimmten Orten mit regelmäßig festgesetzten Abgangs- oder Ankunftszeiten zu befördern.

§. 5.

Für die Verbindlichkeit der Eisenbahngesellschaften zum unentgeltlichen Transport von Postsendungen (§. 36 Nr. 2 des

Gesetzes vom 3. November 1838, Gesetz-Samml. S. 513) bleiben Hinsichts der seit dem Erlaß des Gesetzes vom 5. Juni 1852 bereits konzessionirten und der noch zu konzessionirenden Eisenbahngesellschaften die Bestimmungen des Gesetzes vom 5. Juni 1852 über den Umfang des Postzwanges maaßgebend.

Für die desfallsige Verbindlichkeit der bereits vor dem Erlaß des Gesetzes vom 5. Juni 1852 konzessionirten Eisenbahngesellschaften bewendet es bei der Bestimmung des §. 9 des ebengenannten Gesetzes.

§. 6.

Gegenwärtiges Gesetz tritt mit dem 1. September 1860 in Kraft. Der Minister für Handel, Gewerbe und öffentliche Arbeiten ist mit der Ausführung desselben beauftragt.

Urkundlich unter Unserer Höchsteigenhändigen Unterschrift und beigedrucktem Königlichen Insiegel.

Gegeben Berlin, den 21. Mai 1860.

(L. S.) Wilhelm, Prinz von Preußen, Regent.

Fürst zu Hohenzollern-Sigmaringen. v. Auerswald. v. d. Heydt.
Simons. v. Schleinitz. v. Patow. Gr. v. Pückler.
v. Bethmann-Hollweg. Gr. v. Schwerin.
v. Roon.

I. 2225. P. 20. Vol. 6.

81.

Gesetz vom 21. Mai 1860, — betreffend die anderweitige Einrichtung des Amts- und Zeitungs-Kautionswesens.

Im Namen Sr. Majestät des Königs.

Wir Wilhelm, von Gottes Gnaden Prinz von Preußen, Regent,

verordnen mit Zustimmung beider Häuser des Landtages der Monarchie, was folgt:

§. 1.

Die in Gemäßheit der Verordnung vom 11. Februar 1832 wegen Regulirung des Kautionswesens für Staatskassen- und Magazin-Beamte (Rhein. Samml. Bd. 3. S. 482) und der §§. 11 ff. des Gesetzes über die Presse vom 12. Mai 1851 (Rhein Samml. Bd. 10. S. 311) dem Staate zu bestellenden Kautionen sind in inländischen Staatspapieren nach dem Nennwerthe zu erlegen. Den Kautionsbestellern steht zwischen den verschiedenen Gattungen von Staatspapieren die Wahl frei. Der Zeitpunkt, von welchem ab diese Anordnung in Kraft zu treten hat, wird durch Königliche Verordnung bestimmt werden.

§. 2.

Die zur Kaution gegebenen Staatspapiere sind bei denjenigen Kassen, welche zur Aufbewahrung derselben von den Verwaltungschefs im Einverständnisse mit dem Finanzminister werden bestimmt werden, unterpfändlich niederzulegen. Den Kautionsbestellern werden die Zinsscheine belassen. Bei Ausreichung neuer Zinsscheine werden diese von den betreffenden Kassen eingezogen und den Kautionsbestellern ausgehändigt.

§. 3.

Ist zur Versilberung einer Kaution zu schreiten, so kann der Kautionsbesteller im Aufsichtswege angehalten werden, die noch nicht fälligen Zinsscheine herauszugeben. Den Behörden steht die Wahl frei, an welcher inländischen Börse die Veräußerung zu bewirken ist. Die Bestimmung im §. 18 des Gesetzes vom 4. Juli 1822 (Ges.-Samml. S. 178) bleibt insoweit außer Anwendung.

§. 4.

Die Kautionen (§. 1) müssen wenigstens funfzig Thaler betragen, und bei höherem Betrage durch funfzig theilbar sein.

§. 5.

Hinsichtlich der bis zur Ausführung des gegenwärtigen Gesetzes bestellten Kautionen verbleibt es bei den bestehenden Vorschriften, mit der Maaßgabe, daß aus dem bei der Hauptverwaltung der Staatsschulden angesammelten Kautionsdepositum die Rückzahlung bewirkt wird.

§. 6.

Wird die Erhöhung solcher Kautionen (§. 5) nach Ausführung des gegenwärtigen Gesetzes erforderlich, so tritt die Rückzahlung aus dem Kautionsdepositum ebenfalls ein, und es muß die neue Kaution, in ihrem ganzen Betrage, nach den Vorschriften des gegenwärtigen Gesetzes bestellt werden.

§. 7.

Der bei Ausführung des gegenwärtigen Gesetzes zur Verzinsung der in baarem Gelde bestellten Kautionen im Staatshaushalts-Etat ausgeworfene und so lange als nöthig auch in die künftigen Etats zu übernehmende Betrag ist, soweit er in Folge der Kautionsrückzahlungen (§§. 5 und 6) erspart wird, alljährlich an die Hauptverwaltung der Staatsschulden behufs der Verstärkung des Kautionsdepositums abzuführen, bis das letztere die zur Deckung der gedachten Kautionen erforderliche Summe erreicht haben wird. Nach Eintritt dieses Zeitpunktes sind alle in baarem Gelde erlegten Kautionen zurückzuzahlen und durch andere nach den Vorschriften des gegenwärtigen Gesetzes zu bestellende Kautionen zu ersetzen. Der Finanz-Minister hat den Zeitpunkt und das Nähere zur Ausführung dieser Anordnung zu bestimmen.

§. 8.

Die Verordnung vom 11. Februar 1832 (Rhein. Samml. Bd. 3. S. 482), die §§. 11 ff. des Gesetzes vom 12. Mai 1851 (Rhein. Samml. Bd. 10. S. 311) und die sonst über das Amts- und Zeitungs-Kautionswesen ergangenen Bestimmungen bleiben, soweit sie in Vorstehendem nicht aufgehoben oder abgeändert sind, in Kraft.

§. 9.

Die Ausführung dieses Gesetzes wird dem Finanzminister übertragen.

Urkundlich unter Unserer Höchsteigenhändigen Unterschrift und beigedrucktem Königlichen Insiegel.

Gegeben Berlin, den 21. Mai 1860.

(L. S.) Wilhelm, Prinz von Preußen, Regent.

Fürst zu Hohenzollern-Sigmaringen. v. Auerswald. v. d. Heydt. Simons. v. Schleinitz. v. Patow. Gr. v. Pückler. v. Bethmann-Hollweg. Gr. v. Schwerin. v. Roon.

I. 2226. C. 18. Vol. 6.

82.

Verordnung vom 21. Mai 1860, — betreffend die Bestimmung des Zeitpunkts, von welchem ab das Gesetz wegen anderweitiger Einrichtung des Amts- und Zeitungs-Kautionswesens in Kraft zu treten hat.

Im Namen Sr. Majestät des Königs.

Wir Wilhelm, von Gottes Gnaden Prinz von Preußen, Regent,

verordnen, in Gemäßheit des §. 1 des Gesetzes vom heutigen Tage wegen anderweitiger Einrichtung des Amts- und Zeitungs-Kautionswesens, auf den Antrag des Staatsministeriums, was folgt:

§. 1.

Das Gesetz vom heutigen Tage wegen anderweitiger Einrichtung des Amts- und Zeitungs-Kautionswesens tritt vom 1. Juli des laufenden Jahres an in Kraft.

§. 2.

Der Finanzminister wird mit der Ausführung dieser Verordnung beauftragt.

Urkundlich unter Unserer Höchsteigenhändigen Unterschrift und beigedrucktem Königlichen Insiegel.

Gegeben Berlin, den 21. Mai 1860.

(L. S.) Wilhelm, Prinz von Preußen, Regent.

Fürst zu Hohenzollern-Sigmaringen. v. Auerswald. v. d. Heydt. Simons. v. Schleinitz. v. Patow. Gr. v. Pückler. v. Bethmann-Hollweg. Gr. v. Schwerin. v. Roon.

I. 2227. C. 18. Vol. 6.

83.

Gesetz vom 1. Juni 1860, — betreffend die Aufhebung verschiedener Bestimmungen über den Verkehr mit Staats- und anderen Papieren, sowie über die Eröffnung von Aktienzeichnungen für Eisenbahn-Unternehmungen.

Im Namen Sr. Majestät des Königs.

Wir Wilhelm, von Gottes Gnaden Prinz von Preußen, Regent,

verordnen, mit Zustimmung beider Häuser des Landtages der Monarchie, was folgt:

Die Verordnung vom 19. Januar 1836, betreffend den Verkehr mit Spanischen und sonstigen auf jeden Inhaber lautenden Staats- oder Kommunal-Schuldpapieren (Ges.-Samml. S. 9—11),

die Verordnung vom 13. Mai 1840, betreffend den Verkehr mit ausländischen Papieren (Ges.-Samml. S. 123), und

die Verordnung vom 24. Mai 1844, betreffend die Eröffnung von Aktienzeichnungen für Eisenbahn-Unternehmungen und den Verkehr mit den dafür ausgegebenen Papieren (Rh. Samml. Bd. 8. S. 269),

werden aufgehoben.

Urkundlich unter Unserer Höchsteigenhändigen Unterschrift und beigedrucktem Königlichen Insiegel.

Gegeben Berlin, den 1. Juni 1860.

(L. S.) Wilhelm, Prinz von Preußen, Regent.

Fürst zu Hohenzollern-Sigmaringen. v. Auerswald. v. d. Heydt.
Simons. v. Schleinitz. v. Patow. Gr. v. Pückler.
v. Bethmann-Hollweg. Gr. v. Schwerin.
v. Roon.

I. 2229 S. 13. Vol. 7.

84.

Gesetz vom 8. Juni 1860, — betreffend die Befugniß der Auditeure zur Aufnahme von Akten der freiwilligen Gerichtsbarkeit, die Förmlichkeiten der militairischen Testamente und die bürgerliche Gerichtsbarkeit über Preußische Garnisonen im Auslande.

Im Namen Sr. Majestät des Königs.

Wir Wilhelm, von Gottes Gnaden Prinz von Preußen, Regent,

verordnen, mit Zustimmung beider Häuser des Landtages, für den ganzen Umfang der Monarchie, was folgt:

Abschnitt I.

Von der freiwilligen Gerichtsbarkeit der Auditeure und Militair-Behörden.

§. 1.

Auditeure solcher Truppentheile, welche sich im Auslande befinden, oder nach der Mobilmachung ihre Standquartiere verlassen haben, sind befugt:

1) Handlungen der freiwilligen Gerichtsbarkeit, einschließlich letztwilliger Verordnungen der zu den gedachten Truppentheilen gehörigen Personen, welche nach §. 1 und §. 18 Nr. 1. 2. 3. Th. II. des Militair-Strafgesetzbuches vom 3. April 1845 in Kriegszeiten den Militairgerichtsstand haben, aufzunehmen und zu beglaubigen;

2) Requisitionen um Vornahme gerichtlicher Handlungen, sowie um Aufnahme gerichtlicher Verhandlungen zu erledigen.

Letztwillige Verordnungen können in dem vorausgesetzten Falle auch von einem kommandirten Kriegsgericht, aus einem Offizier und einem Auditeur bestehend, aufgenommen werden.

§. 2.

Die auf Grund des vorstehenden Paragraphen aufgenommenen Verhandlungen sind so anzusehen, als ob sie innerhalb des Rechtsgebiets des Allgemeinen Landrechts von einem Civilgericht aufgenommen wären. Erfordern die für diese Civilgerichte geltenden Vorschriften die Zuziehung eines Protokollführers, so kann dessen Stelle ein zweiter Auditeur oder ein für den speziellen Fall oder ein- für allemal vereideter Offizier oder Unteroffizier vertreten.

§. 3.

Die aufgenommenen Verhandlungen (§. 1) der freiwilligen Gerichtsbarkeit, sofern sie nicht blos die Erledigung von Requisitionen betreffen, sind von den Auditeuren, nachdem die etwa erforderlichen Ausfertigungen ertheilt worden, den Gerichten erster Instanz, in deren Bezirk der betreffende Truppentheil sein Standquartier hat, zur Aufbewahrung und weiteren gesetzlichen Veranlassung zu übersenden.

Ist das Standquartier im Bezirk des Appellationsgerichtshofes zu Cöln, so geschieht die Uebersendung an das Kreisgericht zu Wesel.

Abschnitt II.

Von den privilegirten militairischen Testamenten.

§. 4.

In Kriegszeiten oder während eines Belagerungszustandes (Gesetz vom 4. Juni 1851, Rh. Samml. Bd. 10. S. 358) können die im §. 1 Nr. 1 bezeichneten Personen unter den in dem §. 5 angegebenen Voraussetzungen letztwillige Verordnungen auch in den im §. 6 angegebenen Formen gültig errichten (privilegirte militairische Testamente). Die Vorrechte der Militairpersonen in Beziehung auf diese letztwilligen Verordnungen bestehen allein darin, daß sie nach Maaßgabe der nachstehenden Bestimmungen den für ordentliche Testamente vorgeschriebenen Förmlichkeiten nicht unterworfen sind.

§. 5.

Die Befugniß, in Kriegszeiten oder während eines Belagerungszustandes privilegirte militairische Testamente zu errichten, beginnt für die im §. 1 Nr. 1 bezeichneten Personen von der Zeit, wo sie entweder ihre Standquartiere oder im Fall ihnen solche nicht angewiesen gewesen sind, ihre bisherigen Wohnorte im Dienste verlassen oder in denselben angegriffen oder belagert werden.

Kriegsgefangene und Geißeln haben diese Befugniß, so lange sie sich in der Gewalt des Feindes befinden.

§. 6.

Privilegirte militairische Testamente sind in gültiger Form errichtet:

1) wenn sie von dem Testator eigenhändig geschrieben und unterschrieben sind;
2) wenn sie von dem Testator eigenhändig unterschrieben und von zwei Zeugen oder einem Auditeur oder Offizier mitunterzeichnet sind;
3) wenn von einem Auditeur oder Offizier, unter Zuziehung zweier Zeugen oder eines zweiten Auditeurs oder Offiziers, über die mündliche Erklärung des Testators eine schriftliche Verhandlung aufgenommen und diese dem Testator vorgelesen, sowie von dem Auditeur oder Offizier und den Zeugen unterschrieben ist.

Bei verwundeten oder kranken Militairpersonen können die unter Nr. 2 und 3 erwähnten Auditeure und Offiziere durch Militairärzte oder höhere Lazarethbeamte oder Militairgeistliche vertreten werden.

§. 7.

Die im §. 6. erwähnten Zeugen sind Beweiszeugen; sie brauchen nicht die Eigenschaft von Instrumentszeugen zu haben und es kann die Aussage eines derselben für vollständig beweisend angenommen werden.

§. 8.

Die nach Vorschrift des §. 6. Nr. 3 aufgenommene Verhandlung hat in Betreff ihres Inhalts und der in ihr angegebenen Zeit der Aufnahme die Beweiskraft einer öffentlichen Urkunde.

Ist in dem eigenhändig geschriebenen und unterschriebenen, oder in dem eigenhändig unterschriebenen Testament (§. 6. Nr. 1. 2) die Zeit der Errichtung angegeben, so streitet die Vermuthung, bis zum Beweise des Gegentheils, für die Richtigkeit dieser Angabe.

Eine gleiche Vermuthung streitet dafür, daß das Testament während des die privilegirte Form zulassenden Ausnahmezustandes errichtet ist, wenn dasselbe während dieser Zeit oder innerhalb vierzehn Tage nach deren Aufhören einer vorgesetzten Militairbehörde zur Aufbewahrung übergeben ist, oder wenn dasselbe in dem Feldnachlaß des Testators aufgefunden wird.

§. 9.

Privilegirte militairische Testamente verlieren ihre Gültigkeit mit dem Ablauf eines Jahres von dem Tage ab, an welchem der Truppentheil, zu dem der Testator gehört, demobil gemacht ist, oder der Testator aufgehört hat, zu dem mobilen Truppentheil zu gehören, oder als Kriegsgefangener oder Geißel aus der Gewalt des Feindes entlassen ist.

Der Lauf dieser Frist wird jedoch suspendirt durch anhaltende Unfähigkeit des Testators zur Errichtung einer anderweiten letztwilligen Verordnung.

Wenn der Testator innerhalb des Jahres vermißt und in einem Verfahren auf Todeserklärung, oder, in dem Bezirke des Appellationsgerichtshofes zu Cöln, auf Abwesenheitserklärung festgestellt wird, daß er seit jener Zeit verschollen ist, so tritt die Ungültigkeit des Testamentes nicht ein.

§. 10.

Das privilegirte militairische Testament verliert durch Desertion des Testators seine Gültigkeit, und diese wird durch den erhaltenen Pardon nicht wiederhergestellt.

§. 11.

Privilegirte militairische Testamente sind dem ordentlichen persönlichen Gerichte des Testators zur Aufbewahrung und weiteren gesetzlichen Veranlassung zu übersenden. Gehört dies Gericht zum Bezirke des Appellationsgerichtshofes zu Cöln, so geschieht die Uebersendung an den General-Prokurator bei demselben, der durch den betreffenden Landgerichtspräsidenten die Hinterlegung bei einem Notar, nach Maaßgabe der für olographische Testamente im Artikel 1007 des Civilgesetzbuches bestehenden Vorschriften, veranlaßt.

§. 12.

Die Bestimmungen der vorstehenden §§. 4—11 finden auf alle zur Besatzung eines in Dienst gestellten Schiffes oder Fahrzeuges gehörenden Personen der Königlichen Marine und auf alle anderen auf einem solchen Schiffe oder Fahrzeuge befindlichen Personen mit dem Augenblicke Anwendung, wo das Schiff oder Fahrzeug wirklich in Dienst gestellt ist und den Hafen verlassen hat.

Die im §. 9 bestimmte Frist von einem Jahre wird von dem Tage an gerechnet, an welchem das Schiff oder Fahrzeug außer Dienst gestellt ist, oder der Testator aufgehört hat, zu demselben zu gehören.

Abschnitt III.

Von der bürgerlichen Gerichtsbarkeit über Preußische Garnisonen im Auslande.

§. 13.

Die durch die Allerhöchste Order vom 19. Juli 1834 (Rh. Samml. Bd. 4. S. 102) und Artikel VIII. Absatz 1 des Gesetzes vom 26. April 1851 (Ges.-Samml. S. 184) wegen der Gerichtsbarkeit über die Preußischen Garnisonen der Bundesfestungen Mainz und Luxemburg getroffenen Bestimmungen können durch Königliche Verordnung auch auf andere Truppentheile, welche sich dauernd im Auslande aufhalten, für anwendbar erklärt werden, wobei dasjenige inländische Gericht erster Instanz zu bestimmen ist, welchem die Gerichtsbarkeit in dem Umfange des gedachten Gesetzes zustehen soll.

An die Stelle der Bestimmung in Nr. 3 der Allerhöchsten Order vom 19. Juli 1834, daß bei Testamentsaufnahmen im Nothfalle die §§. 194 und 200 Tit. 12 Th. I. des Allgemeinen Landrechts zur Anwendung kommen sollen, treten die Vorschriften des gegenwärtigen Gesetzes über privilegirte militairische Testamente.

Schlußbestimmungen.

§. 14.

Alle diesem Gesetze entgegenstehenden Vorschriften, namentlich die Vorschriften des gemeinen Rechtes über militairische Testamente; die §§. 177 bis 197 Th. I. Tit. 12 des Allgemeinen Landrechts und die §§. 36 bis 38. 41 des Anhanges zum Allgemeinen Landrecht; die Allerhöchste Order vom 24. April 1812 und die Bekanntmachung vom 27. August 1812 (Gesetz-Samml. von 1812 S. 129. 174); der §. 418 des Anhanges zur Allgemeinen Gerichts-Ordnung; sowie die Vorschriften des Rheinischen Civilgesetzbuches in den Artikeln 981 bis 984 und 988 bis 997, letztere jedoch nur, soweit sie die auf einem Kriegsschiffe errichteten Testamente betreffen, werden aufgehoben. Ebenso wird die Allerhöchste Order vom 2. September 1815 (Gesetz-Samml. S. 197) aufgehoben.

Wo in einem Gesetze, wie z. B. in den §§. 198. 205 Tit. 12 Th. I. des Allgemeinen Landrechts, auf die aufgehobenen Bestimmungen Bezug genommen ist, treten die Vorschriften dieses Gesetzes an deren Stelle.

Urkundlich unter Unserer Höchsteigenhändigen Unterschrift und beigedrucktem Königlichen Insiegel.

Gegeben Schloß Babelsberg, den 8. Juni 1860.

(L. S.) Wilhelm, Prinz von Preußen, Regent.

Fürst zu Hohenzollern-Sigmaringen. v. Auerswald. v. d. Heydt. Simons. v. Schleinitz. v. Patow. Gr. v. Pückler. Gr. v. Schwerin. v. Roon.

I. 2326. M. 52. Vol. 14.

85.

Gesetz für den Bezirk des Appellationsgerichtshofes zu Cöln vom 8. Juni 1860, — betreffend die Aufhebung der auf die Arbeitsbücher und auf die Quittungsbücher bezüglichen Bestimmungen ꝛc.

Im Namen Sr. Majestät des Königs.

Wir Wilhelm, von Gottes Gnaden Prinz von Preußen, Regent,

verordnen für den Bezirk des Appellationsgerichtshofes zu Cöln, mit Zustimmung beider Häuser des Landtages der Monarchie, was folgt:

Die auf die Arbeitsbücher der Gesellen, Gehülfen und Fabrikarbeiter, sowie auf die Quittungsbücher der Werkmeister bezüglichen Bestimmungen, welche für die linke Rheinseite das Gesetz vom 22. Germinal Jahres XI. (12. April 1803), betreffend Manufakturen, Fabriken und Werkstätten, Artikel 12 und 13, der Regierungsbeschluß vom 9. Frimaire Jahres XII. (1. Dezember 1803), betreffend die Arbeitsbücher, und das Gesetz vom 18. März 1806, betreffend die Einrichtung eines Rathes von Gewerbverständigen zu Lyon, Titel III., für die rechte Rheinseite das Dekret vom 3. November 1809, betreffend die wechselseitigen Verpflichtungen der Arbeiter und Arbeitgeber, Titel II., und das Dekret vom 17. Dezember 1811, betreffend die Errichtung von Räthen der Gewerbverständigen, Titel III. Sektion V. Artikel 55 bis 66, enthalten, sind aufgehoben.

Urkundlich unter Unserer Höchsteigenhändigen Unterschrift und beigedrucktem Königlichen Insiegel.

Gegeben Schloß Babelsberg, den 8. Juni 1860.

(L. S.) Wilhelm, Prinz von Preußen, Regent.

Fürst zu Hohenzollern-Sigmaringen. v. Auerswald. v. d. Heydt. Simons. v. Schleinitz. v. Patow. Gr. v. Pückler. v. Bethmann-Hollweg. Gr. v. Schwerin. v. Roon.

I. 2614. Rhein. Gener. 143. Vol. 2.

86.

Gesetz vom 27. Juni 1860, — betreffend die Abänderung einer Bestimmung in §. 20 des Gesetzes vom 2. März 1850 über die Errichtung von Rentenbanken (Rhein. Samml. Bd. 10. S. 166).

Im Namen Sr. Majestät des Königs.

Wir Wilhelm, von Gottes Gnaden Prinz von Preußen, Regent,

verordnen, mit Zustimmung beider Häuser des Landtages der Monarchie, was folgt:

§. 1.

Der im zweiten Satze des §. 20 in dem Gesetze über die Errichtung von Rentenbanken vom 2. März 1850 (Rh. Samml. Bd. 10. S. 166) festgestellte Betrag von fünf Silbergroschen, bis zu welchem bei Zerstückelung rentenpflichtiger Grundstücke die sofortige Ablösung der vertheilten Rentenbeträge durch Kapitalszahlung nach den Vorschriften des §. 23 l. c. verlangt werden kann, wird auf Einen Thaler erhöht.

§. 2.

Diese Bestimmung findet auch auf die den Provinzial-Rentenbanken nach §. 58 l. c. zur Mitverwaltung überwiesenen Tilgungskassenrenten und auf die nach §. 64 l. c. regulirten Domainenrenten Anwendung.

§. 3.

Dem gegenwärtigen Gesetze unterliegen alle Zerstückelungen von rentenpflichtigen Grundstücken, welche nach dessen Verkündung eintreten.

Urkundlich unter Unserer Höchsteigenhändigen Unterschrift und beigedrucktem Königlichen Insiegel.

Gegeben Baden-Baden, den 27. Juni 1860.

(L. S.) Wilhelm, Prinz von Preußen, Regent.

Fürst zu Hohenzollern-Sigmaringen. v. Auerswald. v. d. Heydt. Simons. v. Schleinitz. Gr. v. Pückler. v. Bethmann-Hollweg. Gr. v. Schwerin. v. Roon.

I. 2812. Gutsherrliche Verhältnisse 36. Vol. 2.

87.

Allgemeine Verfügung vom 30. Juni 1860, — betreffend die Anfertigung der schriftlichen Probearbeit bei der zweiten juristischen Prüfung.

Regulativ v. 10. Dezbr. 1849 (Rh. Samml. Bd. 10. S. 72).

Es sind in einzelnen Fällen Zweifel darüber entstanden, wie zu verfahren sei, wenn einem Kandidaten der zweiten juristischen Prüfung die nach dem Regulativ vom 10. Dezember 1849 II. B. anzufertigende schriftliche Probearbeit nicht gelungen ist.

Zur Beseitigung dieser Zweifel und zur Herstellung eines gleichmäßigen Verfahrens bestimmt der Justiz-Minister hierdurch, daß in einem solchen Falle dem betreffenden Auskultator zwar ein zweites Probe-Referat ohne Weiteres zugetheilt werden darf, daß jedoch, wenn auch dieser zweite Versuch mißlingen sollte, dem Kandidaten eine dritte Probearbeit nicht zuzutheilen, vielmehr zur weiteren Bestimmung an den Justiz-Minister zu berichten ist.

Berlin, den 30. Juni 1860.

Der Justiz-Minister.
Simons.

An
die Präsidien sämmtlicher Königl.
Appellationsgerichte.

I. 2018. Rhein. Offizianten-Sachen 7. Vol. 4.

88.

Allgemeine Verfügung vom 3. August 1860, — betreffend das Verfahren hinsichtlich der Amtskautionen, welche Justizbeamte zu bestellen haben.

Gesetz und Verordnung vom 21. Mai 1860 (S. 184 dieses Bandes).

I. Auf Grund des §. 2 des Gesetzes wegen anderweitiger Einrichtung des Amts- und Zeitungs-Kautionswesens vom 21. Mai 1860 wird hierdurch im Einverständnisse mit dem Herrn Finanz-Minister bestimmt:

1) daß in allen Landestheilen, mit Ausschluß des Bezirks des Appellationsgerichtshofes zu Cöln, die Amtskautionen, welche Justizbeamte zu bestellen haben, bei den Deposito-

rien der betreffenden Gerichte erster Instanz, auf deren Etat sie stehen, niederzulegen sind;

2) daß in dem Bezirk des Appellationsgerichtshofes zu Cöln die Kautionen der Gerichtsvollzieher bei der Regierungs-Hauptkasse desjenigen Bezirks, in welchem der Ort der Anstellung der Kautionsbesteller belegen ist, niedergelegt werden sollen.

II. Dabei wird den Gerichtsbehörden zur Ausführung des Gesetzes vom 21. Mai 1860 Folgendes eröffnet.

1) Die inländischen Staatspapiere, welche zur Kautionsbestellung verwendet werden dürfen, sind zur Zeit die 4½- resp. 5prozentigen Schuldverschreibungen der Staatsanleihen der Jahre 1848, 1850, 1852, 1854, 1855, 1856, 1857 und 1859, die 4prozentigen Schuldverschreibungen der Staatsanleihe vom Jahre 1853, die Obligationen der Staats-Prämien-Anleihe vom Jahre 1855, die 4prozentigen Stammaktien der Niederschlesisch-Märkischen- und der Münster-Hammer-Eisenbahn, die 3½prozentigen Staats-Schuldscheine, die 3½prozentigen Kurmärkischen und Neumärkischen Schuldverschreibungen und die von dem Regierungs-Präsidium in Merseburg im Auftrage der Hauptverwaltung der Staatsschulden ausgefertigten Steuer-Kredit-Kassenscheine vom Jahre 1836.

2) Die zu deponirenden Kautions-Effekten sind bei der Annahme zum Depositorium außer Kours zu setzen.

3) Werden als Kaution hinterlegte Effekten zur Tilgung ausgeloost, so sind die Kautionsbesteller darauf aufmerksam zu machen, und aufzufordern, dieselben zur Vermeidung eines Zinsenverlustes rechtzeitig durch andere Staatspapiere von gleichem Nominalbetrage zu ersetzen. Die Realisirung der gekündigten Effekten und der Ankauf der in Stelle derselben zu hinterlegenden Staatspapiere sind, wenn die Umstände im Interesse des Kautionsbestellers dies wünschenswerth machen, auf den Antrag desselben von der Gerichtsbehörde, in deren Depositorium die Kaution niedergelegt ist, resp. von der Regierungs-Hauptkasse zu bewirken.

Wird ein Antrag der Art nicht gestellt, und werden die ausgeloosten Effekten gleichwohl binnen Jahresfrist nach den Fälligkeits-Terminen nicht ausgetauscht, so sind dieselben von der Gerichtsbehörde, resp. von der Regierungs-Hauptkasse zu realisiren. Der Kautionspflichtige ist hiervon zu benachrichtigen und der eingezogene Geldbetrag so lange als Kaution zu asserviren, bis der Kautionspflichtige eine andere Kaution in Effekten bestellt.

4) Nach Hinterlegung der Kaution im gerichtlichen Depositorium ist dem Kautionsbesteller von dem betreffenden Gericht auf Grund der zu den Akten zu nehmenden Depositalquittung ein Empfangschein nach dem unter a. nachstehend abgedruckten Schema unter Unterschrift und Siegel des Gerichts zu ertheilen, in welchem der Name des Kautionsbestellers, der Grund der Kautionsbestellung und die als Kaution deponirten Effekten nach Gattung, Litera, Nummer und Betrag genau anzugeben sind.

Etwa eintretende Veränderungen in dem Bestande einer Kaution sind auf dem Empfangscheine zu vermerken. Eventualiter ist der ertheilte Empfangschein zurückzuziehen und durch einen neuen zu ersetzen.

Im Bezirk des Appellationsgerichtshofes zu Cöln werden die Empfangscheine von den Regierungs-Hauptkassen ertheilt.

5) In den Vorschriften, denen zufolge in gewissen Fällen die allmälige Ansammlung von Kautionsbeträgen gestattet ist, hat das Gesetz vom 21. Mai d. J. nichts geändert. Die Ansammlung der zur Beschaffung der Kautions-Effekten erforderlichen Geldmittel erfolgt in Fällen dieser Art durch die dem betreffenden Beamten vorgesetzte Behörde. Die letztere hat auch den Ankauf der Kautions-Effekten aus den angesammelten Geldmitteln nach den Anträgen des Kautionspflichtigen zu bewirken, die angekauften Effekten nebst den etwa dazu gehörigen Talons aber in dem Depositorium niederzulegen.

6) Die Kautionen, welche nach dem Gehalt des Kautionspflichtigen sich bemessen, müssen nach §. 4 des Gesetzes vom 21. Mai d. J. mindestens 50 Thaler betragen und durch die Zahl 50 theilbar sein. Derjenige Theil der nach dem Diensteinkommen eines kautionspflichtigen Beamten zu berechnenden Kaution, welcher durch 50 nicht theilbar ist, wird nicht berücksichtigt, wenn er den Betrag von 25 Thalern nicht erreicht, wogegen Beträge von 25 Thalern oder darüber für volle 50 Thaler als Kaution zu berechnen sind. Wenn also beispielsweise ein Beamter eine Kaution in Höhe der Hälfte seines Gehalts zu bestellen hat, und die letztere 160 Thaler beträgt, so ist die Kaution auf 150 Thaler festzusetzen, sofern aber die Hälfte des Gehalts auf 175 Thaler sich beläuft, eine Kaution von 200 Thalern zu bestellen.

Im Uebrigen behält es bei den über das Kautionswesen in der Justiz-Verwaltung seit der Allerhöchsten Verordnung vom 11. Februar 1832 (Rhein. Samml. Bd. 3. S. 482) ergangenen Bestimmungen, in Gemäßheit des

§. 8 des Gesetzes vom 21. Mai d. J., das Bewenden. Nur in Betreff der von den gerichtlichen Unterbeamten zu bestellenden Kautionen wird, mit Ausschluß des Bezirks des Appellationsgerichtshofes zu Cöln, anderweit bestimmt:

daß künftig die kautionspflichtigen Unterbeamten, ohne Unterschied, ob sie bei einem Stadtgericht oder Kreisgericht, bei einer Gerichtsdeputation oder bei einer Gerichtskommission fungiren, bei ihrer Anstellung eine Kaution von 100 Thalern, d. i. Einhundert Thalern, in inländischen Staatspapieren zu erlegen haben.

7) Alle Kautionen, welche nicht bis zum 1. Juni d. J. durch baare Einzahlung an die Staatskasse wirklich bestellt sind, müssen nach den Vorschriften des Gesetzes vom 21. Mai d. J. festgesetzt und in inländischen Staatspapieren erlegt werden, weil die Bestellung einer Kaution erst dann als erfolgt anzusehen ist, wenn deren Einlieferung an die Staatskasse stattgefunden hat.

Ebenso findet das Gesetz vom 21. Mai d. J. auch auf diejenigen Kautionen, welche durch allmälige Ansammlung gebildet werden und bis zum 1. Juli d. J. noch nicht vollständig an die Staatskasse eingezahlt sind, dahin Anwendung, daß der bis zu diesem Termin baar erlegte Kautionsbetrag zurückzugewähren und dagegen eine neue Kaution nach den Bestimmungen jenes Gesetzes zu erlegen ist, indem nach Inhalt des letzteren die Bestellung einer Kaution theils in baarem Gelde, theils in Staatspapieren ebensowenig als die Ergänzung einer bis zum 1. Juli d. J. nicht vollständig eingezahlten Kaution durch baare Erlegung des Restbetrages derselben zulässig ist.

8) Ist nach §. 6 des Gesetzes vom 21. Mai d. J. die in baarem Gelde erlegte Kaution zurückzuzahlen und eine neue Kaution in Effekten zu bestellen, so muß der Zurückzahlung der ersteren die anderweitige Kautionsbestellung vorangehen. Die vorgesetzte Dienstbehörde hat in dergleichen Fällen zu bescheinigen, daß die anderweitige Kautionsbestellung bewirkt worden, und wer zur Empfangnahme der baaren Kaution berechtigt ist. Die Rückzahlung erfolgt sodann gegen Rückgabe des quittirten Kautions-Empfangscheins. Machen die Umstände im Interesse des Kautionspflichtigen es wünschenswerth, so kann auf dessen Antrag die anderweitige Kaution ganz oder theilweise von der Gerichtsbehörde, in deren Depositorium die Kaution niedergelegt ist, resp. von der Regierungs-Hauptkasse nach Ueberweisung der nöthigen Geldmittel, event. gegen Aushändigung des Kautions-Empfangscheins und gegen Cession

der baaren Kaution oder des erforderlichen Theils derselben beschafft werden.

9) Hinsichtlich der Bedingungen, unter welchen die Kautionsbesteller auf Rückgabe der Kaution Anspruch haben, bewendet es bei den bestehenden Bestimmungen.

Berlin, den 3. August 1860.

Der Justiz-Minister.
Simons.

An sämmtliche Gerichtsbehörden.

I. 2367. C. 18. Vol. 6.

a.

Nr. .....

Kautions-Empfangschein
über .... Thaler.

Der ....

....

hat ....
im Ganzen über ꝛc. nebst Talons als Kaution bei dem Depositorium des unterzeichneten Gerichts unterpfändlich niedergelegt. Im Fall der Ausloosung dieser Papiere, worauf der Kautionsbesteller zu achten hat, sind dieselben durch andere noch nicht gekündigte Staatspapiere von gleichem Nominalbetrage zu ersetzen.

Die Zurückgabe der hinterlegten Papiere erfolgt gegen Rücklieferung des gegenwärtigen, mit der Quittung des Kautionsbestellers oder seines legitimirten Besitz-Nachfolgers versehenen Empfangscheins, auf Bescheinigung der zuständigen Behörde, daß die Kautionspflichtigkeit des Kautionsbestellers aufgehört habe und von ihm nichts zu vertreten sei, oder nach Abzug derjenigen Summe, welche von dem Kautionsbesteller zu vertreten ist.

.... den ....

(L. S.)
(Unterschrift des Gerichts.)

89.

Allgemeine Verfügung vom 1. September 1860, — betreffend die Insinuation von Verfügungen diesseitiger Gerichtshöfe in der Schweiz.

Allgemeine Verfügung vom 16. September 1844 (Rhein. Samml. Bd. 8. S. 346).

Nach einer Mittheilung des Herrn Ministers der auswärtigen Angelegenheiten ist es in neuerer Zeit mehrfach vorgekommen, daß sowohl der Schweizer Bundesrath, als auch die

Kantonalbehörden Schwierigkeiten erheben, die Insinuation von Verfügungen diesseitiger Gerichtshöfe zu bewirken, welche der Beglaubigung des Königlichen Ministeriums der auswärtigen Angelegenheiten entbehren, oder nicht wenigstens das Siegel des betreffenden Gerichts tragen.

In Folge dessen werden sämmtliche Gerichtsbehörden, sowie die Beamten der Staatsanwaltschaft hierdurch angewiesen, alle für Personen in der Schweiz bestimmte Verfügungen künftig entweder durch Vermittelung der betreffenden Ober-Gerichte, resp. des General-Prokurators zu Cöln, und mit deren Beglaubigung zum Zweck der Legalisation versehen, an das Königliche Ministerium der auswärtigen Angelegenheiten einzureichen, oder, Falls es zur Vermittelung durch die Ober-Gerichte, resp. den General-Prokurator zu Cöln im einzelnen Falle an Zeit fehlen sollte, bei unmittelbarer Einsendung an das Königliche Ministerium der auswärtigen Angelegenheiten wenigstens mit einem Abdruck des Siegels oder Stempels der ausfertigenden Gerichtsbehörde zu versehen.

Berlin, den 1. September 1860.

Der Justiz-Minister.
Simons.

An
sämmtliche Gerichte und Beamte
der Staatsanwaltschaft.

I. 3067. Requisitionen 48. Vol. 3.

90.

Verfügung vom 4. September 1860, — betreffend die Meldung kommissarischer Friedensrichter beim Landgerichts-Präsidenten und Ober-Prokurator.

Der Justiz-Minister genehmigt hierdurch die von Ihnen getroffene Anordnung, wodurch die mit der Verwaltung der Friedensrichterstellen zu N. N. beauftragt gewesenen Kommissare in den Jahren 1857 und 1858 angewiesen worden sind, sich vor dem Antritt des Kommissoriums den Landgerichts-Präsidenten und den Ober-Prokuratoren der betreffenden Landgerichtsbezirke vorzustellen. Für künftige ähnliche Fälle kommissarischer Aufträge an Beamte, welche dem Landgerichtsbezirke, in dem sie ein Kommissorium erhalten, nicht angehören, bleibt es Ihnen überlassen, nach pflichtmäßigem Ermessen zu verfügen ob der Kommissar vor Antritt seines Kommissoriums sich bei dem Landgerichts-Präsidenten und dem Ober-Prokurator des betreffenden

Bezirks persönlich zu melden, oder ob er sich direkt an den Ort seiner Bestimmung zu begeben habe.

Berlin, den 4. September 1860.

Der Justiz-Minister.
Simons.

An
den Herrn Ersten Präsidenten des Königl. Appellationsgerichtshofes und den Königl. Herrn General-Prokurator zu Cöln.

I. 3275. Rhein. Offizianten-Sachen 14.

91.

Verfügung vom 6. September 1860, — betreffend die feierliche Sitzung der vereinigten Senate des Königlichen Appellationsgerichtshofes zu Cöln nach den Ferien.

Der Justiz-Minister hat, wie Ihnen auf den Bericht vom 29. August d. J. eröffnet wird, nichts dagegen einzuwenden, daß nach Beendigung der Ferien eine feierliche Sitzung der vereinigten Senate des Königlichen Appellationsgerichtshofes und eine dabei von dem General-Prokurator zu haltende Rede in Zukunft wieder unterbleibe.

Berlin, den 6. September 1860.

Der Justiz-Minister.
Simons.

An
den Herrn Ersten Präsidenten des Königl. Appellationsgerichtshofes und den Königl. Herrn General-Prokurator zu Cöln.

I. 3092. Rhein. Gener. 103.

92.

Verfügung vom 9. September 1860, — betreffend die Stempelrevision beim Landgericht zu Coblenz.

Verf. v. 16. Septbr. 1841 (Rhein. Samml. Bd. 7. S. 358).
Verfügungen v. 11. April 1841 und 6. August 1842 (Rhein. Samml. Bd. 8. S. 91. 94).
Verf. v. 11. März 1843 (Rhein. Samml. Bd. 8. S. 151).
Verf. v. 18. August 1855 (Rhein. Samml. Bd. 11. S. 143).
Verf. v. 7. Mai 1860 (S. 180 dieses Bandes).

Bei Uebersendung einer Abschrift der dem Justiz-Minister mitgetheilten Berichte des Königlichen Provinzial-Steuer-Direktors zu Cöln vom 28. April d. J. und der darin erwähnten Stempel-Defekten-Tabellen im Original,

die Stempel-Revision bei dem Landgericht zu Coblenz betreffend,

wird Ihnen im Einverständniß mit dem Herrn Finanz-Minister Folgendes eröffnet:

I. Zur Defekten-Tabelle für den Zeitraum vom 1. Januar 1857 bis dahin 1858 (Bericht des Königlichen Provinzial-Steuer-Direktors vom 28. April d. J.).

1) Monitum 3. Die Klage des Peter Boos wider Jakob Boos war prinzipaliter auf Zahlung von 487 Rthlr., subsidiarisch aber auf Rückgabe eines für 1500 Rthlr. verkauften Grundstücks gerichtet. Zu dem beide Anträge abweisenden Urtheile mußte ein nach dem letztgedachten höheren Betrage zu berechnender Stempel verwendet werden. Es sind nur 8 Rthlr. 5 Sgr. verwendet, also mit Recht 4 Rthlr. 10 Sgr. defektirt.

2) Monitum 6. 18. 25. Wie bereits in den diesseitigen Verfügungen vom 11. April 1841 und 6. August 1842 (Rhein. Samml. Bd. 8. S. 91. 94) und 26. April 1853 ausgeführt ist, muß in Rechnungsprozessen, wenn auch zu dem die Verpflichtung zur Rechnungslegung aussprechenden Urtheile der unbestimmte Werthstempel verwendet ist, zu den späteren Urtheilen über einzelne Streitpunkte der Prozentstempel nach Maaßgabe des hierbei streitigen Gegenstandes verwendet werden. Die Monita sind demnach begründet.

3) Monitum 7. 8. 10. 17. 19. 20 und 26. Bei Urtheilen über streitige Konferenden in Theilungsprozessen ist nicht lediglich der eventuelle Antheil der die Kollation beantragenden Partei an dem zu konferirenden Gegenstande, auch nicht der Werth dieses Gegenstandes nach Abzug des dem Konferirenden daran nach seiner Erbquote zustehenden Antheils, sondern der ganze Gegenstand, jedoch mit der Maaßgabe der Berechnung des Stempels zum Grunde zu legen, daß es sich dabei nicht von der Zahlung oder Herausgabe des in lite befangenen Objekts, sondern lediglich von dessen Konferirung zur Theilungsmasse, und nicht darüber handelt, wem das Eigenthum daran zusteht, mithin der Unschätzbarkeitsstempel von 5—20 Rthlr. genügt. Hiernach sind die Monita zu erledigen.

4) Die Klage war auf formelle Anerkennung der behaupteten Auflösung eines Kaufvertrages, event. aber auf Rückgabe des wieder in den Besitz des Verklagten gelangten Kaufobjekts gerichtet. Letzteres wurde gegen den Widerspruch des Verklagten erkannt. Hiernach ist nicht ein Gegenstand von unbestimmtem Werthe, sondern der nach dem Kaufpreise zu berechnende Werth des Kaufobjekts als Gegenstand des Prozesses anzusehen, und das Monitum für begründet zu erachten.

5) Die Klage auf Gewährung eines Darlehns von 1350 Rthlr. zu 5 Prozent für einen gewissen Zeitraum hat nicht, wie die Schuldklage, den vollen Werth der Forderung, sondern nur das Interesse an ihrem zeitweisen Gebrauch zum Gegenstande. Der verwendete Unschätzbarkeitsstempel ist daher für entsprechend zu erachten und das Monitum unbegründet.

6) Das Urtheil auf provisorische Einweisung in den Besitz einer durch vorhergegangenes Urtheil für abwesend Erklärten ist in einem Falle, wie der vorliegende, wo ein und derselbe Extrahent beide Urtheile beantragt hat, als ein nachträgliches Erkenntniß in demselben Prozeßverfahren um so mehr anzusehen, als nach feststehender Jurisprudenz beide Entscheidungen gleichzeitig beantragt und in einem Urtheil getroffen werden können. Das Monitum ist daher nicht für begründet zu erachten. Sollten die Urtheile auf den Antrag verschiedener Extrahenten besonders erlassen werden, so würden beide Urtheile als in besonderen Prozessen ergangene Haupterkenntnisse zu behandeln sein.

7) Monitum 29. 30. 31 und 32. Das Kollokationsverfahren wird mit dem definitiven Kollokationsstatus abgeschlossen und nur die bis dahin verfallenen Zinsen sind den zu vertheilenden Geldern zuzurechnen. Wird den Gläubigern zur Tilgung ihrer Forderung ein erst später fälliges zinstragendes Kapital überwiesen, so sind die später verfallenden Zinsen dieses Kapitals nicht Gegenstand der Vertheilung, sondern Accessorien der überwiesenen Forderung, deren Fortlauf nicht einmal von der Entscheidung des Richters im Kollokationsverfahren abhängt. Diese Zinsen sind daher bei der Berechnung des Stempels nicht zu berücksichtigen und sonach die Monita nicht begründet.

II. Zum Bericht des Königlichen Provinzial-Steuer-Direktors vom 28. April d. J. betreffend die Stempel-Revision bei dem Landgericht zu Coblenz vom 1. Juli 1853 bis 31. Dezember 1856. —

Nr. 4. In der Verfügung vom 11. März 1843 (Rhein. Samml. Bd. 8. S. 151) ist bereits der Grundsatz ausgesprochen, daß zu Urtheilen, welche theilweise definitive, theilweise interlokutorische sind, der Stempel sofort zu verwenden und nicht etwa bis zur definitiven Erledigung des interlokutorischen Theils vorzubehalten sei. Ist der definitiv erledigte Theil des Prozesses einer Schätzung nach Gelde nicht fähig und deshalb ein Stempel von 5—20 Rthlr. zu verwenden, so kann zwar der Umstand, daß die verschiedenen unschätzbaren Streitgegenstände möglicherweise durch ein und dasselbe Urtheil hätten entschieden werden können, auf die Bestimmung der Höhe des Stempels innerhalb der Grenze von 5 und 20 Rthlr. von Einfluß sein, nicht aber dahin führen, für jenes Urtheil nur einen aliquoten Theil jenes Stempels, z. B. wie geschehen, die Hälfte von 5 Rthlr. zu verwenden, indem dadurch der für unschätzbare Gegenstände im Minimum durch das Gesetz auf 5 Rthlr. bestimmte Satz in unzulässiger Weise herabgesetzt würde. Das Monitum erscheint hiernach begründet.

Nr. 11. Monitum 68 und 76. Wegen eines nach Rheinischem Rechte nicht vom Richter, sondern von den Parteien angelegten Arrestes muß in bestimmten Formen und Fristen der Richter angegangen werden, um über die Gültigkeit oder Ungültigkeit des Arrestes zu erkennen, widrigenfalls der Arrest von selbst seine Gültigkeit verliert. Hält der Richter dafür, daß die Entscheidung über die Gültigkeit des Arrestes von dem Ausgange eines anderweitigen Prozesses abhängig zu machen sei, so kann er den Arrestprozeß nur vertagen, und die vorläufige Aufrechthaltung des angelegten Arrestes, bis über die Hauptforderung anderweit entschieden sei, ist nur als ein, die nothwendige Entscheidung über die Gültigkeit des Arrestes vorbereitendes Erkenntniß anzusehen; die Verfügung vom 16. September 1841 sub Nr. 9 (Rhein. Samml. Bd. 7. S. 358) spricht nicht von solchen vorläufigen, sondern nur von definitiven Entscheidungen über die Gültigkeit oder Ungültigkeit eines angelegten Arrestes. Die Monita sind hiernach nicht begründet.

Die Positionen 51. 72 und 75 der Defekten-Tabelle betreffen sämmtlich gerichtliche Verhandlungen in einem Expropriationsverfahren zwischen der Bonn-Cölner Eisenbahn und N. Sämmtliche Verhandlungen gehen dem Gesetz vom 25. Juni 1857, betreffend die Abänderung des Expropriationsgesetzes vom 8. März 1810 (Rhein. Samml. Bd. 11. S. 345), voraus, sind also nach letzterem zu beurtheilen. Wie die Anlagen zu dem Bericht des Provinzial-Steuer-Direktors ergeben, wurde schon in dem ersten Stadium des Verfahrens für die Eisenbahngesellschaft die provisorische Vollstreckbarkeit der Einweisung in den Besitz vor definitiver Feststellung der Entschädigung beantragt. N. intervenirte und beantragte, die Einweisung in den Besitz nicht vor definitiver Feststellung der Entschädigung auszusprechen.

Durch Urtheil vom 11. Juli 1855 wurde die Einweisung der Gesellschaft in den Besitz provisorisch vollstreckbar erklärt, jedoch unter der Verpflichtung, die provisorisch festgesetzte Entschädigung von 23,835 Rthlr. zu zahlen, oder vielmehr so lange die Hypothekenfreiheit nicht nachgewiesen sei, zu hinterlegen. — Das Landgericht hatte dies Urtheil als stempelfrei behandelt, hat es aber auf das Monitum des Stempelfiskals insofern für stempelpflichtig erachtet, als darin wegen der Belastung mit Hypotheken die Hinterlegùng statt der Zahlung verordnet worden.

Es ist deshalb ein unbestimmter Werthstempel von 10 Rthlr. festgesetzt, womit sich der Provinzial-Steuer-Direktor einverstanden erklärt hat. Die provisorisch festgesetzte Entschädigungssumme wurde deponirt, und N., um in deren Besitz zu kommen, tilgte die Hypotheken und klagte nun, unter Vorbehalt der definitiven Feststellung der Entschädigung, auf Uebertragung der über die Hinterlegung ausgestellten Bank-Obligation oder Zahlung der vorläufig festgestellten Entschädigungssumme. Die verklagte Gesellschaft bestritt die Kompetenz des Landgerichts und beantragte eventuell das Urtheil nur gegen eine Kaution von 15,000 Rthlr. für vollstreckbar zu erklären. Das Landgericht erkannte durch Urtheil vom 5. November 1856 auf Herausgabe der Bank-Obligation resp. Auszahlung des Depositi, und verwendete zu dem Urtheile nur einen Stempel von 15 Sgr., weil es als Nebenerkenntniß zu dem ersteren anzusehen sei, und es sich nur von vorläufig festgestellter Entschädigung handele. Der Provinzial-Steuer-Direktor verlangt den Prozentstempel nach Maaßgabe der deponirten Summe mit 110 Rthlr. 10 Sgr. (Monitum 72).

Endlich klagt N. auf Löschung einer von der Gesellschaft auf Grund der vorerwähnten Urtheile auf seine Grundstücke genommenen Hypotheken-Inskription zum Betrage von 15,000 Rthlr. — Zu dem der Klage entsprechenden Urtheil vom 28. Juli 1856 wird ein unbestimmter Werthstempel von 5 Rthlr. verwendet. Der Provinzial-Steuer-Direktor verlangt einen Prozentstempel von 80 Rthlr. (Monitum 75).

In einer, durch das Justiz-Ministerialblatt Nr. 24 publizirten Verfügung vom 7. Mai d. J. sind die in Betreff der Stempelfreiheit beim Rheinischen Expropriationsverfahren zu befolgenden Grundsätze näher festgestellt. Danach ist angenommen, daß bei dem vor der Novelle vom 27. Mai 1857 (Rh. Samml. Bd. 11. S. 345) auf Grund des Gesetzes vom 8. März 1810 stattgefundenen gerichtlichen Verfahren die, auch die definitive Festsetzung der Entschädigung betreffenden gerichtlichen Verhandlungen stempelfrei sind. Es würde daher zu dem Urtheil vom 11. Juli 1855 kein Stempel zu verwenden gewesen sein. Das Urtheil vom 5. Mai 1856 (Monitum 72) betrifft dagegen einen mit der Besitzveränderung und Feststellung der Entschädigung in keinem nothwendigen Zusammenhange stehenden Prozeß, der seinen besonderen Grund in der Weigerung der Eisenbahngesellschaft hatte, die Bank-Obligation über die deponirten Gelder auszuhändigen, nachdem die Bedingung, unter welcher die Deposition statt der Zahlung gestattet war, ihre Erledigung gefunden hatte. Diese selbstständige Klage war auf Aushändigung der Bank-Obligation über eine bestimmte Summe oder deren Zahlung gerichtet. Es mußte daher ein Werthstempel nach Maaßgabe dieser Summe verwendet werden. Das Monitum ist hiernach begründet. Dagegen betrifft das Urtheil vom 28. Juli 1856 nicht, wie das bezogene Reskript vom 18. August 1855 Nr. 5 (Rhein. Samml. Bd. 11. S. 143), die Löschung einer für eine bestimmte Schuld genommenen Hypothek, sondern nur die Löschung einer vorläufig arbitrair auf 15,000 Rthlr. normirten Kaution zur Sicherheit einer möglichen Rückforderung. Das Interesse an dieser Löschung ist von unbestimmbarem Werthe und danach mit Recht der Stempel festgesetzt. Das Monitum 75 ist daher nicht begründet.

ad B. Aus der Defekten-Tabelle über die bei der II. Civilkammer des Landgerichts zu Coblenz abgehaltene Revision pro 1. Juli 1853 bis Ende 1856.

Nr. 15 des Berichts des Provinzial-Steuer-Direktors, Monitum 109. 116. Wenn der Gläubiger eines Miterben, indem er auf Grund des Art. 1166 des bürgerlichen Gesetzbuchs die Rechte seines Schuldners ausübt, auf Theilung der Erbschaft klagt, so gehört der Nachweis seiner Eigenschaft als Gläubiger zur legitimatio ad causam; aber die Entscheidung über die von dem Schuldner bestrittene Existenz und Höhe der Forderung gehört nicht in den gegen die Miterben beantragten Theilungsprozeß. Wird die Legitimation und die Pflicht zur Theilung nicht bestritten, so kann nur derjenige Stempel zu dem die Theilung verordnenden Urtheile verwendet werden, der für den Fall zu bestimmen war, daß der Schuldner selbst die Theilung beantragte. Die Monita sind hiernach nicht begründet.

Nr. 20. Monitum 122. Hier handelt es sich von der Löschung einer für die Forderung des Verklagten ad 1000 Rthlr. bestehenden Hypotheken-Inskription. Wie die Verfügung vom 18. August 1855 Nr. 5 (Rhein. Samml. Bd. 11. S. 143) bereits in einem ähnlichen Falle entschieden hat, muß ein Prozeßstempel nach Maaßgabe der Summe, für welche die zu löschende Inskription genommen wird, verwendet werden. Das Monitum erscheint hiernach begründet.

Nr. 22. Monitum 125. Die in dem Verfahren über Gütertrennung zwischen geschiedenen Eheleuten getroffene Incidententscheidung über die der Frau provisorisch aus der Masse zu gewährenden Alimente ist als ein vorbereitendes oder Neben-Erkenntniß anzusehen, zu welchem ein besonderer Stempel nicht verwendet wird. Das Monitum ist daher nicht begründet.

Nr. 23. Monitum 108. Ein Urtheil, durch welches zwischen den Gläubigern des Erblassers und den Benefizial-Erben die von diesen zum Zweck der Vertheilung unter jene Gläubiger zu repräsentirende Masse festgesetzt wird, ist als ein definitives anzusehen, zu welchem der Werthstempel nach Maaßgabe der festgesetzten Summe zu bestimmen, und dessen Verwendung nicht dem eventuellen Distributionsverfahren vorzubehalten ist. Es versteht sich von selbst, daß bei diesem Distributionsverfahren der Werthstempel nicht nochmals zu verwenden sein würde. Mit dieser Maaßgabe wird das Monitum 108 für begründet erklärt.

Berlin, den 9. September 1860.

Der Justiz-Minister.
Simons.

An
den Königl. Herrn Landgerichts-Präsidenten
und den Königl. Herrn Ober-Prokurator
zu Coblenz.

I. 3103. Rhein. Gener. 62. Vol. 9.

93.

Gesetz vom 21. September 1860, — betreffend die Abänderung des §. 83 der Steuerordnung vom 8. Februar 1819 und der Deklaration vom 6. Oktober 1821. Ges.-Samml. S. 433.

I. 3621. Steuersachen 13. Vol. 8.

94.

Verordnung vom 1. Oktober 1860, — betreffend die Gerichtsbarkeit über die Preußische Garnison der Bundesfestung Rastatt.

Im Namen Sr. Majestät des Königs.

Wir Wilhelm, von Gottes Gnaden Prinz von Preußen, Regent,

verordnen, auf Grund des §. 13 des Gesetzes vom 8. Juni 1860 (S. 188 dieses Bandes) was folgt:

§. 1.

Die durch die Order vom 19. Juli 1834 (Rhein. Samml. Bd. 4. S. 102) und den Artikel VIII. Absatz 1 des Gesetzes vom 26. April 1851 (Ges.-Samml. S. 184) wegen der Gerichtsbarkeit über die Preußischen Garnisonen der Bundesfestungen Mainz und Luxemburg getroffenen Bestimmungen werden hierdurch auch auf die in der Bundesfestung Rastatt stehende Preußische Garnison für anwendbar erklärt.

§. 2.

Die Gerichtsbarkeit über die zu dieser Garnison gehörigen Militairpersonen und Beamten, sowie über deren Angehörige in dem Umfange des gedachten Gesetzes soll dem Kreisgerichte zu Wesel zustehen.

Urkundlich unter Unserer Höchsteigenhändigen Unterschrift und beigedrucktem Königlichen Insiegel.

Gegeben Baden-Baden, den 1. Oktober 1860.

(L. S.) Wilhelm, Prinz von Preußen, Regent.

Simons. In Vertretung des Kriegsministers: Hering.

I. 3455. M. 100. Vol. 3.

95.

Allgemeine Verfügung vom 8. Oktober 1860, — betreffend die Mittheilungen in Untersuchungssachen gegen militairpflichtige Personen.

Nach den bestehenden Vorschriften sind die Beamten der Staatsanwaltschaft verpflichtet, von der Einleitung einer jeden Untersuchung wegen Verbrechen und Vergehen und demnächst von dem Tenor des rechtskräftigen Erkenntnisses dem betreffenden Landrathe und in denjenigen Städten, welche einem landräthlichen Kreise nicht angehören, der Behörde, durch welche die Aushebung der Militairpflichtigen bewirkt wird, Nachricht zu geben, falls der Beschuldigte das militairpflichtige Alter erreicht hat, aber zum Militairdienste noch nicht herangezogen ist.

Nach einer Mittheilung des Herrn Kriegs-Ministers haben diese Bestimmungen nicht genügt, um die Einstellung militairpflichtiger Personen, welche vor dem Eintritt in den Dienststand Verbrechen oder Vergehen verübt hatten, und deshalb auf Grund des §. 9 Th. II. des Militair-Strafgesetzbuches demnächst wieder aus dem Dienste entlassen werden mußten, zu vermeiden.

In Folge dessen wird hierdurch angeordnet, daß die vorgeschriebene Nachricht von der Einleitung einer Untersuchung wegen Verbrechen oder Vergehen auch in allen denjenigen Fällen erfolge, in denen der Beschuldigte zwar noch nicht das militairpflichtige Alter selbst erreicht hat, in denen aber vorauszusehen ist, daß er es im Laufe der Untersuchung erreichen werde.

Auch ist fortan, falls gegen Personen der genannten Art die Einleitung einer Voruntersuchung beschlossen wird, Seitens der Staatsanwaltschaft nicht erst von dem Eintritt der eigentlichen Untersuchung, sondern statt dessen schon von dem auf die Voruntersuchung gerichteten Antrage und der später etwa erfolgenden Einstellung des weiteren Verfahrens Mittheilung zu machen.

Schließlich aber werden die Polizeianwalte darauf aufmerksam gemacht, daß ihnen hinsichts derjenigen Vergehen, welche nach dem Gesetze vom 14. April 1856 (Rhein. Samml. Bd. 11. S. 177) zur Kompetenz des Einzelrichters gehören, eine gleiche Verpflichtung zu den Mittheilungen an die Verwaltungsbehörden obliegt, wie den übrigen Beamten der Staatsanwaltschaft, deren Funktionen sie nach Art. I. des Gesetzes vom 14. April 1856 und §. 28 der Verordnung vom 3. Januar 1849 (Ges.-Samml. S. 14) in den bezeichneten Sachen zu verrichten haben.

Berlin, den 8. Oktober 1860.

Der Justiz-Minister.
Simons.

An
sämmtliche Beamten der Staatsanwaltschaft.

I. 3394. S. 24. Vol. 9.

96.

Verfügung vom 8. Oktober 1860, — betreffend die Verjährung der Stempel.

Gesetz vom 31. März 1838 (Ges.-Samml. S. 249).
Gesetz vom 6. Juli 1845 (Rhein. Samml. Bd. 9. S. 41).

Nach den Gesetzen wegen Einführung kürzerer Verjährungsfristen vom 31. März 1838 §. 2 Nr. 8 in den Landestheilen, in welchen das Allgemeine Landrecht Kraft hat, und vom 6. Juli 1845 für die Landestheile, in welchen gemeines Recht gilt, sollen Forderungen auf Nachzahlung der von den Gerichten ꝛc. gar nicht oder zu wenig eingeforderter Stempel mit gewissen Ausnahmen, in vier Jahren verjähren. Diese Verjährung soll mit dem Ende des Jahres zu laufen beginnen, in welchem der Prozeß durch ein rechtskräftiges Erkenntniß beendet oder überhaupt die Forderung entstanden ist. — Zwar gelten die bezogenen Gesetze nicht im Bezirk des Appellationsgerichtshofes zu Cöln, aber es ist bald nach Erlaß des Gesetzes vom 31. März 1838 von den Ministerien der Justiz und der Finanzen anerkannt, daß in dieser Beziehung die Bewohner der Rheinprovinz wie diejenigen der anderen Provinzen behandelt werden müssen. In einer Verfügung des Herrn Finanz-Ministers an den Königlichen Provinzial-Steuer-Direktor zu Cöln vom 5. Juni 1842 wurde daher vorgeschrieben, daß Stempelrückstände, welche nach dem Gesetz vom 31. März 1838 als verjährt anzusehen seien, nicht gerügt werden sollten.

Bei der im Jahre 1857 vorgenommenen Revision der stempelpflichtigen Akten eines Landgerichts, die sich bis auf das Jahr

1853 zurückerstreckte, wurden in mehreren Fällen Monita gezogen, die das Landgericht nicht als richtig anerkannte, und die erst nach längeren Verhandlungen zwischen dem letzteren und der Steuerbehörde zur Entscheidung des Justiz-Ministers gelangten. Während dieser Verhandlungen war die Verjährungsfrist abgelaufen, und da jene Verhandlungen zwischen den Behörden nicht als eine Unterbrechung der Verjährung den Schuldnern gegenüber anzusehen waren, so mußten die fraglichen Stempeldefekte niedergeschlagen werden.

Um Aehnliches für die Zukunft zu vermeiden, ist von dem Herrn Finanz-Minister in einer Verfügung an den Königlichen Provinzial-Steuer-Direktor zu Cöln vorgeschrieben worden, daß in Fällen, in welchen der Eintritt einer solchen Verjährung nach Inhalt der aufgestellten Defekten-Tabellen zu besorgen ist, die revidirten Behörden hierauf mit dem Ersuchen aufmerksam zu machen seien, die Erledigung der bezüglichen Revisions-Erinnerungen besonders zu beschleunigen.

Die betreffenden Justiz-Behörden haben sich auch ihrerseits in solchen Fällen die schleunige Erledigung derartiger Monita angelegen sein zu lassen, und insbesondere auf das desfallsige Ersuchen der Stempelbehörde die gehörige Rücksicht zu nehmen. Sie werden daher angewiesen, hiernach nicht nur sich selbst zu achten, sondern auch an die Landgerichts-Präsidenten und Ober-Prokuratoren das Erforderliche zu verfügen.

Berlin, den 8. Oktober 1860.

Der Justiz-Minister.
Simons.

An
den Herrn Ersten Präsidenten des Königl. Appellationsgerichtshofes und den Königl. Herrn General-Prokurator zu Cöln.

I. 3425. Rhein. Gener. 62. Vol. 9.

97.

Verfügung vom 22. Oktober 1860, — betreffend die Anfertigung einer wiederholten schriftlichen Probearbeit bei der zweiten juristischen Prüfung.

Allgemeine Verfügung vom 30. Juni 1860 (S. 195 dieses Bandes).

Die allgemeine Verfügung vom 30. Juni 1860 (S. 195 dieses Bandes), nach welcher den Kandidaten der zweiten juristischen Prüfung, welchen zweimal ein Probereferat zugetheilt wurde, ohne daß es ihnen gelungen wäre, eine für probemäßig erachtete

Arbeit zu liefern, eine dritte schriftliche Probearbeit nicht ohne Genehmigung des Justiz-Ministers zugetheilt werden soll, ist auch im Bezirk des Appellationsgerichtshofes zu Cöln in Anwendung zu bringen. In einem solchen Falle ist von dem Landgerichts-Präsidenten und dem Ober-Prokurator jedesmal an Sie, den Herrn Ersten Präsidenten und den Herrn General-Prokurator, zu berichten und dieser Bericht von Ihnen mit Ihrer gutachtlichen Aeußerung, dem Justiz-Minister einzureichen. Sie haben hiernach die Landgerichts-Präsidenten und Ober-Prokuratoren mit Anweisung zu versehen.

Berlin, den 22. Oktober 1860.

Der Justiz-Minister.
Simons.

An
den Herrn Ersten Präsidenten des Königl. Appellationsgerichtshofes und den Königl. Herrn General-Prokurator zu Cöln.

I. 3713. Rhein. Offizianten-Sachen 7. Vol. 4.

98.

Allgemeine Verfügung vom 31. Oktober 1860, — betreffend die auf die Preußischen Besatzungen der Bundesfestungen Mainz, Luxemburg und Rastatt bezüglichen Requisitionen in Civil-Justizsachen.

Die Requisitionen der Gerichtsbehörden in Civil-Justizsachen um Aufnahme von Verhandlungen, betreffend die Vernehmung von Militairpersonen der Preußischen Garnisonen zu Mainz, Luxemburg und Rastatt, um Auszahlung von Geldern an dieselben, Vorlegung von Vormundschafts-Akten Behufs der Decharge-Ertheilung ꝛc. werden häufig, statt an die zuständigen Königlich Preußischen Kreisgerichts-Kommissionen zu Mainz, Luxemburg und Rastatt, an andere, zuweilen an ausländische Behörden oder an Militairbehörden adressirt.

Da hierdurch Verzögerungen und Weiterungen entstehen, so werden die Justizbehörden darauf aufmerksam gemacht, daß die Requisitionen in dergleichen Angelegenheiten an die in den Bundesfestungen Mainz, Luxemburg und Rastatt bestehenden Königlich Preußischen, zum Kreisgericht Wesel gehörigen Kreisgerichts-Kommissionen zu richten sind.

Berlin, den 31. Oktober 1860.

Der Justiz-Minister.
Simons.

An
sämmtliche Gerichtsbehörden.

I. 3617. M. 100. Vol. 3.

99.

Allerhöchster Erlaß vom 12. November 1860, — betreffend die Anciennetäts-Verhältnisse und die Gehaltsstufen der richterlichen Beamten.

Auf Ihren Bericht vom 31. Oktober d. J. bestimme Ich in Ergänzung des Erlasses vom 19. März 1850, betreffend die Anciennetätsverhältnisse, die Gehaltsstufen und den Rang der richterlichen Beamten, sowie der Beamten der Staatsanwaltschaft (Ges.-Samml. S. 274), was folgt:

1) Die Verleihung der zulässigen Gehaltszulagen an die richterlichen Beamten in den etatsmäßig feststehenden Gehaltsklassen ihrer Kategorie erfolgt nach Maaßgabe der Anciennetät. Dies hindert jedoch nicht, einzelne Richter von einem Gerichte an das andere, in den Grenzen, wie dies gesetzlich zulässig ist, mit einem ihrem Dienstalter entsprechenden Gehalte zu versetzen. Auch muß es bei den bisherigen Verwaltungsgrundsätzen hinsichtlich der den Einzelrichtern zu bewilligenden Zulagen so lange sein Bewenden behalten, als nicht hierzu ein besonderer Fonds ausgesetzt werden kann.
2) Wenn gegen einen Richter die Einleitung einer gerichtlichen oder Disziplinar-Untersuchung beschlossen worden, so ist bis nach Beendigung des Verfahrens das Einrücken desselben in höhere Gehaltsstufen auszusetzen. Eine Nachzahlung der solchergestalt zurückbehaltenen Gehaltszulagen findet nicht statt, wenn das Endurtheil auf Dienstentlassung oder auf Versetzung mit Verminderung des Diensteinkommens lautet, wogegen in allen übrigen Fällen eine Nachzahlung unter Zurückbeziehung der Verleihung auf denjenigen Zeitpunkt zu bewilligen ist, von welchem ab die Gehaltsverbesserung bei nicht stattgehabtem Untersuchungsverfahren zur Anweisung gelangt sein würde.
3) Ist gegen einen Richter im Disziplinarverfahren auf Versetzung mit Verminderung des Diensteinkommens erkannt, so ist die ausgesprochene Verminderung immer nur auf dasjenige Diensteinkommen zu beziehen, in dessen Genusse der Richter sich bei Einleitung der Untersuchung befunden hat.

Berlin, den 12. November 1860.

Im Namen Seiner Majestät des Königs:
Wilhelm, Prinz von Preußen, Regent.
Simons.

An den Justiz-Minister.
I. 4348. Justizfonds 41. Vol. 6.

100.

Allgemeine Verfügung vom 26. November 1860, — betreffend die Ausführung des Vertrages mit den Vereinigten Staaten von Nordamerika wegen Auslieferung flüchtiger Verbrecher.

Vertrag vom 16. Juni und 16. November 1852 (Rhein. Samml. Bd. 11. S. 522).

Nach Artikel I. des zwischen Preußen und anderen Staaten des Deutschen Bundes einerseits, und den Vereinigten Staaten von Nord-Amerika andererseits, wegen der in gewissen Fällen zu gewährenden Auslieferung der vor der Justiz flüchtigen Verbrecher abgeschlossenen Vertrages vom 16. Juni und 16. November 1852 ist den Richtern und anderen Behörden die Befugniß ertheilt, das beschuldigte Individuum, dessen Auslieferung beantragt wird, vor die Richter oder anderen Behörden zu stellen, damit der Beweis für die Strafbarkeit gehört und in Erwägung gezogen werde, und wenn bei dieser Vernehmung der Beweis für ausreichend zur Aufrechthaltung der Beschuldigung erkannt wird, soll es die Pflicht des prüfenden Richters oder der Behörde sein, selbigen für die betreffende exekutive Behörde festzustellen, damit ein Befehl zur Auslieferung eines solchen Flüchtlings erlassen werden könne.

In Betreff der Beweiskraft der den Nord-Amerikanischen Behörden in Auslieferungsfällen bei dergleichen zur Prüfung der Strafbarkeit des Flüchtlings stattfindenden Vernehmungen vorgelegten Verhandlungen und Dokumente hatten sich bei jenen Behörden Zweifel ergeben, welche Veranlassung zu Weiterungen geworden, ja der Ausführung der Auslieferung entgegengetreten sind.

Zur Beseitigung dieser Schwierigkeiten ist nunmehr von der Regierung der Vereinigten Staaten von Nord-Amerika durch Gesetz vom 22. Juni d. J. bestimmt worden:

daß die zur Begründung eines vertragsmäßigen Auslieferungs-Antrages beizubringenden Dokumente und Verhandlungen künftig als formell gültige Beweisstücke in Nord-Amerika anerkannt werden sollen, sobald ihnen

1) von den kompetenten Behörden des die Auslieferung nachsuchenden Staates die Beglaubigung beigefügt ist, daß sie nach den gesetzlichen Erfordernissen des letzteren Staates gültige Beweisstücke sind, und wenn außerdem

2) diese Beglaubigung von dem, in dem betreffenden Staate residirenden diplomatischen oder konsularischen Hauptvertreter der Vereinigten Staaten legalisirt ist.

Den Gerichtsbehörden wird dies mit der Anweisung bekannt gemacht, in den Fällen, in welchen die Auslieferung eines nach den Vereinigten Staaten von Nord-Amerika entflohenen Verbrechers auf Grund des Eingangs gedachten Vertrages vom 16. Juni und 16. November 1852 beantragt wird, die zur Begründung des Antrages erforderlichen Dokumente und Verhandlungen neben der vorschriftsmäßigen Legalisation mit der zu 1 gedachten Beglaubigung zu versehen, dahin:

daß die Schriftstücke hinsichtlich der Form nach den in Preußen bestehenden gesetzlichen Bestimmungen gültige Beweisstücke sind.

Diese Beglaubigung ist von den Justiz-Behörden erster Instanz den Urkunden und Verhandlungen, sowie den beglaubigten Abschriften beizufügen und von den vorgesetzten Behörden in den Legalisations-Vermerken zu bestätigen.

Demnächst sind die in dieser Weise beglaubigten Schriften mit den, die Auslieferung beantragenden Berichten dem Justiz-Minister, in besonders eiligen Fällen aber unmittelbar dem Ministerium der auswärtigen Angelegenheiten zur weiteren Veranlassung einzureichen.

Berlin, den 26. November 1860.

Der Justiz-Minister.
Simons.

An
sämmtliche Gerichtsbehörden.

I. 3658. Conventionen 26.

101.

Allgemeine Verfügung vom 27. November 1860, — betreffend die Mittheilungen in Untersuchungssachen gegen Angestellte der Eisenbahnverwaltungen.

Allgemeine Verfügungen vom 12. Juli und 18. August 1852 (Rhein. Samml. Bd. 10. S. 454 und 478).

In Erweiterung der allgemeinen Verfügungen vom 12. Juli und 18. August 1852, betreffend die Mittheilungen in Untersuchungssachen gegen Eisenbahn-Polizeibeamte werden in Folge eines Antrags des Herrn Ministers für Handel, Gewerbe und öffentliche Arbeiten die Beamten der Staatsanwaltschaft hierdurch angewiesen, von der Einleitung einer Untersuchung wegen

Verbrechens oder Vergehens gegen Angestellte der Eisenbahnverwaltungen aller Kategorien, sowie von deren Verhaftung, dem betreffenden Königlichen Eisenbahn-Kommissariat beziehungsweise der Königlichen Eisenbahn-Direktion unverzüglich Nachricht zu geben und ihnen demnächst auch den Tenor der ergangenen Entscheidungen mitzutheilen.

Berlin, den 27. November 1860.

Der Justiz-Minister.
Simons.

An
sämmtliche Beamte der Staatsanwaltschaft.

I. 4078. S. 24. Vol. 9.

102.

Allgemeine Verfügung vom 28. November 1860, — betreffend die Vollstreckung der Straferkenntnisse hinsichtlich der Konfiskate in Untersuchungen wegen unberechtigten Jagens.

§. 277 des Strafgesetzbuches.
Allgemeine Verfügung vom 6. Juli 1854 (Rhein. Samml. Bd. 11. S. 41).

Der §. 277 des Strafgesetzbuchs bestimmt:

Das Gewehr, das Jagdgeräth und die Hunde, welche der Thäter bei dem unberechtigten Jagen bei sich geführt hat, ingleichen die im §. 275 erwähnten Schlingen, Netze, Fallen oder anderen Vorrichtungen sind dem Fiskus im Strafurtheile zuzusprechen, ohne Unterschied, ob sie dem Angeschuldigten gehören oder nicht.

Es haben sich Zweifel darüber erhoben, wie bei der Vollstreckung der Straferkenntnisse, welche dieser Bestimmung gemäß die Gewehre, Jagdgeräthe u. s. w. dem Fiskus zusprechen, zu verfahren sei, insbesondere, in welchem Umfange die Gerichte und die Beamten der Staatsanwaltschaft resp. die Polizeianwalte die Herbeischaffung der Konfiskate zu bewirken verpflichtet sind.

Im Einverständniß mit den Herren Ministern für die landwirthschaftlichen Angelegenheiten und des Innern wird den Gerichten und den Beamten der Staatsanwaltschaft in dieser Beziehung Folgendes eröffnet:

I. Die Gerichte haben dergleichen Erkenntnisse von Amtswegen zu vollstrecken, mithin auch für die Herbeischaffung der konfiszirten Jagdgeräthschaften, welche demnächst in Gemäßheit der allgemeinen Verfügung vom 6. Juli 1854 nach Bewandniß des Falles entweder dem betreffenden Revier-Oberförster oder dem betreffenden Landrath zu übersenden sind, zu sorgen.

II. Die von dem Inhalte des §. 19 des Strafgesetzbuchs abweichende Vorschrift des §. 277 daselbst, daß die Jagdgeräthschaften dem Fiskus zuzusprechen sind, ohne Unterschied, ob sie dem Angeschuldigten gehören oder nicht, ist eine exzeptionelle und hat zur Folge, daß das Eigenthum und der Besitz der Geräthschaften durch das Erkenntniß (vergl. §. 60 Tit. 7 Thl. I. Allg. Landrechts) dem Fiskus übertragen wird, auch wenn ein Dritter bisher rechtmäßiger Eigenthümer des Geräthes gewesen ist. Soll die gedachte Vorschrift nicht ihre Wirksamkeit und den beabsichtigten Zweck verfehlen, so muß daher der Dritte das Geräth, in dessen Besitz er gefunden wird, herausgeben, ohne daß es eines besonderen Civil-Erkenntnisses gegen ihn bedarf, nnd ohne daß er sich auf die gesetzlichen Vorschriften des Civilrechts §§. 26 ff. Tit. 15 Thl. I. des Allg. Landrechts berufen könnte. (Vergl. §. 69 Tit. 14 Thl. II. ebend.) Es bleibt ihm vielmehr im geeigneten Falle nur der Entschädigungs-Anspruch an den Kontravenienten vorbehalten.

Anders verhält es sich aber, wenn das einem Dritten gehörige konfiszirte Geräth bei diesem nicht vorgefunden, oder wenn von ihm der Besitz bestritten, oder wenn die Identität des vorgefundenen mit dem beim unberechtigten Jagen gebrauchten Geräthe zweifelhaft ist. In diesen Fällen läßt sich aus dem Straferkenntnisse eine Befugniß zur Exekution gegen den Dritten nicht herleiten, weil bei Letzterem die Vollstreckung des Erkenntnisses, welches gegen seine Person nicht gerichtet ist, sich auf die Wegnahme des Konfiskats zu beschränken hat.

Der Dritte, bei der Kontravention nicht Betheiligte kann daher in den gedachten Fällen, wenn die konfiszirten Gegenstände bei ihm nicht vorgefunden werden, oder wenn die Identität der vorgefundenen zweifelhaft ist, auch nicht ohne Weiteres zur Ableistung des Manifestations-Eides angehalten, vielmehr muß, wenn er sich der Leistung dieses Eides weigert, in Gemäßheit §. 30 Tit. 22 Thl. I. der Allgemeinen Gerichts-Ordnung Klage gegen ihn angestellt, und über die Verbindlichkeit zur Ableistung des Eides ordentlich erkannt werden. Die Bestimmung des §. 56 Tit. 24 Thl. I. der Allgemeinen Gerichts-Ordnung ist auf dergleichen Fälle nicht anwendbar, sie setzt ein im Civilprozesse ergangenes Erkenntniß voraus, welches den Verklagten zur Herausgabe einer bestimmten Sache verurtheilt.

In Betreff des Kontravenienten, gegen welchen das Straferkenntniß ergangen ist, findet es dagegen, wenn die Konfiskate bei ihm nicht vorgefunden werden, und er die Angabe, wo sie sich befinden, verweigert, kein Bedenken, ihn ohne Weiteres und ohne vorangegangenen Civilprozeß zur Leistung des Manifestationseides anzuhalten, indem dies aus der Analogie der Bestimmungen §. 29 Nr. 5 und §. 31 Tit. 22 Thl. I. der Allgemeinen Gerichts-Ordnung gerechtfertigt erscheint.

III. In die Untersuchung wegen unberechtigten Jagens kann ein Dritter, welcher muthmaßlich das dabei gebrauchte Jagdgeräth besitzt, blos des Besitzes halber, sofern er nicht der Theilnahme an der Kontravention verdächtig und demzufolge Anklage gegen ihn zu erheben ist, nicht hineingezogen werden.

Wohl aber liegt es in den Befugnissen und Pflichten der Staatsanwaltschaft resp. Polizei-Anwaltschaft, während der Untersuchung die geeigneten Ermittelungen darüber zu veranlassen, wo sich das nicht sofort bei der That in Beschlag genommene Jagdgeräth befindet, damit es vorläufig mit Beschlag belegt werden könne. Behufs dieser Ermittelung ist auch die Vernehmung dritter Personen, die nicht angeschuldigt sind, unbedenklich statthaft.

Zur Mitwirkung für die Vollstreckung des Erkenntnisses ist die Staatsanwaltschaft aber nicht berufen.

Berlin, den 28. November 1860.

Der Justiz-Minister.
Simons.

An
sämmtliche Gerichte und Beamte
der Staatsanwaltschaft.

I. 4094. F. 49. Vol. 4.

103.

Allgemeine Verfügung vom 3. Dezember 1860, — betreffend die Befugniß zur Erhebung des Konflikts nach Maaßgabe des Gesetzes vom 13. Februar 1854 (Gesetz-Samml. S. 86).

Da von der Befugniß zur Erhebung des Konflikts, welche durch das Gesetz vom 13. Februar 1854 der vorgesetzten Provinzial- oder Central-Behörde des gerichtlich verfolgten Beamten beigelegt worden, nicht immer ein dem Sinne des Gesetzes entsprechender Gebrauch gemacht worden ist, so hat das Königliche

Staats-Ministerium beschlossen, die betheiligten Behörden auf folgende Gesichtspunkte aufmerksam machen zu lassen:

1) Nach der Rechtsprechung des Gerichtshofes zur Entscheidung der Kompetenz-Konflikte findet die Erhebung des Konflikts nur dann statt, wenn die vorgesetzte Provinzial- oder Central-Behörde des Beamten der Ansicht ist, daß derselbe innerhalb der Grenzen seiner Amtsbefugnisse gehandelt, oder eine ihm obliegende Amtshandlung nicht unterlassen habe. Wenn daher die Behörde anerkennt, daß der Beamte die Grenzen seiner Amtsbefugnisse überschritten, oder daß er eine ihm obliegende Amtshandlung unterlassen habe, und wenn sie gleichwohl glaubt, daß der Fall zu einer gerichtlichen Verfolgung nicht geeignet sei, so ist doch von der Erhebung des Konflikts abzusehen, und die Entscheidung darüber, ob unter den besonderen Umständen des Falles dem Beamten ein solches Verschulden, welches eine strafrechtliche oder civilrechtliche Verantwortlichkeit begründe, nicht zur Last falle, den Gerichten zu überlassen.

2) Aber auch in denjenigen Fällen, in welchen nach Ansicht der Behörde der Beamte seine Amtsbefugnisse nicht überschritten oder eine ihm obliegende Amtshandlung nicht unterlassen hat, ist zu erwägen, daß das Gesetz die Erhebung des Konflikts nur als Befugniß gestattet. Von dieser Befugniß ist nur dann Gebrauch zu machen, wenn es ganz unzweifelhaft erscheint, daß eine Amtsüberschreitung nicht stattgefunden habe.

3) Da endlich die Ermittelung der erheblichen Thatsachen unter allen Umständen nothwendig ist, und zwar sowohl für die Prüfung der Behörde, ob der Konflikt zu erheben, als für die Beurtheilung des Gerichtshofes zur Entscheidung der Kompetenz-Konflikte, ob derselbe begründet sei, so ist der Erhebung des Konflikts bis zur stattgefundenen Ausmittelung jener Thatsachen Anstand zu geben und nöthigenfalls erst in der zweiten Instanz der Konflikt zu erheben.

Sämmtlichen Gerichten und Beamten der Staatsanwaltschaft wird dies zur Kenntnißnahme resp. zur Beachtung mitgetheilt.

Berlin, den 3. Dezember 1860.

Der Justiz-Minister.
Simons.

An
sämmtliche Gerichte und Beamte
der Staatsanwaltschaft.

I. 4199. O. 37. Vol. 2.

104.

Allgemeine Verfügung vom 11. Dezember 1860, — betreffend das Verfahren bei der Untersuchung und Feststellung des Gemüthszustandes Russischer Unterthanen.

Von der Kaiserlich Russischen Regierung ist durch einen Ukas vom 13. (28.) März d. J. die Anordnung getroffen:

daß die Untersuchung und Feststellung des Gemüthszustandes Russischer Unterthanen, die im Auslande von einer Geisteskrankheit befallen worden sind, nach den Gesetzen des Landes, in welchem sie sich befinden, aber jederzeit unter Mitwirkung eines Abgeordneten oder Bevollmächtigten der Russischen Gesandtschaften oder Russischen Konsulate, die in dem betreffenden Lande angestellt sind, erfolgen solle, und daß nur die in solcher Weise aufgenommenen Akte in Rußland rechtliche Gültigkeit haben.

Die Gerichtsbehörden werden hiervon mit der Anweisung in Kenntniß gesetzt, im vorkommenden Falle, insoweit es sich als nöthig erweist, dem Königlichen Ministerium der auswärtigen Angelegenheiten behufs der weiteren Veranlassung in Betreff der von der Russischen Gesandtschaft oder dem Russischen Konsulate abzuordnenden Bevollmächtigten, von der bevorstehenden Untersuchung des Gemüthszustandes Anzeige zu erstatten, und bei den Verhandlungen selbst, deren Direktion übrigens dem Preußischen Richter verbleibt, die Bevollmächtigten zuzulassen.

Berlin, den 11. Dezember 1860.

Der Justiz-Minister.
Simons.

An
sämmtliche Gerichtsbehörden.

I. 3873. W. 7. Vol. 4.

105.

Verfügung vom 11. Dezember 1860, — betreffend die Stempelrevision beim Landgericht zu Aachen.

Allerhöchster Erlaß vom 16. Mai 1828 (Ges. Samml. S. 71).
Verf. vom 18. August 1855 (Rh. Samml. Bd. 11. S. 143).

Diejenigen Monita, welche von der Steuerbehörde bei der für den Zeitraum vom 1. Januar 1856 bis Ende Dezember 1858 beim dortigen Landgerichte vorgenommenen Stempelrevision erhoben sind, sollen im Einverständnisse mit dem Herrn Finanz-Minister, in nachstehender Weise erledigt werden.

A. Stempeldefekten-Tabelle, betreffend die I. Civilkammer des Landgerichts Aachen.

1) ad mon. 2. Das Urtheil auf die von einer Ehefrau gegen ihren Ehemann nicht etwa bei einer speziellen Prozedur, sondern ganz allgemein dahin gerichtete Klage, daß sie zum Erscheinen vor Gericht und zum Abschluß von Verträgen ermächtigt werde, ist kein Nebenerkenntniß, sondern muß als Haupterkenntniß über einen Gegenstand von unschätzbarem Werthe mit einem Stempel von 5—20 Rthlr. versehen werden.

2) ad mon. 29. Der Klage auf Theilung eines Nachlasses wurde principaliter der Antrag auf Abweisung entgegengesetzt, weil schon getheilt sei. Das Landgericht verordnete die Theilung, indem es nach den Erwägungsgründen die behauptete frühere Theilung nicht für erwiesen erachtete. Durch das Erkenntniß wurde ein wesentlicher Streitgegenstand entschieden und von der Steuerbehörde mit Recht der Unschätzbarkeitsstempel gefordert. Daß des Streitgegenstandes nicht in dem tenor sententiae, sondern nur in den Erwägungsgründen gedacht worden, ist nach Lage der Sache unerheblich.

3) ad mon. 35. 44. 52. Erkenntnisse, durch welche nach Vorschrift des Art. 816 der Bürgerlichen Prozeß-Ordnung Realanerbieten für gültig oder für ungültig erklärt werden, sind als Haupterkenntnisse im Sinne des Stempelgesetzes zu behandeln und es kann dabei nicht in Betracht kommen, ob etwa nach den Vorschriften des altländischen Prozeßrechts es keiner Entscheidung durch Erkenntniß, sondern nur einer Regulirung durch Dekrete bedürfen würde. Das Verfahren bezweckt die Befreiung von einer Schuld, deren Betrag oder deren Zahlungsweise streitig ist; der Gegenstand über welchen gestritten wird, ist daher derselbe, wie bei Klagen auf Zahlung, nur daß die Rollen der Parteien gewechselt sind. Es ist sonach der Prozentstempel zu verwenden, ohne daß es darauf ankommen kann, daß in den Fällen ad monita 44 und 52 zugleich die Löschung der für die hinterlegten Forderungen eingetragenen Hypothek verordnet ist, indem diese Löschung in dem vorliegenden Falle nur als eine Folge der gültig erklärten Hinterlegung und nicht als ein selbstständiger Streitgegenstand anzusehen ist. Die Monita sind hiernach begründet.

4) und 5) Monitum 63. Der Klage auf Theilung wurde der Einwand der Voreiligkeit entgegengesetzt, weil der fragliche Nachlaß vertragsmäßig fünf Jahre ungetheilt bleiben solle. Das Gericht erkannte unter Beseitigung jenes Einwandes dem Klageantrage gemäß. Es war daher, wie sub No. 2 ad mon. 29, der Unschätzbarkeitsstempel zu verwenden.

B. Stempeldefekten-Tabelle, betreffend die II. Civilkammer.

6) Monitum 5 betrifft den Fall der Gültigerklärung eines Realanerbietens und ist nach dem sub 3 ad mon. 35. 44 und 52 Gesagten zu erledigen.

7) Monita 10. 14. 36. In allen 3 Fällen handelt es sich um Klagen auf Alimente, jedoch nicht unter geschiedenen Ehegatten, sondern unter anderen Personen, namentlich um Alimentenforderungen von Enkeln gegen ihre Großeltern. Der Stempelfiskal berechnete den Stempel nach Vorschrift des Stempelgesetzes §. 4 lit. c. von dem 12½ fachen Betrage der zuerkannten jährlichen Alimente und defektirte die hiernach zu wenig angesetzten Stempelbeträge. Das Landgericht hält die bezogene Vorschrift des Stempelgesetzes schon um deswillen nicht für maßgebend, weil solche Alimentationen mit Nutzungsrechten und Leibrenten in keiner Analogie ständen, da letztere nur mit dem Leben des Berechtigten, erstere aber auch schon mit dem Absterben des Verpflichteten, ja selbst schon durch eine Veränderung in den Vermögensverhältnissen des Einen und des Anderen erlöschen könnten. Insbesondere aber wird ausgeführt, daß nach der Allerhöchsten Ordre vom 3. März 1828 die fraglichen Erkenntnisse stempelfrei seien. Diese Allerhöchste Ordre habe zwar den Fall einer Alimentenforderung geschiedener Eheleute betroffen; der für die Befreiung von dem Erkenntnißstempel ausgesprochene Grund:

> daß die im Hause empfangenen Alimente nicht besteuert seien und daher auch die erkannte nach der Scheidung außer dem Hause in Gelde zu prästirende Unterhaltung des geschiedenen Ehegatten nicht besteuert werden dürfe, da sie nur die vor der Trauung in natura zu prästirenden Alimente vertrete

passe aber auch auf die hier fraglichen Alimente zwischen Verwandten in auf- und absteigender Linie.

Abgesehen davon, daß die für Alimentenforderungen geschiedener Eheleute bewilligte Stempelfreiheit als Ausnahme von der Regel nicht auf andere Fälle ausgedehnt werden kann, enthielt die Allerhöchste Ordre vom 3. März 1828 Anordnungen für einen speziellen Fall und erst durch die Allerhöchste Ordre vom 16. Mai 1828 (Ges.-Samml. S. 71) wurde die Ausnahme für alle geschiedenen Eheleute, ohne Anführung jenes Grundes, vorgeschrieben. Hiernach kann keine Stempelfreiheit für die fraglichen Erkenntnisse in Anspruch genommen werden. Der Stempel ist aber nach Vorschrift des §. 4 c des Stempelgesetzes zu berechnen, da es sich von Prästationen auf unbestimmte Zeit handelt, die einer Leibrente gleichzuachten sind, welche nach dem ALR. Thl. I. Tit. 11. §. 606 zwar in der Regel für die Lebenszeit eines Menschen zu zahlen ist, deren Fortzahlung aber durch eine auflösende Bedingung auch früher aufhören kann. (§. 631 ibid.) Die gezogenen Monita sind daher begründet.

8) Monitum 11. Das Erkenntniß verordnete die Theilung, ungeachtet der Verklagte aus dem Grunde widersprochen hatte, weil nichts zu theilen sei. Das Monitum ist aus den oben sub No. 2 ad. mon. 29 angeführten Gründen für begründet zu erachten.

9) Monitum 7. Bei Klagen auf Auflösung eines Uebertragsvertrages und Ausantwortung der übertragenen Gegenstände ist, wie bereits mehrfach entschieden wurde, der Prozentstempel nach Maaßgabe des Werths der übertragenen Gegenstände zu verwenden. Das Monitum ist hiernach begründet.

10) Monitum 20. Die Klage war auf Verurtheilung zur Zahlung einer bestimmten Summe und Gültigerklärung eines dafür angelegten Arrestes angestellt. Das Gericht erklärte sich zur Entscheidung über die Hauptforderung inkompetent, hob aber den Arrest auf, weil den Erfordernissen des Art. 553 der Bürgerlichen Prozeß-Ordnung nicht entsprochen sei. Mit Recht fordert der Stempelfiskal den nach der eingeklagten Hauptforderung zu berechnenden Prozentstempel. Die Einwendung des Landgerichts, daß es sich nur theilweise inkompetent erklärt und die Klage nicht wegen Inkompetenz abgewiesen habe, sind nicht geeignet, eine Ausnahme von den mehrfach ausgesprochenen Grundsätzen über die Berechnung des Stempels bei Inkompetenzerklärungen zu rechtfertigen.

11) Monitum 26. Daß zu einem Erkenntniß auf Löschung einer Hypothekarinskription der zu verwendende Stempel nach der Summe zu berechnen ist, für welche Inskription besteht, ist bereits in der Verfügung vom 18. August 1855 Nr. 5 (Rhein. Samml. Bd. 11. S. 143 näher ausgeführt. Danach ist das Monitum begründet, und es bedarf keiner näheren Ausführung, daß die nach dem Tarif zum Stempelgesetz für stempelfrei erklärte Löschungsverfügung an den Hypothekenbuchführer nicht, wie das Landgericht aufstellt, mit dem die verweigerte Löschungsbewilligung des Schuldners vertretenden Erkenntniß auf Löschung der Inskription gleichgestellt werden kann.

12) Monitum 27. Der Richter erklärt sich inkompetent, weil die Sache ans Friedensgericht gehörte. Mit Recht fordert der Stempelfiskal den Prozentstempel, wie in dem Falle sub No. 10.

13) Monitum 53. Von 57 Einwohnern von G. wurde gegen die Gemeinde G. klagend beantragt zu erkennen, daß der Verklagten das Eigenthum an den 158 resp. 140 Morgen Weide nicht zustehe, daß dieses vielmehr, oder doch ein Miteigenthum den Klägern zustehe, oder schlimmstenfalls, daß dieselben an der fraglichen Grundfläche zum Schweidgange berechtigt seien, dem-

gemäß die von der Verklagten vorgenommenen Verfügungen für nichtig zu erklären und dieselbe zum Ersatze der bezogenen Nutzungen, sowie eines auf Status zu liquidirenden Schadensersatzes zu verurtheilen.

Mit Recht verlangt der Stempelfiskal, daß der Werthstempel nach dem Werthe der streitigen Grundfläche berechnet werde, denn nach dem angeführten Antrage der Kläger war von ihnen nicht, wie das Landgericht behauptet, lediglich der Schweidgang, sondern das Eigenthum der Grundfläche in Anspruch genommen. Es ist jedoch nachgegeben, daß die 57 Kläger nur eine Anzahl der Einsassen von G. sind, welche mit anderen Einsassen, deren Zahl unbekannt ist, ihr ratirliches Miteigenthum an jener Grundfläche geltend machten. Daß der Antheil der Kläger bei dem die Klage abweisenden Urtheile nicht bekannt war, kann es nicht rechtfertigen, den Unschätzbarkeitsstempel zu verwenden, vielmehr ist es der Steuerbehörde zu überlassen, den ratirlichen Antheil der Kläger an der streitigen Grundfläche näher zu ermitteln und nach dessen Werthe den Stempel zu liquidiren.

Berlin, den 11. Dezember 1860.

Der Justiz-Minister.
Simons.

An
den Königl. Herrn Landgerichts-Präsidenten
und den Königl. Herrn Ober-Prokurator
zu Aachen.

I. 4214. Rhein. Gener. 62. Vol. 9.

106.

Verfügung vom 12. Dezember 1860, — betreffend die Anstellung der Advokaten und deren Einmischung in die Funktionen der Anwälte.

Verfügung v. 17. November 1855 (Rhein. Samml. Bd. 11. S. 159).

Seit der Verfügung vom 17. November 1855 (Rh. Samml. Bd. 11. S. 159), nach welcher Advokaten im Bezirk des Appellationsgerichtshofes zu Cöln nur nach Maaßgabe des Bedürfnisses bei den einzelnen Gerichten ernannt werden sollen, hat sich die Zahl der unbesoldeten Assessoren in einer Weise gehäuft, daß dieselben weder hinreichend beschäftigt werden können, noch ihnen die ermuthigende Hoffnung auf eine in angemessener Zeit zu erlangende etatsmäßige Anstellung gewährt werden kann. Diesem für die Ausbildung und würdige Haltung der angehenden Justizbeamten und somit für das Ansehen der Gerichte bedenklichen

Umstande wird dadurch einige Abhülfe zu Theil werden, wenn dem Wunsche vieler jüngeren Justizbeamten, sie zu Advokaten zu ernennen, Statt gegeben wird. Da nun auch die Disziplinarräthe der Advokaten und Anwalte über die Zweckmäßigkeit der Aufrechterhaltung der Verfügung vom 17. November 1855 getheilter Meinung sind, so wird dieselbe hiermit vorläufig außer Wirkung gesetzt.

Sie werden veranlaßt, die Landgerichts-Präsidenten und Ober-Prokuratoren, sowie die Disziplinarräthe der Advokat-Anwalte von dieser Verfügung mit dem Bemerken in Kenntniß zu setzen, daß danach hinsichtlich der Ernennung zu Advokaten dasjenige Verfahren wieder eintrete, welches bis zu der Verfügung vom 17. November 1855 bestand, und daß auch diejenigen, welche vor oder nach bestandener dritter Prüfung ihre Ernennung zu Advokaten beantragt hätten, falls dies noch jetzt ihrem Wunsche entspreche, diesen Antrag wiederholen müßten. Sodann sind die genannten Behörden anzuweisen, darauf zu wachen, daß die Einmischung der Advokaten in die Funktionen der Anwalte verhindert und nicht geduldet werde, daß Anwalte zu den von Advokaten geführten Prozessen lediglich ihren Namen hergeben. Eine angemessene Handhabung der gegen das unerlaubte Postuliren bestehenden Gesetze wird genügen, dem in dieser Hinsicht hervorgetretenen Uebelstande abzuhelfen.

Berlin, den 12. Dezember 1860.

Der Justiz-Minister.
Simons.

An
den Herrn Ersten Präsidenten des Königl.
Appellationsgerichtshofes und den Königl.
Herrn General-Prokurator zu Cöln.

I. 305. Rhein. Offizianten-Sachen 33. Vol. 6.

XLVIII.

1861.

Gesetze, Verordnungen, Rescripte.

107.

Verfügung vom 14. Januar 1861, — betreffend die Abschaffung der für den Bibliotheksfond erhobenen Introduktionsgebühren.

Allgemeine Verfügung vom 2. Januar 1861 (Justiz-Minist.-Blatt S. 2).

Die nach den Justiz-Ministerial-Verfügungen vom 9. Januar 1824 und 6. Juli 1840 zur Bildung eines Fonds für die Bibliotheken des Appellationsgerichtshofes und der Landgerichte bisher erhobenen Gebühren für die Introduktion und Verpflichtung der Justizbeamten, sollen im Bezirk des Appellationsgerichtshofes zu Cöln, wie dies für die übrigen Landestheile durch die im Justiz-Ministerial-Blatt vom 4. Januar d. J. Nr. 1 publizirte Verfügung vom 2. Januar d. J. angeordnet ist, vom 1. Januar d. J. ab nicht mehr eingezogen werden. Sollten solche für eine im Laufe d. J. stattgefundene Einführung und Verpflichtung erhoben sein, so sind sie den Zahlenden zurückzuerstatten.

Die nothwendigen Anschaffungen für die Bibliotheken sind aus den Bureaukostenfonds zu bestreiten.

Berlin, den 14. Januar 1861.

Der Justiz-Minister.
v. Bernuth.

An
den Herrn Ersten Präsidenten des Königl. Appellationsgerichtshofes und den Königl. Herrn General-Prokurator zu Cöln.

I. 628. Justizfonds 61. Vol. 3.

108.

Allgemeine Verfügung vom 29. Januar 1861, — betreffend die Tarirung der Fahrpostsendungen im Bereich des Deutschen Postvereins.

Regulativ vom 3. Januar 1858 (Justiz-Minist.-Blatt S. 51).
Regulativ v. 3. Januar 1860 (Rh. Samml. Bd. 12. S. 161).
Postvereins-Vertrag vom 18. August 1860 (Ges.-Samml. von 1861 S. 25).

Nach einer Mittheilung des Herrn Ministers für Handel, Gewerbe und öffentliche Arbeiten ist auf der im vergangenen Jahre zu Frankfurt a. M. stattgehabten vierten Deutschen Postkonferenz das Prinzip angenommen worden, die bisher bestandene streckenweise Portofreiheit im Vereinsverkehr zu beseitigen, und diejenigen Vereins-Fahrpostsendungen, welche derselben theilhaftig waren, entweder im ganzen Vereinsgebiet für portofrei, oder im ganzen Vereinsgebiet für portopflichtig zu erklären.

Demzufolge ist im Art. 68 des unterm 18. August 1860 abgeschlossenen neuen Postvereins-Vertrages den gewöhnlichen Schriften- und Aktensendungen in reinen Staatsdienst-Angelegenheiten von Staats- und anderen öffentlichen Behörden des einen Postgebiets mit solchen Behörden eines anderen auch bei der Beförderung mit der Fahrpost die Portofreiheit im ganzen Bereiche des Deutschen Postvereins zugestanden worden, wenn sie in der Weise, wie es in dem Postbezirk der Aufgabe für die Berechtigung zur Portofreiheit vorgeschrieben ist, als Staatsdienstsache bezeichnet und mit dem Dienstsiegel verschlossen sind, auch auf der Adresse die absendende Behörde angegeben ist. Den Behörden sind diejenigen alleinstehenden Beamten, welche eine Behörde repräsentiren, gleichgestellt.

Alle anderen Fahrpostsendungen sind nach dem erwähnten Art. 68 im Postvereins-Verkehr vom Abgangs- bis zum Bestimmungsorte portopflichtig. Dahin gehören namentlich die Geldsendungen, Sendungen mit Postvorschüssen, mit baaren Einzahlungen und mit Gegenständen, die nicht in Schriften oder Akten bestehen, zwischen den Behörden, sowie alle Sendungen, die nicht in reinen Staatsdienst-Angelegenheiten oder nicht zwischen Behörden gewechselt werden.

Während demnach bei diesen Sendungen, welche bisher bis zur Preußischen Grenze frei waren, eine Beschränkung der Portofreiheit vom 1. Januar 1861 ab eintritt, findet in Betreff der Schriften- und Aktensendungen in reinen Staatsdienst-Angelegenheiten zwischen Behörden eine Erweiterung der Portofreiheit über das ganze Postvereinsgebiet statt.

In Folge der vorgedachten Bestimmungen des Art. 68 des Postvereins-Vertrages vom 18. August 1860, welcher mit dem 1. Januar d. J. in Kraft getreten ist, tritt an die Stelle des zweiten Absatzes im §. 9 der Regulative vom 3. Januar 1858 und vom 3. Januar 1860 über die Portofreiheit in Justizdienstsachen die folgende Bestimmung:

„In Betreff der Sendungen nach dem Auslande sind zu unterscheiden:

I. Sendungen nach solchen fremden Staaten, welche zum Deutschen Postverein gehören:

1) Korrespondenz-Sendungen (Briefschaften).

Dergleichen Sendungen, welche in reinen Verwaltungs-Angelegenheiten ergehen, und mit dem für diese bestimmten Rubrum versehen sind, werden bis zum Gewicht von 1 Pfund einschließlich auch auf den fremdherrlichen Gebietsstrecken im ganzen Postverein bis zum Bestimmungsorte portofrei befördert.

Ebenso findet bei Korrespondenz-Sendungen in Parteisachen, sofern diesen nach den vorangegangenen Bestimmungen der gedachten Regulative überhaupt die Portofreiheit zusteht, die freie Beförderung im ganzen Postvereinsgebiete statt, falls

a) dergleichen Sendungen das Gewicht von 4 Loth nicht erreichen oder übersteigen,

b) bei einem Gewicht von 4 Loth an bis ½ Pfund einschließlich die Beförderung mit der Briefpost durch einen Beisatz auf der Adresse ausdrücklich verlangt worden ist.

2) Fahrpostsendungen (Packete und Gelder, Briefe mit deklarirtem Werthe, mit baaren Einzahlungen und mit Postvorschüssen).

Im ganzen Gebiet des Postvereins werden gewöhnliche Packete mit Schriften und Akten in reinen Staatsdienst-Angelegenheiten von Staats- und anderen öffentlichen Behörden des einen Postgebiets mit solchen Behörden eines anderen, vom Abgangs- bis zum Bestimmungsorte portofrei befördert, wenn sie in der Weise, wie es in dem Postbezirk der Aufgabe für die Berechtigung zur Portofreiheit vorgeschrieben ist, als Staatsdienstsache bezeichnet und mit dem Dienstsiegel verschlossen sind, auch auf der Adresse die absendende Behörde angegeben ist.

Alle Fahrpostsendungen anderer Art sind im Postvereins-Verkehr vom Abgangs- bis zum Bestimmungsorte portopflichtig.

II. Sendungen nach solchen fremden Staaten, welche nicht zum Deutschen Postverein gehören.

Dergleichen Korrespondenz- und Fahrpostsendungen werden, sofern denselben nach den vorangegangenen Bestimmungen im Inlande die Portofreiheit zusteht, von dem Preußischen Porto frei gelassen, eine Befreiung von der Entrichtung des ausländischen Portos tritt dagegen nicht ein, es sei denn, daß besondere Verträge für gewisse Sendungen die Portofreiheit auch auf den ausländischen Strecken zusichern.

Die vorstehenden Bestimmungen werden hierdurch den Gerichtsbehörden und Beamten der Staatsanwaltschaft zur Nachachtung mit dem Eröffnen bekannt gemacht, daß es Seitens des Herrn Ministers für Handel, Gewerbe und öffentliche Arbeiten znr Vermeidung von Irrungen bei den Postanstalten für wünschenswerth erachtet wird, daß bei den seither bis zur Grenze portofrei gewesenen, künftig vom Abgangsorte an portopflichtig werdenden Sendungen Seitens der absendenden Stelle ein portofreies Rubrum nicht mehr angewendet werde.

Dic eintretenden Aenderungen beziehen sich übrigens durchweg nur auf Vereins-Fahrpostsendungen. In Betreff der Briefpostsendungen bleiben die bisherigen Festsetzungen in Kraft. Dasselbe gilt von den Briefpost- und Fahrpostsendungen, welche nach solchen fremden Staaten bestimmt sind, die nicht zum Deutschen Postverein gehören.

Berlin, den 29. Januar 1861.

Der Justiz-Minister.
v. Bernuth.

An
sämmtliche Gerichte und Beamte
der Staatsanwaltschaft.

I. 286. P. 2. Vol. 12.

109.

Verfügung vom 29. Januar 1861, — betreffend die Stellung der Advokaten in der Prozeßpraxis zu den Anwalten.

Was die künftige Stellung der Advokaten in der Prozeßpraxis und insbesondere zu den Anwalten betrifft, so war schon in dem von Ihnen beziehungsweise Ihrem Amtsvorgänger, unterm 14. Dezember 1852 erstatteten Berichte näher ausgeführt, daß der Uebelstand einer Einmischung der Advokaten in die Anwaltschaft bei mehreren Landgerichten durch die in dieser Beziehung stattgehabte Vereinigung der Anwalte merklich gemindert und durch strenge Handhabung der desfalls bestehenden Gesetze zu beseitigen sei. Es kann auch nicht als richtig anerkannt werden, daß in der bisherigen Praxis die Bedeutung einer Trennung zwischen Advokatur und Anwaltschaft überhaupt weggeräumt und der Begriff des unbefugten Postulirens völlig erloschen sei. Denn abgesehen davon, daß bei keinem Rheinischen Gerichte die Unterschrift eines Advokaten für genügend erachtet wurde, wo das Gesetz diejenige eines Anwalts erforderte, ergaben schon die in dem Berichte vom 12. Dezember 1854 erwähnten, bei verschiedenen Landgerichten getroffenen Vereinbarungen der Anwalte, daß man sich jenes Unterschiedes wohl bewußt war. Jedenfalls ist es ein nicht zu duldender Mißbrauch gewesen, wenn bei einzelnen Gerichten die Praxis eingerissen war, daß der gesetzlich allein verantwortliche Anwalt seine Unterschrift lediglich als eine Formalität, ohne Prüfung des Inhalts der Akten abgab. Diesem Mißbrauche entgegenzutreten, war die Absicht der am Schlusse der Verfügung vom 12. Dezember v. J. (S. 223 dieses Bandes) ertheilten Anweisung, bei der es event. dem erkennenden Richter überlassen bleiben muß, zu prüfen, ob und in wieweit die speziellen Vorschriften und Strafbestimmungen des Dekrets vom 19. Juli 1810 oder sonstige Disziplinar-Maaßregeln anwendbar sind. Es scheint jedoch, daß hin und wieder die Verfügung vom 12. Dezember v. J. zu Maaßregeln Veranlassung gegeben hat, die über ihren Zweck hinaus eine unbedingte Ausschließung der Advokaten von der Praxis bei den Landgerichten bewirken sollen. Soweit überhaupt eine Verpflichtung des Anwaltes zu Uebernahme von Mandaten gesetzlich besteht, ist dieselbe durch seine jetzt gleichzeitige Qualifikation als Advokat nicht aufgehoben. Er wird auch jetzt sich nicht weigern dürfen, in einer Sache blos als Anwalt zu fungiren und es ist zu erwarten, daß die Praxis den geeigneten Weg finden wird, um einerseits den bisherigen Mißbrauch der Anwaltschaft zu einem leeren Formalismus, andererseits aber auch die gleichzeitige Qualität der Anwalte als Advokaten nicht zu einer Vexation der Parteien und Advokaten zu mißbrauchen.

Berlin, den 29. Januar 1861.

Der Justiz-Minister.
v. Bernuth.

An
den Herrn Ersten Präsidenten des Königl. Appellationsgerichtshofes und den Königl. Herrn General-Prokurator zu Cöln.

I. 961. Rhein. Offizianten-Sachen 33. Vol. 6.

110.

Allgemeine Verfügung vom 30. Januar 1861, — betreffend die Diäten und Reisekosten der Forstschutzbeamten bei Wahrnehmung der Forstgerichtstage wegen Diebstahls an Holz und anderen Waldprodukten.

Nach §. 30 des Gesetzes vom 2. Juni 1852, betreffend den Diebstahl an Holz und anderen Waldprodukten (Rhein. Samml. Bd. 10. S. 429), sollen die Forstbeamten, welche die betreffenden Diebstähle entdeckt haben, durch ihre Dienstbehörde veranlaßt werden, an dem zur Verhandlung und Entscheidung bestimmten Tage in der Gerichtssitzung zu erscheinen. Die Wahrnehmung der Forstgerichtstage gehört hiernach zu den Dienstobliegenheiten der Forstschutzbeamten, und die Letzteren haben demgemäß für die zu diesem Zwecke zu unternehmenden Reisen keinen Anspruch auf eine Vergütigung von Reisekosten und Tagegeldern (Verfügung vom 18. März 1853 — Amtliche Ausgabe der Gerichtskostengesetze von 1854 S. 119). An diesen Bestimmungen ist für gewöhnliche Fälle auch ferner festzuhalten.

Wenn dagegen der Forstschutzbeamte inzwischen in einen anderen Forstgerichtsbezirk versetzt worden ist und deshalb als Belastungszeuge von dem Gericht förmlich vorgeladen werden muß, so können ihm die den Zeugen zustehenden Reisekosten und Tagegelder nicht versagt werden, dieselben sind vielmehr auf die gerichtlichen Fonds anzuweisen. Es muß jedoch in solchen Fällen jedesmal sorgfältig erwogen werden, ob nach Lage der betreffenden Sachen die Vorladung und der dadurch entstehende Kostenaufwand nicht vermieden werden kann.

Auf den Bezirk des Appellationsgerichtshofes zu Cöln findet zwar das Reskript vom 18. März 1853 keine Anwendung, vielmehr stehen dort den Forstbeamten in dem Falle, daß sie weiter als 1 Myriameter reisen müssen, nach Art. 3 des Dekrets vom 9. April 1813 dieselben Reisekosten, wie sonstigen Zeugen zu (Reskript v. 9. September 1840, Rhein. Samml. Bd. 7 S. 204), und es sind diese Reisekosten ohne Unterschied, ob die Forstbeamten nach Vorschrift des Gesetzes vom 2. Juni 1852 von der Forstbehörde angewiesen sind, zu erscheinen, oder ob die Justizbehörde sie vorgeladen hat, aus dem Kriminal-Fond zu gewähren. Zur Vermeidung der bei weiteren Entfernungen entstehenden erheblichen Auslagen muß jedoch in den angegebenen Fällen ebenfalls eine genaue Prüfung darüber stattfinden, ob das Erscheinen des Beamten auf dem Forstgerichtstage nach Lage der Sache wirklich geboten erscheint.

Die Gerichte und Beamten der Staatsanwaltschaft werden angewiesen, hiernach zu verfahren.

Berlin, den 30. Januar 1861.

Der Justiz-Minister.
v. Bernuth.

An
sämmtliche Gerichte und Beamte
der Staatsanwaltschaft.

I. 4552. Sportelsachen 48. Vol. 7.

111.

Verfügung vom 16. Februar 1861, — betreffend die Verminderung der beschlußfähigen Mitgliederzahl beim Gewerbegericht zu Solingen.

Verordnung v. 7. August 1846 (Rh. Samml. Bd. 9. S. 102).

In Erwiderung auf den Bericht vom 25. Januar d. J. wollen wir, dem Antrage des Gewerbegerichts zu Solingen vom 14. April 1859 entsprechend, die zur Beschlußfähigkeit des gedachten Gerichts erforderliche Mitgliederzahl, kraft der durch die Allerhöchste Verordnung vom 7. August 1846 §. 2 uns ertheilten Ermächtigung hierdurch auf fünf festsetzen. Ew. Hochwohlgeboren ersuchen wir, die betheiligten Behörden hiervon in Kenntniß zu setzen.

Berlin, den 16. Februar 1861.

Der Minister für Handel rc.
v. d. Heydt.

Der Justiz-Minister.
v. Bernuth.

An
den Königl. Herrn Ober-Präsidenten
zu Coblenz.

I. 755. Rhein. Gener.. 52. Vol. 6.

112.

Gesetz vom 26. Februar 1861, — wegen Ermäßigung der Rheinzölle.

Wir Wilhelm, von Gottes Gnaden, König von Preußen rc.

Nachdem die Regierungen der Deutschen Rheinufer-Staaten übereingekommen sind, von denjenigen Gegenständen, welche der durch den Supplementar-Artikel XVI. zur Rheinschifffahrts-Akte vom 31. März 1831 (Gesetz-Samml. für 1845 S. 587) festgesetzten ganzen oder der Viertels-Rheinzollgebühr unterworfen sind, mit Ausnahme von Bau- und Nutzholz nur die in dem anliegenden Tarif verzeichneten Gebühren erheben zu lassen, so verordnen Wir, mit Zustimmung beider Häuser des Landtages der Monarchie, was folgt:

§. 1.

Die im Eingange erwähnten Rheinzoll-Ermäßigungen treten bei Unseren Rheinzoll-Aemtern vom 1. März 1861 ab in Wirksamkeit.

Für Bau- und Nutzholz verbleibt es bei den durch die Verordnung vom 21. Juli 1851 (Gesetz-Samml. für 1851 S. 520) bestimmten Erhebungssätzen.

§. 2.

Der Finanzminister wird ermächtigt, für den Fall, daß die Regierungen der Deutschen Rheinufer-Staaten sich künftig über weitere Rheinzoll-Ermäßigungen oder Befreiungen für einzelne Artikel verständigen, die beschlossenen Ermäßigungen beziehungsweise Befreiungen auf Grund der getroffenen Vereinbarung zur Ausführung zu bringen.

§. 3.

Unser Finanzminister wird mit der Ausführung dieses Gesetzes beauftragt.

Urkundlich unter Unserer Höchsteigenhändigen Unterschrift und beigedrucktem Königlichen Insiegel.

Gegeben Berlin, den 26. Februar 1861.

(L. S.) Wilhelm.

Fürst zu Hohenzollern-Sigmaringen. v. Auerswald. v. d. Heydt. v. Schleinitz. v. Patow. Gr. v. Pückler. v. Bethmann-Hollweg. Gr. v. Schwerin. v. Roon. v. Bernuth.

I. 1030. Rhein. Gener. 89. Vol. 9.

Besonderer Tarif

zur Erhebung der Rheinzölle auf der Rheinstrecke von der Lauter bis Emmerich.

Ordnungs-Nummer.	Für die Rheinstrecke von	Für die Rheinstrecke bis	Bei der Fahrt abwärts an der Zollstelle zu	Bei der Fahrt aufwärts an der Zollstelle zu	Erhebungssatz. Cent.	Erhebungssatz. Mill.
	A. Von allen Gütern, welche der ganzen und der Viertels-Gebühr unterliegen.					
1.	der Lauter	Neuburg	Neuburg	Neuburg	--	07
2.	Neuburg	Mannheim	Neuburg	Mannheim	3	54
3.	Mannheim	Mainz	Mannheim	Mainz	4	25
4.	Mainz	Caub	Mainz	Caub	2	33
5.	Caub	Coblenz	Caub	Coblenz	1	84
6.	Coblenz	Andernach	Coblenz	Andernach	—	67
7.	Andernach	Linz	Andernach	Linz	—	53
8.	Linz	Cöln	Linz	Cöln	1	81
9.	Cöln	Düsseldorf	Cöln	Düsseldorf	1	75
10.	Düsseldorf	Ruhrort	Düsseldorf	Ruhrort	1	13
11.	Ruhrort	Wesel	Ruhrort	Wesel	1	06
12.	Wesel	zur Niederländ. Preuß. Gränze bei Schenkenschanz	Wesel	Emmerich	1	61
	B. Von den Gütern zur ganzen und Viertels-Gebühr, welche den Rhein verlassen und in die Lahn einlaufen.					
13.	Caub	zur Lahn	Caub	—	1	62
14.	der Lahn	Coblenz	—	Coblenz	—	21

Berlin, den 26. Februar 1861.

Fürst zu Hohenzollern-Sigmaringen. v. Auerswald. v. d. Heydt. v. Schleinitz. v. Patow. Gr. v. Pückler. v. Bethmann-Hollweg. Gr. v. Schwerin. v. Roon. v. Bernuth.

113.

Allgemeine Verfügung vom 26. Februar 1861, — betreffend die von Ausländern zur Eingehung einer Ehe in den Königlich Preußischen Staaten beizubringenden Ehekonsense.

Gesetz vom 13. März 1854 (Rhein. Samml. Bd. 11. S. 13).

Nach dem Gesetze vom 13. März 1854 haben Ausländer, welche in den Königlich Preußischen Staaten mit einer Inländerin oder Ausländerin eine Ehe schließen wollen, die Verpflichtung, durch ein Attest der Ortsobrigkeit ihrer Heimath nachzuweisen, daß sie nach dortigen Gesetzen, unbeschadet ihrer Staatsangehörigkeit, zur Eingehung einer Ehe im Auslande befugt sind, oder die nach diesen Gesetzen etwa erforderliche Erlaubniß zu der beabsichtigten Ehe erhalten haben.

Mit Bezug hierauf wird die nachstehende Zusammenstellung derjenigen Behörden, welche in den durch den Gothaer Vertrag wegen Uebernahme der Auszuweisenden vom 15. Juli 1851 (Ges.-Samml. S. 711) vereinigten Deutschen Bundesstaaten zur Ertheilung derartiger Ehekonsense befugt sind, den Gerichtsbehörden mit dem Bemerken zur Nachachtung bekannt gemacht, daß dieselbe auch durch die Regierungs-Amtsblätter zur Kenntniß der betreffenden Verwaltungs-Behörden und der Geistlichen gebracht werden wird.

Berlin, den 26. Februar 1861.

Der Justiz-Minister.
v. Bernuth.

An
sämmtliche Gerichtsbehörden.

I. 849. E. 32. Vol. 2.

a.

Zusammenstellung

derjenigen Behörden, welche in den durch den Vertrag wegen Uebernahme von Auszuweisenden d. d. Gotha, den 15. Juli 1851 (Ges.-Samml. S. 711) vereinigten Deutschen Bundesstaaten zur Ertheilung der Ehekonsense befugt sind, welche von den Angehörigen dieser Staaten, um in Preußen die Ehe schließen zu können, nach dem Gesetze vom 13. März 1854 (Rhein. Samml. Bd. 11. S. 13) beigebracht werden müssen.

In Preußen ist die Befugniß der Inländer zur Eingehung einer Ehe von der Zustimmung einer Verwaltungs-Behörde nicht abhängig gemacht.

Dagegen sind kompetent zur Ausstellung der Ehekonsense oder Trauscheine

1) im Königreich Bayern:

die Distrikts-Polizeibehörden, nämlich:

a) in den rechtsrheinischen Regierungsbezirken die Königliche Polizei-Direktion zu München, sowie die einer Kreis-Regierung unmittelbar untergeordneten Stadt-Magisträte zu Ingolstadt, München, Landshut, Passau, Straubing, Amberg, Regensburg, Bayreuth, Bamberg, Hof, Ansbach, Dinkelsbühl, Eichstädt, Erlangen, Fürth, Nürnberg, Rothenburg, Schwabach, Aschaffenburg, Schweinfurth, Würzburg, Augsburg, Donauwerth, Kaufbeuren, Kempten, Lindau, Memmingen, Neuburg und Nördlingen,

ingleichen die Königlichen Landgerichte

b) in dem Regierungs-Bezirke der Pfalz die Königlichen Land-Kommissariate;

2) im Königreich Sachsen:

die sämmtlichen Königlichen Gerichtsämter, sowie die Stadträthe. Die Bescheinigung derselben, daß der Verehelichung eines Sachsen im Auslande ein Hinderniß nicht entgegenstehe, bedürfen behufs ihrer Gültigkeit der Legalisation Seitens der betreffenden Königlichen Kreisdirektion;

3) im Königreich Hannover:

die Obrigkeiten (unteren Verwaltungs-Behörden). Diese Obrigkeiten sind in den Stadtgemeinden, auf welche die revidirte Städte-Ordnung vom 24. Juni 1858 Anwendung findet, den sogenannten selbstständigen Städten, die Magisträte, in den Landgemeinden, einschließlich derjenigen Städte und Flecken, auf welche das vorbezeichnete Gesetz keine Anwendung findet, die Königlichen Aemter.

An die Stelle der Letzteren treten im Bezirke des Herzogthums Aremberg die Standesherrlichen Herzoglich Arembergschen Aemter, im Bezirke des Landes Hadeln die Kirchspielsgerichte.

Die selbstständigen Städte des Königreichs sind gegenwärtig folgende, nämlich im Bezirke

1) der Landdrostei zu Hannover: Hannover, Hameln, Eldagsen, Münden, Pattensen, Bodenwerder, Neustadt am Rübenberge, Wunstorf und Nimburg;
2) der Landdrostei zu Hildesheim: Hildesheim, Goslar, Peine, Göttingen, Maringen, Münden, Northeim, Einbeck, Osterode und Duderstadt;
3) der Landdrostei zu Lüneburg: Lüneburg, Celle, Harburg, Uelzen, Winsen an der Luhe, Burgdorf, Gifhorn, Lüchow und Dannenberg;

4) der Landdrostei zu Stade: Stade, Verden, Buxtehude, Otterndorf und Bremervörde;
5) der Landdrostei zu Osnabrück: Osnabrück, Quackenbrück, Melle und Lingen;
6) der Landdrostei zu Aurich: Aurich, Emden, Leer, Norden und Esens;
7) der Berghauptmannschaft zu Clausthal: Clausthal;

4) im Königreich Württemberg:

die Königlichen Oberämter, sowie die Königliche Stadt-Direktion zu Stuttgart;

5) im Kurfürstenthum Hessen:

die Regierungs-Kommissionen, die Polizei-Direktionen und die Landrathsämter;

6) im Großherzogthum Baden:

die Bezirks-Verwaltungsbehörden (Stadt-, Ober- und Bezirks-Aemter);

7) im Großherzogthum Hessen:

die Großherzoglichen Kreisämter. Da übrigens nach der für die Provinz Rheinhessen bestehenden Gesetzgebung bei Verehelichungen kein Heirathskonsens erforderlich ist, während dies in den beiden anderen Großherzoglichen Provinzen der Fall ist, so werden eigentliche Heirathskonsense durch die Großherzoglichen Kreisämter der Provinz Rheinhessen nicht ausgestellt, sondern nur Bescheinigungen, daß es nach dortiger Gesetzgebung zur Abschließung einer Ehe der obrigkeitlichen Genehmigung nicht bedürfe, und daß daher insoweit der Verehelichung des Extrahenten ein Bedenken nicht entgegenstehe;

8) im Großherzogthum Oldenburg:

1) im Großherzogthum Oldenburg: die Großherzoglichen Aemter und die Magisträte der Städte Oldenburg, Jever und Varel;
2) im Fürstenthum Lübeck: die Großherzoglichen Aemter und der Magistrat der Stadt Eutin;
3) im Fürstenthum Birkenfeld: die Großherzogliche Regierung;

9) im Großherzogthum Sachsen-Weimar:

die Gemeindevorstände;

10) im Großherzogthum Mecklenburg-Schwerin:

a) in den Städten und deren Kämmereigütern: die Magisträte;
b) im Flecken Ludwigslust: das dortige Gericht;
c) in den Dominial-Ortschaften mit Einschluß der Domanial-Flecken: die Großherzoglichen Aemter;

d) in den ritterschaftlichen Gütern und Flecken: die Gutsbesitzer, beziehungsweise deren Mandatare;
e) in den Gütern der drei Landesklöster Dobertin, Malchow und Ribnitz: die Klosterämter;

11) im Großherzogthum Mecklenburg-Strelitz:
a) in den Städten und für deren Kämmereigüter: die Stadt-Magisträte;
b) in den Domanial-Ortschaften, sowie in den Flecken Mirow und Feldberg: die Großherzoglichen Aemter;
c) in den Großherzoglichen Kabinetsgütern: das Großherzogliche Kabinets-Amt zu Neu-Strelitz;
d) in den ritterschaftlichen Gütern: die Gutsherrschaften resp. deren Mandatare;
e) in den Kirchen-Oekonomiegütern zu Neu-Brandenburg und Friedland: die dortigen Kirchen-Oekonomieen;
f) im Fürstenthum Ratzeburg: die Großherzogliche Landvoigtei zu Schönberg;

12) im Großherzogthum Luxemburg:
sind die Bescheinigungen, zufolge welcher Luxemburgische Unterthanen zu ihrer gültigen Verheirathung im Auslande einer Erlaubniß ihrer Heimathsbehörde nicht bedürfen, von den Bürgermeistern der Gemeinden zu ertheilen;

13) im Herzogthum Braunschweig:
die Stadt-Magisträte und die Herzoglichen Kreis-Direktionen;

14) im Herzogthum Nassau:
die Herzoglichen Aemter;

15) im Herzogthum Sachsen-Altenburg:
sämmtliche zur Ausstellung von Heimathsscheinen berufene Heimathsbehörden (Gerichtsämter, delegirte Aktuariate, Stadträthe), deren Trauscheine jedoch wie die Heimathsscheine zu ihrer Gültigkeit noch der Beglaubigung der Herzoglichen Landesregierung bedürfen;

16) im Herzogthum Sachsen-Coburg-Gotha:
1) im Herzogthum Gotha: die Gemeindevorstände;
2) im Herzogthum Coburg: das Landrathsamt zu Coburg, das Justizamt zu Königsberg, die Magisträte zu Coburg, Neustadt und Rodach, sowie der Stadtrath in Königsberg;

17) im Herzogthum Sachsen-Meiningen:
die Herzoglichen Verwaltungsämter, die Magisträte der Städte Meiningen, Salzungen, Hildburghausen, Eisfeld, Sonneberg, Saalfeld, Pößneck und die Bürgermeister-Aemter Wasungen, Römhild, Themar, Heldburg, Unnerstadt, Schalkau, Gräfenthal, Lehesten, Camburg und der Stadtrath zu Crannichfeld;

18) im Herzogthum Anhalt-Bernburg:
die Herzoglichen Kreisämter zu Bernburg, Ballenstedt und Coswig;

19) im Fürstenthum Schwarzburg-Rudolstadt:
die Gemeindebehörden sowohl in den Städten, wie in den ländlichen Gemeinden;

20) im Fürstenthum Schwarzburg-Sondershausen:
die Fürstlichen Landräthe;

21) im Fürstenthum Reuß älterer Linie:
für die Städte die Stadträthe; für das platte Land die betreffenden Gerichtsbehörden; in Ansehung der Fürstlichen Beamten: die Fürstliche Landesregierung, und der Geistlichen und Lehrer: das Fürstliche Konsistorium;

22) im Fürstenthum Reuß jüngerer Linie:
die Fürstliche Regierung zu Gera;

23) im Fürstenthum Waldeck:
die Fürstlichen Kreisräthe;

24) im Fürstenthum Schaumburg-Lippe:
die Fürstliche Regierung;

25) im Fürstenthum Lippe:

1) in den Städten, sowie in dem Flecken Schwalenberg: die Magisträte;
2) auf dem Lande die Aemter;

26) im Landgrafthum Hessen-Homburg:
die Bürgermeister der fünf Bürgermeistereien als Civilstandsbeamte;

27) in der Freien Stadt Lübeck:

1) für die Stadt Lübeck und deren Vorstädte: die Kanzlei der freien Hansestadt Lübeck (Staatskanzlei);
2) für das Städtchen Travemünde und die zum Amtsbezirke gehörigen Dorfschaften: das Amt Travemünde;
3) für die übrigen Landbezirke: das Landamt;
4) für das den freien Städten Lübeck und Hamburg gemeinschaftliche Amt Bergedorf: das dortige Amt;

28) in der Freien Stadt Frankfurt:
für die Stadt die Stadt-Kanzlei, für die Landgemeinden das Land-Verwaltungsamt;

29) in der Freien Stadt Bremen:
der Polizei-Direktor der Stadt Bremen, die Landherren des Gebiets am rechten und am linken Weserufer und die Aemter Vegesack und Bremerhafen;

30) in der Freien Stadt Hamburg:
die Weddebehörde für die Stadt, die Patronate der beiden Vorstädte St. Pauli und St. Georg; die beiden Landherrenschaften der Gebiete der Marsch- und der Gerstlande und das Amt Ritzebüttel.

114.

Verfügung vom 18. März 1861, — betreffend die Stempelpflichtigkeit der auf Grund des Art. 571 der bürgerlichen Prozeß-Ordnung abgegebenen Erklärungen der Dritt-Arrestaten.

Mit Bezug auf Ihren Bericht vom 31. Dezember v. J. erhalten Sie, Herr General-Prokurator, hierbei Abschrift eines Schreibens des Herrn Finanz-Ministers vom 7. d. Mts.

> betreffend die Stempelpflichtigkeit der auf Grund des Art. 571 der Bürgerlichen Prozeß-Ordnung abgegebenen Erklärungen der Dritt-Arrestaten

und des demselben voraufgegangenen Schreibens des Justiz-Ministers vom 11. Januar d. J. zur Kenntnißnahme.

Berlin, den 18. März 1861.

Der Justiz-Minister.
In dessen Vertretung:
Müller.

An
den Königl. Herrn General-Prokurator zu Cöln.

I. 1222. Rhein. Gener. 62. Vol. 9.

Beilage.

a.

Euer Excellenz beehre ich mich auf das gefällige Schreiben vom 31. Oktober v. J. ganz ergebenst zu erwidern, daß ich über die darin zur Sprache gebrachte Frage:

> ob die nach Vorschrift des Art. 571 der Rheinischen Civil-Prozeßordnung in dem Arrest-Verfahren von dem Drittarrestaten auf der Gerichtsschreiberei abzugebende und zu affirmirende Erklärung über seine Schuld an den Arrestaten als ein besonders stempelpflichtiger Akt zu behandeln und namentlich mit dem Protokollstempel von 15 Sgr. zu belegen sei?

zuvörderst von dem General-Prokurator zu Cöln Bericht erfordert habe. Nach diesem Berichte vom 31. Dezember v. J. wird die Frage verneint und angezeigt, daß sie von der überwiegenden Mehrzahl der Landgerichte bisher in diesem Sinne behandelt sei. Ich kann mich dieser Ansicht nur anschließen.

Bei der Prozeßprocedur nach Rheinischem Recht ist die fragliche Erklärung nicht immer erst nach dem Urtheil über die Gültigkeit des Arrestes abzugeben, sie kann vielmehr nach Art. 568 l. c. in allen Fällen, in welchen Arrest auf Grund eines authentischen Titels angelegt ist, schon vor diesem Urtheil und gleich nach der im Art. 564 vorgeschriebenen Mittheilung der auf Gültigkeit des Arrestes gegen den Schuldner angestellten Klage von dem Drittarrestaten gefordert werden. In diesem Falle bildet jedenfalls die fragliche Erklärung eine im Laufe der Arrest-Procedur vorkommende Verhandlung. Aber auch in dem Falle, wenn die Erklärung nicht vor dem Urtheil über die Gültigkeit des Arrestes gefordert ist, oder, weil der Arrest nicht auf Grund eines authentischen Aktes angelegt wurde, nicht vorher gefordert werden konnte, erhält dieselbe keinen prozessualisch verschiedenen Charakter, sie ist nicht als eine Verhandlung, „welche nach erfolgtem Erkenntnisse in Folge des Prozesses stattfindet," namentlich nicht „als eine an sich stempelpflichtige Verhandlung wegen Vollziehung des Erkenntnisses," sondern vielmehr als eine Ergänzung des letzteren und der die ganze Procedur einleitenden Arrestanlage anzusehen. Ueberdies würde der Stempel für „Protokolle" nicht einmal in allen Fällen Platz greifen, da nach Art. 569 l. c. öffentliche Kassen, bei denen Arrest angelegt ist, nur ein Certifikat über die Schuld ausstellen und ein Affirmations-Protokoll gar nicht stattfindet. Daraus, daß die fragliche Erklärung im Falle ihrer Kontestation zu einem neuen Prozesse Anlaß geben kann, worauf von dem Provinzial-Steuer-Direktor zu Cöln am Schlusse seines Berichtes vom 18. Oktober 1860 Gewicht gelegt wird, folgt noch nicht, daß in diesem Falle die Erklärung und nicht vielmehr der Kontestations-Akt den Beginn der neuen Procedur bilde und noch weniger, daß sie deshalb, auch wenn sie nicht kontestirt worden, keinen integrirenden Theil der ersten Procedur bilden könne. Der Art. 576 l. c. sagt ausdrücklich, daß eine nicht kontestirte Erklärung zu keinen weiteren Procedur-Akten Anlaß geben dürfe, es kann daher in diesem Falle von einem nicht zu verwendenden Werthstempel keine Rede sein.

Euer Excellenz ersuche ich hiernach ganz ergebenst von dem Monitum Abstand zu nehmen und mich von dem Verfügten zu benachrichtigen.

Berlin, den 11. Januar 1861.

An v. Bernuth.

den Königl. Staats- und Finanz-Minister
Herrn Freiherrn v. Patow Excellenz.

I. 54.

b.

Euer Excellenz beehre ich mich den mir mittelst gefälligen Schreibens vom 11. Januar d. J. mitgetheilten Bericht des General-Prokurators zu Cöln vom 31. Dezember v. J., die Stempelpflichtigkeit der auf Grund des Art. 571 der Bürgerlichen Prozeß-Ordnung abgegebenen Erklärungen der Dritt-

Arrestaten betreffend, mit dem Bemerken ganz ergebenst zurückzusenden, wie ich der Annahme, daß kein besonderer Stempel zu den protokollarischen Erklärungen der Dritt-Arrestaten im Rheinischen Arrest-Verfahren (Art. 568 ff. der Rheinischen Civil-Prozeß-Ordnung) zu verwenden sei, nicht weiter entgegentreten will. Der Provinzial-Steuer-Direktor zu Cöln ist demnach angewiesen worden, die bei der Revision der Akten des Landgerichts zu N. vom Stempelfiskal gezogene diesfällige Erinnerung auf sich beruhen zu lassen.

Berlin, den 7. März 1861.

Im Auftrage des Herrn Finanz-Ministers:
An v. Pommer-Esche.
den Königl. Staats- und Justiz-Minister,
Herrn v. Bernuth Excellenz.

115.

Allgemeine Verfügung vom 19. März 1861, — betreffend den Besuch Oesterreichischer Universitäten.

Allerhöchste Order vom 13. Oktober 1838 (Rhein. Samml. Bd. 6. S. 607).

Allerhöchste Order vom 30. Juni 1841 (Rhein. Samml. Bd. 7. S. 305).

Da hinsichtlich der Anrechnung der Studienzeit, welche Inländer auf Oesterreichischen Universitäten zugebracht haben, bei Zulassung der Rechtskandidaten zur ersten juristischen Prüfung nicht überall gleichmäßig verfahren worden ist, so findet sich der Justiz-Minister im Einverständnisse mit dem Herrn Minister der geistlichen, Unterrichts- und Medizinal-Angelegenheiten veranlaßt, die betreffenden Gerichtsbehörden darauf aufmerksam zu machen, daß die über den Besuch ausländischer Universitäten bestehenden Vorschriften auch auf diejenigen Oesterreichischen Hochschulen in den zum Deutschen Bunde gehörigen Landestheilen Anwendung finden, welche mit den, den Deutschen Hochschulen eigenthümlichen Fakultäten ausgestattet sind, und bei welchen den ausländischen Studirenden der Besuch sämmtlicher Vorlesungen, insbesondere auch bei einer anderen Fakultät, als bei welcher sie inskribirt sind, freisteht, und hinsichtlich der Auswahl der Docenten die Studirenden keinerlei Zwang unterliegen.

Die eingezogenen amtlichen Nachrichten haben ergeben, daß die Universitäten zu Wien und Prag vollständig, diejenigen zu Graz und Innsbruck mit der Maaßgabe, daß eine medizinische Fakulät daselbst nicht besteht, eben so wie die übrigen Deutschen Universitäten organisirt sind.

Demzufolge wird hierdurch bestimmt, daß unter Aufrechthaltung der Allerhöchsten Order vom 30. Juni 1841, nach welcher Studirende, die dereinst eine Anstellung im Staatsdienste erhalten wollen, in der Regel mindestens drei Semester auf Preußischen Universitäten studirt haben müssen, die auf den genannten vier Oesterreichischen Universitäten zugebrachte Studienzeit auf das vorschriftsmäßige Triennium anzurechnen ist.

Berlin, den 19. März 1861.

Der Justiz-Minister.
v. Bernuth.

An sämmtliche Gerichtsbehörden.

I. 1161. U. 23. Vol. 2.

116.

Verfügung vom 26. April 1861, — betreffend die Ausstellung von Kautionsverschreibungen bei den im Bezirke des Appellationsgerichtshofes zu Cöln erfolgenden Kautionsbestellungen.

Verordn. vom 15. April 1837 (Rh. Samml. Bd. 6. S. 167).
Gesetz vom 21. Mai 1860 (Rh. Samml. Bd. 12. S. 184).

Mit Bezug auf Ihren Bericht vom 14. Januar d. J. betreffend die Ausstellung von Kautionsverschreibungen bei den im Bezirke des Appellationsgerichtshofes zu Cöln erfolgenden Kautionsbestellungen wird Ihnen, Herr General-Prokurator, anbei Abschrift der über diesen Gegenstand von dem Herrn Finanz-Minister an die Rheinischen Regierungen erlassenen Verfügung vom 8. d. Mts. zur Kenntnißnahme zugefertigt.

Berlin, den 26. April 1861.

Der Justiz-Minister.
In Vertretung:
Müller.

An
den Königl. Herrn General-Prokurator zu Cöln.

I. 1748. Rhein. Offizianten-Sachen 35. Vol. 2.

Anlage.

Nach §. 2 des Gesetzes vom 21. Mai v. J. wegen anderweitiger Einrichtung des Amts- und Zeitungs-Kautionswesens (Rhein. Samml. Bd. 12. S. 184) sind die dem Staate in Effekten zu bestellenden Kautionen bei denjenigen Kassen, welche zur Aufbewahrung derselben von den Verwaltungs-Chefs im

Einverständniß mit dem Finanz-Minister bestimmt werden, unterpfändlich niederzulegen. Die Niederlegung der zur Kaution gegebenen Staatspapiere ist demzufolge in der für die Bestellung von Faustpfändern vorgeschriebenen Form zu bewirken, und es ist mithin nach Art. 2074 des bürgerlichen Gesetzbuchs im Bezirke des Appellationsgerichtshofes zu Cöln die Ausstellung von Kautions-Verschreibungen erforderlich, welche von dem Kautionsbesteller und den Beamten derjenigen Kasse, bei welcher die Kaution zu hinterlegen ist, zu vollziehen und in welchen die in der Allerhöchsten Kabinets-Ordre vom 15. April 1837 (Rh. Samml. Bd. 6. S. 167) erwähnten eventuellen Ansprüche gegen den Beamten, zu deren Sicherung die Kaution dienen soll, anzugeben und die zur Kaution gegebenen Papiere zu bezeichnen sind.

Die Königliche Regierung wird veranlaßt, demgemäß bei den Kautions-Bestellungen in Ihrem Geschäftsbereiche verfahren zu lassen.

Berlin, den 8. April 1861.

Der Finanz-Minister.
Im Auftrage:
Horn.

An
die Königl. Regierungen zu Aachen, Coblenz, Cöln, Düsseldorf und Trier.

117.

Allgemeine Verfügung vom 1. Mai 1861, — betreffend das Verfahren der Gerichte bei Beschlagnahme falscher Münzen.

Allgemeine Verfügung vom 2. Januar 1826 (Rh. Samml. Bd. 3. S. 4).
Allgemeine Verfügung vom 11. September 1826 (Jahrbücher Bd. 28. S. 120).
Allgemeine Verfügung vom 21. Februar 1844 (Rh. Samml. Bd. 8. S. 240).
Allgemeine Verfügung vom 25. November 1846 (Rh. Samml. Bd. 9. S. 126).
Allgemeine Verfügung vom 22. September 1855 (Rh. Samml. Bd. 11. S. 147).

Nach einer Mittheilung des Herrn Finanz-Ministers sind von einzelnen Gerichtsbehörden die bestehenden Vorschriften, nach welchen alle in Beschlag genommenen falschen Münzen und zu deren Fabrikation benutzten Gegenstände nach geschlossener oder auch bei unterbliebener Untersuchung an die Königlichen Regierungen zur weiteren Beförderung an die Münzverwaltung behufs der Vernichtung abzuliefern sind, nicht befolgt worden, indem der letzteren viele, schon vor Jahren ihr zur Begutachtung vorgelegene falsche Münzen zur Vernichtung nicht wieder zugekommen sind.

Sämmtliche Gerichtsbehörden werden daher angewiesen, die bei ihnen verhandelten, noch vorhandenen Akten in Untersuchungssachen wegen Münzverbrechen und Münzvergehen zu dem Zwecke einer Prüfung zu unterwerfen, um zu ermitteln, ob und in wieweit entbehrlich gewordene falsche Münzen und Münzapparate bisher zurückbehalten worden sind, und diese zurückbehaltenen Münzen und Apparate nachträglich an die betreffenden Regierungen zur Weiterbeförderung an die Königliche Münz-Direktion abzuliefern.

Zugleich wird den Gerichtsbehörden empfohlen, bei diesen und allen künftigen Ablieferungen gleichen Zweckes, nicht allein die Untersuchungssache, in welcher die falschen Münzen und die zu deren Anfertigung benutzten Gegenstände vorgelegen haben, anzugeben, sondern auch auf das betreffende Gutachten der Königlichen Münz-Direktion Bezug zu nehmen.

Berlin, den 1. Mai 1861.

Der Justiz-Minister.
v. Bernuth.

An
sämmtliche Gerichtsbehörden.

I. 1840. Criminalia 122. Vol. 3.

118.

Allgemeine Verfügung vom 21. Mai 1861, — betreffend die Zulassung jüdischer Rechtskandidaten zur Auskultator-Prüfung.

Allgemeine Verfügung vom 10. Juli 1857 (Rhein. Samml. Bd. 11. S. 355).

Unter Zurücknahme der allgemeinen Verfügung vom 10. Juli 1857 (Rhein. Samml. Bd. 11. S. 355), welche den Eintritt jüdischer Rechtskandidaten in den Justizdienst bis auf Weiteres nicht mehr gestattete, werden sämmtliche Obergerichte angewiesen, Rechtskandidaten jüdischer Religion zur Prüfung für die Auskultatur und zur demnächstigen Beschäftigung bei den Gerichten wieder zuzulassen.

Berlin, den 21. Mai 1861.

Der Justiz-Minister.
v. Bernuth.

An
sämmtliche Obergerichte

I. 2355. J. 19. Vol. 3.

119.

Gesetz vom 24. Mai 1861, — betreffend die Erweiterung des Rechtsweges.

Wir Wilhelm, von Gottes Gnaden, König von Preußen ꝛc., verordnen, mit Zustimmung der beiden Häuser des Landtages der Monarchie, was folgt:

Erster Abschnitt.

In Beziehung auf die Ansprüche der Staatsbeamten wegen ihrer Diensteinkünfte.

§. 1.

Ueber vermögensrechtliche Ansprüche der Staatsbeamten aus ihrem Dienstverhältniß, insbesondere über Ansprüche auf Besoldung, Pension oder Wartegeld, findet mit folgenden Maaßgaben der Rechtsweg statt.

§. 2.

Die Entscheidung des Verwaltungschefs muß mit Ausnahme des Falles, wo ein Beamter durch eine von der Ober-Rechnungskammer getroffene Festsetzung verkürzt zu sein glaubt, der Klage vorhergehen, und letztere sodann bei Verlust des Klagerechts innerhalb sechs Monaten, nachdem dem Beamten die Entscheidung des Verwaltungschefs oder die Festsetzung der Ober-Rechnungskammer bekannt gemacht worden, angebracht werden.

§. 3.

Die Klage ist gegen diejenige Provinzialbehörde des betreffenden Verwaltungsressorts und in Ermangelung einer solchen, sowie Seitens der Justizbeamten im Bezirke des Appellationsgerichtshofes zu Cöln, gegen diejenige Bezirksregierung zu richten, in deren Amtsbezirk der Beamte zu der Zeit, wo der streitige Anspruch entstanden ist, vermöge seines dienstlichen Wohnsitzes seinen persönlichen Gerichtsstand gehabt hat. Der Stadtbezirk von Berlin wird in dieser Beziehung zum Bezirk der Regierung zu Potsdam gerechnet.

Für Prozesse von Beamten in den Hohenzollernschen Landen ist die Regierung in Sigmaringen zur Vertretung des Fiskus befugt.

§. 4.

Das Rechtsmittel der Appellation und der Nichtigkeitsbeschwerde, beziehungsweise der Kassationsrekurs, steht beiden Theilen auch dann zu, wenn der Betrag der streitigen Forderung die für jene Rechtsmittel sonst vorgeschriebene Summe nicht erreicht.

§. 5.

Die Entscheidungen der Disziplinar- und Verwaltungsbehörden darüber, ob und von welchem Zeitpunkt ab ein Beamter aus seinem Amte zu entfernen, einstweilen oder definitiv in den Ruhestand zu versetzen oder zu suspendiren sei, über die Verhängung von Ordnungsstrafen, sowie darüber, ob und wie weit eine geforderte Vergütigung in Ermangelung eines vorher bestimmten Betrages oder Maaßstabes derselben mit der betreffenden Leistung im Verhältniß stehe, sind für die Beurtheilung der vor den Gerichten geltend gemachten vermögensrechtlichen Ansprüche maaßgebend.

§. 6.

Ingleichen sind bei der richterlichen Beurtheilung nächst den, dem Beamten besonders ertheilten Zusicherungen und den Bestimmungen der allgemeinen Landesgesetze, die zur Zeit der Entstehung des streitigen Anspruchs in Kraft gewesenen Königlichen Anordnungen, sowie die Seitens der Centralbehörden ergangenen, den Provinzialbehörden mitgetheilten und die mit Genehmigung der Centralbehörden von den Provinzialbehörden erlassenen allgemeinen Verfügungen, soweit solche nicht den Gesetzen oder Königlichen Anordnungen zuwiderlaufen, zum Grunde zu legen.

§. 7.

Soweit über vermögensrechtliche Ansprüche der Staatsbeamten bereits vor dem Eintritt der Gesetzeskraft des §. 1 von dem Könige oder dem Staatsministerium entschieden worden ist, können dieselben bei den Gerichten nicht weiter verfolgt werden.

§. 8.

Alle den §§. 1 bis 7 entgegenstehenden Bestimmungen sind aufgehoben.

Zweiter Abschnitt.

In Beziehung auf öffentliche Abgaben im Allgemeinen.

§. 9.

Wegen allgemeiner Anlagen und Abgaben (§§. 36. 41 der Verordnung vom 26. Dezember 1808, Ges.-Samml. von 1817 S. 283, §§. 78. 79 Theil II. Titel 14 Allgemeinen Landrechts) kann auf Grund der Behauptung, daß die einzelne Forderung bereits früher getilgt oder verjährt sei, die Klage auf Erstattung des Gezahlten angestellt werden, jedoch bei Verlust des Klagerechts nur binnen spätestens sechs Monaten nach erfolgter Beitreibung oder geleisteter Zahlung.

§. 10.

Der Rechtsweg findet ferner statt, wenn der Herangezogene behauptet, daß die geforderte Abgabe keine öffentliche Abgabe sei, sondern auf einem aufgehobenen privatrechtlichen Fundamente, insbesondere einem früheren gutsherrlichen, schutzherrlichen oder grundherrlichen Verhältnisse beruhe.

Dritter Abschnitt.

In Beziehung auf die Stempelsteuer.

§. 11.

Wer zur Entrichtung eines Werthstempels oder eines nicht nach dem Betrage des Gegenstandes zu bemessenden Vertragsstempels gar nicht oder nicht in dem geforderten Betrage verpflichtet zu sein vermeint, ist befugt, dies gerichtlich geltend zu machen.

§. 12.

Die Klage ist bei Verlust des Klagerechts binnen sechs Monaten nach erfolgter Beitreibung oder mit Vorbehalt geleisteter Zahlung des Stempel-Betrages anzubringen. Hinsichtlich der Stempel, welche zu Gerichtskassen eingezogen werden, ist die Klage gegen die betreffende Salarienkassen-Verwaltung, in allen übrigen Fällen gegen die zur Verwaltung der indirekten Steuern bestimmte Provinzialbehörde zu richten.

§. 13.

Das Rechtsmittel der Appellation und der Nichtigkeitsbeschwerde, beziehungsweise der Kassationsrekurs, steht beiden Theilen auch dann zu, wenn der Betrag der streitigen Abgabe die für jene Rechtsmittel sonst vorgeschriebene Summe nicht erreicht.

§. 14.

Wenn gegen den Herangezogenen wegen Defraudation einer der im §. 11 gedachten Stempelabgaben ein gerichtliches Strafverfahren anhängig wird und derselbe sich darauf beruft, daß er zur Zahlung der geforderten Steuer nicht verpflichtet sei, so hat der Strafrichter das Erkenntniß auszusetzen und dem Angeschuldigten eine, nach den Umständen abzumessende, höchstens zweimonatliche Frist zu bestimmen, binnen welcher derselbe von der im §. 11 ertheilten Befugniß, den Rechtsweg zu beschreiten, Gebrauch machen und, daß dies geschehen, nachweisen muß. Hält er diese Frist nicht inne, oder steht er ausdrücklich oder stillschweigend von der Klage ab, in welchem Fall deren Wiederaufnahme oder wiederholte Anstellung nicht gestattet ist, so hat das Strafverfahren seinen Fortgang. Andernfalls ist das im Civilprozeß ergangene End-Urtheil für die Untersuchung maaßgebend.

Vierter Abschnitt.

In Beziehung auf Kirchen-, Pfarr- und Schulabgaben.

§. 15.

Das rechtliche Gehör ist in Beziehung auf die in Nummer 1 der Allerhöchsten Order vom 19. Juni 1836 (Gesetz-Samml. S. 198) aufgeführten Abgaben und Leistungen, welche für Kirchen und öffentliche Schulen oder für deren Beamte auf Grund einer notorischen Orts- oder Bezirksverfassung erhoben werden, desgleichen in Beziehung auf Forderungen öffentlicher Schul- und Erziehungsanstalten an Schul- und Pensionsgeld fortan unbedingt gestattet. In Beziehung auf solche Abgaben und Leistungen, welche auf einer allgemeinen gesetzlichen Verbindlichkeit, bezüglich auf einer, von der aufsichtführenden Regierung in Gemäßheit gesetzlicher Bestimmung angeordneten oder exekutorisch erklärten Umlage beruhen, findet der Rechtsweg aber nur insoweit statt, als dies bei öffentlichen Abgaben der Fall ist.

§. 16.

Die Bestimmung in der Nummer 3 der Allerhöchsten Order vom 19. Juni 1836 wird aufgehoben.

Urkundlich unter Unserer Höchsteigenhändigen Unterschrift und beigedrucktem Königlichen Insiegel.

Gegeben Berlin, den 24. Mai 1861.

(L. S.) Wilhelm.

Fürst zu Hohenzollern-Sigmaringen. v. Auerswald. v. d. Heydt. v. Schleinitz. v. Patow. Gr. v. Pückler. v. Bethmann-Hollweg. Gr. v. Schwerin. v. Roon. v. Bernuth.

I. 2609. R. 27. Vol. 3.

120.

Verfügung vom 6. Juni 1861, — betreffend die Kontrole der Stempel-Erhebung bei den Friedensgerichten in der Rheinprovinz.

Aus Veranlassung der bei einzelnen Friedensgerichten im Bezirk des Appellationsgerichtshofes zu Cöln vorgekommenen Stempeldefekte werden sämmtliche Friedensrichter hiermit angewiesen, eine Kontrole der ihren Gerichtsschreibern obliegenden Erhebung der gerichtlichen Stempel in der Weise auszuüben, daß sie sich vierteljährlich davon überzeugen, ob die im Repertorium ausgeworfenen Stempel wirklich kassirt oder den Steuerbehörden vorschriftsmäßig überwiesen worden sind.

Berlin, den 6. Juni 1861.

Der Justiz-Minister.
v. Bernuth.

An
sämmtliche Friedensrichter im Bezirk des Königl. Appellationsgerichtshofes zu Cöln.

I. 2455. Rhein. Gener. 62. Vol. 9.

121.

Gesetz vom 24. Juni 1861, — betreffend die Errichtung einer Depositenkasse für den Bezirk des Appellationsgerichtshofes zu Cöln.

Wir Wilhelm, von Gottes Gnaden, König von Preußen ꝛc.

verordnen, mit Zustimmung beider Häuser des Landtages der Monarchie, für den Bezirk des Appellationsgerichtshofes zu Cöln, was folgt:

§. 1.

Für die Hinterlegung von baarem Gelde, welche entweder von einem Schuldner, um sich von seiner Verbindlichkeit zu befreien (Artikel 1257 des Rheinischen Civilgesetzbuchs), oder nach richterlicher Anordnung, oder überhaupt nach Vorschrift der Gesetze geschehen muß, wird eine Depositenkasse errichtet, die ihren Sitz zu Cöln hat und dem Finanzminister untergeordnet ist.

§. 2.

Die Direktion der Depositenkasse wird einer kollegialischen, aus einem Direktor und zwei Mitgliedern bestehenden Behörde übertragen, welche ihre Beschlüsse nach Stimmenmehrheit faßt. Dem Direktor gebührt die obere Leitung und Beaufsichtigung des Geschäftsganges, mit der Befugniß, die Ausführung eines Beschlusses bis zur Entscheidung des Finanzministers zu suspendiren. Das zweite Mitglied versieht zugleich die Funktion eines Justitiarius. Dem dritten Mitgliede, welches den Amtstitel „Rendant der Depositenkasse" erhält, liegt die Buch- und Kassenführung ob, zu welchem Zweck ihm ein Kontroleur zur Seite gestellt wird.

Die Stelle des Direktors kann nur einem Beamten, welcher zum höheren Verwaltungsdienst, und die Stelle des zweiten Mitgliedes einem Beamten, welcher znm höheren Justizdienst im Gebiete des Rheinischen Rechts befähigt ist, übertragen werden. Beide Stellen sind in der Regel nur als Nebenämter nach

Maaßgabe der Kabinetsorder vom 13. Juli 1839 (Ges.-Samml. S. 235) zu verleihen.

Die Ernennung des Direktors und der beiden Mitglieder, sowie die Anstellung des erforderlichen Hülfspersonals erfolgt durch den Finanzminister. Ihre Vertretung während vorübergehender Verhinderung kann durch das Präsidium der Regierung zu Cöln angeordnet werden.

§. 3.

Die Depositenkasse verwaltet die bei ihr hinterlegten Gelder für Rechnung des Fiskus. Die Staatskasse haftet den zum Empfange der Gelder Berechtigten für Kapital und Zinsen nach Maaßgabe der allgemeinen und der in diesem Gesetze enthaltenen besonderen Vorschriften.

§. 4.

Die bei der Depositenkasse eingehenden Gelder, für welche keine anderweitige Verwendung angemessen befunden wird, sind bei der Preußischen Bank zu belegen, welche in Gemäßheit des Vorbehalts im §. 26 der Bank-Ordnung vom 5. Oktober 1846 (Gesetz-Samml. S. 442) zur Annahme und Verzinsung dieser Gelder nach den Vorschriften der Allerhöchsten Kabinetsorder vom 11. April 1839 sub Lit. B. (Gesetz-Samml. S. 161) für verpflichtet erklärt wird.

§. 5.

Die Hinterlegung kann nur in solchen Zahlmitteln geschehen, zu deren Annahme Unsere Kassen nach den allgemeinen Bestimmungen verpflichtet sind. War jedoch bei einer freiwilligen Hinterlegung (§. 1) der Schuldner verpflichtet, in anderem Metallgelde oder Papiergelde zu zahlen, oder ist solches von einem Gerichtsvollzieher gepfändet und nach Vorschrift des Artikels 590 der bürgerlichen Prozeß-Ordnung zu hinterlegen, so muß die Kasse zwar diese Geldsorten annehmen, hat sie aber nach dem derzeitigen Kurse in Preußisches Kurant umzusetzen, und ist nur für den sich hiernach ergebenden Betrag verhaftet.

§. 6.

Die Bestimmung des Prozentsatzes, zu welchem die Depositenkasse die bei ihr eingehenden Gelder verzinst, bleibt Königlicher Verordnung vorbehalten, durch welche auch der einmal bestimmte Prozentsatz für die Folgezeit erhöht oder herabgesetzt werden kann.

Beträge unter zehn Thaler werden nicht verzinst und höhere Beträge nur insoweit, als sie mit zehn theilbar sind.

Der Lauf der Zinsen beginnt mit dem ein und dreißigsten Tage nach der Hinterlegung und hört hinsichtlich des auszuzahlenden Betrages mit dem Tage auf, unter welchem die Aufforderung zur Empfangnahme der Zahlung an den Berechtigten erlassen wird (§. 9).

§. 7.

Hinterlegungen können bei der Kasse in Cöln nur an bestimmten Tagen und Stunden stattfinden, welche der Finanzminister festzusetzen und durch die Amtsblätter der Rheinischen Regierungen bekannt zu machen hat. In dringenden Fällen können Hinterlegungen auch zu anderen Zeiten durch besondere Verfügung des Präsidiums der Regierung zu Cöln zugelassen werden. Außerhalb Cöln kann die Hinterlegung mittelst portofreier Einsendung des Geldes an die Depositenkasse durch die Post geschehen. In diesem Falle ist zwar die Hinterlegung erst mit dem Eingange des Geldes bei der Depositenkasse für vollendet zu erachten, aber die Vorschriften des Artikels 1259 des bürgerlichen Gesetzbuchs hinsichtlich der Anzeige des Tages, der Stunde und des Ortes der Hinterlegung, sowie hinsichtlich des Zeitpunktes, bis zu welchem die Zinsen berechnet werden müssen, und hinsichtlich des aufzunehmenden Protokolls gelten für die Aufgabe des Geldes auf die Post. Ist der die Annahme weigernde Gläubiger bei der Aufgabe des Geldes auf die Post nicht erschienen, so ist die nach Nr. 4 des Artikels 1259 a. a. O. vorgeschriebene Zustellung des Protokolls gleichzeitig mit einer Abschrift der von der Depositenkasse ertheilten Empfangsbescheinigung zu bewirken; ist er erschienen, so ist letztere besonders zuzustellen.

§. 8.

Der Hinterlegende hat bei der Hinterlegung eine schriftliche Erklärung in zwei Exemplaren vorzulegen, beziehungsweise gleichzeitig mit dem Gelde einzusenden. Dieselbe muß enthalten: Namen, Stand und Wohnort des Hinterlegenden und seines etwaigen Auftraggebers, den Betrag der hinterlegten Summe, oder, wenn kein kassenmäßiges Zahlmittel hinterlegt wird, die Angabe der Geldsorten, ferner die Veranlassung zur Hinterlegung und, soweit dies dem Hinterlegenden möglich oder nach der Veranlassung zur Hinterlegung thunlich ist, Namen, Stand und Wohnort derjenigen, an welche die hinterlegte Summe ausgezahlt werden soll.

Das eine Exemplar dieser Erklärung behält die Kasse, auf dem andern wird die Bescheinigung über die erfolgte Hinterlegung ertheilt. Dieselbe muß von dem Rendanten und dem Kontroleur unter Mitvollziehung des Direktors unterzeichnet sein; sie muß den Betrag des hinterlegten Geldes und, bei der Hinterlegung nicht kassenmäßiger Zahlmittel, den Betrag, der sich aus deren Umsatz ergeben hat, in Buchstaben ausdrücken. — Werden kassenmäßige Zahlmittel bei der Kasse selbst hinterlegt, so ist diese Bescheinigung sofort zu ertheilen, in allen übrigen Fällen dem Hinterlegenden spätestens am nächsten Hinterlegungstage zuzusenden.

Bei Hinterlegungen durch Gerichtsvollzieher (Artikel 1259 des bürgerlichen Gesetzbuchs) vertritt die von denselben aufzunehmende Verhandlung in der erforderlichen Anzahl von Abschriften die vorstehende Erklärung.

§. 9.

Die Anträge auf Auszahlungen sind bei der Depositenkasse schriftlich einzureichen. Denselben ist der erforderliche Nachweis der Empfangsberechtigung beizufügen. Die Depositenkasse hat den Berechtigten oder dessen Vertreter binnen zehn Tagen aufzufordern, den ihm zukommenden Betrag in Empfang zu nehmen oder ihm zu eröffnen, welche Bedenken und Hindernisse der Auszahlung an ihn entgegenstehen.

Die Auszahlung erfolgt in der Regel bei einer dem Wohnorte des Berechtigten nahe gelegenen Steuerkasse, welche in der Aufforderung zu bezeichnen ist.

§. 10.

Die der Depositenkasse zugestellten Arreste und Einsprüche müssen unter den dabei betheiligten Parteien durch richterliche Entscheidung oder Einverständniß beseitigt sein, bevor die Auszahlung von Summen, auf welche sie Bezug haben, verlangt werden kann.

§. 11.

Die Auszahlung der hinterlegten Gelder und der dafür zu gewährenden Zinsen erfolgt gültig:

1) bei freiwilligen Hinterlegungen (Artikel 1257 des bürgerlichen Gesetzbuchs) an den Hinterlegenden, sofern nicht der Depositenkasse eine Annahme-Erklärung desjenigen, dem die hinterlegte Summe ausgezahlt werden soll (§. 8), oder ein Urtheil, welches die Hinterlegung für gültig erklärt, oder ein Arrest oder sonstiger Einspruch gegen die Zahlung zugestellt ist;
2) bei Hinterlegungen in Fallitsachen an die Syndiken mit Genehmigung des Fallimentskommissars (Artikel 497 des Rheinischen Handelsgesetzbuchs);
3) in allen übrigen Fällen an diejenigen, welche durch rechtskräftige richterliche Entscheidungen oder Anweisungen, oder durch Vereinbarung sämmtlicher Betheiligten zur Empfangnahme des Geldes für berechtigt erklärt werden.

§. 12.

Eine Aenderung in der Empfangsberechtigung, z. B. durch Heirath oder Cession, braucht die Depositenkasse nicht zu berücksichtigen, so lange sie ihr nicht schriftlich angezeigt ist.

§. 13.

Arreste und sonstige Einsprüche braucht die Depositenkasse nur zu berücksichtigen, wenn sie ihr durch Gerichtsvollzieher-Akt zugestellt sind.

Dieselben behalten ihre Wirkung gegen die Depositenkasse nur fünf Jahre, vom Tage ihrer Zustellung, es sei denn, daß sie innerhalb dieser Frist bei der Depositenkasse erneuert werden. In diesem Falle behalten sie ihre Wirkung weitere fünf Jahre, vom Tage ihrer jedesmaligen Erneuerung.

§. 14.

Werden der Depositenkasse Arreste oder Einsprüche erst nach Abgang des an eine andere Kasse ertheilten Auftrages zur Auszahlung (§. 9), aber vor der wirklichen Auszahlung zugestellt, so bleibt die erfolgte Zahlung für die Kasse gültig.

Die Depositenkasse hat jedoch den ertheilten Auftrag, für den Fall, daß derselbe noch nicht vollzogen sein sollte, zurückzunehmen.

§. 15.

Die Erbberechtigung auf hinterlegte Gelder, welche sich auf gesetzliche Erbfolge gründet, kann zum Zweck einer von der Depositenkasse gültig zu leistenden Zahlung, in Ermangelung anderer Beweise, durch einen Offenkundigkeitsakt dargethan werden. Zur Erlangung eines solchen hat der angebliche Erbe dem Friedensrichter des letzten Wohnortes des Erblassers die Thatsachen, welche das behauptete Erbrecht begründen, anzugeben, und die zum Beweise dieser Thatsachen nach allgemeinen gesetzlichen Vorschriften erforderlichen Civilstands-Urkunden oder die Bescheinigung der betreffenden Civilstands-Beamten, daß solche nicht vorhanden seien, vorzulegen. Er muß außerdem an Eidesstatt versichern, daß ihm keine nähere oder gleich nahe Erben oder andere Personen, welche ihn von dem Anspruch an die Gelder ausschließen, bekannt seien, und vier mit den Familienverhältnissen bekannte Zeugen gestellen, welche auf Grund eigener Wissenschaft oder der Offenkundigkeit an Eidesstatt die zur Begründung des Erbrechts angeführten Thatsachen bestätigen und bekunden, daß danach der Anspruch auf die fraglichen Gelder für berechtigt angesehen werde. Der Friedensrichter hat schließlich zu bescheinigen, daß ihm nichts bekannt sei, was mit den gemachten Angaben in Widerspruch stehe.

Der Offenkundigkeitsakt ist den ihn Nachsuchenden in Urschrift zu behändigen.

§. 16.

Sind nach Maaßgabe der vorstehenden Bestimmungen hinterlegte Gelder ausgezahlt, so kann die Depositenkasse von denjenigen, welche ein besseres Recht auf diese Gelder behaupten sollten, nicht weiter in Anspruch genommen werden.

§. 17.

Es ist dem Ermessen der Depositenkasse überlassen, ob sie notarielle Quittung fordern, oder sich mit einer Quittung unter Privatunterschrift begnügen will.

Bei Zahlungen an kollozirte Gläubiger muß die Quittung und die Einwilligung in die Löschung der Hypothekar-Eintragung notariell ertheilt werden (Artikel 772 der bürgerlichen Prozeß-Ordnung).

§. 18.

Nach dem Schlusse eines Kollokations- oder Distributionsverfahrens über hinterlegte Gelder und bevor Ausfertigungen von Zahlungsmandaten ertheilt werden, muß das Sekretariat des betreffenden Landgerichts der Depositenkasse einen Auszug aus dem Vertheilungsstatus mittheilen, welcher die Bezeichnung der zu vertheilenden Gelder, die Namen der angewiesenen Gläubiger und die den Einzelnen angewiesenen Beträge enthält.

Die Kosten dieses Auszuges und seiner Versendung gehören zu den privilegirten Gerichtskosten des Vertheilungsverfahrens.

§. 19.

Alle in diesem Gesetz verordneten Zustellungen sind für die Depositenkasse verbindlich, wenn sie an den Rendanten derselben erfolgen.

Erklärungen Namens der Kasse erfordern zu ihrer Gültigkeit die Unterschrift des Direktors derselben oder seines Stellvertreters (§. 2) und des Rendanten, die im §. 8 gedachten Empfangsbescheinigungen aber zugleich die des Kontroleurs. Andere Quittungen werden von dem Rendanten unter Mitunterschrift des Kontroleurs gültig vollzogen.

§. 20.

Alle diesem Gesetze entgegenstehenden Vorschriften sind aufgehoben. Wo in den Gesetzen eine andere Kasse für Hinterlegungen der hier fraglichen Art bestimmt ist, tritt die Depositenkasse an deren Stelle.

Die bisher bei der Preußischen Bank hinterlegten Gelder können von derselben an die Depositenkasse abgegeben werden. Insoweit dies geschieht, finden von dem Augenblicke der Abgabe dieser Gelder die Vorschriften des gegenwärtigen Gesetzes auf dieselben Anwendung.

§. 21.

Mit der Ausführung dieses Gesetzes werden der Finanzminister und der Justizminister beauftragt.

Urkundlich unter Unserer Höchsteigenhändigen Unterschrift und beigedrucktem Königlichen Insiegel.

Gegeben Schloß Babelsberg, den 24. Juni 1861.

(L. S.) Wilhelm.

v. Auerswald. v. d. Heydt. v. Schleinitz. v. Patow.
Gr. v. Pückler. v. Bethmann-Hollweg. Gr. v. Schwerin.
v. Roon. v. Bernuth.

I. 204. Rhein. Gener. 45. Vol. 3.

122.

Allgemeine Verfügung vom 6. Juli 1861, — betreffend das Verfahren bei Requisitionen an Niederländische Behörden.

Allgemeine Verfügung vom 16. September 1844 (Rhein. Samml. Bd. 8. Samml. 346).

Das Königlich Niederländische Ministerium hat die diesseitige Gesandtschaft in Haag darauf aufmerksam gemacht, daß die Erledigung von Requisitionsschreiben, welche Preußische Gerichte an Niederländische Behörden richten, dadurch erschwert werde, daß dieselben nur in den seltensten Fällen von einer Französischen oder Holländischen Uebersetzung begleitet und außerdem fast immer mit Deutschen, oft schwer zu entziffernden Buchstaben geschrieben seien.

Um Schwierigkeiten bei Erledigung von dergleichen Requisitionen zu vermeiden, werden sämmtliche Justizbehörden nach dem Antrage der gedachten Gesandtschaft angewiesen, in den Fällen, in welchen eine Uebersetzung dem betreffenden Requisitionsschreiben nicht beigefügt ist, letztere nicht mit Deutschen, sondern mit Lateinischen, für die Niederländischen Behörden leichter lesbaren Buchstaben zu schreiben.

Berlin, den 6. Juli 1861.

Der Justiz-Minister.
v. Bernuth.

An
sämmtliche Justizbehörden.

I. 3049. Requisitionen 48. Vol. 4.

123.

Verfügung vom 12. Juli 1861, — betreffend die Beglaubigung der Portofreiheits-Vermerke auf Dienstbriefen.

Regulativ vom 3. Januar 1860 (S. 162 dieses Bandes).

Auf den Bericht vom 25. Juni d. J. wird Ihnen eröffnet, daß es nicht für zulässig erachtet werden kann, die Kastellane mit der Beglaubigung der Portofreiheitsvermerke auf den Dienstbriefen zu beauftragen. Das fiskalische Interesse erfordert es, daß diejenigen Beamten, durch welche die in Rede stehenden

Vermerke beglaubigt werden, für die richtige Anwendung der dieserhalb bestehenden Vorschriften verantwortlich bleiben. Diese Verantwortlichkeit bedingt aber die selbstständige Beurtheilung der Portofreiheit insbesondere in denjenigen Fällen, in denen in Bezug hierauf von den Decernenten in concreto eine Bestimmung nicht getroffen ist, unter Umständen sich auch ohne Weiteres nicht treffen ließ.

Da diese Beurtheilungsfähigkeit im Allgemeinen bei den Unterbeamten nicht vorausgesetzt werden kann, so ist es für überflüssig erachtet, die Unzulässigkeit der Uebertragung jener Befugniß auf die Kastellane in dem Regulativ vom 3. Januar 1860 (S. 162 dieses Bandes) besonders hervorzuheben.

Im Uebrigen läßt sich von der bloßen Beifügung des Stempels zu den Vermerken eine Beeinträchtigung der übrigen Dienstgeschäfte der Sekretaire nicht erwarten, eine Störung des Geschäftsganges aber dadurch leicht vermeiden, daß die abzusendenden Sachen gesammelt und täglich zu einer bestimmten Zeit mit dem Abdruck des den Namen des beglaubigenden Sekretairs enthaltenden Stempels versehen werden.

Berlin, den 12. Juli 1861.

Der Justiz-Minister.
In dessen Vertretung:
Müller.

An
den Königl. Herrn Landgerichts-Präsidenten
und den Königl. Herrn Ober-Prokurator
zu Trier.

I. 3510. Rhein. Gener. 10. Vol. 3.

124.

Verfügung vom 17. Juli 1861, — betreffend die Ausstellung von Kautions-Verschreibungen bei den im Bezirke des Appellationsgerichtshofes zu Cöln erfolgenden Kautionsbestellungen.

Verfügung vom 26. April 1861 (S. 244 dieses Bandes).

Im Anschluß an die Verfügung vom 26. April d. J. betreffend die Ausstellung von Kautions-Verschreibungen bei den im Bezirke des Appellationsgerichtshofes zu Cöln erfolgenden Kautions-Bestellungen
wird Ihnen, Herr General-Prokurator, anliegend Abschrift der von dem Herrn Finanz-Minister unterm 5. d. Mts. an die Regierung zu Coblenz erlassenen und den übrigen Rheinischen

Regierungen zur Nachachtung mitgetheilten Verfügung zur Kenntnißnahme zugefertigt.

Berlin, den 17. Juli 1861.

Der Justiz-Minister.
In dessen Vertretung:
Müller.

An
den Königl. Herrn General-Prokurator zu Cöln.

I. 3259. Rhein. Offizianten-Sachen 35. Vol. 2.

Anlage.

Nach dem Bericht der Königlichen Regierung vom 24. Mai c. würde die Durchführung der Vorschrift meines Erlasses vom 8. April d. J.,

> daß in dem Bezirk des Appellationsgerichtshofes zu Cöln die auszustellenden Verschreibungen über die in Staatspapieren niederzulegenden Amtskautionen von dem Kautionsbesteller und den Beamten derjenigen Kasse, bei welcher die Kaution zu hinterlegen ist, vollzogen werden sollen,

in denjenigen Fällen mit Schwierigkeiten verbunden sein, in welchen sich der Kautionsbesteller an einem andern Ort aufhält, als wo die Kasse sich befindet, indem dann entweder der Kautionsbesteller oder der Beamte der Kasse zum Zweck der Ausstellung des Kautionsdokuments eine Reise zu machen genöthigt sein würde. Mit Bezug hierauf eröffne ich der Königlichen Regierung, daß die gleichzeitige Vollziehung der Kautions-Verschreibungen durch die Kassenbeamten und den Kautionsbesteller in der Verfügung vom 8. April d. J. aus dem Grunde vorgeschrieben worden ist, weil der Art. 2074 des B. G.-B. einen öffentlichen oder einen einregistrirten Privatakt erfordert, eine von dem Kautionsbesteller und den Kassenbeamten vollzogene Verpfändungs-Urkunde aber, da die Kassenbeamten nach der Natur des Verhältnisses mit der Beurkundung des Geschäfts gesetzlich betraut sind, unzweifelhaft als eine öffentliche Urkunde gelten muß, und demnach durch die bezeichnete Art der Vollziehung die mit Kosten für den Kautionsbesteller verknüpfte Einregistrirung vermieden werden kann. Da nun nach Art. 2074 a. a. O. die Pfandbestellung ebensowohl mittelst einer gehörig einregistrirten Privaturkunde erfolgen kann, und es ferner kein Bedenken leidet, daß auf Verpfändungs-Urkunden die Bestimmung des Art. 1325 ebendaselbst wegen der Ausstellung mehrerer Originale keine Anwendung findet, die Kosten einer Reise aber in allen Fällen zu dem geringen Betrage der Einregistrirungs-Gebühren außer Verhältniß stehen würden, so wird die Königliche Regierung ermächtigt, von der Vollziehung der Kautions-Verschreibungen durch die Kassenbeamten, wo dadurch Weiterungen und Kosten entstehen könnten, abzusehen, und statt der solchergestalt vollzogenen Verschreibungen Kautions- und Verpfändungs-Urkunden unter Privat-Unterschrift, welche durch einen Friedensrichter einregistrirt sind, anzunehmen. Mit Rücksicht darauf jedoch, daß jede Kautions-Verschreibung ein bedingtes Zahlungsversprechen enthält, wird nach Art. 1326 des B. G.-B. darauf zu halten sein, daß dergleichen Urkunden unter Privat-Unterschrtft von den Kautionsbestellern ihrem ganzen Inhalt nach eigenhändig geschrieben werden.

Berlin, den 5. Juli 1861.

An die Königl. Regierung zu Coblenz.

Abschrift hiervon erhält die Königliche Regierung zur Nachachtung.

Berlin, den 5. Juli 1861.

Der Finanz-Minister.
v. Patow.

An
die Königl. Regierungen zu Düsseldorf,
Cöln, Trier und Aachen.

125.

Verfügung vom 20. Juli 1861, — betreffend das Heften und Foliiren der Akten bei deren Einsendung an den Gerichtshof zur Entscheidung der Kompetenz-Konflikte.

Verfügung vom 2. April 1856 (Justiz-Minist.-Blatt S. 86).

Der Gerichtshof zur Entscheidung der Kompetenz-Konflikte hat den Wunsch zu erkennen gegeben, daß die an denselben einzusendenden Akten vorher ordnungsmäßig geheftet und foliirt, und daß in dem Einsendungsbericht jedesmal die Folien angeführt werden, aus denen die Beobachtung der vorgeschriebenen Formalien sich ergiebt.

Eine Anordnung der Art ist für die nicht rheinischen Gerichtsbehörden bereits durch die Verfügung vom 2. April 1856 (Justiz-Minist.-Blatt S. 86) erlassen. Sie werden hierdurch veranlaßt, diese Vorschriften bei den von Ihnen einzureichenden Akten in Kompetenz-Konflikts-Sachen ebenfalls zu beachten.

Berlin, den 20. Juli 1861.

Der Justiz-Minister.
In dessen Vertretung:
Müller.

An
sämmtliche Königl. Herren Ober-Prokuratoren
und Abschrift an den Königl. Herrn General-
Prokurator zu Cöln.

I. 3431. K. 35. Vol. 5.

126.

Verfügung vom 29. Juli 1861, — betreffend die Vertretung der Friedensrichter in der Rheinprovinz.

Allg. Verfügung v. 4. April 1861 (Just.-Min.-Bl. S. 72).

Auf den Bericht vom 18. d. Mts. erklärt der Justiz-Minister sich damit einverstanden, daß diejenigen Friedensrichter des dortigen Departements, denen aus Gesundheitsrücksichten Urlaub zu bewilligen ist, auf die Dauer des ihnen ertheilten Urlaubs ihr Diensteinkommen an Gehalt und Emolumenten, mit Ausschluß der Reisekosten, welche der Stellvertreter der Staatskasse oder den Parteien gegenüber zu liquidiren berechtigt ist, unverkürzt fortbeziehen.

Wird die Stellvertretung eines aus Gesundheitsrücksichten beurlaubten Friedensrichters einem benachbarten Friedensrichter übertragen, so erhält der Letztere,

a) wenn er die Reise auf Eisenbahnen oder Dampfschiffen zurücklegt, die durch den Allerh. Erlaß vom 10. Juni 1848 (Rh. Samml. Bd. 9. S. 301) festgesetzte Fuhrkosten-Entschädigung,
b) bei Reisen auf Landwegen dagegen 15 Sgr. für die Meile, und
c) an Diäten täglich 2 Thaler.

Wenn dagegen die Stellvertretung durch einen am Orte des beurlaubten Friedensrichters wohnenden anderen Friedensrichter wahrzunehmen ist, so können diesem selbstverständlich weder Reisekosten noch Diäten angewiesen werden; es ist aber auch unstatthaft, ihm für diesen Fall eine dem deservirten Emolumentenbetrage entsprechende Vergütung aus Staatsfonds zu gewähren, vielmehr müssen solche Friedensrichter die größere Mühwaltung ohne weitere Entschädigung übernehmen und können nur darin ein Aequivalent erblicken, daß sie bei gegenseitiger Aushülfe künftig, wenn auch ihnen aus Gesundheitsrücksichten Urlaub zu gewähren ist, in gleicher Weise auf eine unverkürzte Belassung ihres ganzen etatsmäßigen Einkommens zu rechnen haben.

Uebrigens muß der Justiz-Minister bei der wesentlichen Erleichterung, welche durch obige Maaßregel den Friedensrichtern zu Theil wird, die Erwartung aussprechen, daß die Urlaubsgesuche jederzeit einer durchaus strengen und gewissenhaften Prüfung werden unterworfen werden.

Carlsbad, den 29. Juli 1861.

Der Justiz-Minister.
v. Bernuth.

An
den Herrn Ersten Präsidenten des Königl. Appellationsgerichtshofes und den Königl. Herrn General-Prokurator zu Cöln.

I. 3446. Rhein. Offizianten-Sachen 37.

127.

Allgemeine Verfügung vom 17. August 1861, — betreffend die Bescheinigungen, welche bei dem Ableben eines der Königlichen Allgemeinen Wittwen-Verpflegungs-Anstalt beigetretenen Justizbeamten oder dessen Ehefrau der General-Direktion dieser Anstalt einzusenden sind.

Allgem. Verf. v. 2. Novbr. 1857 (Justiz-Minist.-Bl. S. 402).

In den §§. 37 und 38 des Reglements vom 28. Dezember 1775 ist bestimmt, daß sowohl beim Ableben eines der Allgemeinen Wittwenverpflegungs-Anstalt beigetretenen Beamten, als auch seiner Ehefrau, falls solche vor ihm mit Tode abgehen sollte, ohne Verzug ein förmlicher Todtenschein einzureichen ist.

Da nach einer Mittheilung der General-Direktion der Allgemeinen Wittwenverpflegungs-Anstalt diese Vorschrift in einzelnen Fällen unbeachtet geblieben ist, und mannigfache Weiterungen dadurch entstanden sind, so wird die gedachte Bestimmung den Gerichtsbehörden, beziehungsweise den Justizbeamten, hierdurch mit dem Bemerken in Erinnerung gebracht, daß derartige Todtenscheine keines Stempels bedürfen, und daß auch eine Beglaubigung derselben nicht weiter erforderlich ist, wenn den Unterschriften der Aussteller die Dienstsiegel deutlich beigedrückt sind.

Die Todtenscheine über das Ableben der Ehemänner müssen die genaue Angabe der Todesart enthalten. Im Bezirk des Appellationsgerichtshofes zu Cöln, wo nach den dort geltenden Bestimmungen das Ableben durch einen Auszug aus dem Civilstands-Register konstatirt wird, ist die Todesart durch eine beizufügende ärztliche Bescheinigung, welche von einer Behörde beglaubigt sein muß, darzuthun.

Ist die Frau mit Tode abgegangen, so ist der Todtenschein gemäß der in der Verfügung vom 2. November 1857 (Justiz-Minist.-Bl. S. 402) unter Nr. 1 ertheilten Anweisung den halbjährlichen Listen der Wittwenkassen-Beiträge beizufügen.

In beiden Fällen muß außerdem der betreffende Rezeptionsschein an die Direktion der Allgemeinen Wittwenverpflegungs-Anstalt eingesandt werden.

Die Gerichte und Justizbeamten werden hierdurch aufgefordert, zur Vermeidung von Weiterungen diese Bestimmungen in vorkommenden Fällen zu beachten.

Berlin, den 17. August 1861.

Der Justiz-Minister.
v. Bernuth.

An
sämmtliche Gerichtsbehörden und Justizbeamte.

I. 3411. O. 137. Vol. 6.

128.

Verfügung vom 20. August 1861, — betreffend die Ertheilung des Heiraths-Konsenses für die Justizbeamten im Bezirk des Appellationsgerichtshofes zu Cöln.

Die Verfügung vom 29. Oktober 1836 (Rhein. Samml. Bd. 5. S. 484), betreffend die Ertheilung des Heirathskonsenses für die Justizbeamten im Bezirk des Appellationsgerichtshofes zu Cöln, wird dahin abgeändert, daß künftig nur für den Ersten Präsidenten des Appellationsgerichtshofes und für den General-Prokurator ein solcher Konsens beim Justiz-Minister nachzusuchen ist, derselbe aber für sämmtliche richterliche Beamte von Ihnen, dem Herrn Ersten Präsidenten, und für sämmtliche Beamte der Staatsanwaltschaft, sowie für alle Gerichtsschreiber von Ihnen, dem Herrn General-Prokurator, ertheilt wird.

Berlin, den 20. August 1861.

Der Justiz-Minister.
v. Bernuth.

An
den Herrn Ersten Präsidenten und den Herrn General-Prokurator beim Königl. Appellationsgerichtshofe zu Cöln.

I. 3870. Rhein. Offizianten-Sachen 51.

129.

Verfügung vom 19. September 1861, — betreffend die Berichte über die Versetzung von Auskultatoren und Referendarien an andere Gerichte oder deren gewünschte Entlassung aus dem Justizdienste.

Ew. Hochwohlgeboren werden hierdurch in Kenntniß gesetzt, daß es einer Anzeige an den Justiz-Minister über die von Auskultatoren und Referendarien gewünschte Versetzung an ein anderes Gericht und über die von ihnen beantragte Entlassung aus dem Justizdienste ferner nicht bedarf.

Berlin, den 19. September 1861.

Der Justiz-Minister.
v. Bernuth.

An
den Herrn Ersten Präsidenten des Königl. Appellationsgerichtshofes und den Königl. Herrn General-Prokurator zu Cöln.

I. 4153. Rhein. Offizianten-Sachen 14.

130.

Allerhöchster Erlaß vom 28. Oktober 1861, — betreffend Abänderungen resp. Ergänzungen der §§. 6 und 35 des Revidirten Reglements für die Provinzial-Feuer-Sozietät der Rheinprovinz vom 1. September 1852.

Auf den Bericht vom 18. September d. J. will Ich in Berücksichtigung der Anträge des XIV. Provinziallandtages der Rheinprovinz und unter Bezugnahme auf Meinen Erlaß vom 12. März 1860 (S. 173 dieses Bandes) folgende Abänderungen des Revidirten Reglements für die Provinzial-Feuersozietät der Rheinprovinz vom 1. September 1852 (Rhein. Samml. Bd. 10. S. 480 ff.) genehmigen.

Zu §. 6.

Die Bestimmungen dieses Paragraphen des Reglements und des durch den Erlaß vom 12. März 1860 genehmigten Zusatzes werden aufgehoben und es treten an deren Stelle die folgenden:

Folgende Gebäude jedoch, als: Pulvermühlen und Pulvermagazine, Glas- und Schmelzhütten, Eisen- und Kupferhämmer, Stückgießereien und Münzgebäude, Zuckersiedereien, Cichorienfabriken und Schwefelraffinerien, Terpentin-Firniß- und Holzsäure-Fabriken, Anstalten zur Fabrikation von Aether, Gas, Phosphor, Knallsilber, Knallgold und Erdöl, Spiegelgießereien, Spinnereien in Schaaf- und Baumwolle und in Flachs, alle Gebäude, worin Dampfkessel befindlich sind, Theeröfen, Ziegel- und Pottaschbrennereien, Vitriol- und Salmiak-Fabriken, Theater, öffentliche Arbeitsanstalten, Brauereien, Brennereien, Malzdarren, Destillirgebäude, Laboratorien, Loh-, Wind- und Oelmühlen, Gebäude, in welchen Trocknungsanstalten sich befinden, ferner alle innerhalb 60 Fuß Entfernung von einer mit Lokomotiven befahrenen Eisenbahn belegenen Gebäude, und überhaupt solche Gebäude, welche nach dem Ermessen der Provinzial-Feuersozietäts-Direktion eine den vorstehend aufgeführten ähnliche Feuersgefahr darbieten, können nur gegen einen Beitragssatz aufgenommen werden, worüber die Direktion außer den sonstigen üblichen Klassensätzen mit ihren Besitzern übereinkommt, und immer nur mit dem Vorbehalte, daß der Direktion von Jahr zu Jahr freistehe, ein solches Vertragsverhältniß drei Monate vor Ablauf des Jahres aufzukündigen.

Zu §. 35.

Die Bestimmungen dieses Paragraphen des Reglements werden aufgehoben und es treten an deren Stelle die folgenden:

Es soll aus den Ueberschüssen an ordentlichen Beiträgen ein eiserner Bestand angesammelt werden, welcher zunächst als Reservefonds zur Deckung künftiger Ausfälle dienen soll. Wenn dieser eiserne Bestand bis zur Höhe des anderthalbmaligen Betrages der Jahreseinnahme an Beitragssätzen angewachsen ist, soll eine Herabsetzung der Beitragssätze stattfinden können, und eine solche alsdann dem der Zustimmung des Oberpräsidenten unterliegenden Beschlusse des Provinziallandtags, beziehungsweise, wenn der Provinziallandtag nicht in nächster Zeit zusammentritt, des Verwaltungsausschusses anheimgestellt sein.

Dieser Mein Erlaß ist durch die Gesetz-Sammlung zu publiziren.

Berlin, den 28. Oktober 1861.

Wilhelm.
Gr. v. Schwerin.

An
den Minister des Innern.

I. 5251. Rhein. Gener. 85.

131.

Verordnung vom 28. Oktober 1861, — wegen des von der Depositenkasse für den Bezirk des Appellationsgerichtshofes zu Cöln zu gewährenden Zinssatzes für die bei derselben zu hinterlegenden Gelder.

Wir Wilhelm, von Gottes Gnaden, König von Preußen ꝛc.

verordnen auf Grund des §. 6 des Gesetzes über die Errichtung einer Depositenkasse für den Bezirk des Appellationsgerichtshofes zu Cöln vom 24. Juni d. J. (S. 251 dieses Bandes) was folgt:

Der Zinssatz, welchen die Depositenkasse für die bei ihr eingehenden Gelder zu gewähren hat, wird bis auf weitere von Uns darüber zu treffende Bestimmung auf zwei und ein halbes Prozent jährlich hierdurch festgesetzt.

Urkundlich unter Unserer Höchsteigenhändigen Unterschrift und beigedrucktem Königlichen Insiegel.

Gegeben Berlin, den 28. Oktober 1861.

(L. S.) Wilhelm.
v. Patow. v. Bernuth.

I. 204. Rhein. Gener. 45. Vol. 3.

132.

Beschluß des Königlichen Staats-Ministeriums vom 28. November 1861, — betreffend die unentgeltliche Lieferung der für die Königlichen Staatsbehörden erforderlichen Exemplare der Gesetzsammlung.

Allerh. Verordn. vom 27. Oktober 1810 (Ges.-Samml. S. 1).

Das Staats-Ministerium beschließt aus Anlaß eines Antrages der Königlichen Ober-Rechnungskammer, daß den Königlichen Staatsbehörden und denjenigen einzeln stehenden, eine Behörde repräsentirenden Beamten, welche jetzt die Bezahlung der Gesetz-Sammlung für die Amts-Bibliothek aus Staatsfonds zu leisten haben (Allerhöchste Verordnung vom 27. Oktober 1810 §. 5 a), vom Jahre 1862 ab die pro inventario erforderlichen Exemplare der Gesetz-Sammlung unentgeltlich geliefert werden sollen.

Es wird hierbei aber ausdrücklich festgesetzt, daß von den Staatsbehörden, resp den betreffenden, eine Behörde repräsentirenden Beamten nur so viele Exemplare pro inventario unentgeltlich bezogen werden dürfen, als bisher von denselben gegen Bezahlung entnommen worden sind.

Beglaubigte Abschrift dieses Beschlusses ist sämmtlichen Königlichen Ministerien, der Ober-Rechnungskammer, sowie den sonstigen Centralbehörden zur weiteren Veranlassung mitzutheilen.

Berlin, den 28. November 1861.

Königliches Staats-Ministerium.

v. Auerswald. v. d. Heydt. v. Patow. Gr. v. Pückler.
v. Bethmann-Hollweg. Gr. v. Schwerin. v. Roon.
v. Bernuth. Gr. v. Bernstorff.

Vorstehender Beschluß des Königlichen Staats-Ministeriums wird sämmtlichen Gerichten zur Kenntnißnahme und Beachtung mitgetheilt.

Berlin, den 12. Dezember 1861.

Der Justiz-Minister.
v. Bernuth.

An
sämmtliche Gerichte.

I. 5269. G. 4. Vol. 4.

133.

Bekanntmachung der Ministerial-Erklärung vom 7. Dezember 1861, — betreffend die Uebereinkunft zwischen Preußen und dem Großherzogthum Hessen wegen Verhütung der Forst-, wie der Feld-, Jagd-, Fischerei- und der an Weiden- und sonstigen Baumpflanzungen, an Staatsstraßen, Eisenbahnen und Vicinalwegen und an Wasserbau-Anlagen vorkommenden Frevel und Polizei-Uebertretungen, welche in den gegenseitigen Staatsgebieten begangen werden.

Nachdem die Königlich Preußische Regierung mit der Großherzoglich Hessischen Regierung verabredet hat, unter Aufhebung der zwischen ihnen im Jahre 1822 getroffenen Uebereinkunft wegen Verhütung und Bestrafung der Forstfrevel, sowohl hinsichtlich der Forst-, wie der Feld-, Jagd-, Fischerei- und der an Weiden- und sonstigen Baumpflanzungen, an Staatsstraßen, Eisenbahnen und Vicinalwegen und an Wasserbau-Anlagen vorkommenden Frevel und Polizei-Uebertretungen, welche in den gegenseitigen Staatsgebieten begangen werden, eine anderweite Uebereinkunft abzuschließen, so erklären beide Regierungen zu diesem Ende Folgendes:

Artikel 1.

Beide kontrahirenden Regierungen verpflichten sich, eine jede diejenigen Forst-, Feld-, Jagd- und Fischerei-Frevel und Polizei-Uebertretungen, ingleichen diejenigen Frevel und Polizei-Uebertretungen an Baumpflanzungen, Wasserbau-Anlagen, Eisenbahnen, Staatsstraßen und Vicinalwegen, welche von ihren Staats-Angehörigen im Staatsgebiete der anderen Regierung verübt sind, ebenso zu untersuchen und zu bestrafen, als wenn sie im eigenen Staatsgebiete verübt worden wären.

Bei ihren Befugnissen, nach ihrem Gesetze die auf ihrem Gebiete betroffenen und arretirten ausländischen Frevler bestrafen zu lassen, bewendet es auch fernerhin.

Artikel 2.

Für die Konstatirung eines der in Artikel 1 bezeichneten Frevel, welcher von einem Angehörigen des einen Staates in dem Gebiete des anderen begangen worden, soll den Protokollen, Aussagen und Abschätzungen, welche von den kompetenten Forst-, Polizei- und sonstigen zuständigen Beamten des Orts, resp. Bezirks des begangenen Frevels aufgenommen worden, derselbe Glaube von der zur Aburtheilung zuständigen Behörde beigemessen werden, welchen die Gesetze den Protokollen und Abschätzungen der inländischen Beamten beilegen.

Artikel 3.

Von den beiderseitigen Behörden soll zur Entdeckung der Frevler alle mögliche Hülfe geleistet werden.

Namentlich sollen die beiderseitigen Forst- und Polizei-Beamten befugt sein, die Spur der Frevler in das fremde Gebiet zu verfolgen und letztere auf dem fremden Gebiete zu verhaften; jedoch mit der Verbindlichkeit, die Arretirten unverzüglich an die nächste Polizei- oder Justiz-Behörde desselben Gebiets abzuliefern, damit daselbst ihr Name und Wohnort ausgemittelt werden kann.

Im Falle hierbei im Gebiete des anderen Staates eine Haussuchung nothwendig wird, hat der verfolgende Beamte sich zu dem Ende an die Orts-Polizeibehörde der betreffenden Gemeinde zu wenden und dieselbe zur Vornahme der Visitation aufzufordern. Die bei der Haussuchung aufgefundenen, als Objekte des begangenen Frevels bezeichneten Gegenstände sind in Verwahrung zu bringen. Der Vollzug der Requisition erfolgt kostenfrei für den Requirirenden.

Artikel 4.

Ueber die Haussuchung ist sofort ein Protokoll aufzunehmen. Eine Ausfertigung desselben ist dem requirirenden Beamten einzuhändigen, eine zweite der vorgesetzten Behörde des requirirten Beamten einzusenden.

Artikel 5.

Den untersuchenden und bestrafenden Behörden in den beiderseitigen Staaten wird es zur Pflicht gemacht, die Untersuchung und Bestrafung der vorliegenden Frevel so schleunig vorzunehmen, als es nach den hierüber bestehenden Vorschriften des Landes nur immer thunlich ist, auch insbesondere bei ausgezeichneten oder sehr bedeutenden Freveln die Untersuchung in jedem einzelnen Falle sogleich eintreten zu lassen.

Die Anzeigen über verübte Frevel sollen der requirirten Behörde in zweifacher Ausfertigung zugesendet, der requirirenden Behörde soll das Ergebniß der Untersuchung mitgetheilt und von dem Strafvollzug jedesmal Kenntniß gegeben werden.

Artikel 6.

Die Vollziehung der Straferkenntnisse, sowie die Beitreibung der den Flur-, Wald-, Jagd- und Fischerei-Eigenthümern zuerkannten Entschädigungsgelder geschieht nach den Landesgesetzen, und soll mit der thunlichsten Beschleunigung bewirkt werden.

Die erkannte Geld- oder Arbeitsstrafe wird zum Vortheile desjenigen Staates vollzogen, dessen Behörde die Strafe erkannt hat. Wird von einem Frevler die Zahlung des Betrages der gegen ihn erkannten Geldstrafe, des Werth- oder Schaden-Ersatzes, der Kosten und Pfandgebühren nicht vollständig, sondern nur zum Theil geleistet, so werden von dem eingezogenen Gelde zuerst die Denunziantengebühren, wo solche gesetzlich bestehen, sodann die Kosten, dann der Ersatz des Schadens und Werthes und zuletzt die Strafe, soweit es zureicht, bezahlt.

Artikel 7.

Die Dauer der gegenwärtigen Uebereinkunft wird auf fünf Jahre festgesetzt. Erfolgt sechs Monate vor dem Ablaufe keine Aufkündigung von einer oder der anderen Seite, so gilt die Uebereinkunft ihrem ganzen Inhalte nach für einen ferneren Zeitraum von fünf Jahren.

Artikel 8.

Gegenwärtige, im Namen Seiner Majestät des Königs von Preußen ausgefertigte Erklärung soll, nachdem sie gegen eine übereinstimmende, im Namen Seiner Königlichen Hoheit des Großherzogs von Hessen ausgefertigte Erklärung des Großherzoglich Hessischen Ministeriums des Großherzoglichen Hauses und des Aeußern ausgewechselt sein wird, Kraft und Wirksamkeit in den beiderseitigen Landen haben und öffentlich bekannt gemacht werden.

So geschehen Berlin, den 7. Dezember 1861.

Der Königlich Preußische Minister der auswärtigen Angelegenheiten.
(L. S.) Gr. v. Bernstorff.

Vorstehende Ministerial-Erklärung wird, nachdem sie gegen eine übereinstimmende Erklärung des Großherzoglich Hessischen Ministeriums des Großherzoglichen Hauses und des Aeußern vom 8. Oktober d. J. ausgewechselt worden, hierdurch zur öffentlichen Kenntniß gebracht.

Berlin, den 7. Dezember 1861.

Der Minister der auswärtigen Angelegenheiten.
Gr. v. Bernstorff.

I. 5785. F. 48. Vol. 7.

134.

Allgemeine Verfügung und Instruktion vom 12. Dezember 1861, — betreffend die Ausführung des Gesetzes vom 24. Juni 1861 über die Einführung des Allgemeinen Deutschen Handelsgesetzbuches.

a.

Verfügung vom 12. Dezember 1861.

Unter Bezugnahme auf die Bestimmungen des Artikels 4, Artikels 53 §. 11 und Artikels 72 des Einführungsgesetzes zum

Allgemeinen Deutschen Handelsgesetzbuch vom 24. Juni 1861 (Ges.-Samml. S. 449) wird den Gerichten in Betreff der Führung des Handelsregisters und des Schiffsregisters die in der Anlage abgedruckte Instruktion zur Kenntnißnahme und Befolgung mitgetheilt.

Um für die Pergamentformulare, welche nach §. 17 Th. II. der Instruktion für die Register-Certifikate der Seeschiffe zu verwenden sind, die möglichste Uebereinstimmung zu erreichen, ist die Königliche Staatsdruckerei mit der Anfertigung derselben beauftragt. Die Gerichte haben den Bedarf an solchen Formularen von der Königlichen Staatsdruckerei gegen Erstattung der für ein Exemplar ungefähr zwei Thaler betragenden Anfertigungskosten unmittelbar zu beziehen, die Zahlung aus den Fonds zu baaren Auslagen in Parteisachen zu leisten und bei Verwendung eines Exemplars dessen Anfertigungskosten als baare Auslagen von dem Betheiligten einzuziehen und als Gerichtsgebühren zu vereinnahmen.

In Bezug auf die Beeidigung der Handelsmäkler, sowie die Beglaubigung und Aufbewahrung der Tagebücher derselben (Art. 66, 71 und 75 des Handelsgesetzbuchs, Art. 9 §. 4 und Art. 73 des Einführungsgesetzes) haben die Gerichte nach dem dritten Theile der Instruktion sich zu richten.

Berlin, den 12. Dezember 1861.

Der Justiz-Minister.
v. Bernuth.

An
sämmtliche Gerichtsbehörden.

I. 4637. H. 10.

b.

Instruktion

des Justiz-Ministers vom 12. Dezember 1861, betreffend die Führung des Handelsregisters und des Schiffsregisters und die Beeidigung der Handelsmäkler, sowie die Beglaubigung und Aufbewahrung der Tagebücher derselben.

Erster Theil.

Das Handelsregister.

Das Handelsregister hat zum Zweck, diejenigen Rechtsverhältnisse des Handelsstandes, welche für den kaufmännischen Verkehr von erheblichem Interesse sind, in möglichster Vollständigkeit und in zuverlässiger Weise zur öffentlichen Kenntniß zu bringen.

Obschon die Anschauungen, von welchen bei den auf das Handelsregister sich beziehenden Vorschriften ausgegangen ist, bereits manchen Bestimmungen des bisherigen Rechts zum Grunde liegen, so ist dasselbe doch im Allgemeinen für Preußen als ein neues Rechtsinstitut anzusehen. Die hervorragende Wichtigkeit, welche diesem neuen Rechtsinstitut um deshalb beiwohnt, weil ihm in manchen materiellen Beziehungen eine ähnliche Bedeutung wie in der Preußischen Gesetzgebung dem Hypothekenbuche beigelegt ist, und weil eine große Zahl materieller Rechtssätze des Handelsgesetzbuchs mit dem Handelsregister dergestalt in Verbindung stehen, daß dieselben ohne das letztere völlig unanwendbar sein würden macht es unerläßlich, nicht allein der Führung des Handelsregisters die sorgsamste Beachtung zuzuwenden, sondern auch dasselbe sofort mit dem Eintritt der Geltung des neuen Gesetzbuchs an allen Orten ins Leben zu rufen.

Die das Handelsregister betreffenden Vorschriften des Handelsgesetzbuchs und des Einführungsgesetzes, die materiellen nicht weniger, als diejenigen, welche das Formelle zum Gegenstande haben, finden sich in verschiedenen Stellen dieser Gesetze zerstreut. Soweit dieselben für die Anlegung und Führung des Handelsregisters und das Verfahren der dazu berufenen Behörden von Erheblichkeit sind, treten als leitende Grundsätze folgende hervor:

I. Das Handelsregister ist bestimmt:
1) zur Eintragung der Handelsfirmen (Art. 19, 20, 21, 25, 26 des Handelsgesetzbuchs);
2) zur Eintragung der Prokuren (Art. 45, 46 a. a. O.);
3) zur Eintragung der Rechtsverhältnisse aller Handelsgesellschaften, nämlich:
a) der offenen Handelsgesellschaften (Art. 86—89, 110, 115, 129 und 135 a. a. O., Art. 13 des Einführungsgesetzes),
b) der Kommanditgesellschaften (Art. 151—156, 163, 171, 172 des Handelsgesetzbuchs, Art. 13 des Einführungsgesetzes),
c) der Kommanditgesellschaften auf Aktien (Art. 173 bis 179, 198, 201—203, 205 des Handelsgesetzbuchs, Art. 13 des Einführungsgesetzes),
d) der Aktiengesellschaften (Art. 207—212, 214, 228, 233, 243, 244, 247 des Handelsgesetzbuchs, Art. 13 des Einführungsgesetzes);
4) zur Eintragung der Ausschließung oder Aufhebung der ehelichen Gütergemeinschaft an Stelle der im §. 423 Th. II. Tit. 1 des Allgem. Landrechts vorgeschriebenen Bekanntmachung (Art. 20 des Einführungsgesetzes).

II. Für Höker, Trödler, Hausirer und dergleichen Handelsleute von geringerem Gewerbebetriebe, ferner für Wirthe, gewöhnliche Fuhrleute, gewöhnliche Schiffer und für Personen, deren Gewerbe nicht über den Umfang des Handwerksbetriebes hinausgeht, wird das Handelsregister nicht geführt; es findet in das letztere für jene Personen keinerlei Eintragung statt, namentlich nicht die Eintragung einer Firma, einer Prokura oder eines Gesellschaftsverhältnisses (Art. 10 des Handelsgesetzbuchs, Art. 20 des Einführungsgesetzes). Obschon die erwähnten Klassen durch das Gesetz nicht näher festgestellt sind, so wird doch für Preußen das Gesetz, betreffend einige Abänderungen des Gesetzes wegen Entrichtung der Gewerbesteuer vom 19. Juli 1861 (Ges.-Samml. S. 697), wenigstens insoweit einen Anhalt gewähren, als diejenigen Personen, welche zur Steuerklasse B. veranlagt sind, in der Regel von dem Handelsregister werden auszuschließen sein.

Die Verwaltungsbehörden werden in einzelnen Fällen auf Ersuchen Auskunft darüber geben, ob eine Person zur Steuerklasse A. oder zur Steuerklasse B. veranlagt ist. Bei der Benutzung der Gewerbesteuer-Rollen ist übrigens nicht zu übersehen, daß einige Personen, welche als Kaufleute im Sinne des Handelsgesetzbuchs anzusehen sind, der Steuer vom Handel nicht unterliegen (z. B. Eisenbahngesellschaften, vergl. Handelsgesetzbuch Art. 4 und Art. 272 Ziffer 3), und daß umgekehrt Personen, welche zu den Kaufleuten im Sinne des Handelsgesetzbuchs nicht gehören, jene Steuer zu entrichten haben (z. B. Besitzer von Leihanstalten).

III. Das Handelsregister ist öffentlich, die Oeffentlichkeit wird in doppelter Weise zur Geltung gebracht; einmal ist die Einsicht des Handelsregisters während der gewöhnlichen Dienststunden einem Jeden gestattet, auch kann von den Eintragungen eine auf Verlangen zu beglaubigende Abschrift begehrt werden; sodann ist regelmäßig jede Eintragung durch eine oder mehrere Anzeigen in öffentlichen Blättern bekannt zu machen (Art. 12—14 des Handelsgesetzbuchs).

IV. Das Handelsregister wird in dem Bezirk des Appellationsgerichtshofes zu Cöln von den Handelsgerichten, in den übrigen Theilen der Monarchie bis zum Erlaß eines allgemeinen Gesetzes über die Errichtung und Organisation der Handelsgerichte von den Kreisgerichten oder Stadtgerichten, in Königsberg und Danzig jedoch von den dortigen Kommerz- und Admiralitäts-Kollegien, in Stettin, Memel und Elbing von den für Handelssachen bestehenden Abtheilungen der dortigen Kreisgerichte geführt (Art. 12 des Handelsgesetzbuchs, Art. 73 des Einführungsgesetzes).

V. Die in dem Handelsgesetzbuch vorgeschriebenen Eintragungen in das Handelsregister sollen zwar nur auf Anmeldungen der Betheiligten erfolgen; es haben jedoch die

Gerichte, welchen die Führung des Handelsregisters obliegt, die Betheiligten von Amtswegen durch Ordnungsstrafen anzuhalten, daß die erforderlichen Anmeldungen und die damit in einzelnen Fällen zu verbindenden Zeichnungen der Firmen und Unterschriften geschehen, daß ferner sich Niemand einer ihm nach den Vorschriften des Handelsgesetzbuchs nicht zustehenden Firma bedient; das in dieser Beziehung eintretende besondere Verfahren ist durch die Artikel 5—7 des Einführungsgesetzes geregelt. Für die nicht im Handelsgesetzbuch, sondern nur im Einführungsgesetze vorgeschriebenen Eintragungen (Art. 13 und 20) gelten jedoch andere Grundsätze.

VI. Die zur Eintragung in das Handelsregister bestimmten Anmeldungen müssen von den Betheiligten entweder persönlich vor dem zuständigen Gericht erklärt oder in gerichtlicher oder notarieller Form bei demselben eingereicht werden; dieselben, im Artikel 4 des Einführungsgesetzes näher erläuterten Formvorschriften gelten für die Zeichnung oder Einreichung der Zeichnung einer Firma oder Unterschrift (Art. 4 des Einführungsgesetzes).

VII. Die Vorschriften über die Anmeldung und Eintragung der Handelsfirmen, sowie der Rechtsverhältnisse der Handelsgesellschaften und über die Zeichnung der Firmen und Unterschriften finden auch auf diejenigen Kaufleute, welche vor Eintritt der Geltung des Handelsgesetzbuchs ihren Geschäftsbetrieb bereits begonnen haben, und auf die vor diesem Zeitpunkte bereits errichteten Handelsgesellschaften mit wenigen Abweichungen Anwendung (Art. 62—67 des Einführungsgesetzes).

VIII. Eine vor dem Eintritt der Geltung des Handelsgesetzbuchs ertheilte und später nicht bestätigte oder erneuerte Prokura wird als eine Prokura im Sinne des Handelsgesetzbuchs und als geeignet zur Eintragung in das Handelsregister nicht angesehen (Art. 69 des Einführungsgesetzes).

IX. Im Geltungsbereiche des Allgemeinen Landrechts soll das Handelsregister rücksichtlich der Grundstücke, Gerechtigkeiten, dinglichen Rechte und Hypothekenforderungen, welche zu dem Vermögen einer Handelsgesellschaft gehören, für die Führung des Hypothekenbuchs in einigen erheblichen Beziehungen zur Grundlage dienen (Art. 23 des Einführungsgesetzes).

Erster Abschnitt.

Allgemeine Bestimmungen.

§. 1.

Das Handelsregister wird von den im Artikel 73 des Ein=

führungsgesetzes bezeichneten Gerichtsbehörden geführt (vergl. Einleitung unter IV.).

Bei den Kreis- und Stadtgerichten gehört die Führung desselben vor die erste Abtheilung und, wenn diese aus verschiedenen Abtheilungen besteht, vor diejenige, welche die Civilprozeßsachen bearbeitet.

Ist im Bezirk eines Kreisgerichts eine ständige Deputation errichtet, so hat die letztere für ihren Sprengel das Handelsregister zu führen.

Die Kreisgerichts-Kommissionen bleiben von der Führung des Handelsregisters ausgeschlossen*).

Die zur Eintragung in das Handelsregister bestimmten Anmeldungen und die Zeichnungen der Firmen und Unterschriften können jedoch auch vor den Gerichtskommissarien erfolgen, welche die darüber aufzunehmenden Protokolle (§. 3) an die Hauptgerichte zur weiteren Veranlassung einzusenden haben.

In Bezug auf das Beschwerdeverfahren kommen die Vorschriften des §. 35 der Verordnung vom 2. Januar 1849 (Ges.-Samml. S. 1) zur Anwendung. Die Beschwerden gehören bei den Appellationsgerichten vor das Plenum derselben (§. 17 Ziffer 6 des Geschäfts-Regulativs für die Appellationsgerichte vom 17. September 1850, Justiz-Minist.-Bl. S. 323).

§. 2.

Die auf die Führung des Handelsregisters sich beziehenden Geschäfte werden von einem dazu bestellten Richter unter Mitwirkung eines Sekretairs bearbeitet. Die Ernennung derselben erfolgt vor Beginn des neuen Geschäftsjahres für dessen Dauer; sie wird zugleich mit der im Artikel 14 Absatz 1 des Handelsgesetzbuchs vorgeschriebenen Veröffentlichung bekannt gemacht. Wenn im Laufe des Geschäftsjahres ein Wechsel nöthig wird, so ist dieser durch eine einmalige Einrückung in die zur Veröffentlichung der Eintragungen in das Handelsregister bestimmten Blätter (Art. 14 a. a. O.) zur öffentlichen Kenntniß zu bringen.

§. 3.

Dem mit der Bearbeitung der auf die Führung des Handelsregisters sich beziehenden Geschäfte beauftragten Richter liegt insbesondere ob:

1) die Aufnahme der zur Eintragung in das Handelsregister bestimmten Anmeldungen, wenn dieselben persönlich vor dem Gericht erklärt werden, sowie die Aufnahme der Verhandlungen über die vor Gericht erfolgenden Zeichnungen

---

*) Die Führung des Handelsregisters läßt sich von dem in den Artikeln 5 und 6 des Einführungsgesetzes bezeichneten Verfahren nicht trennen, welches letztere kollegialische Verhandlung und Entscheidung erheischt.

der Firmen und Unterschriften (Art. 4 des Einführungsgesetzes); er kann sich hierbei der Hülfe des Sekretairs bedienen. Damit er dem Publikum in genügendem Maaße zugänglich sei, sind nach Anleitung der Bestimmungen im zweiten Absatze des §. 19 des Geschäfts-Regulativs für die Gerichte erster Instanz vom 18. Juli 1850 (Justiz-Minist.-Bl. S. 232) die erforderlichen Einrichtungen zu treffen;

2) die Verfügung auf die zum Protokoll genommenen oder schriftlich eingehenden Anmeldungen, insbesondere die Anordnung der zulässigen Eintragungen und der vorgeschriebenen Veröffentlichung derselben (Art. 13 des Handelsgesetzbuchs);

3) die Ueberwachung der genauen und vollständigen Erledigung der angeordneten Eintragungen und Veröffentlichungen;

4) die Verfügung auf sonstige Gesuche und Anträge, welche die Führung des Handelsregisters betreffen, insbesondere auf die Gesuche um Ertheilung von Abschriften und Attesten;

5) die Verfügung rücksichtlich des in den Artikeln 5 und 6 des Einführungsgesetzes vorgeschriebenen Verfahrens und auf die zufolge Artikel 7 a. a. O. eingehenden Denunziationen; wird jedoch zur Verhandlung und Entscheidung über die Festsetzung einer angedrohten Strafe ein Audienztermin anberaumt (Art. 5 §. 3 und Art. 6 a. a. O.), so bestimmt der Gerichtsvorstand (Vorsitzender der Abtheilung) den Richter, welcher als Referent zu fungiren hat;

6) die Bearbeitung der Generalien, namentlich in Beziehung auf die, die öffentlichen Bekanntmachungen betreffenden Vorschriften des Art. 14 des Handelsgesetzbuchs.

§. 4.

Rücksichtlich der Nothwendigkeit des Vortrags der Verfügungen im Kollegium, der Revision und Zeichnung der Verfügungen, sowie der Vollziehung der Reinschriften bewendet es bei den in den §§. 10 und 11 des Geschäfts-Regulativs für die Gerichte erster Instanz vom 18. Juli 1850 (Justiz-Minist.-Bl. S. 232) enthaltenen Anordnungen. Als Kommissarius mit selbstständiger Wirksamkeit ist der die Angelegenheiten des Handelsregisters bearbeitende Richter nicht anzusehen.

§. 5.

Der Sekretair hat:

1) die Eintragungen in das Handelsregister, den ergangenen Verfügungen gemäß, zu bewirken;

2) für die geschäftsordnungsmäßige Erledigung aller richterlichen Verfügungen zu sorgen;

3) die vorgeschriebenen Verzeichnisse zu führen (§§. 35, 48, 82 und 87);
4) das Handelsregister, sowie die Zeichnungen der Firmen und Unterschriften nach Maaßgabe des Artikels 12 des Handelsgesetzbuchs während der gewöhnlichen Dienststunden einem Jeden auf Ansuchen zur Einsicht vorzulegen.

§. 6.

Das Handelsregister besteht aus drei Abtheilungen.

In die erste Abtheilung werden eingetragen die Handelsfirmen, mit Ausschluß der Firmen der Handelsgesellschaften (Firmenregister), in die zweite Abtheilung die Prokuren (Prokurenregister), in die dritte Abtheilung die Rechtsverhältnisse der Handelsgesellschaften (Gesellschaftsregister). Für jede Abtheilung wird ein besonderes Register geführt. Im Geltungsbereiche des Allgemeinen Landrechts haben die Gerichte als vierte Abtheilung des Handelsregisters noch ein besonderes Register für die im Artikel 20 des Einführungsgesetzes vorgeschriebene Eintragung der Ausschließung oder Aufhebung der ehelichen Gütergemeinschaft zu führen.

§. 7.

Zu einem jeden Register ist starkes dauerhaftes Papier zu benutzen; es ist mit einem haltbaren Einbande zu versehen und zu foliiren.

Der Sekretair hat die Zahl der Folien auf dem ersten Blatt unter seiner Unterschrift zu vermerken.

§. 8.

Zu einem jeden Register werden besondere Akten gehalten. Zu diesen Akten gelangen nach der Zeitfolge alle zur Eintragung bestimmten Anmeldungen nebst den dazu gehörigen Urkunden, insbesondere diejenigen, welche die Zeichnungen der Firmen und Unterschriften enthalten, die auf die Eintragungsgesuche erlassenen Verfügungen und die Nachweisungen über die erfolgten Bekanntmachungen. In Ansehung des Gesellschaftsregisters ist es gestattet, für einzelne Gesellschaften, namentlich für Kommanditgesellschaften auf Aktien und Aktiengesellschaften, bei welchen umfangreiche und wiederholte Eintragungen u. s. w. in Aussicht stehen, besondere Akten anzulegen.

Die Verfügungen und Verhandlungen, welche sich darauf beziehen, daß das Gericht eingeschritten ist, damit eine Anmeldung oder die Zeichnung einer Firma und Unterschrift erfolge oder die Führung einer Firma unterbleibe (Art. 5—7 des Einführungsgesetzes), sind zu besonderen Akten zu nehmen.

Sind dieselben in einzelnen Fällen umfangreich, oder wird die Anberaumung eines Audienztermins nöthig, so sind Spezialakten zu bilden.

§. 9.

Bei jeder Eintragung in das Handelsregister ist anzugeben:

1) das Datum der richterlichen Verfügung, wodurch die Eintragung verordnet ist;
2) das Datum der Eintragung;
3) die Stelle der betreffenden Akten, wo die richterliche Verfügung sich befindet.

Jeder Eintragungsvermerk ist von dem Sekretair unter Hinzufügung seines Amtskarakters zu unterschreiben. Nach erfolgter Eintragung muß er in den Akten neben der richterlichen Verfügung die Erledigung derselben und den Tag, an welchem die Erledigung bewirkt ist, unter seiner Unterschrift vermerken.

§. 10.

Wenn zu einer Eintragung in das Handelsregister außer der nach Artikel 4 des Einführungsgesetzes vor dem Gericht persönlich zu erklärenden oder in gerichtlicher oder notarieller Form einzureichenden Anmeldung und der in gleicher Form zu bewirkenden Zeichnung oder Einreichung der Zeichnung einer Firma und Unterschrift noch der Nachweis einer anderweiten Thatsache oder eines besonderen Rechtsverhältnisses erforderlich ist, so muß dieser Nachweis, in der Regel ähnlich wie bei der Führung des Hypothekenbuchs, durch Beibringung öffentlicher Urkunden geliefert werden. Falls diese Urkunden zurückverlangt werden, so ist von denselben, insoweit sie zur Begründung der Anmeldung und Eintragung erforderlich sind, eine beglaubigte Abschrift zurückzubehalten.

Geschieht eine Anmeldung durch einen Bevollmächtigten, so hat dieser eine gerichtliche oder notarielle Vollmacht beizubringen (Art. 4 des Einführungsgesetzes).

§. 11.

Da nach Art. 13 des Handelsgesetzbuchs (vergl. Art. 20 des Einführungsgesetzes) jede Eintragung in das Handelsregister ihrem ganzen Inhalte nach bekannt gemacht werden soll, sofern nicht in einzelnen Fällen ausdrücklich ein Anderes bestimmt ist, so ist darauf zu halten, daß thunlichst der vollständige Inhalt einer jeden Eintragung, welche der Regel unterliegt, nebst dem Datum der Eintragung zur öffentlichen Kenntniß gebracht wird.

Die Fälle, in welchen die Regel eine Ausnahme erleidet, sind:

1) Nach Artikel 151 des Handelsgesetzbuchs unterbleibt nach der Eintragung einer Kommanditgesellschaft die Bekanntmachung der Namen, des Standes und des Wohnorts der Kommanditisten, sowie die Angabe des Betrags ihrer Vermögenseinlagen.
2) Nach Artikel 156 a. a. O. gilt dasselbe, wenn der Eintritt eines neuen Kommanditisten in eine bestehende Kommanditgesellschaft eingetragen ist.

3) Nach Artikel 171 a. a. O. unterbleibt nach der Eintragung des Ausscheidens eines Kommanditisten aus einer Kommanditgesellschaft, ohne Unterschied, ob derselbe mit der ganzen oder nur mit einem Theile der Einlage ausgeschieden ist, bei der Bekanntmachung die Bezeichnung des Kommanditisten und die Angabe des Betrags der Einlage.

4) Nach Artikel 176 a. a. O. wird nach der Eintragung einer Kommanditgesellschaft auf Aktien nicht der ganze Gesellschaftsvertrag, sondern nur ein dort näher bezeichneter Auszug desselben bekannt gemacht, und nach Artikel 198 a. a. O. tritt dasselbe ein, wenn später ein den Gesellschaftsvertrag abändernder Vertrag eingetragen ist.

5) Nach Artikel 210 und 214 a. a. O. ist in der vorstehend unter Ziffer 4 angegebenen Weise auch bei Aktiengesellschaften zu verfahren.

Endlich unterbleibt die öffentliche Bekanntmachung, wenn in Gemäßheit des Artikels 13 des Einführungsgesetzes die Eröffnung des Konkurses über das Vermögen einer Handelsgesellschaft in das Handelsregister eingetragen ist.

§. 12.

Die öffentliche Bekanntmachung einer Eintragung muß ohne Verzug, sobald dieselbe geschehen ist, und ohne daß eine andere Eintragung abgewartet werden darf, veranlaßt werden.

§. 13.

Derjenige, welcher eine Eintragung nachgesucht hat, ist von derselben noch besonders in Kenntniß zu setzen.

Im Falle der Ablehnung einer Eintragung sind die Gründe derselben den Betheiligten mitzutheilen.

§. 14.

Die in dem ersten Absatze des Artikels 14 des Handelsgesetzbuchs vorgeschriebene Veröffentlichung erfolgt durch den Anzeiger des Regierungs-Amtsblatts und durch diejenigen Blätter, welche für die Veröffentlichungen des vorhergehenden Jahres bestimmt waren.

Für das Jahr 1862 ist jene Veröffentlichung gleich nach dem 1. März 1862 durch den Anzeiger des Regierungs-Amtsblatts zu bewirken.

§. 15.

Außer den nach dem zweiten Absatze des Artikels 12 des Handelsgesetzbuchs auf Erfordern zu ertheilenden einfachen Abschriften oder beglaubigten Abschriften (Attesten, Auszügen) hat das Gericht über eine jede in das Handelsregister geschehene Eintragung auf Verlangen ein Attest zu ertheilen, welches sowohl die Eintragung und ihren Inhalt unmittelbar bezeugt, als auch zugleich sich darauf erstreckt, ob und inwiefern eine die Wirksamkeit der Eintragung berührende Thatsache oder Veränderung eingetragen sei; findet sich eine solche Thatsache oder Veränderung eingetragen, so ist auch der vollständige Inhalt der betreffenden Eintragung in das Attest aufzunehmen.

In gleicher Form hat das Gericht auf Verlangen ein Attest darüber zu ertheilen, daß eine bestimmte Eintragung in das Handelsregister nicht geschehen, oder daß seit der Ertheilung eines Attestes eine auf dessen Inhalt sich beziehende Thatsache oder Aenderung nicht eingetragen sei (vergl. Art. 23 §. 3 des Einführungsgesetzes).

§. 16.

Ist das Erlöschen einer Firma in das Firmenregister eingetragen oder das Erlöschen einer Prokura in das Prokurenregister oder die Eröffnung des Konkurses über eine Handelsgesellschaft oder das Erlöschen der Vollmacht der Liquidatoren einer aufgelösten Handelsgesellschaft wegen Beendigung der Liquidation in das Gesellschaftsregister, oder der Tod eines Ehemannes in das Register zur Eintragung der Ausschließung oder Aufhebung der ehelichen Gütergemeinschaft, so sind alle auf die erloschene Firma oder Prokura oder die aufgelöste Handelsgesellschaft oder die ehelichen Güterverhältnisse des verstorbenen Ehemannes sich beziehenden Vermerke in dem Register roth zu unterstreichen. Ist dies in Betreff des größeren Theils der Eintragungen des einen oder anderen Registers geschehen, so kann dasselbe behufs Anlegung eines neuen Registers in der Art geschlossen werden, daß darin auf der ersten und letzten Seite der Vermerk eingetragen wird:

„Dieses Register ist behufs Anlegung eines neuen Registers geschlossen."

In das neue Register sind alsdann alle nicht roth unterstrichenen Eintragungen aus dem alten Register zu übernehmen; diese Uebernahme ist bei jeder einzelnen Eintragung unter Hinweis auf die betreffende Nummer des früheren Registers durch den Zusatz zu erwähnen:

„übertragen aus dem früheren Register Nr. . . . "

§. 17.

Die Anmeldungen zur Eintragung in das Handelsregister gehören zu den schleunigen Sachen, welche auch während der Gerichtsferien stattfinden und zu erledigen sind.

§. 18.

Das Handelsregister ist zur Kassation nicht geeignet.

Die zu demselben gehörigen Akten unterliegen der Kassation nach Ablauf von 30 Jahren von der Zeit an gerechnet, wo alle Eintragungsvermerke, worauf die Akten sich beziehen, im Handelsregister roth unterstrichen sind.

Zweiter Abschnitt.

Von dem Firmenregister.

(Art. 19, 20, 21, 25, 26 des Handelsgesetzbuchs.)

§. 19.

Das Firmenregister wird nach dem als Anlage A. beigedruckten Formular geführt.

§. 20.

In das Firmenregister ist nach der Zeitfolge der Anmeldungen ein jeder Kaufmann, welcher im Bezirk des Gerichts seine Handelsniederlassung (Art. 19 des Handelsgesetzbuchs) oder eine Zweigniederlassung hat (Art. 21 a. a. O.), unter genauer Bezeichnung seines Namens, Vornamens, Standes und Wohnorts, des Orts der Niederlassung, sowie der Firma, welcher er sich bedient (Art. 15 a. a. O.), einzutragen.

Die Eintragung eines Kaufmanns in das Firmenregister erfolgt auf Grund einer Anmeldung desselben, welche Alles enthalten muß, was in das Register einzutragen ist; eines weiteren Nachweises zur Begründung der Anmeldung bedarf es nicht, sofern nicht in den folgenden Paragraphen für einzelne Fälle ein Anderes bestimmt ist.

§. 21.

In das Firmenregister sind nicht einzutragen:

1) die in das Gesellschaftsregister (§§. 49 und folg.) einzutragenden Handelsgesellschaften und deren Firmen;
2) die Mitglieder solcher Handelsgesellschaften, sofern sie nicht sonst noch ein Handelsgewerbe für ihre besondere Rechnung betreiben;
3) Personen, welche an dem Handelsgewerbe eines Dritten, ohne daß eine Handelsgesellschaft vorliegt, als stille Gesellschafter und dergl. betheiligt sind, sofern sie nicht außerdem selbst gewerbemäßig Handelsgeschäfte schließen.

§. 22.

Bei der Anmeldung einer Firma ist zu prüfen, ob derjenige, welcher sie angemeldet hat, nach den im 3. Titel des ersten Buchs des Handelsgesetzbuchs enthaltenen Vorschriften, dieselbe zu führen befugt sei. Ergiebt sich das Gegentheil, so ist die Anmeldung zurückzuweisen, und wenn die Firma demnächst gleichwohl geführt oder fortgeführt wird, nach Maaßgabe des Artikels 26 des Handelsgesetzbuchs und Artikels 6 des Einführungsgesetzes einzuschreiten.

§. 23.

Die Aenderung einer Firma (Art. 25 des Handelsgesetzbuchs) wird in die sechste Kolonne des Firmenregisters („Bemerkungen") eingetragen; zugleich aber muß der Firma-Inhaber mit der veränderten Firma unter einer besonderen Nummer des Registers von neuem eingetragen, in dem ersten Eintragungsvermerk auf die neue Nummer, in dem zweiten auf die frühere Nummer verwiesen und diese in allen Kolonnen roth unterstrichen werden (vergl. Anlage A. Nr. 1 und 20) *).

§. 24.

Die Eintragung der Aenderung der Firma erfolgt auf Grund einer Anmeldung des Firma-Inhabers, auf welche die §§. 20 und 22 Anwendung finden.

§. 25.

Nach den Bestimmungen der §§. 23 und 24 ist auch dann zu verfahren, wenn ein bestehendes Handelsgeschäft durch Vertrag oder Erbgang auf einen Anderen übergeht, welcher dasselbe unter der bisherigen Firma mit oder ohne einen, das Nachfolgeverhältniß andeutenden Zusatz fortführen will (Art. 22, 23 des Handelsgesetzbuchs). In diesem Falle hat der mit der alten Firma unter einer besonderen Nummer des Registers einzutragende neue Inhaber die Anmeldung zu bewirken und damit den Nachweis (§. 11) des Erwerbes des Geschäfts und der Einwilligung des bisherigen Geschäftsinhabers oder dessen Erben oder der etwaigen Miterben in die Fortführung der Firma zu verbinden (vergl. Anlage A. Nr. 3 und 31).

Ist die Firma auf eine Handelsgesellschaft übergegangen, wohin auch gehört, wenn Jemand einen Anderen als Handelsgesellschafter in sein Handelsgeschäft aufnimmt (Art. 24, 25 des Handelsgesetzbuchs), so unterbleibt die neue Eintragung unter einer besonderen Nummer des Firmenregisters; dagegen wird in dem Vermerk über die eingetretene Veränderung unter der bisherigen Nummer auf die Nummer des Gesellschaftsregisters verwiesen, unter welcher die Handelsgesellschaft in das letztere eingetragen ist (vergl. Anlage A. Nr. 4); es ist daher die Eintragung der Veränderung in das Firmenregister von der Eintragung der Handelsgesellschaft in das Gesellschaftsregister abhängig.

Geht die Firma einer aufgelösten Handelsgesellschaft auf einen einzelnen Kaufmann über (Art. 24 des Handelsgesetzbuchs), so ist dieselbe auf Grund seiner Anmeldung (§. 24), womit er den Nachweis des Uebergangs der Firma zu verbinden hat, in das Firmenregister einzutragen, nachdem die Auflösung der Gesellschaft im Gesellschaftsregister vermerkt worden ist.

§. 26.

Das Erlöschen einer Firma wird gleichfalls in die sechste

---

*) Die Eintragung des Firma-Inhabers unter einer neuen Nummer ist nöthig, damit die Uebersicht nicht verloren gehe, und eine die Fortführung des Registers erschwerende Häufung der Vermerke in der letzten Kolonne verhindert werde.

Kolonne des Firmenregisters eingetragen. Die Eintragung erfolgt auf Grund einer Anmeldung des bisherigen Firma-Inhabers, oder, wenn derselbe gestorben ist, seiner Erben, und wenn er zur selbstständigen Vermögensverwaltung rechtlich unfähig geworden ist, seiner Vertreter.

Die Erben und Vertreter haben ihre Legitimation, in sofern diese einem Bedenken unterliegt, nachzuweisen; ein weiterer Nachweis ist nicht erforderlich.

§. 27.

Wird der Ort der Niederlassung geändert, so ist die Aenderung nach Maaßgabe der §§. 23 und 24 in das Firmenregister einzutragen. Wenn jedoch die Niederlassung nach einem Orte außerhalb des Bezirks des das Handelsregister führenden Gerichts verlegt wird, so wird nur diese Thatsache in der sechsten Kolonne des Registers vermerkt und in Bezug auf die weitere Führung des letzteren die Firma als erloschen angesehen.

§. 28.

Vor der Eintragung einer Firma oder einer Veränderung derselben oder einer Veränderung des Inhabers hat der Inhaber, und zwar im letzteren Falle der neue Inhaber, die Firma oder die veränderte Firma nebst seiner persönlichen Unterschrift vor dem Gericht zu zeichnen oder die Zeichnung in beglaubigter Form einzureichen (Art. 20 und 25 des Handelsgesetzbuchs).

§. 29.

Wenn eine Ehefrau als Handelsfrau (Art. 6 des Handelsgesetzbuchs) zur Eintragung in das Firmenregister sich anmeldet, so muß sie vor der Eintragung die nach Artikel 7 a. a. O. erforderliche Einwilligung ihres Ehemannes in der Form des Artikels 4 des Einführungsgesetzes beibringen.

Andere Personen, welche durch Handelsgeschäfte sich nicht verpflichten können, dürfen in das Firmenregister nur dann eingetragen werden, wenn ihnen nach den Gesetzen der Handelsbetrieb durch Vertreter gestattet ist, die Erfüllung der hierzu vorgeschriebenen Erfordernisse nachgewiesen, und die Anmeldung zur Eintragung von denjenigen bewirkt wird, welche zu ihrer Vertretung berufen sind (vergl. Allgem. Landrecht Th. II. Tit. 18 §§. 605 ff.). Die Bestimmung des §. 28 findet in diesem Falle keine Anwendung.

Inwiefern demnächst auf Grund einer bloßen Anmeldung der Vertreter eine Aenderung oder das Erlöschen der Firma eingetragen werden könne, bestimmt sich nach den Vorschriften über den Umfang der Rechte der Vertreter.

§. 30.

Wenn ein Kaufmann im Bezirk des Gerichts mehrere Niederlassungen (Handelsetablissements) hat, für welche er verschiedene Firmen führt, so ist er in Bezug auf jede Niederlassung, für welche eine besondere Firma geführt wird, unter einer besonderen Nummer des Registers einzutragen *).

§. 31.

Hat ein Kaufmann außer seiner Hauptniederlassung an einem anderen Orte oder in einer anderen Gemeinde des Gerichts eine Zweigniederlassung, so ist bei seiner Eintragung in das Firmenregister in der dritten Kolonne desselben sowohl der Ort der Hauptniederlassung, als der Ort der Zweigniederlassung anzugeben (vergl. Anlage A. Nr. 32). In der Anmeldung (§. 20) ist der Zweigniederlassung und des Orts derselben Erwähnung zu thun.

Besteht an dem Orte oder in der Gemeinde der Zweigniederlassung bereits eine gleiche Firma, so muß der Firma für die Zweigniederlassung ein Zusatz beigefügt werden, wodurch sie von jener bereits vorhandenen Firma sich deutlich unterscheidet; die mit einem Zusatz versehene Firma ist alsdann nach Anleitung des §. 30 unter einer besonderen Nummer des Registers einzutragen (vergl. Art. 20 und 21 des Handelsgesetzbuchs).

§. 32.

Wird von einem Kaufmann nach seiner Eintragung in das Firmenregister eine in dasselbe eingetragene Zweigniederlassung aufgehoben oder an einem anderen Orte oder in einer anderen Gemeinde des Gerichts eine Zweigniederlassung errichtet (§. 31), so ist dies in die letzte Kolonne des Registers einzutragen (vergl. Anlage A. Nr. 32).

Eine solche Eintragung erfolgt auf Grund einer die betreffende Thatsache enthaltenden Anmeldung des Kaufmanns.

§. 33.

Im Falle der Aenderung der Firma (§. 23), welche für die Hauptniederlassung und eine Zweigniederlassung geführt wird (§. 31), kommen rücksichtlich der Nothwendigkeit, für die Zweigniederlassung der Firma einen Zusatz beizufügen und diese Firma unter einer besonderen Nummer einzutragen, die Bestimmungen des letzten Absatzes des §. 31 zur Anwendung.

§. 34.

Wenn ein Kaufmann in dem Bezirk eines anderen Gerichts eine Zweigniederlassung hat, so ist zu seiner Eintragung in das Firmenregister des Gerichts der Zweigniederlassung (§. 20) der durch ein Attest des Gerichts der Hauptniederlassung zu liefernde Nachweis nöthig, daß die Eintragung in das Firmenregister des letzteren Gerichts bereits erfolgt ist (Art. 21 des Handelsgesetzbuchs). Besteht an dem Orte oder in der Gemeinde der Zweig-

*) Nach dem Handelsgesetzbuch ist ein Kaufmann für befugt zu erachten, für mehrere Handelsetablissements, welche er besitzt, auch verschiedene Firmen zu führen. Vergl. Nürnberger Berathungsprotokolle S. 920.

niederlassung bereits eine gleiche Firma, so gelten in Bezug auf die Nothwendigkeit, der Firma einen Zusatz beizufügen, die Bestimmungen der §§. 31 und 33.

Im Uebrigen gelten für die Führung des Firmenregisters in Betreff einer solchen Zweigniederlassung die allgemeinen Bestimmungen; insbesondere muß die Firma nebst der persönlichen Unterschrift des Firmainhabers auch bei dem Gericht der Zweigniederlassung gezeichnet oder die Zeichnung derselben in beglaubigter Form eingereicht werden.

§. 35.

Der Sekretair hat zu dem Firmenregister ein alphabetisches Verzeichniß der darin eingetragenen Firmen und der als Firmen-Inhaber eingetragenen Kaufleute unter Hinweisung auf die Nummern des Registers zu führen.

Dritter Abschnitt.

Von dem Prokurenregister.

(Art. 41—56 des Handelsgesetzbuchs und Art. 21 des Einführungsgesetzes).

§. 36.

Das Prokurenregister wird nach dem als Anlage B. beigedruckten Formular geführt.

§. 37.

In das Prokurenregister ist nach der Zeitfolge der Anmeldungen eine jede Prokura einzutragen, welche von einem Kaufmann (Art. 4 und 5 des Handelsgesetzbuchs) für seine in dem Bezirk des Gerichts befindliche Handelsniederlassung ertheilt ist (Art. 45, 19 und 21 des Handelsgesetzbuchs).

Auch die von einer Handelsgesellschaft ertheilte Prokura wird nicht in das Gesellschaftsregister, sondern in das Prokurenregister eingetragen.

§. 38.

Bei der Eintragung einer Prokura in das Prokurenregister ist:

1) der Name, Vorname und Wohnort des Prinzipals, und wenn der Prinzipal eine Handelsgesellschaft ist, die Firma und der Sitz der Gesellschaft, ferner die Firma, welche der Prokurist zu zeichnen bestellt ist, nebst den Orten der Niederlassungen, für welche die Firma geführt wird, unter Hinweisung auf die Nummer des Firmenregisters oder Geschäftsregisters, unter welcher der Prinzipal eingetragen ist;
2) der Name, Vorname und Wohnort des Prokuristen

anzugeben.

§. 39.

Die Eintragung erfolgt auf Grund einer Anmeldung des Prinzipals, welche Alles enthalten muß, was nach dem vorstehenden Paragraphen in das Register einzutragen ist. Die Beibringung einer besonderen Urkunde über die Ertheilung der Prokura oder die Ertheilung der Ermächtigung, per procura die Firma zu zeichnen, oder ein sonstiger Nachweis ist nicht erforderlich (Art. 41 des Handelsgesetzbuchs).

§. 40.

Zur Eintragung genügt:

1) wenn der Prinzipal eine offene Gesellschaft ist, die Anmeldung eines Gesellschafters, welcher von der Geschäftsführung nicht ausgeschlossen ist (Art. 118, 104 des Handelsgesetzbuchs);
2) wenn der Prinzipal eine Kommanditgesellschaft oder eine Kommanditgesellschaft auf Aktien ist, die Anmeldung eines persönlich haftenden Gesellschafters, welcher von der Geschäftsführung nicht ausgeschlossen ist (Art. 157, 158, 196 a. a. O.);
3) wenn der Prinzipal eine Aktiengesellschaft ist, die Anmeldung des Vorstandes derselben (Art. 230, 231 a. a. O. und Art. 12 §. 6 des Einführungsgesetzes);
4) wenn der Prinzipal eine Person ist, welche durch Handelsgeschäfte sich nicht verpflichten kann, die Anmeldung des legitimirten Vertreters derselben, verbunden mit dem Nachweis, daß den Erfordernissen genügt ist, von welchen nach den Gesetzen die gültige Ertheilung der Prokura abhängt (§. 29; Allg. Landrecht Thl. II. Tit. 18 §§. 624 ff., 774 ff.; Art. 21 des Einführungsgesetzes).

§. 41.

Wenn der Prinzipal im Bezirk des Gerichts mehrere Niederlassungen hat, für welche er verschiedene Firmen führt, so ist bei der Anmeldung einer von ihm ertheilten Prokura ausdrücklich anzugeben, welche Firma oder welche Firmen der Prokurist zu zeichnen befugt sein soll *).

§. 42.

Die Eintragung einer Prokura in das Prokurenregister darf erst geschehen, nachdem:

---

*) Nach dem Handelsgesetzbuch muß es für zulässig erachtet werden, daß ein Kaufmann, welcher mehrere Handelsetablissements unter verschiedenen Firmen hat, einen Prokuristen nur die eine oder andere Firma zu führen mit der Wirkung ermächtigt, daß der Prokurist keine andere Firma zu zeichnen befugt ist. Vergl. Nürnberger Berathungsprotokolle S. 952. Daß ein Kaufmann, welcher außerhalb des Bezirks des Gerichts der Hauptniederlassung eine Zweigniederlassung hat, für die er dieselbe Firma führt, eine von ihm ertheilte Prokura auch bei dem Gericht der Zweigniederlassung anzumelden habe (vergl. § 37), ergiebt sich sowohl aus dem Artikel 45, als aus den Artikeln 21, 86, 152, 179, 198, 212, 214 des Handelsgesetzbuchs.

1) der Prinzipal in das Firmen- oder Gesellschaftsregister eingetragen ist;
2) der Prokurist die Firma (Art. 41 des Handelsgesetzbuchs) nebst seiner Namensunterschrift persönlich vor dem Gericht gezeichnet oder die Zeichnung in beglaubigter Form eingereicht hat (Art. 45 des Handelsgesetzbuchs).

§. 43.

Eine Beschränkung des gesetzlichen Umfangs der Prokura kann weder von Amtswegen, noch auf Antrag des Prinzipals in das Prokurenregister eingetragen werden (Art. 43 des Handelsgesetzbuchs).

§. 44.

Ist eine Kollektivprokura ertheilt (Art. 41 des Handelsgesetzbuchs), so erfolgt die Eintragung der Prokuristen unter derselben Nummer mit der Erwähnung, daß eine Kollektivprokura ertheilt ist (vergl. Anlage B. Nr. 2).

§. 45.

Das Erlöschen einer Prokura wird in die achte Kolonne des Prokurenregisters („Bemerkungen") eingetragen. Die Eintragung erfolgt auf Grund einer Anmeldung des Prinzipals; zu der Anmeldung genügt die Anzeige, daß die Prokura erloschen sei (Art. 45 und 54 des Handelsgesetzbuchs). Wenn der Prinzipal eine Handelsgesellschaft oder eine Person ist, welche durch Handelsgeschäfte sich nicht verpflichten kann, so ist die Anmeldung derjenigen genügend, welche nach §. 40 für den Prinzipal eine Prokura anzumelden befugt sind (Art. 118, 104, 157, 158, 196, 230, 231 des Handelsgesetzbuchs).

Ist der Prinzipal gestorben oder zur selbstständigen Vermögensverwaltung rechtlich unfähig geworden, so tritt an Stelle seiner Anmeldung die seiner Erben oder Vertreter. Dieselben haben ihre Legitimation nachzuweisen, sofern diese einem Bedenken unterliegt.

§. 46.

Auf die Anmeldung des Prinzipals ist auch die Veränderung des Orts einer Niederlassung, für welche die Prokura ertheilt ist, in der vierten und achten Kolonne des Registers einzutragen.

Ist die Niederlassung oder sind sämmtliche Niederlassungen nach einem Orte außerhalb des Bezirks des Gerichts verlegt, und ist dies im Prokurenregister vermerkt, so wird in Bezug auf die weitere Führung des letzteren die Prokura als erloschen angesehen (vergl. §. 27).

§. 47.

Generalvollmachten zum Betriebe eines Handelsgewerbes, welche ohne Ertheilung der Prokura oder der Ermächtigung, per procura die Firma zu zeichnen, verliehen worden (Art. 47

des Handelsgesetzbuchs und Art. 21 des Einführungsgesetzes), sind zur Eintragung in das Prokurenregister nicht geeignet.

§. 48.

Der Sekretair hat zu dem Prokurenregister ein alphabetisches Verzeichniß der darin eingetragenen Prokuristen und der Firmen, für welche die Prokuren ertheilt sind, unter Bezugnahme auf die Nummern des Registers zu führen.

Vierter Abschnitt.

Von dem Gesellschaftsregister.

(Art. 86—89, 110, 115, 129, 135, 151—156, 163, 171, 172, 176—179, 198, 201, 203, 205, 210, 212, 214, 228, 233, 243, 244, 247 des Handelsgesetzbuchs und Art. 11, 13, 23 des Einführungsgesetzes.)

§. 49.

Das Gesellschaftsregister wird nach dem als Anlage C. beigedruckten Formular geführt.

Zu diesem Register ist, sobald eine im Bezirk des Gerichts ihren Sitz habende Kommanditgesellschaft auf Aktien oder eine Aktiengesellschaft eingetragen werden soll, behufs Aufnahme der diese Gesellschaften betreffenden Gesellschaftsverträge und der die letzteren abändernden Verträge und Beschlüsse ein besonderer, als Theil des Registers anzusehender Beilageband anzulegen. Die Anlegung eines solchen Beilagebandes hat der Sekretair auf dem ersten Blatte des Hauptregisters unter seiner Unterschrift zu vermerken (§. 7).

§. 50.

In das Gesellschaftsregister sind nach der Zeitfolge der Anmeldungen alle Handelsgesellschaften einzutragen, welche im Bezirk des Gerichts ihren Sitz oder eine Zweigniederlassung haben (Art. 86, 151, 152, 176, 179, 210, 212 des Handelsgesetzbuchs). Stille Gesellschaften (Art. 250 a. a. O.) und Vereinigungen zu einzelnen Handelsgeschäften für gemeinschaftliche Rechnung (Art. 266 a. a. O.) sind als Handelsgesellschaften im Sinne des Handelsgesetzbuchs, des Einführungsgesetzes und dieser Instruktion nicht anzusehen.

§. 51.

Jede Handelsgesellschaft wird auf einer besonderen Seite des Registers eingetragen. Insoweit eine Seite zu der ersten Eintragung nicht hinreicht, sind die folgenden Seiten in ununterbrochener Reihenfolge zu derselben zu verwenden; auch ist, wenn nachträgliche Eintragungen, welche erheblichen Raum in Anspruch nehmen, vorauszusehen sind, hiefür eine genügende Anzahl Blätter freizulassen.

§. 52.

Eine offene Handelsgesellschaft (Art. 85 des Handelsgesetzbuchs) wird in das Gesellschaftsregister auf Grund einer Anmeldung sämmtlicher Gesellschafter eingetragen.

Die Anmeldung muß enthalten (Art. 86 des Handelsgesetzbuchs):

1) den Namen, Vornamen, Stand und Wohnort jedes Gesellschafters;
2) die Firma der Gesellschaft und den Ort, wo sie ihren Sitz hat;
3) den Zeitpunkt, mit welchem die Gesellschaft begonnen hat;
4) im Falle vereinbart ist, daß nur einer oder einige der Gesellschafter die Gesellschaft vertreten sollen, die Angabe, welcher oder welche dazu bestimmt sind, imgleichen, ob das Recht nur in Gemeinschaft ausgeübt werden soll.

Die Beibringung des Gesellschaftsvertrages oder einer anderen Urkunde oder eine nähere Darlegung des Sach- und Rechtsverhältnisses ist nicht erforderlich.

§. 53.

Die Eintragung der Gesellschaft in das Gesellschaftsregister erfolgt durch vollständige Aufnahme des Inhalts der Anmeldung, soweit derselbe nach §. 52 zur Vollständigkeit der letzteren erforderlich ist (Art. 88 a. a. O.). Die Firma der Gesellschaft wird in die zweite Kolonne, der Sitz derselben in die dritte Kolonne, der übrige Inhalt der Anmeldung in die vierte Kolonne des Registers eingetragen (vergl. Anlage C. Nr. 1). *)

§. 54.

Die Eintragung der Gesellschaft darf erst geschehen, nachdem die Gesellschafter, welche die Gesellschaft vertreten sollen, die Firma der Gesellschaft nebst ihrer Namensunterschrift persönlich vor dem Gericht gezeichnet oder die Zeichnung derselben in beglaubigter Form eingereicht haben (Art. 88 a. a. O.).

§. 55.

Eine Beschränkung des Umfangs der Befugniß eines Gesellschafters, die Gesellschaft zu vertreten, ist weder von Amtswegen, noch auf Antrag in das Register einzutragen (Art. 116 des Handelsgesetzbuchs).

§. 56.

Eine Aenderung der Firma der Gesellschaft wird in die zweite Kolonne, eine Aenderung des Sitzes derselben in die dritte

---

*) Daß die Gesellschaft eine offene sei, braucht weder in der Anmeldung, noch bei der Eintragung besonders hervorgehoben zu werden. Das Gesetz beruht auf dem Grundsatz, daß eine Handelsgesellschaft als eine offene zu gelten hat, sofern nicht das Gegentheil bestimmt beziehungsweise angemeldet und eingetragen ist.

Kolonne, der Eintritt eines neuen Gesellschafters, die einem Gesellschafter nachträglich ertheilte Befugniß, die Gesellschaft zu vertreten, und die Aufhebung einer solchen Befugniß werden in die vierte Kolonne des Registers mittelst kurzer Bezeichnung der eingetretenen Veränderung eingetragen.

Die Eintragungen erfolgen auf Grund von Anmeldungen sämmtlicher Gesellschafter (Art. 87 und 88 des Handelsgesetzbuchs). Auf die Anmeldungen findet die Schlußbestimmung des §. 52 Anwendung.

§. 57.

In die vierte Kolonne des Registers sind ferner einzutragen:

1) das Ausscheiden oder die Ausschließung eines Gesellschafters (Art. 127—130 des Handelsgesetzbuchs);
2) die Auflösung der Gesellschaft, und wenn dieselbe in Folge der Eröffnung des Konkurses über die Gesellschaft eingetreten ist, die Eröffnung des Konkurses (Art. 123—125, 129 a. a. O. und Art. 13 des Einführungsgesetzes); die Eintragung der Auflösung muß selbst dann geschehen, wenn die Gesellschaft durch Ablauf der Zeit, für welche sie eingegangen war, beendigt wird (Art. 129 des Handelsgesetzbuchs);
3) die nach der Auflösung der Gesellschaft kraft des Gesetzes eintretenden oder besonders bestellten Liquidatoren, das Austreten eines Liquidators oder das Erlöschen der Vollmacht eines solchen (Art. 133 und 135 des Handelsgesetzbuchs); vor der Eintragung eines Liquidators hat derselbe seine Unterschrift persönlich vor dem Gericht zu zeichnen oder die Zeichnung in beglaubigter Form einzureichen (Art. 135 des Handelsgesetzbuchs); eine Beschränkung des Umfangs der Geschäftsbefugnisse eines Liquidators ist weder von Amtswegen, noch auf Antrag einzutragen (Art. 138 des Handelsgesetzbuchs) *).

§. 58.

Die im §. 57 unter Ziffer 1, 2, 3 bemerkten Eintragungen erfolgen mittelst kurzer Bezeichnung der betreffenden Thatsachen auf Grund von Anmeldungen aller eingetragenen Gesellschafter. Auf die Anmeldungen findet die Schlußbestimmung des §. 52 An-

*) Im Art. 133 des Handelsgesetzbuchs ist vorgeschrieben, daß im Falle der Auflösung einer offenen Gesellschaft alle Gesellschafter als Liquidatoren eintreten, sofern nicht ein Anderes bestimmt ist. Fehlt es an einer solchen Bestimmung, so sind nach Art. 135 a. a. O. die bisherigen Gesellschafter als nunmehrige Liquidatoren in das Gesellschaftsregister einzutragen. (Vergl. Nürnberger Berathungs-Protokolle S. 1013 und 1050.)

wendung. Die Eintragungen können auch auf Grund von Anmeldungen einzelner Gesellschafter geschehen, insofern der Nachweis der betreffenden Thatsachen durch öffentliche Urkunden dergestalt geführt wird, daß ein rechtlich begründeter Widerspruch der übrigen Gesellschafter ausgeschlossen erscheint *).

Die im §. 57 unter Ziffer 2 erwähnte Eintragung der Konkurseröffnung geschieht von Amtswegen, sobald die Konkurseröffnung zur Anzeige gelangt (Art. 13 des Einführungsgesetzes). Ist der Konkurs von dem Gericht selbst eröffnet, so muß hiervon zu den Akten über das Gesellschaftsregister unverzüglich Mittheilung gemacht werden.

§. 59.

Ist ein Gesellschafter gestorben oder zur selbstständigen Vermögensverwaltung rechtlich unfähig geworden, so tritt in den Fällen der §§. 56—58 an Stelle seiner Anmeldung die seiner Erben oder Vertreter, welche ihre Legitimation nachzuweisen haben, wenn diese einem Bedenken unterliegt **).

§. 60.

Hat die Gesellschaft an einem anderen Orte oder in einer anderen Gemeinde des Gerichts eine Zweigniederlassung, so kommt der §. 31 mit der Maaßgabe zur Anwendung, daß bei der Eintragung der Gesellschaft in das Gesellschaftsregister in der dritten Kolonne neben dem Sitze der Gesellschaft auch der Ort der Zweigniederlassung anzugeben ist. Wird nach der Eintragung der Gesellschaft eine solche Zweigniederlassung errichtet oder aufgehoben, so ist dies auf Grund einer Anmeldung sämmtlicher Gesellschafter in die dritte Kolonne des Gesellschaftsregisters ein-

---

*) Das Handelsgesetzbuch spricht sich nicht darüber aus, von welchen Personen die Anmeldungen ausgehen müssen. Eine von allen Gesellschaftern ausgehende Anmeldung muß offenbar für genügend erachtet werden. Diese vorzuschreiben hat man aber bedenklich gefunden, ohne Zweifel, um für besondere Fälle den einzelnen Gesellschaftern das Recht zu wahren, die Eintragung auszuwirken. Wenn diese nicht von allen Gesellschaftern nachgesucht wird, so muß immer mit besonderer Vorsicht geprüft werden, ob aus den beigebrachten Urkunden auch mit Zuverlässigkeit erhelle, daß ein rechtlich begründeter Widerspruch der übrigen Gesellschafter sich nicht annehmen lasse. (Vergl. Nürnberger Berathungs-Protokolle S. 238—243.)

**) Der Tod oder die Unfähigkeit zur Vermögensverwaltung wird in der Regel die Auflösung der Gesellschaft nach sich ziehen (Art. 123); es kann aber auch in Gemäßheit der Bestimmungen des Gesellschaftsvertrags das Gegentheil stattfinden, so daß der §. 59 auf den Fall der Auflösung der Gesellschaft nicht zu beschränken war. Sind die Erben des verstorbenen Gesellschafters zufolge des Gesellschaftsvertrags an Stelle ihres Erblassers getreten, so liegt der Fall des Eintritts neuer Gesellschafter vor.

zutragen (vergl. §. 32); für den Fall der Aenderung der Firma gilt auch die Bestimmung des §. 33. Wegen einer im Bezirk des Gerichts befindlichen Zweigniederlassung wird jedoch die Gesellschaft in keinem Falle unter einer besonderen Nummer des Gesellschaftsregisters eingetragen.

Wenn die Gesellschaft in dem Bezirk eines anderen Gerichts eine Zweigniederlassung hat, so kommt der §. 34 mit der Maaßgabe zur Anwendung, daß für das Gesellschaftsregister gilt, was im §. 34 rücksichtlich des Firmenregisters bestimmt ist, und daß bei der Eintragung der Gesellschaft in das Gesellschaftsregister des Gerichts der Zweigniederlassung neben dem Sitze der Gesellschaft auch der Ort der Zweigniederlassung anzugeben ist (vergl. Anlage C. Nr. 2).

§. 61.

Für die Kommanditgesellschaften (Art. 150 des Handelsgesetzbuchs) gelten die §§. 52—60 mit folgenden Modifikationen (Art. 151—156, 163, 171, 172 des Handelsgesetzbuchs und Art. 13 des Einführungsgesetzes:

1) Die im §. 52 bezeichnete Anmeldung muß enthalten (Art. 151 und 86 des Handelsgesetzbuchs):
   a) den Namen, Vornamen, Stand und Wohnort jedes persönlich haftenden Gesellschafters;
   b) den Namen, Vornamen, Stand und Wohnort jedes Kommanditisten mit der Bezeichnung desselben als solchen;
   c) die Firma der Gesellschaft und den Ort, wo sie ihren Sitz hat;
   d) den Betrag der Vermögenseinlage jedes Kommanditisten;
   e) die Bezeichnung der Gesellschaft als einer Kommanditgesellschaft;
   f) im Falle vereinbart ist, daß nur einer oder einige der persönlich haftenden Gesellschafter die Gesellschaft vertreten sollen, die Angabe, welcher oder welche dazu bestimmt sind, ingleichen ob das Recht nur in Gemeinschaft ausgeübt werden soll.
2) Die nach §. 54 erforderliche Zeichnung der Firma nebst Unterschrift erfolgt von einem jeden persönlich haftenden Gesellschafter, welcher die Gesellschaft vertreten soll (Art. 153 des Handelsgesetzbuchs).
3) Wenn ein neuer Kommanditist in die Gesellschaft eintritt (§. 56), so ist derselbe bei der Eintragung als Kommanditist unter Angabe des Betrags seiner Vermögenseinlage ausdrücklich zu bezeichnen (Art. 156 des Handelsgesetzbuchs).
4) Wenn ein Kommanditist auch nur mit einem Theil seiner Einlage ausscheidet, so ist dies, gleich dem vollständigen

Ausscheiden, nach Anleitung des §. 57 im Register zu vermerken (Art. 171 des Handelsgesetzbuchs).

5) Insoweit in den §§. 52—58 von sämmtlichen Gesellschaftern oder von einem einzelnen Gesellschafter die Rede ist (§§. 52, 56, 58), sind darunter bei einer Kommanditgesellschaft auch die Kommanditisten zu verstehen; es genügt jedoch an Stelle der Anmeldung sämmtlicher Gesellschafter die Anmeldung der persönlich haftenden Gesellschafter, wenn dieselbe zum Zweck der Eintragung in das Gesellschaftsregister des Gerichts einer Zweigniederlassung (§. 60) geschieht (Art. 152 des Handelsgesetzbuchs).

§. 62.

Eine Kommanditgesellschaft auf Aktien (Art. 173 des Handelsgesetzbuchs) wird in das Gesellschaftsregister des Gerichts, in dessen Bezirk sie ihren Sitz hat, auf Grund einer Anmeldung sämmtlicher persönlich haftender Gesellschafter eingetragen (Art. 177 a. a. O.).

§. 63.

Zur Vollständigkeit der Anmeldung gehört:

1) die Beibringung des gerichtlich oder notariell abgeschlossenen Gesellschaftsvertrags (Art. 174 a. a. O.);
2) die Bescheinigung, daß der gesammte Betrag des Kapitals der Kommanditisten durch Unterschriften gedeckt ist;
3) die Bescheinigung, daß mindestens ein Viertel des von jedem Kommanditisten gezeichneten Betrags von ihm eingezahlt ist;
4) der Nachweis, daß der Aufsichtsrath nach Inhalt des Vertrags in einer Generalversammlung der Kommanditisten gewählt ist (Art. 177 a. a. O.).

§. 64.

Der Nachweis der staatlichen Genehmigung zur Errichtung der Gesellschaft (Art. 174) ist nicht zu verlangen (Art. 10 des Einführungsgesetzes).

Die Anmeldung ist zurückzuweisen, wenn die vorzunehmende Prüfung (Art. 206 des Handelsgesetzbuchs) ergiebt:

1) daß der Gesellschaftsvertrag nicht die im Artikel 175 des Handelsgesetzbuchs verzeichneten Bestimmungen vollständig enthält;
2) daß die Aktien oder Aktienantheile nicht sämmtlich auf Namen lauten oder nicht auf einen Betrag von mindestens 200 Thalern gestellt werden sollen (Art. 173 a. a. O.).

§. 65.

Die Eintragung der Kommanditgesellschaft auf Aktien in das Gesellschaftsregister erfolgt mittelst Aufnahme des Gesellschaftsvertrags.

Bei der Aufnahme des Gesellschaftsvertrags in das Gesellschaftsregister ist in der Art zu verfahren, daß in das Hauptregister nur ein Auszug, wie er bei der Eintragung der Gesellschaft in das Gesellschaftsregister des Gerichts einer Zweigniederlassung genügend ist (§. 71), eingetragen, dagegen eine vollständige Abschrift oder ein vollständiger Abdruck des Vertrags, welche von dem Sekretair zu beglaubigen sind, zu dem im zweiten Absatze des §. 49 bezeichneten Beilageband genommen wird. In dem Hauptregister ist die Stelle des Beilagebandes zu bezeichnen, wo die Abschrift oder der Abdruck des Vertrags sich findet.

Die Firma der Gesellschaft wird in die zweite Kolonne, der Sitz derselben in die dritte Kolonne, der übrige Inhalt des Auszugs und die Hinweisung auf den Beilageband in die vierte Kolonne des Hauptregisters eingetragen.

§. 66.

Die Eintragung der Gesellschaft darf erst geschehen, nachdem die persönlich haftenden Gesellschafter, welche die Gesellschaft vertreten sollen, die Firma der Gesellschaft nebst ihrer Namensunterschrift persönlich vor dem Gericht gezeichnet oder die Zeichnung in beglaubigter Form eingereicht haben (Art. 177 des Handelsgesetzbuchs).

§. 67.

Eine Abänderung des Gesellschaftsvertrages wird in die vierte Kolonne des Registers eingetragen.

Die Eintragung geschieht auf Grund einer Anmeldung sämmtlicher persönlich haftender Gesellschafter.

Zur Vollständigkeit der Anmeldung gehört die Beibringung des gerichtlich oder notariell abgeschlossenen abändernden Vertrags; dieser ist nach Maaßgabe des §. 65 in das Hauptregister im Auszuge, in den Beilageband vollständig aufzunehmen; der Nachweis der staatlichen Genehmigung desselben ist nicht zu verlangen (Art. 198 und 206 des Handelsgesetzbuchs und Art. 10 des Einführungsgesetzes). Ist durch den Vertrag die Firma oder der Sitz der Gesellschaft geändert, so wird die Aenderung in der zweiten, beziehungsweise dritten Kolonne des Registers vermerkt.

Als eine Aenderung des Gesellschaftsvertrags ist es insbesondere anzusehen, wenn eine theilweise Zurückzahlung des Kapitals der Kommanditisten erfolgen soll (Art. 203 des Handelsgesetzbuchs).

§. 68.

In die vierte Kolonne des Registers sind ferner einzutragen:

1) die Auflösung der Kommanditgesellschaft (Art. 201 a. a. O.), und wenn dieselbe eine Folge der Eröffnung des Konkurses über die Gesellschaft ist, die Eröffnung des Konkurses (Art. 13 des Einführungsgesetzes); die Eintragung der Auflösung muß selbst dann geschehen, wenn die Gesell-

schaft durch Ablauf der Zeit, für welche sie eingegangen war, beendigt wird (Art. 201 des Handelsgesetzbuchs);

2) die nach der Auflösung der Gesellschaft kraft des Gesetzes eintretenden und die von der Generalversammlung der Kommanditisten gewählten Liquidatoren (Art. 205 a. a. O.), das Austreten eines Liquidators oder das Erlöschen der Vollmacht eines solchen; vor der Eintragung eines Liquidators hat derselbe seine Unterschrift persönlich vor dem Gericht zu zeichnen oder die Zeichnung in beglaubigter Form einzureichen; eine Beschränkung des Umfangs der Geschäftsbefugnisse eines Liquidators wird weder von Amtswegen, noch auf Antrag eingetragen (vergl. oben §. 57 unter Ziffer 3).

§. 69.

Die im §. 68 unter Ziffer 1 und 2 bezeichneten Eintragungen erfolgen in der im §. 58 angegebenen Weise auf Grund von Anmeldungen der persönlich haftenden Gesellschafter oder deren Erben oder Vertreter. Die Anmeldung kann jedoch nur für genügend erachtet werden, wenn zugleich der Nachweis der betreffenden Thatsachen durch öffentliche Urkunden dergestalt geführt wird, daß ein rechtlich begründeter Widerspruch der Kommanditisten ausgeschlossen erscheint *).

Statt der Anmeldung der persönlich haftenden Gesellschafter genügt die Anmeldung des Aufsichtsraths der Gesellschaft oder eines einzelnen persönlich haftenden Gesellschafters oder dessen Erben oder Vertreter, wenn sowohl der vorerwähnte Nachweis, als rücksichtlich aller oder der übrigen persönlich haftenden Gesellschafter der im §. 58 bezeichnete Nachweis geführt wird.

Auf die im §. 68 unter Ziffer 1 erwähnte Eintragung der Konkurseröffnung findet die Bestimmung des letzten Absatzes des §. 58 Anwendung.

§. 70.

In Betreff der an einem anderen Orte oder in einer anderen Gemeinde des Gerichts befindlichen Zweigniederlassungen gelten die Bestimmungen des ersten Absatzes des §. 60 mit der Maaßgabe, daß an Stelle der Anmeldung aller Gesellschafter die der persönlich haftenden Gesellschafter tritt.

§. 71.

Für die Eintragung einer Kommanditgesellschaft auf Aktien

---

*) Daß der Nachweis geführt werden müsse, ist zwar im Gesetze nicht ausdrücklich bestimmt, indeß im Artikel 201, welcher sich über die Anmeldung nicht näher erklärt, stillschweigend vorausgesetzt, und auch, wenn sämmtliche persönlich haftende Gesellschafter die Anmeldung bewirken, für nöthig zu erachten, um die Rechte der Kommanditisten zu schützen.

in das Gesellschaftsregister des Gerichts, in dessen Bezirk dieselbe nicht ihren Sitz, sondern nur eine Zweigniederlassung hat, gelten folgende Bestimmungen:

1) Die Eintragung in das Gesellschaftsregister des Gerichts der Zweigniederlassung findet erst statt, nachdem durch ein Attest des Gerichts des Sitzes der Gesellschaft nachgewiesen ist, daß die Eintragung in das Gesellschaftsregister des letzteren Gerichts geschehen ist (vergl. Art. 21 des Handelsgesetzbuchs); rücksichtlich der Nothwendigkeit, der Firma einen Zusatz beizufügen, gilt die Bestimmung des §. 34.

2) Die Eintragung der Gesellschaft in das Gesellschaftsregister des Gerichts der Zweigniederlassung erfolgt auf Grund einer bloßen Anmeldung sämmtlicher persönlich haftender Gesellschafter, nachdem diejenigen derselben, welche die Gesellschaft vertreten sollen, die Firma nebst ihrer Namensunterschrift persönlich vor dem Gericht gezeichnet oder die Zeichnung in beglaubigter Form eingereicht haben. Die Anmeldung muß enthalten (Art. 179, 176, 151, 152, 85 des Handelsgesetzbuchs):

a) das Datum des Gesellschaftsvertrags,
b) den Namen, Vornamen, Stand und Wohnort jedes persönlich haftenden Gesellschafters,
c) die Firma der Gesellschaft und den Ort, wo sie ihren Sitz hat, sowie den Ort, wo die Zweigniederlassung sich befindet,
d) die Bezeichnung der Gesellschaft als einer Kommanditgesellschaft auf Aktien,
e) die Zahl und den Betrag der Aktien und Aktienantheile,
f) die Form, in welcher die von der Gesellschaft ausgehenden Bekanntmachungen erfolgen, so wie die öffentlichen Blätter, in welche dieselben aufzunehmen sind,
g) im Falle vereinbart ist, daß nur einer oder einige der persönlich haftenden Gesellschafter die Gesellschaft vertreten sollen, die Angabe, welcher oder welche dazu bestimmt sind, ingleichen ob das Recht gemeinschaftlich ausgeführt werden soll.

Der Beibringung des Gesellschaftsvertrages und der im §. 63 erwähnten Bescheinigungen und Nachweisungen bedarf es nicht. Die Eintragung der Gesellschaft wird mittelst vollständiger Aufnahme des Inhalts der Anmeldung bewirkt. Die Firma der Gesellschaft wird in die zweite Kolonne, der Sitz derselben und der Ort der Zweigniederlassung in die dritte Kolonne, der übrige Inhalt der Anmeldung in die vierte Kolonne des Registers eingetragen.

3) Eine Abänderung des Gesellschaftsvertrages wird in derselben Weise auf Grund einer, den abändernden Vertrag nur im Auszug enthaltenden Anmeldung der persönlich haftenden Gesellschafter in der zweiten beziehungsweise dritten oder vierten Kolonne des Registers vermerkt (Art. 198 des Handelsgesetzbuchs).
4) Die übrigen Eintragungen erfolgen nach Maaßgabe der §§. 68 und 69.

§. 72.

Eine Aktiengesellschaft (Art. 207 des Handelsgesetzbuchs) wird in das Gesellschaftsregister des Orts, in dessen Bezirk sie ihren Sitz hat, auf Grund einer Anmeldung des Vorstandes der Gesellschaft eingetragen.

§. 73.

Zur Vollständigkeit der Anmeldung gehört:
1) die Beibringung des gerichtlich oder notariell abgeschlossenen Gesellschaftsvertrages (Art. 208 a. a. O.);
2) die Beibringung der Urkunde über die landesherrliche Genehmigung (Art. 208 a. a. O. und Art. 12 §. 1 des Einführungsgesetzes).

§. 74.

Die Eintragung der Gesellschaft in das Gesellschaftsregister wird mittelst Aufnahme des Gesellschaftsvertrags und der landesherrlichen Genehmigungsurkunde bewirkt.

Bei der Aufnahme des Gesellschaftsvertrags und der Genehmigungsurkunde ist in der Art zu verfahren, daß in das Hauptregister nur ein Auszug, wie er bei der Eintragung der Gesellschaft in das Gesellschaftsregister des Gerichts einer Zweigniederlassung genügend ist (§. 79), eingetragen, dagegen eine vollständige Abschrift oder ein vollständiger Abdruck des Vertrags und der Genehmigungsurkunde, welche von dem Sekretair zu beglaubigen sind, zu dem im zweiten Absatze des §. 49 bezeichneten Beilagebande genommen wird. In dem Hauptregister ist die Stelle des Beilagebandes zu bezeichnen, wo die Abschrift oder der Abdruck des Vertrags und der Genehmigungsurkunde sich findet. Die Firma der Gesellschaft wird in die zweite Kolonne, der Sitz derselben in die dritte Kolonne, der übrige Inhalt des Auszugs und die Hinweisung auf den Beilageband in die vierte Kolonne des Hauptregisters eingetragen.

§. 75.

Die Eintragung eines Beschlusses der Generalversammlung der Aktionaire, welcher die Fortsetzung der Gesellschaft oder eine Abänderung der Bestimmungen des Gesellschaftsvertrages zum Gegenstande hat, erfolgt auf Grund einer Anmeldung des Vorstandes der Gesellschaft und nach Beibringung der gerichtlichen oder notariellen Beurkundung des Beschlusses, sowie der Urkunde über die landesherrliche Genehmigung.

Der Beschluß und die Genehmigungsurkunde sind nach Maaßgabe des §. 74 in das Hauptregister im Auszuge, in den Beilageband vollständig aufzunehmen. Ist durch den Beschluß die Firma oder der Sitz der Gesellschaft geändert, so wird die Aenderung in der zweiten beziehungsweise dritten Kolonne des Registers vermerkt.

Als ein Beschluß, welcher die Abänderung des Gesellschaftsvertrags zum Gegenstande hat, gilt auch derjenige, wonach eine theilweise Zurückzahlung des Grundkapitals an die Aktionaire eintreten soll (Art. 248 des Handelsgesetzbuchs).

§. 76.

In die vierte Kolonne des Registers sind ferner mittelst kurzer Vermerke (vergl. §. 56) einzutragen:

1) die jeweiligen Mitglieder des Vorstandes der Gesellschaft; vor der Eintragung eines Mitgliedes des Vorstandes hat dasselbe seine Unterschrift vor dem Gericht zu zeichnen oder die Zeichnung derselben in beglaubigter Form einzureichen (Art. 228 des Handelsgesetzbuchs);
2) die Auflösung der Gesellschaft, und wenn dieselbe eine Folge der Eröffnung des Konkurses über die Gesellschaft ist, die Eröffnung des Konkurses (Art. 243 des Handelsgesetzbuchs und Art. 13 des Einführungsgesetzes);
3) die nach der Auflösung eintretenden Liquidatoren, das Austreten eines Liquidators oder das Erlöschen der Vollmacht eines solchen; eine Beschränkung des Umfangs der Geschäftsbefugnisse der Liquidatoren wird weder von Amtswegen, noch auf Antrag eingetragen. Ein Liquidator hat vor der Eintragung seine Unterschrift vor Gericht zu zeichnen oder die Zeichnung in beglaubigter Form einzureichen (Art. 244 des Handelsgesetzbuchs).

§. 77.

Die im §. 76 unter Ziffer 1—3 bezeichneten Eintragungen erfolgen auf Grund von Anmeldungen des Vorstandes (Art. 228, 243, 244 des Handelsgesetzbuchs); in den Fällen unter Ziffer 1 ist die Legitimation des einzutragenden Mitgliedes des Vorstandes beizubringen (Art. 228 a. a. O.), in den Fällen unter Ziffer 2 hat der Vorstand den Grund der Auflösung anzugeben. Ist die Auflösung eine Folge der Vereinigung der Gesellschaft mit einer anderen Aktiengesellschaft, so ist die landesherrliche Genehmigungsurkunde beizubringen (Art. 247 des Handelsgesetzbuchs und Art. 12 §. 1 des Einführungsgesetzes); bei der Eintragung der Auflösung wird in diesem Falle bemerkt, daß die Auflösung durch Vereinigung mit der anderen Gesellschaft eingetreten sei; bei der anderen Gesellschaft ist die Vereinigung nach Anleitung des §. 75 in das Gesellschaftsregister einzutragen.

Auf die im §. 76 unter Ziffer 2 erwähnte Eintragung der Konkurseröffnung findet die Bestimmung im letzten Absatze des §. 58 Anwendung.

§. 78.

In Betreff der an einem anderen Orte oder in einer anderen Gemeinde des Gerichts befindlichen Zweigniederlassungen gelten die Bestimmungen des ersten Absatzes des §. 60 mit der Maaßgabe, daß an Stelle der Anmeldung aller Gesellschafter die des Vorstandes tritt.

§. 79.

Für die Eintragung einer Aktiengesellschaft in das Gesellschaftsregister des Gerichts, in dessen Bezirk dieselbe nicht ihren Sitz, sondern nur eine Zweigniederlassung hat, gelten folgende Bestimmungen:

1) Die Eintragung in das Gesellschaftsregister des Gerichts der Zweigniederlassung findet nicht statt, bevor durch ein Attest des Gerichts des Sitzes der Gesellschaft nachgewiesen ist, daß die Eintragung in das Gesellschaftsregister des letzteren Gerichts geschehen ist (vergl. Art. 21 des Handelsgesetzbuchs).

2) Die Eintragung der Gesellschaft in das Gesellschaftsregister des Gerichts der Zweigniederlassung erfolgt auf Grund einer bloßen Anmeldung des Vorstandes der Gesellschaft. Die Anmeldung muß enthalten:

a. das Datum des Gesellschaftsvertrages und der Genehmigungsurkunde;
b. die Firma und den Sitz der Gesellschaft;
c. den Gegenstand und die Zeitdauer des Unternehmens;
d. die Höhe des Grundkapitals und der einzelnen Aktien oder Aktientheile;
e. die Eigenschaft derselben, ob sie auf Inhaber oder auf Namen gestellt sind;
f. die Form, in welcher die von der Gesellschaft ausgehenden Bekanntmachungen erfolgen, sowie die öffentlichen Blätter, in welche dieselben aufzunehmen sind.

Ist im Gesellschaftsvertrage eine Form bestimmt, in welcher der Vorstand seine Willenserklärungen kundgiebt und für die Gesellschaft zeichnet, so ist auch diese Bestimmung aufzunehmen. Der Beibringung des Gesellschaftsvertrags und der Genehmigungsurkunde bedarf es nicht. Die Eintragung der Gesellschaft wird mittelst vollständiger Aufnahme des Inhals der Anmeldung bewirkt; die Firma der Gesellschaft wird in die zweite Kolonne, der Sitz derselben und der Ort der Zweigniederlassung in die dritte Kolonne, der übrige Inhalt der Anmeldung in die vierte Kolonne des Registers eingetragen (Art. 212 des Handelsgesetzbuchs).

3) Der Beschluß, welcher die Fortsetzung der Gesellschaft oder eine Abänderung der Bestimmungen des Gesellschaftsvertrags zum Gegenstande hat (§. 75), wird in derselben Weise auf Grund einer den Beschluß und die Genehmigungsurkunde nur im Auszuge enthaltenden Anmeldung in der zweiten, beziehungsweise dritten oder vierten Kolonne des Registers vermerkt (Art. 214 des Handelsgesetzbuchs).

4) Die übrigen Eintragungen erfolgen nach Maaßgabe der §§. 76 und 77.

§. 80.

Vor der Eintragung der Firma einer offenen Handelsgesellschaft, einer Kommanditgesellschaft und einer Kommanditgesellschaft auf Aktien ist die Zulässigkeit der Führung der Firma nach Maaßgabe des §. 22 zu prüfen*).

Inwiefern eine Person, welche durch Handelsgeschäfte sich nicht verpflichten kann, als Mitglied einer offenen Handelsgesellschaft oder als persönlich haftendes Mitglied einer Kommanditgesellschaft oder einer Kommanditgesellschaft auf Aktien in das Gesellschaftsregister eingetragen werden könne, bestimmt sich nach dem §. 29. Als Kommanditist einer Kommanditgesellschaft kann dieselbe eingetragen werden, wenn die Erfordernisse nachgewiesen sind, von welchen nach den Gesetzen die Rechtsbeständigkeit eines für sie eingegangenen, auf Erwerb gerichteten Gesellschaftsvertrags abhängt **).

Für die Anmeldungen solcher Personen sind die Bestimmungen des §. 29 maaßgebend.

§. 81.

Ist die Verlegung des Sitzes einer Handelsgesellschaft nach einem Orte außerhalb des Bezirks des Gerichts in das Gesellschaftsregister eingetragen und besteht im Bezirk des Gerichts auch keine Zweigniederlassung fort, so ist in Bezug auf die weitere Führung des Registers die Gesellschaft als erloschen anzusehen (vergl. §. 27).

---

*) Die Nichtbeachtung der Vorschrift im zweiten Absatze des Art. 24 des Handelsgesetzbuchs kann, wenn die Gesellschaft durch den Austritt des Gesellschafters, dessen Name in der Firma enthalten ist, nicht aufgelöst wird, das Gericht nur zum Einschreiten nach Maaßgabe des Art. 26 veranlassen.

**) Ein persönlich haftender Handelsgesellschafter ist als eine Person anzusehen, welche den Handel unmittelbar betreibt; dies läßt sich von einem Kommanditisten nicht behaupten.

§. 82.

Der Sekretair hat zu dem Gesellschaftsregister ein nach den Firmen geordnetes alphabetisches Verzeichniß der darin eingetragenen Handelsgesellschaften unter Bezugnahme auf die Nummer des Registers zu führen.

Fünfter Abschnitt.

Von dem im Geltungsbereiche des Allgemeinen Landrechts zu führenden Register zur Eintragung der Ausschließung oder Aufhebung der ehelichen Gütergemeinschaft.

(Art. 20 des Einführungsgesetzes; Th. II. Tit. 1 §. 423 des Allgemeinen Landrechts.)

§. 83.

Das Register zur Eintragung der Ausschließung oder der Aufhebung der ehelichen Gütergemeinschaft wird nach dem als Anlage D. beigedruckten Formular geführt.

§. 84.

Da die Führung dieses Registers nur in dem Art. 20 des Einführungsgesetzes sich gründet, dieser Artikel aber sich darauf beschränkt, die Vorschrift des §. 423 Th. II. Tit. 1 des Allg. Landrechts, wonach „bei Kaufleuten in Handelsstädten die Ausschließung oder Aufhebung der ehelichen Gemeinschaft der Güter oder des Erwerbs außer der gewöhnlichen Bekanntmachung noch auf der Börse oder durch die Kaufmannsältesten bekannt gemacht werden soll," durch die Bestimmung zu ersetzen, „daß bei denjenigen Personen, welche nach Art. 4 des Handelsgesetzbuchs als Kaufleute anzusehen seien, jedoch mit Ausschluß der im Art. 10 des Handelsgesetzbuchs bezeichneten, die Ausschließung oder Aufhebung der ehelichen Gemeinschaft der Güter oder des Erwerbs in das Handelsregister einzutragen und nach Maaßgabe des Art. 13 des Handelsgesetzbuchs veröffentlicht werden müsse," so sind die bisherigen Gesetze über die den Gerichten obliegende Verpflichtung, die öffentliche Bekanntmachung der Ausschließung oder Aufhebung der ehelichen Gütergemeinschaft von Amtswegen oder auf Antrag zu bewirken, für die Beurtheilung maaßgebend, in welchen Fällen und unter welchen Voraussetzungen bei Kaufleuten im Sinne des Handelsgesetzbuchs mit Ausschluß der im Art. 10 bezeichneten Personen die Eintragung der Ausschließung oder Aufhebung der ehelichen Gütergemeinschaft in das Register anzuordnen sei (vergl. Allg. Landrecht Th. II. Tit. 1 §§. 422, 425, 426, Th. II. Tit. 18 §§. 780 ff.; Allg. Gerichts-Ordnung Th. II. Tit. 3 §. 19 und Gesetz vom 20. März 1837, Gesetz-Samml. S. 63).

Die Eintragungen sind nach der Zeitfolge der sie anordnenden Verfügungen zu bewirken.

§. 85.

Bei der Eintragung der Ausschließung oder Aufhebung der ehelichen Gütergemeinschaft ist in der zweiten Kolonne des Registers der Name, Vorname, Stand und Wohnort des Ehemannes, in der dritten Kolonne des Registers das rücksichtlich der Gütergemeinschaft bestehende Rechtsverhältniß, ob die Gütergemeinschaft ausgeschlossen oder aufgehoben sei u. dergl., unter Bezeichnung der Ehefrau, anzugeben.

In derselben Weise geschieht die Eintragung, wenn von den Ehegatten, für welche die Gütergemeinschaft ausgeschlossen oder aufgehoben ist, die Ehefrau zu den Kaufleuten gehört (eine Handelsfrau ist, Art. 6 des Handelsgesetzbuchs).

§. 86.

Geht der Ehemann mit Tode ab, so hat das Gericht dies in der vierten Kolonne des Registers, sobald der Todesfall ihm zuverlässig bekannt wird, von Amtswegen zu vermerken.

§. 87.

Der Sekretair hat zu dem Register ein alphabetisches Verzeichniß der darin eingetragenen Ehemänner unter Bezugnahme auf die Nummern des Registers zu führen.

Sechster Abschnitt.

Von dem Verfahren, betreffend die Verpflichtung der Gerichte, die Betheiligten zur Befolgung der gesetzlichen Anordnungen über die Anmeldung zur Eintragung in das Handelsregister und über die Zeichnung oder Einreichung der Zeichnung der Firmen und Unterschriften von Amtswegen anzuhalten.

(Art. 5 bis 7 des Einführungsgesetzes.)

§. 88.

Das Gericht, welches das Handelsregister führt, hat in der in dem Artikel 5 des Einführungsgesetzes bezeichneten Weise einzuschreiten:

1) gegen den Kaufmann, welcher im Bezirk des Gerichts seine Handelsniederlassung oder eine Zweigniederlassung hat, sofern er unterläßt, seine Firma oder die Aenderung oder das Erlöschen derselben oder die Aenderung der Inhaber anzumelden oder die Firma nebst seiner persönlichen Unterschrift vor dem Gericht zu zeichnen oder die Zeichnung derselben in beglaubigter Form einzureichen (Art. 19, 21, 25, 26 des Handelsgesetzbuchs);

2) gegen den Prinzipal, welcher für seine im Bezirk des Gerichts befindliche Handelsniederlassung einen Prokuristen bestellt hat, sofern er unterläßt, die Ertheilung der Prokura oder das Erlöschen derselben anzumelden, sowie gegen den Prokuristen, welcher unterläßt, die Firma nebst seiner Unterschrift persönlich vor dem Gericht zu zeichnen oder die Zeichnung derselben in beglaubigter Form einzureichen (Art. 45 des Handelsgesetzbuchs). Ist der Prinzipal eine Handelsgesellschaft, so findet das Einschreiten statt: bei einer offenen Handelsgesellschaft gegen sämmtliche Gesellschafter, welche von der Geschäftsführung nicht ausgeschlossen sind, bei einer Kommanditgesellschaft und bei einer Kommanditgesellschaft auf Aktien gegen sämmtliche persönlich haftende Gesellschafter, welche von der Geschäftsführung nicht ausgeschlossen sind, bei einer Aktiengesellschaft gegen die Mitglieder des Vorstandes *);

3) gegen sämmtliche Mitglieder einer offenen Handelsgesellschaft, welche im Bezirk des Gerichts ihren Sitz oder eine Zweigniederlassung hat, sofern sie unterlassen, die Errichtung der Gesellschaft, die Aenderung der Firma oder die Verlegung des Sitzes derselben, den Eintritt eines neuen Gesellschafters, die einem Gesellschafter nachträglich ertheilte oder entzogene Befugniß, die Gesellschaft zu vertreten, das Ausscheiden oder die Ausschließung eines Gesellschafters, die Auflösung der Gesellschaft, sofern sie nicht eine Folge der Konkurseröffnung ist, die nach der Auflösung eingetretenen Liquidatoren und das Austreten eines Liquidators, oder das Erlöschen der Vollmacht eines solchen anzumelden; ferner gegen die zur Vertretung der Gesellschaft berufenen Gesellschafter, sofern sie unterlassen, die Firma nebst ihrer Namensunterschrift persönlich vor dem Gericht zu zeichnen oder die Zeichnung derselben in beglaubigter Form einzureichen (Art. 86—89, 129, 135 des Handelsgesetzbuchs);

4) gegen sämmtliche persönlich haftende Mitglieder einer Kommanditgesellschaft, welche im Bezirk des Gerichts ihren Sitz oder eine Zweigniederlassung hat, insofern sie unterlassen, eine der unter der Ziffer 3 bezeichneten Anmeldungen, einschließlich der des Eintritts oder Austritts eines Kommanditisten und der des Ausscheidens eines Kommanditisten nur mit einem Theile seiner Einlage, zu bewirken; ferner gegen die zur Vertretung der Gesellschaft berufenen

---

*) Die Anmeldung einer Prokura ist ein Akt der Geschäftsführung, weshalb gegen diejenigen nicht eingeschritten werden kann, welche an der Geschäftsführung keinen Theil haben.

persönlich haftenden Gesellschafter, sofern sie unterlassen, die Firma nebst ihrer Namensunterschrift persönlich vor Gericht zu zeichnen oder die Zeichnung derselben in beglaubigter Form einzureichen (Art. 151—156, 171, 172 des Handelsgesetzbuchs);

5) gegen sämmtliche persönlich haftende Mitglieder einer Kommanditgesellschaft auf Aktien, welche im Bezirk des Gerichts eine Zweigniederlassung hat, insofern sie unterlassen, die Errichtung der Gesellschaft oder die Abänderung des Gesellschaftsvertrags anzumelden, und außerdem gegen diejenigen persönlich haftenden Gesellschafter, welche die Gesellschaft zu vertreten berufen sind, insofern sie unterlassen, die Firma nebst ihrer Namensunterschrift persönlich vor dem Gericht zu zeichnen oder die Zeichnung derselben in beglaubigter Form einzureichen; ferner gegen die persönlich haftenden Mitglieder einer Kommanditgesellschaft auf Aktien, die in dem Bezirk des Gerichts ihren Sitz oder eine Zweigniederlassung hat, insofern sie unterlassen, die Auflösung der Gesellschaft, die nicht Folge der Konkurseröffnung ist, und die nach der Auflösung eintretenden Liquidatoren, den Austritt eines Liquidators und das Erlöschen der Vollmacht eines solchen anzumelden (Art. 179, 198, 201, 203, 205 des Handelsgesetzbuchs) *);

6) gegen die Mitglieder des Vorstandes einer Aktiengesellschaft, welche im Bezirk des Gerichts ihren Sitz oder eine Zweigniederlassung hat, insofern sie unterlassen, ihre Bestellung, eine bei ihnen eingetretene Aenderung, die Auflösung der Gesellschaft, die nicht Folge der Konkurseröffnung ist, und die nach der Auflösung eingetretenen Liquidatoren, sowie das Austreten eines Liquida-

---

*) Die Errichtung einer Kommanditgesellschaft auf Aktien, sowie eine Abänderung des Gesellschaftsvertrags müssen zwar auch in das Handelsregister des Gerichts, in dessen Bezirk die Gesellschaft ihren Sitz hat, und zwar zunächst eingetragen werden (Art. 176, 198, 21 des Handelsgesetzbuchs).

Daß zu den betreffenden Anmeldungen von Amtswegen anzuhalten sei, ist aber nicht vorgeschrieben. Der Grund liegt in den Bestimmungen, wonach die Eintragung in das Handelsregister dieses Gerichts die rechtliche Wirksamkeit des Gesellschaftsvertrags oder des abändernden Vertrags bedingt (Art. 178, 198 a. a. O.). Der Grund trifft nicht zu im Fall der Auflösung der Gesellschaft. Es muß daher auch das Gericht, in dessen Bezirk die Gesellschaft ihren Sitz hat, zur Anmeldung der Auflösung anhalten können. Obschon dies im Gesetze nicht ausdrücklich bestimmt ist (Art. 201 a. a. O.), so ergiebt es sich doch aus der Natur der Sache, aus dem Art. 171 und auch aus dem Art. 243, in welchem es für die Aktiengesellschaft besonders bestimmt ist.

tors oder das Erlöschen der Vollmacht eines solchen anzumelden und ihre Unterschrift vor Gericht zu zeichnen oder die Zeichnung derselben in beglaubigter Form einzureichen; ferner gegen die Mitglieder des Vorstandes einer Aktiengesellschaft, welche in dem Bezirk des Gerichts eine Zweigniederlassung hat, insofern sie unterlassen, die Errichtung der Gesellschaft oder die Abänderung des Gesellschaftsvertrags anzumelden (Art. 212, 214, 228, 233, 243, 244, 247 des Handelsgesetzbuchs *).

§. 89.

Auf eine Anmeldung oder auf die Zeichnung oder die Einreichung der Zeichnung einer Firma und Unterschrift, welche nicht in der vorgeschriebenen Form geschehen ist (Art. 4 des Einführungsgesetzes), kann der Betheiligte sich nicht berufen.

§. 90.

Wird für Personen, welche durch Handelsgeschäfte sich nicht verpflichten können, der Handel durch Vertreter betrieben (§§. 29 und 80), so findet das Einschreiten gegen die letzteren statt.

Wenn es sich um die Anmeldung des Erlöschens einer Prokura oder einer Firma oder um die Anmeldung der Auflösung einer offenen oder einer Kommanditgesellschaft oder einer Kommanditgesellschaft auf Aktien handelt und die betreffende Person mit Tode abgegangen oder zur selbstständigen Vermögensverwaltung rechtlich unfähig geworden ist, so wird gegen die Erben oder Vertreter derselben eingeschritten **).

§. 91.

Das Gericht hat gegen den Betheiligten einzuschreiten, auch wenn derselbe in dessen Bezirk nicht den Wohnsitz hat.

Hält das Gericht vor dem Einschreiten noch eine nähere Ermittelung für nöthig, so hat es dieselbe nach Maaßgabe des §. 8 Art. 5 des Einführungsgesetzes zu bewirken.

§. 92.

Die Verfügung, mittelst welcher das Einschreiten beginnt (§. 1 a. a. O.), und jede dieselbe erneuernde Verfügung (§. 2 und §. 6 Abs. 3 a. a. O.) ist dem Betheiligten nach den Vorschriften über die Insinuation von gerichtlichen Verfügungen in Civilprozessen zuzustellen, und der Behändigungsschein zu den Akten zu bringen.

---

*) Wegen des nicht eintretenden Zwanges zur Anmeldung der Errichtung der Gesellschaft und der Abänderung des Gesellschaftsvertrags bei dem Gericht, in dessen Bezirk die Gesellschaft ihren Sitz hat, vergl. die vorhergehende Note und die Art. 211 und 214 des Handelsgesetzbuchs.

**) In Betreff anderer Anmeldungen genügt die Vorschrift des ersten Absatzes dieses Paragraphen.

§. 93.

Wird die angedrohte Ordnungsstrafe festgesetzt, weil innerhalb der bestimmten Frist weder die Verfügung erledigt, noch Einspruch dawider erhoben ist, so hat es bei dieser Festsetzung sein Bewenden, auch wenn in Folge Erneuerung der Verfügung der Betheiligte später sich rechtfertigt (§. 2 a. a. O.).

§. 94.

Wenn aus dem rechtzeitig eingegangenen Einspruch des Betheiligten, allenfalls nach näheren Ermittelungen (§. 8 a. a. O.) dessen Rechtfertigung sich ergiebt, so hat das Gericht die Verfügung aufzuheben und den Betheiligten davon in Kenntniß zu setzen.

§. 95.

Die Anberaumung des Audienztermins findet statt in Folge Einspruchs, welcher zur Rechtfertigung des Betheiligten nicht für genügend befunden ist (§. 3 a. a. O.).

§. 96.

Der Audienztermin wird vor der Deputation zur Verhandlung und Entscheidung der im mündlichen Verfahren kollegialisch zu verhandelnden Civilprozesse oder vor einer dieser Deputationen anberaumt, sollte die angedrohte Ordnungsstrafe auch weniger als 50 Thaler betragen.

Der Betheiligte ist zu dem Termin nach den Vorschriften über die Ladung zu Audienzterminen in Civilprozessen vorzuladen.

Die Verhandlung im Termin wird durch eine mündliche Darstellung der Sachlage von einem aus den Mitgliedern des Gerichts zu bestellenden Referenten eingeleitet. Das weitere Verfahren bestimmt sich nach den Vorschriften über die Verhandlung und Entscheidung der zur mündlichen Verhandlung gediehenen Civilprozesse mit den Abweichungen, welche aus der Natur der Sache und daraus sich ergeben, daß das Gericht befugt ist, bis zur schließlichen Entscheidung neue Thatsachen und Beweise zuzulassen, auch von Amtswegen nähere Ermittelungen des Sachverhältnisses und Beweiserhebungen unter Benachrichtigung des Betheiligten zu beschließen, sowie mit der Beweisaufnahme, insbesondere der Abhörung von Zeugen, im Audienztermin selbst zu verfahren (§§. 3 und 8 a. a. O.).

§. 97.

Die schließliche Entscheidung, wohin auch diejenige gehört, welche gegen den Betheiligten im Fall des Nichterscheinens im Audienztermin erlassen wird (§. 4 a. a. O.), ergeht in der Form des Erkenntnisses; sie wird nach den Vorschriften über die Publikation und Insinuation der Erkenntnisse in Civilprozessen dem Betheiligten publizirt und insinuirt; die zu Gunsten des Betheiligten erfolgende Entscheidung ist in der Weise abzufassen, daß die Aufhebung der die Strafe androhenden Verfügung ausgesprochen wird.

§. 98.

Wenn der Betheiligte sich nicht gerechtfertigt, die Verhältnisse sich aber später dergestalt geändert haben, daß die Verfügung dadurch erledigt erscheint, z. B. wenn der nicht angemeldete Prokurist im Laufe des Verfahrens gestorben ist, so wird gleichwohl die angedrohte Strafe festgesetzt, und es unterbleibt nur die Erneuerung der Verfügung (§. 4 a. a. O.).

§. 99.

Wird von dem Betheiligten gegen die verurtheilende Entscheidung Beschwerde an das Appellationsgericht erhoben, so gehört die Verhandlung und Entscheidung vor die Deputation des Civilsenats für Civil-Appellationssachen oder vor eine dieser Deputationen, sollte die festgesetzte Strafe auch weniger als 50 Thaler betragen.

Die Bestimmungen der §§. 96—98 kommen auch im Beschwerdeverfahren zur Anwendung (Art. 5 §. 5 des Einführungsgesetzes).

§. 100.

Die festgesetzten Ordnungsstrafen werden von den Gerichten zu den Salarienkassen eingezogen, welchen sie verbleiben, ohne daß ihre Abführung an den Unterstützungsfond für hülfsbedürftige Kinder verstorbener Justizbeamten erfolgt (vergl. Justiz-Minist.-Bl. von 1852 S. 370, 371 und von 1856 S. 195).

§. 101.

Die §§. 91—100 kommen mit den Abweichungen, welche aus dem Art. 6 des Einführungsgesetzes sich ergeben, auch in dem Falle zur Anwendung, wenn das Gericht auf Grund des Art. 26 des Handelsgesetzbuchs gegen denjenigen einschreitet, welcher sich einer nach den Vorschriften des dritten Titels des ersten Buchs des Handelsgesetzbuchs ihm nicht zustehenden Firma bedient. In Gemäßheit des Art. 6 des Einführungsgesetzes kann in einem solchen Falle eine Ordnungsstrafe nicht anders festgesetzt werden, als nach Ansetzung des Audienztermins, welcher anberaumt werden soll, wenn das Gericht glaubhaft in Erfahrung bringt, daß der die Strafe androhenden Verfügung nach der Zustellung zuwider gehandelt ist. Es wird hierdurch nicht ausgeschlossen, daß das Gericht in Folge einer Vorstellung des Betheiligten, allenfalls nach näherer Ermittelung, ohne Anberaumung eines Audienztermins die Verfügung aufhebt und den Betheiligten davon in Kenntniß setzt.

Siebenter Abschnitt.

Von der im Geltungsbereich des Allgemeinen Landrechts eintretenden Verbindung des Handelsregisters mit dem Hypothekenbuch.

(Art. 23 des Einführungsgesetzes.)

§. 102.

Soll eine Eintragung in das Hypothekenbuch auf den Namen einer Handelsgesellschaft erfolgen, so muß nicht allein die vorherige Eintragung der Gesellschaft in das Handelsregister nachgewiesen werden (Art. 23 §. 1 des Einführungsgesetzes), sondern es ist außerdem nach den allgemeinen, für die Führung des Hypothekenbuchs geltenden Grundsätzen durch öffentliche Urkunden der Nachweis zu liefern, daß gerade für die Gesellschaft erworben und diese die Eigenthümerin oder die Berechtigte geworden sei. Wird also z. B. die Umschreibung eines auf den Namen eines Gesellschafters eingetragenen Grundstücks auf den Namen der Gesellschaft nachgesucht, so ist durch eine öffentliche Urkunde nachzuweisen, daß der Gesellschafter dasselbe der Gesellschaft überlassen habe (vergl. Art. 91 des Handelsgesetzbuchs).

§. 103.

Die Schlußbestimmung des §. 1 des Art. 23 des Einführungsgesetzes ist nicht dahin zu verstehen, daß der Hypothekenrichter berechtigt und verpflichtet wäre, von Amtswegen eine Veränderung der Firma oder des Sitzes der Gesellschaft in das Hypothekenbuch einzutragen. Es ist dadurch nur bestimmt, daß, wenn eine solche Aenderung bei einem späteren Eintragungsgesuche ermittelt wird, zur Beseitigung künftiger Zweifel rücksichtlich der Identität, die neue Eintragung nicht eher geschehen darf, als bis die Veränderung aus dem Handelsregister nachgewiesen und im Hypothekenbuch in der ersten Rubrik historisch vermerkt ist.

§. 104.

Die im §. 2 Art. 23 des Einführungsgesetzes enthaltene Vorschrift bezieht sich nur auf den Nachweis der Legitimation desjenigen, welcher im Namen der Gesellschaft verfügt hat, befreit also den Hypothekenrichter nicht von der Verpflichtung, nach den sonst geltenden Vorschriften zu prüfen, ob die Eintragung der Verfügung zulässig sei, insbesondere, ob in der That im Namen der Gesellschaft verfügt worden, ob die Verfügung selbst in glaubhafter Form nachgewiesen sei und ob sie in materieller Beziehung zu keinem Bedenken Anlaß gebe.

Ueber die Befugniß, im Namen einer Handelsgesellschaft über das Vermögen derselben mit rechtlicher Wirkung zu verfügen, worauf der §. 2 Artikel 23 des Einführungsgesetzes Bezug hat, sind zu vergleichen: Art. 114—116, 133—138, 157, 167, 172, 205, 230, 231, 244 des Handelsgesetzbuchs und Art. 12 §. 6 des Einführungsgesetzes.

§. 105.

Der im §. 3 Artikel 23 des Einführungsgesetzes bezeichneten Nachweisungen bedarf es nicht, wenn das Handelsregister und das Hypothekenbuch von demselben Gericht geführt wird und der Hypothekenrichter durch Einsicht des Handelsregisters von der Richtigkeit der betreffenden Thatsachen Ueberzeugung erlangt.

Achter Abschnitt.

Von der Eintragung der älteren Firmen, Handelsgesellschaften und Prokuren in das Handelsregister.

(Art. 62—69 des Einführungsgesetzes.)

§. 106.

Bei der Eintragung der Firmen derjenigen Kaufleute, welche bereits vor dem 1. März 1862 ihren Geschäftsbetrieb begonnen haben, ist nach den Vorschriften des ersten und zweiten Abschnitts zu verfahren (Art. 62 des Einführungsgesetzes).

Hat jedoch ein solcher Kaufmann seine Firma binnen einer Frist von drei Monaten, vom 1. März 1862 an gerechnet, zur Eintragung angemeldet, und ergiebt sich, daß er dieser Firma bereits vor dem 1. März 1862 sich bedient hat, so ist die angemeldete Firma einzutragen, wenn auch dieselbe nach den Artikeln 16, 17, 18, 20 und 21 Absatz 2 des Handelsgesetzbuchs nicht geführt werden durfte (Art. 65 a. a. O.).

Ob eine Firma bereits vor dem 1. März 1862 geführt sei, ist im Zweifelsfalle von demjenigen, welcher sie anmeldet, genügend zu bescheinigen, wozu insbesondere die von den Behörden und Korporationen bisher gehaltenen Firmenregister, die an Geschäftsfreunde erlassenen Cirkulare und dergl. benutzt werden können. Würde demzufolge für mehrere Personen dieselbe Firma eingetragen, weil entweder diese Personen derselben Firma sich schon früher bedient haben, oder weil vor der Eintragung einer rechtzeitig angemeldeten alten Firma dieselbe Firma bereits von einem anderen Kaufmann als neue Firma angemeldet ist (Art. 20 des Handelsgesetzbuchs), so wäre es nicht Sache des Gerichts, von Amtswegen die Aenderung des dem Handelsgesetzbuch allerdings nicht entsprechenden Zustandes herbeizuführen. Wenn aber von einer dieser Personen auf Unterlassung der Führung oder Fortführung der Firma nach Art. 65 des Einführungsgesetzes mit Erfolg geklagt ist, so hat das Gericht gegen die Verurtheilten nach Maaßgabe des Art. 26 des Handelsgesetzbuchs, der Art. 5 und 6 des Einführungsgesetzes und der §§. 88 und 101 einzuschreiten.

Wird eine Firma erst nach Ablauf der dreimonatlichen Frist, vom 1. März 1862 an gerechnet, angemeldet, so treten dieselben Grundsätze ein, welche für die Anmeldung einer neuen Firma gelten.

§. 107.

Für die Eintragungen der vor dem 1. März 1862 bereits errichteten Handelsgesellschaften sind die Bestimmungen des ersten und vierten Abschnitts maaßgebend, soweit nachfolgend nicht ein Anderes bestimmt ist (Art. 62 des Einführungsgesetzes).

§. 108.

Rücksichtlich der bisherigen Firmen solcher Handelsgesellschaften gelten die in dem §. 106 enthaltenen Bestimmungen (Art. 65 a. a. O.).

§. 109.

Wird eine offene oder Kommanditgesellschaft zur Eintragung angemeldet, so muß, wenn nach der Errichtung der Gesellschaft Aenderungen eingetreten sind, welche nach den Vorschriften des Handelsgesetzbuchs in das Handelsregister eingetragen werden sollen, die Anmeldung die Thatsachen enthalten, welche den gegenwärtigen Rechtszustand ergeben; die ausschließlich auf den früheren, nicht mehr bestehenden Rechtszustand sich beziehenden Thatsachen brauchen weder angemeldet zu werden, noch sind dieselben in das Register einzutragen (Art. 63 a. a. O.).

§. 110.

Mit der Anmeldung einer Kommanditgesellschaft auf Aktien oder einer Aktiengesellschaft zur Eintragung in das Gesellschaftsregister des Gerichts, in dessen Bezirk die Gesellschaft ihren Sitz hat, sind der Gesellschaftsvertrag und die etwaigen, denselben abändernden Verträge oder Beschlüsse, sowie die etwaigen Genehmigungs-Urkunden vorzulegen, und nach Maaßgabe der §§. 65, 67, 74, 75 in das Gesellschaftsregister, beziehungsweise den Beilageband einzutragen. Bei der Eintragung einer Aktiengesellschaft, welche unter der Herrschaft des Gesetzes vom 9. November 1843 (Ges.-Samml. S. 341) errichtet ist, genügt jedoch statt der Aufnahme des Gesellschaftsvertrags und der etwaigen, denselben abändernden Beschlüsse nebst den Genehmigungsurkunden in den Beilageband die Hinweisung in dem Hauptregister auf das Amtsblatt oder die Gesetz-Sammlung, worin der Vertrag und seine etwaigen Abänderungen zufolge §§. 3 und 4 des Gesetzes vom 9. November 1843 abgedruckt sind (Art. 66 des Einführungsgesetzes).

Dem ersten Absatze des Artikels 66 des Einführungsgesetzes gemäß, muß die Eintragung einer älteren Kommanditgesellschaft auf Aktien oder Aktiengesellschaft erfolgen, sollten auch die Erfordernisse nicht erfüllt sein, welche das Handelsgesetzbuch für die Errichtung solcher Gesellschaften vorschreibt*).

§. 111.

Sind die zur Geschäftsführung berufenen Mitglieder einer offenen Handelsgesellschaft, einer Kommanditgesellschaft oder einer Kommanditgesellschaft auf Aktien durch den Gesellschaftsvertrag oder durch einen vor dem 1. März 1862 errichteten Vertrag in der Befugniß, die Gesellschaft zu vertreten, beschränkt, so wird die Beschränkung in die vierte Kolonne des Gesellschaftsregisters eingetragen. Diese Eintragung findet jedoch nur statt, wenn die Beschränkung innerhalb dreier Monate, von dem 1. März 1862 an gerechnet, bei dem Gerichte, in dessen Bezirk die Gesellschaft ihren Sitz hat, zur Eintragung angemeldet ist. Die Anmeldung muß von denselben Personen geschehen, welche die Gesellschaft zur Eintragung anzumelden haben.

Bei einer Kommanditgesellschaft auf Aktien bedarf es der besonderen Anmeldung und Eintragung der Beschränkung nicht, wenn innerhalb der dreimonatlichen Frist die Gesellschaft selbst unter Vorlegung des, die Beschränkung enthaltenden Vertrags vorschriftsmäßig zur Eintragung angemeldet ist. War weder die Beschränkung noch die Gesellschaft innerhalb der dreimonatlichen Frist vorschriftsmäßig angemeldet, so ist, wenn die Gesellschaft in Folge nachträglicher Anmeldung eingetragen wird, bei der Eintragung des die Beschränkung enthaltenden Vertrags zu vermerken, daß die Anmeldung nicht innerhalb der erwähnten dreimonatlichen Frist stattgefunden habe.

Wenn die Beschränkung in das Gesellschaftsregister des Gerichts des Sitzes der Gesellschaft eingetragen ist, so wird dieselbe in das Gesellschaftsregister des Gerichts einer Zweigniederlassung auf Grund des Attestes über die Eintragung in das Register des ersteren Gerichts eingetragen, sollte auch bei dem Gericht der Zweigniederlassung die rechtzeitige Anmeldung der Beschränkung zur Eintragung versäumt sein. Bei einer Kommanditgesellschaft auf Aktien muß das Attest im letzteren Falle zugleich angeben, daß die Anmeldung der Beschränkung

---

*) Im Eingang des Artikels 66 des Einführungsgesetzes ist von „gültig errichteten" Gesellschaften die Rede. Insofern bei der in dieser Beziehung anzustellenden Prüfung rücksichtlich der Kommanditgesellschaften auf Aktien und der vor Erlaß des Gesetzes vom 9. November 1843 errichteten Aktiengesellschaften sich Bedenken ergeben können, erscheint es mit Rücksicht auf die Unzweckmäßigkeit, Fragen dieser Art im Verfügungswege zum Austrag zu bringen, sowie auf die Erheblichkeit der Interessen, die regelmäßig in Frage stehen, wenn die Eintragung abgelehnt wird, gerechtfertigt, diese nur im Falle der *zweifellosen* Ungültigkeit der Errichtung zu versagen.

zur Eintragung in das Register des Gerichts des Sitzes der Gesellschaft innerhalb der dreimonatlichen Frist bewirkt ist (Art. 67 des Einführungsgesetzes).

§. 112.

In Betreff der Eintragung der Mitglieder des Vorstandes einer Aktiengesellschaft ist sorgfältig zu prüfen, welche Personen als der Vorstand der Gesellschaft anzusehen sind. Für die Entscheidung ist keineswegs die Benennung maaßgebend, welche einzelnen Organen der Gesellschaft in dem Gesellschaftsvertrage oder in einem späteren Vertrage beigelegt ist. Als Vorstand sind vielmehr stets nur diejenigen Personen anzusehen, welche die Geschäfte der Gesellschaft im Ganzen verwalten und zur Vertretung derselben im Rechtsverfahren berufen sind (vergl. §. 19 des Gesetzes vom 9. November 1843 und Art. 209, 227 des Handelsgesetzbuchs).

§. 113.

Handelsgesellschaften, welche am 1. März 1862 bereits aufgelöst, wenn auch noch in der Liquidation begriffen sind, werden in das Handelsregister nicht eingetragen *).

§. 114.

Wegen der unterbliebenen Anmeldung einer älteren Firma und einer älteren Handelsgesellschaft kann erst nach Ablauf von drei Monaten, vom 1. März 1862 an gerechnet, gemäß der Bestimmungen des sechsten Abschnitts eingeschritten werden (Art. 64 des Einführungsgesetzes).

§. 115.

Nachdem eine ältere Firma oder eine ältere Handelsgesellschaft in das Handelsregister eingetragen ist, gelten für dieselbe rücksichtlich der Anmeldungen und Eintragungen in Folge späterer Veränderungen dieselben Vorschriften, welche für die erst nach dem 1. März 1862 angenommenen Firmen und errichteten Handelsgesellschaften bestehen (Art. 68 des Einführungsgesetzes).

§. 116.

Eine vor dem 1. März 1862 ertheilte Prokura braucht zwar zur Eintragung in das Prokurenregister nicht angemeldet zu werden, weil dieselbe als Prokura im Sinne des Handelsgesetzbuchs nicht angesehen wird, so daß der bisherige Prokurist nicht mehr befugt ist, als solcher sich auszugeben und per pro-

*) Insofern in dem bisherigen Recht eine öffentliche Bekanntmachung der Auflösung vorgeschrieben, jedoch bisher nicht erfolgt ist, bleiben für dieselbe die früheren formellen und materiellen Vorschriften maaßgebend. Dasselbe gilt, wenn vor dem 1. März 1862 ein Gesellschafter ausgeschieden und die in dem bisherigen Recht vorgeschriebene Bekanntmachung des Ausscheidens unterblieben ist (vergl. Art. 63 und 68 des Einführungsgesetzes).

cura die Firma zu zeichnen (Art. 69 des Einführungsgesetzes). Es wird hierdurch jedoch nicht ausgeschlossen, daß auf die Anmeldung des Prinzipals eine solche ältere Prokura in das Prokurenregister eingetragen werde, indem anzunehmen ist, daß in einer derartigen Anmeldung die Ertheilung einer neuen, unter die Bestimmungen des Handelsgesetzbuchs fallenden Prokura liegt.

§. 117.

Die Veröffentlichung der Eintragungen der innerhalb der dreimonatlichen Frist, vom 1. März 1862 an gerechnet, angemeldeten älteren Firmen und Handelsgesellschaften und derjenigen, innerhalb dieser Zeit angemeldeten Prokuren, welche von den Inhabern solcher Firmen und von solchen Handelsgesellschaften ertheilt sind, bleibt ausgesetzt, bis jene Frist verstrichen ist. Die Veröffentlichung erfolgt alsdann mittelst einer einmaligen, sämmtliche Eintragungen umfassenden Einrückung in den Anzeiger des Regierungs-Amtsblatts. Eine Ausnahme tritt ein, wenn bei der Firma, Handelsgesellschaft oder Prokura eine neue Eintragung nöthig geworden ist; in diesem Falle muß die Veröffentlichung der alten und neuen Eintragung nach den allgemeinen Regeln geschehen.

Neunter Abschnitt.

Von der Führung des Handelsregisters im Bezirk des Appellationsgerichtshofes zu Cöln.

§. 118.

Im Bezirk des Appellationsgerichtshofes zu Cöln finden die §§. 1, 2, 3, 4, 5, 9, 13, 15 keine Anwendung. An Stelle derselben treten nachstehende Bestimmungen.

§. 119.

Das Handelsregister wird von dem Sekretair des Handelsgerichts unter Aufsicht des Präsidenten oder eines von demselben für das Geschäftsjahr dazu beauftragten Richters in der Art selbstständig geführt, daß er nicht allein die vorgeschriebenen Register, Verzeichnisse und Akten zu halten und alle büreaumäßigen Arbeiten zu besorgen, sondern auch die zur Eintragung bestimmten gerichtlichen Anmeldungen und die gerichtlichen Verhandlungen über die Zeichnungen der Firmen und Unterschriften aufzunehmen (Art. 14 des Einführungsgesetzes), alle eingehenden Anmeldungen zu prüfen, die zulässigen Eintragungen ohne vorherige richterliche Verfügungen zu bewirken, die vorgeschriebenen Veröffentlichungen zu veranlassen und die begehrten Atteste, Auszüge und Abschriften (vergl. §. 15) zu ertheilen hat. Bei jeder Eintragung hat er den Tag, an welchem dieselbe geschehen ist, sowie die Stelle der Akten, wo die betreffende Anmeldung sich befindet, in dem Register zu vermerken, jeden Eintragungsvermerk zu unterschreiben und auf jeder durch Eintragung erledigten Anmeldung die erfolgte Eintragung und die Zeit derselben zu notiren.

Die Anmeldungen, welche schriftlich eingereicht werden, sind an den Sekretair zu adressiren; von diesem ist ohne Aufnahme eines besonderen Protokolls das Datum des Eingangs auf der Schrift zu vermerken und durch seine Unterschrift zu beglaubigen. Er muß während der gewöhnlichen Dienststunden dem Publikum zugänglich sein und die Register, sowie die Zeichnungen der Firmen und Unterschriften zu Jedermanns Einsicht bereit halten.

§. 120.

Der Sekretair hat jede Anmeldung zu prüfen, und wenn er über die Statthaftigkeit oder Unstatthaftigkeit der Eintragung keinen Zweifel hat, die letztere ohne vorherige richterliche Verfügung zu bewirken oder abzulehnen.

Gegen die Ablehnung kann der Betheiligte mittelst schriftlicher Eingabe die Entscheidung des Handelsgerichts nachsuchen, welche durch Rathskammerbeschluß erfolgt.

Ist es dem Sekretair zweifelhaft, ob die Eintragung nach den bestehenden Vorschriften statthaft oder unstatthaft sei, so hat er dem Präsidenten Mittheilung zu machen, von welchem zu veranlassen ist, daß die Entscheidung des Gerichts durch Rathskammerbeschluß ergeht.

In allen Fällen muß die Prüfung und die Entschließung oder die Entscheidung über die Eintragung spätestens in der Frist von drei Tagen seit dem Tage der Aufnahme oder des Eingangs der Anmeldung erledigt und nach Ablauf dieser Frist auf mündliche Anfrage von dem Sekretair Auskunft gegeben werden. Diese Auskunft ist auf Verlangen schriftlich unter kurzer Angabe der Gründe oder unter Mittheilung einer Ausfertigung des Rathskammerbeschlusses zu ertheilen.

Die Rathskammerbeschlüsse müssen die Motive der Entscheidung in Kürze enthalten und sind auf der Urschrift von dem Präsidenten und dem Sekretair zu zeichnen.

Gegen die Beschlüsse findet die Berufung an den Appellationsgerichtshof statt; die Berufung ist an keine Frist gebunden, sie wird durch Anwaltsgesuch angebracht, und es ist dabei in gleicher Weise wie bei der Berufung gegen Rathskammerbeschlüsse der Landgerichte zu verfahren.

Der Sekretair des Handelsgerichts muß die Eintragung bewirken, wenn dieselbe durch gerichtliche Entscheidung für zulässig erklärt ist.

§. 121.

Die Bestimmungen der §§. 88--102, jedoch mit Ausschluß der §§. 96, 97, 99 und 100 gelten im Bezirk des Appellationsgerichtshofes zu Cöln mit folgenden Ergänzungen und Abweichungen:

1) Die Verfügungen, wodurch das Handelsgericht einschreitet, sowie alle das Einschreiten vorbereitende oder an dasselbe sich anschließende Verfügungen werden von dem Handelsgericht durch Beschlüsse der Rathskammer ohne Anhörung der Betheiligten auf den Vortrag des Präsidenten oder eines von ihm bestellten Referenten erlassen. Die Beschlüsse sind von dem Präsidenten und Sekretair auf der Urschrift zu zeichnen.

   Ist eine Insinuation des Beschlusses erforderlich, so hat der Präsident durch eine auf der Urschrift des Beschlusses zu erlassende Verfügung einen Gerichtsvollzieher mit der Insinuation zu beauftragen, oder wenn die Insinuation außerhalb des Bezirks des Handelsgerichts geschehen soll, den Ober-Prokurator des betreffenden Bezirks um Veranlassung der Insinuation zu requiriren; soll die Insinuation außerhalb des Bezirks des Appellationsgerichtshofes zu Cöln erfolgen, so ist der Ober-Prokurator des Bezirks, in welchem das Handelsgericht seinen Sitz hat, zu ersuchen, die Insinuation des Beschlusses herbeizuführen.

   Der Sekretair hat eine von ihm beglaubigte Ausfertigung des Rathskammerbeschlusses und der Verfügung des Präsidenten an den betreffenden Beamten mit dem Ersuchen zu übersenden, ihm demnächst die Urkunde über die bewirkte Insinuation zugehen zu lassen.

2) Der Sekretair ist verpflichtet, darauf zu achten, ob der im §. 2 Artikel 5 des Einführungsgesetzes bezeichnete Fall eingetreten ist; er hat alsdann ohne Verzug dem Präsidenten Mittheilung zu machen, damit die Festsetzung der Ordnungsstrafe und die fernere Verfügung durch Rathskammerbeschluß erfolge.

3) Im Falle des §. 3 Artikel 3 des Einführungsgesetzes hat der Sekretair den Einspruch nebst den übrigen Akten dem Präsidenten vorzulegen, damit in der Rathskammer der Einspruch geprüft, und wenn aus demselben die Rechtfertigung des Betheiligten sich nicht ergiebt, ein Audienztermin anberaumt werde. Wird der Einspruch als gerechtfertigt befunden, so verfügt die Rathskammer die Einstellung des Verfahrens; einer Insinuation des Beschlusses bedarf es nicht. Im anderen Falle ist in dem Beschlusse unter Bezugnahme der Verfügung, gegen welche der Einspruch erhoben ist, sowie des Einspruchs, zu verordnen, daß der Betheiligte zu einer bestimmt zu bezeichnenden öffentlichen Sitzung des Handelsgerichts vorgeladen wer-

den soll, um über die Verwirkung der Ordnungsstrafe erkennen zu hören. Der Audienztermin ist in der Weise anzuberaumen, daß dem Betheiligten mindestens die Erscheinungsfrist gewährt wird, welche ihm nach den gesetzlichen Vorschriften bei einer gewöhnlichen Vorladung in einem Civilprozesse bei dem Handelsgericht belassen werden muß. In Bezug auf die Insinuation ist nach Maaßgabe der Bestimmungen unter Absatz 2 und 3 Ziffer 1 zu verfahren. Bei der Vorladung ist Abschrift des Rathskammerbeschlusses und der Verfügung des Präsidenten mitzutheilen, und ohne Angabe eines Requirenten auf den Beschluß und die Verfügung Bezug zu nehmen; in Ansehung der Zustellung ist nach den in Civilsachen geltenden Vorschriften zu verfahren.

4) In dem Audienztermin wird nach dem Aufruf der Sache die Verhandlung mittelst einer mündlichen kurzen Darstellung der Sachlage durch den Präsidenten oder einen von ihm bestellten Referenten eingeleitet, und nach dem Abschlusse der Verhandlung die unter Beifügung der Erwägungsgründe zu erlassende Entscheidung, sowie die im Falle der Verurtheilung zugleich zu erlassende neue Verfügung oder eine etwa zum Zweck der Beweisaufnahme zu erlassende Zwischenverfügung in derselben Sitzung verkündet oder die Verkündung bis zu einer bestimmten nächsten Sitzung vertagt.

Die schließliche Entscheidung wird auch im Falle des Nichterscheinens des Vorgeladenen erlassen, da eine Opposition gegen das Erkenntniß nicht statthaft ist.

Der Sekretair hat ein Audienzprotokoll wie in appellabelen Civilsachen aufzunehmen. Der Qualitäten bedarf es nicht; die thatsächlichen Verhältnisse und die Einwendungen des Betheiligten sind in gedrängter Kürze in die Erwägungsgründe der Entscheidung aufzunehmen. Die Entscheidung ist nur zuzustellen, wenn der Betheiligte verurtheilt worden ist. Wegen des Auftrags zur Insinuation hat der Präsident besondere Verfügung zu erlassen, und gelten im Uebrigen in Bezug auf die Zustellung der Entscheidung und der Verfügung die unter Ziffer 3 ertheilten Vorschriften.

5) Ist Beschwerde gemäß §. 5 Artikel 5 des Einführungsgesetzes angemeldet, so hat der Sekretair des Handelsgerichts sämmtliche zur Sache gehörige Aktenstücke an den Ober-Sekretair des Appellationsgerichtshofes zu senden; von dem letzteren sind dieselben dem Ersten Präsidenten behufs Vertheilung an einen der Civil-Senate vorzulegen und demnächst zugleich mit einer Ausfertigung der Entscheidung

des Appellationsgerichtshofes an den Sekretair des Handelsgerichts zurückzusenden.

6) Wenn die Ordnungsstrafe gemäß §. 2 Artikel 5 des Einführungsgesetzes festgesetzt, oder eine die Strafe festsetzende Entscheidung rechtskräftig geworden ist, weil 10 Tage nach der Publikation ohne Anmeldung einer Beschwerde abgelaufen sind, oder der Appellationsgerichtshof die Beschwerde verworfen hat, so ist von dem Sekretair des Handelsgerichts ein Auszug, in welchem Strafe und sämmtliche Kosten zu verzeichnen sind, der betreffenden Regierung zum Zwecke der Vollstreckung zuzufertigen (Art. 5 §. 9 des Einführungsgesetzes).

Zweiter Theil.

Das Schiffs-Register.

Einleitung.

Das Schiffsregister hat einen anderen Zweck als das Handelsregister. Während das letztere dazu bestimmt ist, die für den kaufmännischen Verkehr erheblicheren Rechtsverhältnisse des Handelsstandes zur öffentlichen Kenntniß zu bringen, soll das Schiffsregister, obschon ihm der Zweck der Publizität der auf die Seeschiffe sich beziehenden Rechtsverhältnisse keineswegs fremd ist (Art. 432 Abs. 2 des Handelsgesetzbuchs und Art. 59 des Einführungsgesetzes), dennoch zunächst und vorzugsweise dazu dienen, die Grundlage für Haupt-Schiffsdokumente, d. h. für diejenigen Urkunden zu bilden, welche zum Ausweis der Nationalität der Seeschiffe oder des Rechts derselben, die Preußische Flagge zu führen, erforderlich sind.

In Preußen hat bisher der Beilbrief als das Haupt-Schiffsdokument gegolten. Derselbe wurde hierzu geeignet, als er im Laufe der Zeit die durch die Instruktion vom 18. März 1845 (Jahrbücher Bd. 65 S. 92 ff.) befestigte und allgemein vorgeschriebene Einrichtung erhalten hatte, gemäß welcher er nicht allein das seiner ursprünglichen Bedeutung entsprechende Attest über den vorschriftsmäßigen Bau des Schiffs (§. 1392 Th. II. Tit. 8 des Allg. Landrechts) enthält, sondern auch mit dem Zeugnisse des zu seiner Ausstellung berufenen Gerichts über die Zeit und den Ort der Erbauung des Schiffs, über die Eigenthumsverhältnisse und überhaupt über alle zur Beurtheilung der Nationalität erforderlichen Thatsachen, sowie über die Nationalität selbst versehen ist. In dieser Gestalt verschiedene Zeugnisse in sich vereinigend, deren Ausstellung eine eingehende Prüfung und mehr oder weniger umfangreiche, urkundliche Nachweisungen erfordert, gewährt er den nicht unerheblichen Vortheil der möglichsten Vereinfachung der Schiffspapiere.

Nach dem Handelsgesetzbuch und dem Einführungsgesetze ist diese Einrichtung durch eine andere ersetzt, nämlich durch das Institut des Schiffsregisters. Die zum Erwerb durch die Seefahrt bestimmten Schiffe sollen in ein Schiffsregister eingetragen, über die Eintragungen Certifikate ertheilt werden und diese Certifikate fortan die Urkunden sein, wodurch die Nationalität der Schiffe nachgewiesen wird.

Obschon hiernach Beilbriefe in dem bisherigen Sinne und in der bisherigen Form nicht mehr ertheilt und die auf selbige sich beziehenden Vorschriften nicht mehr angewendet werden können, so läßt doch eine nähere Prüfung der Bestimmungen des Handelsgesetzbuchs und des Einführungsgesetzes über das Schiffsregister und die Register-Certifikate sofort erkennen, daß in sachlicher Hinsicht der bisherige, den Ausweis der Nationalität der Seeschiffe betreffende Rechtszustand keine erhebliche Aenderung erleidet, und eine in Preußen bewährte Einrichtung ihrem Wesen nach nicht abgeschafft, sondern aufrecht erhalten und nur weiter ausgebildet ist. Das einem Grund- und Hypothekenbuch nicht unähnliche Schiffsregister enthält im Wesentlichen nur das vollständige und nach den einzelnen Schiffen geordnete Resultat der Verhandlungen und Nachweisungen, wie sie der Ertheilung der Beilbriefe vorauszugehen hatten; rücksichtlich dieser Verhandlungen und Nachweisungen ist es im Allgemeinen bei demjenigen geblieben, was bisher gegolten hat, und die Register-Certifikate selbst sind in der Hauptsache von den bisherigen Beilbriefen nicht wesentlich verschieden. Andererseits läßt sich jedoch auch nicht verkennen, daß die eingetretenen Veränderungen nicht ausschließlich formeller Natur sind. Um dem neuen Institut eine festere Grundlage und einen sichereren Halt zu geben, als für das Beilbriefs-Institut durch die Instruktion vom 18. März 1845 erreicht war, sind zugleich verschiedene, das bisherige Recht abändernde und ergänzende materielle Vorschriften aufgenommen. Worin diese letzteren bestehen, und überhaupt welche Neuerungen eingetreten sind, wird aus der nachstehenden Zusammenstellung der aus dem Handelsgesetzbuch und dem Einführungsgesetz sich ergebenden Grundsätze ersichtlich:

1) Der bisherigen Einrichtung entsprechend, wonach die Ertheilung der Beilbriefe den Gerichten oblag, ist auch die Führung des Schiffsregisters und die Ertheilung der Certifikate den Gerichten übertragen. Es sind hierzu die künftigen Handelsgerichte bestimmt (Art. 53 §. 2 des Einführungsgesetzes). Bis zur Einrichtung der Letzteren soll das Schiffsregister von den Kommerz- und Admiralitäts-Kollegien zu Königsberg und Danzig, sowie den für

Handelssachen bestehenden Gerichtsabtheilungen zu Stettin, Memel und Elbing in demselben Umfange, in welchem ihnen bisher die Ausfertigung der Beilbriefe zustand, im Uebrigen von den Kreisgerichten geführt werden (Art. 73 a. a. O.).

2) Sowie nach der Instruktion vom 18. März 1845 nur den zur Führung der Preußischen Flagge befugten Schiffen Beilbriefe ertheilt werden durften, so können auch nur solche Schiffe in das Schiffsregister eingetragen und mit Register-Certifikaten versehen werden (Art. 432, 433, 436 des Handelsgesetzbuchs, Art. 53 §§. 5, 6, 8 des Einführungsgesetzes).

3) In Ansehung der materiellen Erfordernisse des Rechts, die Preußische Flagge zu führen, ist es bei den bisherigen Bestimmungen verblieben. Es hängt dieses Recht vor wie nach davon ab, daß das Schiff im ausschließlichen Eigenthum Preußischer Unterthanen sich befindet (Art. 53 §. 1 des Einführungsgesetzes). Neu ist nur die im zweiten Absatze des §. 1 a. a. O. darüber enthaltene Bestimmung, welche Handelsgesellschaften den Preußischen Unterthanen gleich stehen.

4) Die materiellen Erfordernisse genügen aber noch nicht zur Ausübung des Rechts, die Preußische Flagge zu führen. Ausgeübt darf dasselbe erst werden und der Anspruch auf den Schutz des Staats wird erst erlangt, nachdem das Schiff in das Schiffsregister eingetragen und das Register-Certifikat ertheilt ist (Art. 433 des Handelsgesetzbuchs, Art. 53 §. 6 des Einführungsgesetzes).

5) Die Eintragung in das Schiffsregister wird nicht allein durch den Nachweis der materiellen Erfordernisse bedingt, von welchen das Recht, die Preußische Flagge zu führen, abhängt, sondern es sind vorher zugleich alle diejenigen Thatsachen nachzuweisen, welche nach Art. 435 des Handelsgesetzbuchs und §. 4 Art. 53 des Einführungsgesetzes zur Vollständigkeit der Eintragung gehören und hauptsächlich für die Feststellung der Identität und für die Beseitigung etwaiger Bedenken rücksichtlich der Nationalität im internationalen Verkehr von Erheblichkeit sind.

6) Zur Eintragung des Schiffs in das Schiffsregister und zur Ertheilung des Register-Certifikats ist dagegen nicht unbedingt erforderlich, daß die Seetüchtigkeit des Schiffs im Wege einer besonderen Prüfung festgestellt, daß dasselbe mit einem sogenannten Meßbriefe versehen, und wenn es aus einem anderen Lande erworben, daß es zuvor in einen Preußischen Hafen geführt sei. Weder in dem Handelsgesetzbuch, noch in dem Einführungsgesetze ist die Eintra-

gung von einem solchen Erfordernisse abhängig gemacht, demzufolge die bisherigen Bestimmungen, welche für die Ertheilung des Beilbriefes ein Anderes vorschrieben, keine Anwendung finden. Die Aenderung hat hauptsächlich zum Zweck, die Eintragung derjenigen Schiffe zu erleichtern, welche ursprünglich einem anderen Lande angehört haben und später, während sie im Auslande sich befanden, wo sie unter Umständen auch noch längere Zeit verbleiben sollen, durch Uebergang in das Eigenthum Preußischer Unterthanen nationalisirt sind.

7) Nach dem Handelsgesetzbuch muß ein jedes Schiff einen Heimathshafen haben, welcher als das Domizil des Schiffs und als der Mittelpunkt der Geschäftsführung des Rheders gilt, gleichviel, wo dieser sein sonstiges Domizil hat (Art. 435, 448, 455, 495 ff. des Handelsgesetzbuchs). Dieser Heimathshafen oder der Hafen, von welchem aus mit dem Schiffe die Seefahrt betrieben werden soll (Art. 435 a. a. O.), hängt zwar von der Wahl des Rheders ab; es muß die Wahl aber vor der Eintragung des Schiffs in das Schiffsregister getroffen werden, weil die Eintragung zugleich den Heimathshafen enthalten soll (Art. 435 a. a. O. und Art. 53 §. 4 des Einführungsgesetzes). Es kann aber auch ein jedes Schiff nur in das Schiffsregister seines Heimathshafens eingetragen werden (Art. 53 §. 3 a. a. O.). Mithin sind zur Führung des Schiffsregisters nur die Gerichte berufen, in deren Bezirken die Seehäfen belegen sind (Art. 53 §. 2 a. a. O.), die binnenländischen Gerichte dagegen von der Führung des Schiffsregisters gänzlich ausgeschlossen, worin insoweit eine Abweichung von der bisherigen Einrichtung liegt, als die Ausfertigung von Beilbriefen auch binnenländischen Gerichten in einzelnen Fällen gestattet worden ist.

8) Wenn das Schiff untergeht oder das Recht, die Preußische Flagge zu führen, verliert, so ist es im Schiffsregister zu löschen und das Certifikat zurückzuliefern; ingleichen ist jede Aenderung in den bei der Eintragung aufzunehmenden Thatsachen in dem Schiffsregister und auf dem Certifikat zu vermerken (Art. 436 des Handelsgesetzbuchs und Art. 53 §. 8 des Einführungsgesetzes). Die Löschung sowohl als die Eintragung einer Veränderung geschieht nur auf Grund eines dem Gericht zu liefernden Nachweises (Art. 437 des Handelsgesetzbuchs und Art. 53 §. 8 des Einführungsgesetzes). Der Zweck dieser Anordnungen besteht keineswegs blos darin, bei der Führung des Schiffsregisters die nöthige Ordnung zu erhalten und für den Privatrechtsverkehr eine erhöhte Sicherheit zu gewinnen, sondern es

liegt ihnen hauptsächlich die Absicht zum Grunde, dem Haupt-Schiffsdokument im internationalen Verkehr das gebührende Ansehen zu sichern und den Mißbrauch oder den unbefugten Gebrauch der Preußischen Flagge zu verhüten. Deshalb ist auch nicht, wie bei der Führung des Handelsregisters, den Gerichten nur zur Pflicht gemacht, die Betheiligten durch Ordnungsstrafen zu den erforderlichen Anzeigen und Nachweisungen anzuhalten; vielmehr ist die Versäumung einer solchen Anzeige oder Nachweisung oder der Zurücklieferung des Certifikats für ein strafbares Verhalten erklärt, welches wie jede andere Verletzung eines Strafgesetzes gegen den Schuldigen nach den für das Untersuchungsverfahren geltenden allgemeinen Vorschriften zu verfolgen ist (Art. 437 des Handelsgesetzbuchs und Art. 53 §. 8 des Einführungsgesetzes). Das Nähere über die Person der zur Anzeige und Nachweisung Verpflichteten, die einzuhaltenden Fristen und das Maaß der Strafen enthalten die §§. 8, 9 Art. 53 des Einführungsgesetzes. Aus dem Vorstehenden ergiebt sich zugleich:

a) Wenn einmal ein Certifikat ertheilt ist, so darf ein zweites nur gegen Zurücklieferung des früher ertheilten oder nachdem der Verlust und die Unmöglichkeit der Zurücklieferung desselben glaubhaft bescheinigt ist, ertheilt werden.

b) Ist ein Schiff untergegangen oder des Rechts, die Preußische Flagge zu führen, z. B. durch Veräußerung auch nur einer Part an eine Person, welche nicht Preußischer Unterthan ist (vergl. übrigens Art. 470 des Handelsgesetzbuchs), verlustig geworden, so genügt es nicht, dies nach Maaßgabe der Instruktion vom 18. März 1845 auf dem Certifikat zu vermerken; das Letztere muß vielmehr, wenn es in die Hände des Gerichts gelangt, zurückbehalten werden, da seine Zurücklieferung an das Gericht bei Strafe vorgeschrieben ist.

c) Die Löschung eines Schiffs im Schiffsregister wegen Untergangs oder Verlustes der Nationalität kann auch ohne Antrag verfügt werden, sobald das Gericht davon überzeugende Gewißheit erlangt.

9) Das Register-Certifikat genügt zum Nachweis des Rechts des Schiffs, die Preußische Flagge zu führen (Art. 53 §. 6 des Einführungsgesetzes).

Hierdurch wird jedoch die Verpflichtung des Schiffers nicht ausgeschlossen, eine Reise nicht ohne die zum Ausweis für Schiff, Besatzung und Ladung sonst erforderlichen Papiere (Art. 480 des Handelsgesetzbuchs), wozu regelmäßig Meßbrief und Musterrolle gehören werden, anzutreten.

10) Das Schiffsregister ist öffentlich; die Einsicht desselben ist während der gewöhnlichen Dienststunden einem Jeden gestattet (Art. 432 des Handelsgesetzbuchs).

11) In das Schiffsregister sollen auch diejenigen Schiffe, welche bei Eintritt der Geltung des Handelsgesetzbuchs und des Einführungsgesetzes unter Preußischer Flagge fahren und mit den nach den bisherigen Vorschriften zum Nachweis der Nationalität erforderlichen Papieren versehen sind, eingetragen und die Beilbriefe derselben durch Register-Certifikate ersetzt werden (Art. 71 des Einführungsgesetzes).

12) In den Landestheilen, in welchen das Allgemeine Landrecht gilt, tritt an Stelle der in den §§. 302 ff. vorgeschriebenen Registrirung der Verpfändung eines Seeschiffs auf den Schiffspapieren die Eintragung der Verpfändung in das Schiffsregister (Art. 59 des Einführungsgesetzes).

Im Anschluß an die vorstehende Zusammenstellung wird über die Führung des Schiffsregisters im Einzelnen Folgendes bestimmt:

§. 1.

Bis zur Errichtung und Organisation der künftigen Handelsgerichte wird für die zum Erwerb durch die Seefahrt bestimmten Schiffe (Art. 432 des Handelsgesetzbuchs) *), deren Heimathshäfen (Art. 435 a. a. O.) in denjenigen Bezirken gelegen sind, für welche den Kommerz- und Admiralitäts-Kollegien zu Königsberg und Danzig, sowie den für Handelssachen bestehenden Gerichtsabtheilungen zu Stettin, Memel und Elbing bisher die Ausfertigung der Beilbriefe oblag, das Schiffsregister von diesen Gerichtsbehörden, für die zum Erwerb durch die Seefahrt bestimmten Schiffe, deren Heimathshäfen außerhalb jener Bezirke belegen sind, von den Kreisgerichten, zu deren Sprengel diese Häfen gehören, unter Ausschluß der Kreisgerichts-Kommissionen und der ständigen Kreisgerichts-Deputationen, geführt (Art. 73 des Einführungsgesetzes und oben Einleitung Nr. 1 und 7).

Bei den Kreisgerichten gehört die Führung des Schiffsregisters vor die zweite Abtheilung. Ein jedes der zur Führung des Schiffsregisters berufenen Gerichte darf für alle Häfen seines Bezirks nur Ein Schiffsregister führen (Art. 53 §. 2 des Einführungsgesetzes).

---

*) Seeschiffe, welche nicht zum Erwerb durch die Seefahrt bestimmt sind, werden in das Schiffsregister nicht eingetragen (Art. 432 des Handelsgesetzbuchs). Ob und welche andere Seeschiffe in Gemäßheit des im §. 10 Art. 53 des Einführungsgesetzes enthaltenen Vorbehalts von der Eintragung noch auszuschließen seien, wird später bestimmt werden.

§. 2.

Das Schiffsregister wird, wie das Hypothekenbuch im Geltungsbereich des Allgemeinen Landrechts, in einem oder mehreren dauerhaft gebundenen Foliobänden geführt.

§. 3.

Ein jedes Schiff erhält in dem Schiffsregister ein besonderes Folium, ein jedes Folium eine besondere Nummer. Die Nummerirung bestimmt sich durch die Zeitfolge der unter fortlaufender Zahl zu bewirkenden Eintragung der einzelnen Schiffe (Einführungsgesetz Art. 53 §. 4 am Ende).

§. 4.

Für die Behandlung der auf die Führung des Schiffsregisters sich beziehenden Geschäfte dienen im Allgemeinen die Vorschriften zur Richtschnur, welche im Geltungsbereiche des Allgemeinen Landrechts für die Bearbeitung der Hypothekensachen maaßgebend sind. Es gilt dies insbesondere von der Vertheilung der Geschäfte, so daß die Bearbeitung der Angelegenheiten des Schiffsregisters einem oder einigen Mitgliedern des Gerichts ausschließlich übertragen werden kann (§. 19 des Geschäftsregulativs vom 18. Juli 1850), der Art und Weise der richterlichen Dekretur, sowie der Erledigung der eine Eintragung oder Löschung verordnenden Verfügungen, dem Beschwerdeverfahren und der Aktenkassation. Demgemäß sind einem Büreaubeamten die der Stellung eines Hypothekenbuchführers entsprechenden Funktionen zu übertragen und für jedes einzelne Schiff nach Maaßgabe der Vorschriften über die Anlegung und Fortführung der Grund- und Hypothekenakten besondere Akten zu halten.

§. 5.

Soll eine Thatsache in das Schiffsregister eingetragen werden, so muß die Richtigkeit derselben glaubhaft nachgewiesen sein. In der Regel ist der Nachweis wie bei den Eintragungen in das Hypothekenbuch durch öffentliche Urkunden zu führen. Besteht die einzutragende Thatsache nicht in einem Rechtsgeschäft oder in der Aenderung eines bisherigen Rechtsverhältnisses, z. B. einer Eigenthumsänderung durch Erbgang, so ist jede dem Gericht zuverlässige Gewißheit gebende Art der Beweisführung zulässig, insbesondere eine solche, welche bisher für die Ausfertigung der Beilbriefe für zureichend galt. Dahin gehört namentlich das eidliche Zeugniß der Erbauer eines Schiffes für die Feststellung, an welchem Orte, zu welcher Zeit und für wessen Rechnung ein Schiff erbaut, wie dasselbe beschaffen sei und dergl.; ferner die Notorietät als Beweis für die Nationalität eines Schiffseigenthümers. Die Größe und Tragfähigkeit des Schiffs ist in der Regel durch Beibringung eines inländischen Meßbriefs nachzuweisen. Hat eine Vermessung des Schiffs im Inlande noch nicht stattfinden können (vergl. Einleitung Ziffer 6), so genügt zum Nachweis der Größe und Tragfähigkeit des Schiffs das Vermessungs-Attest einer auswärtigen Behörde oder eine andere glaubhafte Urkunde.

§. 6.

Dem Schiffsregister ist die aus dem als Anlage E. beigedruckten Formular ersichtliche Einrichtung zu geben. Dasselbe erhält also die nachstehenden Kolonnen:

1) Namen des Schiffs,
2) Namen des Heimathshafens,
3) Gattung und Bauart des Schiffs,
4) Größe und Tragfähigkeit,
5) Zeit und Ort der Erbauung,
6) Eigenthumsverhältnisse,
7) Zeit der Eintragung des Schiffs in das Schiffsregister,
8) Eigenthums-Veränderungen,
9) Veränderungen in den eingetragenen Thatsachen mit Ausnahme der Eigenthumsveränderungen,
10) Verpfändungen,
11) Löschung des Schiffs.

§. 7.

Die Kolonnen 1 bis 7 sind für die Thatsachen bestimmt, welche die Eintragung des Schiffs in das Schiffsregister nach Art. 435 des Handelsgesetzbuchs und §. 4 Art. 53 des Einführungsgesetzes enthalten soll, die Kolonnen 8 und 9 für die in diesen Thatsachen später eingetretenen, nach Art. 436 des Handelsgesetzbuchs und §. 8 Art. 53 des Einführungsgesetzes in das Register einzutragenden Veränderungen, und zwar die Kolonne 8 für die Eigenthumsveränderungen, die Kolonne 9 für die übrigen Veränderungen; die Kolonne 10 ist bestimmt für die nach Art. 59 des Einführungsgesetzes einzutragenden Verpfändungen und die Kolonne 11 für den Löschungsvermerk, wenn das Schiff im Register zu löschen ist (vergl. Art. 436 des Handelsgesetzbuchs).

§. 8.

In die dritte Kolonne ist aufzunehmen:

aus welchem Material das Schiff erbaut ist (z. B. ob aus Eisen, aus Eichenholz mit buchenem Kiel);
welche Bauart angewendet ist (z. B. Klinker-Art);
ob das Schiff ein rundes oder plattes (flaches) Gatt hat;
wie viel Decke und wie viel Masten das Schiff hat;
wie es getakelt ist (als Brigg, Schoner und dergl.);
ob es eine Dampfmaschine führt, und wenn dies der Fall, ob es ein Schaufel-, oder Schraubendampfer ist;
ob es ein glattes Deck, oder Erhöhungen im Verdeck, oder Aufbauten auf dem Deck (Quarterdeck, Volkslogie) hat;

ob, wenn es mit einer Metallhaut versehen ist, diese aus Kupfer oder aus welchem anderen Metall besteht.

§. 9.

In die vierte Kolonne sind einzutragen:

1) unter Angabe der Anfangs- und Endpunkte der Messungen:
   die Hauptlänge,
   die Haupttiefe,
   die Breite des Schiffs und zwar außer einer Breite noch eine oder zwei andere Breiten, insofern diese aus dem beigebrachten Nachweis erhellen;
2) die Tragfähigkeit des Schiffs,
3) die Bezugnahme auf den in der Regel beizubringenden Meßbrief (§. 5) unter Angabe des Datums der Ausstellung und der Behörde, welche ihn ausgestellt hat.

§. 10.

In die fünfte Kolonne ist nicht allein die Zeit der Erbauung des Schiffs unter Angabe des Jahrs oder der Jahre der Ausführung des Baues, sowie des Orts der Erbauung, sondern auch der Schiffsbaumeister, welcher den Bau geleitet hat, oder die Werft, auf welcher der Bau geschehen ist, einzutragen. Ist die eine oder andere Thatsache nicht ohne unverhältnißmäßige Weiterungen zu ermitteln, so genügt eine allgemeine Angabe oder die Bemerkung, daß die betreffende Thatsache nicht ermittelt sei (z. B. „Das Schiff ist vor mehreren Jahren in England erbaut; Zeit und Ort der Erbauung, sowie der Schiffsbaumeister sind nicht näher ermittelt").

Hat das Schiff früher einem anderen Lande angehört, so ist in der fünften Kolonne zugleich der Rechtsgrund, worauf seine Nationalisirung beruht, unter Angabe der Zeit derselben und der darüber beigebrachten Urkunden zu bemerken (z. B. „Das Schiff, welches früher die englische Flagge geführt hat, ist laut notarieller Urkunde vom .... von dem damaligen Eigenthümer N. N. an den Preußischen Unterthan N. N. verkauft, wodurch es das Recht, die Preußische Flagge zu führen, erlangt hat").

§. 11.

In die sechste Kolonne ist der Eigenthümer des Schiffs, oder wenn eine Rhederei besteht, jeder Mitrheder unter Hervorhebung des Rechtsgrundes des Erwerbes und der Nationalität, sowie, wenn eine Rhederei besteht, unter Bezeichnung der Größe der Schiffspart eines jeden Mitrheders nach Anleitung des Formulars einzutragen (Art. 53 §. 4 Ziffer 5, 6, 7 des Einführungsgesetzes).

Ist eine Aktiengesellschaft Rheder oder Mitrheder, so gehört zu ihrer Bezeichnung die Angabe ihrer Firma, des Orts, an welchem sie ihren Sitz hat, und des Orts, wo sie errichtet ist (Art. 53 §. 1 a. a. O.). Ist eine Kommanditgesellschaft auf Aktien Rheder oder Mitrheder, so sind nicht allein ihre Firma, sowie der Ort ihres Sitzes und ihrer Errichtung, sondern auch die persönlich haftenden Gesellschafter und deren Nationalität, nicht auch die übrigen Gesellschafter, anzugeben (Art. 53 §. 1 und §. 4 Ziffer 5 a. a. O.).

Haben seit der Erbauung oder Nationalisirung des Schiffes und vor der Eintragung desselben in das Schiffsregister bereits Eigenthumsveränderungen stattgefunden, so werden dieselben nur auf besonderen Antrag des Rheders, und zwar nicht in der sechsten Kolonne, sondern in der fünften Kolonne historisch erwähnt.

§. 12.

In der siebenten Kolonne ist das Datum der richterlichen Verfügung, durch welche die Eintragung des Schiffs angeordnet ist, und das Datum der Eintragung selbst zu vermerken.

§. 13.

In die zur Aufnahme der nach der Eintragung des Schiffs in das Schiffsregister eingetretenen Eigenthumsveränderungen dienende achte Kolonne wird jede Eigenthumsveränderung nach Maaßgabe des Formulars dergestalt eingetragen, daß der neue Erwerber nach Anleitung des §. 11, der Rechtsgrund des Erwerbes unter Bezeichnung der darüber beigebrachten Urkunden, und wenn nicht das ganze Schiff, sondern nur eine oder mehrere Parten erworben sind, diese letzteren durch Hinweisung auf die sechste und betreffenden Falls auf einen früheren Vermerk in der achten Kolonne zu bezeichnen und die Zeit der Eintragung, sowie das Datum der dieselbe anordnenden richterlichen Verfügung anzugeben sind.

§. 14.

In der neunten Kolonne ist jede in denjenigen Thatsachen, welche in die vier ersten Kolonnen des Registers eingetragen sind, eingetretene Veränderung zu vermerken, insbesondere also die Veränderung des Namens des Schiffs, des Heimathshafens, insofern der neue Heimathshafen in dem Bezirk des Gerichts belegen ist, der baulichen Einrichtung, der Größenverhältnisse und Tragfähigkeit, des abweichenden Ergebnisses einer neuen Vermessung unter näherer Bezeichnung des darüber beigebrachten Meßbriefes. — Die Eintragung erfolgt unter Angabe der Zeit derselben und der sie anordnenden richterlichen Verfügung, im Uebrigen in möglichster Kürze.

§. 15.

Die elfte Kolonne wird nur in das Schiffsregister derjenigen

Gerichte aufgenommen, in deren Bezirken das Allgemeine Landrecht gilt. Wird eine Verpfändung eingetragen, so muß die Eintragung nach §. 1 Art. 59 des Einführungsgesetzes außer der Zeit der Eintragung enthalten:

1) den Namen des Gläubigers,
2) die Forderung, für welche die Verpfändung geschehen ist,
3) die Bezugnahme auf die Verpfändungsurkunde unter Bezeichnung des Ortes und des Datums der Ausstellung.

Cessionen und sonstige Veränderungen, sowie Löschungen werden in gleicher Weise vermerkt, wie bei den in das Hypothekenbuch eingetragenen Forderungen.

Jeder Verpfändungs-, Cessions-, Veränderungs- und Löschungsvermerk ist zugleich auf der Verpfändungsurkunde zu registriren *).

---

*) Es ist von Wichtigkeit, daß über die Bedeutung des Art. 59 des Einführungsgesetzes keine Zweifel bestehen. Nach dem Eingang des Artikels sollen die §§. 1, 2 und 3 desselben an Stelle der §§. 302 bis 307 und 313 Th. I. Tit. 20 des Allgemeinen Landrechts treten. Eine Vergleichung der letzteren Vorschriften mit den ersteren läßt erkennen, von welcher geringen Tragweite die eingetretene Aenderung ist. Dieselbe beschränkt sich im Wesentlichen darauf, daß die Verpfändung statt der bisherigen Registrirung auf den Schiffsurkunden in das nach Art. 432 des Handelsgesetzbuchs einem Jeden zur Einsicht geöffnete Schiffsregister eingetragen wird. Nach den Motiven ist es bedenklich befunden, noch weiter zu gehen und die landrechtlichen Grundsätze über die Verpfandung von Grundstücken mittelst Eintragung in das Hypothekenbuch ohne Weiteres auf die Verpfändung von Schiffen und Schiffsparten zu übertragen, wodurch das Schiffsregister zu einem Hypothekenbuch für die Schiffe erhoben und mit einem überwiegend privatrechtlichen Karakter versehen sein würde. Keineswegs dürfen also die §§. 1—3 Art. 59 des Einführungsgesetzes in einem anderen Sinne verstanden werden, als daß sie nur die Stelle der §§. 302 bis 307 und 313 Th. I. Tit. 20 des Allgemeinen Landrechts einnehmen und keine andere Bedeutung haben, als diejenige, welche aus ihrer dortigen Einreihung nach dem System des Gesetzbuchs und dem Zusammenhang sich ergiebt, was namentlich von Wichtigkeit wird, wenn es sich um eine Löschung handelt (vergl. §. 2 Abs. 3 Art. 59 des Einführungsgesetzes). Sodann ist zu beachten, daß nach §. 2 a. a. O. durch die Eintragung in das Schiffsregister die Verpfändung selbst vollzogen wird. Die Vorschrift entspricht dem §. 305 Th. I. Tit. 20 des Allgemeinen Landrechts: „Durch die Uebergabe dieser beglaubten Abschrift wird die Verpfändung selbst vollzogen," und ergiebt, daß die am Schlusse des §. 1 vorgeschriebene Notirung der Eintragung auf der Verpfändungsurkunde und dem Certifikat des Pfandbestellers nicht als eine wesentliche Bedingung zum Erwerbe des Pfandrechts erscheint; es findet dies seine Erklärung in der gesetzlichen Publizität des Schiffsregisters.

§. 16.

Wird das Schiff in dem Schiffsregister gelöscht, so ist in der elften Kolonne nicht allein die Löschung, sondern auch der Grund und die Zeit derselben unter Angabe des Datums der sie anordnenden richterlichen Verfügung einzutragen. Ist zu der Zeit, in welcher die Löschung nach dem Gesetz erfolgen muß, eine Verpfändung eingetragen, so ist der eingetragene Pfandgläubiger, insofern sein Aufenthalt bekannt ist, vor der Löschung von der Sachlage und der bevorstehenden Löschung in Kenntniß zu setzen, und erst nach Ablauf von vier Wochen vom Tage der Insinuation der Verfügung an gerechnet, mit der Löschung zu verfahren.

§. 17.

Das nach der Eintragung des Schiffs in das Schiffsregister zu ertheilende Certifikat (Art. 435 des Handelsgesetzbuchs und Art. 53 §. 6 des Einführungsgesetzes) muß den Inhalt des Schiffsregisters genau und vollständig angeben, und bezeugen, daß die in das Schiffsregister eingetragenen Thatsachen auf glaubhaften Nachweisungen beruhen, sowie daß dem Schiffe das Recht, die Preußische Flagge zu führen, zusteht.

Die Ausfertigung des Certifikats erfolgt, wie die des bisherigen Beilbriefs, in alter Urkundenform auf Pergament mit angehängtem Kapselsiegel. Dieselbe ist sowohl von dem Direktor, als von zwei anderen Mitgliedern des Gerichts zu vollziehen.

Die Gerichte haben zu den Certifikaten zum Theil gedruckte, nur der Ausfüllung bedürfende Formulare zu verwenden. Die Beschaffenheit und Einrichtung eines solchen Formulars ist aus der Anlage F. ersichtlich. Dasselbe giebt auf der Vorderseite in der Mitte des gerichtlichen Zeugnisses den Inhalt des Schiffsregisters in sieben Kolonnen wieder, welche genau den sieben ersten Kolonnen des Schiffsregisters entsprechend sind. Wenn nach der Eintragung des Schiffs in das Schiffsregister das Certifikat ertheilt wird, so können die achte und neunte Kolonne des Registers noch keine Eintragung enthalten, wohl aber ist es möglich, daß in der zehnten Kolonne bereits ein Verpfändungsvermerk eingetragen ist. In einem solchen Falle ist der Verpfändungsvermerk nach Anleitung des §. 18 auf der Rückseite des Certifikats in die zehnte Kolonne aufzunehmen.

Nach dem Obigen und im Hinblick auf den Hauptzweck des Schiffsregisters wird im Falle der Nationalisirung des Schiffs das Gericht vor der Eintragung desselben in das Schiffsregister von Amtswegen auch nicht zu prüfen haben, ob Pfandrechte auf dem Schiffe ruhen.

Wird ein neues Certifikat verlangt, nachdem in die achte oder neunte Kolonne des Registers bereits Veränderungen eingetragen sind, so müssen diese nicht allein in die achte oder neunte Kolonne des Certifikats aufgenommen und die Vermerke nach Anleitung des §. 18 beglaubigt werden, sondern es ist zugleich auf der ersten Seite des Registers in der entsprechenden Kolonne, auf deren Inhalt die Veränderungen sich beziehen, durch einen kurzen Vermerk auf die betreffenden, aus der Rückseite des Registers ersichtlichen Eintragungen zu verweisen, z. B. wenn bereits eine Eigenthumsveränderung eingetragen ist, durch den Vermerk in der sechsten Kolonne:

„Vergleiche die auf der Rückseite in der achten Kolonne unter Nr. . . am . . . . eingetragene Veränderung."

Damit die Benutzung des Formulars um so wenigere Schwierigkeiten veranlasse, ist bei der Eintragung des Schiffs in das Schiffsregister, insbesondere bei der Ausfüllung der dritten und vierten Kolonne der Inhalt des Formulars zur Richtschnur zu nehmen.

§. 18.

Ist nach der Ertheilung des Certifikats eine Eintragung in die achte, neunte oder zehnte Kolonne des Registers erfolgt, so ist dieselbe auf der Rückseite des Certifikats in die entsprechende Kolonne wortgetreu aufzunehmen, und dieser Vermerk durch Beifügung des Namens, sowie des Siegels und der Unterschrift des Direktors zu beglaubigen.

Die Eintragung von Veränderungen, für welche die achte und neunte Kolonne des Registers bestimmt sind, kann auf den Antrag des Rheders auch in der Art erfolgen, daß das Folium, auf welches das Schiff bisher eingetragen war, geschlossen, und das letztere auf ein anderes Folium unter einer neuen Nummer nur nach Maaßgabe der Thatsachen und Verhältnisse eingetragen wird, welche zur Zeit der Anlegung des neuen Foliums bestehen. In einem solchen Falle ist auf dem früheren Folium in der elften Kolonne des Registers die Schließung des Foliums und die Nummer zu bemerken, unter welcher das Schiff von neuem eingetragen ist (z. B. „Das Folium ist geschlossen und das Schiff unter Nr. . . . des Registers von neuem eingetragen"), wogegen auf dem neuen Folium in der fünften Kolonne zu erwähnen ist, daß und unter welcher Nummer das Schiff früher eingetragen war, sowie, wenn eine Namensveränderung stattgefunden hat, welchen Namen das Schiff früher geführt hat. In der siebenten Kolonne ist sowohl die Zeit der früheren Eintragung, als die der neuen Eintragung anzugeben (z. B. zusätzlich: „Neu auf dieses Folium übertragen zufolge Verfügung vom . . . am . . .").

Wird ein neues Folium angelegt, so kann das früher ertheilte Certifikat nicht berichtigt, sondern es muß über die anderweite Eintragung ein neues Certifikat ertheilt werden.

§. 19.

Wenn bei der Veränderung des Heimathshafens das Schiffsregister für den neuen Heimathshafen von einem anderen Gericht geführt wird, so hat das Gericht, in dessen Schiffsregister das Schiff eingetragen ist, das betreffende Folium nach Anleitung des §. 18 zu schließen, dem anderen Gericht, zu dessen Bezirk der neue Heimathshafen gehört, eine beglaubigte Abschrift jenes Foliums nebst den auf die Registrirung des Schiffs sich beziehenden Akten mitzutheilen, das andere Gericht das Schiff in sein Schiffsregister nur nach Maaßgabe der zu dieser Zeit bestehenden Thatsachen und Verhältnisse einzutragen, und dem Rheder ein neues Certifikat zu ertheilen. Bei der neuen Eintragung ist in der fünften Kolonne des Registers zu erwähnen, daß und unter welcher Nummer das Schiff in das Register des ersteren Gerichts früher eingetragen war, sowie wenn eine Namensveränderung stattgefunden hat, welchen Namen das Schiff früher geführt hat.

§. 20.

Die bei Ertheilung eines neuen Certifikats oder im Falle der Löschung des Schiffs zurückzuliefernden Certifikate sind zu kassiren und zu den Akten zu nehmen.

§. 21.

Nach den in den vorstehenden Paragraphen enthaltenen Bestimmungen ist, soweit in den nachfolgenden Paragraphen nicht ein Anderes bestimmt wird, auch bei der im Artikel 71 des Einführungsgesetzes vorgeschriebenen Eintragung derjenigen Schiffe zu verfahren, welche bei Eintritt der Geltung des Handelsgesetzbuchs und des Einführungsgesetzes zur Führung der Preußischen Flagge berechtigt und mit den nach den bisherigen Vorschriften zur Ausübung dieses Rechts erforderlichen Papieren versehen sind.

§. 22.

Zu der Eintragung eines Schiffs, welches zu den im §. 21 bezeichneten gehört, ist die Vorlegung des Beilbriefs erforderlich. Die Eintragung geschieht auf Grundlage des Beilbriefs. Kann derselbe wegen glaubhaft bescheinigten Verlustes nicht vorgelegt werden, so ist sein Inhalt aus den bisherigen Beilbriefsakten festzustellen.

§. 23.

Die nach den §§. 6 ff. in das Schiffsregister einzutragenden Thatsachen bedürfen, soweit sie durch den Beilbrief beurkundet sind, oder aus den Beilbriefsakten sich zur Genüge ergeben, keines weiteren Nachweises.

§. 24.

Sind nach der Ertheilung des Beilbriefs Veränderungen eingetreten, welche, wenn sie nach der Eintragung des Schiffs in das Schiffsregister eingetreten wären, in die achte und neunte Kolonne des Registers gehören würden, so ist gleichwohl die Eintragung des Schiffs nur nach Maaßgabe der zur Zeit derselben bestehenden Thatsachen und Verhältnisse zu bewirken, jedoch, wenn eine Namensveränderung stattgefunden hat, unter Erwähnung des früheren Namens in der fünften Kolonne und unbeschadet des Rechts des Rheders, die früheren Eigenthumsverhältnisse in dieselbe Kolonne aufnehmen zu lassen (§. 11).

§. 25.

In der siebenten Kolonne ist nicht allein die Zeit der Eintragung anzugeben, sondern auch zu vermerken, daß und zu welcher Zeit der Beilbrief ertheilt, und daß nach Einführung des Schiffsregisters das Schiff auf Grundlage des Beilbriefs in das Schiffsregister eingetragen sei. Der Eintragungsvermerk in der siebenten Kolonne wird also dahin zu lauten haben: „Das Schiff, für welches am .... der Beilbrief ertheilt worden, ist nach der Einführung des Schiffsregisters auf Grundlage des früher ertheilten Beilbriefs zufolge Verfügung vom ...... am ...... in das Schiffsregister eingetragen."

§. 26.

Verpfändungen, welche auf dem Beilbrief registrirt und noch nicht gelöscht sind, werden in die zehnte Kolonne des Registers von Amtswegen eingetragen.

§. 27.

Nach der Eintragung ist der Beilbrief zu kassiren und dem Rheder das Register-Certifikat zu ertheilen.

§. 28.

Die bisherigen Beilbriefsakten sind mit den nach §. 4 anzulegenden Akten zu verbinden.

§. 29.

Diejenigen Gerichte, welche Beilbriefe ertheilt haben, zur Führung des Schiffsregisters aber nicht befugt sind, haben ihre Beilbriefsakten an die Gerichte abzugeben, denen die Führung des Schiffsregisters über die von dem Rheder der betreffenden Schiffe zu Heimathshäfen zu wählenden Häfen obliegt. Dasselbe gilt, wenn der Rheder einen Heimathshafen wählt, für den ein anderes Gericht, als dasjenige, welches den Beilbrief ertheilt hat, das Register zu führen hat.

Dritter Theil.

Die Beeidigung der Handelsmäkler und die Beglaubigung und Aufbewahrung der Tagebücher derselben.

§. 1.

Jeder Handelsmäkler hat nach seiner Anstellung und vor Antritt seines Amts einen Eid dahin zu leisten:

> „daß er, nachdem er zum (Waaren-, Wechsel-, Schiffs-) Mäkler für die Stadt (den Bezirk) N. N. bestellt worden, die in dieser Eigenschaft ihm obliegenden Pflichten getreu erfüllen wolle —" (Art. 66 des Handelsgesetzbuchs).

Es ist also in der Eidesformel des Orts oder des Bezirks, für welchen der Mäkler angestellt ist, und der besonderen Arten von Mäklergeschäften, worauf die Anstellung etwa beschränkt ist (Art. 68 a. a. O.) zu erwähnen *).

§. 2.

Der Eid wird bis zur Errichtung und Organisation von Handelsgerichten in allen Landestheilen der Monarchie bei dem Stadt- oder Kreisgericht, in dessen Bezirk der Handelsmäkler angestellt ist, oder wenn er im Bezirk einer ständigen Gerichts-Deputation angestellt ist, bei dieser von einem dazu bestellten Richter abgenommen. Im Gebiet des Rheinischen Rechts wird die Beeidigung bei dem Handelsgericht, in dessen Bezirk der Mäkler angestellt ist, in öffentlicher Sitzung des Gerichts durch den Präsidenten desselben bewirkt (Art. 9 §. 4 und Art. 73 des Einführungsgesetzes).

§. 3.

Die Beeidigung findet nur auf Ersuchen der Regierung statt, welche die Ernennung des Mäklers bestätigt oder denselben angestellt hat (Art. 9 §. 1 des Einführungsgesetzes).

Von der geschehenen Beeidigung ist die Regierung in Kenntniß zu setzen.

§. 4.

Der nochmaligen Beeidigung der nach den bisherigen Vorschriften angestellten und beeidigten Handels-Mäkler bedarf es nicht **).

---

*) Für die Eidesformel kann nur der Art. 66 des Handelsgesetzbuchs maaßgebend sein; die auf diesen Gegenstand sich beziehenden früheren Vorschriften sind als aufgehoben anzusehen (vergl. Art. 60 Ziffer 2 a. a. O.).

**) Die Fassung des zweiten Absatzes des Art. 66 des Handelsgesetzbuchs läßt erkennen, daß er auf die bereits im Amte stehenden beeidigten Mäkler sich nicht bezieht.

§. 5.

Der Präsident oder Vorsitzende des Gerichts, bei welchem nach §. 2 der Mäkler beeidigt wird, hat das Tagebuch desselben nach Maaßgabe des Art. 71 des Handelsgesetzbuchs zu beglaubigen (Art. 9 §. 4 des Einführungsgesetzes).

Auch die Tagebücher der bereits angestellten Mäkler sind dieser Beglaubigung unterworfen und gleich nach Eintritt der Gesetzeskraft des Handelsgesetzbuchs zur Bewirkung derselben den Gerichtsvorständen vorzulegen.

§. 6.

Das Tagebuch eines verstorbenen oder aus dem Amte ausgeschiedenen Handelsmäklers ist von demselben Gericht in Verwahrung zu nehmen, welchem nach §. 2 die Beeidigung obliegt (Art. 75 des Handelsgesetzbuchs und Art. 9 §. 4 des Einführungsgesetzes). Bei der Aufbewahrung ist in gleicher Art zu verfahren, wie bei der Aufbewahrung der Amtspapiere eines verstorbenen oder ausgeschiedenen Notars (vergl. §. 73 des Gesetzes über die Aufnahme der Notariatsinstrumente vom 11. Juli 1845, (Gesetz-Samml. S. 487). Im Bezirk des Appellationsgerichtshofes zu Cöln werden die Tagebücher im Sekretariat des Handelsgerichts aufbewahrt.

Anlage A.

Firmenregister.

1.	2.	3.	4.	5.	6.
Laufende Nr.	Bezeichnung des Firma-Inhabers.	Ort der Niederlassung.	Bezeichnung der Firma.	Zeit der Eintragung.	Bemerkungen.
1.	Kaufmann Johann Christian Müller zu Stettin.	Stettin.	J. C. Müller	eingetragen zufolge Verfügung vom 1. Juni 1862 am 2. Juni 1862 (Akten über das Firmenregister Bd. I. S. 20). N. N. Sekretair.	Die Firma ist in „J. C. Müller I." verändert, vergl. Nr. 20 des Firmenregisters; eingetragen zufolge Verfügung vom 30. Oktober 1862 am selbigen Tage (Akten über das Firmenregister Bd. I. S. 60). N. N. Sekretair.
2.	Kaufmann Friedrich Klotz zu Stettin.	Stettin.	F. Klotz.	eingetragen zufolge Verfügung vom 3. Dezember 1862 am 4. Dezember 1862 (vergl. Akten über das Firmenregister Bd. I. S. 90). N. N. Sekretair.	Die Firma ist erloschen; eingetragen zufolge Verfügung vom 1. März 1863 am 2. März 1863 (Akten über das Firmenregister Bd. II. S. 3). N. N. Sekretair.
3.	Kaufmann Isidor Meyer zu Stettin.	Stettin.	Meyer III.	eingetragen zufolge Verfügung vom 8. Dezember 1862 am 8. Dezember 1862 (Akten über das Firmenregister Bd. I. S. 100). N. N. Sekretair.	Die Firma ist durch Erbgang auf den Kaufmann Anton Bolte zu Stettin übergegangen; vergl. Nr. 31 des Firmenregisters; eingetragen zufolge Verfügung vom 1. Juni 1863 am 2. Juni 1863 (Akten über das Firmenregister Bd. II. S. 35). N. N. Sekretair.

1.	2.	3.	4.	5.	6.
Laufende Nr.	Bezeichnung des Firma-Inhabers.	Ort der Niederlassung.	Bezeichnung der Firma.	Zeit der Eintragung.	Bemerkungen.
4.	Kaufmann Herrmann Franke zu Stettin.	Stettin.	H. Franke.	eingetragen zufolge Verfügung vom 1. Juni 1862 am 2. Juni 1862 (Akten über das Firmenregister Bd. I. S. 25). N. N. Sekretair.	Der Kaufmann Georg Danz zu Stettin ist in das Handelsgeschäft des Kaufmanns Herrmann Franke als Handelsgesellschafter eingetreten und die nunmehr unter der Firma H. Franke bestehende Handelsgesellschaft unter Nr. 45 des Gesellschaftsregisters eingetragen; eingetragen zufolge Verfügung vom 1. Juli 1864 am 1. Juli 1864 (vergl. Bd. III. S. 6 des Firmenregisters). N. N. Sekretair.
20. (früher Nr. 1.)	Kaufmann Johann Christian Müller zu Stettin	Stettin.	J. C. Müller I.	eingetragen zufolge Verfügung vom 30. Oktober 1862 am selbigen Tage (Akten über das Firmenregister Bd. I. S. 60). N. N. Sekretair.	
31. (früher Nr. 3.)	Anton Bolte zu Stettin.	Stettin.	Meyer III.	eingetragen zufolge Verfügung vom 1. Juni 1863 am 2. Juni 1863 (Akten über das Firmenregister Bd. II. S. 35). N. N. Sekretair.	
32.	Kaufmann Theodor Herbst zu Stettin.	Stettin und eine Zweigniederlassung in Bredow.	T. Herbst.	eingetragen zufolge Verfügung vom 1. Oktober 1864 am selbigen Tage (Akten über das Firmenregister Bd. III. S. 40). N. N. Sekretair.	Die Zweigniederlassung in Bredow ist aufgehoben und eine solche in Frauendorf errichtet; eingetragen zufolge Verfügung vom 1. Dezember 1864 am 2. desselben Monats (Akten über das Firmenregister Bd. III. S. 70). N. N. Sekretair.

Anlage B.

Prokurenregister.

1.	2.	3.	4.	5.	6.	7.	8.
Laufende Nr.	Bezeichnung des Prinzipals.	Bezeichnung der Firma, welche der Prokurist zu zeichnen bestellt ist.	Orte der Niederlassungen.	Verweisung auf das Firmen- oder Gesellschafts-Register.	Bezeichnung des Prokuristen.	Zeit der Eintragung.	Bemerkungen.
1.	Kaufmann Johann Albert Schmidt zu Danzig.	Schmidt u. Söhne.	Danzig.	Die Firma Schmidt u. Söhne ist eingetragen unter Nr. 28 des Firmen-Registers.	Ferdinand Lex zu Danzig.	Eingetragen zufolge Verfügung vom 20. April 1863 am 21. April 1863 (Akten über das Prokuren-Register Bd. I. S. 168). N. N. Sekretair.	
2.	Die Handelsgesellschaft O. Beyer u. Comp. zu Danzig.	O. Beyer u. Comp.	Danzig.	Die Handelsgesellschaft O. Beyer u. Comp. ist unter Nr. 13 des Gesellschaftsregisters eingetragen.	1) Engelbert Kleine, 2) Ferdinand Lampe, beide zu Danzig, welchen Kollektivprokura ertheilt ist.	eingetragen zufolge Verfügung vom 1. August 1863 am 2. August 1863 (Akten über das Prokuren-Register Bd. I. S. 200). N. N. Sekretair.	Die Prokura beider Prokuristen ist erloschen; eingetragen zufolge Verfügung vom 1. Dezember 1863 am 1. Dezember 1863 (Akten über das Prokuren-Register Bd. I. S. 200). N. N. Sekretair.

Anlage C.

Gesellschaftsregister.

1.	2.	3.	4.
Laufende Nr.	Firma der Gesellschaft.	Sitz der Gesellschaft.	Rechtsverhältnisse der Gesellschaft.
1.	Gabriel u. Comp.	Berlin.	Die Gesellschafter sind: 1) der Kaufmann Anton Gabriel zu Berlin, 2) der Kaufmann Julius Gabriel daselbst, 3) der Kaufmann Adolph Otto daselbst. Die Gesellschaft hat am 1. Oktober 1863 begonnen. Die Befugniß, die Gesellschaft zu vertreten, steht nur dem Kaufmann Anton Gabriel und dem Kaufmann Julius Gabriel und zwar in der Art zu, daß dieselbe nur in Gemeinschaft ausgeübt werden soll; der Kaufmann Adolph Otto ist von der Befugniß, die Gesellschaft zu vertreten, ausgeschlossen. Eingetragen zufolge Verfügung vom 2. Oktober 1863 (Akten über das Gesellschaftsregister Bd. II. S. 40). N. N. Sekretair.
	Die Firma der Gesellschaft ist in Gabriel, Otto u. Comp. geändert; eingetragen zufolge Verfügung vom 3. Januar 1864 am 4. Januar 1864 (Akten über das Gesellschaftsregister Bd. II. S. 101). N. N. Sekretair.		
			Der Kaufmann Ferdinand Rampe ist als Gesellschafter in die Gesellschaft eingetreten; eingetragen am 1. Oktober 1864 zufolge Verfügung vom 1. Oktober 1864.

1. Laufende Nr.	2. Firma der Gesellschaft.	3. Sitz der Gesellschaft.	4. Rechtsverhältnisse der Gesellschaft.
2.	Randow u. Söhne.	Magdeburg, mit einer Zweigniederlassung in Berlin.	Die Gesellschaft ist eine Kommanditgesellschaft. Die Gesellschafter sind: 1) der Kaufmann Ludwig Randow zu Magdeburg, 2) der Kaufmann Christian Lenz zu Berlin, 3) der Färbermeister Georg Randow zu Magdeburg, 4) der Gastwirth Anton Lenz zu Berlin. Der Kaufmann Ludwig Randow und der Kaufmann Christian Lenz sind persönlich haftende Gesellschafter, der Färbermeister Georg Randow und der Gastwirth Anton Lenz Kommanditisten; die Vermögenseinlage eines jeden der beiden Kommanditisten beträgt 4000 Thaler; eingetragen zufolge Verfügung am 3. Oktober 1864 am 4. Oktober 1864 (Akten über das Gesellschaftsregister Bd. II. S. 290). N. N. Sekretair.

Anlage D.

Register zur Eintragung der Ausschließung oder Aufhebung der ehelichen Gütergemeinschaft.

1.	2.	3.	4.
Laufende Nr.	Bezeichnung des Ehemannes.	Bezeichnung des Rechtsverhältnisses.	Bemerkungen.
1.	Kaufmann Franz Rolle zu Königsberg.	hat für seine Ehe mit Amalie geborenen Wittel durch Vertrag vom 3. Februar 1863 die Gemeinschaft der Güter und des Erwerbes ausgeschlossen; eingetragen zufolge Verfügung vom 25. Februar 1863 am 26. Februar 1863 (Akten über das Register zur Eintragung der Ausschließung der Gütergemeinschaft Bd. II. S. 9). N. N. Sekretair.	Der Kaufmann Franz Rolle ist gestorben; eingetragen zufolge Verfügung vom 1. Juli 1864 am 1. September 1864 (Akten über das Register zur Eintragung der Ausschließung der Gütergemeinschaft Bd. II. S. 123). N. N. Sekretair.

135.

Allerhöchster Erlaß vom 16. Dezember 1861, — betreffend die Errichtung eines Handelsgerichts in Düsseldorf.

Auf Ihren Bericht vom 9. Dezember d. J. genehmige Ich die Errichtung eines Handelsgerichts für den ganzen Kreis Düsseldorf und den im Kreise Solingen belegenen Friedensgerichtsbezirk Opladen, mit den Bürgermeistereien Opladen, Burscheid, Schlebusch, Leichlingen, Richrath, Monheim und Witzhelden; dasselbe soll aus einem Präsidenten und fünf Richtern nebst drei Stellvertretern bestehen und seinen Sitz in Düsseldorf haben. Mit dem Tage, an welchem das gedachte Handelsgericht in Thätigkeit tritt, hört die bisherige Kompetenz des Landgerichts zu Düsseldorf als Handelsgericht auf; doch sind die bei diesem Gerichte zu jenem Zeitpunkte schon anhängigen Rechtssachen auch bei demselben zu beendigen. Zur Ausführung dieser Order, welche durch die Gesetz-Sammlung bekannt zu machen ist, haben Sie, der Justizminister, das Weitere zu veranlassen.

Berlin, den 16. Dezember 1861.

Wilhelm.

v. d. Heydt. v. Bernuth.

An
den Minister für Handel, Gewerbe und öffentliche Arbeiten und den Justizminister.

I. 440. Rhein. Gener. 52. Vol. 6.

136.

Allgemeine Verfügung vom 17. Dezember 1861, — betreffend die Aufstellung und Einreichung anderweiter Gebäude-Inventarien der Gerichtsbehörden.

Allgemeine Verfügung vom 7. Januar 1852 (Rhein. Samml. Bd. 10. S. 402).

Nachdem seit dem Erlasse der Allgemeinen Verfügung vom 7. Januar 1852 (Rhein. Samml. Bd. 10. S. 402), durch welche die Führung von Gebäude-Inventarien bei den Gerichtsbehörden angeordnet worden, insbesondere in Folge der Ausführung des Gesetzes, betreffend die Entbürdung der Städte von der Verpflichtung zur Tragung der Kriminalkosten ꝛc. vom 1. August 1855 (Gesetz-Samml. S. 579), vielfache Veränderungen in Beziehung auf die der Justizverwaltung gehörigen oder von derselben benutzten Lokalien und Realitäten eingetreten sind, hat die Königliche Ober-Rechnungskammer die Aufstellung neuer Gebäude-Inventarien, welche den jetzigen Verhältnissen entsprechen, für die Revisionszwecke als erforderlich erachtet. In Folge dessen, und da die Erneuerung der bisherigen Inventare zur Herbeiführung einer vollständigen Uebersicht auch diesseits als wünschenswerth anerkannt werden muß, ist an Stelle des früheren ein hierbei angeschlossenes anderweites Formular, durch entsprechende Beispiele erläutert, angefertigt worden.

Die Gerichtsbehörden werden angewiesen, über ihre Lokalien und sonstigen Realitäten, mit Einschluß der Lokalien der Staatsanwaltschaft, sowie über die Dienstwohnungen der Justizbeamten nach Anleitung dieses Formulars ein neues Gebäude-Inventarium in der Art anzufertigen, daß aus demselben alle in Betracht kommenden Verhältnisse genau zu ersehen sind.

Diese Inventarien sind, nach dem Wunsche der Königlichen Ober-Rechnungskammer, derselben zur Erleichterung des dauernden Gebrauchs, nicht wie in der Allgemeinen Verfügung vom 7. Januar 1852 angeordnet war, mit der Jahresrechnung, sondern für jedes Stadt- oder Kreisgericht und jede andere selbstständige Gerichtsbehörde in einem besonderen Hefte spätestens bis zum 1. April 1862 vorzulegen.

Seitens der Gerichte erster Instanz erfolgt die Einsendung durch die ihnen vorgesetzten Appellationsgerichte, und zwar so zeitig, daß die letzteren den bezeichneten Termin zur Uebermittelung an die Königliche Ober-Rechnungskammer unter Beifügung des Inventars über ihre eigenen Lokalitäten einzuhalten im Stande sind.

In jedem folgenden Jahre haben die Gerichte entweder einen Nachtrag zu den Gebäude-Inventarien anzufertigen, in welchem die im Laufe des betreffenden Jahres vorgekommenen Veränderungen speziell anzugeben sind, oder für den Fall, daß solche im Laufe des Jahres nicht stattgefunden haben, eine Bescheinigung hierüber auszustellen.

Diese Nachträge, beziehungsweise Bescheinigungen, welche von den Gerichten erster Instanz den an die Appellationsgerichte einzusendenden Jahresübersichten beizufügen sind, gelangen von den Appellationsgerichten mit den, ihre eigenen Lokalien betreffenden Angaben begleitet, bis zum 1. März jeden Jahres ungeheftet an die Königliche Ober-Rechnungskammer, um dort den Inventarien selbst angeschlossen zu werden.

Ein Duplikat der hiernach aufzustellenden neuen Gebäude-Inventarien ist von den Appellationsgerichten bis zum 1. April k. J. dem Justiz-Minister einzureichen. Für die folgenden Jahre ist eine Abschrift der in der oben gedachten Art anzufertigenden Nachträge beziehungsweise Bescheinigungen den jährlichen Geschäftsübersichten lose beizufügen.

Berlin, den 17. Dezember 1861. Der Justiz-Minister.
An sämmtliche Gerichtsbehörden. v. Bernuth.

I. 4593. O. 2. Vol. 3.

XLIX.

1862.

Gesetze, Verordnungen, Rescripte.

137.

Allgemeine Verfügung vom 15. Januar 1862, — betreffend die Kontrolle über die Haltung der Gesetzsammlung Seitens der dazu verpflichteten Justizbeamten und über die für die Königlichen Staatsbehörden unentgeltlich zu liefernden Exemplare der Gesetzsammlung.

Allgemeine Verfügung vom 3. Januar 1854 (Rhein. Samml. Bd. 11. S. 6).
Staats-Ministerial-Beschluß vom 28. November 1861 (S. 266 dieses Bandes).

Nach einer Mittheilung des Herrn Ministers für Handel, Gewerbe und öffentliche Arbeiten macht der Beschluß des Königlichen Staats-Ministeriums vom 28. November 1861, die unentgeltliche Lieferung der für die Königlichen Staatsbehörden erforderlichen Exemplare der Gesetzsammlung betreffend, eine Aenderung in der Anfertigung der von jenen Behörden jährlich aufzustellenden Normal-Listen insofern nöthig, als in den letzteren vom Jahre 1862 ab:

1) die zwangspflichtigen Gesetzsammlungs-Interessenten, und
2) die Gratis-Empfänger

abgesondert von einander aufzuführen sind.

In Folge dessen werden die Gerichte angewiesen, die gedachten Normal-Listen in der angegebenen Weise anzufertigen und solche auf dem in der allgemeinen Verfügung vom 3. Januar 1854 vorgeschriebenen Wege den betreffenden Königlichen Ober-Post-Direktionen für das laufende Jahr möglichst bald und in Zukunft alljährlich im Monat November für das nächstfolgende Jahr mitzutheilen. Bei der Aufstellung der Listen ist zu berücksichtigen, daß nach dem Eingangs erwähnten Beschlusse nur so viele Exemplare pro inventario der Gerichte unentgeltlich bezogen werden dürfen, als bisher von denselben gegen Bezahlung entnommen worden sind.

Berlin, den 15. Januar 1862.

Der Justiz-Minister.
v. Bernuth.

An
sämmtliche Gerichte.

I. 9. G. 4. Vol. 4.

138.

Verfügung vom 18. Januar 1862, — betreffend die Stempelrevision bei dem Landgericht zu Coblenz.

Bei Uebersendung einer Abschrift des dem Justiz-Minister mitgetheilten Berichtes des Provinzial-Steuer-Direktors zu Cöln vom 30. November pr. und der darin erwähnten Stempeldefektentabelle im Original über die Stempelrevision beim dortigen Landgericht, wird Ihnen im Einverständnisse mit dem Herrn Finanz-Minister Folgendes eröffnet:

I. Monitum 1. In Sachen G. contra S. hat das Landgericht zu dem Urtheile vom 10. März 1858, welches die Klage auf Zahlung einer Forderung von 540 Rthlr. abwies, um deswillen einen Werthstempel von nur 4 Rthlr. 25 Sgr. verwendet, weil ein Theil der Forderung erst nach längerer Zeit und in bestimmten jährlichen Raten fällig geworden sein würde, und nur derjenige Betrag bei der Stempelfestsetzung als objectum litis anzunehmen gewesen sei, welcher dem Werthe der Forderung zur Zeit des Urtheils entsprochen habe. Für diese Berechnung des Streitobjekts unter Berücksichtigung der Zahlungstermine giebt das Stempelgesetz keinen Anhalt, vielmehr ergiebt sich schon daraus, daß nach §. 11 lit. b. bei der Forderung periodischer Leistungen für eine bestimmte Zeit der ganze Betrag derselben bei der Berechnung des Werthstempels zu Grunde gelegt werden soll, die Unzulässigkeit der Reduktion des Kapitals wegen erst künftiger Fälligkeit desselben. Hiernach ist das Monitum, welches einen Werthstempel von 8 Rthlr. 15 Sgr. fordert, begründet.

II. Monitum 5. 7. 8. 9. Die betreffenden Klagen wurden gegen die Regierung als Vertreterin des Fiskus auf Auszahlung der im Jahr 1794 auf landesherrliche Anordnung zu der Kurtrierschen Steuer- oder General-Einnehmer-Kasse eingezogenen gerichtlichen Depositalgelder gerichtet. Die Regierung wurde zur Zahlung bestimmter Summen verurtheilt, aber den

Klägern die Kosten zur Last gelegt, jedoch der Stempel niedergeschlagen. Diese Entscheidung über Kosten und Stempel wird dadurch zu rechtfertigen gesucht, daß die Schuld an sich nicht bestritten gewesen und der Prozeß nur zum Zweck der Legitimation der Kläger geführt sei. Da diesen obgelegen, sich auf ihre Kosten zu legitimiren, seien ihnen die Kosten des Prozesses zur Last gelegt, obgleich die Regierung unterliegender Theil gewesen. Der letztere Umstand habe aber die Niederschlagung des Stempels veranlaßt. Für eine solche Niederschlagung des Stempels bei gleichzeitiger Verurtheilung in die Prozeßkosten giebt das Stempelgesetz keinen Anhalt, vielmehr setzt dasselbe überall voraus, daß diejenige Partei, welche in die Prozeßkosten verurtheilt wird, auch den Stempel zu tragen habe. Der Stempel muß endlich nach der Tarifposition=Erkenntnisse lit. A b, auch wenn nur die Legitimation streitig war, als Werthstempel, nicht als Stempel für unschätzbare Gegenstände berechnet werden. Hiernach sind die Monita begründet.

III. Monitum 10. Nach erkannter Gütertrennung klagt die Frau auf Zahlung verschiedener Ersatzansprüche von zusammen 4730 Rthlr. 10 Sgr. 10 Pf. mit dem Rechte der Vorwegnahme aus dem Vermögen der Gütergemeinschaft resp. demjenigen ihres Ehemannes. Da hiernach die Frau eine ihr angeblich zustehende Forderung an die Masse geltend machte und es sich nicht etwa von zu theilenden gemeinschaftlichen Objekten oder von streitigen Conferenden handelte, so mußte der Werthstempel und nicht, wie geschehen, der Stempel für unschätzbare Gegenstände verwendet werden. Es ist daher mit Recht ein Stempelbetrag von 13 Rthlr. 20 Sgr. defektirt.

IV. Monitum 12. 13. Von zwei solidarisch verurtheilten Bürgen bezahlt der eine die ganze Forderung und wird durch besondern Akt in die Rechte des Gläubigers subrogirt. Wenn gegen die auf Grund dieser ausdrücklichen und der gesetzlich eingetretenen Subrogation von dem zahlenden Bürgen gegen den Mitbürgen versuchte Exekution von dem letzteren Einspruch erhoben wird, so ist das über diesen Einspruch ergehende Urtheil nicht als ein Nebenerkenntniß zu dem die Verurtheilung des Bürgen dem Gläubiger gegenüber aussprechenden Erkenntnisse, sondern als ein selbstständiges Urtheil über die dermalige Schuld des Mitbürgen seinem Mitbürgen gegenüber anzusehen. Es mußte daher der volle Werthstempel verwendet werden.

V. Monitum 14 und 20. In dem ersteren Falle war auf Auflösung eines Kaufvertrages wegen Nichterfüllung von Seiten des Verklagten und auf Schadenersatz geklagt. Das monirte Urtheil erkannte die Auflösung wegen eingestandener Nichterfüllung, verordnete aber zugleich ein Beweisverfahren wegen der bestrittenen Schadensforderung. Das Landgericht hat wegen des Einverständnisses der Parteien über die Hauptfrage das Urtheil lediglich als Beweisinterlokut behandelt und nur einen Stempel von 15 Sgr. verwendet. Mit Recht fordert die Steuerbehörde den Werthstempel nach dem Werthe des verkauften Gegenstandes, wie dies bei Urtheilen wegen Auflösung eines Kaufvertrages schon wiederholt anerkannt ist; ein Zugeständniß der faktischen Grundlagen einer Klage und ein wegen der Schadensforderung vorbehaltenes weiteres Verfahren kann hierbei nicht in Betracht kommen.

Im zweiten Falle war die Klage auf Auflösung eines Kaufvertrages wegen Nichtigkeit und auf Rückgabe der verkauften und überlieferten Gegenstände gerichtet. Der Urtheilsstempel mußte nach dem Werthe des Kaufobjekts berechnet und konnte nicht, wie geschehen, ein unbestimmter Werth um deswillen angenommen werden, weil eigentlich unter den Parteien nur eine Differenz über die Befristung der Zahlung eines Theiles des Kaufpreises obgewaltet habe. Beide Monita sind hiernach begründet.

VI. Monitum 21. 22. Die Eigenthümlichkeiten des Rheinischen Collokationsverfahrens schließen eine Anwendung des alinea 3 §. 19 des Stempelgesetzes nicht aus. Es ist daher in künftigen Fällen, wenn im Collokationsverfahren nach Art. 758 des B. G. B. ein theilweise definitiver Status erlassen wird, der Stempel sofort von der zur Vertheilung gelangenden Masse in Ansatz zu bringen und dessen Verwendung nicht bis zum Schlusse des Verfahrens auszusetzen.

Berlin, den 18. Januar 1862.

Der Justiz-Minister.
v. Bernuth.

An
den Königl. Herrn Landgerichts-Präsidenten
und den Königl. Herrn Ober-Prokurator
zu Coblenz.

I. 5625. Rhein. Gener. 62. Vol. 9.

139.

Verfügung vom 22. Januar 1862, — betreffend die Ausstellung von Verschreibungen über Amtskautionen im Bezirk des Appellationsgerichtshofes zu Cöln.

Verfügungen vom 26. April und 17. Juli 1861 (S. 244 und 258 dieses Bandes).

Im Anschluß an die Verfügung vom 17. Juli 1861
betreffend die Ausstellung von Verschreibungen über Amtskautionen im Bezirk des Appellationsgerichtshofes zu Cöln,

wird Ihnen, Herr General-Prokurator, anliegend Abschrift der von dem Herrn Finanz-Minister an die Rheinischen Regierungen erlassenen Verfügung vom 27. November v. J. zur Kenntnißnahme mitgetheilt.

Berlin, den 22. Januar 1862.

Der Justiz-Minister.
In Vertretung:
Müller.

An
den Königl. Herrn General-
Prokurator zu Cöln.

I. 5316. Rhein. Offizianten-Sachen 35. Vol. 2.

Anlage.

Nachdem durch meinen Erlaß vom 8. April d. J. vorgeschrieben worden ist,

daß in dem Bezirke des Appellationsgerichtshofes zu Cöln die auszustellenden Verschreibungen über die in Staatspapieren niederzulegenden Amtskautionen von dem Kautionsbesteller und den Beamten derjenigen Kasse, bei welcher die Kaution zu hinterlegen ist, vollzogen werden sollen,

ist durch die fernere Verfügung vom 5. Juli d. J. nachgegeben worden, von der Vollziehung der Kautions-Verschreibungen durch die Kassenbeamten in solchen Fällen, wo dadurch Weiterungen und Kosten entstehen könnten, abzusehen, und statt der solchergestalt vollzogenen Verschreibungen Kautions- und Verpfändungs-Urkunden unter Privatunterschrift, welche durch einen Friedensrichter einregistrirt sind, anzunehmen. Das hiernach angeordnete Verfahren hat inzwischen zu Bedenken Anlaß gegeben, indem es einerseits in Frage gestellt worden ist, ob die Mitunterschrift der Kassenbeamten den von ihnen aufzunehmenden Kautions-Verschreibungen die Eigenschaft öffentlicher Urkunden zu verleihen geeignet sei, sowie andererseits, ob die Ausstellung einseitiger Kautions- und Verpfändungs-Urkunden zur Erfüllung der Vorschrift im Art. 2074 des Bürgerlichen Gesetzbuches genüge, und nicht vielmehr die Niederlegung der zur Kaution gegebenen Papiere sowie das hinsichtlich derselben bestehende Rechtsverhältniß jedesmal durch eine zweiseitige Erklärung des Kautionsbestellers und der Kassenbeamten beurkundet werden müsse. Um deshalb für die Fälle einer eintretenden richterlichen Entscheidung möglichen Nachtheilen vorzubeugen, hat die Königliche Regierung in Beziehung auf die Ausstellung der Verschreibungen über Amtskautionen fernerhin folgendes Verfahren zu beobachten:

1) Die Kautions-Verschreibungen sind in zwei Exemplaren auszufertigen, und von dem Kautionsbesteller, sowie von der Regierungs-Haupt-Kasse mit der Unterschrift der

Kassenbeamten und dem Visum des Kassenkurators, von jedem Theile unter Hinzufügung des Datums, zu vollziehen.

2) In den Verschreibungen sind
   a) die zur Kaution gegebenen Papiere mit dem Bemerken, daß der Kautionsbesteller dieselben bei der unterzeichneten Kasse unterpfändlich niedergelegt habe, nach Gattung, Littera, Nummer und Betrag genau zu verzeichnen,
   b) die in der Allerhöchsten Kabinets-Ordre vom 15. April 1837 (Rhein. Samml. Bd. 6. S. 167) erwähnten eventuellen Ansprüche gegen den Beamten, zu deren Sicherheit die Kaution dienen soll, anzugeben,
   c) die Bestimmungen über den dem Kautionsbesteller im Fall der Ausloosung obliegenden Ersatz, sowie über die künftige Zurückgabe der hinterlegten Papiere in der Fassung, wie dieselbe für die nach der Verfügung vom 23. Juni v. J. unter Nr. 5 auszustellenden Empfangscheine vorgeschrieben ist, aufzunehmen, jedoch mit der Maaßgabe, daß die Worte: „gegen Rücklieferung des gegenwärtigen mit der Quittung des Kautionsbestellers oder seines legitimirten Besitznachfolgers versehenen Empfangscheins" dahin umzuändern sind:
      „gegen Quittung des Kautionsbestellers oder seines legitimirten Rechtsnachfolgers"
   und schließlich ist
   d) die Bemerkung hinzuzufügen, daß der Akt in zwei Exemplaren ausgefertigt, beiderseits unterschrieben, und jeder der Parteien ein Exemplar ausgehändigt worden sei.

3) Die auf diese Weise vollzogenen Akte sind bei einem Friedensgericht auf Kosten des Kautionsbestellers einzuregistriren. Das eine Exemplar derselben ist der Kasse zuzustellen, das andere dem Kautionsbesteller zu belassen. Der Ertheilung von Empfangsscheinen bedarf es demnächst weiter nicht; die Bestimmung unter Nr. 5 der Verfügung vom 23. Juni v. J. tritt daher für den Bezirk des Appellationsgerichtshofes zu Cöln fortan außer Anwendung. Ein Stempel ist zu den gedachten Kautions-Verschreibungen nicht zu verwenden.

Berlin, den 27. November 1861.

Der Finanz-Minister.
v. Patow.

An
die Königl. Regierungen zu Coblenz, Düsseldorf, Trier und Aachen.

I. 13132. II. 14481. III. 26922.

140.

Verordnung vom 27. Januar 1862, — betreffend die durch die Einführung des Allgemeinen Deutschen Handelsgesetzbuchs nöthig gewordene Ergänzung der Gesetze über die gerichtlichen Gebühren und Kosten.

Wir Wilhelm, von Gottes Gnaden, König von Preußen rc.

verordnen, in Verfolg des Artikels 74 des Einführungsgesetzes zum Allgemeinen Deutschen Handelsgesetzbuch vom 24. Juni 1861 (Gesetz-Samml. S. 449), auf den Antrag des Staatsministeriums, was folgt:

§. 1.

Das Gesetz über den Ansatz und die Erhebung der Gerichtskosten vom 10. Mai 1851 (Gesetz-Samml. S. 622), nebst den späteren, dasselbe abändernden und ergänzenden Gesetzen gelten auch für die Geschäfte, welche auf die Führung des Handelsregisters und des Schiffsregisters sich beziehen.

Bei der Berechnung der Kosten für die in den §§. 2 bis 13 dieser Verordnung bezeichneten Geschäfte sollen jedoch die nachfolgenden Vorschriften und außerdem die Vorbemerkungen Ziffer I. und II. des Kostentarifs zum Gesetze vom 10. Mai 1851, die §§. 60 bis 67 dieses Tarifs, sowie die dieselben abändernden und ergänzenden späteren Bestimmungen maaßgebend sein, die übrigen Vorschriften jenes Tarifs nebst den sie abändernden und ergänzenden späteren Bestimmungen aber nur insoweit Anwendung finden, als in den nachfolgenden Vorschriften auf dieselben Bezug genommen wird.

§. 2.

Für die Eintragungen in das Handelsregister (Art. 12 bis 14 des Handelsgesetzbuchs), einschließlich der Benachrichtigung der Betheiligten, sind zu erheben:

1) für die Eintragung einer Firma (Art. 19 und 21 a. a. O.), der Veränderung einer Firma, der Aenderung des Inhabers einer Firma, sowie des Erlöschens einer Firma (Art. 25 a. a. O.) . . . . 20 Sgr.;
2) für die Eintragung einer Prokura und für die Eintragung des Erlöschens einer Prokura (Art. 45 a. a. O.) 20 Sgr.;
3) für die Eintragung einer offenen Handelsgesellschaft (Art. 86 a. a. O.) oder einer Kommanditgesellschaft (Art. 151. 152 a. a. O.) . . . . 2 Rthlr.;
4) für die Eintragung der Aenderung der Firma oder des Sitzes einer offenen Handelsgesellschaft oder einer Kommanditgesellschaft, des Eintritts eines neuen Gesellschafters

in eine solche Gesellschaft, der bei einer solchen Gesellschaft einem Gesellschafter nachträglich ertheilten oder entzogenen Befugniß, die Gesellschaft zu vertreten, des Ausscheidens oder der Ausschließung eines Gesellschafters, der Auflösung einer solchen Gesellschaft, der Liquidatoren derselben, des Austretens eines Liquidators oder des Erlöschens der Vollmacht eines solchen (Art. 87. 129. 135. 155. 156. 171. 172 a. a. O.) . . . . 1 Rthlr.;

5) für die Eintragung einer Kommanditgesellschaft auf Aktien oder einer Aktiengesellschaft in das Handelsregister des Gerichts, in dessen Bezirk die Gesellschaft ihren Sitz hat (Art. 176. 210 a. a. O.) . . . . 6 Rthlr.;
und außerdem für die dazu erforderliche Eintragung einer vollständigen beglaubigten Abschrift des Gesellschaftsvertrages ohne Ansatz eines Stempelbetrages an Schreibgebühren für jeden auch nur angefangenen Bogen 5 Sgr.;
insofern aber zur Bewirkung dieser Eintragung ein Abdruck oder eine Abschrift des Vertrages bei dem Gericht eingereicht wird, ohne Ansatz eines Stempelbetrages an Beglaubigungsgebühren für jeden auch nur angefangenen Bogen . . . . 2 Sgr. 6 Pf.;

6) für die Eintragung eines den Gesellschaftsvertrag einer Kommanditgesellschaft auf Aktien oder einer Aktiengesellschaft abändernden oder die Fortsetzung der Gesellschaft zum Gegenstand habenden Vertrages oder Beschlusses in das Handelsregister des Gerichts, in dessen Bezirk die Gesellschaft ihren Sitz hat (Art. 198. 214 a. a. O.) 3 Rthlr.;
und außerdem für die dazu erforderliche Eintragung einer vollständigen beglaubigten Abschrift des Vertrages oder Beschlusses, oder für die Beglaubigung eines Abdrucks oder einer Abschrift, welche zur Bewirkung dieser Eintragung eingereicht sind, Schreibgebühren oder Beglaubigungsgebühren nach Maaßgabe der Bestimmung unter Ziffer 5 ohne Ansatz eines Stempelbetrages;

7) für die Eintragung einer Kommanditgesellschaft auf Aktien oder einer Aktiengesellschaft in das Handelsregister des Gerichts, in dessen Bezirk die Gesellschaft eine Zweigniederlassung hat (Art. 179. 212 a. a. O.) 2 Rthlr.;

8) für die Eintragung der Auflösung einer Kommanditgesellschaft auf Aktien oder einer Aktiengesellschaft, der nach der Auflösung eintretenden Liquidatoren, des Austretens eines Liquidators oder des Erlöschens der Vollmacht eines solchen, und für die Eintragung der Mitglieder des Vorstandes oder der Aenderung der Mitglieder des Vorstandes einer Aktiengesellschaft (Art. 201. 205. 228. 233. 244 a. a. O.) . . . . 1 Rthlr.;

9) für die Eintragung der Ausschließung oder Aufhebung der Gemeinschaft der Güter oder des Erwerbes unter Eheleuten (Art. 20 des Einführungsgesetzes) . . 20 Sgr.

§. 3.

Muß eine Eintragung sowohl in das Handelsregister der Hauptniederlassung als in das Handelsregister einer Zweigniederlassung geschehen, so ist für die Eintragung in ein jedes Register der vorgeschriebene Satz besonders zu erheben.

Wenn auf Grund einer und derselben Anmeldung nach den Vorschriften des Handelsgesetzbuchs mehrere Eintragungen, welche auf dieselbe Firma, oder dieselbe Prokura, oder dieselbe Gesellschaft sich beziehen, in das Handelsregister desselben Gerichts erfolgen, so wird nur der höchste Satz von den für die einzelnen Eintragungen nach den §. 2 zu berechnenden Sätzen erhoben.

§. 4.

Wenn von den zur Begrüudung einer Anmeldung vorgelegten Urkunden wegen Zurückforderung derselben beglaubigte Abschriften haben zurückbehalten werden müssen, so kommen für diese Abschriften fünf Sgr. Schreibgebühren für jeden auch nur angefangenen Bogen ohne einen Stempelbetrag zum Ansatz.

§. 5.

Für die Zurückweisung einer unvollständigen oder unzulässigen Anmeldung oder einer hierauf sich beziehenden unbegründeten Beschwerde ist ein Viertel des Ansatzes zu berechnen, welcher für die Eintragung zu erheben wäre, jedoch ohne Berücksichtigung der im Falle der Eintragung zulässigen Schreib- und Beglaubigungsgebühren und nicht unter zehn Silbergroschen.

§. 6.

Für ein aus dem Handelsregister ertheiltes Attest sind funfzehn Silbergroschen und der tarifmäßige Stempelbetrag, wenn das Attest mehr als zwei Bogen ausmacht, für jeden hinzukommenden auch nur angefangenen Bogen zusätzlich noch fünf Silbergroschen zu erheben.

Besteht jedoch der Inhalt des Attestes oder des Auszugs lediglich in der beglaubigten Abschrift einer in das Handelsregister geschehenen Eintragung, so sind außer dem tarifmäßigen Stempelbetrag nur Schreibgebühren im Betrage von fünf Silbergroschen für jeden auch nur angefangenen Bogen zu erheben. Für eine aus dem Handelsregister ertheilte einfache Abschrift kommen für jeden auch nur angefangenen Bogen an Schreibgebühren zwei Silbergroschen sechs Pfennige zum Ansatz.

§. 7.

Wenn in Gemäßheit der Artikel 5 und 6 des Einführungsgesetzes vom 24. Juni 1861 gegen den Betheiligten eine Ordnungsstrafe festgesetzt ist, so sind die demselben zur Last fallenden Kosten wie folgt zu berechnen:

1) im Falle die Strafe auf Grund der Bestimmungen des Artikels 5 des Einführungsgesetzes ohne ein durch einen Einspruch veranlaßtes Verfahren festgesetzt ist (§§. 2 und 6 Art. 5).

nach Maaßgabe der §§. 2. 3, §. 4 Ziffer 1 des Gesetzes vom 3. Mai 1853 (Ges.-Samml. S. 170) und der Vorbemerkung III. zu dem Gerichtskosten-Tarif vom 10. Mai 1851;

2) im Falle die Strafe auf Grund der Bestimmungen des Artikels 5 des Einführungsgesetzes nach vorherigem Einspruch (§§. 3 und 6 Art. 5) oder auf Grund der Bestimmungen des Art. 6 des Einführungsgesetzes festgesetzt ist,

nach Maaßgabe der §§. 2. 3. 7 A., §. 8 Ziffer 2, und §§. 9 bis 11 des Gesetzes vom 3. Mai 1853 und der Vorbemerkung III. zu dem Gerichtskosten-Tarif vom 10. Mai 1851.

§. 8.

Kosten und Stempel kommen nicht zum Ansatz:

1) für die gerichtliche Aufnahme einer zur Eintragung in das Handelsregister bestimmten Anmeldung (Art. 4 des Einführungsgesetzes);
2) für die gerichtliche Aufnahme einer Verhandlung über die in einzelnen Fällen außer der Anmeldung erforderliche Zeichnung einer Firma oder Unterschrift (Art. 4 a. a. O.);
3) für die Gestattung der Einsicht des Handelsregisters und der eingereichten Zeichnungen der Firmen und Unterschriften (Art. 12 des Handelsgesetzbuchs);
4) für das Einschreiten des Gerichts, um einen Betheiligten zu einer Anmeldung Behufs Eintragung in das Handelsregister oder zur Zeichnung oder Einreichung der Zeichnung einer Firma oder Unterschrift, oder zum Unterlassen des Gebrauchs einer ihm nicht zustehenden Firma anzuhalten, jedoch unbeschadet der Bestimmungen des §. 7;
5) für die im Artikel 13 des Einführungsgesetzes vorgeschriebenen Eintragungen.

§. 9.

Für die Eintragungen in das Schiffsregister (Art. 432 bis 437 des Handelsgesetzbuchs) und die dabei vorkommenden Nebengeschäfte sind zu erheben:

1) für die Eintragung eines Schiffes in das Schiffsregister einschließlich aller derselben vorausgehenden Verhandlungen Behufs Feststellung der im §. 4 Artikel 53 des Einführungsgesetzes erwähnten Thatsachen (Art. 432 bis 435 des Handelsgesetzbuchs, Art. 53 §§. 2 bis 5 des Einführungsgesetzes) die Hälfte des im §. 25 des Tarifs zum Gesetze vom 10. Mai 1851 für die Berichtigung des Besitztitels von einem Grundstücke bestimmten Betrags;

2) für die Eintragung einer später eingetretenen Veränderung einschließlich aller derselben vorausgehenden Verhandlungen (Art. 436 des Handelsgesetzbuchs und Art. 53 §. 8 des Einführungsgesetzes) und ohne Unterschied, ob das Schiff auf ein neues Folium eingetragen wird oder nicht, die Hälfte des im §. 26 des Tarifs zum Gesetze vom 10. Mai 1851 und im Artikel 17 Ziffer 1 des Gesetzes vom 9. Mai 1854 für eine definitive Eintragung in die zweite und dritte Rubrik des Hypothekenbuchs bestimmten Betrags, insofern die Veränderung nicht in einem Eigenthumswechsel besteht, jedoch nicht über vier Thaler;

3) für die Eintragung der Verpfändung eines Schiffes einschließlich der Notirung derselben auf den betreffenden Urkunden (Art. 59 des Einführungsgesetzes), für die Eintragung der Cession der Forderung oder einer sonstigen Veränderung und für die Löschung der Verpfändung die Hälfte der in den §§. 26 bis 29 des Tarifs zum Gesetze vom 10. Mai 1851 und im Artikel 17 Ziffer 1 des Gesetzes vom 9. Mai 1854 für die Eintragungen und Löschungen im Hypothekenbuch bestimmten Beträge.

§. 10.

Für die Ertheilung des Certifikats über die Eintragung eines Schiffes in das Schiffsregister (Art. 435 des Handelsgesetzbuchs und Art. 53 §. 6 des Einführungsgesetzes) ist der im §. 30 des Tarifs zum Gesetze vom 10. Mai 1851 und im Artikel 17 des Gesetzes vom 9. Mai 1854 für die Ertheilung eines Hypothekenscheins pro informatione bestimmte Betrag und für die Attestirung einer eingetragenen Veränderung auf dem früher ertheilten Certifikat (Art. 436 des Handelsgesetzbuchs) die Hälfte dieses Betrages zu erheben.

Die auf die besondere Ausstattung des Certifikats verwendeten Auslagen, insbesondere diejenigen, welche durch Verwendung von Pergamentformularen entstehen, sind besonders zu erstatten.

§. 11.

Bei der Anwendung der §§. 9 und 10 sind die Bestimmungen des §. 32 des Tarifs zum Gesetze vom 10. Mai 1851 maaßgebend.

§. 12.

Rücksichtlich derjenigen Schiffe, welche bei Eintritt der Geltung des Handelsgesetzbuchs zur Führung der Preußischen Flagge berechtigt und mit den zur Ausübung dieses Rechts erforderlichen Papieren versehen sind (Art. 71 des Einführungsgesetzes), kommen von den für die Eintragung derselben in das Schiffsregister und für die Ertheilung der Certifikate nach den §§. 9 und 10 zu berechnenden Kosten diejenigen Kosten in Abzug, welche für die diesen Schiffen früher ertheilten Beilbriefe bezahlt worden sind.

Diese Bestimmung findet jedoch auf die durch die Ertheilung des Certifikats entstehenden baaren Auslagen keine Anwendung; die letzteren sind vielmehr besonders zu erheben.

§. 13.

Für die Löschung eines Schiffes in dem Schiffsregister (Art. 436 des Handelsgesetzbuchs und Art. 53 §. 8 des Einführungsgesetzes) kommen Kosten nicht zum Ansatz.

§. 14.

Im Bezirk des Appellationsgerichtshofes zu Cöln sollen rücksichtlich der Gebühren und Kosten für die Geschäfte, welche auf die Führung des Handelsregisters sich beziehen, folgende Bestimmungen gelten:

I. Der Sekretair des Handelsgerichts erhält:
   1) für die Eintragungen in das Handelsregister die in den §§. 2 und 3. dieser Verordnung bestimmten Beträge;
   2) für die Aufnahme oder Empfangnahme einer Anmeldung und die Prüfung derselben, im Falle die Anmeldung durch Rathskammerbeschluß als unzulässig oder unvollständig zurückgewiesen wird, den im §. 5 dieser Verordnung bestimmten Betrag, für die Ausfertigung des Rathskammerbeschlusses, wenn dieselbe verlangt wird, an Schreibgebühren für jeden auch nur angefangenen Bogen fünf Silbergroschen;
   3) für die Ertheilung eines Attestes oder Auszugs (Certifikat, beglaubigte Abschrift) aus dem Handelsregister den im §. 6 dieser Verordnung bestimmten Betrag, jedoch ohne den Stempelbetrag, da der Stempel selbst dabei zu verwenden ist, für die Ertheilung einer nicht beglaubigten Abschrift aus dem Handelsregister den am Schluß des §. 6 dieser Verordnung bestimmten Betrag;
   4) für die Zurückbehaltung beglaubigter Abschriften von den zur Begründung einer Anmeldung vorgelegten Urkunden den im §. 4 dieser Verordnung bestimmten Betrag.

   Außerdem sind dem Sekretair die Kosten der öffentlichen Bekanntmachungen und die etwaigen Portoauslagen zu erstatten.

II. Die unter I. aufgeführten Gebühren werden von dem Sekretair gleich denjenigen Gebühren, welche in der Taxordnung vom 17. November 1826 dem Handelssekretair bewilligt sind, zu seinem Vortheil erhoben. In Bezug auf dieselben kommen die unter II. und III. der gedachten Taxordnung ertheilten Vorschriften ebenfalls zur Anwendung.

Der Artikel 5 Absatz 10 des Gesetzes vom 21. Ventose VII., betreffend die Einregistrirung von Gesellschaften, tritt außer Kraft; dasselbe gilt von dem Kostensatz Nummer 15 unter I. der Taxordnung vom 17. November 1826, soweit er Certifikate aus dem Handelsregister betrifft.

III. Dem Handelsgerichts-Sekretair ist gestattet, für die Gebühren und Auslagen einen entsprechenden Vorschuß zu nehmen.

Die Liquidation der Gebühren und Auslagen des Sekretairs kann von dem Präsidenten des Handelsgerichts exekutorisch erklärt werden. Das Exekutorium ist in Urschrift vollstreckbar.

Der Sekretair hat über die Vorschüsse und über die Auslagen Register zu führen und die Beläge dazu aufzubewahren.

IV. Bei dem Verfahren, welches nach den Bestimmungen der Artikel 5 und 6 des Einführungsgesetzes vom 24. Juni 1861 eingeleitet wird, werden die Gebühren und Reisekosten der Beamten und die Entschädigung der Zeugen nach den Ansätzen und Maaßgaben berechnet, angewiesen und erhoben, welche bei dem Verfahren der Landgerichte in Strafsachen gelten.

V. Rücksichtlich der Stempel zu Attesten, Auszügen und beglaubigten Abschriften, sowie den Straferkenntnissen und Ausfertigungen hat es bei den bestehenden Vorschriften sein Bewenden. Die unter I. Ziffer 4 erwähnten beglaubigten Abschriften, sowie die im §. 2 unter Ziffer 5 und 6 erwähnten beglaubigten Abschriften und Beglaubigungen sind stempelfrei.

VI. Die Bestimmungen des §. 8 dieser Verordnung gelten auch für den Bezirk des Appellationsgerichtshofes zu Cöln.

Urkundlich unter Unserer Höchsteigenhändigen Unterschrift und beigedrucktem Königlichen Insiegel.

Gegeben Berlin, den 27. Januar 1862.

(L. S.) Wilhelm.

v. Auerswald. v. d. Heydt. v. Patow. Gr. v. Pückler.
v. Bethmann-Hollweg. Gr. v. Schwerin. v. Roon.
v. Bernuth. Gr. v. Bernstorff.

I. 614. Sportelsachen 13. Vol. 2.

141.

Verfügung vom 12. Februar 1862, — betreffend die Abhaltung von Mobiliar-Verkäufen durch die Gerichtsvollzieher.

Instruktion vom 10. Juni 1833 (Rhein. Samml. Bd. 3. S. 637).
Verfügung vom 27. Oktober 1836 (Rhein. Samml. Bd. 5. S. 487. 488).

Ihre Beschwerde vom 27. Dezember v. J. über eine Verfügung des Königl. Herrn General-Prokurators zu Cöln vom 19. dess. Mts., die Weigerung des Gerichtsvollziehers K., Mobiliar-Verkäufe für Sie abzuhalten, betreffend, kann der Justiz-Minister nicht für begründet erachten.

Die im Auftrage des zur Vollziehung der Allerhöchstgenehmigten Instruktion vom 10. Juni 1833 (Rhein. Samml. Bd. 3. S. 637. 651) autorisirten Justiz-Ministers von dem General-Prokurator zu Cöln ertheilte und im Amtsblatte publizirte „Nähere Anweisung zur Ausführung jener Instruktion vom 22. Oktober 1833" (ebendas. S. 680) bestimmt im §. 2 ausdrücklich, daß der Gerichtsvollzieher zur Abhaltung von Mobiliar-Verkäufen wider seinen Willen nicht verpflichtet sei. Eine Abänderung dieser speziell den Dienst der Gerichtsvollzieher betreffenden Anweisung kann nicht darin gefunden werden, daß in einem vom Justiz-Minister den Gerichten zur Kenntnißnahme mitgetheilten Reskripte der Herren Minister des Innern und der Finanzen an die Königliche Regierung zu Düsseldorf vom 27. Oktober 1836 (Rhein. Samml. Bd. 5. S. 487. 488) Notarien, Gerichtsschreiber und Gerichtsvollzieher wegen der Uebernahme von öffentlichen Mobiliar-Versteigerungen aus dem doppelten Grunde für nicht gewerbesteuerpflichtig erklärt wurden, weil deren Abhaltung zu ihren Amtsverrichtungen gehöre und weil sich diese Beamte jener Abhaltung auf Ersuchen der Betheiligten nicht entziehen könnten. Es sollte und konnte bei dieser Gelegenheit nicht entschieden werden, unter welchen Modifikationen die letztgedachte Verpflichtung bei dem einen oder anderen jener Beamten anzunehmen sei. Für die Befreiung von der Gewerbesteuer-Pflicht reichte schon der erste Grund hin.

Zu einer Abänderung der erwähnten Bestimmung in der Anweisung vom 22. Oktober 1833 liegt keine Veranlassung vor.

Nach den betreffenden Organisationsgesetzen sind die Gerichtsvollzieher vor Allem verpflichtet, diejenigen Dienste zu verrichten, zu denen sie vom Gesetz ausschließlich berufen sind und ohne welche ein geordnetes gerichtliches Verfahren nicht stattfinden kann. Diesen Diensten muß die Ausübung anderer Amtsverrichtungen, zu denen sie gleichzeitig mit anderen Beamten befugt sind, nothwendig nachstehen. Hierzu gehören namentlich die Mobiliarverkäufe, die wegen ihrer oft längeren Dauer und wegen der Nothwendigkeit, oft längere Zeit zum Voraus über seine Zeit zu verfügen, wohl geeignet sind, die nothwendigen Geschäfte des Gerichtsvollziehers zu behindern. Ob dies der Fall, muß in der Regel dem eigenen Ermessen des Gerichtsvollziehers überlassen werden. Sollte jedoch aus besonderen Gründen, namentlich in Ermangelung oder bei Verhinderung anderer dazu berufener Beamten die Abhaltung von Mobiliar-Verkäufen durch einen Gerichtsvollzieher im Interesse des betheiligten Publikums nothwendig erscheinen, so würde es keinem Bedenken unterliegen, daß auch der Gerichtsvollzieher von seiner vorgesetzten Behörde, unter Berücksichtigung der eigentlichen Amtsgeschäfte, könnte angewiesen werden, sich derartigen Aufträgen zu unterziehen. Nach den Berichten der Provinzialbehörden ist der Gerichtsvollzieher K. durch seinen nothwendigen Dienst vollaus beschäftigt. Die Anstellung eines zweiten Gerichtsvollziehers wird aber nicht für angemessen anerkannt, und scheint auch wegen der fraglichen Geschäfte nicht nothwendig, da das Interesse des Publikums in Betreff der Abhaltung von Mobiliar-Versteigerungen durch andere Beamte hinreichend gewahrt ist.

Berlin, den 12. Februar 1862.

Der Justiz-Minister.
v. Bernuth.

An
den Kaufmann Herrn N. zu K.

Abschrift vorstehender Verfügung wird dem Königl. Herrn General-Prokurator zu Cöln zur Kenntnißnahme zugefertigt.

Berlin, den 12. Februar 1862.

Der Justiz-Minister.
v. Bernuth.

An
den Königl. Herrn General-Prokurator zu Cöln.

I. 301. Rhein. Offizianten-Sachen 27. Vol. 7.

142.

Allgemeine Verfügung vom 20. März 1862, — betreffend die Anstellung von Ausländern im Preußischen Staatsdienste.

Gesetz vom 31. Dezember 1842 §. 6 (Ges.-Samml. von 1843 S. 15).
Allerhöchste Order vom 17. Oktober 1847 (Rhein. Samml. Bd. 9. S. 254).
Art. 4 der Verfassungs-Urkunde vom 31. Januar 1850 (Rhein. Samml. Bd. 10. S. 88).

Durch die Allerhöchste Order vom 17. Oktober 1847 ist bestimmt worden, daß Personen, welche die Eigenschaft als Preußische Staatsbürger erst durch Ertheilung einer Naturalisations-Urkunde erworben haben, im Staats-, sowie im Kirchen- und Schuldienste ohne vorgängige ausdrückliche Genehmigung des Departements-Chefs nicht angestellt werden sollen, und daß diese Genehmigung nur dann ertheilt werden soll, wenn von der Anstellung besonderer Nutzen für den Staats-, Kirchen- und Schuldienst zu erwarten ist, und der Anzustellende, vorausgesetzt, daß er sich noch im militairpflichtigen Alter befindet, der Militairpflicht durch persönlichen Dienst in seiner früheren Heimath oder im Preußischen Heere genügt, oder durch ein Zeugniß der Preußischen Ersatz-Behörden seine Untauglichkeit zum Militairdienste nachgewiesen hat.

Ueber die fernere Anwendbarkeit dieser Vorschrift sind mit Rücksicht auf den Art. 4. der Verfassungs-Urkunde Bedenken entstanden, auf deren Vortrag des Königs Majestät mittelst Allerhöchster Order vom 27. Januar d. J. das Staats-Ministerium zu ermächtigen geruhet haben,

> von denjenigen Bestimmungen der Kabinets-Order vom 17. Oktober 1847, nach welchen die Anstellung naturalisirter Ausländer im Staats-, sowie im Kirchen- und Schuldienste nicht ohne vorgängige ausdrückliche Genehmigung des Departements-Chefs stattfinden, und diese Genehmigung nur ertheilt werden soll, wenn von der Anstellung besonderer Nutzen für den Staats-, Kirchen- oder Schuldienst zu erwarten sei, künftig abzusehen.

Sämmtliche Gerichtsbehörden werden von dieser Allerhöchsten Bestimmung hierdurch in Kenntniß gesetzt.

Berlin, den 20. März 1862.

Der Justiz-Minister.
Gr. zur Lippe.

An
sämmtliche Gerichtsbehörden.
I. 952. O. 152. Vol. 2.

143.

Bekanntmachung der General-Direktion der Königlichen allgemeinen Wittwen-Verpflegungs-Anstalt vom 5. März und allgemeine Verfügung des Justiz-Ministers vom 22. März 1862, — betreffend die Herausgabe einer Schrift.

a.

Bekanntmachung.

Das Patent und Reglement für die Königliche allgemeine Wittwen-Verpflegungs-Anstalt vom 28. Dezember 1775 ist im Laufe der Zeit so vielfach ergänzt, erläutert und abgeändert worden, daß es in seiner ursprünglichen Gestalt ohne einen gründlichen Kommentar nicht mehr geeignet ist, das betheiligte Publikum über seine Rechte und Pflichten bei unserem Institut vollständig zu belehren. Die Staatsbehörden, und namentlich die unterzeichnete General-Direktion, haben diesen Uebelstand bisher am Meisten empfinden müssen, da sie alljährlich mit einer großen Menge unstatthafter Anträge und mit vielen irrigen, weitläuftige Widerlegungen erfordernden Ansichten über die unsere Anstalt leitenden Grundsätze belästigt worden sind. Zur künftigen Vermeidung solcher Belästigungen machen wir nun unsere Mitglieder und die in Zukunft unserer Sozietät beitretenden Staatsdiener auf die so eben im Verlage der hiesigen Königlichen Geheimen Ober-Hofbuchdruckerei (R. Decker) erschienene Schrift:

> „Das Patent und Reglement für die Königlich Preußische allgemeine Wittwen-Verpflegungs-Anstalt, unter Benutzung der Akten dieses Instituts bearbeitet von Dr. Eduard Wegener, expedirendem Sekretair und Kalkulator bei der gedachten Anstalt,"

aufmerksam, welche durch alle Buchhandlungen, sowie durch unsere Buchhalterei, für den Preis von 10 Sgr. zu beziehen ist, und woraus sich jeder Betheiligte über unsere Einrichtungen und die unsere Verwaltung leitenden Gesetze, Verordnungen und Bestimmungen leicht und gründlich wird informiren können.

Berlin, den 5. März 1862.

General-Direktion der Königlichen allgemeinen Wittwen-Verpflegungs-Anstalt.

b.

Verfügung des Justiz-Ministers.

Vorstehende Bekanntmachung der General-Direktion der

Königlichen allgemeinen Wittwen-Verpflegungs-Anstalt wird den Gerichtsbehörden und Justizbeamten zur Kenntnißnahme mitgetheilt.

Berlin, den 22. März 1862.

Der Justiz-Minister.
Gr. zur Lippe.

An
sämmtliche Gerichtsbehörden
und Justizbeamte.

I. 1175. O. 137. Vol. 6.

144.

Verfügung vom 22. März 1862, — betreffend die Stempelrevision bei der II. Civil-Kammer des Landgerichts zu Coblenz.

Mit Bezugnahme auf den abschriftlich anliegenden Bericht des Königlichen Provinzial-Steuer-Direktors zu Cöln vom 20. Januar d. J. und die darin erwähnte, ebenfalls anliegende Stempel-Defekten-Tabelle wird Ihnen, im Einverständniß mit dem Herrn Finanz-Minister, Folgendes eröffnet:

1. ad monitum 25. Das betreffende Urtheil in Sachen S. wider A. enthält die Entscheidung über mehrere, in einer Theilungs-Verhandlung vor dem Notar erhobene Streitpunkte, so daß zu demselben ein besonderer Werth-Stempel mit Rücksicht auf den Gesammtwerth dieser Streitpunkte zu verwenden war.

2. ad monitum 26. Die Verurtheilung der jede Verbindlichkeit bestreitenden Verklagten zur Zahlung eines Jahresgehalts von 92 Rthlr. an den klagenden Privat-Feldhüter „bis zum Eintritt anderweiter Befreiungsgründe" betraf einen Prozeß über jährliche Leistungen für eine unbestimmte Zeit; es war daher nach der klaren Vorschrift des §. 11 lit. b. des Stempelgesetzes der Werthstempel nach Maaßgabe des §. 4 lit. c. zu berechnen. Das Monitum ist hiernach begründet.

3. ad monitum 31. Der bei Gelegenheit eines Theilungsverfahrens von dem Kläger geltend gemachte Anspruch auf Erstattung von Früchten, die der gemeinschaftliche Erblasser von den eigenthümlichen Immobilien des Klägers bezogen haben sollte, betraf keinen Streit über Conferenden zur Masse, sondern über eine selbstständige Forderung an die Masse. Es mußte daher der Prozentstempel und nicht der Unschätzbarkeitsstempel

berechnet werden. Das Monitum ist hiernach begründet. Hiernach haben Sie die fraglichen Monita zu erledigen.

Berlin, den 22. März 1862.

Der Justiz-Minister.
Gr. zur Lippe.

An
den Königl. Herrn Landgerichts-Präsidenten
und den Königl. Herrn Ober-Prokurator
zu Coblenz.

I. 739. Rhein. Gener. 62. Vol. 9.

145.

Verfügung vom 27. März 1862, — betreffend die Verrechnung der gegen Gerichtsvollzieher auf Grund der Allerhöchsten Order vom 3. Januar 1830 Nr. 8 festgesetzten Ordnungsstrafen.

Allerhöchste Order v. 3. Januar 1830 (Ges.-Samml. S. 9).

Der Herr Finanz-Minister hat dem Justiz-Minister die Korrespondenz mitgetheilt, welche zwischen Ihnen, Herr Ober-Prokurator und dem Königlichen Provinzial-Steuer-Direktor zu Cöln über die Frage stattgefunden hat, ob eine gegen den Gerichtsvollzieher N. von Ihnen auf Grund der Nr. 8 der Allerhöchsten Order vom 3. Januar 1830 (Gesetz-Samml. S. 9) verhängte Ordnungsstrafe dem Gerichtsvollzieher-Unterstützungsverein zu überweisen sei, oder als Stempelstrafe der Steuer-Verwaltung anheimfalle. Die Frage über die Natur der fraglichen Ordnungsstrafe ist bereits im Jahre 1845 zwischen den damaligen Ministern der Finanzen und der Justiz zur Erörterung gekommen und in Folge einer dieserhalb erlassenen Allerhöchsten Order vom 30. Januar 1846 dahin entschieden, daß jene Ordnungsstrafen wie andere Stempelstrafen zu behandeln und zu verrechnen seien.

Hiernach ist daher auch in dem vorliegenden Falle und in ähnlichen Fällen zu verfahren.

Berlin, den 27. März 1862.

Der Justiz-Minister.
Gr. zur Lippe.

An
den Königl. Herrn Ober-Prokurator
zu N.

I. 763. Rhein. Offizianten-Sachen 27. Vol. 7.

146.

Allgemeine Verfügung vom 15. April 1862, — betreffend die unentgeltliche Lieferung der für die Königlichen Staatsbehörden erforderlichen Exemplare der Gesetz-Sammlung.

Staats-Ministerial-Beschluß vom 28. November 1861 (S. 266 dieses Bandes).

Allgemeine Verfügung vom 15. Januar 1862 (S. 343 dieses Bandes).

Zur Beseitigung von Zweifeln, welche darüber entstanden sind, inwieweit der Beschluß des Königlichen Staats-Ministeriums vom 28. November v. J. auch auf die Beamten der Staatsanwaltschaft Anwendung finde, werden die Letzteren im Einverständniß mit dem Königlichen Ministerium für Handel, Gewerbe und öffentliche Arbeiten davon benachrichtigt, daß sie auf eine kostenfreie Lieferung der pro inventario bestimmten, bisher gegen Bezahlung entnommenen Exemplare der Gesetz-Sammlung, auch wenn die Anschaffung bisher aus den für die Büreaubedürfnisse der Staatsanwaltschaft zur eigenen Verwendung festgesetzten Pauschquanten erfolgt ist, Anspruch haben.

Demgemäß ist auch hinsichts der Kontrolle über die Haltung der Gesetz-Sammlung Seitens der dazu verpflichteten Beamten der Staatsanwaltschaft und über die pro inventario zu liefernden Exemplare der Gesetz-Sammlung nach Maaßgabe der Allgemeinen Verfügung vom 15. d. J. zu verfahren.

Berlin, den 15. April 1862.

Der Justiz-Minister.
Gr. zur Lippe.

An
sämmtliche Beamten der Staatsanwaltschaft.

I. 1362. G. 4. Vol. 4.

147.

Verfügung vom 26. April 1862, — betreffend die Berechnung der Gebühren nach der Gebührentaxe für die Friedensgerichte im Bezirk des Appellationsgerichtshofes zu Cöln vom 23. Mai 1859 (S. 85 dieses Bandes) bei mehreren Verhandlungen in derselben Angelegenheit.

Den von Ihnen unterm 28. Februar d. J. eingereichten Rekurs gegen eine Entscheidung des General-Prokurators zu Cöln vom 12. Februar d. J. über die Auslegung der Gebührentaxe vom 23. Mai 1859 (S. 85 dieses Bandes) kann ich nicht für begründet erachten. Nach dem gedachten Gesetze kann in der Regel für jede selbstständige Dienstverrichtung entweder nach Vakationen oder eine feste Gebühr besonders liquidirt werden, und es macht dabei keinen Unterschied, ob die verschiedenen Verhandlungen in ein und derselben oder in verschiedenen Angelegenheiten aufgenommen sind. Von dieser Regel wird im Art. 1 Nr. 6 zu lit. e. eine Ausnahme gemacht, um in diesem häufig vorkommenden Falle eine unverhältnißmäßige Häufung der Gebühren zu verhindern. Die Frage aber, ob mehrere selbstständige Dienstverrichtungen vorliegen, oder ob die in ein und derselben Sache aufgenommenen Verhandlungen ein zusammenhängendes Ganze bilden, für welches bei der Berechnung nach Vakationen nicht separirt liquidirt werden kann, wird im einzelnen Falle kaum Schwierigkeiten erzeugen, wenn auch die Zusammenfassung der verschiedenen Geschäfte unter eine Nummer des Gesetzes dafür nicht immer maaßgebend sein kann. So ist von Ihnen mit Recht die separate Liquidation für Ortsbesichtigung und Zeugenverhör gerügt, da beide Verhandlungen ein für die Beweisaufnahme zusammenhängendes Ganze bildeten. Ebenso kann es keinem Bedenken unterliegen, daß in dem von Ihnen angeführten Falle einer Verhandlung mehrerer Gegenstände in ein und derselben Familienrathssitzung, auch wenn darüber verschiedene Protokolle aufgenommen würden, nur für einmalige Berathung und Beschlußnahme eines Familienraths als zusammenhängendes Ganze liquidirt werden könnte. Dagegen handelte es sich in dem vorliegenden Falle von ganz getrennten Dienstverrichtungen, nämlich von einer Berathung des Familienraths (Nr. 4 Art. 1 des Gesetzes vom 23. Mai 1859) und von einer mit dem Vormund allein zu verhandelnden Revision der Rechnungen (Nr. 5 ebend.).

Berlin, den 26. April 1862.

Der Justiz-Minister.
Gr. zur Lippe.

An
den Königl. Herrn Ober-Prokurator
zu Coblenz
und Abschrift an den Königl. Herrn
General-Prokurator zu Cöln.

I. 1104. Rhein. Offizianten-Sachen 43.

148.

Circular-Erlaß vom 28. April 1862, — betreffend die Gebühren der Apotheker bei ihrer Zuziehung in Untersuchungssachen.

Es sind neuerdings Zweifel darüber entstanden, ob ein Apotheker für Ausführung einer ihm übertragenen gerichtlich-chemischen Untersuchung besondere Gebühren für Herstellung der erforderlichen Reagentien in absoluter chemischer Reinheit in Anwendung zu bringen berechtigt sei.

Nach Lage der Gesetzgebung ist dies nicht für zulässig zu erachten. Der Besitz vollkommen reiner Reagentien muß bei jedem, mit einer gerichtlich-chemischen Untersuchung betrauten und für die Zuverlässigkeit des Resultats derselben verantwortlichen Apotheker um so mehr vorausgesetzt werden, als es ohnehin die Pflicht eines jeden Apotheken-Besitzers ist, die aus chemischen Fabriken etwa entnommenen Präparate vor weiterer Benutzung derselben im Geschäftsbetriebe auf ihre Güte und Reinheit zu prüfen. Für die bei gerichtlich-chemischen Untersuchungen verbrauchten Reagentien, welche selbstredend chemisch rein sein müssen, steht dem Apotheker in Gemäßheit der Position 13 Abschnitt V. der Medizinal-Gebühren-Taxe vom 21. Juni 1815 eine Vergütung nach der einzureichenden Spezifikation zu. Die einzelnen Preisansätze in dieser Spezifikation sind nach der Arznei-Taxe zu normiren, und da in dieser letzteren die Vergütung für die zur Darstellung chemisch reiner Präparate erforderlichen Arbeiten ausreichend vorgesehen ist, so entbehrt die Ansetzung besonderer Gebühren für Darstellung chemisch reiner Reagentien jeden Grundes.

Demgemäß sind in etwa vorkommenden Fällen bei Festsetzung von Liquidationen für gerichtlich-chemische Untersuchungen Ansätze für Darstellung chemisch reiner Reagentien künftighin zu streichen.

Berlin, den 28. April 1862.

Der Minister der geistlichen, Unterrichts- rc. Angelegenheiten.
Im Auftrage:
Lehnert.

An
sämmtliche Königl. Regierungen und an das Königl. Polizei-Präsidium zu Berlin.

I. 2939. M. 17. Vol. 10.

149.

Verfügung vom 30. April 1862, — betreffend die Form der Requisitionen an Französische Gerichte um Abnahme von Eiden.

Nach einer Mittheilung des Herrn Ministers der auswärtigen Angelegenheiten ist es in neuerer Zeit öfter vorgekommen, daß die der Königlichen Gesandtschaft zu Paris Seitens der Gerichtsbehörden in der Rheinprovinz zugestellten Requisitionsschreiben an Französische Gerichte theils in nicht gehöriger Form, theils nur in französischer Sprache abgefaßt sind. Zuweilen sind sogar Gesuche von Advokat-Anwalten, welche zum Zweck zeugeneidlicher Vernehmung von Personen, die in Frankreich wohnen, an die diesseitigen Ober-Prokuratoren gerichtet sind, von Letzteren ohne Beifügung eines Requisitionsschreibens, der Königlichen Gesandtschaft zur weiteren Veranlassung übermittelt worden.

Mit Bezug hierauf erhalten Ew. Hochwohlgeboren in der Anlage Abschrift der in Betreff der Förmlichkeiten bei Requisitionen an Französische Gerichte unterm 15. Juni 1854 an die Appellationsgerichte, das Ober-Tribunal und das hiesige Stadtgericht erlassenen Cirkular-Verfügung, um in Gemäßheit derselben die Ober-Prokuratoren im Bezirk des Königlichen Appellationsgerichtshofes zu Cöln mit näherer Anweisung zu versehen.

Berlin, den 30. April 1862.

Der Justiz-Minister.
Gr. zur Lippe.

An
den Königl. Herrn General-Prokurator zu Cöln.

I. 1592. E. 26. Vol. 7.

Anlage.

Im Einverständniß mit dem Königlichen Ministerium der auswärtigen Angelegenheiten ist unter dem 5. August 1836 von dem Justiz-Ministerium ein, durch die Verfügung vom 1. Oktober deſſ. J. ergänztes Cirkular erlassen worden, welches die Formen regelt, die bei Requisitionen um Abnahme von Zeugen- und anderen gerichtlichen Eiden gegenüber den Gerichten Frankreichs und anderer Staaten, in denen das französische Gesetzbuch Anwendung findet, zu beobachten sind. In diesem Cirkular ist namentlich vorgeschrieben, daß die Requisitionsschreiben und Eidesformeln in deutscher Sprache abgefaßt und mit einer französischen Uebersetzung versehen werden sollen.

Abweichend hiervon sind in den letzten Jahren wiederholt derartige Requisitionsschreiben Preußischer Gerichte eingegangen, welche ausschließlich in französischer Sprache abgefaßt waren. Andererseits haben sich auch in den, den deutschen Requisitionsschreiben beigefügten Uebersetzungen bisweilen Wendungen und Ausdrücke vorgefunden, welche einem besonders höflichen Geschäftsstyl, wie er in Frankreich üblich ist, nicht entsprechen und daher bei den französischen Behörden unangenehm aufgefallen sind.

Auf Veranlassung des Herrn Ministers der auswärtigen Angelegenheiten wird es daher hierdurch in Erinnerung gebracht,

daß die Requisitionen der in Rede stehenden Art unter allen Umständen in deutscher Sprache abzufassen und nur mit einer französischen Uebersetzung zu versehen sind.

Bezüglich der Letzteren ist zu beachten, daß die französischen Behörden bei der Wahl der Ausdrücke in ihren gegenseitigen Kommunikationen einer großen Höflichkeit sich befleißigen, ein Gleiches daher auch von den ausländischen Behörden bei deren Korrespondenzen mit ihnen erwarten und namentlich schon an der wörtlichen Uebersetzung der Ausdrücke „requiriren" und „ersuchen" durch „requérir" und „inviter" Anstoß nehmen, indem sie statt dieser Wörter den Ausdruck „prier" anzuwenden gewohnt sind.

Das Königl. Appellationsgericht hat in den betreffenden Requisitionssachen den vorstehenden Andeutungen gemäß zu verfahren und im Sinne derselben die Gerichte erster Instanz des Departements mit Anweisung zu versehen.

Berlin, den 15. Juni 1854.

Der Justiz-Minister.
Simons.

An
sämmtliche Königl. Appellationsgerichte, das Königl. Ober-Tribunal und das Königl. Stadtgericht zu Berlin.

I. 2449.

150.

Verfügung vom 8. Mai 1862, — betreffend die unentgeldliche Lieferung der Gesetz-Sammlung an die Friedensrichter.

Allgemeine Verfügung vom 15. April 1862 (S. 362 dieses Bandes).

Sie werden, Herr General-Prokurator, hierdurch benachrichtigt, daß die Bestimmungen der wegen unentgeldlicher Lieferung der für die Königlichen Staatsbehörden erforderlichen

Exemplare der Gesetz-Sammlung an die Beamten der Staatsanwaltschaft ergangenen allgemeinen Verfügung vom 15. v. Mts. (S. 362 dieses Bandes) auch auf die Friedensrichter im Bezirke des Appellationsgerichtshofes zu Cöln insoweit Anwendung finden, als bisher die Anschaffung der pro inventario erforderlichen Exemplare der Gesetz-Sammlung aus den für die Büreau-Bedürfnisse der Friedensrichter festgesetzten Pauschquanten erfolgt ist.

Demgemäß haben Sie das weiter Erforderliche zu veranlassen.

Berlin, den 8. Mai 1862.

Der Justiz-Minister.
Gr. zur Lippe.

An
den Königl. Herrn General-
Prokurator zu Cöln.

I. 1800. Rhein. Gener. 9. Vol. 2.

151.

Verfügung vom 19. Mai 1862, — betreffend die Publikation der Interdiktions-Erkenntnisse.

Auf den von Ihnen unterm 20. März d. J. erstatteten Jahresbericht und die demselben beigefügten Berichte der Ober-Prokuratoren wird Ihnen Folgendes eröffnet:

Es kann aus den von Ihnen angeführten Gründen keinem Bedenken unterliegen, daß die Interdiktions-Erkenntnisse in allen Fällen, auch wenn das Verfahren nicht von Amtswegen eingeleitet ist, von der Staatsanwaltschaft durch das Amtsblatt zur Kenntniß der Parteien gebracht werde und daß die Insertionskosten nicht von der Civil-Partei, sondern eben so, wie in den von Amtswegen betriebenen Sachen zu tragen sind. Sie haben hiernach diejenigen Ober-Prokuratoren, welche anders verfahren, mit Anweisung zu versehen.

Berlin, den 19. Mai 1862.

Der Justiz-Minister.
Gr. zur Lippe.

An
den Königl. Herrn General-
Prokurator zu Cöln.

I. 2329. Rhein. Gener. 153.

152.

Verfügung vom 5. Juni 1862, — betreffend die während der Abwesenheit eines Friedensrichters aufkommenden Emolumente.

Mit Bezug auf Ihren Bericht vom 1. Mai d. J. werden Sie hierdurch veranlaßt, den Friedensrichter N. auf sein hierneben zurückgehendes Gesuch vom 12. April d. J. um Erstattung der während seiner Abwesenheit als Abgeordneter zu der Session des allgemeinen Landtages vom 14. Januar bis 17. März d. J. von seinem Stellvertreter erhobenen Emolumente zu eröffnen, daß seinem Gesuche nicht stattgegeben werden könne, da grundsätzlich die Emolumente eine Vergütigung für die bei dem vorgenommenen Geschäfte gehabten Bemühungen seien, und daher nur von demjenigen in Anspruch genommen werden könnten, der die betreffenden Geschäfte vorgenommen habe. Diese Natur hätten die Emolumente weder dadurch verloren, daß bei der Zuwendung von Gehalts-Erhöhungen auf den Betrag der Emolumente Rücksicht genommen, noch dadurch, daß nach der Verfügung vom 29. Juli 1861 (S. 261 dieses Bandes) ausnahmsweise den wegen Krankheit beurlaubten Friedensrichtern die während des Urlaubs aufkommenden Emolumente belassen werden.

Berlin, den 5. Juni 1862.

Der Justiz-Minister.
Gr. zur Lippe.

An
den Herrn Ersten Präsidenten beim Königl. Appellationsgerichtshofe und den Königl. Herrn General-Prokurator zu Cöln.

I. 2590. Rhein. Offizianten-Sachen 37.

153.

Verfügung vom 23. Juli 1862, — betreffend die bei Ernennung der Advokaten zu Anwälten zu beobachtenden Grundsätze.

Verfügung vom 26. Januar 1837 (Rhein. Samml. Bd. 6 S. 37).

Verfügungen vom 12. Dezember 1860 und 29. Januar 1861 S. 223 und 230 dieses Bandes).

Sie erhalten hierbei einen Bericht des Landgerichts-Präsidenten und Ober-Prokurators zu N. betreffend die Ernennung des Advokaten N. zum Anwalt, mit dem Bemerken, daß die Berichterstatter offenbar von einer unrichtigen, mit den Vorschriften über die Beschränkung der Zahl der Anwälte neben freier Advokatur nicht vereinbaren Ansicht ausgehen, wenn sie annehmen, daß seit der Verfügung vom 12. Dezember 1860 (S. 223 dieses Bandes) jeder Advokat zum Anwalt ernannt werden müsse, der es verstanden habe, sich in ehrenhafter Weise eine Praxis zu verschaffen, und daß die Bedürfnißfrage schon in dem Augenblicke entschieden sei, wo der junge Jurist zum Advokaten ernannt werde. Hinsichtlich der dieserhalb behaupteten Paxis braucht nur auf das Reskript vom 26. Januar 1837 (Rhein. Samml. Bd. 6. S. 37) verwiesen zu werden. Auch sind die Berichterstatter nach Maaßgabe der Verfügung vom 29. Januar 1861 (S. 230 dieses Bandes) zu belehren, daß die Zuziehung eines Anwalts von Seiten eines Advokaten nicht als bloße Form zu behandeln sei. Wie Sie in Ihrer Verfügung an die Berichterstatter vom 8. Juli d. J. mit Recht hervorgehoben haben, kommt es bei der Ernennung von Advokaten zu Anwälten auf die Bedürfnißfrage an, bei der namentlich das Interesse des Publikums, zugleich aber auch die Möglichkeit einer angemessenen Subsistenz der vorhandenen Anwälte zu berücksichtigen ist. Wenn hiernach die in dieser Hinsicht angeführten Gründe nicht für genügend erachtet werden, so haben Sie den Bittsteller zur Zeit abschläglich bescheiden zu lassen.

Berlin, den 23. Juli 1862.

Der Justiz-Minister.
Gr. zur Lippe.

An
den Herrn Ersten Präsidenten beim Königl. Appellationsgerichtshofe und den Königl. Herrn General-Prokurator zu Cöln.

I. 2992. Rhein. Offizianten-Sachen 33. Vol. 6.

154.

Allgemeine Verfügung vom 11. August 1862, — betreffend die Taxirung der Fahr- und Briefpost-Sendungen im Bereiche des Deutschen Postvereins.

Allgemeine Verfügung vom 29. Januar 1861 (S. 228 dieses Bandes).

Durch die unter dem 29. Januar v. J. erlassene allgemeine Verfügung sind den sämmtlichen Gerichten und den Beamten der Staatsanwaltschaft diejenigen Grundsätze bekannt gemacht worden, welche nach den Bestimmungen des Deutschen Postvereins-Vertrages vom 18. August 1860 hinsichtlich der Portofreiheit bei den zwischen den diesseitigen und den Behörden anderer, zum Deutschen Postvereinsgebiete gehörigen Staaten vorkommenden Packet- und sonstigen Fahrpost-Sendungen maaßgebend sind. Es ist darin ausdrücklich bemerkt:

daß gewöhnliche Packete mit Schriften und Akten in reinen Staatsdienst-Angelegenheiten von Staats- und anderen öffentlichen Behörden des einen Postgebietes mit solchen eines anderen — vom Abgangs- bis zum Bestimmungsorte — portofrei befördert werden; daß diese portofreie Beförderung aber nur dann eintritt, wenn die Sendungen in der Weise, wie es in dem Postbezirk der Aufgabe für die Berechtigung zur Portofreiheit vorgeschrieben ist, als Staatsdienstsache bezeichnet und mit dem Dienstsiegel verschlossen und die absendenden Behörden auf der Adresse angegeben sind.

Ferner ist es in derselben Verfügung für wünschenswerth erklärt worden, daß bei den früher bis zur Grenze frei beförderten, nunmehr vom Abgangsorte ab portopflichtigen Vereins-Fahrpostsendungen ein portofreies Rubrum nicht mehr angewandt werde.

Nach diesen Bestimmungen hätte bei den von den Justizbehörden an die Behörden anderer, zum Deutschen Postvereinsgebiete gehöriger Staaten abgehenden Packetsendungen mit Schriften und Akten das Rubrum „portofreie Justizsache" überhaupt nicht mehr gebraucht werden sollen. Gleichwohl ist dies, wie der Herr Minister für Handel, Gewerbe und öffentliche Arbeiten gegenwärtig bemerkt hat, nach einer ihm vorliegenden Mittheilung der Fürstlich Thurn und Taxisschen obersten Postbehörde, Seitens der Preußischen Justizbehörden mehrfach geschehen, und es sind dadurch weitläuftige Korrespondenzen veranlaßt worden.

Die Gerichte und Beamten der Staatsanwaltschaft werden hiernach veranlaßt:

1) bei den an die Staats- und sonstigen öffentlichen Behörden anderer, zum Postvereinsgebiete gehöriger Staaten abzulassenden Packetsendungen mit Schriften und Akten, soweit dieselben nach den Bestimmungen in Artikel 68 Nr. 1 des Postvereins-Vertrages vom 18. August 1860 (Ges.-Samml. von 1861 Seite 25 ff.) zur portofreien Beförderung geeignet sind, niemals die Bezeichnung „portofreie Justizsache," sondern das für Staatsdienst-Angelegenheiten im Allgemeinen vorgeschriebene Rubrum „Königliche Dienstsache" zur Anwendung zu bringen;

2) bei solchen Packet- und anderen Fahrpost-Sendungen, welche im Postvereins-Verkehr zur portofreien Beförderung nicht geeignet sind, überhaupt kein portofreies Rubrum zu gebrauchen.

Das Rubrum „portofreie Justizsache" kann hiernach im Verkehr mit Adressaten im Gebiete anderer, zum Postverein gehöriger Staaten nur noch bei den Briefpost-Sendungen in der bisherigen Weise zur Anwendung kommen.

Berlin, den 11. August 1862.

Der Justiz-Minister.
Gr. zur Lippe.

An
sämmtliche Gerichte und Beamte
der Staatsanwaltschaft.

I. 2926. P. 2. Vol. 12.

155.

Verfügung vom 26. August 1862, — betreffend die gegen rheinische Justizbeamte im Disziplinarwege erkannten Geldbußen.

Allerh. Ordre v. 21. Juli 1826 (Rh. Samml. Bd. 3. S. 59).

Auf Ihren Bericht vom 2. d. Mts. in Betreff der gegen rheinische Justizbeamte durch Erkenntnisse oder Disziplinar-Verfügungen erkannten Geldbußen, welche zur Justiz-Offizianten-Wittwen-Kasse fließen, wird Ihnen hierdurch eröffnet, daß die Bestimmung in §. 3 der Allerhöchsten Ordre vom 21. Juli 1826 (Ges.-Samml. S. 71) ebenso für eine Straffestsetzung zu erachten ist, wie die Vorschrift über die Einbehaltung von Gehalts-Beträgen bei Beamten, die sich ohne Urlaub entfernen oder den Urlaub überschritten haben.

Hiernach werden Sie veranlaßt, die Abführung des dem Friedensgerichtsschreiber N. eingehaltenen Gehaltsbetrages an die Justiz-Offizianten-Wittwen-Kasse herbeizuführen.

Berlin, den 26. August 1862.

Der Justiz-Minister.
Gr. zur Lippe.

An
den Königl. Ober-Prokurator
zu Coblenz.

I. 3405. Rhein. Offizianten-Sachen 41. Vol. 2.

156.

Gesetz vom 16. September 1862, — betreffend die Einstellung der Erhebung der Schifffahrtsabgaben auf der Mosel.

Wir Wilhelm, von Gottes Gnaden, König von Preußen rc. verordnen, mit Zustimmung beider Häuser des Landtages der Monarchie, was folgt:

§. 1.

Die Erhebung des Moselzolles und des Rekognitionsgeldes auf der Mosel soll von einem durch den Finanzminister bekannt zu machenden Zeitpunkte ab bis auf Weiteres eingestellt werden.

§. 2.

Der Finanzminister wird mit der Ausführung dieses Gesetzes beauftragt.

Urkundlich unter Unserer Höchsteigenhändigen Unterschrift und beigefügtem Königlichen Insiegel.

Gegeben Berlin, den 16. September 1862.

(L. S.) Wilhelm.

v. d. Heydt. v. Roon. Gr. v. Bernstorff. Gr. v. Itzenplitz. v. Mühler. Gr. zur Lippe. v. Jagow. v. Holzbrinck.

I. 3746. Rhein. Gener. 150.

157.

Verfügung vom 20. Oktober 1862, — betreffend die Einziehung der Wittwenkassenbeiträge.

Verfügung vom 31. Januar 1853 (Just.=Min.=Bl. S. 65).
Verfügung vom 2. November 1857 (Just.=Min.=Bl. S. 402).
Verfügung vom 17. August 1861 (S. 262 dieses Bandes).

Mit der in Ihrem Bericht vom 13. September d. J. geäußerten Ansicht, daß die über die Einziehung der Wittwenkassenbeiträge Seitens der Justizbeamten ergangenen Bestimmungen in der Rheinprovinz keine Anwendung finden könnten, weil bei den Rheinischen Gerichten keine Salarienkassen bestehen und die Gehälter der Beamten von den Regierungs=Hauptkassen gezahlt werden, kann sich der Justiz=Minister nicht einverstanden erklären. Aehnliche Verhältnisse bestehen auch bei dem hiesigen Ober=Tribunal und bei sämmtlichen Appellationsgerichten, ohne daß dadurch die Anwendung jener Bestimmungen gehindert wird.

Es kommt nur darauf an, daß die betreffenden Regierungs=Hauptkassen zur gehörigen Zeit mit den erforderlichen Nachrichten versehen und dadurch in den Stand gesetzt werden, die von den Justizbeamten zu entrichtenden Wittwenkassenbeiträge bei den Gehaltszahlungen in Abzug bringen zu können.

Zu diesem Behuf ist von Ihnen, Herr Erster Präsident und Herr General=Prokurator, die Anordnung zu treffen, daß sowohl bei dem Appellationsgerichtshofe, wie bei den Landgerichten und den Friedensgerichten, unter Beachtung der Verfügungen vom 2. November 1857 (Justiz-Minist.-Bl. S. 402) und vom 17. August 1861 (S. 262 dieses Bandes), Verzeichnisse derjenigen Beamten des betreffenden Gerichts und der Staatsanwaltschaft, welche der Allgemeinen Wittwen-Verpflegungs-Anstalt beigetreten und denen daher von ihrem Gehalte die von ihnen zu entrichtenden Beiträge zu kürzen sind, mit Angabe der Nummern der Rezeptionsscheine und der Beiträge, letztere in Silbergeld berechnet, angefertigt und nach Maaßgabe der Verfügung vom 31. Januar 1853 (Just.-Min.-Bl. S. 65) spätestens bis zum 15. März und 15. September jeden Jahres den betreffenden Regierungs-Hauptkassen zur weiteren Veranlassung mitgetheilt werden.

Dadurch wird nicht nur den vielfachen Verzögerungen in der Entrichtung der Beiträge Seitens der Rheinischen Justizbeamten vorgebeugt, sondern auch den Weiterungen begegnet, welche entstehen, wenn ein Beamter versetzt, pensionirt, aus dem Justizdienste entlassen wird, oder mit Tode abgeht. Andererseits werden dadurch die vielfachen Mehrarbeiten vermieden, welche der Allgemeinen Wittwen-Verpflegungs-Anstalt durch die unmittelbare Einsendung der einzelnen Beiträge verursacht werden.

Die Formulare zu den gedachten Verzeichnissen werden Ihnen von der Hauptkasse der Allgemeinen Wittwen-Verpflegungs-Anstalt auf Ihr Verlangen verabfolgt werden.

Berlin, den 20. Oktober 1862.

Der Justiz-Minister.
Gr. zur Lippe.

An
den Herrn Ersten Präsidenten des Königl. Appellationsgerichtshofes und den Königl. Herrn General-Prokurator zu Cöln.

I. 3565. Rhein. Offizianten-Sachen 51. Vol. 2.

158.

Allgemeine Verfügung vom 21. Oktober 1862, — betreffend die Verwendung von Stempelmarken zu stempelpflichtigen Schriftstücken.

Gesetz vom 2. September 1862 (Ges.-Samml. S. 295).

Die von dem Herrn Finanz-Minister in Gemäßheit des Gesetzes vom 2. September d. J. erlassenen, nachstehend abgedruckten Bestimmungen über die Verwendung von Stempelmarken zu stempelpflichtigen Schriftstücken vom 30. v. Mts. werden sämmtlichen Gerichten und Justizbeamten zur Beachtung mit dem Bemerken bekannt gemacht, daß die Publikation derselben auch durch die Regierungs-Amtsblätter erfolgt.

Berlin, den 21. Oktober 1862.

Der Justiz-Minister.
Gr. zur Lippe.

An
sämmtliche Gerichte und Justizbeamte.

I. 3870. Steuersachen 14. Vol. 4.

a.

Bestimmungen über Verwendung von Stempelmarken zu stempelpflichtigen Schriftstücken, welche nicht unter öffentlicher Autorität abgefaßt werden.

In Gemäßheit des Gesetzes vom 2. September 1862 (Gesetz-Samml. S. 295) wird wegen Verwendung von Stempelmarken Folgendes angeordnet:

§. 1.

Vom 1. November d. J. ab werden Stempelmarken in Werthsbeträgen von 5 Sgr., 10 Sgr., 15 Sgr., 20 Sgr., 25 Sgr., 1 Thaler mit dem Vermerk „Stempelmarke" und der Angabe des Steuerbetrages, für welchen sie gelten, versehen, zur Verwendung für die im §. 2 Nr. 1 bis 7 bezeichneten Schriftstücke bestimmt, bei allen Steuerstellen, mit Einschluß der Stempelvertheiler, zum Verkauf gestellt, welche bisher Stempelpapier u. s. w. (siehe §. 36 des Stempelgesetzes vom 7. März 1822) verkauft haben, oder künftig verkaufen werden.

§. 2.

Die Verwendung von Stempelmarken ist gestattet:

1) zu ausländischen, dem Preußischen Wechselstempel unterliegenden Wechseln, Handelspapieren und Anweisungen (§. 20 des Stempelgesetzes, vergl. Nr. 1 ff. der Allerhöchsten Kabinets-Order vom 3. Januar 1830, Gesetz-Samml. S. 9; §. 1 des Gesetzes vom 26. Mai 1852 Gesetz-Samml. S. 299),
2) zu stempelpflichtigen Gesuchen, Eingaben, Bittschriften und Beschwerdeschriften (siehe die Tarifpositionen des Stempelgesetzes bei den genannten Worten),
3) zu stempelpflichtigen Quittungen, welche zum Rechnungsbelage bei Ablegung der Rechnung vor einer öffentlichen Behörde dienen (Tarifpositionen „Quittungen" Absatz 1),
4) zu Gutachten von Sachverständigen, sowie zu Inventarien,
5) zu Mäkerattesten (und Schlußzetteln der Mäkler),
6) zu Vollmachten,

   (zu 4, 5 und 6 vergl. die Tarifpositionen bei diesen Worten),

7) zu Geburts- oder Taufscheinen, Trauscheinen und Todtenscheinen (siehe die Tarifpositionen bei diesen Worten und die Tarifposition „Atteste" Absatz 3), welche ursprünglich in einer stempelfreien Angelegenheit stempelfrei ausgestellt, demnächst zu einem die Stempelverwendung bedingenden Zwecke gebraucht werden.

§. 3.

a. Nur der erste inländische Inhaber eines ausländischen in Preußen stempelpflichtigen Wechsels, Handelspapiers oder einer Anweisung (§. 2 Nr. 1) ist befugt, seiner Verpflichtung, die Steuer zu entrichten, durch Verwendung von Marken in dem der Steuer entsprechenden Werthbetrage zu genügen. Es darf dies aber nicht später geschehen, als im §. 20 des Stempelgesetzes Absatz 1 angeordnet ist.

b. Die Verwendung von Stempelmarken zu den §. 2 Nr. 2 bis 7 aufgeführten Schriftstücken muß binnen derselben Frist erfolgen, innerhalb welcher nach den bestehenden Vorschriften die Verwendung von Stempelpapier zu bewirken sein würde.

§. 4.

In Bezug auf die Art der Verwendung von Stempelmarken ist Folgendes zu beachten:

I. Für ausländische Wechsel, Handelspapiere und Anweisungen.

Sollten im Auslande ausgestellte, der inländischen Stempelsteuer unterliegende Wechsel, Handelspapiere und Anweisungen nicht zur Stempelung vorgelegt, sondern mit Stempelmarken versehen werden (§. 3 a), so müssen die dem erforderlichen Steuerbetrage entsprechenden Marken (vergl. §. 5) auf der Rückseite der genannten Urkunden und zwar, wenn sie noch unbeschrieben ist, am obersten Rande derselben, wenn sich aber auf der Rückseite bereits Vermerke (Indossamente, Blanko-Indossamente oder Aehnliches) befinden, unmittelbar unter dem letzten Vermerke, dergestalt aufgeklebt werden, daß oberhalb der Marke kein zur Niederschreibung eines Vermerks (Indossaments, Blanko-Indossaments u. s. w.) hinreichender Raum übrig bleibt. Der inländische Inhaber, welcher die Stempelmarken aufklebt, hat in jeder aufgeklebten Marke den Anfangsbuchstaben seines Wohnortes, das Datum, an welchem die Marke aufgeklebt wird, in Zahlen und seinen Namen, beziehungsweise seine Firma, ersteren jedoch nur mit dem ersten oder einigen der ersten Buchstaben, letztere nur mit den Anfangsbuchstaben des oder der etwa dazu gehörigen Vornamen oder mit dem ersten oder einigen der ersten Buchstaben des Hauptnamens zu vermerken,

z. B. B. 7/8 62 statt Berlin den 7. August 1862.
C. F. H. = (Firma) C. F. Haase.
C. H. = (Firma) C. Haase.
H. = (Name oder Firma) Haase.

Wo die Firma von dem Gegenstande der Unternehmung hergenommen ist, oder aus mehreren Namen oder Worten besteht, ist der erste Buchstabe jedes solche Firma bildenden Wortes auf der Marke niederzuschreiben, z. B. statt „Berliner Kassen-Verein“: B. K. V., statt „Direktion der Diskonto-Gesellschaft“: D. d. D. G., statt „C. F. Haase Söhne“ oder „C. F. Haase u. Comp.“: C. F. H. S. oder C. F. H. u. C. Der Vermerk muß in allen Fällen mittelst deutlicher Schriftzeichen (Buchstaben und Ziffern) ohne jede Rasur, Durchstreichung oder Ueberschrift geschrieben sein.

II. Zu allen übrigen §. 2 bis 7 genannten Schriftstücken sind die entsprechenden Marken, und zwar auf dem oberen unbeschriebenen Theile der ersten Seite des Bogens links, aufzukleben.

Die Unbrauchbarmachung der Marken erfolgt in der unter I. vorgeschriebenen Weise, mit der Maaßgabe, daß der zur Kassation der Marken Verpflichtete, statt der Anfangsbuchstaben des Namens oder der Firma, seinen vollen Namen oder die volle Firma deutlich auf dieselbe zu schreiben hat. Sollte die Größe der Marke für diese Vermerke nicht ausreichen, so genügt es, wenn nur ein Theil derselben auf die Marke, das Uebrige aber auf das die aufgeklebte Marke umgebende Papier gesetzt wird.

§. 5.

Die Verwendung von Stempelmarken zu Wechseln, Handelspapieren, Anweisungen und Quittungen (§. 2 Nr. 1 und 3) ist nur dann zulässig, wenn der zu entrichtende Stempelbetrag den Betrag von Zwei Thalern nicht übersteigt. Mehr als drei Marken dürfen zur Darstellung des erforderlichen Stempels auf einem Schriftstücke nicht verwendet werden.

Berlin, den 30. September 1862.

Der Finanz-Minister.
v. d. Heydt.

b.

Bestimmungen über Verwendung von Stempelmarken zu stempelpflichtigen unter öffentlicher Autorität ausgefertigten Schriftstücken.

In Gemäßheit des Gesetzes vom 2. September d. J. (Ges. Samml. S. 295) wird wegen Verwendung von Stempelmarken Folgendes angeordnet:

§. 1.

Oeffentliche Behörden, soweit dieselben zur Verwendung von Stempelpapier verpflichtet sind, und Beamte, einschließlich der Notare und Geistlichen, können statt des Stempelpapiers die in Werthsbeträgen von 5 Sgr., 10 Sgr., 15 Sgr., 20 Sgr., 1 Thaler verkäuflichen Stempelmarken zu allen unter ihrer amtlichen Autorität ausgefertigten Urkunden verwenden, welche einem Stempel von nicht mehr als Zwei Thalern unterliegen.

Zur Erfüllung dieses Steuerbetrages dürfen nicht mehr Marken verwendet werden, als durchaus erforderlich sind; bei Stempelbeträgen bis zu 1 Thaler ist mithin nur eine, bei Stempelbeträgen von über 1 Thaler bis zu 2 Thalern sind nicht mehr als zwei Marken zu verwenden.

§. 2.

Die Verwendung von Marken statt des Stempelpapiers ist nur unter den nachfolgenden Bestimmungen zulässig:

Die Marken sind auf der ersten Seite des ersten Bogens der Urkunde oben links aufzukleben. Die Kassation der Marken erfolgt bei Behörden durch Vermerk der Journal-Nummer und des Datums — in Zahlen — an welchem die Marke aufgeklebt wird, möglichst auf dem unteren Theile jeder verwendeten Marke, sowie durch Vermerk des Orts, an welchem die Verwendung

Nr. 1756
erfolgt, z. B. 7/8 62. Notare und solche Beamte, welche kein
Berlin.

Korrespondenz-Journal führen, haben außer dem Datum, an welchem die Marke aufgeklebt wird, in Zahlen und dem Orte, an welchem die Verwendung erfolgt, und zwar darunter, ihren ausgeschriebenen Namen auf dem unteren Theile der Marke und soweit die Größe der Marke dazu nicht ausreicht, unter Mitbenutzung des die aufgeklebte Marke umgebenden Papiers zu vermerken.

Auch in den Fällen, wo Behörden und Beamte nach den bisherigen Bestimmungen verpflichtet sind, Stempelbogen zu ihren Akten zu kassiren, können statt derselben Marken bis zum Werthsbetrage von Zwei Thalern verwendet werden, welche auf der stempelpflichtigen Verhandlung, wie oben vorgeschrieben, befestigt und kassirt werden müssen.

Die Kassationsvermerke müssen in allen Fällen in deutlichen Schriftzeichen (Buchstaben und Ziffern) ohne jede Rasur, Durchstreichung oder Ueberschrift geschrieben sein.

§. 3.

Abgesehen von den im §. 2 vorgeschriebenen Kassationsvermerken haben Behörden und Beamte, mit Einschluß der Notare, die aufgeklebten Marken mit einem farbigen Abdruck ihres amtlichen Siegels dergestalt zu versehen, daß der Abdruck zum Theil auf der oberen, mit den Kassationsvermerken nicht versehenen Hälfte der Marke — ohne die Schriftzeichen (§. 2) zu bedecken — zum Theil auf dem die Marke umgebenden Papier zu stehen kommt. Beamte, welche kein amtliches Siegel führen, haben statt eines Siegelabdrucks ihre volle amtliche Firma auf den oberen Theil der Marke unter Mitbenutzung des die Marke umgebenden Papiers zu setzen.

Berlin, den 30. September 1862.

Der Finanz-Minister.
v. d. Heydt.

159.

Allgemeine Verfügung vom 6. November 1862, — betreffend die Beibringung des oberamtlichen Ehekonsenses bei der Eheschließung der Einwohner der Hohenzollernschen Lande.

Die nachstehende, von den Ministern der geistlichen, Unterrichts- und Medizinal-Angelegenheiten, der Justiz und des Innern an sämmtliche Regierungen und das Polizei-Präsidium zu Berlin erlassene Verfügung vom 21. Oktober wird den Gerichten und Beamten der Staatsanwaltschaft zur Kenntnißnahme und Beachtung mitgetheilt.

Berlin, den 6. November 1862.

Der Justiz-Minister.
Gr. zur Lippe.

An
sämmtliche Gerichte und Beamte
der Staatsanwaltschaft.

I. 4255. E. 27. Vol. 5.

a.

In dem Konferenz-Schlußprotokoll zur Gothaer Konvention vom 15. Juli 1851 ist von den betheiligten Staats-Regierungen die Verpflichtung übernommen worden, Angehörige eines anderen kontrahirenden Staats zur Eingehung einer Ehe nur nach vorgängiger Beibringung der Zustimmung der kompetenten Heimathsbehörde zuzulassen.

Da nun die diesseitigen Unterthanen — mit Ausnahme der Hohenzollernschen Angehörigen — nach der bestehenden Gesetzgebung einer solchen Zustimmung nicht bedürfen, so sollen ihnen — wie in dem Cirkular-Erlasse vom 10. Januar 1853 angeordnet worden — statt jener Ehekonsense Atteste des Inhalts ertheilt werden:

> daß nach diesseitiger Gesetzgebung Preußische Unterthanen zur Abschließung einer Ehe im Auslande der obrigkeitlichen Genehmigung nicht bedürfen, und daß daher insoweit der Verehelichung des Inhabers ein gesetzliches Bedenken nicht entgegenstehe.

Dagegen bedürfen die Einwohner der Hohenzollernschen Lande, nach den dort geltenden Gesetzen, zur Eingehung einer Ehe des Konsenses der resp. Königlichen Oberämter, und zwar mit der Wirkung, daß ohne diesen Konsens einestheils die geschlossene Ehe als nichtig anzusehen ist, und anderntheils der betreffenden Gemeinde aus der Nichtbeachtung dieser Vorschrift die Befugniß erwächst, dem ihr bisher nicht angehörigen Ehegatten die Aufnahme zu verweigern.

Obgleich die Königliche Regierung von dieser Lage der Gesetzgebung durch den Cirkular-Erlaß vom 26. April 1855 in Kenntniß gesetzt, und auch darauf aufmerksam gemacht worden ist, daß von Ihr Atteste obengedachten Inhalts nur an Einwohner Ihres Bezirks zu ertheilen, die Hohenzollernschen Angehörigen aber mit ihren derartigen Anträgen stets an die Königliche Regierung zu Sigmaringen zu verweisen sind, so sind doch, wie diese Regierung angezeigt hat, neuerdings Fälle vorgekommen, in welchen die Eheschließung von Hohenzollernschen Angehörigen ohne vorherige Einholung des vorgeschriebenen Ehekonsenses erfolgt ist.

Wir nehmen hieraus Veranlassung, der Königlichen Regierung die sorgfältige Beachtung der obigen Bestimmungen, und zwar zur Vermeidung von irrthümlichen Auffassungen derselben, mit dem Bemerken in Erinnerung zu bringen, daß darnach jeder Eheschließung eines Einwohners der Hohenzollernschen Lande der oberamtliche Konsens voranzugehen hat, mag diese Eheschließung im Auslande oder im Inlande erfolgen.

Berlin, den 21. Oktober 1862.

Die Minister
der geistlichen 2c. Angelegenheiten v. Mühler. der Justiz Gr. zur Lippe. des Innern v. Jagow.

160.

Allgemeine Verfügung vom 14. November 1862, — betreffend die Fuhrkosten bei Dienstreisen der Staatsbeamten.

Allerhöchster Erlaß vom 10. Juni 1848 (Rhein. Samml. Bd. 9. S. 301).

Im Einverständnisse mit dem Herrn Finanz-Minister und der Königlichen Ober-Rechnungskammer wird hierdurch bestimmt, daß bei Dienstreisen der Staatsbeamten für die Beförderung zwischen den Bahnhöfen und den Orten, nach welchen die Bahnhöfe benannt sind, außer der Entschädigung für Zu- und Abgang besondere Reisekosten nur in denjenigen Fällen liquidirt werden dürfen, wo die Entfernung mehr als eine Viertelmeile beträgt.

Berlin, den 14. November 1862.

Der Justiz-Minister.
Gr. zur Lippe.

An
sämmtliche Gerichte und Beamte der Staatsanwaltschaft.

I. 4314. D. 18. Vol. 16.

161.

Allgemeine Verfügung vom 28. November 1862, — betreffend die Berichtigung der Gebühren für die Gutachten der zum Schutze des Eigenthums an Werken der Wissenschaft und Kunst gegen Nachdruck und Nachbildung gebildeten Vereine von Sachverständigen.

Gesetz vom 11. Juni 1837 §§. 17. 31 (Ges.-Samml. S. 165).
Instruktion v. 15. Mai 1838 (Ges.-Samml. S. 277).
Beschluß des Königl. Staats-Ministeriums vom 15. Oktober 1856 (Ges.-Samml. S. 873).
Allgemeine Verfügung vom 17. Juli 1858 (Justiz-Minist.-Blatt S. 234).

Durch die allgemeine Verfügung vom 17. Juli 1858 sind die Gerichtsbehörden angewiesen worden, die Gebühren für die Gutachten der in Gemäßheit des Gesetzes vom 11. Juni 1837 zum Schutze des Eigenthums an Werken der Wissenschaft und Kunst gegen Nachdruck und Nachbildung gebildeten Vereine von Sachverständigen *sofort* nach erfolgter Festsetzung durch *direkte* Uebersendung an den in der Mittheilung des Gutachtens namhaft gemachten Vorsitzenden des Vereins zu berichtigen.

Da nach einer Mittheilung des Herrn Ministers der geistlichen, Unterrichts- und Medizinal-Angelegenheiten diese Vorschrift nicht immer befolgt worden ist, so wird die sorgfältige Beachtung der gedachten Verfügung sämmtlichen Gerichtsbehörden hierdurch in Erinnerung gebracht.

Berlin, den 28. November 1862.

Der Justiz-Minister.
Gr. zur Lippe.

An
sämmtliche Gerichtsbehörden.

I. 4599. N. 3. Vol. 9.

162.

Geschäfts-Anweisung für die Depositen-Kasse des Bezirks des Appellationsgerichtshofes in Cöln.

§. 1.

Bestimmung und Einrichtung.

Aufgabe der Depositen-Kasse ist es, die baaren Gelder, welche bei derselben nach Maaßgabe des Gesetzes vom 24. Juni 1861 (S. 251 dieses Bandes) hinterlegt werden, anzunehmen, zu verwalten und wieder auszuzahlen.

§. 2.

Die Fälle der Hinterlegung ergeben sich im Allgemeinen aus §. 1 des gedachten Gesetzes; namentlich gehören dahin aber auch:

1) die nach Maaßgabe der Vorschrift des Art. 807 des B. G.-B. zu hinterlegenden Kaufpreise von Objekten der Beneficial-Erbschafts-Massen;
2) die Baar-Bestände vakanter Nachlassenschaften (Art. 813 d. B. G.-B.);
3) Gelder, welche nach erfolgtem Real-Anerbieten hinterlegt werden sollen (Artikel 1257—1259 des B. G.-B.);
4) die Behufs Befreiung der Grundstücke von Privilegien und Hypotheken zu hinterlegenden Kaufgelder (Art. 2186 des B. G.-B), sowie die im Falle eines Uebergebots im Purgationsverfahren Behufs Abwendung der Versteigerung zu deponirenden Beträge (Art. 85 des Gesetzes vom 18. April 1855, Rhein. Samml. Bd. 11. S. 103);
5) die im Falle des §. 10 der Subhastations-Ordnung vom 1. August 1822 (Rhein. Samml. Bd. 2. S. 280) vom Gemeinschuldner und im Falle des §. 37 in fine daselbst vom Ansteigerer zu deponirenden Beträge;
6) die im Falle des Art. 26 des Gesetzes vom 18. April 1855 (Rhein. Samml. Bd. 11. S. 86) zu deponirenden Kaufgelder aus einer Immobiliar-Versteigerung im außergerichtlichen Theilungsverfahren, wobei Minderjährige concurriren;
7) Gelder, welche ein zur Rechnungslegung gerichtlich Verurtheilter in dem durch Art. 542 der B. P.-O. vorgesehenen Falle hinterlegen will;
8) die in den Fällen der Art. 166 und 167 der B. P.-O. und Art. 117 und 118 der St. P.-O. zu hinterlegenden Bürgschafts-Summen;
9) die im Wege der Execution in Beschlag genommenen Gelder (Art. 590 der B. P.-O.);

10) die aus einem Mobiliar-Zwangs-Verkauf erlösten Gelder, gegen deren Auszahlung Opposition erhoben ist (Art. 657 der B. P.-O.);

11) die Baar-Bestände der Falliments-Massen (Art. 497 des H. G.-B. resp. Gesetz vom 9. Mai 1859, S. 82 dieses Bandes);

12) die Behufs der Expropriation von Grundstücken vorläufig festgesetzten Entschädigungs-Summen (§. 2 des Gesetzes vom 25. Mai 1857, Rhein. Samml. Bd. 11. S. 346), sowie die definitiv festgesetzten Entschädigungsgelder, falls darauf Arreste oder Oppositionen angelegt sind, oder Hypotheken auf dem expropriirten Grundeigenthum haften (Art. 25 des Gesetzes vom 8. März 1810).

§. 3.

Die Direktion der Depositen-Kasse besteht aus
dem Direktor,
dem Justitiarius und
dem Rendanten.

Die Vertretung der Beamten während vorübergehender Verhinderung kann durch das Präsidium der Regierung in Cöln angeordnet werden.

§. 4.

Dem Direktor gebührt die obere Leitung und Beaufsichtigung des Geschäftsganges mit der Befugniß, die Ausführung eines Beschlusses bis zur Entscheidung des Finanzministers zu suspendiren.

Das zweite Mitglied versieht die Funktionen eines Justitiars nach den analogen Vorschriften der Regierungs-Instruktionen vom 23. Oktober 1817 und 31. Dezember 1825.

Dem dritten Mitgliede liegt die Buch- und Kassenführung ob. Demselben steht ein Kontroleur zur Seite, dessen Dienstobliegenheiten weiter unten (§§. 10. 13. 16. 18. 19. 21. 22. 23 und 29) vorgeschrieben werden.

Für die Expeditions-, Kalkulatur- und Kanzlei-Arbeiten, sowie für die Registratur-Geschäfte wird unter Zustimmung des Finanzministeriums ein Hülfsarbeiter angenommen. Die Botendienste besorgt ein geeigneter Unterbeamter der Königlichen Regierung.

§. 5.

Sämmtliche an die Depositen-Kasse eingehende Dienstsachen werden von dem Direktor eröffnet, präsentirt und von dem mit der Führung des Geschäfts-Journals beauftragten Hülfsarbeiter (§. 4) in dasselbe eingetragen.

§. 6.

Alle Ausfertigungen der Kasse, mit Ausnahme der Quittungen, sind unter der Firma „Königliche Depositen-Kasse" von dem Direktor zu vollziehen. Wegen Ausfertigung der Quittungen wird auf §. 8 des Gesetzes vom 24. Juni 1861 und §. 21 dieser Geschäfts-Anweisung Bezug genommen.

§. 7.

Kein Schriftstück darf zu den Akten gebracht werden, bevor darauf verfügt oder dasselbe unter Mitvollziehung des Direktors ad acta geschrieben worden ist.

§. 8.

Ohne spezielle Genehmigung des Direktors dürfen die Akten keinem Andern als den Mitgliedern der Direktion zur Einsicht vorgelegt werden.

§. 9.

Buchführung.

Die Buchführung der Kasse geschieht in zweifacher, nämlich in chronologischer und systematischer Ordnung, jene durch die Journale, diese durch Manuale.

Alle Bücher müssen, so weit beide Seiten ein Ganzes ausmachen, foliirt, sonst aber paginirt werden.

Das Foliiren des Journals wird der Direktor speziell kontroliren, und auf dem ersten und dem letzten Blatte die Zahl der Blätter oder Seiten unter seiner Namens-Unterschrift bescheinigen, weshalb ihm dasselbe vor dem Gebrauche vorzulegen ist.

§. 10*).

Das Journal wird von dem Rendanten, für Einnahme und Ausgabe besonders, nach dem beiliegenden Schema geführt. Alle Einnahmen und Ausgaben müssen in demselben gebucht werden, so daß daraus der Kassen-Verkehr vollständig zu übersehen ist.

Der Kontroleur führt über die sämmtlichen Einnahmen und Ausgaben Control-Journale, deren Einrichtung in dem anliegenden Muster vorgeschrieben ist.

§. 11.

Es werden folgende Manuale geführt:

1) das Haupt-Manual über die Einnahmen und die Ausgaben der ganzen Verwaltung;
2) das Spezial-Manual über die einzelnen Hinterlegungen und Zurückzahlungen;
3) das Asservaten und
4) das Vorschuß-Manual.

§. 12.

Das Haupt-Manual wird nach dem anliegenden Schema geführt, es bildet die Grundlage für die Rechnung.

---

*) Die in diesem und den folg. §§. erwähnten Formulare sind in Ermangelung eines allgemeineren Interesses nicht mit abgedruckt.

Das Spezial-Manual, wozu das beiliegende Formular dient, muß so eingerichtet werden, daß jede Masse ihr besonderes Conto erhält, so daß auf der einen Seite die einzelnen die Masse betreffenden Posten der Einnahme, auf der anderen gegenüberstehenden Seite die Posten der Ausgabe, sowie die sonstigen bei der Masse vorkommenden Veränderungen, z. B. Arrest-Anlagen rc. vermerkt werden. Das Spezial-Manual bedarf keiner jährlichen Erneuerung.

§. 13.

Alle Einnahmen, welche zwischen den Depositaltagen (§. 15) zur Einlieferung gelangen, sind als Asservate zu behandeln.

Das Asservaten-Manual, welches von dem Rendanten und die Asservaten-Kontrole, welche von dem Kontroleur zu führen ist, erhalten ihre Einrichtung nach anliegenden Schematen.

§. 14.

Unter Vorschüssen werden diejenigen Zahlungen verstanden, welche von der Regierungs-Hauptkasse bei augenblicklichem Mangel des zu den Ausgaben erforderlichen baaren Geldes (§§. 40. 41.) geleistet werden.

Das Vorschuß-Manual wird nach Anleitung des beiliegenden Formulars geführt.

§. 15.

Geschäftsgang.

Für die Annahme und die Auszahlung der Depositen ist bis auf Weiteres der Mittwoch jeder Woche bestimmt. Fällt der Mittwoch auf einen Feiertag, so finden die Auszahlungen und Hinterlegungen an dem auf jenen Mittwoch folgenden Werktage statt.

An diesem Tage müssen der Direktor, der Rendant und der Kontroleur während der für die Regierungs-Hauptkasse vorgeschriebenen Geschäftsstunden im Lokale der Kasse anwesend sein.

Für diesen Verkehr wird das Dienstzimmer des Rendanten benutzt.

§. 16.

Die Vereinnahmung der inzwischen eingegangenen Asservate muß jedenfalls am nächsten Depositaltage erfolgen.

Zur Veranlassung dieser Vereinnahmung ist von dem Controleur sofort nach dem Eingang des Asservats unter Vorlegung der hiernächst zu den Akten zu nehmenden schriftlichen Erklärung des Deponenten bei dem Direktor die Ausfertigung eines mit der Nummer der Asservaten-Annahme-Kontrole zu versehenden Annahme-Mandats (§. 20) zu beantragen.

§. 17.

Das Asservaten-Manual ist an jedem Depositaltage von dem Direktor nach den einzelnen Posten durchzugehen, und mit der Asservaten-Annahme-Kontrole zu vergleichen.

Die bewirkte Erledigung der Asservate ist demnach sowohl in dem Asservaten-Manual, als auch in der Asservaten-Annahme-Kontrole durch Unterschrift des Direktors zu bescheinigen.

§. 18.

Jede Einzahlung wird sofort von dem Rendanten und gleichzeitig von dem Kontroleur, in Gegenwart des Direktors, in das Journal eingetragen.

§. 19.

Alle Buchungen, sowohl Seitens des Rendanten als des Kontroleurs sind auf den Einnahme-Anweisungen mit Angabe der laufenden Nummer, unter welcher die Eintragung erfolgt ist, zu notiren.

§. 20.

Die schriftlichen Anweisungen zur Annahme der Depositen, welche im Konzepte von den Mitgliedern der Direktion, in der Reinschrift von dem Direktor zu vollziehen sind, müssen enthalten:

1) den Namen des Deponenten,
2) die Bezeichnung des Betrages,
3) eine kurze Anzeige von der Veranlassung der Deposition.

§. 21.

Die Ertheilung der Quittungen über geschehene Hinterlegungen erfolgt auf den Duplikaten der Erklärung der Deponenten nach beiliegenden Schematen.

Diese Quittungen müssen von dem Rendanten und dem Kontroleur unter Mitvollziehung des Direktors unterzeichnet werden.

Ueber die in Asservation genommenen Gelder wird nur ein vom Rendanten und vom Kontroleur zu unterzeichnender Empfangsschein ertheilt, dessen Austausch gegen die förmliche Quittung nach dem nächsten Depositaltage bewirkt wird.

Auf den Quittungen wird die Nummer des Einnahme-Journals und des Kontrol-Journals gleichfalls bezeichnet.

§. 22.

Ueber die mit der Post eingehenden Gelder ist die Kontrole in der Art zu führen, daß ein Postbuch angelegt wird, in welches von dem Rendanten die Formulare zu den Ablieferungsscheinen einzutragen sind. Dieses Postbuch ist nach geschehener Visirung Seitens des Direktors bei Rückgabe der vom Rendanten und dem Kontroleur unterzeichneten Ablieferungsscheine und Abholung der Sendungen der Postanstalt vorzulegen, welche durch ihren Ausgabebeamten zu prüfen hat, ob die Ablieferungsscheine in das Postbuch richtig verzeichnet sind, und dies bei befundener Uebereinstimmung durch Eintragung des Namens und Beidrückung des Tagesstempels zu attestiren hat.

Dieses geschieht, wenn mehrere hinter einander eingetragene Sendungen gleichzeitig abgefordert werden, bei der letzten dieser Positionen, und zwar in solchem Falle unter Angabe der Zahl der Sendungen in Buchstaben.

Das Postbuch ist dem Direktor mit den eingegangenen Sendungen vorzulegen. Die Postsendungen werden demnach bis zum nächsten Depositaltage wie Asservate (§§. 13. 16—18) behandelt.

§. 23.

Die Aufbewahrung der zwischen den Depositaltagen zur Einlieferung kommenden Gelder (§§. 13 und 22) erfolgt in einer besondern, mit zwei verschiedenen Schlössern versehenen Abtheilung des im §. 30 bezeichneten feuerfesten Geldschrankes, worin auch diejenigen Geldbeträge zu hinterlegen sind, welche für den Rendanten zu den zwischen den einzelnen Depositaltagen vorfallenden Zahlungen disponibel zu halten sind. Die beiden verschiedenen Schlüssel zu dem Asservaten-Behälter sind dem Rendanten und dem Kontroleur unter der Verpflichtung zu übergeben, bei jeder Eröffnung des Behälters gegenwärtig zu sein, und darf keiner derselben dem anderen seinen Schlüssel überlassen.

§. 24.

Die Anträge auf Auszahlungen sind der Depositen-Kasse schriftlich vorzulegen.

§. 25.

Die Anweisungen zur Auszahlung von Depositen, welche im Konzepte von den Mitgliedern der Direktion, in der Reinschrift von dem Direktor allein vollzogen werden, müssen enthalten:

1) den Namen der Masse, aus welcher die Zahlung zu leisten,
2) den Namen des Empfängers, an den sie geschehen soll,
3) eine genaue Angabe des zu zahlenden Betrages,
4) die Angabe des Grundes der Auszahlung,
5) eine Anweisung darüber, was etwa der Empfänger gegen die an ihn zu leistende Zahlung an Urkunden 2c. zu extradiren.

§. 26.

Die Anträge auf Auszahlung müssen vor Ertheilung der Zahlungs-Anweisung dem Rendanten zur Feststellung der Massen und der zutretenden Zinsen, sowie zur Erklärung darüber vorgelegt werden, ob und welche Arreste, Einsprüche 2c. in Beziehung auf das zu zahlende Depositum bestehen.

§. 27.

Die Auszahlungen erfolgen an die in oder nahe bei Cöln wohnenden Empfangsberechtigten durch die Depositen-Kasse selbst, an die entfernter Wohnenden in der Regel, und wenn nicht durch besondere Umstände die unmittelbare Zahlung bedingt ist, durch die dem Empfangsberechtigten zunächst gelegene Steuerkasse.

§. 28.

Jede Ausgabe muß mit der Quittung des Empfängers und denjenigen Justifikatorien belegt werden, welche nach den allgemeinen Bestimmungen und nach den Zahlungsanweisungen erforderlich sind. Ob Quittungen und sonstige Beläge als vollständig anzunehmen oder als unzureichend und mangelhaft zurückzuweisen sind, darüber hat in zweifelhaften Fällen die Direktion zu entscheiden.

Bei der Prüfung der Identität der Empfänger ist mit Vorsicht zu verfahren.

§. 29.

Jede Ausgabe wird, sofort von dem Rendanten in das Journal und gleichzeitig von dem Kontroleur in das Kontrol-Journal eingetragen; gleichzeitig werden die Beläge mit dem Buchungs-Vermerk versehen.

§. 30.

Die Gelder und Werthpapiere der Depositen-Kasse, insoweit solche nicht zu den zwischen den einzelnen Depositaltagen vorfallenden Zahlungen (§. 23) für den Rendanten disponibel zu halten sind, müssen unter dreifachem Verschluß des Direktors, des Rendanten und des Kontroleurs bewahrt werden, so daß dieselben nur gemeinschaftlich dazu gelangen können.

Die Aufbewahrung geschieht in einem feuerfesten Geldschranke, welcher in dem Tresor der Regierungs-Hauptkasse untergebracht wird.

§. 31.

Ueber die solchergestalt verwahrten Bestände ist ein Tresorbuch nach dem beiliegenden Schema zu führen, welches in dem Verschluß aufbewahrt wird.

§. 32.

Staats- und andere auf jeden Inhaber lautende Papiere müssen vor der Niederlegung in den Verschluß außer Kurs gesetzt werden.

§. 33.

Die monatliche Revision der Kasse findet gleichzeitig mit derjenigen der Regierungs-Hauptkasse statt.

Die Resultate des Bücher-Abschlusses werden in den, nach dem beiliegenden Schema zu fertigenden Extrakt summarisch übernommen.

§. 34.

Von der Verwaltung der Kasse sind besondere Semester-Abschlüsse zu fertigen.

Diese Abschlüsse umfassen jedesmal den Zeitraum vom Anfange des Jahres bis zum Kassen-Abschluß desjenigen Semesters, für welches solche gelegt werden.

Die gedachten Abschlüsse, welche nach dem anliegenden Formular aufgestellt werden, müssen mit den Büchern genau übereinstimmen.

§. 35.

Die den Interessenten gebührenden Zinsen sind den Special-Massen am Schlusse eines jeden Kalenderjahres, oder sobald ein Abschluß der Massen Behufs einer Auszahlung erfolgen muß, zu berechnen, und im Manuale D. den Massen zuzuschreiben.

§. 36.

Beim Jahresabschlusse werden die Kassenbücher und auch die Manualien förmlich abgeschlossen, und auf Grund der letzteren wird insbesondere auch festgestellt, wie viel das Gesammtguthaben der Deposital-Interessenten beträgt, und welcher Ueberschuß an die Regierungs-Haupt-Kasse abzuführen ist. Behufs Ermittelung dieses Ueberschusses ist eine Berechnung nach Anleitung des beigefügten Schemas anzulegen, und dieselbe mit dem Final-Abschlusse bis zum 20. Februar an den Finanzminister einzureichen.

§. 37.

Der Rendant hat jährlich Rechnung zu legen; die Einreichung der Rechnung an die Direktion muß bis zu dem auf den Jahres-Abschluß folgenden 1. Juni geschehen.

Wie in dem Haupt-Manual (§. 12) müssen auch in der Rechnung die Gegenstände der einzelnen Einnahmen und Ausgaben, zwar in gedrängter Kürze, doch so vollständig bezeichnet werden, daß solche auch ohne Einsicht der Rechnungsbeläge verständlich werden.

Die Direktion reicht die Rechnung mit der Abnahmeverhandlung bis zum 1. Juli der Ober-Rechnungs-Kammer ein.

§. 38.

Verwendung der für den laufenden Verkehr entbehrlichen Bestände.

Die für den laufenden Verkehr entbehrlichen Gelder, insoweit nicht deren Belegung bei der Bank erfolgt, dürfen nur zum Ankauf von Staatsschuldverschreibungen, von Stammaktien der Niederschlesisch-Märkischen und der Münster-Hammer Eisenbahn (Allerhöchster Erlaß vom 22. October 1855, Gesetz-Samml. S. 683), von Rentenbriefen und von solchen Eisenbahn-Obligationen, für welche die Staatsgarantie ertheilt worden ist (Allerhöchste Kabinets-Order vom 22. Dezember 1843, Gesetz-Samml. für 1844 S. 45) verwendet werden.

§. 39.

In welchem Umfange der Ankauf solcher Papiere zu bewirken ist, bleibt der Beurtheilung der Direktion überlassen, welche einerseits auf die den Umständen nach vortheilhafteste Unterbringung der verfügbaren Bestände, sowie andererseits darauf Bedacht zu nehmen hat, daß die Kasse ihren Zahlungsverpflichtungen jederzeit prompt und, soviel als möglich ohne zu einem Umsatz ihrer Activa genöthigt zu sein, genügen kann.

§. 40.

Bei augenblicklichem Mangel baaren Geldes können die erforderlichen Zahlungsmittel vorschußweise aus der Regierungs-Haupt-Kasse gewährt, oder auch gegen Verpfändung der angekauften Papiere durch Darlehne von der Bank entnommen werden.

§. 41.

Anträge auf Gewährung von Vorschüssen aus der Regierungs-Haupt-Kasse sind von der Direktion der Depositen-Kasse an den Präsidenten der Königlichen Regierung zu richten, welcher zur Gewährung solcher Vorschüsse auch über den Betrag von 500 Rthlrn. hinaus ermächtigt ist. Die Erstattung der Vorschüsse muß, sobald die Ursache der Veranlassung wegfällt, unter gleichzeitiger Anzeige der Tilgung bei dem Regierungs-Präsidenten, sofort erfolgen.

§. 42.

Ueber die bei der Kasse vorhandenen geldwerthen Papiere (§§. 38 und 39) wird ein Register geführt, in welchem diese Papiere nach den verschiedenen Gattungen und nach Anleitung des beiliegenden Formulars zu verzeichnen sind.

§. 43.

Etats-Aufstellung.

Die Direktion der Depositen-Kasse hat alljährlich einen Etat aufzustellen und denselben jedesmal bis zum 1. August des dem Etatsjahre vorangehenden Jahres zur Vollziehung an den Finanz-Minister einzureichen.

§. 44.

Abrechnung mit der Regierungs-Haupt-Kasse.

Da die etatsmäßigen Einnahmen und Ausgaben der Depositen-Kasse einen Theil der Einnahmen und Ausgaben des Etats der Regierungs-Haupt-Kasse zu Cöln bilden, so hat die Depositen-Kasse diese Einnahmen und Ausgaben der gedachten Regierungs-Haupt-Kasse zur Uebernahme in ihre Bücher zu deklariren, und zwar

die Einnahmen alljährlich einmal am Schlusse des Jahres,

die Ausgaben dagegen so oft es erforderlich ist, allmonatlich aber wenigstens einmal, auch am Schlusse jedes Quartals resp. am Jahresschlusse neben den wirklichen Einnahmen und Ausgaben die Einnahme- und Ausgabe-Reste der

Regierungs-Haupt-Kasse summarisch zu deklariren, und den Requisitionen und Anweisungen, welche ihr Seitens der Hauptkasse in Beziehung hierauf zugehen, unweigerlich und unverzüglich zu genügen.

Außerdem hat die Depositen-Kasse allmonatlich einen Abschluß über die Resultate ihrer Kassenverwaltung an die Hauptbuchhalterei im Finanzministerium nach dem ihr von dieser zugehenden Formulare einzureichen.

Berlin, den 20. Dezember 1862.

Der Finanz-Minister. v. Bodelschwingh.

Der Justiz-Minister. Gr. zur Lippe.

I. 5014. Rhein. Gener. 45. Vol. 3.

L.

1863.

Gesetze, Verordnungen, Rescripte.

163.

Allgemeine Verfügung vom 6. Januar 1863, — betreffend die Mittheilung von Kriminal-Erkenntnissen gegen Offiziere des Beurlaubtenstandes an das General-Auditoriat.

Gesetz v. 15. April 1852 §. 5 (Rh. Samml. Bd. 10. S. 407).
Verordnung v. 18. Mai 1852 (Rh. Samml. Bd. 10. S. 417).

In der Allerhöchsten Verordnung vom 18. Mai 1852, betreffend die Ausführung des Gesetzes vom 15. April 1852 wegen Abänderungen mehrerer Bestimmungen in den Militair-Strafgesetzen, ist unter Num. 5 bestimmt,

> daß, wenn von einem Civilgericht gegen einen Offizier des Beurlaubtenstandes auf zeitige Untersagung der Ausübung der bürgerlichen Ehrenrechte, oder auf eine härtere Strafe rechtskräftig erkannt worden, das Erkenntniß vor der Vollstreckung an Se. Majestät den König durch das General-Auditoriat einzureichen sei.

Da von den Gerichten in Bezug auf die dem General-Auditoriat hiernach zu machende Mittheilung ein verschiedenartiges Verfahren beobachtet worden ist, und hieraus Unzuträglichkeiten entstanden sind, so bestimmt der Justiz-Minister, daß die Gerichte der ersten Instanz Erkenntnisse dieser Art, sobald dieselben die Rechtskraft beschritten, in beglaubigter Abschrift unmittelbar dem Königlichen General-Auditoriat zu übersenden haben.

Berlin, den 6. Januar 1863.

Der Justiz-Minister.
Gr. zur Lippe.

An
sämmtliche Gerichtsbehörden.

I. 17. Milit.-Just.-Depart. Gener. 5. Vol. 3.

164.

Allerhöchster Erlaß vom 10. Januar 1863, — betreffend die Aenderung des §. 12 des Revidirten Reglements für die Provinzial-Feuer-Sozietät der Rheinprovinz vom 1. September 1852.

Auf den Bericht vom 27. Dezember v. J. will Ich in Berücksichtigung des Antrages des 16ten Provinziallandtages der Rheinprovinz genehmigen, daß im letzten Absatze des §. 12 des Revidirten Reglements für die Provinzial-Feuer-Sozietät der Rheinprovinz vom 1. September 1852 (Rhein. Samml. Bd. 10. S. 484) die Worte „für den Jahresschluß" gestrichen werden und derselbe daher folgende Fassung erhalte:

> Für alle nach dem 1. Dezember angemeldeten Austritte oder Ermäßigungen bleibt aber die Verpflichtung, den Beitrag auch noch für das nächste Jahr vollaus zu entrichten.

Dieser Mein Erlaß ist durch die Gesetz-Sammlung zu publiziren.

Berlin, den 10. Januar 1863.

Wilhelm.
Gr. zu Eulenburg.

An
den Minister des Innern.

I. 845. Rhein. Gener. 85.

165.

Verfügung vom 24. Februar 1863, — betreffend die Uebernahme von Syndikaten und Verwaltungen vakanter Nachlassenschaften durch Referendarien und Auskultatoren.

Auf Ihren Bericht vom 13. Februar d. J. erkläre ich mich damit einverstanden, daß den bei den Landgerichten beschäftigten oder in der Advokatenstage befindlichen Referendarien nur mit spezieller Genehmigung der Landgerichts-Präsidenten, den Auskultatoren aber gar nicht zu gestatten ist, Syndikate in Fallitsachen und Verwaltungen vakanter Nachlassenschaften zu übernehmen.

Sie haben hiernach das Weitere zu veranlassen, und die

Landgerichts-Präsidenten und Ober-Prokuratoren mit Anweisung zu versehen.

Berlin, den 24. Februar 1863.

Der Justiz-Minister.
Gr. zur Lippe.

An
den Herrn Ersten Präsidenten des Königl. Appellationsgerichtshofes und den Königl. Herrn General-Prokurator zu Cöln.

I. 748. Rhein. Offizianten-Sachen 7. Vol. 4.

166.

Verfügung vom 2. März 1863, — betreffend die Verwendung von Stempelmarken zu den Urkunden der Gerichtsvollzieher.

Allerhöchster Erlaß vom 17. Juli 1846 (Rhein. Samml. Bd. 9: S. 100).
Gesetz vom 2. September 1862 (Ges.-Samml. S. 295).

Auf den Bericht vom 21. Januar d. J. wird Ihnen, Herr General-Prokurator, hierdurch eröffnet, daß aus den in Ihrem abschriftlich eingereichten Schreiben an den dortigen Königlichen Provinzial-Steuer-Direktor vom 6. Januar d. J. näher angeführten Gründen, mit denen sich der Herr Finanz-Minister auf erfolgte Mittheilung einverstanden erklärt hat, das Gesetz vom 2. September v. J., betreffend die Anfertigung und Verwendung von Stempelmarken, auf die von den Gerichtsvollziehern aufgenommenen Urkunden keine Anwendung findet, vielmehr der Allerhöchste Erlaß vom 17. Juli 1846 (Rhein. Samml. Bd. 9. S. 100), nach welchem die Urschriften der Gerichtsvollzieher-Urkunden, soweit sie an sich stempelpflichtig sind, in allen Fällen auf das behörige Stempelpapier selbst geschrieben werden sollen, und die betreffenden Strafbestimmungen noch jetzt Geltung haben.

Sie haben hiernach zur Herbeiführung eines gleichmäßigen Verfahrens das Weitere zu veranlassen.

Berlin, den 2. März 1863.

Der Justiz-Minister.
Gr. zur Lippe.

An
den Königl. Herrn General-Prokurator zu Cöln.

I. 816. Rhein. Gener. 62. Vol. 9.

167.

Allgemeine Verfügung vom 13. März 1863, — betreffend die früher unter dem Titel: „Mittheilungen des Königlichen Polizei-Präsidiums zu Berlin zur Beförderung der Sicherheitspflege,“ jetzt unter der Bezeichnung „Central-Polizei-Blatt“ erscheinende Zeitschrift.

Allgemeine Verfügung vom 30. März 1850 (Justiz-Minist.-Blatt S. 118).
Allgemeine Verfügung vom 4. Juni 1852 (Rhein. Samml. Bd. 10. S. 434).

Durch die allgemeine Verfügung vom 4. Juni 1852 sind sämmtliche Königliche Appellationsgerichte, desgleichen die Stadt- und resp. Kreisgerichte, sowie die Herren Ober-Prokuratoren angewiesen worden, die früher unter dem Titel „Mittheilungen des Königlichen Polizei-Präsidii zu Berlin zur Beförderung der Sicherheitspflege,“ jetzt unter der Bezeichnung „Central-Polizei-Blatt“ erscheinende Zeitschrift zu halten, und die Kosten dafür aus den betreffenden Fonds zu entnehmen.

Nach den gemachten Erfahrungen ist indeß nicht für alle Gerichte und Beamte der Staatsanwaltschaft ein Bedürfniß zum Halten dieser Zeitschrift als vorhanden anzuerkennen; es wird sich dasselbe vielmehr auf die größeren Gerichte, beziehungsweise auf die bei diesen fungirenden Beamten der Staatsanwaltschaft beschränken.

Mit Rücksicht hierauf wird es fortan dem Ermessen der Gerichte und Beamten der Staatsanwaltschaft überlassen, ob sie es für zweckmäßig und nützlich erachten, die Zeitschrift ferner zu halten. Diejenigen Gerichte, bei welchen im Einverständnisse mit den Beamten der Staatsanwaltschaft diese Frage verneint wird, werden unter Abänderung der allgemeinen Verfügung vom 4. Juni 1852 hierdurch ermächtigt, vom 1. Januar künftigen Jahres ab das Abonnement auf die gedachte Zeitschrift aufzugeben.

Berlin, den 13. März 1863.

Der Justiz-Minister.
Gr. zur Lippe.

An
sämmtliche Gerichte und Beamte
der Staatsanwaltschaft.

I. 603. Criminalia 59. Vol. 3.

168.

Verfügung vom 14. März 1863, — betreffend eine Stempel-Revision beim Landgericht zu Trier.

In Beziehung auf die für den Zeitraum vom 1. Oktober 1859 bis 1. April 1861 abgehaltene Stempelrevision der ersten Civilkammer des dortigen Königlichen Landgerichts wird Ihnen im Einverständniß mit dem Herrn Finanz-Minister hierdurch eröffnet, daß das Monitum 5 der Defektentabelle vom 11. November 1861 für begründet erachtet werden muß, da es sich bei der Klage der Eheleute R. gegen den Notar N. wegen Ertheilung einer verweigerten Abschrift der von Letzterem aufgenommenen Urkunde um ein unbestimmtes und unbestimmbares Objekt sowohl für die Kläger als auch für den Beklagten handelt, und es insbesondere hinsichtlich des Letzteren nicht auf die Motive seiner Weigerung ankommen kann. Es war daher der Unschätzbarkeits-Stempel zu verwenden, und ist hiernach wegen Erledigung des Monitums das Weitere zu veranlassen.

Berlin, den 14. März 1863.

Der Justiz-Minister.
Gr. zur Lippe.

An
den Königl. Herrn Landgerichts-Präsidenten
und den Königl. Herrn Ober-Prokurator
zu Trier.

I. 911. Rhein. Gener. 62. Vol. 9.

169.

Verfügung vom 2. April 1863, — betreffend die Form der Verhaftsbefehle bei Auslieferungsanträgen nach den Niederlanden.

Verfügungen vom 3. September 1835 und 18. November 1836 (Rhein. Samml. Bd. 5. S. 201 und 499).

Verfügung vom 19. August 1840 (Rhein. Samml. Bd. 7. S. 199).

Auslieferungs-Vertrag vom 17. November 1850 (Rh. Samml. Bd. 10. S. 250).

Eine Requisition des Ober-Prokurators zu N. wegen Auslieferung eines Verbrechers auf Grund des Auslieferungs-Vertrages vom 17. November 1855 (Rh. Samml. Bd. 10. S. 250) hat bei den Königlich Niederländischen Behörden um deswillen

Anstand gefunden und zu Weiterungen Veranlassung gegeben, weil die zur Begründung des Antrages beigefügte Verfügung des Instruktionsrichters zwar die Ueberschrift „Verhaftsbefehl“ hatte, im Kontext aber nur den Befehl enthielt, den Beschuldigten vor ihn (den Instruktionsrichter) zu führen, um über die Beschuldigung vernommen zu werden.

Die Königlich Niederländischen Behörden tragen Bedenken, eine solche Verfügung für ein mandat d'arrêt im Sinne der Konvention von 1850 zu erachten, verlangen vielmehr, daß in derselben klar und ausdrücklich der Befehl zur Verhaftung enthalten sei (porte clairement et expressément l'ordre d'arrestation).

Der betreffende Fall ist zwar erledigt, zur Vermeidung von Weiterungen für ähnliche Fälle scheint es jedoch angemessen, die Ober-Prokuratoren und Instruktionsrichter darauf aufmerksam zu machen, daß bei den betreffenden Verfügungen die Erfordernisse und Formen des mandat d'arrêt sowohl in der Ueberschrift als im Kontexte beobachtet werden.

Berlin, den 2. April 1863.

Der Justiz-Minister.
Gr. zur Lippe.

An
den Königl. Herrn General-Prokurator zu Cöln.

I. 1247. Conventionen 4. Vol. 2.

170.

Verfügung vom 11. April 1863, — betreffend die Stempelrevision bei dem Königlichen Landgericht zu Aachen.

Reskript vom 2. Januar 1839 und Schreiben vom 18. Dezember 1839 (Rhein. Samml. Bd. 7. S. 3 und 127).

In Beziehung auf die bei dem Königlichen Landgericht zu Aachen für die Zeit vom 1. Januar 1859/61 und vom 1. Januar 1861/62 stattgefundenen Stempelrevisionen und die hierbei unerledigt gebliebenen Erinnerungen wird Ihnen, im Einverständniß mit dem Herrn Finanz-Minister, Nachstehendes eröffnet:

I. In Betreff der Revision vom 1. Januar 1859/61.

A. Defekten-Tabelle der ersten Civilkammer.

Monitum 9. 14. 15. 38. Diese Erinnerungen betreffen die Auflösung eines Kaufvertrages, die in dem ersten Falle auf den Rekonventionsantrag der Verklagten, in den übrigen Fällen auf Antrag der Kläger erkannt wurde. Die wiederholt ausgesprochene Ansicht, daß bei derartigen Entscheidungen der Werth des

Kaufobjekts, dessen Eigenthümer durch das Urtheil festgestellt, beziehungsweise gewechselt werden soll, den Gegenstand des Prozesses bilde, kann dadurch nicht widerlegt werden, daß die unter den Parteien erfolgte Rückübertragung in ihren Folgen auf den Zeitpunkt des Verkaufs zurückgewirkt. Die Monita sind begründet.

Monitum 41. Das an sich nicht bestrittene Monitum kann durch die Bemerkung des Landgerichts, daß der Kläger zum Armenrecht zugelassen, und der Stempel für ihn in debet zu notiren sei, nicht erledigt werden. Wenn auch die Verurtheilung des Verklagten in die Kosten nur in contumaciam erfolgte und daher nach Vorschrift des Reskripts vom 2. Januar 1839 (Rh. Samml. Bd. 7. S. 3) der Stempel in debet des Klägers zu notiren war, so rechtfertigt das doch nicht, einen unrichtigen Stempel festzusetzen. Das Monitum ist sonach begründet.

Monitum 43 und 51. Die in dem Schreiben vom 18. Dezember 1839 (Rh. Samml. Bd. 7. S. 127) sub no. 1 anerkannte Befreiung vom Werthstempel bei Rathskammerbeschlüssen, durch welche bei vakanten Erbschaften die Abschätzung eines Grundstücks Behufs der Licitation verordnet, die Homologation der Expertise ausgesprochen, und die Lizitation verfügt, oder der Kurator eines vakanten Nachlasses ernannt worden, beruht auf der Annahme, daß solche Beschlüsse nicht als Erkenntnisse, sondern nur als Verfügungen des Gerichts anzusehen sind. Dadurch wird aber eine Stempelfreiheit der auf solche Beschlüsse abzielenden Gesuche nicht gerechtfertigt.

B. Defekten-Tabelle der zweiten Civilkammer.

Monitum 15. Bei der Klage auf Zahlung von Alimenten zum Betrage von 2 Rthlr. monatlich von der Geburt eines Kindes an bis zu dessen zurückgelegtem 14. Lebensjahre ist nach §. 11 lit. b. des Stempelgesetzes der ganze Betrag der für eine bestimmte Zeit geforderten jährlichen Leistungen bei der Berechnung des Werthstempels zu Grunde zu legen, da es sich nicht von einer Leibrente oder von einem Nießbrauchsrecht im Sinne des §. 4 lit. c. ebendas. handelt, bei welchen der $12\frac{1}{2}$fache Betrag der einjährigen Nutzung maaßgebend sein soll. Das Monitum ist begründet.

Monitum 17. Die auf Herausgabe von Urkunden und eventuell auf einen Schadensersatz von 16,000 Rthlr. angestellte Klage hat unzweifelhaft auch den letzteren Betrag zum Gegenstande. Daß die Forderung exorbitant erschien, kann nicht rechtfertigen, sie bei Berechnung des Werthstempels außer Betracht zu lassen, eben so wenig der Umstand, daß in dem die Klage aus allgemeinen Gründen abweisenden Urtheil der Schadensklage nicht speziell gedacht worden. Das Monitum ist begründet.

Hiernach haben Sie zur Erledigung der erhobenen Monita das Weitere zu veranlassen.

Berlin, den 11. April 1863.

Der Justiz-Minister.
Gr. zur Lippe.

An
den Königl. Herrn Landgerichts-Präsidenten
und den Königl. Herrn Ober-Prokurator
zu Aachen.

I. 1104. Rhein. Gener. 62. Vol. 9.

171.

Verfügung vom 12. Mai 1863, — betreffend die bei der Wiederinkurssetzung der Papiere auf Inhaber zu beobachtenden Formalitäten.

Gesetz vom 4. Mai 1843 (Rhein. Samml. Bd. 8. S. 164).
Verfügung vom 18. Dezember 1846 (Rhein. Samml. Bd. 9. S. 133).

In der Anlage wird Ihnen Abschrift einer von den Herren Ministern der Finanzen und des Innern an sämmtliche Königliche Regierungen erlassenen, die Befolgung des §. 4 des Gesetzes über das Wiederinkurssetzen der Papiere auf Inhaber vom 4. Mai 1843 (Rh. Samml. Bd. 8. S. 164) betreffenden Verfügung vom 11. April d. J. unter Bezugnahme auf das Reskript vom 18. Dezember 1846 (Rhein. Samml. Bd. 9. S. 133) zur gleichmäßigen Beachtung und mit der Aufforderung zugefertigt, die Justizbehörden im Bezirke des Appellationsgerichtshofes zu Cöln von der Verfügung behufs Beachtung derselben gleichfalls in Kenntniß zu setzen.

Berlin, den 12. Mai 1863.

Der Justiz-Minister.
Gr. zur Lippe.

An
den Herrn Ersten Präsidenten des Königl. Appellationsgerichtshofes und den Königl. Herrn General-Prokurator zu Cöln.

I. 1932. S. 13. Vol. 7.

Anlage.

Es ist zur Anzeige gekommen, daß die Vermerke, durch welche öffentliche Behörden die von ihnen außer Kurs gesetzten, auf jeden Inhaber ausgefertigten Papiere wieder in Kurs setzen, anstatt der im §. 4 des Gesetzes vom 4. Mai 1843 vorgeschriebenen Worte „Wieder in Kurs gesetzt," häufig nur die

Worte „In Kurs gesetzt" oder „In Kurs" enthalten, sowie daß zu den beigedruckten Siegeln farbige, statt der schwarzen Stempel verwendet werden. Dergleichen Abweichungen von den gesetzlichen Bestimmungen, haben zu Bedenken und Streitigkeiten darüber geführt, ob die nicht genau mit den vorgeschriebenen Worten und Zeichen versehenen Papiere als gehörig wieder in Kurs gesetzt erachtet werden können.

Um den hieraus für den Verkehr entspringenden Störungen vorzubeugen, finden wir uns veranlaßt, im Anschluß an die Verfügung vom 24. Oktober 1846 (Minist.-Bl. für die innere Verwaltung S. 193) die ausdrücklichen Bestimmungen des §. 4 a. a. O. in Erinnerung zu bringen, nach welchen jeder Wiederinkurssetzungs-Vermerk die Worte „Wieder in Kurs gesetzt" enthalten, und außerdem das vollständige Datum, die Unterschrift, in den Fällen des §. 2 daselbst mit der Angabe, daß die wiederinkurssetzende Behörde an die Stelle derjenigen anderen Behörde, deren Außerkurssetzungs-Vermerk sie aufhebt, getreten sei, und das in schwarzer Farbe auszudrückende Siegel der Behörde oder des Instituts dem Vermerk beigefügt sein muß.

Die Königliche Regierung hat dies in vorkommenden Fällen zu beachten, und zugleich die von ihr ressortirenden Behörden und Institute mit entsprechender Anweisung zu versehen, welche jedoch nicht durch das Amtsblatt zu erlassen ist.

Berlin, den 11. April 1863.

Der Finanz-Minister. Der Minister des Innern.
v. Bodelschwingh. Gr. zu Eulenburg.

An sämmtliche Königl. Regierungen.

F. M. I. 3311. III. 7516.
M. d. I. I. 3143. A.

172.

Gesetz vom 27. Mai 1863, — betreffend die Ergänzung und Erläuterung der Allgemeinen Deutschen Wechselordnung.

Wir Wilhelm, von Gottes Gnaden, König von Preußen ꝛc.

verordnen, unter Zustimmung beider Häuser des Landtages für den ganzen Umfang Unserer Monarchie, mit Ausschluß des Jadegebiets, was folgt:

Artikel 1.

In Folge der zwischen den Regierungen der Deutschen Bundesstaaten, in welchen die Allgemeine Deutsche Wechselordnung gilt, zum Zwecke der gemeinsamen Ergänzung und Erläuterung der letzteren stattgefundenen Berathungen wird die in Unserer Monarchie eingeführte Allgemeine Deutsche Wechselordnung dahin ergänzt und erläutert:

1) Dem ersten Absatze des Artikels 2 wird als zweiter Absatz folgender Zusatz beigefügt:

„Dem Wechselgläubiger ist gestattet, neben der Exekution gegen die Person seines Schuldners gleichzeitig die Exekution in dessen Vermögen zu suchen."

2) An Stelle des dritten Absatzes des Artikels 2 tritt nachstehende Bestimmung:

„Den Landesgesetzen bleibt vorbehalten, die Vollstreckung des Wechselarrestes auch noch auszuschließen:

a) gegen die Mitglieder der Ständeversammlung während der Dauer der letzteren,
b) gegen Offiziere und Soldaten, Auditeure und Militairärzte und sonstige Militairbeamte, so lange sie sich im aktiven Dienst befinden,
c) gegen Civilstaatsdiener im aktiven Dienste,
d) gegen ordinirte Geistliche,
e) gegen den Schiffer, die Schiffsmannschaft, sowie alle übrigen auf dem Schiffe angestellten Personen, wenn das Seeschiff zum Abgehen fertig (segelfertig) ist,
f) wenn über das Vermögen des Schuldners der Konkurs eröffnet, oder der Schuldner zur Güterabtretung zugelassen worden ist, wegen der früher entstandenen Forderungen, und
g) wenn der Schuldarrest wenigstens ein Jahr hindurch vollstreckt worden ist, wegen der früheren Forderungen desjenigen Gläubigers, welcher den Arrest beantragt hat, sofern derselbe nicht nachweist, daß dem Schuldner Befriedigungsmittel zu Gebote stehen."

3) Im Artikel 4 Nr. 4 wird nach den Worten „die Zahlungszeit kann" eingeschaltet:

„für die gesammte Geldsumme nur eine und dieselbe sein und".

4) Der Artikel 7 erhält am Schluß folgenden Zusatz:

„Das in einem Wechsel enthaltene Zinsversprechen gilt als nicht geschrieben."

5) Dem ersten Absatz des Artikels 18 wird als zweiter Satz folgender Zusatz beigefügt:

„Eine entgegenstehende Uebereinkunft hat keine wechselrechtliche Wirkung."

6) Der Artikel 29 erhält am Schluß folgenden Zusatz:

„Der Wechselinhaber ist berechtigt, in den Nr. 1

und 2 genannten Fällen auch von dem Acceptanten im Wege des Wechselprozesses Sicherheitsbestellung zu fordern."

7) Der Artikel 30 erhält am Schluß folgenden Zusatz:

„Ist die Zahlungszeit auf Anfang oder ist sie auf Ende eines Monats gesetzt worden, so ist darunter der erste oder letzte Tag des Monats zu verstehen."

8) Der Artikel 99 erhält am Schluß folgenden Zusatz:

„Bei nicht domizilirten eigenen Wechseln bedarf es zur Erhaltung des Wechselrechts gegen den Aussteller weder der Präsentation am Zahlungstage, noch der Erhebung eines Protestes."

Artikel 2.

§. 1.

Insoweit nach den bisherigen Gesetzen die Vollstreckung des Wechselarrestes unzulässig ist gegen die Mitglieder der beiden Häuser des Landtages, gegen die Personen des Soldatenstandes, gegen den Schiffer, die Schiffsmannschaft, sowie alle übrigen auf einem Seeschiff angestellten Personen und gegen diejenigen, über deren Vermögen der Konkurs eröffnet ist; oder welche zur Güterabtretung zugelassen sind, hat es dabei auch ferner sein Bewenden.

§. 2.

Die bisherigen Vorschriften über die Unzulässigkeit der Vollstreckung oder der Fortdauer des Wechselarrestes, falls der Schuldner bereits eine bestimmte Zeit sich im Personalarrest befunden hat, werden aufgehoben. An Stelle dieser Vorschriften treten nachstehende Bestimmungen:

„Hat ein Wechselschuldner fünf Jahre hindurch im Personal-Arrest sich befunden, so kann er wegen der vor Ablauf der fünf Jahre entstandenen Forderungen desjenigen Gläubigers, auf dessen Antrag der Personalarrest vollstreckt worden ist, nicht länger in Haft behalten werden. Eine Verlängerung der Haft über den erwähnten Zeitraum ist nur dann zulässig, wenn der Gläubiger nachweist, daß dem Schuldner Befriedigungsmittel zu Gebote stehen. Die fünfjährige Dauer des Personalarrestes hat auf das Recht eines anderen Wechselgläubigers, wegen der ihm zustehenden Wechselforderungen die Fortdauer des Personalarrestes zu fordern, keinen Einfluß. Dasselbe gilt von dem Gläubiger, auf dessen Antrag der Personalarrest vollstreckt worden ist, wegen der erst nach Beendigung des fünfjährigen Arrestes entstandenen Forderungen."

§. 3.

Ein Gläubiger, welcher im Bezirke des Apellationsgerichtshofes zu Cöln die Verlängerung des Personalarrestes über die fünfjährige Dauer aus dem Grunde verlangt, weil dem Schuldner Befriedigungsmittel zu Gebote stehen, muß die Erlaubniß zu der Verlängerung unter Bescheinigung der Befriedigungsmittel des Schuldners vorher bei dem Präsidenten des Landgerichts nachsuchen und bei Nichtigkeit der Verhaftung dem Schuldner zustellen lassen, unbeschadet des Rechts des letzteren, im Wege des durch Artikel 805 der Civilprozeß-Ordnung bezeichneten Verfahrens bei dem Gerichte den Nachweis der Befriedigungsmittel und die Entscheidung über seinen Antrag auf Entlassung zu verlangen.

§. 4.

Die im Bezirke des Appellationsgerichtshofes zu Cöln geltenden Bestimmungen über die Befugniß des Wechselschuldners, seine Entlassung aus der Haft zu verlangen, wenn er den dritten Theil der Schuld zahlt, und wegen des Ueberrestes Bürgschaft stellt, werden aufgehoben.

§. 5.

Im Uebrigen bleiben die Vorschriften, welche das Verfahren bei Vollstreckung des Wechselarrestes regeln, in Kraft.

Urkundlich unter Unserer Höchsteigenhändigen Unterschrift und beigedrucktem Insiegel.

Gegeben Berlin, den 27. Mai 1863.

(L. S.) Wilhelm.

v. Bismarck-Schönhausen. v. Bodelschwingh. v. Roon.
Gr. v. Itzenplitz. v. Mühler. Gr. zur Lippe.
v. Selchow. Gr. zu Eulenburg.

I. 2416. W. 8. Vol. 9.

173.

Beschluß des Königlichen Staats-Ministeriums vom 29. Mai 1863, — betreffend die Behandlung der militairpflichtigen Civilbeamten, welche in den Jahren 1862 und 1863 bei außerordentlichen Veranlassungen aus dem Reserve- oder Landwehr-Verhältnisse zu den Fahnen einberufen worden sind.

Staats-Ministerial-Beschluß vom 19. Juli 1850 (Rh. Samml. Bd. 10. S. 228).

Auf den Antrag des Kriegs-Ministeriums vom 16. Mai d. J. beschließt das Staats-Ministerium:

daß die in der Anlage des Staats-Ministerial-Beschlusses vom 19. Juli 1850 zusammengestellten Bestimmungen über die Behandlung der Civilbeamten, welche im Falle einer Mobilmachung in die Armee eintreten, auch auf diejenigen Civilbeamten anzuwenden sind, welche in Folge der mittelst Allerhöchster Kabinets-Order vom 9. Mai 1862 befohlenen Marschbereitschaft der Truppentheile des 4. und 7. Armee-Korps behufs etwaigen Einrückens in das Kurfürstenthum Hessen, sowie auf diejenigen Civilbeamten, welche in Folge der mittelst Allerhöchster Kabinets-Order vom 9. Februar d. J. angeordneten Maaßregeln, bezüglich des im Königreich Polen ausgebrochenen Aufstandes, aus dem Reserve- oder Landwehr-Verhältniß zu den Fahnen einberufen worden sind.

Von diesem Beschlusse erhält jeder Minister eine beglaubigte Abschrift.

Berlin, den 29. Mai 1863.

Königliches Staats-Ministerium.

v. Bismarck. v. Bodelschwingh. v. Roon. Gr. v. Itzenplitz. v. Mühler. Gr. zur Lippe. v. Selchow. Gr. zu Eulenburg.

Vorstehender Beschluß des Königlichen Staats-Ministeriums wird sämmtlichen Gerichtsbehörden, sowie den Beamten der Staatsanwaltschaft, zur Kenntnißnahme und Beachtung mitgetheilt.

Berlin, den 18. Juni 1863.

Der Justiz-Minister.
Gr. zur Lippe.

An
sämmtliche Gerichtsbehörden und an die Beamten der Staatsanwaltschaft.

I. 2256. O. 136. Vol. 4.

174.

Gesetz vom 5. Juni 1863, — betreffend die Gebührenpflichtigkeit in Vormundschaftssachen im Bezirk des Appellationsgerichtshofes zu Cöln.

Wir Wilhelm, von Gottes Gnaden, König von Preußen 2c.

verordnen, mit Zustimmung der beiden Häuser des Landtages Unserer Monarchie, für den Bezirk des Appellationsgerichtshofes zu Cöln, wie folgt:

Erster Titel.

Von der Vormundschaft des überlebenden Ehegatten über seine Kinder und des Ehemannes über seine interdicirte Frau.

Artikel 1.

Für Dienstverrichtungen in Vormundschaftssachen, wenn der überlebende Ehegatte Vormund über seine Kinder ist, oder der sich wieder verheirathenden Wittwe nebst ihrem neuen Ehegatten die Vormundschaft über ihre Kinder der vorigen Ehe belassen wurde, und bei der Vormundschaft des Ehemannes über seine interdicirte Frau, beziehen Friedensrichter, Friedensgerichtsschreiber und Gerichtsvollzieher:

1) wenn das reine Vermögen der Bevormundeten einen Werth von nur 250 Rthlr. hat, gar keine,
2) wenn dasselbe einen Werth von über 250—500 Rthlr. hat, die Hälfte, und
3) wenn dasselbe einen Werth von mehr als 500 Rthlr. hat, den vollen Betrag der gesetzlichen Gebühren.

Artikel 2.

An Kopialgebühren beziehen die Friedensgerichtsschreiber und die Sekretariate der Landgerichte und des Appellationsgerichtshofes:

1) wenn das reine Vermögen einen Werth von mehr als 50 Rthlr. hat, 1 Sgr. für die Rolle,
2) wenn dasselbe einen Werth von mehr als 250 Rthlr. hat, 2 Sgr. für die Rolle, und
3) wenn dasselbe einen Werth von mehr als 500 Rthtr. hat, die volle gesetzliche Taxe.

Artikel 3.

Bei der Werthschätzung (Art. 1 und 2) wird das Vermögen aller unter derselben Vormundschaft stehenden Bevormundeten zusammengerechnet. Die illiquiden und unsicheren Forderungen, so wie die nach dem Stande und dem Berufe der Bevormundeten zu ihrem persönlichen Gebrauche nöthigen Mobiliar-Gegenstände und Geräthschaften kommen nicht in Anrechnung.

Bei der Vormundschaft des Ehemannes über seine interdicirte Frau kommt das ganze Vermögen der ehelichen Gütergemeinschaft, sowie das persönliche Vermögen der Frau in Anschlag, nicht aber auch bei anderen Vormundschaften das eigene, abgetheilte oder unabgetheilte Vermögen des Vormundes.

Artikel 4.

Der Werth des Vermögens zum Zweck der Berechnung der Gebühren ist vom Friedensrichter festzusetzen, bevor Gebühren erhoben werden.

Die Festsetzung erfolgt auf Grund des Vermögensverzeichnisses (Artikel 3 der Allerhöchsten Kabinetsorder vom 4. Juli 1834) und bei der Vormundschaft des Ehemannes über seine interdicirte Ehefrau auf Grund der nöthigenfalls zu bescheinigenden Angaben des Ehemannes.

Die Immobilien werden nach den vorzulegenden Pacht- und Miethsverträgen oder nach dem dreißigfachen Betrage des Katastral-Reinertrages, worüber der Vormund den Kataster-Auszug beizubringen hat, veranschlagt. Eine Schätzung durch Sachverständige zum Zweck obiger Festsetzung findet nicht statt.

Für die Festsetzung und deren Vorbereitung können keine Gebühren berechnet werden.

Artikel 5.

Gegen die Festsetzung (Artikel 1) kann der Vormund oder der Ober-Prokurator Beschwerde beim Landgerichtspräsidenten erheben. Der Vormund bedarf dazu keines Anwaltes. Der Präsident entscheidet nach Anhörung des Oberprokurators und des Friedensrichters in letzter Instanz.

Artikel 6.

Die Reisekosten der Friedensrichter und Friedensgerichtsschreiber (Artikel 12 der Gebührentaxe vom 23. Mai 1859) werden im Falle des Artikels 1 Nr. 1 ganz und im Fall des Artikels 1 Nr. 2 zur Hälfte, nach Anhörung des Ober-Prokurators, von dem Landgerichtspräsidenten auf den Kriminalfonds angewiesen, wenn derselbe die Reise im Interesse der Bevormundeten für nothwendig erachtet. In der Liquidation sind der Werth des vormundschaftlichen Vermögens und die Gründe für die Nothwendigkeit der Reise anzuführen. Gegen die Entscheidung des Landgerichtspräsidenten findet kein Rechtsmittel statt.

Artikel 7.

Wird das vormundschaftliche Vermögen während der Vormundschaft durch Erbschaft oder Schenkung oder sonst vermehrt, oder durch Entlassung eines Bevormundeten aus der Vormundschaft oder durch Verluste vermindert, so richtet sich, von dem Eintreten eines solchen Ereignisses an, die fernere Gebührenpflichtigkeit nach dem veränderten Stande des Vermögens. Auf die Gebührenpflichtigkeit früherer Verhandlungen hat dies keinen Einfluß.

Die Veränderung des Vermögensstandes wird vom Friedensrichter auf Grund von Inventarien oder der nachgewiesenen Angabe des Vormundes festgesetzt. Die Artikel 4 und 5 finden auch hier Anwendung.

Artikel 8.

Die bei der Publikation dieses Gesetzes schwebenden Vormundschaften dieses Titels unterliegen von da an dessen Bestimmungen.

Sind in denselben bereits Gebühren gestundet oder gezahlt, so hat es dabei sein Bewenden und die Einziehung der gestundeten Gebühren erfolgt nach den bisherigen Vorschriften.

Zweiter Titel.

Von Dativ-Vormundschaften und anderen.

Artikel 9.

In Dativ- und sonstigen Vormundschaften, welche nicht unter die Vorschriften des Ersten Titels fallen, können die gesetzlichen Gebühren und Kosten der Friedensrichter, der Friedensgerichtsschreiber, der Sekretariate der Landgerichte und des Appellationsgerichtshofes, sowie der Gerichtsvollzieher erst nach der Revision und Feststellung der nächsten periodischen Verwaltungs-Uebersicht und Rechnungslage des Vormundes (Artikel 470 des bürgerlichen Gesetzbuchs) nach Maaßgabe der nachstehenden Bestimmungen erhoben werden.

Artikel 10.

Ergiebt sich bei der Revision der nächsten periodischen Verwaltungs-Uebersicht und Rechnungslage des Vormundes (Artikel 470 des bürgerlichen Gesetzbuchs), daß die Revenüen des Vermögens der Bevormundeten seit der letzten Rechnungsperiode, nach Bestreitung der Kosten des Unterhalts und der Erziehung, einen Ueberschuß gewähren, so werden aus diesem Ueberschusse zunächst die seit der letzten Rechnungsperiode veranlaßten Reisekosten des Friedensrichters und Friedensgerichtsschreibers ganz oder verhältnißmäßig für jeden, demnächst in gleicher Weise die Kopialgebühren der Friedensgerichtsschreiber und der Sekretariate der Landgerichte und des Appellationsgerichtshofes, ferner die Gebühren der Gerichtsvollzieher und endlich aus der Hälfte des dann noch verbleibenden Restes die Gebühren des Friedensrichters und Friedensgerichtsschreibers berichtigt.

Artikel 11.

Soweit die Revenüen-Ueberschüsse zur Deckung der in dem vorigen Artikel erwähnten Gebühren und Kosten nicht ausreichen, werden:

1) die Reisekosten des Friedensrichters und Friedensgerichtsschreibers von dem Landgerichtspräsidenten auf den Kriminalfonds angewiesen (Art. 6),
2) die Kopialgebühren der Friedensgerichtsschreiber, sowie der Sekretariate der Landgerichte und des Appellationsgerichtshofes mit 1 Sgr. für die Rolle aus dem reinen Vermögen der Bevormundeten entnommen, falls dasselbe einen Werth von mehr als 50 Rthlr. hat (Art. 2. 3),
3) die übrigen Gebühren der Friedensrichter und Friedensgerichtsschreiber gestundet, und
4) die Gebühren der Gerichtsvollzieher niedergeschlagen.

Artikel 12.

Die gestundeten Gebühren der Friedensrichter und Friedensgerichtsschreiber (Artikel 11 Nr. 3) können aus der Hälfte der Revenüen-Ueberschüsse späterer Rechnungsperioden entnommen werden, nachdem die während derselben veranlaßten Gebühren und Kosten gezahlt sind. Zur Deckung des Restes dieser gestundeten Gebühren können im letzten Jahre der Vormundschaft oder später bis zu 1½ Prozent des nach der letzten Vermögens-Uebersicht vorhandenen reinen Vermögens (Artikel 1. 2) eingezogen werden.

Bei mehreren Bevormundeten, die nach und nach aus der Vormundschaft entlassen werden, ist diese Vorschrift auf den verhältnißmäßigen Antheil des zu Entlassenden an den gestundeten Gebühren anwendbar.

Reichen die 1½ Prozent zur völligen Befriedigung der gestundeten Gebühren nicht aus, so wird der Betrag derselben zwischen dem Friedensrichter und dem Friedensgerichtsschreiber nach dem Verhältniß ihrer rückständigen Gebühren getheilt.

Die gestundeten Gebühren erhält derjenige Friedensrichter oder Friedensgerichtsschreiber, der sich im Amte befindet, wenn sie erhoben werden können.

Artikel 13.

Ergiebt sich aus dem Familienrathsbeschlusse, durch welchen die jährlichen Ausgaben für die Person des Bevormundeten und die Normen für die Verwaltung seines Vermögens regulirt werden (Art. 454 des bürgerlichen Gesetzbuchs), daß die Vermögensverhältnisse einen zur Deckung sämmtlicher Gebühren und Kosten ausreichenden Revenüen-Ueberschuß fortwährend mit Gewißheit erwarten lassen, so können diese Gebühren und Kosten jedesmal sofort erhoben werden, ohne die nächste Rechnungslage abzuwarten.

Artikel 14.

Die Vorschriften dieses Titels finden auch auf die bei Publikation dieses Gesetzes anhängigen Vormundschaften Anwendung.

Dritter Titel.

Allgemeine Bestimmungen.

Artikel 15.

Die Gebühren und Kosten für Emanzipation können in allen Fällen ihrem ganzen Betrage nach sofort eingezogen werden.

Artikel 16.

Die Landgerichtspräsidenten haben in denjenigen Fällen, in welchen sie Reisekosten der Friedensrichter und Friedensgerichtsschreiber auf den Kriminalfonds anweisen, ein Exekutorium zu ertheilen, durch welches die Königliche Regierung ermächtigt wird, die von dem Kriminalfonds gezahlten Kosten aus dem vormundschaftlichen Vermögen wieder einzuziehen. Sollte durch eine Wiedereinziehung dieser Kosten die Subsistenz der Bevormundeten gefährdet werden, so können dieselben von dem Landgerichtspräsidenten niedergeschlagen werden.

Artikel 17.

Die Friedensgerichtsschreiber haben bei Strafe von 1 bis 5 Thalern für jede Unterlassung auf den Urschriften und Ausfertigungen aller vormundschaftlichen Verhandlungen, unter Angabe des betreffenden Artikels dieses Gesetzes, zu bemerken, ob die Vormundschaft gebührenfrei, ganz oder halb gebührenpflichtig ist (Art. 1), und ob im ersten Falle das vormundschaftliche Vermögen 50 Thaler übersteigt (Art. 3), oder ob bei einer Vormundschaft des zweiten Titels die Gebühren erst nach der nächsten Rechnungslage (Art. 9) oder sofort erhoben werden können (Art. 13).

Artikel 18.

Sind für die zu den Vormundschaftsakten gelangten Urtheile und Beschlüsse der Landgerichte und des Appellationsgerichtshofes Sekretariatsgebühren erst nach Maaßgabe der nächsten Rechnungslage zu erheben (Art. 9. 10), so haben die Friedensgerichtsschreiber binnen Jahresfrist nach Feststellung dieser Rechnung das betreffende Sekretariat zu benachrichtigen, ob und welchen für die Sekretariatsgebühren verwendbaren Ueberschuß die Rechnung ergeben hat, und ob im Fall des Artikels 2 dieses Gesetzes ein Vermögen von mehr als 50 Thalern vorhanden ist.

Artikel 19.

Die Gebühren der Gerichtsvollzieher in Vormundschaftssachen können in den Fällen, wo deren Einziehung zulässig ist, nur auf Grund einer in Urschrift vollstreckbaren und kostenfreien Verfügung des Friedensrichters erhoben werden.

Artikel 20.

In dem Verfahren bei Theilungen und bei gerichtlichen Verkäufen von Immobilien (Gesetz vom 18. April 1855, Rhein. Samml. Bd. 11. S. 78) kann in allen Fällen, in welchen dem Bevormundeten bei der Theilung oder bei dem Verkauf ein reines Vermögen im Werthe von 500 Thalern oder mehr überwiesen wird, der auf ihn fallende Antheil der Gebühren und Kosten des Verfahrens sofort eingezogen werden.

Ist der Werth des ihm überwiesenen reinen Vermögens geringer als 500 Thaler, so können von demselben in allen Fällen die baaren Auslagen, zu denen auch die Kosten der nothwendigen Kopialien mit 1 Sgr. für die Rolle zu rechnen sind, sowie von dem Reste 1½ Prozent zur Deckung der Gebühren der Friedensrichter und Friedensgerichtsschreiber erhoben werden.

Hinsichtlich des hierbei nicht gedeckten Theils der Gebühren wird nach den Vorschriften des ersten beziehungsweise zweiten Titels dieses Gesetzes verfahren.

Bei der Werthschätzung des reinen Vermögens findet die Vorschrift des Artikels 3 Anwendung.

Artikel 21.

Der §. 4 der Allerhöchsten Kabinetsorder vom 4. Juli 1834 mit allen zu seiner Ausführung erlassenen Verfügungen wird aufgehoben.

Hinsichtlich der Stempelpflichtigkeit in Vormundschaftssachen bleibt es bei den darauf bezüglichen gesetzlichen Bestimmungen. Ebenso bewendet es bei der Vorschrift des §. 4 des Gesetzes vom 23. Dezember 1846, daß der zu den Staatskassen fließende Antheil an den Sekretariatsgebühren nicht erhoben werden soll.

Urkundlich unter Unserer Höchsteigenhändigen Unterschrift und beigedrucktem Königlichen Insiegel.

Gegeben Schloß Babelsberg, den 5. Juni 1863.

(L. S.) Wilhelm.

v. Bismarck-Schönhausen. v. Bodelschwingh. v. Roon.
Gr. v. Itzenplitz. v. Mühler. Gr. zur Lippe.
v. Selchow. Gr. zu Eulenburg.

I. 2488. Rhein. Gener. 72. Vol. 6.

175.

Nachtrag vom 27. Juni 1863 zur Geschäfts-Anweisung für die Depositen-Kasse des Bezirks des Appellationsgerichtshofes zu Cöln, betreffend deren Verkehr mit der Bank.

Geschäftsanweisung vom 20. Dezember 1862 (S. 381 dieses Bandes).

§. 1.

Belegungen der Depositenkasse bei dem Bank-Comptoir in Cöln können in jeder beliebigen, durch 10 theilbaren, jedoch nicht unter 50 Thaler betragenden Summe zu dem Zinssatz von $2\frac{1}{10}$ Prozent Statt finden.

§. 2.

Die zur Belegung bei der Bank bestimmten Gelder sind zu diesem Behufe mit einem von der Depositenkasse unterschriebenen Antrage bei dem Bank-Comptoir in den gewöhnlichen Geschäftsstunden einzuzahlen. Ueber den Empfang stellt dies eine Interimsquittung aus. Diese wird quittirt nach 4 Wochen gegen die vom Haupt-Bank-Direktorium ausgefertigten Bankobligationen ausgetauscht.

§. 3.

Die Rückzahlung der Obligationen erfolgt gegen Rückgabe derselben, nachdem solche auf der Rückseite mit den Worten „Kapital und Zinsen zurückerhalten" von der Depositenkasse unter Beidrückung deren Amtssiegels quittirt sind, und zwar in der Kasse des Königlichen Bank-Comptoirs in den gewöhnlichen Geschäftsstunden.

Berlin und Carlsbad, den 27. Juni 1863.

Der Finanz-Minister. Im Auftrage. Günther.

Der Minister für Handel ꝛc. Chef der Preußischen Bank. v. Itzenplitz.

Der Justiz-Minister. In Vertretung. Müller.

I. 2539. Rhein. Gener. 45. Vol. 3.

176.

Allerhöchster Erlaß vom 2. Juli 1863, — betreffend die Ausdehnung des Geschäftskreises der Rheinischen Provinzial-Feuer-Sozietät auf Mobiliar-Versicherungen.

Auf Ihren Bericht vom 27. Juni d. J. genehmige Ich, in Berücksichtigung der Anträge der Stände der Rheinprovinz wegen Ausdehnung des Geschäftskreises der Provinzial-Feuersozietät auf die Mobiliarversicherung und Gestattung einer freieren Bewegung in der Geschäftsverwaltung, die in der Anlage enthaltenen Zusätze zum Revidirten Reglement der Rheinischen Provinzial-Feuersozietät vom 1. September 1852 (Rhein. Samml. Bd. 10. S. 480).

Gegenwärtiger Erlaß und seine Anlage sind durch die Gesetz-Sammlung zur öffentlichen Kenntniß zu bringen.

Carlsbad, den 2. Juli 1863.

Wilhelm.
Gr. zu Eulenburg.

An
den Minister des Innern.

I. 3173. Rhein. Gener. 85.

Zusätze zum Revidirten Reglement der Rheinischen Provinzial-Feuersozietät vom 1. September 1852.

§. 1.

Der §. 1 des Revidirten Reglements der Rheinischen Provinzial-Feuersozietät vom 1. September 1852 wird dahin ausgedehnt, daß diese Sozietät, vom 1. Januar 1864 anfangend, das Recht erhält, innerhalb der Rheinprovinz auch bewegliche Sachen aller Art unter folgenden Maaßgaben zu versichern.

§. 2.

Die der Sozietät für die Gebäudeversicherung zustehende Stempel-, Sportel- und Portofreiheit (§§. 2 und 3 des Reglements vom 1. September 1852), sowie die Befugniß zur exekutiven Einziehung der Beiträge (§. 28 des angeführten Reglements), finden auf die Mobiliarversicherung keine Anwendung.

§. 3.

Die Verwaltung dieses Geschäftszweiges erfolgt, unter Beachtung des Gesetzes vom 8. Mai 1837 über das Mobiliar-Feuerversicherungswesen, durch die Sozietätsdirektion und die von ihr in der Provinz nach Bedarf anzustellenden Geschäftsführer. Ein Recht, zu dieser Verwaltung Staats- oder Gemeindebeamten zu benutzen, findet nicht statt.

§. 4.

Anträge auf Mobiliarversicherung sind auf den von der Direktion vorgeschriebenen Formularen zwiefach auszufertigen, demnächst der Ortspolizei-Behörde einzureichen, von dieser gemäß §. 14. des Gesetzes vom 8. Mai 1837 zu prüfen und, wenn in polizeilicher Hinsicht keine Bedenken entgegenstehen, in einem bescheinigten Exemplar dem betreffenden Geschäftsführer, beziehungsweise der Direktion, portopflichtig zuzustellen.

§. 5.

Ueber Annahme oder Ablehnung der Versicherungen bestimmt die Direktion lediglich nach eigenem Ermessen.

§. 6.

Die Sozietät leistet bei den Mobilien für alle diejenigen Schäden Ersatz, welche sie reglementsmäßig bei den Gebäuden zu vergüten hat (§§. 46 bis 54 des Reglements); außerdem ersetzt sie auch den Schaden, welcher an den versicherten Gegenständen bei Gelegenheit eines Brandes durch nothwendiges Ausräumen oder durch Abhandenkommen entsteht, sofern dabei den Versicherten kein Verschulden trifft.

§. 7.

Die näheren Bedingungen, unter welchen die Sozietät die Versicherung der Mobilien gewährt, werden unter Genehmigung des Oberpräsidenten von der Direktion festgesetzt und auf Kosten der Sozietät durch die Amtsblätter bekannt gemacht.

§. 8.

Die Feststellung der mit dem Versicherten zu vereinbarenden Prämie, sowie die zur Ausführung vorstehender Bestimmungen nothwendigen geschäftlichen Anweisungen gehören zur Kompetenz der Direktion.

§. 9.

Die Geschäftsführer (§. 3) werden von der Direktion gegen Tantieme oder feste Remuneration innerhalb der durch den Etat bestimmten Schranken angestellt und dem Publikum durch die Amtsblätter bekannt gemacht. Ein Gleiches gilt hinsichtlich der zum Geschäftsbetriebe nöthigen Inspektoren.

§. 10.

In einzelnen Fällen oder im Allgemeinen, und zwar sowohl bezüglich der Immobiliarversicherung, als der Mobiliarversicherung, Rückversicherung zu nehmen, bleibt der Direktion nach eigenem Ermessen freigestellt.

177.

Allgemeine Verfügung vom 4. August 1863, — betreffend die bei Beurlaubung von Civil-Beamten hinsichtlich der Fortzahlung des Gehalts stattfindenden Grundsätze.

Allgemeine Verfügung vom 15. April 1843 (Rhein. Samml. Bd. 8. S. 158).

Seine Majestät der König haben durch eine an das Königliche Staats-Ministerium erlassene Allerhöchste Order vom 15. Juni d. J. zu genehmigen geruhet, daß in Betreff der Beurlaubung von Civilbeamten fortan folgende Grundsätze befolgt werden:

1) Bei der Beurlaubung eines Beamten wird auf die ersten $1\frac{1}{2}$ Monate des Urlaubes das Gehalt unverkürzt gezahlt, für weitere $4\frac{1}{2}$ Monate tritt ein Gehaltsabzug zum Betrage der Hälfte des Gehalts des betreffenden Beamten ein, während bei fernerem Urlaube kein Gehalt zu gewähren ist.

2) Bei Beurlaubungen wegen Krankheit und zur Herstellung der Gesundheit findet auch für die über 1½ Monate hinausgehende Zeit der unumgänglich nothwendigen Abwesenheit des Beamten kein Abzug vom Gehalte statt.

Diese Allerhöchsten Bestimmungen werden hierdurch den Justizbehörden zur Kenntnißnahme und Nachachtung bekannt gemacht.

Berlin, den 4. August 1863.

Der Justiz-Minister.
Gr. zur Lippe.

An
sämmtliche Justizbehörden.

I. 2731. U. 26. Vol. 3.

178.

Beschluß des Königlichen Staats-Ministeriums vom 31. August 1863, — betreffend die Festsetzung der durch die Ermittelung von Defekten entstandenen Kosten.

Verordnung vom 24. Januar 1844 (Rhein. Samml. Bd. 8 S. 231).

Zur Beseitigung der darüber entstandenen Zweifel, ob die Verpflichtung zur Tragung der durch die Ermittelung von Defekten entstandenen Kosten in den nach Vorschrift der Verordnung vom 24. Januar 1844 (Rhein. Samml. Bd. 8. S. 231) abzufassenden Beschlüssen den zum Ersatze der Defekte für schuldig erklärten Beamten aufzuerlegen sei, sowie zur Herbeiführung eines in dieser Beziehung gleichmäßigen Verfahrens in sämmtlichen Verwaltungszweigen beschließt das Staats-Ministerium:

daß in den auf Grund der angeführten Verordnung abzufassenden exekutorischen Beschlüssen, insofern durch dieselben die unmittelbare Verpflichtung zum Ersatze eines Defekts bei einer Kasse oder anderen Verwaltung ausgesprochen wird, jedesmal zugleich über die Verbindlichkeit der für ersatzpflichtig erklärten Beamten zur Tragung der durch die Ermittelung des Defekts erwachsenen Kosten die erforderliche Festsetzung zu treffen ist.

Berlin, den 31. August 1863.

Königliches Staats-Ministerium.

v. Bismarck. v. Bodelschwingh. v. Roon. Gr. v. Itzenplitz.
v. Mühler. Gr. zur Lippe. v. Selchow. Gr. zu Eulenburg.

Vorstehender Beschluß des Königlichen Staats-Ministeriums wird den Gerichtsbehörden zur Kenntnißnahme und Nachachtung bekannt gemacht.

Berlin, den 18. September 1863.

Der Justiz-Minister.
Gr. zur Lippe.

An
sämmtliche Gerichtsbehörden.

I. 3570. Crimin. 15. Vol. 5.

179.

Verfügung vom 2. September 1863, — betreffend die Aufstellung der Liste der Notabeln zur Wahl der Mitglieder des Handelsgerichts.

Art. 619 des Rheinischen Handelsgesetzbuchs.
Verfügung vom 31. Oktober 1846 (Rhein. Samml. Bd. 9. S. 119).

Der Königlichen Regierung wird auf den Bericht vom 8. August d. J., betreffend die Aufstellung der Liste der Notabeln zur Wahl der Mitglieder des Handelsgerichts, eröffnet, daß die denselben Gegenstand betreffende Verfügung der Ministerien der Justiz und der Finanzen vom 31. Oktober 1846 (Rhein. Samml. Bd. 9. S. 119) durch einen Bericht der Königlichen Regierung vom 1. August 1846 veranlaßt und durch dieselbe im Wesentlichen nur die Frage entschieden wurde, ob bei der Berechnung der Anzahl der Notabeln, welche nach Art. 619 des Rheinischen Handelsgesetzbuches die aufzustellende Liste nothwendig enthalten muß, die Anzahl der Bewohner des ganzen Handelsgerichtsbezirks oder nur die Anzahl der Bewohner der Stadt, in welcher das Handelsgericht seinen Sitz hat, in Betracht zu ziehen sei. Die Verfügung vom 31. Oktober 1846 hat sich, in Uebereinstimmung mit dem, jenem Berichte vom 1. August 1846 abschriftlich beigefügten Schreiben des General-Prokurators zu Cöln vom 15. Juli 1846, mit Recht für die letztere Alternative entschieden.

Es war nicht zweifelhaft und konnte auch nach den Worten des Gesetzes „leur nombre ne peut être au-dessous de 25“ nicht wohl zweifelhaft sein, daß die Liste mehr Notabeln als 25 enthalten darf, wenn der Sitz des Handelsgerichts bis zu 15000 Einwohner hat und darüber hinaus mehr als eine Eintragung für jedes weitere Tausend Einwohner. Wenn hiernach die Worte der Verfügung vom 31. Oktober 1846

„handelt der Artikel von der Zahl der Notabeln auf welche die Eintragung beschränkt ist"

nur den Sinn haben, daß man bei Festsetzung des Minimums der Notabeln sich auf eine Zählung der Einwohner der Stadt beschränken muß, in welchen das Handelsgericht seinen Sitz hat, so ist es andererseits auch nicht zweifelhaft, daß man die Notabeln, auch wenn man deren Liste auf das Minimum beschränkt, nicht nothwendig aus den in der Stadt wohnenden Notabeln zu nehmen braucht und daß nicht alle Kaufleute der Stadt und des Bezirks, welchen die Eigenschaft von Notabeln beigelegt werden kann, nothwendig auf die Liste gebracht werden müssen, daß vielmehr in dieser Hinsicht bei der Eintragung über das gesetzliche Minimum hinaus der Regierung eine angemessene Auswahl zusteht. Nur in diesem Sinne kann das nach dem Berichte vom 8. August d. J. bisher beobachtete Verfahren, daß sämmtliche Notabeln aus dem Handelsgerichtsbezirke ohne Beschränkung der Zahl in die Liste aufgenommen wurden, als richtig anerkannt werden.

Berlin, den 2. September 1863.

Der Minister für Handel 2c.	Der Justiz-Minister.
v. Itzenplitz.	Gr. zur Lippe.

I. 3619. Rhein. Gener. 52. Vol. 6.

180.

Allgemeine Verfügung vom 4. September 1863, — betreffend die Zulassung zur ersten juristischen Prüfung.

§. 2 Tit. 4 Th. III. der Allgemeinen Gerichts-Ordnung.
Allgemeine Verfügung v. 19. Oktober 1831 (Rhein. Samml. Bd. 3. S. 402).
Allgemeine Verfügung vom 18. August 1843. I. 3351.
Bekanntmachung vom 11. Januar 1858 (Justiz-Minist.-Bl. S. 18).

Wenngleich die Bekanntmachung vom 11. Januar 1858 (Justiz-Minist.-Bl. S. 18), in welcher Eltern und Vormünder auf die Schwierigkeiten aufmerksam gemacht worden sind, die sich zur Zeit den jungen Männern in Verfolgung der juristischen Laufbahn entgegenstellen, von dem Erfolge gewesen ist, daß die Zahl der Rechtskandidaten seitdem sich erheblich vermindert hat, so erachte ich es doch ebensowohl im Interesse derjenigen, welche einen künftigen Lebensberuf wählen, wie im Interesse der Rechtspflege selbst, für meine Pflicht, darauf hinzuweisen, daß die im Jahre 1858 dargelegten Schwierigkeiten nicht nur bis jetzt fortdauern, sondern sich seitdem noch wesentlich gesteigert haben. Während damals die Zahl derjenigen Assessoren, welche ohne besoldete Beschäftigung waren, nur 2—300 betrug, hat dieselbe sich inzwischen auf mehr als 800 erhöht, und auch jetzt noch trifft die damals bereits veröffentlichte Wahrnehmung zu, daß nur etwa 150 Assessoren jährlich durch Anstellung als Richter, Rechtsanwalte und Staatsanwaltsgehülfen zu einem festen Gehalte gelangen können. Nachdem auch in den letzten Jahren noch durchschnittlich fast die doppelte Zahl von Beamten die dritte juristische Prüfung bestanden hat, nämlich:

1858	314,
1859	309,
1860	323,
1861	270,
1862	292,

wird somit das Mißverhältniß zwischen der Zahl der vorhandenen Exspektanten und der Möglichkeit einer definitiven Anstellung noch auf viele Jahre hin wachsen, zumal wenn man erwägt, daß am Schlusse des Jahres 1862 außer den unbesoldeten Assessoren 1087 Referendarien und 489 Auskultatoren vorhanden gewesen sind.

Mit der hieraus sich von selbst ergebenden erneuten, dringenden Mahnung an Eltern und Vormünder, ihre Söhne und Pflegebefohlenen sich nicht der juristischen Laufbahn widmen zu lassen, sofern sie neben den erforderlichen Anlagen und dem inneren Berufe zu derselben nicht auch das Vermögen besitzen, um sich von Vollendung der Studienzeit an bis zu ihrer definitiven Anstellung, d. h. also zur Zeit noch etwa 10 Jahre lang, die ihrer Stellung entsprechenden Subsistenzmittel zu verschaffen, verbinde ich die Aufforderung an die Präsidien der Appellationsgerichte, bei Prüfung der durch die Verfügungen vom 19. Oktober 1831 (Rh. Samml. Bd. 3. S. 402) und 18. August 1843 vorgeschriebenen Sustentations-Zeugnisse vor der Zulassung zum ersten juristischen Examen mit aller Strenge zu verfahren und insbesondere darauf zu achten, daß dieselben auch einen gehörig beglaubigten und völlig zuverlässigen Anhalt für die nachzuweisende Fähigkeit der Eltern, Verwandten u. s. w. zur Sustentation der Kandidaten während der oben bezeichneten Zeit gewähren.

Berlin, den 4. September 1863.

Der Justiz-Minister.
Gr. zur Lippe.

An
die Präsidien sämmtlicher Appellationsgerichte.

I. 3381. O. 35.

181.

Allgemeine Verfügung vom 5. September 1863, — betreffend die den Beamten zu gewährende Vergütigung für Schreibmaterialien.

a.

Beschluß des Staats=Ministeriums.

Um für die Gewährung der Schreibmaterialien=Vergütigung, welche nach Maaßgabe der Allerhöchsten Kabinets=Order vom 31. August 1824 und des Staats=Ministerialbeschlusses vom 17. Juni 1851 gewissen Kategorien von Beamten gezahlt wird, sowie für die an Stelle und neben dieser Vergütigung stattfindende Verabreichung von Schreibmaterialien in natura in allen Ressorts ein möglichst gleichmäßiges Verfahren herbeizuführen, beschließt das Königliche Staats=Ministerium Folgendes:

I. Die Schreibmaterialien=Vergütigung beträgt fortan jährlich:
1) für die höheren Beamten acht Thaler,
2) für die Subalternbeamten mit Ausnahme der unter 3 aufgeführten, vier Thaler,
3) für die Kanzleibeamten und alle sonstigen Beamten, welche ausschließlich oder vorzugsweise mit der Fertigung von Reinschriften beschäftigt sind, sechs Thaler.
Kopialienschreiber erhalten diese Vergütigung nicht.

II. Der Bedarf an Papier wird den unter 2 und 3 genannten Beamten (auch den Kopialienschreibern) in natura verabfolgt. Ebenso wird für alle Dienstlokale der Bedarf an Tinte, Streusand, Siegellack, Mundlack, Bindfaden und Heftmaterial, sowie für die Sessions= und Terminszimmer das gesammte Schreibmaterial in natura geliefert. Außerdem findet eine Verabreichung von Schreibmaterialien und ähnlichen Büreaubedürfnissen (Messern, Scheeren, Linealen und dergleichen) neben der Geldvergütigung an die Beamten nicht statt.

III. Beamte, welche eine nicht voll besoldete Stelle bekleiden, erhalten in derselben an Schreibmaterialien=Vergütigung nur eine von dem Departements=Chef nach dem Umfange der Dienstgeschäfte festzusetzende, höchstens zwei Drittel betragende Quote der unter I. bestimmten Sätze. Dieselbe darf sich nur bis auf die Hälfte dieser Sätze belaufen, wenn der Beamte außerdem in einem anderen Amte die volle unter I. festgesetzte Vergütigung aus der Staatskasse erhält.

IV. Die Geldvergütigung für Schreibmaterialien wird vierteljährlich im Voraus gezahlt. Ist ein Beamter ein ganzes Kalenderquartal hindurch außer Dienstthätigkeit, so wird für dieses Quartal die Vergütigung nicht gewährt. Außer=

dem tritt wegen zeitweiliger Unterbrechung der amtlichen Thätigkeit eine Kürzung der Geldvergütigung nicht ein.

V. Wo bisher nach den bestehenden Einrichtungen eine Geldvergütigung nicht gewährt, vielmehr der ganze Schreibmaterialienbedarf in natura geliefert worden ist, kann es dabei auch für die Folge verbleiben. An Unterbeamte ist das, was sie zur Verrichtung ihrer Dienstgeschäfte etwa an Schreibmaterialien gebrauchen, unter Ausschluß jeder Geldvergütigung stets in natura zu verabfolgen.

VI. In den Sätzen der den technischen Baubeamten zu gewährenden Geldvergütigung für Schreib- und Zeichnenmaterialien wird durch vorstehende Bestimmungen nichts geändert.

VII. Diese Bestimmungen treten mit dem 1. Januar 1864 in Kraft.

Berlin, den 11. Mai 1863.

Königliches Staats-Ministerium.

v. Bismarck. v. Bodelschwingh. v. Roon. Gr. v. Itzenplitz. v. Mühler. Gr. zur Lippe. v. Selchow. Gr. zu Eulenburg.

b.

Verfügung des Justiz-Ministers.

Vorstehender Beschluß des Königlichen Staats-Ministeriums wird sämmtlichen Gerichten zur Kenntnißnahme und Beachtung mit dem Bemerken bekannt gemacht, daß hierdurch in den bisherigen Bestimmungen darüber, welchen Beamten ein Anspruch auf die Lieferung von Schreibmaterialien oder eine Geldvergütigung zusteht, und in welchen Fällen die Naturallieferung, beziehungsweise die Vergütigung in Gelde stattfindet, nichts geändert worden ist. Es bewendet deshalb insbesondere auch dabei, daß den Subalternbeamten der Gerichte erster Instanz die Schreibmaterialien in natura verabfolgt werden.

Diätarische Hülfsarbeiter oder Stellvertreter etatsmäßiger Beamten erhalten, wenn sie auf kürzere Zeit als drei Monate oder auf unbestimmte Zeit bestellt sind, die verhältnißmäßig erforderlichen Schreibmaterialien in natura, bei festen längeren Kommissorien aber die Geldvergütigung gleich den etatsmäßigen Beamten vierteljährlich im Voraus vom Ersten des Kalenderquartals ab, und falls sie im Laufe eines solchen eingetreten sind, vom ersten Tage des nächsten Quartals ab.

Diese Bestimmung, sowie der Staats-Ministerialbeschluß vom 11. Mai 1863 findet selbstverständlich keine Anwendung, wenn einzelnen Beamten für ihre Büreaubedürfnisse besondere Pauschquanta angewiesen sind, aus denen sie dann auch die Kosten für sämmtliche Schreibmaterialien zu bestreiten haben.

Berlin, den 5. September 1863. Der Justiz-Minister.
An sämmtliche Gerichte. Gr. zur Lippe.

I. 3266. Justizfonds 15. Vol. 3.

182.

Beschluß des Königlichen Staats-Ministeriums vom 22. September 1863, — betreffend die Kosten der Stellvertretung der als Abgeordnete zum Landtage einberufenen unmittelbaren Staatsbeamten.

Die Kosten der Stellvertretung für die aus Staatsfonds besoldeten Beamten während ihrer durch die Annahme einer Wahl zum Hause der Abgeordneten herbeigeführten Verhinderung in Verrichtung ihrer Amtsgeschäfte werden fortan nicht mehr aus Staatsfonds bestritten, es sind vielmehr die Behörden von den Ressort-Ministern anzuweisen, von den zunächst fälligen Raten der Besoldung des vertretenen Beamten die erforderlichen Beträge zur Deckung der Vertretungskosten zurückzubehalten und zu verwenden.

Berlin, den 22. September 1863.

Königliches Staats-Ministerium.
v. Bismarck. v. Bodelschwingh. v. Roon. Gr. v. Itzenplitz.
v. Mühler. Gr. zur Lippe. v. Selchow. Gr. zu Eulenburg.

Vorstehender Beschluß des Königlichen Staats-Ministeriums wird sämmtlichen Justizbehörden zur Kenntnißnahme und Nachachtung bekannt gemacht.

Berlin, den 5. Oktober 1863. Der Justiz-Minister.
An sämmtliche Justizbehörden. Gr. zur Lippe.

I. 3824. K. 39. Vol. 4.

183.

Allgemeine Verfügung vom 23. September 1863, — betreffend die Bezeichnungen der Fahrpostsendungen nach Staaten, welche zum Deutschen Postverein gehören.

Postvereins-Vertrag vom 18. August 1860 (Gesetz-Samml. von 1861 S. 45).
Allgem. Verfüg. v. 29. Januar 1861 (S. 228 dieses Bandes).
Allgem. Verfüg. v. 11. August 1862 (S. 369 dieses Bandes).

Im Artikel 68 des Postvereins-Vertrages vom 18. August 1860 ist unter Nr. 1 bestimmt:

„Die gewöhnlichen Schriften und Aktensendungen in reinen Staats-Dienstangelegenheiten (Offizialsachen) von Staats- und anderen öffentlichen Behörden des einen Postgebietes mit solchen Behörden eines anderen Postgebietes sind, auch bei Beförderung mittelst der Fahrpost, portofrei, wenn sie in der Weise, wie es in dem Postbezirke der Aufgabe für die Berechtigung zur Portofreiheit vorgeschrieben ist, als Staatsdienstsache bezeichnet und mit dem Dienstsiegel verschlossen sind, auch auf der Adresse die absendende Behörde angegeben ist."

Durch die allgemeinen Verfügungen vom 29. Januar 1861 und vom 11. August 1862 ist hiernächst den Gerichten und Staatsanwaltschaften bekannt gemacht, daß für Fahrpostsendungen, welche nach vorstehender Vereinbarung portofrei behandelt werden, nicht die Bezeichnung „Portofreie Justizsache," sondern die Bezeichnung „Königliche Dienstsache" zu wählen ist. Dennoch ist nach der Mittheilung des Königlichen General-Postamts gegen diese Anordnung verschiedentlich gefehlt worden.

Was unter Fahrpostsendungen nach Staaten, welche zum Deutschen Postverein gehören, zu verstehen, ist in der allgemeinen Verfügung vom 29. Januar 1861 unter I. angegeben.

Die Gerichte und Staatsanwaltschaften werden auf die obige Bestimmung des Postvereins-Vertrages und auf die oben angegebenen allgemeinen Verfügungen wiederholt mit dem Bemerken aufmerksam gemacht:

daß bei Fahrpostsendungen, welche nach den ergangenen Vorschriften portofrei zu befördern und nach Staaten bestimmt sind, welche zu dem Gebiet des Deutschen Postvereins gehören, stets die Bezeichnung:

Königliche Dienst-Sache

gewählt werden muß,

und werden dieselben angewiesen, sich genau hiernach zu achten.

Da die Postanstalten veranlaßt worden sind, die Annahme der von den Gerichten und Staatsanwaltschaften nach Bezirken des Deutschen Postvereins bestimmten Fahrpostsendungen, wenn sie mit dem Rubrum „Portofreie Justiz-Dienstsache" versehen sind, zu beanstanden und der absendenden Behörde anheimzugeben, die betreffenden Sendungen, falls sie nach dem Artikel 68 des Postvereins-Vertrages zu portofreier Beförderung geeignet sind, mit dem Rubrum „Königliche Dienst-Sache" zu versehen, so können durch die unrichtige Bezeichnung Verzögerungen entstehen, welche erhebliche Nachtheile zur Folge haben. Für derartige Nachtheile bleibt der Beamte, welchem das Versehen zur Last fällt, neben sonstiger disziplinarischer Ahndung verantwortlich.

Berlin, den 23. September 1863.

Der Justiz-Minister.
Gr. zur Lippe.

An
sämmtliche Gerichte und Beamte
der Staatsanwaltschaft.

I. 3047. P. 2. Vol. 12.

184.

Allgemeine Verfügung vom 9. Oktober 1863, — betreffend die Veröffentlichung der Eintragungen in das Handelsregister.

Die in dem Deutschen Handelsgesetzbuch vorgeschriebene Bekanntmachung der Eintragungen in das Handelsregister durch eine oder mehrere Anzeigen in öffentlichen Blättern kann ihren Zweck nicht vollkommen erfüllen, so lange es an einem amtlichen Organ fehlt, in welchem die der Veröffentlichung unterliegenden Eintragungen in das Handelsregister aller Gerichtsbehörden zuverlässig Aufnahme finden. Um dem Bedürfnisse, welches in dieser Beziehung sich fühlbar gemacht hat, abzuhelfen, wird den Gerichtsbehörden dringend empfohlen, vom Jahre 1864 an alle zur Veröffentlichung bestimmten Eintragungen in das Handelsregister, abgesehen von der Veröffentlichung durch die sonst geeigneten Blätter, zugleich durch den Preußischen Staatsanzeiger zur öffentlichen Kenntniß zu bringen, und die Benutzung desselben zu den vorgeschriebenen Veröffentlichungen im Dezember dieses Jahres in der nach Artikel 14 des Handelsgesetzbuchs und §. 14 Th. I. der Instruktion vom 12. Dezember 1861 (S. 278 dieses Bandes) zu erlassenden Bekanntmachung anzukündigen.

Berlin, den 9. Oktober 1863.

Der Justiz-Minister.
Gr. zur Lippe.

An
sämmtliche Gerichtsbehörden.

I. 3860. H. 10. Vol. 3.

185.

Allgemeine Verfügung vom 15. Oktober 1863, — betreffend das Verfahren bei Requisitionen Behufs eidlicher Vernehmungen von Personen im Königreich Italien.

Allgemeine Verfügung vom 16. September 1844 (Rhein. Samml. Bd. 8. S. 346).

Verfügung vom 30. April und 6. Juni 1849 (Justiz-Minist.-Blatt S. 287).

Die Gerichtsbehörden werden angewiesen, in allen Fällen, in welchen die Vermittelung des Königlichen Ministeriums der auswärtigen Angelegenheiten Behufs eidlicher Vernehmungen im Königreich Italien nachgesucht wird, dem Ansuchen eine direkte Requisition an die betreffende Italienische Gerichtsbehörde und die Eidesformel, versehen mit dem Siegel und der Unterschrift des Gerichts, beizufügen.

Berlin, den 15. Oktober 1863.

Der Justiz-Minister.
Gr. zur Lippe.

An
sämmtliche Gerichtsbehörden.

I. 4322. Requisitionen 48. Vol. 4.

186.

Allerhöchster Erlaß vom 23. Oktober 1863, — betreffend die Mittheilung von Kriminal-Erkenntnissen gegen Offiziere des Beurlaubtenstandes an das General-Auditoriat.

Gesetz vom 15. April 1852 (Rhein. Samml. Bd. 10. S. 406).
Verordnung vom 18. Mai 1852 (Rhein. Samml. Bd. 10. S. 417).

In Ergänzung der zur Ausführung des Gesetzes vom 15. April 1852 (Rhein. Samml. Bd. 10. S. 406) erlassenen Order vom 18. Mai dess. Jahres bestimme Ich ad Nr. 5 der letzteren, daß auch in Fällen, wo von einem Civilgericht gegen einen Offizier des Beurlaubtenstandes auf zeitige Unfähigkeit zur Bekleidung öffentlicher Aemter erkannt worden, das Erkenntniß vor der Vollstreckung Mir durch das General-Auditoriat einzureichen ist.

Schloß Babelsberg, den 23. Oktober 1863.

Wilhelm.
(gegengez.) v. Roon.

An
den Kriegs- und Marine-Minister.

Vorstehender Allerhöchster Erlaß wird hierdurch zur Kenntniß sämmtlicher Gerichtsbehörden gebracht, mit der Bestimmung, daß die Gerichte erster Instanz Erkenntnisse der gedachten Art, sobald dieselben die Rechtskraft beschritten, in beglaubigter Abschrift unmittelbar dem Königlichen General-Auditoriat zu übersenden haben.

Berlin, den 9. November 1863.

Der Justiz-Minister.
Gr. zur Lippe.

An
sämmtliche Gerichtsbehörden.

I. 4254. Milit.-Just.-Depart. Gener. 5. Vol. 4.

187.

Verfügung vom 26. Oktober 1863, — betreffend die Berechnung des Stempels in Prozessen über Realservituten in der Rheinprovinz.

Allgem. Gebührentaxe vom 23. August 1815. Einleitung §. 7 (Ges.-Samml. von 1815 Beilage zum Stück 15 S. 6).
Gesetz v. 10. Mai 1851 §. 11 Nr. 4 (Ges.-Samml. S. 629).
Gesetz vom 9. Mai 1854 Art. 5 (Ges.-Samml. S. 275).

In Beziehung auf die bei dem Königlichen Landgericht für den Zeitraum vom 1. April 1860 bis dahin 1862 stattgefundene Stempelrevision und die hierbei unerledigt gebliebene Erinnerung Nr. 7 der Defekten-Tabelle wird Ihnen im Einverständniß mit dem Herrn Finanz-Minister hierdurch eröffnet, daß Prozesse über Gerechtsame der hier fraglichen Art (Realservituten) einen Gegenstand betreffen, welcher seiner Natur nach nicht füglich zu einer bestimmten Geldsumme abgeschätzt werden kann. Es muß daher im Bezirke des Appellationsgerichtshofes zu Cöln der Unschätzbarkeitsstempel vom mindestens 5 Rthlr. verwendet werden. In den altländischen Provinzen ist dies grundsätzlich stets anerkannt, indem nach den Gesetzen vom 10. Mai 1851 §. 11. Nr. 4 (Ges.-Samml. S. 629) und vom 9. Mai 1854 Art. 5 (Ges.-Samml. S. 275) der den Stempelansatz mitumfassende Kostenansatz nicht nach einer bestimmten Summe, sondern nach einem, innerhalb verschiedener Sätze zu arbitrirenden Werthe festgestellt wird, und vor jenen Gesetzen, wo der Erkenntnißstempel noch neben den Gerichtsgebühren eintreten mußte, in Fällen der fraglichen Art immer ein Erkenntnißstempel von 5 Rthlr. zu berechnen war, wenn auch hinsichtlich der Gebühren eine Schätzung des Streitgegenstandes innerhalb geringerer Summen als 500 Rthlr. dem richterlichen Arbitrium gestattet wurde (cfr. §. 7 der Einleitung zur allgemeinen Gebührentaxe vom 23. August 1815).

Hiernach ist das Monitum des Stempelfiskals als begründet zu erachten, und haben Sie zur Erledigung desselben das Weitere zu veranlassen.

Berlin, den 26. Oktober 1863.

Der Justiz-Minister.
Gr. zur Lippe.

An
den Königl. Herrn Landgerichts-Präsidenten
und den Königl. Herrn Ober-Prokurator
zu Saarbrücken.

I. 3970. Rhein. Gener. 62. Vol. 9.

188.

Allerhöchster Erlaß vom 2. November 1863, — betreffend die Errichtung einer Handelskammer für den Kreis Saarbrücken, im Regierungsbezirk Trier.

Auf den Bericht vom 21. Oktober d. J. genehmige Ich die Errichtung einer Handelskammer für den Kreis Saarbrücken, im Regierungsbezirk Trier. Die Handelskammer nimmt ihren Sitz in der Stadt Saarbrücken. Sie soll aus neun Mitgliedern bestehen, für welche neun Stellvertreter gewählt werden. Zur Theilnahme an der Wahl der Mitglieder und der Stellvertreter sind sämmtliche Handel- und Gewerbtreibende des Kreises Saarbrücken berechtigt, welche in einer der beiden Gewerbesteuerklassen A. I. und II. veranlagt sind. Im Uebrigen finden die Vorschriften der Verordnung vom 11. Februar 1848 (Rh. Samml. Bd. 9. S. 278) über die Errichtung von Handelskammern Anwendung.

Dieser Erlaß ist durch die Gesetz-Sammlung zur öffentlichen Kenntniß zu bringen.

Schloß Babelsberg, den 2. November 1863.

Wilhelm.

An Gr. v. Itzenplitz.

den Minister für Handel, Gewerbe
und öffentliche Arbeiten.

I. 4629. Rhein. Gener. 52. Vol. 6.

189.

Verfügung vom 18. November 1863, — betreffend die Frage, inwiefern die Betheiligung Preußischer Staatsangehörigen an Prämien-Anleihen fremder Staaten als verbotenes Spiel in auswärtigen Lotterien anzusehen ist.

Allerhöchste Ordre v. 27. Mai 1837 (Ges.-Samml. S. 129).
Verordnung vom 5. Juli 1847 (Rh. Samml. Bd. 9. S. 208).

Auf den von Ihnen an die Herren Minister der Finanzen und des Innern gerichteten, von diesen dem Justiz-Minister mitgetheilten Bericht vom 19. Oktober d. J., die Ankündigung der Loosziehung des Oesterreichischen Eisenbahnanlehens betreffend, wird Ihnen, Herr Ober-Prokurator, im Einverständniß mit den genannten Herren Ministern, unter Rücksendung der Anlagen eröffnet, daß die mit Gewinnziehungen verbundenen fremden Staatsanleihen nach den bisher festgehaltenen Grundsätzen an sich als Lotterien nicht anzusehen sind, und die Betheiligung Preußischer Staatsangehörigen an dem Handel mit Obligationen der betreffenden Anleihen für ein durch die Verordnung vom 5. Juli 1847 (Rh. Samml. Bd. 9. S. 208) verbotenes Spiel in auswärtigen Lotterien nicht erachtet werden kann.

Bei solchen Prämien-Anleihen tritt der Begriff der Lotterie nur da ein, wo nicht die Obligationen selbst, sondern nur Promessen oder Aktien einzelner Obligationen für einzelne Ziehungen verkauft werden, und der Abnehmer sein Kaufgeld verliert, wenn in der betreffenden Ziehung kein Gewinn auf seinen Loosantheil fällt. Hiermit stimmt auch der Wortinhalt der Allerhöchsten Ordre vom 27. Mai 1837 (Ges.-Samml. S. 129) überein, indem dort nur der Verkauf der sogenannten Promessen zu den ausländischen, mit Prämien-Verloosungen verbundenen Staatsanleihen mit Strafe bedroht, dagegen die sonstige Betheiligung an solchen Anleihen nicht verboten ist. Wie die Börsen-Kurszettel ergeben, bilden die Obligationen zahlreicher ausländischer Prämien-Anleihen, z. B. der Oesterreichschen, Badenschen, Kurhessenschen, einen Gegenstand des Handels an den Preußischen Börsen.

Nach diesen Grundsätzen ist das Oesterreichische Eisenbahn-Lotterie-Anlehen an sich, sofern es sich um dessen Obligationen selbst und nicht bloß um Promessen handelt, als eine durch die Verordnung vom 5. Juli 1847 verbotene auswärtige Lotterie nicht anzusehen, und daher auch die Ankündigung derselben nicht strafbar. Hiernach ist gegen die von den Banquiers N. N. beabsichtigte Veröffentlichung der unter den Anlagen befindlichen Ankündigung nichts zu erinnern, wogegen die ebenfalls unter den Anlagen befindliche Ankündigung des Oesterreichischen Eisenbahn-Anlehens durch die Staats-Effekten-Handlung von C. für zulässig nicht erachtet werden kann, da letztere nicht ganze Obligationen, sondern Loose bloß zu einzelnen Ziehungen zum Preise von 3 Rthlr. pro Stück, 11 Stück à 30 Rthlr., anbietet.

Berlin, den 18. November 1863.

Der Justiz-Minister.
Gr. zur Lippe.

An
den Königl. Herrn Ober-Prokurator
zu Trier.

I. 4427. L. 9. Vol. 3.

190.

Bekanntmachung vom 27. November 1863, — betreffend die Aufkündigung der zwischen der Königlich Preußischen und der Königlich Niederländischen Regierung wegen Verhütung der Forstfrevel in Grenzwaldungen geschlossenen Uebereinkunft vom 16. August 1828 (Gesetz-Samml. für 1829 S. 101).

Die zwischen der Königlich Preußischen und der Königlich Niederländischen Regierung wegen Verhütung der Forstfrevel in Grenzwaldungen geschlossene Uebereinkunft vom 16. August 1828 (Gesetz-Samml. für 1829 S. 101) ist Seitens der Königlich Niederländischen Regierung am 7. Mai 1863 gekündigt und daher in Gemäßheit des Artikels 6 am 7. November 1863 außer Kraft getreten.

Dies wird hierdurch bekannt gemacht.

Berlin, den 27. November 1863.

Der Minister der auswärtigen Angelegenheiten.
Im Auftrage:
v. Thile.

I. 4878. F. 48. Vol. 7.

191.

Allgemeine Verfügung vom 30. November 1863, — betreffend die Requisitionen an Königlich Niederländische Behörden um Auslieferung flüchtiger Verbrecher.

In dem mit der Königlich Niederländischen Regierung abgeschlossenen Vertrage wegen gegenseitiger Auslieferung flüchtiger Verbrecher vom 17. November 1850 (Rhein. Samml. Bd. 10. S. 250) ist Artikel 6 verabredet worden, daß die Auslieferung auf diplomatischem Wege in Antrag gebracht werden soll.

Da diese Verabredung nicht immer befolgt wird, vielmehr nach der dem Justiz-Minister gemachten Mittheilung die Königlich Niederländischen Behörden von den diesseitigen Gerichten öfter unmittelbar um Verhaftung von Angeschuldigten oder Beschlagnahme von Geldern und Dokumenten requirirt worden sind, so werden die Gerichte und Beamten der Staatsanwaltschaft darauf aufmerksam gemacht, die in dem erwähnten Vertrage vorgeschriebenen Bestimmungen sorgfältig inne zu halten.

Berlin, den 30. November 1863.

Der Justiz-Minister.
Gr. zur Lippe.

An
sämmtliche Gerichte und Beamte
der Staatsanwaltschaft.

I. 4596. Conventionen 4. Vol. 2.

192.

Allgemeine Verfügung vom 10. Dezember 1863, — betreffend die telegraphischen Dienst-Depeschen.

Allgemeine Verfügung vom 3. September 1853 (Rhein. Samml. Bd. 10. S. 598).

Damit die Telegraphen-Verwaltung ihre Aufgabe nach allen Richtungen hin möglichst vollständig zu erfüllen vermag, ist es dringend nothwendig, daß die Benutzung des Staats-Telegraphen für wichtige Staatsdienstzwecke nicht durch Ueberbürdung desselben mit dienstlichen Nachrichten, welche auf brieflichem Wege noch rechtzeitig eintreffen würden, beeinträchtigt, und daß bei der Abfassung der für den Telegraphen bestimmten Depeschen die möglichste Kürze angewendet werde. Nach den von der Telegraphen-Verwaltung gemachten Wahrnehmungen wird von den Behörden, besonders was die Kürze und Bündigkeit in der Abfassung der Depeschen betrifft, nicht immer mit der nothwendigen Rücksicht verfahren, namentlich bezeichnet die Königliche Telegraphen-Direktion als häufig vorkommende unnöthige Verlängerungen der Depeschen folgende Gebräuche:

1) Die absendende Behörde nennt sich zum öftern in der Depesche zweimal, einmal am Kopfe (der N. N. an N. N.) und außerdem in der Unterschrift; es reicht indeß die Bezeichnung des Absenders bei der Unterschrift vollkommen aus.
2) In die Adresse werden nicht selten Titulaturen aufgenommen, welche für die unzweifelhafte Bezeichnung des Adressaten nicht erforderlich sind; beispielsweise ist statt der Adresse: „An den Königlichen Ersten Appellationsgerichts-Präsidenten und Wirklichen Geheimen Rath v. N. in N." die Adresse: „Erster Präsident des Appellationsgerichts in N." für die telegraphische Depesche vollkommen genügend. Außerdem kommen sogar noch Fälle vor, in denen die Depesche den Zusatz: „Hochwohlgeboren" u. s. w. bei den Adressen trägt.

3) Nicht minder fügen die Absender außer der ihr Amt karakterisirenden Bezeichnung noch sonstige Titulaturen hinzu, die für den Zweck der Depesche ohne Bedeutung sind, z. B.

„Central=Büreau des ꝛc.
In Vertretung des Vorstehers
N. Kanzleirath."

statt: „Central=Büreau des ꝛc.
Unterschrift."

4) In den Depeschen wird von der absendenden Behörde in der Regel noch Abgangsort und Datum angegeben, was überflüssig ist, da die Telegraphen=Stationen ohnehin den Ort und das Datum der Aufgabe der Depesche mittelegraphiren müssen, und diese Amtsangaben auch in den Depeschen=Ausfertigungen erscheinen. Der Absender kann daher Abgangsort und Datum weglassen, ausgenommen den Fall, wenn er die Depesche an einem anderen Orte niederschreibt, als demjenigen, von wo die eigentliche Abtelegraphirung erfolgt.

5) Im Texte der Depeschen kommen noch immer Ausdrücke und Wendungen vor, wie: „ergebenst und ganz ergebenst, erlauben wir uns die ganz ergebenste Anfrage auszusprechen, bitten ganz ergebenst um baldgefällige Nachricht u. s. w." — Formen, durch deren Weitläuftigkeit oft wichtige und eilige Staatsdienstsachen unnöthiger Weise aufgehalten werden.

Auf den Wunsch des Herrn Ministers für Handel, Gewerbe und öffentliche Arbeiten werden sämmtliche Gerichte und Beamte der Staatsanwaltschaft hierdurch unter Bezugnahme auf die allgemeine Verfügung vom 3. September 1853 angewiesen, im gemeinsamen Staatsdienst=Interesse von dem Staats=Telegraphen nur für wirklich eilige und wichtige Dienstsachen Gebrauch zu machen, und dabei, unter Berücksichtigung der vorangeschickten Punkte, sich die möglichste Kürze und Einfachheit angelegen sein zu lassen.

Berlin, den 10. Dezember 1863.

Der Justiz=Minister.
Gr. zur Lippe.

An
sämmtliche Gerichte und Beamte
der Staatsanwaltschaft.

I. 4781. T. 20. Vol. 2.

LI.

1864.

Gesetze, Verordnungen, Rescripte.

193.

Allgemeine Verfügung vom 8. Januar 1864, — betreffend die Ressortverhältnisse der Militairbehörden bei einer gerichtlichen Beschlagnahme von Gehältern oder Pensionen der Offiziere und Militairbeamten.

Allgemeine Verfügung vom 10. August 1853 (Rhein. Samml. Bd. 10. S. 587).

Die durch die allgemeine Verfügung vom 10. August 1853 den Gerichten mitgetheilte Nachweisung

derjenigen Behörden und Personen, an welche die Requisitionen wegen Vollstreckung der Exekution gegen Offiziere und Beamte der Militairverwaltung auf Gehalts- und Pensionsabzüge zu richten sind,

ist insofern nicht mehr genügend und zutreffend, als inmittelst eine vollständige Abtrennung der Marine von dem Kriegs-Ministerium eingetreten ist, demzufolge überall, wo in jener Nachweisung, namentlich unter Nr. II. (6), III. und XIV. B. I., eine der Abtheilungen oder der Departements des Kriegs-Ministeriums als die zu requirirende Behörde bezeichnet wird, an deren Stelle in Ansehung der zur Marine gehörenden Personen nunmehr das Marine-Ministerium als die zuständige Behörde treten muß. Es versteht sich ferner von selbst, daß an Stelle der unter Nr. XIV. der Nachweisung erwähnten Militair-Intendanturen überall, wo es sich um Personen der Marine handelt, die Marine-Intendantur in Berlin zu requiriren ist.

Sämmtliche Gerichtsbehörden werden hiervon zur Beachtung in den betreffenden Fällen in Kenntniß gesetzt.

Berlin, den 8. Januar 1864.

Der Justiz-Minister.
Gr. zur Lippe.

An
sämmtliche Gerichtsbehörden.

I. 5215. M. 53. Vol. 7.

194.

Allgemeine Verfügung vom 11. Januar 1864, — betreffend das Verfahren bei Requisitionen an Kaiserlich Russische Behörden.

Allgemeine Verfügung vom 16. September 1844 (Rhein. Samml. Bd. 8. S. 346).

Allgemeine Verfügung vom 27. September 1854 (Rhein. Samml. Bd. 11. S. 60).

Die Gerichtsbehörden werden hierdurch angewiesen, in Fällen, in denen Requisitionen an Kaiserlich Russische Behörden zu richten sind, diese direkt an die betreffende Kaiserliche Behörde zu richten, und die so abgefaßten Requisitionsschreiben dem Herrn Minister der auswärtigen Angelegenheiten einzureichen, welcher dieselben der Königlichen Gesandtschaft in St. Petersburg zur weiteren Veranlassung zugehen lassen wird.

Berlin, den 11. Januar 1864.

Der Justiz-Minister.
Gr. zur Lippe.

An
sämmtliche Gerichtsbehörden.

I. 53. Requisitionen 48. Vol. 4.

195.

Beschluß des Königlichen Staats-Ministeriums vom 3. Februar 1864, — betreffend die Behandlung der militairpflichtigen Civilbeamten, welche wegen der Maaßregeln gegen Dänemark aus dem Reserve- oder Landwehr-Verhältniß zu den Fahnen einberufen worden sind.

Staats-Ministerialbeschluß vom 19. Juli 1850 (Rhein. Samml. Bd. 10. S. 228).

Auf den Antrag des Kriegs-Ministers vom 19. Januar d. J. beschließt das Staats-Ministerium:

daß die in der Anlage des Staats-Ministerialbeschlusses vom 19. Juli 1850 zusammengestellten Bestimmungen über die Behandlung der Civilbeamten, welche im Falle einer Mobilmachung in die Armee eintreten, auch auf diejenigen Civilbeamten anzuwenden sind, welche jetzt wegen der Maaßregeln gegen Dänemark aus dem Reserve- und Landwehr-Verhältniß, gleichviel, sei es zu den Fahnen mobiler oder augmentirter Truppen, einberufen worden sind, resp. noch einberufen werden sollten.

Berlin, den 3. Februar 1864.

Königliches Staats-Ministerium.

v. Bismarck. v. Bodelschwingh. v. Roon. Gr. v. Itzenplitz. v. Mühler. Gr. zur Lippe. v. Selchow. Gr. zu Eulenburg.

Vorstehender Beschluß des Königlichen Staats-Ministeriums wird sämmtlichen Gerichtsbehörden, sowie den Beamten der Staatsanwaltschaft, zur Kenntnißnahme und Beachtung mitgetheilt.

Berlin, den 15. Februar 1864.

Der Justiz-Minister.
Gr. zur Lippe.

An
sämmtliche Gerichtsbehörden und Beamte der Staatsanwaltschaft.

I. 568. O. 136. Vol. 4.

196.

Gesetz vom 15. Februar 1864, — betreffend die Aktiengesellschaften, bei welchen der Gegenstand des Unternehmens nicht in Handelsgeschäften besteht.

Wir Wilhelm, von Gottes Gnaden, König von Preußen 2c.

verordnen über die Aktiengesellschaften, bei welchen der Gegenstand des Unternehmens nicht in Handelsgeschäften besteht, für den ganzen Umfang Unserer Monarchie, unter Zustimmung beider Häuser des Landtages, was folgt:

§. 1.

Das durch den Artikel 12 des Einführungsgesetzes zum Allgemeinen Deutschen Handelsgesetzbuch vom 24. Juni 1861 (Gesetz-Samml. S. 449) in Bezug auf diejenigen Aktiengesellschaften, bei welchen der Gegenstand des Unternehmens in Handelsgeschäften besteht, bereits aufgehobene Gesetz über Aktiengesellschaften vom 9. November 1843 (Gesetz-Samml. S. 341) wird auch in Bezug auf diejenigen Aktiengesellschaften aufgehoben, bei welchen der Gegenstand des Unternehmens nicht in Handelsgeschäften besteht.

§. 2.

Für Aktiengesellschaften, bei welchen der Gegenstand des Unternehmens nicht in Handelsgeschäften besteht, sollen fortan die in den Artikeln 18. 207 bis 248 des Deutschen Handelsgesetzbuchs und in dem Artikel 12 §§. 1 bis 9 des Einführungsgesetzes vom 24. Juni 1861 enthaltenen Vorschriften gleichfalls gelten, soweit in den folgenden Paragraphen nicht ein Anderes bestimmt ist.

§. 3.

In den Landestheilen, in welchen das Allgemeine Landrecht gilt, findet auf diese Aktiengesellschaften auch der Artikel 23 des Einführungsgesetzes vom 24. Juni 1861 dahin Anwendung, daß die zu dem Vermögen einer solchen Gesellschaft gehörenden Grundstücke, Gerechtigkeiten, dinglichen Rechte und Hypothekenforderungen auf den Namen der Gesellschaft ohne Benennung der einzelnen Gesellschafter in das Hypothekenbuch einzutragen sind, daß bei der Eintragung die Firma der Gesellschaft und der Ort, wo sie ihren Sitz hat, anzugeben, und daß, wenn in Bezug auf die Firma oder den Sitz eine Aenderung eintritt, diese im Hypothekenbuche zu vermerken ist.

§. 4.

Die in den Artikeln 210. 211. 212, in dem zweiten und dritten Absatz des Artikels 214, sowie im ersten Absatz des Artikels 220, in den Artikeln 226. 228. 233, in dem ersten Absatz des Artikels 239, in dem Artikel 243, in dem zweiten Absatz des Artikels 244, in dem dritten Absatz des Artikels 245, in dem Artikel 246, in dem Artikel 247 unter Ziffer 4 und in dem zweiten Absatz des Artikels 248 des Deutschen Handelsgesetzbuchs enthaltenen Vorschriften finden auf die in dem §. 2 bezeichneten Aktiengesellschaften keine Anwendung.

§. 5.

Für dieselben treten an Stelle der nach dem §. 4 nicht anwendbaren Vorschriften des Artikels 211, des dritten Absatzes des Artikels 214, des ersten Absatzes des Artikels 220, der Artikel 226. 228. 233, des ersten Absatzes des Artikels 239, des Artikels 243, des zweiten Absatzes des Artikels 244, des dritten Absatzes des Artikels 245, der Artikel 246. 247 Ziffer 4 und des zweiten Absatzes des Artikels 248 des Deutschen Handelsgesetzbuchs folgende Vorschriften:

1) An Stelle des Artikels 211:

Vor erfolgter landesherrlicher Genehmigung und Bekanntmachung des Gesellschaftsvertrages nebst der Genehmigungs-Urkunde durch das Amtsblatt (Artikel 12 §§. 1 und 3 des Einführungsgesetzes vom 24. Juni 1861) besteht die Aktiengesellschaft als solche nicht.

Wenn vorher im Namen der Gesellschaft gehandelt worden ist, so haften die Handelnden persönlich und solidarisch.

2) An Stelle des dritten Absatzes des Artikels 214:

Ein solcher Beschluß hat keine rechtliche Wirkung, bevor derselbe nebst der Genehmigungs-Urkunde durch das Amtsblatt bekannt gemacht ist (Artikel 12 §§. 1 und 3 des Einführungsgesetzes vom 24. Juni 1861).

3) An Stelle des ersten Absatzes des Artikels 220:

Ein Aktionair, welcher seine Aktie nicht zur rechten Zeit einzahlt, ist zur Zahlung der landesüblichen Verzugszinsen von Rechtswegen verpflichtet.

4) An Stelle des Artikels 226:

Handelt es sich um die Führung von Prozessen gegen die Mitglieder des Vorstandes oder des Aufsichtsrathes, so kommen die Artikel 194 und 195 mit der Maaßgabe zur Anwendung, daß die Ernennung der Bevollmächtigten, wenn die Bestellung derselben durch Wahl gehindert wird (Artikel 195 Absatz 2), durch das Gericht erfolgt, in dessen Bezirke die Gesellschaft ihren Sitz hat.

5) An Stelle des Artikels 228:

Die jeweiligen Mitglieder des Vorstandes müssen alsbald nach ihrer Bestellung in der Form, welche für die von der Gesellschaft ausgehenden Bekanntmachungen angeordnet ist und durch die dafür bestimmten öffentlichen Blätter (Artikel 209 Ziffer 11) bekannt gemacht werden.

6) An Stelle des Artikels 233:

Jede Aenderung der Mitglieder des Vorstandes muß in der für die Veröffentlichung der Mitglieder des Vorstandes vorgeschriebenen Weise bekannt gemacht werden. In Bezug auf ein erst nach Ablauf des dritten Tages, von dem Tage der Ausgabe des Blattes an gerechnet, in welchem die Bekanntmachung zuerst erschienen ist, abgeschlossenes Geschäft kann, der Gesellschaft gegenüber, die Unkenntniß der Aenderung nicht geltend gemacht werden. Ist das Geschäft früher abgeschlossen, oder ist die Veröffentlichung nicht geschehen, so kann die Gesellschaft einem Dritten die Aenderung nur dann entgegensetzen, wenn sie beweist, daß ihm dieselbe bei dem Abschluß des Geschäfts bekannt war.

7) An Stelle des ersten Absatzes des Artikels 239:

Der Vorstand ist verpflichtet, Sorge zu tragen, daß die zur Uebersicht der Vermögenslage der Gesellschaft erforderlichen Bücher geführt werden. Er muß den Aktionairen spätestens in den ersten sechs Monaten jedes Geschäftsjahres eine Bilanz des verflossenen Geschäftsjahres vorlegen.

Die Bücher der Gesellschaft sind während zehn Jahre, von dem Tage der in dieselben geschehenen letzten Eintragung an gerechnet, aufzubewahren. Dasselbe gilt in Ansehung der Geschäftsbriefe, sowie in Ansehung der Inventare und Bilanzen.

8) An Stelle des Artikels 243:

Die Auflösung der Gesellschaft muß, wenn sie nicht eine Folge des eröffneten Konkurses ist, zu drei verschiedenen Malen durch die hierzu bestimmten öffentlichen Blätter (Artikel 209 Ziffer 11) bekannt gemacht werden.

Durch diese Bekanntmachung müssen zugleich die Gläubiger aufgefordert werden, sich bei der Gesellschaft zu melden.

9) An Stelle des zweiten Absatzes des Artikels 244:

Es kommen die bezüglich der offenen Handelsgesellschaften über das Rechtsverhältniß der Liquidatoren gegebenen Bestimmungen auch hier zur Anwendung mit der Maaßgabe, daß die Liquidatoren, das Austreten eines Liquidators oder das Erlöschen der Vollmacht eines solchen in gleicher Art, wie die Mitglieder des Vorstandes und eine Aenderung dieser Mitglieder bekannt zu machen sind. Die Folgen der geschehenen oder nicht geschehenen Bekanntmachung bestimmen sich nach den Vorschriften über die Folgen der geschehenen oder nicht geschehenen Bekanntmachung einer Aenderung der Mitglieder des Vorstandes.

10) An Stelle des dritten Absatzes des Artikels 245:

Die aus den Büchern der Gesellschaft ersichtlichen oder in anderer Weise bekannten Gläubiger sind durch besondere Erlasse aufzufordern, sich zu melden; unterlassen sie dies, so ist der Betrag ihrer Forderungen gerichtlich niederzulegen.

Das Letztere muß auch in Ansehung der noch schwebenden Verbindlichkeiten und streitigen Forderungen geschehen, sofern nicht die Vertheilung des Gesellschaftsvermögens bis zu deren Erledigung ausgesetzt bleibt oder den Gläubigern eine angemessene Sicherheit bestellt wird.

11) An Stelle des Artikels 246:

Die Bücher der aufgelösten Gesellschaft sind an einen von dem Gericht, in dessen Bezirke die Gesellschaft ihren Sitz hat, zu bestimmenden sicheren Ort zur Aufbewahrung auf die Dauer von zehn Jahren niederzulegen.

12) An Stelle der Bestimmung unter Ziffer 4 Artikel 247:

Die Auflösung der Gesellschaft ist wie in sonstigen Auflösungsfällen bekannt zu machen.

13) An Stelle des zweiten Absatzes des Artikels 248:
Die Zurückzahlung kann nur unter Beobachtung derselben Bestimmungen erfolgen, welche für die Vertheilung des Gesellschaftsvermögens im Falle der Auflösung nach den im Artikel 245 und den vorstehend unter Ziffer 8 und 10 enthaltenen Vorschriften maaßgebend sind.

§. 6.

Ist der Vorstand einer zur Zeit des Eintritts der Geltung dieses Gesetzes bereits bestehenden Aktiengesellschaft, bei welcher der Gegenstand des Unternehmens nicht in Handelsgeschäften besteht, in der Befugniß, die Gesellschaft zu vertreten, beschränkt, so kommt während des Zeitraums von fünf Jahren, von der Zeit des Eintritts der Geltung dieses Gesetzes an gerechnet, die im zweiten Absatze des Artikels 231 des Deutschen Handelsgesetzbuchs enthaltene Vorschrift nicht zur Anwendung; für die spätere Zeit hat die Beschränkung dritten Personen gegenüber keine rechtliche Wirkung.

§. 7.

Im Bezirke des Appellationsgerichtshofes zu Cöln muß der Vorstand einer nach diesem Gesetze zu beurtheilenden Aktiengesellschaft im Falle des dritten Absatzes des Artikels 240 des Deutschen Handelsgesetzbuchs die Unzulänglichkeit des Vermögens der zuständigen Aufsichtsbehörde anzeigen. Wenn die Mitglieder des Vorstandes die Anzeige unterlassen, so werden sie nach Maaßgabe des §. 9 Artikel 12 des Einführungsgesetzes vom 24. Juni 1861 bestraft.

Urkundlich unter Unserer Höchsteigenhändigen Unterschrift und beigedrucktem Königlichen Insiegel.

Gegeben Berlin, den 15. Februar 1864.

(L. S.) Wilhelm.

v. Bismarck-Schönhausen. v. Bodelschwingh. v. Roon.
Gr. v. Itzenplitz. v. Mühler. Gr. zur Lippe.
v. Selchow. Gr. zu Eulenburg.

I. 975. A. 45. Vol. 3.

197.

Allgemeine Verfügung vom 22. Februar 1864, — betreffend die Bekanntmachung von Steckbriefen.

Allgem. Verfüg. v. 15. November 1858 (S. 42 dieses Bandes).

Der Justiz-Minister hat die Wahrnehmung gemacht, daß die öffentlichen Blätter häufig Steckbriefe enthalten, in welchen

Personen verfolgt werden, die sich nur geringfügiger Vergehen schuldig gemacht haben, und deren Ergreifung darum keineswegs der Art im Interesse der Strafrechtspflege liegend erscheint, daß die durch den Erlaß des Steckbriefes und demnächst durch den Transport des Ergriffenen entstehenden Kosten dadurch gerechtfertigt würden.

Die Gerichte, und im Bezirk des Appellationsgerichtshofes zu Cöln die Beamten der Staatsanwaltschaft, werden deshalb angewiesen, vor der Bekanntmachung eines Steckbriefes jedesmal sorgfältig zu prüfen: ob entweder die Schwere der That, oder die Gefährlichkeit des Thäters, oder andere besondere Umstände eine solche Bekanntmachung angemessen erscheinen lassen, und überhaupt darauf zu sehen: daß bei dem Erlasse von Steckbriefen mit Maaß verfahren, und jede unnöthige Häufung derselben vermieden werde.

Berlin, den 22. Februar 1864.

Der Justiz-Minister.
Gr. zur Lippe.

An
sämmtliche Gerichtsbehörden.

I. 669. Crimin. 64. Vol. 2.

198.

Beschluß des Königlichen Staats-Ministeriums vom 9. März 1864, — betreffend die Behandlung der militairpflichtigen Civilbeamten, im Falle ihrer Einberufung zum Kriegsdienste bei einer Mobilmachung der Armee.

Staats-Ministerial-Beschluß vom 19. Juli 1850 (Rh. Samml. Bd. 10. S. 228).

a. Beschluß des Staats-Ministeriums.

Das Königliche Staats-Ministerium beschließt:

1) Zu den §§. 15 und 20 des Staats-Ministerial-Beschlusses vom 22. Januar 1831 über die Gehaltsbezüge der bei einer Mobilmachung in die Armee eintretenden Civilbeamten (Nr. 4 und 11 der Zusammenstellung in der Anlage des Staats-Ministerial-Beschlusses vom 19. Juli 1850) folgende Zusatzbestimmung:

Die durch jene Vorschriften angeordnete Kürzung der Civilbesoldung findet bei denjenigen Beamten, welche einen eigenen Hausstand mit Frau oder Kind haben, von dem Beginn desjenigen Monats an, in welchem sie ihren Wohnort zu verlassen genöthigt sind, nur insoweit statt, als das reine Civil-Einkommen und das Militairgehalt zusammen den Betrag von Achthundert Thalern jährlich übersteigen.

2) In der Vorschrift unter Nr. 6 der allegirten Zusammenstellung wegen Gewährung der Feldzulage wird hierdurch nichts geändert.

3) Nach Maaßgabe dieses Beschlusses ist auch hinsichtlich der unter den Staats-Ministerial-Beschluß vom 3. Februar d. J. (S. 434 dies. Band.) fallenden Civilbeamten zu verfahren.

Von diesem Beschluß erhält jeder Minister eine beglaubigte Abschrift, um danach für sein Ressort das Erforderliche zu veranlassen.

Berlin, den 9. März 1864.

Königliches Staats-Ministerium.

v. Bismarck. v. Bodelschwingh. v. Roon. Gr. v. Itzenplitz. v. Mühler. Gr. zur Lippe. v. Selchow. Gr. zu Eulenburg.

b. Verfügung des Justiz-Ministers.

Vorstehender Beschluß des Königlichen Staats-Ministeriums wird sämmtlichen Gerichtsbehörden und den Beamten der Staatsanwaltschaft zur Kenntnißnahme und Beachtung mitgetheilt.

Berlin, den 26. April 1864.

Der Justiz-Minister.
Gr. zur Lippe.

An
sämmtliche Gerichtsbehörden und an
die Beamten der Staatsanwaltschaft.

I. 1503. O. 136. Vol. 4.

199.

Allgemeine Verfügung vom 11. März 1864, — betreffend die Berichtigung der Gebühren für die Gutachten der zum Schutze des Eigenthums an Werken der Wissenschaft und Kunst .gegen Nachdruck und Nachbildung gebildeten Vereine von Sachverständigen.

Staats-Ministerial-Beschluß vom 15. Oktober 1856 (Gesetz-Samml. S. 873).

Allgem. Verfüg. v. 17. Juli 1858 (Just.-Min.-Bl. S. 234).

Allgem. Verfüg. v. 28. November 1862 (S. 380 dieses Bandes).

Zur Vereinfachung des Geschäftsganges bei Berichtigung der Gebühren für die Gutachten der zum Schutze des Eigenthums an Werken der Wissenschaft und Kunst gegen Nachdruck und Nachbildung gebildeten Vereine von Sachverständigen hat der Herr Minister der geistlichen, Unterrichts- und Medizinal-Angelegenheiten im Einverständniß mit dem Justiz-Minister die Einrichtung getroffen, daß derartige Gebühren fortan aus der Generalkasse seines Ministeriums an die Empfangsberechtigten vorschußweise gezahlt werden.

Mit Bezug hierauf werden sämmtliche Gerichtsbehörden hierdurch angewiesen, unmittelbar nach Eingang der den betreffenden Gutachten beigefügten Liquidationen zu veranlassen, daß die in Rede stehenden Gebühren in allen Fällen an die General-Kasse des Königlichen Ministeriums der geistlichen, Unterrichts- und Medizinal-Angelegenheiten eingesandt werden. Die Ausgabepost ist durch die Quittung jener Kasse zu belegen.

Berlin, den 11. März 1864.

Der Justiz-Minister.
Gr. zur Lippe.

An
sämmtliche Gerichtsbehörden.

I. 790. N. 3. Vol. 10.

200.

Allgemeine Verfügung vom 15. April 1864, — betreffend das Verfahren bei Wiedergewährung von Militair-Invaliden-Pensionen.

Staats-Ministerial-Beschluß vom 30. Mai 1844 (Rhein. Samml. Bd. 8. S. 327).

Allgemeine Verfügung vom 8. August 1854 (Rhein. Samml. Bd. 11. S. 43).

Allgemeine Verfügung v. 4. Dezember 1854 (Justiz-Minist.-Blatt S. 434).

Den Königlichen Appellationsgerichten wird nachstehend eine Cirkular-Verfügung des Herrn Finanz-Ministers vom 12. März d. J. zur Kenntnißnahme und Nachachtung mitgetheilt, durch welche den Königlichen Regierungen, beziehungsweise dem Vorgesetzten der Civil-Pensionskasse hierselbst, unter eigener Verantwortlichkeit, die Anweisung resp. Wiederanweisung derjenigen Invaliden-Pensionen übertragen worden ist, die nach den Bestimmungen des Staats-Ministerial-Beschlusses vom 30. Mai 1844 den im Civildienste angestellten oder beschäftigten Militair-Invaliden bei dem Ausscheiden aus solchen Dienststellungen aus Civilfonds wieder zu gewähren sind.

Die Königlichen Appellationsgerichte haben danach in vorkommenden Fällen die bezüglichen Anträge nicht mehr an den Justiz-Minister, sondern an die oben bezeichneten Stellen zu richten. Dagegen sind Gesuche um Bewilligung von **Unterstützungen** nach Maaßgabe der Bestimmung unter Nr. 2 des der allgemeinen Verfügung vom 8. August 1854 angeschlossenen Cirkular-Reskripts des Königlichen Kriegs-Ministeriums vom 1. Februar 1853 auch ferner dem Justiz-Minister einzusenden.

Berlin, den 15. April 1864.

Der Justiz-Minister.
Gr. zur Lippe.

An
sämmtliche Königl. Appellationsgerichte.

I. 1100. J. 26. Vol. 4.

a. Cirkular-Verfügung des Herrn Finanz-Ministers.

Die Militair-Invaliden-Pensionen, welche den im Civildienste angestellten oder beschäftigten Militair-Invaliden bei dem Wiederausscheiden aus solchen Dienststellungen nach den Bestimmungen des Staats-Ministerial-Beschlusses vom 30. Mai 1844 wieder zu gewähren sind, sind in den Fällen, in welchen die Zahlung aus dem Civil-Beamten-Pensions-Fonds oder aus dem Pensions-Aussterbe-Fonds zu erfolgen hat, nach der bisherigen Einrichtung in jedem einzelnen Falle durch das Finanz-Ministerium angewiesen worden, und es hat in jedem solchen Falle von der Königlichen Regierung berichtet werden müssen.

Da es sich bei der Verfügung auf derartige Anträge nicht um die Bewilligung, sondern lediglich um die Anweisung resp. Wiederanweisung einer früher bewilligten Pension handelt, auf welche ein in quali und in quanto feststehender Anspruch bereits vorhanden ist, so will ich die Bestimmung über die Zahlbarmachung solcher Pensionen für die oben bezeichneten Fälle hierdurch der Königlichen Regierung übertragen. Die Königliche Regierung hat daher fortan in derartigen Fällen nicht mehr an mich zu berichten, sondern selbstständig und unter eigener Verantwortlichkeit Verfügung zu treffen.

Ich bemerke hierbei gleichzeitig, daß des Königs Majestät durch eine Allerhöchste Order vom 22. v. M. zu genehmigen geruht haben, daß die in Gemäßheit der Bestimmungen in den §§. 21 und 22 des Staats-Ministerial-Beschlusses vom 30. Mai 1844 bisher auf den Pensions-Aussterbe-Fonds angewiesenen Militair-Invaliden-Pensionen fortan auf den Civilbeamten-Pensionsfonds übernommen werden.

Danach fällt die in diesen Paragraphen gemachte Unterscheidung bezüglich des Fonds, aus welchen die Zahlung zu erfolgen hat, nunmehr hinweg, und die Pensionen sind in allen Fällen der oben bezeichneten Art auf den Civilbeamten-Pensionsfonds anzuweisen.

Die Fälle, in welchen nach §. 23 a. a. O. die Uebernahme der Pension auf den Militair-Pensionsfonds stattzufinden hat, werden durch diese Anordnung nicht berührt.

Die Grundsätze, nach welchen bei Wiedergewährung der Invaliden-Pensionen zu verfahren ist, sind in dem mehrgenannten Staats-Ministerial-Beschlusse vorgeschrieben, und ich nehme nur hinsichtlich einiger Punkte, welche bisher hin und wieder Gegenstand von Zweifeln gewesen sind, Veranlassung, das Folgende zu bemerken:

1) Für den im §. 22 a. a. O. vorgesehenen Fall gilt die Vorschrift des §. 5 ebendaselbst nicht. Neben einer aus städtischen oder ständischen Fonds bewilligten Pension wird nur dann, wenn dieselbe geringer ist, als der Betrag der Militair-Invaliden-Pension, ein zur Erfüllung derselben erforderlicher Zuschuß gewährt.

2) Nach §. 23 des Strafgesetzbuchs vom 14. April 1851 werden Militair-Invaliden auch schon durch Untersagung der Ausübung der bürgerlichen Ehrenrechte auf Zeit der Militair-Invaliden-Pensionen, nicht blos für den durch solche Verurtheilung betroffenen Zeitraum, sondern für immer verlustig.

3) Wird ein Militair-Invalide, ohne nach dem allegirten §. 23 des Strafgesetzbuchs der Invaliden-Pension gänzlich verlustig zu werden, wegen eines Vergehens aus dem Civildienste entlassen und zu einer Freiheitsstrafe verurtheilt, so verliert er nach Vorschrift der Allerhöchsten Kabinets-Order vom 17. März 1829 (Ges.-Samml. S. 42) für die Dauer der Strafzeit die Invaliden-Pension.

Berlin, den 12. März 1864.

Der Finanz-Minister.
v. Bodelschwingh.

An
sämmtliche Königliche Regierungen, excl. der zu Sigmaringen, und den Königl. Geh. Regierungsrath Herrn Pehlemann Hochwohlgeboren hier.

201.

Verfügung vom 22. April 1864, — betreffend die Stempelrevision beim Landgericht zu Coblenz.

In Beziehung auf die bei der II. Civil-Kammer des Königlichen Landgerichts zu Coblenz für das Jahr 1862 stattgefundene Stempel-Revision wird Ihnen im Einverständniß mit dem Herrn

Finanz-Minister eröffnet, daß die in der Defekten-Tabelle vom 17. April 1863 unter No. 7 und 8 gezogenen Monita für begründet anzuerkennen sind.

ad Mon. 7 handelte es sich von einer besonderen Klage auf Löschung einer Hypothek, welche auf Grund eines in erster Instanz zu Gunsten des Klägers erlassenen, in höherer Instanz reformirten Urtheils eingetragen war. Wenn auch bei den betreffenden Verhandlungen in höherer Instanz die Löschung der auf Grund des angegriffenen Urtheils erfolgten Inskription hätte beantragt und erkannt werden können, so war doch die besondere, auf Löschung der Inskription gerichtete Klage nicht eine nothwendige Folge jener Abänderung des ersten Urtheils, vielmehr hätte die Löschung auch ohne ein solches mit Einwilligung der Interessenten erfolgen können. Die Einleitung eines besonderen Prozesses und das darin erlassene Urtheil erfordert die Verwendung des besonderen Prozeßstempels.

ad Mon. 8. Gegen die Klage eines Gläubigers, der, die Rechte seines Schuldners wahrnehmend, auf Theilung eines Nachlasses antrug, bei welchem sein Schuldner betheiligt war, wurde principalitêr auf Abweisung der Klage als unbegründet angetragen, weil der gedachte Schuldner seinen Antheil an dem Nachlasse durch einen früheren Kaufvertrag veräußert habe, und eventuell wurde auf Grund eines Testamentes eine geringere Betheiligung jenes Schuldners an dem fraglichen Nachlasse behauptet, als Kläger solche in Anspruch genommen. Durch Urtheil vom 16. Oktober 1862 wurde der erwähnte Kaufvertrag für simulirt erklärt und daher definitiv zu Gunsten des Klägers erkannt, daß dessen Schuldner an dem fraglichen Nachlasse betheiligt sei, aber ein weiteres Beweisverfahren zum Zwecke näherer Feststellung der Theilungsquote verordnet. Die erwähnte definitive Entscheidung des fraglichen Urtheils erfordert die Verwendung des Werthstempels zu demselben, der nach dem Betrage der Forderung des Klägers von 161 Rthlr. 17 Sgr. 9 Pf. zu berechnen ist.

Hiernach haben Sie zur Erledigung der gedachten Monita das weiter Erforderliche zu veranlassen.

Berlin, den 22. April 1864.

Der Justiz-Minister.
Gr. zur Lippe.

An
den Königl. Herrn Landgerichts-Präsidenten
und den Königl. Herrn Ober-Prokurator
zu Coblenz.

I. 1233. Rhein. Gener. 62. Vol. 10.

202.

Allerhöchster Erlaß vom 2. Mai 1864, — betreffend die Erhöhung der Zahl der Mitglieder und Stellvertreter beim Gewerbegericht zu Lennep.

Regulativ vom 18. November 1840 (Rhein. Samml. Bd. 7. S. 231).

Allerhöchster Erlaß vom 18. März 1854 (Rhein. Samml. Bd. 11. S. 15).

Auf Ihren Bericht vom 26. April d. J. will Ich hiermit in Abänderung der Vorschrift der §§. 3 und 4 des für das Gewerbegericht zu Lennep unter dem 18. November 1840 (Rhein. Samml. Bd. 7. S. 231) vollzogenen Regulativs und des Erlasses vom 18. März 1854 (Rhein. Samml. Bd. 11. S. 15) bestimmen, daß die Zahl der Mitglieder und der Stellvertreter von je dreizehn auf je vierzehn in der Art zu erhöhen ist, daß die Vertreter des Wahlbezirks Ronsdorf um einen Fabrik-Kaufmann als Mitglied und um einen Fabrikarbeiter, Werkmeister oder Handwerker als Stellvertreter vermehrt werden. Dieser Erlaß ist durch das Amtsblatt der Regierung zu Düsseldorf zur öffentlichen Kenntniß zu bringen.

Berlin, den 2. Mai 1864.

Wilhelm.

Gr. v. Itzenplitz. Gr. zur Lippe.

An
den Minister für Handel, Gewerbe
und öffentliche Arbeiten und den
Justiz-Minister.

I. 1850. Rhein. Gener. 52. Vol. 6.

203.

Verordnung vom 18. Mai 1864, — betreffend das Verbot der Zahlungsleistung mittelst ausländischer Banknoten und ähnlicher Werthzeichen.

Wir Wilhelm, von Gottes Gnaden, König von Preußen &c.

verordnen, in Gemäßheit des im zweiten Absatz des §. 3 des Gesetzes vom 25. Mai 1857 (Rh. Samml. Bd. 11. S. 344) enthaltenen Vorbehaltes, auf den Antrag des Staatsministeriums, was folgt:

Das Gesetz vom 25. Mai 1857, betreffend das Verbot der Zahlungsleistung mittelst ausländischer Banknoten und ähnlicher Werthzeichen wird für die Hohenzollernschen Lande außer Anwendung gesetzt.

Diese Verordnung ist durch die Gesetz-Sammlung zur öffentlichen Kenntniß zu bringen.

Urkundlich unter Unserer Höchsteigenhändigen Unterschrift und beigedrucktem Königlichen Insiegel.

Gegeben Berlin, den 18. Mai 1864.

(L. S.) Wilhelm.

v. Bismarck-Schönhausen. v. Bodelschwingh. v. Roon. Gr. v. Itzenplitz. v. Mühler. Gr. zur Lippe. v. Selchow. Gr. zu Eulenburg.

I. 2297. S. 13. Vol. 7.

204.

Allgemeine Verfügung vom 20. Mai 1864, — betreffend die an die Königlich Niederländischen Behörden zu richtenden Schriftstücke.

Vertrag v. 17. November 1850 (Rh. Samml. Bd. 10. S. 250).

Auf den Wunsch der Königlich Niederländischen Regierung werden die Gerichte und die Beamten der Staatsanwaltschaft hierdurch angewiesen, die auf Grund des Vertrages vom 17. November 1850 an die Königlich Niederländischen Behörden zu richtenden Schriftstücke mit lateinischen Buchstaben schreiben zu lassen.

Berlin, den 20. Mai 1864.

Der Justiz-Minister.
Gr. zur Lippe.

An
sämmtliche Gerichte und Beamte
der Staatsanwaltschaft.

I. 1764. Conventionen 4. Vol. 2.

205.

Regulativ vom 8. Juni 1864, — betreffend die Verwaltung der vakanten Nachlassenschaften im Bezirk des Appellationsgerichtshofes zu Cöln.

Unter Aufhebung des Regulativs über die Verwaltung der vakanten Nachlassenschaften im Bezirk des Appellationsgerichtshofes zu Cöln vom 29. Mai 1841 (Rhein. Samml. Bd. 7. S. 301) und der Verfügung über denselben Gegenstand vom 6. August 1842 (Rhein. Samml. Bd. 8. S. 84) wird hierdurch Folgendes angeordnet:

1) Auf Ernennung eines Kurators für einen vakanten Nachlaß hat das öffentliche Ministerium von Amtswegen anzutragen, wenn die Betheiligten Anträge zu machen verabsäumt haben, und wenn nach den einzuziehenden Nachrichten der Nachlaß die Schulden, mit Einschluß der Kosten der Beerdigung, der Siegelung, Entsiegelung und Inventur, übersteigt.

2) Die aus einer vakanten Nachlassenschaft herrührenden Gelder sind bei der durch das Gesetz vom 24. Juni 1861 (S. 251 dieses Bandes) für den Bezirk des Appellationsgerichtshofes zu Cöln errichteten Depositenkasse zu hinterlegen.

3) Der Kurator hat alle diejenigen Gelder, welche sich in dem vakanten Nachlasse vorfinden oder aus der schleunigst und gegen Baarzahlung vorzunehmenden Versteigerung der Nachlaß-Mobilien gewonnen oder von den Schuldnern des Nachlasses an ihn bezahlt werden, soweit sie nicht zur Berichtigung der Kosten für die Beerdigung, Siegelung, Entsiegelung, Inventur und Erhaltung der Masse, sowie zur Zahlung der privilegirten liquiden Nachlaßschulden gleich zu verwenden sind, bei der Depositenkasse zu hinterlegen, indem er eine schriftliche Erklärung in duplo beifügt, welche den Namen des Kurators und der vakanten Nachlassenschaft, für welche er bestellt ist, das Datum des Urtheils, welches ihn ernannt hat, und die Bezeichnung des erkennenden Gerichts, sowie den Betrag der hinterlegten Summe enthalten muß (§. 8 des Gesetzes vom 24. Juni 1861).

4) Der Kurator hat unverzüglich für die Einziehung, Einklagung und Beitreibung der zum Nachlasse gehörigen, an den Kurator nicht bezahlten Aktivforderungen zu sorgen, und die Schuldner, sowie die exequirenden Gerichtsvollzieher haben den zu zahlenden Betrag unmittelbar bei der Depositenkasse zu hinterlegen, indem sie eine schriftliche Erklärung in duplo beifügen, welche die Namen des Hinterlegenden, des Schuldners, des Kurators und der vakanten Nachlassenschaft, sowie die Bezeichnung des Gerichts, welches den Kurator ernannt hat, und den Betrag der hinterlegten Summe, oder, wenn kein kassenmäßiges Zahlmittel hinterlegt wird, die Angabe der Geldsorten enthält. Von der erfolgten Hinterlegung ist der Kurator in Kenntniß zu setzen.

5) Nach erfolgter Versteigerung der Immobilien des Nachlasses hat der Käufer den Kaufpreis, von welchem er jedoch den Betrag der Immobiliar-Schulden behufs ihrer Berichtigung im Kollokationsverfahren einstweilen zurückbehalten kann, in gleicher Weise, wie sub Nr. 4 bei der Depositenkasse zu hinterlegen.

6) Aus den bei der Depositenkasse für vakante Nachlassenschaften hinterlegten Geldern können Auszahlungen, außer dem Falle der Nr. 3 des §. 11 des Gesetzes vom 24. Juni 1861, auch auf Grund einer von dem Kurator ausgestellten und von der Königlichen Regierung, in deren Bezirk die vakante Nachlassenschaft eröffnet ist, genehmigten Anweisung erfolgen.

7) Ueber die Erfüllung der vorstehenden gesetzlichen Obliegenheiten (Nr. 1 bis 6) hat der Kurator sich bei dem Ober-Prokurator des Bezirks auszuweisen, und der letztere ist jenen bei seiner Geschäftsführung zu kontrolliren verpflichtet. Handelt der Kurator dabei nachlässig oder sonst gesetzwidrig, und befolgt er die ihm zugehenden Verfügungen des Ober-Prokurators nicht, so hat der letztere dessen Entlassung und die Ernennung eines anderen Kurators in Antrag zu bringen, welcher alsdann nöthigenfalls im gerichtlichen Wege Rechnungslegung und Ersatz des der Kasse verursachten Schadens von dem abgehenden Kurator zu fordern hat.

8) Der Kurator hat der Königlichen Regierung, in deren Bezirk die Nachlassenschaft eröffnet ist, unter Beifügung der erforderlichen Belagstücke über seine Verwaltung, Rechnung zu legen und über die dagegen erhobenen Erinnerungen Auskunft zu ertheilen.

9) Der Ober-Prokurator hat etwaige Wahrnehmungen, welche eine ungerechte Verbringung der Masse befürchten lassen, oder sonst das eventuelle Interesse des Fiskus gefährden, der Königlichen Regierung mitzutheilen und sich auf deren Verlangen über die Erinnerungen gegen die Rechnung des Kurators (Nr. 8) sowie über die Genehmigung einer Anweisung des Kurators auf die hinterlassenen Gelder (Nr. 7) gutachtlich zu äußern.

Berlin, den 8. Juni 1864.

Der Finanz-Minister.	Der Justiz-Minister.
v. Bodelschwingh.	Gr. zur Lippe.

I. 2116. Rhein. Gener. 165. Vol. 2.

206.

Verfügung vom 18. Juni 1864, — betreffend die Mittheilung der den Kassationsrekurs verwerfenden Entscheidung an den Angeschuldigten bei Todesurtheilen.

Von dem Ober-Prokurator zu N. ist bei Einsendung eines von dem dortigen Assisenhofe gegen den B. erlassenen Todesurtheils Behufs der Allerhöchsten Bestätigung die Frage angeregt, ob der Verurtheilte von der seinen Kassationsrekurs verwerfenden Entscheidung des Ober-Tribunals vorerst in Kenntniß zu setzen sei. Es ist diese Frage bejaht, da eine solche für die altländischen Provinzen im §. 150 der Verordnung vom 3. Januar 1849 (Ges.-Samml. S. 12) vorgeschriebene Mittheilung auch im Bezirk des Appellationsgerichtshofes zu Cöln schon um deswillen angemessen erscheint, um dem Verurtheilten Gelegenheit zu geben, vor der Allerhöchsten Bestätigung des Urtheils ein Begnadigungsgesuch einzureichen. Sie werden veranlaßt, die Ober-Prokuratoren hiervon in Kenntniß zu setzen.

Berlin, den 18. Juni 1864.

Der Justiz-Minister.
Gr. zur Lippe.

An
den Königl. Herrn General-Prokurator zu Cöln.

I. 2482. Rhein. Crimin. 59. Vol. 3.

207.

Allgemeine Verfügung vom 16. Juli 1864, — betreffend die Gebühren der praktischen Aerzte und Wundärzte für Geschäfte bei den Gerichten.

Medizinal-Taxe vom 21. Juni 1815 (Ges.-Samml. S. 109).
Verfügung vom 17. September 1832 (Jahrb. Bd. 40. S. 278).

Von den Gerichten ist mehrfach unter Bezugnahme auf das Reskript vom 17. September 1832 angenommen worden,

> daß praktische Aerzte und Wundärzte für Geschäfte bei den Gerichten in allen Fällen nur diejenigen Gebühren fordern können, welche nach dem V. Abschnitt der Medizinal-Taxe vom 21. Juni 1815 den gerichtlichen Aerzten ꝛc. bewilligt werden.

Diese Ansicht kann jedoch der Justiz-Minister im Einverständnisse mit dem Herrn Minister der geistlichen, Unterrichts-

und Medizinal-Angelegenheiten nur für die Fälle als richtig anerkennen, in welchen der Arzt rc. die Stelle eines gerichtlichen Arztes versieht oder denselben vertritt. Eine solche Vertretung findet nicht blos dann statt, wenn sie für alle oder für gewisse Funktionen der Medizinalbeamten allgemein angeordnet ist, sondern auch dann, wenn die Zuziehung oder das Gutachten eines praktischen Arztes rc. in einzelnen Fällen für nothwendig oder zweckmäßig erachtet wird, in denen nach der Natur des Geschäfts und nach den bestehenden Vorschriften in der Regel die Zuziehung eines Medizinalbeamten erforderlich und diese daher von Amtswegen und nicht lediglich auf den Antrag der Parteien zu veranlassen ist. Ein solcher Fall kann z. B. auch eintreten, wenn bei einer zeitigen Verhinderung oder einer zu großen Entfernung des Medizinalbeamten dessen Zuziehung erhebliche Schwierigkeiten veranlassen würde.

Wird dagegen der praktische Arzt oder Wundarzt um deswillen zugezogen, weil er aus Veranlassung seiner ärztlichen Praxis ausschließlich oder vorzugsweise geeignet ist, eine Auskunft zu ertheilen oder ein sachverständiges Gutachten abzugeben, so sind seine Gebühren nicht nach Abschnitt V., sondern nach den vorhergehenden Abschnitten der Medizinal-Taxe festzustellen. In dem letzteren Falle ist bei der Festsetzung und Anweisung der Gebühren auf Staatskassen ausdrücklich anzugeben, daß der liquidirende Arzt oder Wundarzt nicht die Stelle eines gerichtlichen Arztes vertreten habe.

Berlin, den 16. Juli 1864.

Der Justiz-Minister.
Gr. zur Lippe.

An
sämmtliche Gerichtsbehörden.

I. 2455. M. 17. Vol. 10.

208.

Beschluß des Königlichen Staats-Ministeriums vom 22. August und Verfügung des Justiz-Ministers vom 26. September 1864, — betreffend die Uebergabe Königlicher Dienstwohnungen.

Regulativ vom 18. Oktober 1822 §. 1 (v. Kamptz Annalen Bd 7. S. 3).

a.

Beschluß des Königlichen Staats-Ministeriums vom 22. August 1864.

1) Die Uebergabe von Dienstwohnungen, sowie deren Uebernahme im Falle der Erledigung ist allemal durch einen

dazu zu ernennenden Kommissarius zu bewirken. Bei der Uebergabe ist eine Verhandlung aufzunehmen, welche eine genaue Beschreibung des Zustandes der einzelnen Räume und Gegenstände und das Anerkenntniß des Uebernehmenden enthält, daß er verpflichtet sei, bei dereinstiger Zurückgabe der Dienstwohnung dieselbe in gutem, bewohnbarem Zustande (§. 1 des Regulativs vom 18. Oktober 1822) abzuliefern, eventuell, daß er sich die Herstellung dieses Zustandes auf seine Kosten gefallen lasse.

2) Findet der Kommissarius bei der Uebernahme Mängel, welche eine Reparatur erforderlich machen, so müssen dieselben sogleich festgestellt werden, um nach Befinden den abziehenden Beamten oder im Sterbefalle dessen Erben zur Herstellung oder zum Ersatz der diesfälligen Kosten anhalten zu können. In Fällen, wo über die Beschaffenheit des Mangels oder über die Verpflichtung zur Herstellung oder Ersatzleistung Zweifel oder Meinungsverschiedenheiten sich ergeben, ist ein Königlicher Baubeamter zur Abgabe seines Gutachtens hinzuzuziehen. Ueber das Abnahmegeschäft ist eine Verhandlung aufzunehmen, welche zugleich die etwa stattfindende anderweitige Uebergabe der Dienstwohnung umfassen kann, und von sämmtlichen Beamten und sonstigen Betheiligten, welche an dem Abnahme-, beziehungsweise Uebergabegeschäft Theil genommen haben, zu unterschreiben ist.

Berlin, den 22. August 1864.

Königliches Staats-Ministerium.

v. Bismarck. v. Bodelschwingh. v. Roon. Gr. v. Itzenplitz.
v. Mühler. Gr. zur Lippe. v. Selchow. Gr. zu Eulenburg.

b.

Verfügung des Justiz-Ministers.

Vorstehender Beschluß des Königlichen Staats-Ministeriums wird sämmtlichen Gerichtsbehörden hierdurch zur Nachachtung bekannt gemacht.

Berlin, den 26. September 1864.

Der Justiz-Minister.
Gr. zur Lippe.

An
sämmtliche Gerichtsbehörden.

I. 3250. O. 116. Vol. 3.

209.

Verfügung vom 19. Oktober 1864, — betreffend den Charakter der bei Stempelkontraventionen der Gerichtsvollzieher verhängten Ordnungsstrafen.

Allerhöchste Erlasse vom 28. Oktober 1836 und 17. Juli 1846 (Rhein. Samml. Bd. 5. S. 480 und Bd. 9. S. 100).

Nach einem, mir von dem Herrn Finanz-Minister mitgetheilten Berichte des Provinzial-Steuer-Direktors zu Cöln hat zwischen diesem und dem Ober-Prokurator zu N. aus Veranlassung einer dem Gerichtsvollzieher N. zu N. zur Last fallenden Kontravention gegen die Vorschrift der Allerhöchsten Order vom 17. Juli 1846 (Rhein. Samml. Bd. 9. S. 100) eine Korrespondenz über die Frage stattgefunden, ob die nach Nr. 4 lit. b ibidem gegen einen Gerichtsvollzieher, der die Urschrift eines stempelpflichtigen Aktes nicht auf den Stempelbogen selbst geschrieben hat, zu verhängende Ordnungsstrafe als eine Steuer- oder als eine Disziplinarstrafe anzusehen sei. In einem Schreiben an den Provinzial-Steuer-Direktor vom 20. August cr. haben Sie sich im Einverständnisse mit dem Ober-Prokurator zu N. für die letztere Alternative ausgesprochen. Diese Ansicht kann aber nicht als richtig anerkannt werden.

Durch Allerhöchste Order vom 30. Januar 1846 wurde nämlich entschieden, daß die gegen Justizbeamte wegen unterlassener Verwendung des tarifmäßigen Stempels zu amtlichen Verhandlungen nach den Bestimmungen des Erlasses vom 28. Oktober 1836 (Rhein. Samml. Bd. 5. S. 480) festgesetzten Ordnungsstrafen nicht dem Fands zur Unterstützung hülfsbedürftiger Kinder verstorbener Justizbeamten zu überweisen seien, und die Verhandlungen, welche jene Allerhöchste Order veranlaßten, ergeben, daß bei derselben die Ansicht maaßgebend ist, daß Ordnungsstrafen, welche wegen vernachlässigter Beobachtung der Stempelgesetze gegen Beamte festgesetzt worden, gleich den übrigen Stempelstrafen zu den betreffenden Steuerkassen abzuführen seien. Es ist daher in einer an den Ober-Prokurator zu N. erlassenen Verfügung vom 27. März 1862 (S. 361 dieses Bandes) auch hinsichtlich der auf Grund der Nr. 8 der Allerhöchsten Order vom 3. Januar 1830 (Ges.-Samml. S. 9) verhängten Ordnungsstrafen anerkannt, daß solche nicht dem Gerichtsvollzieher-Unterstützungsvereine zu überweisen, sondern als Stempelstrafe zu verrechnen seien. Ihrer Natur nach muß für die durch die Allerhöchste Kabinets-Order vom 17. Juli 1846 angedrohte Ordnungsstrafe eine gleiche Behandlung stattfinden.

Hiernach haben Sie für künftige Fälle die Ober-Prokuratoren mit Anweisung zu versehen.

Berlin, den 19. Oktober 1864.

Der Justiz-Minister.
Gr. zur Lippe.

An
den Königl. Herrn General-Prokurator zu Cöln.

I. 3427. Rhein. Offizianten-Sachen 27. Vol. 7.

210.

Allgemeine Verfügung vom 9. November 1864, — betreffend die Belassung und Einziehung des Gnadengehalts der im Civildienste angestellten oder beschäftigten Militair-Invaliden.

Staats-Ministerial-Beschluß vom 30. Mai 1844 und Allgemeine Verfügung vom 14. August 1844 (Rh. Samml. Bd. 8. S. 326).

Den Gerichtsbehörden wird nachstehend eine von den Herren Ministern der Finanzen, für Handel, Gewerbe und öffentliche Arbeiten, des Innern, und für die landwirthschaftlichen Angelegenheiten an die Provinzial-Verwaltungsbehörden erlassene Cirkular-Verfügung vom 20. Oktober d. J. zur Kenntnißnahme und Nachachtung mit der Anweisung mitgetheilt, sich in Zukunft bei Berufung versorgungsberechtigter Militair-Invaliden auch ihrerseits der bestimmten, in dem Staats-Ministerial-Beschlusse vom 30. Mai 1844 enthaltenen Ausdrücke zur Unterscheidung der dort in den §§. 1 und 4, 9 und 10 und im §. 12 aufgestellten Kategorien zu bedienen.

Berlin, den 9. November 1864.

Der Justiz-Minister.
Gr. zur Lippe.

An
sämmtliche Gerichtsbehörden.

I. 3893. J. 26. Vol. 4.

a.

Cirkular-Verfügung der Herren Minister der Finanzen, für Handel, Gewerbe und öffentliche Arbeiten, des Innern und für die landwirthschaftlichen Angelegenheiten.

Der Staats-Ministerial-Beschluß vom 30. Mai 1844 wegen Belassung oder Einziehung resp. Wiedergewährung der Invalidenpensionen der im Civildienste angestellten oder beschäftigten Militair-Invaliden (Rh. Samml. Bd. 8. S. 327, Minist.-Bl. für die innere Verwaltung S. 297, Centralblatt der Abgaben- zc. Verwaltung S. 260) unterscheidet,

1) ob der Invalide in einer etatsmäßigen oder einer anderen bestimmten Stelle, sei es auf Lebenszeit, auf Kündigung oder auf Probe angestellt wird (§§. 1 und 4),
2) ob er eine zwar unbestimmte aber an sich fortdauernde und regelmäßige Beschäftigung gegen fortlaufende tägliche oder monatliche fixirte Diäten oder Remunerationen erhält (§. 9), oder
3) ob er nur vorübergehend gegen stückweise Bezahlung oder Boten- oder Tage- oder Wochenlohn oder die Exekutionsgebühren zur Hülfsleistung angenommen worden (§. 12).

In dem Falle ad 1 hört, abgesehen von den in den §§. 5 bis 8 gemachten Ausnahmen, die Zahlung der Invalidenpension sogleich, in dem Falle ad 2 erst nach Ablauf der ersten sechs Monate der Beschäftigung auf, während in dem Falle ad 3 der Invalide die Invalidenpension unverkürzt behält.

Die anstellenden Behörden bedienen sich aber in den Anstellungs-Verfügungen häufig so unbestimmter Ausdrücke, daß nicht ersichtlich ist, zu welcher der vorgedachten Kategorien die dem Invaliden übertragene Stelle oder Beschäftigung gehört. In der Regel erfolgt, ohne Unterschied, ob es sich um etatsmäßige bestimmte Stellen handelt, oder nicht, ob erstenfalls die definitive Erledigung dieser Stellen schon eingetreten ist oder etwa noch bevorsteht, ob die Aussicht zur dauernden Belassung resp. Bestätigung des Invaliden in der Stelle vorwaltet, oder dies zur Zeit noch unentschieden bleibt, unter vielfachen einzelnen Abweichungen der Fassung, die Berufung in der Art,

> daß dem Invaliden die Verwaltung solcher Stelle gegen die volle etatsmäßige oder eine anderweitige geringere Remuneration, einstweilig oder kommissarisch, interimistisch, vorläufig, provisorisch, versuchsweise, widerruflich übertragen, oder daß der Invalide (unter ähnlichen Modalitäten) in der Stelle angenommen resp. beschäftigt wird.

Unter Anwendung solcher Zusätze werden dann mitunter auch Kündigungsstellen auf Probe, Probestellen auf Kündigung verliehen. Trotzdem ist es eine seltene Ausnahme, daß, wie bei einem korrekten Verfahren geschehen müßte, die vorbehaltene suspendirte definitive Bestätigung resp. Anstellung später nachfolgt, vielmehr konsolidiren meistentheils derartige prekäre Verhältnisse, wenn sie überhaupt fortbestehen, stillschweigend durch ihre Dauer, oder höchstens durch eine Veränderung des Einkommens, indem beispielsweise in einzelnen solcher Fälle statt der anfangs bewilligten 15 Sgr. täglicher Diäten später (der Bestimmung des Etats konform) 15 Thaler monatlicher Diäten gewährt werden.

Die Frage, ob und inwieweit die Zahlung der Invalidenpension in Gemäßheit des Staats-Ministerial-Beschlusses vom 30. Mai 1844 einzustellen ist, muß aber zugleich mit der Berufung des Invaliden entschieden und durch die Fassung der Berufungs-Order klar gestellt werden. Es ist ebensowenig zulässig, sie hinterher nach der wirklichen Dauer und der faktischen Gestaltung des Verhältnisses zu beurtheilen, als es andererseits auf die bloße ursprüngliche Absicht einer dauernden oder nur temporären Berufung ankommen kann, sofern diese Absicht nicht durch die Fassung der Berufungs-Order konstatirt und in dieser Weise dem Berufenen ein Recht auf die Dauer gewährt ist.

Diesen Erfordernissen entspricht das Verfahren der Behörden nicht, wenn sie, statt ihre Ausdrucksweise in den Berufungs-Orders nach den Kategorien des Staats-Ministerial-Beschlusses zu scheiden, auch Fälle, die unzweifelhaft als wirkliche Anstellungen auf Probe oder auf Kündigung gelten sollen, in der vorerwähnten Art und Weise bezeichnen, oder wenn sie von der Meinung ausgehen, daß es, ohne Rücksicht auf die sonstige technische Bedeutung und Wirkung jener Bezeichnungen, nur darauf ankomme, ob es den Umständen nach in der Absicht lag, oder nicht, den Invaliden in der vorläufig oder kommissarisch übertragenen Stelle späterhin definitiv zu bestätigen oder zu belassen.

Wir nehmen daher Veranlassung, auf die Nothwendigkeit hinzuweisen, daß die anstellenden Behörden sich in Zukunft bei ihren Berufungen von Militair-Invaliden zur Anstellung oder Beschäftigung im Civildienste der bestimmten im Staats-Ministerial-Beschlusse vom 30. Mai 1844 gebrauchten Ausdrücke zur Unterscheidung der dort in den §§. 1 und 4, 9, 10 und 12 aufgestellten Kategorien bedienen.

Zur näheren Erläuterung wird noch Folgendes bemerkt:

1) In den §§. 1 bis 8 handelt der Staats-Ministerial-Beschluß von der **Anstellung** eines Militair-Invaliden in einer **etatsmäßigen** oder anderen **bestimmten** Stelle, d. h. einer solchen Stelle, die entweder in dem betreffenden Verwaltungs-Etat aufgeführt ist, oder (was nur in seltenen Fällen vorkommen wird) obwohl sie dort nicht verzeichnet steht, gleichwohl mit einem bestimmten **Stellen**-Einkommen (im Gegensatz zu blos diätarischer Remuneration) verbunden ist, mag dieses Einkommen auch, wie z. B. bei der Anweisung auf Gebühren, ein in quanto ungewisses sein (§. 7). Sobald der Invalide in einer solchen Stelle angestellt wird, hört die Zahlung der In-

validenpension sofort auf, ohne Unterschied, ob die Anstellung auf Lebenszeit, auf Kündigung oder auf Probe erfolgt ist (§. 4). Es kommt daher in dieser Beziehung nur auf die Natur der Stelle selbst als einer etatsmäßigen oder anderen bestimmten, nicht aber auf die Modalitäten der Anstellung an.

2) Die §§. 9 resp. 12 beziehen sich im Gegensatze zu den Anstellungen in etatsmäßigen oder anderen bestimmten Stellen auf die Fälle einer blos remuneratorischen Beschäftigung im Civildienste. Die Invalidenpension wird hierbei erst nach Ablauf der ersten sechs Monate der Beschäftigung oder überhaupt gar nicht eingezogen, je nachdem die Beschäftigung eine an sich fortdauernde und regelmäßige oder eine blos vorübergehende ist. — In die erste Kategorie gehören solche Dienstgeschäfte, welche dauernd die Verwendung einer Arbeitskraft erfordern, so daß ein Invalide, wenn nicht in seiner Person liegende Gründe seine Beibehaltung unthunlich machen, in ihnen eine bleibende Versorgung finden kann. Beschäftigungen der zweiten Art sind dagegen solche, bei denen das Geschäft in gegebener Zeit, mag die Dauer derselben sich im Voraus bestimmen lassen oder nicht, sein Ende erreicht, damit das Bedürfniß der Dienstleistung aufhört, und der hierzu angenommene Militair-Invalide, auch wenn seine Leistungen und seine Führung durchaus befriedigen, wieder entlassen werden muß. Hierher gehört ferner die einstweilige Heranziehung von Invaliden zur Verwaltung solcher Stellen, welche nach den bestehenden Vorschriften mit Beamten anderer Kategorien zu besetzen sind, bei denen daher eine dauernde Beibehaltung der Invaliden aus diesem Grunde nicht stattfinden kann.

Der Umstand, daß eine ihrer Natur nach vorübergehende Beschäftigung ohne Unterbrechung über sechs Monate andauert, macht sie noch nicht zu einer an sich fortdauernden und regelmäßigen im Sinne des §. 9 und schließt daher die Anwendung der Vorschrift des §. 12 nicht aus.

Von dem Ermessen der anstellenden Behörden hängt es zunächst ab, die Art und Weise der Anstellung oder Beschäftigung, zu welcher sie in einem gegebenen Falle einen Militair-Invaliden berufen wollen, zu bestimmen. Sie haben aber gleich bei der Berufung nach Maaßgabe der vorstehend angedeuteten Gesichtspunkte zu prüfen, unter welche der drei im Staats-Ministerial-Beschlusse vom 30. Mai 1844 unterschiedenen Kategorien die fragliche Beschäftigung fällt, und demnächst in der die Berufung enthaltenden Verfügung sich der in dem Staats-Ministerial-Beschlusse zur Bezeichnung jener Kategorie gebrauchten Ausdrücke zu bedienen.

Es ist darüber zu wachen, daß dies in künftigen Fällen allgemein beachtet werde.

Berlin, den 20. Oktober 1864.

Der Finanz-Minister. v. Bodelschwingh.

Der Minister für Handel 2c. Gr. v. Itzenplitz.

Der Minister des Innern. Gr. zu Eulenburg.

Der Minister für die landwirthschaftlichen Angelegenheiten. v. Selchow.

An sämmtliche Herren Ober-Präsidenten, Königl. Regierungen u. s. w.

211.

Allgemeine Verfügung vom 5. Dezember 1864, — betreffend die erste juristische Prüfung.

Allgemeine Verfügung vom 16. November 1844 (Rh. Samml. Bd. 8. S. 377).

Allgemeine Verfügung vom 1. Juli 1846 (Rhein. Samml. Bd. 9. S. 99).

Regulativ vom 10. Dezember 1849 (Rhein. Samml. Bd. 10. S. 72).

Des Königs Majestät haben mittelst Allerhöchster Order vom 26. November d. J. die nachfolgenden Zusätze und Abänderungen zu den Bestimmungen des Regulativs vom 10. Dezember 1849 über die erste juristische Prüfung zu genehmigen, und die Minister der geistlichen, Unterrichts- und Medizinal-Angelegenheiten und der Justiz zur Ausführung der darin enthaltenen Bestimmungen zu ermächtigen geruht.

Sämmtliche Justizbehörden werden demgemäß angewiesen, sich nach diesen Bestimmungen vom 1. März k. J. ab zu achten.

Von diesem Zeitpunkte ab treten zugleich die allgemeinen Verfügungen des Justiz-Ministers vom 16. November 1844 und 1. Juli 1846, betreffend die Zulassung der Rechtskandidaten zur ersten juristischen Prüfung, außer Kraft, und es bedarf nicht ferner des darin erforderten Nachweises des Besuchs bestimmter Vorlesungen auf der Universität.

Die Prüfung der Rechts-Kandidaten erstreckt sich auf folgende Gegenstände:

Naturrecht (Rechtsphilosophie),
Geschichte und Institutionen des Römischen Rechts,
Pandekten,
Deutsche Rechtsgeschichte,
Deutsches Privatrecht,
Kirchenrecht,
Lehnrecht,
Europäisches Völkerrecht,
Deutsches Staatsrecht,
Kriminalrecht,
Preußisches Privatrecht,
Theorie des gemeinen und Preußischen Civilprozesses und des gemeinen und Preußischen Kriminalprozesses,
die Grundbegriffe der Staatswissenschaft,

und bei den Prüfungen vor der Kommission des Appellationsgerichtshofes zu Cöln auch auf

das in dem Bezirk des letzteren zur Anwendung kommende Recht und Prozeßverfahren.

Den Gesuchen um Zulassung als Auskultator bei einem bestimmten Gericht (vergl. Nr. 9 der Zusätze zc.), welche bei denselben Behörden wie bisher auch künftig anzubringen sind, ist auch fernerhin die vorgeschriebene Bescheinigung hinsichtlich der Subsistenzmittel und die Anzeige in Betreff der Erfüllung der Militairpflicht beizufügen. Auch ist die allgemeine Verfügung vom 24. Januar 1843, das Schuldenmachen der Justizbeamten betreffend (Justiz-Ministerial-Blatt S. 22), zu beachten, und in Betreff der Zulassung von Ausländern nach den bestehenden Bestimmungen zu verfahren.

Schließlich ist zu bemerken, daß eine Erhöhung der Examinationsgebühren durch die getroffene Einrichtung nicht herbeigeführt wird.

Berlin, den 5. Dezember 1864.

Der Justiz-Minister.
Gr. zur Lippe.

An
sämmtliche Justizbehörden.

I. 4376. O. 9. Vol. 6.

a.

Zusätze und Abänderungen zu den Bestimmungen des Regulativs vom 10. Dezember 1849 über die erste juristische Prüfung.

1) Die Prüfungen der Rechts-Kandidaten pro auscultatura finden künftig nur Statt: bei dem Kammergericht zu Berlin, dem Appellationsgericht zu Breslau, dem Appellationsgerichtshofe zu Cöln, dem Appellationsgericht zu

Greifswald, dem Ostpreußischen Tribunal zu Königsberg und dem Appellationsgericht zu Naumburg.

2) Die Prüfungen erfolgen unter dem Vorsitze eines der Präsidenten des Gerichtshofes durch zwei richterliche Beamte — bei dem Appellationsgerichtshofe zu Cöln durch einen richterlichen und einen Beamten des öffentlichen Ministeriums, — und durch zwei Universitätslehrer.

3) Die mit den Prüfungen zu beauftragenden Justizbeamten werden von dem Justiz-Minister bei jedem der sechs Gerichtshöfe in ausreichender Anzahl für einen zweijährigen Zeitraum designirt.

Als richterliche Mitglieder der Prüfungs-Kommissionen können nicht nur Räthe dieser Gerichtshöfe, sondern auch Mitglieder der an demselben Orte befindlichen Gerichte erster Instanz designirt werden.

4) Die mit den Prüfungen zu beauftragenden Universitätslehrer werden von dem Minister der geistlichen, Unterrichts- und Medizinal-Angelegenheiten bei jedem der sechs Gerichtshöfe in ausreichender Zahl für einen zweijährigen Zeitraum designirt und dem Präsidenten bekannt gemacht.

Es können dazu nicht nur ordentliche, sondern auch außerordentliche Professoren und Privat-Dozenten gewählt werden.

5) Die Meldung zur Prüfung pro auscultatura erfolgt bei einem der sechs Gerichtshöfe unter Beibringung des Zeugnisses der Reife zur Universität, des Ausweises über den vorschriftsmäßigen Universitätsbesuch und des curriculi vitae.

6) Zugleich mit der Meldung hat der Kandidat über ein von ihm selbst gewähltes rechtswissenschaftliches Thema eine ihren Gegenstand in eingehender Weise behandelnde Ausarbeitung unter eidesstattlicher Versicherung, dieselbe ohne fremde Beihülfe selbst gefertigt zu haben, und genauer Angabe der benutzten Quellen, einzureichen.

7) Der Vorsitzende der Prüfungs-Kommission beraumt den Termin zur mündlichen Prüfung an, ernennt und beruft zu demselben die Examinatoren aus der Zahl der hierzu Designirten (Nr. 3 und 4), und läßt die eingereichte Arbeit bei den vier Examinatoren, von denen zwei mit schriftlicher Censur derselben zu beauftragen, vor dem Termin cirkuliren.

Eine anderweitige schriftliche Prüfung des Kandidaten findet nicht statt.

8) Mehr als sechs Kandidaten dürfen in einem Termin der Prüfung nicht gleichzeitig unterworfen werden.

9) Hat der Kandidat die Prüfung bestanden, so wird ihm

von dem Vorsitzenden der Kommission ein Qualifikations-Attest pro auscultatura ertheilt, auf Grund dessen die Zulassung als Auskultator an einem bestimmten Gericht von ihm besonders nachzusuchen ist.

10) Die vorstehenden Bestimmungen kommen mit dem 1. März 1865 zur Ausführung.

In Betreff der vor diesem Tage eingegangenen Meldungen zur ersten Prüfung ist noch nach den bisherigen Vorschriften zu verfahren.

b.

Allerhöchste Order vom 26. November 1864.

Auf Ihren Bericht vom 16. November d. J. will Ich die in der wieder zurückfolgenden Zusammenstellung enthaltenen Zusätze und Abänderungen zu den Bestimmungen des Regulativs vom 10. Dezember 1849 über die erste juristische Prüfung hierdurch genehmigen, und ermächtige Sie, die Justizbehörden und die juristischen Fakultäten der Landes-Universitäten danach mit Anweisung zu versehen.

Berlin, den 26. November 1864.

Wilhelm.

(gegengez.) v. Mühler. Gr. zur Lippe.

An den Minister der geistlichen, Unterrichts- und Medizinal-Angelegenheiten und den Justiz-Minister.

212.

Allerhöchster Erlaß vom 18. Dezember 1864, — betreffend die Anrechnung des im Jahre 1864 gegen Dänemark geführten Feldzuges als Kriegsjahr bei Pensionirungen.

Militair-Pensions-Reglement vom 13. Juni 1825 §. 8.

Ich bestimme mit Bezug auf den §. 8 des Militair-Pensions-Reglements vom 13. Juni 1825, daß der diesjährige Feldzug gegen Dänemark den dabei Betheiligten, bei Berechnung ihrer Dienstzeit als ein Kriegsjahr in Anrechnung kommen soll. Für die Betheiligung ist der statutenmäßige Besitz der durch Meine Order vom 10. November dieses Jahres gestifteten Kriegsdenkmünze maaßgebend. Das Staats-Ministerium hat hiernach das Weitere zu veranlassen.

Berlin, den 18. Dezember 1864.

Wilhelm.

v. Bismarck. v. Bodelschwingh. v. Roon. Gr. v. Itzenplitz. v. Mühler. Gr. zur Lippe. v. Selchow. Gr. zu Eulenburg.

An
das Staats-Ministerium.

I. 4661. P. 45. Vol. 2.

213.

Allgemeine Verfügung vom 28. Dezember 1864, — betreffend die Insertionen in den Staatsanzeiger.

Es ist die Wahrnehmung gemacht worden, daß die Königlichen Behörden bei den Requisitionen an die Redaktion des Preußischen Staatsanzeigers wegen kostenfreier Aufnahme von Bekanntmachungen in denselben, nicht gleichmäßig verfahren.

In Folge dessen werden sämmtliche Gerichtsbehörden darauf aufmerksam gemacht, daß alle Bekanntmachungen, welche die Staatsbehörden im allgemeinen Interesse erlassen, ferner Steckbriefe und Bekanntmachungen in Armensachen, sowie auch solche spezielle amtliche Publikationen, für welche die Insertionsgebühren aus den eigenen fiskalischen Fonds der betreffenden Behörden zu entrichten sein würden, in den Preußischen Staatsanzeiger kostenfrei aufgenommen werden. Dagegen sind für diejenigen Bekanntmachungen der Staatsbehörden, bei denen Privatpersonen, Korporationen, ständische Fonds u. s. w. betheiligt sind, und in Betreff deren dieselben — wie insbesondere bei der Verdingung von Lieferungen, Verkäufen u. s. w. — zur Tragung der Kosten verpflichtet werden können, Insertionsgebühren zu entrichten.

Dabei werden die Gerichtsbehörden gleichzeitig angewiesen, bei den an die Redaktion des Staatsanzeigers zu richtenden Requisitionen wegen Insertion von Bekanntmachungen jedesmal bestimmt anzugeben, ob nach obigen Vorschriften die Insertion kostenfrei zu bewirken sei oder nicht.

Berlin, den 28. Dezember 1864.

Der Justiz-Minister.
Gr. zur Lippe.

An
sämmtliche Gerichtsbehörden.

I. 4557. S. 35.

Inhalts-Verzeichniß.

I. Nachtrag zu den Gesetzen, Verordnungen und Rescripten aus den Jahren 1854—1857.

Num.	Datum u. Jahr	
	1854.	
...	15. Juni.	Form der Requisitionen an Französische Gerichte um Abnahme von Eiden. Siehe Nr. 149.
	1857.	
1.	5. Dezbr.	Wiedereinziehung oder Belassung von Pensionen der im Civildienst wieder angestellten oder beschäftigten versorgungsberechtigten Offiziere und Militair-Beamten.

II. Im Jahre 1858.

Num.	1858.	
2.	29. Januar.	Behandlung der Rehabilitationsgesuche.
3.	2. Februar.	Gesuche der die Rechte Studirenden um Dispensation von dem triennium academicum.
...	19. Februar.	Wiedereinziehung oder Belassung von Pensionen der im Civildienst wieder angestellten oder beschäftigten versorgungsberechtigten Offiziere und Militair-Beamten. Siehe Nr. 1.
...	21. Februar.	Technische Revision der in Königlichen Dienstwohnungen auszuführenden baulichen Einrichtungen und Reparaturen. Siehe Nr. 5.
4.	1. März.	Verordnung zur Ausführung des §. 23 des Gesetzes über die Gemeinde-Verfassung in der Rheinprovinz vom 15. Mai 1856.
5.	2. März.	Technische Revision der in Königlichen Dienstwohnungen auszuführenden baulichen Einrichtungen und Reparaturen.

Num.	1858.	
...	10. März.	Benutzung der Preußischen Eisenbahn-Telegraphen. Siehe Nr. 17.
6.	11. März.	Vollstreckung geringer Gefängnißstrafen gegen Zöglinge der Erziehungs- und Besserungs-Anstalt zu St. Martin bei Boppard und im Landarmenhause zu Trier.
7.	25. März.	Betrifft die Nothwendigkeit einer Vorlegung der Prozeßakten von Seiten der Regierung bei Erhebung eines Competenzkonfliktes vor Erlaß des Sistirungsbeschlusses.
8.	25. März.	Die in der administrativen Voruntersuchung wegen Postkontravention veranlaßten Kosten fallen dem im gerichtlichen Verfahren demnächst Verurtheilten zur Last und sind gegen ihn exekutorisch zu erklären.
9.	2. April.	Dispensation der französischen Unterthanen von der Beibringung des Attestes ihrer Heimathsbehörde behufs ihrer Verehelichung in Preußen.
10.	26. April.	Unzulässigkeit polizeilicher Taxen für die Vertreter der Parteien bei den Friedensgerichten.
11.	3. Mai.	Gebühren und Kosten des Verfahrens bei Theilungen und bei gerichtlichen Verkäufen von Immobilien im Bezirk des Appellationsgerichtshofes zu Cöln.
12.	6. Mai.	Anrechnung des im Jahre 1849 zur Unterdrückung des Aufstandes im Königreich Sachsen stattgefundenen Kampfes als Kriegsjahr bei Pensionirungen.
13.	7. Mai.	Uebereinkunft, betreffend den Bau der stehenden Rheinbrücke zu Cöln.
14.	10./18. Mai.	Rangverhältniß der wiedergewählten Mitglieder der Handelsgerichte.
15.	1. Juni.	Stempelpflichtigkeit der Erkenntnisse der Gewerbegerichte über die Klagen auf Ausstellung von Entlassungs-Zeugnissen für Gewerbe-Gehülfen, Gesellen und Lehrlinge.
16.	12. Juni.	Benachrichtigung der Ober-Postdirektionen von den gerichtlichen Klagen, welche gegen Kassenbeamte der Post wegen Geldforderungen angestellt werden.
...	26. Juni.	Anrechnung des im Jahre 1849 zur Unterdrückung des Aufstandes im Königreich

Num.	1858.	
		Sachsen stattgefundenen Kampfes als Kriegsjahr bei Pensionirungen. Siehe Nr. 12.
17.	4. Septbr.	Benutzung der Preußischen Eisenbahn-Telegraphen.
18.	8. Septbr.	Behandlung von Strafgefangenen, welche während ihrer Strafzeit wegen Verbrechen oder Vergehen von Neuem zur Untersuchung gezogen werden.
19.	11. Septbr.	Verfahren bei Einholung der Gutachten der Sachverständigen-Vereine in Untersuchungen wegen Nachdrucks und unbefugter Nachbildung.
20.	12. Septbr.	Errichtung einer Handelskammer für den Kreis Eupen und Aufhebung der in der Stadt Eupen bestehenden konsultativen Kammer für Manufakturen, Fabriken, Künste und Gewerbe.
21.	13. Septbr.	Betrifft den unmittelbaren Geschäftsverkehr zwischen den Kaiserlich Oesterreichischen und den Königlich Preußischen Gerichtsbehörden.
22.	29. Septbr.	Kassirung der Akten bei den Gerichten im Bezirk des Appellationsgerichtshofes zu Cöln.
23.	13. Oktbr.	Einholung des Gutachtens der Königlichen General-Münz-Direktion in Untersuchungen wegen Münzverbrechen.
24.	18. Oktbr.	Eingangsformel für die in exekutorischer Form zu ertheilenden Ausfertigungen der Urtheile, der Notariats- und sonstigen dazu geeigneten Urkunden.
25.	9. Novbr.	Ertheilung des Urlaubs an Friedensgerichtsschreiber.
26.	15. Novbr.	Bekanntmachung der Steckbriefe. Siehe Nr. 197.
...	15. Novbr.	Regulativ für das Verfahren der Gerichtsärzte bei den medizinisch-gerichtlichen Untersuchungen menschlicher Leichname. Siehe Nr. 29.
27.	3. Dezbr.	Vereidigung der Eisenbahnwärter durch die Friedensrichter.
28.	24. Dezbr.	Rückgabe polizeilich mit Beschlag belegter Drucksachen nach Aufhebung der Beschlagnahme durch den Staatsanwalt.

III. Im Jahre 1859.

Num.	1859.	
29.	10. Januar.	Verfahren bei den medizinisch-gerichtlichen Untersuchungen menschlicher Leichname.
...	13. Januar.	Kosten der Abschriften, welche von der Steuerbehörde bei Stempelrevisionen für nothwendig erachtet werden. Siehe Nr. 31.
30.	20. Januar.	Verminderung der Zeugeneide der Beamten.
...	23. Januar.	Annahme und Verrechnung von Abschlagszahlungen auf Geldbußen und Kosten. Siehe Nr. 34.
31.	25. Januar.	Kosten der Abschriften, welche von der Steuerbehörde bei Stempelrevisionen für nothwendig erachtet werden.
32.	26. Januar.	Zuziehung nicht etatsmäßiger Assessoren zu den Assisen-Sitzungen.
33.	29. Januar. und 7. Februar.	Betrifft die bei der Aufnahme in die Allgemeine Wittwen-Verpflegungs-Anstalt zu beobachtenden Förmlichkeiten.
34.	7. Februar.	Annahme und Verrechnung von Abschlagszahlungen auf Geldbußen und Kosten.
35.	14. Februar.	Benachrichtigung der Militair-Intendanturen von der Anstellung versorgungsberechtigter Militair-Anwärter.
36.	14. Februar.	Stempelfreiheit der Tauf-, Trau- und Todtenscheine, welche Eisenbahnbeamte bei den unter der Verwaltung des Staats stehenden Eisenbahnen zur Betheiligung bei den Pensions- und Unterstützungskassen derselben beizubringen haben.
37.	18. Februar.	Beschlagnahme des Vermögens ausgetretener Militairpflichtiger im Bezirk des Appellationsgerichtshofes zu Cöln.
38.	15. März.	Gebühren der Aerzte in Kriminalsachen.
39.	23. März.	Stempelrevision beim Königlichen Landgericht zu Aachen.
40.	5. April.	Wahrnehmung der Polizeianwaltschaft in den nach der rheinischen Städteordnung verwalteten Städten.
41.	29. April.	Vorläufige Sistirung des Kontumazial-Verfahrens bei Verbrechen.
42.	3. Mai.	Gewährleistung wegen verborgener Mängel bei dem Verkaufe und Tausche von Haus-

Num.	1859.	
		thieren im Bezirk des Appellationsgerichtshofes zu Cöln.
43.	9. Mai.	Abänderung einiger Bestimmungen des Rheinischen Handelsgesetzbuches.
44.	19. Mai.	Betrifft die erste juristische Prüfung.
45.	23. Mai.	Gebührentaxe für die Friedensgerichte im Bezirk des Appellationsgerichtshofes zu Cöln Siehe Nr. 147.
46.	30. Mai.	Abänderung einiger Bestimmungen des Strafgesetzbuches.
47.	7. Juni.	Verweisung der Notarien auf früher geleistete Diensteide und Berichterstattung über die Beschäftigung der Notariatskandidaten.
48.	7. Juni.	Requisitionen altländischer Gerichte um Abnahme von Manifestations-Eiden.
49.	14. Juni.	Gesetz wegen Verschaffung der Vorfluth in den Bezirken des Appellationsgerichtshofes zu Cöln und des Justizsenates zu Ehrenbreitstein, sowie in den Hohenzollernschen Landen.
50.	14. Juni.	Einrichtung und Verwaltung des Landarmenwesens in der Rheinprovinz.
...	14. Juni.	Vollstreckung gerichtlich erkannter Gefängnißstrafen an den Häuslingen der Arbeitsanstalt zu Brauweiler und ähnlichen Detentionsanstalten. Siehe Nr. 54.
51.	18. Juni.	Mittheilung der Untersuchungsakten über Münzverbrechen und Münzvergehen an den Herrn Finanz-Minister. Siehe Nr. 60.
52.	18. Juni.	Behandlung der militairpflichtigen Civilbeamten im Fall ihrer Einberufung zu den Fahnen bei der im April 1859 angeordneten Kriegsbereitschaft der Armee. Siehe Nr. 67.
53.	23. Juni.	Verfahren der Gerichte bei Auszahlung von Depositalgeldern, wenn die Interessenten im Bezirk des Appellationsgerichtshofes zu Cöln sich befinden.
...	5. Juli.	Behandlung der militairpflichtigen Civilbeamten im Fall ihrer Einberufung zu den Fahnen bei der im April 1859 angeordneten Kriegsbereitschaft der Armee. Siehe Nr. 52.
...	7. Juli.	Uebereinkunft zwischen Preußen und Bayern zur gegenseitigen Verhütung und Bestra-

Num.	1859.	
		fung der Forst-, Jagd-, Feld- und Fischereifrevel in den Grenzgebieten. Siehe Nr. 55.
54.	8. Juli.	Vollstreckung gerichtlich erkannter Gefängnißstrafen an den Häuslingen der Arbeitsanstalt zu Brauweiler und ähnlichen Detentions-Anstalten.
55.	13. Juli.	Uebereinkunft zwischen Preußen und Bayern zur gegenseitigen Verhütung und Bestrafung der Forst-, Jagd-, Feld- und Fischereifrevel in den Grenzgebieten.
56.	19. Juli.	Stempelrevision bei dem Königlichen Landgericht zu Cöln.
57.	28. Juli und 8. August.	Betrifft den Erlaß von Polizei-Verordnungen und die Kontrolle der polizeilichen Verfolgungen in der Rheinprovinz.
...	22. August.	Instruktion für die Erhebung der Gerichtsschreibereigebühren im Bezirk des Appellationsgerichtshofes zu Cöln. Siehe Nr. 65.
58.	25. August.	Vereinbarungen mit den die Rheinprovinz begrenzenden Staaten wegen gegenseitiger Bestrafung gewisser Arten von Vergehen und Uebertretungen.
59.	8. Septbr.	Befugniß der aus ihrem Dienstverhältniß entlassenen Civilbeamten zur Tragung der Uniform.
60.	22. Septbr.	Mittheilung der Untersuchungsakten über Münzverbrechen und Münzvergehen an den Herrn Finanz-Minister. Siehe Nr. 51.
61.	27. Septbr.	Verhütung von Stempeldefekten.
...	29. Septbr.	Stempelfreiheit der Tauf-, Trau- und Todtenscheine, welche Eisenbahnbeamte bei den unter der Verwaltung des Staats stehenden Eisenbahnen zur Betheiligung bei den Pensions- und Unterstützungskassen derselben beizubringen haben. Siehe Nr. 36.
62.	30. Septbr.	Stempelrevision bei dem Königlichen Landgericht zu Düsseldorf.
63.	14. Novbr.	Angabe der den Rückfall betreffenden Thatsachen in den Anklagen und Feststellung dieser Thatsachen in den strafgerichtlichen Erkenntnissen.
64.	20. Dezbr.	Unzulässigkeit eines Denunziantenantheils der Gendarmen bei Gewerbepolizei-Uebertretungen.
65.	24. Dezbr.	Instruktion für die Erhebung der Gerichts-

Num.	1859.	
		schreibereigebühren im Bezirk des Appellationsgerichtshofes zu Cöln.
66.	28. Dezbr.	Anfertigung einer dritten Proberelation zur dritten juristischen Prüfung.
67.	31. Dezbr.	Behandlung der militairpflichtigen Civilbeamten, welche in Folge der veränderten Formationsverhältnisse der Armee aus dem Reserve- oder Landwehr-Verhältnisse zu den Fahnen einberufen sind oder noch einberufen werden. Siehe Nr. 52.

IV. Im Jahre 1860.

Num.	1860.	
68.	3./24. Jan.	Portofreiheit in Justizsachen. Siehe Nr. 123.
69.	28. Januar.	Betrifft die Empfangsbescheinigung über die Aushändigung der für preußische Unterthanen oder für französische Staatsangehörige, welche sich in Preußen aufhalten, bestimmten Urkunden französischer Gerichtshöfe.
...	8. Februar.	Behandlung der militairpflichtigen Civilbeamten, welche in Folge der veränderten Formationsverhältnisse der Armee aus dem Reserve- oder Landwehr-Verhältnisse zu den Fahnen einberufen sind oder noch einberufen werden. Siehe Nr. 67.
70.	25. Februar.	Behandlung der bei einer Mobilmachung der Armee als Offiziere oder als Militair-Administrations-Beamte eingezogenen pensionirten oder auf Wartegeld stehenden Civilbeamten.
71.	12. März.	Ergänzung resp. Abänderung der §§. 6. 9. 72 und 73 des revidirten Reglements für die Provinzial-Feuer-Sozietät der Rheinprovinz vom 1. September 1852.
...	26. März.	Behandlung der bei einer Mobilmachung der Armee als Offiziere oder als Militair-Administrations-Beamte eingezogenen pensionirten oder auf Wartegeld stehenden Civilbeamten. Siehe Nr. 70.
72.	3. April.	Portofreiheit in armen Vormundschaftssachen. Siehe Nr. 68.

Num.	1860.	
...	12. April.	Betheiligung der Justizbeamten als Mitglieder der Verwaltungsvorstände bei Aktien- und ähnlichen Gesellschaften. Siehe Nr. 74.
73.	13. April.	Umwandlung der von den Verwaltungsbehörden festgesetzten Geldbußen in Gefängnißstrafen.
74.	15. April.	Betheiligung der Justizbeamten als Mitglieder der Verwaltungsvorstände bei Aktien- und ähnlichen Gesellschaften.
75.	21. April.	Deklaration des §. 54 des Gesetzes über die Presse vom 12. Mai 1851.
76.	4. Mai.	Verjährung der Untersuchungen gegen flüchtige Verbrecher nach Art. 637 der Rheinischen Strafprozeßordnung.
77.	7. Mai.	Stempelverwendung in Expropriationsprozessen bei den Gerichten im Bezirke des Appellationsgerichtshofes zu Cöln.
78.	14. Mai.	Gesetz betreffend das städtische Einzugs-, Bürgerrechts- und Einkaufsgeld.
79.	20. Mai.	Betheiligung der Mitglieder beider Häuser des Landtages an den Funktionen der Geschworenen.
80.	21. Mai.	Abänderung mehrerer auf das Postwesen sich beziehenden Vorschriften.
81.	21. Mai.	Anderweitige Einrichtung des Amts- und Zeitungs-Kautionswesens. Siehe Nr. 82 88. 116. 124. 139.
82.	21. Mai.	Bestimmung des Zeitpunkts, von welchem ab das Gesetz wegen anderweitiger Einrichtung des Amts- und Zeitungs-Kautionswesens in Kraft zu treten hat. Siehe Nr. 81. 88.
83.	1. Juni.	Aufhebung verschiedener Bestimmungen über den Verkehr mit Staats- und anderen Papieren, sowie über die Eröffnung von Aktienzeichnungen für Eisenbahn-Unternehmungen.
84.	8. Juni.	Befugniß der Auditeure zur Aufnahme von Akten der freiwilligen Gerichtsbarkeit, Förmlichkeiten bei militairischen Testamenten und bürgerliche Gerichtsbarkeit über Preußische Garnisonen im Auslande.
85.	8. Juni.	Aufhebung der auf die Arbeits- und Quittungs-Bücher bezüglichen Bestimmungen.
86.	27. Juni.	Abänderung einer Bestimmung in §. 20 des Gesetzes vom 3. März 1850 über die Errichtung von Rentenbanken.

Num.	1860.	
87.	30. Juni.	Anfertigung der schriftlichen Probearbeit bei der zweiten juristischen Prüfung. Siehe Nr. 97.
88.	3. August.	Verfahren hinsichtlich der Amtskautionen, welche Justizbeamte zu bestellen haben. Siehe Nr. 81. 82.
89.	1. Septbr.	Insinuation von Verfügungen diesseitiger Gerichtshöfe in der Schweiz.
90.	4. Septbr.	Meldung kommissarischer Friedensrichter beim Landgerichts-Präsidenten und Ober-Prokurator.
91.	6. Septbr.	Wegfall der feierlichen Sitzung der vereinigten Senate des Königl. Appellationsgerichtshofes zu Cöln nach den Ferien.
92.	9. Septbr.	Stempelrevision beim Landgericht zu Coblenz.
93.	21. Septbr.	Abänderung des §. 83 der Steuerordnung vom 8. Februar 1819 und der Deklaration vom 6. Oktober 1821.
94.	1. Oktbr.	Gerichtsbarkeit über die Preußische Garnison der Bundesfestung Rastatt. Siehe Nr. 84.
95.	8. Oktbr.	Mittheilungen in Untersuchungssachen gegen militairpflichtige Personen.
96.	8. Oktbr.	Verjährung der Stempel.
97.	22. Oktbr.	Anfertigung einer wiederholten schriftlichen Probearbeit bei der zweiten juristischen Prüfung. Siehe Nr. 87.
98.	31. Oktbr.	Betreffend die auf die Preußischen Besatzungen der Bundesfestungen Mainz, Luxemburg und Rastatt bezüglichen Requisitionen in Civil-Justizsachen.
99.	12. Novbr.	Anciennetäts-Verhältnisse und Gehaltsstufen der richterlichen Beamten.
100.	26. Novbr.	Ausführung des Vertrages mit den Vereinigten Staaten von Nordamerika wegen Auslieferung flüchtiger Verbrecher.
101.	27. Novbr.	Mittheilungen in Untersuchungssachen gegen Angestellte der Eisenbahnverwaltungen.
102.	28. Novbr.	Vollstreckung der Straferkenntnisse hinsichtlich der Konfiskate in Untersuchungen wegen unberechtigten Jagens.
103.	3. Dezbr.	Befugniß zur Erhebung des Konflikts nach Maaßgabe des Gesetzes vom 13. Februar 1854.
104.	11. Dezbr.	Verfahren bei der Untersuchung und Feststellung des Gemüthszustandes Russischer Unterthanen.

Num.	1860.	
105.	11. Dezbr.	Stempelrevision beim Landgericht zu Aachen.
106.	12. Dezbr.	Anstellung der Advokaten und deren Einmischung in die Funktionen der Anwälte. Siehe Nr. 109 und 153.

V. Im Jahre 1861.

Num.	1861.	
. . .	11. Januar.	Stempelpflichtigkeit der auf Grund des Art. 571 der bürgerlichen Prozeß-Ordnung abgegebenen Erklärungen der Dritt-Arrestaten. Siehe Nr. 114.
107.	14. Januar.	Abschaffung der für den Bibliotheksfond erhobenen Introduktions-Gebühren.
108.	29. Januar.	Taxirung der Fahrpostsendungen im Bereich des Deutschen Postvereins. Siehe Nr. 154 und 183.
109.	29. Januar.	Stellung der Advokaten in der Prozeßpraxis zu den Anwalten. Siehe Nr. 106 und 153.
110.	30. Januar.	Diäten und Reisekosten der Forstschutzbeamten bei Wahrnehmung der Forstgerichtstage wegen Diebstahls an Holz und anderen Waldprodukten.
111.	16. Februar.	Verminderung der beschlußfähigen Mitgliederzahl beim Gewerbegericht zu Solingen.
112.	26. Februar.	Ermäßigung der Rheinzölle.
113.	26. Februar.	Betreffend die von Ausländern zur Eingehung einer Ehe in den Königlich Preußischen Staaten beizubringenden Ehekonsense.
114.	7./18. März.	Stempelpflichtigkeit der auf Grund des Art. 571 der bürgerlichen Prozeß-Ordnung abgegebenen Erklärungen der Dritt-Arrestaten.
115.	19. März.	Besuch Oesterreichischer Universitäten.
116.	8./26. April.	Ausstellung von Kautionsverschreibungen bei den im Bezirke des Appellationsgerichtshofes zu Cöln erfolgenden Kautionsbestellungen. Siehe Nr. 81. 124. 139.
117.	1. Mai.	Verfahren der Gerichte bei Beschlagnahme falscher Münzen.
118.	21. Mai.	Zulassung jüdischer Rechskandidaten zur Auskultator-Prüfung.

Num.	1861.	
119.	24. Mai.	Gesetz wegen Erweiterung des Rechtsweges.
120.	6. Juni.	Kontrole der Stempel-Erhebung bei den Friedensgerichten in der Rheinprovinz.
121.	24. Juni.	Errichtung einer Depositen-Kasse für den Bezirk des Appellationsgerichtshofes zu Cöln. Siehe Nr. 131. 162. 175.
...	5. Juli.	Ausstellung von Kautions-Verschreibungen bei den im Bezirke des Appellationsgerichtshofes zu Cöln erfolgenden Kautionsbestellungen. Siehe Nr. 124.
122.	6. Juli.	Verfahren bei Requisitionen an Niederländische Behörden.
123.	12. Juli.	Beglaubigung der Portofreiheits-Vermerke auf Dienstbriefen. Siehe Nr. 68.
124.	17. Juli.	Ausstellung von Kautions-Verschreibungen bei den im Bezirke des Appellationsgerichtshofes zu Cöln erfolgenden Kautionsbestellungen. Siehe Nr. 81. 116. 139.
125.	20. Juli.	Betreffend das Heften und Foliiren der Akten bei deren Einsendung an den Gerichtshof zur Entscheidung der Kompetenz-Konflikte.
126.	29. Juli.	Vertretung der Friedensrichter in der Rheinprovinz.
127.	17. August.	Betreffend die Bescheinigungen, welche bei dem Ableben eines der Königlichen Allgemeinen Wittwen-Verpflegungs-Anstalt beigetretenen Justizbeamten oder dessen Ehefrau der General-Direktion dieser Anstalt einzusenden sind. Siehe Nr. 157.
128.	20. August.	Ertheilung des Heiraths-Konsenses für die Justizbeamten im Bezirk des Appellationsgerichtshofes zu Cöln.
129.	19. Septbr.	Betreffend die Berichte über die Versetzung von Auskultatoren und Referendarien an andere Gerichte oder deren gewünschte Entlassung aus dem Justizdienste.
130.	28. Oktbr.	Abänderung und Ergänzung der §§. 6 und 35 des revidirten Reglements für die Provinzial-Feuer-Sozietät der Rheinprovinz vom 1. September 1852.
131.	28. Oktbr.	Zinssatz für die bei der Depositen-Kasse des Bezirks des Appellationsgerichtshofes zu Cöln zu hinterlegenden Gelder. Siehe Nr. 121.
...	27. Novbr.	Ausstellung von Verschreibungen über Amts-

Num.	1861.	
		kautionen im Bezirk des Appellationsgerichtshofes zu Cöln. Siehe Nr. 139.
132.	28. Novbr.	Betreffend die unentgeltliche Lieferung der für die Königlichen Staatsbehörden erforderlichen Exemplare der Gesetz-Sammlung. Siehe Nr. 137. 146. 150.
133.	7. Dezbr.	Uebereinkunft zwischen Preußen und dem Großherzogthum Hessen, wegen Verhütung der Forst-, Feld-, Jagd- und Fischerei-Frevel ꝛc., welche in den gegenseitigen Staatsgebieten begangen werden.
...	12. Dezbr.	Betreffend die unentgeltliche Lieferung der für die Königlichen Staatsbehörden erforderlichen Exemplare der Gesetz-Sammlung. Siehe Nr. 132.
134.	12. Dezbr.	Instruktion zur Ausführung des Gesetzes vom 24. Juni 1861 über die Einführung des Allgemeinen Deutschen Handelsgesetzbuches.
135.	16. Dezbr.	Errichtung eines Handelsgerichts in Düsseldorf.
136.	17. Dezbr.	Aufstellung und Einreichung anderweiter Gebäude-Inventarien der Gerichtsbehörden.

VI. Im Jahre 1862.

Num.	1862.	
137.	15. Januar.	Kontrole über die Haltung der Gesetz-Sammlung Seitens der dazu verpflichteten Justizbeamten und über die für die Königlichen Staatsbehörden unentgeltlich zu liefernden Exemplare der Gesetz-Sammlung. Siehe Nr. 132. 146. 150.
138.	18. Januar.	Stempelrevision bei dem Landgericht zu Coblenz.
139.	22. Januar.	Ausstellung von Verschreibungen über Amtskautionen im Bezirk des Appellationsgerichtshofes zu Cöln. Siehe Nr. 81. 116. 124.
140.	27. Januar.	Betreffend die durch die Einführung des Allgemeinen Deutschen Handelsgesetzbuchs nöthig gewordene Ergänzung der Gesetze über die gerichtlichen Gebühren und Kosten.
141.	12. Februar.	Abhaltung von Mobiliar-Verkäufen durch die Gerichtsvollzieher.

Num.	1862.	
...	5. März.	Bekanntmachung der General-Direktion der Allgemeinen Wittwen-Verpflegungs-Anstalt wegen Herausgabe einer Schrift. Siehe Nr. 143.
142.	20. März.	Anstellung von Ausländern im Preußischen Staatsdienste.
143.	22. März.	Bekanntmachung der General-Direktion der Allgemeinen Wittwen-Verpflegungs-Anstalt wegen Herausgabe einer Schrift.
144.	22. März.	Stempelrevision bei der II. Civilkammer des Landgerichts zu Coblenz.
145.	27. März.	Verrechnung der gegen Gerichtsvollzieher auf Grund der Allerhöchsten Order vom 3. Januar 1830 festgesetzten Ordnungsstrafen.
146.	15. April.	Betreffend die unentgeltliche Lieferung der für die Königlichen Staatsbehörden erforderlichen Exemplare der Gesetz-Sammlung. Siehe Nr. 132. 137. 150.
147.	26. April.	Berechnung der Gebühren nach der Gebührentaxe für die Friedensgerichte vom 23. Mai 1859 bei mehreren Verhandlungen in derselben Angelegenheit. Siehe Nr. 45.
148.	28. April.	Gebühren der Apotheker bei ihrer Zuziehung in Untersuchungssachen.
149.	30. April.	Form der Requisitionen an Französische Gerichte um Abnahme von Eiden.
150.	8. Mai.	Betreffend die unentgeltliche Lieferung der Gesetzsammlung an die Friedensrichter. Siehe Nr. 146.
151.	19. Mai.	Publikation der Interdiktions-Erkenntnisse.
152.	5. Juni.	Betreffend die während der Abwesenheit eines Friedensrichters aufkommenden Emolumente.
153.	23. Juli.	Betreffend die bei Ernennung der Advokaten zu Anwälten zu beobachtenden Grundsätze Siehe Nr. 106 und 109.
154.	11. August.	Taxirung der Fahr- und Briefpost-Sendungen im Bereiche des Deutschen Postvereins. Siehe Nr. 108 und 183.
155.	26. August.	Betreffend die gegen rheinische Justizbeamte im Disziplinarwege erkannten Geldbußen.
156.	16. Septbr.	Einstellung der Erhebung der Schiffahrtsabgaben auf der Mosel.
...	30. Septbr.	Bestimmungen über Verwendung von Stempelmarken zu stempelpflichtigen Schrift-

Num.	1862.	
		stücken, welche nicht unter öffentlicher Autorität abgefaßt werden. Siehe Nr. 158.
...	30. Septbr.	Bestimmungen über Verwendung von Stempelmarken zu stempelpflichtigen unter öffentlicher Autorität ausgefertigten Schriftstücken. Siehe Nr. 158.
157.	20. Oktbr.	Einziehung der Wittwenkassenbeiträge. Siehe Nr. 127.
158.	21. Oktbr.	Verwendung von Stempelmarken zu stempelpflichtigen Schriftstücken.
159.	21. Oktbr. und 6. Novbr.	Beibringung des oberamtlichen Ehekonsenses bei der Eheschließung der Einwohner der Hohenzollernschen Lande.
160.	14. Novbr.	Fuhrkosten bei Dienstreisen der Staatsbeamten.
161.	28. Novbr.	Berichtigung der Gebühren für die Gutachten der zum Schutze des Eigenthums an Werken der Wissenschaft und Kunst gegen Nachdruck und Nachbildung gebildeten Vereine von Sachverständigen. Siehe Nr. 199.
162.	20. Dezbr.	Geschäfts-Anweisung für die Depositen-Kasse des Bezirks des Appellationsgerichtshofes in Cöln. Siehe Nr. 121. 131. 175.

VII. Im Jahre 1863.

Num.	1863.	
163.	6. Januar.	Mittheilung der Kriminal-Erkenntnisse gegen Offiziere des Beurlaubtenstandes an das General-Auditoriat. Siehe Nr. 186.
164.	10. Januar.	Aenderung des §. 12 des revidirten Reglements für die Provinzial-Feuer-Sozietät der Rheinprovinz vom 1. September 1852.
165.	24. Februar.	Uebernahme von Syndikaten und Verwaltungen vakanter Nachlassenschaften durch Referendarien und Auskultatoren.
166.	2. März.	Verwendung von Stempelmarken zu den Urkunden der Gerichtsvollzieher.
167.	13. März.	Betreffend die früher unter dem Titel: „Mittheilungen des Königlichen Polizei-Präsidiums zu Berlin zur Beförderung der Sicherheitspflege," jetzt unter der Bezeich-

Num.	1863.	
		nung „Central-Polizei-Blatt" erscheinende Zeitschrift.
168.	14. März.	Stempelrevision beim Landgericht zu Trier.
169.	2. April.	Form der Verhaftsbefehle bei Auslieferungsanträgen nach den Niederlanden.
170.	11. April.	Stempelrevision beim Landgericht zu Aachen.
...	11. April.	Formalitäten bei der Wiederinkurssetzung der Papiere auf Inhaber. Siehe Nr. 171.
...	11. Mai.	Betreffend die den Beamten zu gewährende Vergütigung für Schreibmaterialien. Siehe Nr. 181.
171.	12. Mai.	Formalitäten bei der Wiederinkurssetzung der Papiere auf Inhaber.
172.	27. Mai.	Ergänzung und Erläuterung der Allgemeinen Deutschen Wechsel-Ordnung.
173.	29. Mai.	Behandlung der militairpflichtigen Civilbeamten, welche in den Jahren 1862 und 1863 bei außerordentlichen Veranlassungen aus dem Reserve- oder Landwehr-Verhältnisse zu den Fahnen einberufen worden sind. Siehe Nr. 195.
174.	5. Juni.	Gebührenpflichtigkeit in Vormundschaftssachen im Bezirk des Appellationsgerichtshofes zu Cöln.
...	18. Juni.	Behandlung der militairpflichtigen Civilbeamten, welche in den Jahren 1862 und 1863 bei außerordentlichen Veranlassungen aus dem Reserve- oder Landwehr-Verhältnisse zu den Fahnen einberufen worden sind. Siehe Nr. 173.
175.	27. Juni.	Nachtrag zur Geschäfts-Anweisung für die Depositen-Kasse des Bezirks des Appellationsgerichtshofes zu Cöln, betreffend deren Verkehr mit der Bank. Siehe Nr. 162.
176.	2. Juli.	Ausdehnung des Geschäftskreises der Rheinischen Provinzial-Feuer-Sozietät auf Mobiliar-Versicherungen.
177.	4. August.	Betreffend die bei Beurlaubung von Civil-Beamten hinsichtlich der Fortzahlung des Gehalts stattfindenden Grundsätze.
178.	31. August.	Festsetzung der durch die Ermittelung von Defekten entstandenen Kosten.
179.	2. Septbr.	Aufstellung der Liste der Notabeln zur Wahl der Mitglieder des Handelsgerichts.
180.	4. Septbr.	Zulassung zur ersten juristischen Prüfung.

Num.	1863.	
181.	5. Septbr.	Betreffend die den Beamten zu gewährende Vergütigung für Schreibmaterialien.
...	18. Septbr.	Festsetzung der durch die Ermittelung von Defekten entstandenen Kosten. Siehe Nr. 178.
182.	22. Septbr.	Kosten der Stellvertretung der als Abgeordnete zum Landtage einberufenen unmittelbaren Staatsbeamten.
183.	23. Septbr.	Bezeichnung der Fahrpostsendungen nach Staaten, welche zum Deutschen Postverein gehören. Siehe Nr. 108 und 154.
...	5. Oktbr.	Kosten der Stellvertretung der als Abgeordnete zum Landtage einberufenen unmittelbaren Staatsbeamten. Siehe Nr. 182.
184.	9. Oktbr.	Veröffentlichung der Eintragungen in das Handelsregister.
185.	15. Oktbr.	Verfahren bei Requisitionen Behufs eidlicher Vernehmungen von Personen im Königreich Italien.
186.	23. Oktbr.	Mittheilung der Kriminal-Erkenntnisse gegen Offiziere des Beurlaubtenstandes an das General-Auditoriat. Siehe Nr. 163.
187.	26. Oktbr.	Berechnung des Stempels in Prozessen über Realservituten in der Rheinprovinz.
188.	2. Novbr.	Errichtung einer Handelskammer für den Kreis Saarbrücken.
...	9. Novbr.	Mittheilung der Kriminal-Erkenntnisse gegen Offiziere des Beurlaubtenstandes an das General-Auditoriat. Siehe Nr. 186.
189.	18. Novbr.	Betreffend die Frage, in wiefern die Betheiligung Preußischer Staatsangehörigen an Prämien-Anleihen fremder Staaten als verbotenes Spiel in auswärtigen Lotterien anzusehen ist.
190.	27. Novbr.	Aufkündigung der zwischen der Königlich Preußischen und der Königlich Niederländischen Regierung wegen Verhütung der Forstfrevel in Grenzwaldungen geschlossenen Uebereinkunft vom 16. August 1828.
191.	30. Novbr.	Requisitionen an Königlich Niederländische Behörden um Auslieferung flüchtiger Verbrecher.
192.	10. Dezbr.	Betreffend die telegraphischen Dienst-Depeschen.

VIII. Im Jahre 1864.

Num.	1864.	
193.	8. Januar.	Ressortverhältnisse der Militairbehörden bei einer gerichtlichen Beschlagnahme von Gehältern oder Pensionen der Offiziere und Militairbeamten.
194.	11. Januar.	Verfahren bei Requisitionen an Kaiserlich Russische Behörden.
195.	3./15. Febr.	Behandlung der militairpflichtigen Civilbeamten, welche wegen der Maaßregeln gegen Dänemark aus dem Reserve- oder Landwehr-Verhältniß zu den Fahnen einberufen worden sind. Siehe Nr. 173.
196.	15. Februar.	Aktiengesellschaften bei welchen der Gegenstand des Unternehmens nicht in Handelsgeschäften besteht.
197.	22. Februar.	Bekanntmachung der Steckbriefe. Siehe Nr. 26.
198.	9. März.	Behandlung der militairpflichtigen Civilbeamten im Falle ihrer Einberufung zum Kriegsdienste bei einer Mobilmachung der Armee.
199.	11. März.	Berichtigung der Gebühren für die Gutachten der zum Schutze des Eigenthums an Werken der Wissenschaft und Kunst gegen Nachdruck und Nachbildung gebildeten Vereine von Sachverständigen. Siehe Nr. 161.
200.	12. März. und 15. April.	Verfahren bei Wiedergewährung von Militair-Invaliden-Pensionen.
201.	22. April.	Stempelrevision beim Landgericht zu Coblenz.
...	26. April.	Behandlung der militairpflichtigen Civilbeamten im Falle ihrer Einberufung zum Kriegsdienste bei einer Mobilmachung der Armee. Siehe Nr. 198.
202.	2. Mai.	Erhöhung der Zahl der Mitglieder und Stellvertreter bei dem Gewerbegericht zu Lennep.
203.	18. Mai.	Verbot der Zahlungsleistung mittelst ausländischer Banknoten und ähnlicher Werthzeichen.
204.	20. Mai.	Betreffend die an die Königlich Niederländischen Behörden zu richtenden Schriftstücke.
205.	8. Juni.	Regulativ betreffend die Verwaltung der vakanten Nachlassenschaften im Bezirk des Appellationsgerichtshofes zu Cöln.

Num.	1864.	
206.	18. Juni.	Mittheilung der den Kassationsrekurs verwerfenden Entscheidungen an den Angeschuldigten bei Todesurtheilen.
207.	16. Juli.	Gebühren der praktischen Aerzte und Wundärzte für Geschäfte bei den Gerichten.
208.	22. August. und 26. Septbr.	Betreffend die Uebergabe Königlicher Dienstwohnungen.
209.	19. Oktbr.	Betreffend den Charakter der bei Stempelkontraventionen der Gerichtsvollzieher verhängten Ordnungsstrafen.
210.	20. Oktbr. und 9. Novbr.	Belassung und Einziehung des Gnadengehalts der im Civildienste angestellten oder beschäftigten Militair-Invaliden.
211.	26. Novbr. und 5. Dezbr.	Betreffend die erste juristische Prüfung.
212.	18. Dezbr.	Anrechnung des im Jahre 1864 gegen Dänemark geführten Feldzuges als Kriegsjahr bei Pensionirungen.
213.	28. Dezbr.	Betreffend die Insertionen in den Staatsanzeiger.

Sachregister

zum

zwölften Bande

der

für die Rhein-Provinz ergangenen

Gesetze, Verordnungen und Rescripte.

G. bedeutet Gesetz, Verordn. Verordnung, A. E. Allerhöchster Erlaß, St. M. Beschl. Staats-Ministerial-Beschluß, Minist. Erkl. Ministerial-Erklärung, Instr. Instruktion, Reg. Regulativ, G. Taxe Gebührentaxe, B. Bekanntmachung, V. Verfügung, A. V. Allgemeine Verfügung, Cirk. Erl. Cirkular-Erlaß, Abschn. Abschnitt, ebend. ebendaselbst, St. Stempel, s. Siehe. Die deutsche Zahl giebt die Seite an.

A.

Abfassungs- (Redaktions-) Gebühren. Instr. 22. August 59. Th. II. Abschn. 2. 126.

Abgaben, inwiefern der Rechtsweg bei Streitigkeiten über die Entrichtung öffentlicher Abgaben zulässig ist. G. 24. Mai 61. §§. 9. 10. 248.

Abgeordnete, Kosten der Stellvertretung der als Abgeordnete zum Landtage einberufenen unmittelbaren Staatsbeamten. St. M. Beschl. 22. Septbr. 63. 421.

Abgraben (Abpflügen), Bestrafung desjenigen, welcher ein fremdes Grundstück oder einen öffentlichen oder Privatweg durch Abgraben oder Abpflügen verringert. G. 30. Mai 59. §. 349 nr. 1. 95.

Ablösung der bei der Zerstückelung rentenpflichtiger Grundstücke vertheilten Rentenbeträge durch Kapitalzahlung. G. 27. Juni 60. 194.

Abschlagszahlungen, Annahme und Verrechnung von Abschlagszahlungen auf Geldbuße und Kosten. V. 23. Januar und 7. Februar 59. 66.

Abschriften, Kosten und Abschriften, welche von der Steuerbehörde bei Stempelrevisionen für nothwendig erachtet werden. V. 25. Januar 59. 57. — Gebühren und Kosten für einfache und beglaubigte Abschriften aus dem Handelsregister oder der Eintragung in dasselbe. Verordn. 27. Januar 62. §. 14 I. nr. 2—4 und V. 354. — Der Unschätzbarkeitsstempel wird verwendet bei der Klage gegen einen Notar auf Ertheilung der Abschrift einer von ihm aufgenommenen Urkunde. V. 14. März 63. 397.

Abwesende, Stempel zum Urtheile auf provisorische Einweisung in den Besitz eines durch vorhergegangenes Urtheil für abwesend Erklärten. V. 9. Septbr. 60. I. 6. 203.

Advokaten, Anstellung der Advokaten und deren Einmischung in die Funktionen der Anwalte. V. 12. Dezbr. 60. 223. — V. 29. Januar 61. 230. — Grundsätze bei der Ernennung der Advokaten zu Anwälten. V. 23. Juli 62. 368.

Advokat-Anwalte, Disziplinarrath derselben, Portofreiheit in dessen Angelegenheiten. Reg. 3. Januar 60. §. 4. 164.

Aerzte, Gebühren derselben in Kriminalsachen. V. 15. März 59. 72. — Gebühren der praktischen Aerzte für Geschäfte bei den Gerichten. A. V. 16. Juli 64. 450.

Agenten, Ernennung und Befugnisse derselben bei Falliments-Eröffnungen. G. 9. Mai 59. Art. 454 ff. 82.

Akten, Vorlegung der Prozeß-Akten von Seiten der Regierung bei Erhebung eines Kompetenzkonfliktes vor Erlaß des Sistirungsbeschlusses. V. 25. März 58. 11. — Kassirung der Akten bei den rheinischen Gerichten. A. V. 29. Septbr. 58. 37. — Mittheilung der Untersuchungs-Akten über Münz-Verbrechen und Vergehen an den Finanz-Minister. A. V. 18. Juni 59. 105. A. V. 22. Septbr. 59. 115. — inwieweit Aktensendungen mit der Fahrpost die Portofreiheit im Bereiche des Deutschen Postvereins zusteht. A. V. 29. Januar 61. 228. A. V. 11. August 62. 369. A. V. 23. Septbr. 63. 421. — Heften und Foliiren der Akten bei deren Einsendung an den Gerichtshof zur Entscheidung der Kompetenzkonflikte. V. 20. Juli 61. 260.

Aktien, Aufhebung der Verordn. v. 13. Mai 1840 u. 24. Mai 1844 über den Verkehr mit Aktien. G. 1. Juni 60. 187.

Aktiengesellschaften, Betheiligung der Justizbeamten als Mitglieder der Verwaltungsvorstände bei Aktien- und ähnlichen

Gesellschaften. A. V. 15. April 60. 177. — Bestimmungen über die Rechtsverhältnisse der Aktiengesellschaften, bei welchen der Gegenstand des Unternehmens nicht in Handelsgeschäften besteht. G. 15. Februar 64. 435.

Aktionaire, Verpflichtung der Aktionaire zur Zahlung von Verzugszinsen für verspätete Einzahlung der Aktien. G. 15. Februar 64. §. 5. nr. 3. 437.

Alimente, zum Urtheil über die bei Güterscheidungen unter geschiedenen Eheleuten der Ehefrau aus der Masse zu gewährenden Alimente ist ein besonderer Stempel nicht zu verwenden. V. 9. Septbr. 60. II. B. 22. 206. — Stempel zu Urtheilen bei Klagen wegen Alimentenforderungen von Enkeln gegen Großeltern. V. 11. Dezbr. 60. B. 7. 221. — Bei Klagen auf Zahlung von Alimenten von der Geburt eines Kindes bis zu dessen zurückgelegtem 14. Lebensjahre ist der ganze Betrag der für diese Zeit geforderten jährlichen Alimente bei der Berechnung des Stempels zum Grunde zu legen. V. 11. April 63. B. 15. 399.

Amtsblatt, Bekanntmachungen durch das Amtsblatt bei solchen Aktiengesellschaften, bei denen der Gegenstand des Unternehmens nicht in Handelsgeschäften besteht. G. 15. Febr. 64. §. 5. nr. 1. 2. 436.

Amtskautionen, anderweitige Einrichtung des Amts-Kautionswesens. G. 21. Mai 60. 184. — Verfahren hinsichtlich der Amtskautionen, welche Justizbeamte zu bestellen haben. A. V. 3. August 60, 195. — s. auch Kaution und Kautionsverschreibungen.

Anciennetät, Verleihung der Gehaltszulagen an richterliche Beamte nach Maaßgabe der Anciennetät. A. E. 12. Novbr. 60. 212.

Angeschuldigte, Mittheilung der den Kassationsrekurs verwerfenden Entscheidung an den Angeschuldigten bei Todesurtheilen. V. 18. Juni 64. 450.

Anklagen, Angabe der den Rückfall betreffenden Thatsachen in den Anklagen. A. V. 14. Novbr. 59. 119.

Anmeldung, zur Eintragung in das Handelsregister, Kosten dafür. Verordn. 27. Januar 62. §. 14. I. 2. 354.

Anwalte, Gebühren der Anwalte bei dem Theilungsverfahren und bei gerichtlichen Verkäufen von Immobilien. G. 3. Mai 58. Art. 2. 11. u. 12. 16. — Einmischung der Advokaten in die Funktionen der Anwalte. V. 12. Dezbr. 60. 223. V. 29. Januar 61. 230. — Grundsätze bei Ernennung der Advokaten zu Anwälten. V. 23. Juli 62. 368.

Anweisungen, Verwendung von Stempelmarken zu Anweisungen. A. V. 21. Oktbr. 62. Anlage a. §. 2. nr. 1 u. §. 4. 374.

Anzeigeblätter, inwiefern die Beförderung derselben dem Postzwange unterworfen ist. G. 21. Mai 60. §. 3. 183.

Apotheker, Gebühren derselben bei ihrer Zuziehung in Untersuchungs-Sachen. Cirk. Erl. 28. April 62. 364.

Appellation, Zulässigkeit derselben in Prozessen der Staatsbeamten gegen den Fiskus wegen Ansprüche auf Besoldung, Pension oder Wartegeld. G. 24. Mai 61. §. 4. 247. — desgl. in Prozessen gegen den Fiskus wegen Erstattung von Stempelabgaben. ebend. §. 13. 249.

Arbeitsbücher, Aufhebung der Bestimmungen über dieselben. G. 8. Juni 60. 193.

Armaturstücke, Bestrafung desjenigen, welcher von einem Soldaten Armaturstücke kauft oder zum Pfande nimmt. G. 30. Mai 59. §. 349. nr. 4. 95.

Armenangelegenheiten, Verwaltung des Landarmenwesens in der Rheinprovinz. Verordn. 14. Juni 59. 101.

Armenprozeßsachen, Portofreiheit derselben. Reg. 3. Januar 60. §. 6. 164.

Armenrecht, Anwendung desselben bei dem Theilungsverfahren und dem gerichtlichen Verkauf von Immobilien. G. 3. Mai 58. Art. 20. 24. — Gebührentaxe für die Friedensgerichte 23. Mai 59. Art. 17. 92.

Armensachen, Stundung der Gerichtsschreiberei-Gebühren in Armensachen. Instr. 22. August 59. Thl. III. Abschn. 2a. 139.

Armen-Vormundschaftssachen, Portofreiheit derselben. Reg. 3. Januar 60. §. 7. 165. V. 3. April 60. 175.

Arrest, Stempel zu vorläufigen Entscheidungen über die Gültigkeit eines von den Parteien angelegten Arrestes. V. 9. Septbr. 60. II. A. 11. 204. — Stempel bei Klagen auf Verurtheilung zur Zahlung einer bestimmten Summe und Gültigkeitserklärung eines dafür angelegten Arrestes. V. 11. Dezbr. 60. B. 10. 222. — Stempelpflichtigkeit der auf Grund des Art. 571 der bürgerlichen Prozeß-Ordnung abgegebenen Erklärungen der Drittarrestaten. V. 18. März 61. 241. — Verfahren, wenn auf die bei der Depositenkasse in Cöln hinterlegten Gelder Arrest erhoben wird. G. 24. Juni 61. §§. 10. 11. 13. 14. 254.

Assessoren, Zuziehung der nicht etatsmäßigen Assessoren zu den Assisen-Sitzungen. V. 26. Januar 59. 58.

Assisen-Sitzungen, Zuziehung der nicht etatsmäßigen Assessoren zu den Assisen-Sitzungen. V. 26. Januar 59. 58.

Atteste, Dispensation der französischen Unterthanen von der Beibringung des Attestes ihrer Heimathsbehörde Behufs ihrer Verehelichung in Preußen. V. 2. April 58. 13. — Gebühren und Stempel für Atteste, welche aus dem Handelsregister ertheilt werden. Verordn. 27. Januar 62. §. 14. I. nr. 3 und V. 354. — Verwendung von Stempelmarken zu Attesten. A. V. 21. Oktbr. 62. Anlage a. §. 2 nr. 7. 375.

Auditeure, Befugniß der Auditeure zur Aufnahme letztwilliger Verordnungen und anderer Handlungen der freiwilligen Gerichtsbarkeit mit Militairpersonen. G. 8. Juni 60. §§. 1—3. §§. 6 ff. 188. — Unzulässigkeit des Wechselarrestes gegen Auditeure. G. 27. Mai 63. Art. 1 nr. 2 lit. b. 402.

Auflösung einer Aktiengesellschaft, bei welcher der Gegenstand des Unternehmens nicht in Handelsgeschäften besteht. G. 15. Februar 64. 435.

Aufsichtsrath bei Aktiengesellschaften, Verfahren in Prozessen gegen die Mitglieder des Aufsichtsrathes. G. 15. Februar 64. §. 5. nr. 4. 437.

Ausfertigung, Eingangsformel für die in exekutorischer Form zu ertheilenden Ausfertigungen der Urtheile, der Notariats- und sonstigen Urkunden für die Dauer der Regentschaft. V. 18. Oktbr. 58. 41.

Ausfertigungs- (Expeditions-) Gebühr, Instr. 22. August 59. Thl. II. Abschn. 3. 133.

Auskultatoren, Zulassung zur ersten juristischen Prüfung. A. V. 19. Mai 59. 84. — Zulassung jüdischer Rechtskandidaten zur Auskultator-Prüfung. A. V. 21. Mai 61. 246. — Abänderung der Bestimmungen über die erste juristische Prüfung A. V. 5. Dezbr. 64. 458. — Berichte über die Versetzung von Auskultatoren an andere Gerichte oder deren gewünschte Entlassung aus dem Justizdienste. V. 19. Septbr. 61. 263. — Uebernahme von Syndikaten und Verwaltungen vakanter Nachlassenschaften. V. 24. Februar 63. 394.

Ausland, Bestrafung der im Auslande begangenen Uebertretungen. V. 25. August 59. 114. — Aufhebung der Verordn. v. 13. Mai 1840 über den Verkehr mit ausländischen Papieren. G. 1. Juni 60. 187. — Befugniß der Auditeure solcher Truppentheile, welche sich im Auslande befinden, letztwillige Verordnungen und andere Handlungen der freiwilligen Gerichtsbarkeit mit Militairpersonen aufzunehmen. G. 8. Juni 60. §§. 1—3. 188. — Ausübung der bürgerlichen Gerichtsbarkeit im Auslande. G. 8. Juni 60. §. 13. 191. — insbesondere über die Preußische Garnison der Bundesfestung Rastatt. V. 1. Oktbr. 60. 207. — Portofreiheit von Postsendungen nach dem Auslande. A. V. 29. Januar 61. 228. — Betheiligung Preußischer Staatsangehörigen an Prämien-Anleihen fremder Staaten, inwiefern eine solche Betheiligung als verbotenes Spiel in auswärtigen Lotterien anzusehen ist. V. 18. Novbr. 63 426. — Das Verbot der Zahlungsleistung mittelst ausländischer Banknoten und ähnlicher Werthzeichen findet in den Hohenzollernschen Landen keine Anwendung. Verordn. 18. Mai 64. 446.

Ausländer, Verzeichniß der Behörden in den Deutschen Bundesstaaten, welche zur Ertheilung von Ehekonsensen an Ausländer Behufs Eingehung einer Ehe in Preußen befugt sind. A. V. 26. Februar 61. 236. — Anstellung von Ausländern im Preußischen Staatsdienst. A. V. 20. März 62. 358.

Auslieferung, Ausführung des Vertrages mit den Vereinigten Staaten von Nordamerika wegen Auslieferung flüchtiger Verbrecher. A. V. 26. Novbr. 60. 213. — Form der Verhaftsbefehle bei Auslieferungsanträgen nach den Niederlanden. V. 2. April 63. 397. — Requisitionen an Königl. Niederländische Behörden um Auslieferung flüchtiger Verbrecher. A. V. 30. Novbr. 63. 428.

Auszug, Gebühren und Stempel für Auszüge aus dem Handelsregister. Verordn. 27. Jan. 62. §. 14 I. nr. 3 u. V. 354.

B.

Bank, Belegung der bei der Depositen-Kasse in Cöln eingehenden Gelder bei der Bank. G. 24. Juni 61. §§. 4. 20. 252. — Verkehr der Depositen-Kasse in Cöln mit der Bank. Nachtrag zur Geschäftsanweisung 27. Juni 63. 411.

Banknoten, das Verbot der Zahlungsleistung mittelst ausländischer Banknoten findet in den Hohenzollernschen Landen keine Anwendung. Verordn. 18. Mai 64. 446.

Baumpflanzungen, Uebereinkunft mit dem Großherzogthum Hessen wegen Verhütung der an Baumpflanzungen vorkommenden Frevel. Minist.-Erkl. 7. Dezbr. 61. 267.

Bausachen, technische Revision der Bausachen in Königlichen Dienstwohnungen. A. V. 2. März 58. 9.

Bayern, Uebereinkunft mit Bayern zur gegenseitigen Verhütung und Bestrafung der Forst-, Jagd-, Feld- und Fischereifrevel in den Grenzgebieten. Minist.-Erkl. 7. Juli 59. 108. V. 25. August 59. 114.

Beamte, Verminderung der Zeugeneide der Beamten. V. 20. Januar 59. 56. — Bestrafung der Beamten wegen verübter Mißhandlungen oder Körperverletzungen bei Ausübung ihres Amtes. G. 30. Mai 59. §. 316. 94. — Behandlung der militairpflichtigen Civilbeamten im Falle ihrer Einberufung zu den Fahnen bei der im April 1859 angeordneten Kriegsbereitschaft der Armee. St. M. Beschl. 18. Juni 59. 105. — Ausdehnung dieses Beschlusses auf diejenigen Civilbeamten, welche aus dem Reserve- oder Landwehr-Verhältnisse einberufen werden. St. M. Beschl. 31. Dezbr. 59. 158. — Behandlung der bei einer Mobilmachung der Armee als Offiziere oder Militair-Administrationsbeamte eingezogenen pensionirten oder auf Wartegeld stehenden Civilbeamten. St. M. Beschl. 25. Februar 60. 172. — Behandlung der militairpflichtigen Civilbeamten, welche in den Jahren 1862 und 1863 aus dem Reserve- oder Landwehrverhältniß zu den Fahnen einberufen worden sind. St. M. Beschl. 29. Mai 63. 404. — Behandlung der militairpflichtigen Civilbeamten, welche wegen der Maaßregeln gegen Dänemark aus dem Reserve- oder Landwehr-Verhältniß zu den Fahnen einberufen worden sind. St. M. Beschl. 3. Februar 64. 434. — desgl. derjenigen, welche bei einer Mobilmachung der Armee zum Kriegsdienste einberufen werden. St. M. Beschl. 9. März 64. 440. — Befugniß der aus ihrem Dienstverhältniß entlassenen Civilbeamten zum Tragen der Uniform. V. 8. Septbr. 59. 115. — Betheiligung der Beamten als Mitglieder der Verwaltungsvorstände bei Aktien- und ähnlichen Gesellschaften. A. V. 15. April 60. 177. — Verfahren hinsichtlich der Amtskautionen, welche Justizbeamte zu bestellen haben. A. V. 3. August 60. 195 — Zulassung des Rechtsweges bei Ansprüchen von Staatsbeamten wegen ihrer Diensteinkünfte. G. 24. Mai 61. §§. 1—8. 247. — Ertheilung der Heirathskonsense für die Justizbeamten. V. 20. August 61. 263. — Kontrole über die Haltung der Gesetz-Sammlung Seitens der dazu verpflichteten Justizbeamten. A. V. 15. Januar 62. 343. — Geldbußen, welche gegen rheinische Justizbeamte im Disziplinarwege erkannt werden. V. 26. August 62. 371. — Verfahren der Beamten bei Verwendung von Stempelmarken zu stempelpflichtigen unter öffentlicher Autorität ausgefertigten Schriftstücken. A. V. 21. Oktober 62. Anlage b. 376 — inwiefern die Vollstreckung des Wechselarrestes gegen Civilbeamte unzulässig ist. G. 27. Mai 63. Art. 1 nr. 2 c. 402. — Grundsätze hinsichtlich der Fortzahlung des Gehalts bei Beurlaubung von Civilbeamten. A. V. 4. August 63. 414. — Vergütigung, welche den Beamten für Schreibmaterialien zu gewähren ist. St. M. Beschl. 11. Mai 63. u. A. V. 5. Septbr. 63. 419. — Kosten der Stellvertretung der als Abgeordnete zum Landtage einberufenen unmittelbaren Staatsbeamten. St. M. Beschl. 22. Septbr. 63. 421.

Beglaubigung, Gebühren für die Beglaubigung eines Abdrucks oder einer Abschrift, welche zur Eintragung in das Handelsregister bestimmt ist. Verordn. 27. Januar 62. §. 14 I. 3 u. V. 354.

Behörden, Verfahren derselben bei Verwendung von Stempelmarken zu stempelpflichtigen unter öffentlicher Autorität ausgefertigten Schriftstücken. A. V. 21. Oktbr. 62. Anlage b. 376.

Bekanntmachungen bei solchen Aktiengesellschaften, bei denen der Gegenstand des Unternehmens nicht in Handels-Geschäften besteht. G. 15. Februar 64. §. 5 nr. 1. 2. 436.

Belagerungszustand, Befugniß der Militairpersonen, während des Belagerungszustandes privilegirte Testamente zu errichten. G. 8. Juni 60. §§. 4 ff. 189.

Beschlagnahme des Vermögens ausgetretener Militairpflichtiger in der Rheinprovinz. V. 18. Febr. 59. 71. — Ressortverhältnisse der Militairbehörden bei einer gerichtlichen Beschlagnahme von Gehältern oder Pensionen der Offiziere und Militairbeamten. A. V. 8. Januar 64. 433.

Besoldung, Zulassung des Rechtsweges bei Ansprüchen von Staatsbeamten wegen ihrer Besoldung. G. 24. Mai 61. §§. 1—8. 247.

Beurlaubtenstand, s. Landwehr.

Bevollmächtigte der Aktiengesellschaften in Prozessen gegen die Mitglieder des Vorstandes oder des Aufsichtsraths. G. 15. Februar 64. §. 5 nr. 4. 437.

Bibliothekfond, Abschaffung der für den Bibliothekfond erhobenen Introduktionsgebühren. V. 14. Januar. 61. 227.

Bilanz, über das Vermögen solcher Aktiengesellschaften, bei denen der Gegenstand des Vermögens nicht in Handelsgeschäften besteht. G. 15. Februar 64. §. 5 nr. 7. 437.

Brauweiler, Arbeitsanstalt — Vollstreckung gerichtlich erkannter Gefängnißstrafen an den Häuslingen der Anstalt. V. 8. Juli 59. u. A. E. 14. Juni 59. 107.

Briefe, inwieweit die Beförderung von Briefen dem Postzwange unterworfen ist. G. 21. Mai 60 §. 2. 183. — Erfordernisse zur portofreien Versendung von Briefen nach den Staaten des Deutschen Postvereins. A. V. 29. Januar 61. 228. A. V. 11. August 62. 369. A. V. 23. Septbr. 63. 421. — Beglaubigung der Portofreiheitsvermerke auf Dienstbriefen. V. 12. Juli 61. 257. s. auch Geschäftsbriefe.

Bücher einer Aktiengesellschaft, Führung und Aufbewahrung derselben. G. 15. Februar 64. §. 5 nr. 7 u. 11. 437.

Bülten, Strafe für das unbefugte Bültenhauen auf fremden Grundstücken. G. 30. Mai 59. §. 349. nr. 2. 95.

Bürgerrechtsgeld, städtisches. G. 14. Mai 60. 182.

C.

Central-Polizei-Blatt, Haltung desselben Seitens der Gerichte und Beamten der Staatsanwaltschaft. A. V. 13. März 63. 396.

Certifikat, Kosten für die Ertheilung eines Certifikates aus dem Handelsregister. Verordn. 27. Januar 62. §. 14. I. nr. 3 u. II. 354.

Cessio bonorum, inwiefern die Vollstreckung des Wechselarrestes gegen einen Schuldner, welcher zur Güterabtretung verstattet worden, unzulässig ist. G. 27. Mai 63. Art. 1 nr. 2 ff. 402.

Civilbeamte, s. Beamte.

Civilgesetzbuch (Rheinisches), Aufhebung der Art. 981—984. 988—997. G. 8. Juni 60. §. 14. 192.

Civilprozeßsachen, Portofreiheit derselben. Reg. 3. Januar 60. §. 5. 164.

Cöln, Uebereinkunft unter den Rheinuferstaaten wegen des Baues einer stehenden Rheinbrücke zu Cöln v. 7. Mai 58. 25. — Cöln, Appellationsgerichtshof, feierliche Sitzung der vereinigten Senate desselben nach den Ferien. V. 6. Septbr. 60. 201.

D.

Dänemark, Behandlung der militairpflichtigen Civilbeamten, welche wegen der Maaßregeln gegen Dänemark aus dem Reserve- oder Landwehr-Verhältnisse zu den Fahnen einberufen worden sind. St. M. Beschl. 3. Februar 64. 434. — Anrechnung des im Jahre 1864 gegen Dänemark geführten Feldzuges als Kriegsjahr bei Pensionirungen. A. E. 18. Dezbr. 64. 461.

Darlehn, Stempel in Prozessen auf Gewährung eines Darlehns. V. 9. Septbr. 60. I. 5. 203.

Defekte, Verhütung der Stempeldefekte. V. 27. Septbr. 59. 116. — Festsetzung der durch die Ermittelung von Defekten entstandenen Kosten. St. M. Beschl. 31. August 63. 415.

Denunziantenantheile der Gendarmen, bei Gewerbepolizei-Uebertretungen sind dieselben unzulässig. A. V. 20. Dezbr. 59. 120.

Depositalgelder, Verfahren bei Auszahlung derselben, wenn die Interessenten sich im Bezirk des Appellationsgerichtshofes zu Cöln befinden. A. V. 23. Juni 59. 106.

Depositenkasse in Cöln, Errichtung derselben. G. 24. Juni 61. §§. 1—7. 251. — Bestimmung des Zinsfußes für die bei derselben eingehenden Gelder. Verordn. 28. Okt. 61. 265. — Geschäftsanweisung für die Depositenkasse 20. Dezbr. 62. 381 ff. — Verkehr der Depositenkasse mit der Bank. Nachtrag zur Geschäftsanweisung 27. Juni 63. 411. — Hinterlegung der Gelder aus einer vakanten Nachlassenschaft bei der Depositenkasse. Reg. 8. Juni 64. 447.

Desertion, privilegirte militairische Testamente verlieren durch Desertion ihre Gültigkeit. G. 8. Juni 60. §. 10. 191.

Detentionsanstalten, Vollstreckung gerichtlich erkannter Gefängnißstrafen an den Häuslingen der Arbeitsanstalt zu Brauweiler und ähnlichen Detentionsanstalten. V. 8. Juli 59. 107.

Deutsche Bundesstaaten, inwieweit Brief- und Aktensendungen mit der Fahrpost die Portofreiheit im Bereich des Deutschen Postvereins zusteht. A. V. 29. Januar 61. 228. A. V. 11. August 62. 369. A. V. 23. Sepwr. 63. 421. — Verzeichniß der Behörden in den Deutschen Bundesstaaten, welche zur Ertheilung von Ehekonsensen an Ausländer Behufs Eingehung einer Ehe in Preußen befugt sind. A. V. 26. Februar 61. 236.

Diäten, der Friedensrichter und Friedensgerichtsschreiber für Erledigung auswärtiger Geschäfte. G. Taxe 23. Mai 59. Art. 13. 91. — Diäten der Forstschutzbeamten bei Wahrnehmung der Forstgerichtstage. A. V. 30. Januar 61. 232.

Diebstahl, Strafe für die Entwendung von Früchten, Eßwaaren und Getränken. G. 30. Mai 59. §. 349 nr. 3. 95.

Dienstbriefe s. Briefe.

Diensteid s. Eid.

Dienstreisen, Fuhrkosten bei Dienstreisen der Staatsbeamten. A. V. 14. Novbr. 62. 379.

Dienstwohnungen, technische Revision der Bausachen in Königlichen Dienstwohnungen A. V. 2. März 58. 9. — Uebergabe Königlicher Dienstwohnungen. St. M. Beschl. 22. August 64. u. A. V. 26. Septbr 64. 451.

Dispensation der französischen Unterthanen von der Beibringung des Attestes ihrer Heimathsbehörde behufs ihrer Verehelichung in Preußen. V. 2. April 58. 13.

Disziplinarrath der Advokat-Anwalte, Portofreiheit in Angelegenheiten desselben. Reg. 3. Januar 60. §. 4. 164.

Disziplinarsachen, Geldbußen, welche gegen rheinische Justizbeamte im Disziplinarwege erkannt sind. V. 26. Aug. 62. 371.

Drucksachen, Rückgabe polizeilich mit Beschlag belegter Drucksachen nach Aufhebung der Beschlagnahme durch den Staatsanwalt V. 24. Dezbr. 58. 44.

Düsseldorf, Errichtung eines Handelsgerichts daselbst. A. E. 16. Dezbr. 61. 339.

E.

Ehe, Dispensation der französischen Unterthanen von der Beibringung des Attestes ihrer Heimathsbehörde Behufs ihrer Verehelichung in Preußen. V. 2. April 58. 13. — Verzeichniß der Behörden in den Deutschen Bundesstaaten, welche zur Ertheilung von Ehekonsensen an Ausländer behufs Eingehung einer Ehe in Preußen befugt sind. A. V. 26. Febr. 61. 236. — Erforderniß des oberamtlichen Ehekonsenses bei Eheschließungen in den Hohenzollernschen Landen. A. V. 6. Novbr. 62. 378.

Ehefrau, zum Urtheil über die bei Güterscheidungen unter geschiedenen Eheleuten der Ehefrau provisorisch aus der Masse zu gewährenden Alimente ist ein besonderer Stempel nicht zu verwenden. V. 9. Septbr. 60. II. B. 22. 206. — Stempel zum Urtheile auf die von einer Ehefrau gegen ihren Ehemann gerichtete Klage, sie zum Erscheinen vor Gericht und zum Abschluß von Verträgen zu ermächtigen. V. 11. Dezbr. 60. A. 1. 220. — macht die Ehefrau nach erkannter Gütertrennung eine ihr an die Masse zustehende Forderung geltend, so muß der Werthstempel verwendet werden. V. 18. Jan. 62. III. 345.

Eid, Vereidigung der Eisenbahnwärter durch die Friedensrichter. V. 3. Dezbr. 58. 43. — Verminderung der Zeugeneide der Beamten. V. 20. Januar 59. 56. — Gebühren der Friedensrichter und Friedensgerichtsschreiber für die Abnahme von Eiden. G. Taxe 23. Mai 59. Art. 1 nr. 12. Art. 2 nr. 3. 4. Art. 7. 9. 86. — Verweisung der Notarien auf früher geleistete Diensteide. V. 7. Juni 59. 96. — Requisitionen ausländischer Gerichte um Abnahme von Manifestationseiden. V. 7. Juni 59. 97. — Beeidigung der Handels-Mäkler. Instr. 12. Dezbr. 61. Thl. 3. 331. — Form der Requisitionen an französische Gerichte um Abnahme von Eiden. V. 30. April 62. 365.

Einkaufs- und Einzugsgeld, städtisches. G. 14. Mai 60. 182.

Einregistrirung von Urkunden, Gebühren der Friedensrichter und Friedensgerichtsschreiber. G. Taxe 23. Mai 59. Art. 8 nr. 2. Art. 9. 89.

Einspruch, Verfahren, wenn auf die bei der Depositenkasse in Cöln hinterlegten Gelder Einspruch erhoben wird. G. 24. Juni 61. §§. 10. 11. 13. 14. 254 — zum Urtheil über den Einspruch gegen die Exekution, welche in Folge eingetretener Subrogation von dem zahlenden Bürgen gegen seinen Mitbürgen versucht wird, ist der Werthstempel zu verwenden. V. 18. Januar 62. IV. 345.

Eisenbahnen, Benutzung der Preußischen Eisenbahn-Telegraphen. A. V. 4. Septbr. 58. 32. — Verbindlichkeit der Eisenbahngesellschaften zur unentgeltlichen Beförderung der Postsendungen. G. 21. Mai 60. §. 5. 183. — Uebereinkunft mit dem Großherzogthum Hessen wegen Verhütung von Freveln an Eisenbahnen. Minist. Erkl. 7. Dezbr. 61. 267 — in welchem Falle bei Dienstreisen der Staatsbeamten mit der Eisenbahn für die Beförderung vom Bahnhofe bis zu dem Orte, nach welchem der Bahnhof benannt ist, Reisekosten zulässig sind. A. V. 14. Novbr. 62. 379.

Eisenbahn-Aktien, Aufhebung der Verordn. v. 24. Mai 1844 über den Verkehr mit Eisenbahn-Aktien. G. 1. Juni 60. 187.

Eisenbahnbeamte, Stempelfreiheit der Tauf-, Trau- und Todtenscheine, welche Beamte der Staatsbahnen bei Pensions- und Unterstützungskassen beizubringen haben. A. E. 14. Febr. 59. u. A. V. 29. Septbr. 59. 70. — Mittheilungen in Untersuchungssachen gegen Angestellte der Eisenbahn-Verwaltungen. A. V. 27. Nov. 60. 214.

Eisenbahnwärter, Vereidigung derselben durch die Friedensrichter. V. 3. Dezbr. 58. 43.

Emanzipation, Gebühren und Kosten für Emanzipationen. G. 5. Juni 63. Art. 15. 409.

Emolumente, welche während der Abwesenheit eines Friedensrichters aufkommen. V. 5. Juni 62. 368.

Enkel, Stempel zu Urtheilen auf Klagen wegen Alimentenforderungen von Enkeln gegen Großeltern. V. 11. Dezbr. 60. B. 7. 221.

Entlassungszeugnisse für Gewerbegehülfen, Gesellen und Lehrlinge s. Erkenntnisse.

Entwässerungs-Anlagen zur Verschaffung der Vorfluth. G. 14. Juni 59. 97. — Das Gesetz vom 23. Januar 1846 über das Aufgebots- und Präklusions-Verfahren für Entwässerungs-Anlagen wird für die Rheinprovinz anwendbar erklärt. G. 14. Juni 59. §. 9. 100.

Erbe, in welcher Weise sich derselbe zur Empfangnahme hinterlegter Gelder bei der Depositenkasse in Cöln zu legitimiren hat. G. 24. Juni 61. §. 15. 255.

Erde, Bestrafung desjenigen, der auf fremden Grundstücken oder Wegen Erde gräbt. G. 30. Mai 59. §. 349 nr. 2. 95.

Erkenntnisse, Stempelpflichtigkeit der Erkenntnisse der Gewerbegerichte über Klagen auf Ausstellung von Entlassungs-Zeugnissen für Gewerbegehülfen, Gesellen und Lehrlinge. V. 1. Juni 58. 30. — Angabe der den Rückfall betreffenden Thatsachen in den Anklagen und Feststellung dieser Thatsachen in den strafgerichtlichen Erkenntnissen. A. V. 14. Novbr. 59. 119. —Publikation der Interdiktions-Erkenntnisse. V. 19. Mai 62. 367. — Mittheilung von Kriminal-Erkenntnissen gegen Offiziere des Beurlaubtenstandes an das General-Auditoriat. A. V. 6 Januar 63. 393. A. V. 23. Oktbr. 63. 424. — Mittheilung des den Kassationsrekurs verwerfenden Erkenntnisses an den Angeklagten bei Todesurtheilen. V. 18. Juni 64. 450. — Stempel zu Erkenntnissen s. Stempelansatz.

Eßwaaren, Strafe für die Entwendung von Eßwaaren. G. 30. Mai 59. §. 349 nr. 3. 95.

Eupen, Errichtung einer Handelskammer für den Kreis Eupen und Aufhebung der in der Stadt Eupen bestehenden konsultativen Kammer für Manufakturen, Fabriken, Künste und Gewerbe. A. E. 12. Septbr. 58. 36.

Exekution, Mißbrauch von Postscheinen über fingirte Geld- oder Werthsendungen zur Abwendung der Exekution. G. 30. Mai 59. §. 243 nr. 6. 94. — Exekution in Wechselsachen. G. 27. Mai 63. Art. 1 nr. 1. 402.

Expropriation, Gebühren der Friedensrichter und Friedensgerichtsschreiber für ihre Mitwirkung bei Expropriationen. G. Taxe 23. Mai 59. Art. 5. 9. 88. — Stempelverwendung in Expropriationsprozessen. A. V. 7. Mai 60. 180. — Stempel zum Urtheile über Löschung einer arbitrair normirten Kaution in Expropriationsprozessen. V. 9. Septbr. 60. II. 204.

F.

Fabrikarbeiter, Aufhebung der Bestimmungen über die Arbeitsbücher der Fabrikarbeiter. G. 8. Juni 60. 193.

Falliment, Eröffnung des Falliments und Wirkungen desselben. G. 9. Mai 59. Art. 441—447. 79.

Fallitsachen, an wen die Auszahlung der in Fallitsachen bei der Depositenkasse in Cöln hinterlegten Gelder zu bewirken ist. G. 24. Juni 61. §. 11 nr. 2. 254.

Familienrath, Gebühren der Friedensrichter und Friedensgerichtsschreiber für Abhaltung eines Familienraths. G.Taxe 23. Mai 59. Art. 1 nr. 4. 6. Art. 4. 9. 85.

Feldfrevel, Uebereinkunft mit Bayern wegen gegenseitiger Verhütung und Bestrafung derselben. Minist. Erkl. 7. Juli 59. 108. — Uebereinkunft mit dem Großherzogthum Hessen zu dem gleichen Zweck. Minist. Erkl. 7. Dezbr. 61. 267.

Feuersozietäts-Reglement, Abänderung der §§. 6. 9. 72 u. 73 des revidirten Reglements für die Provinzial-Feuer-Sozietät der Rheinprovinz vom 1. Septbr. 1852. A. E. 12. März 60. 173. — Abänderung der §§. 6 u. 35 dieses Reglements. A. E. 28. Oktbr. 61. 264. — Abänderung des §. 12. desselben Reglements. A. E. 10. Januar 63. 394. — Ausdehnung des Geschäftskreises der Rheinischen Provinzial-Feuer-Sozietät auf Mobiliar-Versicherungen. A. E. 2. Juli 63. 412.

Firma, hypothekarische Eintragung der Firma solcher Aktiengesellschaften, bei denen der Gegenstand des Unternehmens nicht in Handelsgeschäften besteht. G. 15. Febr. 64. §. 3. 436.

Firmenregister, Führung desselben. Instr. 12. Dezbr. 61. Thl. 1. Abschn. 2. §§. 19. ff. 280.

Fiskalsachen, Stundung der Gerichtsschreibereigebühren in Fiskalsachen. Instr. 22. August 59. Thl. III. Abschn. 2 b. 144.

Fiskus, Verfahren bei Klagen der Staatsbeamten gegen den Fiskus wegen Ansprüche auf Besoldung, Pension oder Wartegeld. G. 24. Mai 61. §§. 3—8. 247. — Verfahren, wenn gegen den Fiskus Klage wegen Erstattung von Stempelabgaben erhoben wird. ebend. §§. 12—14. 249.

Fischerei-Frevel, Uebereinkunft mit Bayern wegen gegenseitiger Verhütung und Bestrafung der Forst- und Fischereifrevel. Minist. Erkl. 7. Juli 59. 108. — Uebereinkunft mit dem Großherzogthum Hessen zu dem gleichen Zwecke. Minist. Erkl. 7. Dezbr. 61. 267.

Forstfrevel, Kündigung der Uebereinkunft mit der Königlich Niederländischen Regierung wegen Verhütung der Forstfrevel in den Grenzwaldungen v. 16. August 1828. V. 27. Novbr. 63. 428. s. auch Fischereifrevel.

Forstschutzbeamte, Diäten und Reisekosten der Forstschutzbeamten bei Wahrnehmung der Forstgerichtstage. A. V. 30. Januar 61. 232.

Frankreich, Dispensation der französischen Unterthanen von der Beibringung des Attestes ihrer Heimathsbehörde Behufs ihrer Verehelichung in Preußen. V. 2. April 58. 13. — Empfangsbescheinigung über die Aushändigung von Urkunden französischer Gerichtshöfe. V. 28. Januar 60. 171. — Form der Requisitionen an französische Gerichte um Abnahme von Eiden. V. 30. April 62. 365.

Friedensgerichte, Unzulässigkeit polizeilicher Taxen für die Vertreter der Parteien bei den Friedensgerichten. V. 26. April 58. 15. — Ansatz der Kosten bei den Friedensgerichten für das Theilungsverfahren und für die Subhastation von Immobilien. G. 3. Mai 58. Art. 10. 15. 17. 19. — Gebührentaxe für die Friedensgerichte 23. Mai 59. 85. — Gebühren bei mehreren Verhandlungen in derselben Angelegenheit. V. 26. April 62. 362.

Friedensgerichtsschreiber, Ertheilung des Urlaubs an dieselben. A. V. 9. Novbr. 58. 42. — Gebühren der Friedensgerichtsschreiber. G. Taxe 23. Mai 59. Tit. 2. 89. — Gebühren und Reisekosten derselben in Vormundschaftssachen. G. 5. Juni 63. Art. 1. 2. 6. 9—13. 16. 406. — Pflichten derselben. ebend. Art. 17. 18. 410.

Friedensrichter, Vereidigung der Eisenbahnwärter durch die Friedensrichter. V. 3. Dezbr. 58. 43. — Verfahren derselben in Prozessen wegen Gewährsmängel bei dem Verkaufe von Hausthieren. G. 3. Mai 59. §§. 4 ff. 78. — Gebührentaxe für die Friedensrichter 23. Mai 59. Art. 1—8. 12 ff. 85. — Meldung kommissarischer Friedensrichter bei dem Landgerichts-Präsidenten und Ober-Prokurator. V. 4. Septbr. 60. 200. — Vertretung beurlaubter Friedensrichter. V. 29 Juli 61. 261. — unentgeltliche Lieferung der Gesetzsammlung an die Friedensrichter. V. 8. Mai 62. 366. — Emolumente, welche während der Abwesenheit eines Friedensrichters aufkommen. V. 5. Juni 62. 368. — Gebühren und Reisekosten derselben in Vormundschaftssachen. G. 5. Juni 63. Art. 1. 6. 9— 13. 16. 406. — Festsetzung des Vermögens durch die Friedensrichter. ebend. Art. 4. 5. 7. 406.

Früchte, Strafe für die Entwendung von Früchten. G. 30. Mai 59. §. 349. nr. 3. 95.

Fuhrkosten bei Dienstreisen der Staatsbeamten. A. V. 14. November 62. 379.

G.

Garnison, Ausübung der bürgerlichen Gerichtsbarkeit über Preußische Garnisonen im Auslande. G. 8. Juni 60. §. 13. 191. — insbesondere über die Preußische Garnison der Bundesfestung Rastatt. Verordn. 1. Oktbr. 60. 207.

Gebäude, Einreichung anderweiter Gebäude-Inventarien der Gerichtsbehörden. A. V. 17. Dezbr. 61. 339.

Gebühren der Anwalte und Notarien für das Theilungsverfahren und den gerichtlichen Verkauf von Immobilien. G. 3. Mai 58. 15. — Gebühren der Aerzte in Kriminalsachen. V. 15. März 59. 72. — Gebühren der praktischen Aerzte und Wundärzte für Geschäfte bei den Gerichten. A. V. 16. Juli 64. 450. — Gebührentaxe für die Friedensgerichte 23. Mai 59. 85. — Erhebung der Gerichtsschreibereigebühren. Instr. 22. August 59. u. A. V. 24. Dezbr. 59. 121. — Gebühren für das Auftragen auf die Rolle. ebend. Thl. II. Abschn. 1. 123. — Abfassungs- (Redaktions-) Gebühren. ebend. Thl. II. Abschn. 2. 126. — Ausfertigungs- (Expeditions-) Gebühren. ebend. Thl. II. Abschn. 3. 133. — Behandlung der gestundeten Gebühren. ebend. Thl. III. nr. 2. 139. — Gebührenantheile der Gerichtsschreibereien. ebend. Thl. III. nr 3. 145. — Ablieferung der Gebühren. ebend. Thl. III. nr. 4. 146. — Ergänzung der Gesetze über die gerichtlichen Gebühren und Kosten in Folge der Einführung des Allgemeinen Deutschen Handelsgesetzbuchs. Verordn. 27. Januar 62. 349. — Gebühren bei mehreren Verhandlungen in derselben Angelegenheit nach der Gebühren-Taxe für die Friedensgerichte v. 23. Mai 1859. V. 26. April 62. 362. — Gebühren der Apotheker bei ihrer Zuziehung in Untersuchungssachen. Cirk. Erl. 28. April 62. 364. — Berichtigung der Gebühren für die Gutachten der Sachverständigen-Vereine. A. V. 28. Novbr. 62. 380. A. V. 11. März 64. 441. — Gebührenpflichtigkeit der Vormundschaftssachen. G. 5. Juni 63. 405.

Gefangene, Behandlung von Strafgefangenen, welche während ihrer Strafzeit wegen Verbrechen oder Vergehen von Neuem zur Untersuchung gezogen werden. V. 8. Septbr. 58. 33. — Fesselung von Untersuchungsgefangenen. ebend.

Gefängnißstrafen, Vollstreckung geringer Gefängnißstrafen gegen Zöglinge der Erziehungs- und Besserungs-Anstalt zu St. Martin bei Boppard und im Landarmenhause zu Trier. V. 11. März 58. 10. — Vollstreckung gerichtlich erkannter Gefängnißstrafen an den Häuslingen der Arbeitsanstalt zu Brauweiler und ähnlichen Detentionsanstalten. V. 8. Juli 59. 107. — Umwandlung der von den Verwaltungsbehörden festgesetzten Geldbußen in Gefängnißstrafen. V. 13. April 60. 176.

Gehalt, Bestimmungen über die Verleihung der Gehaltszulagen an richterliche Beamte. A. E. 12. Novbr. 60. 212. — Grundsätze hinsichtlich der Fortzahlung des Gehalts bei der Beurlaubung von Civilbeamten. A. V. 4. August 63. 414. — Ressortverhältnisse der Militairbehörden bei einer gerichtlichen Beschlagnahme von Gehältern der Offiziere und Militairbeamten. A. V. 8. Januar 64. 433.

Geistliche, Verfahren derselben bei Verwendung von Stempelmarken zu stempelpflichtigen unter öffentlicher Autorität ausgefertigten Schriftstücken. A. V. 21. Oktbr. 62. Anlage b. 376. — Vollstreckung des Wechselarrestes gegen Geistliche. G. 27. Mai 63. Art. 1 nr. 2d. 402.

Geld, Strafe des Betruges bei Verausgabung von Geldpacketen. G. 30. Mai 59. §. 243 nr. 5. 94. — desgl. bei Absendung von Geldbriefen. ebend. nr. 6. 94. — Hinterlegung der aus einer vakanten Nachlassenschaft herrührenden Gelder bei der Depositenkasse in Cöln. Reg. 8. Juni 64. 447.

Geldbußen, Annahme und Verrechnung von Abschlagszahlungen auf Geldbußen. V. 23. Januar u. 7. Februar 59. 66. — Umwandlung der von den Verwaltungsbehörden festgesetzten Geldbußen in Gefängnißstrafen. V. 13. April 60. 176. — Geldbußen, welche im Disziplinarwege gegen rheinische Justizbeamte erkannt sind. V. 26. August 62. 371.

Gemeinschuldner, inwiefern die Vollstreckung des Wechselarrestes gegen denselben unzulässig ist. G. 27. Mai 63. Art. 1 nr. 2f. Art. 2. §. 1. 402.

Gemeinde-Verfassung in der Rheinprovinz, Bestimmungen über die Ausführung des Art. 23 des Gesetzes v. 15. Mai 1856. Verordn. 1. März 58. 8.

Gemüthszustand, Verfahren bei der Untersuchung und Feststellung des Gemüthszustandes Russischer Unterthanen. A. V. 11. Dezbr. 60. 219.

Gendarmen erhalten bei Gewerbepolizei-Uebertretungen keinen Denunzianten-Antheil. A. V. 20. Dezbr. 59. 121.

General-Auditoriat, Mittheilung von Kriminal-Erkenntnissen gegen Offiziere des Beurlaubtenstandes an dasselbe. A. V. 6. Januar 63. 393. A. V. 23. Oktbr. 63. 424.

Gerichtsbarkeit, Befugniß der Auditeure zur Aufnahme von Handlungen der freiwilligen Gerichtsbarkeit. G. 8. Juni 60. §§. 1—3. 188. — Ausübung der bürgerlichen Gerichtsbarkeit über Preußische Garnisonen im Auslande. G. 8. Juni 60. §. 13. 191 — insbesondere über die Preußische Garnison der Bundesfestung Rastatt. Verordn. 1. Oktbr. 60. 207.

Gerichtsbehörden, Einreichung anderweiter Gebäude-Inventarien der Gerichtsbehörden. A. V. 17. Dezbr. 61. 339.

Gerichtsschreiber bei den Friedensgerichten, Gebührentaxe für dieselben 23. Mai 59. Art. 9 ff. 89.

Gerichtsschreibereigebühren, Erhebung derselben. Instr. 22. August u. A. V. 24. Dezbr. 59. 121 — s. auch Gebühren.

Gerichtsvollzieher, Niederlegung der Kautionen derselben. A. V. 3. August 60. 195. — Abhaltung von Mobiliar-Verkäufen durch dieselben. V. 12. Februar 62. 356 — die gegen Gerichtsvollzieher auf Grund der Allerh. Order v. 3. Januar 1830 nr. 8 festgesetzten Ordnungsstrafen sind wie andere Stempelstrafen zu verrechnen. V. 27. März 62. 361 u. V. 19. Oktober 64. 453. — Verwendung von Stempelmarken zu den Urkunden der Gerichtsvollzieher. V. 2. März 63. 395. — Gebühren der Gerichtsvollzieher in Vormundschaftssachen. G. 5. Juni 63. Art. 1. 9—11. nr. 4. Art. 19. 406.

Geschäftsbriefe von Aktiengesellschaften, bei denen der Gegenstand des Unternehmens nicht in Handelsgeschäften besteht. G. 15. Februar 64. §. 5 nr. 7. 438.

Geschworene, Betheiligung der Mitglieder beider Häuser des Landtages an den Funktionen der Geschworenen. A. V. 20. Mai 60. 182.

Gesellen s. Gewerbegerichte.

Gesellschaftsregister, Führung desselben. Instr. 12. Dezbr. 61. Thl. 1. Abschn. 4 §. 49 ff. 287.

Gesetzsammlung, unentgeltliche Lieferung der für die Königlichen Staatsbehörden erforderlichen Exemplare. St. M. Beschl. 28. Novbr. 61. 266. A. V. 15. Januar 62. 343. A. V. 15. April 62. 362. — Kontrole über die Haltung der Gesetzsammlung Seitens der Justizbeamten. A. V. 15. Januar 62. 343 — unentgeltliche Lieferung der Gesetzsammlung an die Friedensrichter. V. 8. Mai 62. 366.

Gesuche, Verwendung von Stempelmarken zu stempelpflichtigen Gesuchen. A. V. 21. Oktbr. 62. Anlage a. §. 2 nr. 2. 374 — die auf Rathskammerbeschlüsse abzielenden Gesuche sind nicht stempelpflichtig. V. 11. April 63. 399.

Getränke, Strafe für deren Entwendung in geringer Quantität. G. 30. Mai 59. §. 349 nr. 3. 95.

Getreide, Strafe für Entwendung desselben zur Fütterung des Viehes. G. 30. Mai 59. §. 349 nr. 7. 95.

Gewährsmängel, Verfahren bei Prozessen wegen Gewährleistung für verborgene Mängel bei dem Verkaufe und Tausche von Hausthieren. G. 3. Mai 59. 77.

Gewerbebetrieb, Verlust der Befugniß zum Gewerbebetriebe der Antiquare, Buchhändler, Buchdrucker 2c. G. 20. April 60. 178.

Gewerbegehülfen s. Gewerbegerichte.

Gewerbegerichte, Stempelpflichtigkeit der Erkenntnisse derselben über die Klagen auf Ausstellung von Entlassungs-Zeugnissen für Gewerbegehülfen, Gesellen und Lehrlinge. V. 1. Juni 58. 30. — Verminderung der beschlußfähigen Mitgliederzahl bei dem Gewerbegericht zu Solingen. V. 16. Februar. 61. 233. — Erhöhung der Zahl der Mitglieder und Stellvertreter bei dem Gewerbegericht zu Lennep. A. E. 2. Mai 64. 446.

Gewerbepolizei-Uebertretungen s. Uebertretungen.

Gewichte, Strafe für den Gebrauch unrichtiger Gewichte. G. 30. Mai 59. §. 243 nr. 1. 94.

Gläubiger, Befugniß derselben, Zahlungen und andere Rechtsgeschäfte eines Falliten als unrichtig anzufechten. G. 9. Mai 59. Art. 444—447. 80. — Aufruf der Gläubiger solcher Aktiengesellschaften, bei welchen der Gegenstand des Unternehmens nicht in Handelsgeschäften besteht. G. 15. Februar 64. §. 5 nr. 10. 438.

Gnadengehalt, Belassung und Einziehung des Gnadengehalts der im Civildienste angestellten oder beschäftigten Militairinvaliden. A. V. 9. Novbr. 64. 454.

Gold, Strafe des Betruges beim Verkaufe von Goldsachen. G. 30. Mai 59. §. 243 nr. 2. 94. — der Postzwang für ungemünztes Gold wird aufgehoben. G. 21. Mai 60. §. 1. 183.

Gräben, Anlage von Gräben zur Entwässerung der Grundstücke. G. 14. Juni 59. §§. 1 ff. §. 11. 97.

Grenze, Strafe für die Vernichtung oder Verrückung von Grenzsteinen oder anderen zur Bezeichnung einer Grenze bestimmten Merkmalen. G. 30. Mai 59. §. 243 nr. 7. 94.

Grenzrain, Bestrafung desjenigen, welcher einen Grenzrain durch Abgraben oder Abpflügen verringert. G. 30. Mai 59. §. 349 nr. 1. 95.

Grundstück, Bestrafung desjenigen, welcher ein fremdes Grundstück durch Abgraben oder Abpflügen verringert. G. 30. Mai 59. §. 349 nr. 1. 95. — desgl. welcher von einem fremden Grundstück Erde, Lehm, Sand, Rasen u. s. w. wegnimmt. ebend. nr. 2. 95. — Stempel zu Urtheilen in Prozessen auf Rückgabe eines Grundstücks. V. 9. Septbr. 60. nr. I. 1. 202.

H.

Handelsgerichte, Rangverhältniß der wiedergewählten Mitglieder der Handelsgerichte. A. E. 10. Mai 58 u. V. 18. Mai 58. 29. — Verfahren und Befugnisse derselben bei Falliments-Eröffnungen. G. 9. Mai 59. Art. 441. 454 ff. 79. — Errichtung eines Handelsgerichts in Düsseldorf. A. E. 16. Dez. 61. 339. — Aufstellung der Liste der Notabeln zur Wahl der Mitglieder des Handelsgerichts. V. 2. Septbr. 63. 416.

Handelsgerichts-Sekretaire, Gebühren derselben für die Geschäfte bei der Führung des Handelsregisters. Verordn. 27. Januar 62. §. 14. 354.

Handelsgeschäfte, Bestimmungen über Aktiengesellschaften, bei denen der Gegenstand des Unternehmens nicht in Handelsgeschäften besteht. G. 15. Februar 64. 435.

Handelsgesetzbuch, Abänderung einiger Bestimmungen des rheinischen Handelsgesetzbuchs. G. 9. Mai 59. 79. — Instruktion zur Ausführung des Handelsgesetzbuchs 12. Dezbr. 61. 270. — Anwendung der Art. 18. 207—248 des Allgemeinen Deutschen Handelsgesetzbuchs auf solche Aktiengesellschaften, bei denen der Gegenstand des Unternehmens nicht in Handelsgeschäften besteht. G. 15. Februar 64. §§. 2—7. 435. — Anwendung des Art. 12 §§. 1—9 u. Art. 23 des Einführungsgesetzes zum Allgemeinen Deutschen Handelsgesetzbuch auf solche Aktiengesellschaften, bei denen der Gegenstand des Unternehmens nicht in Handelsgeschäften besteht. G. 15. Februar 64. §§. 2. 3. 435.

Handelskammer, Errichtung einer Handelskammer für den Kreis Eupen und Aufhebung der in der Stadt Eupen bestehenden konsultativen Kammer für Manufakturen, Fabriken, Künste und Gewerbe. A. E. 12. Septbr. 58. 36. — Errichtung einer Handelskammer für den Kreis Saarbrücken. A. E. 2. Novbr. 63. 426.

Handelsmäkler, Beeidigung der Handelsmäkler und Beglaubigung und Aufbewahrung der Tagebücher derselben. Instr. 12. Dezbr. 61. Thl. 3. 331.

Handelspapiere, Verwendung von Stempelmarken zu Handelspapieren. A. V. 21. Oktbr. 62. Anlage a. §. 2 nr. 1. §. 4 374.

Handelsregister, Führung desselben. Instr. 12. Dezbr. 61. Thl. 1 nr. IV. 272. — Thl. 1. Abschn. 9. §§. 118 ff. 312. — Gebühren und Kosten für die Geschäfte bei der Führung desselben. Verordn. 27. Januar 62. §. 14. 354. — die Eintragungen in das Handelsregister sollen durch den Staatsanzeiger veröffentlicht werden. A. V. 9. Oktbr. 63. 423.

Hausthiere, Gewährleistung wegen verborgener Mängel bei dem Verkauf und Tausche von Hausthieren. G. 3. Mai 59. 77.

Heirathskonsens, Ertheilung der Heirathskonsense für die Justizbeamten in der Rheinprovinz. V. 20. August 61. 263.

Hessen, Großherzogthum, Vertrag mit demselben wegen gegenseitiger Bestrafung gewisser Arten von Vergehen. V. 25. August 59. 114. — Uebereinkunft mit demselben wegen Verhütung der Forst-, Feld-, Jagd- und Fischereifrevel und der an Weiden- und sonstigen Baumpflanzungen, an Staatsstraßen, Eisenbahnen, Vicinalwegen und an Wasserbauanlagen vorkommenden Frevel und Polizei-Uebertretungen, welche in den gegenseitigen Staatsgebieten begangen werden. Minist. Erkl. 7. Dezbr. 61. 267.

Hohenzollernsche Lande, Erforderniß des oberamtlichen Konsenses bei Eheschließungen in den Hohenzollernschen Landen. A. V. 6. Novbr. 62. 378. — das Verbot der Zahlungsleistung mittelst ausländischer Banknoten und ähnlicher Werthzeichen findet in den Hohenzollernschen Landen keine Anwendung. Verordn. 18. Mai 64. 446.

Hypothekenbuch, Eintragung der einer Aktiengesellschaft gehörigen Grundstücke, Gerechtigkeiten und Forderungen in das Hypothekenbuch. G. 15. Februar 64. §. 3. 436.

Hypotheken-Inskription, Löschung von Hypotheken-Inskriptionen auf Antrag des Käufers erkaufter Immobilien. V. 23. März 59. 74. — Stempel zu dem Urtheile über Löschung einer Hypotheken-Inskription. V. 9. Septbr. 60. II. B. 20. 206. — V. 11. Dezbr. 60. B. 11. 221. — V. 22. April 64. 445.

Hypothekenrechte, Anfechtung gültig erworbener Hypothekenrechte bei der Eröffnung eines Falliments Seitens der Gläubiger des Falliten. G. 9. Mai 59. Art. 446. 81.

J.

Jagdfrevel, Uebereinkunft mit Bayern zur Verhütung derselben in den Grenzgebieten. Minist. Erkl. 7. Juli 59. 108. desgl. mit dem Großherzogthum Hessen. Minist. Erkl. 7. Dezember 61. 267.

Jagdgeräthschaften, Vollstreckung der Straferkenntnisse hinsichtlich der Konfiskate in Untersuchungen wegen unberechtigten Jagens. A. V. 28. Novbr. 60. 215.

Immobilien, Gebühren und Kosten für den gerichtlichen Verkauf von Immobilien. G. 3. Mai 58. Art. 12 ff. 20.

Inkompetenz, Stempel, wenn der Richter sich inkompetent erklärt, weil die Sache an das Friedensgericht gehört. A. V. 11. Dezbr. 60. B. 12. 221.

Insinuation, Empfangsbescheinigung über die Aushändigung von Urkunden französischer Gerichtshöfe. V. 28. Januar 60. 171. — Insinuation von Verfügungen diesseitiger Gerichte in der Schweiz. A. V. 1. Septbr. 60. 199.

Interdiktions-Erkenntnisse, Publikation derselben. V. 19. Mai 62. 367.

Introduktionsgebühren, Abschaffung der für den Bibliothekfond erhobenen Introduktionsgebühren. V. 14. Januar 61. 227.

Inventar von Aktiengesellschaften, bei welchen der Gegenstand des Unternehmens nicht in Handelsgeschäften besteht, Aufbewahrung desselben. G. 15. Februar 64. §. 5 nr. 7. 438.

Inventarien, Einreichung anderweiter Gebäude-Inventarien der Gerichtsbehörden. A. V. 17. Dezbr. 61. 339.

Italien, Verfahren bei Requisitionen behufs eidlicher Vernehmung von Personen im Königreich Italien. A. V. 15. Oktbr. 63. 423.

Juden, Zulassung jüdischer Rechtskandidaten zur Auskultatorprüfung. A. V. 21. Mai 61. 246.

Juristische Prüfung, Zulassung zur ersten juristischen Prüfung. A. V. 19. Mai 59. 84. — Zulassung jüdischer Rechtskandidaten zur ersten juristischen Prüfung. A. V. 21. Mai 61. 246. — Abänderung der Bestimmungen über die erste juristische Prüfung. A. V. 5. Dezbr. 64. 458. — Anfertigung der schriftlichen Probearbeit bei der zweiten juristischen Prüfung. A. V. 30. Juni 60. 195. — Anfertigung einer wiederholten schriftlichen Probearbeit bei der zweiten juristischen Prüfung. V. 22. Oktbr. 60. 210. — Anfertigung einer dritten Proberelation zur dritten juristischen Prüfung. V. 28. Dezbr. 59. 157.

Juristisches Studium, Warnung vor demselben beim Mangel entsprechender Subsistenzmittel. A. V. 4. Septbr. 63. 417.

Justizbeamte s. Beamte.

Justizbehörden s. Behörden.

Justizverwaltungssachen, Portofreiheit in Justizverwaltungssachen. Reg. 3. Januar 60. §. 2. 162.

K.

Kanal, Anlegung von Kanälen zur Entwässerung der Grundstücke. G. 15. Juni 59. 97.

Kassation, Kassirung der Akten bei den rheinischen Gerichten. A. V. 29. Septbr. 58. 37.

Kassationsrekurs, Zulässigkeit desselben in Prozessen der Staatsbeamten gegen den Fiskus wegen Ansprüche auf Besoldung, Pension oder Wartegeld. G. 24. Mai 61. §. 4. 247. — desgl. in Prozessen gegen den Fiskus wegen Erstattung von Stempelabgaben. ebend. §. 13. 249. — Mittheilung der den Kassationsrekurs verwerfenden Entscheidung an den Angeschuldigten bei Todesurtheilen. V. 18. Juni 64. 450.

Kaufverträge, Stempel in Prozessen wegen Auflösung eines Kaufvertrages. V. 9. Septbr. 60. I. 4. 202. V. 18. Januar 62. V. 345. V. 11. April 63. ad mon. 9. 398.

Kaution, anderweitige Einrichtung des Amts- und Zeitungs-Kautionswesens. G. 21. Mai 60. 184 u. Verordn. 21. Mai 60. 186. — Verfahren hinsichtlich der Amtskautionen, welche Justizbeamte zu bestellen haben. A. V. 3. August 60. 195. — Stempel zu dem Urtheil über die Löschung einer arbitrair normirten Kaution in Expropriationsprozessen. V. 9. Septbr. 60. II. A. 204.

Kautions-Verschreibungen, Ausstellung von Kautionsverschreibungen bei den im Bezirk des Appellationsgerichtshofes zu Cöln erfolgenden Kautionsbestellungen. V. 26. April 61. 244. V. 17. Juli 61. 258. V. 22. Januar 62. 346.

Kirchenabgaben, in welchen Fällen der Rechtsweg über die Entrichtung derselben zulässig ist. G. 24. Mai 61. §§. 15. 16. 250.

Kirchenatteste, Verwendung von Stempelmarken zu denselben. A. V. 21. Oktbr. 62. Anlage a. §. 2 nr. 7. 375.

Körperverletzung, Bestrafung der Beamten wegen verübter Körperverletzungen bei Ausübung ihres Amtes. G. 30. Mai 59. §. 316. 94.

Kollegienzwang, Aufhebung desselben. A. V. 5. Dez. 64. 458.

Kollokationsverfahren, Hinzurechnung der Zinsen zu den im Kollokations-Verfahren zu vertheilenden Geldern Behufs der Stempelberechnung. V. 9. Septbr. 60. I. 7. 203. — Kollokations-Verfahren über die bei der Depositenkasse in Cöln hinterlegten Gelder. G. 24. Juni 61. §§. 17. 18. 255 — wird im Kollokationsverfahren ein theilweise definitiver Status erlassen, so ist der Stempel sofort von der zur Vertheilung gelangenden Masse zum Ansatz zu bringen. V. 18. Januar 62. VI. 346.

Kompetenzkonflikt, Vorlegung der Prozeßakten von Seiten der Regierung bei Erhebung eines Kompetenzkonflikts vor Erlaß des Sistirungsbeschlusses. V. 25. März 58. 11. — Heften und Foliiren der Akten bei deren Einsendung an den Gerichtshof zur Entscheidung der Kompeten konflikte. V. 20. Juli 61. 260.

Konferenden in Theilungsprozessen, Urtheile über streitige Konferenden. V. 9. Septbr. 60. I. 3. 202.

Konfiskation, Vollstreckung der Straferkenntnisse hinsichtlich der Konfiskate in Untersuchungen wegen unberechtigten Jagens. A. V. 28. Novbr. 60. 215.

Konflikt, Befugniß zur Erhebung des Konflikts nach Maaßgabe des Gesetzes v. 13. Februar 1854. A. V. 3. Dezbr. 60. 217.

Konkordat bei Fallimenten. G. 9. Mai 59. Art. 527. 83.

Konkurs, in wie fern die Vollstreckung des Wechselarrestes gegen einen Schuldner, über dessen Vermögen Konkurs eröffnet worden, unzulässig ist. G. 27. Mai 63. Art. 1 nr. 2. f. Art. 2 §. 1. 402.

Kontumazial-Verfahren, vorläufige Sistirung desselben bei Verbrechen. V. 29. April 59. 77.

Kopialien, Berechnung derselben bei dem Theilungsverfahren und den gerichtlichen Verkäufen von Immobilien. G. 3. Mai 58. Art. 20. 24. — Kopialien der Friedensgerichtsschreiber und Sekretariate in Vormundschaftssachen. G. 5. Juni 63. Art. 2. 10. 11 nr. 2. 406.

Kosten, die in der administrativen Voruntersuchung wegen Postkontravention veranlaßt werden, fallen dem im gerichtlichen Verfahren demnächst Verurtheilten zur Last und sind gegen ihn exekutorisch zu erklären. V. 25 März 58. 12. — Kosten für das Theilungsverfahren und den gerichtlichen Verkauf von Immobilien. G. 3. Mai 58. 15. — Kosten der Abschriften, welche von der Steuerbehörde bei Stempelrevisionen für nothwendig erachtet werden. V. 25. Januar 59. 57. — Annahme und Verrechnung von Abschlagszahlungen auf Kosten. V. 23. Januar u. 7. Februar 59. 66. — Ergänzung der Gesetze über die gerichtlichen Gebühren und Kosten in Folge der Einführung des Allgemeinen Deutschen Handelsgesetzbuchs. Verordnung 27. Januar 62. 349. — Festsetzung der durch die Ermittelung von Defekten entstandenen Kosten. St. M. Beschl. 31. August 63. 415.

Kostenvorschuß für Eintragungen in das Handelsregister. Verordn. 27. Januar 62. §. 14 nr. III. 355.

Kriegsbereitschaft, Anwendung des St. M. Beschl. v. 19. Juli 1850 auf die in Folge der im April 1859 angeordneten Kriegsbereitschaft zu den Fahnen einberufenen Civilbeamten. St. M. Beschl. 18. Juni 59. 105. — Ausdehnung dieses Beschlusses auf diejenigen Civilbeamten, welche in Folge der anderweiten Formationsverhältnisse der Armee aus dem Reserve- oder Landwehrverhältniß zu den Fahnen einberufen worden sind. St. M. Beschl. 31. Dezbr. 59. 158.

Kriegsgefangene, Befugniß derselben zur Errichtung privilegirter militairischer Testamente. G. 8. Juni 60. §§. 5. 9. 189.

Kriegsgerichte, Aufnahme letztwilliger Verordnungen von Militairpersonen durch dieselben. G. 8. Juni 60. §. 1. 188.

Kriegsjahr, Anrechnung des im Jahre 1849 zur Unterdrückung des Aufstandes im Königreich Sachsen stattgefundenen Kampfes als Kriegsjahr bei Pensionirungen. A. E. 6. Mai 58 u. B. 26. Juni 58. 25. — Anrechnung des im Jahre 1864 gegen Dänemark geführten Feldzuges als Kriegsjahr bei Pensionirungen. A. E. 18. Dezbr. 64. 461.

Kriminalsachen, Gebühren der Aerzte in Kriminalsachen. V. 15. März 59. 72.

Kugeln, Strafe für die widerrechtliche Zueignung von Kugeln an den Schießständen der Truppen. G. 30. Mai 59. §. 349. nr. 5. 95.

Kurator, Pflichten des Kurators einer vakanten Nachlassenschaft. Reg. 8. Juni 64. 447.

Kurs, Gebühren der Friedensrichter für das Wiederinkurssetzen öffentlicher Papiere. G. Taxe 23. Mai 59. Art. 8 nr. 1. 89. — Formalitäten bei der Wiederinkurssetzung der Papiere auf den Inhaber. V. 12. Mai 63. 400.

L.

Landarmenwesen, Einrichtung desselben in der Rheinprovinz. Verordn. 14. Juni 59. 101.

Landgerichts-Präsidenten, Befugnisse derselben hinsichtlich der Gebühren der Friedensrichter und Friedensgerichtsschreiber. G. Taxe 23. Mai 59. 92. — Befugnisse derselben in Vormundschaftssachen. G. 5. Juni 63. Art. 5. 6. 11 nr. 1. Art. 16. 407.

Landtag, Betheiligung der Mitglieder beider Häuser des Landtags an den Funktionen der Geschworenen. A. V. 20. Mai 60. 182.

Landwehr, Mittheilung der Kriminal-Erkenntnisse gegen Offiziere des Beurlaubtenstandes an das General-Auditoriat. A. V. 6. Januar 63. 393. A. V. 23. Oktbr. 63. 424.

Lehm, Bestrafung desjenigen, welcher Lehm auf fremden Grundstücken gräbt. G. 30. Mai 59. §. 349 nr. 2. 95.

Lehrlinge s. Gewerbegerichte.

Leichname, Regulativ für das Verfahren der Gerichtsärzte bei den medizinisch-gerichtlichen Untersuchungen menschlicher Leichname v. 1. Dezbr. 58. A. V. 10. Januar 59. 47.

Lennep, Erhöhung der Zahl der Mitglieder und Stellvertreter bei dem Gewerbegericht zu Lennep. A. E. 2. Mai 64. 446.

Leistungen, Werthstempel in Prozessen über jährliche Leistungen für eine unbestimmte Zeit. V. 22. März 62. nr. 2. 360.

Liberirung der Ehefrau von einer mit dem Ehemanne solidarisch übernommenen Schuld nach Aufhebung der ehelichen Gütergemeinschaft — Prozeßstempel. V. 23. März 59. nr. 1. 73.

Liquidatoren bei Aktiengesellschaften, bei denen der Gegenstand des Unternehmens nicht in Handelsgeschäften besteht. G. 15. Februar 64. §. 5 nr. 9. 438.

Löschung, Klagen auf Löschung der auf den erkauften Immobilien haftenden Hypotheken-Inskriptionen — Prozeßstempel. V. 23. März 59. nr. 11. 74.

Lotterie, in wiefern die Betheiligung Preußischer Staatsangehörigen an Prämien-Anleihen fremder Staaten als verbotenes Spiel in auswärtigen Lotterien anzusehen ist. V. 18. Novbr. 63. 426.

Luxemburg, Großherzogthum, Vertrag wegen gegenseitiger Bestrafung gewisser Arten von Vergehen. V. 25. August 59. 114.

Luxemburg, Bundesfestung, Requisitionen in Civiljustizsachen der Preußischen Besatzung der Bundesfestung Luxemburg. A. V. 3. Oktbr. 60. 211.

M.

Maaß, Strafe für den Gebrauch unrichtiger Maaße. G. 30. Mai 59. §. 243 nr. 1. 94.

Mäkler s. Handelsmäkler.

Mainz, Requisitionen in Civiljustizsachen der Besatzung der Bundesfestung Mainz. A. V. 31. Oktbr. 60. 211.

Manifestationseid, Requisitionen altländischer Gerichte um Abnahme von Manifestationseiden. V. 7. Juni 59. 97.

St. Martin bei Boppard, Erziehungs- und Besserungsanstalt, Vollstreckung geringer Gefängnißstrafen gegen Zöglinge der Anstalt. V. 11. März 58. 10.

Medizinalpersonen, Regulativ für das Verfahren der Gerichtsärzte bei den medizinisch-gerichtlichen Untersuchungen menschlicher Leichname v. 1. Dezbr. 58. A. V. 10. Jan. 59. 47.

Mergel, Bestrafung desjenigen, welcher auf fremden Grundstücken Mergel gräbt. G. 30. Mai 59. §. 349 nr. 2. 95.

Metallgeld, Strafe für das Beschneiden oder Abfeilen des Metallgeldes und für Verausgabung solcher Geldstücke. G. 30. Mai 59. §. 243 nr. 3. 4. 94.

Militair, Behandlung der militairpflichtigen Civilbeamten im Falle ihrer Einberufung zu den Fahnen bei der im April 1859 angeordneten Kriegsbereitschaft der Armee. St. M. Beschl. 18. Juni 59. 105. — Ausdehnung dieses Beschlusses auf diejenigen Civilbeamten, welche in Folge der anderweiten Organisation der Armee aus dem Reserve- oder Landwehr-Verhältniß zu den Fahnen einberufen worden sind. St. M. Beschl. 31. Dezbr. 59. 158. — Behandlung der militairpflichtigen Civilbeamten, welche in den Jahren 1862 und 1863 aus dem Reserve- oder Landwehr-Verhältnisse zu den Fahnen einberufen worden sind. St. M. Beschl. 29. Mai 63. 404. — desgl. derjenigen, welche wegen der Maaßregeln gegen Dänemark aus dem Reserve- oder Landwehr-Verhältnisse zu den Fahnen einberufen worden sind. St. M. Beschl. 3. Februar 64. 434. — desgl. derjenigen, welche im Falle einer Mobilmachung der Armee zum Kriegsdienst einberufen werden. St. M. Beschl. 9. März 64. 440.

Militair-Aerzte, Zuziehung derselben als Zeugen bei Aufnahme letztwilliger Verordnungen. G. 8. Juni 60 §. 6. 190.

Militair-Anwärter, Benachrichtigung der Militair-Intendanturen von der Anstellung versorgungsberechtigter Militairanwärter. A. V. 14. Februar 59. 69.

Militair-Beamte, Vorschriften über die Wiedereinziehung oder Belassung von Pensionen der im Civildienst wieder angestellten oder beschäftigten versorgungsberechtigten Militairbeamten. A. E. 5. Dezbr. 57. V. 19. Februar 58. 3. — Behandlung der bei einer Mobilmachung der Armee als Militair-Administrationsbeamten eingezogenen pensionirten oder auf Wartegeld stehenden Civilbeamten. St. M. Beschl. 25. Febr. 60. 172. — Ressortverhältnisse der Militairbehörden bei einer gerichtlichen Beschlagnahme von Gehältern oder Pensionen der Offiziere und Militairbeamten. A. V. 8. Januar 64. 433.

Militair-Behörden, Ressortverhältnisse derselben bei einer gerichtlichen Beschlagnahme von Gehältern und Pensionen der Offiziere und Militairbeamten. A. V. 8. Januar 64. 433.

Militair-Geistliche, Zuziehung derselben als Zeugen bei Aufnahme letztwilliger Verordnungen. G. 8. Juni 60. §. 6. 190.

Militair-Intendanturen s. Militair-Anwärter.

Militair-Invaliden, Belassung und Einziehung des Militair-Gnadengehalts der im Civildienst angestellten oder beschäftigten Militair-Invaliden. A. V. 9. Novbr. 64. 454. — Verfahren bei Wiedergewährung der Militair-Invaliden-Pensionen. A. V. 15. April 64. 442.

Militair-Personen, Förmlichkeiten bei der Errichtung militairischer Testamente. G. 8. Juni 60. §§. 4—12. 189. — Ausübung der bürgerlichen Gerichtsbarkeit über Preußische Militairpersonen im Auslande. G. 8. Juni 60. §. 13. 191. — Gerichtsbarkeit über die Preußische Garnison in der Bundesfestung Rastatt. V. 1. Oktbr. 60. 207.

Militairpflichtige, Beschlagnahme des Vermögens ausgetretener Militairpflichtiger in der Rheinprovinz. V. 18. Febr. 59. 71. — Mittheilungen in Untersuchungssachen gegen militairpflichtige Personen. A. V. 8. Oktbr. 60. 208.

Mineralien, Bestrafung desjenigen, welcher Mineralien von fremden Grundstücken wegnimmt. G. 30. Mai 59. §. 349 nr. 2. 95.

Mißhandlungen, Bestrafung der Beamten wegen Mißhandlungen bei Ausübung ihres Amtes. G. 30. Mai 59. §. 316. 94.

Mobiliar-Verkäufe, Abhaltung von Mobiliar-Verkäufen durch die Gerichtsvollzieher. V. 12. Februar 62. 356. — Gebühren der Friedensrichter und Friedensgerichtsschreiber für Mobiliar-Versteigerungen. G. Taxe 23. Mai 59. Art. 17. 91.

Mobilmachung, Behandlung der bei einer Mobilmachung der Armee als Offiziere oder Militairadministrationsbeamte eingezogenen pensionirten oder auf Wartegeld stehenden Civilbeamten. St. M. Beschl. 25. Februar 60. 172. — Behandlung der militairpflichtigen Civilbeamten im Falle ihrer Einberufung zum Kriegsdienste bei einer Mobilmachung der Armee. St. M. Beschl. 9. März 64. 440.

Monat, Berechnung der Verfallzeit nach Monaten bei Wechseln. G. 27. Mai 63. Art. 1 nr. 7. 403.

Montirungsstücke, Bestrafung desjenigen, welcher Montirungsstücke kauft oder zum Pfande nimmt. G. 30. Mai 59. §. 349 nr. 4. 95.

Mosel, Einstellung der Erhebung der Schifffahrtsabgaben auf der Mosel. G. 16. Septbr 62. 371.

Münzen, Strafe für das Beschneiden oder Abfeilen von Geldmünzen und für die Verausgabung solcher Münzen. G. 30. Mai 59. §. 243 nr. 3. 94. — Verfahren der Gerichte bei Beschlagnahme falscher Münzen. A. V 1. Mai 61. 245.

Münzverbrechen, Einholung des Gutachtens der Königlichen General-Münzdirektion in Untersuchungen wegen Münzverbrechen. A. V. 13. Oktbr. 58. 40. — Mittheilung der Untersuchungs-Akten über Münzverbrechen und Münzvergehen an den Finanz-Minister. A. V. 18. Juni 59. 105. A. V. 22. Septbr. 59. 115.

Munition, Strafe der widerrechtlichen Zueignung von Munition. G. 30. Mai 59. §. 349 nr. 5. 95.

N.

Nachbildung und Nachdruck, Verfahren bei Einholung der Gutachten der Sachverständigen-Vereine in Untersuchungen wegen Nachdrucks und unbefugter Nachbildung. A. V. 11. September 58. 35. — Berichtigung der Gebühren für die Gutachten der Sachverständigen-Vereine. A. V. 28. Novbr. 62. 380. A. V. 11. März 64. 441.

Nachlassenschaften, Stempel zu Urtheilen, durch welche zwischen den Gläubigern und den Benefizialerben die zur Vertheilung unter die Gläubiger zu repräsentirende Masse festgesetzt wird. V. 9. Septbr. 60. II. B. 23. 206. — Stempel zu Urtheilen auf Klagen wegen Theilung eines Nachlasses. V. 11. Dezbr. 60. A. 2. 5. 220. ebend. B. 8. 222. — Uebernahme von Verwaltungen vakanter Nachlassenschaften durch Auskultatoren und Referendarien. V. 24. Febr. 63. 394. — Stempel zur Klage eines Gläubigers, der die Rechte seines Schuldners wahrnehmend, auf Theilung eines Nachlasses anträgt, bei dem sein Schuldner betheiligt ist. V. 22. April 64. 445. — Verwaltung vakanter Nachlassenschaften. Reg. 8. Juni 64. 447.

Nassau, Vertrag mit dem Herzogthum Nassau wegen gegenseitiger Bestrafung gewisser Arten von Vergehen. V. 25. August 59. 114.

Nichtigkeitsbeschwerde, Zulässigkeit derselben in Prozessen der Staatsbeamten gegen den Fiskus wegen Ansprüche auf Besoldung, Pension oder Wartegeld. G. 24. Mai 61. §. 4.

247. — desgl. in Prozessen gegen den Fiskus wegen Erstattung von Stempelabgaben. ebend. §. 13. 249.

Niederlande, Königreich der, Verfahren bei Requisitionen an Niederländische Behörden. A. V. 6. Juli 61. 257. — Form der Verhaftsbefehle bei Auslieferungsanträgen nach den Niederlanden. V. 2. April 64. 397. — Kündigung der Uebereinkunft v. 16. August 1828 wegen Verhütung der Forstfrevel in den Grenzwaldungen. V. 27. Novbr. 63. 428. — Requisitionen an Königlich Niederländische Behörden um Auslieferung flüchtiger Verbrecher. A. V. 30. Novbr. 63. 428 — die an Königlich Niederländische Behörden zu richtende Schriftstücke müssen mit lateinischen Buchstaben geschrieben werden. A. V. 20. Mai 64. 447.

Nord-Amerika, Ausführung des Vertrages mit den Vereinigten Staaten von Nord-Amerika wegen Auslieferung flüchtiger Verbrecher. A. V. 26. Nov. 60. 213.

Notabeln, Aufstellung der Liste der Notabeln zur Wahl der Mitglieder des Handelsgerichts. V. 2. Septbr. 63. 416.

Notare, Gebühren der Notarien bei dem Theilungsverfahren und bei gerichtlichen Verkäufen von Immobilien. G. 3. Mai 58. Art. 3—9. 13. 14. 17. — Verweisung der Notarien auf früher geleistete Diensteide. V. 7. Juni 59. 96. — Verfahren der Notare bei der Verwendung von Stempelmarken zu stempelpflichtigen unter öffentlicher Autorität ausgefertigten Schriftstücken. A. V. 21. Oktbr. 62. Anlage b. 376 — der Unschätzbarkeitsstempel wird verwendet bei Klagen gegen einen Notar auf Ertheilung von Abschriften einer von ihm aufgenommenen Urkunde. V. 14. März 63. 397.

Notariats-Kandidaten, Berichterstattung über die Beschäftigung derselben. V. 7. Juni 59. 96.

Notariats-Urkunden, Eingangsformel für die Ausfertigungen der Notariatsurkunden in der Rheinprovinz für die Dauer der Regentschaft. V. 18. Oktbr. 58. 41.

Notorietäts-Urkunden, Gebühren der Friedensrichter und Friedensgerichtsschreiber für die Aufnahme von Notorietätsurkunden. G. Taxe 23. Mai 59. Art. 1 nr. 7 Art. 9. 86. — Aufnahme von Notorietäts-Urkunden für Erben zur Empfangnahme hinterlegter Gelder bei der Depositenkasse in Cöln. G. 24. Juni 61. §. 15. 255.

O.

Obduktionen, Regulativ für das Verfahren der Gerichtsärzte bei den medizinisch-gerichtlichen Untersuchungen menschlicher Leichname v. 1. Dezbr. 58. A. V. 10. Januar 59. 47.

Oesterreich, unmittelbarer Geschäftsverkehr zwischen den Kaiserlich Oesterreichischen und den Königlich Preußischen Gerichtsbehörden. A. V. 13. Septbr. 58. 37. — Besuch Oesterreichischer Universitäten. A. V. 19. März 61. 243.

Offiziere, Vorschriften über die Wiedereinziehung oder Belassung von Pensionen der im Civildienst wieder angestellten oder beschäftigten versorgungsberechtigten Offiziere. A. E. 5. Dezember 57. V. 19. Februar. 58. 3. — Zuziehung der Offiziere als Zeugen oder Protokollführer bei Aufnahme letztwilliger Verordnungen von Militairpersonen. G. 8. Juni 60. §§. 1. 2. 6. 188. — Mittheilung von Kriminal-Erkenntnissen gegen Offiziere des Beurlaubtenstandes an das General-Auditoriat. A. V. 6. Januar 63. 393. A. V. 23. Oktbr. 63. 424. — Unzulässigkeit des Wechselarrestes gegen Offiziere. G. 27. Mai 63. Art. 1 nr. 2 b. 402. — Ressortverhältnisse der Militairbehörden bei Beschlagnahme von Gehältern und Pensionen der Offiziere und Militairbeamten. A. V. 8. Januar 64. 433.

Oldenburg, Vertrag mit dem Großherzogthum Oldenburg wegen gegenseitiger Bestrafung gewisser Arten von Vergehen. V. 25. August 59. 114.

Ordnungsstrafen, die bei Stempelkontraventionen der Gerichtsvollzieher verhängten Ordnungsstrafen sind als Stempelstrafen zu verrechnen. V. 27. März 62. 361. V. 19. Oktbr. 64. 453. — Kostenansatz für die Festsetzung von Ordnungsstrafen in Handelssachen. V. 27. Januar 62. §. 14 nr. IV. 355.

P.

Packete, Erfordernisse zur portofreien Versendung derselben nach den Staaten des Deutschen Postvereins. A. V. 29. Januar 61. 228. — A. V. 11. August 62. 369.

Papiere, Formalitäten bei der Wiederinkurssetzung der Papiere auf den Inhaber. V. 12. Mai 63. 400. — das Verbot der Zahlungsleistung mittelst ausländischer Papiere findet in den Hohenzollernschen Landen keine Anwendung. Verordn. 18. Mai 64. 446. — s. auch Schreibmaterialien.

Pension, Vorschriften über die Wiedereinziehung oder Belassung von Pensionen der im Civildienst wiederangestellten oder beschäftigten versorgungsberechtigten Offiziere und Militairbeamten. A. E. 5. Dezbr. 57. u. V. 19. Februar 58. 3. — Zulassung des Rechtsweges bei Ansprüchen von Staatsbeamten wegen ihrer Pension. G. 24. Mai 61. §§. 1—8. 247. — Ressortverhältnisse der Militairbehörden bei einer gerichtlichen Beschlagnahme von Pensionen der Offiziere und Militairbeamten. A. V. 8. Januar 64. 433. — Verfahren bei Wiedergewährung der Militair-Invaliden-Pension. A. V. 15. April 64. 442.

Pensionirungen, Anrechnung des im Jahre 1849 zur Unterdrückung des Aufstandes im Königreich Sachsen stattgefundenen Kampfes als Kriegsjahr bei Pensionirungen. A. E. 6. Mai 58. 25. — desgl. des im Jahre 1864 gegen Dänemark geführten Feldzuges. A. E. 18. Dezbr. 64. 461.

Pensionskassen, Stempelfreiheit der Tauf-, Trau- und Todtenscheine, welche Beamte der Staatseisenbahnen bei Pensions- und Unterstützungskassen beizubringen haben. A. E. 14. Februar 59. u. A. V. 29. Septbr. 59. 70.

Personalarrest, Bestimmungen über die Dauer desselben. G. 27. Mai 63. Art. 1 nr. 2. 9. Art. 2 §§. 2—4. 402.

Pfandleiher, Bestrafung derselben, wenn sie bei Ausübung ihres Gewerbes den darüber erlassenen Anordnungen entgegenhandeln. G. 30. Mai 59. §. 349 nr. 6. 95.

Pfarrabgaben, in welchen Fällen der Rechtsweg über die Entrichtung derselben zulässig ist. G. 24. Mai 61. §§. 15. 16. 250.

Plaggen, Strafe für das unbefugte Plaggenhauen auf fremden Grundstücken. G. 30. Mai 59. §. 349 nr. 2. 95.

Polizei, Erlaß von Polizeiverordnungen — Kontrole der polizeilichen Verfolgungen. V. 8. August 59. 112.

Polizeianwaltschaft, Wahrnehmung derselben in den nach der rheinischen Städteordnung verwalteten Städten. V. 5. April 59. 76.

Polizeiblatt, Anweisung über die Haltung des Central-Polizeiblattes Seitens der Gerichte und Beamten der Staatsanwaltschaft. A. V. 13. März 63. 396.

Portofreiheit, Portofreiheit in Justizsachen. Reg. 3. Januar 60. u. A. V. 24. Januar 60. 161. — inwieweit Brief- und Aktensendungen die Portofreiheit im Bereich des Deutschen Postvereins zusteht. A. V. 29. Januar 61. 228. — A. V. 11. August 62. 369. — A. V. 23. Septbr. 63. 421. — Beglaubigung der Portofreiheitsvermerke auf Dienstbriefen. V. 12. Juli 61. 257.

Postbeamte, Benachrichtigung der Oberpostdirektionen von gerichtlichen Klagen gegen Kassenbeamte der Post wegen Geldforderungen. A. V. 12. Juni 58. 31.

Postkontravention, Kosten in der administrativen Voruntersuchung wegen Postkontravention fallen dem im gerichtlichen

Verfahren demnächst Verurtheilten zur Last und sind gegen ihn exekutorisch zu erklären. V. 25. März 58. 12.

Postschein, Mißbrauch eines Postscheins über fingirte Geld- und Werthsendungen zur Abwendung einer Exekution. G. 30. Mai 59. §. 243 nr. 6. 94.

Postsendungen, äußere Beschaffenheit portofreier Sendungen. Reg. 3. Januar 60. §§. 10. 11. 167. — Verbindlichkeit der Eisenbahngesellschaften zur unentgeltlichen Beförderung von Postsendungen. G. 21. Mai 60. §. 5. 183. — Taxirung der Fahrpostsendungen im Bereich des Deutschen Postvereins. A. V. 29. Januar 61. 228. — A. V. 11. August 62. 369. — A. V. 23. Septbr. 63. 421.

Postzwang, Aufhebung des Postzwanges für Packete, desgl. für ungemünztes Gold und Silber. G. 21. Mai 60. §§. 1. 3. 4. 183.

Postwesen, Abänderung mehrerer auf das Postwesen sich beziehender Vorschriften. G. 21. Mai 60. 183.

Prämien-Anleihen s. Lotterien.

Presse, Rückgabe polizeilich mit Beschlag belegter Preßerzeugnisse nach Aufhebung der Beschlagnahme durch den Staatsanwalt. V. 24. Dezbr. 58. 44. — Deklaration des Gesetzes über die Presse v. 12. Mai 1851. G. 21. April 60. 178.

Privilegien, inwiefern bei Eröffnung eines Falliments gültig erworbene Privilegien von den Gläubigern des Falliten angefochten werden können. G. 9. Mai 59. Art. 446. 81.

Prokurenregister, Führung desselben. Instr. 12. Dezbr. 61. Thl. 1. Abschn. 3. §§. 36 ff. 284.

Prozesse, Verfahren in Prozessen gegen den Vorstand oder Aufsichtsrath von Aktiengesellschaften. G. 15. Februar 64. §. 5 nr. 4. 437. — Portofreiheit in Prozeßsachen. Reg. 3. Januar 60. §. 5. 6. 164.

Prozeßstempel s. Stempelansatz.

Prüfung, Zulassung zur ersten juristischen Prüfung. A. V. 19. Mai 59. 84. — Zulassung jüdischer Rechtskandidaten zur ersten juristischen Prüfung. A. V. 21. Mai 61. 246. — Erforderniß des Nachweises entsprechender Subsistenzmittel vor der Zulassung zur ersten juristischen Prüfung. A. V. 4. Septbr. 63. 417. — Abänderung der Bestimmungen über die erste juristische Prüfung. A. V. 5. Dezbr. 64. 458. — Anfertigung der schriftlichen Probearbeit bei der zweiten Prüfung. A. V. 30. Juni 60. 195. — Anfertigung einer wiederholten schriftlichen Probearbeit bei der zweiten Prüfung. V. 22. Oktbr. 60.

210. — Anfertigung einer dritten Proberelation zur dritten Prüfung. V. 28. Dezbr. 59. 157.

Publikation der Interdiktions-Erkenntnisse. V. 19. Mai 62. 367.

Q.

Quittungen, Ausstellung derselben über die von der Depositenkasse in Cöln erhobenen Gelder. G. 24. Juni 61. §§. 17. 19. 255. — Verwendung von Stempelmarken zu Quittungen. A. V. 21. Oktbr. 62. Anlage a. §. 2 nr. 3. 374.

Quittungsbücher, Aufhebung der Bestimmungen über die Quittungsbücher der Fabrikarbeiter. G. 8. Juni 60. 193.

R.

Rangverhältniß, der wiedergewählten Mitglieder der Handelsgerichte. A. E. 10. Mai 58. u. V. 18. Mai 58. 29.

Rasen, Bestrafung desjenigen, welcher auf fremden Grundstücken Rasen gräbt oder wegnimmt. G. 30. Mai 59. §. 349 nr. 2. 95.

Rastatt, Bundesfestung, Gerichtsbarkeit der Preußischen Garnison daselbst. Verordn. 1. Oktbr. 60. 207. — Requisitionen in Civiljustizsachen bezüglich der Besatzung der Bundesfestung. A. V. 31. Oktbr. 60. 211.

Realanerbieten, Stempel zu Urtheilen, welche nach Vorschrift des Art. 816. der Bürgerlichen Prozeßordnung Realanerbieten für gültig oder ungültig erklären. V. 11. Dezbr. 60. A. 3. 220 u. ebend. B. 6. 221.

Realservituten, Berechnung des Stempels in Prozessen über Realservituten. V. 26. Oktbr. 63. 425.

Rechnungsprozesse, in Rechnungsprozessen muß zu den Urtheilen über einzelne Streitpunkte der Prozentstempel nach Maaßgabe des streitigen Gegenstandes verwendet werden. V. 9. Septbr. 60. I. 2. 202.

Rechtsgeschäfte, inwiefern Rechtsgeschäfte des Falliten, welche seit dem Tage seiner Zahlungseinstellung vorgenommen worden sind, als nichtig angefochten werden können. G. 9. Mai 59. Art. 444—447. 80.

Rechtskandidaten, Zulassung jüdischer Rechtskandidaten zur ersten juristischen Prüfung. A. V. 21. Mai 61. 246. — Zulassung der Rechtskandidaten zur ersten juristischen Prüfung. A. V. 5. Dezbr. 64. 458.

Rechtsweg, in welchen Fällen bei Vorfluthssachen der Rechtsweg zulässig ist. G. 14. Juni 59. §§. 4—6. 98. — inwiefern bei Streitigkeiten über die Verpflichtung zur Armenpflege der Rechtsweg zulässig ist. Verordn. 14. Juni 59. §. 13. 104. — Bestimmungen über die Erweiterung des Rechtsweges. G. 24. Mai 61. 247.

Referendarien, Berichte über die Versetzung der Referendarien an andere Gerichte oder deren gewünschte Entlassung aus dem Justizdienste. V. 19. Septbr. 61. 263. — Uebernahme von Syndikaten und Verwaltungen vakanter Nachlassenschaften durch Referendarien. V. 24. Februar 63. 394.

Regentschaft, Eingangsformel für die in exekutorischer Form zu ertheilenden Ausfertigungen der Urtheile, der Notariats- und sonstigen dazu geeigneten Urkunden für die Dauer der Regentschaft. V. 18. Oktbr. 58. 41.

Rehabilitationsgesuche, Behandlung derselben. V. 29. Januar 58. 4.

Reisekosten der Friedensrichter und Friedensgerichtsschreiber für auswärtige Geschäfte. G. Taxe 23. Mai 59. Art. 12. 13. 17. 18. 90. — desgl. in Vormundschaftssachen. G. 5. Juni 63. Art. 6. 10. 11. 16. 407. — Reisekosten der Forstschutzbeamten bei Wahrnehmung der Forstgerichtstage. A. V. 30. Januar 61. 232. — in welchem Falle bei Dienstreisen der Staatsbeamten mit der Eisenbahn für die Beförderung vom Bahnhofe bis zu dem Orte, nach welchem der Bahnhof benannt ist, Reisekosten zulässig sind. A. V. 14. Novbr. 62. 379.

Rentenbanken, Abänderung einer Bestimmung in §. 20 des Gesetzes v. 2. März 1850 über die Errichtung von Rentenbanken. G. 27. Juni 60. 194.

Reparaturen, technische Revision der Reparaturen an Königlichen Dienstwohnungen. A. V. 2. März 58. 9.

Requisitionen, Gebühren der Friedensrichter und Friedensgerichtsschreiber für die Erledigung von Requisitionen. G. Taxe 23. Mai 59. Art. 6. 9. 88. — Requisitionen altländischer Gerichte um Abnahme von Manifestationseiden. V. 7. Juni 59. 97. — Requisitionen in Civil-Justizsachen bezüglich der Preußischen Besatzungen in den Bundesfestungen Mainz, Luxemburg und Rastatt. A. V. 31. Oktbr. 60. 211. — Verfahren bei Requisitionen an Niederländische Behörden. A. V. 6. Juli 61. 257. — Form der Requisitionen an Französische Gerichte um Abnahme von Eiden. V. 30. April 62. 365. — Verfahren bei Requisitionen behufs eidlicher Vernehmung von Personen im Königreich Italien. A. V. 15. Oktbr. 63. 423. — Requisitionen an Königlich Niederländische Behörden um Auslieferung flüchtiger Verbrecher. A. V. 30. Novbr. 63. 428. — Verfahren bei Requisitionen an Kaiserlich Russische Behörden. A. V. 11. Januar 64. 434.

Ressortverhältnisse der Militairbehörden bei einer gerichtlichen Beschlagnahme von Gehältern oder Pensionen der Offiziere und Militairbeamten. A. V. 8. Januar 64. 433.

Rheinbrücke, Uebereinkunft unter den Rheinuferstaaten wegen des Baues der stehenden Rheinbrücke zu Cöln 7. Mai 58. 25.

Rheinzoll, Ermäßigung der Rheinzölle. G. 26. Febr. 61. 233.

Richter, Bestimmungen über die Verleihung von Gehaltszulagen an richterliche Beamte. A. E. 12. Novbr. 60. 212.

Rückfall, Angabe der den Rückfall betreffenden Thatsachen in den Anklagen und Feststellung dieser Thatsachen in den strafgerichtlichen Erkenntnissen. A. V. 14. Novbr. 59. 119.

Rußland, Verfahren bei der Untersuchung und Feststellung des Gemüthszustandes Russischer Unterthanen. A. V. 11. Dezember 60. 219. — Verfahren bei Requisitionen an Kaiserlich Russische Behörden. A. V. 11. Januar 64. 434.

S.

Saarbrücken, Errichtung einer Handelskammer für den Kreis Saarbrücken. A. E. 2. Novbr. 63. 426.

Sachsen, Königreich, Anrechnung des im Jahre 1849 zur Unterdrückung des Aufstandes im Königreich Sachsen stattgefundenen Kampfes als Kriegsjahr bei Pensionirungen. A. E. 6. Mai 58. 25.

Sachverständige, Gutachten und Gebühren derselben bei dem Theilungsverfahren und dem gerichtlichen Verkauf von Immobilien. G. 3. Mai 58. Art. 16—18. 23. — Zuziehung derselben zur Feststellung der Gewährsmängel bei dem Verkaufe von Hausthieren. G. 3. Mai 59. §§. 3—8. 78. — Gebühren der Friedensrichter und Friedensgerichtsschreiber für Vernehmung und Vereidigung von Sachverständigen. G. Taxe 23. Mai 59. Art. 1 nr. 11. Art. 2 nr. 8. Art. 4—7. 9. 10. nr. 4. 86.

Sachverständigen-Vereine, Verfahren bei Einholung der Gutachten derselben in Untersuchungen wegen Nachdrucks und unbefugter Nachbildung. A. V. 11. Septbr. 58. 35. — Berichtigung der Gebühren für die Gutachten der Sachverständigen-Vereine. A. V. 28. Novbr. 62. 380. — A. V. 11. März 64. 441.

Sand, Bestrafung desjenigen, der Sand auf fremden Grundstücken gräbt. G. 30. Mai 59. §. 349 nr. 2. 95.

Schadensersatz, Werthstempel bei Klagen auf Schadensersatz. V. 11. April 63. ad mon. 17. 399.

Schenkungen, inwiefern Schenkungen eines Falliten als nichtig angefochten werden können. G. 9. Mai 59. Art. 444 nr. 1. 80.

Schifffahrtsabgaben, Einstellung der Erhebung der Schifffahrtsabgaben auf der Mosel. G. 16. Septbr. 62. 371.

Schiffer, inwiefern die Vollstreckung des Wechselarrestes gegen Schiffer unzulässig ist. G. 27. Mai 63. Art. 1 nr. 2e. Art. 2 §. 1. 402.

Schiffsregister, Führung desselben. Instr. 12. Dezbr. 61. Thl. 2. 316.

Schreibgebühren für Eintragung in das Handelsregister. Verordn. 27. Januar 62. §. 14. I. nr. 2—4. 354.

Schreibmaterialien, die den Beamten zu gewährende Vergütigung für Schreibmaterialien. St. M. Beschl. 11. Mai 63. u. A. V. 5. Septbr. 63. 419.

Schulabgaben, in welchen Fällen der Rechtsweg über die Entrichtung derselben zulässig ist. G. 24. Mai 61. §§. 15. 16. 250.

Schweiz, Insinuation von Verfügungen Preußischer Gerichte in der Schweiz. A. V. 1. Septbr. 60. 199.

Sekretariate der Landgerichte und des Appellationsgerichtshofes zu Cöln, Gebühren derselben in Vormundschaftssachen. G. 5. Juni 63. Art. 2. 9. 10. 11 nr. 2. 18. 21. 406.

Sicherstellung in Wechselangelegenheiten. G. 27. Mai 63 Art. 1 nr. 6. 402.

Siegel, Gebühren der Friedensrichter und Friedensgerichtsschreiber für Anlegung und Abnahme der Gerichtssiegel. G. Taxe 23. Mai 59. Art. 1 nr. 1. 2. Art. 2 nr. 6. 7. Art. 9—11 85.

Siegelgelder, für den Verbrauch von Siegellack dürfen Friedensrichter und Friedensgerichtsschreiber nichts liquidiren. G. Taxe 23. Mai 59. Art. 16. 91.

Silber, Strafe des Betruges beim Verkauf von Silberwaaren. G. 30. Mai 59. §. 243 nr. 2. 94. — Aufhebung des Postzwanges für ungemünztes Silber. G. 21. Mai 60. §. 1. 183.

Sistirung, vorläufige Sistirung des Kontumazial-Verfahrens bei Verbrechen. V. 29. April 59. 77.

Sistirungsbeschluß, Vorlegung der Prozeßakten von Seiten der Regierung bei Erhebung eines Kompetenzkonfliktes vor Erlaß des Sistirungsbeschlusses. V. 25. März 58. 11.

Soldaten, Bestrafung desjenigen, welcher von einem Soldaten Armatur- oder Montirungsstücke kauft oder zum Pfande nimmt.

G. 30. Mai 59. §. 349 nr. 4. 95. — Unzulässigkeit des Wechselarrestes gegen Soldaten. G. 27. Mai 63. Art. 1 nr. 2b. Art. 2 §. 1. 402.

Solingen, Verminderung der beschlußfähigen Mitgliederzahl beim Gewerbegericht zu Solingen. V. 16. Febr 61. 233.

Staatsanzeiger, Eintragungen in das Handelsregister sollen durch den Staatsanzeiger veröffentlicht werden. A. V. 9. Oktober 63. 423. — Insertionen in den Staatsanzeiger. A. V. 28. Dezbr. 64. 462.

Staatsbeamte s. Beamte.

Staatspapiere, die von den Beamten und für Zeitungen in Staatspapieren zu bestellenden Kautionen. G. 21. Mai 60. §§. 1—3. 184. — Die Verordnung vom 19. Januar 1836 über den Verkehr mit Staatspapieren wird aufgehoben. G. 1. Juni 60. 187.

Staatsstraßen, Uebereinkunft mit dem Großherzogthum Hessen wegen Verhütung der an Staatsstraßen vorkommenden Frevel und Polizei-Uebertretungen. Minist. Erkl. 7. Dezbr. 61. 267.

Städte, Polizeianwaltschaft in den nach der rheinischen Städte-Ordnung verwalteten Städten. V. 5. April 59. 76. — Städtisches Einzugs-, Bürgerrechts- und Einkaufsgeld. G. 14. Mai 60. 182.

Steckbriefe, Bekanntmachung derselben. A. V. 15. Novbr. 58. 42. — A. V. 22. Februar. 64. 439.

Steine, Bestrafung desjenigen, welcher auf fremden Grundstücken oder Wegen Steine gräbt oder wegnimmt. G. 30. Mai 59. §. 349 nr. 2. 95.

Stempel, Verjährung der Stempel. V. 8. Oktbr. 60. 209.

Stempelansatz, St. zu den Erkenntnissen der Gewerbegerichte über Klagen auf Ausstellung von Entlassungszeugnissen für Gewerbegehülfen, Gesellen und Lehrlinge. V. 1. Juni 58. 30. — St. zu einem Prozesse, in welchem eine Ehefrau nach Aufhebung der ehelichen Gütergemeinschaft gegen ihren Ehemann auf Liberirung von einer solidarisch übernommenen Schuld klagt. V. 23. März 59. nr. 1. 73. — St. zu einer auf einen bestrittenen Privat-Kaufakt gegründeten Klage auf Herausgabe eines Hauses, sowie zu Klagen auf Auflösung eines Kaufvertrages und auf Herausgabe eines käuflich erworbenen Grundstückes. ebend. nr. 2. 3. 8. 9. 73. — St., wenn das Gericht sich wegen einzelner Forderungen inkompetent erklärt, wegen der übrigen interloquirt. ebend. nr. 4. 74. — St. bei Oppositionen gegen einen auf Notariatsakt gegründeten Zahlungsbefehl. ebend. nr. 5. 74. — St. bei Klagen auf Abschluß eines Akts wegen gemeinschaftlichen Ankaufs. ebend. nr. 7. 74. St. bei Klagen des Käufers gegen den Verkäufer auf Löschung von Hypotheken-Inskriptionen event. auf Ermächtigung zur Beitreibung des Betrages der Inskriptionen aus dem Vermögen des Verkäufers. ebend. nr. 11. 74. — St. zum Erkenntniß über die gegen eine Subhastation erhobenen Ansprüche Dritter. ebend. nr. 12. 75. — St., wenn der Drittopponent gegen eine Subhastation beantragt, daß er zum Eigenthümer der subhastirten Immobilien erklärt werde. ebend. nr. 13. 75. — St. bei Klagen auf Zahlung eines bestimmten Kaufpreises. ebend. nr. 14. 75. — St., wenn Kläger eine ihm gegen einen Dritten zustehende, dem Verklagten cedirte Forderung zurückcedirt verlangt, oder in Stelle dessen eine gewisse Summe fordert. V. 19. Juli 59. nr. 1. 111. — St., wenn auf Grund des Art. 1167 des Civilgesetzbuches auf Auflösung eines Vertrages, durch den der Schuldner des Klägers dem Verklagten Immobilien übertragen hat und demzufolge auf Herausgabe der Immobilien an den vakanten Nachlaß des Schuldners geklagt wird. ebend. nr. 2. 111. — St. zu Urtheilen über Auflösung eines Vertrages. V. 30. Septbr. 59. ad mon. 15. 117. V. 9. Septbr. 60. I. nr. 4. 202. V. 18. Januar 62. V. 345. V. 11. April 63. ad mon. 9. 398. — St. in Prozessen wegen Beschlagnahme eines Hauses, gegen welche von einem Dritten Einspruch erhoben wird, im Falle der Zulassung des Einspruchs. ebend. ad. mon. 21. 117. — St. zu Urtheilen in Prozessen wegen Schadensersatz. ebend. ad mon. 42. 118. — Stempelverwendung in Expropriationsprozessen. A. V. 7. Mai 60. 180. — St. zum Urtheil auf eine Klage, die principaliter auf Zahlung einer Summe, subsidiarisch auf Rückgabe eines Grundstücks gerichtet ist. V. 9. Septbr. 60. I. nr. 1. 202. — St. zu Urtheilen über einzelne Streitpunkte in Rechnungsprozessen. ebend. I. nr. 2. 202. — St. zu Urtheilen über streitige Konferenden in Theilungsprozessen. ebend. I. nr. 3. 202. — St. bei Klagen auf Gewährung eines Darlehns. ebend. I. nr. 5. 203. — St. zum Urtheile auf provisorische Einweisung in den Besitz eines durch Urtheil für abwesend Erklärten. ebend. nr. 6. 203. — Hinzurechnung der Zinsen zu den im Kollokationsverfahren zu vertheilenden Geldern Behufs der Stempelberechnung. ebend. I. nr. 7. 203. — St. zu Urtheilen, welche theilweise definitive, theilweise interlokutorische sind. ebend. II. nr. 4. 203. — St. zu vorläufigen Entscheidungen über die Gültigkeit eines von den Parteien angelegten Arrestes. ebend. nr. 11. 204. — St. zum Urtheile über die Löschung einer arbitrair normirten Kaution in Expropriationsprozessen. ebend. II. nr. 11. 204. — St. zum Urtheile in einem Theilungsprozesse, in dem die Legitimation des Gläubigers eines Miterben und die Pflicht zur Theilung nicht bestritten wird. ebend. II. nr. 15. 206. — St. zum Urtheil über die Löschung einer Hypotheken-Inskription. ebend. II. nr. 20. 206. V. 11. Dezbr. 60. nr. 11. 222. V. 22. April 64. ad mon. 7. 445. — St. zum Urtheile über die bei Güterscheidungen unter geschiedenen Eheleuten der Ehefrau provisorisch aus der Masse zu gewährenden Alimente. ebend. II. nr. 22. 206. — St. zum Urtheile, durch welches zwischen den Gläubigern des Erblassers und den Benefizial-Erben die zur Vertheilung unter die Gläubiger zu repräsentirende Masse festgesetzt wird. ebend. II. nr. 23. 206. — St. zum Urtheile auf die von einer Ehefrau gegen ihren Ehemann gerichtete Klage, sie zum Erscheinen vor Gericht und zum Abschluß von Verträgen zu ermächtigen. V. 11. Dezbr. 60. nr. 1. 220. — St. zum Urtheile auf eine Klage wegen Theilung eines Nachlasses. ebend. nr. 2. 5. 8. 220. — St. zu Urtheilen, welche nach Vorschrift des Art. 816 der bürgerlichen Prozeß-Ordnung Realanerbieten für gültig oder ungültig erklären. ebend. nr. 3. 6. 220. — St. zu Urtheilen auf Klagen wegen Alimentenforderungen von Enkeln gegen Großeltern. ebend. nr. 7. 221. — St. bei Klagen auf Auflösung eines Uebertragsvertrages und Ausantwortung der übertragenen Gegenstände. ebend. nr. 9. 222. — St. bei Klagen auf Verurtheilung zur Zahlung einer bestimmten Summe und Gültigkeitserklärung eines dafür angelegten Arrestes. ebend. nr. 10. 222. — St. bei Inkompetenz-Erklärungen. V. 11. Dez. 60. nr. 10. 12. 222. — St., wenn ein Theil der Einsassen einer Gemeinde ihr ratirliches Eigenthum an einer Grundfläche geltend machen. ebend. nr. 13. 222. — Stempelpflichtigkeit der auf Grund des Art. 571 der bürgerlichen Prozeßordnung abgegebenen Erklärungen der Drittarrestaten. V. 18. März 61. 241. — St. in Prozessen auf Zahlung einer Forderung, die in zum Theil erst nach längerer Zeit fällig werdenden Theilzahlungen zurückgezahlt werden soll. V. 18. Januar 62. I. 344. — St., wenn der Prozeß nur zum Zwecke der Legitimation des Klägers geführt wird. ebend. II. 345. — St., wenn die Ehefrau nach erkannter Gütertrennung eine ihr an die Masse zustehende Forderung geltend macht. ebend. III. 345. — St. zum Urtheil über den Einspruch gegen die Exekution, welche in Folge eingetretener Subrogation von dem zahlenden Bürgen gegen seinen Mitbürgen versucht wird. ebend. IV. 345. — St., wenn im Kollokationsverfahren ein nur theilweise definitiver Status erlassen wird. ebend. VI. 346. — St. für die Eintragungen in das Handelsregister und die darauf bezüglichen Atteste. Verordn. 27. Januar 62. §. 14. I. nr. 3. V. VI. 354. — St. zum Urtheile, welches über mehrere in einer Theilungsverhandlung vor dem Notar erhobene Streitpunkte entscheidet. V. 22. März 62. nr. 1. 360. — St. in Prozessen über jährliche Leistungen für eine unbestimmte Zeit. ebend. nr. 2. 360. — St. zum Prozesse über den von dem Kläger bei Gelegenheit eines Theilungsverfahrens geltend gemachten Anspruch auf Erstattung von Früchten, die der gemeinschaftliche Erblasser von den eigenthümlichen Immobilien des Klägers bezogen hat. ebend. nr. 3. 360. — St. bei Klagen gegen einen Notar auf Ertheilung der Abschrift einer von ihm aufgenommenen Urkunde. V. 14. März 63. 397. — St., wenn die Verurtheilung des Verklagten nur in contumaciam erfolgt. V. 11. April 63. ad mon. 41. 399. — St. zu den auf Rathskammerbeschlüsse abzielenden Gesuchen. ebend. ad mon. 43. 399. — St. bei Klagen auf Zahlung von Alimenten für ein uneheliches Kind. ebend. ad mon. 15. 399. — St. bei Klagen auf Herausgabe von Urkunden. ebend. ad mon. 17. 399. — St. in Prozessen über Realservituten. V. 26. Oktbr. 63. 425. — St. zur Klage eines Gläubigers, der die Rechte seines Schuldners wahrnehmend auf Theilung eines Nachlasses anträgt, bei dem sein Schuldner betheiligt ist. V. 22. April 64. ad mon. 8. 445.

Stempeldefekte, Verhütung derselben. V. 27. Septbr. 59. 116.

Stempelfreiheit der Tauf-, Trau- und Todtenscheine, welche Beamte der Staatseisenbahnen bei Pensions- und Unterstützungskassen beizubringen haben. A. E. 14. Februar 59. u. A. V. 29. Septbr. 59. 70. — Stempelfreiheit der bei der Allgemeinen Wittwen-Verpflegungs-Anstalt einzureichenden Todtenscheine. A. V. 17. August 61. 262.

Stempelmarken, Verwendung derselben zu stempelpflichtigen Schriftstücken. A. V. 21. Oktbr. 62. 373. — Verwendung der Stempelmarken zu den Urkunden der Gerichtsvollzieher. V. 2. März 63. 395.

Stempelrevision, Kosten der Abschriften, welche von der Steuerbehörde bei Stempelrevisionen für nothwendig erachtet werden. V. 25. Januar 59. 57. — Stempelrevision bei dem Landgericht zu Aachen. V. 23. März 59. 73. V. 11. Dezbr. 60. 219. V. 11. April 63. 398. — desgl. bei dem Landgericht zu Cöln. V. 19. Juli 59. 111. — desgl. bei dem Landgericht zu Düsseldorf. V. 30. Septbr. 59. 117. — desgl. bei dem Landgericht zu Coblenz. V. 9. Septbr. 60. 201. V. 18. Januar 62. 344. V. 22. März 62. 360. V. 22. April 64. 444. — desgl. bei dem Landgericht zu Trier. V. 18. März 63. 397.

Stempelstrafen, Verfahren, wenn der Angeschuldigte den Einwand macht, daß er zur Zahlung des Stempels nicht verpflichtet sei. G. 24. Mai 61. §. 14. 249. — Die bei Stempelkontraventionen der Gerichtsvollzieher verhängten Ordnungsstrafen sind als Stempelstrafen zu verrechnen. V. 27. März 62. 361. — V. 19. Oktbr. 64. 453.

Steuerordnung v. 18. Februar 1819, Abänderung des §. 83 derselben und der Deklaration v. 6. Oktbr. 1821. G. 21. Septbr. 60. 207.

Strafbestimmungen gegen den Vorstand von Aktiengesellschaften, bei denen der Gegenstand des Unternehmens nicht in Handelsgeschäften besteht. G. 15. Februar 64. §§. 2. 7. 435.

Strafgefangene s. Gefangene.

Strafgesetzbuch, Abänderung einiger Bestimmungen desselben. G. 30. Mai 59. 93.

Strafsachen, Portofreiheit derselben. Reg. 3. Jan. 60. §. 3. 163.

Stundung, Behandlung der gestundeten Gerichtsschreibereigebühren. Instr. 22. August 59. Thl. III. Abschn. 2. 139.

Subhastation, Gebühren und Kosten für die Subhastation von Immobilien. G. 3. Mai 58. Art. 12 ff. 20. — Stempel zum Erkenntniß über die gegen eine Subhastation erhobenen Ansprüche Dritter. V. 23. März 59. 74. — Stempel, wenn der Drittopponent gegen ein Subhastationsverfahren beantragt, daß er zum Eigenthümer des subhastirten Grundstücks erklärt werde. V. 23. März 59. nr. 13. 75. — Gebühren der Friedensrichter und Friedensgerichtsschreiber für Subhastationen. G. Taxe 23. Mai 59. Art. 3. 9. 87.

Syndikate, Uebernahme von Syndikaten durch Referendarien und Auskultatoren. V. 24. Februar 63. 394.

Syndiken, Ernennung, Entlassung, Rechte und Pflichten derselben bei Fallimenten. G. 9. Mai 59. Art. 480. 497. 498. 527. 82.

T.

Tagebücher, Beglaubigung und Aufbewahrung der Tagebücher der Handelsmäkler. Instr. 12. Dezbr. 61. Thl. 3. 331.

Taufscheine, Stempelfreiheit der Taufscheine, welche Beamte der Staatseisenbahnen bei Pensions- und Unterstützungskassen beizubringen haben. A. E. 14. Februar 59. u. A. V. 29. Septbr. 59. 70.

Tausch, Gewährleistung wegen verborgener Mängel bei dem Tausche von Hausthieren. G. 3. Mai 59. 77.

Taxen, Unzulässigkeit polizeilicher Taxen für die Vertreter der Parteien bei den Friedensgerichten. V. 26. April 58. 15.

Telegraphen, Benutzung der Preußischen Eisenbahn-Telegraphen. A. B. 4. Septbr. 58. 32. — Vorschriften über die Abfassung telegraphischer Depeschen. A. B. 10. Dezbr. 63. 429.

Testamente, Gebühren der Friedensrichter und Friedensgerichtsschreiber für Aufnahme und Ueberreichung eines Testaments. G. Taxe 23. Mai 59. Art. 1 nr. 3. 8. 85. — Förmlichkeiten militairischer Testamente. G. 8. Juni 60. §§. 4—12. 189. Befugniß der Auditeure oder der Kriegsgerichte zur Aufnahme letztwilliger Verordnungen von Militairpersonen. ebend. §. 1. 188. — Behandlung und Aufbewahrung militairischer Testamente. ebend. §. 11. 191.

Theilnahme, Bestrafung der Theilnahme an einem Verbrechen oder Vergehen. G. 30. Mai 59. §. 35. 93.

Theilungsprozesse, Stempel zu Urtheilen über streitige Konferenden in Theilungsprozessen. B. 9. Septbr. 60. I. 3. 202. — Stempel zu Urtheilen in einem Theilungsprozesse, in dem die Legitimation des Gläubigers eines Miterben und die Pflicht zur Theilung nicht bestritten wird. B. 9. Septbr. 60. II. B. 15. 206.

Theilungsverfahren, Gebühren und Kosten für das gerichtliche und außergerichtliche Theilungsverfahren. G. 3. Mai 58. 15. — Gebühren der Friedensrichter und Friedensgerichtsschreiber für ihre Mitwirkung im Theilungsverfahren. G. Taxe 23. Mai 59. Art. 4. 9. 87. — Stempel zu dem Prozesse über den von dem Kläger bei Gelegenheit eines Theilungsverfahrens geltend gemachten Anspruch auf Erstattung von Früchten, die der gemeinschaftliche Erblasser von den eigenthümlichen Immobilien des Klägers bezogen hat. B. 22. März 62. nr. 3. 360. — Einziehung der Gebühren und Kosten, wenn bei dem Theilungsverfahren Bevormundete betheiligt sind. G. 5. Juni 63. Art. 20. 410.

Theilungsverhandlungen, Stempel zu Urtheilen, welche über mehrere in einer Theilungsverhandlung vor dem Notar erhobene Streitpunkte entscheiden. B. 22. März 62. nr. 1. 360.

Thiere, Gewährleistung für verborgene Mängel bei dem Verkaufe und Tausche von Hausthieren. G. 3. Mai 59. 77.

Todesurtheile, Mittheilung der den Kassationsrekurs verwerfenden Entscheidung an den Angeschuldigten bei Todesurtheilen. B. 18. Juni 64. 450.

Todtenscheine, Stempelfreiheit der Todtenscheine, welche Beamte der Staatseisenbahnen bei Pensions- und Unterstützungskassen beizubringen haben. A. E. 14. Februar 59. u. A. B. 29. Septbr. 59. 70. — Stempelfreiheit der bei der Allgemeinen Wittwen-Verpflegungsanstalt einzureichenden Todtenscheine. A. V. 17. August 61. 262.

Trauscheine, Stempelfreiheit der Trauscheine, welche Beamte der Staatseisenbahnen bei Pensions- und Unterstützungskassen beizubringen haben. A. E. 14. Febr. 59. u. A. V. 29. Septbr. 59. 70.

Triennium academicum, Verfahren bei Anbringung von Gesuchen um Dispensation vom triennium academicum. A. V. 2. Februar 58. 6.

Trier, Landarmenhaus, Vollstreckung geringer Gefängnißstrafen gegen Zöglinge des Landarmenhauses. V. 11. März 58. 10.

U.

Uebertragsvertrag, Stempel bei Klagen auf Auflösung eines Uebertragsvertrages und Ausantwortung der übertragenen Gegenstände. V. 11. Dezbr. 60. B. 9. 221.

Uebertretungen, Vereinbarungen mit den die Rheinprovinz begrenzenden Staaten wegen gegenseitiger Bestrafung gewisser Arten von Uebertretungen. V. 25. August 59. 114. — Unzulässigkeit eines Denunziantenantheils der Gendarmen bei Gewerbepolizei-Uebertretungen. A. V. 20. Dezbr. 59. 120.

Uniform, Befugniß der aus ihrem Dienstverhältniß entlassenen Civilbeamten zur Tragung der Uniform. V. 8. Septbr. 59. 115.

Universitäten, Besuch Oesterreichischer Universitäten. A. V. 19. März 61. 243.

Unteroffiziere, Zuziehung derselben als Protokollführer bei Aufnahme letztwilliger Verordnungen von Militairpersonen. G. 8. Juni 60. §. 2. 189.

Untersuchung, Behandlung von Strafgefangenen, welche während ihrer Strafzeit wegen Verbrechen oder Vergehen von Neuem zur Untersuchung gezogen werden. V. 8. Septbr. 58. 33. — Verjährung der Untersuchungen gegen flüchtige Verbrecher nach Art. 637 der Rheinischen Strafprozeßordnung. V. 4. Mai 60. 179. — Mittheilungen in Untersuchungen gegen militairpflichtige Personen. A. V. 8. Oktbr. 60. 208. — desgl. in Untersuchungen gegen Angestellte der Eisenbahnverwaltungen. A. V. 27. Novbr. 60. 214. — Gebühren der Apotheker bei ihrer Zuziehung in Untersuchungssachen. Cirk. Erl. 28. April 62. 364.

Untersuchungsgefangene s. Gefangene.

Für den Buchbinder.

Die Tabelle über das Schiffsregister ist nicht wie angegeben S. 238, sondern S. 338 einzuheften.

Unterstützungskassen, Stempelfreiheit der Tauf-, Trau- und Todtenscheine, welche Beamte der Staatseisenbahnen bei Pensions- und Unterstützungskassen beizubringen haben. A. E. 14. Februar 59. u. A. V. 29. Septbr. 59. 70.

Urkunden, Eingangsformel für die Ausfertigungen der Notariats- und sonstigen dazu geeigneten Urkunden in der Rheinprovinz für die Dauer der Regentschaft. V. 18. Oktbr. 58. 41. — Strafe für die Vernichtung und Beschädigung fremder Urkunden. G. 30. Mai 59. §. 243 nr. 8. 94. — Empfangsbescheinigung über die Aushändigung von Urkunden französischer Gerichtshöfe. V. 28. Januar 60. 171. — Verwendung von Stempelmarken zu den Urkunden der Gerichtsvollzieher. V. 2. März 63. 395. — Berechnung des Werthstempels bei Klagen auf Herausgabe von Urkunden. V. 11. April 63. ad mon. 17. 399.

Urlaub, Ertheilung des Urlaubs an Friedensgerichtsschreiber. A. V. 9. Nov. 58. 42. — Vertretung beurlaubter Friedensrichter. V. 29. Juli 61. 261. — Emolumente, welche während der Abwesenheit eines Friedensrichters aufkommen. V. 5. Juni 62. 368. — Grundsätze hinsichtlich der Fortzahlung des Gehalts bei der Beurlaubung von Civilbeamten. A. V. 4. August 63. 414.

Urtheile, Eingangsformel für die in exekutorischer Form zu ertheilenden Ausfertigungen der Urtheile in der Rheinprovinz für die Dauer der Regentschaft. V. 18. Oktbr. 58. 41. s. auch Erkenntnisse.

V.

Vakante Nachlassenschaften, Verwaltung derselben. Reg. 8. Juni 64. 447.

Vakation, Berechnung der Gebühren der Friedensrichter und Friedensgerichtsschreiber nach Vakationen. G. Taxe 23. Mai 59. Art. 1. 4. 9. 10 nr. 4. Art. 14. 15. 85.

Verbrechen, vorläufige Sistirung des Kontumazialverfahrens bei Verbrechen. V. 29. April 59. 77.

Vergehen, Vereinbarungen mit den die Rheinprovinz begrenzenden Staaten wegen gegenseitiger Bestrafung gewisser Arten von Vergehen. V. 25. August 59. 114.

Verhaftsbefehle, Form derselben bei Auslieferungsanträgen nach den Niederlanden. V. 2. April 63. 397.

Verjährung der Untersuchungen gegen flüchtige Verbrecher nach Art. 637 der Rheinischen Strafprozeßordnung. V. 4. Mai 60. 179. — Verjährung der Stempel. V. 8. Oktbr. 60. 209.

Verkauf, Gebühren und Kosten für den gerichtlichen Verkauf von Immobilien. G. 3. Mai 58. Art. 12 ff. 20. — Gewährleistung wegen verborgener Mängel bei dem Verkaufe von Hausthieren. G. 3. Mai 59. 77.

Versuch eines Verbrechens oder Vergehens, Strafbestimmungen. G. 30. Mai 59. §. 35. 93.

Vicinalwege, Uebereinkunft mit dem Großherzogthum Hessen wegen Verhütung der an Vicinalwegen vorkommenden Frevel und Polizei-Uebertretungen. Minist.-Erkl. 7. Dezbr. 61. 267.

Viehfutter, Strafe für Entwendung desselben zur Fütterung. G. 30. Mai 59. §. 349 nr. 7. 95.

Vollmacht, Verwendung von Stempelmarken zu Vollmachten. A. V. 21. Oktbr. 62. Anlage a. nr. 6. 374.

Vorfluth, Bestimmungen über die Verschaffung der Vorfluth. G. 14. Juni 59. 97.

Vormundschaften, Kosten in Vormundschaftssachen bei dem Theilungsverfahren und dem gerichtlichen Verkauf von Immobilien. G. 3. Mai 58. Art. 20. 24. — Gebühren der Friedensrichter und Friedensgerichtsschreiber in Vormundschaftssachen. G. Taxe 23. Mai 59. Art. 1 nr. 5. 6. Art. 2 nr. 1—3. Art. 9. 10 nr. 7. Art. 15. 17. 85. — Portofreiheit armer Vormundschaftssachen. Reg. 3. Januar 60. §. 7. 165. V. 3. April 60. 175. — Gebührenpflichtigkeit der Vormundschaftssachen. G. 5. Juni 63. 405.

Vorstand einer Aktiengesellschaft, Betheiligung der Justizbeamten als Mitglieder der Verwaltungsvorstände bei Aktien- und ähnlichen Gesellschaften. A. V. 15. April 60. 177. — Bekanntmachung, Rechte und Pflichten des Vorstandes einer Aktiengesellschaft, bei welcher der Gegenstand des Unternehmens nicht in Handelsgeschäften besteht. G. 15. Februar 64. §. 5. nr. 5. 7. — Prozeßverfahren gegen die Mitglieder des Vorstandes. ebend. §. 5 nr. 4. 437.

W.

Wartegeld, Behandlung der bei einer Mobilmachung der Armee als Offiziere oder Militairadministrations-Beamte eingezogenen auf Wartegeld stehenden Civilbeamten. St. M. Beschl. 25. Febr. 60. 172. — Zulässigkeit des Rechtsweges bei Ansprüchen von Staatsbeamten wegen ihrer Diensteinkünfte. G. 24. Mai 61. §§. 1—8. 247.

Wasseranlagen zur Verschaffung der Vorfluth. G. 14. Juni 59. 97. — Uebereinkunft mit dem Großherzogthum Hessen wegen Verhütung der an Wasserbauanlagen vorkommenden Frevel und Polizei-Uebertretungen. Minist.-Erkl. 7. Dezbr. 61. 267.

Wasserstand, Strafe für die Vernichtung oder Verrückung der zur Bezeichnung des Wasserstandes bestimmten Merkmale. G. 30. Mai 59. §. 243 nr. 7. 94.

Wechsel, inwiefern bei Eröffnung des Falliments die Rückforderung der Zahlung eines vom Falliten ausgestellten oder auf denselben gezogenen Wechsels zulässig ist. G. 9. Mai 59. Art. 445. 81. — Verwendung von Stempelmarken zu Wechseln. A. V. 21. Oktbr. 62. Anlage a. §. 2 nr. 1 u. §. 4. 374.

Wechselarrest, gegen welche Personen die Vollstreckung desselben unzulässig ist. G. 27. Mai 63. Art. 1 nr. 2. Art. 2 §. 1. 402. — Dauer des Personalarrestes in Wechselsachen. ebend. Art. 2 §§. 2—5. 403.

Wechselordnung, Ergänzungen und Erläuterungen derselben. G. 27. Mai 63. 401.

Wechselprotest, Mangels Annahme. G. 27. Mai 63. Art. 1 nr. 5. 402. — Wechselprotest bei eigenen nicht domizilirten Wechseln. ebend. Art. 1 nr. 8. 403.

Wege, Bestrafung desjenigen, welcher einen öffentlichen oder Privatweg durch Abgraben oder Abpflügen verringert; desgl. welcher von öffentlichen oder Privatwegen Erde, Steine oder Rasen wegnimmt. G. 30. Mai 59. §. 349 nr. 1 u. 2. 95.

Weidepflanzungen, Uebereinkunft mit dem Großherzogthum Hessen wegen Verhütung der an Weidepflanzungen vorkommenden Frevel. Minist.-Erkl. 7. Dezbr. 61. 267.

Winkelkonsulenten, Unzulässigkeit polizeilicher Taxen für die Vertreter der Parteien bei den Friedensgerichten. V. 26. April 58. 15.

Wittwenkassenbeiträge, Einziehung derselben. V. 20. Oktober 62. 372.

Wittwen-Verpflegungs-Anstalt, Erfordernisse der Aufnahme in die Königliche Allgemeine Wittwen-Verpflegungs-Anstalt. V. 29. Januar 59. und V. 7. Februar 59. 59. — Bescheinigungen, welche bei dem Ableben eines der Anstalt beigetretenen Justizbeamten oder dessen Ehefrau der General-Direktion einzusenden sind. A. V. 17. August 61. 262. — Empfehlung einer Schrift über die Verhältnisse der Anstalt. V. 5. März 62. u. A. V. 22. März 62. 359.

Wundärzte, Gebühren der Wundärzte für Geschäfte bei den Gerichten. A. V. 16. Juli 64. 450.

Z.

Zahlungen, inwiefern Zahlungen eines Falliten von den Gläubigern desselben als nichtig angefochten werden können. G. 9. Mai 59. Art. 444—447. 80. — Stempel in Prozessen auf Zahlung einer Forderung, die in zum Theil erst nach längerer Zeit fällig werdenden Theilzahlungen zurückgezahlt werden soll. V. 18. Januar 62. I. 344. — Das Verbot der Zahlungsleistung mittelst ausländischer Banknoten und ähnlicher Werthzeichen wird für die Hohenzollernschen Lande außer Anwendung gesetzt. Verordn. 18. Mai 64. 446.

Zahlungsbefehl, Stempel bei einer Opposition wider einen auf Notariatsakt gegründeten Zahlungsbefehl. V. 23. März 59. nr. 5. 74.

Zahlungseinstellung, Festsetzung des Tages der Zahlungseinstellung und deren Wirkung. G. 9. Mai 59. Art. 441 bis 447. 79.

Zahlungszeit bei Wechseln. G. 27. Mai 63. Art. 1 nr. 3 u. 7. 402.

Zeitungen, anderweite Einrichtung des Zeitungs-Kautionswesens. G. 21. Mai 60. 184. Verordn. 21. Mai 60. 186 — inwiefern die Beförderung der Zeitungen dem Postzwange unterworfen ist. G. 21. Mai 60. §. 3. 183.

Zeugen, Gebühren der Friedensrichter und Friedensgerichtsschreiber für die Vernehmung von Zeugen. G. Taxe 23. Mai 59. Art. 1 nr. 1. Art. 6 nr. 3. Art. 9. 85. — Zeugen bei Aufnahme militairischer Testamente. G. 8. Juni 60. §. 7. 190. — Verfahren bei Requisitionen behufs eidlicher Vernehmung von Personen im Königreich Italien. A. V. 15. Oktbr. 63. 423.

Zeugeneid, Verminderung der Zeugeneide der Beamten. V. 20. Januar 59. 56.

Zinsen für die bei der Depositenkasse in Cöln eingehenden Gelder. G. 24. Juni 61. §§. 3. 4. 6. 7. 252. Verordn. 28. Oktbr. 61. 265. — Zinsversprechen in einem Wechsel gilt als nicht geschrieben. G. 27. Mai 63. Art. 1 nr. 4. 402.

Zoll, Ermäßigung der Rheinzölle. G. 26. Februar 61. 233.

Gerichts-Behörde.	Bezeichnung der Gebäude und Grundstücke.	Eigenthümer.	Art der Erwe… Eigenthums… bedingungs… Benutzu…
1.	2.	3.	4.
	Bauplatz, ... Ruthen vor dem N. Thore an der Straße nach N. belegen.	Justiz-Verwaltung.	Der Platz, ... Flächenraum ent… von der ..... laut Verhandlung… unentgeltlich abg… zum Bau eines … fängnisses bestim…
Gerichts-Kommission zu N.	Geschäftslokalien in dem am ..... belegenen sogenannten alten Schlosse, in Gemeinschaft mit anderen Lokalien. (Kol. 4.)	Domainen-Verwaltung.	Das Grundstück … Reskripts des ... und der Verhan… ..... der Justiz- und der Steuer-… zur Benutzung … wiesen. Der Dom… waltung sind 2 … Erdgeschoß als G… für das Rentamt … von der Steuer-… werden 4 Zimme… geschoß für die G… zeptur benutzt.

3	Unterhaltungskosten.	Pertinenzien und Nebengebäude und Art der Benutzung.
	5.	6.
		5) Eine Wiese an den Ackerbürger H. . . . . für . . . . . Thaler jährlich verpachtet. Vertrag vom . . . ., genehmigt durch Reskript vom . . . .
hen ist ng . . nd He-		
des . . om ng ng er- er- im kal en, ng rd- Re-	Nach dem nebengedachten Reskript trägt jede der genannten drei Verwaltungen die Kosten der Reparaturen, welche im Innern der von ihr benutzten Räume an Wänden, Decken, Thüren nebst Schlössern, Fenstern, Oefen, Fußböden nöthig werden. Ferner tragen von den allgemeinen Kosten zur Unterhaltung 1) des Gebäudes: a) die Domainen-Verwaltung 10 pCt., b) die Justiz-Verwaltung 59 pCt., c) die Steuer-Verwaltung 31 pCt.; 2) des Brunnens: a) die Domainen-Verwaltung 15 pCt., b) die Justiz-Verwaltung 50 pCt., c) die Steuer-Verwaltung 35 pCt.; 3) des Kornmagazingebäudes: a) die Domainen-Verwaltung 60 pCt.,	1) ein Hofraum, . . . Fuß breit, ... Fuß lang, 2) ein Brunnen auf demselben, werden von den betheiligten 3 Verwaltungen gemeinschaftlich benutzt. 3) Das sogenannte Kornmagazingebäude, ... Fuß breit, ... Fuß lang, in welchem die Justiz-Verwaltung und die Steuer-Verwaltung jede einen Holzstall benutzt, die übrigen Räume aber der Domainen-Verwaltung verblieben sind.

In dem Gebäude befinden sich		
Geschäftsräume.	Gefängnißräume.	Woh… mit … durch …
7.	8.	
	1 Arbeitssaal, welcher zugleich als Betsaal benutzt wird. Im Dachgeschoß: 2 Krankenstuben, 1 für 1 Person, 1 für 4 Personen, 1 Raum für die Gefängniß-Verwaltung.	
Die Justiz-Verwaltung benutzt: Im ersten Stock: 2 Terminszimmer, 2 Büreauzimmer, 1 Zimmer für reponirte Akten, 1 Kassengewölbe, 1 Boten- und Parteienzimmer. Im Dachboden: 1 Raum zur Aufbewahrung von Pfandstücken.		

…c. Räume … wie und … nutzt werden.	Bemerkungen.
	10.
	Laut des Vertrages vom ...., bestätigt durch die Verfügung des Appellationsgerichts vom ....., an den Gärtner W. für ..... Thaler jährlich einstweilen verpachtet. Der Entwurf zu dem Neubau ist bereits festgestellt; danach wird der vollständige Bauplan ausgearbeitet.
	Das Hauptgebäude ist im Jahre ...... erbaut, massiv, mit Ziegeldach. Das Kornmagazingebäude ist im Jahre ..... errichtet, von gemauertem Fachwerk und mit Ziegeldach. Die jährlichen Beiträge zu dem Domainen-Feuerschädenfonds, welche a) von dem Hauptgebäude, b) von dem Kornmagazingebäude zu entrichten sind, sind unbestimmt und haben in den letzten zehn Jahren jährlich zwischen ...... Thaler und ..... Thaler .... Sgr. betragen. Die Zahlung dieser Beiträge ist durch das Reskript des .... vom .... genehmigt, und fallen davon zur Last der Domainen-Verwaltung $^4/_5$, der Justiz-Verwaltung $^3/_{20}$, der Steuer-Verwaltung $^1/_{20}$.

Gerichts-Behörde.	Bezeichnung der Gebäude und Grundstücke.	Eigenthümer.	Art der Erwe[rbung des] Eigenthums [...] bedingungs [...] Benutzu[ng]
1.	2.	3.	4.
	Gefängniß in dem am .... neben dem vorbezeichneten alten Schlosse belegenen Gebäude.	Kaufmann W...... zu N.	Durch den Vertra[g] ..., bestätigt mitte[ls] vom .... (II. c. [...] ..... Thaler j[ährlich] ...... ab auf 3[0] miethet. Den V[...] der Eigenthümer von 30 Jahren gen, die Justiz[-...] kann schon nach 15 Jahren zurück[...]
Gerichts-Kommission zu N.......	Geschäfts- und Gefängnißlokalien in dem am Marktplatze belegenen städtischen Rathhause.	Stadtgemeinde zu N.....	In Folge des [...] 1. August 1855 laut Reskripts v[om] (II. c. ...) geneh[migten Re-] zeß vom ..... i[...] Verwaltung ber[eits die] früheren Geschäft[s- und Ge-] fängnißlokalien d[er Gerichts-] kommission in den[...] unentgeltlich, sow[ie ...] des Rathhauses [...] beamten-Dienstw[ohnung ...] gen eine jährliche [Entschädi-] gung von .... bis dahin zu be[...] für das Bedürfniß [...] gesorgt sein wird. [...] der Stadtgemein[de ...] fugniß eingeräum[t ...] die Gefängnißzell[en ...] terbringung der [...] Gefangenen gege[n ...] der Heizungs-, [...] und Verpflegungs[...] benutzen zu dürfe[n].

8	Unterhaltungskosten.	Pertinenzien und Nebengebäude und Art der Benutzung.
	5.	6.
	b) die Justiz-Verwaltung 20 pCt., c) die Steuer-Verwaltung 20 pCt. Die Domainen-Verwaltung hat außerdem zu allen Baulichkeiten und Reparaturen das erforderliche Holz unentgeltlich herzugeben.	
... pts gen om ge- arf auf adi- ung von	Die Unterhaltung des ganzen Gebäudes, sowie der Nebenanlagen, sowohl im Aeußern als im Innern, hat der Vermiether auf seine Kosten zu bewirken. Nur Beschädigungen, die aus Vorsatz angerichtet werden, müssen von der Mietherin auf ihre Kosten hergestellt werden.	1) Ein Hof, ... Fuß breit, ... Fuß lang, mit einer .... Fuß hohen Mauer umgeben. 2) Ein Brunnen. 3) Ein Stallgebäude, ... Fuß breit, ... Fuß lang, welches enthält .....
om den ... Re- stiz- die Ge- hts- ause bau ter- ge- ädi- lern daß weit ist Be- den, Un- chen ung ung gs- nit-	Nach dem nebenerwähnten Rezesse ist von der Justiz-Verwaltung ein Drittel zu den Kosten der zur Unterhaltung des Gebäudes und der Nebenanlagen erforderlichen Reparaturen beizutragen. Die Stadt hat die Reparaturen auszuführen, vor der Ausführung aber dem Gericht davon Anzeige zu machen. Die von der Justiz-Verwaltung benutzten Räume werden von derselben im Innern nach den gesetzlichen Vorschriften über den Nießbrauch unterhalten.	1) Ein Hofraum, von dem ein Theil, ... Fuß breit, ... Fuß lang, als Gefangenhof durch einen ..... Fuß hohen Bohlenzaun abgezweigt ist. 2) Ein Brunnen auf dem Hofe wird für die Gefängnisse mitbenutzt. 3) Ein Anbau des Rathhauses enthält die Unterbeamten-Dienstwohnung.

In dem Gebäude befinden sich		
Geschäftsräume.	Gefängnißräume.	Wohn mit durch w
7.	8.	
	In einem Flügel des Hauptgebäudes 2 Zellen à 1 Person, 2 = à 3 Personen, 1 Zelle à 5	Eine aus: 1 Stub 1 Kamn 1 Küche 1 Boden 1 Keller hat der wärter
Im ersten Stock: 1 Richterzimmer, 2 Büreauzimmer. Im Dachgeschoß: 1 Giebelstube für reponirte Akten, 1 Verschlag zur Aufbewahrung von Pfandstücken, 1 Raum für Brennmaterial.	Im Erdgeschoß: 1 Zelle für 1 Person, 2 Zellen à 3 Personen, 1 Zelle à 5	In Eine 1 Stub 1 Kamn 1 Küche 1 Keller hat der wärter

. Räume wie und utzt werden.	Bemerkungen.
	10.
ig, bestehend Erdgeschoß es Haupt- gebäudes, d Gefangen- ntgeltlich.	Das Gebäude ist massiv und mit einem Zinkdach versehen, das Stallgebäude aus gemauertem Fachwerk mit einem Ziegeldach erbaut. Beide Gebäude sind im Jahre ..... neu aufgeführt. Die Einrichtung zu Gefängnißlokalien ist von dem Vermiether im Jahre ..... ausgeführt worden. Die von dem Grundstück zu entrichtenden Abgaben und Lasten, gleich dem Schornsteinfegerlohn und den Feuerkassenbeiträgen, trägt der Vermiether allein. Inventarienstücke, welche dem Staate gehören, sind in der Wohnung des Boten R. .... nicht vorhanden.
Anbau: ig, nämlich d Gefangen- ntgeltlich.	Das Rathhaus nebst Anbau ist im Jahre ..... neu erbaut, massiv und mit Ziegeln gedeckt. Die von dem Gebäude zu entrichtenden Steuern trägt die Stadtgemeinde. Inventarienstücke, welche dem Staate gehören, sind in der Wohnung des N. nicht vorhanden.

Kol. 1.	Kol. 2.	Kol. 3.	Kol. 4.
Namen des Schiffs.	Namen des Heimaths-Hafens.	Gattung und Bauart des Schiffs.	Größe und Tragfähigkeit.
Hermes.	Stettin.	Das Schiff ist von Eichenholz mit buchenem Kiel, in Klinkerart mit rundem Gatt gebaut, hat ein Deck, zwei Masten, ist als Brigg getakelt, führt keine Dampfmaschine, hat ein glattes Deck, und ist mit einer Kupferhaut versehen.	Das Schiff ist lang: 114 Fuß zwischen den Steven von Außenkante zu Außenkante der Sponung; tief: 14 Fuß (durchschnittlich) vom Verdeck bis zur unteren Kante des Kiels; breit: 20 Fuß in der äußeren Breite in der Höhe der Barkhölzer; 18 Fuß in der Höhe der Barkhölzer, auf $\frac{1}{12}$ der Länge von deren hinterem Endpunkte; 17 Fuß in der Höhe der Barkhölzer, auf $\frac{1}{12}$ der Länge von deren vorderem Endpunkte: und vermessen zu 163 Normallasten Tragfähigkeit, laut Meßbriefs des Königlichen Haupt-Steueramts zu Stettin vom 5. November 1860.

Anmerkung

zum Formular.

Die Festpunkte der Messungen sind vorstehend nach der gegenwärtig in Kraft stehenden Preußischen Vermessungs-Instruktion gewählt. Es versteht sich von selbst, daß sie bei abweichenden Meßmethoden anderweit zu bestimmen sind

Anlag

Schiffsr

Nr.

	Kol. 6.					Kol. 7.
	Eigenthumsverhältnisse.					Zeit der Eintragung in das Schiffs-Register.
g.	a. Fortlaufende Nr.	b. Namen der Eigenthümer.	c. Wohnort	d. Antheile.	e. Erwerbs-Grund.	
ff hre ter es n= ke	1.	Der Kaufmann Friedrich Scholz, Preußischer Unterthan.	Stettin.	$\frac{3}{4}$	hat das Schiff für seine Rechnung erbauen lassen.	Das Schiff ist in das Schiffsregister eingetragen zufolge Verfügung vom 4. November 1862 am 5. November 1862.
	2.	Der Schiffskapitain Wilhelm Müller, Preußischer Unterthan.	Jasenitz.	$\frac{1}{8}$	hat die Part von dem Kaufmann Friedrich Scholz zu Stettin laut notarieller Urkunde vom 1. Oktober 1862 gekauft.	
	3.	Die im Jahre 1856 in Stettin errichtete und landesherrlich bestätigte Aktiengesellschaft Germania.	Sitz der Gesellschaft: Stettin.	$\frac{1}{8}$	hat die Part von dem Kaufmann Friedrich Scholz zu Stettin laut notarieller Urkunde vom 2. Oktober 1862 gekauft.	

e E.

egister.

23.

Kol. 8.					Kol. 9.
Eigenthumsveränderungen					Veränderungen in den eingetra genen Thatsachen mit Ausschluß de Eigenthumsver-änderungen.
a. Fortlaufende Nr.	b. Namen des Eigenthümers.	c. Wohnort	d. Antheile.	e. Erwerbs-Grund.	
1.	Der Kaufmann Georg Scholz, Preußischer Unterthan.	Stettin.	$\frac{3}{4}$	hat die $\frac{3}{4}$ Part des in Kol. 6 Nr. 1 eingetragenen Friedrich Scholz, dessen Erbe er laut Erblegitimations-Attestes vom 10. November 1863 geworden ist, ererbt. Eingetragen zufolge Verfügung vom 1. Dezember 1863 am 2. Dezember 1863.	1) Dem Schi ist der Name „Hoffnung" beigelegt Eingetragen zu folge Verfügun vom 3. Janua 1864 am 4. Ja nuar 1864.
2.	Der Kaufmann Ernst Becker, Preußischer Unterthan.	Stettin.	$\frac{1}{16}$	hat die Part von dem in Kol. 8 Nr. 1 eingetragenen Georg Scholz laut gerichtlicher Urkunde vom 2. April 1864 gekauft. Eingetragen zufolge Verfügung vom 4. Juni 1864 am 5. Juni 1864.	

Kol. 10.			Kol. 11.
Verpfändungen.			Löschungen.
	Cessionen und andere Veränderungen.	Löschungen.	
Der Schiffskapitain ...n Müller hat die ...l. 6 Nr. 2 eingetra= ...Part des Schiffs dem ...ann Friedrich Scholz ...ttin für ein Darlehn ...0 Thalern nebst 5 pCt. ... seit dem 1. Oktober ...und Kosten laut nota= ... Urkunde vom 2. Ok= ...862 verpfändet, und ...e Verpfändung einge= ... zufolge Verfügung ... November 1862 am ... November 1862.		1) Die unter Nr 1. einge= tragene Post von 300 Tha= lern nebst Zin= sen und Kosten ist gelöscht zu= folge Verfü= gung vom 15. April 1863 am 16. April 1863.	Das Schiff ist abgewrackt und demzu= folge im Schiffsregister gelöscht zu= folge Verfü= gung vom 4. August 1864 am 5. August 1864.

Wir . . . .
gesetzlicher Anordnung geführt wird, unter:

auf Grund glaubhafter Nachweisungen eingetragen ist, wie folgt:

Col. 1.	Col. 2.	Col. 3.	Col. 4.	
Namen des Schiffs.	Namen des Heimaths-Hafens.	Gattung und Bauart des Schiffs.	Grösse und Tragfähigkeit.	Ze
		Das Schiff ist von . . . . in . . . . Art, mit . . . . Gatt gebaut, hat . . . . Deck, und . . . . Masten, ist als . . . . getakelt, führt . . . . Dampf- maschine . . . . hat	Das Schiff ist und vermessen zu . . . . Tragfähigkeit laut	Das erb. . . in

Indem wir über die Eintragung des Schiffs in das von uns
Preussischen Schiffs zustehen.

Anlage F.

Register-Cer

Königreich | Preußisches Wappen.

Schiffs-

bezeugen hierdurch, dass in das Schiffsregister, welches von uns ül

Nr. . . . . das Schiff . . . .

	Col. 6.					Col. 7.
rt	Eigenthumsverhältnisse.					Zeit der Eintragung des Schiffs in das Schiffs-Register.
.	*a.* Fortlaufende Nr.	*b.* Namen der Eigenthümer.	*c.* Wohnort	*d.* Antheile.	*e.* Erwerbsgrund.	
ist hre						Das Schiff ist in das Schiffsregister eingetragen zufolge Verfügung vom . . . . am . . . .

Schiffsregister dieses Certifikat ertheilen, bezeugen wir zugleich, dass

. . . . den . . ten . .

Königlich Preussisches . .

tifikat.

Preussen.

Certifikat.

ber diejenigen, zur Führung der Preussischen Flagge befugten

....

Col. 8.					C
Eigenthumsveränderungen.					Veränder eingetragen mit Aus Eigenthums
a. Fortlaufende Nr.	*b.* Namen der Eigenthümer.	*c.* Wohnort der Eigenthümer.	*d.* Antheile.	*e.* Erwerbsgrund.	

dem Schiffe .... das Recht, die Preussische

.... 18..

....

deren Heimathshäfen in unserem Sprengel belegen sind, kraft

	Col. 10.		
den ...chen, der ...ungen.	Verpfändungen.		
		Cessionen und andere Veränderungen.	Löschungen.

zu führen, und alle Eigenschaften, Rechte und Privilegien eines

In dem Gebäude befinden sich		
Geschäftsräume.	Gefängnißräume.	Wohn... mit ... durch we...
7.	8.	
2 Zimmer im Erdgeschoß, von denen das eine vertragsmäßig Seitens der Gerichtstags-Kommissarien zum Aufenthalt während der Nacht benutzt wird.		

den ....

.... Gericht.

…c. Räume …wie und …utzt werden.	Bemerkungen.
	10.

Gerichts-Behörde.	Bezeichnung der Gebäude und Grundstücke.	Eigenthümer.	Art der Erwe[...] Eigenthums [...] bedingungs[...] Benutzu[...]
1.	2.	3.	4.
Gerichts-Deputation zu N.	Geschäftsgebäude am Marktplatz belegen, ... Fuß lang, ... Fuß tief.	Justiz-verwaltung.	Das Grundstück [...] her dem Kaufma[...] ist Seitens der J[...] tung durch den V[...] ....., genehmig[...] skript vom .... ([...] für den Preis v[...] erworben; die [...] des Gebäudes zu[...] lokalien hat in [...] 18 .. stattgefunde[...]
	Gefängniß, das unmittelbar hinter dem zum Geschäftshause gehörenden Hofe belegene, auch von der N. Straße aus zugängliche vormalige Amtshaus; ... Fuß lang, ... Fuß tief.	Justiz-Verwaltung, ursprünglich der Domainen-Verwaltung gehörig.	Das Grundstück i[...] Ressort der Dom[...] waltung laut de[...] Reskripts vom ..[...] auf den Betrag [...] Thalern ausgestell[...] ses vom ..... [...] nommen. Die [...] zu Gefängnissen is[...] 18 .. erfolgt.

…es	Unterhaltungskosten.	Pertinenzien und Nebengebäude und Art der Benutzung.
	5.	6.
		3) Ein Brunnen. 4) Ein Garten, ... Fuß breit, ... Fuß lang, welchen der Gefängniß-Ober-Aufseher Z. mitbenutzt
…frü- …und …val- …vom …Re- …..) … … …ung …fts- …ahre	Die Unterhaltungskosten trägt die Justizverwaltung.	1) Ein Hof, ..,.. Fuß breit, ... Fuß lang. 2) Ein Brunnen. 3) Ein Stallgebäude, ... Fuß breit, ... Fuß lang, welches Raum für Brennmaterialien, sowie die Abtritte enthält. 4) Ein Wiesengrundstück mit ... □ Ruthen Flächenraum vor dem R.-Thore, dem Geschäftshause bei der Separation für die gemeinschaftlichen Weide- und Holzgerechtsame als Abfindung überwiesen, bisher verpachtet gegen .... Thlr. ... Sgr. jährlich an den N. ...... und nach der Taxe vom ... auf ... Thlr. ... Sgr abgeschätzt. Von diesem Abfindungsplan kann Seitens einer fiskalischen Behörde kein Gebrauch gemacht werden, es ist daher in Folge des Reskripts vom .... (II. c. ...) der öffentliche Verkauf an den Meistbietenden eingeleitet.
…dem …Ver- …olge …..) … … …ver- …ber- …ung …ahre	Die sämmtlichen Unterhaltungskosten sind von der Justiz-Verwaltung zu tragen.	1) Ein Hofraum, ... Fuß breit, ... Fuß lang, mit Bohlenzaun, ... Fuß hoch. 2) Ein Brunnen. 3) Ein Stallgebäude, ... Fuß breit, ... Fuß lang, welches enthält: 4) Ein Garten mit .... □ Ruthen Flächenraum, welchen der Gefangenwärter N. ..... unentgeltlich mitbenutzt.

In dem Gebäude befinden sich		
Geschäftsräume.	Gefängnißräume.	Woh… mit durch w…
7.	8.	
Im Kellergeschoß: 1 Pfandkammer, 1 Auktionsgelaß. Im Erdgeschoß: 1 Parteienzimmer, 3 Büreauzimmer, 1 Zimmer für die Sportelkasse, 1 Zimmer für das Depositorium, 1 Kassengewölbe, 1 Schlafraum. Im ersten Stock: 1 Büreauzimmer, 2 Richterzimmer, 1 Berathungszimmer, 1 Sitzungssaal. Im Dachboden: 2 Räume für reponirte Akten.	Im Dachgeschoß: 1 Arbeitssaal, 3 Räume für die Gefängniß-Verwaltung. Im ersten Stock: 2 Schuldgefangenstuben, 1 für 4 Personen. 1 für 1 Person.	1 Kam… im zwe… Wärter geltlich. 1) Ei… hend au… mern, … kammer Keller- u… Kreisger… N. . . . . 5 pCt. … wiesen, ... (2) Ei… hend an… mer, 1 … 1 Keller-… hat der verrichte… gen 5 pC… 3) Dr… an den gegen . . vermieth… vom . . . das Rest… (II. c. . .
	Im Kellergeschoß: 2 Vorrathsräume, 1 Kochküche, 1 Waschküche. Im Erdgeschoß: 3 Zellen à 1 Person, 2 „ à 3 Personen, 1 Zelle à 4 „ Im ersten Stock: 1 Zelle à 3 Personen, 1 „ à 4 „ 1 „ à 6 „	Eine 2… aus: 1 Stube 1 Kamm… 1 Keller… 1 Boden… hat der unentgelt…

…c. Räume …wie und …nutzt werden.	Bemerkungen.
	10.
…ock, hat der . . . . . unent-	
…nung, beste- …ben, 2 Kam- …, 1 Speise- …Stock, nebst …enraum, dem …, Direktor …ruflich gegen …ehalts über- …eskripts vom . .) …nung, beste- …ube, 1 Kam- …Erdgeschoß, …Bodenraum, …tellangeschäfte …te N. . . . ge- …s Gehalts. …erräume sind …ann A. . . . . …haler jährlich …rch Vertrag …ehmigt durch …m	Die Gebäude sind in den Jahren 1846/47 neu erbaut, massiv und mit Ziegeln gedeckt. Von dem Grundstück sind jährlich . . . . . Thaler . . . . Sgr. Grundzins und . . . . . Thaler Militair-Ausmiethungs-Beiträge zu zahlen. Dem Staate gehörende Utensilien befinden sich: 1) in dem Kolonne 7 gedachten, neben dem Kassengewölbe belegenen Schlafraum — eine hölzerne Bettstelle, 2) in der Dienstwohnung des Boten N. . . . . ein eiserner Ofenschirm und ein hölzerner Wandschrank mit Thüren, verzeichnet im Inventarium der Gerichts-Deputation von den Utensilien ad 1 sub Pag. . . . . . No. ad 2 sub Pag. . . . . . No. Die Gebäude sind auf Höhe von . . . . . Thalern bei der . . . . . . Gesellschaft gegen Feuerschaden versichert, in Folge des Reskripts vom . . . . (II. c. . . .).
…ng, bestehend …Erdgeschoß, …enwärter N.	Das Gebäude ist im Jahre 18 . . erbaut, massiv mit Ziegeldach. In der Wohnung des Gefangenwärters N. befindet sich ein Schlüsselbrett, welches Staatseigenthum und im Inventarium der Gerichts-Deputation vom Gefängnisse Pag. . . . No. . . . verzeichnet ist. Der Beitrag zum Domainen-Feuerschädenfond beträgt jährlich . . . Thlr. . . Sgr. . . Pf., und ist die Zahlung desselben durch das Reskript vom . . . . (II. c. . . . . . .) genehmigt.

Gerichts-Behörde.	Bezeichnung der Gebäude und Grundstücke.	Eigen-thümer.	Art der Erwe Eigenthums bedingunge Benutzu
1.	2.	3.	4.
Kreisgericht zu N.	Geschäftsge-bäude am . . . . Platz belegen, ... Fuß lang . . . . . . Fuß tief.	Justiz-verwaltung.	Der Bauplatz m □ Ruthen Fläc Seitens der Justi durch den Vertra bestätigt durch D . . . . (II. für den Preis v Thalern angekauf bäude ist auf di in den Jahren 18 erbaut.
	Gefängniß-gebäude in der . . . . . Straße belegen, ... Fuß lang, . . . Fuß tief.	Justiz-verwaltung.	In Folge des G 1. August 1855 laut Reskripts vo (II. c. . . . . .) un genehmigten Bes . . . . . sind die Ge Zubehör in das des Staats ohne gung übergegange

Gebäude

des Königlichen ....

mit Einschluß der zu

…es …r	Unterhaltungskosten.	Pertinenzien und Neben- gebäude und Art der Benutzung.
	5.	6.
. . . ist ung . . ., vom . . .) . . . Ge- latze neu	Die gesammten Unterhaltungskosten des Gebäudes und der Nebenanlagen sind von der Justizverwaltung zu tragen.	Auf dem . . . . Fuß langen . . . . Fuß breiten Hofraum stehen a) ein Brunnen, b) ein Nebengebäude, welches enthält . . . . . .
vom den . . . . . . vom nebst hum ädi-	Die sämmtlichen Unterhaltungskosten der Gebäude und der Nebenanlagen sind von der Justizverwaltung zu tragen.	1) Zwei Höfe, nämlich ein Hof für männliche Gefangene, ... Fuß breit . . . . . . Fuß lang, ein Hof für die Oekonomie und die Frauen, ... Fuß breit , ... Fuß lang. Beide Höfe sind mit Mauern umgeben, von welchen die äußere Umwährung , ... Fuß hoch und die inneren Scheidemauern . . . . Fuß hoch. 2) Ein Schuppen, ... Fuß breit, ... Fuß lang, mit 2 Abtheilungen, von denen die eine zur Aufbewahrung der Brennmaterialien, die zweite als Arbeitsraum für die Gefangenen bei ungünstigem Wetter benutzt wird.

Formular.

:=Inventarium

..... Gerichts zu N. ....

demselben gehörenden Zweiggerichte.

In dem Gebäude befinden sich		
Geschäftsräume.	Gefängnißräume.	Wohn... mit ... durch we...
7.	8.	
Im Kellergeschoß: 1 Raum für die Pfandkammer, 1 Raum zum Auktionslokal, 1 Raum für Brennmaterialien. Im Erdgeschoß: (Hier folgt die Beschreibung der einzelnen Räume, ähnlich wie vorstehend.) Im ersten Stock: (Wie vorstehend angedeutet.) Im zweiten Stock: (Wie vorstehend angegeben.) Im Dachgeschoß: 4 Verschläge für reponirte Akten, 1 Verschlag für kleine Pfandstücke.		Eine W... unter de... legen, be... 1 Stube,... 1 Kamm... 1 Küche,... 1 Vorrat... 1 Boden... ist dem ... N. gegen... Gehalts...
Im Erdgeschoß: 1 Verhörzimmer, 1 Zimmer für die Gefängniß-Expedition, welches zugleich dient zur 2c.	Im Kellergeschoß: 1 Kochküche, 1 Waschküche mit Kleiderreinigungs-Apparat, 1 Badezelle, 1 Rollkammer, 2 Räume zu Vorräthen. Im Erdgeschoß: 10 Zellen à 1 Person, 4 Zellen à 3 Personen, 1 Zelle zur Vollstreckung von Disziplinarstrafen, 2 Schuldgefangenstuben, für resp. ..... und ..... Personen. Im ersten Stock: 5 Zellen à 4 Personen, 2 Zellen à 6 Personen, 2 Krankenzellen, jede zu 4 Personen, 1 Betsaal.	1. Ein... hend aus... 2 Stuben... 1 Kamme... 1 Küche... 1 Kellerra... 1 Bodenr... hat der G... scher Z. ... 2. Eine... hend aus:... 1 Stube ... 1 Kamme... im ersten G... ter L. be... wird die ... benutzt. 3. Eine... hend aus:... 1 Stube ... versehen...

…c. Räume …wie und …utzt werden.	Bemerkungen.
	10.
… im Keller, …lokalien be- …aus … nebst …erichtsdiener …ozent seines …sen.	Die Gebäude sind massiv und mit Schiefer gedeckt. In der Dienstwohnung des ersten Gerichtsdieners N. befinden sich keine dem Staate gehörende bewegliche Inventarienstücke. Abgaben sind von dem Grundstücke nicht zu entrichten, das letztere ist vielmehr nach der Erklärung des Magistrats und der Stadtverordneten zu N. . . . vom . . . . von allen städtischen Lasten und Abgaben, mit Einschluß der Einquartierungslast, befreit.
…nnung, beste- … Erdgeschoß, …iß-Oberauf- …eltlich. …nnung, beste- …die der Wär- Von ihm …genküche mit …nnung, beste- …em Kochofen	Das Gefängnißgebäude ist im Jahre . . . . . neu erbaut, massiv und mit Ziegeln gedeckt. Der Schuppen auf dem Hofe ist im Jahre . . . . . neu gebaut, besteht aus gemauertem Fachwerk und ist mit Steinpappe gedeckt. Inventarienstücke, welche dem Staate gehören, sind in der Wohnung des Gefängniß-Ober-Aufsehers Z. nicht vorhanden. Steuern, sowie städtische Lasten und Abgaben sind von dem Grundstück nicht zu entrichten.

FSC
www.fsc.org
MIX
Papier | Fördert
gute Waldnutzung
FSC® C083411

Kolibri 360 GmbH
Ferdinand-Jühlke-Straße 7
99095 Erfurt, Deutschland
produktsicherheit@kolibri360.de

Am Schlusse dieses Bandes befindet sich ein

Nachweis wichtiger Gesetzesausgaben,

in dem die meisten Bände der jetzt über **240 Nummern** umfassenden

Guttentagschen Sammlung Deutscher Reichs- und Preußischer Gesetze

sowie größere und kleinere Kommentare, Lehrbücher, Sammelwerke, Entscheidungssammlungen und Zeitschriften verzeichnet sind.

Guttentagsche Sammlung
Nr. 7a. Deutscher Reichsgesetze. Nr. 7a.
Textausgaben mit Anmerkungen und Sachr.

Die deutsche Post- und Telegraphengesetzgebung

Von

Dr. P. D. Fischer
Wirklicher Geheimer Rat

Siebente Auflage, neu bearbeitet von

Dr. jur. Erich Staedler
Oberpostrat.

Teil II:

Telegraphen- und Fernsprechrecht

(mit Ausschluß des internationalen Rechts)

Berlin und Leipzig 1930

Walter de Gruyter & Co.

vormals G. J. Göschen'sche Verlagshandlung – J. Guttentag, Verlagsbuchhandlung – Georg Reimer – Karl J. Trübner – Veit & Comp.

Druck von Walter de Gruyter & Co., Berlin W 10

Vorwort.

Dem I. Teil dieser Ausgabe, erschienen im Mai 1929, in dem das geltende Postrecht des Deutschen Reichs behandelt ist, folgt hiermit der II. Teil, enthaltend die Quellen des geltenden Telegraphen- und Fernsprechrechts. Die Ausdrucksweise folgt derjenigen der Reichsverfassung, die in den Artt. 88 und 117 neben dem Telegraphenwesen nur das Fernsprechwesen unterscheidet. Das Rundfunkwesen, das ohnehin nur eine technische Abart des Telegraphen- und des Fernsprechwesens darstellt, ist, auch ohne Mitbenennung im Titel der Ausgabe, mitbehandelt. Ausgeschieden ist einstweilen nur die Rundfunkdienstanweisung (letzte Ausgabe 1913, veraltet), da überwiegend in den Kreis des internationalen Funkrechts (erneuert 1928) gehörend; sie wird im III. Teil dieser Ausgabe (Internationales Post- und Telegraphenrecht) ihren Platz finden.

Die Rechtsquellen verfassungsrechtlichen Inhalts, mitgeteilt im I. Teil (S. 1 bis 70), sind, soweit für das Telegraphen- und Fernsprechrecht maßgebend, im II. Teil nicht wiederholt.

Die Behandlung der Anmerkungen folgt denselben Regeln, die schon für den I. Teil maßgebend waren. Wie dort, so waren auch hier nachzuweisen:

die wechselseitige juristische und tatsächliche Berührung zwischen den arg zersplitterten Rechtsquellen, die rechtsgeschichtlichen Zusammenhänge, als zur kritischen Beurteilung des Gegenstandes unerläßlich, endlich die öffentlich-rechtliche Eigenschaft des gesamten Rechtsstoffes. Bei möglichster Vollständigkeit dieser Nachweise ist dennoch die notwendige und überlieferte Knappheit des Notenapparats gewahrt.

Berlin, den 3. November 1929.

E. Staedler.

Inhaltsverzeichnis.

Seite

Einführung in das geltende Telegraphen- und Fernsprechrecht 12

I. Bindungen zwischen Postrecht und Telegraphen- usw. Recht 12

II. Abriß des Telegraphenrechts 19

III. Abriß des Fernsprechrechts 31

Rechtsquellen 38

A. **Telegraphenrecht** 38

Ges zur Änderung des TelG 1892, 3. 12. 1927 (RGBl. I S. 331) 38

Ges über Fernmeldeanlagen, Bek 14. 1. 1928 (RGBl. I S. 8) 56, 57

Bek, betr. die SchiffsTel, 16. 7. 1908 (RGBl. S. 476) 82

Bestimmungen über den Betrieb von TelAnlagen auf fremden Schiffen in deutschen Hoheitsgewässern, 12. 12. 1909 (RGBl. S. 977) 84

Telegraphenwegegesetz, 18. 12. 1899 (RGBl. S. 705) 86

AusfBest dazu, 26. 1. 1900 (RGBl. S. 7) 105

Beschluß des Bundesrats des Norddt. Bundes, betr. Verpflichtungen der Eisenbahnen im Interesse der TelVerwaltung, 21. 12. 1868 111

Vereinbarung über die Verteilung der Kosten für Änderungen an den Tel- und FspAnlagen der Reichspost aus Anlaß der Elektrisierung von Reichsbahnen, 11. 7. 1923 (PABl. S. 55) 115

Ergänzung dazu, 1926 (PABl. S. 423) 116

Telegraphenordnung, 30. 6. 1926 (PABl. S. 447) 117

Reglement über die Benutzung der innerhalb des deutschen ReichsTelGebiets gelegenen Eisenbahntelegraphen zur Beförderung solcher Telegramme, welche nicht den Eisenbahndienst betreffen, 7. 3. 1876 (Zentralbl. S. 156) 170

Seite
Zugfunkanweisung 1925 (PABl S. 581) 180
Bildtelegraphie, Vf 1930 (PABl S. 123) 188, 479
Kabelpfandgesetz, 31. 3. 1925 (RGBl. I S. 37).... 202
B. **Fernsprechrecht** 217
Fernsprechordnung, 15. 2. 1927 (PABl. S. 65) nebst EinfVO und mit den AusfBest (Auszug) 1923 (PABl. S. 103) 218
Vorschriften über FspDienstanschlüsse, 12. 12. 1929 (RBesoldBl. 1930 S. 20) 394
Funkgespräche mit Schiffen in See (Vf 1929; PABl. S. 354) 404
Bestimmungen über den Rundfunk, 11. 4. 1930 (PABl. S. 161) 406
Verleihungsbedingungen 407
Ausführungsbestimmungen 418
Besondere Verleihungsbedingungen für RfVermittlungsanlagen 441
Richtlinien der Reichsregierung für die Regelung des Rundfunks 1926 448
Zuständigkeitsordnung, 13. 3. 1928 (PABl. S. 115) Auszug 457
Vf, betr. Geschäftsführende Oberpostdirektionen 1928 (PABl. S. 165) — Auszug 467
Reichs-Strafgesetzbuch, 31. 5. 1870 (RGBl. S. 197, 648)/Bek 26. 2. 1876 (RGBl. S. 40, 119) — Auszug 477
Nachträge 479
Sachregister 481

Die Gesetz- und Verordnungsblätter sind bis 9. 6. 1930 benutzt.

Verzeichnis der Abkürzungen.

Nur soweit abweichend von **Maaß-Magnus**, Abkürzungsverzeichnis der Rechtssprache. Berlin u. Leipzig 1929.

A, Ä (in Zusammensetzungen)	= Amt, Ämter.
	= Amt, Ämter.
AB, AusfBest	= Ausführungsbestimmungen.
Abk	= Abkommen.
Abs	= Absender (soweit nicht: Absatz).
ADA	= Allgemeine Dienstanweisung f. Post u. Tel.
ADStGB	= Allgemeines Deutsches Strafgesetzbuch (Entwurf).
Ag	= Agentur, Agenturen.
Anschl	= Anschluß, Anschlüsse.
Anst	= Anstalt, Anstalten, Anstalts-.
Anw	= Anweisung.
aufgeh	= aufgehoben.
B (in Zusammensetzungen)	= Bahn.
Ber	= Berichtigung.
Best	= Bestimmungen.
BKzl	= Bundeskanzler.
Bl (in Zusammensetzungen)	= Blatt.
BRBeschl	= Bundesratsbeschluß 1868.
BTrf	= Bautruppführer.
BW	= Bayern und Württemberg.
DFKG	= Deutsche Fernkabel-Gesellschaft.
DR	= Deutsches Reich, D. Reichs-.
Eing	= Eingang (eines Gesetzes, einer VO usw.).

Empf	= Empfänger, Empfangs-.
FA	= FernAmt.
FernMAnlG	= Gesetz über Fernmeldeanlagen 1928.
Fk, fk	= Funk, funk-.
FO	= Fernsprechordnung 1927.
Fsp	= Fernsprech-, Fernsprecher.
G, Ges	= Gesetz.
Geb	= Gebühr, Gebühren.
GÖ	= gemeindliche öffentliche Sprechstelle.
HTA	= Haupttelegraphenamt.
I, Int, int	= international.
M (in Zusammensetzungen)	= Ministerium.
Min (desgl.)	= Minister, Ministerial-.
Nachr (desgl.)	= Nachrichten-.
O	= Ordnung.
Ö	= öffentliche Sprechstelle.
ÖMünz	= Münzfernsprecher, Telephonautomat.
oF	= ohne Fernamt.
ON	= Ortsnetz.
OPD	= Oberpostdirektion.
P (in Zusammensetzungen)	= Post-.
pr	= preußisch.
priv	= privat
PrÖ	= öffentliche Sprechstelle bei Privaten.
R (in Zusammensetzungen)	= Reichs-.
Regl, Reglt, Rgl	= Reglement.
Rf	= Rundfunk.
RKzl	= Reichskanzler.
RPZ	= Reichspostzentralamt.
S	= Seite (bisweilen: siehe).
SA	= Selbstanschluß.
Sp in Verbindung mit „Leitung"	= Telegraphenleitung mit Sprechbetrieb.

Sp in Verbindung mit „Stelle"	= (öffentliche) Sprechstelle.
T, Tel	= Telegramm, Telegraph, Telegraphie, Telegraphen-.
TB	= Telegraphenbau.
TBZ	= Telegraphenbaumaterial.
tel	= telegraphisch, telegraphen-.
TG	= Reichstelegraphengesetz 1892.
TO	= Reichstelegraphenordnung.
TOBf	= Telegraphenoberbauführer.
TRA	= Telegraphentechnisches Reichsamt.
TV	= Telegraphenverwaltung.
ÜF	= Überweisungsfernamt.
ÜL	= Übertragungsleitung.
V (am Wortschluß)	= Vertrag.
V (am Wortbeginn)	= Verkehrs-.
Verf	= Verfassung.
verf	= verfassungs-.
Verh	= Verhältnis.
Verk	= Verkehr, Verkehrs-.
verk	= verkündet.
VerlBed	= Verleihungsbedingungen.
VersFr	= Versailler Friede 1919.
Verw	= Verwaltung.
Vf	= Verfügung.
Vollz	= Vollzugs-.
Vorg	= Vorgang, Vorgeschichte.
VSt	= Vermittlungsstelle, -en.
W (am Wortbeginn)	= Welt-.
ZBSt	= Zugfunkbetriebsstelle.
ZVSt	= Zugfunkvermittlungsstelle.

Einführung in das geltende Telegraphen- und Fernsprechrecht[1]).

I. Bindungen zwischen Postrecht und Telegraphen- usw. Recht.

1. Die Annahme einer grundsätzlichen materiellen Einheitlichkeit von Telegraphenrecht und Postrecht ist, wie das Beispiel der außerdeutschen Staaten mit getrennter Post- und Telegraphenverwaltung zeigt, im inneren Wesen des beiderseitigen Rechtsstoffs an sich nicht begründet. Wohl aber hat in Preußen und Deutschland eine frühzeitige verwaltungsrechtliche Verschmelzung der Telegraphenanstalt mit der Postanstalt einer sachlichen Angleichung auch zwischen den

---

[1]) S. hierzu folgende Einzelveröffentlichungen des Bearbeiters: Zu Art. 48 RVerf 1871, GruchBeitr 57 Heft 1, 1912; Zwei Rechtsbetrachtungen zum Fernmeldewesen, Bl. f. Post u. Tel., Berlin 1929, S. 204; Die Telegraphenordnung von 1926 und ihre Vorgängerinnen, ebd. 1928, S. 297, 305; Die Verkündung der PostO und der Telegraphenordnung, AnnDR 1912, S. 149; Zur Terminologie der „Ordnungen" deutscher Gesetzgebung unter dem Gesichtspunkte der vergleichenden Rechtswissenschaft, BlVerglRW 1912, Heft 9; Telegraphierfehler, Jur. Rdsch. d. Berl. Tagebl. 29. 9. 1910; Telephonunrecht? ebd. 8. 10. 1912; Das abgeschnittene Telephon, ebd. 9. 1. 1913; Der Begriff des Grundstücks im Telephonrecht, ebd. 2. 10. 1913; Die Haftung im neuen Reichsfernsprechrecht, „Der Verkehr", Organ des Instituts für Verkehrslehre bei der Universität Köln, 1921 S. 117; Der Rechtsweg bei der Fernsprechanschlußverlegung, EgersEntsch 1925 S. 167; Der Rundfunk, ebd. 1924 S. 73; Rechtsprinzipien des Funkverkehrs, ArchFunkR 1930 S. 212.

Verkehrsrechtsordnungen beider Anstalten erfolgreich vorgearbeitet. Eingesetzt hat jene Verschmelzung bereits sogleich bei der Öffnung des Staatstelegraphen für den privaten Nachrichtenverkehr im Jahre 1849. Die in Preußen bis dahin dem Kriegsministerium unterstellte Telegraphie wurde durch die Erlasse vom 9. 2. 1849 (nicht verkündet) und vom 23. 3. 1849 (GS S. 146) zu einer Zivilbehörde umgewandelt und dem Generalpostamt unterstellt, das seit 1848 (Erl vom 17. April, GS S. 100) dem Geschäftsbereich des Handelsministeriums angeschlossen war. Die neue, als „Telegraphendirektion" bezeichnete Zentralbehörde erhielt im Verbande des Generalpostamts eine Stellung nach Art der bald darauf geschaffenen Oberpostdirektionen (höhere Provinzialbehörden, Erl 19. 9. 1849, GS S. 299). Auch die örtlichen Telegraphenbehörden (Telegraphenämter) wurden mit den am gleichen Orte befindlichen Postanstalten betriebstechnisch verschmolzen (Regulativ 18. 8. 1862, MinBl. S. 274; seither mehrfach erneuert).

2. Der Angleichung zwischen Telegraphen- und Postverkehrsrecht war weiterhin der Umstand günstig, daß den verkehrspolitischen Hauptzweck beider Anstalten übereinstimmend die staatliche Besorgung des öffentlichen Nachrichtenverkehrs darstellte. Mehr zufällig als zufolge einer inneren Notwendigkeit gelangte sogar die Telegraphie früher als die Post zu einer neuzeitlichen Verkehrsrechtsordnung; denn als im Jahre 1849 „die Benutzung des elektromagnetischen Staatstelegraphen seitens des Publikums" zugelassen wurde, ergab sich gleichzeitig auch die Notwendigkeit zum Erlaß einer bezüglichen Anstaltsordnung. Diese erging in Gestalt eines Regulativs vom 6. 8. 1849 (PABl. S. 353). Zu damaliger Zeit aber dienten als Postanstaltsordnung noch die ebenso veralteten wie verstreuten Rechtsquellen der Postordnung vom 26. 11. 1782 (NCC Bd. 7 S. 1725), des Allgemeinen

Landrechts von 1794 (Teil II Tit. 15) und der Verordnung vom 12. 6. 1804 (NCC Bd. 11 S. 2105). Es sollte noch bis zum Jahre 1852 dauern, bevor auch der Postverkehr eine zeitgemäße, dem konstitutionellen Gesetzgebungsverfahren von 1848/50 entsprechende Rechtsordnung erhielt. Das neben dem Postgesetz vom 5. 6. 1852 (GS S. 345) ergangene erste preußische Postreglement vom 31. 7. 1852 (PABl. S. 477) zeigte denn auch bereits unverkennbare Anlehnungen an das drei Jahre ältere preußische Telegraphenregulativ von 1849, das sich inzwischen, und zwar unter dem Einfluß der deutsch-österreichischen Telegraphenvereinsverträge von Dresden (25. 7. 1850) und Wien (14. 10. 1851), seinerseits in zweiter Erneuerung zu dem Telegraphenreglement vom 17. 2. 1852 (MinBl. S. 32) fortentwickelt hatte.

3. Auf dieser verwaltungsrechtlichen Verschmelzung von Post und Telegraphie (Ziff. 1) und auf ihrer verkehrsrechtlichen Zweckverwandtschaft (Ziff. 2) beruhte in Preußen und Deutschland von Anfang an die Gleichartigkeit in der verfassungsrechtlichen Behandlung beider Anstalten. Die deutschen Staatsgrundgesetze erwähnen seit jeher die Post und die Telegraphie in stetem Zusammenhange: so die Frankfurter Reichsverfassung von 1849 (RGBl. S. 1) im Art. VIII, indem sie in den §§ 41 bis 43 vom deutschen Postwesen handelt und im anschließenden § 44 dem künftigen Reichstelegraphenwesen Richtlinien zieht; so erst recht die Norddeutsche Bundesverfassung von 1867 (BGBl. S. 1) und die Reichsverfassung von 1871 (RGBl. S. 63), die übereinstimmend im Art. 48 erklären: „Das Postwesen und das Telegraphenwesen werden für den gesamten Bereich des Norddeutschen Bundes bzw. des Deutschen Reichs als einheitliche Staatsverkehrsanstalten eingerichtet und verwaltet". Allerdings schreibt diese Ausdrucksweise nicht etwa eine Einheitlichkeit der beiderseitigen Verkehrsrechtsordnungen vor; vielmehr bedeutet

sie lediglich die staatsrechtliche Feststellung, daß die vor 1867 bzw. 1871 bestehenden Post- und Telegrapheneinrichtungen der verschiedenen Norddeutschen bzw. Deutschen Einzelstaaten (s. Ziff. 4) abgeschafft und auf den Bund bzw. das Reich zu übertragen seien.

4. Bei der Errichtung des Norddeutschen Bundes 1867 erfuhr die preußisch-rechtliche Verschmelzung der Telegraphenverwaltung mit der Postverwaltung eine gewisse Lockerung. Die preußische Telegraphendirektion schied vom 1. 1. 1868 ab aus dem Generalpostamt aus und wurde diesem unter der neuen Bezeichnung als „Generaltelegraphendirektion" gleichgeordnet (Erl 18. 12. 1867, BGBl. S. 328). An die Stelle des preußischen Handelsministers als obersten Leiters beider Verkehrsanstalten trat der Bundeskanzler (Erl 28. 9. 1867, GS S. 1780). Generalpostamt und Generaltelegraphendirektion bildeten fortab die I. und II. Abteilung des Bundeskanzleramts. Zugleich wurden eigene Mittelbehörden für die Telegraphenverwaltung geschaffen (Obertelegrapheninspektionen, vgl. Art. 50 BVerf 1867). Die Vereinigung der örtlichen Telegraphenanstalten mit den Postanstalten blieb bestehen. — Nach der verkehrsrechtlichen Seite wirkte sich die Neuerung dahin aus, daß die nunmehr selbständig gewordene Telegraphenverwaltung mit der Herausgabe ihrer Anstaltsordnungen ohne Rücksicht auf die Postverwaltung vorgehen konnte. Immerhin zeigten die beiden Telegraphenordnungen des Nordd. Bundes — erlassen am 24. 12. 1867 (TelABl. S. 151) und im Dezember 1868 (ebd. S. 133), letztere veranlaßt durch den Abschluß des Internationalen Telegraphenvertrags von Wien, 21. 7. 1868 — noch immer erhebliche Übereinstimmung mit den letzten preußischen Rechtsquellen gleicher Art.

5. Erwägungen wirtschaftlicher (nicht: wirtschaftsrechtlicher) Art führten indessen schon bald von neuem dazu, die

verwaltungsrechtliche Verschmelzung beider Anstalten, wie sie von 1849 bis 1867 bestanden hatte, wiederherzustellen. Die Post war Überschuß-, die Telegraphie Zuschußverwaltung. Schon aus bloßen Ersparnisrücksichten war daher die Wiederabschaffung der selbständigen Telegraphenverwaltung geboten. Hinzu kam folgendes: Die Verselbständigung der Norddeutschen Telegraphie war nicht bis in den Bereich der örtlichen Betriebsbehörden hinabgedrungen. Die 1862 in Preußen hergestellte Vereinigung der Ortstelegraphenanstalten mit den Ortspostanstalten (s. Ziff. 1) war auch 1867 beibehalten worden. Dieser Umstand aber barg, wie unschwer erklärlich, den Keim zu mancherlei Zuständigkeitsstreitigkeiten zwischen den beiderseitigen Zentralbehörden in sich, zu deren Ausgleich der Bundes- bzw. Reichskanzler in seiner Eigenschaft als ihr oberster Verwaltungschef weder Zeit noch Neigung besitzen konnte. Schon zur Entlastung des Kanzlers wurde deshalb abhilfsweise 1875, nach dem Tode des obersten Leiters der Telegraphenbehörde (23. 1. 1875, TelABl. S. 14) auf die preußische Einrichtung zurückgegriffen, um die Telegraphenverwaltung von neuem, wenn auch zunächst in weniger radikaler Form, ihrer verwaltungsrechtlichen Selbständigkeit zu entkleiden. Es wurde zu diesem Zweck eine Anordnung eigener Art getroffen, die das Vorbild zu einer Reihe späterer gleichartiger Akte werden sollte, mit dem Ziel einer Auflösung des zentralisierten Reichskanzleramts in die sogenannten „Reichsämter". Man trennte nämlich 1875 die bis dahin als I. und II. Abteilung des Reichskanzleramts verwalteten obersten Post- und Telegraphenbehörden — das Generalpostamt und die Generaltelegraphendirektion — vom Reichskanzleramt in der Weise ab, daß zwar der Reichskanzler, wie es im System der Reichsverfassung von 1871 lag, „die obere Leitung beider Anstalten" (Art. 50) weiterbehielt, indessen zwischen ihn und die beiden technischen Behördenchefs, den

Generalpostdirektor und den Generaltelegraphendirektor, als neue Geschäftsstelle ein „Generalpostmeister" mit der Eigenschaft als Oberste Reichsbehörde eingeschaltet wurde (Erl 1. 9. 1875, vgl. TelABl. S. 139). Die bisherige Generaltelegraphendirektion wurde als „Generaltelegraphenamt" umbenannt. Die neue Geschäftsstelle wurde dem bisherigen Generalpostdirektor übertragen, der unter letzterer Bezeichnung einen Nachfolger erhielt (VO 22. 12. 1875, RGBl. S. 379; HaushaltsG 25. 12. 1875, RGBl. S. 325; wegen der Personalveränderungen s. PABl. 1876 S. 11). Gleichzeitig wurden im Bereiche der Mittelbehörden die Obertelegrapheninspektionen von 1867 mit den Oberpostdirektionen von 1850 (und später) in der Weise vereinigt, daß man die Oberpostdirektionen unter unveränderter Bezeichnung als neuartige Mittelbehörden erklärte, die sie indessen tatsächlich nicht waren (GenVf des GenPDir 2. 10. 1875, TelABl. S. 139). Erst recht blieb es nach wie vor bei der Vereinigung der örtlichen Telegraphenbehörden mit den Postanstalten.

6. Zufolge der personalpolitischen Verschiebungen von 1875 gewann in dem gegenseitigen Verhältnis zwischen oberster Post- und oberster Telegraphenbehörde die Post von neuem sogleich das tatsächliche Übergewicht. Die Auswirkungen machten sich hier u. a. zunächst in der alsbald folgenden Verkehrsgesetzgebung geltend, so daß seit 1876 in der Tat zwischen den positiven Verkehrsrechtsordnungen des Telegraphenbereichs und denen des Postbereichs allmählich wieder eine immer enger werdende Annäherung sich vollzog. Förderlich in diesem Sinne wirkte es noch entschiedener, als 1880 bei der Eingliederung der Post- und Telegraphenverwaltung in das inzwischen endgültig herausgearbeitete und gefestigte Schema der „Reichsämter" ein einheitliches „Reichspostamt" entstand, unter Leitung eines Staatssekretärs (des bisherigen Generalpostmeisters), wobei die Bezeichnungen „General-

postmeister", „Generalpostdirektor" und „Generaltelegraphendirektor" fortfielen, so daß damit zugleich die letzte personalpolitische Erinnerung an die Behördenscheidung zwischen Post und Telegraphie in Vergessenheit geriet (Erl 23. 2. 1880, RGBl. S. 25). Immerhin läßt sich noch nicht sagen, daß eine restlose Angleichung der Quellen des Telegraphenverkehrsrechts an die entsprechenden Postrechtsquellen in rechtsgrundsätzlicher oder auch nur analogtextlicher Hinsicht bereits eingetreten wäre. Vielmehr macht sich gerade in letzter Zeit eine ausgesprochene Gegensätzlichkeit insofern bemerkbar, als die Telegraphengesetzgebung entschieden auf der modernen Anschauung vom öffentlich-rechtlichen Charakter des Rechtsverhältnisses zwischen Post und Postbenutzer fußt, während die Postgesetzgebung (in engerem Sinne) an der überlebten Vorstellung eines bürgerlich-rechtlichen Verhältnisses zwischen Post und Publikum („Postbeförderungsvertrag") festhält.

7. Im neuen Reich von 1919 hat sich bei der Post- und Telegraphenbehörde verwaltungsrechtlich mehrerlei gegen den Zustand von 1880 geändert. An die Stelle des Staatssekretärs des Reichspostamts ist der Reichspostminister getreten, und das Reichspostamt hat, entsprechend der neuen Reichsministerialordnung, die Bezeichnung als Reichspostministerium erhalten (Erl 21. 3. 1919, RGBl. S. 327). Dagegen ist es ohne rechtliche Tragweite, wenn im Art. 88 RVerf. 1919 außer vom Post- und Telegraphenwesen noch von dem „Fernsprechwesen" gesprochen wird.

8. Vollends im Bereich des neuzeitlichen Behördenwirtschaftsrechts (vgl. Teil 1 S. 41* bis 45*) ist das Telegraphenwesen zu einer selbständigen Rechtsbedeutung neben dem Postwesen überhaupt nicht mehr gelangt. Wirtschaftstechnisch freilich zeigt die Telegraphie, wie schon vor 1871, ein durchaus selbständiges, von der Post gänzlich verschiedenes

Bild, indem sie nach wie vor Zuschußbetrieb geblieben, ja wegen der starken Übersteigerung ihres Zuschußbedarfs nach dem Kriege die ausschlaggebende Ursache dafür geworden ist, daß die Post- und Telegraphenverwaltung seit 1924 vom Reichshaushalt abgetrennt wurde (ReichspostfinanzG 18. 3. 1924, RGBl. S. 287). Die seither schwebenden Anregungen, dem fortdauernden Zuschußbedarf der Telegraphie nachhaltig dadurch abzuhelfen, daß die überaus kostspielige Telegraphenbau- und -apparatbewirtschaftung der privaten Hand überlassen werde, sind eine Angelegenheit, die vorerst außerhalb der bestehenden Rechtsordnung liegt.

II. Abriß des Telegraphenrechts.

A. Begriff und Wesen.

1. Gegenstand des Telegraphenrechts sind die subjektiven Rechtsverhältnisse der TelAnstalt selbst und die bei der Besorgung ihrer verfassungsmäßig geordneten Staatsaufgaben sich ergebenden Rechtsbeziehungen zu dem die TelAnstalt benutzenden Publikum. Verfassungsmäßige Aufgabe der Telegraphie ist die Besorgung des staatlichen TelVerkehrs im Inland und mit dem Auslande gemäß den darüber sprechenden Rechtsquellen. Neben dem modernen Verfassungsrecht ist die Annahme eines TelRegals oder TelMonopols entbehrlich geworden, obwohl die ältere Rechtslehre auf sie noch nicht verzichtet. — Träger des subjektiven TelRechts ist die Deutsche Reichspost, d. i. das „TelWesen" im Sinne des Art. 88 RVerf 1919; vgl. Art. 48 RVerf 1871 und BundesVerf 1867. — Wegen des Rechtsbegriffs der „Deutschen Reichspost" s. Teil I S. 73 Anm. 3. — Die Materie gehört rechtlich in den Zusammenhang der öffentlichen Unternehmungen im Sinne des modernen Verwaltungsrechts (vgl. Ziff. 2); die zum Teil noch heute, namentlich in der

Rechtsprechung, vertretene Lehre vom zivilrechtlichen „Telegrammbeförderungsvertrag" ist eine unhaltbare Nachkonstruktion nach der gleichfalls unstatthaften Lehre vom Postbeförderungsvertrag bürgerlichen Rechts (s. Teil I S. 26*, 27*, 29*).

2. Die Rechtsnatur der Reichstelegraphie als Anstalt des öffentlichen Rechts folgt in allen Stücken dem entsprechenden Sachverhalt, betreffend die Reichspost (s. Teil I S. 18*, 21*).

3. Den Bestand an Anstaltsmitteln im öffentlichrechtlichen Sinne bilden: a) die TelVerkehrsanlagen für Drahtleitungs- und drahtlosen TelVerkehr, d. s. die „ReichsTelAnstalten" des Verwaltungssprachgebrauchs, umfassend: selbständige TelÄmter, selbständige TelHilfsstellen und — in überwiegender Zahl — die nichtselbständigen TelBetriebsstellen der Reichspostanstalten (s. Teil I S. 22*); b) die Funkstellen für den drahtlosen TelVerkehr; c) die TelBauämter und TelStangenzubereitungsanstalten; d) die TelLinien und -Leitungen, zum Teil als Kabelanlagen (Seekabel; auch Fernkabel auf weite Überlandstrecken) betrieben; ferner die sogenannten „Besonderen TelAnlagen", d. h. Leitungen zwischen Privatgrundstücken ohne Zusammenhang mit dem öffentlichen Netz, und die sogenannten „NebenTelAnlagen", d. h. ebensolche mit Zusammenhang usw.

4. Ausschluß des Privatgewerbes (vgl. Teil I S. 23*). Die Staatsverkehrsanstalt[1]) schließt kraft öffentlichen Rechts das private, gewerblich bezweckte Verkehrsunternehmen, d. i. die Errichtung und den Betrieb von TelAnlagen, aus (vgl. GewO 1900 § 5). Aber auch gegen nicht gewerblich bezweckte Unternehmungen der privaten oder der öffentlichen Hand, soweit sie nicht vom Reiche (Post- und Heeresver-

---

[1]) Vgl. Teil I S. 13*, 573.

waltung) betrieben sind, richtet sich der gleiche Ausschluß (§ 1 des G über Fernmeldeanlagen vom 14. 1. 1928, RGBl. I S. 8). Ausnahmen von diesem Alleinrecht des Reichs sind durch Gesetz bestimmt, das auch die bezüglichen Strafvorschriften einschließlich derjenigen des objektiven Strafverfahrens (Beseitigung usw. unbefugter TelAnlagen) erteilt (FernmeldeanlagenG §§ 2 bis 5 und 15 ff.). Die einschlägigen Straftaten sind Vergehen oder Übertretungen im Sinne des § 1 Abs. 2 und 3 RStGB. Soweit Übertretungen in Frage kommen, wird ein öffentliches Interesse an der Herbeiführung einer gerichtlichen Entscheidung (vgl. StPO 1924 § 153 Abs. 1) verwaltungsseitig grundsätzlich angenommen. — Die Ausnahmen vom Alleinrecht des Reichs bestehen zugunsten von gemeinnützigen Elektrizitätsunternehmungen für Licht- und Kraftversorgung, von Eisenbahnen, Behörden, Zweckverbänden, Privatpersonen, See- und Luftfahrzeugen, teils mit, teils ohne Erfordernis der Verleihung der Errichtungs- und Betriebsbefugnis. Verleihungsfreiheit, soweit sie gesetzlich besteht, bezieht sich dennoch nur auf Drahtleitungs-, nicht auch auf drahtlose Anlagen; wegen drahtloser TelAnlagen der Polizeibehörden ist besondere Anordnung getroffen (PABl. 1927 S. 503, zu III, 1 Abs. 2). Auch die konzessionierten und die verleihungsfreien TelAnlagen unterliegen dennoch der postseitigen Überwachung (FernmeldeanlagenG § 6). Das Recht zur Verleihung steht der Verwaltungsbehörde zu (Reichspostminister; FernmeldeanlagenG § 2); der Rechtsweg ist zulässig. — Konzessioniert sind: für den Seekabeldienst die Deutsch-Atlantische TelGesellschaft; für den FunkTelDienst: die Deutsche Transradiogesellschaft, die Deutsche Betriebsgesellschaft für drahtlose Telegraphie (Bordstellen auf den deutschen Handelsschiffen), die Transozean-G. m. b. H. und die ContinentalTelCompagnie AG. (Europ-Wolff; PresseTelRundfunk), die ZugTelGesellschaft für den drahtlosen Verkehr mit Eisenbahnzügen (s. Postamtsbl. 1925 S. 581). Wegen der gemeinnützigen Elektrizitätsunternehmungen s. die Erklärung des Reichspostministers im Reichsrat (PABl. 1927 S. 503 zu II, 2 Abs. 2). Benutzer der TelRundfunkveranstaltungen konzessionierter Privatunternehmer (s. III A) sind in ihrem Rechtsverhältnis zur TelVerwaltung (= Post) ebenfalls konzessionierte Unternehmer; ihre Konzession lautet auf Errichtung und Betrieb einer telegraphischen Rundfunkempfangsanlage.

5. Der räumliche Zuständigkeitsbereich der Reichstelegraphie deckt sich im wesentlichen mit demjenigen der Reichspost (s. Teil I S. 17*). Einzelne Abweichungen für Bayern und Württemberg sehen die Übergangsverträge vom März 1920 vor (s. Teil I S. 15 ff.). Wegen der früheren Beschränkungen in den besetzten Gebieten s. Art. 49 des Versailler Friedens und Art. 11 des Rheinlandabkommens[1]).

6. Die Organisation der deutschen ReichsTelBehörden folgt der Dreiteilung nach obersten, höheren und örtlichen Verwaltungsbehörden. Selbständig ist indessen nur ein Teil der örtlichen Behörden (TelÄmter, s. oben zu 3a). Die Obliegenheiten der höheren TelBehörden werden von den entsprechenden Postbehörden (Oberpostdirektionen) wahrgenommen. Oberste ReichsTelBehörde ist das Reichspostministerium (die Vorläufige ZuständigkeitsO von 1923, PABl. S. 113, ist inzwischen durch die endgültige Fassung vom 13. 3. 1928 ersetzt, PABl. S. 115). Dem Ministerium angegliedert sind: als technische Zentralbehörde das frühere Telegraphentechnische Reichsamt (s. PABl. 1921 S. 374), jetzt aufgegangen im Reichspostzentralamt (ebd. 1928 S. 73)

[1]) Über ein Verbot der Übernahme von Privattelegrammen (seitens deutscher TelAnst), die bei Annahmestellen der Besatzungstruppen aufgeliefert waren („Verletzung des deutschen Hoheitsrechts") s. PNachrBl. 1923 S. 375.

und — für Zwecke der drahtlosen Telegraphie — die Reichsfunkkommission (seit Dezember 1918) mit der technischen Funkbetriebskommission als Unterausschuß. Wegen Mitwirkung von Privatunternehmungen bei der RundfunkTel s. zu C 1. — Die drahtlose Telegraphie (FunkTel), zuerst als ÜberseeTel zwischen Schiffen untereinander und mit der Küste aufgekommen, ist seit 1908 zur alleinigen Reichsangelegenheit unter Ausschluß des PrivatfunkTelBetriebs erklärt worden (G 7. 3. 1908, RGBl. S. 79). Nach dem Kriege 1914/18 entstand die zivile „Reichsfunkbetriebsverwaltung" zur vorläufigen Weiterverwaltung des Personals und der Betriebsmittel der aufgelösten Heeres- und Marinefunkstellen; sie wurde am 3. 3. 1919 dem RPMin unterstellt, in dem sie organisatorisch aufgegangen ist (vgl. DVerkehrsztg. 1919 S. 64 f.).

B. Die Rechtsquellen.

1. Die Anstaltsordnung der preußisch-deutschen Telegraphie (vgl. Teil I S. 35*) beruhte bis 1892 ausschließlich auf Verordnung: TelRegulative von 1849, 1850, TelReglements von 1852, 1858, 1863, 1865 (PrMinBl. S. 203, 291, 32, 49, 220, 67), 1867 (PrTelAmtsBl. S. 151), 1868 (TelAmtsBl. des Norddeutschen Bundes S. 133), TelOrdnungen von 1872 (RGBl. S. 213), 1880, 1891 (ZentralBl. S. 560, 162). Seitdem ist neben die TelOrdnungen (1897, 1904, ZentralBl. S. 163, 229; letztere durch VO vom 17. 6. 1920, RGBl. S. 1219, auf Bayern und Württemberg ausgedehnt) das TelG vom 6. 4. 1892 (RGBl. S. 467) getreten, seit 1919 ferner das TelGebührenG vom 8. 9. 1919 (RGBl. S. 1522), jenes ergänzt, hinsichtlich des drahtlosen TelVerkehrs: 1908 (G. vom 7. 3. 1908, RGBl. S. 79, nebst Bek, betr. SchiffsTelAnlagen vom 16. 7. 1908 und vom 12. 12. 1909, RGBl. S. 476 bzw. S. 977) und 1924 (VO zum Schutze des

Funkverkehrs vom 8. 3. 1924, RGBl. S. 273, aufgehoben: § 7 durch VO vom 24. 7. 1924, RGBl. I S. 670, der Rest durch VO vom 28. 12. 1927, RGBl. I S. 513), dieses mehrfach geändert durch die Ges vom 6. 5. 1920, 22. 3. 1921, 19. 12. 1921, 17. 8. 1923, 18. 3. 1924 (RGBl. S. 894, 243, 1598; I S. 797; I S. 287) und durch ermächtigte Verordnungen (s. RGBl. 1922 I S. 492, 731, 839, 899; 1923 S. 47, 123, 394, 619, 785, 1168; PABl.[1]) 1923 S. 351, 371, 431, 444, 460, 475, 511). Bei der TelRechtserneuerung von 1925/30 ist der gesamte bis dahin in Geltung gewesene TelRechtsquellenbestand engeren Sinnes im wesentlichen zusammengeschmolzen auf die TelO vom 30. 6. 1926 (PABl. S. 447; § 7 TelO hat die ganze, bisher gesetzlich normierte Gebührenordnung an sich gezogen) und das G über Fernmeldeanlagen vom 14. 1. 1928 (RGBl. I S. 8). Daneben war nur § 2 TelGebührenG 1921/23 erhalten geblieben, mit der — übrigens entbehrlichen — Delegationsvorschrift zugunsten der TelO; er ist indessen durch Art. II des G zur Änderung des TelG vom 3. 12. 1927 (RGBl. I S. 331) beseitigt worden. Die VO zum Schutze des Funkverkehrs vom 8. 3. 1924 (RGBl. I S. 273; wiederaufgehoben durch VO vom 28. 12. 1927, RGBl. I S. 513) erging aus Art. 48 RVerf und bezweckte die Unterdrückung des nichtgenehmigten Funkverkehrs; sie übertrug die Strafvorschriften des TelG 1892 (s. oben) auf den drahtlosen Verkehr (auch den telephonischen, s. zu C) und änderte sie und zugleich das TelG zum Teil ab. Ihre Strafvorschriften sind in das Fernmeldeanlagen G 1928 (s. oben) übergegangen.

2. **Klagbare Ansprüche** (vgl. Teil I S. 28*) sind dem Benutzer der TelAnstalt eingeräumt: im Haftungsstreit (je-

---

[1]) Wegen der Verkündung durch das PABl. seit 1923 s. Teil I S. 68 f.

doch unpraktisch, s. zu D) und im Gebührenstreit (FernmeldeanlagenG § 9 zu 1; Satz 2 mit seiner gegen § 25 PostG 1871 abweichenden Fassung ist in dieser Form gewollt und soll sich nicht nur auf den Vollstreckungs-, sondern auch auf den Leistungsprozeß beziehen). — Der Rechtsweg gemäß § 3 zu 3 FernmeldeanlagenG (früher § 13 TelG 1892) sowie zu § 13 TelWegeG 1899 — s. nachstehend zu 4 (II) — berührt nicht den Rechtsbereich der Anstaltsnutzung.

3. Die TelGesetzgebung einschließlich der Verordnungen und der TelVerträge mit dem Ausland ist Reichsangelegenheit (RVerf 1919 Artt. 6, 12, 88). Soweit sie die „Bedingungen und Gebühren für die Benutzung der inländischen Verkehrseinrichtungen" (s. RVerf Art. 88) angeht, ist sie auf den Verordnungsweg verwiesen (TelO) und an den Postminister delegiert bzw. ihm im Ermächtigungswege übertragen. Der Postminister ist dabei seit 1924 an die Mitwirkung des Verwaltungsrats der Deutschen Reichspost gebunden (§§ 2 und 6 PostFinG 1924, RGBl. I S. 287). — Die Normen für die Beteiligung am telegraphischen Rundfunkverkehr sind den Interessenten durch Abdruck auf der Verleihungsurkunde mitgeteilt.

4. Übersicht der geltenden Rechtsquellen.

(I.) Zur Anstaltsordnung. (A) Inlandsverkehr. a) G über Fernmeldeanlagen vom 14. 1. 1928 (RGBl. I S. 8); es behandeln: §§ 1—6 und 15—22 das Alleinrecht des Reichs zu Errichtung und Betrieb von elektrischen TelAnlagen — auch drahtlosen — für Nachrichtenzwecke, ferner die Grundsätze der Verleihung von Betriebs- usw. Befugnissen, endlich die zugehörende Strafrechtsordnung einschließlich des Durchsuchungsrechts; §§ 7 und 8: Zulassung der Benutzer zum TelVerkehr und zum Anschluß von Privatgrundstücken an OrtsTelEinrichtungen; § 9: Rechtsweg im Gebührenstreit und Verwaltungszwangsverfahren; §§ 10—14: TelGeheimnis und Grundsätze, betreffend dessen Durchbrechung, soweit deswegen nicht schon anderweit durch Reichsgesetz verfügt ist (vgl. u. a. RAbgO 1919 § 396); §§ 23, 24: Maßnahmen zur Verhütung störender Einwirkungen auf ReichsTelAnlagen nebst Rechtswegvorschrift. — b) ReichsTelO vom 30. 6. 1926 (PABl. S. 447) nebst (nicht verkündeten) Ausführungsbestimmungen; es behandeln u. a.: § 1 den Anstaltsnutzungsanspruch und seine Grenzen, einschließlich der Telegrammzensur; §§ 6—8 und 25: die Gebührenordnung; § 17: Funktelegramme; § 24: Haftpflicht; § 26: die internationale Mitgeltung der TelO; § 27: die Ermächtigung der Verwaltung zum Erlaß ergänzender Anordnungen. — Eine Delegation an die Verwaltung zum Erlaß der TelO war erstmalig durch § 2 TelGebührenG vom 8. 9. 1919 (RGBl. S. 1522) eingeführt, ohne daß indessen ein rechtliches Erfordernis dazu vorgelegen hätte, da die TelO (entsprechend der PostO) einen unmittelbaren Rechtsbestand als gesetzvertretende Verordnung bereits aus Art. 88 RVerf besitzt (jetzt § 6 PostFinG 1924, RGBl. I S. 287); wegen Aufhebung der Delegationsvorschrift s. oben zu B a. E. — c) Ergänzend stehen neben § 17 TelO 1926 (Funktelegramme): die Anweisung für den FunkenTelDienst vom 1. 7. 1908 (Zentralbl. S. 753), erneuert 13. 6. 1913 (ZentralBl. S. 619), jedoch mit Beimischung von Instruktionsbestandteilen und nicht nur auf den InlandsfunkenTelVerkehr sich beschränkend; ferner die Zugfunkanweisung vom November 1925 (PABl. S. 581, 637), betreffend den TelVerkehr mit fahrenden Eisenbahnzügen; beide Rechtsquellen haben eigene Gebührenordnungen. Im TelRundfunkverkehr treten an die Stelle der absendenden ReichsTelAnstalt andere amtliche Stellen; so: die Deutsche Seewarte für den Funkwetter-, Zeitzeichen- und Eisnachrichtendienst; das Aeronautische Observatorium Lindenberg für den Flugwetterdienst.

(B) Internationaler Verkehr. a) Internationaler TelVertrag vom 22. 7. 1875 (erster Abdruck, ohne Verkündungswirkung, im TelAmtsBl. 1875 S. 243; neuer Abdruck als „WeltTelVertrag", mit Verkündungswirkung, im PABl. 1926 S. 447) mit zugehörender VollzugsO (Abschluß dieser an die VereinsTelVerwaltungen delegiert), abgeschlossen zu St. Petersburg. Vorgängige Verträge waren diejenigen von Paris 17. 5. 1865, Wien 21. 7. 1868, Rom 14. 1. 1872 (sämtlich nicht verkündet). Seit 1875 werden nur noch die Vollzugsordnungen erneuert; die letzte Erneuerung geschah zu Paris am 29. 10. 1925 (PABl. 1926 S. 447); vorgängige Erneuerungen seit 1875 waren diejenigen von London 28. 7. 1879, Berlin 17. 9. 1885, Paris 21. 6. 1890, Budapest 22. 7. 1896, London 10. 7. 1903, Lissabon 11. 6. 1908, letztere erstmals funkentelegraphische Vorschriften erteilend. — Der WeltTelVertrag behandelt u. a.: den Grundsatz der Zulassung des Publikums zum internationalen TelVerkehr einschließlich der Telegrammzensur (Artt. 1, 7, 9), die Gewährleistung des TelGeheimnisses (Art. 2), den Vorbehalt zur Einstellung des TelVerkehrs (Art. 8), den Ausschluß der Schadenhaftung (Art. 3), Grundsätze zur Gebührenordnung (Artt. 10—12). In der VollzugsO (92 Artikel) ist die eigentliche Anstaltsnutzungsordnung für das Publikum erteilt, entsprechend der TelO beim InlandsTelVerkehr; u. a. behandeln: Artt. 23—31 die Tarifordnung, Art. 64 die FunkTel, Art. 69 die telegraphischen Rundfunksonderdienste (vgl. C 1), Artt. 74—77 die Gebührenerstattung. — b) Internationaler FunkTelVertrag Berlin 3. 11. 1906 (RGBl. 1908 S. 411), erneuert London 5. 7. 1912 (RGBl. 1913 S. 373), und Washington 25. 11. 1927 (RGBl. 1929 II S. 265) nebst VollzugsO. Nur die VollzugsO wendet sich zum Teil an das anstaltsnutzende Publikum (Adressierungsvorschriften, Gebührentarif, Zustellung, Gebührenerstattung), der gesamte übrige Vertragsinhalt geht nur die VereinsTel-Verwaltungen untereinander an. — Nebenher gehen: die (unverkündeten) internationalen Vereinbarungen, auf denen der telegraphische Rundfunkdienst und die „Bedingungen für den BildTelVerkehr mit dem Auslande" (PABl. 1930 S. 123).

Im TelRundfunkverkehr treten an die Stelle der absendenden ReichsTelAnstalt Privatunternehmer (Transozean-G. m. b. H. und Continental-TelComp. AG.). Die bezüglichen Nutzungsbedingungen sind auszugsweise in den Verleihungsurkunden der Teilnehmer abgedruckt.

(II.) Außerhalb der Anstaltsordnung. a) TelWegeG vom 18. 12. 1899 (RGBl. S. 705), eine Ergänzung zu § 23 FernmeldeanlagenG 1928 (früher § 12 TelG 1892) und behandelnd: Rechte der DRP zur Benutzung von Verkehrswegen, Pflichten gegenüber den Wegeunterhaltungspflichtigen, Verhältnis der ReichsTelAnlagen zu den sogenannten Besonderen TelAnlagen (s. oben zu A, 3) an gleicher Straße, Rechte der Post zur Benutzung von Privatgrundstücken. Dazu: AusfBest vom 26. 1. 1900 (RGBl. S. 7). Die ÄnderungsVO vom 13. 2. 1924 (RGBl. I S. 118) ist durch VO vom 18. 10. 1924 (RGBl. I S. 715) wieder aufgehoben. — b) Regl. über die postseitige Benutzung des EisenbahnTel vom 7. 3. 1876 (Zentralbl. S. 156) nebst Änderungen vom 7. 4. 1923, 3. 6. 1924 u. 14. 1. 1927 (PABl. S. 150, 349 und 17). — c) Bestimmungen über die Laufbahn der Funkangestellten auf Handelsschiffen und bei Großfunkstellen vom 17. 10. 1921 (RGBl. S. 869) und vom 15. 5. 1925 (RMinBl. S. 327), erlassen zur Ausführung der VO über die Befähigungszeugnisse für Funkoffiziere auf Handelsschiffen vom 8. 10. 1921 (RGBl. S. 1282; vgl. § 4 SeemannsO vom 2. 6. 1902, RGBl. S. 175). — d) KabelpfandG vom 31. 3. 1925 (RGBl. I S. 37) zur Errichtung von Mobiliarhypotheken öffentlichen Rechts für Zwecke der Mittelbeschaffung zur Wiederherstellung des Seekabelnetzes (vgl. Art. 244 Versailler Friedensvertrag und Anl. VII ebd.). — e) Versailler Friede vom 28. 6. 1919 (G vom 16. 7. 1919, RGBl. S. 687; Artt. 98, 197, 244, 282—284, 375, zum Teil überholt); RheinlandAbk vom 28. 6. 1919 (s. RGBl. S. 1337) Artt. 11 und 12. — f) SonderTelVerträge Deutschlands mit Polen und Danzig vom 12. 7. 1921 und 15. 5. 1922 (RGBl. II S. 1069 bzw. 237) gemäß Art. 98 Versailler Friedensvertrag. — g) Vereinbarungen der Funkkonferenz von Washington (1927) über den internationalen Wellenverteilungsplan im Tel- und Fernsprechverkehr (in Kraft ab 1. 1. 1929, nicht verkündet).

C. Der Umkreis der Anstaltsgeschäfte (vgl. Teil I S. 24*).

1. Nachrichtenvermittlung zwischen Anstaltsnutzern. Die Nachricht wird bei der AbsendungsTelAnstalt schriftlich und offen aufgegeben (mit mehreren technischen Variationen), von der Ankunfts-TelAnstalt schriftlich und verschlossen zugestellt (mit Variationen); offene Zustellung kann vom Absender angeordnet werden (TelO §§ 5 und 21). Auf die telegraphentechnische Beförderungsweise zwischen Absendungs- und AnkunftsTelAnstalt ist im Inlandsverkehr der Nutzer ohne Einfluß, doch gibt es im Verkehr mit Eisenbahnzügen nur drahtlose TelBeförderung (s. Zugfunkanweisung vom November 1925, PABl. S. 581); im Auslandsverkehr kann der Nutzer Draht- oder Funkweg vorschreiben. Der BildTelVerkehr geschieht nur im Funkwege. — Höhere oder mindere Gebührenzahlung bewirkt schnellere oder langsamere Beförderung: Dringende (TelO. § 9) und Blitztelegramme (letztere nur im Inlandsverkehr, s. Bestimmungen vom Mai 1925, PABl. S. 320) bzw. Brief- (TelO § 16) und zurückgestellte bzw. Wochenendtelegramme (letztere nur

im Auslandsverkehr, vgl. PABl. 1927 S. 303 Anl. S. 30 und 33 bzw. Postamtsbl. 1925 S. 259), Ozeanbriefe, d. h. Funktelegramme von Reisenden auf See an entgegenfahrende Schiffe, mit Postaufgabe als Brief durch diese im ersten Anlaufhafen. — Pressetelegramme werden inländisch und international trotz ermäßigter Gebühr mit normaler Schnelligkeit befördert (TelO § 15; VollzugsO zum WeltTelVertrag §§ 66—68).

2. Bei der telegraphischen Zahlungsvermittlung (Postanweisungen, Schecks) tritt an die Stelle der persönlichen Mitteilung („Nachricht", s. zu 1) die vom Absender aufgegebene Postanweisung usw. Statt Zustellung der Nachricht (s. zu 1) besorgt die AnkunftsTelAnstalt die Auszahlung des eingezahlten Geldbetrags.

3. Nachrichten der TelAnstalt an den Nutzer im Zusammenhang mit der Nachrichten- und Zahlungsvermittlung (s. zu 1 und 2): Vergleichstext der beförderten Nachricht, Empfangsanzeige, Unzustellbarkeitsnachricht (TelO §§ 11, 12, 22).

4. Nachrichten wie zu 3, jedoch außer Zusammenhang mit Nachrichten- usw. Vermittlung — sogenannte „Sonderdienste" — auch im Inlande zum Teil funktelegraphisch befördert: Wettervorhersagen, Unfallmeldungen, Zeitzeichen, Nachrichten für Luftfahrer, Flugsicherungsdienst, wichtige Nachrichten für Seefahrer, nautische Auskünfte, Sturmwarnungen und Eisnachrichten im Küstenverkehr, Verbreitung eingehender Seenotzeichen, Schiffspeildienst u. a. m.

D. Haftungsordnung. Die TelVerwaltung haftet bei Verlust, Verzögerung und Textentstellung von Telegrammen (nicht auch Brieftelegrammen, TelO § 16) nur auf Gebührenerstattung und mit zahlreichen Vorbehalten nach Haftgrund und Betrag. Der Anspruch steht nicht nur dem Absender, sondern auch dem Empfänger zu; er ist an die AufgabeTelAnstalt zu richten und verjährt in 6 Monaten seit Aufgabe des Telegramms (TelO §§ 24, 25; VollzugsO zum WeltTelVertrag Artt. 74, 75). Im Haftungsstreitfall besteht an sich der Rechtsweg gemäß allgemeinen postrechtlichen Grundsätzen (s. Teil I S. 28*), doch wirkt er sich im TelRecht nur als Gebührenstreit aus, für den der Rechtsweg kraft gesetzter Norm geöffnet ist (FernmeldeanlagenG 1928 § 9). — Die Haftbarkeit der TelBeamten für Schaden aus Telegraphierfehlern gemäß § 839 BGB ist von der Rechtsprechung anerkannt (RG im „Recht" 1913 Nr. 944; 1915 Nr. 1500; im SächsArch. 14, 356), indessen ohne Haftungseintritt der TelVerwaltung (s. § 6 HaftpflichtG 22. 5. 1910, RGBl. S. 798).

E. Funkrecht. Was in der Literatur unter dieser Bezeichnung verstanden wird, ist, soweit es sich auf den öffentlichen Nachrichtenverkehr bezieht, ohne eigenen Rechtsbestand, da lediglich durch technische Eigenart bedingt, und vielmehr ein bloßer Anwendungsfall des Telegraphenverkehrsrechts.

III. Abriß des Fernsprechrechts.

A. Begriff und Wesen.

1. Wegen der subjektiven Rechte der Fernsprechanstalt und ihrer Rechtsbeziehungen zum Publikum gilt dasselbe wie für die Telegraphenanstalt (s. II zu A, 1), insbesondere hinsichtlich der öffentlich-rechtlichen Natur der Anstalt selbst und ihrer Verkehrsgeschäfte. — Die ältere Lehre nimmt an Stelle der öffentlich-rechtlichen Anstaltsnutzung einen zivilrechtlichen Fernsprechvertrag an, der teils der Miete, teils dem Dienstvertrag des BGB nachgebildet wird; doch ist diese Lehre verfehlt und überholt. Neuerdings faßt die amtliche Ausdrucksweise die Materien „Telegraphie" und „Fernsprechwesen" unter der gemeinschaftlichen Bezeichnung „Fernmeldewesen" zusammen.

2. Rechtsnatur s. wie beim Telegraphenrecht (II A 2).

3. Den Bestand an Anstaltsmitteln bilden: a) die FspVerkehrsanlagen für den Drahtleitungsverkehr: FspÄmter, öffentliche Sprechstellen, Teilnehmersprechstellen, innerhalb eines Ortsbereichs zusammengeschlossen zum sogenannten OrtsFspNetz, innerhalb wirtschaftlich zusammengehörender Orte desgleichen zum sogenannten Schnellverkehrsnetz; b) für den drahtlosen FspVerkehr bestehen die Funkstellen wie im Telegraphenverkehr (s. II A, 3); c) FspBauämter und Stangenzubereitungsanstalten, verbunden mit den entsprechenden Einrichtungen für den TelDienst (s. II A, 3); d) FspLinien und -Leitungen, zum Teil Kabel; e) besondere und NebenFspAnlagen wie bei der Telegraphie (s. II A, 3).

4. Ausschluß des Privatgewerbes. Das — von Anfang an — (1880) beanspruchte Alleinrecht des Reichs auf Errichtung und Betrieb von FspEinrichtungen stieß bald auf Widerspruch in Literatur und Rechtsprechung. Ein Versuch, das Alleinrecht im Verordnungswege zu sichern (Erl des RKanzlers vom 1. 4. 1882, nicht verkündet), blieb erfolglos. Klärung brachte erst das TelG 1892 (RGBl. S. 467; s. II B, 1), jetzt abgelöst durch das G über Fernmeldeanlagen vom 14. 1. 1928 (RGBl. I S. 8; s. II A, 4). Die dem Privatgewerbe vom Gesetz belassenen, der Verleihung nicht bedürfenden, dennoch aber der postseitigen Überwachung unterliegenden (FernMAnlG § 6) Betriebs- usw. Befugnisse haben ihren Hauptanwendungsfall in den HausFspAnlagen innerhalb ein und desselben Grundstücks oder zwischen mehreren, demselben Eigentümer gehörenden Grundstücken bei weniger als 25 km Entfernung voneinander. — Wegen der Verleihung von FspBetriebs- usw. Befugnissen gilt dasselbe wie nach II A 4 für TelAnlagen. — Wegen der konzessionierten Sendeunternehmungen für FspRundfunk s. nachstehend zu 6. Beim

Unterhaltungs- und Presserundfunk ist auch der einzelne Teilnehmer am telephonischen Rundfunkverkehr in seinem Rechtsverhältnis zur Verwaltung ein Unternehmer mit Konzession zur Errichtung und zum Betriebe einer telephonischen Rundfunkempfangsanlage.

5. Räumlicher Zuständigkeitsbereich: wie zu II A 5.

6. Behördenorganisation. Das Telephon wurde in Deutschland anfangs (1877) als „Sprechtelegraph" zur Übermittlung von Telegrammen im Verkehr mit kleineren TelAnstalten verwendet, jedoch schon bald dem Publikum zum selbständigen Austausch der Sprechtelegramme überlassen, woraus sich der moderne FspVerkehr entwickelt hat. Verwaltungstechnisch bildet die FspAnstalt in Deutschland seit Anbeginn ein Zubehör der TelVerwaltung (s. II A 6). Die drahtlose Telephonie ist z. T. privaten Unternehmern überlassen, die sich — wiederum z. T. — gegen Miete der Reichsfunkanlagen bedienen. Die den Unterhaltungsrundfunk vermittelnden 10 deutschen Gesellschaften (Oberleitung: Reichsrundfunkgesellschaft) stehen unter Aufsicht des RPM. Aufsichtsorgan ist der Rundfunkkommissar des RPMin, zugleich Vorsitzender des Verwaltungsrats der Reichsrundfunkgesellschaft. Maßgebend sind die Kontrollvereinbarungen zwischen Reichsregierung und Reichsrat (RTDruckf Nr. 2776, 3. Wahlperiode 1924/26); ein „Kulturbeirat" besteht beim Reichsministerium des Innern; der seit 1926 bestehende „Programmrat" ist ein Privatorgan der Rundfunkgesellschaften. — Den politischen Rundfunknachrichtendienst der Presse (Presserundfunk) besorgt im Inlande eine von der DRP konzessionierte Nachrichtenstelle-A.-G. (Aktien zu 51% im Reichseigentum). — Zur Rundfunkverbreitung von Wirtschaftsnachrichten sind im Inlande die private Eildienst-G. m. b. H (seit 1920; bis 1922 wurde der Verkehr als „Funkwirtschaftsdienst" telegraphisch, seit 1. 10. 1922 wird er tele-

phonisch betrieben), für das Ausland die private Europ-Radio-G. m. b. H. konzessioniert. Den Hochseerundfunk nimmt ebenfalls eine private G. m. b. H. (Deutscher Hochseerundfunk, Konzession von 1925), den telephonischen Funkdienst für die Luftfahrt (Flugwetterdienst) das Aeronautische Observatorium Lindenberg wahr.

B. Die Rechtsquellen.

1. Wegen der Anstaltsordnung s. S. 218, Anm. 1 zur Überschrift der FspO 1927[1]) und S. 407, Anm. 2 zu den Verleihungsbedingungen, RFBest 1930 (Überschrift).

2. Klagbare Ansprüche. Es gilt dasselbe wie zu II B 2. — Die ältere Vorschrift im § 25 III FspO 1927 („Der Teilnehmer muß die von der Reichspost in Rechnung gestellten Gebühren entrichten; er hat das Recht auf Rückforderung, soweit er nachweist, daß ihm Beträge zu Unrecht angerechnet sind") ist durch § 9 FernMAnlG 1928 überholt. Die Praxis läßt auch in Angelegenheiten der Aufwertung des Einmaligen FspBeitrags (eingeführt durch § 3 IX Tel- und FspGebührenG 6. 5. 1920, RGBl. S. 894, aufgehoben durch VO 5. 4. 1923, RGBl. I S. 245) den Rechtsweg zu.

3. Fernsprechgesetzgebung. Bezüglich Zuständigkeit

[1]) In erster Fassung unter dieser Bezeichnung beruhend auf dem (3.) FspGebG 11. 7. 1921 (RGBl. S. 913). Letzteres unterlag in der Markentwertungszeit zahlreichen Eingriffen der ermächtigten VO (vgl. RGBl. 1922 I S. 493, 734, 841, 902; 1923 I S. 123, 395, 619, 785; PABl. 1923 S. 351, 371, 407, 431, 444, 460, 475, 541) und ging, nach zwei Erneuerungen vom 14. 7. 1923 und vom 17. 8. 1923 (RGBl. I S. 694 und 802) mit seinem Hauptbestande (§§ 1—11) in die FspO vom 21. 6. 1924 (RGBl. I S. 371) über; sein § 12 (Verwaltungszwangsverfahren im Gebührenstreit) wurde durch § 9 FernMAnlG, sein § 13 (Delegation) durch § 2 RPostFinG 1924 (RGBl. I S. 287) ersetzt. Was hiernach an Resten des Gesetzes übrig geblieben war, ist durch Art. II des Ges zur Änderung des TelG 1892 vom 3. 12. 1927 (RGBl. I S. 331) beseitigt worden.

des Reichs und Gliederung nach Gesetz und Verordnung gilt dasselbe wie zu II B 3. — Die Normen für die Beteiligung am telephonischen Rundfunkverkehr sind den Interessenten durch Abdruck auf der Verleihungsurkunde mitgeteilt.

4. Übersicht der geltenden Rechtsquellen.

(I.) Zur Anstaltsordnung. (A.) Inlandsverkehr: a) FernMAnlG 1928 (s. II B 4). Das Gesetz erfaßt neben der Telegraphie auch den Fernsprechverkehr, so daß für diesen kein Unterschied gegen die entsprechende Rechtsordnung bei der Telegraphie besteht; b) FspO vom 15. 2. 1927 (PABl. S. 65). Die FspO beschäftigt sich ausschließlich mit dem Verkehr auf Drahtleitungen; u. a. behandeln: §§ 11 und 27 die Rechtspersönlichkeit des FspTeilnehmers (natürliche und juristische Personen, Personenvereinigungen — Geschäftsfähigkeit wird, wie auch sonst nach Postrecht, nicht gefordert), § 12 die Anschlußanträge, § 20 die Gesprächsabonnements, §§ 25 f. die Gebührenordnung, § 28 den Wegfall des Nutzungsrechts, insbesondere bei Nichtzahlung der Gebühren binnen 7 Tagen (Anschlußsperre), jedoch ohne gleichzeitigen Wegfall der laufenden Gebührenzahlungspflicht (!) und der Haftpflicht des Teilnehmers (s. u. zu IV), § 29 die Haftpflicht der Verwaltung, § 30 die Ermächtigung der Verwaltung zur Erteilung von Anstaltsordnungsvorschriften, soweit die FspO solche nicht trifft; Aushilfsgeltung der FspO im internationalen Verkehr; Geltungsausschlüsse für Bayern und Württemberg. — Dazu AusfBest vom 21. 6. 1924 (PABl. S. 371) mit Änderungen und Ergänzungen (s. S 219, Anm 2 zur Überschrift der FspO 1927); c) Vorschriften, betr. den drahtlosen FspVerkehr s. § 30 FspO; ferner: „Bestimmungen über den Rundfunk" vom 11. 4. 1930 (PABl. S. 161), welche — ohne selbständigen AnstaltsO-Charakter — die Regeln für die Konzessionierung des Empfangsbetriebs der Rundfunkhörer erteilen (vgl. § 2 FernMAnlG 1928); der Rundfunkhörer ist selbständiger, konzessionierter Unternehmer mit eigener Apparatanlage; für ihn besteht Ausweispflicht; Geschäftsunfähige werden nicht zugelassen. Vgl. im übrigen FernMAnlG § 2 Anm. 4 (S. 59).

(B.) Internationaler Verkehr: a) WeltTelVertrag und VollzugsO. von Paris vom 29. 10. 1925 (PABl. 1926 S. 447). Nur die VollzugsO., nicht der WeltTelVertrag selbst, behandelt den internationalen FspVerkehr einschließlich des drahtlosen (Art. 71 Abschn. A bis T, Fassung Paris 1925; erste gleichartige Norm: Art. LXVII der VollzugsO von Berlin 1885, nicht verkündet); aushelfend gelten die auf die Telegraphie bezüglichen Vertragsbestimmungen auch für die Telephonie (Art. 71 Abschn. T; s. II A 4). Nebenher gehen die (unverkündeten) internationalen Vereinbarungen, auf denen die Rundfunkdienste des EuropRadio- und EuropWolff-FspVerkehrs (s. zu A 4) beruhen; b) Weltfunkvertrag vom 25. 11. 1927 (RGBl. 1929 II S. 265): hinsichtlich des FspVerkehrs ohne Unterschiede gegen den TelVerkehr.

(II.) Außerhalb der Anstaltsordnung. Keine Abweichungen gegen die entsprechende Rechtslage bei der Telegraphie (s. II B 4).

C. Der Umkreis der Anstaltsgeschäfte erstreckt sich auf die Hergabe der reichseigenen technischen Vorrichtungen:

a) an Private zum zweiseitigen, unmittelbaren und mündlichen Nachrichtenaustausch (Telephonie mit Drahtanschluß; drahtlos nur bei der Telephonie von und nach Eisenbahnzügen), Vorzugsbeförderung: im Fernverkehr bei Blitz- und dringenden Gesprächen (10- bzw. 3fache Gebühr); Pressegespräche werden, bei einfacher Gebühr, als dringende behandelt (§ 17 zu II, 3 und VI FspO); für abonnierte Gespräche („Monatsgespräche") während der Nachtzeit wird die Hälfte der einfachen Gebühr fällig (§ 20 FspO). Der telephonische Unfall- usw. Meldedienst besteht in der Einrichtung von postamtlichen Meldestellen auf dem flachen Lande, die von Privaten benutzt werden können;

b) an Privatunternehmer zu einseitigen Rundspruchmitteilungen an abonnierte Hörer (drahtlose Telephonie); bei diesem sogenannten „Rundfunk" werden die technischen Einrichtungen zum Teil auch an die Unternehmer hergegeben. — Das Abonnement gilt nur für Nachrichten desjenigen Rundfunkdienstzweiges (Unterhaltungs-, Wirtschafts-, Presse-, Sport- und Hochseefunk), für den es errichtet ist.

D. Haftungsordnung. Die Verwaltung haftet nur — u. U. anteilig — in Form der Gebührenerstattung (wie bei der Telegraphie; s. II D), hauptsächlich: bei Betriebseinstellungen (§ 28 zu I FspO) von mehr als 14tägiger Dauer und bei Verzug von gleicher Dauer in Fällen der Wiederherstellung betriebsunfähiger oder abgebrochener Anschlüsse sowie der Anschlußverlegung (FspO § 26), beim Nichtzustandekommen von telephonischen Unfallmeldungen (§ 22 zu IV FspO), außerdem in zahlreichen Sonderfällen. Für Schäden außerhalb des Gebührenbereichs wird nicht gehaftet. Wegen eines vereinzelten Falles von postseitiger Gewähr für Mängelfreiheit telephonischer Anlagen — jedoch ohne Rechtsweg — s. FspO § 5 Anm. 12 (S. 254). Bezüglich Haftung der Beamten (§ 839 BGB) liegt für die Telephonie noch keine bejahende Stellungnahme der oberstrichterlichen Rechtsprechung vor. — Umgekehrt haftet der Teilnehmer für alle aus der Anstaltsnutzung für die Verwaltung (Post) entstehenden mittelbaren und unmittelbaren Schäden, auch ohne eigenes Verschulden und bei Verschulden Dritter (§ 29, I FspO; kein Rechtsweg). — Ähnlich ist die Lage im Rundfunkverkehr (laut Verleihungsurkunde). — Rechtsweg: wie bei der Telegraphie (s. II D).

E. Wegen des telephonischen „Funkrechts" als besonderer Rechtsmaterie gilt das gleiche, wie nach II E bezüglich des telegraphischen Funkrechts.

Gesetz zur Änderung des Telegraphengesetzes.

Vom 3. Dezember 1927 (RGBl. I S. 331).

Mit Auszügen aus der Begründung des Gesetzentwurfs (PABl. 1927 S. 510).

Der Reichstag hat das folgende Gesetz beschlossen, das mit Zustimmung des Reichsrats hiermit verkündet wird:

Artikel I.

Das Gesetz über das TelWesen des DR vom 6. April 1892[1] (RGBl. S. 467) sowie das Gesetz, betreffend die Abänderung des Gesetzes über das TelWesen des DR, vom 7. März 1908[2] (RGBl. S. 79) werden wie folgt geändert:

1 S. Bek. v. 14. 1. 28 (S. 56), Anm. 1.

2 Aus der Begründung:

Entsprechend dem Aufbau des geltenden TelG behandelt das Ges zur Änderung des TelG zunächst in den Ziff. 1 bis 8 verschiedene Fragen des TelHoheitsrechts, die sich aus der Entwicklung des Funkwesens ergeben haben; die Ziff. 11 soll die Vorschriften über die Beitreibung der Gebühren dem Grundgesetz für das TelWesen einfügen, wie dies im Postrecht schon jetzt der Fall ist. Die Ziff. 12 (§§ 8 a bis 8 e = §§ 10 bis 14/1928) regelt verschiedene Fragen des Tel-Geheimnisses, die Ziff. 13 (§§ 9 bis 10 e = §§ 15 bis 20/1928) das materielle TelStrafrecht, während Ziff. 14 (§§ 11 a, 11 b = §§ 21, 22/1928) einige allgemeine Vorschriften über das

Verfahren im TelStrafrecht gibt. Die Ziff. 9, 10, 17 passen das TelG dem neueren Sprachgebrauch an.

Besondere gesetzliche Vorschriften über die Herstellung und den Vertrieb von Funkgerät und Einzelteilen sieht das Ges nicht vor.

1. Der § 1 erhält folgende Fassung als Abs. 1:
(s. Text 1928 § 1 Ziff. 1, S. 57).

2[1]. Der § 1 erhält folgenden neuen Absatz:
(s. Text 1928 § 1 Ziff. 2, S. 57).

1 Aus der Begründung:

Der § 1 des geltenden TelG (1892) versteht unter TelAnlagen für die Vermittlung von Nachrichten alle Anstalten und Einrichtungen zur Beförderung von Mitteilungen, bei denen nicht eine Person oder Sache als Träger der Mitteilung selbst befördert wird, sondern Zeichen oder Laute zum sinnlich wahrnehmbaren Ausdruck des Übermittelten an einem Ort erzeugt und an einem anderen Ort sinnlich wahrnehmbar nachgebildet werden. Dabei macht es keinen Unterschied, welches Mittel die Anlage zur Überbrückung des Raumes verwendet, ob sie sich dazu akustischer, optischer Mittel, der Elektrizität oder einer anderen Energie bedient. Hieran ändert das Gesetz sachlich nichts; es bezeichnet nur den bisherigen Begriff der „TelAnlagen" mit dem Ausdruck „Fernmeldeanlagen". Was im besonderen die akustischen und optischen Einrichtungen betrifft, so sind sie, wie seit je her, nach dem Gesetz „Fernmeldeanlagen" im Sinne des TelRechts dann nicht, wenn bei der Übermittlung keinerlei Einrichtungen getroffen werden, die die ursprünglichen Zeichen oder Laute nachbilden oder sonstwie wiedergeben; denn dann fehlt es an der für den Begriff der Telegraphie wesentlichen Nachbildung oder Wiedergabe von Zeichen oder Lauten, an der „Zeichenreproduktion" durch eine an einem anderen Ort befindliche besondere Vorrichtung. Daher sind z. B. ein Leuchtturm, eine Zeitballanlage, Baken, Spieren, eine Nebelsirene, Heultonne, Glocke, Trompete, ein Scheinwerfer, Flaggen, Einrichtungen zur Abgabe von Licht- und Feuerzeichen, von Zeichen mit Raketen, Schüssen, Pfeifen nicht „Fernmeldeanlagen". Dagegen läge eine „Fernmeldeanlage" im Sinne des Entwurfs dann vor, wenn z. B.

die Verbindung mehrerer Signalapparate in der Weise stattfände, daß der eine Apparat das vom sendenden Apparat Übermittelte nachbildet.

Der Begriff der „TelAnlagen" des TelG von 1892 umfaßte bereits die Funkanlagen. Diesen Grundsatz des TelG von 1892, wonach Funktelegraphie eine Art elektrischer Telegraphie ist, hat das Gesetz vom 7. März 1908 übernommen (vgl. Begründung dieses Ges in den Drucks. des Reichstags 1907/1908 Anl. Nr. 560 S. 5 und Sitzungsbericht der 85. Sitzung S. 2591, 2592). An ihm hält auch das Ges zur Änderung des TelG fest. Der Begriff „Funkanlage" ist schärfer umrissen als im geltenden TelG., berücksichtigt ausdrücklich auch die sog. leitungsgerichtete Funktelegraphie jeder Art und bringt zum Ausdruck, daß Funkanlagen wie bisher nur eine Unterart der Fernmeldeanlagen sind. Zum Begriff der Funkanlagen gehört es nicht, daß sie gerade Nachrichten vermitteln oder ihr bestimmungsmäßiger Zweck die Vermittlung von Nachrichten im engeren Sinne ist; es genügt vielmehr, daß es sich um Einrichtungen für die Übermittlung oder den Empfang von Nachrichten, Zeichen, Bildern oder Tönen handelt.

Sogenannte Versuchsanlagen sind genehmigungspflichtig. Dies entspricht dem geltenden Recht.

Wie der Wortlaut des § 1 Abs. 1 Satz 2 ergibt, ist eine Vereinigung von Sende- und Empfangsvorrichtungen nicht Voraussetzung des Begriffs der Funkanlage. Das ist bereits der Standpunkt des geltenden Rechts.

Die Begriffe des „Errichtens" und „Betreibens" einer Anlage sind die gleichen wie im geltenden Recht.

3[1]. Der § 2 erhält folgende Fassung:

(s. Text 1928 § 2, S. 58).

1 Aus der Begründung:

Die DRP hat von ihrem Recht (§ 2 TelG), bei vorhandenem Bedürfnis und, soweit es der allgemeine Nachrichtenverkehr gestattet, Genehmigungen zur Errichtung und zum Betriebe von Fernmeldeanlagen zu erteilen, zum Nutzen der Weiterentwicklung und Vervollkommnung des Fernmeldewesens in weitgehendem Maße Gebrauch gemacht. Es wird nicht beabsichtigt, bei „Verleihungen" der Ausübung des im § 1 bezeichneten Rechts künftig engere Grenzen zu ziehen. Die Bestimmung, auf der alle diese Verleihungen der DRP beruhen (bisher § 2 TelG), ist den gegenwärtigen Bedürfnissen unter Beibehaltung der bisherigen Grundsätze angepaßt worden. Da die Vorschriften über das Verleihungsrecht des RPMin keine sachliche Änderung erfahren, wird die Wirksamkeit der auf Grund des bisherigen Rechts erteilten Verleihungen durch das Inkrafttreten des Gesetzes nicht berührt.

Der § 2 des geltenden TelG (1892) gibt den Gemeinden das Recht, unter gewissen Voraussetzungen die Verleihung der Ausübung des Rechts zur Errichtung und zum Betriebe von Fernmeldeanlagen für den allgemeinen Verkehr innerhalb des Gemeindebezirks zu verlangen. Das Gesetz hat diese Bestimmung nicht aufgenommen. Für das Gebiet der Funktelegraphie den Gemeinden ein gesetzliches Recht auf Genehmigung derartiger Anlagen zuzugestehen, dürfte keine sachliche Berechtigung haben. Ohnehin bestand schon nach dem TelG von 1892/1908 kein derartiges Recht für Funkanlagen, weil das Recht der Gemeinden auf Erteilung der Genehmigung lediglich auf den Verkehr „innerhalb des Gemeindebezirks" beschränkt war und diese Voraussetzung bei Funkanlagen nicht erfüllt werden konnte. Ein Bedürfnis für eine solche Ausnahmestellung der Gemeinden ist bei Drahttelegraphen bisher nicht aufgetreten und wird bei der Ausdehnung des Fernmeldenetzes der Reichspost auch künftig nicht auftreten. Dagegen sieht der § 2 für gewisse Unternehmungen der öffentlichen Elektrizitätsversorgung mit Rücksicht auf deren Eigenart einen öffentlich-rechtlichen Anspruch auf Verleihung für die Zwecke des Betriebs der Unternehmungen vor; auf Funkanlagen erstreckt sich dies nicht.

4[1]. Im § 3 Abs. 1 werden ersetzt:

a) im Eingang die Worte „Ohne Genehmigung des Reichs können errichtet und betrieben werden:" durch die Worte „Ohne Verleihung (§ 2) können errichtet und betrieben werden (genehmigungsfreie Fernmeldeanlagen):",

b) in Ziffer 1 die Worte „Landes- und Kommunalbehörden" durch die Worte „Behörden der Länder, der Gemeinden oder Gemeindeverbände sowie von".

1 Aus der Begründung:

Der bisherige Begriff „Landesbehörden" ist durch den Begriff „Behörden der Länder", der bisherige Begriff „Kommunalbehörden" durch „Behörden der Gemeinden oder Gemeindeverbände" ersetzt, um den Wortlaut des Gesetzes dem neuen Sprachgebrauch anzupassen.

5[1]. Der Abs. 2 des § 3 wird durch folgende Vorschriften als Abs. 2 und 3 ersetzt:

(s. Text 1928 § 3, Ziff. 2 u. 3, S. 62 f.).

1 Aus der Begründung:

Das Ges vom 7. März 1908 hatte aus verschiedenen, auch jetzt noch zutreffenden Gründen die gesetzlichen Ausnahmen vom Tel-Hoheitsrecht auf dem Gebiet der Funktelegraphie beseitigt (vgl. Drucks. des Reichstags 12. LegPeriode 1907/1908 Anl. Nr. 560 S. 6). Hieran hält der Entwurf im Hinblick auf die steigende Ausdehnung des Funknetzes der DRP und die wachsende Zunahme des allgemeinen Funkverkehrs fest (Abs. 2).

Die Fassung des Abs. 3 ist so gewählt, daß die Streitigkeit ebenso auf die Klage der Reichspost wie auf Klage des Unternehmers der Anlage vor die ordentlichen Gerichte gebracht werden kann. Der strafrechtlichen Verfolgung wird durch die Entscheidung des Zivilrichters nicht vorgegriffen.

6. Im § 3a werden ersetzt:

a) die Worte „Seefahrt oder Binnenschiffahrt" durch die Worte „Seefahrt, Binnenschiffahrt oder Luftfahrt",

b) die Worte „nur mit Genehmigung des Reichs" durch die Worte „nicht ohne Verleihung (§ 2)".

(s. Text 1928 § 4, S. 64).

7. Der § 3b erhält folgende Fassung:

(s. Text 1928 § 5, S. 64).

8[1]. Der § 4 erhält folgende Fassung:
(s. Text 1928 § 6, S. 65).

1 Aus der Begründung:
Das geltende TelG (1892) kennt nur eine Überwachung genehmigungsfreier Fernmeldeanlagen, die den Landesbehörden — unbeschadet der Reichsaufsicht (Art. 15 Abs. 1 in Verbindung mit Art. 6 Ziff. 7 RVerf) — obliegt. Es bedarf auch einer gesetzlichen Vorschrift über die Überwachung genehmigter Anlagen, um diesen gegenüber auf die Einhaltung der Genehmigungsbedingungen mit Nachdruck einwirken zu können; namentlich für Funkanlagen erscheint eine gesetzliche Vorschrift dieses Inhalts geboten.

9[1]. Der § 5 Abs. 1 erhält folgende Fassung:
(s. Text 1928 § 7 Abs. 1, S. 66).

1 Aus der Begründung:
Die Vorschrift beschränkt sich auf die Beförderungsformen des „Telegramms" (vgl. §§ 3, 4 der TelO vom 30. Juni 1926, PABl. S. 447, 479) und auf den Gesprächsverkehr zwischen zwei Personen (vgl. FspO vom 15. Februar 1927, PABl. S. 65).

10[1]. Im § 6[2] wird das Wort „Reichs-Telegraphenverwaltung" ersetzt durch „Deutschen Reichspost".
(s. Text 1928 § 8, S. 67).

1 Aus der Begründung: wie zu Ziff. 9.
2 D. i. § 6 Abs. 1 der Fassung 1892; Abs. 2 a. a. O. war aufgehoben durch § 13 FspGebG v. 11. 7. 1921 (RGBl. S. 913).

11[1]. Der § 7[2] wird durch folgende Bestimmung ersetzt:
(s. Text 1928 § 9, S. 67).

1 Aus der Begründung:
Die Tel- und FspGebühren, ebenso wie die Postgebühren, sind öffentlich-rechtliche Zahlungen, deren Beitreibung seit jeher sich nicht nach den Vorschriften über die Beitreibung bürgerlich-rechtlicher Geldforderungen richtete, sondern einem vereinfachten Verfahren unterlag (vgl. § 8 Abs. 2 FspGebO vom 20. Dezember 1899 — RGBl. S. 711 — und die späteren gleichen Vorschriften des

FspGebG, zuletzt des § 12 FspGebG vom 17. August 1923 — RGBl. I S. 802). Es erschien angezeigt, diese Vorschriften in das Grundgesetz für das Fernmeldewesen einzufügen; die Gebührenvorschrift des § 7 des geltenden TelG (1892) ist im übrigen durch die spätere Gebührengesetzgebung überholt.

Die Vorschrift des Abs. 2 des neuen § 7 (= § 9/1928) steht mit § 2 im Zusammenhang. Das Gesetz hat die Verleihungsgebühren in Ansehung der Einziehungsmöglichkeit den Benutzungsgebühren gleichgestellt.

2 Wegen Änderung der GesVorschrift s. Bek. vom 14. 1. 28 (S. 57) Anm. 3.

12[1]. Der § 8 wird durch folgende Vorschriften als §§ 8 a, 8 b, 8 c, 8 d und 8 e ersetzt:

(s. Text 1928 §§ 10—14, S. 56).

1 Aus der Begründung:

Die Vorschrift des Art. 117 RVerf, wonach das Tel- und FspGeheimnis unverletzlich sind, bedarf im Ges über die Fernmeldeanlagen näherer Ausgestaltung. Bei den §§ 8 a ff. (= §§ 10 ff./1928) handelt es sich um eine nähere Ausführung der Verfassungsbestimmung des Art. 117. Wird mithin der Art. 117 RVerf gemäß Art. 48 RVerf außer Kraft gesetzt, so sind damit auch die Vorschriften des Gesetzes zur Änderung des TG über die Wahrung des Tel- und FspGeheimnisses im Rahmen der Anwendung des Art. 48 RVerf außer Kraft gesetzt.

Zu § 8 a (= § 10/1928).

Der § 8 a umschreibt den Kreis der zur Wahrung des Tel- und FspGeheimnisses verpflichteten Personen. Hierbei trägt die Vorschrift des Abs. 2 der Tatsache Rechnung, daß sich ein Teil des öffentlichen Fernmeldeverkehrs über Anlagen abwickelt, die nicht der DRP gehören (z. B. über Anlagen der Großfunkstellen und Bordfunkstellen); Abs. 2 entspricht übrigens der Regelung des StGB (§ 355).

Durch seine allgemeine Fassung stellt der § 8 a außer Zweifel, daß die Unverletzlichkeit des Tel- und FspGeheimnisses auch Ausländern gegenüber gilt (vgl. dazu Art. 2 des ITelV vom 10./22. Juli 1875 und Art. 17 des IFunkTelV vom 5. Juli 1912). Die Benutzung von Funkanlagen als Beförderungsmittel entzieht eine Mitteilung nicht dem TelFspGeheimnis; das bringt der Satz 2 des Abs. 1, um jeden Irrtum auszuschließen, besonders zum Ausdruck. Danach fallen unter § 8a z. B. auch Nachrichten, die innerhalb der sogenannten Funksonderdienste (vgl. Artikel 69 der Vollzugsordnung zum WTelV von Paris 1925 — PABl. 1926 S. 447, 479) an bestimmte Empfänger übermittelt werden. Abs. 1 Satz 3 entspricht dem Satz 2 des geltenden § 8 TelG (1892).

Die geltenden reichsgesetzlichen Ausnahmen vom Tel- und Fsp-Geheimnis werden durch den Entwurf nicht berührt (§ 8a Abs. 1 Satz 1).

Der letzte Abs. des § 8a ist aus den besonderen Verhältnissen der Seefahrt erwachsen. Das Gesetz berücksichtigt in dieser Bestimmung auch die Luftfahrt, weil bei ihr die Verhältnisse ähnlich liegen.

Zu § 8b (= § 11/1928).

Das TelGeheimnis ist ein besonderes Geheimnis zur Sicherung des Fernmeldeverkehrs, für den die Anlagen der DRP und die sonstigen für den öffentlichen Verkehr bestimmten Anlagen (§ 8a Abs. 2) benutzt werden. Inhaber anderer Fernmeldeanlagen sind zur Wahrung des besonderen „TelGeheimnisses" nicht verpflichtet. Um der rechtswidrigen Ausnutzung fremden Funkverkehrs wirksam entgegentreten zu können, bedarf es klarer gesetzlicher Verbote. Das Gesetz gibt im §8b die materielle Vorschrift über den Umfang der Geheimnispflichten von Inhabern privater Funkanlagen, die durch die Vorschriften des § 8e (= § 14/1928) ergänzt werden, während die strafrechtlichen Androhungen gegen Verletzung dieser Geheimnispflichten im § 10c (= § 18/1928) enthalten sind.

Ein gesetzliches Verbot des Auffangens fremder Telegramme und Gespräche sieht das Gesetz wegen der besonderen Schwierigkeiten des Beweises der Übertretung derartiger Verbote nicht vor. Es beschränkt sich auf das Verbot, aufgefangene Nachrichten sowie die Tatsache des Auffangens Dritten mitzuteilen. Zu den durch § 8b geschützten Nachrichten gehören auch die Nachrichten der Funksonderdienste, die durch eine öffentlichen Zwecken dienende Fernmeldeanlage verbreitet werden.

Zu § 8c (= § 12/1928).

Der § 8c regelt das Recht auf Auskunft über Telegramme und Gespräche für die Fälle, in denen nach den Vorschriften über das Tel- und FspGeheimnis (§§ 8a, 8b) eine Schweigepflicht besteht. Die StPO sieht eine Bestimmung hierüber nicht vor, so daß verschiedentlich Zweifel darüber aufgetreten sind, ob die DRP. in strafgerichtlichen Untersuchungen Auskunft über Gespräche sowie über Telegramme, die sich bei ihr befinden (§ 99 StPO) oder befunden haben, erteilen darf. Die Bedürfnisse der Strafrechtspflege erfordern es hier, eine klare Rechtslage zu schaffen. Die Bestimmung entspricht im wesentlichen der ständigen Übung der Reichspost. Der § 8c ergibt, daß auf Grund allgemeiner Vorschriften über Auskunfterteilung (vgl. z. B. §§ 96, 161 StPO, § 181 Abs. 1 RAbgabenO) über Tatsachen, die unter das TelGeheimnis fallen, Auskunft weder verlangt noch erteilt werden darf.

Zu § 8d (= § 13/1928).

Die Bestimmungen gelten z. B. für den Überseeverkehr, der über die Großfunkstellen der Transradio-Aktiengesellschaft für drahtlosen Überseeverkehr in Nauen, Geltow, Eilvese, Sylt mit den Betriebszentralen in Berlin und Hamburg geleitet wird. Ähnlich liegen die Verhältnisse für Telegramme, die über Bordfunkstellen und Küstenfunkstellen gehen. Das entscheidende Merkmal dafür, daß eine Telegraphenanstalt die im § 8d bezeichnete Sonderstellung einnimmt, ist nicht die Persönlichkeit des Eigentümers der Anstalt, sondern lediglich die Tatsache, daß die Anstalt mit der DRP im Abrechnungsverhältnis steht. Daß über das einzelne Telegramm, das beschlagnahmt werden soll, abgerechnet worden ist, wird nicht vorausgesetzt; es genügt, daß die Anstalt mit der DRP allgemein über beförderte Telegramme abrechnet.

Zu § 8e (= § 14/1928).

Die Vorschriften über das TelGeheimnis müssen bei der Seefahrt und Luftfahrt gewisse Einschränkungen erfahren, damit nicht das zur Sicherheit des See- und Luftverkehrs unentbehrliche Mittel der Funktelegraphie gerade in den wichtigsten Fällen versagt. Diesem Zwecke dient der § 8e.

13[1]. Die §§ 9 und 10 werden durch folgende Vorschriften als §§ 9, 10 a, 10 b, 10 c, 10 d und 10 e ersetzt:
(s. Text 1928 §§ 15—20, S. 74—77).

1 Aus der Begründung:

Die Ziff. 13 des Art. I enthält das materielle Strafrecht. Die Strafbestimmungen sind gegenüber dem geltenden TelG (1892) erweitert. Sie richten sich gegen Verletzungen des TelHoheitsrechts (§§ 9, 10 a = §§ 15, 16/1928), gegen den Mißbrauch des Notzeichens (§ 10 b = § 17/1928), gegen Verletzungen des Funkgeheimnisses (§ 10 c = § 18/1928) und gegen Störungen des Funkbetriebs (§ 10 d = § 19/1928).

Zu § 9 (= § 15/1928).

Der § 9 wiederholt im Abs. 1 Satz 1 das bisher geltende Recht. Im Gegensatz zur VO zum Schutze des Funkverkehrs vom 8. März 1924 (RGBl. I S. 273) und in Übereinstimmung mit § 9 des geltenden TelG (1892) sieht das Gesetz als Strafe nicht lediglich Gefängnis, sondern auch Geldstrafe vor. Das Gesetz erklärt im § 9 Abs. 1 Satz 2 in Übereinstimmung mit der VO zum Schutze des Funkverkehrs vom 8. März 1924 den Versuch für strafbar.

Der § 9 bestraft auch die fahrlässige Verletzung des TelHoheitsrechts. Diese Ausdehnung der Strafvorschrift des TelRechts erscheint geboten, nachdem sich herausgestellt hat, daß sich bei Errichtung unerlaubter Anlagen, namentlich unerlaubter Funkanlagen, die Täter vielfach mit dem Einwand zu entschuldigen versuchen, sie hätten angenommen, daß die Genehmigung anderweit oder durch andere, besonders ihre Installateure, besorgt sei oder besorgt werden würde, und daß sie mit diesem Einwand Erfolg haben. Um bei Fahrlässigkeit die Möglichkeit zu haben, daß leichte Fälle nicht verfolgt werden, macht das Gesetz die Strafverfolgung wegen Fahrlässigkeit von einem Antrage der DRP abhängig.

Der Abs. 2 des § 9 führt zwei neue strafrechtliche Tatbestände ein. In Ziffer a wird die Verletzung von Verleihungsbedingungen unter Strafe gestellt. Die Frage, ob Verstöße gegen Verleihungsbedingungen ein strafbares Vergehen gegen das geltende TelG (1892) sind, wurde bisher vereinzelt bejaht, überwiegend jedoch verneint. Verstöße gegen Verleihungsbedingungen enthalten ein kriminelles Unrecht sicherlich dann, wenn die Tat darin besteht, daß durch die Errichtung, Änderung oder den Betrieb einer genehmigungspflichtigen Fernmeldeanlage gegen Verleihungsbedingungen verstoßen wird, wenn mithin gegen eine die Art der Errichtung oder des Betriebs der Fernmeldeanlage regelnde Verleihungsbedingung verstoßen wird. Dies stellt Ziffer a unter Strafe.

Einen weiteren neuen Straftatbestand sieht der Abs. 2 Ziffer b vor. Wird eine Anlage mit Genehmigung der Reichspost errichtet, diese Genehmigung aber zurückgenommen oder erlischt sie aus anderen Gründen, so ist nach geltendem Recht das bloße Weiterbestehenlassen dieser Anlage, ohne sie zu betreiben, nicht strafbar. Anlagen dieser Art sind aber eine ebenso große Gefahr wie die ohne Genehmigung der Reichspost betriebsfertig hergestellten Anlagen; ihr Betrieb kann, ohne daß die DRP zunächst hiervon etwas erfährt, jederzeit wieder aufgenommen werden. Der DRP muß daher gesetzlich das Recht gesichert werden, die Beseitigung der Anlagen binnen bestimmter Frist mit der Maßgabe zu verlangen, daß die Nichtbefolgung ihrer Anordnung bestraft wird. Die Vorschrift wird ergänzt durch die der VO zum Schutze des Funkverkehrs vom 8. März 1924 entnommene Vorschrift über das Recht der Polizei zur polizeilichen Beseitigung solcher Anlagen (§ 11 b Abs. 3 = § 22/1928). Die Bestimmung gilt bei „Fortfall" der Verleihung, mithin sowohl im Falle des Widerrufs der Verleihung wie mit deren sonstigem Erlöschen, z. B. durch Zeitablauf.

. . . .

Zu § 10 c (= § 18/1928).

Strafvorschriften zum Schutze des TelGeheimnisses sieht der § 355 StGB vor. An diesem soll vorerst nichts geändert werden; seine Änderung soll der Neuordnung des gesamten Strafrechts vorbehalten werden. Zum wirksamen Schutze des Funkgeheimnisses bedarf es jedoch besonderer Strafnormen, die den Besonderheiten des Funkwesens Rechnung tragen. Der § 10 c ergänzt die materiellen Vorschriften über das TelGeheimnis im Funkverkehr (§§ 8 b, 8 e = §§ 11, 14/1928) durch Strafandrohungen gegen Verletzungen der Geheimnispflichten. Der Tatbestand, an den die Strafvorschrift anknüpft, ist das Mitteilen der Nachrichten. Gleichgültig ist, ob die

Funkanlage öffentlichen Zwecken dient oder nicht, da auch § 8 b (= § 11/1928) für jede Funkanlage gilt, einerlei ob sie öffentlichen Zwecken dient oder nicht. Das Gesetz legt das Schwergewicht auf das Verbot, den Inhalt der Nachrichten sowie die Tatsache ihres Auffangens mitzuteilen. Nicht notwendig ist, daß der Mitteilende und Verbreitende gleichzeitig der ist, der die Nachricht aufgenommen hat. Wie der Wortlaut des § 10 c besonders hervorhebt, schließt diese Strafvorschrift dann, wenn der Täter gleichzeitig andere Strafgesetze verletzt hat, z. B. die §§ 87 ff. StGB oder das Ges gegen den Verrat militärischer Geheimnisse vom 3. Juni 1914 (RGBl. S. 195), die Bestrafung aus diesen Gesetzen (§ 73 StGB) nicht aus.

Zu § 10 d (= § 19/1928).

Die Sende- und Empfangstätigkeit elektrischer Fernmeldeanlagen unterliegt infolge ihrer Eigenart in besonderem Maße den Einwirkungen der von anderen Anlagen ausgehenden elektrischen Energie, deren Einfluß zur Störung und völligen Verhinderung des Betriebs führen kann. Geschieht dies vorsätzlich, so ist nach geltendem Recht ein strafrechtlicher Schutz nur dann gewährt, wenn Teile oder Zubehörungen der gestörten Anlage beschädigt oder verändert worden sind (§ 317 StGB). Dies genügt nicht zum Schutze des Funkverkehrs. Der Strafschutz, den der § 317 StGB bei vorsätzlicher Verhinderung oder Gefährdung von Fernmeldeanlagen gewährt, muß dahin erweitert werden, daß eine vorsätzliche Verhinderung oder Störung von Funkanlagen durch Anwendung oder Entziehung elektrischer Energie auch dann strafbar ist, wenn die Störung oder Verhinderung des Betriebs ohne Beschädigung oder Veränderung von Teilen oder Zubehörungen der Anlagen stattfindet. Um die Strafe des § 10 d auszulösen, muß die vorsätzliche Verhinderung oder Störung durch Verwendung elektrischer Energie oder durch Entziehung einer für die andere Anlage bestimmten Energiemenge stattfinden. Verwendung elektrischer Energie kann in dem Aussenden elektrischer Wellen bestehen, jedoch auch dadurch geschehen, daß die störende Anlage für ihren Betrieb elektrische Energie in einer Form und Art verwendet, die durch Einwirkung auf die Fernmeldeanlagen, z. B. auch im Wege der sogenannten Induktion, eine Verhinderung oder Störung des Betriebs dieser Anlagen herbeiführt. Entziehung elektrischer Energie im Sinne dieser Vorschrift liegt nicht lediglich dann vor, wenn die Energie aus der fremden Anlage selbst entzogen wird, sondern schon dann, wenn die für die andere Anlage bestimmte Energie noch vor dem Übergang in sie abgefangen, also der Übergang der Energie in die andere Anlage verhindert wird. Die Bestimmung ist mithin in gewissem Sinne eine Ergänzung des Ges über die Bestrafung der Entziehung elektrischer Arbeit vom 6. April 1900 (RGBl. S. 228). Denn sie trifft Fälle der Entziehung elektrischer Energie, in denen die Energie nicht bereits in der fremden Anlage vorhanden und deshalb das Ges vom 6. April 1900 nicht anwendbar ist, weil dieses Gesetz stets die Entnahme von Energie aus einer elektrischen Anlage oder Einrichtung voraussetzt. Abweichend vom Ges vom 6. April 1900 ist Absicht der Aneignung fremder Energie kein Tatbestandsmerkmal der Strafvorschrift, sondern abgesehen von der selbstverständlichen Voraussetzung des Vorsatzes die Absicht der Verhinderung oder Störung der fremden Anlage. Die Tat ist, wenn sie sich gegen private Funkanlagen richtet, nur auf Antrag zu verfolgen (Abs. 2).

Zu § 10e (= § 20/1928).

Gegenstände, die zur Begehung eines vorsätzlichen Vergehens gegen die Vorschriften des § 9 (= § 15/1928) gebraucht oder bestimmt waren, unterliegen der Einziehung, ohne Rücksicht darauf, wer Eigentümer der Gegenstände ist. Dadurch sollen Schiebungen zur Umgehung der Einziehungsbestimmungen verhütet werden; insbesondere muß der Funkverkehr vor der besonders naheliegenden Gefahr geschützt werden, die darin liegt, daß Gegenstände, mit denen unerlaubte Anlagen errichtet oder betrieben worden sind oder der Versuch hierzu gemacht worden ist, zur Verwendung bei Begehung neuer Verletzungen des Funkhoheitsrechts besonders geeignet sind und zu weiteren Übertretungen anreizen. Der § 10e schreibt jedoch abweichend von der VO zum Schutze des Funkverkehrs die Einziehung als zwingend nur dann vor, wenn die Funkanlage dem Täter oder einem Teilnehmer gehört; im übrigen liegt die Entscheidung über die Einziehung im Ermessen des

Gerichts. Die Einziehung kann nicht davon abhängig gemacht werden, daß eine bestimmte Person verfolgt und verurteilt werden kann. Vielmehr muß die Einziehung auch im sogenannten objektiven Verfahren möglich sein. Das muß wegen des § 430 StPO besonders ausgesprochen werden. Da § 10e nichts Abweichendes bestimmt, wird das Eigentum an eingezogenen Gegenständen dem Lande zustehen, dessen Gerichte die Einziehung ausgesprochen haben.

14[1]. Der § 11 wird durch folgende Vorschriften als §§ 11a und 11b ersetzt:

(s. Text 1928 §§ 21, 22, S. 78f.).

1 Aus der Begründung:

Zu § 11a (= § 21/1928).

Der § 11a enthält eine in den Tatsachen begründete Anwendung der Vorschrift des § 104 StPO.

Die Vorschrift des Abs. 2 über die Beteiligung von Vertretern der DRP an Durchsuchungen hat den Zweck, die praktischen Erfahrungen und Sonderkenntnisse der Reichspost, ohne die eine Durchsuchung wegen Fernmeldeanlagen nicht sachgemäß durchgeführt werden kann, gleich beim ersten Vorgehen den Strafverfolgungsbehörden zur Verfügung stellen zu können. Einer besonderen Bestimmung hierüber bedurfte es, um sicherzustellen, daß der von der Durchsuchung Betroffene gegen die Teilnahme der Reichspostbeamten an der Durchsuchung keinen Einspruch erheben kann; Widerstand gegen sie wäre ebenso Widerstand gegen die Staatsgewalt (§ 113 StGB), wie Widerstand gegen Richter, Staatsanwalt und Polizei.

Zu § 11b (= § 22/1928).

Der § 11b behandelt das polizeiliche Zwangsverfahren auf Außerbetriebsetzung und Beseitigung verbotener Anlagen.

An der Spitze steht der Grundsatz, daß es Pflicht der Polizei ist, unbefugt errichtete oder unbefugt betriebene Anlagen außer Betrieb zu setzen oder zu beseitigen. Gleichzeitig ist (Abs. 1 Satz 2) als reichsgesetzlicher Grundsatz festgelegt, daß diese Maßnahmen unmittelbar angewandt werden können, daß es mithin nicht nötig ist, erst mit Geldstrafen oder anderen Maßnahmen des mittelbaren Zwanges (vgl. § 132 preuß. LandesverwaltungsG) vorzugehen.

Der unmittelbare polizeiliche Zwang hat gegenüber Fernmeldeanlagen vielfach nur dann einen Zweck, wenn er ohne vorherige polizeiliche Androhung eintritt. Der § 11b beschränkt sich auf diese wenigen Grundsätze für das Polizeirecht. Alle weiteren Einzelheiten des Verfahrens sowie der Rechtsmittel gegen polizeiliche Maßnahmen sind der Landesgesetzgebung überlassen. Dieser steht daher z. B. die Entscheidung darüber zu, ob gegen polizeiliche Maßnahmen aus § 11b die ordentlichen Gerichte oder die Verwaltungsgerichte anzurufen sind oder etwa nur die Dienstaufsichtsbeschwerde zulässig ist. Die Landesgesetzgebung kann auch jedes Rechtsmittel ausschließen; sie ist jedenfalls nicht reichsgesetzlich verpflichtet, Rechtsmittel für polizeiliche Maßnahmen der im § 11b gedachten Art vorzusehen.

Der letzte Satz des Abs. 1 berücksichtigt den Fall, daß für eine unbefugt errichtete Anlage nach dem Eingreifen der Polizei nachträglich die Erteilung einer Genehmigung beantragt wird, die vielleicht erteilt werden kann. In diesem Fall ist der Zweck des polizeilichen Eingreifens im wesentlichen erreicht.

Welche Maßnahmen im einzelnen zu treffen sind, um verbotene Anlagen außer Betrieb zu setzen oder zu beseitigen, überläßt § 11b der Entscheidung der Polizei, damit sie den besonderen Bedürfnissen des Einzelfalls Rechnung tragen kann. Das Gesetz verlangt insbesondere nicht, daß die Einrichtungen der Anlage stets aus dem Besitze des Inhabers entfernt werden. Wenn aber Gefahr besteht, daß eine außer Betrieb gesetzte oder beseitigte Anlage, die dem bisherigen Inhaber überlassen bleibt, wieder eingerichtet und in Betrieb genommen wird, muß die Polizei die Möglichkeit haben, dies durch Beschlagnahme der Anlage zu verhindern. Diesem Zwecke dient der Abs. 2 des § 11b. Die sicherstellende Beschlagnahme des Abs. 2 ist zu unterscheiden von der Beschlagnahme auf Grund der Strafprozeßordnung (§ 94 StPO) sowie von der die Eigentumsverhältnisse verändernden strafrechtlichen Einziehung (§ 10e = § 20/1928). Dies wird im Abs. 2 Satz 2 klargestellt.

Polizeilicher Zwang (Abs. 1) und polizeiliche Sicherungsbeschlagnahme (Abs. 2) müssen auch gegen die auf Grund einer Verleihung errichteten oder betriebenen Anlagen anwendbar sein, die nach Fortfall der Verleihung binnen der von der DRP bestimmten Frist nicht außer Betrieb gesetzt oder beseitigt werden. Anlagen dieser Art bilden eine ständige Gefahr und sind, was das Eingreifen der Polizei anlangt, den unbefugt errichteten Anlagen gleichzustellen.

15[1]. Der § 13[2] Abs. 2 wird gestrichen.

(Wegen § 13 Abs. 1 s. Text 1928 § 24, S. 82.)

1 Aus der Begründung:

Die Bestimmung des § 13 TelG darüber, daß Streitigkeiten aus dem § 12 TelG Feriensachen sind, ist, weil praktisch ohne Bedeutung, gestrichen worden.

2 § 12 TelG 1892 ist vom ÄnderungsGes/FMeldeAnlG unverändert übernommen worden. Die Änderung durch VO v. 13. 2. 1924 (RGBl. I S. 118) ist aufgehoben durch VO v. 18. 10. 1924 (ebd. S. 715); vgl. Bek. v. 14. 1. 1928 (S. 56), Anm. 3 und § 23 FernMAnlG Anm. 1 (S. 81).

16[1]. Die §§ 14 und 15[2] werden gestrichen.

1 Aus der Begründung:

Der § 14 des geltenden TelG (1892) stellte fest, daß das TelG keine gesetzlichen Rechte auf Benutzung fremder Grundstücke, insbesondere öffentlicher Wege, für Fernmeldeanlagen und deren Zubehör vorsieht. Das trifft auch für das TelG in der Fassung des vorliegenden Entwurfs zu. Eine besondere dahingehende Feststellung erscheint aber im TelG nicht mehr erforderlich, nachdem die Frage, inwieweit für Fernmeldeanlagen ein gesetzliches Recht auf Benutzung öffentlicher Verkehrswege und sonstiger Grundstücke besteht, durch das TelWegeG vom 18. Dezember 1899 (RGBl. S. 705) erschöpfend geregelt ist.

2 Text: „Die Bestimmungen dieses Gesetzes gelten für Bayern und Württemberg mit der Maßgabe, daß für ihre Gebiete die für das Reich festgestellten Rechte diesen Bundesstaaten zustehen und daß die Bestimmungen des § 7 auf den inneren Verkehr dieser Bundesstaaten keine Anwendung finden." Die Vorschrift ist überholt durch die Staatsverträge vom März 1920 (s. Teil I S. 15, 40); vgl. Bek v. 14. 1. 1928 (S. 56) Anm. 3.

17. An allen Stellen des Gesetzes werden ersetzt: die Begriffe „Telegraphenanlagen" und „Telegraphenlinien" durch „Fernmeldeanlagen".

Artikel II.

Der § 2 des Gesetzes, betreffend Telegraphen- und Fernsprechgebühren, vom 6. Mai 1920[1] (RGBl. S. 894) sowie das Fernsprechgebührengesetz vom 17. August 1923[2] (RGBl. I S. 802) werden aufgehoben.

1 Text: „Die übrigen TelGebühren und die Bedingungen für die Benutzung des Telegraphen werden vom RPMin mit Zustimmung des Reichsrats durch Verordnung (= TelO, s. S. 117) festgesetzt. Hierdurch werden insbesondere geregelt

1. die allgemeinen Erfordernisse der Telegramme,
2. die besonderen Telegramme und ihre Gebühren,
3. die Erhebung und Stundung der Gebühren,
4. die Zurückziehung von Telegrammen auf Verlangen des Absenders,
5. die Bestellung der Telegramme,
6. die Behandlung unbestellbarer Telegramme,
7. die Verantwortlichkeit der TelVerwaltung und die Erstattung von Gebühren.

Die Anordnungen sind zu veröffentlichen."

Materiell ist der Vorschrift bereits durch § 6 RPFinanzG v. 18. 3. 1924 (RGBl. I S. 287) derogiert.

2 Den gesamten Inhalt des FspGebG 1923 hatte bereits die FspO v. 21. 6. 24 (PABl. S. 371) an sich gezogen (vgl. PABl. 1924 S. 393); übrig geblieben waren nur die §§ 12 und 13.

Texte: § 12. Auf die Einziehung der TelGebühren einschl. der FspGebühren findet § 25 des PostG v. 28. Oktober 1871 (RGBl. S. 347) Anwendung.

§ 13. Soweit vorstehend nicht Bestimmungen getroffen sind, werden die Bedingungen für die Benutzung der FspEinrichtungen und die Gebühren für den FspVerkehr vom RPMin mit Zustimmung des Reichsrats durch Verordnung (FspO, s. S. 217) festgesetzt.

Hierdurch werden insbesondere geregelt:

1. die Einrichtungsgebühr für die Teilnehmersprechstellen;
2. die Bedingungen für Anschlüsse, die weiter als 5 km von der Vermittlungsstelle entfernt oder besonders kostspielig sind;
3. die Bedingungen für Anschlüsse, welche mehreren Personen unter Benutzung einer und derselben Anschlußleitung gewährt werden (Gemeinschaftsanschlüsse);
4. die Bedingungen für Nebenanschlüsse und Zusatzeinrichtungen;
5. die Bedingungen für die Verlegung und für die Übertragung von Anschlüssen;
6. die Bedingungen für die Benutzung öffentlicher Sprechstellen;
7. die Bedingungen für Verbindungen zur Nachtzeit und während der Tagesdienstpausen der Vermittlungsstellen;
8. die Bedingungen für die Gesprächsverbindungen im Vororts- und Bezirksverkehr;
9. die Bedingungen für die Zulassung dringender Pressegespräche zur einfachen Gebühr;
10. die Bedingungen für die Zulassung von Blitzgesprächen;
11. die Bedingungen für die Benutzung der FspLeitungen nach dem Ausland;
12. die Bedingungen für die besonderen Telegraphen und die Nebentelegraphen;
13. die Bedingungen für die Übermittlung von Telegrammen durch den Fernsprecher.

Materiell ist dem § 13 bereits durch § 6 RPFinanzG v. 18. 3. 1924 (RGBl. I S. 287) derogiert.

Artikel III.

Der Reichspostminister wird ermächtigt, den Wortlaut des Gesetzes über das Telegraphenwesen für das Deutsche Reich vom 6. April 1892 (RGBl. S. 467), wie er sich aus dem Gesetze zur Abänderung des Gesetzes über das Telegraphenwesen des Deutschen

Reichs vom 7. März 1908[1] (RGBl. S. 79), aus § 13 Abs. 2 des Fernsprechgebührengesetzes vom 11. Juli 1921[2] (RGBl. S. 913) und aus den in dem Artikel I dieses Gesetzes vorgesehenen Änderungen ergibt, in fortlaufender Nummernfolge der Paragraphen unter der Überschrift „Gesetz über Fernmeldeanlagen" durch das Reichsgesetzblatt bekanntzumachen.

1 S. Art. I Anm. 1.

2 Betrifft die Aufhebung des § 6 Abs. 2 TelG 1892; vgl. Art. I Ziff. 10 Anm. 2.

Artikel IV.

Dieses Gesetz tritt am 1. Januar 1928 in Kraft.

Berlin, den 3. Dezember 1927.

RPräs: von Hindenburg

RPMin: Schätzel.

Bekanntmachung des Wortlauts des Gesetzes über Fernmeldeanlagen. Vom 14. Januar 1928.

(RGBl. I S. 8.)

Auf Grund des Artikel III des Gesetzes zur Änderung des Telegraphengesetzes vom 3. Dezember 1927 (RGBl. I S. 331)[1] wird der Wortlaut des Gesetzes über das Telegraphenwesen für das Deutsche Reich in der vom 1. Januar 1928 ab[2] geltenden Fassung unter der Überschrift „Gesetz über Fernmeldeanlagen" bekanntgemacht.

Berlin, den 14. Januar 1928.

RPMin: Schätzel.

1 Siehe S. 38.

2 S. oben: Art. IV ÄnderungsG 1927.

3 Vorg.: TelG 6. 4. 1892 (RGBl. S. 467), seinerseits ohne formentsprechenden Vorgang in Preußen und im Nordd. Bunde. — Änderungen: Ges 7. 3. 1908 (RGBl. S. 79; daraus neu: § 3

Abs. 2, §§ 3a, 3b, § 7 Abs. 2), FspGebG 11. 7. 1921 (RGBl. S. 913; Aufhebung § 6 Abs. 2), in neuer Fassung veröffentl.: Bek 14. 7. 1923 (RGBl. I S. 694) aufgeh.: Ges 17. 8. 1923 (RGBl. I S. 802); VO 13. 2. 1924 (RGBl. I S. 118; neue Fassung des § 12), aufgeh.: VO 18. 10. 1924 (RGBl. I S. 715); FunkschutzVO 8. 3. 1924 (RGBl. I S. 273; Änderung §§ 9—11, soweit Funkanlagen betreffend), aufgeh.: VO 28. 12. 1927 (RGBl. I S. 513; ÄnderungsG 3. 12. 1927, RGBl. I S. 331; Änderung sämtlicher Vorschriften außer § 12). — Reichstagsdrucksachen: Stenogr. Ber. III, Wahl-Per. 1924 Bd. 394 (Berlin 1928), Erledigung der 3 Lesungen am gleichen Tage ohne Wortmeldungen (S. 11719 B/C), Tag des Inkrafttretens (Art. IV ÄnderungsG 1927) nachträglich festgesetzt ohne Erörterung (S. 11 732 D).

Gesetz über Fernmeldeanlagen.

§ 1[1].

(1) Das Recht[2], Fernmeldeanlagen[3], nämlich Telegraphenanlagen für[4] die Vermittlung von Nachrichten, Fernsprechanlagen[5] und Funkanlagen[6] zu errichten und zu betreiben[7], steht ausschließlich[8] dem Reiche[9] zu. Funkanlagen sind elektrische Sendeeinrichtungen sowie[10] elektrische Empfangseinrichtungen, bei denen die Übermittlung oder der Empfang von Nachrichten, Zeichen, Bildern oder Tönen[11] ohne Verbindungsleitungen[12] oder unter Verwendung elektrischer, an einem Leiter entlang geführter Schwingungen[13] stattfinden kann.

(2) Das im Abs. 1 bezeichnete Recht übt der Reichspostminister[14] aus; für Anlagen, die zur Verteidigung[15] des Reichs bestimmt sind, übt es der Reichswehrminister aus.

1 Vorg.: § 1 TelG 1892.

2 Vor 1892 ungeschriebenes Alleinrecht der Post- und Telegraphenverwaltung.

3 Ausdruck erstmals hier angewendet. Der Begriff „Meldung" ist weiter als „Nachricht"; vgl. Satz 2. Elektrischer Anlagenbetrieb nicht erforderlich (Ausnahme: Funkanlage, s. Satz 2), daher auch optische Anlagen hierhergehörend (vgl. § 17 TelO 1926, S. 144).

4 Der Zusatz „für ... Nachrichten" ist bedeutungslos (aus § 1 TelG 1892 übernommen).

5 Im TelG 1892 waren die FspAnlagen in den „TelAnlagen für Nachrichten" miteinbegriffen (§ 1).

6 Drahtlose Anlagen für Tel- und FspZwecke, daher von den „Tel- und FspAnlagen" nur technisch (Radio) unterschieden.

7 Zweiseitiger Meldeverkehr wird vom Ges nicht gefordert; vgl. die einseitigen Meldungen des Rundfunks.

8 Soviel wie Ausschluß des Privatgewerbes; vgl. jedoch § 3.

9 Zum öffentlich-rechtlichen Tel- und Fsp„Wesen" (RVerf 1919 Art. 88; s. Teil I S. 8) gehört auch die mit dem Errichten der Anlagen notwendig zusammenhängende TelBautätigkeit der DRP (s. TelWegeG S. 86); wegen Enteignungsrechts der DRP s. § 14 RPostFinanzG 1924 (Teil I S. 84).

10 Der Ausdr. bedeutet nicht, daß nur miteinander verbundene Sende- und Empfangseinrichtungen vom Ges gemeint wären.

11 Auch u. a. Herztöne in der ärztlichen Therapie.

12 Sog. Raumfunk.

13 Sog. Drahtfunk.

14 S. Erl. 21. 3. 1919 (RGBl. S. 327), § 5 ÜbergangsG 4. 5. 1919 (RGBl. S. 285), RVerf 1919 Art. 56 Satz 2, § 1 RPostfinanzG 1924 (Teil I S. 6 und 72). Im besetzten Gebiet bedarf es der Zustimmung der Besatzungsmacht (Art. 11 RheinlandAbk, RGBl. 1919 S. 1347).

15 „Verteidigung" des Reichs ist die Aufgabe der RWehr (Art. 79 RVerf 1919); vgl. auch Art. 96 ebd. (Eisenbahnleistungen für Zwecke der Landesverteidigung). Das gleiche meint § 17 TelWegeG (S. 104).

§ 2[1].

(1) Die Befugnis zur Errichtung[2] und zum Betrieb einzelner[3] Fernmeldeanlagen kann verliehen[4] werden.

Die Verleihung kann für bestimmte Strecken oder Bezirke erteilt werden.

(2) Die Verleihung sowie die Festsetzung der Bedingungen der Verleihung stehen dem Reichspostminister[5] oder den von ihm hierzu ermächtigten Behörden[6] zu. Sie muß[7] für Fernmeldeanlagen, die von Elektrizitätsunternehmungen[8] zur öffentlichen Versorgung mit Licht und Kraft, die der allgemeinen Versorgung von Gemeinden oder größerer Gebietsteile zu dienen bestimmt sind[9], zum Zwecke ihres Betriebs verwendet werden sollen, erteilt werden, soweit nicht Betriebsinteressen der Deutschen Reichspost entgegenstehen; dies gilt nicht für Funkanlagen[10].

1 Vorg.: § 2 TelG 1892.

2 Wegen § 15 Ziff. 1 Satz 2 muß die Verleihung vor dem Beginn des Errichtens erteilt sein. Rückwirkende Verleihung nicht ausgeschlossen, s. § 22 Abs. 1 Satz 4.

3 Generelle Verleihungen nicht ausgeschlossen; vgl. vielmehr EisenbTelReglt 1876 (S. 170) und SchiffsTelBek 1908 (S. 82), ferner § 3 Anm. 5, § 4 Anm. 8. Wegen des FunkVerk s. RfBest 1930 (S. 406).

4 Verleihung zufolge Verwaltungsakts (vgl. § 3 Anm. 1). Vorgang öffentlichen Rechts. Volljährigkeit des Beliehenen nicht erforderlich. Wegen Überwachung durch die DRP s. § 6 Ziff. 1. — Bei Ablauf der Verleihungsdauer kein unentgeltlicher Heimfall an die DRP (Art. 153 RVerf 1919, Teil I S. 12). — Kein Klaganspruch auf Verleihung; keine Pfändbarkeit (ZPO, KonkursO) des Rechts aus der Verleihung (vgl. § 5 RfVerlBed 1930, S. 411). Wegen Verleihungsbedingungen s. § 6 Ziff. 1, wegen Verleihungsgebühren s. § 9 Ziff. 2.

Verliehene Betriebe des FunkVerk bestehen in folgenden Formen (vgl. Nachtrag S. 479):

A) Sender und Empfänger sind Verleihungsinhaber.

I. Privatbetrieb auf Privatanlagen.

1. ÜberseeVerk der TransradioAG über Geltow, Eilvese, Sylt.
2. SchiffsfunkVerk der Küstenstellen (soweit nicht bei II) und der Bordstellen (Reedereibetrieb oder D. Betriebsgesellschaft m. b. H.). International z. T. als „Funksonderdienst" bezeichnet und z. T. als Rundfunk betrieben.
3. LuftfunkVerk (soweit nicht bei II). International: wie zu 2.
4. Gemeinnützige Anlagen (Starkstrom, Wasserwerke usw.), s. FernmeldeAnlG § 2 Abs. 2.
5. Anlagen der Funkvereine, Versuchsanlagen usw.
6. Funkgespräche mit Schiffen in See (PABl. 1929 S. 354); s. S. 404.

II. Privatbetrieb über DRP-Anlagen mit DRP-Vermittlung (vgl. § 17 TelO, S. 144).
1. Wie zu I, 1 über Nauen.
2. SchiffsfunkVerk der Küstenstellen Cuxhaven, Bremerhaven, Helgoland, Norddeich, Swinemünde.
3. LuftfunkVerk der Küstenstellen wie zu 2.
4. Zeitzeichen- und Funkwetterdienst der D. Seewarte in Hamburg und des Observatoriums Lindenberg.
5. Rundfunk, soweit über die Drahtanlagen des AuslandsTelVerk.

III. Privatbetrieb über DRP-Anlagen ohne DRP-Vermittlung, vgl. § 13 TelO (S. 140).
1. die sog. „Besonderen Funknachrichtendienste", nämlich: Wirtsch.-, Presse-, Sport- u. HochseeFk (PABl 1930 S. 131),
2. der sog. (Unterhaltungs-)Rundfunk.

B) Nur der Vermittler zwischen Absender und Empfänger ist Verleihungsinhaber: Zugfunk (S. 180).

5 S. § 1 Anm. 14.

6 S. ZuständigkeitsO, S. 457.

7 Kein Rechtsweg.

8 AusfBest der DRP (PABl. 1927 S. 503): „Betriebsfernmeldeanlagen von Elektrizitätsunternehmungen unterliegen, soweit nicht die Voraussetzungen des § 3 Abs. 1 TelG gegeben sind,

der Genehmigung der DRP. Elektrizitätsunternehmungen, die der allgemeinen Versorgung von Gemeinden oder größerer Gebietsteile mit Licht und Kraft zu dienen bestimmt sind, haben nach § 2 Abs. 2 Satz 2 TelG einen öffentlichrechtlichen Anspruch auf Verleihung des Rechts zur Errichtung und zum Betrieb von Drahtfernmeldeanlagen, die zum Zwecke ihres Betriebs verwendet werden sollen. Dieser Anspruch besteht nicht, soweit Betriebsinteressen der DRP entgegenstehen; er besteht ferner nicht, soweit es sich um Funkanlagen handelt, mithin auch nicht für Drahtfernmeldeanlagen solcher Unternehmungen für leitungsgerichtete Hochfrequenztelegraphie oder Hochfrequenztelephonie.

Bei Behandlung von Anträgen der Elektrizitätsunternehmungen hinsichtlich des Baues und der Instandhaltung ihrer Betriebsfernmeldeanlagen ist nach der vom RPMin im Reichsrat abgegebenen, nachstehend abgedruckten Erklärung zu verfahren.

„Die DRP erkennt die besonderen, aus der Entwicklung der Elektrizitätswirtschaft sich ergebenden Bedürfnisse der Elektrizitätsversorgungsunternehmungen nach einem ausreichenden, betriebssicheren Fernmeldeverkehr an und ist bereit, diesen Bedürfnissen bei dem Ausbau und bei der Instandhaltung des BetriebsTelNetzes dieser Unternehmungen in weitgehendem Maße Rechnung zu tragen. Im besonderen wird die DRP mit Rücksicht darauf, daß die der Versorgung mit Licht und Kraft dienenden Elektrizitätsversorgungsunternehmungen für das Gemeinwohl und die Allgemeinwirtschaft wichtige Unternehmungen sind, durch entsprechende Verwaltungsmaßnahmen darauf hinwirken, daß Ausbau und Instandhaltung der BetriebsTelLeitungen der genannten Unternehmungen eine bevorzugte Behandlung erfahren.

Die DRP wird den Elektrizitätsunternehmungen, die der allgemeinen Versorgung von Gemeinden oder größeren Gebietsteilen mit Licht und Kraft zu dienen bestimmt sind, für ihre Betriebsfernmeldeanlagen die Benutzung postalischer Anlagen (z. B. FspGestänge, FspKabel, Kabelgräben, Zementröhrenkanäle usw.) gestatten, soweit nicht Betriebsinteressen der DRP dem im Einzelfall entgegenstehen. Hierbei wird keine höhere Vergütung in Rechnung gestellt werden, als zur

Deckung der Selbstkosten erforderlich ist; Miete wird nach den gleichen Grundsätzen berechnet wie gegenüber Behörden."

Danach kann auf Antrag Elektrizitätsunternehmungen, die der allgemeinen Versorgung von Gemeinden oder größeren Gebietsteilen mit Licht und Kraft zu dienen bestimmt sind, für ihre Betriebsfernmeldeanlagen die Benutzung postalischer Anlagen (z. B. FspGestänge, FspKabel, Kabelgräben, Zementröhrenkanäle usw.) gestattet werden, soweit nicht Betriebsinteressen der DRP im Einzelfall entgegenstehen. Die Arbeiten an und in den postalischen Einrichtungen werden von der DRP ausgeführt. „Für die Arbeiten sind lediglich die Selbstkosten, die sich nach den hierüber erlassenen allgemeinen Bestimmungen berechnen, in Ansatz zu bringen. Die Miete ist nach den gleichen Grundsätzen zu berechnen wie gegenüber Behörden. Weitere Verfügung bleibt vorbehalten." — Vgl. auch FspO § 21 Anm. 2.

9 Gemeint sind Anlagen, die nicht schon nach § 3 der Verleihung nicht bedürfen. „Wegen Ermäßigung der Verleihungsgebühren bestehen Instruktionsvorschriften. Wegen Bau und Unterhaltung solcher Anlagen durch die DRP s. Postamtsbl. 1927 S. 503 f.

10 Vgl. § 3 Ziff. 2.

§ 3[1].

(1) Ohne Verleihung (§ 2) können errichtet und betrieben werden (genehmigungsfreie[2] Fernmeldeanlagen):

1. Fernmeldeanlagen, welche ausschließlich[3] dem inneren Dienste[4] von Behörden[5] der Länder, der Gemeinden[6] oder Gemeindeverbände sowie von Deichkorporationen, Siel- und Entwässerungsverbänden gewidmet sind;
2. Fernmeldeanlagen, welche von Transportanstalten[7] auf ihren Linien[8] ausschließlich zu Zwecken ihres Betriebs oder für die Vermittlung von Nachrichten innerhalb der bisherigen Grenzen[9] benutzt werden;

3. Fernmeldeanlagen
a) innerhalb der Grenzen eines Grundstücks[10],
b) zwischen mehreren einem Besitzer[11] gehörigen oder zu einem Betriebe vereinigten Grundstücken[10], deren keines von dem anderen über 25 km in der Luftlinie entfernt ist, wenn diese Anlagen ausschließlich für den der Benutzung der Grundstücke entsprechenden unentgeltlichen[12] Verkehr bestimmt sind.

(2) Die Vorschriften des Abs. 1 gelten nicht für Funkanlagen[13].

(3) Für die Frage, ob die Voraussetzungen des Abs. 1 vorliegen, ist der Rechtsweg[14] vor den ordentlichen Gerichten gegeben.

1 Vorg.: § 3 TelG 1892 mit dem Abs. 2 gemäß Ges 1908. — § 3 ordnet die sog. „Verleihung kraft Gesetzes", vgl. § 2 Anm. 4 und § 4 Anm. 2. — Durchbrechung des Alleinrechts der DRP (vgl. § 1 Anm. 8).

2 „Genehmigung" gleichbedeutend mit „Verleihung", vgl. § 15 Ziff. 2 zu a. Keine Genehmigung kraft Gewohnheitsrechts. Wegen Überwachung durch die DRP s. § 6 Ziff. 2.

3 Ausgeschlossen ist u. a. auch ein Verkehr der Behörden untereinander.

4 Nicht: dem Verk Anderer oder für Andere, z. B. Feuermelde- oder Polizei-Notrufanlagen.

5 Nicht auch Reichsbehörden (ausgenommen RWehr); wegen Gleichstellung mit den Landesbehörden s. RVerkBl. 1928 S. 155. RBahnDienststellen sind den RBehörden gleichgestellt.

6 Über Sonderstellung der Elektrizitätsunternehmungen s. § 2 Anm. 8.

7 D. s. anstaltsmäßige Großunternehmen für Sach- und Personenbeförderung zu Lande oder zu Wasser; nicht ohne weiteres anzuwenden HGB §§ 407 ff., 425 ff.

8 Nicht gleichbedeutend mit der „Strecke" nach § 1 KraftfahrlinienG 26. 8. 1925 und VO 20. 10. 1928 (Teil I S. 537, 541).

9 Der Text „oder — Grenzen" ist aus § 3 TelG 1892 übernommen; gemeint ist der „Nachrichten"-Verkehr des Publikums über den EisenbahnbetriebsTel, vgl. S. 170.

10 Tatfrage; Grundbuch ist im Zweifel nicht maßgebend; vgl. FspO § 24 Anm. 4.

11 Nicht der BGB-Begriff; Identität zwischen Besitzer und Beliehenem ist nicht zu fordern.

12 Unentgeltlichkeit im Falle a nicht zu fordern.

13 Übernommen aus RfBek 8. 4. 1924 (PABl. S. 249); vgl. § 2 Anm. 8.

14 Neue Vorschrift; vgl. § 9 Abs. 1.

§ 4[1].

[2]Auf deutschen Fahrzeugen[3] für Seefahrt[4], Binnenschiffahrt[5] oder Luftfahrt[6] dürfen Fernmeldeanlagen[7], welche nicht ausschließlich zum Verkehr innerhalb des Fahrzeugs bestimmt sind, nicht ohne Verleihung[8] (§ 2) errichtet und betrieben werden.

1 Vorg.: § 3a TelG 1892; Nachtrag zufolge Ges 1908.

2 Wie § 3 Anm. 1; die Vorschrift gilt auch außerhalb des Reichsgebiets (§ 5).

3 Beispiele für den Begriff des Fahrzeugs s. DonauschiffahrtsPolizeiO 2. 10. 1925 (RGBl. II S. 953).

4 Begriffsmerkmal: §§ 1—3 Ges 22. 6. 1899 (RGBl. S. 319) und 29. 5. 1901 (RGBl. S. 184).

5 Begriffsmerkmal: § 6 Ges 20. 5. 1898 (RGBl. S. 868).

6 Begriffsmerkmal: §§ 1 und 2 Ges 1. 8. 1922 (RGBl. I S. 681).

7 Nicht gleichbedeutend mit den Anlagen nach § 14 Ges 1. 8. 1922 (RGBl. I S. 681); vgl. vielmehr § 1 Anm. 3.

8 Eine generelle Verleihung für Seefahrzeuge enthält Bek 16. 7. 1908 (s. S. 82), vgl. § 2 Anm. 3 und § 5 Anm. 2. — Auch das Mitführen von Funkgerät bedarf der Erlaubnis des RPMin (§ 14 Ges 1. 8. 1922, RGBl. I S. 681).

§ 5[1].

Der Reichspostminister trifft die Anordnungen[2]

über den Betrieb[3] von Fernmeldeanlagen[4] auf[5] fremden Fahrzeugen für Seefahrt[6], Binnenschiffahrt oder Luftfahrt, die sich im deutschen Hoheitsgebiet[7] aufhalten[8].

1 Vorg.: § 3b TelG 1892; Nachtrag zufolge Ges 1908.

2 Generelle Anordnung für Seefahrzeuge treffen die Best 1909 (s. S. 84); vgl. § 4 Anm. 8.

3 Auch über Errichtung, sofern im Reichsgebiet stattfindend (nicht bei fremden Staats- und Kriegsschiffen).

4 Wie § 4 Anm. 7.

5 Nicht: „innerhalb der Fahrzeuge" (vgl. § 4).

6 Auch Staats- und Kriegsschiffe; nicht so auch im Falle des § 4; wegen der deutschen Kriegsschiffe vgl. vielmehr § 1 Ziff. 2.

7 Auch: Luftbereich über dem Reichsgebiet einschl. der Küstengewässer und der internationalisierten Ströme (Donau, Elbe, Memel, Oder, Rhein; s. VersFr Art. 331—341).

8 Wegen der Wirkung von Verstößen s. RMinBl. 1925 S. 987.

§ 6[1].

(1) Anlagen, die auf Grund einer Verleihung nach § 2 errichtet sind oder[2] betrieben werden, unterliegen der Überwachung daraufhin, daß die Verleihungsbedingungen[3] eingehalten werden.

(2) Die im § 3 Abs. 1 genannten Anlagen unterliegen der Überwachung daraufhin, daß Errichtung und Betrieb sich innerhalb der gesetzlichen[4] Grenzen halten.

(3) Die Vorschriften[5] für die Überwachung erläßt der Reichspostminister im Einvernehmen mit dem Reichsrat.

1 Vorg.: § 4 TelG 1892. — Wegen Überwachungsverhinderung als Straftat s. § 16. Wegen Durchsuchung als Überwachungsmittel s. § 21.

2 Anklang an die Strafvorschriften der §§ 15—22, die durchweg von „errichten oder betreiben" sprechen.

3 Kein BGB-Begriff; vgl. § 9 Anm. 7 und § 15 Anm. 5.

4 d. i. § 3 Abs. 1.

5 Bisher nicht erlassen; § 16 Ziff. 3 sieht Überwachungsbehörden auch außerhalb der DRP vor. — Nicht hierhergehörend die politische Rf-Überwachung (s. Richtlinien S. 448).

§ 7[1].

(1) Jedermann[2] hat gegen Zahlung der Gebühren das Recht[3] auf Beförderung von ordnungsmäßigen[4] Telegrammen und auf Zulassung zu einem ordnungsmäßigen[4] Gespräch auf den für den öffentlichen Fernmeldeverkehr bestimmten Anlagen[5].

(2) Vorrechte bei der Benutzung der dem öffentlichen Verkehre dienenden Anlagen und Ausschließungen von der Benutzung sind nur aus Gründen des öffentlichen Interesses zulässig[6].

1 Vorg.: § 5 TelG 1892.

2 Ausdrucksweise des preuß. TelRegulativs 26. 9. 1850 (MinBl. S. 291), § 1 Abs. 3; vgl. TelO 1926 § 1 Anm. 4 (S. 122).

3 Öffentlich-rechtliches Anstaltsnutzungsverhältnis; kein Rechtsweg. Nähere Vorschriften zur Anstaltsordnung erteilen TelO, FspO, RfBek usw.

4 D. h. der Anstaltsordnung entsprechend.

5 Text schon vom TelG 1892 (§ 5) übernommen aus § 1 TelO 15. 6. 1891 (Zentralbl. S. 162): „Die Benutzung der für den öffentlichen Verkehr bestimmten Telegraphen steht jedermann zu"; daher fallen Teilnehmersprechstellen und eigene Funkanlagen im § 7 aus; kein „Recht" auf WohnungsFspAnschluß oder RfVerleihung (s. RfBest 1930 Anm. 4). Dagegen sind die EisenbTel'n (S. 170) mitgemeint (vgl. § 28 TelO 1891). Praktisch ist § 7 Ziff. 1 belanglos.

6 Ziff. 2 war Arbeit der Reichstagskommission 1891 (= § 5 Abs. 2 TelG 1892). An die alten Vorschriften der Anstaltsordnung, betr. die Reihenfolge der Telegramme oder Gespräche und betr.

unzulässige Tel usw. ist dabei nicht gedacht. — Vgl. § 28 FspO (S. 368) und TelO § 3 Anm. 7.

§ 8[1].

Sind an einem Orte Fernmeldeanlagen[2] für den Ortsverkehr, sei es von der Deutschen Reichspost, sei es von der Gemeindeverwaltung oder von einem anderen Unternehmer, zur Benutzung gegen Entgelt[3] errichtet, so kann jeder Eigentümer[4] eines Grundstücks gegen Erfüllung der von jenen zu erlassenden und öffentlich bekanntzumachenden Bedingungen[5] den Anschluß an das[6] Lokalnetz[7] verlangen[8].

1 Vorg.: § 6 Abs. 1 TelG 1892.

2 Gemeint sind die Ortsnetze nach § 1 FspO (S. 226).

3 Der Text „sei es von der DRP" bis „gegen Entgelt" ist aus § 6 TelG 1892 übernommen, jedoch irrtümlich, da derartige Gemeinde- oder Unternehmeranlagen (vorgesehen im § 2 TelG 1892) gemäß § 3 FernMAnlG ausgeschlossen sind.

4 BGB-Begriff.

5 FspO §§ 4, 12, 28 (S. 231, 279, 363).

6 § 2 FspO.

7 Gleichbedeutend mit dem „Ortsnetz" nach § 1 FspO.

8 Kein Rechtsweg.

§ 9[1].

(1) Für die Beitreibung von Gebühren[2] der Deutschen Reichspost aus der Benutzung ihrer[3] Fernmeldeanlagen gelten die Vorschriften über die Beitreibung von Postgebühren[4]. Über die Pflicht zur Zahlung der Gebühren steht der Rechtsweg vor den ordentlichen Gerichten offen[5].

(2) Die Vorschriften des Abs. 1 gelten auch für die Beitreibung von Beträgen[6], die für die Erteilung einer Verleihung, für die Ausübung von Rechten aus ihr

oder für die Verletzung von Verleihungsbedingungen[7] zu zahlen sind.

1 Vorg.: § 7 TelG 1892; AusfBest der DRP (PABl. 1927 S. 504): „Der § 12 des FspGebG vom 17. 8. 1923 (RGBl. I S. 802) ist aufgehoben worden" (s. Art. II ÄnderungsG, S. 54). — „Durch § 7 Abs. 2 (1892 = § 9/1928) ist außer Zweifel gestellt, daß die Rundfunkgebühren sowie sonstige durch Verleihungen (§ 2 TelG) auferlegte Gebühren in derselben Weise beigetrieben werden können wie Post- und FspGebühren. Rückständige Rundfunkgebühren sind fortan nach den allgemeinen Grundsätzen beizutreiben, ohne Rücksicht darauf, ob sie vor oder nach dem 1. Januar 1928 fällig geworden sind".

2 Die Gebührenfestsetzung ist den VOn zur Anstaltsnutzung überlassen (§ 7 Anm. 3). Wegen Aufhebung der GebFreiheiten s. Ges 29. 4. 1920 (RGBl. S. 678; Teil I S. 396). Der in den VOn gemachte Unterschied zwischen „Gebühren" und „Kosten" (TelO § 23 II, FspO § 25 IV) gilt nicht für den Bereich des § 7 FernMAnlG. — Wegen FspGeb s. § 28 IV FspO (S. 368).

3 Nicht: EisenbahnTel (s. S. 170).

4 S. § 25 PostG 1871 (Teil I S. 160). Erstmalig s. § 8 (Abs. 2) FspGebO 20. 12. 1899 (RGBl. S. 711).

5 Erstmalig hier auftretende Rechtswegklausel für den Fall des Gebührenstreits (Leistungsprozeß); vgl. Teil I S. 28* f. Keine Inhaltsgleichheit mit § 25 (Abs. 3) PostG 1871, da dort der Rechtsweg nur für den Vollstreckungsprozeß vorgesehen ist.

6 Gemeint sind Verleihungs**gebühren**.

7 S. § 6 Ziff. 1; § 15 Ziff. 2 zu a.

§ 10[1].

(1) Die im Dienste der Deutschen Reichspost stehenden Personen[2] sind, vorbehaltlich der durch Reichsgesetz festgestellten Ausnahmen[3], zur Wahrung des Telegraphengeheimnisses[4] und des Fernsprechgeheimnisses[4] verpflichtet. Unter dem Schutze des Telegraphengeheimnisses und des Fernsprechgeheimnisses

stehen auch die Mitteilungen, die auf den für den öffentlichen Verkehr bestimmten Funkanlagen[5] der Deutschen Reichspost befördert oder zur Beförderung auf ihnen aufgegeben worden sind. Der Schutz erstreckt sich auch auf die näheren Umstände des Fernmeldeverkehrs, insbesondere darauf, ob und zwischen welchen Personen ein Fernmeldeverkehr stattgefunden hat.

(2) Die Bestimmungen des Abs. 1 gelten entsprechend für Personen, die eine für den öffentlichen Verkehr bestimmte, nicht der Deutschen Reichspost gehörende Fernmeldeanlage[6] bedienen oder beaufsichtigen.

(3) Befindet sich die Fernmeldeanlage an Bord eines Fahrzeugs für Seefahrt oder Luftfahrt, so besteht die Pflicht zur Wahrung des Geheimnisses nicht gegenüber dem Führer des Fahrzeugs oder seinem Stellvertreter[7].

1 Vorg.: § 8a ÄnderungsG 1927 (S. 44).

2 Beamte, Angestellte, Arbeiter (PABl 1922 S. 19), Sprechstelleninhaber (§ 15 II FspO). — Über RfHörer s. § 11, über Bordfunker s. § 14.

3 Vgl. §§ 12—14. Gemeint ist jede Reichsrechtsnorm; wegen § 121 KonkursO s. Teil I S. 413.

4 S. Art. 117 RVerf 1919 (Teil I S. 10). Die Unverletzlichkeit des TelGeheimnisses ordnete seit Anbeginn die Anstaltsordnung: zuerst § 11 pr. TelRegulativ 6. 8. 1849 (MinBl. S. 203), zuletzt § 2 TelO 15. 6. 1891 (Zentralbl. S. 162), seitdem § 8 TelG 1892. Das FernMAnlG überläßt die grundsätzliche Ordnung zutreffender der RVerf. — Wegen Aufhebung des Tel- und FspGeheimnisses aus Art. 48 RVerf s. Teil I S. 5.

5 Nicht: RfNachrichten; vgl. § 11 Anm. 2.

6 EisenbahnTel, Gesellschaftskabel und -funkbetriebe.

7 Vgl. § 11 Satz 2 und § 14.

§ 11[1].

Werden durch eine Funkanlage, die von anderen als Behörden betrieben wird, Nachrichten[2] empfangen, die von einer öffentlichen Zwecken dienenden Fernmeldeanlage übermittelt werden und für die Funkanlage nicht bestimmt sind[3], so dürfen der Inhalt der Nachrichten sowie die Tatsache ihres Empfanges auch von Personen, für die eine Pflicht zur Geheimhaltung nicht schon nach § 10 besteht, anderen nicht mitgeteilt werden. Die Vorschrift des § 10 Abs. 3 gilt entsprechend[4].

1 Vorg.: § 8b ÄnderungsG 1927 (S. 45); Strafvorschrift s. § 18.

2 Nicht: RfNachrichten (vgl. § 10 Anm. 5), auch nicht: Zeichen, Bilder, Töne (§ 1 Ziff. 1 Satz 2).

3 Hauptanwendungsfall die nichtabonnierten Funksonderdienste (s. § 2 Anm. 4). Keine Strafbarkeit wegen Entziehung elektrischer Arbeit (Ges 9. 4. 1900, RGBl. S. 228); vgl. § 15 Anm. 5.

4 Vgl. auch § 14.

§ 12[1].

In strafgerichtlichen[2] Untersuchungen kann der Richter und bei Gefahr im Verzuge, falls die Untersuchung nicht ausschließlich Übertretungen betrifft, auch die Staatsanwaltschaft Auskunft über den Fernmeldeverkehr verlangen[3], wenn die Mitteilungen an den Beschuldigten gerichtet waren oder wenn Tatsachen vorliegen, aus denen zu schließen ist, daß die Mitteilungen von dem Beschuldigten herrührten oder für ihn bestimmt waren und daß die Auskunft für die Untersuchung Bedeutung hat.

1 Vorg.: § 8c ÄnderungsG 1927; AusfBest der DRP (PABl. 1927 S. 504): „Ersuchen der Staatsanwaltschaft um Auskunft über Telegramme und Gespräche bedürfen nicht der Bestätigung durch den Richter. Unter den Voraussetzungen des § 8c TelG

(= § 12/1928) kann Auskunft nicht lediglich über die Gesprächsverbindung, sondern auch über den Inhalt von Gesprächen erteilt werden, soweit der Inhalt der DRP überhaupt bekanntgeworden ist. Eine Beschlagnahme von Orts- und Ferngesprächen kommt nach wie vor nicht in Betracht; Gerichte und Staatsanwaltschaften können auf Grund des § 8c TelG (= § 12/1928) nicht verlangen, daß der Gesprächsverkehr — allgemein oder hinsichtlich bestimmter Teilnehmer — durch die DRP überwacht oder durch andere, z. B. gerichtliche oder polizeiliche Behörden mitgehört wird.

Für die Erteilung von Auskunft über den Fernmeldeverkehr in strafgerichtlichen Untersuchungen gilt sonach vom 1. Januar 1928 ab an Stelle der bisherigen Vorschriften hierüber (ADA II 1 Anl. 1 Ber. 337 S. 52 unter 1b, S. 52b unter VII Satz 2) folgendes:

In strafgerichtlichen Untersuchungen ist den Gerichten und der Staatsanwaltschaft Auskunft über die an den Beschuldigten gerichteten, von ihm herrührenden oder für ihn bestimmten Telegramme zu erteilen, ohne Rücksicht darauf, ob eine Beschlagnahme ausgesprochen worden ist oder nicht; auch über Telegramme, die nicht mehr im Gewahrsam der DRP sind, kann Auskunft verlangt und, soweit dann noch möglich, erteilt werden. In gleicher Weise ist in strafgerichtlichen Untersuchungen Auskunft über Gespräche zu erteilen, die an den Beschuldigten gerichtet waren, von ihm herrührten oder für ihn bestimmt waren. Die Auskunft ist auf Verlangen der Gerichte oder Staatsanwaltschaften auch über den Inhalt zu erteilen, soweit er der DRP überhaupt bekanntgeworden ist. Behörden des Polizei- und Sicherheitsdienstes und deren Beamten — einschließlich der Hilfsbeamten der Staatsanwaltschaft — oder z. B. Finanzämtern kann hiernach Auskunft nur erteilt werden, wenn sie ein entsprechendes Ersuchen der Gerichte oder Staatsanwaltschaften um Erteilung der Auskunft an die genannten Behörden und Beamten oder eine Ermächtigung der Gerichte oder Staatsanwaltschaften vorlegen.

Strafgerichtliche Untersuchungen im Sinne des vorstehenden Absatzes sind die Strafverfahren der StPO einschließlich der Privatklageverfahren, die Steuerstrafverfahren der Reichsabgabenordnung

(§§ 385 ff.) und die Militärstrafverfahren, nicht aber Verwaltungsstrafverfahren und Disziplinarverfahren.

Die Frage, ob die Voraussetzungen für die Zuständigkeit der Staatsanwaltschaft nach § 8c TG vorhanden sind, unterliegt nicht der Prüfung der DRP, sondern lediglich der Entscheidung der Staatsanwaltschaft. Ebenso ist es Sache der Gerichte oder Staatsanwaltschaften, zu entscheiden, ob die Voraussetzungen gegeben sind, unter denen nach § 8c TG Auskunft über andere als an den Beschuldigten selbst gerichtete Mitteilungen verlangt werden darf. Demgemäß müssen die Gerichte und Staatsanwaltschaften in ihren Ersuchen um Auskunft die Telegramme und Gespräche so bestimmt bezeichnen, daß kein Zweifel über den Gegenstand der Auskunft bestehen kann.

Das Ersuchen einer Staatsanwaltschaft um Erteilung einer Auskunft bedarf keiner Bestätigung durch das Gericht, ist sofort wirksam und tritt nicht nach drei Tagen außer Kraft. Ersuchen um Erteilung von Auskunft in einem Verfahren gegen Unbekannt sind der OPD zur Entscheidung vorzulegen.

Das Ersuchen um Auskunft kann durch Telegramm gestellt werden. Das Telegramm muß als amtliches erkennbar sein (TO § 3, I) und seiner Form nach von einer zur Stellung derartiger Ersuchen befugten Stelle ausgehen. Wird das Ersuchen um Auskunft durch Fernsprecher gestellt, so darf die Auskunft vorbereitet, aber erst dann erteilt werden, wenn das Ersuchen schriftlich bestätigt worden ist."

2 Auch im Verwaltungsstrafverfahren nach § 396 RAbgabenO 13. 12. 1919 (RGBl S. 1933); jedoch keine Auskunft an Finanzbehörden.

3 Das Verlangen richtet sich gegen alle aus §§ 10 und 11 zur Geheimhaltung Verpflichteten.

§ 13[1].

Die Bestimmungen über Beschlagnahme[2] von Telegrammen auf der Deutschen Reichspost gelten entsprechend für Telegramme im Gewahrsam einer nicht der Deutschen Reichspost gehörenden deutschen[3] Tele-

graphenanstalt[4], die mit der Deutschen Reichspost unmittelbar oder durch Vermittlung eines Dritten über beförderte Telegramme abrechnet[5]. Das gleiche gilt für Telegramme im Gewahrsam des Dritten, der die Abrechnung vermittelt.

1 Vorg.: § 8d ÄnderungsG 1927 (S. 46).
2 §§ 99—101 StPO (Teil I S. 414).
3 § 5 Anm. 7.
4 § 10 Anm. 6.
5 Tatfrage.

§ 14[1].

(1) Der Führer eines deutschen Fahrzeugs für Seefahrt oder Luftfahrt kann aus wichtigen Gründen der Führung des Fahrzeugs von den Personen, die eine auf dem Fahrzeug befindliche Funkanlage bedienen oder beaufsichtigen, verlangen, daß Nachrichten aufgenommen und ihm mitgeteilt werden, die nicht für die Funkanlage bestimmt sind. Das gilt auch für seinen Stellvertreter, solange er die Führung des Fahrzeugs hat oder vom Führer mit Ausübung der im Satze 1 bezeichneten Befugnisse betraut ist. Die Aufnahme und Mitteilung kann nicht mit der Begründung verweigert werden, daß ein wichtiger Grund der Führung des Fahrzeugs nicht vorliege.

(2) Der Führer des Fahrzeugs und sein Stellvertreter, solange dieser die Führung hat, sind befugt, Nachrichten, die von einer auf dem Fahrzeug befindlichen Funkanlage empfangen oder abgesandt werden, Dritten mitzuteilen, soweit die Nachrichten erkennen lassen, daß einem Fahrzeug oder Menschenleben Gefahr[2] droht, und soweit die Mitteilung geschieht, um die Gefahr abzuwenden.

1 Vorg.: § 8c ÄnderungsG 1927 (S. 46). Vgl. § 10 Ziff. 3; keine Strafvorschrift für Zuwiderhandlungen.

2 Vgl. TelO 1926 § 1 Anm. 12 (S. 122).

§ 15[1].

(1) Wer vorsätzlich entgegen den Bestimmungen dieses Gesetzes eine Fernmeldeanlage errichtet oder[2] betreibt, wird mit Gefängnis oder mit Geldstrafe bestraft. Der Versuch ist strafbar[3].

(2) Mit Gefängnis oder mit Geldstrafe wird bestraft, wer vorsätzlich

a) genehmigungspflichtige[4] Fernmeldeanlagen unter Verletzung von Verleihungsbedingungen[5] errichtet, ändert[6] oder betreibt[7],

b) nach Fortfall der Verleihung die zur Beseitigung der Anlage getroffenen Anordnungen der Deutschen Reichspost innerhalb der von ihr bestimmten Frist nicht befolgt.

(3) Wer eine der im Abs. 1 Satz 1 und Abs. 2 bezeichneten Handlungen fahrlässig begeht, wird mit Geldstrafe bestraft[3].

(4) In den Fällen der Abs. 2 und 3 wird die Tat nur auf Antrag der Deutschen Reichspost[8] verfolgt.

1 Vorg.: § 9 TelG 1892, §§ 2 und 3 FunkschutzVO 1924 (RGBl I S. 273); Sondervorschriften, betr. Einziehung s. § 20, betr. Durchsuchung s. § 21.

2 Die Fassung „errichtet oder betreibt" in den §§ 15—22 fußt auf § 9 TelG 1892.

3 AusfBest der DRP (PABl. 1927 S. 505): „Bei bloßem Versuch (§ 9 Abs. 1 Satz 2 = § 15/1928) oder bei nur fahrlässig begangenen Verfehlungen (§ 9 Abs. 3 = § 15/1928) ist nicht ohne weiteres gegen den Täter Strafanzeige zu erstatten. Vielmehr ist, falls eine Genehmigung für Anlagen der betreffenden Art erteilt werden kann, in der Regel, von schwer liegenden Fällen abgesehen,

dem Täter zunächst Gelegenheit zu geben, eine nachträgliche Genehmigung mit rückwirkender Kraft unter Nachbezahlung etwaiger Gebühren zu beantragen. Erst wenn der Täter dies ablehnt, ist Strafanzeige zu erstatten.

Auf Vorgänge, die vor dem 1. Januar 1928 liegen, sind die bisherigen Bestimmungen des TelG und der VO zum Schutze des Funkverkehrs (s. Bek. v. 14. 1. 1928, S. 56, Anm. 3) anzuwenden. Bei ihrer strafrechtlichen Behandlung ist jedoch zu beachten, daß auf diese Vorgänge, wenn sie nach den bis zum 31. Dezember 1927 geltenden Bestimmungen strafbar sind, aber bis zu diesem Zeitpunkt noch nicht rechtskräftig abgeurteilt worden sind, die Strafvorschriften des Abänderungsgesetzes (s. S. 38) angewandt werden müssen, soweit sie günstiger sind als die bis zum 31. Dezember 1927 geltenden Vorschriften (§ 2 Abs. 2 StGB). Das trifft zu für § 9 Abs. 1, Abs. 2 Ziffer a und § 10e (= §§ 15 und 20/1928); diese Vorschriften sind für den Täter günstiger als die entsprechenden Vorschriften (§§ 2, 4) der Verordnung zum Schutze des Funkverkehrs (s. o.).

Die OPD sind zuständig für die Stellung von Anträgen auf Strafverfolgung (§ 9 Abs. 4 = § 15/1928) wegen vorsätzlicher Vergehen gegen § 9 Abs. 2 (= § 15/1928) und wegen Fahrlässigkeit (§ 9 Abs. 3 = § 15/1928). Die Frist für die Stellung der Strafanträge (§ 9 Abs. 4) beträgt 3 Monate seit Kenntnis der Tat und des Täters (§ 9 Abs. 4 TelG — d. i. § 15/1928 — und § 61 StGB). Diese Strafanträge können nicht mehr zurückgenommen werden. Es empfiehlt sich, bei Anzeigen vorsätzlicher Vergehen gegen § 9 TelG (= § 15/1928) gleichzeitig förmlichen Strafantrag aus § 9 Abs. 4 TelG (= § 15/1928) zu stellen. Im übrigen soll Strafantrag wegen einer lediglich fahrlässig begangenen Tat nur gestellt werden, wenn die Umstände des Falles die Herbeiführung einer Bestrafung rechtfertigen."

4 S. § 3 Anm. 2.

5 S. § 6 Anm. 3, § 9 Anm. 7.

6 Vgl. § 22 Anm. 3.

7 Vgl. § 11 Anm. 3 (Auffangen); wegen Strafbarkeit der Mitteilung aufgefangener Nachrichten s. § 18.

8 OPD; s. ZuständigkeitsO 1928 (Teil I S. 111); § 16 Anm. 2.

§ 16[1].

(1) Wer vorsätzlich die Überwachung von Fernmeldeanlagen (§ 6) verhindert oder stört oder eine in Ausübung dieser Überwachung verlangte Auskunft nicht oder nicht richtig erteilt, wird mit Gefängnis oder mit Geldstrafe bestraft. Der Versuch ist strafbar.

(2) Wer die Tat fahrlässig begeht, wird mit Geldstrafe bestraft.

(3) Die Tat wird nur auf Antrag der Deutschen Reichspost[2] oder der mit der Überwachung beauftragten Behörden[3] verfolgt.

1 Vorg.: § 10 TelG 1892; § 10a ÄnderungsG 1927 (S. 47).
2 § 15 Anm. 8.
3 § 6 Anm. 5.

§ 17[1].

Wer vorsätzlich ein Notzeichen mißbraucht, das für Funkanlagen bei Not oder Gefahr in der Seefahrt[2], Binnenschiffahrt[3], Luftfahrt[2] oder bei Eisenbahnen[3] des öffentlichen[4] Verkehrs vorgesehen ist, wird mit Gefängnis bestraft.

1 Vorg.: § 10b ÄnderungsG 1927 (S. 47).
2 Weltfunkvertrag 25. 11. 1927; VollzO Art. 19 § 1 (RGBl 1929 II S. 265).
3 Bestimmung zur Sache fehlt noch.
4 Gemeint sind: Eisenbahnen mit Ausschluß solcher, „die nicht dem allgemeinen Verkehr dienen" (Art. 96 RVerf), d. h. Haupt- und Kleinbahnen; nicht: Privatanschlußbahnen (§§ 43 und 51 pr. Ges. 28. 7. 1892, GS. S. 225).

§ 18[1].

Wer vorsätzlich in anderen als in diesem Gesetze vorgesehenen Fällen entgegen § 11 Mitteilungen[2] macht, wird, soweit nicht andere Vorschriften eine schwerere

Strafe androhen, mit Gefängnis oder mit Geldstrafe bestraft.

1 Vorg.: § 10c ÄnderungsG 1927 (S. 48).

2 Wegen Strafbarkeit des Auffangens s. § 15 Anm. 7.

§ 19[1].

(1) Wer in der Absicht[2], den Betrieb einer Funkanlage[3] zu verhindern oder zu stören, elektrische Arbeit verwendet oder für die Anlage bestimmte[4] elektrische Arbeit entzieht, wird mit Gefängnis oder Geldstrafe bestraft, wenn die Verhinderung oder Störung eingetreten ist.

(2) Dient die Funkanlage nicht öffentlichen Zwecken, so wird die Tat nur auf Antrag[5] verfolgt. Der Antrag kann zurückgenommen werden.

1 Vorg.: § 10d ÄnderungsG 1927 (S. 49).

2 AusfBest der DRP (PABl. 1927 S. 505): „§ 10d (= § 19/1928) setzt u. a. voraus, daß der Täter in der Absicht, den Betrieb einer Funkanlage zu verhindern oder zu stören, gehandelt hat. Diese Voraussetzung ist in der Regel bei Störungen des Rundfunks durch Starkstromanlagen, z. B. durch Straßenbahnen, nicht gegeben."

3 Wegen Störung der Drahtleitungsanlagen s. § 317 StGB (Teil I S. 406).

4 Nicht nur die in ihr bereits befindliche, vgl. Ges 9. 4. 1900 (elektr. Arbeit, RGBl S. 228).

5 Antragsberechtigter: der Geschädigte.

§ 20[1].

Gegenstände, die zur Begehung eines vorsätzlichen Vergehens gegen § 15 gebraucht oder bestimmt waren, können eingezogen[2] werden, gleichviel, wem sie gehören; bei fahrlässigen Vergehen ist die Einziehung nur zulässig, wenn die Gegenstände dem Täter oder einem Teilnehmer gehören. Die Einziehung ist auszusprechen, wenn die Tat vorsätzlich begangen ist und eine Funkanlage betrifft und wenn die Gegenstände dem Täter oder einem Teilnehmer gehören. Kann keine bestimmte Person verfolgt oder verurteilt werden, so kann auf Einziehung selbständig[3] erkannt werden[4], wenn im übrigen die Voraussetzungen hierfür vorliegen.

1 Vorg.: § 10e ÄnderungsG 1927 (S. 50), § 4 FunkschutzVO 1924 (RGBl I S. 273), Ziff. IV SchiffsTelBestimmungen 12. 12. 1909 (S. 84).

2 Sondervorschrift gegenüber § 40 StGB (nicht anwendbar in Fällen der §§ 16—19 FernMAnlG); im übrigen s. StPO 1924 §§ 430—433 (RGBl I S. 299).

3 s. StPO wie Anm. 2.

4 AusfBest der DRP (PABl. 1927 S. 505): Abweichend von den Bestimmungen der VO zum Schutze des Funkverkehrs (s. Bek. v. 14. 1. 1928, S. 56, Anm. 3) wird durch Einziehung von Gegenständen nicht mehr die DRP, sondern das Land, dessen Gericht die Einziehung ausgesprochen hat, Eigentümer der Gegenstände.

§ 21[1].

(1) Für die Durchsuchung[2] der Wohnung, der Geschäftsräume und des befriedeten Besitztums sind die Vorschriften der Strafprozeßordnung[3] maßgebend; die Durchsuchung ist aber zur Nachtzeit stets[4] zulässig, wenn sich in den Räumen oder auf dem Besitztum eine Funkanlage befindet und der begründete Verdacht besteht, daß bei ihrer Errichtung oder ihrem Betrieb eine nach § 15 strafbare Handlung begangen wird oder begangen ist.

(2) Beauftragte der Deutschen Reichspost sind berechtigt, sich an Durchsuchungen zu beteiligen[5], die zur Verfolgung einer nach § 15 strafbaren Handlung vorgenommen werden.

1 Vorg.: § 11 TelG 1892, § 11a ÄnderungsG 1927 (S. 51), § 5 FunkschutzVO 1924 (RGBl I S. 273).

2 Vgl. § 6 Anm. 1.

3 §§ 102 ff. StPO 1924 (RGBl I S. 299).

4 Beabsichtigt ist eine Auslegung des StPO-Begriffs „Gefahr im Verzuge" (§ 104); s. hierzu AusfBest. der DRP (PABl. 1927 S. 505): „Von Durchsuchungen zur Nachtzeit nach § 11a (= § 21/1928) soll nur in besonders schwer liegenden Fällen Gebrauch gemacht werden. Bei Inhabern von Verleihungsurkunden — z. B. von Rundfunkgenehmigungen — wird der Verdacht, daß sie bei Errichtung oder beim Betrieb ihrer Anlagen eine nach § 9 strafbare Handlung begangen haben oder begehen, nur unter besonderen Umständen gegeben sein. Bei ihnen wird daher eine Durchsuchung nach § 11a (= § 21/1928) in der Regel nicht in Betracht kommen. Zur Vermeidung von Mißgriffen wird es sich empfehlen, mit den örtlich zuständigen Staatsanwaltschaften und Polizeiorganen sich darüber zu verständigen, daß Durchsuchungen nicht ohne Zuziehung der DRP vorzunehmen sind."

5 § 113 StGB.

§ 22[1].

(1) Die Polizei hat unbefugt[2] errichtete, geänderte[3] oder unbefugt betriebene Fernmeldeanlagen außer Betrieb zu setzen oder zu beseitigen[4]. Einer vorherigen Androhung bedarf es nicht. Im übrigen gelten für die Anwendung polizeilicher Zwangsmittel sowie für die Rechtsmittel gegen sie die Vorschriften der Landesgesetzgebung[5]. Wird die Verleihung des Rechtes zur Errichtung, Änderung[3] oder zum Betriebe der Anlage nachträglich nachgesucht, so kann die Polizei mit Einwilligung der Deutschen Reichspost bis zur Entscheidung über den Antrag auf Verleihung davon absehen, die Anlagen außer Betrieb zu setzen oder zu beseitigen.

(2) Die Polizei kann alle oder einzelne Teile einer Anlage, solange sie nach Abs. 1 außer Betrieb gesetzt

oder beseitigt ist, in amtliche Verwahrung nehmen oder sonst sicherstellen. Die Bestimmungen der Strafprozeßordnung[6] über Beschlagnahme sowie des § 20 dieses Gesetzes über Einziehung bleiben unberührt.

(3) Eine Anlage kann nach den Bestimmungen der Abs. 1 und 2 auch dann außer Betrieb gesetzt oder beseitigt werden, wenn nach Fortfall der Verleihung die zu ihrer Beseitigung getroffenen Anordnungen der Deutschen Reichspost innerhalb der von ihr bestimmten Frist nicht befolgt werden.

1 Vorg.: § 11b ÄnderungsG 1927 (S. 51), § 6 FunkschutzVO 1924 (RGBl I S. 273). — AusfBest der DRP (PABl 1927 S. 505): „Für § 11b (= § 22/1928) gelten die zum § 6 der VO zum Schutze des Funkverkehrs erlassenen Bestimmungen*) (PABl

---

*) Text: „Der § 6 regelt das Recht der Polizei, verbotene Funkanlagen im polizeilichen Zwangsweg außer Betrieb zu setzen oder zu beseitigen. Die Polizei ist um vorläufige Einstellung dieses Verfahrens nach § 6 Abs. 1 letzter Satz zu ersuchen, wenn es sich um Anlagen handelt, die gemäß § 3 nachträglich angemeldet werden (II) oder wenn sonst damit zu rechnen ist, daß dem nachträglichen Antrag des Inhabers der polizeilich beschlagnahmten Anlage auf Erteilung der Genehmigung zur Errichtung und zum Betrieb stattgegeben werden kann.

Ist eine Funkanlage mit Genehmigung der DRP errichtet und betrieben worden und erlischt diese Genehmigung, so kann die DRP nach § 6 letzter Absatz dem bisherigen Inhaber der Genehmigung eine bestimmte Frist setzen, innerhalb deren er die Anlage außer Betrieb zu setzen oder zu beseitigen hat. Nach fruchtlosem Ablauf der Frist kann die DRP bei der Polizei den Antrag stellen, in polizeilichen Zwangsverfahren die Funkanlage außer Betrieb zu setzen oder zu beseitigen. Voraussetzung dieses Antrags sowie der Einleitung des polizeilichen Zwangsverfahrens ist nicht, daß dem Inhaber der Funkanlage ein strafbarer Verstoß gegen § 1 der Verordnung zur Last fällt. Die Vorschrift des § 6 Abs. 3 ist anzuwenden,

1924 S. 252) sinngemäß weiter. Neben dem Verfahren nach § 11b Abs. 3 (= § 22/1928) kann auch ein Strafverfahren nach § 9 Abs. 2 Ziffer b (= § 15/1928) in Frage kommen."

2 Gemeint sind Verstöße gegen §§ 1 und 15 des Ges.

3 s. § 15 Anm. 6.

4 d. h. unter eigener Verantwortung oder Haftung.

5 Vgl. in Preußen § 133 LandesverwaltungsG 30. 7. 1883 (GS S. 195).

6 §§ 94 ff.

§ 23[1].

Elektrische[2] Anlagen[3] sind, wenn eine Störung des Betriebs der einen Leitung[4] durch die andere eingetreten oder zu befürchten ist, auf Kosten desjenigen Teiles, welcher durch eine spätere Anlage oder durch eine später eintretende Änderung[5] seiner bestehenden[6] Anlage diese[7] Störung oder die Gefahr derselben veranlaßt, nach Möglichkeit so auszuführen[8], daß sie sich nicht störend beeinflussen[9].

1 Vorg.: § 12 TelG 1892 (s. Anm. 8), § 6a VO 13. 2. 1924 (RGBl I S. 118) s. § 6 TelWegeG Anm. 17 (S. 94). — Wegen der vorsätzlichen Störung s. § 19. Der § 23 gehört in den Bereich des DRPWegebenutzungsrechts nach §§ 5 und 6 TelWegeG (S. 90, 92) und erteilt, wie jenes, Dispositivrecht (vgl. TelWegeG Eing. Anm. 1).

2 Wegen nicht-elektrischer Anlagen s. §§ 12 und 15 TelWegeG.

3 Gemeint ist der Fall, daß von zwei Anlagen höchstens eine an (über) einem VerkWege (§ 1 TelWegeG) verläuft. Wegen des Falles, daß beide Anlagen an (über) einem VerkWege verlaufen, s. §§ 5 und 6 TelWegeG. — Bezweckt ist die Auseinandersetzung zwischen FernMAnl (anders h.M.) und Starkstromanlagen. — Im Falle der bloßen Luftraumbenutzung ist neben § 23 FernMAnlG auch § 12 TelWegeG anwendbar. — Abweichend §§ 5 und 12 VerlWeb z. d. RfBest 1930 (S. 411, 415) und FfpO § 29 I Abs. 5 (S. 376).

wenn zu besorgen ist, daß von der Funkanlage verbotener Gebrauch gemacht werden könnte."

4 Gleichbedeutend mit „Anlage". — Vgl. FspO § 29 Ziff. 5 Anm. 6 (S. 378).

5 Nicht: Änderung im Sinne des § 15 Ziff. 2 zu 1a.

6 d. h. auch der früheren Anlage.

7 Keine Sonderordnung für den Fall der Störung der späteren Anlage durch die frühere; vgl. jedoch VerlBed z. d. RfBest 1930 § 5 Anm. 4 (S. 411).

8 Hinter „auszuführen" schaltete im § 12 TelG 1892 die VO 13. 2. 1924 (RGBl I S. 118) ein: „und instandzuhalten" (Art. II); vgl. § 5 TelWegeG Anm. 4 (S. 91).

9 Rechtsweg s. § 24. Hinter „beeinflussen" fügte dem § 12 TelWegeG die VO 13. 2. 1924 (s. Anm. 8) an: „Die aus der Herstellung und Instandhaltung erforderlicher Schutzvorkehrungen erwachsenden Kosten hat die spätere Anlage zu tragen". — Die ältere Anlage ist nicht gehindert, sich selbst zu schützen; s. hierzu die „Anweisung für die Sicherung des ReichsTel- und FspAnlagen gegen spätere Starkstromanlagen", PABl 1929 S. 207 (sog. „Starkstromschutzanweisung").

§ 24[1].

Die auf Grund der vorstehenden Bestimmung entstehenden Streitigkeiten gehören vor die ordentlichen Gerichte.

1 Vorg.: TelG 1892 § 13 Abs. 1.

Bekanntmachung, betreffend die Schiffstelegraphie.

Vom 16. Juli 1908

(RGBl. S. 476).

Auf Grund des § 3a[1] des Gesetzes über das Telegraphenwesen des Deutschen Reichs vom 6. April 1892 (RGBl. S. 467)/7. März 1908 (RGBl. S. 79) wird, mit der aus § 15[2] dieses Gesetzes sich ergebenden Einschränkung, über die Errichtung[3] und den Betrieb optischer und akustischer Telegraphenanlagen[4] auf deutschen Fahrzeugen[5] für Seefahrt[6] und Binnenschiffahrt[7] nachstehendes bestimmt:

Bis auf weiteres wird allgemein genehmigt[8], Anlagen[9] zu errichten und zu betreiben

1. für die Vermittlung von Nachrichten[10]
   a) durch Signale mit Flaggen, Fernsignalkörpern, Semaphoren oder Kunstfeuern;
   b) durch Signale mit Lichtblicken oder mit farbigen Laternen, unter der Beschränkung, daß im Bereiche der Befeuerung der deutschen Fahrwasser, Küsten und Inseln die Lichtstärke der Signallichter nicht die für die Positionslaternen vorgeschriebene übersteigen darf;
   c) durch Schallsignale, welche durch die Luft übertragen werden;
2. für den Empfang von Nachrichten[10] durch Unterwasserschallsignale[11].

1 Jetzt: § 4 FernMAnlG 1928 (S. 64).

2 Text s. ÄnderungsG 1927 Art I Ziff. 16 (S. 53).

3 Auch außerhalb des Reichsgebiets (vgl. § 5 FernMAnlG).

4 Soweit es Fernmeldeanlagen sind (§ 4 FernMAnlG), gilt die Bek 1908 als generelle Verleihung nach § 2 FernMAnlG (s. d. Anm. 3).

5 FernMAnlG § 4 Anm. 3.

6 ebd. Anm. 4.

7 ebd. Anm. 5.

8 Gleichbedeutend mit Verleihung nach § 2 FernMAnlG.

9 Gleichbedeutend mit den Anlagen nach § 1 FernMAnlG.

10 Vgl. FernMAnlG § 1 Anm. 4.

11 s. SchiffsTelBestimmungen 1909 (S. 84).

Norderney, den 16. Juli 1908.

RKzl: Fürst von Bülow.

Bestimmungen über den Betrieb von Telegraphenanlagen auf fremden Schiffen in deutschen Hoheitsgewässern.

Vom 12. Dezember 1909

(RGBl. S. 977).

Auf Grund des § 3b[1] des Gesetzes über das Telegraphenwesen des Deutschen Reichs vom 6. April 1892 (RGBl. S. 467)/7. März 1908 (RGBl. S. 79) wird, mit der aus § 15[2] dieses Gesetzes sich ergebenden Einschränkung, über den Betrieb[3] von Telegraphenanlagen[4] auf[5] fremden Fahrzeugen für Seefahrt[6] und Binnenschiffahrt, welche sich in deutschen Hoheitsgewässern[7] aufhalten[8], nachstehendes bestimmt:

I. Fremden Kriegsschiffen[6] ist allgemein gestattet:

1. die Vermittlung von Nachrichten[9] durch optische und akustische Signale mit Ausnahme der Abgabe von Unterwasserschallsignalen[10];
2. der Gebrauch der Funkentelegraphie; jedoch darf der funkentelegraphische Verkehr der öffentlichen Küstenstationen sowie der Küsten- und Bordstationen der ... Marine[11] nicht gestört werden. Im Verkehr mit deutschen oder fremden Funkentelegraphenstationen sind für fremde Kriegsschiffe die Anweisung für den Funkentelegraphendienst (Zentralbl. f. d. D. R. 1913 S. 619) und die sonst ergehenden Anordnungen maßgebend.

1 Jetzt: § 5 FernMAnlG 1928 (S. 65).
2 Text s. ÄnderungsG 1927 Art I Ziff. 16 (S. 53).
3 Vgl. FernMAnlG § 5 Anm. 3.
4 Vgl. SchiffsTelBek 1908 (S. 82) Anm. 4.
5 Vgl. FernMAnlG § 5 Anm. 5.
6 ebd. Anm. 6.

7 ebd. Anm. 7.
8 ebd. Anm. 8.
9 s. SchiffsTelBek 1908 Anm. 10.
10 Anders SchiffsTelBek 1908 Anm. 11.
11 Jetzt: Reichswehr; vgl. FernMAnlG § 1 Ziff. 2.

II. Anderen fremden Fahrzeugen für Seefahrt und Binnenschiffahrt ist bis auf weiteres gestattet:

1. die Vermittlung von Nachrichten durch optische und akustische Signale mit Ausnahme der Abgabe von Unterwasserschallsignalen[1] und mit der ferneren Einschränkung, daß im Bereiche der Befeuerung der deutschen Fahrwasser, Küsten und Inseln Signale mit Lichtblicken und farbigen Laternen nur mit solchen Signallichtern gemacht werden dürfen, deren Lichtstärke die für Positionslaternen vorgeschriebene nicht übersteigt;
2. der Gebrauch der Funkentelegraphie nach Maßgabe der Anweisung für den Funkentelegraphendienst (Zentralbl. f. d. D. R. 1913 S. 619) und der sonst ergehenden Anordnungen, jedoch innerhalb von Häfen, Reeden und Flußmündungen, sowie auf Binnenwasserstraßen nur mit schriftlicher Genehmigung des Reichs-Postamts[2].

1 s. Ziff. I Anm. 10.
2 Jetzt: RPMin, s. FernMAnlG § 1 Anm. 14.

III. Im öffentlichen Interesse[1] können die unter I. und II. getroffenen Bestimmungen vorübergehend beschränkt oder aufgehoben werden.

1 Gemeint ist: wenn mit dem öffentl. Interesse der RTel ein anderes öffentl. Interesse konkurriert; vgl. TelWegeG § 5 Anm. 15 und § 6 Anm. 7.

IV. Ein nach den vorstehenden Bestimmungen nicht gestatteter Betrieb von Telegraphenanlagen ist nach

§ 9 des Gesetzes über das Telegraphenwesen strafbar[1]; auch kann nach Maßgabe des § 40 des Strafgesetzbuchs[2] für das Deutsche Reich auf Einziehung der zur Nachrichtenübermittlung bestimmten Geräte erkannt werden. Ferner können die unbefugt betriebenen Anlagen nach § 11 des Gesetzes über das Telegraphenwesen[3] außer Betrieb gesetzt oder beseitigt werden.

1 Jetzt: §§ 15—19 FernMAnlG.
2 Jetzt: § 20 ebd.
3 Jetzt: § 22 ebd.

Berlin, den 12. Dezember 1909.

RKzl: von Bethmann Hollweg.

Telegraphenwege-Gesetz[1].

Vom 18. Dezember 1899

(RGBl. S. 705).

Wir Wilhelm, von Gottes Gnaden Deutscher Kaiser, König von Preußen usw. verordnen im Namen des Reichs, nach erfolgter Zustimmung des Bundesrats und des Reichstags, was folgt:

1 Vorg.: § 14 TelG 1892 (s. ÄndG 1927 Art I Ziff. 16, S. 53), BRBeschl 21. 12. 1868 (S. 111) und 25. 6. 1869, betr. Verpflichtungen der Straßenbauverwaltungen (§ 302 der Protokolle) nebst Erl des pr.HandelsMin 21. 8. 1869 (MinBl S. 221). — Änderung zu §§ 5 und 6 des Ges: VO 13. 2. 1924 (RGBl I S. 118, NotVO auf Grund des ErmächtigungsG 8. 12. 1923, RGBl I S. 1179, aufgehoben: VO 18. 10. 1924, RGBl I S. 715), vgl. TelWegeG § 5 Anm. 4 und 8, § 6 Anm. 3, 12—17 und FernMAnlG § 23 Anm. 8 und 9.

Das Ges erteilt Dispositivrecht, vgl. Abs. 6 der Begründung des Entw zu § 1 (ReichstDrucks 1898/99 Anl. 170). — Keine Anwendbarkeit bei Inanspruchnahme von VerkWegen usw. durch die DRP aus § 14 RPostfinanzG 1924 (Enteignung; s. Teil I S. 84).

Verhältnis zum bürgerl. Recht. Erwerb eigenen oder Beschränkung fremden Eigentums an Grundstücken ist kein unmittelbarer Gegenstand öffentlicher Verkehrsbesorgung (Art. 88 RVerf 1919). Beides fällt daher nicht unter den verfassungsmäßigen Geschäftsauftrag der DRP, ist daher kein Gegenstand öffentlichen Rechts, es sei denn, daß es durch positive Norm dazu erklärt werde. Dies geschieht durch das TelWegeG, das daher eine Eigentumsbeschränkung an VerkWegen aus öffentl. Recht zugunsten der DRP errichtet. Diese EigBeschränkung ist primär nach dem TelWegeG, nur aushelfend nach BGB zu beurteilen.

§ 1.

Die Telegraphenverwaltung[1] ist befugt[2], die Verkehrswege[3] für ihre[4] zu öffentlichen Zwecken dienenden Telegraphenlinien[5] zu benutzen[6], soweit nicht[7] dadurch der Gemeingebrauch[8] der Verkehrswege dauernd beschränkt wird. Als Verkehrswege im Sinne dieses Gesetzes gelten, mit Einschluß des Luftraums und des Erdkörpers, die öffentlichen Wege[9], Plätze, Brücken und die öffentlichen Gewässer nebst deren dem öffentlichen Gebrauche dienenden Ufern.

Unter Telegraphenlinien sind die Fernsprechlinien mitbegriffen.

1 RWehrleitungen (§ 1 Ziff. 3 FernMAnlG) s. § 17; wegen der Bezeichnung „DRP" s. PABl 1924 S. 705 (Teil I S. 73); wegen der Verhältnisse in BW s. Staatsverträge 1920 (Teil I S. 15, 40).

2 Es besteht keine positiv-rechtl. Abgrenzung gegenüber der Zuständigkeit der Polizei (vgl. § 9 Anm. 1).

3 Benutzung von Grundstücken ohne Wegeeigenschaft und von Gebäuden s. § 12.

4 Nicht: postfremde Anlagen (vgl. § 3 FernMAnlG).

5 Nicht gleichbedeutend mit den TelAnlagen des FernMAnlG.

6 Keine DRP-Ersatzpflicht.

7 Im Falle des Gegenteils gilt § 3.

8 Dem LuftVerk gegenüber wird die TelLinie zum Bestandteil des Weges im Sinne des § 1 LuftverkG 1. 8. 1922 (RGBl. S. 681).

9 Nicht gleichbedeutend mit den öffentl. Wegen im Sinne des KraftfahrzeugVerkG 3. 5. 1909 (RGBl. S. 437).

§ 2.

Bei der Benutzung der Verkehrswege ist eine Erschwerung ihrer Unterhaltung und eine vorübergehende Beschränkung ihres Gemeingebrauchs nach Möglichkeit zu vermeiden.

Wird die Unterhaltung erschwert, so hat die Telegraphenverwaltung dem Unterhaltungspflichtigen die aus der Erschwerung erwachsenden Kosten zu ersetzen[1].

Nach Beendigung der Arbeiten an der Telegraphenlinie hat die Telegraphenverwaltung den Verkehrsweg sobald als möglich wieder in Stand zu setzen[2], sofern nicht der Unterhaltungspflichtige erklärt hat, die Instandsetzung selbst vornehmen zu wollen. Die Telegraphenverwaltung hat dem Unterhaltungspflichtigen die Auslagen für die von ihm vorgenommene Instandsetzung zu vergüten und den durch die Arbeiten an der Telegraphenlinie entstandenen Schaden zu ersetzen[1].

1 Verfahren s. § 13 Abs. 2 (Rechtsweg nach Vorausbeschwerde).

2 Verfahren s. § 13 Abs. 4 (sofortiger Rechtsweg).

§ 3.

Ergibt sich nach Errichtung einer Telegraphenlinie, daß sie[1] den Gemeingebrauch eines Verkehrswegs, und zwar nicht nur vorübergehend, beschränkt oder die Vornahme der zu seiner Unterhaltung erforderlichen Arbeiten verhindert oder der Ausführung einer von dem Unterhaltungspflichtigen beabsichtigten[2] Änderung des Verkehrswegs entgegensteht, so ist die Telegraphenlinie, soweit erforderlich, abzuändern oder gänzlich zu beseitigen[3].

Soweit[4] ein Verkehrsweg eingezogen wird, erlischt die Befugnis der Telegraphenverwaltung zu seiner[5] Benutzung.

In allen diesen Fällen hat die Telegraphenverwaltung die gebotenen Änderungen[6] an der Telegraphenlinie auf ihre Kosten zu bewirken[3].

1 Gemeint ist: abweichend von dem Plan, vgl. § 5 Anm. 9 und § 8 Abs. 3.

2 Nicht gleichbedeutend mit „künftig" (a. M. RGer).

3 Wie § 2 Anm. 2.

4 Gemeint ist „sofern".

5 Wegen des verbleibenden Luftbenutzungsrechts s. § 12.

6 Mitgemeint ist: Beseitigung (s. Abs. 1).

§ 4.

Die Baumpflanzungen[1] auf und an den Verkehrswegen sind nach Möglichkeit zu schonen, auf das Wachstum der Bäume ist tunlichst Rücksicht zu nehmen. Ausästungen können nur insoweit verlangt werden, als sie zur Herstellung der Telegraphenlinien oder zur Verhütung von Betriebsstörungen erforderlich sind; sie sind auf das unbedingt notwendige Maß[2] zu beschränken[3].

Die Telegraphenverwaltung hat dem Besitzer[4] der Baumpflanzungen eine angemessene Frist zu setzen, innerhalb welcher er die Ausästungen sebst vornehmen kann. Sind die Ausästungen innerhalb der Frist nicht oder nicht genügend vorgenommen, so bewirkt die Telegraphenverwaltung die Ausästungen. Dazu ist sie auch berechtigt, wenn es sich um die dringliche Verhütung oder Beseitigung einer Störung handelt.

Die Telegraphenverwaltung ersetzt[5] den an den Baumpflanzungen verursachten Schaden und die Kosten der auf ihr Verlangen vorgenommenen Ausästungen.

1 Auch die nachträglich angelegten.
2 s. § 10 Anm. 4 und AusfBest (S. 105) Ziff. 1.
3 Wie § 2 Anm. 2.
4 Keine Abweichung gegen § 10 (Anm. 5) bezweckt.
5 Wie § 2 Anm. 1.

§ 5[1].

[2]Die Telegraphenlinien sind[3] so auszuführen[4], daß sie[5] vorhandene[6] besondere Anlagen (der Wegeunterhaltung dienende Einrichtungen, Kanalisations-, Wasser-, Gasleitungen, Schienenbahnen, elektrische[7] Anlagen und dergleichen) nicht störend beeinflussen. Die aus der Herstellung[8] erforderlicher Schutzvorkehrungen erwachsenden Kosten hat die Telegraphenverwaltung zu tragen.

Die Verlegung oder Veränderung[9] vorhandener besonderer Anlagen kann nur gegen Entschädigung[10] und nur dann verlangt werden, wenn die Benutzung des Verkehrswegs für die Telegraphenlinie sonst unterbleiben müßte[11] und die besondere Anlage[12] anderweit[13] ihrem Zwecke entsprechend untergebracht werden kann.

Auch beim Vorhandensein dieser Voraussetzungen hat die Benutzung des Verkehrswegs für die Telegraphenlinie zu unterbleiben, wenn der aus der Verlegung oder Veränderung der besonderen Anlage entstehende Schaden gegenüber den Kosten, welche der Telegraphenverwaltung aus der Benutzung eines anderen ihr zur Verfügung stehenden Verkehrswegs erwachsen, unverhältnismäßig groß ist.

Diese Vorschriften finden auf solche in der Vorbereitung[14] befindliche besondere Anlagen, deren Herstellung im öffentlichen Interesse[15] liegt, entsprechende Anwendung. Eine Entschädigung auf Grund des Abs. 2 wird nur bis zu dem Betrage der Aufwendungen gewährt, die durch die Vorbereitung entstanden sind. Als in der Vorbereitung begriffen gelten Anlagen, sobald sie auf Grund eines im einzelnen ausgearbeiteten Planes die Genehmigung des Auftraggebers und, soweit erforderlich, die Genehmigungen der zuständigen Behörden und des Eigentümers oder des sonstigen Nutzungsberechtigten des in Anspruch genommenen Weges erhalten haben.

1 §§ 5 und 6 ordnen den Fall der Konkurrenz von ReichsTel-Linien mit anderen elektr. oder nicht-elektr. Anlagen an (über) demselben VerkWege. Wegen der Konkurrenz mit anderen elektr. Anlagen an verschiedenen VerkWegen oder außerhalb von VerkWegen s. § 23 FernMAnlG (S. 81); wegen der K. mit anderen elektr. Anl. an verschiedenen VerkWegen s. neben § 23 FernMAnlG auch § 12 TelWegeG; desgl.: K. mit nicht-elektr. Anl. an verschiedenen VerkWegen: § 12 TelWegeG. — Keine Regelung für die K. von nicht-elektr. Anl. außerhalb von VerkWegen.

2 Über den Rechtsweg s. § 13 Abs. 2 und 4.

3 Nicht: nach Möglichkeit, wie § 6 Abs. 1.

4 Nach „auszuführen" schaltete VO 13. 2. 1924 (RGBl. I S. 118) ein: „und instandzuhalten" (aufgeh.). Mit der Einschaltung war nur „Beseitigung von Zweifeln" bezweckt; vgl. auch § 6 Anm. 3.

5 Störung der späteren TelLinie durch Änderung der vorhandenen besonderen Anlage s. § 6 Abs. 5; dagegen keine Vorschrift für den Fall, daß die vorhandene unveränderte Anlage die spätere TelLinie stört.

6 Wegen des umgekehrten Falles (ältere TelLinie) s. § 6.

7 Elektr. Anlagen an verschiedenen VerkWegen oder außerhalb von VerkWegen s. § 23 FernMAnlG (vgl. Anm. 1).

8 Nach „Herstellung" schaltete VO 13. 2. 1924 (RGBl. I S. 118) ein: „und Instandhaltung" (aufgeh.); s. im übrigen Anm. 4.

9 Vgl. § 7 Abs. 2 (Planfeststellungsverfahren); im Falle nachträglich auftretender Störungen (vgl. § 3) besteht klagbarer Anspruch (§ 13 Abs. 4) nur bei Abweichungen vom Plan (s. § 3 Anm. 1).

10 Gleichbedeutend mit: „auf Kosten der DRP" wie im § 6 Anm. 5.

11 Nicht auch „wesentlich erschwert werden würde", vgl. § 6 Anm. 6.

12 Im umgekehrten Falle gilt für die Verlegung von TelLinien — nicht auch für die Veränderung — die gleiche Rücksicht nur mit Einschränkungen (§ 6 Anm. 10); der § 6a (Ziff. 3) — s. § 6 Anm. 17 — hob diese Einschränkung auf.

13 Ohne Rücksicht auf eine Unverhältnismäßigkeit der Kosten; vgl. dagegen § 6 Anm. 11.

14 Für den umgekehrten Fall (ältere TelLinie, s. § 6) fehlt eine entsprechende Vorschrift. — Wegen Eisenb in Vorbereitung s. § 15 Anm. 3.

15 Gemeint ist: „gleichfalls im öffentl. Interesse"; vgl. § 6 Anm. 7 und SchiffsTelBest 1909 Ziff. III Anm. 1 (S. 85).

§ 6[1].

Spätere besondere Anlagen sind nach Möglichkeit[2] so auszuführen[3], daß sie die vorhandenen Telegraphenlinien nicht störend beeinflussen[4].

Dem Verlangen der Verlegung oder Veränderung einer Telegraphenlinie muß auf Kosten der Telegraphenverwaltung[5] stattgegeben werden, wenn sonst die Herstellung einer späteren besonderen Anlage unterbleiben müßte oder wesentlich erschwert werden würde[6], welche aus Gründen des öffentlichen Interesses[7], insbesondere aus volkswirtschaftlichen oder Verkehrsrücksichten, von den Wegeunterhaltungspflichtigen oder unter überwiegender Beteiligung eines oder mehrerer derselben zur Ausführung gebracht werden soll. Die Verlegung[8] einer nicht lediglich dem Orts-, Vororts- oder Nachbarortsverkehr[9] dienenden Telegraphenlinie[10] kann nur dann verlangt werden, wenn die Telegraphenlinie ohne Aufwendung unverhältnismäßig hoher Kosten[11] anderweitig ihrem Zwecke entsprechend untergebracht werden kann.

Muß wegen einer solchen späteren besonderen Anlage die schon vorhandene Telegraphenlinie mit Schutzvorkehrungen versehen werden, so sind die dadurch entstehenden[12] Kosten von der Telegraphenverwaltung zu tragen.

Überläßt ein Wegeunterhaltungspflichtiger seinen Anteil einem nicht unterhaltungspflichtigen Dritten, so sind der Telegraphenverwaltung die durch die[13] Verlegung oder Veränderung oder durch die Herstellung[14] der Schutzvorkehrungen erwachsenden[15] Kosten, soweit sie auf dessen Anteil fallen, zu erstatten.

Die Unternehmer anderer als der in Abs. 2 bezeichneten besonderen Anlagen haben die aus der Verlegung oder Veränderung der vorhandenen Telegrapenlinien oder aus der Herstellung[16] der erforderlichen Schutzvorkehrungen an solchen erwachsenden Kosten zu tragen[17].

Auf spätere Änderungen[18] vorhandener besonderer Anlagen finden die Vorschriften der Abs. 1 bis 5 entsprechende Anwendung.

1 s. Anm. 17; vgl. § 5 Anm. 1.

2 s. § 5 Anm. 3; versteht sich: auf Kosten der späteren Anlage, s. Abs. 5. Ebenso Ziff. 2 des § 6a (s. Anm. 17).

3 Nach „auszuführen" schaltete VO 13. 2. 1924 (RGBl. I S. 118) ein: „und instandzuhalten"; vgl. § 5 Anm. 4.

4 Rechtsweg nach § 13 Abs. 4; bei Ersatzansprüchen (Abs. 2—5) ebd. Abs. 2.

5 Auch im umgekehrten Falle ist die DRP kostenfällig (§ 5 Anm. 10); § 6a (Anm. 17) Ziff. 3 traf Änderung im Sinne der Anm. 2.

6 Vgl. § 5 Anm. 11.

7 Wie § 5 Anm. 15.

8 Nicht auch Veränderung.

9 Vgl. § 10 (Ziff. 6) FspGebO 20. 12. 1899 (RGBl. S. 711) und Ziff. 18 AusfBest dazu 26. 3. 1900 (Zentralbl S. 242); Nachbarorts Verk abgeschafft: § 12 (Ziff. 8) FspGebG 11. 7. 1921 (RGBl. S. 915).

10 Vgl. § 5 Anm. 12.

11 Anders im umgekehrten Falle, s. § 5 Anm. 13.

12 Statt „dadurch entstehenden" setzte VO 13. 2. 1924 (RGBl. I S. 118) „aus deren Herstellung und Instandhaltung erwachsenden", vgl. Anm. 3.

13 Statt „durch die" setzte VO 13. 2. 1924: „aus der" (vgl. Anm. 3).

14 Statt „durch die Herstellung" setzte VO 13. 2. 1924: „aus der H. und Instandhaltung" (vgl. Anm. 3).

15 Statt „erwachsenden" setzte VO 13. 2. 1924: „erwachsenen" (vgl. Anm. 3).

16 Wie § 5 Anm. 8.

17 Ebenso § 23 FernMAnlG (S. 81) bezüglich konkurrierender elektrischer Anlagen; Sondervorschriften insoweit hatte bereits § 6a (VO 13. 2. 1924, vgl. Eing.Anm. 1) erteilt; Text:

Art. I Ziff. 6 (= § 6a TelG 1892).

(1) Ist die spätere besondere Anlage eine elektrische Anlage, so gelten an Stelle des § 6 die folgenden Vorschriften.

(2) Die spätere besondere Anlage ist nach Möglichkeit so auszuführen und instandzuhalten, daß sie die vorhandene Telegraphenlinie nicht störend beeinflußt. Die aus der Herstellung und Instandhaltung erforderlicher Schutzvorkehrungen erwachsenden Kosten hat die spätere besondere Anlage zu tragen.

(3) Die Verlegung oder Veränderung einer Telegraphenlinie kann nur gegen Entschädigung und nur dann verlangt werden, wenn sonst die Herstellung einer späteren besonderen

Anlage, die aus Gründen des öffentlichen Interesses, insbesondere aus volkswirtschaftlichen oder Verkehrsrücksichten, ausgeführt werden soll, unterbleiben müßte oder wesentlich erschwert werden würde und wenn die Verlegung oder Veränderung der Telegraphenlinie mit ihrer Zweckbestimmung und ihrem Betriebe vereinbar ist. Verlegung der Telegraphenlinie auf ein anderes Grundstück kann auf Grund des vorstehenden Satzes nur verlangt werden, wenn dieses Grundstück ein Verkehrsweg im Sinne dieses Gesetzes ist. Werden Verkabelungen von Telegraphenlinien sowie Verlegungen oder Veränderungen unterirdisch verlaufender Telegraphenlinien verlangt, so entscheidet die Telegraphenverwaltung endgültig darüber, ob sie mit der Zweckbestimmung und dem Betriebe der Telegraphenlinie vereinbar sind.

(4) Auf spätere Änderungen vorhandener elektrischer Anlagen finden die vorstehenden Vorschriften entsprechende Anwendung.

Art. III.

(1) Diese Verordnung tritt mit dem Tage in Kraft, der auf ihre Verkündung im Reichsgesetzblatt folgt.

(2) Ist eine besondere Anlage beim Inkrafttreten dieser Verordnung auf einem Verkehrsweg vorhanden, so bestimmt sich ihre Rechtsstellung gegenüber der Telegraphenverwaltung vom Inkrafttreten dieser Verordnung ab nach den Vorschriften des Telegraphenwegegesetzes in der auf Grund dieser Verordnung maßgebenden Fassung. Abweichende besondere Vereinbarungen zwischen der Telegraphenverwaltung und dem Unternehmer der Anlage bleiben unberührt, soweit sie die Anlage in ihrem Bestande zur Zeit des Inkrafttretens der Verordnung betreffen.

Vgl. Anm. 2 und 5, auch § 5 Anm. 12.

18 Vgl. § 5 Anm. 5; nicht gleichbedeutend mit den „wesentlichen Änderungen“ nach § 7 Abs. 1.

§ 7[1].

Vor der Benutzung eines Verkehrswegs[2] zur Ausführung neuer Telegraphenlinien oder wesentlicher

Änderungen[3] vorhandener Telegraphenlinien hat die Telegraphenverwaltung einen Plan aufzustellen[4]. Der Plan soll die in Aussicht genommene[5] Richtungslinie, den Raum, welcher für die oberirdischen oder unterirdischen Leitungen in Anspruch genommen wird, bei oberirdischen Linien auch die Entfernung der Stangen von einander und deren Höhe, soweit dies möglich ist, angeben.

Der Plan ist, sofern die Unterhaltungspflicht an dem Verkehrsweg einem Bundesstaat, einem Kommunalverband oder einer anderen Körperschaft des öffentlichen Rechtes obliegt, dem Unterhaltungspflichtigen, andernfalls der unteren Verwaltungsbehörde[7] mitzuteilen; diese hat, soweit tunlich, die Unterhaltungspflichtigen von dem Eingange des Planes zu benachrichtigen. Der Plan ist in allen Fällen, in denen die Verlegung oder Veränderung einer der im § 5 bezeichneten Anlagen verlangt wird oder die Störung einer solchen Anlage zu erwarten ist, dem Unternehmer der Anlage mitzuteilen.

Außerdem ist der Plan bei den Post- oder Telegraphenämtern, soweit die Telegraphenlinie deren Bezirke berührt, auf die Dauer von vier Wochen öffentlich auszulegen[6]. Die Zeit der Auslegung soll mindestens in einer der Zeitungen, welche im betreffenden Bezirke zu den Veröffentlichungen der unteren Verwaltungsbehörden[7] dienen, bekanntgemacht werden. Die Auslegung kann unterbleiben, soweit es sich lediglich um die Führung von Telegraphenlinien durch den Luftraum über den Verkehrswegen handelt.

1 Rechtswegausschluß s. § 13 Anm. 5.

2 Anders: FspO § 24 Anm. 5 (S. 354).

3 Vgl. § 6 Anm. 18 und § 10 Anm. 1; s. auch Ziff. 2 AusfBest (S. 106).

4 Erfordernisse des Plans s. Ziff. 3 AusfBest (vgl. Anm. 3). — Wegen des Plans bei RfVermittlAnlagen s. Ziff. 2 BefVerlBed z. d. RfBest 1930 (S. 442).

5 Vorgängige Ortsbesichtigung s. Ziff. 4 AusfBest (vgl. Anm. 3).

6 Ausnahme s. Satz 3.

7 Vgl. § 14.

§ 8[1].

Die Telegraphenverwaltung ist zur Ausführung des Planes[2] befugt, wenn nicht gegen diesen von den Beteiligten binnen vier Wochen bei der Behörde, welche den Plan ausgelegt hat[3], Einspruch[4] erhoben wird.

Die Einspruchsfrist beginnt für diejenigen, denen der Plan gemäß den Vorschriften des § 7 Abs. 2 mitgeteilt ist, mit der Zustellung[5], für andere Beteiligte mit der öffentlichen Auslegung[6].

Der Einspruch kann nur darauf gestützt werden, daß der Plan eine Verletzung der Vorschriften der §§ 1 bis 5 dieses Gesetzes oder der auf Grund des § 18 erlassenen Anordnungen enthält.

Über den Einspruch entscheidet die höhere Verwaltungsbehörde[7]. Gegen die Entscheidung findet, sofern die höhere Verwaltungsbehörde nicht zugleich Landes-Zentralbehörde ist, binnen einer Frist von zwei Wochen nach der Zustellung die Beschwerde an die Landes-Zentralbehörde statt. Die Landes-Zentralbehörde hat in allen Fällen vor der Entscheidung die Zentral-Telegraphenbehörde zu hören. Auf Antrag der Telegraphenverwaltung kann die Entscheidung der höheren Verwaltungsbehörde für vorläufig vollstreckbar erklärt werden. Wird eine für vorläufig vollstreckbar erklärte Entscheidung aufgehoben oder abgeändert, so ist die Telegraphenverwaltung zum Ersatze des

Schadens[8] verpflichtet, der dem Gegner durch die Ausführung der Telegraphenlinie entstanden ist.

1 s. § 7 Anm. 1.
2 s. § 7.
3 TelBauA nach § 4 Ziff. 2 ZuständigkeitsO 1928 (Teil I S. 112).
4 Einspruchsverfahren s. Ziff. 5 AusfBest (S. 108).
5 s. darüber Ziff. 5 zu G der AusfBest (Anm. 2).
6 § 7 Abs. 3.
7 s. § 14.
8 Rechtsweg s. § 13 Abs. 4.

§ 9.

Auf Verlangen einer Landes-Zentralbehörde ist den von ihr bezeichneten öffentlichen Behörden[1] Kenntnis von dem Plane durch Mitteilung einer Abschrift zu geben.

1 z. B. die Wege- und Wasserpolizei, s. § 1 Anm. 2.

§ 10.

Wird ohne wesentliche Änderung[1] vorhandener Telegraphenlinien[2] die Überschreitung des in dem ursprünglichen Plane[3] für die Leitungen in Anspruch genommenen Raumes beabsichtigt und ist davon eine weitere Beeinträchtigung der Baumpflanzungen durch Ausästungen[4] zu befürchten, so ist den Eigentümern[5] der Baumpflanzungen vor der Ausführung Gelegenheit zur Wahrnehmung ihrer Interessen zu geben.

1 § 7 Anm. 2.
2 § 7.
3 § 6 Abs. 1.
4 S. § 4 und § 8 Abs. 3.
5 Keine Abweichung bezweckt gegen § 4 Abs. 2.

§ 11[1].

Die Reichs-Telegraphenverwaltung kann die Straßenbau- und Polizeibeamten mit der Beaufsichtigung und vorläufigen Wiederherstellung der Telegraphenleitungen nach näherer Anweisung der Landes-Zentralbehörde beauftragen; sie hat dafür den Beamten im Einvernehmen mit der ihnen vorgesetzten Behörde eine besondere Vergütung zu zahlen.

1 Vgl. Ziff. 6 AusfBest (S. 111) und Ziff. 4 BRBeschl 1868 (S. 113); wegen Eisenb s. § 15 Anm. 3.

§ 12[1].

Die Telegraphenverwaltung ist befugt, Telegraphenlinien durch den Luftraum[2] über Grundstücken, die nicht[3] Verkehrswege im Sinne dieses Gesetzes sind, zu führen, soweit nicht dadurch die Benutzung des Grundstücks nach den zur Zeit der Herstellung der Anlage bestehenden Verhältnissen wesentlich beeinträchtigt wird. Tritt später eine solche Beeinträchtigung ein, so hat die Telegraphenverwaltung auf ihre Kosten die Leitungen zu beseitigen.

Beeinträchtigungen in der Benutzung eines Grundstücks, welche ihrer Natur nach lediglich vorübergehend sind, stehen der Führung der Telegraphenlinien durch den Luftraum nicht entgegen, doch ist der entstehende Schaden zu ersetzen. Ebenso ist für Beschädigungen des Grundstücks und seines Zubehörs[4], die infolge der Führung der Telegraphenlinien durch den Luftraum eintreten, Ersatz zu leisten.

Die Beamten und Beauftragten der Telegraphenverwaltung, welche sich als solche ausweisen, sind befugt, zur Vornahme notwendiger Arbeiten an Telegraphenlinien, insbesondere zur Verhütung und Beseitigung von Störungen, die Grundstücke nebst den darauf befindlichen Baulichkeiten und deren Dächern mit Ausnahme der abgeschlossenen Wohnräume während der Tagesstunden nach vorheriger schriftlicher Ankündigung[5] zu betreten. Der dadurch entstandene Schaden ist zu ersetzen.

1 Rechtsweg s. § 13 Abs. 4 (auch bei Ersatzansprüchen).

2 Nicht auch durch das Erdreich oder auf ihm, vgl. § 1, s. jedoch § 14 RPFinanzG (Enteignung). Keine nebenhergehende Anwendung des engeren Rechts aus § 905 BGB. — Bezüglich Luftraumkreuzung gilt § 12 TelWegeG auch für Eisenb (s. Ziff. 1 BRBeschl 1868, S. 111).

3 Vgl. § 1 Anm. 3.

4 BGB-Begriff (§§ 97 f.).

5 Abweichend: Hausbesitzererklärung nach § 12 FspO 1927 (S. 279). — Wegen Eisenb s. § 15 Anm. 3.

§ 13.

Die auf den Vorschriften dieses Gesetzes beruhenden Ersatzansprüche[1] verjähren in zwei Jahren. Die Verjährung beginnt[2] mit dem Schlusse des Jahres, in welchem der Anspruch entstanden ist.

Ersatzansprüche aus den §§ 2, 4, 5 und 6 sind bei der von der Landes-Zentralbehörde bestimmten Verwaltungsbehörde[3] geltend zu machen[4]. Diese setzt die Entschädigung vorläufig fest[5].

Gegen die Entscheidung der Verwaltungsbehörde steht binnen einer Frist von einem Monat nach der Zustellung des Bescheids die gerichtliche Klage zu.

Für alle anderen Ansprüche steht der Rechtsweg sofort offen[6].

1 Wegen der übrigen Ansprüche (Abs. 4) gilt die Verjährung des BGB (§ 197); ebenso § 23 FernMAnlG (S. 81).

2 Im übrigen (Hemmung, Unterbrechung) gilt BGB (§§ 202 ff.).
3 Vgl. § 14 Anm. 3.
4 Vgl. § 8 Anm. 8 und § 12 Anm. 1. Anders: § 23 FernMAnlG.
5 Verwaltungsverfahren; Rechtsmittel: § 13 Abs. 3.
6 Jedoch kein Rechtsweg über Ansprüche, die im Planfeststellungsverfahren geltend zu machen sind (§§ 7 f.).

§ 14.

Die Bestimmung darüber, welche Behörden in jedem Bundesstaat untere[1] und höhere[2] Verwaltungsbehörden[3] im Sinne dieses Gesetzes sind, steht der Landes-Zentralbehörde zu[4].

1 S. § 7 Anm. 7.
2 S. § 8 Anm. 7.
3 Nicht notwendig gleichbedeutend mit den VerwBehörden nach § 3 Abs. 3.
4 Vgl. § 155 (Abs. 2) RGewerbeO, Bek 26. 7. 1900 (RGBl. S. 871).

§ 15.

Die bestehenden Vorschriften[1] und Vereinbarungen[2] über die Rechte der Telegraphenverwaltung zur Benutzung des Eisenbahngeländes[3] werden durch dieses Gesetz nicht berührt.

1 BRBeschl. 1868 (S. 111).
2 S. Ziff. 8 BRBeschl. 1868.
3 Zu § 5 Abs. 4 (in Vorbereitung befindliche, d. h. genehmigte EisenbAnlagen) s. § 4 pr. EisenbG 3. 11. 1838 (GS S. 505) *),

*) § 4. Die Genehmigung der Bahnlinie in ihrer vollständigen Durchführung durch alle Zwischenpunkte wird dem Handelsministerium vorbehalten, ebenso sind die Verhältnisse der Konstruktion, sowohl der Bahn als der anzuwendenden Fahrzeuge, an diese Genehmigung gebunden. Alle Vorarbeiten zur Begründung der Genehmigung hat die Gesellschaft auf ihre Kosten zu beschaffen.

betreffs Kleinbahnen in Preußen desgl. §§ 2 f., 6 f. Ges 28. 7. 1892 (GS S. 225) *). — Zu § 11 s. Ziff. 4 BRBeschl 1868. — Zu § 12 Abs. 3 s. Ziff. 2 BRBeschl 1868.

---

*) § 2. Zur Herstellung und zum Betriebe einer Kleinbahn bedarf es der Genehmigung der zuständigen Behörde. Dasselbe gilt für wesentliche Erweiterungen oder sonstige wesentliche Änderungen des Unternehmens, der Anlage oder des Betriebes. Diese Genehmigung ist zu versagen, wenn die Erweiterung oder Änderung die Unterordnung des Unternehmens unter das Gesetz vom 3. November 1838 bedingt.

§ 3. Zur Erteilung der Genehmigung ist zuständig:

1. wenn der Betrieb ganz oder teilweise mit Maschinenkraft beabsichtigt wird: der Regierungspräsident, für den Stadtkreis Berlin der Polizeipräsident, im Einvernehmen mit der von dem Minister der öffentlichen Arbeiten bezeichneten Eisenbahnbehörde;
2. in allen übrigen Fällen, und zwar:
   a) sofern Kunststraßen, welche nicht als städtische Straßen in der Unterhaltung und Verwaltung von Stadtkreisen stehen, benutzt oder von der Bahn mehrere Kreise oder nicht preußische Landesteile berührt werden sollen: der Regierungspräsident, im ersten Falle für den Stadtkreis Berlin der Polizeipräsident,
   b) sofern mehrere Polizeibezirke desselben Landkreises berührt werden: der Landrat,
   c) sofern das Unternehmen innerhalb eines Polizeibezirks verbleibt: die Ortspolizeibehörde.

Wenn die zum Betriebe mit Maschinenkraft einzurichtende Bahn die Bezirke mehrerer Landespolizeibehörden berührt, oder in dem Falle der Nr. 2a die betreffenden Kreise nicht in demselben Regierungsbezirke liegen, bezeichnet der Oberpräsident, falls jedoch die Landespolizeibezirke beziehungsweise Kreise verschiedenen Provinzen angehören, oder Berlin beteiligt ist, der Minister der öffentlichen Arbeiten im Einvernehmen mit dem Minister des Innern die zuständige Behörde.

Die Zuständigkeit zur Genehmigung von wesentlichen Er-

§ 16[1].

Telegraphenverwaltung im Sinne dieses Gesetzes ist die Reichs-Telegraphenverwaltung, die ... bayerische und die ... württembergische Telegraphenverwaltung.

---

weiterungen oder sonstigen wesentlichen Änderungen des Unternehmens, der Anlage und des Betriebes regelt sich so, als ob das Unternehmen in der nunmehr geplanten Art neu zu genehmigen wäre. Jedoch bleibt zur Genehmigung von Änderungen des Betriebes der in Abs. 1 Nr. 1 erwähnten Unternehmungen diejenige Behörde zuständig, welche die Genehmigung zum Bau und Betriebe erteilt hat.

§ 6. Soweit ein öffentlicher Weg benutzt werden soll, hat der Unternehmer die Zustimmung der aus Gründen des öffentlichen Rechtes zur Unterhaltung des Weges Verpflichteten beizubringen.

Der Unternehmer ist mangels anderweitiger Vereinbarung zur Unterhaltung und Wiederherstellung des benutzten Wegeteiles verpflichtet und hat für diese Verpflichtung Sicherheit zu bestellen.

Die Unterhaltungspflichtigen (Abs. 1) können für die Benutzung des Weges ein angemessenes Entgelt beanspruchen, ingleichen sich den Erwerb der Bahn im Ganzen nach Ablauf einer bestimmten Frist gegen angemessene Schadloshaltung des Unternehmers vorbehalten.

§ 7. Die Zustimmung der Unterhaltungspflichtigen kann ergänzt werden:

soweit eine Provinz oder ein den Provinzen gleichstehender Kommunalverband beteiligt ist, durch Beschluß des Provinzialrates, wogegen die Beschwerde an den Minister der öffentlichen Arbeiten zulässig ist;

soweit eine Stadtgemeinde oder ein Kreis beteiligt ist, oder es sich um einen mehrere Kreise berührenden Weg handelt, durch Beschluß des Bezirksausschusses, im übrigen durch Beschluß des Kreisausschusses.

Durch den Ergänzungsbeschluß wird unter Ausschluß des Rechtsweges zugleich über die nach § 6 an den Unternehmer gestellten Ansprüche entschieden.

1 Veraltet; s. Staatsverträge 1920 (Teil I S. 15 und 40) und § 1 RPFinanzG 1924 (ebd. S. 72).

§ 17[1].

Die Vorschriften dieses Gesetzes finden auf Telegraphenlinien, welche die Militärverwaltung oder die Marineverwaltung für ihre Zwecke herstellen läßt, entsprechende Anwendung.

1 Entspricht § 1 Abs. 2 FernMAnlG (Reichswehranlagen; S. 57).

§ 18.

Unter Zustimmung des Bundesrats[1] kann der Reichskanzler[2] Anordnungen[3] treffen:

1. über das Maß der Ausästungen[4];
2. darüber, welche Änderungen der Telegraphenlinien im Sinne des § 7 Abs. 1 als wesentlich anzusehen sind[5];
3. über die Anforderungen, welche an den Plan auf Grund des § 7 Abs. 1 im einzelnen zu stellen sind[6];
4. über die unter Zuziehung der Beteiligten vorzunehmenden Ortsbesichtigungen und über die dabei entstehenden Kosten[7];
5. über das Einspruchsverfahren und die dabei entstehenden Kosten[8];
6. über die Höhe der den Straßenbau- und Polizeibeamten zu gewährenden Vergütungen für die im Interesse der Reichs-Telegraphenverwaltung geforderten Dienstleistungen[9].

1 Jetzt: Reichsrat (vgl. § 15 RPFinanzG 1924, Teil I S. 84).
2 Jetzt: RPMin (Erl. 21. 3. 1919, RGBl. S. 327, ÜbergangsG 4. 5. 1919, RGBl. S. 285, Art. 52 RVerf 1919, § 1 RPFinanzG).
3 S. AusfBest S. 105.

4 § 4 und AusfBest Ziff. 1.
5 Ziff. 2 AusfBest.
6 Ziff. 3 ebd.
7 Ziff. 4 ebd.
8 § 8 und AusfBest Ziff. 5.
9 § 11 und AusfBest Ziff. 6.

§ 19.

Dieses Gesetz tritt am 1. Januar 1900 in Kraft. Auf die vorhandenen[1], zu öffentlichen Zwecken dienenden Linien der Telegraphenverwaltung (§§ 16 und 17) findet dieses Gesetz Anwendung, soweit nicht entgegenstehende besondere Vereinbarungen getroffen sind.

1 Versteht sich: am 18. 12. 1899; anders §§ 6 und 7.

Urkundlich unter Unserer Höchsteigenhändigen Unterschrift und beigedrucktem Kaiserlichen Insiegel.

Gegeben Neues Palais, den 18. Dezember 1899.

Wilhelm.

Fürst zu Hohenlohe.

Ausführungsbestimmungen zum Telegraphenwege-Gesetz[1].

Vom 26. Januar 1900

(RGBl. S. 7).

1 Siehe S. 86.

Auf Grund des § 18 des Telegraphenwege-Gesetzes vom 18. Dezember 1899 (RGBl. S. 705) wird nach Zustimmung des Bundesrats folgendes angeordnet:

1. Die Ausästungen[1] sind in dem Maße zu bewirken, daß die Baumpflanzungen mindestens 60 cm nach allen Richtungen von den Leitungen entfernt sind.

Ausästungen über die Entfernung von 1 m im Umkreise der Leitungen können nicht verlangt werden. Innerhalb dieser Grenzen sind die Ausästungen so weit vorzunehmen, als zur Sicherung des Telegraphenbetriebs erforderlich ist.

1 S. TelWegeG § 4 Anm. 2 (S. 90).

2. Wesentliche Änderungen der Telegraphenlinien im Sinne des § 7 Abs. 1 [1] sind:

A. bei oberirdischen Linien, für deren Stützpunkte die Verkehrswege benutzt werden,

die Umwandelung einer Linie mit einfachen Gestängen in eine solche mit Doppelgestängen,

die erstmalige Ausrüstung des Gestänges mit Querträgern, wenn diese weiter als 60 cm von der Stange seitlich ausladen,

die Änderung der Richtungslinie, insbesondere die Umlegung der Linie von der einen auf die andere Seite des Verkehrswegs;

B. bei oberirdischen Linien, welche die Verkehrswege nur im Luftraum überschreiten,

die Änderung der Richtungslinie.

Beschränken sich die unter A und B bezeichneten Änderungen auf einzelne Stützpunkte, so sind sie als wesentliche nicht anzusehen.

C. bei unterirdischen Linien

die Vermehrung, Vergrößerung oder Umlegung der zur Aufnahme der Kabel dienenden Kanäle,

die Vermehrung oder Umlegung der unmittelbar in den Erdboden eingebetteten Kabel.

Umlegungen auf kurzen Strecken, welche mit Zustimmung des Wegeunterhaltungspflichtigen sowie der Unternehmer der von der Umlegung betroffenen besonderen Anlagen geschehen, sind als wesentliche Änderungen nicht anzusehen.

1 s. S. 95.

3. Der nach § 7 Abs. 1 [1] aufzustellende Plan soll im einzelnen folgenden Anforderungen entsprechen:

Er soll eine Wegezeichnung im Maßstabe von mindestens 1 : 50 000 enthalten, in welche die Richtung der Telegraphenlinie eingetragen ist und aus der sich erkennen läßt, welcher Teil des Verkehrswegs benutzt werden soll. Ferner sind in dem Plane anzugeben:

A. bei oberirdischen Linien, für deren Stützpunkte die Verkehrswege benutzt werden,
der mittlere Stangenabstand,
die für die Linie oder für deren einzelne Teile in Aussicht genommenen Stangenlängen,
das Stangenbild,
bei Kreuzungen der Wege die Mindesthöhe des untersten Drahtes über der Oberfläche des Verkehrswegs, im übrigen die Mindesthöhe des untersten Drahtes über dem Fußpunkte der Stange;

B. bei oberirdischen Linien, welche die Verkehrswege nur im Luftraum überschreiten,
die Bezeichnung der beiden seitlichen Stützpunkte,
deren Stangenbild,

die Mindesthöhe des untersten Drahtes über der Oberfläche des Verkehrswegs;

C. bei unterirdischen Linien,
die Tiefe des Kabellagers unter der Oberfläche des Verkehrswegs,
die Art und Größe der zur Einbettung der Kabel etwa herzustellenden Kanäle.

Wird die Umlegung oder Veränderung vorhandener oder solcher in der Vorbereitung befindlicher besonderer Anlagen verlangt, deren Herstellung im öffentlichen Interesse liegt, so ist in dem Plane darauf hinzuweisen.

Die Behörde, welche den Plan auslegt, hat ihn mit ihrer Unterschrift zu versehen. Die Post- oder Telegraphenämter, bei welchen der Plan ausgelegt wird, haben den ersten Tag der Auslegung auf dem Plane zu vermerken.

1 s. S. 95.

4. Die Telegraphenverwaltung hat vor der Feststellung des Planes auf Verlangen eines der Beteiligten, welchen nach § 7 Abs. 2 [1] der Plan besonders mitzuteilen ist, bei einer Ortsbesichtigung mitzuwirken. Die Kosten der Ortsbesichtigung trägt die Telegraphenverwaltung.

Den Beteiligten wird für ihr Erscheinen oder für ihre Vertretung vor der Behörde eine Entschädigung nicht gewährt.

1 s. S. 96.

5. Für das Einspruchsverfahren [1] gelten folgende Bestimmungen:

A. Der Einspruch ist schriftlich oder zu Protokoll zu erklären. Die Einspruchsschrift soll die zur

Begründung des Einspruchs dienenden Tatsachen enthalten.

Zur Entgegennahme des Einspruchs sind an Stelle der Behörde, die den Plan ausgelegt hat, auch die Post- und Telegraphenämter ermächtigt, bei denen der Plan ausgelegt ist.

B. Nach Ablauf der Einspruchsfrist werden die Einsprüche gegen den Plan, sofern dies die Behörde, die den Plan ausgelegt hat, zur Aufklärung der Sachlage oder zur Herbeiführung einer Verständigung für zweckdienlich erachtet, in einem Termine vor einem Beauftragten der genannten Behörde erörtert.

C. Zu dem Termine werden diejenigen, welche Einspruch erhoben haben, vorgeladen.

Denjenigen, welchen der Plan gemäß § 7 Abs. 2 mitgeteilt ist, wird von dem Termine Kenntnis gegeben.

Die Erschienenen werden mit ihren Erklärungen zu Protokoll gehört.

Der Beauftragte hat die Verhandlungen nach ihrem Abschlusse der Behörde, die den Plan ausgelegt hat, einzureichen.

D. Die Behörde, die den Plan ausgelegt hat, übersendet die Verhandlungen, sofern die erhobenen Einsprüche nicht zurückgenommen sind, der höheren Verwaltungsbehörde.

E. Die höhere Verwaltungsbehörde entscheidet auf Grund der ihr übersandten Verhandlungen und des Ergebnisses der etwa weiter von ihr angestellten Ermittlungen.

Sie hat ihre Entscheidung der Behörde, die den Plan ausgelegt hat, sowie denjenigen, welche Einspruch erhoben haben, zuzustellen.

F. Die Beschwerde ist bei der höheren Verwaltungsbehörde, deren Entscheidung angefochten werden soll, oder bei der Landes-Zentralbehörde schriftlich einzulegen und zu rechtfertigen.

G. Zustellungen [2] erfolgen unter entsprechender Anwendung der §§ 208 bis 213 der Zivilprozeßordnung (RGBl. 1898 S. 410) [3].

H. Die in dem Einspruchsverfahren zugezogenen Zeugen und Sachverständigen erhalten Gebühren nach Maßgabe der Gebührenordnung für Zeugen und Sachverständige (RGBl. 1898 S. 689) [4].

J. Im Einspruchsverfahren kommen Gebühren und Stempel nicht zum Ansatze.

Die durch unbegründete Einwendungen erwachsenen Kosten fallen demjenigen zur Last, der sie verursacht hat; die übrigen Kosten trägt die Telegraphenverwaltung. Die Bestimmung der Nr. 4 Abs. 2 findet Anwendung.

K. Im Einspruchsverfahren ist von Amts wegen über die Verpflichtung zur Tragung der entstandenen Kosten und über die Höhe der zu erstattenden Beträge zu entscheiden.

Die Kosten werden durch Vermittlung der höheren Verwaltungsbehörde in derselben Weise beigetrieben wie Gemeindeabgaben.

L. Das Einspruchsverfahren ist in allen Instanzen als schleunige Angelegenheit zu behandeln.

1 § 8 TelWegeG s. S. 97.
2 § 8 Anm. 5 TelWegeG.

3 Jetzt: RGBl 1924 I S. 437.
4 Jetzt: Fassung der Bek 21. 12. 1925 (RGBl I S. 471).

6. Soweit den Straßenbau- und Polizeibeamten die Beaufsichtigung und die vorläufige Wiederherstellung der Reichs-Telegraphenleitungen übertragen wird [1], erhalten sie dafür eine Vergütung von 3 M. bis 4 M. für das Jahr und das Kilometer Linie. Für die Ermittlung der Täter vorsätzlicher oder fahrlässiger Beschädigungen der Reichs-Telegraphenlinien erhalten die Straßenbau- und Polizeibeamten Belohnungen bis zur Höhe von 15 M. [2]

1 § 11 TelWegeG s. S. 99.
2 Die Beträge sind veraltet.

Berlin, den 26. Januar 1900.

RKzl., i. V. von Podbielski.

Beschluß des Bundesrats des Norddeutschen Bundes vom 21. Dezember 1868, betr. Verpflichtungen der Eisenbahnverwaltungen im Interesse der Bundes-Telegraphenverwaltung.

(§ 339 der Protokolle).

1. Die Eisenbahnverwaltung hat die Benutzung des Eisenbahnterrains [1], welches außerhalb des vorschriftsmäßigen freien Profils liegt und, soweit es nicht zu Seitengräben, Einfriedigungen usw. benutzt wird, zur Anlage von oberirdischen und unterirdischen Bundes-Telegraphenlinien unentgeltlich zu gestatten. Für die oberirdischen Telegraphenlinien soll tunlichst entfernt von den Bahngleisen nach Bedürfnis eine einfache oder

doppelte Stangenreihe auf der einen Seite des Bahnplanums aufgestellt werden, welche von der Eisenbahnverwaltung zur Befestigung ihrer Telegraphenleitungen unentgeltlich mitbenutzt werden darf. Zur Anlage der unterirdischen Telegraphenlinien soll in der Regel diejenige Seite des Bahnterrains benutzt werden, welche von den oberirdischen Linien im allgemeinen nicht verfolgt wird.

Der erste Trakt der Bundes-Telegraphenlinien wird von der Bundes-Telegraphenverwaltung [2] und der Eisenbahnverwaltung gemeinschaftlich festgesetzt. Änderungen, welche durch den Betrieb der Bahnen nachweislich geboten sind, erfolgen auf Kosten der Bundes-Telegraphenverwaltung resp. der Eisenbahnen; die Kosten werden nach Verhältnis der beiderseitigen Anzahl Drähte repartiert. Über anderweitige Veränderungen ist beiderseitiges Einverständnis erforderlich, und werden dieselben für Rechnung desjenigen Teiles ausgeführt, von welchem dieselben ausgegangen sind.

1 Einschl. Zufahrtwege, soweit auf EisenbGelände belegen. Sonderordnung neben dem TelWegeG (S. 86; s. §§ 5, 11 f., 15 das.) und neben § 23 FernMAnlG (S. 81). Wegen Luftkreuzungen s. TelWegeG § 12 Anm. 2. — Wegen AusfVereinbarungen s. Ziff. 8.

2 Jetzt: DRP.

2. Die Eisenbahnverwaltung gestattet den mit der Anlage und Unterhaltung der Bundes-Telegraphenlinien beauftragten und hierzu legitimierten Telegraphenbeamten und deren Hilfsarbeitern behufs Ausführung ihrer Geschäfte das Betreten [1] der Bahn unter Beachtung der bahnpolizeilichen Bestimmungen, auch zu gleichem Zwecke diesen Beamten die Benutzung eines Schaffnersitzes oder Dienstkupees auf allen Zügen ein-

schließlich der Güterzüge gegen Lösung von Fahrbillets der III. Wagenklasse.

1 Sonderordnung gegenüber § 12 Abs. 3 TelWegeG (S. 99).

3. Die Eisenbahnverwaltung hat den mit der Anlage und Unterhaltung der Bundes-Telegraphenlinien beauftragten und legitimierten Telegraphenbeamten auf deren Requisition zum Transport von Leitungsmaterialien die Benutzung von Bahnmeisterwagen unter bahnpolizeilicher Aufsicht gegen eine Vergütung [1] von 5 Sgr. pro Wagen und Tag und von 20 Sgr. pro Tag der Aufsicht zu gestatten.

1 Geldsätze veraltet.

4.[1] Die Eisenbahnverwaltung hat die Bundes-Telegraphenanlagen an der Bahn gegen eine Entschädigung bis zur Höhe [2] von 10 Talern pro Jahr und Meile durch ihr Personal bewachen und in Fällen der Beschädigung nach Anleitung der von der Bundes-Telegraphenverwaltung [3] erlassenen Instruktion provisorisch wieder herstellen, auch von jeder wahrgenommenen Störung der Linien der nächsten Bundes-Telegraphenstation Anzeige machen zu lassen.

1 Vgl. § 11 TelWegeG (S. 99).
2 Wie Ziff. 3 Anm. 1.
3 Wie Ziff. 1 Anm. 2.

5. Die Eisenbahnverwaltung hat die Lagerung der zur Unterhaltung der Linien erforderlichen Vorräte von Stangen auf den dazu geeigneten Bahnhöfen unentgeltlich zu gestatten und diese Vorräte ebenmäßig von ihrem Personal bewachen zu lassen.

6. Die Eisenbahnverwaltung hat bei vorübergehenden Unterbrechungen und Störungen des Bundes-Telegraphen alle Depeschen der Bundes-Telegraphen-

verwaltung [1] mittels ihres Telegraphen, soweit derselbe nicht für den Eisenbahnbetriebsdienst in Anspruch genommen ist, unentgeltlich zu befördern, wofür die Bundes-Telegraphenverwaltung [1] in der Beförderung von Eisenbahndienstdepeschen Gegenseitigkeit ausüben wird.

1 Wie Ziff. 1 Anm. 2.

7. Die Eisenbahnverwaltung [1] hat ihren Betriebstelegraphen [2] auf Erfordern des Bundeskanzler-Amts [3] dem Privat-Depeschenverkehr nach Maßgabe der Bestimmungen der Telegraphenordnung [4] für die Korrespondenz auf den Telegraphenlinien des Norddeutschen Bundes zu eröffnen [5].

1 D. i. die DRB und Privatbahnunternehmungen, ausgenommen Kleinbahnen.

2 Wegen Genehmigungsfreiheit des EisenbBetriebsTel s. FernMAnlG § 1 Ziff. 1 zu 2 (Allg. Verleihung 10. 1. 1927, nicht verk.).

3 Der Gegenstand ist geordnet durch das EisenbahnbTelRegl 7. 3. 1876 (S. 170); dem „Erfordern des BKzlAmts" entspricht die Vollziehung des EisenbTelRegls durch den Bundes- bzw. RKzl, erstmals (seit Dez. 1868): 11. 5. 1873 (Zentralbl. S. 177); vgl. EisenbTelRegl, Eing Anm. 1 (S. 170).

4 Jetzt: TelO 1926 (S. 117).

5 Vgl. FernMAnlG § 7 Anm. 5 (S. 66).

8. Über die Ausführung der Bestimmungen unter 1 bis einschließlich 6 wird das Nähere zwischen der Bundes-Telegraphenverwaltung und der Eisenbahnverwaltung schriftlich vereinbart [1].

1 Texte:

Vereinbarung über die Verteilung der Kosten für Änderungen an den Telegraphen- und Fernsprechanlagen der Reichspost aus Anlaß der Elektrisierung von Reichsbahnen.

Vom 11. Juli 1923 (PABl. S. 55).

Berlin, 15. Februar 1924.

Zwischen dem RPM und dem Reichsverkehrsministerium ist die nachfolgend abgedruckte Vereinbarung abgeschlossen worden.

1. Wenn aus Anlaß der Elektrisierung von Reichsbahnen an Telegraphen- und Fernsprechlinien der Reichspost, welche sich auf dem Bahngelände befinden, das Bahngelände kreuzen oder abseits des Bahngeländes verlaufen, Änderungen irgendwelcher Art auszuführen sind, so werden die dadurch entstehenden Kosten folgendermaßen verteilt: Die Reichspost trägt die Baustoffkosten und allgemeinen Kosten. Die Reichsbahn erstattet der Reichspost die wirklich entstandenen Arbeitskosten. Letztere umfassen: Die Bezüge der Arbeiter und Angestellten, die Besoldungsanteile, Tagegelder und Fuhrkosten der Bau- und Aufsichtsbeamten sowie die an Unternehmer gezahlten Arbeiter- und Angestelltenbezüge.

Zu den Änderungen gehören insbesondere: Linienumlegungen, Abbruch entbehrlicher Linien, Verkabelungen, doppeldrähtiger Ausbau der Telegraphenleitungen, Herstellung besonderer Leitungskreuzungen oder anderer Einrichtungen zum Schutze gegen störende Beeinflussung durch die elektrische Fahranlage, Einbau von Pupinspulen, Verstärkereinrichtungen (ausschließlich der Beschaffung von Räumen) und von anderen für den Betrieb erforderlichen Apparaten in die Leitungen.

2. Wenn in den Betriebsstellen der Reichspost die technischen Einrichtungen für die Telegraphenleitungen und Fernsprechverbindungsleitungen zu ändern sind, so übernimmt die Reichsbahn die wirklich entstandenen Arbeitskosten wie zu 1. Zu diesen Änderungen gehören insbesondere: Anbringung von Schutzschaltungen und Schutzapparaten, Aufstellung von besonderen Stromquellen.

3. Werden die Änderungen an Reichspost- und Reichsbahnleitungen gemeinschaftlich vorgenommen, z. B. diese Leitungen

in ein gemeinschaftliches Kabel verlegt, so fallen die wirklich entstandenen Arbeitskosten (wie zu 1) der Reichsbahn zur Last. Die wirklich entstandenen Baustoffkosten werden auf Reichsbahn und Reichspost nach dem Verhältnis der beanspruchten Drähte verteilt.

4. Der Reichsverkehrsminister und der Reichspostminister werden ihre Dienststellen anweisen, inwieweit die Notwendigkeit der Änderungen gemeinschaftlich festzustellen ist.

5. Sollten aus Anlaß der Elektrisierung der Reichsbahnen Änderungen in den Ortsvermittlungsstellen und Teilnehmersprechstellen der Reichspost erforderlich werden, so bleibt die Reglung der Kostenfrage besonderer Vereinbarung vorbehalten.

6. Die Vereinbarung erstreckt sich auch auf die bisher ausgeführten oder vorgesehenen Änderungen der Telegraphen- und Fernsprechanlagen der Reichspost, z. B. im Bereich der Wiesentalbahn, Riesengebirgsbahnen sowie der Strecken Magdeburg-Dessau-Leipzig-Halle mit Wahren-Schönefeld-Engelsdorf, München-Garmisch mit Tutzing-Kochel.

7. Die Vereinbarung gilt vorläufig bis zum 31. Dezember 1932.

Berlin W 66, den 11. Juli 1923.

(Unterschriften.)

Der Abschluß der vorstehenden Vereinbarung ist durch das Reichspostministerium (Erlaß vom 7. April 1923 — IIa/VII F 562 —) und das Reichsverkehrsministerium (Erlaß vom 15. Juni 1923 — E IV 36. D 10992 —) angeordnet worden.

Ergänzung der Vereinbarung über die Verteilung der Kosten für Änderungen an den Telegraphen- und Fernsprechanlagen der Reichspost aus Anlaß der Elektrisierung von Reichsbahnen.

(PABl. 1926 S. 423).

Die zwischen dem RPM und dem Reichsverkehrsministerium abgeschlossene Vereinbarung über die Verteilung der Kosten für Änderungen an den Telegraphen- und Fernsprechanlagen der Reichspost aus Anlaß der Elektrisierung von Reichsbahnen wird im Einverständnis mit der Hauptverwaltung der Deutschen Reichsbahn-Gesellschaft unter Punkt 1 im zweiten Absatz durch folgenden Wortlaut ergänzt:

Die Arbeitskosten für die Ergänzungen und Erweiterungen, die im Zusammenhang mit den Änderungen an Telegraphen- und Fernsprechlinien der Reichspost vorgenommen werden, fallen der Reichsbahn nicht zur Last; jedoch trägt sie bei der Verkabelung oberirdischer Reichspostlinien neben den Arbeitskosten für die Auslegung des Kabels und die betriebsmäßige Herrichtung der Betriebsaderpaare auch die Arbeitskosten für die betriebsmäßige Herrichtung der erforderlichen Reserveaderpaare, mit der Einschränkung, daß auf je 6 Betriebsaderpaare ein Betriebsreserveaderpaar unter Abrundung auf die nächsthöhere ganze Zahl gerechnet wird.

Weitere Vereinbarungen sind nicht veröffentlicht.

Telegraphenordnung

vom 30. Juni 1926 (PABl. S. 447)[1].

Auf Grund des § 2 des Reichspostfinanzgesetzes vom 18. März 1924 (Reichsgesetzbl. I S. 287)[2] wird mit Zustimmung des Verwaltungsrats[3] nachstehende Telegraphenordnung[4] erlassen. Die Telegraphenordnung tritt am 1. November 1926[5] in Kraft. Die Telegraphenordnung vom 16. Juni 1904[6] tritt gleichzeitig außer Kraft.

Berlin, den 30. Juni 1926.

RPMin[7]: Stingl

1 Text mit den Änderungen bis einschließlich November 1929; hierzu ergingen (soweit verkündet): Bek 12. 7. 1916 (RGBl. S. 741), 23. 6. 1917 (ebd. S. 562), 28. 6. 1919 (ebd. S. 626), 26. 9. 1919 (ebd. S. 1726), VO 17. 6. 1920 (RGBl. S. 1219), 22. 3. 1921 (ebd. S. 250), 22. 12. 1921 (ebd. S. 1600), 13. 9. 1922 (ebd. S. 732), 3. 11. 1922 (ebd. S. 839), 5. 12. 1922 (ebd. S. 901), 5. 1. 1923

(RGBl. I S. 52), 13. 2. 1923 (ebd. S. 128), 18. 6. 1923 (ebd. S. 397), 12. 7. 1923 (ebd. S. 631), 27. 9. 1923 (ebd. S. 932), 1. 12. 1923 (ebd. S. 1175), 25. 3. 1924 (PABl. S. 147), 18. 12. 1924 (ebd. S. 697), 23. 6. 1925 (ebd. S. 328), 23. 11. 1926 (ebd. S. 569), 12. 2. 1927 (ebd. S. 65), 25. 7. 1927 (ebd. S. 288), 22. 3. 1929 (ebd. S. 103), 16. 11. 1929 (ebd. S. 377).

2 Teil I S. 71.

3 S. RPFinanzG § 1 Anm. 4 (Teil I S. 32).

4 Vorg.: pr. TelRegulative vom 6. 8. 1849 und 26. 9. 1850 (MinBl S. 203 bzw. 291), pr. TelReglements 17. 2. 1852 (MinBl. 32), 10. 3. 1858 (ebd. S. 49), 16. 9. 1863 (ebd. S. 220), pr. TelO 10. 12. 1865 (ebd. 1866 S. 67), Nordd. TelO 24. 12. 1867 (pr. TelABl. S. 151) und Dezbr. 1868 (Nordd. TelABl. S. 133), ReichsTelO 21. 6. 1872 (RGBl. S. 213), 13. 8. 1880 (Zentralbl. S. 560), 15. 6. 1891 (ebd. S. 162), 9. 6. 1897 (ebd. S. 163), 16. 4. 1904 (ebd. S. 229).

Die Erneuerungen der TelO und ihrer Vorgängerinnen stehen durchweg in ursächlichem Zusammenhang mit den Abschlüssen internationaler VereinsTelVerträge (vgl. Anm. 5); solche fanden statt: für den Bereich des Deutschen Bundes von 1815: zu Dresden 25. 7. 1850, Wien 14. 10. 1851, Berlin 2. 9. 1853, München 15. 5. 1855, Stuttgart 16. 11. 1857, Hannover 13. 6. 1863, Schwerin Septbr. 1865, für den deutsch-ausländischen TelVerkBereich: Paris 17. 5. 1865, Wien 21. 7. 1868, Rom 14. 1. 1872 (sämtlich unverkündet), St. Petersburg 22. 7. 1875 (verk. als „WeltTelVertrag" durch VO 16. 10. 1926, PABl. S. 479); ferner die Verträge zur Erneuerung der VollzOn zum int. TelVereinsvertrag von 1875: London 28. 7. 1879, Paris 21. 6. 1890, Budapest 22. 7. 1896, London 10. 7. 1903, Lissabon 11. 6. 1908 (sämtlich unverk.), Paris 29. 10. 1925 (PABl. 1926 S. 479).

Die TelO erteilt öffentl. Anstaltsnutzungsrecht; kein bürgerliches Vertragsverhältnis zwischen TelVerwaltung und TelAbsender. Selbständige Empfängerrechte s. § 4 V: Kurzanschriftvereinbarung, § 8 II: Stundungsvereinbarung (vgl. § 8 Anm. 7), § 10 III: Verfügung über das Formblatt zum AntwortTel, § 17a II: Schmuckblattverwendung, § 18 IV: Nachsendungsantrag,

§ 19: TelBerichtigung, § 21 I Abs. 1: Zustellung durch Fsp, § 21 IV: Ort und Zeit der Zustellung, § 21 VI zu 5: Benennung von Ersatzempfängern, § 23: Abschriften, Nachforschungen.

Keine Konkurrenz mit dem TelG 1892 bzw. ÄnderungsG 1927 (S. 38) und FernMAnlG 1928 (S. 57), vielmehr von eigenem Rechtsbestand (seit 1849); daher § 2 TelGebG 8. 9. 1919 (RGBl. S. 1522) nur eine verspätete Scheindelegation nach dem Muster des § 50 RPostG 1871 (Teil I S. 171) bzw. § 10 FspGebO 20. 12. 1899 (RGBl. S. 711) und mit Recht aufgehoben durch Art. II ÄnderungsG 1927 (S. 54).

Wechsel der Materie zwischen Ges und VO. Das TelG 1892 übernahm aus § 2 TelO 1891 die TelGeheimnisvorschrift (§ 8 des Ges, aufgeh.: Art. I Ziff. 12 ÄnderungsG 1927, S. 44, seitdem nur noch enthalten in Art. 117 RVerf, Teil I S. 10) und den Zulassungsgrundsatz aus § 1 a. a. O. (§ 5 des Ges), jedoch ohne daß in der TelO die bezgl. Vorschrift fortgefallen wäre (§ 1 TelO 1926), jetzt § 7 FernMAnlG (S. 66). Die Gebührenordnung ging auf das Ges über durch: Ges 8. 9. 1919 (RGBl. S. 1522), 6. 5. 1920 (ebd. S. 894), 22. 3. 1921 (ebd. S. 243), 19. 12. 1921 (ebd. S. 1598), letzteres abgelöst durch die InflationsVOn 1. 6. 1922 (RGBl. S. 491), 13. 9. 1922 (ebd. S. 730), 3. 11. 1922 (ebd. S. 838), 5. 12. 1922 (ebd. S. 899), 5. 1. 1923 (ebd. S. 46), 13. 2. 1923 (ebd. S. 122), 18. 6. 1923 (ebd. S. 394), 12. 7. 1923 (ebd. S. 619), 14. 8. 1923 (ebd. S. 785); diesen folgt am 17. 8. 1923 ein (5.) TelGebG (RGBl. I S. 797) und aus ihm fließend, die VOn: 24. 8. 1923 (PABl. S. 351), 7. 9. 1923 (ebd. S. 371), 24. 9. 1923 (RGBl. I S. 907), 9. 10. 1923 (PABl. S. 431), 17. 10. 1923 (ebd. S. 444), 26. 10. 1923 (ebd. 460), 2. 11. 1923 (ebd. S. 475), 1. 12. 1923 (RGBl. I S. 1168). Zufolge §§ 2 und 6 RPFinanzG 1924 (Teil I S. 71) fiel die gesamte GebOrdnung wieder an die VO (TelO 1926) zurück.

Wegen Aufhebung der TelGebFreiheiten — VO 2. 6. 1877 (RGBl. S. 524) — durch § 2 Ges 29. 4. 1920 (RGBl. S. 678) s. Teil I S. 397. Unentgeltlichkeit gewisser TelVerkLeistungen fällt nicht unter die Aufhebung, z. B.: Zusprechen von Tel durch Fsp (§ 5 Ziff. 2 und § 21 I Abs. 2), GebStundung (§ 8 Anm. 6), Zustellung (§ 21 I Abs. 3 und III), Mitgabe von Tel an Landzusteller (§ 5 Anm. 7), Übermittlung von Anschrift usw. bei BildTel (Vf 1930, PABl. S. 123), Luftpostbeförderung von BildTel (Teil I S. 307).

5 Gleichzeitig mit dem WeltTelVertrag 1925 (Paris); vgl. VO 16. 10. 1926 (PABl. S. 479).

6 Zentralbl. S. 229.

7 Erste TelO mit der Unterschrift des RPMin; wegen Änderung des Art. 88 RVerf 1919 s. bereits § 2 TelGebG 6. 5. 1920 (RGBl. S. 894).

Inhaltsverzeichnis

Nr. des §		Seite
1	Benutzung des Telegraphen	121
2	Dienststunden	122
3	Einteilung der Telegramme	123
4	Allgemeine Erfordernisse der Telegramme	127
5	Aufgabe von Telegrammen	130
6	Wortzählung	131
7	Gebühren	134
8	Gebührenerhebung	135
8a	Blitztelegramme	136
9	Dringende Telegramme	137
10	Telegramme mit bezahlter Antwort	137
11	Telegramme mit Vergleichung	139
12	Telegramme mit Empfangsanzeige	139
13	Mehrfachtelegramme	140
14	Telegraphische Postanweisungen, Zahlkarten, Überweisungen und Zahlungsanweisungen	142
15	Pressetelegramme	142
16	Brieftelegramme	143
17	Seetelegramme	144
17a	Schmuckblattelegramme	146
18	Nachsendung von Telegrammen	147
19	Berichtigungstelegramme	149
20	Zurückziehung von Telegrammen	149
21	Zustellung der Telegramme am Bestimmungsort	151
22	Unzustellbare Telegramme	157
23	Telegrammabschriften, Nachforschungen	158
24	Haftpflicht	158

Nr. des §		Seite
25	Erstattung und Nachzahlung von Gebühren	159
26	Geltungsbereich	164
27	Schlußbestimmungen	164
Anlage		
A	Gebührensätze für den Telegraphenverkehr	165
B	Gebührenpflichtige Dienstvermerke	169

§ 1

Benutzung des Telegraphen.

I Den für den öffentlichen Verkehr[1] bestimmten Telegraphen[2] der Deutschen Reichspost[3] darf jedermann[4] benutzen. Die Deutsche Reichspost hat das Recht[5], den Betrieb[6] zeitweise ganz oder zum Teil für alle oder für bestimmte Gattungen[7] von Telegrammen einzustellen.

II Privattelegramme[8], deren Inhalt die staatliche Sicherheit gefährdet, gegen die Gesetze, die öffentliche Ordnung oder die guten Sitten verstößt[9], werden zurückgewiesen oder nicht weiterbefördert[10]. Hierüber entscheidet die Aufgabe-, Durchgangs- oder Bestimmungsanstalt. Gegen die Entscheidung ist Beschwerde bei der vorgesetzten Dienststelle[11] zulässig. Bei Staatstelegrammen[12] steht den Telegraphenanstalten eine Prüfung[9] der Zulässigkeit des Inhalts nicht zu.

III[13] Die Bestimmungsanstalt[14] darf Telegramme an Telegraphenagenturen anhalten, die sich offenkundig mit der telegraphischen Weiterbeförderung von Telegrammen zu dem Zwecke[15] befassen, Telegramme Dritter der Zahlung der vollen Gebühren zu entziehen, die bei unmittelbarer Beförderung vom Aufgabeort an den eigentlichen Bestimmungsort entstehen würden.

IV[16] Verfährt eine Durchgangs- oder die Bestimmungsanstalt nach II oder III, so muß sie unverzüglich die Aufgabeanstalt davon verständigen.

1 Besorgung des öffentl. Verk ist die verf'rechtl Aufgabe der RDP (s. Anm. 3); im Bereich dieser Aufgabe bewegen sich die Rechtsbeziehungen zwischen TelAnstalt (DRP) und Anstaltsnutzer. Diese sind daher öffentl. Rechts.

2 Auch FkTel, nicht gemeint sind dagegen FspAnlagen (einschl. FkFsp), s. deswegen vielmehr § 7 FernMAnlG (S. 66).

3 Wegen des Ausdrucks s. Anm. 3 zu § 1 RPFinanzG (Teil I S. 73).

4 Vgl. Anm. 2 zu § 7 FernMAnlG (S. 66) und § 2 zu a) EisenbTelRegl 1876 (S. 170); Geschäftsfähigkeit (BGB § 104) wird nicht gefordert. Keine Vertragsfreiheit im Sinne des bürgerl. Rechts.

5 Kein Rechtsweg; Fassung erstmals angewendet im pr. TelRegl 10. 3. 1858 (MinBl. S. 49).

6 Gleichbedeutend mit dem „Betrieb" nach § 1 FernMAnlG (S. 57).

7 Vgl. § 3 Anm. 1.

8 § 3 I zu a 3.

9 Gemeint sind Verstöße gegen die Ordnungsmäßigkeit der Telegramme (Anm. 4 zu § 7 FernMAnlG S. 66), daher keine Zensur im Sinne des Art. 118 RVerf 1919. Auch keine Verletzung des TelGeheimnisses (Art. 117 RVerf), da kein Eindringen Dritter in das Rechtsverhältnis zwischen TelAnstalt und Anstaltsnutzer (Teil I S. 10).

10 Kein Schadensersatzanspruch wegen Ausschließung (§ 24), wegen GebErstattung s. § 25 I zu 1.

11 OPD und Präsident der OPD (Teil I S. 111); vgl. § 25 Anm. 3.

12 § 3 I zu a 1; ebenso Tel, die die Sicherheit des menschl. Lebens auf See betreffen, vgl. § 14 Ziff. 2 FernMAnlG (S. 73).

§ 2

Dienststunden.

Die Deutsche Reichspost[1] setzt die Zeiten fest[2], während deren die Telegraphenanstalten[3] zur Benutzung geöffnet sind[4].

1 S. § 1 Anm. 3.

2 Vorg.: § 3 FspO (S. 230). Keine Beschränkung mehr für den Aufgeber von BlitzTel (§ 8a) auf die Zeit von 9—18 Uhr werkt. (PABl. 1928 S. 453).

3 Selbständige oder mit PAnst vereinigte RTelAnstalten; wegen der Dienststunden der EisenbTelAnst s. § 5 EisenbTelRegl 1876 (S. 172).

4 Vgl. § 25 Anm. 6.

§ 3

Einteilung der Telegramme.

I Die Telegramme werden eingeteilt[1]

a) nach der Herkunft in
   1. Staatstelegramme,
   2. Telegraphendiensttelegramme[2],
   3. Privattelegramme[3],

b) nach der Abfassung in
   1. Telegramme in offener Sprache (III),
   2. Telegramme in geheimer Sprache,
   3. Telegramme in gemischter Sprache (VI).

Geheime Sprache kann verabredete (IV) oder chiffrierte (V) Sprache sein.

II Bei der Beförderung[4] und Zustellung (§ 21) haben die Staatstelegramme[5], die als solche gekennzeichnet sind, vor den übrigen Telegrammen, die Telegraphendiensttelegramme[2] vor den Privattelegrammen[6] den Vorrang[7].

[8]III Telegramme in offener Sprache sind solche, deren Text aus Wörtern und Ausdrücken besteht, die in einer oder in mehreren der für den Welttelegraphenverkehr zugelassenen Sprachen[9] einen verständlichen Sinn geben, wobei jedes Wort und jeder Ausdruck in dem Sinne angewandt werden, der ihnen in der Sprache, der sie angehören, für gewöhnlich beigelegt

wird. Sie dürfen vereinbarte Kurzanschriften (§ 4 V), Handelszeichen, Börsenkurse und gebräuchliche Abkürzungen enthalten. In Seetelegrammen (§ 17) sind ferner durch Buchstaben dargestellte Zeichen des internationalen Signalbuchs zugelassen.

Die Deutsche Reichspost[10] macht öffentlich bekannt[11], welche Sprachen sie außer der deutschen für Telegramme in offener Sprache zuläßt.

[12]IV Telegramme in verabredeter Sprache sind solche, deren Text besteht entweder

a) aus künstlichen Wörtern, oder

b) aus wirklichen Wörtern, die einen anderen Sinn haben als den, der ihnen in der Sprache, der sie angehören, für gewöhnlich beigelegt wird, so daß diese Wörter keine Sätze ergeben, die in einer oder in mehreren der für Telegramme in offener Sprache zugelassenen Sprachen verständlich sind, oder

c) aus solchen wirklichen und künstlichen Wörtern nebeneinander.

Die Telegramme in verabredeter Sprache zerfallen in zwei Klassen:

Klasse A. Telegramme, deren Text verabredete Wörter von höchstens 10 Buchstaben[13] enthält, und zwar mit

wenigstens 1 Selbstlauter in Wörtern bis zu 5 Buchstaben,

wenigstens 2 Selbstlautern in Wörtern von 6, 7 oder 8 Buchstaben und

wenigstens 3 Selbstlautern in Wörtern von 9 oder 10 Buchstaben.

In den Wörtern von mehr als 5 Buchstaben muß die vorgeschriebene Zahl von Selbstlautern derart verteilt sein, daß wenigstens einer der 5 ersten und wenigstens einer der übrigen Buchstaben ein Selbstlauter ist. Die Selbstlauter sind a, e, i, o, u, y.

Sprachwidrige Zusammenziehungen zweier oder mehrerer Wörter der offenen Sprache sind unstatthaft (§ 6, VII).

Klasse B. Telegramme, deren Text beliebig gebildete verabredete Wörter bis zu 5 Buchstaben enthält. Ziffern und Gruppen von Ziffern sind nicht zugelassen, wohl aber aus Ziffern und Buchstaben gebildete Handelsmarken, wenn der Absender nachweisen kann, daß es sich tatsächlich um solche handelt.

Für Telegramme der Klasse B gelten ermäßigte Wortgebühren (Anl A unter I).

Verabredete Wörter in Telegrammen beider Klassen dürfen nicht die Buchstaben ä, á, å, é, ñ, ö und ü enthalten. Die Doppelselbstlauter ae, aa, ao, oe und ue sowie das ch gelten als je 2 Buchstaben.

V Telegramme in chiffrierter Sprache[14] sind solche, deren Text besteht:

aus einzeln, in Gruppen oder Reihen stehenden arabischen Ziffern mit geheimer Bedeutung oder

aus Wörtern, Namen, Ausdrücken oder Zusammenstellungen von Buchstaben, die weder den Bedingungen der offenen Sprache noch denen der verabredeten Sprache genügen.

Ziffern und Buchstaben mit geheimer Bedeutung dürfen nicht in einer und derselben Gruppe nebeneinander vorkommen.

[15] VI Telegramme in gemischter Sprache sind Tele-

gramme, in denen die offene (III) und die geheime (IV, V) Sprache nebeneinander gebraucht sind.

Telegramme, die als solche der Klasse B gelten sollen, dürfen neben Wörtern der verabredeten Sprache dieser Klasse nur noch Wörter der offenen Sprache enthalten.

VII Die Absender von Telegrammen der Klasse A in verabredeter oder gemischter Sprache haben auf Verlangen den Telegraphenschlüssel vorzulegen, nach dem ihr Telegramm abgefaßt ist.

1 Hier hatte der frühere Text den Zusatz: „in folgende Gattungen" (erstmals § 7 TelRegl 1858, s. § 1 Anm. 5); vgl. § 1 Anm. 7. Über BildTel s. S. 188.

2 PostdienstTel sind u. a.: WetterTel zur Sicherung des PFlugdienstes.

3 Dazu gehören auch PresseTel (§ 15).

4 Ob Funk- oder Drahtweg, bestimmt der Abs, anderenfalls die Verwaltung; vgl. jedoch § 9 Anm. 5, § 14 Anm. 1, § 17 Anm. 4.

5 Ebenso die gebpflichtigen Wetter- und WasserstandsBeobachtungsTel. Über KreisTel mit Hoheitsanordnungen der Reichsbehörden s. Erl 20. 3. 1929 (PABl. S. 148) I Ziff. 1 und Vf Nr. 270 PABl. 1929 S. 233. Wegen der tel. Korrespondenz zwischen den Obersten Landesbehörden und dem RMin. d. Inn. in Angelegenheiten der Vereinsauflösung s. § 9 RepublikschutzG 25. 3. 1930 (RGBl. I S. 91). — Auf den Vorrang kann verzichtet werden; vgl. § 25 Anm. 8.

6 Dringende Tel (§ 9) haben den Vorrang vor nichtdringenden, BlitzTel (§ 8a) den Vorrang vor dringenden Tel. Wegen gelegentlicher Abweichungen s. indessen u. a. PABl. 1929 S. 249 (Vf 292) und 312 (Vf 380). Im InlandsVerk keine sog. Zurückstellung halbbezahlter Tel hinter vollbezahlten (einschl. PresseTel); vgl. Art. 70 WeltTelVertrag 1925 (PABl. 1926 S. 479). Keine Inlands-WochenendTel (Sondervereinbarung nur im AuslandsVerk, außerhalb des WeltTelV, gemäß Art. 17 IntTelV 1875; eingeführt 1. 11. 1922, PNachrBl. S. 666), vgl. § 26 Anm. 4.

7 Vgl. FernMAnlG § 7 Anm. 6 (S. 66). Anders im EisenbTelVerk (s. § 4 EisenbTelRegl 1876, S. 172).

8 Wegen der Wortzählung s. § 6 III; vgl. auch § 17 Anm. 3. Im Zweifel wird offene Sprache vermutet.

9 Schrift: s. § 4 I.

10 S. § 1 Anm. 3.

11 Durch PABl.; letztmals 1929 S. 161.

12 Wegen der Wortzählung s. § 6 IV.

13 Vgl. § 6 Anm. 4.

14 Sog. CodeTel. Wegen der Wortzählung s. § 6 V.

15 Wegen der Wortzählung s. § 6 VI.

§ 4

Allgemeine Erfordernisse der Telegramme.

I Die Urschrift[1] jedes Telegramms muß leserlich in deutschen oder lateinischen Buchstaben[1a] oder in solchen Zeichen geschrieben sein, die sich durch den Telegraphen der Deutschen Reichspost wiedergeben lassen. Einschaltungen, Randzusätze, Streichungen und Überschreibungen hat der Absender[2] oder sein Beauftragter auf der Urschrift anzuerkennen.

II Die einzelnen Teile eines Telegramms müssen in nachstehender Ordnung aufeinanderfolgen:

1. gebührenpflichtige Dienstvermerke (vgl. III),
2. Anschrift (IV, V),
3. Text (VI),
4. Unterschrift (VII).

III Für eine Reihe gebührenpflichtiger Dienstvermerke sind bestimmte, zwischen Doppelstriche zu setzende Abkürzungen anzuwenden, die in den nachfolgenden Einzelbestimmungen und in Anlage B[3] aufgeführt sind.

IV Die Anschrift muß alle Angaben enthalten, die für die Zustellung des Telegramms (§ 21) nötig sind.

Sie muß aus wenigstens zwei Wörtern bestehen. Die Bestimmungsanstalt ist stets an den Schluß der Anschrift zu setzen. Für ihre Schreibweise sind die amtlichen Verzeichnisse[4] maßgebend.

Die besondere Form der Anschrift für Telegramme, die durch Fernsprecher oder durch Postschließfach (§ 21 I Abs. 1) zugestellt werden sollen, wird durch die Deutsche Reichspost festgesetzt und bekanntgegeben[5].

Der Absender trägt die Folgen[6] der Unvollständigkeit der Anschrift.

[7]Telegramme mit der Bezeichnung post-, telegraphen- oder bahnlagernd[8] können im Inlandsverkehr eine aus Buchstaben oder aus Zahlen oder aus Buchstaben und Zahlen gebildete Anschrift tragen; sie werden dann aber nur auf Gefahr des Absenders[9] angenommen. Der gebührenpflichtige Dienstvermerk = MP =[10] ist bei Lagertelegrammen nicht zugelassen.

V Anstatt des vollen Namens des Empfängers und der Wohnungsangabe kann der Absender eine Kurzanschrift anwenden[11], wenn der Empfänger sie mit der Deutschen Reichspost vereinbart hat.

Kurzanschriften werden für ein Jahr oder ein Vierteljahr vereinbart. Jahres- und Vierteljahrsvereinbarungen, die nicht mit einem Kalendervierteljahr enden, laufen bis zum Schlusse eines solchen. Die Gebühren[12] sind in jedem Falle für die ganze Dauer der Vereinbarung im voraus zu entrichten.

Werden die Jahresvereinbarungen nicht drei Monate vor Ablauf schriftlich gekündigt[13], so verlängern sie sich auf unbestimmte Zeit und können nur zum Ende eines Kalendervierteljahrs mit dreimonatiger Frist schriftlich gekündigt werden. Die Deutsche Reichspost ist jedoch berechtigt, jederzeit mit dreimonatiger Frist zu kündigen, wenn die Kurzanschrift nicht mehr jeden Zweifel und jede Verwechslung bei der Zustellung ausschließt oder ihre Anwendung sonst zu Unzuträglichkeiten führt.

Kurzanschriften dürfen bei vorübergehendem Aufenthalt des Inhabers an einem andern Orte für einen Monat dorthin überwiesen[14] werden, wenn die Telegraphenanstalt am neuen Ort sie zulassen kann.

Kurzanschriften dürfen nicht benutzt werden zur Bezeichnung des Geldempfängers in telegraphischen Postanweisungen, Zahlkarten, Zahlungsanweisungen und Überweisungen (§ 14).

VI Telegramme ohne Text sind nicht zugelassen[15].

VII Eine Unterschrift ist nicht erforderlich. Der Absender kann eine Beglaubigung[16] seiner Unterschrift in das Telegramm aufnehmen lassen; die Beglaubigung wird hinter die Unterschrift gesetzt.

1 Formblätter für Telegramme werden bei den TelAnst ausgegeben; kein Benutzungszwang.

1a Wegen der zugelassenen Sprachen s. § 3 III.

2 Ausweispflicht des Abs (erstmals: § 1 II TelO 1880, Zentralbl. S. 560, entsprechend Art. XV IntTelV/VollzO 1875) fortgefallen seit TelO 1926 (nicht im AuslandsVerk); s. jedoch § 18 Anm. 5, § 19, § 20 I und § 23. Wegen Geschäftsfähigkeit s. § 1 Anm. 4.

3 Siehe S. 169.

4 Vgl. § 6 VIII b zu 6.

5 § 23 FspO (S. 348), s. PABl. 1928 S. 1.

6 Unzustellbarkeit: § 22, kein Haftungsanspruch: § 24.

7 Anl. B Ziff. 1—3. Vgl. PostO 1929 § 3 I Abs. 3 (Teil I S. 187); Rückgabe an die TelAnstalt bei Nichtabforderung nach 14 Tagen (Inland) oder 1 Monat (Ausl.).

8 S. EisenbTelRegl § 3 Anm. 1 (S. 172).

9 Vgl. PostO § 29 II (Teil I S. 243).

10 S. § 21 VI Ziff. 1; Anl. B Ziff. 31.

11 Nicht bei BildTel; (S. 188).

12 S. Anl. A II zu 1 und 2.

13 Für bloße Änderung ist Kündigung nicht erforderlich.

14 Gebühr s. Anl. A II zu 3.

15 Erstmals zugelassen § 6 IX TelO 1891 (Zentralbl. S. 162), zuletzt § 3 X TelO 1904 (ebd. S. 229); wegen Weihnachts- und Neujahrsglückwunschtel mit feststehenden Fassungen s. PABl. 1928 S. 523, 543, 545, 556, 558; 1929 S. 401.

16 Nicht durch die TelAnstalten, doch prüft die AufgabeAnst die Echtheit der Beglaubigung; erstmals § 6 TelRegl 10. 3. 1858 (MinBl. S. 49).

§ 5

Aufgabe von Telegrammen.

I Telegramme können aufgegeben werden:

1. bei den Telegraphenanstalten[1] und bei den zur Annahme ermächtigten Postanstalten am Schalter (auch brieflich)[2]. Blitztelegramme (§ 8a) nur an den Schaltern der Reichstelegraphenanstalten; wenn in einem Orte mehrere Reichstelegraphenanstalten bestehen, bestimmt die Deutsche Reichspost[3], bei welcher die Blitztelegramme in der Regel aufzugeben sind,
2. durch Fernsprecher[4] oder Nebentelegraphen[5],
3. durch Mitgabe an die Telegramm-[6] und die Landzusteller[7] auf einem Zustellgange, ausgenommen Blitztelegramme,
4. durch die Postbriefkasten[8], ausgenommen Blitztelegramme.

II Über die Aufgabe nach 1 und 3 wird auf Verlangen und gegen Entrichtung einer Gebühr eine Bescheinigung erteilt[9].

1 Auch derjenigen der Eisenb (§ 1 EisenbTelRegl, S. 171). Wegen der Dienststunden s. § 2.

2 Nur aus dem eigenen oder einem benachbarten Zustellbezirk; nicht bei den EisenbTelAnstn.

3 Die OPD (s. PABl. 1929 S. 105).

4 S. § 23 II FspO (S. 348); Geb s. Anl. A II zu 3a. — Vgl. EisenbTelRegl § 8 Anm. 2a (S. 175).

5 § 24 FspO; Geb s. Anl. A II zu 3b.

6 Vgl. § 21 III.

7 S. § 31 IV PostO 1929 (Teil I S. 521); nur wenn an ihrem Amtsort eine RTelAnst (nicht: EisenbTelAnst) sich befindet oder auf dem Zustellgang noch berührt wird. — Die Mitnahme geschieht unentgeltlich (PABl. 1927 S. 289).

8 S. § 31 I PostO (w. v.); mit PWertzeichen vollständig freigemacht (§ 8 I).

9 Anl. A II zu 5. — Erstmals § 20 TelO 1872 (RGBl. S. 213); keine Einlieferungsbescheinigung im Sinne des § 33 PostO 1929 (Teil I S. 255); wegen rekommandierter Tel s. § 11 Anm. 1; wegen der Geb s. Anl. A II zu 5.

§ 6

Wortzählung.

I Alles, was der Absender zur Beförderung[1] an den Empfänger in sein[2] Telegramm niederschreibt[3], wird bei der Gebührenberechnung gezählt, mit Ausnahme der zur Satzgliederung einzeln angewendeten Satzzeichen, Bindestriche und Auslassungszeichen (VIII).

II Die Aufgabeanstalt, die Stunde und Minute der Aufgabe werden von Amts wegen in die für den Empfänger bestimmte Telegrammausfertigung eingetragen, der Tag der Aufgabe nur dann, wenn er mit dem im Aufnahmevermerk angegebenen nicht übereinstimmt. Nimmt der Absender solche Angaben in sein Telegramm auf, so werden sie bei der Wortzählung mitgerechnet.

III Im Text der ausschließlich in offener Sprache

(§ 3 III) abgefaßten Telegramme wird jedes einzelne Wort und jede zulässige Verbindung von Wörtern für so viel Gebührenwörter gezählt, als sie je 15 Buchstaben nach der Morseschrift[4] enthalten, dazu ein Wort mehr für jeden Überschuß.

IV In Telegrammen der verabredeten Sprache (§ 3 IV) wird jedes Textwort als ein Gebührenwort gezählt.

V In Telegrammen der chiffrierten Sprache (§ 3 V) werden die Ziffern- oder Buchstabengruppen sowie die aus Ziffern und Buchstaben zusammengesetzten Handelsmarken für so viele Gebührenwörter gezählt, als sie je 5 Ziffern oder Buchstaben enthalten, dazu ein Wort mehr für jeden Überschuß. Die Doppelselbstlauter ae, aa, ao, oe, ue und das ch gelten hierbei als je zwei Buchstaben.

VI Auf Telegramme in gemischter Sprache (§ 3 VI) finden die Bestimmungen unter III bis V entsprechende Anwendung mit folgenden Abweichungen zu III:

Wörter der offenen Sprache, die im Text neben Wörtern der verabredeten Sprache der Klasse A vorkommen, werden für so viel Gebührenwörter gezählt, als sie je 10 Buchstaben nach der Morseschrift[4] enthalten, dazu 1 Wort mehr für jeden Überschuß;

Wörter der offenen Sprache, die im Text von Telegrammen der Klasse B vorkommen, werden für so viel Gebührenwörter gezählt, als sie je 5 Buchstaben nach der Morseschrift enthalten, dazu 1 Wort mehr für jeden Überschuß.

VII Unzulässig sind sprachwidrige Zusammenziehungen oder sprachwidrige Veränderungen von Wörtern in Telegrammen der offenen Sprache, in

Telegrammen der verabredeten Sprache der Klasse A und in gemischten, aus Wörtern der offenen und Gruppen der chiffrierten Sprache zusammengesetzten Telegrammen. Als sprachwidrig gilt nicht die Zusammenziehung[5] der Namen von Ländern, Städten, Orten, Plätzen und Straßen, der Familiennamen einer und derselben Person, der Schiffsnamen, der in Buchstaben ausgeschriebenen ganzen Zahlen, Brüche, Dezimalzahlen oder gemischten Zahlen. Mehrstellige Zahlen können in Buchstaben beliebig ausgedrückt werden.

VIII Es werden gezählt

a) als je eine Ziffer oder ein Buchstabe in der Gruppe, in der sie vorkommen,
   1. die Punkte, Beistriche, Doppelpunkte, Bindestriche und Bruchstriche,
   2. die den Wohnungsnummern angehängten Buchstaben oder Ziffern in einer Anschrift, auch wenn sie im Text oder in der Unterschrift des Telegramms vorkommen;

b) als je ein Gebührenwort
   1. alle einzeln stehenden Zeichen, Buchstaben und Ziffern,
   2. das Unterstreichungszeichen,
   3. die Klammern (die beiden Zeichen, die sie bilden),
   4. die Anführungszeichen (die beiden Zeichen am Anfang und am Ende),
   5. die Abkürzungen für gebührenpflichtige Dienstvermerke (Anlage B),
   6. in der Anschrift der Name der Bestimmungsanstalt[6] oder der beweglichen Bestimmungsfunkstelle[7], wenn er so wie in den amtlichen Verzeichnissen geschrieben ist.

Werden Wörter durch ein Auslassungszeichen getrennt oder durch einen Bindestrich verbunden, so wird jedes für sich gezählt.

IX Entscheidend ist die Wortzählung der Aufgabeanstalt[8].

1 Gemeint ist: zur Mitteilung durch die amtl. TelAusfertigung (s. Abs. II).

2 Mit der Aufgabe des Tel erlischt das bürgerl.-rechtl. Eigentum des Abs; kein Herausgabeanspruch gegen die DRP (s. indessen § 20 Anm. 4 und Ziff. 5 der Vf 1930, betr. BildTel, S. 196). Wegen Einsichtnahme s. § 23; vgl. § 12 Anm. 2.

3 Vgl. § 4 Anm. 1; über BildTel s. Vf 1930 (PABl. S. 123; hier S. 188).

4 Übersicht s. Art. 32 WeltTelV/VollzO 1925 (PABl. 1926 S. 447/479). Von deutscher und lateinischer Schrift (§ 4 Anm. 1, auch § 3 Anm. 13) weicht in der Morseschrift nur das Einheitszeichen für „ch" ab (s. indessen Abs. V g. E.).

5 Vgl. § 3 IV a. E.

6 S. § 4 IV Abs. 1.

7 S. § 17 I.

8 Rechtsweg im GebStreit zulässig; Näheres s. Teil I S. 28*.

§ 7

Gebühren[1].

Die Gebührensätze[2] für den Inlandsverkehr sind in der Anlage A (S. 165) aufgeführt.

Ortsverkehr[3] ist der Verkehr innerhalb des Orts- und Landzustellbezirks des Aufgabeorts[4] sowie der Verkehr zwischen Orten oder Ortsteilen, die zu demselben Ortsfernsprechnetz[5] gehören. Die Grenze des Aufgabeorts deckt sich mit der Gemeindegrenze.

1 Anl. A I zu 1 und 2; keine Vorschrift entsprechend § 51 V PostO 1929 (Verjährung des GebAnspruchs der DRP); vgl. Teil I S. 284.

2 Berechnung der InlandsGeb nach der bloßen Wortzahl ohne Rücksicht auf die geogr. Entfernung erstmals: § 9 TelO 1880 (Zentralbl. S. 560).

3 S. Anl. B (S. 169) zu I, 1.

4 Ebenso PostO § 6 Abs. 2 (Teil I S. 192). Bei telephonischer TelAufgabe und -Zustellung gilt als Aufgabe- und ZustellTel-Anstalt die TelAnst, in deren Orts- oder Landzustellbezirk die betr. Teilnehmersprechstelle liegt (PABl. 1929 S. 348).

5 Gleichbedeutend mit dem „Ortsnetz“ nach § 2 FspO (S. 228).

§ 8

Gebührenerhebung.

I Die Gebühren sind in der Regel bei der Aufgabe der Telegramme, und zwar bar oder bei der Deutschen Reichspost[1] auch in Postfreimarken[2] zu entrichten[3].

Bei der Aufgabe zuwenig berechnete Gebühren werden nacherhoben[4].

In besonderen, durch die Telegraphenordnung bestimmten Fällen[5] können Gebühren auch nachträglich und beim Empfänger eingezogen werden.

II Die Deutsche Reichspost kann nach Vereinbarung die Gebühren stunden[6].

1 S. EisenbTelRegl § 1 Anm. 3 bzw. § 9 Anm. 2 (S. 171, 178).

2 Vgl. § 5 Anm. 8 und § 25 Anm. 17, im übrigen § 51 I PostO (Teil I S. 283); TelFreimarken (= „TelWertzeichen“ nach §§ 275 f. StGB bzw. Ges 13. 5. 1891, RGBl. S. 107) waren durch Ges 16. 5. 1869 (BGBl. S. 377) eingeführt; vgl. Art. 80 II Nr. 4 RVerf 1870 (BGBl. S. 649), abgeschafft 1. 1. 1876 bei der Vereinigung der Tel mit der Post (VO 22. 12. 1875, RGBl. S. 379); wegen Aufhebung des TelFreimarkenG 1869 s. Art. 164 Ziff. 1 des Entw. zum EG/ADStGB (Abdruck in der D. VerkZtg Nr. 31 v. 3. 8. 1929).

3 GebSchuldner ist regelmäßig der Abs; wegen des Empf s. zu I Abs. 3. Wegen Zwangseinziehung s. § 9 FernMAnlG (S. 67).

4 Beim Abs; s. auch § 7 Anm. 1.

5 D. s. die Fälle nach § 4 V (Kurzanschriften), § 8 Anm. 4 (offenbar wichtige und dringende Nachrichten, wenn der Abs nicht bekannt oder nicht erreichbar ist, vgl. § 18 Anm. 10), § 17 (Tel aus See), § 17a II (Schmuckblätter), § 18 IV und V (Nachsendung), § 19 (Berichtigung), § 21 IV (Ort und Zeit der Zustellung), § 23 (Abschriften usw.).

6 Nicht bei EisenbTelAnst (Regl 1876); keine Geb für Stundung (PABl. 1927 S. 289).

§ 8a

Blitztelegramme[1].

I Der Absender eines dem Empfänger durch Fernsprecher zuzustellenden[2] Telegramms kann durch dessen Aufgabe als Blitztelegramm verlangen, daß sein Telegramm mit jeder möglichen Beschleunigung befördert wird. Blitztelegramme haben den Vorrang[3] vor den dringenden Privattelegrammen und sind im Inland allgemein, im Verkehr mit dem Ausland mit bestimmten Ländern und unter besonderen Bedingungen zugelassen.

II Blitztelegramme müssen in offener[4] deutscher Sprache abgefaßt sein und sollen nicht mehr als etwa 30 Gebührenwörter[5] enthalten. Vom Aufgeber sind sie ausdrücklich als Blitztelegramme zu bezeichnen.

III An gebührenpflichtigen Dienstvermerken[6] sind nur zugelassen:

= RP Blitz = und = RP ... W Blitz =.

1 Vorg.: BlitzFkTel 1921 (PNachrBl. S. 654); Bezeichnung „BlitzTel" seit 1924 (PABl. S. 320). Wegen örtlich beschränkter Auflieferung (nicht: PAg, EisenbTelAnst, Boten, Briefkasten) s. § 5 Anm. 3; wegen zeitl. Unbeschränktheit s. § 2 Anm. 2.

2 § 23 FspO (S. 348); wegen Form der bezügl. TelAnschrift s. PABl. 1928 S. 1 (Vf 2).

3 S. § 3 Anm. 7; s. auch § 25 I zu b (a. E.).

4 § 3 III.
5 § 6 III; wegen der Geb s. Anl. A I zu 2a.
6 § 6 VIII b 5; Geb s. Anl. A II zu 14a und b.

§ 9

Dringende Telegramme[1].

Der Absender eines Privattelegramms[2] kann durch den gebührenpflichtigen Dienstvermerk = D =[3] für sein Telegramm den Vorrang[4] vor den anderen Privattelegrammen, mit Ausnahme der Blitztelegramme (§ 8a), bei der Beförderung[5] und Zustellung (§ 21) verlangen.

1 Erstmals § 10 TelO 1880 (Zentralbl. S. 560).
2 § 3 Ia 3.
3 Anl. B Ziff. 4; Geb s. Anl. A I zu 3 und 4; vgl. § 21 Anm. 32.
4 § 3 Anm. 7; s. auch § 25 I zu b (a. E.).
5 Nicht bei FkBeförderung, vgl. § 17 II zu a und V zu a.

§ 10

Telegramme mit bezahlter Antwort[1].

I Der Absender eines Telegramms kann die Antwort vorausbezahlen[2]. Das Telegramm[3] erhält dann den gebührenpflichtigen Dienstvermerk = RP =, der bedeutet, daß der Absender 10 Wörter für die Antwort vorausbezahlt hat. Wünscht er mehr als 10 Wörter vorauszubezahlen, so ist dem Vermerk = RP = die Wortzahl nebst dem Buchstaben W hinzuzusetzen. Wird die Antwort als dringendes Telegramm (§ 9) gewünscht, so lauten die gebührenpflichtigen Dienstvermerke = RPD = oder = RPD . . . W =. Bei Blitztelegrammen (§ 8a) heißen die gebührenpflichtigen Dienstvermerke für bezahlte Antwort = RP Blitz = oder = RP . . . W Blitz =.

II Der Absender eines Telegramms mit bezahlter Antwort, mit Ausnahme der Blitztelegramme, kann auch die Gebühr[4] für die Zustellung des Antworttelegramms durch Boten vorausbezahlen (§ 21, I, 4. Abs.). Das Telegramm erhält dann den gebührenpflichtigen Dienstvermerk = RXP =, der für Antworttelegramme von mehr als 10 Wörtern auf = RXP ... W =, für dringende Antworttelegramme bis zu 10 Wörtern auf = RXPD = und für dringende Antworttelegramme von mehr als 10 Wörtern auf = RXPD ... W= zu erweitern ist.

III Die Bestimmungsanstalt (§ 21) übersendet dem Empfänger mit der Telegrammausfertigung einen Schein, der dazu berechtigt, innerhalb 6 Monate vom Tage nach seiner Ausfertigung in den Grenzen der vorausbezahlten Antwortgebühr bei einer beliebigen Telegraphenanstalt[5] ein Telegramm irgendwohin ohne Gebührenzahlung aufzugeben.

Wenn die Gebühr den vorausbezahlten Betrag übersteigt, hat der Absender[6] des Antworttelegramms den Mehrbetrag nachzuzahlen.

1 Vgl. Anl. B Ziff. 5—14. Vorg.: § 20 TelRegl 1858 (MinBl. S. 49). Die von RTelAnst und von EisenbTelAnst ausgestellten Antwortscheine werden gegenseitig anerkannt (EisenbTelRegl 1876 § 9 Anm. 7, S. 178). — Vgl. § 17 II und V (zu b).

2 Geb s. Anl. A II zu 7—14; wegen ihrer Erstattung s. § 25 I zu g bis i.

3 „FrageTel" im Sinne des § 25 I zu h.

4 Anl. A II zu 32.

5 d. h. auch EisenbTelAnst und FkDienststellen (Anlagen nach § 3 FernMAnlG, S. 62). Nicht im Auslande.

6 d. i. der Empf des FrageTel (s. Anm. 3).

§ 11

Telegramme mit Vergleichung[1].

Der Absender eines Telegramms[2] kann durch den gebührenpflichtigen[3] Dienstvermerk =TC= Vergleichung des Telegramms verlangen. Sie besteht darin, daß das Telegramm zwischen jeder gebenden und nehmenden Telegraphenanstalt vollständig wiederholt[4] und die Wiederholung verglichen wird.

1 Vgl. Anl. B Ziff. 15. Bezeichnung erstmals: § 15 TelO 1872 (RGBl. S. 213), bis dahin „rekommandierte Depeschen" seit § 15 TelO 10. 12. 1865 (MinBl. 1866 S. 67), zuletzt: § 15 TelO vom Dezbr. 1868 (TelABl. S. 133). Keine haftrechtl. Identität mit der Rekommandation von Briefen (seit § 12 PRegl 17. 2. 1852, MinBl S. 32).

2 Vgl. § 17 II zu c.

3 Anl. A II zu 15. Wegen der Erstattung vgl. § 25 I zu c.

4 Wegen nachträgl. Wiederholungsverlangens s. § 19 Anm. 6.

§ 12

Telegramme mit Empfangsanzeige[1].

I Der Absender eines Telegramms kann verlangen, daß ihm Tag und Stunde der Zustellung (§ 21) seines[2] Telegramms unverzüglich[3] telegraphisch oder brieflich[4] mitgeteilt werden. Wenn das Telegramm dem Empfänger durch die Post[5] oder durch eine Mittelsperson[6] zugeführt wird, gilt die Abgabe an diese als Zustellung. Bei Seetelegrammen[7] nach See zeigt die Semaphorstelle oder die Küstenfunkstelle Tag und Stunde der Weiterbeförderung des Telegramms an das Schiff an.

II Telegraphische Empfangsanzeige kann als gewöhnliches oder als dringendes (§ 9) Telegramm verlangt werden. Im ersten Falle lautet der anzuwendende gebührenpflichtige[8] Dienstvermerk = PC =, im andern Falle = PCD =.

Briefliche Empfangsanzeige[9] wird durch den gebührenpflichtigen Dienstvermerk = PCP = verlangt.

III Der Absender kann sich die Empfangsanzeige[10] auch nach einem andern als dem Aufgabeorte des Ursprungstelegramms senden lassen, wenn er die dazu erforderlichen Angaben in das Ursprungstelegramm aufnimmt.

1 Vorg.: § 16 TelO 1872 (RGBl. S. 213); Zustellung nur gegen Quittung (§ 21 Anm. 28). Vgl. das Rückscheinverfahren nach § 28 PostO (Teil I S. 242); zuerst § 18 PRegl 1860 (PABl. S. 275).

2 Vgl. § 6 Anm. 2.

3 Fassung § 11 TelO 1904 (Zentralbl. S. 229): „sofort nach deren Ausführung".

4 S. II Abs. 2.

5 PSchließfach, postlagernd, s. § 21 I Abs. 1 (nicht: Abs. 3), vgl. §§ 42 und 44 IV PostO (Teil I S. 268, 271).

6 D. i. ErsatzEmpf nach § 21 VI.

7 S. § 17 IId und IVc.

8 Anl. B Ziff. 16—18; Geb s. Anl. A II zu 16—20.

9 Versteht sich: an die TelAufgabeAnst, von dieser dem Abs sofort zuzustellen (§ 24 PostO, Teil I S. 234).

10 Vgl. § 9 zu c EisenbTelRegl 1876 (S. 177).

§ 13

Mehrfachtelegramme[1].

I Ein Telegramm, das

entweder an mehrere Empfänger in einem Orte oder in verschiedenen, aber zum Zustellbezirk derselben Telegraphenanstalt gehörenden Orten oder an denselben Empfänger nach verschiedenen

Wohnungen in demselben Orte oder in verschiedenen, aber zum Zustellbezirk derselben Telegraphenanstalt gehörenden Orten

gerichtet wird, heißt Mehrfachtelegramm und erhält den gebührenpflichtigen[2] Dienstvermerk =TM...(Zahl der Anschriften) =.

II Der Absender eines an mehrere Empfänger gerichteten Telegramms muß vor die Anschrift eines jeden die für diesen geltenden gebührenpflichtigen Dienstvermerke (Anlage B) setzen. Bei dringenden und bei zu vergleichenden Telegrammen (§§ 9, 11) genügt der entsprechende Vermerk vor der ersten Anschrift.

III Das Mehrfachtelegramm gilt bei der Gebührenberechnung als ein einziges Telegramm; alle Anschriften rechnen bei der Wortzählung mit. Für die zweite und jede weitere Ausfertigung wird eine besondere Gebühr erhoben.

IV Jede Ausfertigung eines Mehrfachtelegramms erhält nur die ihr zukommende Anschrift; der Vermerk =TM...= wird weggelassen, wenn nicht der Absender durch den gebührenpflichtigen Zusatz =CTA= verlangt hat, daß jede Ausfertigung alle Anschriften enthält.

1 Vorg.: § 18 TelRegulativ 1850 (MinBl. S. 291); BriefTel als MehrfachTel zugelassen: PABl. 1929 S. 312; ZusatzGeb 20 Pf. für die 2. und jede weitere Ausfertigung bis zu 50 Wörtern. — Als (gesprochene) MehrfachTel des FkVerk sind die „besonderen Fk-NachrDienste" anzusehen (s. FernMAnlG § 2 Anm. 4, zu III g. E.), mit der Besonderheit des DauerNachrBezugs (indessen nicht gleichbedeutend mit dem FspVerk nach §§ 20, 21 FspO, S. 337 ff.).

2 Anl. B Ziff. 19, 20; Geb s. Anl. A II zu 21, 22.

§ 14

Telegraphische Postanweisungen, Zahlkarten, Überweisungen und Zahlungsanweisungen.

Die Bestimmungen über telegraphische Postanweisungen[1] sind in der Postordnung[2], die über Zahlkarten, Überweisungen und Zahlungsanweisungen in der Postscheckordnung[3] enthalten[4]. Telegraphische Postanweisungen, Zahlkarten, Überweisungen und Zahlungsanweisungen dürfen bei Eisenbahntelegraphenanstalten[5] nicht aufgegeben werden.

1 Vorg.: § 14 TelO 1880 (Zentralbl. S. 560); nicht: FkWeg, s. § 3 Anm. 4. Nicht: amtl. PAnweisungen über eingezogene PAuftrags- und Nachnahmebeträge, s. PABl. 1928 S. 239.

2 Vorg.: § 18 PRegl 1867 (PABl. S. 403), jetzt § 22 X—XVII PostO 1929 (Teil I S. 230).

3 §§ 3, 8, 9 X (Teil I S. 376, 384, 388).

4 Keine Kurzanschrift, s. § 4 V Abs. 5; Unzustellbarkeitsverfahren s. § 22.

§ 15

Pressetelegramme[1].

I Als Pressetelegramme werden zu ermäßigter Gebühr[2] Telegramme in offener[3] Sprache an Zeitungen, Zeitschriften oder Nachrichtenbüros[4] zugelassen, wenn ihr Text aus politischen, Handels- und anderen Nachrichten[5] besteht, die nur zur Veröffentlichung in der Presse bestimmt sind. Sie erhalten vom Absender den gebührenpflichtigen Dienstvermerk „Presse".

II In Pressetelegramme können Anordnungen über die Veröffentlichung des Telegrammtextes aufgenommen werden. Sie müssen in Klammern entweder am Anfang oder am Ende des Telegrammtextes stehen. Die eingeklammerten Stellen dürfen in jedem

Telegramm bis zu 5 v. H. der gebührenpflichtigen Telegrammwörter enthalten, jedoch höchstens 10. Die Klammern sind gebührenpflichtig.

III An gebührenpflichtigen Dienstvermerken ist bei Pressetelegrammen außer = Presse = nur = TM ... = zugelassen.

IV Pressetelegramme, die den Bedingungen unter I nicht entsprechen oder bestimmungswidrig verwertet werden, unterliegen der vollen Gebühr. Der Fehlbetrag wird nacherhoben.

1 Anl. B Ziff. 21. — Vorg.: § 1 (Ziff. 3) TelGebG 8. 9. 1919 (RGBl. S. 1522).
2 Anl. A I zu 5.
3 § 3 III.
4 § 6 VIII zu b 3; Kurzanschrift s. § 4 V.
5 Nachrichten der Wetterdienststellen als dringende PresseTel s. PABl. 1928 S. 10.

§ 16
Brieftelegramme[1].

I Brieftelegramme sind Telegramme in offener Sprache[2] zu ermäßigter Gebühr[3], die nach den vollbezahlten Telegrammen[4] telegraphisch an den Bestimmungsort befördert und dort wie gewöhnliche Briefe[5] behandelt werden. Sie sind im Inland[6] allgemein, im Verkehr mit dem Auslande nur mit bestimmten Ländern zugelassen. Sie erhalten den gebührenpflichtigen Vermerk = LT =.

II An gebührenpflichtigen Dienstvermerken sind außer = LT = nur zugelassen = Lx =, = RP =, = RPD =, = RP ... W =, = RPD ... W =, = GP =, = TR = und = bahnlagernd =. Vereinbarte Kurzanschriften (§ 4 V) dürfen angewendet werden. Bei Eisenbahntelegraphenanstalten[7] können Brieftelegramme nicht aufgegeben werden.

III Der ermäßigte Gebührensatz gilt nur für das Brieftelegramm selbst, nicht auch für gebührenpflichtige Diensttelegramme, die durch ein Brieftelegramm veranlaßt werden oder sich darauf beziehen.

1 Vorg.: PABl 1911 S. 215; wegen Zustellung von SchmuckblTel im BriefTelVerfahren vgl. PABl. 1929 Vf 373 Ziff. 7 (s. auch § 17a Anm. 1 und § 25 Anm. 1). — Über BriefTel als MehrfachTel s. § 13 Anm. 1; über Brief-Seefunktelegramme s. § 17 Anm. 4a.

2 § 3 III.

3 Anl. B Ziff. 22; Geb s. Anl. A I zu 6. Wegen Nichterstattung s. § 25 I b, c, h, k.

4 PresseTel (§ 15) gelten hierbei als vollbezahlt.

5 §§ 6 und 32 PostO 1929 (Teil I S. 192, 253), auch im Nachsendungsfalle (vgl. § 18 Anm. 4), gemäß § 46 PostO (Teil I S. 274); wegen Unzustellbarkeit s. § 22 Anm. 3.

6 Wegen des Verk mit dem Saargebiet s. PABl. 1928 S. 6.

7 § 3 EisenbTelRegl 1876 (S. 172).

§ 17.

Seetelegramme.

A. Allgemeines[1].

I Seetelegramme sind Telegramme, die mit Schiffen[2] in See durch Vermittlung von Küstenfunkstellen oder von Semaphorstellen[3] gewechselt werden. Die durch Küstenfunkstellen beförderten Seetelegramme heißen Funktelegramme[4], die übrigen Semaphortelegramme.

B. Funktelegramme.

II Bei Funktelegrammen sind zugelassen[4a]:

a) dringende Beförderung (§ 9), aber nur auf den Linien des Telegraphennetzes,

b) bezahlte Antwort (§ 10),
c) Vergleichung (§ 11),
d) Empfangsanzeige (§ 12),
e) Mehrfachtelegramme (§ 13),
f) Zustellung durch Boten nach § 21, II.

III Ferner sind als Funktelegramme gebührenpflichtige Dienstnotizen aller Art zugelassen; solche, die eine Wiederholung oder eine Auskunft verlangen, jedoch nur auf den Linien des Telegraphennetzes[5].

C. Semaphortelegramme.

IV Semaphortelegramme erhalten den gebührenpflichtigen Dienstvermerk = SEM =[6].

V Bei Semaphortelegrammen sind zugelassen:
a) dringende Beförderung (§ 9), aber nur auf den Linien des Telegraphennetzes[5],
b) bezahlte Antwort (§ 10), aber nur bei Telegrammen nach See,
c) Empfangsanzeige (§ 12), jedoch nur bei Telegrammen nach See und auf den Linien des Telegraphennetzes[5],
d) Mehrfachtelegramme (§ 13).

VI Ferner sind als Semaphortelegramme gebührenpflichtige Dienstnotizen zugelassen, jedoch nur auf den Linien des Telegraphennetzes[5].

1 Vorg. zu B: § 15a TelO 1891 (Zentralbl. S. 162), eingeführt durch VO 14. 6. 1908 (PABl. S. 181); zu C: § 19 TelO 1880 (Zentralbl. S. 560). — Wegen der Geb s. Anl. A II zu 23—25. Wegen Unzustellbarkeit s. § 22 II. Vgl. auch § 12 EisenbTelRegl 1876 (S. 179).

2 Sog. bewegliche BestimmungsFkStellen oder BordFkStellen (Verzeichnis jährlich herausgegeben vom Internat. Büro des WeltTelVereins).

3 d. s. Fernmeldeanlagen für optische Tel; vgl. § 3 III Abs. 1.

4 Nicht gleichbedeutend mit den auf dem FkWege beförderten LandTel, § 3 Anm. 4; s. auch § 25 Anm. 18 und FernMAnlG § 2 Anm. 4 (g. E.) unter II (S. 60).

4a Ebenfalls: briefl. Weiterbeförderung (gewöhnl. oder Luftpostweg) von FkTel (ausgehend von e. Küsten- o. BordFkStelle an e. BordFkStelle) vom Anlaufhafen der EmpfStelle aus (Gattungsbezeichnung PAV); ZuschlagGeb 30 Pf. bei gewöhnl., 1 RM bei Luftpostbeförderung (Vf Oktober 1929, PABl. S. 354). — „Brief-Seefunktelegramme" sind Funktelegramme an deutsche Schiffe mit brieflicher Beförderung (§ 16) an Küstenfunkstellen der DRP; Gebühr für die Briefbeförderung 30 Pf (PABl. 1930 S. 97).

5 Gemeint ist die LandTel auf dem Drahtwege.

6 Anl. B Ziff. 23.

§ 17a

Schmuckblattelegramme[1].

I Der Absender eines Telegramms kann durch den gebührenpflichtigen Dienstvermerk = Lx =[2] verlangen, daß sein Telegramm auf einem künstlerisch ausgeführten Formblatt — Schmuckblatt — zugestellt wird[3].

II Ebenso kann der Empfänger bei seiner Zustellanstalt beantragen, daß für ihn eingehende Telegramme auf Schmuckblatt ausgefertigt werden.

III Schmuckblattelegramme sind im Inland[4] allgemein, im Verkehr mit dem Ausland mit bestimmten Ländern zugelassen.

1 Vorg.: PABl. 1926 S. 493. — Wegen SchmuckblTel zu ermäßigter Geb vgl. PABl. 1929 S. 307 (Vf 373), 1930 S. 401 (Vf 445); s. auch § 16 Anm. 1 und § 25 Anm. 1.

2 Anl. B Ziff. 24.

3 Geb s. Anl. A II zu 26 und 26a; bei Nachsendung (§ 18) wird die „Lx"Geb nicht wiederholt erhoben.

4 Wegen des Verk mit dem Saargebiet s. PABl. 1928 S. 511.

§ 18

Nachsendung von Telegrammen[1].

I Der Absender[2] eines Telegramms kann durch den gebührenpflichtigen Dienstvermerk =FS= verlangen[3], daß das Telegramm nach einem vergeblichen Versuch der Zustellung (§ 21) telegraphisch[4] nachgesandt wird.

II Will der Absender in solchen Fällen vorschreiben, wohin das Telegramm nachzusenden ist, so fügt er dem =FS= die anderweitige Ortsangabe bei; er kann auch mehrere Bestimmungsorte angeben, an die das Telegramm nacheinander befördert werden soll.

III Bei der Aufgabe eines nachzusendenden Telegramms werden zunächst nur die Gebühren für die erste Beförderung erhoben, wobei die ganze Anschrift in die Wortzahl einzurechnen ist. Für jede Nachsendung an einen neuen Bestimmungsort sind die Gebühren nach der Zahl der jedesmal beförderten Wörter besonders zu berechnen und beim Empfänger einzuziehen.

IV Ein Telegramm kann auch auf Antrag[5] des Empfängers oder eines zur Empfangnahme von Telegrammen für ihn berechtigten Dritten[6] nachgesandt werden. Solche Anträge sind schriftlich[7] zu stellen. Die Gebühr für die Nachsendung ist nach III zu berechnen und beim Empfänger einzuziehen, kann aber für die beantragte Nachsendung auch vom Antragsteller sogleich entrichtet werden. Für Nachsendungsgebühren, die von der Zustellanstalt beim Empfänger nicht eingezogen werden können, haftet der Antragsteller.

V Telegramme, deren telegraphische Nachsendung nicht ausdrücklich verlangt ist, werden, wenn die neue Anschrift bekannt ist, in der Regel mit der Post[8] nachgesandt, es sei denn, daß die Aufbewahrung bei der Zustellanstalt gewünscht worden ist. Privattelegramme können indes innerhalb Deutschlands[8a] auch ohne[9] besonderen Antrag telegraphisch nachgesandt werden, wenn nicht ausdrücklich briefliche Nachsendung gewünscht worden ist, und wenn nach dem Ermessen[10] der Telegraphenanstalt das Telegramm bei brieflicher Nachsendung seinen Zweck[11] verfehlen würde. Die für die Nachsendung entstehenden Gebühren werden beim Empfänger eingezogen; bei Zahlungsverweigerung haftet der Absender nicht.

Von der Nachsendung mit der Post wird der Absender durch Unzustellbarkeitsmeldung (§ 22) telegraphisch verständigt.

VI Staats- und Diensttelegramme werden (§ 3 I zu a 1 u. 2) auch ohne Antrag[9] telegraphisch nachgesandt, wenn der neue Aufenthaltsort des Empfängers bekannt ist.

1 Anl. B Ziff. 25. — Vorg.: § 16 TelO 1865 (MinBl. 1866, S. 67).

2 Empf s. IV.

3 Ohne Antrag, s. Anm. 9.

4 Nicht bei SeeTel (§ 17 II und V) und bei BriefTel (§ 16 Anm. 5); vgl. auch EisenbTelRegl 1876 § 9 zu c (S. 177).

5 Im Bedarfsfalle Ausweispflicht, vgl. § 4 Anm. 2; ohne Antrag: Anm. 9.

6 § 21 VI.

7 Keine Formvorschrift.

8 § 46 PostO 1929 (Teil I S. 274).

8a Nachsendung nach dem Auslande geschieht stets im Postwege (Anm. 8).

9 Vgl. dagegen Anm. 3 und 5.

10 Die Entscheidung trifft der Amtsvorsteher (PABl. 1929, S. 105); vgl. § 8 Anm. 7 und § 21 Anm. 16.

11 Vgl. § 25 Anm. 11.

§ 19

Berichtigungstelegramme[1].

Der Absender und der Empfänger eines beförderten Telegramms oder deren Bevollmächtigte[2] können nach gehörigem Ausweis[3] innerhalb der Zeit, in der die Telegraphenpapiere aufbewahrt[4] werden, durch gebührenpflichtige Dienstnotiz Auskunft[5] über das Telegramm verlangen, auch durch die Aufgabe-, die Bestimmungs- oder eine Durchgangsanstalt vollständig oder teilweise es wiederholen[6] lassen sowie über ein in der Beförderung befindliches Telegramm Bestimmung[7] treffen.

Die Mitteilungen über schon beförderte Telegramme können auch brieflich geschehen[8].

1 Vorg.: § 26 TelO 1868 (TelABl. S. 133).

2 Zusatz erstmals § 22 TelO 1904 (Zentralbl. S. 229); keine Formvorschrift.

3 Vgl. § 4 Anm. 2.

4 FkTel 15 Monate, übrige Tel 10 Mon, ohne Mitrechnung des AufgabeMon.

5 AuskunftsGeb s. Anl. A II zu 27—30; wegen Kosten s. § 23 II.

6 Vgl. § 11 Anm. 4.

7 Gemeint sind Textberichtigung oder -vervollständigung (vgl. § 20 Anm. 5); wegen Zurückziehung s. § 20; wegen Bestimmung bei Unzustellbarkeit s. § 22 I.

8 d. h. nach Bestimmung des Antragstellers; Versendung: eingeschrieben (§ 15 PostO, Teil I S. 207).

§ 20

Zurückziehung von Telegrammen[1].

I Der Absender eines Telegramms oder sein Bevollmächtigter[2] kann nach gehörigem Ausweis[3] es[4] zurückziehen[5] oder auf dem Beförderungsweg anhalten lassen, wenn dazu noch Zeit ist.

II Zieht ein Absender sein Telegramm zurück, bevor die Beförderung begonnen hat, so wird ihm die Gebühr nach Abzug einer Schreibgebühr[6] zurückgezahlt.

III Hat die Aufgabeanstalt das Telegramm bereits weitergegeben, so kann es der Absender nur durch eine telegraphische oder briefliche Dienstnotiz der Aufgabeanstalt an die Bestimmungsanstalt zurückziehen[7]. Die Dienstnotizen sind gebührenpflichtig; die Gebühren sind vom Absender bei dem Antrag auf Zurückziehung zu entrichten. Die Anstalt, die das Telegramm anhält, benachrichtigt[8] davon die Aufgabeanstalt durch gebührenpflichtige Dienstnotiz, die nach Verlangen des Absenders telegraphisch oder brieflich sein kann. Auch die Gebühr für die Antwortnotiz hat der Absender bei dem Antrag auf Zurückziehung zu entrichten.

Ist das Telegramm dem Empfänger bereits zugestellt, so wird die Aufgabeanstalt in gleicher Weise benachrichtigt, außerdem wird der Empfänger von dem Zurückziehungsantrag verständigt, wenn nicht der Absender anders bestimmt hat.

1 Vorg.: § 16 TelRegulativ 1850 (MinBl. S. 291); vgl. § 35 PostO 1929 (Teil 1 S. 255).

2 § 18 TelO 1904 (Zentralbl. S. 229) hatte: „Beauftragter" (ebenso die TelRegl u. TelO von 1858—1867). Vollmacht formlos.

3 S. § 4 Anm. 2.

4 In Urschrift, wenn noch nicht abtelegraphiert (vgl. § 6 Anm. 2); nicht: § 985 BGB.

5 Auch: Anschriftändern; wegen Textänderung s. § 19 Anm. 7.

6 Anl. A II zu 31.

7 GebErstattung nur für nicht ausgeführte Sonderleistungen (vgl. § 25 Anm. 12).

8 Anl. A II zu 27—30.

§ 21[1]

Zustellung[2] der Telegramme am Bestimmungsort.

I Die Telegramme werden nach der Ankunft bei der Bestimmungsanstalt verschlossen, wenn sie nicht mit dem Dienstvermerk = offen =[3] versehen sind. Die Telegramme werden in der Reihenfolge ihrer Aufnahme und ihres Ranges[4] zugestellt. Als Zustellung gilt auch Einlegen in das Postschließfach[5], Abgabe der post-[6], telegraphen-[6] oder bahnlagernden[7] Telegramme an die Lagerstelle und Übermittlung durch Fernsprecher[8] oder Nebentelegraphen; die Zustellung durch Fernsprecher geschieht nur im Einverständnis[9] mit dem Empfänger oder einem nach VI zur Empfangnahme Berechtigten.

Die Deutsche Reichspost kann beim Vorliegen zwingender Gründe[9a] von einer Zustellung der Telegramme durch besonderen Boten absehen und die Telegramme den Empfängern wie gewöhnliche Briefe zuleiten. Macht sie von diesem Recht Gebrauch, so wird der Absender durch Diensttelegramm von der Abgabe seines Telegramms an die Postanstalt telegraphisch verständigt.

Die Ausfertigungen der durch Fernsprecher oder Nebentelegraphen zugestellten Telegramme werden den Empfängern mit der Post als gewöhnliche Briefe übersandt[10]. Zustellung durch Fernsprecher oder Nebentelegraphen und Übersendung der Ausfertigungen (§ 6 II) durch die Post geschehen unentgeltlich.

Wird nach der Zustellung durch Fernsprecher oder Nebentelegraphen Zusendung durch besonderen Boten gewünscht, so kann dies ein für allemal schriftlich oder im Einzelfalle bei Entgegennahme des Telegramms am Fernsprecher oder Nebentelegraphen beantragt werden. Für solche Sonderleistungen[11] wird im Ortszustellbezirk[12] die Gebühr nach IV, Abs. 1, im Landzustellbezirk[12] der erwachsende Botenlohn erhoben.

Innerhalb des Ortszustellbezirks der Ankunftsanstalt werden die Telegramme gebührenfrei zugestellt. Außerhalb dieses Bezirks ist die Zustellung durch Boten gebührenpflichtig. Die Gebühr kann vom Absender vorausgezahlt werden. In diesem Fall erhält das Telegramm den gebührenpflichtigen Dienstvermerk = XP =[13].

Wird die Gebühr nicht vorausbezahlt, so wird die für die Zustellung tatsächlich erwachsende Gebühr beim Empfänger eingezogen. Verweigert dieser die Bezahlung, so wird das Telegramm als unzustellbar (§ 22) behandelt; die Gebühr hat dann der Absender zu tragen, mindestens aber den Betrag, der bei Vorausbezahlung des Botenlohns (= XP =) zu erheben gewesen wäre.

II Der Absender kann für den Fall, daß die Bestimmungsanstalt ihren Dienst bereits geschlossen hat, verlangen, daß sein Telegramm nach einer anderen von ihm benannten Telegraphenanstalt geleitet und von dort aus dem Empfänger durch Boten zugestellt wird[14]. Zur Deckung der Gebühr für die Zustellung hat der Absender bei der Aufgabeanstalt einen angemessenen Betrag in vollen Reichsmark zu hinterlegen. Das Telegramm erhält dann den gebührenpflichtigen Dienstvermerk = XP...RM von ... (Bezeichnung der gewünschten Zustellanstalt) =[15]. Ist die Entfernung zwischen den beiden Anstalten größer als 15 km oder erweist sich das Verlangen als unausführbar oder als u nzweckmäßig, so bestimmt die Ankunftsanstalt die Art der Zustellung nach eigenem Ermessen[16].

III Werden durch denselben Boten an denselben Empfänger gleichzeitig solche Telegramme abgetragen, für die der Botenlohn vorausbezahlt ist, und solche, für die er nicht vorausbezahlt ist, so wird beim Empfänger kein Botenlohn nachgefordert.

IV Auf besonderen Antrag der Empfänger können Telegramme während bestimmter Zeiten anderswo oder auf andere Weise zugestellt werden, als es nach der Telegrammanschrift und nach den allgemeinen Vorschriften über die Zustellung (V—VIII) zu geschehen hätte. Solche von der Regel abweichende Zustellung kann sowohl auf Zeit gegen Pauschgebühr[17] als auch für Einzelfälle gegen Einzelgebühr verlangt werden.

Eine Sondergebühr in Höhe der vorerwähnten kann bei Telegrammen mit ungenügender Anschrift erhoben werden, wenn der Empfänger nur durch besonderen Arbeitsaufwand zu ermitteln ist[18].

V Telegramme mit dem Vermerk = tags =[19] werden in der Zeit von 10 Uhr abends bis 6 Uhr morgens nicht zugestellt.

Privattelegramme[20], die während der Nacht eingehen, müssen nur dann sofort zugestellt werden, wenn sie den Vermerk = nachts = tragen oder die Bestimmungsanstalt ihre Dringlichkeit (§ 9) erkennt.

VI Es werden ausgehändigt

1. Telegramme, deren Zustellung der Absender durch den Vermerk = MP =[2] zu Händen des Empfängers gewünscht hat, nur an diesen selbst;
2. Telegramme für eine Behörde oder deren Vorsteher, wenn diese nicht schriftlich anders verfügt haben, an den Vorsteher selbst oder an seinen

Beauftragten, und zwar Staatstelegramme[22] gegen Empfangsschein;
3. Telegramme[23] mit dem Vermerk = GP = oder = TR = an den, der sich als Empfänger meldet;
4. Telegramme mit dem Vermerk = bahnlagernd =[24] an den Bahnhofsvorsteher oder an seinen Beauftragten;
5. sonstige Telegramme außer an den Empfänger auch an erwachsene[25] Mitglieder seiner Familie, an seine Angestellten, an die Haus- oder Wirtsleute oder an den Pförtner des Hauses, sofern nicht der Empfänger der Telegraphenanstalt einen besonderen Beauftragten schriftlich bezeichnet[26] hat;
6. Telegramme für Reisende in Gasthöfen an den Wirt oder seinen Beauftragten. Ist ein Pförtner vorhanden, so sind die Telegramme diesem auszuhändigen;
7. Telegramme für Reisende auf einem Schiffe dem Empfänger vor seiner Ausschiffung; wenn dies aber nicht möglich ist oder besondere Kosten (z. B. Fährlohn) entstehen, dem Vertreter des Schiffsreeders.

VII Telegramme können beim Empfänger auch in den Wohnungs- oder Hausbriefkasten[27] gelegt werden, wenn eine Zustellung nach VI, 2, 5 und 6 unmöglich ist. Bei Telegrammen gegen Empfangsschein (VI 2) ist dies nicht zulässig[28].

VIII Ist ein Telegramm nach VI, 2, 5, 6 und nach VII nicht anzubringen, so hinterläßt der Bote in der Wohnung usw. des Empfängers eine schriftliche Benachrichtigung, durch die um Abholung des Telegramms bei der Zustellanstalt gebeten wird, oder heftet sie an die Eingangstür[29].

Wird die Zahlung von Gebühren verweigert, die nach der Telegraphenordnung beim Empfänger einzuziehen sind[30], so gilt dies, außer bei Staats- und bei FS-Telegrammen (§ 18), als Verweigerung der Annahme.

IX Die Eisenbahntelegraphenanstalten[31] sind berechtigt, für jedes von ihnen zuzustellende Telegramm vom Empfänger eine Zustellgebühr bis zur Höhe des Zeitlohns zu erheben[32], der sich nach dem Eisenbahnlohntarife für die auf die Zustellung verwendete Zeit bestimmt, sofern der Ort, zu dem die Eisenbahnstation gehört und wohin das Telegramm gerichtet ist, weiter als 2 km von der Bahnstation entfernt ist. Besteht jedoch an diesem Orte zugleich eine Telegraphenanstalt der Deutschen Reichspost, so werden die Telegramme entweder durch die Telegraphenanstalt der Deutschen Reichspost, der sie zuzuführen sind, oder durch die Eisenbahntelegraphenanstalt nach den allgemeinen Bestimmungen der Telegraphenordnung (s. IV) zugestellt. Vom Absender etwa vorausbezahltes Zustellgeld (I Abs. 4) ist auf die beim Empfänger zu erhebende Zustellgebühr anzurechnen.

X Die Bestimmungen unter IX gelten nicht für Bayern und Württemberg.

1 Vorg.: § 12 TelRegulativ 1849 (MinBl. S. 203).

2 Fassung „Bestellung" seit § 21 TelRegulativ 1850 (MinBl. S. 291), „Zustellung" seit § 21 TelO 1891 (Zentralbl. S. 162); anders bei der Post: vgl. PostG 1871 § 50 Anm. 21 (Teil I S. 174).

3 Anl. B Ziff. 26.

4 § 3 Anm. 7.

5 § 24 IV Abs. 1; vgl. § 44 IV PostO 1929 (Teil I S. 271).

6 § 42 PostO (Teil I S. 268), vgl. Anl. B Ziff. 1; tel'lagernd: bei einer selbständ. TelAnst (§ 2 Anm. 3); vgl. Anl. B Ziff. 2.

7 S. VI Ziff. 4, auch § 3 EisenbTelRegl (S. 172).

8 § 23 FspO (S. 348).

9 Von Fall zu Fall (s. PABl. 1927 S. 66).

9a Nur, wenn die Zustellung durch Boten mit Gefahren für diesen verbunden ist, z. B. bei Lawinengefahr, gefährlichen Wege- oder Schneeverhältnissen usw.

10 D. h. zugestellt nach §§ 38—40, 44 PostO (Teil I S. 259 ff., 270).

11 Anl. A II zu 32.

12 Die Begriffe des § 38 PostO (Teil I S. 259) sind nur anzuwenden bei vereinigten Post- und TelAnst (§ 2 Anm. 3).

13 Anl. B Ziff. 27.

14 Vgl. § 23 Anm. 7; kein BGB-Begriff (§ 372); s. auch § 9 zu g EisenbTelRegl 1876 (S. 177).

15 Anl. B Ziff. 28.

16 Vgl. § 18 Anm. 10.

17 Anl. A II zu 33, 34; Fälligkeit der Geb unabhängig von Kurzanschriftvereinbarung (§ 4; vgl. PABl. 1929 S. 266).

18 Anl. A II zu 35.

19 Anl. B Ziff. 29.

20 § 3 I zu a 3; Anl. B Ziff. 30.

21 Anl. B Ziff. 31.

22 § 3 I zu a 1.

23 d. s. post- und tel'lagernde Tel (Anm. 6 und 7).

24 Anl. B Ziff. 3; s. Anm. 7.

25 Nicht: volljährige (§ 2 BGB).

26 Keine Postvollmacht nach § 40 III PostO (Teil I S. 262); wegen Aushändigung an den Konkursverwalter s. KonkursO § 121 (Teil I S. 413).

27 § 40 VI PostO (Teil I S. 263).

28 s. § 12 Anm. 1.

29 Auch Zustellung nach Anm. 25 ist zugelassen. Wirkung der Anheftung nicht identisch mit der schriftl. Anzeige nach § 10 der „Anweisung" usw. vom 6. 3. 1914 (Teil I S. 324).

30 § 8 I Abs. 3.
31 EisenbTelRegl § 9 zu g (S. 177).
32 Bei „D"-Tel (§ 9) keine DreifachGeb.

§ 22
Unzustellbare Telegramme[1].

I Die Unzustellbarkeit eines Telegramms[2] und ihre Gründe werden der Aufgabeanstalt unverzüglich[3] telegraphisch gemeldet. Kann diese den Grund der Unzustellbarkeit nicht ohne weiteres von Amts wegen beseitigen, so teilt sie, wenn möglich, dem Absender die Unzustellbarkeit mit. Dieser kann die Anschrift des Ursprungstelegramms durch eine gebührenpflichtige Dienstnotiz der Aufgabeanstalt vervollständigen, berichtigen oder bestätigen[4].

Als unzustellbar gelten auch Telegramme, die nach § 21, VIII lagern, aber nicht innerhalb einer von der Zustellanstalt[5] nach Lage des Falls zu bemessenden Frist abgefordert werden.

II Unzustellbare Telegramme werden bis zum Ablauf von 42 Tagen, vom Tage nach der Aufnahme bei der Bestimmungsanstalt[6] an gerechnet, für den Empfänger bereitgehalten. Für Funktelegramme (§ 17 II) nach See beträgt die Frist 9 Tage, für Semaphortelegramme (§ 17 IV) nach See 30 Tage; diese Fristen können vom Absender verlängert werden.

1 Vorg.: § 18 TelRegl 1852 (MinBl S. 32); wegen Unzustellbarkeit von BildTel s. Bf 1930 Ziff. 6 Anm. 11 (S. 198).

2 Nur das TelRegl 1852 (s. Anm. 1) hatte an dieser Stelle die Fassung „sogleich"; jetzige Fassung neu seit 1926, vielleicht in Anlehnung an § 47 III PostO 1921 (Teil I S. 276), nicht an BGB.

3 Auch tel PAnw usw. (vgl. PostO § 22 X—XVII, Teil I S. 230) und BriefTel (nach Rückgabe an die PAnst).

4 Vgl. § 19 Anm. 7.

5 Unterschied zwischen Bestimmungs- und ZustellAnst s. § 21 II (vgl. § 1 Anm. 14).

§ 23[1]

Telegrammabschriften, Nachforschungen.

I Der Absender und der Empfänger eines Telegramms sind nach gehörigem Ausweis[2] berechtigt, die Urschrift[3] einzusehen[4] oder sich davon beglaubigte Abschriften oder Lichtbilder geben zu lassen. Für das Heraussuchen der Telegramme sowie für die Anfertigung der Abschriften und Lichtbilder sind besondere Gebühren[5] zu entrichten.

II Werden infolge solcher Anträge oder infolge eines Verlangens nach Auskunft (§ 19) umfangreiche, von der Deutschen Reichspost nicht verschuldete[6] Nachforschungen notwendig, so hat der Antragsteller die Kosten zu tragen. Die voraussichtliche Höhe ist ihm vorher mitzuteilen; auf Verlangen hat er einen angemessenen Betrag zu hinterlegen[7].

1 Vorg.: § 28 TelO 1865 (MinBl. 1866 S. 67).

2 Vgl. § 4 Anm. 2.

3 Vgl. § 6 Anm. 2; wegen der Aufbewahrungsdauer s. § 19 Anm. 4.

4 Vgl. § 12 FernMAnlG (S. 70).

5 Anl. A II zu 36—40.

6 Kein BGB-Begriff; vgl. § 25 Anm. 4.

7 Vgl. § 21 Anm. 14.

§ 24

Haftpflicht.

Die Deutsche Reichspost[1] übernimmt für den Telegraphendienst[2] keine Gewähr[3] und haftet für keinerlei

Schäden[4], insbesondere nicht für Schäden durch Ausschließung von der Benutzung der Telegraphenanlagen[5], durch Einstellung des Betriebs[6], durch Betriebsstörungen, durch Unterlassung, Verzögerung oder sonstige Fehler bei der Annahme[7], Beförderung und Zustellung[8] der Telegramme, durch Erteilung unrichtiger Auskunft[9], durch Versehen bei der Aufnahme und bei der Zustellung von Telegrammen durch Fernsprecher oder Nebentelegraphen[10].

1 § 1 Anm. 3.

2 Ebenso („für den FspDienst") § 29 II FspO 1927 (PABl. S. 65, 143; hier S. 376).

3 Kein BGB-Begriff (§§ 365, 539, 650, 757).

4 Vorg.: § 15 TelRegl 1852 (MinBl. S. 32); s. namentlich § 25 Anm. 19. — Die Haftbarkeit der TelBeamten für Schaden aus TelFehlern (§ 839 BGB) ist anerkannt (RGer im „Recht" 1913 Nr. 944, 1915 Nr. 1500, Sächs. Arch. 14, 356), indessen ohne Haftungseintritt der DRP (§ 6 Ges 22. 5. 1910, RGBl. S. 798).

5 § 1 Anm. 10.

6 § 1 I Satz 2.

7 § 5.

8 § 21.

9 Vorg.: VO 19. 3. 1926 (PABl. S. 141), betr. Auskunft in Postangelegenheiten.

10 § 23 FspO (S. 348).

§ 25

Erstattung von Gebühren[1].

I Auf Antrag[2], dem eine Beschwerde[3] über den Dienstbetrieb u. U. gleichzuachten ist, wird erstattet:

a) die volle Gebühr für jedes Telegramm, das durch einen Vorgang[4] im Telegraphenbetrieb nicht an seine Bestimmung gelangt ist;

b) die volle Gebühr für ein Telegramm, das durch

einen Vorgang[4] im Telegraphenbetrieb später angekommen ist, als es mit der Post als Eilbrief[5] angekommen wäre, jedenfalls aber dann, wenn es dem Empfänger erst nach 12 Stunden, von der Aufgabe an gerechnet, zugestellt worden ist. In die Frist von 12 Stunden werden nicht eingerechnet die Dauer des Dienstschlusses[6] der Anstalten, wenn sie die Ursache der Verzögerung ist, die Dauer der Beförderung durch Boten nach § 21, II, bei Seetelegrammen (§ 17) die Zeit der Seebeförderung und die Lagerzeit bei einer Semaphor-, Küsten- oder Bordfunkstelle. Brieftelegramme (§ 16) sind ausgenommen; für Staatstelegramme[7], für die der Absender nicht auf den Vorrang bei der Beförderung verzichtet[8] hat, für dringende Telegramme (§ 9) und für gebührenpflichtige Dienstnotizen verkürzt sich die Frist von 12 Stunden auf 6, für Blitztelegramme (§ 8a) auf 3 Stunden;

c) die Gebühr für denjenigen Teil eines Telegramms in offener[9] oder eines verglichenen Telegramms (§ 11) in geheimer[10] Sprache, der infolge Entstellung eines oder mehrerer Textwörter offensichtlich seinen Zweck[11] nicht hat erfüllen können, wenn nicht die Fehler durch gebührenpflichtige Dienstnotiz berichtigt worden sind (§ 19); Brieftelegramme (§ 16) sind ausgenommen;

d) die Gebühr für eine Sonderleistung[12], die nicht ausgeführt worden ist, dazu die Gebühr für den entsprechenden gebührenpflichtigen Dienstvermerk, jedoch mit der Ausnahme unter II, b, Abs. 2;

e) die Gebühr für die gebührenpflichtigen Dienstnotizen (§ 19), durch die die Wiederholung einer für falsch gehaltenen Stelle verlangt worden ist, wenn die Wiederholung nicht mit der ersten Übermittlung übereinstimmt. Sind bei dieser einige Wörter richtig, andere unrichtig wiedergegeben, so wird die Gebühr für die richtig beförderten Wörter nicht erstattet. Doch ist die Gebühr auch für die richtig übermittelten Wörter zu erstatten, wenn anerkannt[13] werden muß, daß die Fehler auch ihren Sinn entstellt haben;

f) die volle Gebühr für jede andere telegraphische oder briefliche gebührenpflichtige Dienstnotiz, die durch einen Vorgang[4] im Telegraphenbetrieb veranlaßt worden ist;

g) der volle Betrag der für eine Antwort (§ 10) bezahlten Gebühr, wenn der Empfänger[14] den Schein nicht hat gebrauchen können oder wollen und der Schein in den Händen der Verwaltung ist oder ihr innerhalb 6 Monate vom Tage der Ausstellung an wieder vorgelegt wird;

h) bei Telegrammen mit bezahlter Antwort (§ 10) die volle Gebühr für das Fragetelegramm[15] und die Antwort, wenn

1. die Erstattung der für die Antwort bezahlten Gebühr gerechtfertigt ist und die Nichtankunft, Verzögerung oder Entstellung der Antwort den Zweck des Fragetelegramms vereitelt hat,
2. die Erstattung der Gebühr für das Fragetelegramm gerechtfertigt ist und die Nichtankunft, Verzögerung oder Entstellung des Fragetelegramms den Zweck der Antwort vereitelt hat.

Brieftelegramme (§ 16) sind ausgenommen;

i) der Unterschied zwischen dem Werte eines Scheins für bezahlte Antwort (§ 10) und der Gebühr für das unter Benutzung dieses Scheins aufgegebene Telegramm;

k) die Gebühr für die bei der Beförderung eines Telegramms ausgelassenen Wörter, wenn der Fehler nicht durch eine gebührenpflichtige Dienstnotiz berichtigt worden ist; Brieftelegramme (§ 16) sind ausgenommen;

l) die volle Gebühr für jedes Telegramm, das von Amts wegen auf Grund des § 1 angehalten worden ist[16];

m) der Wert der auf Telegrammen vom Absender zuviel verwendeten Freimarken[17].

II Von Amts wegen werden erstattet:

a) irrtümlich zuviel erhobene Gebühren;

b) die Küsten- und die Bordgebühren eines Funktelegramms[18], wenn die Küstenfunkstelle der Aufgabeanstalt mitteilt, daß es dem Bestimmungsschiffe nicht zugeführt werden kann.

Ist die Empfangsanzeige (§ 12) für ein Funktelegramm nicht an die Funksendestelle gelangt, so wird die Gebühr für die Empfangsanzeige nur dann erstattet, wenn die Gebühr für das Funktelegramm selbst zurückzuzahlen ist.

III Sind für ein Mehrfachtelegramm (§ 13) die Gebühren teilweise zu erstatten, so berechnet sich die Gebühr für eine Vervielfältigung durch Teilung der erhobenen Gesamtgebühr mit der Zahl der Anschriften.

IV Die Erstattung nach I, a, b, c und l erstreckt sich nur auf die Gebühren und Nebengebühren für die Telegramme selbst, die nicht angekommen oder die verzögert, entstellt oder angehalten sind, nicht auch[19] auf zie Telegramme, die dadurch etwa veranlaßt oder nutzlos geworden sind.

V Sind die Unregelmäßigkeiten durch gebührenpflichtige Dienstnotizen innerhalb der unter I, b angegebenen Frist berichtigt worden, so ist nur die Gebühr für die Dienstnotizen zu erstatten.

VI Jeder Antrag auf Gebührenerstattung muß binnen 6 Monaten vom Tage der Aufgabe des Telegramms, im Falle unter I, i vom Tage der Ausfertigung des Scheins an, gestellt werden.

Der Antrag ist an die Aufgabeanstalt zu richten. Ihm sind als Beweisstücke beizufügen,

wenn das Telegramm verzögert oder nicht angekommen ist, eine schriftliche Erklärung[20] der Bestimmungsanstalt oder des Empfängers,

wenn es sich um eine Entstellung handelt, die dem Empfänger zugestellte Ausfertigung (§ 6 II).

VII Erweist sich der Antrag auf Gebührenerstattung als unbegründet, so ist eine Schreibgebühr zu entrichten[21].

1 Vorg.: § 22 TelRegulativ 1850 (MinBl. S 291); Rechtsweg zulässig (vgl. Teil I S. 28*) — Wegen Ausschlusses der GebErstattung bei SonderTel s. PABl. 1929 S. 307 Ziff. 5 (vgl. § 16 Anm. 1 und § 17a Anm. 1). Wegen abweichender Ordnung bei BildTel s. Ziff. 7 Vf 1930 (S. 198).

2 Des Berechtigten, auch des Empf, s. zu g; Form s. VI.

3 Vgl. § 1 Anm. 11.

4 S. auch b und f; frühere Fassung: „durch Schuld der TelVerwaltung" (erstmals § 25 TelO 1868, TelABl. S. 133) oder „Schuld des TelBetriebs" (seit § 24 TelO 1880, Zentralbl. S. 560); vgl. § 23 Anm. 6.

5 § 24 PostO (Teil I S. 234).

6 § 2.

7 § 3 I zu a 1.

8 § 3 Anm. 5.

9 § 3 I zu b 1.

10 § 3 I zu b 2.

11 Vgl. § 18 Anm. 11.
12 Vgl. § 20 Anm. 7.
13 Kein BGB-Begriff (§ 781).
14 Auch der Empf ist antragsberechtigt.
15 § 10 Anm. 3.
16 § 1 Anm. 10.
17 § 8 Anm. 2.
18 § 17 II.
19 Vgl. § 24 Anm. 4.
20 Auch: abschriftlich oder auszugsweise.
21 Anl. A II zu 41.

§ 26

Geltungsbereich.

I Die vorstehenden Bestimmungen gelten, soweit nicht Ausnahmen gemacht sind, auch für die Behandlung der Telegramme auf den Eisenbahntelegraphen[1].

II Für den Verkehr mit dem Ausland gilt die Telegraphenordnung, soweit nicht der Welttelegraphenvertrag[2] nebst Vollzugsordnung[3] oder etwaige besondere[4] Telegraphenverträge und Abkommen etwas anderes vorschreiben.

1 S. S. 170.

2 D. i. der IntTelVertrag 1875, verk. erst 1926 (PABl. S. 479; Textabdruck ebd. S. 447); wegen verfassungsrechtl. Geltung (Art 70 RVerf 1919) der Verkündung im PABl. s. Ges 13. 10. 1923 (RGBl. I S. 959) und Mitteilung 1. 12. 1923 (ebd. S. 1236); näheres s. Teil I S. 68 f. Der Abdruck im TelABl 1875 S. 243 war ohne Verkündungswirkung.

3 Fassung Paris 29. 10. 1925, erstmals verk. wie zu Anm. 2.

4 Nicht verk.; vgl. § 3 Anm. 6.

§ 27

Schlußbestimmungen.

Die Bedingungen für die Benutzung von Telegrapheneinrichtungen, über die durch die Telegraphenordnung und die Fernsprechordnung[1] keine Bestimmung[2] getroffen ist, setzt die Deutsche Reichspost fest; sie werden in ihren amtlichen Blättern[3] veröffentlicht.

1 S. S. 218.
2 BildTel s. S. 188, Zugfunk S. 180.
3 PABl., vgl. § 26 Anm. 2.

Anlage A.

Gebührensätze für den Telegraphenverkehr

Nr.	Telegraphenordnung §	Gegenstand	RM	Pf.
		I. Hauptgebühren		
	7	Gewöhnliche Inlandstelegramme		
1		im Ortsverkehr	—	8
2		im Fernverkehr	—	15
2a	8a	Blitztelegramme	1	50
	9	Dringende Telegramme		
3		im Ortsverkehr	—	24
4		im Fernverkehr	—	45
5	15	Pressetelegramme	—	8
6	16	Brieftelegramme	—	5
		für jedes Wort.		
		Mindestsatz für ein Telegramm unter 1 bis 5 10fache Wortgebühr, unter 6 wie für ein Telegramm unter 2. Für See- (Funk-) Telegramme (§ 17, I bis III) kein Mindestsatz. Für Telegramme in verabredeter Sprache der Klasse B (§ 3, IV) werden ³/₄ der Hauptgebühren erhoben, für ein Telegramm wenigstens der Mindestsatz für ein gewöhnliches Telegramm.		
		II. Nebengebühren		
	4	Vereinbarte Kurzanschrift		
1		für ein Jahr	30	—
2		für ein Vierteljahr	15	—
3		für Überweisung nach einem andern Ort auf einen Monat	5	—

Nr.	Telegraphenordnung §	Gegenstand	RM	Pf.
3a	5	Aufgabe eines Telegramms durch Fernsprecher die bestimmungsmäßige Telegraphengebühr und die Ortsgesprächsgebühr nach der Fernsprechordnung.		
3b		Aufgabe eines Telegramms durch Nebentelegraphen die bestimmungsmäßige Telegraphengebühr.		
4				
5	5	Aufgabebescheinigung	—	10
6				
	10	Vorausbezahlung der Antwort		
7		RP im Ortsverkehr	—	80
8		RP ... W im Ortsverkehr .... mal	—	8
9		RPD im Ortsverkehr	2	40
10		RPD ... W im Ortsverkehr mal	—	24
11		RP im Fernverkehr	1	50
12		RP ... W im Fernverkehr mal	—	15
13		RPD im Fernverkehr	4	50
14		RPD ... W im Fernverkehr mal	—	45
		auch bei Brieftelegrammen.		
14a	8a	RP Blitz	15	—
14b		RP ... W Blitz .... mal	1	50
15	11	Vergleichung, Zuschlag von 50 v. H. der Gebühr für ein gewöhnliches Telegramm gleicher Länge, bei Telegrammen der Kl. B Zuschlag von 50 v H der Gebühr für ein gewöhnl. Telegramm der Kl. B gleicher Länge.		
	12	Empfangsanzeige, telegraphisch		
16		Inland — Gebühr für 10 Wörter.		
17		Ausland — Gebühr für 5 Wörter.		
18		dringend das 3fache.		
		Desgleichen, brieflich		
19		Inland	—	20
20		Ausland	—	30
	13	Mehrfachtelegramme, Zuschlag für Vervielfältigung eines		

Nr.	Telegraphenordnung §	Gegenstand	RM	Pf.
21		gewöhnlichen Telegramms	—	40
22		dringenden Telegramms	—	80
		für jede volle oder angefangene Reihe von 50 Wörtern.		
	17	Seetelegramme, Zuschläge für Funktelegramme		
23		Küstengebühr für deutsche Funkstellen in der Regel	—	30
24		Bordgebühr für deutsche Funkstellen in der Regel................	—	30
		Für Telegramme in verabredeter Sprache der Klasse B (§ 3, IV) ermäßigen sich Küsten- und Bordgebühr in demselben Verhältnis wie die Gebühren für Beförderung auf den Linien des Telegraphennetzes.		
25		Semaphortelegramme	—	16
25a		Telegramme, die funktelegraphisch zwischen einer Küstenfunkstelle der Deutschen Reichspost und der Funkstelle auf einem Feuerschiff oder Leuchtturm gewechselt werden	—	46
		für jedes Wort, zu 23, 24 und 25a ohne Mindestsatz.		
26	17a	Schmuckblattelegramme: Sondergebühr für jedes Telegramm bis zu 50 Wörtern	1	—
26a		für je weitere volle oder angefangene 50 Wörter .... mehr	—	40
	19 u. 20	Mitteilungen durch die Post über schon beförderte Telegramme		
27		Inlandsverkehr	—	30
28		Auslandsverkehr	—	60
		zugleich für eine vom Antragsteller gewünschte briefliche Antwort		
29		Inlandsverkehr	—	60

Nr.	Telegraphenordnung §	Gegenstand	RM	Pf.
30		Auslandsverkehr	1	20
31	20	Schreibgebühr bei Zurückziehung eines Telegramms vor Beginn der Beförderung	—	20
32	21	Zustellung von Telegrammen an den Empfänger im Landzustellbezirk der Bestimmungstelegraphenanstalt durch Boten bei Vorausbezahlung (= XP =)	—	80
	21	Sonderzustellung von Telegrammen		
33		Jahresgebühr	30	—
34		Einzelgebühr	—	30
35		Zustellung eines Telegramms mit ungenügender Anschrift..................	—	30
36	23	Heraussuchen eines Telegramms zur Einsichtnahme........................	—	20
	23	Beglaubigte Abschrift eines Telegramms		
37		bis zu 150 Wörtern	1	20
38		für je weitere volle oder angefangene 50 Wörter................ mehr	—	40
39	23	Ein Lichtbild 9 × 12 cm	2	—
40		jeder weitere Abzug	—	50
	25	Schreibgebühr für einen Antrag auf Gebührenerstattung, der sich als unbegründet erweist,		
41		Inlandsverkehr und Auslandsverkehr	—	50

Der Gesamtbetrag an Gebühren für ein Telegramm wird auf einen durch 5 teilbaren Pfennigbetrag aufgerundet.

Anlage B.

Gebührenpflichtige Dienstvermerke.

Lfd. Nr.	Telegraphenordnung §		Abkürzung
1	4	Postlagernd	GP
2	4	Telegraphenlagernd	TR
3	4	Bahnlagernd	bahnlagernd
4	9	Dringend	D
5	10	Antwort bezahlt bis 10 Wörter	RP
6	10	Antwort bezahlt über 10 (...) Wörter	RP...W
7	10	Dringende Antwort bezahlt bis 10 Wörter	RPD
8	10	Dringende Antwort bezahlt über 10 (...) Wörter	RPD... W
9	10	Antwort (10 Wörter) und Bote für die Antwort bezahlt	RXP
10	10	Antwort über 10 (...) Wörter und Bote für die Antwort bezahlt	RXP...W
11	10	Dringende Antwort (10 Wörter) und Bote für die Antwort bezahlt	RXPD
12	10	Dringende Antwort über 10 (...) Wörter und Bote für die Antwort bezahlt	RXPD...W
13	10	Antwort bezahlt bis 10 Blitztelegrammwörter	RP Blitz
14	10	Antwort bezahlt über 10 (...) Blitztelegrammwörter	RP...W Blitz
15	11	Vergleichung	TC
16	12	Telegraphische Empfangsanzeige	PC
17	12	Dringende telegraphische Empfangsanzeige	PCD
18	12	Briefliche Empfangsanzeige	PCP
19	13	Mehrfachtelegramm, ... Anschriften	TM....
20	13	Mehrfachtelegramm, alle Anschriften mitteilen	CTA

Lfd. Nr.	Telegraphenordnung §		Abkürzung
21	15	Pressetelegramm	Presse
22	16	Brieftelegramm	LT
23	17	Semaphortelegramm	SEM
24	17a	Schmuckblattelegramm	Lx
25	18	Nachsenden	FS
26	21	Offen zuzustellen	offen
27	21	Bote bezahlt	XP
28	21	Bote bezahlt mit ... RM von ... (Bezeichnung der gewünschten Zustellanstalt)	XP...RM von..
29	21	Nur am Tage zuzustellen	tags
30	21	Auch während der Nacht zuzustellen	nachts
31	21	Eigenhändig	MP

[1] Reglement über die Benutzung der innerhalb des deutschen Reichs-Telegraphengebiets[2] gelegenen Eisenbahntelegraphen[3] zur Beförderung solcher Telegramme[4], welche nicht den Eisenbahndienst betreffen[5].

Vom 7. März 1876 (Zentralbl. S. 156).

1 Rechtsgrundlage: Ziff. 7 BRBeschl. 21. 12. 1868 (S. 114). Rechtsquelle für die Betriebspflicht der DRB bezügl. der PrivatTel (wegen des Betriebsrechts s. § 1). — Vorg.: preuß. Regl 10. 12. 1858 (MinBl 1859 S. 16; vorher nichts veröffentl.), vom 1. 1. 1866 (TelABl. S. 27), 1. 7. 1867 (nicht veröffentl.), 1. 7. 1868 (MinBl. S. 229), 11. 5. 1873 (Zentralbl. S. 177). — Wegen Zuständigkeit des RKzl zur Vollziehung des EisenbTelRegl s. BRBeschl. 1868 Ziff. 7 Anm. 3 (S. 114); bis 1. 7. 1868 einschl. ergingen Landesreglements (in Preußen vollzogen vom HandelsMin).

2 Keine Geltung in BW; s. § 21 X TelO (S. 155).

3 Jetzt: DRBTel (§ 5 RBahnG 30. 8. 1924, RGBl. II S. 272). Gemeint sind Staats- und Privatbahnen. — Wegen Benutzung des EisenbGeländes zur Errichtung von RTelAnlagen s. BRBeschl. 1868 (S. 111).

4 Selbständiges Anstaltsnutzungsverhältnis zwischen DRB und TelAbsender; kein abgeleitetes Recht aus der TelO 1926 (S. 117). Wegen Wiedereröffnung des EisenbTel für PrivatTel'e nach dem Kriege s. PABl. 1919 S. 177.

5 Textfassung nach der Ausgabe des amtl. „Handbuchs für Post und Tel" 1918 (PABl. S. 48) mit den seitdem ergangenen Änderungen zuf: Bek 7. 4. 1923 (PABl. S. 150), betr. §§ 9—14, gemeinsam erlassen vom RPMin und RVerkMin, in Kraft „sogleich"; Bek 3. 6. 1924 (PABl. S. 349), betr. § 9 zu b, erlassen w. v., in Kraft 1. 4. 1924; Bek 14. 1. 1927 (PABl. S. 17), betr. w. v., erl. vom RPMin.

§ 1.

Sämtliche Stationen der innerhalb des deutschen Reichs-Telegraphengebiets[1] gelegenen Eisenbahnen[2] sind zur Annahme und Beförderung solcher Telegramme, welche nicht den Eisenbahndienst betreffen, nach Maßgabe der Bestimmungen dieses Reglements ermächtigt[3].

1 S. Eing Anm. 2.

2 ebd. Anm. 3.

3 Allgemein verliehenes Betriebsrecht (§ 2 FernMAnlG, S. 58) s. Erl. 10. 1. 1927 (nicht veröffentl.).

§ 2.

Die Eisenbahn-Telegraphenstationen dürfen Telegramme annehmen:

a) wenn keine Reichs-Telegraphenanstalt in demselben Orte ist: von jedermann[1];

b) wenn eine Reichs-Telegraphenanstalt in demselben Orte ist: nur von solchen Personen, die mit den Zügen ankommen, abreisen oder durchreisen.

1 Vgl. FernMAnlG § 7 Anm. 5 (S. 66) und TelO § 1 Anm. 4 (S. 122).

§ 3.

Die telegraphische Korrespondenz[1] ist ohne Rücksicht darauf, ob sie ausschließlich[2] oder nur streckenweise[3] auf Bahntelegraphen ihre Beförderung erhält, den Bestimmungen der jedesmaligen Telegraphenordnung[4] für das Deutsche Reich unterworfen.

1 Nicht: BriefTel (§ 16 II TelO), tel PAnweisungen usw. (§ 14 ebd.), BildTel (Vf 1930, PABl. S. 123; hier S. 188); Auflieferung nur am Schalter (vgl. TelO § 5 Anm. 1); wegen bahnlagernder Tel s. TelO § 21 Anm. 7; wegen ZugFkTel s. Vf, betr. ZugFk, 1 Ziff. 2 Anm. 2 (S. 184).

2 § 6, § 9 zu a.

3 § 9 zu b.

4 S. S. 117.

§ 4.

Die auf den Eisenbahnbetriebsdienst bezüglichen Telegramme[1] haben in der Beförderung allen anderen Telegrammen vorzugehen[2].

1 Gattungsbezeichnung „B", s. PABl. 1927 S. 109.

2 Auch den Staatstelegrammen nach § 3 I (zu a 1) TelO (S. 123).

§ 5.

Die Eisenbahn-Telegraphenstationen gehören der Regel nach zu den Stationen mit vollem Tagesdienst. Abweichungen hiervon durch Ausdehnung oder Beschränkung der Dienststunden[1] werden zur öffentlichen Kenntnis gebracht.

1 Vgl. § 2 TelO (S. 122).

§ 6.

Die bei den Eisenbahn-Telegraphenstationen angenommenen Telegramme, welche nach Orten des deutschen Reichs-Telegraphengebiets[1] gerichtet sind, werden in folgenden Fällen ausschließlich[2] mit dem Bahntelegraphen befördert:

a) wenn sie von der Aufgabe- an die Adreßstation direkt, d. h. ohne jede Umtelegraphierung[3], gegeben werden können, wobei es keinen Unterschied macht, ob am Orte der Adreßstation eine Reichs-Telegraphenanstalt besteht oder nicht;

b) wenn sie auf dem Wege von der Aufgabe- bis zur Adreßstation nicht mehr als eine Umtelegraphierung zu erleiden haben und am Orte der Adreßstation eine Reichs-Telegraphenanstalt nicht besteht. In allen anderen Fällen sind die Telegramme an die nächste zur Vermittlung geeignete Reichs-Telegraphenanstalt behufs der Weiterbeförderung zu überweisen.

Eine direkte Beförderung von Telegrammen über die Grenzen des deutschen Reichs-Telegraphengebiets hinaus mit dem Bahntelegraphen darf nicht geschehen. Es bleibt jedoch vorbehalten, für diejenigen Bahnen, welche zum Teil in anderen Staatsgebieten liegen, Abweichungen eintreten zu lassen.

1 S. Eing Anm. 2.

2 S. § 3 Anm. 1; Gegensatz: streckenweise, s. Anm. 2 a. a. O.

3 Eine für gewöhnlich auch bei der Auswechslung von EisenbDienstTel vorkommende bloße Umschaltung oder selbsttätige Übertragung auf einer Zwischenstation ist als „Umtelegraphierung" im Sinne des § 6 des Reglements nicht anzusehen.

§ 7.

Die Reichstelegraphen sind zum Zweck und zur Beschleunigung der Telegramm-Auswechslung[1] mit den Bahntelegraphen desselben Ortes, soweit es tunlich ist, durch Leitungen zu verbinden.

Wenn jedoch die Zahl der durchschnittlich auszuwechselnden Telegramme oder die Entfernung zwischen den beiderseitigen Stationen eine sehr geringe ist, so kann von der Herstellung einer solchen Verbindung abgesehen werden.

In geeigneten Fällen sollen auch solche Orte, an welchen einerseits nur eine Reichs-Telegraphenanstalt, anderseits nur eine Bahn-Telegraphenstation vorhanden ist, telegraphisch verbunden und die Verbindungsleitungen in gewöhnlicher Weise zur Auswechslung bzw. Zuführung von Telegrammen benutzt werden.

Die Verbindungsleitungen, welche mehrere Eisenbahn-Telegraphenstationen mit einer Reichs-Telegraphenanstalt verbinden und eine Korrespondenz zwischen den Eisenbahnstationen unter sich ermöglichen, dürfen unter Kontrolle der Reichs-Telegraphenanstalt zu bahndienstlichen Mitteilungen benutzt werden.

Dagegen dürfen Privattelegramme zwischen den Eisenbahn-Telegraphenstationen auf solchen Leitungen nicht gewechselt werden.

Die Verbindungsleitungen, mit Ausschluß der auf den Bahn-Telegraphenstationen erforderlichen Stationseinrichtungen (Apparate, Batterien usw.), werden für Rechnung der Reichstelegraphie[2] hergestellt und unterhalten, soweit ein anderes nicht ausdrücklich vereinbart wird, bezüglich des Betriebs aber als Bahn-Telegraphenleitungen betrachtet und nach den bei den

Eisenbahnverwaltungen bestehenden Anweisungen von den beiderseitigen Beamten bedient.

Die Eisenbahnverwaltungen machen demgemäß den Bezirks-Ober-Postdirektionen von den für diese Bahnlinien bestehenden dienstlichen Anweisungen behufs der Beachtung seitens der Reichs-Telegraphenanstalten Mitteilung.

1 S. § 6 Abs. 1 zu b; § 8 Anm. 1.

2 DRP.

§ 8.

Die Auswechslung[1] von Telegrammen zwischen den Anstalten des Reichs[2] und denen des Eisenbahntelegraphen geschieht mittels der vorhandenen Verbindungsleitung (§ 7)[2a] und, falls eine solche nicht vorhanden oder nicht betriebsfähig ist, durch Boten. Es bleibt jedoch den beiderseitigen Anstalten überlassen, die Auswechslung durch Boten zu bewirken, wenn sie dieselbe für zweckmäßiger halten als die telegraphische Mitteilung. In solchen Fällen werden die angekommenen bzw. angenommenen Telegramme schriftlich ausgefertigt und in einer das Telegraphengeheimnis[3] sichernden Weise (sei es in einem Umschlag, auf welchem die Zahl der darin enthaltenen Telegramme angegeben ist, sei es in verschließbaren Mappen) gegen Empfangsbescheinigung mit Zeitangabe, auch unter Benutzung eines Quittungsbuchs, übergeben.

1 § 7 Anm. 1.

2 S. Eing Anm. 2

2a „Wenn eine Eisenbahntelegraphenanstalt die auf Grund des Reglements über die Benutzung der Eisenbahntelegraphen vom 7. März 1876 angenommenen, nicht den Eisenbahndienst betreffenden Telegramme über einen Fernsprechanschluß an die nächste

Reichstelegraphenanstalt weitergibt, ist dies Verfahren keine Aufgabe von Telegrammen durch Fernsprecher im Sinne des § 5 TelO (S. 130), sondern eine Beförderung von Telegrammen von Anstalt zu Anstalt. Ortsgesprächsgebühren (§ 16 FspO, S. 303) dürfen also nicht erhoben werden" (PABl. 1929, S. 357).

3 Art. 117 RVerf 1919 (Teil I S. 10).

§ 9.

a) Für diejenigen Telegramme, deren Beförderung ausschließlich[1] mit dem Bahntelegraphen erfolgt ist (§ 6), fällt diesem auch die für die Beförderung erhobene Gebühr[2] ungeteilt zu.

[3]b) Für jedes inländische Telegramm, das während seiner Beförderung einmal oder mehrmals zwischen dem Reichs- und dem Eisenbahntelegraphen gewechselt[4] wird, erhält die übernehmende Verwaltung sechs Zehntel des Gebührenbetrages, der sich nach dem innerdeutschen Tarif für ein gewöhnliches Inlandstelegramm durchschnittlicher Wortzahl ergibt. Im übrigen verbleiben die vereinnahmten Gebühren der annehmenden Verwaltung.

[5]Für Telegramme nach dem Ausland, die bei einer Eisenbahntelegraphenanstalt angenommen und einer Reichstelegraphenanstalt zugeführt werden, behält die Reichsbahn einen nach den vorstehenden Grundsätzen zu berechnenden Anteil von vier Zehnteln der deutschen Inlandsgebühr und vergütet dem Reichstelegraphen den Rest des bei der Auflieferung erhobenen Gebührenbetrags.

Dringende Telegramme werden als drei gewöhnliche Telegramme gezählt.

c) Ist der Telegraph von mehr als einem Bahngebiet zur Benutzung gekommen, so wird der nach obigem auf den Bahntelegraphen entfallende Gebührenanteil zwischen den beteiligten Bahnen ohne Rücksicht auf die Länge der Beförderungsstrecken gleichmäßig verteilt.

[6]d) Liegen die Reichs-Telegraphenanstalt und die nächste Bahn-Telegraphenstation an verschiedenen Orten und sind beide durch eine Leitung telegraphisch verbunden, so kann diese Verbindungsleitung benutzt werden zur Beförderung auch solcher Telegramme, welche bei der Reichs-Telegraphenanstalt aufgegeben und an die Bahn-Telegraphenstation gerichtet sind und umgekehrt.

e) Bezahlte Rückantworten[7] und Empfangsanzeigen[8] sind in jeder Beziehung als neue Telegramme anzusehen. Ebenso sind nachzusendende[9] Telegramme als neu aufgegebene Telegramme zu behandeln.

f)[10].

[11]g) Die Eisenbahntelegraphenanstalten sind berechtigt, für jedes von ihnen bestellte Telegramm vom Empfänger eine Bestellgebühr bis zur Höhe des Zeitlohns zu erheben[12], der sich nach dem Eisenbahnlohntarif für die auf die Bestellung verwendete Zeit bestimmt, sofern der Ort, zu dem die Eisenbahnstation gehört, und wohin das Telegramm gerichtet ist, weiter als 2 km von der Bahnstation entfernt ist. Besteht jedoch an demselben Orte zugleich eine Reichstelegraphenanstalt, so geschieht die Zustellung entweder durch die Reichstelegraphenanstalt, der die Telegramme nach § 8 zuzuführen sind, oder durch die Eisenbahntelegraphenanstalt nach den allgemeinen Bestimmungen der Telegraphenordnung.

Vom Absender etwa vorausbezahltes Bestellgeld ist auf die vom Empfänger zu erhebende Bestellgebühr anzurechnen.

1 § 3 Anm. 2.

2 Vgl. FernMAnlG § 9 Anm. 2 (S. 68) und § 7 TelO (S. 134); keine Entrichtung in Freimarken (TelO § 8 Anm. 1); keine Geb-Stundung (ebd. Anm. 6).

3 Neuer Text zuf. Bek 3. 6. 1924 (PABl. S. 349), geändert: Bek 14. 1. 1927 (PABl. S. 17).

4 Vgl. § 3 Anm. 2.

5 Text gemäß Bek 7. 4. 1923 (PABl. S. 150).

6 Abs. 1, 2 und 4 zu d (Fassung 1876) gestrichen: Bek w. v.

7 Die Antwortscheine der DRP werden von den EisenbTelAnst anerkannt (TelO § 10 Anm. 1).

8 Vgl. TelO § 12 Anm. 10 (S. 140).

9 ebd. § 18 Anm. 4.

10 Text von 1876 aufgehoben: Bek wie Anm. 5.

11 Neuer Text gemäß Bek w. v.

12 § 21 IX TelO (S. 155).

§ 10[1].

Das Abrechnungsverfahren über die beiderseitigen Gebührenanteile regeln das Reichspostministerium und das Reichsverkehrsministerium nach gegenseitigem Benehmen, jedes für sich durch Dienstvorschrift[2].

1 Fassung 1876: § 11; geändert: Bek 7. 4. 1923 (PABl. S. 150). — Text des § 10 von 1876: „Die Bestimmungen, welche über die gebührenfreie Beförderung von Telegrammen vom Reichskanzler ergehen, finden gleichmäßig Anwendung auch auf diejenigen Telegramme, welche streckenweise oder ausschließlich durch den Bahntelegraph befördert werden". — Wegen Aufhebung der TelGeb-Freiheiten s. TelO 1926 Eing Anm. 4 (S. 118).

2 S. Bek 14. 1. 1927 (PABl. S. 17) AusfBest: „Die der Abrechnung zugrunde zu legende durchschnittliche Wortzahl eines gewöhnlichen Inlandstelegramms ermitteln die OPD in Berlin und die RBDirektion in Berlin im gegenseitigen Benehmen durch Zählungen von nicht mehr als je siebentägiger Dauer in den Monaten Januar und Juli alle drei Jahre. Die festgestellte Wortzahl hat

die OPD bis zum 1. März des auf die Ermittlungen folgenden Jahres dem RPM zu melden, das sie durch das PABl. bekanntgibt; die Wortzahl gilt dann vom 1. April an für die nächsten drei Jahre.

Ebenso berichtet die RBDirektion in Berlin an die Hauptverwaltung der DRB das Ergebnis, das diese für ihren Verwaltungsbereich gleichfalls veröffentlicht.

Die ersten Ermittlungen sind im Januar und Juli 1927 vorzunehmen. Bis deren Ergebnis Geltung erlangt (1. April 1928), bleibt die jetzige Durchschnittstelegrammwortzahl 11,3 in Kraft, d. h. also bis zum 31. März 1928." — Wortzahl 1928: 11,0 (PABl. S. 132). Die früher jährliche Abrechnung (PABl. 1923 S. 151, Vf Nr. 80 AusfBest) ist in eine monatliche geändert, s. PABl. 1924 S. 349, Vf Nr. 355 AusfBest. Erste Durchschnittswortzahl nach Wiederherstellung der Reichswährung: 13,2 (PABl. 1924 S. 125).

§ 11[1].

Vorausbezahlte Nebengebühren[2] jeder Art verbleiben der Verwaltung, die sie vereinnahmt hat.

1 Fassung 1876: § 12; geändert wie zu § 10 Anm. 1.
2 S. TelO 1926 Anl. A II (S. 165).

§ 12[1].

Für Gebührendefekte haftet diejenige Reichs- bzw. Bahn-Telegraphenanstalt, von welcher das Telegramm auf den Bahn- bzw. Reichstelegraphen übergegangen[2] ist.

1 Fassung 1876: § 11; geändert wie zu § 10 Anm. 1.
2 S. §§ 7 und 8.

§ 13[1].

Das gegenwärtige Reglement tritt am 15. März 1876 in Kraft.

Berlin, den 7. März 1876.

RKzl: Fürst von Bismarck.

1 Fassung 1876: § 12; geändert wie zu § 10 Anm. 1.

Zugfunkanweisung 1925

(PABl. S. 581).

[1]Einführungsverfügung.

Die vorbereitenden Maßnahmen zur Durchführung des Nachrichtenverkehrs mit fahrenden Eisenbahnzügen sind im Benehmen mit der Deutschen Reichsbahn[2] und der Zugtelephonie A. G. in Berlin W 8, Unter den Linden 35, so weit gefördert worden, daß der neue Dienst voraussichtlich in einiger Zeit aufgenommen werden kann. Der Zeitpunkt der Betriebseröffnung wird rechtzeitig mitgeteilt werden[3].

Die VAnst werden veranlaßt, dem beteiligten Personal die nachstehende Zugfunkanweisung alsbald bekanntzugeben und sonst etwa erforderliche besondere Vorbereitungen zu treffen, damit der Dienst e. F. auch auf telegraphische Anordnung hin aufgenommen werden kann.

Für den Zugfunkverkehr ist zunächst eine Reihe der auf der Strecke Berlin—Hamburg verkehrenden Eisenbahnzüge in Aussicht genommen. Es werden anfangs nur wenige, später mehr Züge mit den erforderlichen technischen Einrichtungen ausgerüstet werden. Der Ausbau weiterer Strecken ist in Vorbereitung[4].

Neben den im Zuge befindlichen Zugbetriebsstellen (ZBSt) betreibt die genannte Gesellschaft ortsfeste Zugvermittlungsstellen (ZVSt), die zunächst in Spandau, Wittenberge (Bz. Potsdam) und Bergedorf eingerichtet sind und mit Überleitungsämtern der DRP durch Zugverkehrsleitungen in Verbindung stehen. Überleitungsämter für die Strecke Berlin — Hamburg sind das FA 1 (für Telegramme das HTA) in Berlin, das FA (für Telegramme das TA) in Hamburg sowie das PA in Wittenberge (Bz. Potsdam).

Federführend für den Schriftverkehr mit der Gesellschaft in den Angelegenheiten des laufenden Betriebs und der Abrechnung ist bis auf weiteres die OPD Berlin[5].

1 Bloße Instruktionsvorschriften ohne rechtliche Tragweite (BGB § 839) sind nicht mitabgedruckt.

2 RBahnG 30. 8. 1924 (RGBl. II S. 272).

3 Geschehen: PABl. 1926 S. 7; der ZugFkBetrieb auf der Strecke Berlin—Hamburg ist am 7. 1. 1926 mit den Zügen FD 23 (ab Altona 7.22, an Berlin 11.10) und FD 24 (ab Berlin 18.05 an Altona 21.54) dem allgemeinen Verk übergeben worden.

4 S. PABl. 1926 S. 95: Ausdehnung ab 1. 3. 1926 auf die Züge D 5 (ab Altona 12.19, an Berlin 16.43) und D 6 (ab Berlin 12.30, an Altona 17.14), ab 20. 5. 1926 auf sämtliche D-Züge der Strecke Berlin—Hamburg (PABl. S. 244, 1929 S. 257). Vgl. S. 479.

5 ZuständigkeitsO § 3 Eing Anm. 1 (S. 457); vgl. Ziff. II Anm. 1.

I. Betriebsvorschriften.

Für den Zugfunkverkehr sind in beiden Richtungen zugelassen:

a) Telegramme,

b) Gespräche[1].

Telegramme können mit dem In- und Auslande gewechselt werden. Gespräche sind einstweilen nur von und nach Großberlin, Großhamburg und Wittenberge (Bz. Potsdam) zugelassen.

Für den Verkehr mit Zugfunkanlagen sind, soweit nicht nachstehend etwas anderes angegeben ist, die den allgemeinen Telegraphen- und Fernsprechdienst der DRP regelnden Bestimmungen[2] maßgebend.

1 Vgl. FernMAnlG § 2 Anm. 4 g. E. zu B (S. 60). — Die ZBSt befassen sich auch damit, Bestellungen, die ihnen für Reisende oder von solchen zugehen, zu vermitteln. Für die Besorgung derartiger Nachrichten, die durch Fernsprecher oder durch Boten geschieht, erhebt die Gesellschaft für beide Verkehrsrichtungen eine Gebühr, bei deren Einziehung die DRP nicht mitwirkt. Werden zur Ausführung einer Bestellung Einrichtungen der DRP (Telegraph, Fernsprecher) benutzt, so sind hierfür die bestimmungsmäßigen Gebühren zu entrichten.

2 TelO 1926 (S. 117) und FspO 1927 (S. 218).

a. Telegramme.

1. Gebühren.

Für Telegramme vom und zum Zuge werden im Auslandsverkehr die gewöhnlichen Telegraphengebühren, im inneren deutschen Verkehr allgemein, d. h. auch für Telegramme von und nach dem Ortsbereiche des Überleitungsamts[1], die Gebühren nach den Sätzen für Ferntelegramme[2] erhoben. Zu den Telegraphengebühren tritt eine Zuggebühr der Betriebsgesellschaft hinzu, deren Höhe noch besonders bekanntgegeben wird[3].

1 S. EinführungsVf Abs. 1.

2 TelO 1926 Anl. A I zu 2 (S. 165).

3 S. Vf 1925 (PABl. S. 637):

„Die Zuggebühren der Zugtelephonie Aktiengesellschaft sind wie folgt festgesetzt worden:

1. a) bei gewöhnlichen Gesprächen (FspO § 17 II Abs. 1)
für jede Gesprächsminute .... 1 RM.,
mindestens für jedes Gespräch .... 3 „ ;
b) bei dringenden und Blitzgesprächen (w. v., Abs. 3)
für jede Gesprächsminute .... 1,50 „ ;
mindestens für jedes Gespräch .... 4,50 „ ;

2. a) bei gewöhnlichen Telegrammen (TelO § 7)
für jedes Wort .... 20 Pf.,
mindestens für jedes Telegramm .... 2 RM.;
b) bei dringenden und Blitztelegrammen (TelO §§ 9 u. 8a)
für jedes Wort .... 30 Pf.,
mindestens für jedes Telegramm .... 3 RM.

Diese Zuggebühren treten zu den übrigen Gebühren hinzu. Ferner erhebt die Zugtelephonie A.G. für jede ‚Bestellung' (s. Anm. 1 zu I) eine Zuggebühr von 1 RM., bei deren Einziehung die DRP wie bei den übrigen Gebühren für Bestellungen nicht mitwirkt. Bezüglich der Fälligkeit der Gebühren bei Gesprächen vom und zum Zuge gelten sinngemäß die Bestimmungen der FspO (§ 25); für Gespräche vom Zuge, die nicht zustande kommen, weil der angerufene Teilnehmer am Bestimmungsort den Anruf seiner Vermittlungsstelle nicht beantwortet, obwohl der Anschluß betriebsfähig ist, wird im Zug ein Fünftel der Gesamtgebühr für ein Zuggespräch der bestellten Gattung von 3 Minuten Dauer berechnet."

2. Auflieferung und Beförderung.

Telegramme zum Zuge können bei den PAnst und TAnst[1] sowie von Reisenden auch bei den für die Annahme von Privattelegrammen geöffneten Eisenbahndienststellen[2] und den ZBSt (Eing. Abs. 4) aufgegeben werden. Im letzteren Falle erhalten sie im Kopfe hinter dem Aufgabeorte den Zusatz „ZBSt".

Die Telegramme sind bei der Annahme im Kopfe mit dem gebührenfreien Dienstvermerk „Zugfunk" zu versehen. Sie müssen in der Anschrift alle Angaben enthalten, die nötig sind, um die Zustellung des Telegramms an den Empfänger im Zuge sicherzustellen. Die Anschrift muß daher eine genaue Bezeichnung des Zuges, etwa nach Fahrtstrecke und Fahrtrichtung, Abfahrts- oder Ankunftszeit des Zuges an einer bestimmten

Eisenbahnhaltestelle, Zugnummer usw., enthalten. Die Hinzufügung näherer Angaben, wie Wagenklasse, Wagen- und Platznummer, ist zur schnellen Ermittlung des Empfängers zweckmäßig[3].

Die Telegramme sind demjenigen Überleitungsamt (s. Eing. Abs. 4) der DRP zuzuführen, das nach den Leitungsverbindungen und den Telegrammlaufzeiten für den Verkehr mit dem Zug am günstigsten liegt. Das Überleitungsamt der DRP spricht das Telegramm in der Regel der ZBSt (s. Eing. Abs. 4) am Orte zu[4], soweit nicht in besonderen Fällen eine andere Beförderungsart, etwa durch Boten, Platz greifen muß.

Im Zuge werden Telegramme (usw., vgl. EinfBf Anm. 1) von der ZBSt (s. Eing. Abs. 4) angenommen. Sie werden auf Telegrammvordrucke niedergeschrieben oder aufgeklebt. Als „Aufgabeanstalt" wird Zugnummer und Fahrtrichtung sowie das Überleitungsamt angegeben, z. B. „Zug 24 Berlin—Hamburg über Wittenberge". Die ZBSt gibt die Telegramme im allgemeinen an diejenige ZBSt, mit der sie gerade im Verkehr steht. Letztere befördert die Telegramme an das Überleitungsamt der DRP am Orte durch Fernsprecher oder durch Boten. (usw, w. vor).

1 § 5 TelO (S. 130).

2 EisenbTelRegl § 3 Anm. 1 (S. 172).

3 Beispiel (amtlich): „Direktor Wittig, Zug 8.50 abends (oder Zug 24) Berlin—Hamburg zweiter (oder Wagen 5/32)."

4 Auch der Verk zwischen der ZugVermittlStelle und dem Zuge geschieht telephonisch.

3. Zustellung.

Telegramme an Reisende im Zuge werden durch Zugtelegrammboten zugestellt. Der Empfänger wird durch Ausrufen ermittelt, sofern nicht sein Platz angegeben oder bekannt ist. Erfolglos gebliebene Zustellversuche werden wiederholt.

Die Antwortscheine für Telegramme mit bezahlter Antwort[1], die von der ZBSt ausgefertigt werden, tragen außer dem Stempelabdruck des HTA Berlin den Firmenstempel der Betriebsgesellschaft und die Angabe der Zugnummer.

Telegramme, die Empfängern im Zuge nicht zugestellt werden können, meldet die ZBSt im allgemeinen noch während der Fahrt, nach Möglichkeit innerhalb 3 Stunden nach Eingang, spätestens aber sogleich nach Beendigung der Fahrt durch Diensttelegramm an die Aufgabeanstalt unter Angabe des Grundes unzustellbar[2].

Unzustellbare Telegramme vom Zuge sind in der für Telegramme allgemein vorgeschriebenen Weise der beteiligten ZBSt unzustellbar zu melden[2].

1 § 10 TelO (S. 137).
2 § 22 w. v.

b. Gespräche.

1. Gebühren.

Gespräche zum Zuge sind Gespräche mit Voranmeldung[1]. Neben der Voranmeldegebühr[2] wird für die Strecke vom Überleitungsamt bis zum Zuge als Durchschnittsgebühr die Gebühr für ein Ferngespräch[3] der zweiten Zone der bestellten Gattung erhoben. Wenn der anmeldende Teilnehmer nicht an das Ortsnetz[4] des beteiligten Überleitungsamts[5] angeschlossen ist, ist außerdem die Gebühr für ein Ferngespräch der bestellten Gattung für die Entfernung zwischen dem Überleitungsamt und dem Ortsnetz des Teilnehmers zu erheben.

Hierzu tritt eine Zuggebühr der Betriebsgesellschaft, deren Höhe noch besonders bekanntgegeben wird[6].

Für Gespräche vom Zuge werden sinngemäß die gleichen Gebühren angesetzt, die Voranmeldegebühr jedoch nur dann, wenn eine Voranmeldung ausdrücklich verlangt wird.

1 § 19 II FspO (S. 327).
2 FspO, Ziff. 23 der Anlage.
3 ebd. Ziff. 20.
4 § 2 FspO.
5 S. EinführungsVf Abs. 4.
6 S. Ia zu 1, Anm. 3.

2. Anmeldung und Ausführung.

Anmeldungen für Gespräche zum Zuge (Ziff. 1 Abs. 1) werden in gewöhnlicher Weise auf Gesprächsblättern niedergeschrieben. Für die Bezeichnung der verlangten Person gilt sinngemäß das unter Ia 2 Gesagte. Die Gesprächsblätter werden beim Meldeamt[2] im Kopfe mit Rotstift mit der augenfälligen Bezeichnung „Zugfunk" versehen. Die Anmeldungen werden an das Überleitungsamt[3], das nach den besonderen Leitbehelfen für die Übermittlung an den Zug in Frage kommt, weitergegeben, falls nicht das Amt, das die Anmeldung entgegengenommen hat, auch die Überleitung wahrzunehmen hat. Geht dem Überleitungsamt eine Anmeldung von weiterher zu, so ist ein Durchgangsblatt auszuschreiben, das ebenfalls im Kopfe die augenfällige Bezeichnung „Zugfunk" erhält. Beim Überleitungsamt übermittelt der Beamte, der die Zugverkehrsleitung bedient, die Anmeldung an die zugehörige ZBSt[3], die die Weiterleitung an die ZBSt[3] veranlaßt. Die ZBSt benachrichtigt den gewünschten

Reisenden[4] und veranlaßt die Herstellung der Verbindung, nachdem sich der Reisende bei der Zugsprechstelle eingefunden hat, auf dem rückwärtigen Wege, wie es bei sonstigen Gesprächen mit Voranmeldung[5] geschieht. Die Reihenfolge der Ausführung auf den Fernleitungen bestimmt sich dabei nach den allgemeinen Regeln der DRP[6].

Es ist nicht zulässig, Gespräche zum Zuge bei der ZVSt durch Fernsprecher anzumelden. Die Anmeldenden werden von dieser Stelle in solchen Fällen an das Fernamt verwiesen. Dagegen nimmt die ZVSt Gesprächsanmeldungen von solchen Personen entgegen, die persönlich bei ihr anwesend sind. Derartige Verbindungen werden dann wie Gespräche vom Zuge behandelt und nach Herbeirufung des verlangten Fahrgastes über die Zugverkehrsleitung hergestellt. Das Gespräch ist demgemäß beim Fernamt als Gespräch vom Zuge zu vermerken.

Die Gespräche vom Zuge (Ziff. 1 Abs. 2) werden bei der ZVSt angemeldet und von dieser sinngemäß wie vorstehend ausgeführt. Beim Überleitungsamt werden die Gespräche wie ankommende oder Durchgangsgespräche behandelt. Als Anmeldeort sind in gleicher Weise wie für Telegramme Zugnummer, Fahrtrichtung und Überleitungsamt anzugeben (vgl. Ia 2).

(Usw., s. EinfVf Anm. 1.)

Die Dauer[7] der Zuggespräche in beiden Richtungen und die dafür zu erhebenden Gebühren (Ziff. 1) sind bis auf weiteres nach Beendigung eines jeden Gesprächs zwischen ZVSt und Überleitungsamt zu vergleichen. Bei Zweifeln über die Gesprächsdauer ist die Ansicht des Überleitungsamts maßgebend.

1 § 17 III FspO (S. 308).
2 D. i. das für den Teilnehmer zuständige Fernamt.
3 EinführungsVf Abs. 4.
4 Vgl. Ziff. I zu 3.
5 S. Ziff. 1 Anm. 1.
6 § 17 VI FspO.
7 § 17 VIII w. v.

II. Buchung und Abrechnung.

Sämtliche bei den Dienststellen der Betriebsgesellschaft erhobenen Gebühren werden zunächst bei der Gesellschaft vereinnahmt. Die Gesellschaft rechnet einstweilen nur mit der OPD Berlin[1] nach besonderem Verfahren ab.

(Usw., s. EinfVf, Anm. 1.)

1 Vgl. EinführungsVf Anm. 5.

III. Gebührenerstattungen.

Anträge auf Erstattung von Gebühren sind nach den allgemeinen Bestimmungen[1] zu erledigen. Wird eine Gebührenerstattung aus Anlaß eines Vorgangs im Tätigkeitsbereiche der Gesellschaft erforderlich, so werden die von der DRP erstatteten Gebühren der Gesellschaft in Rechnung gestellt. Bei nicht einziehbaren Gebühren verzichten DRP und Gesellschaft, jede für sich, auf den ihr zustehenden Gebührenanteil.

1 § 25 TelO (S. 159), § 26 FspO (S. 361).

Bildtelegraphie.

(S. auch Nachtrag S. 479.)

Vf[1], betr. den Öffentlichen Bildtelegraphenverkehr im Inland und mit dem Ausland.

(PABl. 1930 S. 123.)

1 Vorg.: Vf, betr. BildTelVerk mit Österreich (PABl. 1927 S. 457; 1929 S. 59). — Die FspLeitung Berlin—Wien besaß

die zur Durchführung der ersten praktischen Versuche erforderlichen elektrischen Eigenschaften in besonderem Grade (VerkNachr 1929 S. 96); — desgl. mit der „Pressa"-Köln (PABl. 1928 S. 245); desgl. mit Dänemark (Leitung Berlin—Kopenhagen, PABl. 1929 S. 69); desgl. Berlin—Frankfurt (Main) (PABl. 1929 S. 85); desgl. Frankfurt (Main)—Kopenhagen (PABl. 1929 S. 181); desgl. mit Schweden (Leitung Berlin—Stockholm, PABl. 1929 S. 219; Frankfurt [Main]—Stockholm: nicht im PABl.); desgl. mit Großbritannien und Nordirland (Leitung Berlin—London, PABl. 1930 S. 1); desgl. Frankfurt (Main)—Wien (PABl. 1930 S. 59); desgl. Frankfurt (Main)—London (PABl. 1930 S. 71); desgl. München—Berlin, —Frankfurt (Main), —Kopenhagen (PABl. 1930 S. 131), München—Stockholm (PABl. 1930 S. 217).

1. Allgemeine Bedingungen.

Äußeres der Bildtelegramme.

Zugelassen sind Bildtelegramme, d. h. alles, was bildtelegraphisch übermittelt werden kann, z. B. Bilder jeder Art einschließlich Lichtbilder (positiv), Zeichnungen, Pläne, Geschriebenes, Gedrucktes, Urkunden, Stenogramme usw. Die zu übermittelnden Angaben — Bild und Schrift — dürfen nur auf einer Seite des Bildtelegramms stehen. Das für ein Bildtelegramm verwendete Papier soll möglichst nicht dünner als Schreibpapier und nicht stärker als Lichtbildpapier sein und muß sich rollen lassen. Die Bilder dürfen nicht aufgezogen sein. Bei Schreibmaschinen- oder Druckschrift ist als geeignete Typengröße diejenige gewöhnlicher Schreibmaschinen zu empfehlen.

Größe der Bildtelegramme.

Die Bildformate sollen möglichst rechteckig sein und dürfen die Abmessung von 18 × 25 cm nicht überschreiten.

Größere Bilder muß der Absender entsprechend zerlegen; die Reihenfolge der Bildteile ist auf ihnen ersichtlich zu machen. Innerhalb der höchstzulässigen Grenze können die Abmessungen der Bildtelegramme beliebig sein.

Farbe, Güte und Haltbarkeit der Bilder.

Bei der Wahl der Farbe des Bildes ist zu berücksichtigen, daß schwarzer Druck und tiefschwarze Schrift oder Tusche auf weißem Untergrund am besten wiedergegeben werden. Die Farben blau, lila, grün, gelb und goldener Druck oder goldene Schrift sind nicht geeignet, auch ist eine gelbliche, rötliche oder graue Tönung des Papiers nicht zu empfehlen. Von matten oder unklaren Bildern können zufriedenstellende Übermittlungen nicht erwartet werden. Auf der Empfangsseite erscheinen die Bildtelegramme schwarz auf weiß, im Bedarfsfall werden auch Abzüge auf braunem Papier hergestellt. Für die Güte der bildtelegraphischen Aufnahmen und die Haltbarkeit der Filme und Abzüge wird keine Gewähr übernommen[1].

Abfassung der Bildtelegramme.

Die Anschrift und die besonderen Vermerke (s. unter 2) sind vom Absender in gewöhnlicher Weise auf ein Telegrammformblatt[2] niederzuschreiben und werden gebührenfrei übermittelt. Sollte der Absender die Anschrift außerdem in das eigentliche Bildtelegramm aufnehmen, so wird der dafür beanspruchte Raum berechnet. Es empfiehlt sich, in der Anschrift den Fernsprechanschluß des Empfängers mit anzugeben; im übrigen soll die Anschrift auf die notwendigen Angaben beschränkt werden.

Kurzanschriften sind nur nach Orten mit einer öffentlichen Bildstelle zugelassen (Berlin, Frankfurt a. Main, Kopenhagen, London, München, Stockholm und Wien).

1 Entsprechend § 24 TelO (S. 158).
2 S. TelO § 4 Anm. 1 (S. 129).

2. Gebühren.

Berechnungsweise.

Die Gebühren werden im öffentlichen Bildtelegraphenverkehr stets nach Quadratzentimetern Bildfläche berechnet. Als Mindestgebühr wird die Gebühr für 100 qcm Bildfläche erhoben. Mit Ausnahme[1] des innerdeutschen Verkehrs und des Verkehrs mit Großbritannien und Nordirland ermäßigen sich die bildtelegraphischen Gebühren für Bildtelegramme, die in der verkehrsschwachen Zeit des Fernsprechdienstes[2] -- 19 bis 8 Uhr — zu befördern sind (Vermerk N), um 20 v. H.

Zur Berechnung der Gebühren werden die Kantenlängen des Bildtelegramms auf volle Zentimeter nach oben abgerundet und dann miteinander vervielfältigt, z. B. würde für ein Bildtelegramm von der Größe 11,5×10,1 cm die Gebühr für eine Fläche von 12×11 cm = 132 qcm zu berechnen sein.

Besondere Vermerke.

Im allgemeinen werden folgende besondere Vermerke[3] zugelassen; Ausnahmen gelten nur für den Verkehr mit Großbritannien und Nordirland und sind im einzelnen angegeben:

D
PCD } (D und PCD nach Großbritannien und Nordirland nicht zugelassen)
PC
PCP
[4]PR } (verordnungsmäßige Gebühr wie bei gewöhnlichen Telegrammen)
[5]GPR
XP
I (XP nur in demselben Umfange zugelassen wie bei gewöhnlichen Telegrammen[6])
RPx (vorausbezahlter Betrag x in Goldfranken[7]; Antwortscheine[8] zu Bildtelegrammen brauchen mit dem Vermerk „Bild“ nicht versehen zu sein; zu Antwortbildtelegrammen können alle TelAntwortscheine verwendet werden (PABl 1930 S. 249). Im Verkehr mit Großbritannien und Nordirland werden die Antwortscheine für Bildtelegramme nicht gekennzeichnet, weil auch die zu gewöhnlichen Telegrammen ausgestellten Antwortscheine zur Auflieferung von Bildtelegrammen benutzt werden dürfen)
MP
offen } (im Verkehr mit Großbritannien und Nordirland nicht zugelassen)
GP
TR
tags
nachts
CTA
S[9]
OBS[10]
Kx (x Abzüge für denselben Empfänger, je 2 *RM*; s. auch TMx)
TMx (x Abzüge für mehrere Empfänger, je 4 *RM*

für die zweite und jede weitere Ausfertigung. Wenn zerlegt aufgelieferte Bildtelegramme den Vermerk TMx oder Kx tragen, wird die Sondergebühr für jeden Bildteil bis zur Flächengröße 18×25 cm besonders berechnet; Mindestgebühr für ein Mehrfachtelegramm = 4 *RM* + Mindestgebühr für die betreffende Verkehrsbeziehung, für Mehrfachtelegramme mit dem Vermerk N ermäßigt sich diese Gesamtgebühr um 20 v. H.)

Film (Aushändigung des Negativfilms an Stelle des Positivabzugs)

N (nicht: im InlandsVerk u. im Verk m. GrBritannien, Nordirland, Dänemark, Österreich u. Schweden, s. PABl 1930 S. 249; tel. Beförd. nur während der verkehrsschwachen Zeit des Fernsprechdienstes — 19 bis 8 Uhr[11] — bei einer Ermäßigung der reinen bildtelegraphischen Gebühren um 20 v. H. Unter diese Ermäßigung fallen auch die Herstellung mehrerer Abzüge [Vermerk Kx] und die Ausfertigungen für mehrere Empfänger [Vermerk TMx]. Die übrigen Sonderleistungen bleiben unberührt. Die Ermäßigung genießen sämtliche Bildtelegramme, die den Vermerk N tragen, also auch dringende Telegramme).

Postxp (1,70 *RM* Gebührenzuschlag für Weiterbeförderung von Bildtelegrammen auf dem schnellsten Postwege nach europäischen Ländern ohne öffentliche Bildtelegraphenverbindung, z. B. über die Verbindung Berlin—Wien nach Budapest[12]. Hinter dem Namen des endgültigen Bestimmungsorts muß die Bildtelegraphenanstalt angegeben sein, bis zu der das Bildtelegramm telegraphisch zu befördern ist, z. B. Zenner Szvetenay utcza 33 Budapest Wien. Die Empfangsbildstelle sendet das Bildtelegramm als Eilbrief — soweit angängig und zeitsparend, mit Luftpost — unmittelbar an den Empfänger weiter. Der Briefumschlag darf nicht mit dem Vermerk „Bildtelegramm" versehen werden. Der Eilbrief ist vor der Absendung freizumachen; die Beträge sind durch die Entlastungskarte zu verausgaben.

In Telegrammen dieser Art sind noch folgende Dienstvermerke zugelassen: N, D, Kx, Film, TMx und CTA; eine Ausnahme besteht im Bildverkehr mit Großbritannien und Nordirland, bei dem die Vermerke N und D nicht zugelassen sind. Bei Postxp-Telegrammen mit dem Vermerk TMx ist die Postxp-Gebühr für jede Anschrift zu erheben).

1 S. u. zu 8 A und B d bis f.

2 S. FspO § 17 II Abs. 2 (S. 306).

3 Wegen Bedeutung der Abkürzungen s. Anl. B zu TelO 1926 (S. 169).

4 D. i. „Post eingeschrieben" (vgl. Ziff. 4 Abs. 4), nämlich: eingeschriebene Behandlung bei etwa eintretender Postbeförderung (nur im internationalen Verk, s. Art. 16 und 61 VollzO wie zu Anm. 4).

5 D. i. „Postlagernd eingeschrieben", wie zu Anm. 5; vgl. TelO 1926 § 4 Anm. 7 (S. 129).

6 § 12 TelO (S. 139).

7 D. i. „der Frank zu 100 Centimen im Gewicht von $^{10}/_{31}$ g und mit einem Feingehalt von 0,900" (Art. 24 VollzO 1925 zum WeltTelVertrag). „Der Gegenwert des Franken kann sich in jedem

Lande durch Steigen oder Fallen der Landeswährung ändern. Die Verwaltung, die den Gegenwert ändert, setzt den Tag fest, von dem an sie die Gebühren nach dem neuen Gegenwert erheben wird" (Art. 29 § 5 a. a. O., PABl. 1926 S. 447); der Vermerk „RPx" geht nur den internationalen TelVerk an (Art. 56 w. v.).

8 S. TelO § 10 III (S. 138).

9 Staatstelegramme, vgl. TelO § 3 I zu a1 (S. 173) und Art. 37 § 1 VollzO wie zu Anm. 4.

10 Wettertelegramme vgl. TelO § 3 Anm. 5 (S. 126) und VollzO w. v.

11 Art. 71 Abschn. K § 6 VollzO wie zu Anm. 4 und FspO 1927 § 17 II Abs. 2 (S. 307).

12 S. PABl. 1929 S. 137, 285; Ziff. 8 B Anm. 1.

3. Auflieferung[1] der Bildtelegramme.

Bildtelegramme können bei allen Post- und Telegraphenanstalten[2] der DRP aufgeliefert und nach allen Orten des Reichs, Dänemarks, Großbritanniens und Nordirlands, Österreichs und Schwedens gerichtet werden. Der Annahmebeamte setzt auf das vom Absender aufgelieferte Formblatt[3] mit der Anschrift des Empfängers den Hinweis „Anbei Bildtelegramm (lose)" und füllt das Aufgabeformblatt in der üblichen Weise[4] aus. Die Gebühren, einschließlich der Gebühren für die besonderen Leistungen (XP, PC, Kx, Postxp usw.), sind im „Einnahmebuch über Telegraphengebühren" zu vereinnahmen; dabei ist in die Spalte „Bemerkungen" der rot zu unterstreichende Vermerk „Bild" aufzunehmen.

1 Gleichbedeutend mit „Aufgabe" in § 5 TelO (S. 130).

2 Nicht bei EisenbTelAnstalten; s. § 3 Anm. 1 EisenbTelRegl (S. 172), vgl. Ziff. 4 Anm. 1.

3 S. Ziff. 1 Anm. 2.

4 TelO § 6 Anm. 3 (S. 134).

4. Weiterleitung der Bildtelegramme.

Die nicht bei einem TA mit Bildstelle (HTA Berlin, TA Frankfurt [Main] und TA München) eingelieferten Bildtelegramme werden mit dem Telegrammaufgabeformblatt in einem geeigneten starken Briefumschlag der Bildstelle zugeführt, von der aus das Bildtelegramm telegraphisch weiterbefördert werden soll, und zwar auf dem schnellsten Postwege als Eilbrief[1], jedoch nicht unter Benutzung der Rohrpost[2], um Beschädigungen der Bildtelegramme zu vermeiden. Bildtelegramme dürfen weder geknickt noch sonst beschädigt werden; e. F. können die Bildtelegramme auch dadurch geschützt werden, daß die Briefhüllen Pappeinlagen erhalten. Der zu verschließende Umschlag ist mit folgender Anschrift zu versehen:

„Bildtelegramm!
Durch Eilboten — Luftpost[3]
(Bei der Beförderung nicht knicken!)
An die Bildstelle
des (H) TA
in ....".

Ist das Bildtelegramm mit dem Vermerk PR oder GPR versehen, so wird es postmäßig als eingeschriebener Brief[4] behandelt.

1 § 24 PostO 1929 (Teil I S. 234).
2 S. Teil I S. 302.
3 Wahlweise; wegen Luftpost s. Teil I S. 307.
4 Vgl. Ziff. 2 Anm. 6 und 7.

5. Behandlung der Bildtelegramme bei der Bildstelle.

Bei der Bildstelle werden die Bildtelegramme in der Reihenfolge ihres Eingangs telegraphisch an die Empfangsbildstelle übermittelt. Die übermittelnde

Bildstelle setzt vor die auf das Bildtelegramm übertragene Anschrift folgende Angaben, die als Dienstvermerke mitbefördert werden: Laufnummer, Ursprungsanstalt, Aufgabenummer, Bildgröße in Quadratzentimetern, Tag und Stunde des Eingangs bei der Abgangsbildstelle. Die Telegrammaufgabeformblätter werden mit dem Beförderungsvermerk versehen, hinsichtlich der Gebühren geprüft und an die Aufgabeanstalten zurückgesandt, während die Bildtelegramme selbst bei der Abgangsbildstelle 10 Monate aufbewahrt werden. Auf Anfordern werden die Bilder nach ihrer Übermittlung den Absendern gegen Empfangsbescheinigung zurückgegeben [1], sofern ein entsprechender Antrag innerhalb der Aufbewahrungsfrist bei der Bildstelle eingeht. Eine Gewähr für den unbeschädigten Zustand des Bildes kann nicht übernommen werden [2].

1 Vgl. TelO 1926 § 6 Anm. 2 (S. 134).
2 Vgl. Ziff. 1 Anm. 1.

6. Zustellung.

Die eingegangenen Bildtelegramme werden bei der Empfangsbildstelle in das „Zustellbuch für Telegramme" eingetragen und dann in einen besonderen Briefumschlag gelegt, der mit der Anschrift des Empfängers und mit dem rot zu kennzeichnenden Vermerk „Bildtelegramm" zu versehen ist. Am Orte der Bildstelle werden die Bildtelegramme wie gewöhnliche [1] Telegramme zugestellt [2]. Ist in der Anschrift der Fernsprechanschluß des Empfängers angegeben, dann wird dieser von der Bildstelle aus durch Fernsprecher von dem Eingang des Bildtelegramms benachrichtigt, damit er entscheiden kann, ob er das Bildtelegramm selbst abholen will. Bildtelegramme an Empfänger, die nicht am Orte der Empfangsbildstelle wohnen, werden von dieser an die bezeichneten Empfänger unmittelbar versandt und als Eilbrief[4] — soweit angängig und zeitsparend, unter Benutzung der Luftpost[5] — befördert. Innerhalb des telegraphischen Bestimmungslandes werden die Bildtelegramme ohne Zuschlaggebühr den Empfängern zugeleitet. Nach den Landzustellbezirken[6] werden die Bildtelegramme kostenlos durch Eilboten abgetragen, wenn die XP-Gebühr[7] vorausbezahlt ist. Auf Wunsch des Empfängers im Inland nachzusendende Bildtelegramme werden mit der Post nachgesandt[8] und durch Eilboten[4] zugestellt, nach dem Ausland nachzusendende Bildtelegramme werden wie nachzusendende gewöhnliche[1] Telegramme der Post zur Weiterbeförderung[9] übergeben; die Postgebühren sind zu entlasten[10].

Unzustellbarkeitsmeldungen[11] zu Bildtelegrammen sind telegraphisch zu befördern.

1 Gemeint ist: wie die Telegramme des gewöhnlichen, nichtbildtelegraphischen Verkehrs.
2 § 21 TelO 1926 (S. 151).
4 Ziff. 4 Anm. 1.
5 W. v. Anm. 3.
6 TelO 1926 § 21 Anm. 12.
7 § 21 Anm. 13 w. v.
8 PostO 1929 § 46 (Teil I S. 274).
9 TelO 1926 § 18 Anm. 8a.
10 D. h. die Auslandspostgebühr wird postseitig verauslagt.
11 TelO 1926 § 22.

7. Abrechnung und Erstattung der Gebühren.

Soweit über die Gebühren im öffentlichen Bildtelegraphenverkehr mit dem Ausland abgerechnet wird, rechnet das HTA in Berlin ab. Die Gebühren für Kx, TMx und Postxp erhält ungeteilt die Verwaltung, die diese besonderen Leistungen übernimmt.

Dem Absender werden die Gebühren erstattet[1], wenn das Bildtelegramm nachweisbar in Verlust geraten oder derart verzögert worden ist, daß die Übermittlung auf der telegraphischen Beförderungsstrecke bis zur Zustellung oder bis zur Benachrichtigung des Empfängers am Orte der Bildstelle, bei Empfängern, die nicht am Orte der Empfangsbildstelle wohnen, bis zur Übergabe an die Post, mehr als 12 Stunden beansprucht hat. Es werden keine Gebühren erstattet, wenn ein zur vollen Gebühr angenommenes Bildtelegramm in den Nachtstunden[2] übertragen werden muß.

1 § 25 TelO 1926 (S. 159).
2 S. Ziff. 2 Anm. 11.

8. Verkehrsbeziehungen und Gebühren.

A. Inlandsverkehr.

a) Berlin—Frankfurt (Main)[1].
b) Berlin—München[2].
c) Frankfurt (Main)—München[2].

Im gesamten innerdeutschen Verkehr kostet 1 qcm Bildfläche 4 Rpf und wird eine Mindestgebühr von 4 RM für das Bildtelegramm erhoben. Für Bildtelegramme, die in der verkehrsschwachen Zeit der Fernsprechdienstes[3] zu übermitteln sind, wird keine Ermäßigung der Gebühren gewährt; der Vermerk N ist daher im Inlandsbildverkehr nicht zugelassen.

1 Seit 15. 3. 1929 (PABl. S. 85).
2 Seit 1. 4. 1930 (PABl. S. 131).
3 S. Ziff. 2 Anm. 11.

B. Auslandsverkehr [1].

Verkehr mit Dänemark.

a) Berlin—Kopenhagen [1a].

1 qcm Bildfläche kostet 10 Rpf, die Mindestgebühr für das Bildtelegramm beträgt 10 RM. Für Bildtelegramme mit dem Vermerk N ermäßigen sich die reinen bildtelegraphischen Gebühren um 20 v. H., so daß dann 1 qcm Bildfläche 8 Rpf kostet und die Mindestgebühr für das Bildtelegramm 8 RM beträgt.

b) Frankfurt (Main)—Kopenhagen [2].

1 qcm Bildfläche kostet 12 Rpf, die Mindestgebühr für das Bildtelegramm beträgt 12 RM. Für Bildtelegramme mit dem Vermerk N ermäßigen sich die reinen bildtelegraphischen Gebühren um 20 v. H., so daß dann 1 qcm Bildfläche 9,6 Rpf kostet und die Mindestgebühr für das Bildtelegramm 9,60 RM beträgt.

c) München—Kopenhagen [3].

1 qcm Bildfläche kostet 13 Rpf, die Mindestgebühr für das Bildtelegramm beträgt 13 RM. Für Bildtelegramme mit dem Vermerk N ermäßigen sich die reinen bildtelegraphischen Gebühren um 20 v. H., so daß dann 1 qcm Bildfläche 10,4 Rpf kostet und die Mindestgebühr für das Bildtelegramm 10,40 RM beträgt.

Verkehr mit Großbritannien und Nordirland.

d) Berlin—London [4].
e) Frankfurt (Main)—London [5].
f) München—London [6].

1 qcm Bildfläche kostet 21 Rpf, die Mindestgebühr für das Bildtelegramm beträgt 21 RM. Eine Ermäßi-

gung der Gebühren für Beförderung der Bildtelegramme in der verkehrsschwachen Zeit des Fernsprechdienstes wird nicht gewährt; der Vermerk N ist nicht zugelassen.

Verkehr mit Schweden.

g) Berlin—Stockholm[7].

1 qcm Bildfläche kostet 12 Rpf, die Mindestgebühr für das Bildtelegramm beträgt 12 RM. Für Bildtelegramme mit dem Vermerk N ermäßigen sich die reinen bildtelegraphischen Gebühren um 20 v. H., so daß dann 1 qcm Bildfläche 9,6 Rpf kostet und die Mindestgebühr für das Bildtelegramm 9,60 RM beträgt.

h) Frankfurt (Main)—Stockholm[8].

1 qcm Bildfläche kostet 14 Rpf, die Mindestgebühr für das Bildtelegramm beträgt 14 RM. Für Bildtelegramme mit dem Vermerk N ermäßigen sich die reinen bildtelegraphischen Gebühren um 20 v. H., so daß dann 1 qcm Bildfläche 11,2 Rpf kostet und die Mindestgebühr für das Bildtelegramm 11,20 RM beträgt.

i) München—Stockholm[8].

1 qcm Bildfläche kostet 15 Rpf, die Mindestgebühr für das Bildtelegramm beträgt 15 RM. Für Bildtelegramme mit dem Vermerk N ermäßigen sich die reinen bildtelegraphischen Gebühren um 20 v. H., so daß dann 1 qcm Bildfläche 12 Rpf kostet und die Mindestgebühr für das Bildtelegramm 12 RM beträgt.

Verkehr mit Österreich.

k) Berlin—Wien[9].
l) Frankfurt (Main)—Wien[10].
m) München—Wien[11].

1 qcm Bildfläche kostet 10 *Rℳ*, die Mindestgebühr für das Bildtelegramm beträgt 10 *RM*. Für Bildtelegramme mit dem Vermerk N ermäßigen sich die reinen bildtelegraphischen Gebühren um 20 v. H., so daß dann 1 qcm Bildfläche 8 *Rℳ* kostet und die Mindestgebühr für das Bildtelegramm 8 *RM* beträgt.

1 Wegen des BildTelVerk mit europäischen Ländern ohne Anschluß an das deutsche BildTelNetz vgl. Ziff. 2 Anm. 12.
1a Seit 1. 3. 1929 (PABl. S. 69).
2 Seit 20. 5. 1929 (PABl. S. 181).
3 Seit 1. 4. 1930 (PABl. S. 131).
4 Seit 7. 1. 1930 (PABl. S. 1).
5 Seit 21. 1. 1930 (PABl. S. 71).
6 Seit 25. 4. 1930 (PABl. S. 181).
7 Seit 21. 6. 1929 (PABl. S. 219).
8 Seit 11. 5. 1929 (nicht im PABl.).
9 Seit 1. 12. 1927 (PABl. S. 457).
10 Seit 15. 1. 1930 (PABl. S. 59).
11 Seit 15. 4. 1930 (PABl. S. 131).

9[1]. Geltung des Welttelegraphenvertrags.

Soweit im vorstehenden nichts anderes bestimmt ist, gelten der Welttelegraphenvertrag[2] nebst Vollzugsordnung und die Telegraphenordnung[3].

1 Ziff. 10 betrifft Schalteraushang bei den PAnst.
2 PABl. 1926 S. 447, 479.
3 Siehe S. 117.

Kabelpfandgesetz.

Vom 31. März 1925.

(RGBl. I S. 37.)

Der Reichstag hat das folgende Gesetz[1] beschlossen, das mit Zustimmung des Reichsrats hiermit verkündet wird:

1 Zweck des Ges: Schaffung eines durch Eintragung gesicherten Mobiliarpfandrechts zugunsten von Privatkapital für den Wiederaufbau des deutschen Kabelnetzes nach dem Kriege.

Erster Abschnitt.

Entstehung und Inhalt des Kabelpfandrechts.

§ 1.

An einem Hochseekabel[1], das dem Verkehre mit dem Ausland[2] zu dienen bestimmt ist und für dessen Errichtung und Betrieb die nach dem Telegraphenrecht erforderliche Genehmigung[3] der DRP erteilt ist[4], kann ein Pfandrecht nur nach den Vorschriften dieses Gesetzes bestellt werden (Kabelpfandrecht).

1 Nicht: reichseigene Kabel, s. § 33.

2 Nachweis der Zweckbestimmung s. § 22 Ziff. 2; wegen Löschbarkeit der Eintragung nach Aufhören der Zweckbestimmung des Kabels s. § 21. Keine Löschung durch Aufhören usw., s. § 30.

3 Gleichbedeutend mit der Verleihung nach § 2 FernMAnlG (S. 58). Ausübung des Verleihungsrechts durch den RPMin ebd. § 1 Ziff. 2; wegen Übertragbarkeit des Rechts s. § 32. Über Bekanntgabe von Eintragungen in Sachen der Genehmigung s. § 23 Ziff. 2; kein Genehmigungsbedarf des Zwangsverwalters, s. § 27 Ziff. 2.

4 Wegen Nachweises der Erteilung s. § 18 Ziff. 1, ihres Erlöschens s. § 20 Ziff. 1.

§ 2.

(1) Zur Bestellung des Pfandrechts bedarf es der Einigung des Eigentümers des Kabels und des Gläubigers darüber, daß dem Gläubiger das Pfandrecht zustehen soll, der Einwilligung[1] des RPMin und der Eintragung[2] des Pfandrechts in das Kabelbuch[3]. Die Vorschriften des § 873 Abs. 2 und des § 878 BGB gelten entsprechend.

(2) In der Eintragung müssen der Gläubiger, der Geldbetrag[4] der Forderung und, wenn die Forderung verzinslich[5] ist, der Zinssatz[6] angegeben werden. Der Geldbetrag kann außer in Reichswährung[7] in ausländischer Währung oder nach einem der für wertbeständige Hypotheken[8] zugelassenen Maßstäbe angegeben werden. Zur näheren Bezeichnung der Forderung kann auf die Eintragungsbewilligung Bezug genommen werden.

1 Wegen Tragweite der Einwilligung s. § 22 Ziff. 2.

2 Inhalt der Eintragung § 18, Wirkung § 30, Formvorschrift § 22, Eintragung von Änderungen § 19, E. auf Ersuchen des RPMin § 20 Ziff. 6, Bekanntgabe § 23.

3 Führungsstelle § 16, Einsichtnahme § 17, Buchanzeige § 20, Zwangsverfahren § 25, Ausschlußwirkung § 30.

4 Vgl. § 22 Ziff. 1; haftrechtl. Wirkung der Betragsangabe s. § 8 Ziff. 1; Höchstbetragsangabe § 13.

5 Tragweite der Unverzinslichkeit § 8 Ziff. 2.

6 Haftung der Zinsen dem Betrage nach § 8 Ziff. 1; wegen Zinsen unter 5 v. H. s. § 8 Ziff. 2; wegen Einrechnung in den Höchstbetrag (Anm. 4) s. § 13.

7 Änderung der Währung s. § 5 Ziff. 2; ausländ. Währung in der Zwangsvollstreckung s. § 24.

8 Vgl. § 24.

§ 3.

Für einen Gläubiger, der seinen Wohnsitz im Ausland hat, muß ein im Inland wohnhafter Zustellungsbevollmächtigter angegeben werden. Alle Mitteilungen und Zustellungen, die dem Gläubiger nach gesetzlicher Vorschrift bekanntzumachen[1] sind, werden mit der Bekanntmachung an den Zustellungsbevollmächtigten wirksam. Solange kein im Inland wohnhafter Zustellungsbevollmächtigter vorhanden ist, werden die

Mitteilungen und Zustellungen wirksam durch Aufgabe zur Post; die Postsendungen sind einzuschreiben[2].

1 Vgl. § 23 Ziff. 2.
2 Vgl. § 15 PostO 1929 (Teil I S. 207).

§ 4.

Für das Rangverhältnis[1] der an dem Kabel bestellten Pfandrechte gelten die Vorschriften der §§ 879 bis 881, § 1151 BGB entsprechend.

1 Vgl. § 5 Ziff. 2, § 6 Ziff. 2, § 8 Ziff. 2, § 10 Ziff. 3, § 27 Ziff. 3.

§ 5.

(1) Zur Änderung des Inhalts des Pfandrechts und zur Übertragung der Forderung[1] ist die Einwilligung des RPMin erforderlich[2].

(2) Zur Änderung[3] der eingetragenen Währung[4] bedarf es außerdem der Zustimmung der im Range[5] gleich- oder nachstehenden Beteiligten.

1 Vgl. § 10 Ziff. 3. Wegen Erwerbs dingl. Rechte s. § 6 Ziff. 1.
2 Anders: § 29.
3 Wegen Eintragungspflicht s. § 19.
4 Vgl. § 2 Abs. 6.
5 Vgl. § 4 Anm. 1.

§ 6.

(1) Solange das Pfandrecht im Kabelbuch eingetragen ist, behält es seine Kraft ohne Rücksicht auf den guten Glauben dessen, der das Eigentum am Kabel[1] oder dingliche Rechte[2] an ihm erwirbt.

(2) Ist das Pfandrecht zu Unrecht gelöscht[3], so gelten im Falle der Veräußerung des Kabels die Vorschriften des § 936 Abs. 1 Satz 1, Abs. 2 BGB auch dann, wenn der Erwerber das Eigentum ohne Über-

gabe erlangt; die Vorschrift des § 936 Abs. 3 BGB findet Anwendung. Wird ein Pfandrecht, das dem zu Unrecht gelöschten Pfandrecht im Range[4] nachsteht, auf einen Dritten übertragen, so geht es dem zu Unrecht gelöschten Pfandrecht vor, es sei denn, daß der Erwerber des Pfandrechts zur Zeit des Erwerbes in Ansehung des zu Unrecht gelöschten Pfandrechts nicht in gutem Glauben ist.

1 Erwerb des Kabels s. auch § 26.

2 S. § 7 Ziff. 2. Wegen Erwerbs der Forderung s. § 5 Anm. 1, § 10 Ziff. 3.

3 Vgl. § 9 Anm. 3; § 21.

4 S. § 4 Anm. 1.

§ 7.

(1) Steht der Inhalt des Kabelbuchs in Ansehung eines Pfandrechts mit der wirklichen Rechtslage nicht im Einklang, so kann die Berichtigung des Kabelbuchs nach den für die Berichtigung des Grundbuchs[1] geltenden Vorschriften der §§ 894, 895, 897, 898 BGB verlangt werden.

(2) Ist ein Pfandrecht zu Unrecht gelöscht worden, so kann ein Widerspruch gegen die Richtigkeit des Kabelbuchs nach § 899 Abs. 2 BGB eingetragen werden. Solange der Widerspruch eingetragen ist, gilt im Falle der Veräußerung oder Belastung des Kabels dem Erwerber[2] gegenüber das gleiche, wie wenn das Pfandrecht eingetragen wäre.

1 Vgl. § 25.

2 S. § 6 Anm. 1.

§ 8.

(1) Die Haftung des Kabels[1] beschränkt sich auf den eingetragenen Betrag[2] der Forderung und die Zinsen[3]

nach dem eingetragenen Zinssatz. Die Haftung für gesetzliche Zinsen und für Kosten bestimmt sich nach der für die Hypothek geltenden Vorschrift des § 1118 BGB.

(2) Ist die Forderung unverzinslich[4] oder ist der Zinssatz niedriger als fünf v. H., so kann das Pfandrecht ohne Zustimmung der im Range[5] gleich- oder nachstehenden Berechtigten dahin erweitert werden, daß das Kabel für Zinsen bis zu fünf v. H. haftet.

1 Wegen Haftung des Zubehörs s. § 9 Ziff. 3; §§ 30, 31.
2 Vgl. § 2 Anm. 3; wegen Erlöschens s. § 10 Ziff. 3.
3 § 2 Anm. 5.
4 ebd. Anm. 4.
5 § 4 Anm. 1.

§ 9.

(1) Das Pfandrecht erstreckt sich auf das im Kabelbuch eingetragene Zubehör[1].

(2) Als Zubehör können auf Antrag des Kabeleigentümers eingetragen werden die diesem gehörigen beweglichen Sachen, die zum Betriebe des Kabels, insbesondere zur Erhaltung und Erneuerung des Kabels und der Betriebsmittel, dienen und zu der Betriebsanlage in einem dieser Bestimmung entsprechenden räumlichen Verhältnis stehen.

(3) Auf die Haftung[2] der Zubehörstücke finden die für die Hypothek geltenden Vorschriften der §§ 1121, 1122 BGB mit der Maßgabe entsprechende Anwendung, daß an Stelle der Entfernung vom Grundstück die Entfernung aus der Betriebsanlage tritt. Soweit danach Zubehörstücke von der Haftung frei werden, sind sie im Kabelbuche zu löschen[3].

1 Wegen Befriedigung des Gläubigers s. § 14.

2 Vgl. § 8 Anm. 1.
3 Vgl. § 6 Anm. 3.

§ 10.

(1) Das Pfandrecht erstreckt sich auf die dem Eigentümer zustehende Forderung aus einer Überlassung des Kabelbetriebs[1] an andere.

(2) Soweit die Forderung fällig ist, wird sie mit Ablauf eines Jahres nach Eintritt der Fälligkeit von der Haftung frei, wenn sie nicht vorher zugunsten des Pfandgläubigers in Beschlag genommen wird. Ist die Schuld im voraus zu entrichten, so erstreckt sich die Befreiung nicht auf die Forderung für eine spätere Zeit als das zur Zeit der Beschlagnahme laufende und das folgende Kalenderhalbjahr.

(3) Wird die Forderung eingezogen, bevor sie zugunsten des Pfandgläubigers in Beschlag genommen wird, oder wird vor der Beschlagnahme in anderer Weise über sie verfügt, so ist die Verfügung dem Pfandgläubiger gegenüber wirksam. Besteht die Verfügung in der Übertragung der Forderung[2] auf einen Dritten, so erlischt[3] die Haftung der Forderung; erlangt ein Dritter ein Recht an der Forderung, so geht es dem Pfandrecht im Range[4] vor. Die Verfügung ist dem Pfandgläubiger gegenüber unwirksam, soweit sie sich auf die Forderung für eine spätere Zeit als das zur Zeit der Beschlagnahme laufende und das folgende Kalenderhalbjahr bezieht. Der § 1125 BGB gilt entsprechend.

1 Wegen Erwerbs des Kabels s. § 6 Anm. 1.
2 Vgl. § 5 Anm. 1.
3 Vgl. § 8 Anm. 2.
4 Vgl. § 4 Anm. 1.

§ 11.

Im übrigen gelten für das Pfandrecht die Vorschriften der §§ 1204, 1211, 1222, 1224, 1225, 1227, 1229, 1249, 1250, 1252, 1254, 1255, 1256, 1267 BGB. Im Falle des § 1254 tritt an Stelle des Anspruchs auf Rückgabe des Pfandes das Recht, die Aufhebung des Pfandrechts zu verlangen.

§ 12.

Auf das Pfandrecht für die Forderung aus einer Schuldverschreibung[1] auf den Inhaber finden die Vorschriften der §§ 1188, 1189 BGB entsprechende Anwendung.

1 Vgl. § 28.

§ 13.

Das Pfandrecht kann in der Weise bestellt werden, daß nur der Höchstbetrag[1], bis zu dem das Pfand haften soll, bestimmt, im übrigen die Feststellung der Forderung vorbehalten wird. Der Höchstbetrag muß im Kabelbuch eingetragen werden. Zinsen[2] der Forderung werden in den Höchstbetrag eingerechnet.

1 Vgl. § 2 Anm. 3.
2 ebd. Anm. 5.

§ 14.

Der Gläubiger kann seine Befriedigung[1] aus dem Kabel und dem Zubehör[2] nur auf Grund eines vollstreckbaren Titels nach den Vorschriften der §§ 24 bis 28 dieses Gesetzes suchen.

1 § 24.
2 S. § 9 Anm. 1.

§ 15.

Ist der Gläubiger unbekannt, so kann er im Aufgebotsverfahren mit dem Pfandrecht ausgeschlossen werden, wenn die im § 1170 Abs. 1 oder im § 1171 Abs. 1 BGB für die Ausschließung eines Hypothekengläubigers bestimmten Voraussetzungen vorliegen. Mit der Erlassung des Ausschlußurteils erlischt[1] das Pfandrecht. Die Vorschrift des § 1171 Abs. 3 BGB findet Anwendung.

1 Wegen Erlöschens der Genehmigung s. §§ 29, 30.

Zweiter Abschnitt.

Kabelbuch.

§ 16.

Das Kabelbuch[1] wird auf Antrag des Verpfänders angelegt und bei dem Amtsgerichte Berlin-Mitte geführt (Kabelbuchamt).

1 § 2 Anm. 3.

§ 17.

Die Einsicht des Kabelbuchs ist jedem gestattet, der ein berechtigtes Interesse darlegt. Das gleiche gilt von Urkunden, auf die in Eintragungen Bezug genommen ist, sowie von noch nicht erledigten Eintragungsanträgen. Soweit ein Recht auf Einsicht besteht, kann die Erteilung von Abschriften gegen Zahlung der Kosten verlangt werden. Die Abschriften sind auf Verlangen zu beglaubigen.

§ 18.

(1) Das Kabel darf im Kabelbuch erst eingetragen werden, nachdem die Erteilung der nach dem Tele-

graphenrecht erforderlichen Genehmigung[1] zur Errichtung und zum Betriebe der Kabellinie nachgewiesen ist.

(2) Die Eintragung[2] des Kabels im Kabelbuche hat zu enthalten:

1. das Kabel unter Bezeichnung der deutschen und ausländischen Landungsendpunkte der Kabellinie,
2. die Person, der das Eigentum am Kabel zusteht,
3. die Tatsache, daß die nach Abs. 1 erforderliche Genehmigung zur Errichtung und zum Betriebe des Kabels erteilt ist,
4. die Person, der die Genehmigung (Abs. 1) erteilt ist,
5. den Tag der Eintragung.

(3) Für jedes Kabel ist ein besonderes Kabelbuch anzulegen.

1 S. § 1 Anm. 3 und 4.
2 S. § 2 Anm. 2.

§ 19.

Änderungen der nach § 18 eingetragenen Tatsachen und Rechtsverhältnisse sind in das Kabelbuch einzutragen[1].

1 S. § 2 Anm. 2.

§ 20.

(1) Tatsachen und Rechtsverhältnisse, die nach § 18 Abs. 2 Ziff. 1, 2 und § 19 Eintragungen im Kabelbuch erfordern, sind dem Kabelbuchamt anzuzeigen und glaubhaft zu machen. Die Erteilung, Übertragung oder das Erlöschen[1] der Genehmigung der DRP sind nachzuweisen.

(2) Verpflichtet hierzu sind der Eigentümer des Kabels oder dessen gesetzlicher Vertreter sowie bei Über-

tragung der Genehmigung der DRP zum Betriebe der Kabellinie derjenige, auf den die Genehmigung übertragen ist.

(3) Der Verpflichtete hat die Anzeige binnen 6 Monaten nach dem Ablauf des Tages zu bewirken, an dem er von der einzutragenden Tatsache Kenntnis erlangt hat.

(4) Sind mehrere Verpflichtete vorhanden, so genügt die Anzeige durch einen von ihnen.

(5) Das Kabelbuchamt kann die Verpflichteten zur Erstattung der Anzeige durch Ordnungsstrafen nach Maßgabe des § 33 des Reichsgesetzes über die Angelegenheiten der freiwilligen Gerichtsbarkeit (20. 5. 1898, RGBl. S. 771) anhalten.

(6) Ersucht der RPMin um eine Eintragung, welche die im § 18 Abs. 1 bezeichnete Genehmigung der DRP betrifft, so hat das Kabelbuchamt die Eintragung auf Grund dieses Ersuchens vorzunehmen[2].

1 S. § 1 Anm. 3 und 4.
2 S. § 2 Anm. 2.

§ 21.

Wenn ein Pfandrecht nach den Vorschriften dieses Gesetzes nicht besteht, so ist das Kabel auf Antrag des Eigentümers oder des RPMin im Kabelbuche zu löschen[1]. Der RPMin soll den Antrag auf Löschung[2] des Kabels nur stellen, wenn das Kabel dem Verkehre mit dem Ausland nicht mehr dient.

1 S. § 1 Anm. 2.
2 S. § 6 Anm. 3.

§ 22.

(1) Für Eintragungen in das Kabelbuch, die das Pfandrecht betreffen, gelten die Vorschriften der §§ 100

bis 119, 120 Abs. 2, 122 bis 124 des Reichsgesetzes über die Angelegenheiten der freiwilligen Gerichtsbarkeit (§ 20 Ziff. 5) über das Schiffspfandrecht entsprechend mit der Maßgabe, daß einzutragende Geldbeträge nach der Vorschrift des § 2 Abs. 2 Satz 2 dieses Gesetzes anzugeben sind.

(2) Die Einwilligung des RPMin gemäß § 2 des Gesetzes ersetzt zugleich den Nachweis, daß das zu verpfändende Kabel als Hochseekabel dem Verkehre mit dem Ausland zu dienen bestimmt ist[1].

(3) Die Eintragung des Kabelpfandrechts erfolgt ohne Rücksicht auf die Bedingungen, an die der RPMin seine Einwilligung knüpft.

1 S. § 1 Anm. 2, § 2 Anm. 1.

§ 23.

(1) Jede Eintragung, die auf Grund von Vorschriften dieses Abschnitts vorgenommen wird, soll dem Antragsteller, dem eingetragenen Eigentümer sowie allen aus dem Kabelbuch ersichtlichen Personen bekanntgemacht[1] werden, zu deren Gunsten die Eintragung erfolgt ist oder deren Recht durch sie betroffen wird, die Eintragung eines Eigentümers auch denjenigen, für die ein Pfandrecht eingetragen ist. Auf die Bekanntmachung kann verzichtet werden.

(2) Eintragungen, welche die nach dem Telegraphenrecht erforderliche Genehmigung der DRP betreffen, sind dem RPMin oder der von ihm bezeichneten sonstigen Behörde durch Zustellung bekanntzumachen.

1 S. § 1 Anm. 3; § 2 Anm. 2; § 3 Anm. 1.

Dritter Abschnitt.

Zwangsvollstreckung.

§ 24.

Für die Zwangsvollstreckung zur Befriedigung[1] des Gläubigers (§ 14) gelten die in dem Gesetz über die Zwangsversteigerung und die Zwangsverwaltung (30. 5. 1898, RGBl. S. 713) enthaltenen Vorschriften über die Zwangsvollstreckung in Grundstücke sowie die Vorschriften der §§ 5 bis 8, 10 bis 12 der Verordnung über die Eintragung von Hypotheken in ausländischer Währung[2] vom 13. Februar 1920 (RGBl. S. 231) und der §§ 4 bis 7 des Gesetzes über wertbeständige Hypotheken[3] vom 23. Juni 1923 (RGBl. I S. 407) mit den zu ihrer Ausführung erlassenen weiteren Bestimmungen entsprechend, soweit sich nicht aus den Vorschriften der §§ 25 bis 28 etwas anderes ergibt.

1 S. § 14 Anm. 1.

2 S. § 2 Anm. 7; geänd.: Ges 17. 12. 1928 (RGBl I S. 405).

3 Ebd. Anm. 8.

§ 25.

Vollstreckungsgericht ist das zur Führung[1] des Kabelbuchs berufene Gericht. Für das Verfahren tritt an die Stelle des Grundbuchs[2] das Kabelbuch.

1 S. § 2 Anm. 3.

2 S. § 7 Anm. 1.

§ 26.

Zum Erwerbe des Kabels[1] in der Zwangsversteigerung bedarf es der Einwilligung des RPMin[2].

1 S. § 6 Anm. 1.

2 Anders: § 29.

§ 27.

(1) Als Zwangsverwalter ist jederzeit auf den an das Vollstreckungsgericht zu richtenden Antrag des Gläubigers dieser sebst oder die von ihm bezeichnete Person zu bestellen.

(2) Ein auf Grund des vorstehenden Absatzes bestellter Zwangsverwalter[1] bedarf zur Übernahme des Betriebs keiner besonderen Genehmigung der DRP nach dem Telegraphenrechte, wenn die hiernach erforderliche Genehmigung zum Betriebe des Kabels zur Zeit der Bestellung des Zwangsverwalters bereits erteilt ist, es sei denn, daß die Genehmigung etwas anderes bestimmt.

(3) Wird das Verfahren von mehreren Gläubigern betrieben, so stehen die aus Abs. 1 sich ergebenden Rechte einem im Range[2] nachfolgenden Gläubiger nur zu, wenn die im Range vorgehenden Gläubiger ihr Recht nicht ausgeübt haben.

(4) Der Gläubiger kann sein Amt als Zwangsverwalter jederzeit niederlegen. Auf seinen Antrag ist der von ihm bezeichnete Zwangsverwalter zu entlassen.

1 S. § 1 Anm. 3.

2 S. § 4 Anm. 1.

§ 28.

Bei einem Pfandrecht der im § 12 bezeichneten Art tritt an Stelle des Gläubigers für die Geltendmachung der Rechte aus § 27 der Vertreter der Gläubiger der Schuldverschreibungen (§ 1189 BGB; Gesetz, betreffend die gemeinsamen Rechte der Besitzer von Schuldverschreibungen[1], vom 4. Dezember 1899, RGBl. S. 691). Sind mehrere Vertreter bestellt, so können sie die Rechte nur in Gemeinschaft ausüben.

1 Vgl. § 12 Anm. 1.

Vierter Abschnitt.

Schlußbestimmungen.

§ 29.

Erlischt[1] die nach dem Telegraphenrecht erforderliche Genehmigung der DRP zum Betriebe des Kabels, so finden die Vorschriften des § 5 Abs. 1 und des § 26 keine Anwendung.

1 Erlöschen des Pfandrechts s. § 15 Anm. 1; vgl. § 30.

§ 30.

Ist das Kabel nicht mehr bestimmt, dem Verkehre mit dem Ausland zu dienen, oder erlischt[1] die nach dem Telegraphenrecht erforderliche Genehmigung der DRP zum Betriebe des Kabels, so kann gleichwohl ein Pfandrecht an dem Kabel und dem mithaftenden Zubehör[2] nach anderen Vorschriften als nach diesem Gesetze so lange nicht bestellt werden[3], als Kabel und Zubehör im Kabelbuch eingetragen sind oder ein Pfandrecht nach den Vorschriften dieses Gesetzes noch besteht.

1 S. § 15 Anm. 1; § 29 Anm. 1.
2 S. § 8 Anm. 1.
3 S. § 1 Anm. 2, § 2 Anm. 3.

§ 31.

Solange ein Pfandrecht nach anderen Vorschriften als nach diesem Gesetze nicht bestellt werden kann, unterliegen das Kabel und das mithaftende Zubehör[1] nicht der Pfändung; sie werden jedoch hierdurch im Falle des Konkurses von der Konkursmasse nicht ausgeschlossen.

1 Vgl. § 8 Anm. 1.

§ 32.

Der RPMin kann die ihm nach diesem Gesetze zustehenden Befugnisse auf nachgeordnete Behörden übertragen[1].

1 S. § 1 Anm. 3.

§ 33.

Das Gesetz gilt nicht für Kabel, die Eigentum des Reichs sind[1].

1 S. § 1 Anm. 1.

Berlin, den 31. März 1925.

RPräs-Stellv. Dr. Simons.
RPMin: Stingl.

Verordnung über eine Fernsprechordnung.

(PABl. 1927 S. 65.)

I. Auf Grund des § 2 des ReichspostfinanzG vom 18. März 1924 (RGBl. I S. 287)[1] wird mit Zustimmung des Verwaltungsrats die in der Anlage abgedruckte Fernsprechordnung erlassen und verkündet.

II. Die Fernsprechordnung tritt am 1. Mai 1927 in Kraft, gleichzeitig tritt die Fernsprechordnung vom 21. Juni 1924 (PABl. S. 371) außer Kraft.

III. Die Fernsprechteilnehmer sind berechtigt, Einrichtungen bis zum 20. April 1927 auf den 30. April 1927 außerordentlich zu kündigen, wenn eine Verteuerung ihrer Einrichtungen eintritt. Das gleiche Recht haben die Inhaber von Nebentelegraphen und besonderen Telegraphen, die Gemeinden, die sich im Besitz einer gemeindlichen öffentlichen Sprechstelle befinden, sofern die für gemeindliche öffentliche Sprechstellen vorgeschriebene Mindestüberlassungsdauer von einem Jahre abgelaufen ist, und nach Ablauf der Mindestüberlassungsdauer auch die privaten Inhaber von öffentlichen Sprechstellen mit Münzfernsprecher (§ 15 VII). Den Inhabern von öffentlichen Sprechstellen bei Privaten (§ 15 VI) steht das außerordentliche Kündigungsrecht nicht zu. Wird der Antrag auf Herstellung, Erweiterung, Verlegung, Umwandlung oder Austausch von Fernsprecheinrichtungen, Nebentelegraphen oder besonderen Telegraphen aus Anlaß der Gebührenänderung zurückgezogen, so werden Kosten für nutzlose Verwaltungsarbeit nicht erhoben[2].

IV. Am 1. April 1927 werden die laufenden Gebühren den Teilnehmern für einen Monat mit einem Drittel der bisher geltenden Vierteljahrssätze in Rechnung gestellt.

Berlin, den 15. Februar 1927.

RPMin: Schätzel.

1 s. Teil I S. 71.
2 § 13 VII.

Fernsprechordnung.

Vom 15. Februar 1927[1—7] (PABl. S. 65).

1 Vorg.: Die Anstaltsordnung des FspVerk beruhte bis 1892 ausschließlich auf unverkündeter VerwaltungsVO. Das TelG vom 6. 4. 1892 (RGBl. S. 467) beschäftigte sich mit der Telephonie nur hinsichtlich des Alleinrechts des Reichs (§ 3) mit seinen Ausnahmen und hinsichtlich des Zulassungsanspruchs für den Nutzer (§ 5) sowie den Grundeigentümer (§ 6). Eine ausreichendere gesetzliche Grundlage erhielt die FspAnstaltsordnung erst durch die

FspGebührenO 20. 12. 1899 (RGBl. S. 711), die im § 10 das Recht zum Erlaß der Nutzungsbedingungen mit Auflage der „Bekanntmachung" an den Reichskanzler delegierte. Diese ergingen als „Ausführungsbestimmungen zur FspGebührenO" am 26. 3. 1900 (Zentralbl. S. 242), begleitet von einer Anzahl SonderVOn für einzelne Nutzungszweige (Zentralbl. 1900 S. 23; 1901 S. 342; 1902 S. 8). Änderungen erfuhr die FspGebührenO von 1899 durch die beiden Tel- und FspGebührenG'e vom 8. 9. 1919 (RGBl. S. 1522) und 6. 5. 1920 (RGBl. S. 894; § 11 mit Delegation der Benutzungsbedingungen an RPMin und Reichsrat sowie mit der Auflage der „Veröffentlichung"); zugleich wurden die AusfBest von 1900 am 26. 9. 1919 (RGBl. S. 1727) und 17. 6. 1920 (RGBl. S. 1221) erneuert. — Das dritte FspGebührenG vom 11. 7. 1921 (RGBl. S. 913) hob die FspGebührenO auf und delegierte im § 12 die AusfBest als „FspO" wie bisher an den RPMin (mit Zustimmung des Reichsrats), jedoch ohne Auflage einer Bekanntgabe. Die FspO erging erstmals am 25. 8. 1921 (RGBl. S. 1207), ordnete ihren Gegenstand jedoch nicht vollständig, sondern subdelegierte durch § 31 I einen Teilbestand als „Ausführungsbestimmungen zum FspGebührenG und zur FspO" an die TelVerwaltung (PABl. 1921 S. 183). Die FspO wurde erneuert am 21. 12. 1922 (RGBl. S. 931), am 21. 6. 1924 (PABl. S. 371) und am 15. 2. 1927 (PABl. 65, 143).

2 Änderungen: a) zur FspO 1927 s. VO 18. 10. 1928 (PABl. S. 469) und VO 12. 12. 1929 (PABl. S. 439); b) zu den AusfBest 1923: s. Vf des RPM, PABl. 1923 S. 213; 1924 S. 393; 1925 S. 369; 1927 S. 66, 143, 179; 1928 S. 139, 405, 471; 1929 S. 31, 45, 453; 1930 S. 119.

3 Erlaßinstanz. Wegen der FspO s. Anm. 1 (RKzl., RPMin). Die AusfBest zur FspO ergingen: 1919 als VO des RPMin (RGBl. 1919 S. 1727) unter Bezug auf Art. 88 RVerf 1919 und § 10 FspGebO 1899; 1920 als VO des RPMin mit Zustimmung des RRats (RGBl. S. 1221) unter Bezug auf § 11 Tel/FspGebG 6. 5. 1920; 1921 und 1923 als Vf des RPMin (PABl. S. 183 und 103) unter Bezug auf § 31 FspO 1921 (seit 1924: § 30). An den VO zur Änderung der AusfBest seit 1924 (s. Anm. 2) ist

der Verwaltungsrat der DRP (§§ 2 und 6 RPFinanzG, s. Teil I S. 78) nicht beteiligt.

4 Verkündung. Die Bekanntgabe der FspO und der AusfBest im PABl. würde dem verfassungsmäßigen Verfahren der Verkündung von RechtsVO des Reichsrechts entsprechen (Ges 13. 10. 1923 und Mitteilung 1. 12. 1923, s. Teil I S. 68 f.), jedoch kann es dahingestellt bleiben, ob beide der RechtsVO-Eigenschaft bedürfen; mit selbständiger Rechtswegwirkung ausgestattete RechtsVO sind sie keinesfalls. Soweit sie Rechtswirkungen (nur im Haftungs- und im GebStreit, §§ 25, 26, 29 FspO) äußern — und zwar sind auch die AusfBest insoweit beteiligt zufolge selbständiger Ordnung des Gegenstandes — ist ihnen diese Eigenschaft nur durch besonderen Akt der GesGebung bzw. durch Gewohnheit beigelegt (Näheres Teil I S. 28). — Von einem Abdruck der AusfBest in ihrem ganzen Umfange hat hier abgesehen werden können, da sie zu großen Teilen nur Instruktions- und technische Vorschriften ohne rechtliche Tragweite (§ 839 BGB) enthalten.

5 Inhalt der FspO und der AusfBest. I. Inhaltsfremd ist § 24 FspO, weil in die TelegraphenO gehörend; Vorg. dazu: § 10 Ziff. 7 FspGebO 20. 12. 1899 (RGBl. S. 711) und Ziff. 7 AusfBest 26. 3. 1900 (Zentralbl. S. 242).

II. Gebührenordnung: Das FspGebührenG von 1921 (RGBl. S. 913) unterlag in der Markentwertungszeit zahlreichen Eingriffen der ermächtigten VO (vgl. RGBl. 1922 I S. 493, 734, 841, 902; 1923, I S. 123, 395, 619, 785; Postamtsbl. 1923 S. 351, 371, 407, 431, 444, 460, 475, 541) und ging, nach zwei Erneuerungen vom 14. 7. 1923 und vom 17. 8. 1923 (RGBl. I S. 694 und 802), mit seinem Hauptbestande (§§ 1—11) in die FspO von 1924 (PABl. S. 371) über; sein § 12 (Verwaltungszwangsverfahren im Gebührenstreit) wurde durch den § 9 FernMAnlG, sein § 13 (Delegation) durch § 2 RPostFinG 1924 (RGBl. I S. 287) ersetzt. Was hiernach an Resten des Gesetzes übrig geblieben war, ist durch Art II des G zur Änderung des TelG vom 3. 12. 1927 (RGBl. I S. 331) beseitigt worden.

III. Funkverkehr. Die drahtlose Telephonie — vom Fernsprecher auf Drahtleitung nur technisch verschieden — fußte in ihren ersten Formen als „Wirtschaftsrundspruch" auf unverkündeten

Bestimmungen vom 30. 12. 1922 (PABl. 1923 S. 1), als „Unterhaltungsrundfunk" auf zwei Verfügungen des RPM vom 24. 10. und vom 30. 11. 1923 (PABl. S. 885 und 1059). Nach dem Erlaß der FunkverkehrsschutzVO von 1924 wurden beide VO'n erneuert am 31. 10. 1924 (PABl. S. 615), im Mai 1924 (PABl. S. 254) und am 24. 8. 1925 (PABl. S. 443). Nachträglich sind die Bezeichnungen „Unterhaltungsrundfunk" in „Rundfunk" (VO vom August 1926, PABl. S. 369) und „Wirtschaftsrundspruch" in „Wirtschaftsrundfunk" (nichts veröffentlicht) geändert worden. — Wegen des Funksprechverkehrs zwischen Schiffen in See (mit Funksprechgerät für Wellen 160—190 m; Näheres enthält das Internationale Verzeichnis der Bordfunkstellen, Bern) und FſpTeilnehmerstellen im Inland über Cuxhaven s. PABl. 1930 S. 97, 353. Die Schiffe müssen sich in Reichweite von Cuxhaven befinden (etwa 250 Seemeilen). Gebühren: InlandsfernGeb nach Cuxhaven und 12 *RM* (Küsten- u. BordGeb) für 3 Minuten Gesprächsdauer; für überschießende Minuten anteilige Geb; keine Ermäßigung der Küsten- u. BordGeb in der verkehrsschwachen Zeit; bei D- und Blitzgesprächen (FſpO § 17 II, 3) keine Vervielfältigung der Küsten- und BordGeb. — Vgl. auch S. 404, 407.

6 Rechtsnatur (vgl. auch Anm. 4). Das Anstaltsnutzungsverhältnis im FſpVerk ist öffentl. Rechts, daher Rechtsweg nur kraft positiver Anordnung im Haftungs- und im GebStreit zugelassen. Auf gleicher Anordnung beruhen die sonstigen bürgerl.-rechtl. Einschläge der FſpAnstaltsordnung, nämlich: Verhältnis zwischen DRP und Grundeigentümer zuf. Hausbesitzererklärung (§ 12 FſpO Anm. 2), Verhältnis der DRP zum Konkursverwalter und zum Vergleichsschuldner (§ 28 FſpO Anm. 4 zu II u. III), Eigentumsverhältnisse bezügl. FſpAnlagen der DRP oder des AnstNutzers (zahlreiche Vorschriften; vgl. Anm. 6a), Vermietung von Kabeladern und TelStangen (Instruktion), Gewähr für Mängelfreiheit von teilnehmereigenen Nebenstellenanlagen (§ 5 FſpO Anm. 12), früher auch die Aufrechnung der Teilnehmerschulden gegen Ansprüche aus dem Einmaligen FſpBeitrag (§ 4 FſpO).

6a Pfändung von Telegraphen- und Fernsprechapparaten. In Preußen ist den Gerichtsvollziehern, die im Vollstreckungsverfahren Telegraphen- oder Fernsprecheinrichtungen beim Schuldner pfänden wollen, die Pflicht auferlegt, bei der DRP Erkundigungen darüber einzuziehen, ob die Einrichtungen Eigentum der DRP sind. Derartige Anfragen der Gerichtsvollzieher sind mit Beschleunigung zu behandeln; s. Vf 2. 12. 1929 (JustMinBl. S. 340): „Will der Gerichtsvollzieher Einrichtungen für Tel- oder FspVerk (z. B. Tisch-, Wandapparate, Klappenschränke) pfänden, so hat er ohne Rücksicht auf die etwa vom Schuldner oder dessen Angehörigen gemachten Mitteilungen über die Eigentumsverhältnisse zuvor bei der nächsten im Einzelfalle in Betracht kommenden Dienststelle der DRP (FspA) Erkundigung darüber einzuziehen, wem das Eigentum an den Einrichtungen zusteht. Zu dieser Erkundigung kann g. F. der beim Schuldner etwa vorhandene Fernsprecher benutzt werden. Die Auskunft der zuständigen Dienststelle ist für die Entscheidung des Gerichtsvollziehers, ob er eine Pfändung vornehmen soll, von maßgeblicher Bedeutung. Sollte aus besonderen Gründen die Anfrage nicht sofort erfolgen können, so hat der Gerichtsvollzieher sich auf die Pfändung zu beschränken und die zuständige Dienststelle der DRP alsbald zu benachrichtigen. Zu einer Entfernung von Einrichtungen, die mit einer Leitungsanlage der DRP in Verbindung stehen, bedarf es insbesondere im Hinblick auf die Sicherheit des öffentlichen Fernmeldeverkehrs stets der vorherigen Zustimmung der genannten Dienststelle der DRP." (PABl. 1930 S. 53).

7 Verzeichnis der häufig wiederkehrenden technischen Begriffsbestimmungen in FspO und AusfBest.

Abfragestelle S. 250.
Anfangsbetrag S. 355.
Ankündigung s. vorl. u. endg. A.
Anruf s. vorl. u. endg. Anruf.
Anschlußbereich S. 228.
Anschlußdosenanlage s. Posteigene A. und Private A.
Anschlußdosenlinie S. 268.
Anschlußorgane S. 238.
Antrags-Teilsperre S. 235.
Antrags-Vollsperre S. 235.
Ausnahme-Hauptanschl. S. 229.
Ausn.-Nebenanschluß S. 245.
Ausnahme-öffentl. Sprechstelle S. 302.
Ausn.-Querverbindg. S. 262.
Austausch S. 285.
Außenliegende Nebenstelle S. 253.
Außen-Nebenstelle S. 252.

Befristung S. 310.
Besondere Grundstücke S. 254.
Besondere Telegraphen S. 351.
Bezirksverkehr S. 321.
Börsenämter S. 317.
Börsengespräche S. 317.
Börsen-Nebenstellenanl. S. 317.
Daueranmeldungen S. 309.
Dauerverbindungen S. 339.
Drittnebenstelle S. 251.
Einheitliche Grundstücke S. 255.
Einheitliches Ortsnetz S. 228.
Einmalige Gebühren S. 355.
Einzeldauerverbindung S. 339.
Endgültige Ankündigung S.318.
Endgültiger Anruf S. 327.
Entziehung S. 368.
Erstnebenstelle S. 251.
Fernamt S. 308.
Ferngesprächsgebühr S. 306.
Fernverkehr S. 306.
Festzeitgespräche S. 313.
Geheimstellen S. 246.
Gemeindl. öff. Sprechstelle S. 298.
Gemischte Anlagen S. 253.
Gesamtrechtsnachfolge S. 292.
Geschäftsnachfolge S. 292.
Gesprächsumwandlung S. 315.
Getrennte Reihenanlage S. 253.
Grundstück S. 239.
Hauptanschluß S. 231.
Hauptstelle S. 231.
Hausanlage S. 246.
Hausquerverbindungen S. 265.
Hausstelle S. 238.
Herbeirufungsbezirk S. 322.
Laufende Gebühren S. 355.
MehrfachanschlApparat S. 253.
Monatsdauerverbindung S.339.
Monatsgespräch S. 337.
Münzfernsprecher, Öff. Sprechstelle S. 300.
Nebenanschluß S. 238.
Nebenstelle S. 238.
Nebenstellenanlage S. 238.
Nebentelegraphen S. 349.
N-Gespräch S. 332.
Öffentl. FspNetz S. 226.
Öff. Sprechstelle S. 298.
Ortsgesprächsgebühr S. 304.
Ortsnetz S. 226.
Ortsverkehr S. 303.
Posteigene Anschlußdosenanlage S. 267.
Posteigene Leitgn. f. private Nebenstellenanl. S. 256.
Posteigene Nebenanschl. S. 255.
Posteigene Nebenstellenanlagen S. 239.
Posteig. Querverbindg. S. 260.
Posteig. Zusatzeinrichtg. S. 270.
Privat-Münzfernsprecher, Öffentliche Sprechstelle S. 301.
Privat-Öff. Sprechstelle S. 300.
Private Anschlußdosenanlage S. 268.
Private Hausanlage S. 246.
Private Nebenstellenanlage S. 241.
Private Querverbindung S. 261.
Private Zusatzeinrichtg. S. 270.
Privattelegraphen S. 250.
Querverbindung S. 260.

Raumnachfolge S. 291.
Regel-Hauptanschluß S. 229.
Regel-Nebenanschluß S. 259.
Regel-Querverbindung S. 264.
Reihenanlage S. 252.
Rückruf S. 310.
SA-Nebenstellenanlage S. 253.
Schließung S. 362.
Schnellverkehr S. 315.
Schrankanlage S. 252.
Sperre s. Antrags- u. Zwangssp.
Sprechstelle S. 226.
Streichung S. 310.
Stundenverbindungen S. 335.
Tausch v. FspEinrichtgn. S. 294.
Teilnehmereigene Anschlußdosenanlagen S. 267.
Teilnehmereigene Nebenstellenanlage S. 239.
Teilnehmereigene Querverbindung S. 260.
Teilnehmereigene Zusatzeinrichtung S. 270.
Teilnehmersprechstelle S. 226.
Teilsperre s. AntragTSperre.
Turnusverkehr S. 320.
Übertragung S. 287.
Umleitung S. 235.
Umleitg. a. Anmeldeort S. 310.
Umleitung am BestOrt S. 311.
Umwandlung S. 285.
Unfallmeldebezirk S. 345.
Unfallmeldung S. 342.
Unmittelb. Verbindg. S. 264.
Vereinf. (Fern-)Verk. S. 315.
Verlegung S. 284.
Vermittlungseinrichtg. S. 231.
Vermittlungsstelle S. 228.
V-Gespräch S. 327.
Voranmeldung s. V-Gespräch.
Vollsperre s. Antragsvollsperre.
Vorläufige Ankündigung S. 318.
Vorläufiger Anruf S. 325.
Vorortsverkehr S. 321.
Vortagsanmeldung S. 309.
Wiedereinrichtung S. 290.
XP-Gespräch S. 322.
Zurückstellung S. 310.
Zusatzeinrichtung S. 270.
Zwangssperre S. 374.
Zweitnebenstelle S. 251.
Zweitreihenanlage S. 251.

Inhaltsverzeichnis.

Nr. des §		Seite
1	Öffentliches Fernsprechnetz	226
2	Ortsnetze und Anschlußbereiche	228
3	Dienststunden	230
4	Hauptanschlüsse	231
5	Nebenanschlüsse	237
6	Querverbindungen	260
7	Anschlußdosen	267

Nr. des §		Seite
8	Zusatzeinrichtungen	270
9	Einrichtungskosten und Apparatbeiträge	273
10	Zuschläge für Leitungen außerhalb des 5-km-Kreises und Kostenzuschüsse für besonders kostspielige Leitungen und technische Einrichtungen	276
11	Fernsprechteilnehmer	278
12	Herstellung der Anschlüsse	279
13	Verlegung, Umwandlung, Austausch und kleinere Arbeiten an den Fernsprecheinrichtungen der Teilnehmer sowie Übertragungen	284
14	Amtliche Fernsprechbücher	294
15	Öffentliche Sprechstellen	298
16	Ortsverkehr	303
17	Fernverkehr	306
18	Vororts- und Bezirksverkehr	321
19	Gespräche, zu denen eine Person herbeigerufen wird, Gespräche mit Voranmeldung, Weitergabe kurzer Nachrichten durch Postagenten und Inhaber von Hilfsstellen oder gemeindlichen öffentlichen Sprechstellen	322
19a	Stundenverbindungen	335
20	Monatsgespräche	337
21	Dauerverbindungen während der Dienstpausen der Vermittlungsstellen	339
22	Unfallmeldedienst	342
23	Übermittlung von Telegrammen und der Zeit durch Fsp	348
24	Nebentelegraphen und besondere Telegraphen	349
25	Fälligkeit und Zahlung der Gebühren, Nachforschungen	355
26	Nachlaß von Gebühren	361
27	Dauer der Teilnehmerschaft	362
28	Einstellung des Betriebs, Sperre und Entziehung der Anschlüsse, Zwangsbeitreibung der Gebühren	368
29	Haftpflicht	374
30	Schlußbestimmungen	380
	Gebührenübersicht FspO	382
	" AB/FspO	384

§ 1.

Öffentliches Fernsprechnetz.

I 1. Das öffentliche Fernsprechnetz wird von der DRP[1] für eigene Rechnung hergestellt, instandgehalten und betrieben[2]. Zum öffentlichen Netze gehören[3] auch die teilnehmereigenen und die privaten Nebenstellenanlagen (§ 5 II zu B und C).

2. Das öffentliche Fernsprechnetz * besteht aus den Ortsnetzen[4] und den Verbindungsleitungen zwischen ihnen. Die einzelnen Teile der Ortsnetze * sind: die Vermittlungsstellen, die Sprechstellen * (Teilnehmersprechstellen[5] und öffentliche Sprechstellen) und die Leitungen zwischen diesen Stellen.

II Das öffentliche Netz[6] darf zu Mitteilungen nicht benutzt werden, deren Inhalt die staatliche Sicherheit gefährdet, gegen die Gesetze, die öffentliche Ordnung oder die guten Sitten verstößt[7,8].

1 Wegen des Ausdrucks s. Teil I S. 73 Anm. 3.

2 „Betrieb" im Sinne des § 1 TelG 1892, jetzt: § 1 FernMAnlG 1928 (S. 57).

3 Gemeint ist: außer den posteigenen Nebenstellenanlagen (§ 5 II zu A).

4 Gleichbedeutend mit dem „Lokalnetz" nach § 8 FernMAnlG (S. 67).

5 Hauptstellen § 4 I, Nebenstellen § 5 I, Teilnehmerstelle * ist alles, was nicht öffentl. Sprechstelle ist.

6 Gleichbedeutend mit „öffentl. FspNetz".

7 AusfBest: 1. „Werden bei der Abwicklung des Dienstes unzulässige Mitteilungen wahrgenommen, so ist ihr Inhalt kurz aufzuzeichnen und sogleich zur Kenntnis des Amtsvorstehers zu bringen. Dieser entscheidet über die Zulässigkeit des Inhalts, veranlaßt im Falle der Unzulässigkeit die Unterbrechung der Verbindung und bestimmt, wie die Vermittlungsbeamten sich im Wiederholungsfall zu verhalten haben. Besonders bemerkens-

werte Fälle sind der OPD zur Kenntnis zu bringen." Wegen Unverletzlichkeit des FspGeheimnisses s. Art. 117 RVerf (Teil I S. 10).

2. „Die Beschlagnahme von Gesprächen kommt im Strafprozeß- und Steuerstrafverfahren nicht in Betracht. Das Mithören kann den Gerichten, Staatsanwaltschaften und der Polizei nicht gestattet werden, auch können diese auf Grund des FernMAnlG § 12 nicht verlangen, daß der Gesprächsverkehr — allgemein oder hinsichtlich bestimmter Teilnehmer — durch die DRP überwacht wird.

3. In strafgerichtlichen Untersuchungen ist den Gerichten und der Staatsanwaltschaft Auskunft über Gespräche zu erteilen, die an den Beschuldigten gerichtet waren, von ihm herrührten oder für ihn bestimmt waren. Auf Verlangen der Gerichte oder Staatsanwaltschaften ist auch Auskunft über den Inhalt dieser Gespräche zu erteilen, falls er der DRP bei der aus Betriebsgründen vorgenommenen Überwachung bekannt geworden ist. Behörden des Polizei- und Sicherungsdienstes und ihren Beamten — einschließlich der Hilfsbeamten der Staatsanwaltschaft — sowie den Finanzämtern kann hiernach Auskunft nur erteilt werden, wenn sie ein entsprechendes Ersuchen der Gerichte oder Staatsanwaltschaften um Erteilung der Auskunft an die genannten Behörden oder Beamten oder eine Ermächtigung der Gerichte oder Staatsanwaltschaften vorlegen.

4. Strafgerichtliche Untersuchungen im Sinne der vorstehenden Ziff. 3 sind die Strafverfahren der StPO einschließlich der Privatklageverfahren, die Steuerstrafverfahren der RAbgabenO (§§ 385 ff.) und die Militärstrafverfahren, nicht aber Verwaltungsstrafverfahren und Disziplinarverfahren.

5. Ob die Staatsanwaltschaft nach § 12 FernMAnlG berechtigt ist, Auskunft zu verlangen, unterliegt nicht der Prüfung der DRP, sondern lediglich der Entscheidung der Staatsanwaltschaft. Ebenso entscheiden nur die Gerichte oder Staatsanwaltschaften, ob die Voraussetzungen gegeben sind, unter denen Auskunft über andere als an den Beschuldigten selbst gerichtete Mitteilungen verlangt werden kann.

6. In den Ersuchen der Gerichte und Staatsanwaltschaften an die DRP um Auskunft müssen die Gespräche so be-

stimmt bezeichnet sein, daß kein Zweifel über den Gegenstand der Auskunft bestehen kann. Das Ersuchen kann auch durch Staatstelegramm (TelO § 3 I zu a 1) oder durch Fernsprecher gestellt werden; im letzteren Falle muß das Ersuchen sofort schriftlich bestätigt werden. Ersuchen um Erteilung von Auskunft in einem Verfahren gegen Unbekannt sind der OPD zur Entscheidung vorzulegen."

8 Wegen telephonischer Korrespondenz zwischen den Obersten Landesbehörden und dem RMin. d. Inn. in Angelegenheiten der Vereinsauflösung s. § 9 RepublikschutzG 25. 3. 1930 (RGBl. I S. 91).

§ 2.

Ortsnetze und Anschlußbereiche.

I Die DRP[1] bestimmt, wo Ortsnetze errichtet[2] und wie sie betrieben[3] werden. Sie kann bestimmen[4], daß mehrere Ortsnetze ein einheitliches Ortsnetz * bilden. Einheitliche Ortsnetze werden wie Ortsnetze mit mehreren Vermittlungsstellen behandelt.

II 1. Der Anschlußbereich einer Vermittlungsstelle[5] * umfaßt alle Grundstücke, die dieser Vermittlungsstelle in der Luftlinie näher als einer anderen liegen. Zum Anschlußbereich[6] * gehört jedoch in allen Fällen der baulich geschlossene Gemeindebezirk der Vermittlungsstelle. Baulich geschlossene Gemeindebezirke ohne eigene Vermittlungsstelle können einem Anschlußbereich geschlossen zugeteilt werden.

2. Dem Anschlußbereich einer entfernteren Vermittlungsstelle werden zugeteilt

a) Grundstücke, die an die nächste Vermittlungsstelle infolge größerer örtlicher Hindernisse, z. B. breite Flüsse, Seen, Sümpfe, Gebirgskämme, nur mit besonderen Schwierigkeiten oder mit außergewöhnlich hohen Kosten angeschlossen werden könnten,

b) geschlossene Ortschaften[7] ohne eigene Vermittlungsstelle oder Teile davon, wenn die Zuteilung zu dem Anschlußbereich der nächsten Vermittlungsstelle nach Abs. 1 nach ihren wirtschaftlichen Verhältnissen eine offensichtliche Härte sein würde.

Über die Zuteilung bestimmt die DRP.

3. Innerhalb eines Ortsnetzes mit mehreren Vermittlungsstellen werden die Anschlußbereiche der einzelnen Vermittlungsstellen nach den Erfordernissen des Betriebs und des planmäßigen Netzausbaues gegeneinander abgegrenzt[8].

III 1. Die Teilnehmersprechstellen werden an die Vermittlungsstelle angeschlossen, zu deren Anschlußbereich sie gehören (Regel-Hauptanschlüsse)[9]✱.

2. Auf Antrag können Teilnehmersprechstellen an die Vermittlungsstelle eines anderen Anschlußbereichs ausnahmsweise und widerruflich angeschlossen werden, wenn der Anschlußnehmer ein dringendes Bedürfnis nachweist (Ausnahme-Hauptanschlüsse)[9]✱.

3. Innerhalb der Ortsnetze mit mehreren Vermittlungsstellen werden die Hauptanschlüsse nur an die Vermittlungsstelle angeschlossen, zu deren Anschlußbereich sie gehören.

1 § 1 Anm. 1.

2 Zuständig: OPD (§ 3 ZuständigkeitsO 1928, S. 457); für die Aufhebung: RPM (s. Anm. 4).

3 § 1 Anm. 2.

4 Zuständig: RPM (§ 1 wie Anm. 2).

5 In Ortsnetzen mit Selbstanschlußbetrieb gelten als Vermittlungsstellen die „Hauptämter", „Unterämter" und „Hilfsämter", wegen letzterer s. auch § 10 Anm. 1.

6 Zu HilfsA (s. Anm. 5) umgewandelte Vermittlungsstellen behalten ihren Anschlußbereich.

7 Von der Ortsmitte an gerechnet.

8 Zuständig: OPD (vgl. Anm. 2); für nachträgliche Änderung: RPM, u. U. auf Kosten der Antragsteller.

9 Wegen der Unterscheidung von „Hauptstellen" und „Hauptanschlüssen" s. § 4 I. — Für Ausnahme-Hauptanschlüsse sind die VerkA zuständig (ZuständigkeitsO 1928 § 4; nicht in BW); wegen Nichtanbringung von Nebenstellen für Dritte s. § 5 I Abs. 3. Vgl. auch § 4 IV.

§ 3.

Dienststunden.

I Die Dienststunden der Vermittlungsstellen und der öffentlichen Sprechstellen bei Postanstalten (§ 15 I zu a) werden von der DRP festgesetzt und im amtlichen Fernsprechbuch (§ 14) angegeben.

II 1. Anträgen auf Dienstverlängerung[1] kann stattgegeben werden[2], wenn die Antragsteller sich zur Deckung der Kosten[3] verpflichten.

2. Die Kosten der Dienstverlängerung werden von allen Teilnehmern eines Ortsnetzes nach der Zahl ihrer Hauptanschlüsse anteilmäßig erhoben, wenn die Gemeindevertretungen der Orte, in deren Bereich die Mehrzahl der Hauptanschlüsse liegt, dies beantragen und wenn in Ortsnetzen mit mehr als 200 Hauptanschlüssen die Inhaber von einem Drittel der Hauptanschlüsse, mindestens aber von 134 Hauptanschlüssen, in Ortsnetzen mit mehr als 50 bis 200 Hauptanschlüssen die Inhaber von zwei Dritteln der Hauptanschlüsse, mindestens aber von 50 Hauptanschlüssen, und in den übrigen Ortsnetzen alle Teilnehmer dem Antrag zustimmen. Den Nachweis, daß die Zustimmung erteilt ist, haben die Gemeindevertretungen zu erbringen.

3. Beim Selbstanschlußbetrieb kann die Dienstverlängerung auch für die Vermittlungsstelle beantragt werden, die für das Ortsnetz den Fernverkehr wahrnimmt. Sollen die Kosten in diesem Falle von den Teilnehmern anteilmäßig erhoben werden, so gelten die Bestimmungen im Abs. 2 mit der Maßgabe, daß die zu einer Fernvermittlungsstelle gehörigen Ortsnetze hierbei als ein Ortsnetz angesehen werden.

1 Versteht sich: im allgemeinen Verk; wegen des Unfallmelde-Verk s. § 22 VII.

2 Form: Vereinbarung zwischen Antragsteller und OPD, kündbar nach § 27 I.

3 Monatliche „Vergütung" für jede beantragte Mehrstunde werktags 18 RM; hiervon 1/6 für die Mehrstunde an Sonn- und Feiertagen (1/3, wenn nur an solchen). Für Nachtdienststunden (21—8 Uhr) 50 v. H. Zuschlag.

§ 4.

Hauptanschlüsse.

I 1. Der Hauptanschluß[1] * besteht aus der technischen Einrichtung bei der Vermittlungsstelle, der Anschlußleitung (Amtsleitung) und der dazugehörigen Sprechstelleneinrichtung beim Teilnehmer (Hauptstelle *); die Amtsleitung endigt bei der Hauptstelle.

2. Die Rufnummern[2] der Hauptanschlüsse werden von der DRP bestimmt; sie können aus Betriebsrücksichten[3] geändert werden.

3. Hat ein Teilnehmer mehrere Hauptanschlüsse, deren Amtsleitungen bei seiner Vermittlungseinrichtung[4] * so geschaltet sind, daß sie wahlweise benutzt werden können, so wird für jeden Arbeitsplatz der Vermittlungseinrichtung nur ein Sprechapparat ohne besondere Gebühr (II) geliefert. Bei Hauptanschlüssen mit

Reihenschaltung gilt nur ein Reihenapparat als Hauptstelle.

II 1. Für jeden Hauptanschluß werden ein einmaliger Beitrag[5] zu den Kosten des Hauptanschlusses (§ 9), eine Grundgebühr (Abs. 2) und Ortsgesprächsgebühren (§ 16 II) erhoben.

2. Die Grundgebühr ist die laufende Vergütung für die Bereitstellung und Instandhaltung der Anschlußleitung innerhalb des 5-km-Kreises (§ 10) der Vermittlungsstelle sowie der technischen Einrichtungen bei der Vermittlungsstelle und der Hauptstelle. Sie beträgt monatlich für jeden Hauptanschluß in Ortsnetzen mit nicht mehr als

	RM
50 Hauptanschlüssen	3,00,
mit mehr als	
50 bis einschl. 100 Hauptanschlüssen	4,00,
100 „ „ 200 „	5,00,
200 „ „ 500 „	6,00,
500 „ „ 1 000 „	6,50,
1 000 „ „ 5 000 „	7,00,
5 000 „ „ 10 000 „	7,50,
10 000 „ „ 300 000 „	8,00,

300 000 Hauptanschlüssen für je 200 000 Hauptanschlüsse 1 RM. mehr.

3. Für die Berechnung der Grundgebühr ist die Zahl der bei Beginn des Kalenderjahrs im Ortsnetz vorhandenen Hauptanschlüsse maßgebend. Die hiernach berechnete Grundgebühr tritt mit dem folgenden 1. April in Kraft. Änderungen der Grundgebühr gegenüber dem Vorjahr sind in den Orten, für die sie gelten, amtlich bekanntzumachen.

4. Wird ein Ortsnetz neu errichtet, so ist für die Berechnung der Grundgebühr die Zahl der am Tage der Eröffnung vorhandenen Hauptanschlüsse maßgebend, bis die Anwendung des Abs. 3 möglich ist. Werden mehrere Ortsnetze nach § 2 I zu einem einheitlichen Ortsnetz zusammengefaßt, so ist für die Berechnung der Grundgebühr vom Tage der Vereinigung an die Gesamtzahl der Hauptanschlüsse maßgebend, die bei Beginn des Kalenderjahrs in den vereinigten Ortsnetzen vorhanden waren.

III Hauptanschlüsse dürfen mit Gesprächen in abgehender und ankommender Richtung nicht derart belastet sein, daß sie unverhältnismäßig oft besetzt befunden werden. Dies wird durch eine besondere Prüfung festgestellt, indem an sechs aufeinanderfolgenden Werktagen ermittelt wird, wie oft die Hauptanschlüsse besetzt befunden werden. Ergeben sich für den Tag durchschnittlich mehr als sieben Besetztfälle, so gelten die Anschlüsse als überlastet. Für Anschlüsse, die bei der Vermittlungsstelle so geschaltet sind, daß sie wahlweise benutzt werden können, wird ein Besetztfall nur dann angerechnet, wenn sie alle gleichzeitig besetzt sind. Hat die DRP die Überlastung des Anschlusses festgestellt, so fordert sie den Teilnehmer auf, die Herstellung eines weiteren Anschlusses zu beantragen. Der Teilnehmer hat das Recht, binnen 10 Tagen eine nochmalige Prüfung zu verlangen. Verzichtet er darauf oder hat die nochmalige Prüfung das gleiche Ergebnis, so ist der Teilnehmer verpflichtet, der Aufforderung der DRP innerhalb eines Monats nachzukommen. Andernfalls ist die DRP berechtigt, überlastete Anschlüsse zum nächsten zulässigen Zeitpunkt zu kündigen[6].

IV Bei Ausnahme-Hauptanschlüssen (§ 2 III

Abs. 2) werden neben den sonst fälligen Gebühren (II) erhoben

a) ein einmaliger Kostenzuschuß[7] für die Anschlußleitung, wenn die Ausnahme-Hauptstelle von der Vermittlungsstelle, an die sie angeschlossen ist, in der Luftlinie weiter entfernt liegt als von der Vermittlungsstelle, zu deren Anschlußbereich sie gehört. Er wird nach dem Unterschied der Luftlinienentfernungen bemessen und beträgt für je 100 m des Entfernungsunterschieds 15 *RM*. Der Kostenzuschuß wird nicht erhoben, wenn im Falle der Änderung von Anschlußbereichen vorhandene Anschlüsse auf Antrag bei der alten Vermittlungsstelle bleiben;

b) ein monatlicher Zuschlag zu den Kosten der Instandhaltung der Anschlußleitung für die innerhalb des 5-km-Kreises mehr herzustellende Strecke; er wird nach der Luftlinie bemessen und beträgt für je 100 m 0,50 *RM*;

c) ein Zuschlag für jedes der Ausnahme-Hauptstelle in Rechnung gestellte Ortsgespräch; er beträgt bei Entfernungen von mehr als 5 bis zu 15 km 0,05 *RM*, von mehr als 15 km 0,15 *RM*. Maßgebend ist die nach § 17 II für Ferngesprächsverbindungen festgesetzte Entfernung zwischen dem Ortsnetz, an dessen Vermittlungsstelle die Ausnahme-Hauptstelle geführt ist, und dem Ortsnetz, in dessen Anschlußbereich sie liegt. Ein Zuschlag wird nicht erhoben, wenn diese Entfernung nicht mehr als 5 km beträgt.

1 AusfBest: „Wenn die technischen Einrichtungen der VSt es zulassen, kann auf Antrag des Teilnehmers vorübergehend und ausnahmsweise

a) ein Hauptanschluß für den gesamten Gesprächsverkehr gesperrt werden (Antrag-Vollsperre *),

b) ein Hauptanschluß für eine bestimmte Verkehrsrichtung (abgehende oder ankommende Richtung) oder für eine bestimmte Verkehrsart (Anmeldung von Ferngesprächen oder Aufgabe von Telegrammen) gesperrt werden (Antrag-Teilsperre *),

c) der ankommende Gesprächsverkehr eines Hauptanschlusses nach einem anderen Hauptanschluß geleitet werden (Umleitung *). Die Bestimmungen über die Umleitung einzelner Ferngespräche am Anmelde- oder Bestimmungsort (§ 17 V 3 und 4) bleiben unberührt.

Anträge auf Sperren und Umleitungen, die durch Fernsprecher gestellt sind, gelten nur, wenn sie beim Rückruf bestätigt werden. Mit Umleitungen nach dem Hauptanschluß eines Dritten muß dieser einverstanden sein. Anträge können abgelehnt werden, wenn für die erforderlichen Arbeiten keine geeigneten Kräfte am Orte zur Verfügung stehen oder wenn die Durchführung der Arbeiten zu Betriebsschwierigkeiten führen würde, z. B. weil der Zeitraum, für den eine Sperre gewünscht wird, zu kurz ist, weil der Antrag zu spät gestellt ist, weil regelmäßig wiederkehrende Sperren und Umleitungen gewünscht werden.

Für jeden zusammenhängenden Zeitraum, für den die Teilsperre oder Umleitung beantragt ist, und für Vollsperren, die für einen kürzeren Zeitraum als 24 Stunden gewünscht werden, ist die Sperrgebühr nach § 28 III 1 zu entrichten. Die Gebühr ist nur einmal zu zahlen, wenn sich der Antrag auf alle Hauptanschlüsse desselben Teilnehmers, die zu derselben Sammelnummer gehören, gleichzeitig bezieht. Wird die Sperre oder Umleitung ausnahmsweise für mehrere nicht zusammenhängende Zeiträume an demselben Tage oder an aufeinanderfolgenden Tagen zugelassen, so ist die Gebühr für jeden zusammenhängenden Zeitraum besonders zu zahlen. Für die etwa mit einer Umleitung verbundene Teilsperre ist neben der Gebühr für die Umleitung keine besondere Gebühr zu entrichten. Die Sperrgebühr ist bei der Antrag-Vollsperre, die länger als 24 Stunden dauert, nicht zu zahlen; ferner ist sie nicht zu entrichten, wenn gekündigte Hauptanschlüsse bis zu ihrer

Aufhebung oder zu verlegende Hauptanschlüsse bis zu ihrer Beseitigung an der alten Stelle gesperrt werden sollen." — Vgl. § 25 Anm. 4b.

2 Vgl. § 12 IV Abs. 2 und § 13 V Abs. 1.

3 Auch auf Antrag; Geb wie nach § 13 V Abs. 4.

4 D. i. die zentrale Abfragestelle.

5 Nicht zu verwechseln mit dem Einmaligen FspBeitrag nach § 3 zu IX Ges 6. 5. 1920 (RGBl. S. 894); Text:

„Die Fernsprechteilnehmer haben zum Ausbau des Fernsprechnetzes einen einmaligen Beitrag von 1000 *ℛℳ* für jeden Hauptanschluß und von 200 *ℛℳ* für jeden Nebenanschluß zu leisten; die Zahlung des Beitrags ist Vorbedingung für die Belassung der bestehenden und die Herstellung neuer Anschlüsse.

Die Zahlung des Beitrags kann einmalig oder, wo das wirtschaftliche Bedürfnis vorliegt, in vierteljährlichen Raten von 250 *ℛℳ* erfolgen. In besonderen Fällen bleibt dem Reichspostminister vorbehalten, die Zahlung auf einen längeren Zeitraum auszudehnen.

Der Beitrag wird von dem auf die Einzahlung folgenden Monat mit 4 v. H. verzinst und dem Teilnehmer bei Aufhebung des Anschlusses zurückgezahlt.

Die Beiträge werden vom RPMin verwaltet; ihre Verwendung wird in einer Anlage zum Haushalt der Reichs-Post- und Telegraphenverwaltung nachgewiesen."

Aufgeh.: § 2 Ges 5. 4. 1923 (RGBl. I S. 245). — Die AusfBest zu § 30 V FspO 25. 8. 1921 (PABl. S. 183) verordneten gegen Schulden des Teilnehmers (s. § 25 FspO) Aufrechnung mit seinen Ansprüchen aus dem Einm. FspBeitrag. — Vgl. übrigens Ziff. F unter 4 der AusfBest zur RfBek 1925 (PABl. S. 445).

6 S. § 27 I; zuständig: OPD (nicht in BW).

7 AusfBest: „Bei der Umwandlung eines Ausnahme-Hauptanschlusses, der den Anforderungen (§ 2 III) nicht mehr genügt, in einen Regel-Hauptanschluß und bei der Änderung von Anschlußbereichen aus Anlaß der Errichtung neuer ON (§ 2 I), der Aufhebung von ON (§ 2 I), der Neuabgrenzung der Anschlußbereiche (§ 2 II) oder der Einführung des SA-Betriebs (§ 2 III) gilt für Ausnahme-Hauptanschlüsse oder für Hauptanschlüsse, die dabei

Ausnahme-Hauptanschlüsse werden oder die gekündigt werden, hinsichtlich des Kostenzuschusses (§ 4 IV zu a) folgendes:

a) Werden Ausnahme-Hauptanschlüsse ohne Änderung ihrer Leitungsführung oder durch Umschaltung zu Regel-Hauptanschlüssen oder werden sie aus Anlaß der Netzumgestaltung vom Teilnehmer oder von der DRP gekündigt, so wird bei Hauptanschlüssen, die innerhalb der letzten fünf Jahre hergestellt sind, dem Inhaber für jeden an dem Zeitraum von 5 Jahren fehlenden Monat ein Sechzigstel des Kostenzuschusses zurückgezahlt. Der Kostenzuschuß wird dabei mit dem Betrag berücksichtigt, der nach den Bestimmungen der zur Zeit der Rückzahlung geltenden FspO zu zahlen wäre. Die Bestimmung gilt nicht für Hauptanschlüsse, die nach § 4 IV zu a letzter Satz ohne Zahlung eines Kostenzuschusses Ausnahme-Hauptanschlüsse geworden sind. Zuständig für die Rückzahlung sind die OPD.

b) Über Regel-Hauptanschlüsse, die einer anderen VSt zugeteilt werden, aber auf Wunsch an ihre bisherige VSt als Ausnahme-Hauptanschlüsse angeschlossen bleiben, s. § 4 IV zu a letzter Satz.

c) Für Regel- und Ausnahme-Hauptanschlüsse, die umgeschaltet werden müssen, aber auf Wunsch nicht an die künftig zuständige VSt als Regel-Hauptanschlüsse, sondern an eine andere VSt als Ausnahme-Hauptanschlüsse herangeführt werden, wird der Kostenzuschuß nach § 13 IV Abs. 4 berechnet. Ein etwa früher entrichteter Kostenzuschuß wird nicht gutgerechnet."

Der Kostenzuschuß ist nicht zu entrichten, wenn eine Sprechstelle als Ausnahme-Hauptstelle an die VSt angeschlossen wird, zu deren Anschlußbereich der Ort oder der Ortsteil ihrer bisherigen VSt nach der Neuabgrenzung der Anschlußbereiche gehört (PABl. 1930 S. 444).

§ 5.

Nebenanschlüsse.

I 1. Teilnehmersprechstellen, die an eine Hauptstelle angeschlossen werden und bei ihr untereinander und mit Amtsleitungen verbunden werden können, sind

Nebenstellen *. Als Nebenstellen gelten auch Mehrfachanschluß- und Reihenapparate, die in eine zu einer Nebenstellenanlage (Abs. 2) führende Amtsleitung eingeschaltet werden können.

2. Die zu derselben Hauptstelle gehörigen Nebenanschlüsse * (Nebenstellen, Nebenanschlußleitungen, Anschlußorgane *) bilden mit der[1] Hauptstelleneinrichtung und etwa vorhandenen Anschlußdosen und Zusatzeinrichtungen zusammen eine Nebenstellenanlage[2]*. An die Nebenstellenanlage dürfen nach näherer Bestimmung der DRP auch Sprechstellen angeschaltet werden, die nach ihrer Schaltung nicht mit den Amtsleitungen, aber untereinander und mit den Nebenstellen verbunden werden können (Hausstellen)[3]*. In posteigenen und teilnehmereigenen Nebenstellenanlagen (§ 5 II zu A und B) werden die Hausstellen wie Nebenstellen behandelt; in privaten Nebenstellenanlagen (§ 5 II zu C) unterliegen sie mit der Abfragestelle[4] der Nebenstellenanlage den Bestimmungen[5] für Privattelegraphen[6].

3. Der Teilnehmer kann in den Wohn- oder Geschäftsräumen eines Dritten Nebenstellen einrichten und an seine Hauptstelle[7] anschließen lassen. An Hauptanschlüsse, von denen aus dringende Staats- oder dringende Pressegespräche (§ 17 VII) angemeldet werden dürfen, werden Nebenanschlüsse für Dritte nicht herangeführt, es sei denn, daß auch der Dritte das gleiche Recht[8] besitzt. Ausnahme-Nebenanschlüsse (§ 5 IV) und Nebenanschlüsse an Ausnahme-Hauptstellen[9] (§ 2 III Abs. 2) oder an Nebenstellenanlagen, an die Ausnahme-Querverbindungen herangeführt sind (§ 6 VI), dürfen Dritten nicht überlassen werden.

4. An eine Nebenstelle werden weitere Nebenstellen

nur im Falle eines besonderen Bedürfnisses nach näherer Bestimmung der DRP angeschlossen, wenn es die vorhandenen technischen Einrichtungen gestatten[10].

II Zulässig sind drei Arten von Nebenstellenanlagen[11]:

A Posteigene Nebenstellenanlagen *.

Die posteigenen Nebenstellenanlagen werden von der DRP für eigene Rechnung hergestellt und instandgehalten. Sie sind Eigentum der DRP und werden dem Teilnehmer nur zur Benutzung überlassen.

B Teilnehmereigene Nebenstellenanlagen[12] *.

1. Die teilnehmereigenen Nebenstellenanlagen werden von der DRP hergestellt. Die Teilnehmer haben der DRP die Kosten[13] der Herstellung zu erstatten. Dadurch erwerben sie das Eigentum an den Nebenstellenanlagen. Der Eigentumserwerb kann sich nur auf die Gesamtheit einer Nebenstellenanlage erstrecken, doch bleiben Nebenanschlußleitungen nach anderen Grundstücken[14] * in der Regel Eigentum der DRP und werden den Teilnehmern nur zur Benutzung überlassen.

2. Wünscht ein Teilnehmer seine posteigene Nebenstellenanlage durch eine teilnehmereigene Nebenstellenanlage zu ersetzen, so wird ihm in der Regel die vorhandene posteigene Anlage zu Eigentum überlassen. Als Kaufpreis[13] gilt der von der DRP festgesetzte Zeitwert[15] der Anlage. Die Einführungen und Innenleitungen werden dem Teilnehmer ohne Anrechnung von Kosten überlassen. Auf Wunsch wird die Neben-

stellenanlage ganz oder teilweise nach den Bedingungen des Abs. 1 neu hergestelllt.

3. Beim Erwerb vorhandener posteigener Nebenstellenanlagen als teilnehmereigen werden die auf die unverändert übernommenen Teile der Anlage nach § 9 II entfallenden Apparatbeiträge auf den Kaufpreis (Abs. 2) gutgerechnet (§ 13 IV Abs. 2).

4. Erweiterungen, Erneuerungen, Verlegungen und sonstige Änderungen der Nebenstellenanlagen oder einzelner Teile derselben dürfen nur von der DRP vorgenommen werden. Die Teilnehmer haben der DRP die dadurch erwachsenden Kosten[13] zu erstatten. Entbehrlich gewordene Einrichtungen werden nicht zurückgenommen, sie können jedoch, soweit sie brauchbar sind, bei späteren Erweiterungen in Anlagen desselben Teilnehmers wieder verwendet werden. Die DRP kann fordern, daß Nebenstellenanlagen vollständig oder teilweise erneuert oder verändert werden, wenn ihr Zustand infolge Abnutzung zu Betriebsschwierigkeiten führt oder eine Änderung der Betriebsweise im öffentlichen Netze dies bedingt. Kommen die Teilnehmer dieser Forderung nicht nach, so kann die DRP den Teilnehmern das Recht auf Benutzung der Nebenstellenanlagen zum Verkehr mit dem öffentlichen Netze entziehen[16].

5. Die Instandhaltung der Nebenstellenanlagen ist Sache der DRP. Der Teilnehmer kann jedoch ermächtigt werden, die Instandhaltung unter Leitung und Aufsicht der DRP durch eigenes, von der DRP zugelassenes Personal vorzunehmen[16a]. In diesem Falle ermäßigen sich die Gebühren[13] für teilnehmereigene Einrichtungen, die auf ein Drittel der Gebühr für gleichartige posteigene Einrichtungen festgesetzt sind (§ 5 III

zu B Ziffer I, § 6 V Ziffer 2b und 3b, § 7 V zu B und § 8 V zu B), auf ein Sechstel.

C Private Nebenstellenanlagen *.

1. Die privaten Nebenstellenanlagen[17] werden von den Teilnehmern oder in deren Auftrag durch Unternehmer hergestellt und instandgehalten.

2. Die Anschließung privater Nebenstellenanlagen an das öffentliche Netz und die Änderung von Schaltungen oder die Ausführung von Zusatzschaltungen bei solchen Anlagen bedürfen der vorherigen Genehmigung der DRP. Für private Nebenstellenanlagen errichtet und unterhält die DRP auf Antrag posteigene Nebenanschlüsse[18] und posteigene Leitungen für private Nebenanschlüsse, wenn die Leitungen in vorhandenen Linien ohne Nachteil für den Ausbau des öffentlichen Netzes hergestellt werden können. In privaten Nebenstellenanlagen beschafft und unterhält die DRP nur die Prüfschalter für die posteigenen Anschlüsse und Leitungen und die für den eigenen Instandhaltungsdienst bei den Hauptstellen erforderlichen Sprechapparate und Zuführungen. Im übrigen ist die Beschaffung und Instandhaltung der gesamten Betriebseinrichtungen Sache der Teilnehmer. Die Anschließung privater Nebenstellen an posteigene oder teilnehmereigene Nebenstellenanlagen ist nicht gestattet.

3. Die privaten Nebenstellenanlagen, Schaltungsänderungen und Zusatzschaltungen werden nur dann genehmigt, wenn sie den von der DRP zugelassenen Schaltungen und den von ihr festgesetzten Anforderungen entsprechen und wenn vorhandene private Leitungsverbindungen zwischen Sprechstellen auf getrennten Grundstücken den Ausbau des öffentlichen Netzes nicht

beeinträchtigen. Die DRP ist befugt, jederzeit zu prüfen, ob die Anlagen den Genehmigungsbedingungen noch entsprechen. Ist dies nicht der Fall, so kann die DRP den Teilnehmern das Recht auf Benutzung der Nebenstellenanlagen zum Verkehr mit dem öffentlichen Netze entziehen[19].

4. Für jede Zulassung einer Schaltung, einer Schaltungsänderung oder einer Zusatzschaltung wird eine einmalige Gebühr erhoben, deren Höhe die DRP bestimmt[20].

5. Die Genehmigung zur erstmaligen Anschließung einer privaten Nebenstellenanlage, zur Änderung einer Schaltung oder zur Ausführung einer Zusatzschaltung ist spätestens drei Wochen vorher bei dem Fernsprechamt, dem Telegraphenamt oder dem PA, dem die Vermittlungsstelle untersteht, auf dem vorgeschriebenen Formblatt zu beantragen; ein Verzeichnis der Nebenanschlüsse sowie eine Zeichnung und Beschreibung der zugelassenen Schaltung sind beizufügen. Für die Anschließung von Nebenstellen an bereits genehmigte Anlagen genügt, wenn sich die Schaltungen nicht ändern, eine vorherige schriftliche Anmeldung. Bei der Anschaltung von Nebenanschlüssen ohne Vorwissen der DRP ist diese, unbeschadet einer etwaigen Verfolgung nach den Strafgesetzen, berechtigt, die Bestimmung des § 28 II anzuwenden.

III A. Bei posteigenen Nebenstellenanlagen werden monatlich folgende Gebühren erhoben:

1. für jede Nebenstelle — RM
   a) mit gewöhnlichem Apparat oder mit Selbstanschlußapparat[21] 1,40,
   b) mit Mehrfachanschlußapparat (Rück-

	RM
frageapparat) für 2 Leitungen	2,00,
„ 3 „	2,40;
2. für die Leitung eines Nebenanschlusses mit gewöhnlichem Apparat, mit Selbstanschlußapparat oder mit Mehrfachanschlußapparat für je 100 m der Luftlinienentfernung zwischen den Endpunkten der Leitung	0,50;
3. für jedes belegte Anschlußorgan[22], abgesehen von denen, die bei der Hauptstelle durch Amtsleitungen belegt sind,	
a) bei Handbetrieb der Nebenstellenanlage	0,80,
b) bei Selbstanschlußbetrieb der Nebenstellenanlage[21]	2,40;
4. bei Reihenschaltung	
a) für jede Hauptstelle mit einem Reihenapparat, ohne Rücksicht auf die Zahl der Amtsleitungen	2,00,
b) für jede Nebenstelle mit einem Reihenapparat, der eingerichtet ist	
für 1 Amtsleitung	2,80,
„ 2 Amtsleitungen	3,20,
„ 3 „	3,60,
„ 4 bis 6 Amtsleitungen	5,40,
c) für je 10 m (wirkliche Länge) der zur Verbindung der Apparate dienenden Leitungskabel bei Verwendung von Reihenapparaten[23], die eingerichtet sind	
für 1 Amtsleitung	0,20,
„ 2 Amtsleitungen	0,30,
„ 3 „	0,40,
„ 4 bis 6 Amtsleitungen	0,50,

RM

d) für jede Linienwählerleitung, die mit der Leitung einer nicht in Reihe geschalteten Nebenstelle belegt ist, ein Zuschlag zu der Gebühr nach Ziffer 3a von 0,30;

5. für jede Nebenstelle eines Dritten[24] ein Zuschlag von 0,50;
6. bei besonders kostspieligen Nebenstellenanlagen, z. B. Anlagen mit Vielfachklinkenfeld, mit Glühlampenschränken, mit außergewöhnlich starkem Gleichzeitigkeitsverkehr, werden nach näherer Festsetzung[25] der DRP ein einmaliger Kostenzuschuß und eine monatliche Zuschlaggebühr erhoben.

B. Bei teilnehmereigenen Nebenstellenanlagen werden monatlich folgende Gebühren erhoben:

1. für die Instandhaltung ein Drittel der Gebühren nach A Ziffer 1 bis 4 und der monatlichen Zuschlaggebühren nach A Ziffer 6, jedoch haben die Teilnehmer die Kosten der Stromversorgung voll zu tragen;
2. für posteigene Nebenanschlußleitungen nach anderen Grundstücken die Gebühren nach A Ziffer 2 oder A Ziffer 4c. Daneben sind Einrichtungskosten nach § 9 I zu zahlen;
3. für jede Nebenstelle eines Dritten der volle Zuschlag nach A Ziffer 5.

C. Bei privaten Nebenstellenanlagen werden monatlich folgende Gebühren erhoben:

1. für jeden privaten Nebenanschluß 0,60 RM;
2. für posteigene Nebenanschlüsse, Nebenanschluß-

leitungen und Zusatzeinrichtungen dieselben Gebühren wie für die gleichen Einrichtungen in posteigenen Nebenstellenanlagen. Daneben sind Einrichtungskosten und Apparatbeiträge nach § 9 zu zahlen;

3. für jede Nebenstelle eines Dritten der Zuschlag nach A Ziffer 5.

26IV 1. Auf Antrag können Nebenstellen an einen in einem anderen Anschlußbereich liegenden Hauptanschluß ausnahmsweise und widerruflich angeschlossen werden (Ausnahme-Nebenanschlüsse *).

2. Ausnahme-Nebenanschlüsse und Nebenanschlüsse zu Ausnahme-Hauptanschlüssen sind nur für den Inhaber des Hauptanschlusses zulässig. Auch für diesen werden Ausnahme-Nebenanschlüsse nicht hergestellt, wenn die Vermittlungsstelle, in deren Anschlußbereich die Hauptstelle liegt, und die Vermittlungsstelle, in deren Anschlußbereich die gewünschte Ausnahme-Nebenstelle liegt, nach der Luftlinie gemessen mehr als 25 km voneinander entfernt sind.

3. Ausnahme-Nebenanschlüsse dürfen nur zum Austausch von persönlichen und geschäftlichen Nachrichten des Teilnehmers benutzt werden. Die gewerbsmäßige Vermittlung von Nachrichten für Dritte ist unzulässig.

26V Bei Ausnahme-Nebenanschlüssen wird neben den sonst fälligen Gebühren für den Ausfall an Ferngesprächsgebühren ein monatlicher Pauschbetrag für jede Ausnahme-Nebenstelle erhoben; er beträgt bei Entfernungen von mehr als 5 bis zu 15 km einschließlich 15 *RM*, von mehr als 15 bis zu 25 km einschließlich 45 *RM*. Maßgebend ist die nach § 17 II für Ferngesprächsverbindungen festgesetzte Entfernung zwischen den Ortsnetzen, in deren Anschlußbereichen die Haupt-

stelle und die Ausnahme-Nebenstelle liegen. Ein Pausch-betrag wird nicht erhoben, wenn diese Entfernung nicht mehr als 5 km beträgt.

1 Jede Nebenstellenanlage hat nur eine Hauptstelle, ohne Rücksicht auf die Zahl der Amtsleitungen.

2 AusfBest: „Nebenstellen, die in eine zu einer Nebenstellen-anlage führende Leitung (HptAnschlLtg, Querverbindg, Ltg nach e. anderen Nebenstelle) eingeschaltet werden können, sind Geheimstellen*".

3 AusfBest: „Hausstellen* und Hausanlagen*. A. Posteigene und teilnehmereigene Hausstellen können in der Regel nur in Reihenanlagen und SA-Nebenstellenanlagen hergestellt werden, in Schrankanlagen werden sie ausnahmsweise zugelassen, wenn ihre Verbindung mit dem Amte technisch verhindert ist. Die Zahl dieser Hausstellen soll beschränkt sein. Für private Nebenstellen-anlagen werden posteigene oder teilnehmereigene Hausstellen nicht hergestellt. Die an die Hauptstelle einer posteigenen oder teilnehmereigenen Nebenstellenanlage angeschalteten posteigenen oder teilnehmereigenen Hausstellen sind Teile der Nebenstellen-anlage und werden, abgesehen von ihrer Schaltung, wie Neben-stellen behandelt.

B. Private Hausanlagen*, die als private Fernmelde-anlagen (Privattelegraphen) gelten, können gebildet werden

a) aus der Hauptstelle einer privaten Nebenstellenanlage und den an diese angeschalteten Hausstellen. Die Zahl der Hausstellen ist unbeschränkt. Die Hauptstelle der Nebenstellenanlage gilt gleichzeitig als Hausstelle (s. Abs. F); dagegen gelten die Neben-stellen, die bei der Hauptstelle mit Hausstellen verbunden werden können, im allgemeinen nicht als Hausstellen (vgl. jedoch zu 7b und C);

b) aus privaten Fernmeldeanlagen, an deren Vermittlungsstelle einzelne Hauptstellen oder einzelne posteigene, teilnehmer-eigene oder private Nebenstellen durch Rückfrageleitungen angeschaltet sind. Bei den Haupt- und Nebenstellen muß die Weiterverbindung der Rückfrageleitungen verhindert sein (z. B.

durch Verwendung von Rückfrageapparaten). Die Haupt- und Nebenstellen gelten gleichzeitig als Hausstellen (Abs. F);

c) aus privaten Fernmeldeanlagen, von deren Vermittlungsstelle besondere private Leitungen nach der Hauptstelle von privaten Nebenstellenanlagen, ausnahmsweise auch nach der Hauptstelle von posteigenen oder teilnehmereigenen Nebenstellenanlagen führen. Die besonderen Leitungen müssen bei den Nebenstellenanlagen so geschaltet sein, daß sie nicht mit Amtsleitungen (wohl aber mit Nebenstellen und Hausstellen) verbunden werden können. Die Hauptstellen der Nebenstellenanlagen gelten gleichzeitig als Hausstellen (Abs. F), nicht aber die Nebenstellen, die bei der Hauptstelle mit den besonderen Leitungen verbunden werden können (vgl. jedoch die Ausnahme unter Abs. C). Führen die besonderen Leitungen nach der Hauptstelle einer privaten Nebenstellenanlage, bei der bereits eine private Hausanlage nach a vorhanden ist, so bildet diese mit der privaten Fernmeldeanlage nach c eine zusammenhängende Hausanlage (Abs. F).

C. Die Anschlußleitungen (außenliegender Nebenstellen) dürfen über ein Verbindungsorgan bei der Hauptstelle der Nebenstellenanlage hinweg bis zu einer privaten Hausanlage verlängert werden; ein Anrufzeichen ist bei der Nebenstellenanlage entbehrlich, wenn von der Vermittlungsstelle der Hausanlage besondere Leitungen nach der Hauptstelle der Nebenstellenanlage führen (Abs. B zu c) und die Nebenstellen auf diesem Wege die Hauptstelle errufen können (usw.).

D. Hausstellen dürfen über Querverbindungen auch mit der Abfragestelle, den Nebenstellen und den Hausstellen einer anderen Nebenstellenanlage verkehren; bei der anderen Nebenstellenanlage dürfen sie jedoch nicht mit dem Amt verbunden werden; s. auch § 6, I,

E. Bei Hausanlagen können die von Haupt- oder Nebenstellen kommenden Rückfrageleitungen nach Abs. B zu 6 und die von außenliegenden Nebenstellen kommenden Leitungen nach Abs. C untereinander verbunden werden. Für diesen Sprechverkehr werden neben den nach Abs. J sich ergebenden Gebühren keine besonderen Gebühren erhoben. Im Falle eines dringenden wirtschaftlichen

Bedürfnisses können die OPD auch ausnahmsweise zulassen, daß besondere Leitungen (Abs. B zu c), die von den Hauptstellen verschiedener Nebenstellenanlagen an dieselbe Hausanlage führen, bei der Hausanlage zusammengeschaltet werden, so daß beliebige Nebenstellen verschiedener Nebenstellenanlagen über die zusammengeschalteten besonderen Leitungen wie über eine Querverbindung miteinander verkehren können. In diesem Falle ist für jeden als Querverbindung benutzbaren Verbindungsweg — ohne Rücksicht auf die Zahl der auf diesem Wege vorhandenen Leitungen — die Gebühr nach § 6, V Ziffer 1 oder § 6, VII b zu entrichten.

F. Bei der Prüfung, ob eine Hausanlage nach dem FAG genehmigungspflichtig ist, und bei der Feststellung der Gebühren sind die Abfragestelle der Nebenstellenanlage, an die Hausstellen angeschaltet sind (Abs. B zu a), die Haupt- und Nebenstellen, die nach Abs. B zu b u. C mit Hausanlagen verbunden sind, und die Hauptstellen von Nebenstellenanlagen, von denen besondere Leitungen nach Hausanlagen führen (Abs. B zu c), als Sprechstellen der Hausanlage mitzuberücksichtigen. Führen die besonderen Leitungen einer Hausanlage nach Abs. B zu c zu einer Hauptstelle einer Nebenstellenanlage mit einer Hausanlage nach Abs. B zu a, so gelten beide Hausanlagen als eine einheitliche Hausanlage; dagegen gelten Hausanlagen, deren Sprechstellen nur über Querverbindungen (§ 6) miteinander verkehren können, als getrennte Hausanlagen, für die die Gebühren je für sich festzusetzen sind. Nebenstellen, die nur bei der Abfragestelle einer Nebenstellenanlage mit Hausstellen verbunden werden können, gehören nicht zur Hausanlage (Abs. B zu a und c).

G. Genehmigungsfrei ist eine Hausanlage,

a) die ausschließlich dem inneren Betrieb von Reichsbehörden oder der Reichsbahn dient,

b) die ausschließlich dem inneren Dienste von Behörden der Länder, der Gemeinden oder Gemeindeverbände sowie von Deichkorporationen, Siel- und Entwässerungsverbänden gewidmet ist,

c) die von Transportanstalten auf ihren Linien ausschließlich zu Zwecken ihres Betriebs benutzt wird,

d) deren Sprechstellen sämtlich innerhalb der Grenzen eines Grundstücks (§ 5 II zu B 1) liegen,

e) die mehrere einem Besitzer gehörende oder zu einem Betrieb vereinigte Grundstücke verbindet, wenn kein Grundstück von einem anderen mehr als 25 km in der Luftlinie entfernt ist und wenn die Hausanlage ausschließlich für den der Benutzung der Grundstücke entsprechenden unentgeltlichen Verkehr bestimmt ist.

H. Die Verleihung der Befugnis zur Errichtung und zum Betrieb privater Hausanlagen, deren Sprechstellen sämtlich in demselben ON liegen, ist formlos unter Vorbehalt des Widerrufs von dem VA zu erteilen, dem die VSt des ON untersteht (OPD, anders BW). Liegen die Hausstellen einer genehmigungspflichtigen Hausanlage in verschiedenen ON, so ist die Verleihung von der OPD zu erteilen, wenn nicht das RPM zuständig ist.

J. Die Gebühren für genehmigungspflichtige private Hausanlagen sind in der Anl unter C aufgeführt.

Hausstellen
in Verbindung mit Hochfrequenzeinrichtungen.

K. In privaten Hausanlagen dürfen an Stelle von Drahtleitungen auch Abzweigungen von Hochfrequenzeinrichtungen in Verbindung mit Hochspannungsanlagen benutzt werden, wenn die verwendeten Schutzvorrichtungen (Schutzvorrichtungen bei Hochfrequenzfernsprecheinrichtungen in Verbindung mit Hochspannungsanlagen) vom RPZ (TRA) zugelassen sind. Die Schutzvorrichtungen müssen den vom Verband Deutscher Elektrotechniker herausgegebenen „Sicherheitsvorschriften für Hochfrequenztelephonie in Verbindung mit Hochspannungsanlagen" und den von der DRP erlassenen Zusatz- und Auslegungsbestimmungen entsprechen. Der Unternehmer, der die Hochfrequenzfernsprecheinrichtung geliefert hat, trägt die Verantwortung für die dauernd ordnungsmäßige Beschaffenheit und Instandhaltung der gesamten Hochfrequenzeinrichtung.

L. Die OPD können im Benehmen mit dem RPZ (TRA) auch zulassen, daß private Abzweigungen von Hochfrequenzeinrichtungen, deren Schutzvorrichtungen den Bedingungen in Abs. K entsprechen, zur Anschaltung von Hausstellen an post- und teilnehmereigene Nebenstellenanlagen (II) benutzt werden. Mit Rücksicht auf die besonderen Verhältnisse müssen diese Hausstellen privat sein.

M. In privaten Hausanlagen werden die durch Abzweigungen von Hochfrequenzeinrichtungen angeschalteten Hausstellen hinsichtlich der Verleihung und der Gebühren nach Abs. II ebenso wie die durch Drahtleitungen angeschalteten Hausstellen behandelt; in post- und teilnehmereigenen Nebenstellenanlagen (II) bilden sie mit der post- oder teilnehmereigenen Abfragestelle eine private Fernmeldeanlage (s. Anm. 6). In post- und teilnehmereigenen Nebenstellenanlagen sind bei der Verleihung und Gebührenfestsetzung also nur die Grundstücke zu berücksichtigen, auf denen sich die Abfragestelle und die privaten Hausstellen befinden; die posteigenen oder teilnehmereigenen Hausstellen der Nebenstellenanlage bleiben unberücksichtigt, weil sie nach § 5, I 2 wie Nebenstellen zu behandeln sind. Für die zur Anschaltung von Hausstellen benutzten Hochfrequenzeinrichtungen sind keine besonderen Gebühren für private Funkbetriebsanlagen zu erheben." (Vgl. im übrigen PABl. 1929 S. 31 u. 191).

4 Abfragestelle ✱ ist gleichbedeutend mit „Hauptstelle".

5 Keine zusammenhängende Veröffentlichung darüber; vgl. PABl. 1924 S. 203 f, 1924 S. 627, 706; 1927 S. 66.

6 Privattelegraphen ✱ sind Anlagen nach § 3 FernMAnlG (S. 62); nicht: private Nebenstellenanlagen (s. § 5 II zu C), auch nicht NebenTel und Besondere Tel (§ 24).

7 Nicht an Ausnahme-Hauptanschlüsse (§ 2 Anm. 9). — AusfBest: „Nebenstellen Dritter dürfen an Nebenstellenanlagen, an die neben Ausnahme-Hauptanschlüssen auch Regel-Hauptanschlüsse heranführen oder die mit Ausnahme-Querverbindungen verbunden sind, angeschlossen werden, wenn ihre Zusammenschaltung mit den Ausnahme-Hauptanschlüssen oder den Ausnahme-Querverbindungen technisch verhindert ist."

8 Nicht klagbar.

9 D. i. die Sprechstelle des Ausnahme-Hauptanschlusses.

10 AusfBest: „A. Als **Zweitnebenstellen** * gelten Nebenstellen, deren Amtsverkehr — wenn auch nur in einer Richtung — außer von der Hauptstelle noch von einer Nebenstelle (**Erstnebenstelle** *) durch Handbedienung vermittelt werden muß. **Drittnebenstellen** * usw. sind Nebenstellen, die an Zweitnebenstellen usw. angeschlossen sind.

B. Zweitnebenstellen sind nur zulässig, wenn der Teilnehmer ein besonderes Bedürfnis nachweist und dem Bedürfnis ohne erhebliche Aufwendungen anders nicht genügt werden kann und wenn für den Verkehr der Zweitnebenstelle mit dem Amte die Voraussetzungen des § 5 I zu 1 gegeben sind. Technische Änderungen bei post- oder teilnehmereigenen Hauptstellen (§ 4) sind nur im Benehmen mit dem RPZ (TRA) vorzunehmen. Neue Drittnebenstellen usw. werden nicht mehr zugelassen.

C. Wird den Bedingungen des Abs. B nicht genügt, so sind die Erst- und Zweitnebenstellen nur als Hausstellen zulässig. Wenn in solchem Falle in posteigenen und teilnehmereigenen Nebenstellenanlagen (II) besondere Maßnahmen zur Verhinderung von Amtsverbindungen nötig werden, hat der Teilnehmer die Kosten zu tragen (besonders kostspielige Einrichtungen nach § 5 III zu A Ziffer 6).

D. a) Die Zweitnebenstellen können bei der Erstnebenstelle an eine Schrankanlage angeschaltet werden; als Erstnebenstelle gilt der Abfrageapparat.

b) Die Zweitnebenstellen und die Erstnebenstelle können mit Reihenapparaten ausgerüstet werden (Zweitreihenanlage *), wenn die Amtsschalter aller Sprechstellen an die Nebenanschlußleitung (auch an die Leitung einer Außennebenstelle) angeschlossen und die Reihenstellen durch Linienwählerleitungen in der üblichen Weise untereinander verbunden sind. An die Erstnebenstelle (Abfragestelle) einer Zweitreihenanlage können auch Außennebenstellen als weitere Zweitnebenstellen angeschaltet werden.

E. Für die Erst- und Zweitnebenstellen werden die bestimmungsmäßigen Gebühren für Nebenstellen erhoben; für Zweitnebenstellen nach Abs. D zu a sind in ZB- und SA-Netzen noch die Zusatzgebühren (§ 5 III zu A Ziffer 6) zu entrichten. Bei der Berechnung der Gebühren für die Nebenanschlußleitungen werden die Leitungslängen zwischen der Hauptstelle und der Erstnebenstelle und zwischen dieser und den Zweitnebenstellen je für sich gerundet, für Stromzuführungsleitungen werden keine Gebühren erhoben (s. auch § 5 III zu A Ziffer 6). Bei Erstnebenstellen nach Abs. D zu a ist die Gebühr nach § 5 III zu A Ziffer 3a für alle bei ihrer Vermittlungseinrichtung belegten Anschlußorgane zu entrichten, also auch für Anschlußorgane, die mit den von der Hauptstelle kommenden Nebenanschlußleitungen belegt sind".

11 AusfBest: „Nebenstellenanlagen.

A. Bei den Nebenstellenanlagen werden in der Hauptsache Schrankanlagen, Reihenanlagen, gemischte Anlagen und Anlagen für SA-Betrieb unterschieden.

a) Als Schrankanlagen ✱ gelten sämtliche Nebenstellenanlagen, bei denen die Verbindungen bei der Abfragestelle mit der Hand hergestellt werden, also auch Anlagen mit Zwischenstellenumschalter bei der Hauptstelle.

b) Reihenanlagen ✱ sind Nebenstellenanlagen, bei denen die Sprechstellen (Reihenstellen) mit Reihenapparaten ausgerüstet sind. Die Reihenstellen können ohne Mitwirkung der Hauptstelle das Amt anrufen und über Linienwählerleitungen mit den übrigen Reihenstellen verkehren; die Hauptstelle, u. U. eine weitere Abfragestelle, vermittelt nur den ankommenden Amtsverkehr. Klappen- und Klinkenkästen, die ausschließlich dem inneren Verkehr der Reihenanlage dienen, sind Teile der Reihenanlage. An die Linienwählerleitungen von Reihenanlagen können auch Sprechstellen mit gewöhnlichem Apparat angeschaltet werden (Außennebenstellen ✱). Die Außennebenstellen können von den Reihenstellen unmittelbar angerufen werden; die zur Vermittlung des Verkehrs in umgekehrter Richtung und des Amtsverkehrs der Außennebenstelle dienende Zusatzeinrichtung bei der Hauptstelle der Reihenanlage gilt als besondere Schrankschaltung. Von den Außennebenstellen zu unterscheiden sind die außerhalb des Grundstücks des Hauptanschlusses liegenden Nebenstellen (außenliegende Nebenstellen *). Einzelne Reihenapparate gelten in keinem Falle als selbständige Reihenanlage, sondern nur als Teile des Hauptanschlusses oder der Anlage, mit der ihr erster Amtsschalter verbunden ist. Ebenso sind Reihenschaltungen, deren Amtsschalter nicht mit dem Amte, sondern mit einer Nebenstellenanlage verbunden sind, Teile dieser Anlage. Mehrfachanschlußapparate * stellen lediglich die Vereinigung mehrerer Sprechstellen dar; sie zählen als Teile der Anlage, an die ihre Hauptleitung führt.

c) Gemischte Anlagen * sind Vereinigungen von Reihen- und Schrankschaltungen, wenn dadurch der Verkehr der Reihenstellen mit Anschlüssen ermöglicht wird, die überhaupt nicht — auch nicht als Außennebenstelle — in die Reihenschaltung einbezogen sind.

d) SA-Nebenstellenanlagen * sind Anlagen, bei denen die Nebenstellen mit Hilfe der Nummernscheibe über Wählereinrichtungen miteinander verkehren können. Der Amtsverkehr wickelt sich über Wählereinrichtungen oder Schrankschaltungen ab.

B. Bei den Nebenstellenanlagen soll die Hauptstelle mit jeder Nebenstelle und jede Nebenstelle mit jedem Hauptanschluß, der für ankommenden Verkehr in Frage kommt, verkehren können. In Reihenanlagen mit mehreren Amtsleitungen soll ferner in der Regel jede Reihenstelle mit jeder Amtsleitung verbunden werden können. Zu dem Zwecke sind entweder Reihenapparate zu verwenden, die für die vorhandene Zahl von Amtsleitungen eingerichtet sind, oder es sind sämtliche Leitungen über einen Klappenschrank usw. zu führen, an dem die in den Reihenapparaten selbst nicht möglichen Verbindungen hergestellt werden.

C. Ausnahmsweise kann zugelassen werden, daß in Reihenanlagen mit mehreren Amtsleitungen eine oder mehrere Amtsleitungen zum Teil über gemeinsame, zum Teil über getrennte Apparate geführt werden, ohne daß sämtliche Amtsleitungen an einem Klappenschrank usw. zusammengefaßt sind (getrennte Reihenanlage *). Die Nebenstellen (Reihenstellen und Außennebenstellen), die nicht über alle im ankommenden Verkehr benutten Amtsleitungen erreicht werden können, sollen in der Nähe von Sprechstellen liegen, die mit diesen Amtsleitungen verbunden werden können, oder sie müssen vom ankommenden Amtsverkehr ganz oder doch während des Tages ausgeschlossen sein. Sind diese Voraussetzungen nicht erfüllt, so dürfen die Amtsleitungen, über die nicht alle Reihenstellen erreicht werden können, nicht in das amtliche Fernsprechbuch eingetragen und auch nicht mit anderen Amtsleitungen in einer Sammelnummer zusammengefaßt werden. Sollen die Nebenstellen, die nicht über alle Amtsleitungen zu erreichen sind, nur in der Nacht benutzt werden, so können die in Betracht kommenden Amtsleitungen als für den Nachtverkehr bestimmt im amtlichen Fernsprechbuch bezeichnet werden.

D. Bei getrennten Reihenanlagen ist es nicht notwendig, daß die Hauptstelle mit jeder Nebenstelle verkehren kann; es genügt, wenn die Nebenstellen von der Abfragestelle der Amtsleitung, in die sich die Nebenstelle einschalten kann, zu erreichen sind".

12 Für die Zulassung zuständig: OPD. — AusfBest: „Für neu hergestellte teilnehmereigene Nebenstellenanlagen leistet die DRP auf ein Jahr Gewähr. Mängel, die sich in dieser Zeit in der Anlage zeigen, werden auf Kosten der DRP beseitigt." Kein BGB-Recht (§ 650); vgl. § 29 Anm. 1.

13 AusfBest: „Die dem Teilnehmer für die Herstellung von teilnehmereigenen Nebenstellenanlagen oder für den Erwerb posteigener Anlagen (Abs. 2) in Rechnung zu stellenden Kosten und die laufenden Gebühren (Abs. 5) für die Instandhaltung teilnehmereigener Einrichtungen unterliegen nicht der Umsatzsteuer, weil die Herstellung und Instandhaltung teilnehmereigener Nebenstellenanlagen zu dem auf Gesetz beruhenden Aufgabenkreis der DRP gehört (§ 3 Ziff. 1 UmsatzsteuerG 8. 5. 1926, RGBl. I S. 218)." — Anträge auf vorherige Mitteilung eines Kostenanschlags (kostenlos) sind zugelassen.

14 AusfBest: „Flächen, die verschiedenen Eigentümern gehören, und Flächen, die durch fremden Grund und Boden, öffentliche Wege, Plätze oder öffentliche Gewässer voneinander getrennt sind, werden als besondere Grundstücke * angesehen. Die einzelnen Teile eines Grundstücks — z. B. eines Häuserblocks —, die zwar demselben Eigentümer gehören, aber durch Mauern,

Zäune oder in anderer Weise so gegeneinander abgeschlossen sind, daß sie getrennte wirtschaftliche Einheiten bilden, gelten als verschiedene Grundstücke. In sich zusammenhängende, in keiner der vorstehend angegebenen Weisen getrennte Flächen, die demselben Eigentümer gehören, werden als einheitliche Grundstücke ✱ auch dann angesehen, wenn sie verschiedene Plannummern (Parzellennummern) tragen oder auf verschiedenen Grundbuchblättern eingetragen sind. Das gilt auch für demselben Eigentümer gehörende Grundstücke, die zwar durch öffentliche Wege usw. getrennt, aber durch dem wechselseitigen Personenverkehr dienende Brücken oder Tunnel zusammenhängen."

15 AusfBest: „Der Zeitwert der einzelnen Apparate wird nach der folgenden Formel errechnet:

$$\text{Neuwert} \cdot \frac{(\text{Gebrauchsdauer} - \text{Überlassungszeit})}{\text{Gebrauchsdauer}};$$

mindestens sind 15 v H des Neuwerts anzurechnen, was etwa dem Altwert einer gebrauchsfähigen Anlage entspricht. Als Neuwert gelten die Kosten, die für die Herstellung einer gleichartigen Anlage im Zeitpunkt der Vereinbarung nach § 5 II zu B 1 zu zahlen wären. Die Gebrauchsdauer ist mit einem Durchschnittswert von 15 Jahren anzusetzen. Als Überlassungszeit gilt das Alter der Apparate, das festzustellen oder, wenn dies nicht möglich ist, zu schätzen ist; berücksichtigt werden nur volle Jahre der Überlassungszeit." Vgl. § 9 Anm. 3.

16 D. i. Aufhebung ohne Kündigung, § 28 I; zuständig: OPD.

16a Teilnehmereigene Nebenstellenanlagen, deren Inhaber gemäß Ziff. 5 ermächtigt sind oder werden, gelten ab 1. 2. 1930 als private Nebenstellenanlagen (PABl. 1930 S. 445).

17 AusfBest; „Die Bestimmung gilt auch für private Hausanlagen ✱ (§ 5 I Abs. 2)". Wegen Hausquerverbindungen s. § 6 Anm. 2. — Private Nebenstellenanlagen müssen in allen Teilen so ausgeführt sein, daß sie keine Funkempfangsstörungen hervorrufen (PABl 1930 S. 137).

18 AusfBest: „Posteigene Nebenanschlüsse und Nebenanschlußleitungen.

A. Die Bestimmung, daß posteigene Nebenanschlüsse ✱

und posteigene Leitungen für private Nebenstellenanlagen * nur herzustellen sind, wenn die Leitungen in vorhandenen Linien ohne Nachteil für den Ausbau des öffentlichen Netzes hergestellt werden können, soll verhindern, daß für private Nebenstellenanlagen auf Kosten der DRP Anlagen errichtet werden, die für sonstige Zwecke der DRP nicht zu verwenden sind oder deren Kosten durch die Gebühren für Nebenanschlußleitungen nicht gedeckt werden.

B. Nicht hergestellt werden besondere Kanäle, Erdkabel und oberirdische Linien, die nach den örtlichen Verhältnissen nur für Zwecke der privaten Nebenstellenanlagen verwendet werden können. Sind jedoch posteigene Kanäle usw. vorhanden, so steht der Herstellung der Leitungen für private Nebenstellen oder der Herstellung posteigener Nebenanschlüsse in privaten Nebenstellenanlagen auch dann nichts im Wege, wenn wegen Fehlens freier Kabeladern oder freier Plätze am Gestänge eine Erweiterung der Anlage nötig ist, es sei denn, daß eine Erweiterung sonst überhaupt unterbleiben würde (z. B. wegen völliger Umgestaltung des Netzes). In Zweifelsfällen entscheidet die OPD.

C. Auf dem Grundstück der privaten Nebenstellenanlage und auf angrenzenden Grundstücken werden posteigene Nebenstellen und posteigene Leitungen für private Nebenstellenanlagen nicht hergestellt. Ihre Herstellung kann ferner in der Regel abgelehnt werden, wenn der Teilnehmer die Möglichkeit hat, private Leitungen herstellen zu lassen. Über den Begriff Grundstück s. § 5 II zu B 1.

D. Sind in einer privaten Nebenstellenanlage posteigene Nebenstellen oder private Nebenstellen mit posteigenen Leitungen vorhanden, so werden für diese Sprechstellen auch posteigene Rückfrageleitungen nach der Hauptstelle der Nebenstellenanlage zu den Bedingungen für posteigene Nebenanschlußleitungen zugelassen; dies gilt auch, wenn die Rückfrageleitungen nicht mit dem Amte verbunden werden können.

E. Für private Hausstellen werden posteigene Leitungen ausnahmsweise und widerruflich zur Verfügung gestellt, wenn die Anlagen staatlichen, gemeindlichen oder gemeinnützigen Zwecken dienen".

19 S. Anm. 16.

20 Selbstkosten; zuständig: RPZ.

21 Werden bis auf weiteres nicht hergestellt.

22 AusfBest: „A. In Schrankanlagen umfaßt das Anschlußorgan das mit einer Leitung fest verbundene Anrufzeichen und die zugehörigen Vorrichtungen zum Abfragen und Weiterverbinden. Klinken ohne Anrufzeichen sowie Vielfachklinken gelten nicht als Anschlußorgan, ebensowenig Wechselschalter.

B. In SA-Nebenstellenanlagen umfaßt das SA-Anschlußorgan die mit den Leitungen fest verbundenen Teile und die ihnen erreichbaren übrigen Teile der Wählereinrichtung, mit deren Hilfe die Verbindungen zwischen den einzelnen Sprechstellen durch Drehen der Nummernscheibe hergestellt werden. Dabei bleibt es ohne Einfluß, ob die Nebenanschlußleitung gleichzeitig mit den für die ankommende und abgehende Verkehrsrichtung erforderlichen Einrichtungen oder nur mit einer dieser Einrichtungen verbunden und wie die Zahl der erreichbaren übrigen Teile der Wählereinrichtung bemessen ist. In SA-Nebenstellenanlagen, bei denen der Amtsverkehr in beiden Richtungen mit der Hand vermittelt wird, gilt die Handvermittlungseinrichtung als besondere Schrankanlage im Sinne der AB 1.

C. In Reihenanlagen werden die Zusatzeinrichtungen, mit denen die Außennebenstellen verbunden sind, wie Schrankanlagen nach Abs. A behandelt; für die mit Amtsleitungen belegten Anschlußorgane der Zusatzeinrichtung sind keine Gebühren anzurechnen, weil diese Anschlußorgane an die Stelle der gebührenfrei zu liefernden Wecker oder Klappen treten. Wird eine Querverbindung, eine Nebenanschlußleitung bei Zweitreihenanlagen oder eine Rückfrageleitung wie eine Amtsleitung geschaltet, so gelten die durch die Leitung belegten Einrichtungen (Amtstasten, Amtsschalter, Wecker, Klappe in Klappenkästen, Anruforgan bei Zusatzeinrichtungen) zusammen als Anschlußorgan.

D. Alle Leitungen, die bei Nebenstellenanlagen mit Schrankschaltung oder SA-Schaltung weiterverbunden werden können, haben ein Anschlußorgan, z. B. auch Querverbindungen, unmittelbare Verbindungen, Rückfrageleitungen und

Leitungen, in denen die Nebenstelle angerufen wird (Rufleitungen in gemischten Anlagen und getrennten Reihenanlagen); ausgenommen sind die Anschlußleitungen oder Rückfrageleitungen solcher außenliegenden Nebenstellen, die nach § 5 I Abs. 2 geschaltet und bei der Schrankanlage nur über ein Verbindungsorgan ohne Anrufzeichen — meist Doppelunterbrechungsklinke (Gebühr nach § 5 III zu A Ziffer 6) — geführt sind. Für die mit Amtsleitungen belegten Anschlußorgane wird keine Gebühr berechnet. Bei Nachtabfragestellen (§ 4, I) und bei Erstnebenstellen (§ 5 I Abs. 4) haben alle Leitungen, auch die nach der Hauptstelle führenden, ein Anschlußorgan.

E. Die Gebühren für Anschlußorgane umfassen in Nebenstellenanlagen, bei deren Vermittlungseinrichtung von einer Verteilereinrichtung (Hauptverteiler) Gebrauch gemacht ist, die Entschädigung für alle Baustoffe und Leitungen, die vom Amte und von den Nebenstellen aus gesehen hinter der ersten Verbindungsstelle am Verteiler (Lötöse oder Klemme an Sicherungsleisten, Trennstreifen, Lötösenstreifen oder Klemmleisten) liegen, sofern die Regelabstände zwischen den einzelnen Teilen der Vermittlungseinrichtung nicht überschritten werden. Werden die Regelabstände überschritten, so sind die Mehrkosten nach § 5 III zu A Ziffer 6 zu erstatten."

23 AusfBest: „Reihenanlagen kommen ihrer Ausführung nach im allgemeinen nur für das Grundstück des Hauptanschlusses oder für benachbarte Grundstücke in Betracht. Über weitergehende Anträge entscheidet die OPD."

24 AusfBest: „A. Nebenanschlüsse, die auf Antrag von Behörden, Gesellschaften, Genossenschaften usw. in den Wohnungen der Vorsteher, Mitglieder, Beamten oder Angestellten eingerichtet werden, sind nicht als Nebenanschlüsse Dritter anzusehen. Als Vorsteher, Mitglieder, Beamte oder Angestellte von Behörden usw. gelten Personen, die in ihrem Hauptberuf bei der Behörde usw. tätig sind. Über die Eintragung dieser Nebenanschlüsse in das amtliche Fernsprechbuch s. § 14 II Abs. 1 und 2.

B. Für die Feststellung, ob öffentliche Behörden oder öffentliche Anstalten, die eine Nebenstelle benutzen, als Dritte im Sinne des § 5 III zu A Ziff. 5 und § 14 II und III anzusehen sind, gilt sinngemäß § 11. Handelt es sich dabei um Behörden oder Anstalten, die eine Abteilung der Behörde oder Anstalt, die den Hauptanschluß innehat, bilden oder ihr untergeordnet sind, so haben die Nebenstellen im allgemeinen nicht als Nebenstellen Dritter zu gelten. Wird indes wegen der unentgeltlichen Aufnahme der Nebenstellen in das amtliche Fernsprechbuch ihre Behandlung als Nebenstellen Dritter gewünscht, so kann den Anträgen stattgegeben werden.

C. Ist eine Personenvereinigung usw. Inhaber eines Hauptanschlusses (§ 11), so gelten Nebenanschlüsse für einzelne Personen usw., die an der Vereinigung beteiligt sind, nicht als Nebenanschlüsse Dritter."

25 S. Anlage unter B 4 (S. 385).

26 AusfBest: „A. Innerhalb des Anschlußbereichs der ON mit mehreren VSt sind Nebenstellen auch dann keine Ausnahme-Nebenstellen, wenn sie nicht im Anschlußbereich der VSt ihres Hauptanschlusses liegen.

B. Zweitnebenstellen an Ausnahme-Nebenstellen werden nur zugelassen, wenn sie mit der Ausnahme-Nebenstelle oder der Hauptstelle in demselben Anschlußbereich liegen.

C. Wenn an Ausnahme-Nebenstellen noch zweite Apparate oder Zweitnebenstellen angeschaltet sind, ist die Gebühr für den Ausfall an Gesprächsgebühren nur einmal zu erheben.

D. Werden Ausnahme-Nebenanschlüsse bei der Änderung von Anschlußbereichen ohne Änderung ihrer Leitungsführung zu Regel-Nebenanschlüssen *, so wird bei Nebenanschlüssen, die innerhalb der letzten fünf Jahre eingerichtet worden sind und für die nach den früheren Bestimmungen ein Kostenzuschuß entrichtet worden ist, dem Inhaber für jeden an dem Zeitraum von fünf Jahren fehlenden Monat ein Sechzigstel des Kostenzuschusses zurückgezahlt. Der Kostenzuschuß wird mit dem Betrag berücksichtigt, der nach den Bestimmungen der FO vom 21. 6. 1924 PABl. S. 371) § 5 IV Abs. 4 Ziff. 1 zu zahlen gewesen wäre.

E. Die Herstellung privater Ausnahme-Nebenanschlüsse ist zulässig. Bei privaten Ausnahme-Nebenanschlüssen wird für den Ausfall an Ferngesprächsgebühren der monatliche Pauschbetrag nach § 5 V ebenfalls erhoben."

§ 6.

Querverbindungen[1].

I Unmittelbare Leitungen zwischen Hauptstellen von Nebenstellenanlagen (§ 5 I Abs. 2) sind Querverbindungen *. Sie werden in der Regel nur zwischen Nebenstellenanlagen im Anschlußbereich desselben Ortsnetzes zugelassen. Querverbindungen dürfen mit Amtsleitungen zur Führung von Gesprächen mit dem öffentlichen Netze nur zusammengeschaltet werden, wenn sich daraus für den Betrieb keine Schwierigkeiten ergeben. Eine Zusammenschaltung mit Amtsleitungen ist jedoch nicht zulässig und durch technische Einrichtungen zu verhindern bei einer Nebenstellenanlage, deren Inhaber zur Anmeldung dringender Staats- oder dringender Pressegespräche (§ 17 VII) berechtigt ist, es sei denn, daß auch der Inhaber der anderen Nebenstellenanlage das gleiche Recht besitzt.

II Die Querverbindungen werden, abgesehen von den Ausnahmen unter III und IV, von der DRP für eigene Rechnung hergestellt und instandgehalten. Sie sind Eigentum der DRP und werden den Teilnehmern nur zur Benutzung überlassen (posteigene Querverbindungen *).

III Querverbindungen, durch die teilnehmereigene Nebenstellenanlagen auf demselben Grundstück zusammengeschlossen werden, können nach Maßgabe der Bestimmungen in § 5 II B teilnehmereigene Querverbindungen * werden.

IV Die Teilnehmer können zwischen privaten Nebenstellenanlagen auf demselben Grundstück Querverbindungen auch durch Unternehmer unter den gleichen Bedingungen wie für private Nebenanschlüsse

(§ 5 II zu C) herstellen und instandhalten lassen (private Querverbindungen *)[2]. Für private Querverbindungen werden keine Gebühren erhoben.

V Bei posteigenen und teilnehmereigenen Querverbindungen werden monatlich folgende Gebühren erhoben:

	RM
1. für den Ausfall[3] an Gesprächsgebühren für jede Querverbindung ein Pauschbetrag von	10,00.
Er wird den Inhabern der Nebenstellenanlagen je zur Hälfte angerechnet. Er wird nicht erhoben, wenn die unmittelbar verbundenen Nebenstellenanlagen auf demselben Grundstück liegen;	
2. für die Querverbindungsleitung für je 100 m der Luftlinienentfernung zwischen den Hauptstellen der Nebenstellenanlagen	
a) bei posteigenen Querverbindungen	0,50,

b) bei teilnehmereigenen Querverbindungen ein Drittel der Gebühr unter a.

Die Gebühr wird den Inhabern der Nebenstellenanlagen je zur Hälfte angerechnet;

3. für die durch posteigene oder teilnehmereigene Querverbindungen belegten Anschlußorgane und Linienwählerleitungen
   a) in posteigenen Nebenstellenanlagen die gleichen Gebühren wie bei Nebenanschlüssen (§ 5 III zu A),
   b) in teilnehmereigenen Nebenstellenanlagen ein Drittel der Gebühren unter a.

VI 1. Ausnahmsweise werden posteigene Querverbindungen auch zwischen den Hauptstellen von

Nebenstellenanlagen in den Anschlußbereichen verschiedener Ortsnetze zugelassen (Ausnahme-Querverbindungen ✱)[4], wenn die Antragsteller ein dringendes wirtschaftliches Bedürfnis nachweisen. Die DRP kann die Herstellung von Ausnahme-Querverbindungen ablehnen, wenn die Ortsnetze, in deren Anschlußbereichen die zu verbindenden Hauptstellen der Nebenstellenanlagen liegen, in der Luftlinie mehr als 25 km voneinander entfernt sind.

2. Ausnahme-Querverbindungen dürfen nur zum Austausch von persönlichen und geschäftlichen Nachrichten der Inhaber benutzt werden. Die gewerbsmäßige Vermittlung von Nachrichten für Dritte ist unzulässig. Auch darf die Benutzung von Ausnahme-Querverbindungen Dritten weder gegen Bezahlung noch unentgeltlich gestattet werden.

VII Bei Ausnahme-Querverbindungen werden erhoben

a) ein einmaliger Kostenzuschuß für die Leitung. Er wird nach der Entfernung zwischen den beiden Hauptstellen der Nebenstellenanlagen bemessen und beträgt für je 100 m bei einer Entfernung

	RM
bis zu 15 km einschließlich	15
von mehr als 15 bis zu 50 km einschließlich	35
von mehr als 50 km	50.

Die Entfernungen bis zu 100 km werden nach der Luftlinie zwischen den Hauptstellen der beiden Nebenstellenanlagen gemessen. Im übrigen gelten die nach § 17 II für Ferngesprächsverbindungen festgesetzten Entfernungen zwischen den Ortsnetzen, in deren Anschlußbereichen die Hauptstellen der Nebenstellenanlagen liegen;

b) für den Ausfall[3] an Ferngesprächsgebühren ein monatlicher Pauschbetrag für jede Querverbindung; er beträgt bei Entfernungen

	RM
bis zu 5 km	10
von mehr als	
5 bis zu 15 km einschl.	30
15 „ „ 25 „ „	90
25 „ „ 50 „ „	210
50 „ „ 75 „ „	360
75 „ „ 100 „ „	500
100 „ „ 200 „ „	1000

über 200 km für je 100 km 200 RM mehr. Maßgebend ist die nach § 17 II für Ferngesprächsverbindungen festgesetzte Entfernung zwischen den Ortsnetzen, in deren Anschlußbereichen die Hauptstellen der Nebenstellenanlagen liegen. Der Pauschbetrag wird den Inhabern der Nebenstellenanlagen je zur Hälfte angerechnet.

c) Neben den Gebühren unter a und b werden die Gebühren nach V Ziff. 2a und 3 erhoben, doch werden die Leitungen nach den Bestimmungen unter a gemessen.

VIII Ausnahme-Querverbindungen, durch die mehr als 25 km voneinander entfernte Hauptstellen von Nebenstellenanlagen verbunden sind, werden auf eine Mindestdauer von 5 Jahren überlassen. Fällt das Ende der Mindestdauer nicht mit dem Ablauf eines Kalendermonats zusammen, so endet sie mit seinem Ablauf. Die DRP ist jedoch berechtigt, solche Ausnahme-Querverbindungen schon vorher zum Ende eines Kalendermonats unter Einhaltung einer Frist von einem Monat zu kündigen, wenn dies aus zwingenden Betriebsgründen oder mit Rücksicht auf das öffentliche Wohl geboten ist[5]. In diesem Falle wird demjenigen, der den Kostenzuschuß geleistet hat, für jeden Monat, der an der Mindestdauer fehlt, ein Sechzigstel des Kostenzuschusses zurückgezahlt. In gleicher Weise kann die DRP verfahren, wenn die Voraussetzungen des § 27 VI gegeben sind. In allen anderen Fällen findet eine Rückzahlung nicht statt.

1 AusfBest: „A. Als Regel-Querverbindungen ✱ gelten Querverbindungen, die im Anschlußbereich desselben ON liegende Hauptstellen von Nebenstellenanlagen verbinden; an welche VSt dieses ON die Amtsleitungen geführt sind, ist ohne Einfluß. Dagegen gelten Querverbindungen auch dann als Ausnahme-Querverbindungen (§ 6 VI), wenn die Hauptstellen der Nebenstellenanlagen zwar an VSt desselben ON angeschlossen sind, aber in den Anschlußbereichen verschiedener ON liegen; dies ist möglich, wenn an eine oder an beide Nebenstellenanlagen nur Ausnahme-Hauptanschlüsse herangeführt sind.

B. Das Anschalten von Hausstellen an Regel- oder Ausnahme-Querverbindungen ist zulässig, wenn auf der anderen Seite der Querverbindung Nebenstellen, Hausstellen oder Querverbindungen angeschaltet werden, aber unzulässig, solange an der anderen Seite Amtsleitungen angeschaltet sind.

C. Regel- und Ausnahme-Querverbindungen dürfen auf eine dem Inhaber der Nebenstellenanlage gehörende Hausanlage geschaltet werden, wenn diese mit der Hauptstelle der Nebenstellenanlage auf demselben Grundstück (§ 5 II zu B 1) liegt und wenn Nebenstellen über Rückfrageleitungen — bei privaten Nebenstellenanlagen auch in anderer Weise — mit der Querverbindung verbunden werden können.

D. Das Zusammenschalten von Regel-Querverbindungen mit anderen Regel-Querverbindungen ist allgemein zulässig. Über das Zusammenschalten von Regel-Querverbindungen mit Ausnahme-Querverbindungen s. § 6 VI.

E. Unmittelbare Verbindungen ✱ sind Leitungen zwischen

zwei Sprechstellen des öffentlichen Netzes, deren Weiterverbindung nur bei der einen Sprechstelle möglich, bei der anderen aber technisch verhindert ist; sie gelten nicht als Querverbindungen. Unmittelbare Verbindungen zwischen zwei Nebenstellen sind unzulässig. Für die unmittelbaren Verbindungen gelten sinngemäß die Bestimmungen im § 6 II, III und IV; für posteigene unmittelbare Verbindungen zwischen privaten Sprechstellen gilt außerdem § 5 II zu C 2.

F. Bei unmittelbaren Verbindungen sind für die posteigenen oder teilnehmereigenen Rückfrageleitungen, für die Mehrfachanschluß- oder Reihenapparate bei Haupt- oder Nebenstellen, für die belegten Anschlußorgane usw. die bestimmungsmäßigen Gebühren zu entrichten. Die Gebühren werden dem Teilnehmer angerechnet, bei dem sich die gebührenpflichtigen Einrichtungen befinden. Die Leitungsgebühr wird in der Regel den Inhabern der verbundenen Anlagen je zur Hälfte angerechnet, auf Wunsch kann sie aber von einem der beiden Inhaber erhoben werden."

2 AusfBest: „Unmittelbare Leitungen zwischen der Hauptstelle einer Nebenstellenanlage und einer privaten Hausvermittlungsstelle oder zwischen zwei Hausvermittlungsstellen sind, wenn wenigstens auf einer Seite Nebenstellen unmittelbar oder mittelbar (Abs. 1) angeschaltet werden können, Hausquerverbindungen ✱. Hausquerverbindungen sind künftig auch alle Querverbindungen, die nach AB 3 zur FO § 6 I auf eine dem Inhaber der Nebenstellenanlage gehörige Hausanlage geschaltet sind. Hausquerverbindungen, die die Grenze eines Grundstücks nicht überschreiten, müssen stets privat sein. Hausquerverbindungen zwischen verschiedenen Grundstücken können posteigen oder privat sein. Liegen die Grundstücke in verschiedenen ON, so gelten die Verbindungen als posteigene oder private Ausnahme-Hausquerverbindungen, auf die auch die Bestimmung der FO § 6 VI 2 Anwendung findet. Für posteigene Hausquerverbindungen nach Abs. 3b werden die Gebühren für Regel- oder Ausnahme-Querverbindungen nach FO § 6 erhoben. Soweit nach den Bestimmungen in FO § 6 VII die Lage der Hauptstelle für die Ermittlung der Entfernungen maßgebend ist, wird bei Ausnahme-Hausquerverbindungen, die auf der einen

Seite oder auf beiden Seiten an eine Hausvermittlungsstelle führen, deren Lage berücksichtigt."

3 AusfBest: „Die Gebühren für den Ausfall an Gesprächsgebühren werden auch bei solchen Regel- oder Ausnahme-Querverbindungen erhoben, bei denen an Stelle der posteigenen Querverbindungsleitungen private Abzweigungen von Hochfrequenzeinrichtungen benutzt werden (AB 3a zu § 6 I).

Die Gebühren für den Ausfall an Gesprächsgebühren und für die Querverbindungsleitung können auf Wunsch auch einem der beiden Inhaber der Nebenstellenanlagen in voller Höhe angerechnet werden."

4 AusfBest: „A. Für die Zulassung von Ausnahme-Querverbindungen sind die OPD zuständig, wenn die ON, in denen die Nebenstellenanlagen liegen, nicht weiter als 25 km (§ 17 II) voneinander entfernt sind. Bei größeren Entfernungen und in allen Fällen, in denen Adern von Fernkabeln benutzt werden, ist die Genehmigung des RPM einzuholen.

B. Nebenanschlüsse Dritter müssen vor Inbetriebnahme einer Ausnahme-Querverbindung beseitigt werden (§ 5 I 3), es sei denn, daß die Zusammenschaltung des Nebenanschlusses mit der Ausnahme-Querverbindung technisch verhindert wird.

C. Das Zusammenschalten von Ausnahme-Querverbindungen mit Regel-Querverbindungen ist zulässig, wenn die durch die letzteren verbundenen Nebenstellenanlagen denselben Inhaber haben. Ist dies nicht der Fall, so dürfen die Querverbindungen nur mit Genehmigung des RPM zusammengeschaltet werden.

D. Das Zusammenschalten von Ausnahme-Querverbindungen mit anderen Ausnahme-Querverbindungen kann ausnahmsweise gestattet werden, wenn die Antragsteller ein dringendes wirtschaftliches Bedürfnis nachweisen. Für die Genehmigung sind die OPD zuständig, wenn sie für die Herstellung einer unmittelbaren Ausnahme-Querverbindung zwischen den verbundenen Nebenstellenanlagen nach Abs A zuständig wären, sonst ist das RPM zuständig. Ergibt sich bei zwei Nebenstellenanlagen, die durch Zusammenschalten von Ausnahme-Querverbindungen miteinander verkehren können, daß für eine unmittelbare Querverbindung zwischen ihnen ein höherer Pauschbetrag für den Ausfall an Gesprächsgebühren zu entrichten wäre, als insgesamt für die zusammengeschalteten Querverbindungen zu zahlen ist, so wird für diese Querverbindungen insgesamt der höhere Pauschbetrag erhoben."

5 AusfBest: „Bei Ausnahme-Querverbindungen ist für die Entlassung des Inhabers aus dem Vertrag vor Ablauf der Mindestdauer die OPD zuständig. Für die Berechnung des bei vorzeitiger Aufhebung von Querverbindungen zurückzuzahlenden Betrags sind die von dem Inhaber wirklich geleisteten Kostenzuschüsse zugrunde zu legen."

§ 7.

Anschlußdosen.

I Bei den Haupt- und Nebenanschlüssen werden an Stelle der mit den Leitungen fest verbundenen Sprechapparate Anschlußdosen zur Einschaltung tragbarer Apparate zugelassen. Hauptanschlüsse mit Anschlußdosen müssen mit einem besonderen Wecker ausgerüstet sein. Die Haupt- oder Nebenanschlußleitung endigt an der ersten Anschlußdose. Die Zahl der zu einem Haupt- oder Nebenanschluß gehörigen Anschlußdosen ist nicht beschränkt, doch müssen sie sich in demselben Gebäude befinden.

II Die Anschlußdosenanlagen werden, abgesehen von den Ausnahmen unter III und IV, von der DRP für eigene Rechnung hergestellt und instandgehalten. Sie sind Eigentum der DRP und werden den Teilnehmern nur zur Benutzung überlassen (posteigene Anschlußdosenanlagen[1] ✱).

III In teilnehmereigenen Nebenstellenanlagen (§ 5 II zu B) müssen Anschlußdosenanlagen teilnehmereigen sein (teilnehmereigene Anschlußdosenanlagen ✱).

IV Bei privaten Sprechstellen (§ 5 II zu C) müssen

Anschlußdosenanlagen privat sein (private Anschlußdosenanlagen *).

[2]V A. Bei posteigenen Anlagen werden monatlich folgende Gebühren erhoben:

		RM
1.	für jede Anschlußdose	0,15;
2.	für je 100 m jeder Anschlußdosenlinie[3] .. Maßgebend für die Gebührenberechnung ist die Summe der Luftlinienentfernungen zwischen den einzelnen Anschlußdosen;	0,50.
3.	für jeden tragbaren Apparat[4] gewöhnlicher Bauart, der nicht gleichzeitig als Hauptstellenapparat benutzt wird	1,40;
4.	für jeden mit der Anschlußdosenanlage verbundenen besonderen Wecker[5] die Gebühren nach § 8 V zu A Ziffer 8 oder 9.	

B Bei teilnehmereigenen Anlagen wird für die Instandhaltung ein Drittel der Gebühren unter A erhoben.

C Bei privaten Anlagen wird für jedes mit einer privaten Anschlußdosenlinie verbundene Anschlußorgan die Gebühr für einen privaten Nebenanschluß nach § 5 III zu C Ziffer 1 erhoben[6].

1 AusfBest: „Über die käufliche Überlassung gekündigter Anschlußdosen an den Teilnehmer s. § 9 Anm. 3."

2 AusfBest: „Für Schiffsanschlüsse mit Anschlußdosen an den Hafenanlagen werden die bestimmungsmäßigen Gebühren erhoben. Über den Kostenzuschuß und die Mehrkosten der Instandhaltung für Apparate besonderer Bauart s. § 10 III. Die Anbringung eines besonderen Weckers an der Anschlußdose ist bei Schiffsanschlüssen nicht erforderlich."

3 AusfBest: „A. Unter der Anschlußdosenlinie * ist die Leitungsanlage zwischen den zu demselben Haupt- oder Nebenanschluß gehörenden Anschlußdosen zu verstehen. Die bestimmungsmäßige Gebühr wird ohne Rücksicht auf die Zahl der Drähte er-

hoben. Über die Messung der Entfernungen s. § 4 IV. Für jede Anschlußdosenlinie sind mindestens 100 m anzusetzen.

B. Für Anschlußdosenanlagen mit nur einer Anschlußdose (§ 7 I) ist die Gebühr für die Anschlußdosenlinie nicht zu erheben."

4 AusfBest: „A. Als tragbare Apparate dürfen bei Hauptstellen nur vollständige Tischapparate benutzt werden; bei Nebenstellen können auch Brustmikrophone mit Kopffernhörer und Handapparate Verwendung finden. In besonders begründeten Fällen kann einem Teilnehmer für dieselbe Sprechstelle ein zweiter tragbarer Apparat geliefert werden; die gleichzeitige Einschaltung mehrerer Apparate in dieselbe Anschlußdosenanlage ist jedoch unzulässig. In posteigene Anschlußdosenanlagen dürfen nur posteigene, in teilnehmereigene Anschlußdosenanlagen nur teilnehmereigene Apparate eingeschaltet werden. Bei Zuwiderhandlungen ist nach § 28 II zu b und c zu verfahren.

B. Bei Nebenstellen mit tragbarem Apparat wird die laufende Gebühr für eine Nebenstelle nach § 5 III zu A Ziff. 1a neben der Gebühr für den tragbaren Apparat nicht erhoben. Werden bei Nebenstellen Handapparate oder Brustmikrophone mit Kopffernhörer als tragbare Apparate verwendet, so sind für den tragbaren Apparat an Stelle der Gebühr für eine Nebenstelle nach § 7 V zu A Ziff. 3 die Gebühren für Zusatzeinrichtungen nach § 8 V zu A Ziff. 5 oder 7 zu erheben. Zweite tragbare Apparate, die ausnahmsweise bei Nebenstellen verwendet werden, gelten als Zusatzeinrichtungen, für die Gebühren nach § 8 V Ziff. 4, 5 oder 7 zu entrichten sind, je nachdem, ob gewöhnliche Apparate, Brustmikrophone mit Kopffernhörer oder Handapparate verwendet werden. Über die Apparatbeiträge s. § 9 II Ziff. 2a und 6.

C. Es ist zulässig, in Nebenstellenanlagen, deren Nebenanschlüsse mit Anschlußdosen und tragbaren Apparaten ausgerüstet sind, weniger tragbare Apparate zu verwenden, als Anschlußdosenanlagen vorhanden sind. In diesem Falle sind die Gebühren nach § 7 V zu A Ziff. 3 nur für die wirklich vorhandenen tragbaren Apparate zu entrichten.

D. Eine Anschlußdosenanlage kann auch an die Stelle eines mit Wechselschalter angeschlossenen zweiten Sprechapparats treten;

die Bestimmung im § 7 I Satz 2 (besonderer Wecker) und § 8 V zu A Ziff. 4 gelten auch für diesen Fall. Die Leitung zwischen dem Wechselschalter und der ersten Anschlußdose gilt als Leitung einer Zusatzeinrichtung, für die eine Gebühr nur erhoben wird, wenn es sich um eine Außenleitung oder um eine Leitung nach einem anderen Grundstück handelt (§ 8 V zu A Ziff. 18)."

5 AusfBest: „Auch der bei Hauptanschlüssen mit Anschlußdosen stets erforderliche besondere Wecker ist gebührenpflichtig."

6 AusfBest: „Die Gebühr wird bei privaten Anlagen mit Schalteinrichtung (§ 7 I) nur für die Anschlußorgane berechnet, die mit den von der Schalteinrichtung kommenden Leitungen belegt sind."

§ 8.

Zusatzeinrichtungen.

I Einrichtungen, die über die von der DRP festgesetzte Regelausstattung der Anschlüsse hinausgehen, sind Zusatzeinrichtungen *. Sie sind für gewöhnlich nur auf dem Grundstück der Sprechstelle zulässig, zu der sie gehören. Auf anderen Grundstücken werden sie nur zugelassen, wenn Betriebsschwierigkeiten daraus nicht zu befürchten sind.

II Die Zusatzeinrichtungen werden, abgesehen von den Ausnahmen unter III und IV, von der DRP für eigene Rechnung hergestellt und instandgehalten. Sie sind Eigentum der DRP und werden den Teilnehmern nur zur Benutzung überlassen (posteigene Zusatzeinrichtungen *).

III In teilnehmereigenen Nebenstellenanlagen (§ 5 II zu B) müssen Zusatzeinrichtungen teilnehmereigen sein (teilnehmereigene Zusatzeinrichtungen *).

IV Bei privaten Sprechstellen (§ 5 II zu C) müssen Zusatzeinrichtungen privat sein (private Zusatzeinrichtungen *).

V A. Bei posteigenen Zusatzeinrichtungen[1] werden monatlich folgende Gebühren erhoben:

		RM
1.	für einen Wechselschalter[2] (Schalter mit zwei Doppelkontakten)	0,10;
2.	für einen zweiten Fernhörer gewöhnlicher Art[3]	0,15;
3.	für einen Kopffernhörer	0,20;
4.	für einen mit Wechselschalter angeschlossenen zweiten Sprechapparat[4] gewöhnlicher Art neben der Gebühr unter Ziffer 1	1,40;
5.	für ein Brustmikrophon mit Kopffernhörer	0,50;
6.	für eine zweite Hörvorrichtung am Kopffernhörer	0,15;
7.	für einen Handapparat (Mikrotelephon)	0,40;
8.	für einen kleinen Wecker	0,20;
9.	für einen großen Wecker	0,50;
10.	für eine Fallscheibe (Klappenrelais)	0,20;
11.	für einen besonderen Kurbelinduktor	0,40;
12.	für eine Rufstromeinrichtung (Polwechsler oder besondere Rufstromleitung)	1,00;
13.	für einen Ticker (Vorrichtung in einer Nebenstellenanlage, die anzeigt, ob bei der Hauptstelle mitgehört wird)	0,40;
14.	für einen Summer, der in Linienwählerleitungen von Reihenanlagen anzeigt, daß ein Nebenanschluß mit gewöhnlichem Apparat (Außennebenanschluß) oder eine Querverbindung besetzt ist	0,20;
15.	für Mithöreinrichtungen (einschließlich etwaiger besonderer Sperrzeichen in der Mithörstelle), für jede Stelle und für jede Leitung	0,20;

16. für je 2 m Leitungsschnur, soweit die Schnurlänge 2 m übersteigt, für je 5 Adern oder einen Teil davon .... *RM* 0,05;
17. für die Stromversorgung[5] von Weckern, die an Fallscheiben angeschlossen sind, die vollen Kosten;
18. für die Leitung nach Zusatzeinrichtungen auf einem anderen Grundstück als dem der Sprechstelle, zu der sie gehören, oder für Außenleitungen auf dem Grundstück der Sprechstelle die Gebühren nach § 5 III zu A Ziffer 2 oder 4c.

B Bei teilnehmereigenen Zusatzeinrichtungen wird für die Instandhaltung ein Drittel der Gebühren nach A Ziffer 1 bis 16 und Ziffer 18 erhoben; die Kosten nach A Ziffer 17 sind voll zu entrichten.

C Für private Zusatzeinrichtungen werden keine Gebühren erhoben.

1 Endverstärker für Sprechstellen, Benaudi-Endverstärker, Kassiervorrichtungen an Nebenstellen, Drehschauzeichen, zweite Nummernscheiben, Starkstromanschalterelais mit Fallscheibe, Starkstromwecker, Glühlampen, Hupen, Telegraphone, Lautsprecher (bei Nebenstellen).

2 Flackertasten bei SA-Nebenstellen gelten als Wechselschalter.

3 Dosenfernhörer (ohne Stiel): 0,10 *RM*.

4 AusfBest: „A. Ein mit einem Wechselschalter angeschlossener zweiter Sprechapparat ist keine Nebenstelle, sondern eine Zusatzeinrichtung; sie erfüllt nicht den Zweck einer Nebenstelle, weil der zweite Sprechapparat mit dem Apparat der Hauptstelle nicht verkehren kann. Werden zweite Sprechapparate beantragt, so ist der Teilnehmer auf die beschränkte Verwendungsmöglichkeit aufmerksam zu machen. Ist die Benutzung des ersten und zweiten Sprechapparates so geregelt, daß während einer Verbindung mit dem Amte ein Apparatwechsel notwendig werden kann, so ist der zweite

Sprechapparat nur zulässig, wenn der Teilnehmer ein besonderes Bedürfnis nachweist und dem Bedürfnis ohne erhebliche Aufwendungen anders nicht genügt werden kann.

B. Über die Verwendung von Anschlußdosenanlagen an Stelle zweiter Sprechapparate s. § 7 V zu A Ziff. 3.

C. Gewöhnliche Tischapparate, die ausnahmsweise als zweite Abfrageapparate benutzt werden sollen (vgl. zu § 4 I 3), gelten als zweite Sprechapparate. Sie sind in der Regel mit Schnur und Stöpsel auszurüsten; der Stöpsel gilt als Wechselschalter. Sind bei der Abfragestelle genügend freie Anschlußorgane vorhanden, so kann der zweite Abfrageapparat auch mit einem Anschlußorgan verbunden werden; dann gilt das Anschlußorgan als Wechselschalter."

5 Nach Wahl vom Teilnehmer selbst zu übernehmen.

§ 9.

Einrichtungskosten und Apparatbeiträge.

I Bei der Herstellung von posteigenen[1] Teilnehmereinrichtungen werden die Selbstkosten für Arbeiten und Baustoffe in Rechnung gestellt, die der DRP beim Teilnehmer durch die Herstellung der Einführungen und Innenleitungen sowie durch die Anbringung der Apparate erwachsen — Einrichtungskosten —. Wie die Selbstkosten zu berechnen sind, bestimmt die DRP[2].

II Neben den Einrichtungskosten (I) wird für die Apparate bei der Sprechstelle und bei der Vermittlungsstelle ein fester einmaliger Beitrag erhoben — Apparatbeitrag —. Der Apparatbeitrag beträgt

	RM
1. für jeden Hauptanschluß	50;
2. bei Nebenstellenanlagen	
a) für jede Nebenstelle	20,
b) für jedes belegte Anschlußorgan, abge-	

sehen von denen, die bei der Hauptstelle durch Amtsleitungen belegt werden,

bei Handbetrieb der Nebenstellenanlage — RM

für das 1. bis 20. Anschlußorgan 20,

für das 21. bis 30. Anschlußorgan 15,

für jedes weitere Anschlußorgan .. 10,

bei Selbstanschlußbetrieb der Nebenstellenanlage 80;

3. bei Sprechstellen mit Mehrfachanschlußapparat neben der Gebühr unter Ziffer 1 oder 2a für jeden Mehrfachanschlußapparat

a) für 2 Leitungen 5,

b) „ 3 „ 20;

4. bei Reihenanlagen neben der Gebühr unter Ziffer 1 oder 2

a) für jeden Reihenapparat, der eingerichtet ist

für 1 Amtsleitung 25,

„ 2 Amtsleitungen 40,

„ 3 „ 60,

„ 4 bis 6 Amtsleitungen 70,

b) für jede Linienwählerleitung, die mit der Leitung einer nicht in Reihe geschalteten Nebenstelle oder mit einer Querverbindung belegt ist, ein Zuschlag zu der Gebühr nach Ziffer 2b von 8;

5. bei Anschlußdosenanlagen neben der Gebühr für die Sprechstelle nach Ziffer 1 oder 2a für jede Anschlußdose 1;

6. bei Zusatzeinrichtungen (§ 8 V zu A)

a) für einen Wechselschalter 0,50,

		RM
b)	für einen zweiten Fernhörer gewöhnlicher Art	3,
c)	für einen Kopffernhörer	4,
d)	„ „ zweiten Sprechapparat	20,
e)	für ein Brustmikrophon mit Kopffernhörer	15,
f)	für eine zweite Hörvorrichtung am Kopffernhörer	2,
g)	für einen Handapparat	8,
h)	„ „ kleinen Wecker	2,
i)	„ „ großen „	8,
k)	„ eine Fallscheibe	6,
l)	„ einen besonderen Kurbelinduktor	10,
m)	„ eine Rufstromeinrichtung	25,
n)	„ einen Ticker	8,
o)	„ „ Summer	2,
p)	„ Mithöreinrichtungen für jede Stelle und für jede Leitung	8,
q)	für jedes volle oder angefangene Meter Leitungsschnur, soweit die Schnurlänge 2 m übersteigt, bei Leitungsschnüren mit nicht mehr als 5 Adern	0,30,
	mit mehr als 5 Adern für je 5 Adern oder einen Teil davon	0,20

III Der Teilnehmer erwirbt durch die Zahlung der Einrichtungskosten und des Apparatbeitrags kein Eigentumsrecht an den Einrichtungen[3].

1 Wegen der Kosten für teilnehmereigene Einrichtungen s. § 5 II zu B.

2 Die Sätze für persönliche Selbstkosten wechseln häufig; Bekanntgabe im PABl.; wegen der sächlichen Selbstkosten s. § 5 II zu B 1.

3 AusfBest: „Im Falle der Kündigung von Fernsprechein-

richtungen können die Einführungen und Innenleitungen einschließlich der in Zimmerleitungskabeln und Reihenkabeln eingeschalteten Lötösenstreifen, Abzweigkasten und sonstigen Verteilereinrichtungen, für die nach § 9 I die Kosten zu erstatten sind, dem Teilnehmer auf Wunsch ohne Kostenanrechnung überlassen werden. In Anschlußdosenlinien können auch die Anschlußdosen und bei Kabeln, die von der Hauptstelle unmittelbar nach Nebenstellen in anderen Gebäuden führen, auch die auf Kosten der DRP hergestellten Kabelstücke (§ 9 I) gegen Erstattung des Zeitwerts abgegeben werden. Der für die Anschlußdosen gezahlte Apparatbeitrag wird dabei nicht gutgerechnet." Wegen Berechnung des Zeitwerts s. § 5 Anm. 15.

§ 10.

Zuschläge für Leitungen außerhalb des 5-km-Kreises und Kostenzuschüsse für besonders kostspielige Leitungen und technische Einrichtungen.

I Bei Hauptanschlüssen, die sich über den 5-km-Kreis der Vermittlungsstelle[1], an die sie herangeführt sind, hinaus erstrecken, wird für die außerhalb des 5-km-Kreises liegende Leitung ein Zuschlag erhoben. Er wird nach der Luftlinienentfernung zwischen der Vermittlungsstelle und der Hauptstelle bemessen und beträgt für je 100 m der überschießenden Entfernung monatlich 0,50 *RM*.

II 1 Für Leitungen auf dem Grundstück der Sprechstelle, deren Herstellung infolge örtlicher Verhältnisse[2] oder infolge von Sonderwünschen[3] des Teilnehmers gegenüber den für gewöhnlich aufzuwendenden Beträgen Mehrkosten verursacht, hat der Teilnehmer einen einmaligen Kostenzuschuß in Höhe der Mehrkosten zu entrichten[4]. Für Leitungen außerhalb des Grundstücks der Sprechstelle hat der Teilnehmer einen Kostenzuschuß nur dann zu zahlen, wenn bei Herstellung der

Leitungen außergewöhnliche Geländeschwierigkeiten, z. B. hohe Berge, Seen, breite Flüsse, zu überwinden oder zu umgehen sind; in diesem Falle hat er außerdem die Mehrkosten der Instandhaltung zu erstatten.

2 Müssen zur Herstellung einer Leitung mehr als fünf Stangen neu aufgestellt werden, so haben die Antragsteller als Zuschuß zu dem Aufwand für die neue Linie die Kosten für die Stangen und ihre Aufstellung zu ersetzen[5]. Die ersten fünf Stangen bleiben außer Ansatz. Der Teilnehmer erwirbt durch die Zahlung des Zuschusses kein Eigentumsrecht an den Stangen und keinen Anspruch auf volle oder anteilmäßige Erstattung des Kostenzuschusses im Falle der Aufhebung seiner Anlagen oder im Falle der Mitbenutzung des Gestänges für andere Leitungen.

III Für technische Einrichtungen, deren Beschaffung[6] infolge ihrer von der Regelausstattung abweichenden Bauart Mehrkosten verursacht, hat der Teilnehmer einen einmaligen Kostenzuschuß in Höhe der Mehrkosten zu zahlen; außerdem hat er die Mehrkosten der Instandhaltung[7] zu erstatten.

1 Als BSt gelten auch die HilfsA in Ortsnetzen mit Selbstanschlußbetrieb; s. § 2 Anm. 5.

2 Z. B. schwer zu öffnendes Pflaster, Mauern von besonderer Stärke, weite Umwege, besondere Vorkehrungen zum Schutze gegen Starkstromanlagen.

3 Z. B. unterirdische Leitungsführung statt oberirdischer.

4 Nur für Herstellung, nicht auch Unterhaltung.

5 Teilzahlungen gestattet.

6 Bleiben Eigentum der DRP.

7 Monatlich 1 v. H. des Kostenzuschusses.

§ 11.

Fernsprechteilnehmer.

Fernsprechteilnehmer, d. h. Inhaber von Hauptanschlüssen, können sein: natürliche[1] und juristische Personen, Handelsgesellschaften, auch soweit sie nicht juristische Personen sind, öffentliche Behörden und Anstalten des öffentlichen Rechtes sowie nichtrechtsfähige Personenvereinigungen (z. B. nicht eingetragene Vereine, Gesellschaften nach dem BGB), die einen außerhalb der Benutzung der Fernsprechanlagen liegenden Zweck verfolgen. Vereinigungen von Personen, Firmen usw., die sich lediglich in der Absicht zusammentun, Fernsprecheinrichtungen gemeinsam zu benutzen, sind zulässig[2]; Teilnehmer sind in solchen Fällen diejenigen, in deren Räumen sich die Hauptstellen befinden. Der Inhaber eines Hauptanschlusses ist auch Inhaber der damit verbundenen Nebenanschlüsse; Dritte, denen die Inhaber von Hauptanschlüssen Nebenanschlüsse überlassen, sind nicht Teilnehmer[3].

1 Geschäftsfähigkeit nach BGB nicht erforderlich.

2 AusfBest: „Vereinigungen von Personen, Firmen usw., die sich nur in der Absicht zusammentun, Fernsprecheinrichtungen gemeinsam zu benutzen, sind wie folgt zu behandeln:

a) Tun sich Personen usw., in deren Räumen sich keine Sprechstellen befinden, mit einem Teilnehmer zur Mitbenutzung seiner Fernsprecheinrichtungen zusammen, so müssen sie entweder mit dem Teilnehmer gemeinsame Wohn- oder Geschäftsräume innehaben, oder die beiderseitigen Wohn- oder Geschäftsräume müssen so zueinander liegen, daß durch das Herbeirufen der Mitbenutzer keine unverhältnismäßig langen Wartezeiten entstehen. Familienangehörige des Teilnehmers gelten als Mitbenutzer im Sinne des § 11 nur, wenn sie einen selbständigen Beruf ausüben oder ein selbständiges Geschäft haben. Auf Antrag des Teilnehmers werden die Mitbenutzer unter ihrem

Namen kostenpflichtig in das amtliche Fernsprechbuch eingetragen (§ 14 II Abs. 2 und III Abs. 2), weitere Eintragungen sind für diese jedoch nicht zulässig. Die Eintragung von Mitbenutzern, die aus einem früheren Teilnehmerverhältnis noch Gebühren schulden, ist abzulehnen.

b) Tun sich die Inhaber eines oder mehrerer Hauptanschlüsse zusammen, um eine Nebenstellenanlage gemeinsam zu betreiben, so haben sie sich schriftlich zu verpflichten, für alle aufkommenden Gebühren als Gesamtschuldner (§§ 421 ff. BGB) zu haften. Den Hauptanschlüssen solcher Nebenstellenanlagen sind tunlichst Sammelnummern zu geben. Für Nebenstellen wird der Zuschlag nach § 5 III zu A Ziff. 5, III zu B Ziff. 3 und III zu C Ziff. 3 nur erhoben, wenn sie sich in Wohn- oder Geschäftsräumen anderer Personen als der Inhaber der gemeinsam betriebenen Nebenstellenanlage befinden. Die an die gemeinsam benutzte Nebenstellenanlage herangeführten Hauptanschlüsse werden zur Führung dringender Staats- und dringender Pressegespräche (§ 17 VI) nur zugelassen, wenn sämtliche beteiligten Inhaber der Hauptstellen das Recht zur Führung dieser Gespräche besitzen.

c) In den Fällen unter a und b dürfen die Anrufe des Amtes nur mit der Rufnummer beantwortet werden."

8 AusfBest: „Der Teilnehmer kann die Benutzung seiner Fernsprecheinrichtungen Dritten entgeltlich oder unentgeltlich gestatten; ausgenommen sind nur die Ausnahme-Nebenanschlüsse und Ausnahme-Querverbindungen. Welchen Zuschlag zu den Gesprächsgebühren der Teilnehmer von Dritten erhebt, bleibt der freien Vereinbarung überlassen. Wird den Dienststellen bekannt, daß Hotels, Gaststätten und Geschäfte übermäßig hohe Zuschläge fordern, so ist zu versuchen, die Teilnehmer zu einer Ermäßigung des Zuschlags zu bewegen. In besonderen Fällen von allgemeiner Bedeutung ist an das RPM zu berichten."

§ 12.

Herstellung der Anschlüsse.

I Die Anträge[1] auf Herstellung von Hauptanschlüssen, Nebenanschlüssen und Querverbindungen müssen auf dem vorgeschriebenen Formblatt[1a] eingereicht werden. Werden solche Anträge oder Anträge auf Anbringung von Anschlußdosen oder Zusatzeinrichtungen vor der Übergabe der beantragten Einrichtung zurückgezogen, so hat der Antragsteller der DRP etwa von ihr schon aufgewendete Kosten zu erstatten.

II 1 Wer die Herstellung eines Haupt- oder eines Nebenanschlusses beantragt, hat nach näherer Bestimmung der DRP die schriftliche Genehmigung[2] des Grundstückseigentümers zur Benutzung des anzuschließenden Grundstücks und der darauf befindlichen Gebäude für die Einführung der Leitungen und für die Einrichtung der Sprechstellen beizubringen. Die Genehmigung hat sich auch auf die Anbringung aller zur Herstellung, Instandhaltung und Erweiterung des Telegraphen- und Fernsprechnetzes erforderlichen Vorrichtungen (Gestänge, Stützen, Kabel nebst Zubehör usw.) zu erstrecken. Das Vorliegen der Genehmigung des Eigentümers ist Bedingung für die Herstellung der Anschlüsse[3].

2 Ausbesserungsarbeiten, die in den Innenräumen infolge der Herstellung, Veränderung oder Aufhebung von Fernsprecheinrichtungen erforderlich werden, sind Sache des Teilnehmers.

III Die DRP kann die Herstellung von Anschlüssen von der Vorauszahlung der für das Ortsnetz geltenden Grundgebühr (§ 4 II) für 6 Monate abhängig machen[4]. Ist ein früherer Anschlußinhaber mit seinen Verpflichtungen im Rückstand[5], so wird ihm ein neuer Anschluß erst nach deren Erfüllung gewährt.

IV 1 Die Anträge auf Herstellung neuer und auf Erweiterung bestehender Anschlüsse werden nach bestimmten Bauplänen in der Regel nach der Reihenfolge ihres Eingangs erledigt.

2 Auf Verlangen des Teilnehmers können jedoch Anträge mit Vorrang berücksichtigt werden, wenn der Teilnehmer ein dringendes Bedürfnis nachweist[6]. Für die Berücksichtigung mit Vorrang wird ein Zuschlag in Höhe von 50 v. H. zu den Einrichtungskosten nach § 9 I erhoben, bei Hauptanschlüssen daneben noch eine Gebühr von 40 *RM* für jeden Hauptanschluß[7]. Bei teilnehmereigenen Einrichtungen, die von der DRP selbst hergestellt werden, wird für die Vorrangbehandlung neben den nach § 5 II zu B zu erstattenden Kosten der gleiche Betrag als Zuschlag erhoben, der bei posteigenen Einrichtungen für die Vorrangbehandlung zu zahlen wäre.

V Der Teilnehmer hat kein Recht auf Überlassung von Apparaten einer bestimmten Ausführung.

VI Die Teilnehmer müssen den Beauftragten der DRP, die sich ordnungsmäßig ausweisen, Zutritt zu den Räumen gewähren, in denen sich Fernsprecheinrichtungen für den Teilnehmer befinden[8].

1 „Vom Zeitpunkt der schriftlichen Bestätigung an (Zugang) beginnt das Teilnehmerverhältnis hinsichtlich der beantragten Einrichtungen" (AusfBest). Wegen Errichtung des Teilnehmerverhältnisses durch Übertragung des Anschlusses eines Anderen s. § 13 V, durch Umwandlung von Anschlüssen ebd. II. — Wegen Fälligkeit der Gebühren s. § 25.

1a Verzichtbar (s. PABl. 1930 S. 446).

2 Formblatt vorgeschrieben; sog. „Hausbesitzererklärung", d. i. gewollt-privatrechtlicher Ersatz für das fehlende öffentl. Recht zur Benutzung privater Grundstücke; vgl. § 12 TelWegeG (S. 99).

3 AusfBest: „Das auf Grund einer Hausbesitzererklärung entstehende Vertragsverhältnis ist als Mietvertrag zu behandeln. Danach gehen die Pflichten aus der Hausbesitzererklärung beim

Wechsel im Eigentum gemäß § 571 BGB auf den neuen Eigentümer über. Die von einem Grundstückseigentümer abgegebene Hausbesitzererklärung ist mithin auch für seinen Rechtsnachfolger im Eigentum bindend.

Für den Bereich der früheren preußischen Eisenbahnverwaltung bestehen über die Benutzung der Eisenbahngebäude zur Aufstellung von Leitungsstützpunkten besondere Vereinbarungen; bei der Herstellung von Anschlüssen auf solchen Grundstücken ist keine Hausbesitzererklärung einzufordern. In allen anderen Fällen der Einrichtung von Sprechstellen auf Grundstücken von Behörden muß die Erklärung des Grundstückseigentümers beigebracht werden.

Wenn der Eigentümer eines Grundstücks, auf dem sich ein Anschluß befindet, trotz einer rechtswirksamen Erklärung die unentgeltliche Benutzung des Grundstücks und der darauf befindlichen Gebäude nach Maßgabe der Erklärung verweigert, ist der Anschluß nicht zu kündigen, sondern es ist zunächst zu versuchen, den Eigentümer zur Aufgabe seiner ablehnenden Haltung zu bestimmen. Bleibt das ohne Erfolg, so hat die OPD im Wege der Klage gegen ihn vorzugehen. Wenn aus der Verzögerung Nachteile für die Verwaltung zu befürchten sind, ist eine einstweilige Verfügung nach §§ 940 und 942 ZPO zu erwirken. Sollte dann der Eigentümer sich der Verpflichtung zur Duldung des Gestänges dadurch entziehen, daß er seinen Anschluß kündigt oder die Kündigung der Anschlüsse des Hauses veranlaßt, und sollte die DRP dadurch in die Notwendigkeit gesetzt werden, die Fernsprechlinie auf einem anderen Wege zu führen, so würden neue Anschlüsse auf dem Grundstück nur herzustellen sein, wenn der Grundstückseigentümer die Mehrkosten erstattet, die der DRP durch die anderweitige Führung der Fernsprechlinie erwachsen sind. Ebenso ist zu verfahren, wenn der Eigentümer durch Kündigung der auf seinem Grundstück befindlichen Anschlüsse die Entfernung des auf seinem Gebäude befindlichen Gestänges usw. erzwungen hat und infolgedessen die Fernsprechlinie hat umgelegt werden müssen.

Bereitet der Eigentümer eines Grundstücks, auf dem sich keine Anschlüsse befinden, der Errichtung, der Erweiterung oder dem Fortbestehen von Dachgestängen oder von anderen Anlagen Schwierigkeiten, obgleich die Anlagen auf Grund einer rechtswirksamen

Erklärung auf seinem Grundstück von ihm zu dulden sind, so bleiben die Anlagen in der Regel bestehen, bis der Eigentümer die Kündigung ausgesprochen hat und die Kündigungsfrist abgelaufen ist; neue Anlagen sind indes nur dann anzubringen, wenn das trotz der Möglichkeit einer Kündigung von wirtschaftlichem Vorteil ist. Werden nach Beseitigung der Anlagen später Anschlüsse auf demselben Grundstück verlangt, so ist deren Herstellung nicht von der Erstattung der der DRP erwachsenen Mehrkosten abhängig zu machen.

Die Teilnehmer sind verpflichtet, für die Unterbringung der Fernsprecheinrichtungen geeignete Räume bereitzustellen. Ist diese Bedingung nicht zu erfüllen und müssen deshalb den besonderen Verhältnissen angepaßte Apparate verwendet werden, so wird die Bestimmung in § 10 III über besonders kostspielige Apparate angewandt. Räume, in denen sich Fernsprecheinrichtungen befinden, müssen durch Tageslicht so erhellt sein oder vom Teilnehmer durch künstliche Beleuchtung so erhellt werden, daß Arbeiten an den Fernsprecheinrichtungen jederzeit ohne Schwierigkeit ausgeführt werden können.

Ausbesserungsarbeiten, die bei Arbeiten aus Anlaß der ordnungsmäßigen Instandhaltung, der Erneuerung und der Anpassung der Einrichtungen an die Amtseinrichtungen sowie aus Anlaß der Aufhebung von Einrichtungen auf Grund des § 28 II in den Innenräumen nötig werden, sind ebenfalls Sache des Teilnehmers."

4 Geschieht vorläufig nicht.

5 AusfBest: „Als Verjährungsfrist ist ein Zeitraum von 30 Jahren anzunehmen. Bei Beträgen bis zu 50 *RM* kann die Forderung der DRP nach 2 Jahren als erloschen angesehen werden. Ebenso kann bei höheren Beträgen verfahren werden, wenn die spätere Beitreibung der Rückstände nach sorgfältiger Prüfung der Verhältnisse ausgeschlossen erscheint. Die Einziehungsversuche sind dann einzustellen und die Aufzeichnungen über die rückständigen Verpflichtungen zu beseitigen.

Zu den rückständigen Verpflichtungen gehören nicht die Forderungen der DRP, die bei einem Vergleich im Konkurs- oder Vergleichsverfahren ausgefallen sind, s. AB 11 und 15 zu § 28 IIa."

6 Auch: wenn der Teilnehmer auf Anregung der DRP mit der sofortigen Zuteilung einer kürzlich freigewordenen Rufnummer einverstanden ist.

7 AusfBest: „Anträge auf Wiedereinrichtung von Fernsprecheinrichtungen (§ 27 IX) sind ohne Erhebung der Vorranggebühr mit Beschleunigung auszuführen, soweit sich im Rahmen des Bauplans hierzu die Möglichkeit ergibt.

Billigen Wünschen der Teilnehmer auf Ausführung von Verlegungen oder kleineren Arbeiten zu einem bestimmten Zeitpunkt kann Folge gegeben werden, wenn es ohne erhebliche Benachteiligung anderer Antragsteller möglich ist. Läßt sich ein Antrag auf Verlegung zu einem bestimmten Zeitpunkt nicht ausführen, so ist dafür zu sorgen, daß die Apparate usw. aus den vom Teilnehmer aufgegebenen Räumlichkeiten rechtzeitig entfernt werden. Über die Erstattung oder Nichtanrechnung von laufenden Gebühren für den Fall, daß die Wiedereinrichtung oder Verlegung verspätet erfolgt, s. § 26 zu c und d."

8 Nur „innerhalb der ortsüblichen Geschäftszeit" (AusfBest); vgl. TelWegeG § 12 Abs. 3 (S. 99).

§ 13.

Verlegung, Umwandlung, Austausch und kleinere Arbeiten an den Fernsprecheinrichtungen der Teilnehmer sowie Übertragungen.

I Eine Verlegung ✱ liegt vor, wenn auf Antrag Fernsprecheinrichtungen desselben Teilnehmers oder Teile davon nach einer anderen Stelle in demselben Ortsnetz verbracht werden[1]. Eine Verlegung nach dem Grundstück eines anderen Ortsnetzes ist zulässig, wenn Hauptstellen an ihre bisherige Vermittlungsstelle und Nebenstellen an ihre bisherige Hauptstelle angeschlossen bleiben. Verlegungen, bei denen Regel-Anschlüsse zu Ausnahme-Anschlüssen werden, sind nur zulässig, wenn die Voraussetzungen für die Herstellung von Ausnahme-

Anschlüssen nach §§ 2 III oder 5 IV erfüllt sind. Die Anträge auf Verlegung von Sprechstellen müssen auf dem vorgeschriebenen Formblatt eingereicht werden[2]. Die Bestimmungen im § 12 II gelten sinngemäß auch für Verlegungen.

II Eine Umwandlung[3] * liegt vor, wenn auf Antrag ein Hauptanschluß mit einer anderen Vermittlungsstelle, ein Nebenanschluß mit einem anderen Hauptanschluß und eine Querverbindung mit einer anderen Nebenstellenanlage verbunden wird, wenn auf Antrag ein Hauptanschluß als Nebenanschluß an einen Hauptanschluß oder ein Nebenanschluß als Hauptanschluß an eine Vermittlungsstelle angeschaltet wird[4]. Umwandlungen, bei denen Anschlüsse oder Querverbindungen Ausnahme-Anschlüsse oder Ausnahme-Querverbindungen werden, sind nur zulässig, wenn die Voraussetzungen für die Herstellung solcher Einrichtungen nach §§ 2 III, 5 IV oder 6 VI erfüllt sind. Die vorstehenden Bestimmungen gelten auch für Einrichtungen verschiedener Teilnehmer oder Antragsteller. In diesem Falle muß der Antrag von den Beteiligten gemeinsam gestellt werden.

III Ein Austausch * liegt vor, wenn auf Antrag bei einer Sprechstelle oder Nebenstellenanlage vorhandene Fernsprecheinrichtungen durch andere Fernsprecheinrichtungen ersetzt werden[5]. Der Teilnehmer hat keinen Anspruch auf die Auswechslung von Apparaten gegen Apparate einer bestimmten Ausführung (§ 12 V).

IV 1 Für die Verlegung (I), die Umwandlung (II) oder den Austausch (III) von posteigenen Fernsprecheinrichtungen sowie für kleinere Arbeiten an den posteigenen Fernsprecheinrichtungen des Teilnehmers, wie das Abnehmen und Wiederanbringen von Apparaten und Innenleitungen, die Beseitigung von Schäden, für die der Teilnehmer aufzukommen hat, werden die Selbstkosten für Arbeiten und Baustoffe in sinngemäßer Anwendung des § 9 I in Rechnung gestellt. Für die gleichzeitige Beseitigung gekündigter Fernsprecheinrichtungen werden keine Kosten angerechnet.

2 Wird aus Anlaß einer Veränderung nach I, II und III an Stelle einer vorhandenen Fernsprecheinrichtung eine andere hergestellt, für die nach § 9 II ein höherer Apparatbeitrag zu entrichten wäre, so wird neben den Selbstkosten nach Abs. 1 ein Apparatbeitrag in der Höhe des Unterschieds zwischen den Apparatbeiträgen für die bisherige Einrichtung und für die neue Einrichtung erhoben. Bei der Berechnung des Unterschieds sind für beide Einrichtungen die Sätze des § 9 II zugrunde zu legen. Ist der Apparatbeitrag für die neue Einrichtung niedriger, so wird der Unterschied nicht zurückgezahlt; er wird jedoch dem Teilnehmer auf Apparatbeiträge gutgerechnet, die er für andere im Zusammenhang mit der Veränderung ausgeführte Arbeiten (andere Veränderungen oder Erweiterungen) zu zahlen hat. Werden gleichzeitig mit der Veränderung von Fernsprecheinrichtungen gekündigte Einrichtungen beseitigt, so werden für die gekündigten Einrichtungen ebenfalls Apparatbeiträge auf die infolge der Veränderung oder Erweiterung zu zahlenden Apparatbeiträge gutgerechnet. Als Apparatbeiträge für die gekündigten Einrichtungen sind ebenfalls die Sätze des § 9 II zugrunde zu legen.

3 Sind an einer Umwandlung verschiedene Teilnehmer beteiligt oder wird dabei ein neues Teilnehmerverhältnis begründet, so müssen die nach Abs. 1 und 2

fällig werdenden Beträge von dem Teilnehmer gezahlt werden, der die durch die Umwandlung des Anschlusses geschaffene neue Einrichtung innehat.

4 Werden bei Verlegungen oder Umwandlungen Anschlüsse oder Querverbindungen zu Ausnahme-Hauptanschlüssen oder Ausnahme-Querverbindungen oder verlängert sich bei Verlegungen von Ausnahme-Hauptanschlüssen oder Ausnahme-Querverbindungen die Leitungsstrecke, für die ein Kostenzuschuß zu zahlen ist, so wird neben den Beträgen nach Abs. 1 und 2 für je 100 m der außerhalb der Gebäude neu erforderlich werdenden Leitung ein einmaliger Kostenzuschuß nach dem Satze erhoben, der bei Neueinrichtungen für eine Anlage gleicher Gesamtausdehnung zu zahlen ist. Die Länge der neuen Leitungsstrecke wird nach der Luftlinienentfernung zwischen ihren Endpunkten bemessen. In keinem Falle wird mehr erhoben, als zu entrichten wäre, wenn der Ausnahme-Hauptanschluß oder die Ausnahme-Querverbindung in der Gesamtausdehnung neu hergestellt würde.

5 Die Bestimmungen im § 10 finden sinngemäß Anwendung.

V 1 Eine Übertragung[6] * liegt vor, wenn ein Dritter als Nachfolger in Wohn- oder Geschäftsräumen oder als Geschäftsnachfolger an Stelle des bisherigen Anschlußinhabers in das Teilnehmerverhältnis eintritt oder neben dem bisherigen Anschlußinhaber als weiterer Teilnehmer hinzutritt[7]. Eine Übertragung liegt ferner vor, wenn mehrere Personen Anschlußinhaber sind und eine oder ein Teil von ihnen aus dem Teilnehmerverhältnis ausscheidet.

2 Die Übertragung bedarf der Genehmigung der Deutschen Reichspost; die Genehmigung muß unter

Benutzung des vorgeschriebenen Formblatts[8] beantragt werden. Eine Genehmigung ist nicht erforderlich, wenn das Teilnehmerverhältnis im Wege der Gesamtrechtsnachfolge übergeht, wenn durch Rechtsgeschäft ein Dritter als weiterer Teilnehmer hinzutritt oder wenn aus dem Kreise mehrerer in einem Teilnehmerverhältnis vereinigten Personen eine oder mehrere von ihnen ausscheiden. In den Fällen, in denen eine Genehmigung nicht erforderlich ist, muß der Deutschen Reichspost binnen einem Monat Anzeige gemacht werden. Verstößt der Teilnehmer gegen die Bestimmungen dieses Absatzes, so kann die Deutsche Reichspost nach § 28 II verfahren.

3 Für die Gebühren, die bis zum Zeitpunkt der Übertragung fällig geworden, aber noch nicht bezahlt sind, haften der Übertragende und der neue Teilnehmer als Gesamtschuldner. Wer den Anschluß auf Grund einer genehmigungspflichtigen, aber von der Deutschen Reichspost nicht genehmigten Übertragung benutzt, haftet für die während der Dauer der Benutzung fällig gewordenen Gebühren und für die während dieser Zeit aus § 29 I entstandenen Ersatzpflichten neben dem Teilnehmer als Gesamtschuldner.

4 Für jede genehmigungspflichtige Übertragung wird eine Gebühr von 7,50 *RM* erhoben. Diese Gebühr muß auch entrichtet werden, wenn bei Nebenanschlüssen Dritter ein Wechsel in der Person eintritt.

VI Der Teilnehmer hat keinen Anspruch auf die Ausführung von Veränderungen nach I, II und III oder von kleineren Arbeiten nach IV Abs. 1 zu einem bestimmten Zeitpunkt. Die Anträge werden in der Regel nach der Reihenfolge ihres Eingangs erledigt. Auf Verlangen des Teilnehmers können jedoch Anträge mit Vorrang berücksichtigt werden, wenn der Teilnehmer ein dringendes Bedürfnis nachweist. Für die Berücksichtigung mit Vorrang wird ein Zuschlag in Höhe von 50 v. H. zu den nach IV Abs. 1 anzurechnenden Beträgen erhoben. Wenn Fernsprecheinrichtungen mit Vorrang in Hauptanschlüsse umgewandelt werden oder wenn gleichzeitig mit Veränderungen Anträge auf Herstellung von Hauptanschlüssen mit Vorrang zu berücksichtigen sind, muß für jeden Hauptanschluß die besondere Gebühr nach § 12 IV Abs. 2 stets voll entrichtet werden. Bei teilnehmereigenen Einrichtungen wird für die Vorrangbehandlung neben den nach § 5 II zu B zu erstattenden Kosten der gleiche Betrag als Zuschlag erhoben, der bei posteigenen Fernsprecheinrichtungen für die Vorrangbehandlung zu zahlen wäre.

VII Wird ein Antrag auf Veränderung nach I, II und III vor der Ausführung zurückgezogen, so hat der Antragsteller der DRP etwa von ihr schon aufgewendete Kosten zu erstatten.

1 AusfBest: „A. Als Verlegung gelten alle Veränderungen, bei denen die Sprechstellen oder die sonstigen Einrichtungen bei den Sprechstellen an eine andere Stelle verbracht werden, bei denen aber die Anschlußstelle — das ist bei Hauptstellen die VSt, bei Nebenstellen die Hauptstelle, bei zweiten Apparaten der Wechselschalter usw. — dieselbe bleibt. Als Verlegung gilt es auch, wenn in ON mit mehreren VSt eine Hauptstelle nach einem Grundstück im Anschlußbereich einer anderen VSt desselben ON verbracht und an diese VSt angeschaltet wird.

B. Haupt- und Nebenstellen, die nach einem Grundstück eines anderen ON verbracht und gleichzeitig von ihrer bisherigen VSt oder ihrer bisherigen Hauptstelle abgeschaltet und an die VSt oder eine Hauptstelle des anderen ON angeschaltet werden sollen, sind zu kündigen und in dem anderen ON wieder anzumelden (Wiedereinrichtung ✱, § 27 IX).

C. Jeder Antrag ist unter Benutzung eines Formblatts zu bestätigen.

D. Eine Verlegung ist abzulehnen, wenn begründete Vermutung besteht, daß sie nur verlangt wird, um eine Übertragung (V) zu ermöglichen."

2 Der Antrag wird schriftlich bestätigt.

3 Wegen Errichtung des Teilnehmerverhältnisses durch Antrag auf Anschluß s. § 12 Anm. 1, durch Umwandlung s. Anm. 7.

4 AusfBest: „A. Als Umwandlung gelten alle Veränderungen, bei denen die Sprechstellen oder die sonstigen Einrichtungen bei den Sprechstellen unverändert an der bisherigen Stelle verbleiben, dagegen die Anschlußstelle (s. § 4 I) geändert wird. Eine Umwandlung liegt z. B. vor, wenn eine Hauptstelle von ihrer VSt abgeschaltet und als Nebenstelle an eine Hauptstelle oder als zweiter Sprechapparat an einen Wechselschalter angeschaltet wird und umgekehrt. Als Umwandlung gilt bei Querverbindungen auch die Änderung der einen Anschlußstelle. Dies ist der Fall, wenn die Querverbindung auf der einen Seite an eine andere Nebenstellenanlage herangeführt wird oder wenn sie auf der einen Seite statt mit der Vermittlungseinrichtung einer Nebenstellenanlage mit einer Sprechstelle verbunden wird, so daß ein Nebenanschluß oder eine Rückfrageleitung (unmittelbare Verbindung — § 6 I) an die andere Nebenstellenanlage entsteht. Ebenso gilt es als Umwandlung, wenn an eine Nebenanschlußleitung oder an eine nach einer Nebenstellenanlage führende Rückfrageleitung statt der Nebenstelle oder der Sprechstelle mit Rückfrageapparat die Vermittlungseinrichtung einer Nebenstellenanlage angeschaltet wird.

B. Kündigt ein Teilnehmer den Nebenanschluß eines Dritten, so kann der Dritte die Umwandlung des Nebenanschlusses in einen Hauptanschluß beantragen. Der Dritte muß sich aber verpflichten, den Apparatbeitrag für eine Hauptstelle voll zu entrichten, falls der bisherige Hauptanschlußinhaber nach § 27 IX die Wiedereinrichtung der Sprechstelle beantragen sollte. Sinngemäß ist zu verfahren, wenn der Dritte in solchen Fällen die Anschließung der bisher benutzten Nebenstelle an eine andere Hauptstelle wünscht; der Inhaber dieser Hauptstelle hat den Antrag mit zu unterschreiben und die Verpflichtung zur Nachzahlung der gutgerechneten Apparatbeiträge zu übernehmen."

5 AusfBest: „A. Als Austausch gelten alle Veränderungen von Fernsprecheinrichtungen, die weder Verlegungen (I) noch Umwandlungen (II) sind. Jede Fernsprecheinrichtung kann gegen eine beliebige andere Fernsprecheinrichtung ausgetauscht werden, z. B. Wandapparate gegen Tischapparate, gewöhnliche Sprechapparate gegen Zusatzeinrichtungen anderer Art.

B. Als ein vom Teilnehmer beantragter Austausch gilt es auch, wenn in Reihenanlagen aus Anlaß der Herstellung weiterer Amtsleitungen oder weiterer Nebenanschlüsse die vorhandenen Reihenapparate gegen solche größerer Bauart ausgewechselt werden müssen, weil sie wegen ihrer Bauart die neuen Anschlüsse nicht mehr aufnehmen können.

C. Als Austausch gilt es nicht, wenn posteigene Einrichtungen durch private ersetzt werden sollen (s. IV 2)."

6 AusfBest: „A. Bei Übertragungen kommen folgende Fälle vor:

a) Übertragung auf den Nachfolger in Wohn- oder Geschäftsräumen (Raumnachfolge *). Sie liegt vor, wenn die Benutzung von Räumen irgendwelcher Art auf einen anderen übergeht und dieser die in den Räumen vorhandenen Fernsprecheinrichtungen übernimmt. Der Anschluß eines Wohnungsinhabers kann auf den Untermieter oder auf den Mitinhaber der Wohnung übertragen werden und umgekehrt. Voraussetzung für die Zulassung der Übertragung bei Raumnachfolge ist das Verbleiben der Fernsprecheinrichtungen in den bisherigen Räumen. Daß sie in diesen Räumen an derselben Stelle verbleiben, ist nicht erforderlich. Sind die Fernsprecheinrichtungen erst kurz vor der Übertragung in die Räume verlegt worden und besteht die Vermutung, daß die Verlegung nur erfolgt ist, um die Voraussetzung für eine Übertragung zu schaffen, so ist die Genehmigung für die Übertragung zu versagen.

b) Übertragung auf den Geschäftsnachfolger (**Geschäftsnachfolge** *). Sie liegt vor, wenn der Geschäftsbetrieb auf einen anderen übergeht und dieser die vorhandenen Fernsprecheinrichtungen des Geschäftsbetriebs übernimmt. Im Falle der Geschäftsnachfolge braucht keine Raumnachfolge stattzufinden, der neue Teilnehmer darf vielmehr die im Wege der Geschäftsnachfolge auf ihn übergegangenen Fernsprecheinrichtungen in andere Räume (des Geschäftsbetriebs oder seiner Wohnung) verlegen lassen.

c) Übertragung im Wege der **Gesamtrechtsnachfolge** *. Gesamtrechtsnachfolge ist z. B. Erbgang, Verschmelzung mehrerer Aktiengesellschaften oder Genossenschaften sowie Umwandlung einer Aktiengesellschaft in eine Gesellschaft mit beschränkter Haftung. Bei Gesamtrechtsnachfolge ist wie bei Geschäftsnachfolge (b) die Verlegung der Fernsprecheinrichtungen in die Räume des neuen Teilnehmers zulässig. Ist ein Testamentsvollstrecker mit der Verwaltung des Nachlasses eines verstorbenen Teilnehmers beauftragt, was z. B. der Fall ist, wenn er ohne Einschränkung zum Testamentsvollstrecker ernannt ist, so kann er über die Fernsprecheinrichtung verfügen, sie kündigen, ändern oder übertragen lassen. Testamentsvollstrecker weisen sich über ihr Amt durch Testamentsvollstreckerzeugnisse der Gerichte aus (§ 2368 BGB).

d) Übertragung aus Anlaß der **Bildung oder Umbildung einer Personenvereinigung.** Sie liegt z. B. vor, wenn das Teilnehmerverhältnis übergeht

von einem Ehegatten auf beide,

von einem Rechtsanwalt, der mit einem anderen eine Bürogemeinschaft eingeht, auf beide,

von mehreren Erben auf einen von ihnen.

B. Eine Übertragung liegt nicht vor,

a) wenn sich der Name, aber nicht die Person des Teilnehmers ändert, z. B. wenn eine Firma umbenannt wird, wenn eine Anschlußinhaberin durch Verheiratung einen anderen Familiennamen erhält oder wenn ein Teilnehmer seinen Familiennamen mit behördlicher Genehmigung ändert,

b) wenn ein Anschluß von einem anderen nach § 11 mitbenutzt werden soll, z. B. wenn neben dem Ehegatten (Teilnehmer) der andere Ehegatte als Mitbenutzer in das amtliche Fernsprechbuch eingetragen werden soll,

c) wenn Sprechstellen aus Anlaß einer Umwandlung (§ 13 II) auf einen anderen Inhaber übergehen.

C. Die Wiedereinrichtung eines gekündigten und abgebrochenen Anschlusses nach § 27 IX zum Zwecke der Übertragung ist zulässig, wenn ohne die Kündigung die Voraussetzungen zur Übertragung gegeben wären.

D. Will ein Raum- oder Geschäftsnachfolger die gekündigten Fernsprecheinrichtungen seines Vorgängers übernehmen, verweigert dieser aber seine Einwilligung und kündigt die Einrichtungen, so kann die DRP auf den Apparatbeitrag verzichten und statt dessen die Gebühr für die Übertragung erheben, wenn der neue Teilnehmer sich verpflichtet, den nach § 9 II für die Herstellung der Einrichtungen fälligen Apparatbeitrag, vermindert um den Betrag der Übertragungsgebühr, nachzuzahlen, falls der frühere Inhaber die Wiederherstellung der gekündigten Einrichtungen nach § 27 IX verlangt. In solchen Fällen ist stets die Rufnummer von Amts wegen zu ändern, und zwar bei der Übernahme der gekündigten Fernsprecheinrichtungen.

E. Wird bekannt, daß ein Anschluß stillschweigend übernommen worden ist, so ist der Benutzer aufzufordern, die Genehmigung der Übertragung zu beantragen oder nachzuweisen, daß die Voraussetzungen für eine genehmigungsfreie Übertragung vorliegen. Geschieht dies nicht oder bestehen Bedenken, die Übertragung zu genehmigen, so ist die Nachzahlung der Apparatbeiträge nach § 9 II zu verlangen oder nach § 28 II zu verfahren.

F. Erweist sich nachträglich, daß die Voraussetzungen für eine Übertragung vorgetäuscht oder geschaffen worden sind, um die Kosten für die Neueinrichtung eines Anschlusses zu sparen, so bleibt der neue Teilnehmer zwar Anschlußinhaber, er ist aber verpflichtet, den Apparatbeitrag nach § 9 II, vermindert um die schon entrichtete Übertragungsgebühr, nachzuzahlen. Die Vermutung, daß die Voraussetzungen für eine Übertragung nur vorgetäuscht sind, besteht z. B., wenn kurz nach der Übertragung eines Anschlusses auf den Raumnachfolger die Verlegung in andere als die durch die Raumnachfolge erworbenen Räume verlangt wird.

G. Tausch von Fernsprecheinrichtungen ✱ ist als Übertragung zu behandeln; er ist jedoch nur dann genehmigungs- und gebührenpflichtig, wenn ein Teilnehmer mehr Hauptanschlüsse übernimmt, als er vorher besessen hat, andernfalls ist der Tausch nur anzeigepflichtig."

7 S. Anm. 3; wegen Änderung der Rufnummer im Übertragungsfall s. AusfBest: „Bei der Übertragung eines Hauptanschl. kann die DRP die Rufnummer von Amts wegen ändern, wenn sich aus der Beibehaltung der alten Rufnummer Nachteile ergeben."

8 Erteilung in gleicher Form. Der „Zeitpunkt der Genehmigung" gilt als Zeitpunkt der Übertragung (AusfBest).

§ 14.

Amtliche Fernsprechbücher.

I Für die Ortsnetze werden Verzeichnisse der Teilnehmer (amtliche[1] Fernsprechbücher) bezirksweise[2] nach näherer Bestimmung der DRP aufgestellt.

II 1 Von Amts wegen werden in das amtliche Fernsprechbuch die Inhaber von Hauptanschlüssen[3] und die Dritten, denen sie Nebenanschlüsse überlassen (§ 5 I Abs. 3), nach der Buchstabenfolge eingetragen[4]. Auf Verlangen kann die Eintragung unterbleiben[4a]. Die Eintragung umfaßt den Namen[5], den Stand, den Beruf oder die Geschäftsbezeichnung, die Lage der Sprechstelle nach Straße und Hausnummer[6] sowie die Rufnummer, für bestimmte große Orte auch die Zustellpostanstalt. Ferner wird auf Wunsch die Sprech- oder Geschäftszeit eingetragen. Ein Anspruch auf Eintragung von Nebenanschlüssen des Hauptanschlußinhabers besteht nicht. Solche Eintragungen werden nur in beschränktem Umfang nach näherer Bestimmung der DRP aufgenommen[6a].

2 Außer den von Amts wegen vorzunehmenden Eintragungen können auf Antrag Hinweise und Eintragungen an anderer Stelle nach Maßgabe der Bestimmungen im Abs. 1 zugelassen werden[6b]. Ferner können auf Antrag nach dem Ermessen der DRP auch Personen, Firmen usw. eingetragen werden, die Teilnehmereinrichtungen mitbenutzen (§ 11)[7].

3 Für die Eintragung sind im allgemeinen die Angaben des Teilnehmers maßgebend, doch ist die DRP berechtigt, Verstöße gegen die Rechtschreibung und Fremdwörter auszumerzen, allgemeinverständliche Abkürzungen anzuwenden und aus Betriebsrücksichten Hinweise oder eine andere Fassung behufs zweckmäßiger Einreihung in die Buchstabenfolge zu verlangen.

III 1 Bei den von Amts wegen vorzunehmenden Eintragungen (II Abs. 1) werden für jeden Hauptanschluß oder Nebenanschluß eines Dritten drei aufeinanderfolgende Druckzeilen unentgeltlich zur Verfügung gestellt. Für jede weitere Zeile werden 3 RM erhoben, wenn die Auflage des amtlichen Fernsprechbuchs 100 000 Stück nicht übersteigt, bei höherer Auflage 6 RM. Die Gebühr ist für jede Auflage zu entrichten.

2 Die Gebühr nach Abs. 1 wird für jede Zeile eines Hinweises, einer Eintragung an anderer Stelle oder einer Eintragung von Personen, Firmen usw. erhoben, die Teilnehmereinrichtungen mitbenutzen (II Abs. 2).

3 Der Zeitpunkt des Abschlusses der Vorarbeiten für die Neuausgabe des amtlichen Fernsprechbuchs

wird rechtzeitig vorher bekanntgegeben. Er ist maßgebend für die Fälligkeit der im Abs. 1 und 2 festgesetzten Gebühren. Gebührenpflichtige Eintragungen, deren Wegfall oder Änderung nicht spätestens bis zu diesem Zeitpunkt beantragt wird, werden unter Berechnung der bestimmungsmäßigen Gebühr in die neue Auflage übernommen.

IV Die DRP ist berechtigt, wenn es der Umfang des amtlichen Fernsprechbuchs erfordert, die Bestimmungen unter II und III für Ortsnetze mit mehr als 100 000 Hauptanschlüssen einzuschränken[8].

V 1 Das amtliche Fernsprechbuch wird in der Regel alljährlich neu aufgelegt. Für jeden Hauptanschluß und für jeden Nebenanschluß eines Dritten (§ 5 I Abs. 3) wird das Buch für den Bezirk, zu dem das Ortsnetz gehört, bei der erstmaligen Übergabe des Anschlusses unentgeltlich geliefert. Bei späteren Auflagen ist das neue Buch innerhalb einer Frist von 14 Tagen gegen Rückgabe des alten[9] bei der von der DRP bestimmten Dienststelle abzuholen. Das neue Buch wird in diesem Falle unentgeltlich abgegeben. Wird das Buch nicht abgeholt oder die Zustellung gewünscht, so wird es gegen die Gebühr für eine Drucksache[10] gleichen Gewichts, bei Überschreitung des Höchstgewichts für Drucksachen gegen die Höchstgebühr ins Haus gebracht. Der Bote ist verpflichtet, das alte Buch in Empfang zu nehmen und an die Verteilungsstelle zurückzubringen. Eine Gebühr wird hierfür nicht erhoben.

2 Wird das alte Buch nicht zurückgegeben, so wird dem Teilnehmer ein Viertel des Verkaufspreises für das neue Buch in Rechnung gestellt. Weitere Bücher desselben Bezirks und Bücher anderer Bezirke sind

bei den in den Vorbemerkungen des amtlichen Fernsprechbuchs angegebenen Dienststellen käuflich.

3 Die nach Abs. 1 und Abs. 2 Satz 1 gelieferten amtlichen Fernsprechbücher bleiben Eigentum der DRP.

1 Keine amtliche Förderung freigewerblich vertriebener Teilnehmerverzeichnisse. Für das amtl. FspBuch wird Urheberrecht beansprucht (Ges 19. 6. 1901/12. 5. 1910, RGBl. S. 227 bzw. 793).

2 D. h. nach OPD-Bezirken.

3 Querverbindungen werden nicht eingetragen, Nebenanschl. nur, wenn sie den Gebrauch des FspBuches erleichtern.

4 Auch die Inhaber der PrÖ (§ 15 VI). Statt Straße und Haus-Nr. auch z. B. „Chilehaus" (Hamburg); s. PABl. 1930 S. 447.

4a Nur wenn der Teilnehmer auch seinerseits seine Ruf-Nr. nicht bekannt gibt (Briefbogen usw.); PABl. w. o. S. 448.

5 Für eingetragene Firmen ist — einschl. Abkürzungen (AEG usw.) — der Wortlaut der Eintragung maßgebend (§ 29 HGB). Nichteingetragene Firmen werden mit dem urkundlich nachzuweisenden Wortlaut aufgenommen, u. U. nach Anhörung der Industrie- u. Handelskammern (PABl. w. o.).

6 Ortsangabe ist stets diejenige des Ortsnetzes; bei Verschiedenheit von Ortsnetz und Wohnort ist eine Eintragung des Wohnorts kostenpflichtig.

6a Nicht: um den Umfang des Unternehmens anzudeuten. Hinweis kostenpflichtig bei Überschreitung der unentgeltlich verfügbaren Zeilenzahl (PABl. 1930 S. 437).

6b Nicht: zu Werbe- oder Adreßbuchzwecken. Hinweis kostenpflichtig (w. o.).

7 Nur im Falle des § 11 Anm. 2 zu a.

8 Zuständig: RPM.

9 „Beschädigte oder nicht ganz vollständige Bücher sind nicht zu beanstanden" (AusfBest).

10 § 8 PostO 1929 (Teil I S. 193).

§ 15.

Öffentliche Sprechstellen.

I Sprechstellen, die von jedermann[1] zur Führung von Gesprächen benutzt werden können, sind öffentliche Sprechstellen[2] *. Die DRP bestimmt[3], ob und in welcher Form sie errichtet und wohin sie angeschlossen werden. Öffentliche Sprechstellen können sich befinden

a) bei Post- und Telegraphenanstalten,
b) an Orten[4] ohne Telegraphenanstalt in den von der Gemeinde zur Verfügung gestellten Räumen (gemeindliche öffentliche Sprechstellen),
c) an anderen geeigneten Stellen auf Straßen und Plätzen und in öffentlichen Gebäuden[5].

II Gemeindliche öffentliche Sprechstellen[6] * werden ohne Prüfung des Bedürfnisses auf Antrag der Gemeindevertretung errichtet[7]. Münzfernsprecher (V 2), Nebenstellen und Zusatzeinrichtungen, ausgenommen zweite Fernhörer und Wecker, werden nicht angebracht. Einrichtungskosten, Apparatbeiträge und laufende Gebühren werden nicht erhoben, die Gemeinde muß sich aber verpflichten[7a],

a) für die Wahrung des Telegraphen- und Fernsprechgeheimnisses[8] nach Möglichkeit zu sorgen;
b) unentgeltlich: einen geeigneten Raum zur Verfügung zu stellen, die Sprechstelle unter Einziehung der bestimmungsmäßigen Gebühren ohne Zuschlag zu bedienen, Telegramme anzunehmen und weiterzugeben, Telegramme an Ortseinwohner aufzunehmen und zuzustellen, Personen im Orte zu Gesprächen herbeizurufen, kurze Nachrichten von auswärts an Ortseinwohner zu übermitteln, die

tägliche Bekanntgabe der Zeit und Kreistelegramme entgegenzunehmen und den Unfallmeldedienst zu besorgen;

c) eine Mindesteinnahme an Orts- und Ferngesprächsgebühren (ohne Nebengebühren) von 6 RM für den Monat zu gewährleisten, für die aufgekommenen Telegraphen- und Fernsprechgebühren zu haften, die Sprechstelle auch im Falle einer Erhöhung der Gebühren und der Mindesteinnahme mindestens ein Jahr zu behalten und bei Verlegungen die Gebühren nach § 13 IV Abs. 1 zu zahlen. Fällt das Ende der Mindestdauer nicht mit dem Ablauf eines Kalendermonats zusammen, so endet sie mit dessen Ablauf;

d) bei besonders kostspieligen Leitungen und technischen Einrichtungen die Mehrkosten nach § 10 II Abs. 1 und III zu zahlen.

III Für Gespräche, die von öffentlichen Sprechstellen aus geführt werden, sind im Ortsverkehr 10 Pf., im Fernverkehr die gleichen Gebühren zu entrichten, die für gleichartige, von Teilnehmersprechstellen ausgehende Gespräche zu erheben sind. Die DRP ist berechtigt, Ortsgespräche nach[9] einer Dauer von 15 Minuten durch Trennung der Verbindung zu beenden, wenn der Betrieb es erfordert. Im Fernverkehr sind dringende Pressegespräche unter den von der DRP festgesetzten Bedingungen gegen die Gebühr für gewöhnliche Gespräche zulässig[10] (§ 17 II Abs. 3 und VII).

IV Die Gebühren sind bei der Anmeldung der Verbindungen zu entrichten. Für eine Bescheinigung über die gezahlten Gebühren wird eine besondere Gebühr von 0,10 RM erhoben.

V 1 Für die Benutzung der öffentlichen Sprechstellen gelten sinngemäß die Vorschriften für die Teilnehmersprechstellen, soweit nichts Besonderes bestimmt ist.

2 Die öffentlichen Sprechstellen mit Münzfernsprecher[11] * können im allgemeinen nur zu Ortsgesprächen (§ 16) und zu gewöhnlichen Ferngesprächen (§ 17) auf Entfernungen von nicht mehr als 5 km[12] benutzt werden. XP-, V- und N-Gespräche (§ 19) sind nicht zugelassen. Der Benutzer hat keinen Anspruch auf Erstattung[13] der vom Münzfernsprecher vereinnahmten Beträge.

VI 1 (Privat-ÖffFspStellen[14] *). An Orten mit lebhaftem Ortsverkehr kann die DRP[15] in allgemein zugänglichen Geschäftsräumen von Privaten Teilnehmer-Hauptanschlüsse mit der Eigenschaft öffentlicher Sprechstellen einrichten, wenn der Teilnehmer sich verpflichtet, den von der DRP gelieferten Aushang mit der Aufschrift „Öffentliche Sprechstelle" an einer von außen in die Augen fallenden Stelle anzubringen und jedermann[16] die Benutzung der Sprechstelle innerhalb seiner Geschäftsstunden zu gestatten. Münzfernsprecher, Nebenstellen und Zusatzeinrichtungen — ausgenommen zweite Fernhörer und Wecker — werden nicht angebracht. Für solche Anschlüsse werden Einrichtungskosten, Apparatbeiträge und laufende Gebühren nicht erhoben. Auch bestehenden Hauptstellen kann die Eigenschaft öffentlicher Sprechstellen zuerkannt werden. Die für diese Sprechstellen etwa gezahlten Einrichtungskosten und Apparatbeiträge verbleiben der DRP.

2 Für die Benutzung der Sprechstelle hat der Teilnehmer die Gebühren nach III zu zahlen. Mehr oder

weniger darf er während seiner Geschäftsstunden auch nicht erheben[17]. Bei der Feststellung der Zahl der Ortsgespräche wird die Bestimmung des § 16 III angewendet.

3 Verstößt der Teilnehmer gegen die übernommenen besonderen Verpflichtungen nach Abs. 1 und 2, so kann die DRP den Anschluß sofort aufheben (§ 28 II).

4 Die DRP ist berechtigt, dem Hauptanschluß die Eigenschaft einer öffentlichen Sprechstelle unter Einhaltung einer einmonatigen Frist zum Ende eines Kalendermonats zu entziehen (§ 27 I), wenn die Höhe der monatlich von dem Teilnehmer nach Abs. 2 zu zahlenden Ortsgesprächsgebühren dauernd[18] hinter der in dem Ortsnetz zu zahlenden Grundgebühr (§ 4 II) zurückbleibt. Würden für den Hauptanschluß laufende Gebühren nach § 10 zu entrichten sein, so erhöht sich der Betrag, hinter dem die Gebührenschuld der öffentlichen Sprechstelle nicht dauernd zurückbleiben darf, um den Betrag der laufenden Gebühren. Der Teilnehmer kann unter Einhaltung einer einmonatigen Frist zum Ende eines Kalendermonats von den übernommenen besonderen Verpflichtungen zurücktreten. Soll im Falle einer Kündigung der öffentlichen Sprechstelle der Anschluß als gewöhnlicher Hauptanschluß weiterbestehen, so muß der Inhaber die für Hauptanschlüsse allgemein gültigen Gebühren zahlen. Einrichtungskosten und Apparatbeiträge werden jedoch nicht erhoben, wenn der Hauptanschluß schon vorhanden war, als ihm die Eigenschaft einer öffentlichen Sprechstelle beigelegt wurde.

VII Öffentliche Sprechstellen mit Münzfernsprecher können auf Antrag bei Privaten *, jedoch nicht bei öffentlichen Sprechstellen nach VI, unter den von der DRP festzusetzenden Bedingungen[19] errichtet werden.

1 S. Anm. 16; vgl. § 1 TelO Anm. 4 (S. 122).

2 Vgl. § 1 Anm. 5.

3 Zuständig: OPD.

4 AusfBest: Ausnahme-Öffentliche Sprechstellen *. „Auf Antrag der Gemeindevertretung kann eine Ö in Orten ohne VSt oder eine GÖ einem anderen ON als dem, in dem sie liegt, ausnahmsweise und widerruflich zugeteilt und an die VSt dieses ON angeschlossen werden, wenn die Gemeinde ein dringendes Bedürfnis nachweist (Ausnahme-Ö oder Ausnahme-GÖ). Für die Zulassung sind die OPD zuständig.

Bei Ausnahme-Ö und -GÖ wird von den Benutzern für jedes von der Ö ausgehende gebührenpflichtige Ortsgespräch die Zuschlaggebühr nach § 4 IV zu c erhoben. Die Gemeinde hat sich außerdem zu verpflichten, einen einmaligen Kostenzuschuß und eine laufende Gebühr für die Leitung zu entrichten, wenn die Ausnahme-Ö oder -GÖ von der VSt, an die sie angeschlossen ist, weiter entfernt liegt als von der VSt, zu deren Anschlußbereich sie gehört."

5 AusfBest: „In Gebäuden von Reichs-, Staats- und Gemeindebehörden können auf Antrag der Behörde ÖMünz auf Kosten der DRP eingerichtet werden, wenn mit einer monatlichen Gesprächszahl von durchschnittlich 200 Gesprächen gerechnet werden kann. Bleibt die Gesprächszahl dauernd erheblich unter dieser Zahl, so ist die Ö nach Benachrichtigung der Behörde wieder aufzuheben. Die Gewährleistung einer Mindesteinnahme (VII) ist nicht zu beanspruchen."

6 Zugleich TelHilfsstellen (TelAnst i. S. der TelO; vgl. S. 479).

7 Auch im Wege der Umwandlung aus HauptAnschl. Über Zuteilung zum AnschlBereich usw. entscheidet die OPD.

7a Durch Beibringung der Ausfertigung eines Beschlusses der zuständigen Gemeindevertretung (PABl. 1930 S. 448).

8 Art 117 RVerf (Teil I S. 10).

9 Vorher: zugunsten von Ferngesprächen (§ 17) oder BlitzTel (§ 8a TelO, S. 136). Auf Antrag unentgeltliche Wiederherstellung der unterbrochenen Verbindung (keine GebErstattung).

10 Zulassungsbedingung: Personalausweis (auch Pressekarten der Polizeibehörden Berlin und Breslau).

11 D. s. Telephonautomaten; bei Benutzung in Notstandsfällen (Überfall, Feuer) kann auf Zahlung der Geb verzichtet werden, wenn der Anrufende Namen und Wohnung angibt.

12 Über 5 km: RPM zuständig.

13 Jedoch Ersatzverbindung, wenn der verlangte Anschluß besetzt, gesperrt oder gestört ist.

14 Wegen ihrer Übertragung gelten die Grundsätze nach § 13 V.

15 Zuständig: OPD.

16 Vgl. Anm. 1.

17 Keine Umsatzsteuerpflicht.

18 D. h. in 6 aufeinanderfolgenden Monaten.

19 U. a.: Verpflichtung auf 1 Jahr, Gewähr für monatl. Mindesteinnahme wie für 200 Ortsgespräche (s. III). In begründeten Fällen werden auch ÖMünz bei Privaten für einen kürzeren Zeitraum als ein Jahr zugelassen. Der Inhaber muß sich in diesem Falle verpflichten,

1. die Sprechstelle auch im Fall einer Erhöhung der Gebühren oder der nachstehend unter 2 angegebenen Mindesteinnahme mindestens 3 Monate zu behalten;
2. während der Überlassungszeit eine monatliche Mindesteinnahme an Ortsgesprächsgebühren von 30 RM zu gewährleisten;
3. die Kosten der Einrichtung und Aufhebung der Sprechstelle nach FspO § 27 VIII 1 zu erstatten.

Auf die für ÖMünz bei Privaten zu gewährleistende monatliche Mindesteinnahme werden Gebühren für Vororts-, Bezirks- und Ferngespräche (§§ 17, 18) sowie Telegraphengebühren (§ 7 TelO, S. 134) nicht angerechnet (PABl. 1930 S. 138).

§ 16.

Ortsverkehr.

I Ortsverkehr ✱ ist der Gesprächsverkehr zwischen den Sprechstellen desselben Ortsnetzes (§ 1 I Abs. 2).

II Die Ortsgesprächsgebühr * ist die Vergütung für die Gesprächsverbindung im Ortsverkehr. Sie beträgt 0,10 RM[1].

III Dem Teilnehmer werden
in Ortsnetzen mit nicht mehr als 1000 Hauptanschlüssen 3 v. H.,
in Ortsnetzen mit mehr als 1000 bis einschließlich 10 000 Hauptanschlüssen 4 v. H.,
in Ortsnetzen mit mehr als 10 000 Hauptanschlüssen 5 v. H.

der für seinen Anschluß aufgezeichneten Ortsgespräche nicht angerechnet[2]. Auf die Feststellung der Zahl der Hauptanschlüsse finden die Bestimmungen im § 4 II Abs. 3 und 4 Anwendung.

IV Bei der Zählung der Ortsgespräche werden nicht aufgezeichnet: Verbindungen, die nicht zustande kommen, weil die angerufene Sprechstelle nicht antwortet oder besetzt ist, oder die aus anderen Gründen (Störung, Sperre, längere Abwesenheit des angerufenen Teilnehmers usw.) nicht hergestellt werden können, Anmeldungen von Ferngesprächen und Gespräche mit Fernsprechbetriebsstellen (Störungsstellen, Auskunfts-, Beschwerde- und Aufsichtsstellen der Orts- und Fernämter) in Angelegenheiten des Fernsprechbetriebs.

V 1 Die DRP ist berechtigt, Ortsgespräche nach einer Dauer von 15 Minuten durch Trennung der Verbindung zu beenden, wenn der Betrieb es erfordert[3].

2 Ortsgesprächsverbindungen werden zugunsten der Ferngespräche (§ 17) und der Übermittlung angekommener Blitztelegramme (§ 8a TelO) durch Fernsprecher unterbrochen[4]. Die Fälligkeit der Gebühren (§ 25) wird hierdurch nicht berührt.

1 Ebenso Ferngespräche unter 5 km (§ 17 II Abs. 1). — Vgl. EisenbTelRgl. 1876 § 8 Anm. 2a (S. 175).

2 AusfBest: „A. Bei der Berechnung des Abzugs von 3 v H, 4 v H und 5 v H sich ergebende Bruchteile werden als volle Gespräche berücksichtigt.

B. Durch den Abzug von 3 vH, 4 vH und 5 vH sind etwa im Betrieb vorgekommene Falschzählungen (Zählung von Falschverbindungen oder von Verbindungen, die nach § 16 IV nicht aufzuzeichnen sind) abgegolten. Macht jedoch ein Teilnehmer glaubhaft geltend, daß er falsch verbunden war, so soll das aufgezeichnete Gespräch gestrichen oder durch Nichtaufzeichnung des nächsten Gesprächs ein Ausgleich geschaffen werden.

C. VSt mit Gesprächszählern haben bei Zählergebnissen, die von denen der früheren Monate auffallend abweichen, und bei der Beanstandung von Zählergebnissen durch den Teilnehmer zu prüfen, ob ein Fehler im Zähler und den damit in Verbindung stehenden technischen Einrichtungen vorliegt. Die Prüfung hat sich auch darauf zu erstrecken, ob der Zähler in dem Zeitabschnitt, für den die Ortsgespräche berechnet sind, zu Prüfzwecken weitergeschaltet worden ist oder ob in dieser Zeit eine Störung in der technischen Amtseinrichtung, der Anschlußleitung oder der Sprechstelle aufgetreten und beseitigt worden ist, die auf den Zählvorgang Einfluß gehabt haben könnte.

D. Läßt das Ergebnis der Prüfung nach Abs. C erkennen oder vermuten, daß wegen eines technischen Mangels das Zählergebnis zu hoch war, so ist innerhalb eines Monats nach Beseitigung des Fehlers für einen zusammenhängenden Zeitraum von einem Sonntag und sechs Werktagen die Zahl der Ortsgespräche zu ermitteln. Das Vierfache dieser Zahl tritt, wenn es niedriger ist als das beanstandete Zählergebnis, an dessen Stelle, andernfalls wird das beanstandete Zählergebnis als richtig angesehen.

E. Läßt sich bei der Beanstandung des Zählergebnisses durch den Teilnehmer kein technischer Mangel nachweisen, so kann auch dann nach Abs D verfahren werden, wenn der Teilnehmer die Unrichtigkeit der Zählung zuverlässig nachweist oder wenn es nach Lage der Verhältnisse des Teilnehmers als völlig ausgeschlossen erscheint, daß Ortsgespräche in dem vom Zähler angegebenen Umfang geführt worden sind. Die besondere Zählung muß innerhalb eines Monats nach Anerkennung der Unrichtigkeit des Zählergebnisses durch die VSt ausgeführt werden. Weist der Teilnehmer nach, daß der Anschluß überhaupt nicht benutzt worden ist, so sind keine Ortsgesprächsgebühren anzurechnen."

3 AusfBest: „Von der Berechtigung der DRP, eine Ortsgesprächsverbindung nach 15 Minuten zu trennen, ist nur Gebrauch zu machen, wenn sich Schwierigkeiten für den Betrieb ergeben oder wenn Mißbräuche der Teilnehmer bemerkt werden. Der Teilnehmer kann, wenn eine Verbindung bei Ablauf von 15 Minuten getrennt wird, eine neue Verbindung gegen die bestimmungsmäßige Gebühr verlangen."

4 AusfBest: „Zugunsten von Schnellverkehrsverbindungen werden Ortsgesprächsverbindungen nicht getrennt. Ebenso werden Ortsgesprächsverbindungen, die ausnahmsweise in Fernleitungen oder Sp-Leitungen abgewickelt werden müssen, zugunsten von Ferngesprächen oder der Übermittlung von Blitztelegrammen nicht getrennt. Zugunsten solcher Ortsgesprächsverbindungen dürfen aber andere Ortsgesprächsverbindungen nicht unterbrochen werden."

§ 17.

Fernverkehr.

I Fernverkehr * ist der Gesprächsverkehr zwischen verschiedenen Ortsnetzen (§ 1 I Abs. 2).

II 1 Die Ferngesprächsgebühren * sind die Vergütung für die Gesprächsverbindungen im Fernverkehr. Sie betragen für ein gewöhnliches Gespräch von nicht mehr als 3 Minuten Dauer bei einer Entfernung

von mehr als					RM
5	bis	zu	15	km einschl.	0,30
15	„	„	25	„ „	0,40
25	„	„	50	„ „	0,70
50	„	„	75	„ „	0,90
75	„	„	100	„ „	1,20

über 100 km für je 100 km 0,30 *RM* mehr. Überschreiten die Gespräche die Dauer von 3 Minuten, so wird die überschießende Zeit nach einzelnen Minuten berechnet und für jede volle oder angefangene Minute ein Drittel der für ein Dreiminutengespräch festgesetzten Gebühr erhoben. Ferngespräche auf Entfernungen bis zu 5 km einschließlich werden wie Ortsgespräche behandelt und berechnet.

2 Für Ferngespräche auf Entfernungen von mehr als 5 km, die in der Zeit zwischen 19 und 8 Uhr abgewickelt werden, ermäßigen sich die Gebühren auf zwei Drittel der im Abs. 1 angegebenen Sätze. Werden Gespräche, die vor 19 oder 8 Uhr begonnen haben, über diesen Zeitpunkt hinaus fortgesetzt, so werden die Gebühren nach den Sätzen für die Verkehrszeit berechnet, in der das Gespräch begonnen hat.

3 Für dringende Ferngespräche[1] wird das Dreifache, für Blitzgespräche das Zehnfache der Gebühren nach Abs. 1 oder Abs. 2 erhoben. Für dringende Pressegespräche werden die gleichen Gebühren wie für gewöhnliche Gespräche von gleicher Dauer nach Abs. 1 oder 2 erhoben. Auf Entfernungen bis zu 5 km einschließlich und im Vororts-, Bezirks- und Schnellverkehr (§ 17 X und § 18) sind nur gewöhnliche Gespräche zugelassen.

4 Die Entfernungen bis zu 25 km werden nach der Luftlinie gemessen. Die übrigen Entfernungen werden nach dem Taxquadratverfahren berechnet, das für die Zoneneinteilung im Postpaketverkehr[2] maßgebend ist, mindestens wird jedoch die Ferngesprächsgebühr für Entfernungen von mehr als 25 bis zu 50 km einschließlich erhoben.

5 Die Ferngesprächsgebühren werden nach der

Entfernung zwischen den Vermittlungsstellen der verschiedenen Ortsnetze festgesetzt. In Ortsnetzen mit mehreren Vermittlungsstellen ist die Lage des Fernamts * (besondere Vermittlungsstelle für den Fernverkehr) maßgebend; sind mehrere Fernämter vorhanden, so bestimmt die DRP, welches von ihnen für die Messung der Entfernungen in Betracht kommt. In Ortsnetzen mit mehr als 10 000 Hauptanschlüssen rechnen die Entfernungen bis zu 25 km von dem Schnittpunkt eines Kreises um das Fernamt mit der geraden Verbindungslinie zwischen dem Fernamt und der Vermittlungsstelle des anderen Ortsnetzes. Der Halbmesser dieses Kreises beträgt

in Ortsnetzen mit mehr als 10 000 bis einschließlich 20 000 Hauptanschlüssen 3 km,

in Ortsnetzen mit mehr als 20 000 bis einschließlich 50 000 Hauptanschlüssen 5 km,

in Ortsnetzen mit mehr als 50 000 Hauptanschlüssen 10 km.

Auf die Feststellung der Zahl der Hauptanschlüsse finden die Bestimmungen im § 4 II Abs. 3 und 4 Anwendung.

III 1 Ferngespräche müssen in der von der DRP vorgeschriebenen Weise[3] angemeldet werden. Bei Anmeldungen von Gesprächen, die von einer Nebenstelle aus geführt werden sollen, muß diese mit Nummer oder Namen bezeichnet werden. Wünscht ein Teilnehmer, daß ihm nach Beendigung des Gesprächs die Höhe der Gesprächsgebühr mitgeteilt wird, so muß er dies bei der Anmeldung angeben. Äußert er den Wunsch erst nach Beendigung des Gesprächs, so kann die DRP das Heraussuchen des Gesprächsblatts[4] ablehnen.

2 Die Zahl der Anmeldungen unterliegt, soweit die DRP nicht anders bestimmt[5], keiner Beschränkung.

3 Gespräche können für den laufenden Tag bei Vermittlungsstellen nur durch Fernsprecher, bei öffentlichen Sprechstellen nur mündlich angemeldet werden. Sie können in gleicher Weise auch am Nachmittag des Vortags unter Angabe einer bestimmten Anmeldezeit bestellt werden (Vortagsanmeldung ✱). Für den auf einen Sonntag oder allgemeinen Feiertag folgenden Werktag können Ferngespräche schon am Nachmittag des vorhergehenden Werktags und während des ganzen Sonn- oder Feiertags angemeldet werden. Das gleiche gilt, wenn mehrere Feiertage aufeinanderfolgen. Mit einzelnen Teilnehmern kann die Abgabe schriftlicher Vortagsanmeldungen vereinbart werden[6]. Gesprächsverbindungen, die täglich oder werktäglich zwischen denselben Teilnehmersprechstellen ausgeführt werden sollen, können unter Angabe einer bestimmten Anmeldezeit[7] für einen längeren Zeitraum im voraus bestellt werden (Daueranmeldungen ✱).

4 Die gewerbsmäßige Anmeldung von Ferngesprächen durch Dritte ist nicht zulässig und gilt als mißbräuchliche Benutzung des Anschlusses (§ 28 II).

IV Die DRP kann mit Rücksicht auf die Bedürfnisse der Allgemeinheit und des Betriebs sonstige zur Aufrechterhaltung eines geordneten Betriebs und zur Verhütung von Mißbräuchen notwendige Bestimmungen treffen[8].

V 1 Die Gültigkeit der für einen Tag eingegangenen noch nicht erledigten Gesprächsanmeldungen[9] endigt mit Schluß des Tagesdienstes oder mit Ablauf des Tages. Bei Vermittlungsstellen mit ununterbrochenem Dienst erstreckt sich die Gültigkeit der Gesprächsanmeldungen, die von 22 bis 24 Uhr eingehen, auch noch auf den folgenden Tag bis 8 Uhr. Die Gültigkeit einer Gesprächsanmeldung erlischt, wenn nach Bereitstellung der verlangten Verbindung der anrufende oder der angerufene Teilnehmer den Anruf der Vermittlungsstelle nicht beantwortet, wenn der Sprechgast der öffentlichen Sprechstelle nicht aufzufinden ist oder wenn einer der Beteiligten ablehnt, in das Gespräch einzutreten. Eine Gesprächsanmeldung kann auf nachträgliches Verlangen gestrichen werden, solange die Vermittlungsstelle den Anmelder zur Ausführung dieser Verbindung noch nicht angerufen hat (Streichung *).

2 Bei der Anmeldung von Gesprächen kann angegeben werden, daß ihre Gültigkeit zu einem bestimmten Zeitpunkt vorzeitig erlöschen soll (Befristung *). Auch kann verlangt werden, daß die Gesprächsanmeldung innerhalb ihrer Gültigkeitsdauer bis zu einem bestimmten Zeitpunkt oder während eines bestimmten Zeitraums bis zu dessen Ablauf zurückgestellt wird (Zurückstellung *). In diesen Fällen gilt der Zeitpunkt, bis zu dem die Zurückstellung gewünscht ist, als neue Anmeldezeit.

3 Bei Ferngesprächen, die von Teilnehmersprechstellen aus angemeldet werden, kann ferner verlangt werden, daß die Gesprächsverbindung am Anmeldeort, wenn die Anmeldung innerhalb eines bestimmten Zeitraums zur Ausführung an die Reihe kommt, nach einer anderen Teilnehmersprechstelle desselben Ortsnetzes geleitet wird (Umleitung am Anmeldeort *). Der Umleitungsantrag gilt nur, wenn er beim Anruf der Sprechstelle, von der die Gesprächsanmeldung ausgegangen ist, bestätigt wird (Rückruf *). Wird bei einer Umleitung die Gesprächsverbindung hergestellt, während sich die Person, die das Gespräch führen

will, auf dem Wege von der einen Sprechstelle zur anderen befindet, so ist die Verbindung gebührenpflichtig und die Gültigkeit der Anmeldung erloschen. Die Befristung, die Zurückstellung und die Umleitung können auch nachträglich, jedoch nur vor Bereitstellung der Verbindung, verlangt, geändert oder zurückgezogen werden.

4 Nach Bereitstellung der Verbindung kann der Anmelder verlangen, daß die Gesprächsverbindung am Bestimmungsort mit einer anderen Teilnehmersprechstelle[10] hergestellt wird (Umleitung am Bestimmungsort *). In diesem Falle werden beide Verbindungen als besondere Ferngespräche der angemeldeten Gattung behandelt; die Gebühren dafür werden nach den allgemeinen Bestimmungen berechnet.

VI Die Ferngesprächsverbindungen werden in der nachstehenden Reihenfolge hergestellt:

Dringende Gespräche in reinen Staatsangelegenheiten (dringende Staatsgespräche)[11],
Blitzgespräche[12],
dringende Pressegespräche,
dringende Gespräche,
gewöhnliche Gespräche.

In jeder Gruppe werden die Verbindungen nach der Zeitfolge ihrer Anmeldung ausgeführt[13].

2 Für die Ausführung der Festzeitgespräche gelten die Bestimmungen unter VII Abs. 4, für die Ausführung der Stundenverbindungen die Bestimmungen im § 19a Abs. 2 und für die Ausführung der Monatsgespräche die Bestimmungen im § 20 II Abs. 2[13a].

3 Die DRP übernimmt für die Herstellung von Ferngesprächsverbindungen innerhalb einer bestimmten Frist oder zu einer bestimmten Zeit keine Gewähr.

[14]VII 1 Dringende Staatsgespräche dürfen nur in reinen Staatsangelegenheiten und nur von Anschlüssen der Reichsbehörden und der Staatsbehörden der Länder angemeldet werden.

2 Dringende Pressegespräche dürfen zwischen Anschlüssen von Zeitungen, Zeitschriften und Nachrichtenbüros[15], ferner von öffentlichen Sprechstellen mit Anschlüssen von Zeitungen, Zeitschriften und Nachrichtenbüros gegen Vorzeigung eines im Benehmen mit der DRP ausgefertigten Ausweises während der Dienststunden der Vermittlungsstellen geführt werden. Anschlüsse, von denen aus dringende Pressegespräche geführt werden sollen, müssen der Vermittlungsstelle schriftlich bezeichnet werden. Die Vermittlungsstelle prüft die Anträge nach näherer Weisung der DRP im Benehmen mit der zuständigen Pressevertretung auf ihre Zulässigkeit und nimmt sie, wenn keine Anstände zu erheben sind, in ein für den Betrieb bestimmtes Verzeichnis auf. Die dringenden Pressegespräche dürfen, wie die Pressetelegramme, nur zur Veröffentlichung in den Zeitungen und Zeitschriften bestimmte politische, Handels- oder andere Nachrichten von allgemeiner Bedeutung enthalten; zu den zur Veröffentlichung vorliegenden Nachrichten können Erläuterungen für die Schriftleitung hinzugefügt werden. Als dringende Pressegespräche sind auch Nachrichten über sportliche Veranstaltungen und Einrichtungen zugelassen, soweit sie der Jugend- und Volkspflege dienen. Nachrichten über gewerbsmäßige und mit Totalisator- oder Wettbetrieb verbundene Sportveranstaltungen sind von der Vergünstigung ausgeschlossen. Bei Mißbrauch kann dem Anschlußinhaber oder dem Inhaber des Ausweises zur Benutzung öffentlicher Sprechstellen die Befugnis

zur Führung dringender Pressegespräche entzogen werden[16]. Die übrigen Bestimmungen erläßt die DRP.

3 Von Nebenanschlüssen[17] aus dürfen dringende Staats- oder Pressegespräche nur geführt werden, wenn der Inhaber des Hauptanschlusses zur Anmeldung solcher Gespräche berechtigt ist (s. auch § 5 I Abs. 3 und § 6 I).

4 Festzeitgespräche * sind dringende V-Gespräche (§ 19 II), für die bei der Anmeldung eine bestimmte (feste) Ausführungszeit gewünscht wird [17a]; die feste Ausführungszeit kann nachträglich geändert werden [17b]. Ferner können andere Gespräche nachträglich in Festzeitgespräche umgewandelt werden. Zwischen der Anmeldung oder zwischen dem nachträglichen Antrag und der festen Ausführungszeit muß ein Zeitraum von mindestens einer halben Stunde liegen. Eine Gewähr für die Herstellung der Verbindung zur angegebenen Zeit wird nicht übernommen. Ist zur gewünschten Zeit ein anderes Gespräch im Gange oder liegen Anmeldungen auf Gespräche vor, die den Vorrang vor dem Festzeitgespräch haben, so werden zunächst diese abgewickelt. Gehen für dieselbe Zeit mehrere Anmeldungen auf Festzeitgespräche ein, die über dieselben Leitungsverbindungen abzuwickeln sind, so werden sie in der Zeitfolge ihrer Anmeldung ausgeführt. Bei gleicher Anmeldezeit bestimmt die Vermittlungsstelle die Reihenfolge. Im übrigen gelten die Bestimmungen im § 19 II.

VIII Die Dauer eines Gesprächs zwischen zwei Teilnehmern rechnet von dem Zeitpunkt an, zu dem nach Bereitstellung der verlangten Verbindung die beiden beteiligten Hauptstellen oder an diese Hauptstellen angeschlossene Nebenstellen den Anruf beantwortet haben. Bei Gesprächen zwischen einem Teilnehmer und einer öffentlichen Sprechstelle oder zwischen zwei öffentlichen Sprechstellen gilt die Bestimmung im Satz 1 mit der Maßgabe, daß bei der öffentlichen Sprechstelle der Anruf dann als beantwortet gilt, wenn der Sprechgast sich an dem Apparat der öffentlichen Sprechstelle meldet. Öffentliche Sprechstellen nach § 15 VI und VII gelten in diesem Falle als Teilnehmersprechstellen.

IX 1 Die Dauer[18] aller Gespräche ist innerhalb der Dienstzeiten der Vermittlungsstellen unbeschränkt, wenn keine anderen Gesprächsanmeldungen für die Leitungen vorliegen.

2 Liegen noch andere Gesprächsanmeldungen für die Leitung vor, so wird die Dauer der Gespräche auf 12 Minuten beschränkt. Hat das im Gange befindliche Gespräch jedoch nach VI den Vorrang[18a] vor allen noch vorliegenden anderen Gesprächsanmeldungen, so darf es bis zur Dauer von 15 Minuten ausgedehnt werden. Gehen für die Leitung Gesprächsanmeldungen ein, durch die die Höchstdauer eines im Gange befindlichen Gesprächs auf 12 oder 15 Minuten beschränkt wird, und ist diese Höchstdauer bereits überschritten, so wird das im Gange befindliche Gespräch nach Ablauf der angefangenen Gesprächsminute unterbrochen. Dringende Staatsgespräche dürfen stets bis zu einer Höchstdauer von 15 Minuten ausgedehnt werden; die DRP kann von der Beschränkung der Gesprächsdauer absehen.

3 Gespräche, die über die Dienstzeit der Vermittlungsstelle oder öffentlichen Sprechstelle hinaus fortgesetzt werden, dürfen 12 Minuten nach Beendigung der Dienstzeit unterbrochen werden. Liegen bei Dienstschluß noch unerledigte Gesprächsanmeldungen vor,

so wird versucht, sie noch abzuwickeln; die Dauer dieser Gespräche wird jedoch auf 12 Minuten beschränkt.

4 Für die Dauer der Stundenverbindungen gilt § 19a, für die Dauer der Monatsgespräche § 20 II.

X Die Bedingungen für die Benutzung der Leitungen nach dem Ausland, für die Einrichtung und Benutzung der Fernsprechanlagen in Börsengebäuden[19] und für den vereinfachten Verkehr[19a] * zwischen Ortsnetzen, zwischen denen lebhafte Verkehrsbeziehungen bestehen (Schnellverkehr[20] *), setzt die DRP fest.

1 Auch für dringende Staats- und Luftgespräche (VII).

2 S. § 14 VI PostO 1929 (Teil I S. 206).

3 Ortsname und Rufnummer; letztere ausnahmsweise von Amts wegen zu ermitteln (Verzögerungsgefahr trägt der Teilnehmer).

4 Späteres Heraussuchen: 20 Pf. Gebühr.

5 Zuständig: RPM.

6 Bedingung: werktäglich regelmäßig wiederkehrende Ferngespräche.

7 Nicht maßgebend für die tatsächliche Herstellung der Verbindung.

8 Zuständig: RPM.

9 AusfBest: „Vorliegende Gesprächsanmeldungen können in Anmeldungen einer anderen Gattung umgewandelt werden (Gesprächsumwandlung *). Ferner kann die Umwandlung von anderen Gesprächen als XP- und V-Gesprächen (§ 19) in Gespräche mit dieser Eigenschaft verlangt werden. Die Umwandlung von XP- und V-Gesprächen in Gespräche ohne diese Eigenschaft ist dagegen, abgesehen von den in § 19 II Abs. 1 für V-Gespräche zugelassenen Ausnahmen, nur vor Weitergabe der XP- oder V-Meldung zulässig. Bei der Umwandlung von Gesprächen in solche einer Gattung, die nach § 17 VI den Vorrang hat, gilt die Zeit der Umwandlung als neue Anmeldezeit."

10 Auch: Privat-ÖffFspStelle. Die Gebührenpflicht beginnt

mit der Antwort der erstverlangten Sprechstelle (PABl. 1930 S. 448).

11 Ebenso: dringende Dienstgespräche (auch von DRB-Dienststellen in reinen Bahndienstangelegenheiten).

12 Ebenso: dringende Luftgespräche (VII).

13 Auslandsgespräche haben den Vorrang vor Inlandsgesprächen gleicher Gattung.

13a Instruktion: PABl. 1930 S. 60.

14 AusfBest: „Gespräche der Luftverkehrsgesellschaften, der Flugzeugführer deutscher Flugzeuge, der Flugwetterwarten und des Preußischen Aeronautischen Observatoriums in Lindenberg über planmäßige Verkehrsflüge können als ‚dringende Luftgespräche' angemeldet werden, wenn sie sich beziehen auf die Vorbereitung zum Abflug, auf den Abflug oder die Landung der Flugzeuge, auf die Wetterlage oder auf die Beschaffung von Ersatz für Flugzeuge, die eine Notlandung vornehmen mußten. Die Übermittlung anderer Nachrichten in dringenden Luftgesprächen ist unzulässig.

Zur Anmeldung von dringenden Luftgesprächen werden in den in Betracht kommenden Orten eine oder höchstens zwei Teilnehmersprechstellen zugelassen; außerdem können dringende Luftgespräche von Ö bei VAnst angemeldet werden. Bei Notlandungen darf ausnahmsweise jede beliebige Teilnehmersprechstelle zur Führung dringender Luftgespräche benutzt werden, wenn sich keine VAnst in der Nähe befinden."

15 Ebenso: Wetterdienststellen (PABl. 1928 S. 10).

16 Nach einmaliger Androhung; Mißbrauch führt zur vollen GebPflicht (dreifache Geb).

17 Pressegespräche von öff. SpStellen aus nur gegen Personalausweis; vgl. PABl. 1930 S. 68 (Vf Nr. 22).

17a Benennung einer verlangten Person nicht erforderlich (PABl. 1930 S. 448).

17b Z. B. wenn sich die gewünschte Person zu der in der Anmeldung angegebenen Ausführungszeit noch nicht sprechbereit erklärt. Der Anmelder kann in diesem Falle die Verbindung auch streichen lassen oder unter Verzicht auf eine feste Ausführungszeit verlangen, daß die Verbindung zurückgestellt wird, bis sich der Gewünschte meldet. In letzterem Falle steht ihm frei, das Gespräch in ein gewöhnliches V-Gespräch (§ 19 II 1) umwandeln zu lassen.

18 Angaben über die Gesprächsdauer werden bei währendem Gespräch auch auf Antrag nicht gemacht.

18a Nachträglich kann ein Vorrang nicht erworben werden (PABl. 1930 S. 449).

19 „Fernsprecheinrichtungen bei Börsen, die von Beamten der DRP bedient werden, sind Börsenämter *. Sie werden von der DRP hergestellt und der Börsenverwaltung zu den Bedingungen für posteigene oder teilnehmereigene Nebenstellenanlagen überlassen; für die Leitungen nach den VSt und dem Fernamt des ON sind Gebühren wie für Hauptanschlüsse zu zahlen.

Fernsprecheinrichtungen bei Börsen, die von Angestellten der Börsenverwaltung bedient werden, sind Börsen-Nebenstellenanlagen *. Auf sie werden die allgemeinen Bestimmungen für Haupt- und Nebenanschlüsse und auf ihren Sprechverkehr die allgemeinen Bestimmungen für Gespräche von und mit Teilnehmersprechstellen angewendet. Wie Börsen-Nebenstellenanlagen werden auch solche Fernsprecheinrichtungen bei Börsen behandelt, die nur aus Hauptanschlüssen bestehen.

Für die Dienstleistungen der Beamten bei Börsenämtern sind der DRP die Selbstkosten nach Stundensätzen zu erstatten. Die Abmachungen zwischen der Börsenverwaltung und der DRP über die Bedienung des Börsenamts durch Beamte gelten, bis sie von einem Teile nach Maßgabe des § 27 I gekündigt werden. Im Falle der Kündigung verliert die Fernsprecheinrichtung der Börse ihre Eigenschaft als Börsenamt und wird eine Börsen-Nebenstellenanlage.

Auf Antrag der Börsenverwaltung können zur Deckung ihrer Unkosten bei den Börsenämtern Zuschläge für die Benutzung der Sprechstellen von den Börsenbesuchern erhoben und von der DRP zusammen mit den Gesprächsgebühren eingezogen werden.

Die Ferngespräche von oder nach Börsenämtern sind Börsengespräche *. Für sie gelten folgende besonderen Bestimmungen:

a) Bei der Anmeldung von Börsengesprächen nach Börsenämtern sind die Namen des Börsenamts und des verlangten Börsenbesuchers anzugeben. V- oder XP-Gespräche nach Börsenämtern sind nicht zulässig.

b) Gesprächsanmeldungen nach Börsenämtern werden diesen unter Angabe des Namens des verlangten Börsenbesuchers so schnell wie möglich übermittelt. Werden Gespräche nach Börsenämtern vor Beginn des Börsendienstes angemeldet, so werden die Gesprächsanmeldungen so zeitig an das für das Börsenamt zuständige Fernamt weitergegeben, daß sie dort bei Beginn des Börsendienstes vorliegen.

c) Gleich nach Eingang einer Gesprächsanmeldung bei einem Börsenamt wird der verlangte Börsenbesucher verständigt (vorläufige Ankündigung ✱). Wenn die vorläufige Ankündigung auch bei wiederholtem Versuch nicht in angemessener Frist möglich ist, wird das betriebführende Amt verständigt und die Anmeldung zurückgestellt. Die Dauer der Zurückstellung bestimmt das Börsenamt nach den örtlichen Verhältnissen. Lehnt der verlangte Börsenbesucher bei der vorläufigen Ankündigung die Annahme des Gesprächs ab oder bleibt bei zurückgestellten Gesprächen die Wiederholung des Versuchs, den Börsenbesucher zu verständigen, erfolglos, so wird die Ursprungsanstalt verständigt und die Anmeldung gestrichen.

d) Nimmt der verlangte Börsenbesucher das angekündigte Gespräch (c) an, so wird er endgültig benachrichtigt, wenn das Gespräch an die Reihe kommt (endgültige Ankündigung ✱). Bis zu diesem Zeitpunkt kann er verlangen, daß die Verbindung mit einer anderen Sprechstelle desselben ON hergestellt wird.

e) Wenn die Abwicklung eines bei einem Börsenamt angemeldeten oder nach einem Börsenamt gerichteten Gesprächs bevorsteht, teilt das Fernamt bei Beginn des diesem Börsengespräch vorangehenden Gesprächs dem Börsenamt mit, daß die Börsenverbindung an die Reihe kommt. Das Börsenamt benachrichtigt den Börsenbesucher so schnell wie möglich (endgültige Ankündigung bei Gesprächen nach einem Börsenamt, vgl. unter d) und bezeichnet ihm die zu benutzende Sprechstelle.

f) Für die Festsetzung des Gesprächsbeginns (§ 17 VIII) gilt auf Seite des Börsenamts der Anruf als in dem Augenblick beantwortet, in dem die Verbindung zur Verfügung des Börsenbesuchers gestellt ist, auch wenn er noch nicht sprechbereit ist. Wenn jedoch das vorhergegangene Gespräch weniger als 3 Minuten gedauert hat und der Börsenbesucher bei Beendigung dieses Gesprächs noch nicht anwesend ist, beginnt die Gesprächsdauer erst mit dem Ablauf der 3 Minuten, es sei denn, daß der Börsenbesucher schon vorher sprechbereit ist.

g) Für den Fall, daß der anmeldende oder verlangte Börsenbesucher sich nicht oder nicht rechtzeitig zum Gespräch einfindet, wird die Gesprächsverbindung von dem als Gesprächsbeginn (f) geltenden Zeitpunkt an 3 Minuten lang zu seiner Verfügung gehalten. Der Anmelder kann indes verlangen, daß sie bis zu 6 Minuten bereit gehalten wird.

h) Für Börsengespräche sind die Gesprächsgebühren nach § 17 II zu zahlen. Bei Gesprächen nach Börsenämtern wird außerdem ein Zuschlag in Höhe der V-Gebühr (§ 19 II 12) erhoben. Der Zuschlag ist fällig, sobald die Gesprächsanmeldung weitergegeben ist; er ist also auch zu entrichten, wenn die Gesprächsverbindung wegen Börsenschlusses nicht mehr zur Ausführung kommt. Der Zuschlag ist nicht zu zahlen, wenn die Gesprächsverbindung wegen irgendwelcher Vorgänge im Fernsprechbetrieb, die die DRP zu vertreten hat, nicht hergestellt werden kann. Verweigert ein Börsenbesucher die Gesprächsführung bei der vorläufigen Ankündigung (c), so ist nur der Zuschlag zu zahlen; lehnt er die Gesprächsführung aber erst bei der endgültigen Ankündigung ab, so wird auch die Gebühr für ein Dreiminutengespräch der verlangten Gattung erhoben.

i) Im schnellverkehrsmäßig abgewickelten Vororts-, Bezirks- und Fernverkehr gilt auch bei Gesprächen von und nach Börsenämtern die Anm. 20.

k) Soweit vorstehend nichts anderes bestimmt, gelten für Börsengespräche die allgemeinen Bestimmungen der FspO. Danach sind in dem nicht schnellverkehrsmäßig abgewickelten Verkehr auch Streichungen, Befristungen, Zurückstellungen und Umleitungen zulässig.

Den Anmeldern von Gesprächen nach Börsen-Nebenstellenanlagen (Abs. 2) ist anzuraten, V-Gespräche zu verlangen, weil sonst der durch das Herbeirufen des verlangten Börsenbesuchers entstehende Zeitverlust in die Gesprächsdauer eingerechnet wird. Wenn die Vermittlungseinrichtungen solcher Nebenstellenanlagen nur während der Börsenzeit dienstbereit sind, werden die Gespräche nach diesen Börsen als zurückgestellt bis zum Beginn der Börsenzeit und als befristet bis zum Schluß der Börsenzeit angesehen. Voraussetzung dafür ist, daß bei der Anmeldung der Gespräche die Bezeichnung der Börse zu der Rufnummer hinzugefügt oder an deren Stelle angegeben wird. Die Börsenzeit ist im Verzeichnis der Börsenämter und Börsen-Nebenstellenanlagen zu ersehen.

Die besonderen Sprechstellen und sonstigen Einrichtungen für den Turnusverkehr ✱ (Regelung der Sprechfolge für die Teilnehmer an diesem Verkehr nach festen Listen und Schaltung der Fernleitung unmittelbar von Börse zu Börse) sind keine Sprechstellen von Börsenämtern und keine Nebenstellen im Sinne der Abs. 1 u. 2. Sie werden vielmehr von der DRP auf ihre Kosten eingerichtet und durch ihr Personal auf ihre Kosten betrieben. Die Bedingungen für die Teilnahme am Turnusverkehr setzt das RPM fest."

19a D. s. Ferngespräche, die in vereinfachter Weise hergestellt werden (z. B. zwischen zwei zu demselben ÜF gehörenden VSt-SA o F); PABl. 1930 S. 454. — Wegen Ersatzes bei Trennung s. § 29 Anm. 6a.

20 AusfBest: „Schnellverkehr ✱. Für die im Schnellverkehr abgewickelten Ferngespräche gelten die Bestimmungen für Ferngespräche mit folgenden Ausnahmen:

a) es sind nur gewöhnliche Gespräche zulässig (§ 17 II Abs. 3);
b) es darf nur eine Rufnummer angemeldet werden (§ 17 III Abs. 1);
c) Auskunft über die Höhe der Gebühren wird im Anschluß an das Gespräch nur erteilt, wenn die örtlichen Verhältnisse es gestatten. Über die nachträgliche Auskunft s. § 17 III Abs. 1;
d) Vortagsanmeldungen und Daueranmeldungen sind nicht zulässig (§ 17 III Abs. 3);

e) Streichungen, Befristungen, Zurückstellungen und Umleitungen sind nicht zulässig (§ 17 V);

f) die Dauer der Gespräche ist unbeschränkt, jedoch ist Trennung nach 15 Minuten aus Verkehrs- oder Betriebsrücksichten zulässig (§ 17 IX);

g) beim Nichtantworten des verlangten Teilnehmers wird die Fünftelgebühr (§ 25 II Abs. 2) auch bei Entfernungen über 15 km nicht erhoben (§ 25 II Abs. 2 und 3);

h) zugunsten der Schnellverkehrsgespräche werden Ortsgespräche nicht unterbrochen (§ 16 V Abs. 2);

i) Schnellverkehrsverbindungen werden zugunsten anderer Ferngespräche oder der Übermittlung von Blitztelegrammen unterbrochen, wenn nach den technischen Einrichtungen die Unterbrechung nicht zu umgehen ist. Über die Berechnung der Gebühren s. § 17 II Abs. 1. Wegen Ersatzes s. § 29 Anm. 6a.

Die Bestimmungen im § 17 II Abs. 1 über die Berechnung der 3 Minuten überschreitenden Gesprächszeit nach Einzelminuten und im § 17 II Abs. 2 über die Ermäßigung der Gebühren für Gespräche, die in der Zeit von 19 bis 8 Uhr abgewickelt werden, auf zwei Drittel gelten auch im Schnellverkehr.

XP- und V-Gespräche (§ 19) werden nicht schnellverkehrsmäßig abgewickelt. Sie sind in der für die sonstigen Ferngespräche üblichen Weise beim Fernamt (Meldeamt) anzumelden."

§ 18.

Vororts- und Bezirksverkehr.

I Vorortsverkehr * oder Bezirksverkehr * ist der gegen eine einheitliche Ferngesprächsgebühr zugelassene Gesprächsverkehr auf Entfernungen von mehr als 5 km zwischen den nach früherer Bestimmung der DRP zu einem Vororts- oder Bezirksnetz vereinigten Ortsnetzen (§ 1 I Abs. 2).

II 1 Die Gebühr für ein gewöhnliches Gespräch von nicht mehr als drei Minuten Dauer beträgt im

Vororts- und im Bezirksverkehr 0,30 *RM*. Im übrigen gelten, soweit nichts Besonderes bestimmt ist, die Bestimmungen über den Fernverkehr.

2 Vororts- und Bezirksgesprächsverbindungen werden zugunsten der Ferngespräche und der Übermittlung angekommener Blitztelegramme (§ 8a TelO) durch Fernsprecher unterbrochen. Die Fälligkeit der Gebühren (§ 25) wird hierdurch nicht berührt.

III Neue Vorortsnetze und neue Bezirksnetze werden nicht errichtet, die vorhandenen werden nicht erweitert. Die DRP kann die noch vorhandenen Vorortsnetze[1] und Bezirksnetze[2] einschränken oder aufheben.

1 Berlin, Dresden, bergisches Land.

2 Oberschlesischer Industriebezirk, preußische und sächsische Oberlausitz, niederrheinisch-westfälischer Industriebezirk.

§ 19.

Gespräche, zu denen eine Person herbeigerufen wird, Gespräche mit Voranmeldung, Weitergabe kurzer Nachrichten.

I 1 XP-Gespräche ✱. Orts- und Ferngespräche, zu denen auf Verlangen des Anmelders die Person, mit der das Gespräch geführt werden soll, zu einer öffentlichen Sprechstelle nach § 15 I zu a und b herbeigerufen wird, sind XP-Gespräche. Wohnt die verlangte Person außerhalb des von der DRP festgesetzten Bezirks (Herbeirufungsbezirk ✱ [1a]), so sind solche Gespräche XPL-(Land-)Gespräche. Stellt sich nach der Weitergabe einer XP-Anmeldung heraus, daß der Verlangte außerhalb des Herbeirufungsbezirks wohnt, so kann der Anmelder, nachdem er verständigt worden ist, das Gespräch in ein XPL-Gespräch umwandeln oder die Anmeldung streichen lassen. Bei XPL-Gesprächen wird keine Gewähr dafür übernommen, daß ein Bote zum Herbeirufen der verlangten Person abgesandt werden kann. Für die Gesprächsverbindungen gelten bei XP- und bei XPL-Gesprächen, soweit nachstehend nichts anderes bestimmt ist, die allgemeinen Bestimmungen über Orts- und Ferngespräche.

2 In der Gesprächsanmeldung muß die verlangte Person entweder mit ihrem Namen oder mit ihrer Berufsstellung oder in anderer geeigneter Weise so genau bezeichnet werden, daß sie ohne Nachforschungen und Rückfragen ermittelt werden kann[2]. Bei der Anmeldung kann für den Fall, daß die verlangte Person abwesend oder verhindert ist oder das Gespräch ablehnt, eine zweite Person in demselben Orte angegeben werden; mehr als zwei Personen dürfen nicht angegeben werden.

3 Die XP- und XPL-Anmeldungen werden sobald wie möglich an die Bestimmungsanstalt[2a] weitergemeldet und der verlangten Person mittels einer Benachrichtigungskarte angekündigt. Die Benachrichtigungskarten werden mit derselben Beschleunigung wie Telegramme zugestellt[2b].

4 Dem Herbeizurufenden werden der Name und gegebenenfalls die Rufnummer des Anmelders sowie die Zeit, zu der die Verbindung voraussichtlich hergestellt werden kann, auf der Karte mitgeteilt. Falls die Anmeldung befristet oder zurückgestellt ist, wird dies angegeben. Wird eine Anmeldung nach ihrer Weitergabe auf Antrag gestrichen, befristet oder zurückgestellt oder wird eine Befristung oder Zurückstellung geändert oder aufgehoben, so wird die verlangte Person von Amts wegen verständigt, sobald sie sich bei einer öffentlichen Sprechstelle oder bei einer Teilnehmer-

sprechstelle meldet (Abs. 7); ein besonderer Bote wird zu ihrer Verständigung nur auf Wunsch des Anmelders entsandt.

5 Ergibt sich bei der Zustellung der Benachrichtigungskarte aus der Erklärung des Verlangten, daß das Gespräch eine Verzögerung erleiden wird, so ist der Anmelder von Amts wegen sogleich zu verständigen. Dabei wird ihm gegebenenfalls mitgeteilt, wann der Verlangte sprechbereit sein wird.

6 Kann das Gespräch nicht zustande kommen, z. B. weil der Verlangte (und u. U. die nach Abs. 2 angegebene zweite Person) nicht angetroffen wird oder das Gespräch nicht führen kann oder will, so wird der Anmelder von Amts wegen sobald wie möglich verständigt und die Anmeldung gestrichen. Das gleiche geschieht, wenn der Verlangte, nachdem er sich sprechbereit gemeldet hat, nachträglich das Gespräch ablehnt. Die Anmeldung wird ferner gestrichen, wenn der Verlangte die Herstellung der Verbindung nicht abwartet.

7 Der Verlangte kann statt der öffentlichen Sprechstelle, von der die Benachrichtigungskarte ausgegangen ist, eine beliebige öffentliche Sprechstelle oder Teilnehmersprechstelle desselben Ortsnetzes zur Gesprächsführung benutzen.

8 Die Gesprächsverbindung wird nicht eher hergestellt, als bis sich der Verlangte sprechbereit gemeldet hat. Meldet er sich sprechbereit, bevor das Gespräch zur Ausführung an der Reihe ist, so wird die Anmeldung nach den Bestimmungen im § 17 VI eingereiht. War das Gespräch schon vorher an der Reihe, so wird es nach Abwicklung der in Vorbereitung befindlichen Verbindungen als erstes seiner Gattung ausgeführt. Kurz vor der Bereitstellung der Verbin-

dung werden, sofern dies angängig und zweckmäßig ist, die beiden beteiligten Sprechstellen darauf aufmerksam gemacht, daß das Gespräch in einigen Minuten zur Ausführung an der Reihe ist und daß die in Betracht kommenden Personen sich bereit halten möchten (vorläufiger Anruf *); hiervon wird jedoch abgesehen bei Sprechstellen, die zu dieser Zeit ein Orts- oder Ferngespräch führen.

9 Die DRP übernimmt keine Gewähr dafür, daß die Person, die sich zur Führung des Gesprächs meldet, die verlangte ist.

10 Die Gültigkeit der Anmeldung eines XP- oder XPL-Gesprächs richtet sich nach § 17 V Abs. 1, doch erstreckt sich die Gültigkeit einer Gesprächsanmeldung, die vor 22 Uhr eingegangen ist, bis zum folgenden Tage um 8 Uhr, wenn mitgeteilt wird, daß die Verbindung in der Zeit von 24 bis 8 Uhr ausgeführt werden kann.

11 Wird der Bestimmungsanstalt mitgeteilt, daß der Verlangte bei einer Sprechstelle eines anderen Ortsnetzes zu erreichen ist, so wird der Anmelder von Amts wegen verständigt und ihm die Anmeldung eines neuen Gesprächs überlassen.

12 a) Bei XP-Gesprächen beträgt im Fernverkehr die Gebühr für die Übermittlung der Gesprächsanmeldung an den Bestimmungsort, für die Benachrichtigung der verlangten Person und für die von Amts wegen zu machenden weiteren Mitteilungen, gleichviel ob es sich um gewöhnliche oder dringende Gespräche oder um Blitzgespräche handelt, ein Drittel der Gebühr für ein gewöhnliches Dreiminutengespräch der Verkehrszeit, in der das Gespräch begonnen hat, mindestens aber 0,40 RM[3] (XP-Gebühr); kommt das Gespräch nicht zustande, so ist für die Berechnung der

XP-Gebühr die Verkehrszeit maßgebend, in der die Gesprächsanmeldung von der Ursprungsanstalt weitergegeben worden ist. Im Ortsverkehr beträgt die XP-Gebühr 0,40 *RM*. Ist in der Gesprächsanmeldung eine zweite Person angegeben, so wird ein Zuschlag von 0,30 *RM* erhoben, wenn diese auf einem anderen Grundstück als die erste Person wohnt. Für die Entsendung eines besonderen Boten nach Abs. 4 letzter Satz ist im Fernverkehr die XP-Gebühr, im Ortsverkehr eine Gebühr von 0,30 *RM* zu entrichten; für die Berechnung der XP-Gebühr ist in diesem Falle die Verkehrszeit maßgebend, in der der Antrag von der Ursprungsanstalt weitergegeben worden ist.

b) Bei XPL-Gesprächen ist neben den Gebühren für XP-Gespräche noch eine feste Zuschlaggebühr von 0,80 *RM* zu entrichten (XPL-Gebühr); sie ist nur einmal zu zahlen, wenn noch eine zweite Person in demselben Orte angegeben ist. Wenn bei XPL-Gesprächen die Entsendung eines besonderen Boten nach Abs. 4 letzter Satz verlangt wird, ist auch die XPL-Gebühr nochmals zu zahlen.

13 a) Die XP-Gebühr und die Zuschlaggebühr für die Angabe einer zweiten Person sind bei XP- und bei XPL-Gesprächen fällig im Fernverkehr, wenn die Gesprächsanmeldung oder bei Entsendung eines besonderen Boten nach Abs. 4 letzter Satz der Antrag hierauf von der Ursprungsanstalt weitergegeben worden ist, im Ortsverkehr, sobald der Bote abgesandt worden ist[3a]. Wird ein XP-Gespräch nachträglich in ein XPL-Gespräch umgewandelt (Abs. 1), so sind die XP-Gebühr und gegebenenfalls die Zuschlaggebühr nur einmal zu zahlen. Sie werden nicht erhoben, wenn aus Gründen, die die DRP zu vertreten hat, die Benachrichtigung

der verlangten Person unterblieben ist oder aus den gleichen Gründen das Gespräch nicht zustande kommt. Sie sind aber zu zahlen, wenn sich nach Übermittlung der Gesprächsanmeldung herausstellt, daß der Verlangte außerhalb des Herbeirufungsbezirks wohnt, und die Umwandlung des Gesprächs in ein XPL-Gespräch abgelehnt wird oder wenn bei einem XPL-Gespräch kein Bote abgesandt werden kann (Abs. 1 vorletzter Satz).

b) Die XPL-Gebühr ist fällig, sobald der Bote abgesandt worden ist. Sie ist nicht zu zahlen, wenn die XP-Gebühr nicht erhoben wird.

14 Im Ortsverkehr wird die Gesprächsgebühr vom Anmelder nicht erhoben. Meldet sich der Verlangte mit der Benachrichtigungskarte bei einer öffentlichen Sprechstelle (§ 15 Ia und b), so wird die Verbindung ohne Gebührenanrechnung hergestellt; benutzt er eine andere Sprechstelle oder einen Münzfernsprecher, so hat er die Ortsgesprächsgebühr zu entrichten. Im Fernverkehr gilt für die Fälligkeit der Gesprächsgebühr § 25 II Abs. 1b. Die Ferngesprächsgebühr wird jedoch nicht erhoben[4], wenn die XP-Gebühr aus den im Abs. 13a vorletzter Satz angegebenen Gründen nicht zu entrichten ist. Sie wird ferner nicht erhoben, wenn die verlangte Person bei dem vorläufigen oder endgültigen Anruf[5] ✱ die Gesprächsführung ablehnt oder nicht mehr zu erreichen ist; in diesen Fällen wird auch die Fünftelgebühr (§ 25 II Abs. 2) nicht angerechnet.

II 1 V-Gespräche ✱. Ferngespräche, bei denen auf Verlangen des Anmelders der Name der Person, mit der das Gespräch geführt werden soll, der verlangten Teilnehmersprechstelle im voraus übermittelt wird, sind V-Gespräche. Über die dringenden V-Gespräche, bei denen auch die vom Anmelder gewünschte Ausführungszeit der verlangten Teilnehmersprechstelle übermittelt wird (Festzeitgespräche), s. § 17 VII Abs. 4. Gespräche, die mit einer nach Nummer oder Namen bezeichneten Nebenstelle geführt werden sollen, werden nur auf ausdrückliches Verlangen des Anmelders als V-Gespräche behandelt. Für die Gesprächsverbindungen gelten bei V-Gesprächen, soweit nachstehend nichts anderes bestimmt ist, die allgemeinen Bestimmungen über Ferngespräche.

2 In der Gesprächsanmeldung muß die gewünschte Person so genau bezeichnet werden, daß sie bei der verlangten Sprechstelle ohne Rückfragen ermittelt werden kann. Bei der Anmeldung kann für den Fall, daß die gewünschte Person abwesend oder verhindert ist oder das Gespräch ablehnt, eine zweite Person bei derselben Sprechstelle angegeben werden. Es ist auch zulässig, wenn nur eine Person angegeben ist, eine zweite Sprechstelle desselben Ortsnetzes zu bezeichnen, bei der die gewünschte Person u. U. zu erreichen ist. Mehr als zwei Personen oder mehr als zwei Sprechstellen dürfen nicht angegeben werden.

3 Die V-Anmeldungen werden sobald wie möglich der verlangten Sprechstelle übermittelt. Antwortet diese nicht beim ersten Anruf, so wird der Anruf nach 10 Minuten und erforderlichenfalls nach weiteren 20 Minuten wiederholt. Bleibt auch dieser Anruf ohne Erfolg, so wird der Anmelder von Amts wegen verständigt. Läßt er die Anmeldung nicht streichen, so wird bis zum Ablauf ihrer Gültigkeitsdauer (Abs. 10) der Anruf mehrmals wiederholt[6]; doch wird der An-

melder nicht mehr verständigt, wenn auch diese weiteren Anrufe unbeantwortet bleiben.

4 Bei der Übermittlung der Gesprächsanmeldung wird der verlangten Sprechstelle mitgeteilt, wann die Verbindung voraussichtlich hergestellt werden kann; bei Festzeitgesprächen wird die vom Anmelder gewünschte Ausführungszeit übermittelt. Falls die Anmeldung befristet oder zurückgestellt ist, wird dies angegeben. Der Name und die Rufnummer des Anmelders werden nur auf seinen Wunsch übermittelt. Wird eine Anmeldung nach ihrer Weitergabe auf Antrag gestrichen, befristet oder zurückgestellt, wird eine Befristung oder Zurückstellung geändert oder aufgehoben oder wird bei Festzeitgesprächen die gewünschte Ausführungszeit geändert, so wird die verlangte Sprechstelle sogleich von Amts wegen verständigt.

5 Ergibt sich bei der Übermittlung der Gesprächsanmeldung aus der Erklärung der verlangten Sprechstelle, daß das Gespräch eine Verzögerung erleiden wird, so ist der Anmelder von Amts wegen sogleich zu verständigen; dabei wird ihm gegebenenfalls mitgeteilt, wann der Gewünschte sprechbereit[7] sein wird. Das gleiche geschieht, wenn die verlangte Sprechstelle, nachdem sie den Gewünschten als sprechbereit bezeichnet hat, nachträglich erklärt, daß die Verbindung aufgeschoben werden soll. Teilt die verlangte Sprechstelle mit, daß die gewünschte Person sich bei einer anderen Sprechstelle desselben Ortsnetzes befindet, so wird verfahren, als ob das Gespräch mit dieser Sprechstelle verlangt worden wäre; der Anmelder wird bei Herstellung der Verbindung von der Änderung verständigt.

6 Kann das Gespräch nicht zustande kommen,

z. B. weil der Gewünschte (und u. U. die nach Abs. 2 angegebene zweite Person) nicht erreicht wird oder das Gespräch nicht führen kann oder will, so wird der Anmelder von Amts wegen sobald wie möglich verständigt. Das gleiche geschieht, wenn der Gewünschte, nachdem er als sprechbereit gemeldet worden ist, nachträglich das Gespräch ablehnt. In allen diesen Fällen und in dem Falle, daß der Gewünschte die Herstellung der Verbindung nicht abwartet, kann der Anmelder verlangen, daß die Anmeldung gestrichen oder daß die Verbindung mit der angegebenen oder einer anderen Sprechstelle desselben Ortsnetzes hergestellt wird; dies gilt auch für Festzeitgespräche[8].

7 Der Gewünschte kann statt der verlangten Sprechstelle eine beliebige Teilnehmersprechstelle oder öffentliche Sprechstelle desselben Ortsnetzes zur Gesprächsführung benutzen.

8 Die Gesprächsverbindung wird nicht eher hergestellt, als bis der Gewünschte sprechbereit gemeldet worden ist. Wird er sprechbereit gemeldet, bevor das Gespräch zur Ausführung an der Reihe ist, so wird die Anmeldung nach den Bestimmungen im § 17 VI eingereiht. War das Gespräch schon vorher an der Reihe, so wird es nach Abwicklung der in Vorbereitung befindlichen Verbindungen als erstes seiner Gattung ausgeführt. Für die Ausführung der Festzeitgespräche gilt die Bestimmung im § 17 VII Abs. 4. Kurz vor der Bereitstellung der Verbindung werden, sofern dies angängig und zweckmäßig ist, die beiden beteiligten Sprechstellen darauf aufmerksam gemacht, daß das Gespräch in einigen Minuten zur Ausführung an der Reihe ist und daß die in Betracht kommenden Personen sich bereit halten möchten (vorläufiger Anruf);

hiervon wird jedoch abgesehen bei Sprechstellen, die zu dieser Zeit ein Orts- oder Ferngespräch führen. Beim endgültigen Anruf zur Herstellung der Verbindung wird der verlangten Sprechstelle nochmals der Name der gewünschten Person genannt. Eine Verschiebung der Gesprächsausführung (Abs. 5 zweiter Satz) ist unzulässig, sobald der vorläufige Anruf ausgeführt worden ist.

9 Die DRP übernimmt keine Gewähr dafür, daß die Person, die sich zur Führung des Gesprächs meldet, die gewünschte ist.

10 Die Gültigkeit der Anmeldung eines V-Gesprächs richtet sich nach § 17 V Abs. 1, doch erstreckt sich die Gültigkeit einer Gesprächsanmeldung, die vor 22 Uhr eingegangen ist, bis zum folgenden Tage um 8 Uhr, wenn mitgeteilt wird, daß die Verbindung in der Zeit von 24 bis 8 Uhr ausgeführt werden kann.

11 Wird der Bestimmungsanstalt mitgeteilt, daß der Gewünschte bei einer Sprechstelle eines anderen Ortsnetzes zu erreichen ist, so wird der Anmelder von Amts wegen verständigt und ihm die Anmeldung eines neuen Gesprächs überlassen[9].

12 Die Gebühr für die Übermittlung der Gesprächsanmeldung an den Bestimmungsort, für die Benachrichtigung der verlangten Sprechstelle und für die von Amts wegen zu machenden weiteren Mitteilungen beträgt, gleichviel ob es sich um gewöhnliche oder dringende oder um Blitzgespräche handelt, ein Drittel der Gebühr für ein gewöhnliches Dreiminutengespräch der Verkehrszeit, in der das Gespräch begonnen hat; mindestens aber 0,40 *RM* (V-Gebühr); kommt das Gespräch nicht zustande, so ist für die Berechnung der V-Gebühr die Verkehrszeit maßgebend, in der die

Gesprächsanmeldung von der Ursprungsanstalt weitergegeben worden ist.

13 Die V-Gebühr ist fällig, wenn die Gesprächsanmeldung von der Ursprungsanstalt weitergegeben worden ist[10]. Sie wird nicht erhoben, wenn aus Gründen, die die DRP zu vertreten hat, die Benachrichtigung der verlangten Sprechstelle unterblieben ist oder aus den gleichen Gründen das Gespräch nicht zustande kommt.

14 Für die Fälligkeit der Gesprächsgebühr gilt § 25 II Abs. 1b. Die Gesprächsgebühr wird jedoch nicht erhoben, wenn die V-Gebühr aus den im Abs. 13 letzter Satz angegebenen Gründen nicht zu entrichten ist. Sie wird ferner nicht erhoben, wenn die gewünschte Person bei dem vorläufigen oder endgültigen Anruf die Gesprächsführung ablehnt oder nicht mehr zu erreichen ist und der Anmelder in solchen Fällen die Streichung der Anmeldung verlangt (Abs. 6 letzter Satz); in diesen Fällen wird auch die Fünftelgebühr (§ 25 II Abs. 2) nicht angerechnet.

III 1 N-Gespräche ✱. Orts- und Ferngespräche mit Postagenten und mit Inhabern von Poststellen, von Hilfstellen oder von gemeindlichen öffentlichen Sprechstellen sind N-Gespräche, wenn ihr Inhalt in Form kurzer Nachrichten an andere Personen weitergegeben werden soll. Wohnen die Personen außerhalb des für XP-Gespräche festgesetzten Herbeirufungsbezirks (I Abs. 1), so sind solche Gespräche NL- (Land-) Gespräche. Stellt sich erst bei dem Gespräch mit dem Postagenten usw. heraus, daß die zu benachrichtigende Person außerhalb des Herbeirufungsbezirks wohnt, so kann der Anmelder das Gespräch in ein NL-Gespräch umwandeln lassen oder auf die Weitergabe der Nachricht verzichten. Bei NL-Gesprächen wird keine Gewähr dafür übernommen, daß ein Bote zur Weitergabe der Nachricht abgesandt werden kann[11]. Die öffentlichen Sprechstellen, mit denen N-Gespräche geführt werden können, sind im amtlichen Fernsprechbuch gekennzeichnet.

2 Bei einem N- oder NL-Gespräch kann die Weitergabe einer oder mehrerer Nachrichten an verschiedene Personen verlangt werden.

3 Für die Entgegennahme und Weitergabe der Nachricht[12] wird bei N-Gesprächen eine Gebühr von 0,40 RM (N-Gebühr) erhoben; daneben ist im Ortsverkehr keine Gesprächsgebühr, im Fernverkehr die bestimmungsmäßige Ferngesprächsgebühr zu zahlen. Sind Nachrichten an mehrere Personen weiterzugeben, so ist für jede weitere Person ein Zuschlag von 0,30 RM zu entrichten[13]. Bei NL-Gesprächen wird neben den Gebühren für N-Gespräche noch eine Zuschlaggebühr von 0,80 RM erhoben (NL-Gebühr); sie ist nur einmal zu entrichten, wenn durch dasselbe Gespräch Nachrichten für mehrere Personen in demselben Orte übermittelt werden.

4 Die N-Gebühr, der Zuschlag zur N-Gebühr für die Benachrichtigung weiterer Personen und die NL-Gebühr sind fällig, sobald der Postagent usw. die Weitergabe der Nachricht übernommen hat. Sie werden nicht erhoben, wenn die Weitergabe der Nachricht von dem Postagenten usw. unterlassen worden ist.

5 Die Gesprächsgebühr ist fällig, sobald die Verbindung des Anmelders mit dem Postagenten usw. hergestellt worden ist. Sie wird nicht erhoben, wenn die Weitergabe der Nachrichten von dem Postagenten usw. unterlassen worden ist oder wenn die Angabe

im amtlichen Fernsprechbuch, daß der Postagent usw. N-Gespräche entgegennimmt, nicht mehr zutrifft. Sie ist aber zu zahlen, wenn der Postagent usw. die Weitergabe der Nachricht ablehnen muß, wenn der Anmelder auf die Weitergabe der Nachricht verzichtet, weil dies nur gegen Zahlung der NL-Gebühr möglich ist, oder wenn bei NL-Gesprächen der Bestimmungsanstalt kein Bote zur Verfügung steht oder der Inhaber einer gemeindlichen öffentlichen Sprechstelle nicht bereit ist, Personen in Nachbarorten zu benachrichtigen.

6 Die Postagenten usw. haften nicht für einen Schaden, der durch unrichtige, verzögerte oder unterlassene Weitergabe der Nachrichten entsteht.

1 Die Bestimmungen über die XP- und V-Gespräche gehen davon aus, daß alles geschehen soll, was möglich ist, um den Anrufenden mit der verlangten Person in Sprechverkehr zu bringen und die beteiligten Personen über die weitere Entwicklung der Anmeldung auf dem laufenden zu erhalten (PABl. 1930 S. 450).

1a In der Regel der — u. U. erweiterungsfähige — Ortszustellbezirk, s. § 38 I PostO 1929 (Teil I S. 259).

2 Zustellung der Benachrichtigungskarten mit gleicher Beschleunigung wie bei Telegrammen (s. § 21 TelO, S. 151).

2a Bei XPL-Gesprächen: in der Regel die öff. Sprechstelle bei der VerkAnst, in deren Landzustellbezirk der Herbeizurufende wohnt.

2b Zustellungsregeln: an den Verlangten selbst; ersatzweise an einen Geschäfts- oder Familienangehörigen oder einen Hausgenossen, wenn dieser die baldige Benachrichtigung des Verlangten übernimmt. Unzustellbarkeit: bei Nichtantreffen des Verlangten und eines Ersatzempfängers; auch: bei Ablehnung des Gesprächs durch den Verlangten (PABl. 1930 S. 451).

3 Nicht: OrtsGesprGeb.

3a „Die XP-Gebühr ist im Fernverkehr auch zu entrichten, wenn nach Benachrichtigung des Verlangten die Verbindung wegen Dienstschlusses nicht mehr ausgeführt werden kann und wenn kein

Bote abgesandt worden ist, weil der Verlangte sich zufällig bei der O befand. Die XP-Gebühr wird im Inlandsverkehr jedoch nicht erhoben, wenn sich vor Absendung des Boten herausstellt, daß die gewünschte Person Inhaber eines Hauptanschlusses, einer O, einer HO oder einer PrO ist. Die XP-Gebühr für die Absendung eines besonderen Boten wird auch dann erhoben, wenn sich der Verlangte vor Absendung des Boten bei der O meldet. Der Zuschlag zur XP-Gebühr für das Herbeirufen einer zweiten Person ist auch zu entrichten, wenn die erste Person angetroffen wird und deshalb die Benachrichtigung der zweiten Person unterbleibt."

4 Vgl. § 26, auch § 25 Anm. 4a.

5 AusfBest: „Sobald die Verbindung an der Reihe ist, wird beim Anruf der Sprechstelle nochmals der Name der gewünschten Person genannt (endgültiger Anruf)."

6 In zweistündigen Zwischenräumen; nicht über 21 Uhr hinaus.

7 Ermittlung der Sprechbereitschaft: durch die BestTelAnst durch Rückfrage, u. U. stündlich zu wiederholen (nicht: zwischen 21 und 7 Uhr).

8 Im InlandsVerk: Verzicht auf feste Ausführungszeit zulässig, u. U. auch Umwandlung eines dringenden Gesprächs in ein gewöhnliches.

9 Wahlweise auch Verbindung mit der erstverlangten oder einer anderen Sprechstelle desselben Ortsnetzes.

10 Unausführbarkeit infolge nachträglichen Dienstschlusses der BestTelAnst hebt die GebPflicht nicht auf.

11 Hierauf ist der Anmelder aufmerksam zu machen.

12 Schriftform nicht zwingend; bei Nichtantreffen des Verlangten: Hinterlassung schriftlicher Benachrichtigung.

13 Auch dann, wenn die Weitergabe an einen Anderen (usw.) nur für den Fall der Nichterreichbarkeit des Erstverlangten gewünscht ist.

§ 19a.

Stundenverbindungen.

1 Stundenverbindungen * sind Ferngespräche auf Entfernungen von mehr als 5 km, die für einen

Zeitraum von mindestens einer Stunde beantragt werden. Sie werden nur zugelassen[1], wenn dafür Leitungen ohne Benachteiligung des allgemeinen Sprechverkehrs verfügbar sind[2].

2 Bei der Anmeldung von Stundenverbindungen ist die gewünschte Gesprächsdauer anzugeben. Der Beginn der Stundenverbindung wird nach Maßgabe der Betriebsverhältnisse im Einvernehmen mit dem Anmelder festgesetzt. Sobald dies geschehen ist, wird die verlangte Sprechstelle verständigt; auf Wunsch des Anmelders wird dabei auch der Name der gewünschten Person übermittelt.

3 Für Stundenverbindungen werden erhoben

a) in der Zeit von 19 bis 8 Uhr der halbe Betrag,
b) an Werktagen in der Zeit von 8 bis 9 Uhr und 16 bis 19 Uhr sowie an Sonn- und Feiertagen in der Zeit von 8 bis 19 Uhr der volle Betrag,
c) an Werktagen in der Zeit von 9 bis 16 Uhr der dreifache Betrag

der Gebühr für gleich lange gewöhnliche Ferngespräche in der Zeit von 8 bis 19 Uhr (§ 17 II Abs. 1). Erstreckt sich eine Verbindung über mehrere der angegebenen Zeitabschnitte, so wird die Gebühr nach der in die einzelnen Abschnitte fallenden Gesprächsdauer berechnet.

4 Werden Stundenverbindungen vor Ablauf der Mindestdauer von einer Stunde von den Teilnehmern beendigt, so ist gleichwohl die Gebühr so zu berechnen, als ob die Verbindung eine volle Stunde bestanden hätte. Verbindungen, die über die bei der Anmeldung angegebene Zeitdauer hinaus fortgesetzt werden sollen, können getrennt werden, wenn die Betriebsverhältnisse dies erfordern.

5 Antwortet die verlangte Sprechstelle bei Her-

stellung der Verbindung nicht, so ist ein Fünftel der Gebühr für ein Dreiminutengespräch zu erheben (§ 25 II Abs. 2). Zieht der Anmelder die Gesprächsanmeldung zurück, nachdem sie von der Ursprungsanstalt weitergemeldet worden ist, so ist eine Gebühr in Höhe der V-Gebühr (§ 19 II Abs. 12) zu entrichten.

1 Zuständig: die Ursprungs-, gegebenenfalls die Durchgangs-Anst.

2 Abzulehnen, wenn die Zulassung die rechtzeitige Abwicklung von Monatsgesprächen (§ 20) verhindern würde.

§ 20.

Monatsgespräche.

I Monatsgespräche * sind Ferngespräche auf Entfernungen von mehr als 5 km, die täglich zwischen denselben Teilnehmersprechstellen[1] zur gleichen, im voraus vereinbarten Zeit stattfinden und mindestens für einen ganzen Kalendermonat bestellt werden. Sie sind nur in der Zeit von 21 bis 8 Uhr zugelassen und dürfen nur persönliche und geschäftliche Angelegenheiten der Beteiligten betreffen.

II 1 Die Monatsgespräche sind vom Teilnehmer schriftlich[2] bei seinem Fernamt zu beantragen[3]. Die Anträge werden nach der Zeitfolge ihres Eingangs berücksichtigt, soweit die bestehenden Vereinbarungen es zulassen. Die Mindestdauer des einzelnen Gesprächs beträgt 3 Minuten, die Höchstdauer soll in der Regel 15 Minuten nicht überschreiten. Die DRP kann jede Fernleitung zwischen zwei Monatsgesprächen 10 Minuten lang für Einzelferngespräche freihalten.

2 Die Verbindung für ein Monatsgespräch wird zwischen den beiden Sprechstellen von Amts wegen zur festgesetzten Zeit ausgeführt, wenn nicht gerade

ein anderes Gespräch im Gange ist oder eine Anmeldung für ein dringendes Staatsgespräch vorliegt.

3 Die Vereinbarung kann vom Antragsteller und von der DRP mit achttägiger Frist auf den Schluß eines Kalendermonats schriftlich gekündigt werden. Andernfalls läuft sie von Monat zu Monat weiter.

III 1 Für Monatsgespräche wird die Hälfte der Gebühren nach § 17 II Abs. 1 für gleichlange gewöhnliche Einzelferngespräche erhoben. Der Monatsbetrag wird nach einer mittleren Monatsdauer von 30 Tagen berechnet und ist im voraus fällig. Für Monatsgespräche, die nicht am Ersten eines Kalendermonats beginnen, wird bis dahin für jeden Tag ein Dreißigstel des Monatsbetrags erhoben.

2 Gebühren für nicht benutzte oder nicht voll ausgenutzte Gesprächsverbindungen werden nicht erstattet (§ 26); der bei einem Gespräch nicht ausgenutzte Zeitraum darf auf ein späteres Gespräch nicht übertragen werden. Doch wird, wenn die Nichtausnutzung durch eine Störung des Betriebs verursacht ist, möglichst in derselben Nacht ein Ausgleich geboten. Ist das Gespräch aus Gründen, die keinem der Beteiligten zur Last fallen, überhaupt nicht zustande gekommen oder vorzeitig unterbrochen worden und hat ein Ausgleich nicht stattfinden können, so wird auf Antrag ein Dreißigstel des Monatsbetrags oder ein angemessener Teilbetrag davon erstattet (§ 26).

IV Monatsgespräche dürfen über die vereinbarte Gesprächsdauer hinaus fortgesetzt werden[4], wenn[5] der Teilnehmer bereit ist, für jede volle oder angefangene überschießende Minute ein Drittel der Gebühr für ein Dreiminutengespräch nach § 17 II zu zahlen; die Bestimmungen im § 17 IX finden Anwendung. Bei der

Festsetzung der zulässigen Höchstdauer wird die vereinbarte Dauer des Monatsgesprächs in die Gesamtdauer eingerechnet.

1 Im Bedarfsfall auch von öff. SprStellen aus.

2 Formblatt vorgeschrieben.

3 Der Antrag bewirkt: Vereinbarung zwischen VermittlStelle und Teilnehmer bezügl. der Ausführungszeit (I).

4 Auch: als dringende PresseGespr (§ 17 VII Abs. 2), wenn sie zwischen Anschlüssen von Zeitungen usw. geführt werden und den Bedingungen (§ 17) entsprechen.

5 „Wenn im Inlandsverkehr die Leitungen stark mit Monatsgesprächen belegt sind, ist die Fortsetzung eines Monatsgesprächs über die vereinbarte Zeit hinaus nur insoweit zulässig, als dadurch die Abwicklung der übrigen Monatsgespräche und der etwa vorliegenden Einzelgespräche nicht beeinträchtigt wird."

§ 21.

Dauerverbindungen während der Dienstpausen der Vermittlungsstellen.

I Orts- und Ferngesprächsverbindungen, die es einem Teilnehmer ermöglichen, mit einem anderen Teilnehmer desselben oder eines anderen Ortsnetzes oder mit der Vermittlungsstelle eines anderen Ortsnetzes auch während der Dienstpausen der beteiligten Vermittlungsstellen in Verkehr zu treten, sind Dauerverbindungen *. Sie können für einzelne Dienstpausen eines Tages (Einzeldauerverbindungen *) oder für einen vollen Kalendermonat (Monatsdauerverbindungen *) bestellt werden; sie werden nur zugelassen, wenn die nötigen Leitungen vorhanden sind und dienstliche Rücksichten oder technische Schwierigkeiten nicht entgegenstehen. Unmittelbare Dauerverbindungen zwischen zwei Teilnehmersprechstellen verschiedener

Vermittlungsstellen sind unzulässig, solange eine der beteiligten Vermittlungsstellen Dienst[1] abhält.

II Einzeldauerverbindungen können durch Fernsprecher, Monatsdauerverbindungen müssen schriftlich bei der Vermittlungsstelle beantragt werden. Die Anträge werden nach der Zeitfolge ihres Eingangs berücksichtigt; Dauerverbindungen, die im öffentlichen Wohle[2] liegen, haben ein Vorrecht auch gegenüber bestehenden Dauerverbindungen.

III Die Vereinbarung über Monatsdauerverbindungen kann vom Antragsteller mit achttägiger Frist auf den Schluß eines Kalendermonats schriftlich gekündigt werden (§ 27). Andernfalls läuft sie von Monat zu Monat weiter. Die DRP kann die Vereinbarung im Bedarfsfall aus Betriebs- oder anderen Gründen jederzeit widerrufen[3].

IV 1 Die Gebühr beträgt[4] bei Einzeldauerverbindungen, *RM*

a) wenn zwei Teilnehmersprechstellen desselben Ortsnetzes unmittelbar miteinander verbunden werden, für jede Dienstpause der Vermittlungsstelle 0,45,

b) wenn eine Teilnehmersprechstelle mit der Vermittlungsstelle eines anderen Ortsnetzes verbunden wird, außer den bestimmungsmäßigen Gesprächs- und Nebengebühren für jede bei einer der beteiligten Vermittlungsstellen vorzunehmende Zusammenschaltung 0,15,

c) wenn zwei Teilnehmersprechstellen verschiedener Ortsnetze unmittelbar miteinander verbunden werden, für jede bei einer der beteiligten Vermittlungsstellen vorzunehmende Zusammenschaltung .... *RM* 0,15,

und außerdem für jeden zusammenhängenden Zeitraum, in dem die unmittelbare Verbindung besteht, das Dreifache der bestimmungsmäßigen Gebühr für ein gewöhnliches Dreiminutengespräch. Fällt der zusammenhängende Zeitraum zum Teil in die Zeit zwischen 19 und 8 Uhr, so gilt als bestimmungsmäßige Gebühr die Gebühr nach § 17 II Abs. 2.

2 Bei Monatsdauerverbindungen[5] ist das Dreißigfache der bei Einzeldauerverbindungen für einen Werktag anzusetzenden Gebühren zu entrichten. Der Monatsbetrag ist im voraus fällig[6].

V 1 Für die Dauerverbindungsgebühren haftet der Antragsteller.

2 Für nachweisbar nicht ausgeführte Dauerverbindungen werden die darauf entfallenden Gebühren auf Antrag erstattet (§ 26). Wird eine Monatsdauerverbindung von der DRP vorzeitig widerrufen, so wird für jeden Tag ein Dreißigstel des Monatsbetrags von Amts wegen zurückgezahlt. Bei vorzeitiger Aufhebung, Sperre, Entziehung (§ 28) oder zeitweiliger Nichtbenutzung einer der in die Dauerverbindung einbezogenen Teilnehmersprechstellen hat der Antragsteller keinen Anspruch auf Rückzahlung der Gebühren (§ 26).

1 Nicht: Dienstbereitschaft.

2 Z. B. Elektrizitätswerke nach FernMAnlG § 2 Ziff. 2 Anm. 8 (S. 59, 60).

3 AusfBest: „Von dem Widerruf ist Gebrauch zu machen, wenn die Betriebsverhältnisse es dringend erfordern, wenn eine nicht bevorrechtigte Dauerverbindung der Herstellung einer bevor-

rechtigten entgegensteht oder wenn eine spätere Dauerverbindung der letzteren Art vor einer früheren den Vorrang verdient. Der Widerruf ist möglichst auf den Schluß eines Kalendermonats zu erklären."

4 Bei Dauerverbindungen mit der Feuerwache für jede Sprechstelle nur 4,50 *RM*.

5 AusfBest: „Bei Monatsdauerverbindungen nach anderen ON werden die Gebühren für die Zusammenschaltung und für die Benutzung von Verstärkern nur zur Hälfte erhoben, wenn die Monatsverbindungen der Bekämpfung von Feuers- oder Wassersnot dienen. Die Gebühren für Gespräche, die bei Monatsdauerverbindungen mit der VSt eines anderen ON einzeln berechnet werden, sind einschließlich der Nebengebühren in voller Höhe zu entrichten. Ebenso wird die Vergünstigung für Einzeldauerverbindungen nicht gewährt."

6 Vgl. § 20 III Abs. 1.

§ 22.

Unfallmeldedienst [1].

I Gespräche und Telegramme, die außerhalb der Dienststunden[2] vermittelt werden, sind Unfallmeldungen[3]*, wenn sie bezwecken,

a) in dringenden Fällen den Arzt, den Tierarzt, die Hebamme oder andere Sanitätspersonen herbeizurufen oder zu befragen sowie Arzneimittel zu beschaffen;

b) geistlichen Beistand für Schwerkranke herbeizuholen;

c) in Fällen gemeiner Gefahr, insbesondere bei Feuersbrünsten und Überschwemmungen, Hilfe herbeizurufen oder vor solcher Gefahr zu warnen, z. B. Hochwassernachrichten;

d) Störungen elektrischer Hochspannungsleitungen zu beseitigen oder die mit solchen Störungen verbundenen Gefahren abzuwehren;

e) bei Verbrechen und Vergehen, sei es zur Abwehr der Straftat selbst oder deren Folgen, sei es zur Feststellung, Verfolgung oder Festnahme des Täters, Hilfe herbeizuholen;

f) die zur Aufrechterhaltung von Ruhe und Ordnung bestimmten Verbände auf Anordnung der zuständigen Leiter in Bereitschaft zu halten oder aufzurufen.

II 1 Der Unfallmeldedienst wird in Orten mit Vermittlungsstellen oder öffentlichen Sprechstellen für den Verkehr zwischen diesen Orten auf Kosten der DRP eingerichtet, wenn die örtlichen Verhältnisse es gestatten und eine geeignete Person für die Wahrnehmung dieses Dienstes zur Verfügung steht[4]. Wo Unfallmeldedienst besteht (Unfallmeldestellen), ist in dem amtlichen Fernsprechbuch (§ 14) angegeben. Wird eine Unfallmeldestelle während der Nacht von einer unbekannten Person in Anspruch genommen, so kann derjenige, der den Unfallmeldedienst wahrnimmt, verlangen, daß zu seiner Sicherheit eine ihm bekannte ortsansässige Person herbeigeholt wird.

2 Zur Aufgabe von Unfallmeldungen dürfen Teilnehmersprechstellen nur auf Grund besonderer Vereinbarung mit der DRP benutzt werden, wenn dafür nach den örtlichen Verhältnissen (außergewöhnlich abgeschiedene Lage, feuergefährlicher Betrieb usw.) ein Bedürfnis besteht und wenn die Anschlüsse erforderlichenfalls an die Unfallmeldeeinrichtung angeschlossen sind. Zum Empfang von Unfallmeldungen können Teilnehmeranschlüsse von Behörden und Personen, die dafür in der Regel in Betracht kommen (Polizei, Feuerwehr, Ärzte, Geistlichkeit usw.), auf Antrag an die Unfallmeldeeinrichtung angeschaltet werden[5].

III 1 Für jede in der Zeit von 21 bis 8 Uhr sowie an Sonn- und Feiertagen aufgegebene Unfallmeldung wird eine besondere Unfallmeldegebühr von 0,90 *RM* erhoben[6], wenn zur Zeit der Aufgabe der Unfallmeldung mindestens eine der beteiligten Unfallmeldestellen für den allgemeinen Verkehr geschlossen ist, doch bleiben hierbei gemeindliche öffentliche Sprechstellen wegen ihrer Pflicht zur unentgeltlichen Wahrnehmung des Unfallmeldedienstes (§ 15 IIb) außer Betracht. Postagenturen mit einfacherem Betrieb, Poststellen und Hilfstellen gelten als für den allgemeinen Verkehr geschlossen: an allen Tagen in der Zeit von 21 bis 8 Uhr, an Sonn- und Feiertagen überhaupt mit Ausnahme eines von der DRP zu bestimmenden Zeitraums von mindestens einer Stunde. Neben der Unfallmeldegebühr werden die bestimmungsmäßigen Ferngesprächs-, Telegraphen- und Nebengebühren, jedoch nicht die Ortsgesprächsgebühr erhoben.

2 Werden von derselben Person gleichzeitig mehrere Unfallmeldungen aufgegeben, bei denen dieselben Unfallmeldestellen beteiligt sind, so wird die Unfallmeldegebühr nur einmal erhoben.

3 Für die Einbeziehung eines Teilnehmeranschlusses in den Unfallmeldedienst nach II Abs. 2 auf Antrag des Teilnehmers wird eine Gebühr von monatlich 0,50 *RM* erhoben, wenn dazu besondere technische Vorkehrungen getroffen werden müssen. Sind Außenleitungen erforderlich, so sind daneben die Gebühren nach § 5 III zu A Ziffer 2 zu entrichten. Einrichtungskosten und Apparatbeiträge werden nicht erhoben.

IV Die Unfallmeldegebühr wird auf Antrag erstattet (§ 26), wenn die Unfallmeldung durch ein der DRP zur Last fallendes Verschulden[7] nicht zustande gekommen ist oder infolge einer dienstlichen Unregelmäßigkeit offenbar ihren Zweck nicht hat erfüllen können.

V Die mit der Wahrnehmung des Unfallmeldedienstes betrauten Personen haften nicht für den Schaden, der dadurch entsteht, daß die Unfallmeldung nicht zustande kommt oder ihren Zweck verfehlt (§ 29).

VI Jede mißbräuchliche Inanspruchnahme der Unfallmeldestellen wird nach den Strafgesetzen verfolgt; außerdem ist die DRP in solchen Fällen berechtigt, Teilnehmersprechstellen vom Unfallmeldedienst auszuschließen oder unter Umständen die Bestimmung des § 28 II anzuwenden.

VII In Ortsnetzen, in denen nicht ununterbrochener Dienst[8] für den allgemeinen Verkehr besteht, kann Anträgen auf Einrichtung des Unfallmeldedienstes während der Dienstpausen für den Verkehr der Teilnehmer untereinander stattgegeben werden, wenn die Antragsteller sich zur Deckung der Kosten verpflichten. Für diesen Verkehr wird die besondere Unfallmeldegebühr nach III nicht erhoben, dagegen ist sie für Unfallmeldungen nach auswärts zu entrichten.

1 AusfBest: „Der Unfallmeldedienst soll innerhalb eines abgegrenzten Bezirks (Unfallmeldebezirk ✱), in dem die Einwohner auf gegenseitige Hilfe angewiesen sind, die Übermittlung von Nachrichten in Fällen der Not ermöglichen.

Die Einrichtung von Unfallmeldestellen und die Abgrenzung der Unfallmeldebezirke sind Sache der OPD. Die Abgrenzung wird in der Regel so vorzunehmen sein, daß für jeden Ort mit Ö ermittelt wird, wo der nächste, durch Fernsprecher erreichbare Arzt, Tierarzt usw. seinen Wohnsitz hat. Hiernach wird der Unfallmeldedienst in erster Linie auf Leitungen des Nahverkehrs abgewickelt. Teilnehmersprechstellen nehmen daran nur teil

in ankommender Richtung, wenn ihre Inhaber die verlangte Hilfe zu leisten haben (§ 22 II Abs. 2), in abgehender Richtung, wenn die in § 22 II Abs. 2 Satz 1 angegebenen Voraussetzungen (außergewöhnlich abgeschiedene Lage usw.) erfüllt sind.

Sollen alle Teilnehmer eines ON innerhalb des ON am Unfallmeldedienst teilnehmen, so kann für das ON besonderer Unfallmeldedienst nach Abs. VII auf Kosten der Beteiligten eingeführt werden."

2 AusfBest: „Als Dienststunden für den allgemeinen Verkehr gelten auch die Zeiten der Dienstbereitschaft. GO sind in bezug auf den Unfallmeldedienst als ständig dienstbereit anzusehen" (§ 15 II zu b).

3 AusfBest: „Der Begriff der Unfallmeldung ist wohlwollend auszulegen. Die Voraussetzungen für eine Unfallmeldung sind als gegeben anzusehen, wenn ein unvorhergesehenes Ereignis eingetreten ist und zur Abstellung oder Milderung angerichteten oder zur Abwendung drohenden Schadens Hilfe nötig ist. Bei Meinungsverschiedenheiten zwischen den beteiligten Anstalten ist die Ansicht der Aufgabeanstalt maßgebend. In Fällen von grundsätzlicher Bedeutung ist nachträglich die Entscheidung der OPD anzurufen.

Als Unfallmeldungen gelten u. a.:

Herbeirufen von Personen (Notar, nahe Verwandte usw.) an das Lager Schwerkranker,

Anfragen von Feuerwehren nach dem Orte eines Brandes zwecks Löschhilfe (jedoch nicht Anfragen von anderen Stellen),

Gespräche und Telegramme, durch die Hilfe bei Beschädigungen und Störungen von Kraftfahrzeugen und sonstigen Fahrzeugen herbeigeholt werden soll,

Gespräche und Telegramme, die im Falle der Einsetzung der technischen Nothilfe von dieser ausgehen oder an sie gerichtet sind.

Die Unfallmeldestellen dürfen auch zur Übermittlung postdienstlicher Mitteilungen (z. B. im Kraftwagen- und Flugzeugverkehr, vgl. Teil I S. 446 ff.) benutzt werden."

4 AusfBest: „Die Mitwirkung der Postbeamten usw. beim Unfallmeldedienst beschränkt sich auf die Annahme, Beförderung und Zustellung der Unfallmeldungen. Es ist nicht ihre Aufgabe,

eigene Wahrnehmungen (z. B. in Brandfällen) nach anderen Orten mitzuteilen, um Hilfe herbeizurufen. Die Einleitung der hierzu erforderlichen Schritte ist vielmehr den dazu berufenen Stellen zu überlassen. Es ist jedoch nichts dagegen einzuwenden, daß in dringenden Fällen der Beamte selbst an Stelle des Aufgebers das Telegramm niederschreibt oder das angemeldete Gespräch führt (z. B. der benachbarten Feuerwehr mitteilt, daß ihr Erscheinen vom Bürgermeister oder Feuerwehrkommandanten am Orte gewünscht werde)."

5 AusfBest: „Bei der Übermittlung von Unfallmeldungen an den Empfänger ist möglichst vom Fernsprecher Gebrauch zu machen. Soweit die örtlichen Verhältnisse es zulassen, ist dafür zu sorgen, daß auch Verbindungen mit Anschlüssen, die nicht in den Unfallmeldedienst einbezogen sind, hergestellt werden. Wenn dafür ein Bedürfnis besteht, können auch Anschlüsse, die häufiger bei Unfallmeldungen verlangt werden, von Amts wegen mit der Unfallmeldeeinrichtung unmittelbar verbunden werden.

Der Empfänger einer Unfallmeldung ist berechtigt, die aus Anlaß der Unfallmeldung notwendigen Gespräche oder Telegramme als Unfallmeldung anzumelden oder aufzuliefern. Teilnehmer, denen die Unfallmeldung durch Fernsprecher zugestellt ist, dürfen in diesem Falle ihren Anschluß zur Aufgabe der Unfallmeldung benutzen, auch wenn der Anschluß sonst nicht hierfür zugelassen ist."

6 AusfBest: „Die Unfallmeldegebühr wird nicht erhoben oder wird erstattet, wenn die Unfallmeldung durch Schuld des Fernsprech- oder Telegraphenbetriebs — kein BGB-Begriff — mißlingt, z. B. weil die Bestimmungs-VSt oder -O nicht zu erreichen ist. Die Gebühr bleibt jedoch fällig, wenn der für ein Unfallmeldegespräch verlangte Anschluß nicht antwortet oder wenn bei Unfallmeldetelegrammen die Zustellung des Telegramms nicht gelingt.

Die Ortsgesprächsgebühr wird bei Unfallmeldegesprächen nicht erhoben (§ 16 II Abs. 1).

Die Unfallmeldestellen, mit Ausnahme der GO (§ 15 II zu b), erhalten für jede Unfallmeldung, die sie während der Zeit von 21 bis 8 Uhr oder an Sonn- und Feiertagen außerhalb der ordentlichen Dienstzeiten besorgen, eine besondere Vergütung von 0,60 RM. Die Vergütung erhält jede Unfallmeldestelle, die als Aufgabe-, Durchgangs- oder Bestimmungsanstalt mitgewirkt hat. Die Vergütung ist demjenigen auszuzahlen, der die Unfallmeldung erledigt hat. Sind von einer Anstalt gleichzeitig mehrere Unfallmeldungen zu erledigen, so wird die besondere Vergütung nur einmal gezahlt.

Ist bei der Bestimmungsanstalt ein Botengang erforderlich, so kann in jedem Falle außer der besonderen Vergütung für den Unfallmeldedienst auch noch ein Botenlohn verrechnet werden. Den Botenlohn erhält diejenige Person, die den Botengang ausführt.

Mißlingt eine Unfallmeldung, so wird die Vergütung nach Abs. 3 trotzdem den Unfallmeldestellen gewährt, die bei der Erledigung der Unfallmeldung ordnungsmäßig mitgewirkt haben, dagegen haben die Unfallmeldestellen, die das Mißlingen der Unfallmeldung verschuldet haben, keinen Anspruch auf die Vergütung."

7 Kein BGB-Begriff.

8 Vgl. § 3 Anm. 1.

§ 23.

Übermittlung von Telegrammen und der Zeit durch Fernsprecher.

I Die Teilnehmersprechstellen dürfen innerhalb des Ortsnetzes zur Übermittlung (Aufgabe und Zustellung) von Telegrammen zwischen der Sprechstelle und der Vermittlungsstelle oder einer anderen von der DRP bestimmten Stelle benutzt werden. Die DRP kann auch zulassen, daß Telegramme zwischen Sprechstellen eines Ortsnetzes und der Vermittlungsstelle eines anderen von ihr bestimmten Ortsnetzes durch Fernsprecher übermittelt werden.

II Für die Aufgabe eines Telegramms durch Fernsprecher wird die Ortsgesprächsgebühr erhoben[1], gleichviel ob das Telegramm bei der eigenen Vermittlungsstelle oder bei der Vermittlungsstelle eines anderen

Ortsnetzes aufgegeben wird. Außerdem sind die bestimmungsmäßigen Telegraphengebühren nach der TelO zu entrichten[2]. Die Zustellung[3] von Telegrammen durch Fernsprecher ist gebührenfrei.

III Auf Antrag kann dem Teilnehmer die Zeit durch Fernsprecher bekanntgegeben werden. Die Gebühr beträgt

	RM
bei regelmäßiger Übermittlung monatlich	2,00,
bei Einzelanfrage (Gebühr für ein Ortsgespräch)	0,10.

1 Nur einmal: bei Aufgabe mehrerer Tel in unmittelbarer Folge. — Wegen Antrags auf RfVerleihung durch Fsp s. RfBest 1930 VerlVed/AusfBest zu C unter 1 (S. 425).

2 S. TelO 1926 Anl. A (S. 165).

3 W. v. § 21.

§ 24.

Nebentelegraphen und besondere Telegraphen.

I 1 Die Nebentelegraphen *. Telegraphenanlagen für Hughes-, Morse- oder Ferndruckerbetrieb, die einen Wohn- oder Geschäftsraum unmittelbar mit einer Telegraphenanstalt verbinden, sind Nebentelegraphen. Auf welche Entfernungen sie zugelassen und an welche Telegraphenanstalt sie angeschlossen und mit welchen Apparaten sie betrieben werden, bestimmt die DRP. Die Nebentelegraphen dienen zur Aufgabe und zum Empfang von Telegrammen[1]; ein unmittelbarer Verkehr zwischen mehreren an dieselbe Telegraphenanstalt angeschlossenen Nebentelegraphen ist nicht zulässig.

2 Die Nebentelegraphen werden auf Antrag von der DRP für eigene Rechnung hergestellt und instandgehalten, jedoch hat der Antragsteller für die Lieferung,

Aufstellung und Instandhaltung der für die Anlage benötigten Ferndruckerapparate und der dazugehörigen technischen Einrichtungen auf seine Kosten zu sorgen. Es dürfen nur Ferndruckerapparate einer Bauart benutzt werden, die von der DRP zugelassen ist. Die Kosten der für die gesamte Nebentelegraphenanlage erforderlichen Betriebsmittel (Strom, Papierstreifen, Apparatfarbe, Öl usw.) hat der Inhaber des Nebentelegraphen zu tragen. Außerdem hat er für die tägliche Reinigung der Apparate bei seiner Betriebsstelle zu sorgen.

3. An Gebühren werden bei Nebentelegraphen erhoben

a) einmalig als Apparatbeitrag

	RM
für jeden Hughesapparat	700,00,
„ „ Morseapparat	100,00;

für Ferndruckerapparate wird kein Apparatbeitrag erhoben. Für die Herstellung der Einführungen und Innenleitungen sowie für die Anbringung der Apparate werden die Einrichtungskosten nach § 9 I berechnet. Die Apparatbeiträge und die Einrichtungskosten sind auch für die Betriebsstelle bei der Telegraphenanstalt zu entrichten;

b) monatlich

	RM
für jeden Hughesapparat	50,00,
„ „ Morseapparat	8,00,
„ „ Ferndruckerapparat	5,00,
„ die Leitung für je 100 m der Luftlinienentfernung zwischen den beiden Betriebsstellen	0,50;

c) für die Übermittlung[1] von Telegrammen mittels Nebentelegraphen werden neben den bestimmungsmäßigen Telegraphengebühren[2] nach der TelO keine besonderen Gebühren erhoben.

4 Die Bestimmungen in §§ 1 II, 3, 8 I, II und V zu A, 9 III, 10 II und III, 12, 13, 23 III, 25, 26, 27 I bis III und V bis IX, 28, 29 und 30 I und II finden auf die Nebentelegraphen sinngemäß Anwendung.

II 1 Die besonderen Telegraphen[3] ✱. Mit dem öffentlichen Netze nicht zusammenhängende Telegraphenanlagen für Morse- oder Ferndruckerbetrieb sowie mit dem öffentlichen Netze nicht zusammenhängende Fernsprechanlagen, die auf verschiedenen Grundstücken[4] liegende Wohn- oder Geschäftsräume derselben Person oder mehrerer Personen unmittelbar miteinander verbinden und auf Antrag von der DRP für eigene Rechnung in ihrer Gesamtheit hergestellt und instandgehalten werden, sind besondere Telegraphen. Sie werden nur hergestellt, wenn der Antragsteller ein dringendes wirtschaftliches Bedürfnis nachweist. Die DRP kann die Herstellung ablehnen, wenn die Vermittlungsstellen, in deren Anschlußbereichen die am weitesten auseinanderliegenden Betriebsstellen des besonderen Telegraphen sich befinden, in der Luftlinie mehr als 25 km voneinander entfernt sind. Besondere Telegraphen dürfen nur zum Austausch von persönlichen und geschäftlichen Nachrichten der Inhaber benutzt werden; die gewerbsmäßige Vermittlung von Nachrichten für Dritte ist verboten. Auch darf die Benutzung von besonderen Telegraphen Dritten weder gegen Bezahlung noch unentgeltlich gestattet werden.

2 Inhaber eines besonderen Telegraphen ist der Antragsteller. Soweit für einen besonderen Telegraphen die Benutzung eines Verkehrswegs erforderlich ist, hat der Antragsteller die Genehmigung des Wegeunter-

haltungspflichtigen beizubringen[5]. Er hat auch für die Lieferung, Aufstellung und Instandhaltung der für die Anlage benötigten Ferndruckerapparate und der dazugehörigen technischen Einrichtungen auf seine Kosten zu sorgen. Die Kosten der für die gesamte besondere Telegraphenanlage erforderlichen Betriebsmittel (Strom, Papierstreifen, Apparatfarbe, Öl usw.) hat der Inhaber des besonderen Telegraphen zu tragen. Außerdem hat er für die tägliche Reinigung der Apparate bei den Betriebsstellen zu sorgen.

3 An Gebühren werden bei besonderen Telegraphen erhoben:

a) ein einmaliger Kostenzuschuß für die Leitung. Bei seiner Berechnung wird die Summe der Entfernungen zwischen den einzelnen Betriebsstellen zugrunde gelegt. Die Höhe des Satzes bemißt sich nach der Entfernung zwischen den am weitesten auseinanderliegenden Betriebsstellen. Er beträgt für je 100 m bei einer Entfernung

bis zu	RM
15 km einschließlich	15,
von mehr als 15 bis zu 50 km einschließlich	35,
von mehr als 50 km	50.

Die Entfernungen bis zu 25 km werden nach der Luftlinie zwischen den Betriebsstellen gemessen. Im übrigen gelten die nach § 17 II für Ferngesprächsverbindungen festgesetzten Entfernungen zwischen den Ortsnetzen, in deren Anschlußbereichen die Betriebsstellen des besonderen Telegraphen liegen;

b) für den Ausfall an Telegraphen- und Ferngesprächsgebühren ein monatlicher Pauschbetrag für die Gesamtheit jedes besonderen Telegraphen. Er beträgt bei einer Entfernung

von mehr als		RM
5	bis zu 15 km einschl.	30,
15	" " 25 " "	90,
25	" " 50 " "	210,
50	" " 75 " "	360,
75	" " 100 " "	500,
100	" " 200 " "	1000,

über 200 km für je 100 km 200 RM mehr. Maßgebend ist die nach § 17 II für Ferngesprächsverbindungen festgesetzte Entfernung zwischen den Ortsnetzen, in deren Anschlußbereichen sich die am weitesten auseinanderliegenden Betriebsstellen des besonderen Telegraphen befinden. Ein Pauschbetrag wird nicht erhoben, wenn die Entfernung nicht mehr als 5 km beträgt;

c) neben den Kostenzuschüssen und Pauschbeträgen nach a und b

bei besonderen Telegraphen für Morse- oder Ferndruckerbetrieb die in I Abs. 3a und 3b angegebenen Gebühren, wobei die Leitungen zwischen den einzelnen Betriebsstellen nach den Bestimmungen unter II Abs. 3a gemessen werden,

bei besonderen Telegraphen für Fernsprechbetrieb die im § 9 I und II angegebenen einmaligen und die im § 5 III A angegebenen monatlichen Gebühren, wobei alle Betriebsstellen der besonderen Telegraphen den Nebenstellen gleichgeachtet und die Leitungen zwischen den einzelnen Betriebsstellen nach den Bestimmungen unter a gemessen werden.

4 Die besonderen Telegraphen, durch die mehr als 25 km voneinander entfernte Betriebsstellen verbunden sind, werden auf eine Mindestdauer von 5 Jahren überlassen. Fällt das Ende der Mindestdauer nicht mit dem Ablauf eines Kalendermonats zusammen, so endet sie mit seinem Ablauf. Die DRP ist jedoch berechtigt, solche besonderen Telegraphen schon vorher zum Ende eines Kalendermonats unter Einhaltung einer Frist von einem Monat zu kündigen (§ 27 I), wenn dies aus zwingenden Betriebsgründen oder mit Rücksicht auf das öffentliche Wohl geboten ist. In diesem Falle wird demjenigen, der den Kostenzuschuß geleistet hat, für jeden Monat, der an der Mindestdauer fehlt, ein Sechzigstel des Kostenzuschusses zurückgezahlt (§ 26). In gleicher Weise kann die DRP verfahren, wenn die Voraussetzungen des § 27 VI gegeben sind. In allen anderen Fällen findet eine Rückzahlung (§ 26) nicht statt.

5 Die Bestimmungen in §§ 1 II, 7 I, II und V zu A, 8 I, II und V zu A, 9 III, 10 II und III, 12, 13, 25, 26, 27 I bis III und V bis IX, 28, 29 und 30 I und II finden auf die besonderen Telegraphen sinngemäß Anwendung.

1 §§ 5 und 21 TelO 1926 (S. 130, 151).

2 TelO Anl. A.

3 AusfBest: „Die für Ausnahme-Querverbindungen geltenden Bestimmungen in § 6 VI (Zulassung), § 6 VI (Zusammenschalten usw.), § 6 VI (Führung der Leitung über eine VSt), § 6 VII (Ermittlung der Entfernungen) und § 6 VIII (vorzeitige Entlassung des Inhabers) werden auch auf die besonderen Telegraphen angewandt."

4 Vgl. FernMAnlG § 3 Anm. 10 (S. 64).

5 Kein Verfahren nach §§ 7 und 8 TelWegeG (S. 95, 97).

§ 25.

Fälligkeit und Zahlung der Gebühren[1], Nachforschungen.

I 1 Laufende Gebühren *, das sind die Vergütungen für dauernde oder regelmäßig wiederkehrende Leistungen[2], sind für den Zeitraum, für den sie festgesetzt sind, im voraus fällig.

2 Wird eine Fernsprecheinrichtung im Laufe eines Kalendermonats in Betrieb genommen, so sind die laufenden Gebühren für die Zeit bis zum Ende des Kalendermonats (Anfangsbetrag *) am Tage der Übergabe der Einrichtung fällig. Der Tag der Übergabe wird bei der Berechnung der Gebühren in Ansatz gebracht.

3 Einmalige Gebühren *, deren Höhe sich vor Ausführung der Leistung der DRP feststellen läßt, sind im voraus fällig. Einmalige Gebühren, deren Höhe sich erst nach Ausführung der Leistung der DRP feststellen läßt, sind fällig, sobald die Leistung ausgeführt ist[3].

4 Die DRP kann verlangen, daß Vorschuß gezahlt wird[4].

II 1 Die Leistung der DRP (I Abs. 3) gilt als ausgeführt,

a) bei Ortsgesprächsverbindungen (§ 16), wenn der Anschluß des Anrufenden mit der verlangten Hauptstelle verbunden ist und diese oder eine daran angeschlossene Nebenstelle den Anruf beantwortet hat (siehe jedoch § 16 IV),

b) bei Ferngesprächsverbindungen (§ 17) in dem Zeitpunkt, von dem an die Dauer des Gesprächs rechnet (§ 17 VIII). Lehnt es einer der Beteiligten nach dem Anruf durch die Vermittlungsstelle ab, in ein Gespräch einzutreten, so wird die Gebühr für ein

Dreiminutengespräch der bestellten Gattung erhoben [4a].

2 Kann die DRP im Fernverkehr die verlangte Leistung nicht ausführen, weil der Anruf der Vermittlungsstelle am Ursprungs- und am Bestimmungsort oder an einem von ihnen nicht beantwortet wird [4a], obwohl die Anschlüsse betriebsfähig sind, so wird als Vergütung für die Inanspruchnahme der Fernleitung und für nutzlose Betriebsarbeit [4b] ein Fünftel der Gebühr [5] für ein Dreiminutengespräch der bestellten Gattung erhoben [5a]; bei Gesprächen auf Entfernungen von nicht mehr als 15 km und im Vororts- und Bezirksverkehr wird diese Vergütung nicht in Ansatz gebracht. Ein Fünftel der Gebühr wird auch erhoben, wenn bei Gesprächen von oder nach einer öffentlichen Sprechstelle der Sprechgast bei der Bereitstellung der Verbindung nicht anwesend ist [5b].

3 Die Dauer des Anrufs eines Teilnehmers und die Zeit, die für das Herbeirufen einer bei einer öffentlichen Sprechstelle wartenden Person aufzuwenden ist, beträgt eine Minute in der Zeit von 7 bis 21 Uhr und drei Minuten in der übrigen Zeit.

III Der Inhaber eines Hauptanschlusses ist Schuldner aller Gebühren, die für die Einrichtung und die Benutzung des Anschlusses und der damit verbundenen Nebenanschlüsse und sonstigen Einrichtungen zu zahlen sind [6]. Dazu gehören auch die Telegraphengebühren der durch Fernsprecher aufgegebenen Telegramme. Der Teilnehmer muß die von der DRP in Rechnung gestellten Gebühren entrichten; er hat das Recht auf Rückforderung (§ 26), soweit er nachweist, daß ihm Beträge zu Unrecht angerechnet sind. Sind mehrere Personen Inhaber eines gemeinsamen Hauptanschlusses (§ 11), so haften sie für die Gebühren als Gesamtschuldner[7].

IV Die Kosten umfangreicher Nachforschungen, die nicht von der DRP verschuldet sind, hat der Antragsteller zu erstatten[8]. Die voraussichtliche Höhe wird ihm vor Einleitung der Nachforschungen bekanntgegeben; auf Verlangen hat er einen angemessenen Betrag zu hinterlegen.

1 Im GebStreit ist der Rechtsweg zugelassen (vgl. Teil I S. 28*).

2 Kein BGB-Begriff (an allen Stellen des Vorkommens).

3 AusfBest: „Bei der Herstellung von Regel- und Ausnahme-Hauptanschlüssen sind bei der Abtragung der Einrichtungskosten, Apparatbeiträge, Stangenzuschüsse und Kostenzuschüsse auf Wunsch monatliche oder vierteljährliche Teilzahlungen zu gewähren. Teilzahlungen können auch bei der Herstellung anderer Fernsprecheinrichtungen oder bei Veränderungen von Fernsprecheinrichtungen zugestanden werden, wenn die Apparatbeiträge und Einrichtungskosten insgesamt 200 RM nicht übersteigen. Die Gebühren sollen im allgemeinen in Jahresfrist voll entrichtet sein. Teilzahlungen sind auf volle RM-Beträge, und zwar auf mindestens 5 RM festzusetzen. Sie sind möglichst in gleichen Beträgen und Zeiträumen zu leisten, doch können ungleich hohe Teilzahlungen oder Tilgung in ungleichen Zeiträumen zugelassen werden, wenn dadurch die Schuld früher beglichen wird. Bei der Berechnung der Zinsen für die gestundeten Beträge wird der am Tage des Abschlusses der Vereinbarung mit dem Teilnehmer geltende Reichsbankdiskontsatz mit einem Zuschlag von 2 v. H. zugrunde gelegt; eine später eintretende Änderung des Reichsbankdiskontsatzes hat auf die Höhe der Zinsen keinen Einfluß. Für die Gewährung von Teilzahlungen ist die Stundungsgebühr nach § 28 II zu a zu entrichten."

4 AusfBest: „A. Auf die einmaligen Gebühren für die Herstellung oder Veränderung von Fernsprecheinrichtungen, jedoch nicht auf die einmaligen Gebühren für Hauptanschlüsse (§ 25 I

Abs. 3) und auf Stangenzuschüsse (§ 10 II Abs. 2), ist Vorschuß zu verlangen, wenn erhebliche Beträge an Einrichtungskosten usw. fällig werden, z. B. für die Herstellung oder Veränderung größerer Nebenstellenanlagen.

B. Der Vorschuß nach Abs. A ist in der Regel in Höhe der festen Apparatbeiträge und Kostenzuschüsse zu erheben. Er ist erst einzufordern, wenn sich mit Sicherheit übersehen läßt, daß mit den Arbeiten spätestens in 14 Tagen begonnen werden kann. Bei Arbeiten, die sich über mehr als 2 Wochen erstrecken, sind von 2 zu 2 Wochen auch Teilvorschüsse auf die voraussichtlich entstehenden Selbstkosten für Arbeiten und Baustoffe einzufordern.

C. Auf die Orts- und Ferngesprächsgebühren und die Telegraphengebühren für die durch Fernsprecher aufgegebenen Telegramme (§ 5 TelO) kann ein Vorschuß erhoben werden, wenn Teilnehmer mit lebhaftem Verkehr wiederholt mit der Zahlung der Gebühren in Rückstand geblieben sind und wenn die Herabsetzung des Höchststundungssatzes (§ 25 III) und die Kürzung der Zahlfrist (§ 28 II zu a) nicht ausreichen, um die Forderung der DRP sicherzustellen.

D. Der Vorschuß nach Abs. C ist in Höhe des durchschnittlichen Monatsbetrags an Gesprächs- und Telegraphengebühren zu erheben. Die Anrechnung des Vorschusses auf die fällig werdenden Gebühren kann so lange aufgeschoben werden, bis der Teilnehmer mehrere aufeinanderfolgende Rechnungen rechtzeitig beglichen hat.

E. Vorschüsse nach § 25 I 4 verzinst die DRP nicht."

4a Gilt bei XP- und XPL-Gesprächen (s. § 17 I 14) nur für den Fall, daß der Anmelder das Gespräch beim vorläufigen oder endgültigen Anruf ablehnt oder daß der Anmelder den Anruf nicht beantwortet.

4b Bei der Umleitung eines Gesprächs (§ 4 Anm. 1) soll dem Anrufenden die Rufnummer und der Name des Teilnehmers, mit dem verbunden werden soll, mitgeteilt werden (PABl. 1927 S. 144, Abs. 3 unter Ziff. 5). Ist der Anmelder eines Ferngesprächs mit der Umleitung einverstanden, so wird das Gespräch so behandelt, als ob es mit der Sprechstelle, nach der es umzuleiten ist, angemeldet worden wäre. Lehnt der Anmelder jedoch die Umleitung ab, so wird keine Gebühr, auch nicht die Fünftelgebühr, erhoben.

5 AusfBest: „A. Im Schnellverkehr wird die Fünftelgebühr nicht erhoben. Sie wird ferner auch im Inlandsverkehr nicht berechnet, wenn der verlangte Anschluß

a) nicht besteht,

b) aufgehoben ist, und zwar auch, wenn er nicht mehr im amtlichen Fernsprechbuch aufgeführt ist,

c) gesperrt ist, gleichviel ob es sich um eine Antragsperre (§ 4 I) oder eine Zwangssperre handelt (§ 28 II).

B. Beantwortet der Anmelder oder der Verlangte im Inlandsfernverkehr über 15 km (jedoch nicht im Vororts-, Bezirks- und Schnellverkehr) bei der Bereitstellung der Verbindung den Anruf der VSt nicht, meldet er sich aber bei der anschließenden Prüfung des Anschlusses auf Betriebsfähigkeit, so ist die Verbindung alsbald nochmals bereitzustellen. Wenn bei Gesprächsverbindungen, die in der Zeit von 8 bis 21 Uhr hergestellt werden, der Verlangte auch bei der Prüfung des Anschlusses nicht antwortet, so wird er, falls der Anmeldende nicht darauf verzichtet, nach etwa 10 Minuten und e. F. nach etwa 20 weiteren Minuten nochmals angerufen. Antwortet der Verlangte bei den nachträglichen Anrufen, so ist die Verbindung alsbald nochmals bereitzustellen. In der Zeit von 21 bis 8 Uhr und beim Nichtantworten des Anmelders wird der Anruf nicht wiederholt. Bei der Angabe von 2 Rufnummern nach § 17 III Abs. 1 wird der Anruf nur bei der an erster Stelle angegebenen Rufnummer wiederholt.

C. Kommt das Gespräch bei der nochmaligen Bereitstellung der Verbindung (Abs. B) nachträglich zustande, so wird die Fünftelgebühr neben der Gesprächsgebühr nicht berechnet. Für die Höhe der Fünftelgebühr ist die Zeit des ersten Anrufs maßgebend."

5a „Bei Anschlüssen, die an eine Vermittlungsstelle mit Selbstanschlußbetrieb ohne eigenes Fernamt (VStSA o F) angeschlossen sind, ist die sofortige Prüfung des Anschlusses auf Betriebsfähigkeit in der Regel nicht möglich. In diesem Falle soll an Stelle dieser Prüfung auf Betriebsfähigkeit der Anruf nach 10 Minuten und erforderlichenfalls nach weiteren 20 Minuten wiederholt werden. Bleiben auch die Prüfanrufe unbeantwortet, so wird angenommen, daß der Anschluß zur Zeit der Herstellung der Verbindung nicht betriebsfähig war. Die Fünftelgebühr ist in diesem Fall also nicht zu erheben; die ordnungsmäßige Prüfung des Anschlusses ist zu veranlassen. Wenn der Prüfanruf von dem Anmelder oder Verlangten beantwortet wird, ist die Verbindung nochmals bereitzustellen; verzichtet der Anmelder darauf, so wird die Fünftelgebühr erhoben." (PABl. 1930 S. 138.)

5b Bei Entfernungen von mehr als 15 km nur dann, wenn nach Angabe des Anmelders der Verlangte sich bei der öff. Sprechstelle aufhält (also nicht bei XP-Gesprächen, § 19 I); PABl. 1930 S. 453.

6 AusfBest: „Für die Einforderung der Fernsprechgebühren gelten die darüber erlassenen besonderen Vorschriften. Mit Teilnehmern, die vom Fernsprecher in großem Umfang Gebrauch machen (Banken, Zeitungen, Großbetriebe usw.), sind feste Zeitpunkte für die Zahlungen (zwei bis vier im Monat) zu vereinbaren. Von anderen Teilnehmern ist stets Zahlung zu verlangen, wenn die Gebührenschuld den Betrag von 100 RM erreicht hat. Der Amtsvorsteher oder der von ihm beauftragte Beamte kann für unsichere Zahler einen niedrigeren Satz festsetzen.

Sind Gebühren (§ 28 IV) nicht oder mit einem zu niedrigen Betrag angerechnet worden, so erlischt die Forderung oder Nachforderung der DRP ein Jahr nach dem Tage, an dem die Leistung ausgeführt worden ist. Das Recht auf Rückforderung zu Unrecht angerechneter Beträge durch den Teilnehmer erlischt ein Jahr nach dem Absendetag der Rechnung. Bei der Nachforderung versehentlich nicht erhobener Gebühren sind keine Zinsen zu berechnen; auch die DRP verzinst zu Unrecht erhobene Beträge nicht."

7 Vgl. § 11 und § 13 V Abs. 3.

8 AusfBest: „Justizbehörden haben die Kosten für umfangreiche Nachforschungen nur dann zu tragen, wenn es sich um Nachforschungen über Gespräche handelt, die von oder mit ihnen geführt worden sind. Für Nachforschungen und Auskünfte, die z. B. auf Grund der StPO verlangt werden (§ 1 II), sind keine Kosten anzurechnen.

Bei umfangreichen Nachforschungen werden für Leistungen bis zur Dauer einer Stunde 1 RM, darüber hinaus für jede volle oder angefangene Viertelstunde 0,25 RM erhoben."

§ 26.

Nachlaß von Gebühren [1].

Die laufenden Gebühren[2] werden auf Antrag anteilmäßig nicht erhoben oder anteilmäßig[3] erstattet,

a) wenn ein Anschluß nach § 28 I länger als 14 Tage ununterbrochen außer Betrieb gesetzt war, für die Dauer der Schließung[4] des Anschlusses,

b) wenn ein Anschluß ohne Verschulden des Teilnehmers aus technischen Ursachen betriebsunfähig geworden ist und die Unterbrechung, nachdem sie zur Kenntnis der DRP gelangt ist, länger als 14 Tage gedauert hat, für die Dauer der Unterbrechung,

c) wenn ein Anschluß verlegt wird (§ 13 I) und nach seiner Aufhebung an der alten Stelle ohne Verschulden des Teilnehmers nicht binnen 14 Tagen an der neuen Stelle wieder eingerichtet wird, für die Zwischenzeit,

d) wenn die Wiedereinrichtung eines gekündigten und abgebrochenen Anschlusses beantragt worden ist (§ 27 IX) und die Wiedereinrichtung ohne Verschulden des Teilnehmers nicht binnen 14 Tagen nach dem gewünschten Zeitpunkt erfolgt, für die Wartezeit.

1 Vgl. § 25 Anm. 1 und § 29 Anm. 1; Abtretung des Erstattungsanspruchs ist nach h. M. zuzulassen, Pfändung dagegen nicht.

2 AusfBest: „Die Bestimmungen gelten auch für Querverbindungen, Nebentelegraphen und besondere Telegraphen." — Vgl. auch § 19 I zu 5 und III Abs. 5, § 20 IV Abs. 2, § 21 V Abs. 2, § 22 IV, § 24 II Abs. 4, § 25 III.

3 AusfBest: „Über die Berechnung der anteilmäßigen Beträge gilt sinngemäß § 25 I Abs. 2 und 4. Erstreckt sich der Zeit-

raum, für den die laufenden Gebühren nicht anzurechnen sind, über mehrere Kalendermonate, so sind die nicht anzurechnenden Beträge für jeden Kalendermonat besonders zu ermitteln."

4 AusfBest: „Unter Schließung eines Anschlusses ✱ im Sinne des § 26 ist die vollständige Einstellung des Verkehrs zwischen der Hauptstelle und der VSt zu verstehen. Als Schließung des Verkehrs gilt es nicht,

a) wenn der Verkehr eines Anschlusses durch die Schließung anderer Anschlüsse eingeschränkt wird,

b) wenn ein Anschluß nur für bestimmte Tageszeiten geschlossen wird,

c) wenn nur einzelne Gattungen von Gesprächen vom Verkehr ausgeschlossen werden."

§ 27.

Dauer der Teilnehmerschaft.

I Der Teilnehmer und die DRP können das Teilnehmerverhältnis jederzeit zum Ende eines Kalendermonats unter Einhaltung einer einmonatigen Kündigungsfrist schriftlich kündigen[1]. Die Kündigung[2] gilt noch als rechtzeitig bewirkt, wenn sie dem anderen Teile am dritten Werktag des Monats zugeht, zu dessen Ende das Teilnehmerverhältnis gelöst werden soll. Eine Kündigung ist auch erforderlich, wenn der Teilnehmer einzelne Teile der Einrichtung aufgeben will.

II Die Kündigung eines Hauptanschlusses umfaßt auch die Kündigung der damit verbundenen Nebenanschlüsse und sonstigen Einrichtungen, sofern diese nicht noch mit anderen Hauptanschlüssen in Verbindung stehen.

III 1 Erhöhen sich durch eine Verlegung (§ 13 I), Umwandlung (§ 13 II) oder einen Austausch (§ 13 III) die laufenden Gesamtgebühren der zu verändernden Anlagen innerhalb eines Kalendermonats, so werden die neuen Gebühren unter Anrechnung der für den Kalendermonat bereits fällig gewordenen Beträge vom Tage der Verlegung, der Umwandlung oder des Austauschs an erhoben. Verringern sich die Gesamtgebühren, so wird der für den Rest des Monats sich ergebende Unterschied nicht zurückgezahlt; er wird jedoch auf die laufenden Gebühren für neue Einrichtungen gutgerechnet, die der Teilnehmer im Zusammenhang mit den Veränderungen hat ausführen lassen. Die vorstehenden Bestimmungen gelten auch, wenn an einer Umwandlung verschiedene Hauptanschlußinhaber beteiligt sind. In diesem Falle wird ein für den Kalendermonat zu zahlender Mehrbetrag an Gesamtgebühren von dem Hauptanschlußinhaber erhoben, der nach Ablauf des Kalendermonats für die Gebühren haftet (§ 25 III). Es bleibt den Beteiligten überlassen, sich wegen der Gebührenunterschiede auseinanderzusetzen.

2 Ändert sich durch eine Verlegung der Vermittlungsstelle oder durch die von der DRP veranlaßte Umschaltung von Anschlüssen nach einer anderen Vermittlungsstelle aus Anlaß der Änderung von Anschlußbereichen die bestimmungsmäßige Gebühr für einen Anschluß, so wird die neue Gebühr im Falle einer Erhöhung[3] vom Beginn des nächsten Kalendermonats an, im Falle einer Verringerung vom Tage der Verlegung an erhoben.

IV Bei den privaten Nebenanschlüssen braucht die Kündigungsfrist nicht eingehalten zu werden. Jedoch muß die Gebühr bis zum Ablauf des Kalendermonats gezahlt werden, in dem der Nebenanschluß aufgehoben wird.

V Die DRP kann zulassen, daß ein rechtzeitig

gekündigter Anschluß kurze Zeit über den Kündigungszeitpunkt hinaus benutzt wird. Sie kann ferner bei der Verlegung von Sprechstellen dem Teilnehmer an der alten Stelle Fernsprecheinrichtungen für eine kurze Übergangszeit überlassen. Für die Zeit der Weiterbenutzung oder der besonderen Überlassung von Anschlüssen werden die laufenden Gebühren anteilmäßig berechnet. Für die besonders überlassenen Einrichtungen sind außerdem die Kosten der Einrichtung und Aufhebung nach § 9 I zu erstatten; Apparatbeiträge werden nicht erhoben.

VI Die DRP kann die Verpflichteten beim Todesfall des Anschlußinhabers, bei der Verlegung des Wohnsitzes oder des Geschäfts an einen andern Ort, bei der Aufgabe des Geschäfts oder des Berufs oder aus anderen erheblichen Billigkeitsgründen[4] auf Antrag unter Verzicht auf Einhaltung der Kündigungsfrist (I) aus dem Teilnehmerverhältnis entlassen. Doch erstreckt sich in diesem Falle die Verpflichtung zur Zahlung der laufenden Gebühren bis zum Ende des Kalendermonats.

VII Gekündigte Fernsprecheinrichtungen werden auf Kosten der DRP aufgehoben.

VIII 1 Für Ausstellungen, Messen, Tagungen und ähnliche Veranstaltungen von vorübergehender Dauer können nach dem Ermessen der DRP Anschlüsse[5] auf die verlangte Zeitdauer hergestellt werden, wenn die Antragsteller die Kosten der Einrichtung und Aufhebung erstatten. Apparatbeiträge werden nicht erhoben. Für die Dauer der Benutzung werden die laufenden Gebühren anteilmäßig berechnet.

2 Die Bestimmungen des Abs. 1 gelten auch, wenn Teilnehmer in außergewöhnlichen Fällen, z. B. wegen Krankheit, vorübergehend besondere Fernsprecheinrich-

tungen nötig haben. Die Teilnehmer haben sich jedoch zu verpflichten, die Apparatbeiträge nachzuzahlen, wenn die Benutzung der Fernsprecheinrichtungen ein Vierteljahr übersteigt[6].

IX (Wiedereinrichtung *.) In begründeten Fällen können gekündigte und abgebrochene Fernsprecheinrichtungen auf Antrag[7] unter den nachstehenden Bedingungen an derselben oder einer anderen Stelle in demselben Ortsnetz oder in einem anderen Ortsnetz für den Teilnehmer wieder eingerichtet werden, wenn er dies spätestens 3 Monate nach dem Zeitpunkt, zu dem die Kündigung ausgesprochen ist, beantragt. In diesem Falle muß der Teilnehmer die laufenden Gebühren für die Zwischenzeit nachzahlen[8]. Die Gebühren werden nach den Einrichtungen der neuen Anlage berechnet, jedoch wird nicht mehr erhoben, als an Gebühren für die gekündigten Einrichtungen zu entrichten war. Bei der Wiedereinrichtung müssen die Selbstkosten der Aufhebung und Anbringung der Einrichtungen nach § 9 I erstattet werden. Apparatbeiträge werden nur insoweit erhoben, als die Apparatbeiträge für die neuen Einrichtungen die Apparatbeiträge für die gekündigten Einrichtungen übersteigen. Apparatbeiträge, die nach § 13 IV für Veränderungen und Erweiterungen schon gutgerechnet sind, bleiben unberücksichtigt. Kostenzuschüsse nach §§ 4 IV, 6 VII, 10 II und III sind stets voll zu entrichten. Der gleichzeitige Austausch[9] der wiederbeantragten Fernsprecheinrichtungen gegen Einrichtungen, die einem anderen Zwecke dienen, ist nicht zulässig.

1 Kein BGB-Begriff. Gemeint sind Dauernutzungen; vorübergehende endigen durch Zeitablauf.

2 AusfBest: „Gekündigte Einrichtungen werden auf Wunsch

vor dem Kündigungszeitpunkt entfernt. Für diese Einrichtungen sind die laufenden Gebühren stets bis zum Ablauf der Kündigungsfrist weiterzuentrichten.

Auf Wunsch werden Apparate aus vorübergehend nicht bewohnten Räumen entfernt, ohne daß das Teilnehmerverhältnis dadurch berührt wird. Für die Abnahme und das Wiederanbringen der Apparate sind die Selbstkosten zu entrichten."

3 AusfBest: „Von einer Erhöhung der laufenden Gebühren sind die Teilnehmer rechtzeitig zu verständigen. Kündigen sie aus diesem Anlaß, so werden sie mit dem Zeitpunkt des Inkrafttretens der erhöhten Gebühren aus dem Teilnehmerverhältnis entlassen, auch wenn die einmonatige Kündigungsfrist (§ 27 I) nicht eingehalten worden ist."

4 AusfBest: „Ein Billigkeitsgrund für die vorzeitige Entlassung des Verpflichteten aus dem Teilnehmerverhältnis kann angenommen werden, wenn Anschlüsse von Behörden, z. B. wegen nicht zu vermeidender Verzögerung durch den Geschäftsgang, nicht rechtzeitig haben gekündigt werden können. Die Eröffnung des Konkurses über das Vermögen des Anschlußinhabers ist allein kein Billigkeitsgrund; das gleiche gilt für den Fall, daß ein Teilnehmer in Zahlungsschwierigkeiten gerät."

5 Auch Nebenanschlüsse.

6 AusfBest: „Muß der Teilnehmer für eine vorübergehend beantragte Einrichtung den Apparatbeitrag nachzahlen, weil er die Einrichtung länger als ein Vierteljahr benutzt, so werden ihm die für die Außenleitung und die Anschaltung an die VSt gezahlten Beträge auf den Apparatbeitrag gutgerechnet; überschießende Beträge werden nicht zurückgezahlt. Anschlüsse, die über ein Vierteljahr hinaus benutzt werden, gelten nach Ablauf des Vierteljahrs als ordnungsmäßige Anschlüsse; auf sie wird u. a. auch die Bestimmung in § 27 I über die Kündigung angewandt.

Die Vergünstigung im § 27 VIII Abs. 2 kann auch Teilnehmern gewährt werden, die wegen der Eigenart ihres Geschäftsbetriebs vorübergehend weitere Fernsprecheinrichtungen an anderer Stelle desselben oder eines anderen ON nötig haben, z. B. Bauunternehmern, die an einer Baustelle für die Dauer der Arbeiten ein Baubüro einrichten. Die Vergünstigung wird aber nicht für Anschlüsse in Bade- und Kurorten usw. gewährt, die nur während der Badezeit usw. benutzt werden sollen."

7 AusfBest: „Anträge auf Wiedereinrichtung gekündigter Fernsprecheinrichtungen in einem anderen Ortsnetz sind nur dann als begründet anzusehen, wenn der Inhaber eines Fernsprechanschlusses den Wohnsitz, das Geschäftslokal, den Geschäftsbetrieb oder einen geschlossenen Teil seines Geschäftsbetriebs nach einem anderen Orte verlegt und hier die an dem ersten Orte entbehrlich gewordenen Fernsprecheinrichtungen wiedereingerichtet haben will. In besonders begründeten Fällen kann die Wiedereinrichtung gekündigter Einrichtungen in demselben oder einem anderen Ortsnetz auch zugelassen werden, wenn der Zeitraum von 3 Monaten etwas überschritten ist. Ausnahmsweise dürfen auch Anschlüsse, die von der DRP auf Grund des § 28 II aufgehoben worden sind, nach § 27 IX behandelt werden, wenn Billigkeitsgründe für ihre Wiedereinrichtung vorliegen und rückständige Gebühren bezahlt werden. Über die Zulässigkeit der Wiedereinrichtung zum Zwecke der Übertragung s. § 13 V Abs. 1.

Anträge auf Wiedereinrichtung gekündigter und abgebrochener Fernsprecheinrichtungen sind an die VSt zu richten, an die sie bei der Neueinrichtung zu richten wären. Gehörten die wiederbeantragten Einrichtungen vor ihrer Kündigung zu einer anderen VSt, so ist diese über alle für die Behandlung des Antrags wichtigen Angaben zu befragen, z. B. über den Zeitpunkt, zu dem die Kündigung ausgesprochen war, über die Höhe der früheren laufenden Gebühren und der gutzurechnenden Apparatbeiträge usw."

8 AusfBest: „Sind nach der Wiedereinrichtung höhere laufende Gebühren zu zahlen als vorher, so werden die höheren Gebühren vom Tage der Wiedereinrichtung an erhoben. Für die Berechnung des Mehrbetrags gilt § 25 I Abs. 2."

9 AusfBest: „Die gleichzeitige Umwandlung der wiederbeantragten Einrichtungen (z. B. eines Nebenanschlusses in einen Hauptanschluß) und der gleichzeitige Austausch gegen Einrichtungen, die dem gleichen Zwecke dienen (z. B. von gewöhnlichen Sprechapparaten gegen Reihenapparate), sind zulässig.

Die Wiedereinrichtung des Nebenanschlusses eines Dritten unter gleichzeitiger Umwandlung in einen Hauptanschluß kann auch von dem Dritten beantragt werden. Dieser ist jedoch verpflichtet, die gutgerechneten Apparatbeiträge, vermindert um den Betrag der für die Zwischenzeit nachgezahlten Gebühren, nachzuzahlen, wenn der frühere Inhaber selbst die Wiedereinrichtung der Sprechstelle verlangt. Das gleiche gilt sinngemäß, wenn der wiedereinzurichtende Nebenanschluß in einen Nebenanschluß zu einem anderen Hauptanschluß umgewandelt werden soll; der Inhaber dieses Hauptanschlusses hat den Antrag mit zu unterschreiben und die Verpflichtung zur Nachzahlung der gutgerechneten Apparatbeiträge zu übernehmen."

§ 28.

Einstellung des Betriebs, Sperre und Entziehung[1] der Anschlüsse, Zwangsbeitreibung der Gebühren.

I Die DRP hat das Recht, den Fernsprechbetrieb zeitweise ganz oder für gewisse Gattungen von Nachrichten einzustellen[2]. Auch kann sie aus Gründen des öffentlichen Wohles[3] Ausschließungen von der Benutzung der für den öffentlichen Verkehr bestimmten Anlagen anordnen.

II Die DRP kann einen Anschluß sperren oder ohne Kündigung aufheben (Entziehung *),

a) wenn der Teilnehmer mit der Zahlung der Gebühren im Rückstand bleibt[4],

b) wenn der Anschluß mißbräuchlich[5] benutzt wird (ungebührliches Benehmen der den Anschluß benutzenden Personen gegen die Beamten der Vermittlungsstelle, Verübung groben Unfugs[6], Zuwiderhandlung gegen eine durch die Fernsprechordnung oder die Anweisung zur Benutzung der Fernsprechanschlüsse erlassene Vorschrift, Reinigung der Apparate durch Unternehmer, die sich gewerbsmäßig damit befassen, usw.),

c) wenn die technischen Einrichtungen eigenmächtig abgeändert werden (Einschaltung selbst beschaffter Apparate[7], Anbringung von Hilfsvorrichtungen ohne Genehmigung der DRP usw.),

d) wenn die Einrichtungen vom Teilnehmer oder unter schuldhaftem Verhalten[8] desselben durch Dritte vorsätzlich beschädigt werden.

III 1 Für die Verhängung der Sperre[9] wird eine Gebühr von 2 *RM* erhoben[10]. Die Aufhebung[11] ist gebührenfrei.

2 Die Sperre befreit den Teilnehmer weder von der Haftpflicht nach § 29 I noch von der Pflicht zur Zahlung der Gebühren (§ 25). Im Falle der Aufhebung des Anschlusses (II) bestehen diese Pflichten weiter bis zu dem Zeitpunkt, an dem das Teilnehmerverhältnis bei ordentlicher, am Tage der Aufhebung erklärter Kündigung (§ 27 I) beendet worden wäre.

[12]IV Als Gebühren im Sinne der vorstehenden Bestimmungen unter II sowie des § 9 Abs. 1 FernMAnlG gelten alle Beträge, die an die DRP auf Grund der FspO und der Ausführungsbestimmungen hierzu geschuldet werden. Ausgenommen sind Zahlungen, die nach den Bestimmungen über die Haftpflicht des Teilnehmers (§ 29 I) zu leisten sind.

1 Vgl. § 5 Anm. 16.

2 Zuständig: RPM.

3 Vorg.: § 5 TelG 1892 (= § 7 FernMAnlG, S. 66), § 28 I FspO 1921 (RGBl. S. 1207).

4 AusfBest: „I. Allgemeines.

Der Teilnehmer muß die fälligen Gebühren nach Aufforderung zur Zahlung im allgemeinen binnen einer Woche — vom Absendetag der Rechnung an gerechnet — entrichten. Bleibt die Zahlung des Teilnehmers um ein geringes unter dem Betrag der Rechnung,

z. B. bei Rundung des Betrags auf volle Mark nach unten, so gilt das nicht als Rückstand im Sinne des § 28 II zu a.

Bleibt ein Teilnehmer wiederholt mit der Zahlung seiner Gebühren im Rückstand oder erscheint die Zahlung aus anderen Gründen gefährdet, so kann der Amtsvorsteher, dem die VSt untersteht, oder der von ihm beauftragte Beamte die Zahlfrist verkürzen.

Begründeten Anträgen auf Stundung für kurze Zeit oder auf Zulassung von Teilzahlungen kann ausnahmsweise entsprochen werden, wenn dadurch die Forderung der DRP nicht gefährdet wird und wenn der Teilnehmer sich bereit erklärt, außer den Zinsen nach Abs. 4 für den Antrag eine Stundungsgebühr von 0,50 RM zu entrichten. Die Stundungsgebühr wird nicht erhoben, wenn die Sperre schon verhängt und die Sperrgebühr nach § 28 III fällig ist. Sie wird nur einmal erhoben, wenn wegen desselben Betrags weitere Stundung beantragt und gewährt wird.

Wird die festgesetzte Zahlfrist überschritten, so werden in jedem Falle (auch bei Sperren) Zinsen nach dem Zinssatz, den die Reichsbank für Diskontkredite für den Tag der Zahlung festgesetzt hat, mit einem Aufschlag von 2 v. H. angerechnet. Der Zinsenlauf beginnt an dem Tage, der auf den in der Rechnung angegebenen letzten Zahltag folgt. Zinsen werden nicht berechnet, wenn die Zahlung bei einer Gebührenschuld bis zu 100 RM innerhalb 14 Tage, bei einer Gebührenschuld von mehr als 100 RM innerhalb einer Woche nach dem letzten Zahltag geleistet wird. Bei der Berechnung der Zinsen für Teile eines Monats wird § 30 II Abs. 2 angewandt. Die Zinsbeträge werden auf 0,05 RM nach oben gerundet.

Zahlt ein Teilnehmer nicht innerhalb der Zahlfrist oder kommt er bei der Stundung von Beträgen oder der Gewährung von Teilzahlungen seinen Verpflichtungen nicht pünktlich nach, so ist der Amtsvorsteher, dem die VSt untersteht, oder der von ihm besonders beauftragte Beamte nach den darüber ergangenen besonderen Anweisungen befugt, den Anschluß zu sperren und die Zwangsbeitreibung (§ 9 FernMAnlG) einzuleiten. Zwangsmaßnahmen gegen Behörden haben zu unterbleiben. Zahlt eine Behörde wiederholt nicht rechtzeitig, so ist an die OPD zu berichten.

Die Sperre und g. F. ihre Aufhebung erstreckt sich auf die

Gesamtheit der in demselben ON befindlichen Fernsprecheinrichtungen des säumigen Teilnehmers. Sie kann auch auf Fernsprecheinrichtungen des Teilnehmers in anderen ON ausgedehnt werden. Von dieser Maßnahme wird Gebrauch zu machen sein, wenn Gefahr besteht, daß durch die Weiterbenutzung der Fernsprecheinrichtungen in anderen ON der DRP Schaden erwachsen könnte oder wenn ein solches Vorgehen notwendig erscheint, um den Teilnehmer zur Erfüllung seiner Zahlungsverpflichtung besonders anzuhalten (z. B. wenn es sich um hohe Beträge, um hartnäckige und böswillige Schuldner, um wiederholten Zahlungsverzug handelt, wenn die Zwangsbeitreibung erfolglos geblieben ist oder wenn ein Teilnehmer neben einem Regelanschluß noch einen Ausnahmeanschluß nach einem anderen ON besitzt). Die erweiterte Sperre soll jedoch unterbleiben, wenn auch ohne sie ein Erfolg zu erwarten ist.

Die gesperrten Anschlüsse sind spätestens binnen 4 Wochen nach der Verhängung der Sperre aufzuheben (§ 28 II); zur Aufhebung ist der Amtsvorsteher, dem die VSt oder die Fernsprechrechenstelle untersteht, zuständig. Die Aufhebung ist dem Teilnehmer drei Tage vorher schriftlich anzukündigen.

II. Konkursverfahren.

Gerät ein Anschlußinhaber in Konkurs, so hat die Dienststelle, der die VSt untersteht, den Konkursverwalter unverzüglich um eine schriftliche Erklärung zu ersuchen, ob er den Anschluß für Rechnung der Konkursmasse weiterbenutzen oder ob er ihn nach § 19 KonkursO kündigen will. Kündigt der Konkursverwalter, so endet das Teilnehmerverhältnis mit Ablauf der gesetzlichen Kündigungsfrist (3 Tage, § 565 Abs. 2 BGB). Der Anschluß ist in diesem Falle alsbald aufzuheben (§ 28 II). Die DRP hat Anspruch auf Ersatz des Schadens, der ihr durch die vorzeitige Aufhebung des Teilnehmerverhältnisses entsteht. Als Schaden sind die nichtbezahlten Gebühren vom Ablauf der obengenannten Kündigungsfrist bis zum Ablauf der bestimmungsmäßigen Dauer der Teilnehmerschaft nach § 27 I anzumelden.

Für die Behandlung der Forderungen der DRP bei Konkursen gilt folgendes:

A. Will der Konkursverwalter den Anschluß weiterbenutzen, so sind

a) die Gebühren und Haftpflichtansprüche, die auf die Zeit bis zur Konkurseröffnung entfallen und noch nicht bezahlt sind, Konkursforderungen, ohne daß es auf den Zeitpunkt der Fälligkeit ankommt;
b) die übrigen Gebühren und Haftpflichtansprüche Masseforderungen (§ 59 Ziff. 2 KonkursO).

B. Kündigt der Konkursverwalter, so sind
a) die Gebühren- und Haftpflichtansprüche aus der Zeit von der Konkurseröffnung bis zum Ablauf der Kündigungsfrist — ohne daß es auf den Zeitpunkt der Fälligkeit ankommt — Masseforderungen;
b) die rückständigen Gebühren und Haftpflichtansprüche aus der Zeit vor der Konkurseröffnung Konkursforderungen;
c) die Schadenersatzansprüche bei vorzeitiger Kündigung des Teilnehmerverhältnisses (Abs. 1) Konkursforderungen.

C. Die Konkursforderungen sind durch die OPD oder das von ihr beauftragte VA vor Ablauf der Anmeldefrist beim Konkursgericht (Amtsgericht) anzumelden. Masseforderungen sind gegen den Konkursverwalter geltend zu machen und können auch während des Konkurses in die Konkursmasse zwangsweise vollstreckt werden (§ 28 IV).

Kommt im Konkursverfahren ein Zwangsvergleich zustande, so kann für die Ansprüche der DRP, die nur Konkursforderungen sind, nur der im Zwangsvergleich vorgesehene Teilbetrag verlangt werden; der ausfallende Restbetrag ist niederzuschlagen und gilt nicht als rückständige Verpflichtung im Sinne des § 12 III. Endet das Konkursverfahren nicht mit einem Zwangsvergleich, so bleiben die Konkursforderungen, soweit sie nicht durch die Konkursdividende gedeckt sind, in voller Höhe bestehen.

III. Vergleichsverfahren.

Wird über einen Teilnehmer das gerichtliche Vergleichsverfahren eröffnet (Ges 5. 7. 1927, RGBl. I S. 139), so kann der Teilnehmer nach Ermächtigung durch das Gericht, das das Verfahren eröffnet hat, die Fernsprecheinrichtungen vorzeitig kündigen. Die Kündigungsfrist beträgt wie beim Konkurse (II Abs. 1) drei Tage. Kündigt er, so ist der Anschluß alsbald aufzuheben; für den durch die vorzeitige Aufhebung des Teilnehmerverhältnisses entstehenden Schaden (II Abs. 1) kann die DRP Ersatz beanspruchen.

Für die Kündigung und vorzeitige Aufhebung der Anschlüsse durch die DRP gelten auch während des Vergleichsverfahrens die Bestimmungen der FspO. Die DRP könnte zwar auch nach der Vergleichsordnung das Teilnehmerverhältnis vorzeitig kündigen (3 Tage), hierzu wäre jedoch die Ermächtigung des Gerichts einzuholen. Von diesem Verfahren ist abzusehen, weil das Vorgehen nach der FspO im allgemeinen einfacher sein wird.

Für die Behandlung der Forderungen der DRP beim Vergleichsverfahren gilt folgendes:

A. Das Teilnehmerverhältnis bestand noch bei der Eröffnung des Vergleichsverfahrens und

a) läuft weiter:

Mit Gebühren- und Haftpflichtansprüchen (§§ 25, 29), die auf die Zeit bis zur Eröffnung des Vergleichsverfahrens entfallen und noch nicht bezahlt sind, nimmt die DRP am Verfahren teil. Diese Ansprüche sind daher unverzüglich durch die OPD oder das von ihr beauftragte VA beim Gericht zum Gläubigerverzeichnis schriftlich anzumelden; sie können während des Vergleichsverfahrens nicht zwangsweise beigetrieben werden (I Abs. 5) und unterliegen einem etwaigen Vergleich. Andere Gebühren- und Haftpflichtansprüche unterliegen nicht dem Vergleichsverfahren; sie können daher während des Verfahrens beigetrieben werden und unterliegen nicht einem etwaigen Vergleich;

b) wird vom Teilnehmer vorzeitig gekündigt:

Für die Gebühren- und Haftpflichtansprüche der DRP gilt das gleiche wie unter a. Die Ansprüche auf Ersatz des durch die vorzeitige Kündigung des Teilnehmerverhältnisses entstehenden Schadens werden vom Vergleichsverfahren betroffen und sind anzumelden.

B. Das Teilnehmerverhältnis war schon bei der Eröffnung des Vergleichsverfahrens beendet.

Alle Gebührenforderungen und Haftpflichtansprüche der DRP unterliegen dem Vergleichsverfahren.

Endet ein Vergleichsverfahren des Ges 5. 7. 1927 mit einem Vergleich, so sind Forderungen der DRP, die dem Vergleich unterliegen, nach II Abs. 3 Satz 1 zu behandeln."

5 Vgl. § 17 III Abs. 4.

6 Kein StGB-Begriff.

7 Eigenmächtiges Anschalten privater Nebenstellen (§ 5 II zu c) wird strafrechtlich verfolgt (§§ 263, 317—318a StGB, § 15 FernMAnlG, §§ 1 und 2 Ges 9. 4. 1900, RGBl S. 228).

8 Kein BGB-Begriff.

9 Zwangssperre ✱, d. i. zwangsmäßige Unterbrechung des AnstNutzungsVerh; zuständig: OPD.

10 Ohne Rücksicht auf die Zahl der gesperrten Anschl; Zuständigkeit wie Anm. 9.

11 Versteht sich: der Sperre.

12 AusfBest: „A. Gebühren, die nicht innerhalb der festgesetzten Frist bezahlt werden, können nach § 9 Abs. 1 FernMAnlG im Wege der Zwangsvollstreckung beigetrieben werden, soweit dies nicht im Konkurse und im Vergleichsverfahren (Anm. 3) ausdrücklich ausgeschlossen ist.

B. Uneinziehbare Fernsprechgebühren können niedergeschlagen werden. Als uneinziehbar gelten Gebühren,

a) deren Beitreibung erfolglos gewesen ist oder aussichtslos erscheint; zuständig: VA bis zu Höchstbetragsgrenzen, darüber hinaus: OPD;

b) die im Konkurs- und Vergleichsverfahren bei einem Vergleich ausgefallen sind (Anm. 3 zu II Abs. 3 und III Abs. 4); zuständig: VA.

C. Die Niederschlagung von Gebührenforderungen aus Billigkeitsgründen ist dem RPMin vorbehalten.

D. Die nach Abs. B zu a uneinziehbaren Gebühren gelten nach ihrer Niederschlagung als rückständige Verpflichtungen im Sinne des § 12 III, solange die Forderung nicht verjährt ist."

§ 29.

Haftpflicht [1].

I 1 Der Teilnehmer haftet[2] für Beschädigungen

der auf dem Grundstück der Sprechstellen verdeckt geführten Starkstrom-, Gas-, Wasser- oder anderen Anlagen und für die aus solchen Beschädigungen entstehenden Folgen, wenn diese Anlagen bei der Einrichtung oder bei einer späteren Änderung seiner Anschlüsse beschädigt werden, es sei denn, daß er deren Lage den Ausführenden vorher genau bezeichnet hat.

2 Der Teilnehmer hat der DRP den Schaden zu ersetzen, der durch Verlust oder Beschädigung[3] der Sprechstellen seiner Anschlüsse nebst Zubehör entsteht; den Schaden, der durch Verlust oder Beschädigung seiner Anschlußleitungen entsteht, hat der Teilnehmer der DRP zu ersetzen, soweit sich die Leitungen in Gebäuden oder Räumen befinden, die seiner Aufsicht unterstehen. Ist der Verlust oder die Beschädigung durch Feuer[4] oder durch Diebstahl verursacht worden, so tritt die Ersatzpflicht des Teilnehmers nicht ein, wenn der Schaden im Zusammenhang mit inneren Unruhen durch offene Gewalt oder durch ihre Abwehr unmittelbar verursacht ist. Ist der Verlust oder die Beschädigung weder durch Feuer noch durch Diebstahl verursacht worden, so tritt die Ersatzpflicht des Teilnehmers nicht ein, wenn er den Verlust oder die Beschädigung auch bei Anwendung jeder nach den Umständen des Falles gebotenen Sorgfalt nicht hat verhüten können. Der Teilnehmer haftet in gleichem Umfang für Verlust oder Beschädigung von Nebenanschlüssen nebst Zubehör, die einem Dritten[5] überlassen sind, für Verlust oder Beschädigung der Anschlußleitungen dieser Nebenanschlüsse jedoch nur, soweit sich die Leitungen in Gebäuden oder Räumen befinden, die der Aufsicht des Dritten unterstehen; die Ersatzpflicht des Teilnehmers für diese Nebenanschlüsse tritt in den Fällen des Satzes 3

nur dann nicht ein, wenn sowohl der Teilnehmer als der Dritte den Verlust oder die Beschädigung auch bei Anwendung jeder nach den Umständen des Falles gebotenen Sorgfalt nicht hat verhüten können.

3 Störungen und Beschädigungen des Anschlusses und seines Zubehörs sind der Vermittlungsstelle unverzüglich zu melden.

4 Der Teilnehmer ist dafür verantwortlich, daß die in dem amtlichen Fernsprechbuch (§ 14) abgedruckte Anweisung zur Benutzung der Fernsprechanschlüsse beachtet wird; für Schäden, die der DRP durch Nichtbeachtung entstehen, ist er ersatzpflichtig. Diese Ersatzpflicht des Teilnehmers erstreckt sich auch auf Nebenanschlüsse, die der Teilnehmer Dritten[5] überlassen hat.

5 Wenn in Gebäuden und Räumen oder auf Grundstücken, die der Aufsicht des Teilnehmers unterstehen, elektrische Ströme[6] in seine Anschlüsse nebst Zubehör gelangen und wenn dadurch Einrichtungen der DRP beschädigt oder Angehörige der DRP verletzt werden, hat der Teilnehmer der DRP den entstehenden Schaden zu ersetzen, es sei denn, daß er die im Verkehr erforderliche Sorgfalt beobachtet hat. Bei Nebenanschlüssen, die einem Dritten überlassen sind, ist der Teilnehmer in gleichem Umfang ersatzpflichtig, wenn der Stromübergang in Gebäuden und Räumen oder auf Grundstücken stattgefunden hat, die der Aufsicht des Dritten unterstehen, es sei denn, daß der Dritte die im Verkehr erforderliche Sorgfalt beobachtet hat.

II[6a] Die DRP übernimmt für den Fernsprechdienst keine Gewähr[7] und haftet für keinerlei Schäden, insbesondere[8] nicht für Schäden, die entstehen

a) durch Einstellung des Betriebs oder durch Ausschließungen von der Benutzung der für den öffentlichen Verkehr bestimmten Anlagen (§ 28 I),

b) durch Sperre oder Entziehung der Anschlüsse (§ 28 II, III),

c) durch Betriebsstörungen,

d) durch Änderungen von Rufnummern (§ 4 I Abs. 2),

e) durch Unvollständigkeit oder Unrichtigkeit der Eintragungen im amtlichen Fernsprechbuch[9], namentlich auch durch Nichteintragung (§ 14),

f) durch unrichtige, verzögerte oder unterbliebene Herstellung von Gesprächsverbindungen (§§ 15, 16, 17, 18, 20 und 21),

g) durch Versehen bei der Vorbereitung der XP- und V-Gespräche (§ 19 I und II), bei der Weitergabe kurzer Nachrichten (§ 19 III), bei der Wahrnehmung des Unfallmeldedienstes (§ 22), bei der Übermittlung von Telegrammen und bei der Zeitangabe (§§ 23 und 24) sowie bei der Verhängung der Sperre (§ 28 II),

h) durch Erteilung einer unrichtigen Auskunft.

1 Im Haftungsstreit ist der Rechtsweg zugelassen auf der materiellen Grundlage eines BGB-Schuldverhältnisses (Nutzungs-„vertrag", vgl. Teil I S. 28 *), daher kein Klageweg gegen den Teilnehmer aus unerlaubter Handlung (anders h. M.); § 29 I trifft auch die Schadenfälle, die aus Nichterfüllung von Eigentumsansprüchen der DRP gegen den Teilnehmer entstehen. — Vgl. auch § 15 Anm. 9 und 13.

2 AusfBest: „Die Haftpflicht beginnt mit dem Zustandekommen des Teilnehmerverhältnisses (§ 12 I). Werden Arbeiten in unbewohnten Räumen ausgeführt, so ist der Teilnehmer besonders auf die Sicherung der Einrichtungen gegen Diebstahl hinzuweisen."

3 AusfBest: „Unter Beschädigungen im Sinne des ersten Satzes sind auch solche zu verstehen, die durch ungünstige örtliche

Verhältnisse, z. B. durch Einwirkung von Feuchtigkeit, von Säuredämpfen, von besonders starker Staubentwicklung, verursacht werden.

Bei Beschädigungen sind die Kosten einzuziehen, die zur Beseitigung der Beschädigungen aufgewandt werden. Dabei ist für Baustoffe, Apparate und Apparatteile der wirkliche Aufwand, g. F. vermindert um den Zeitwert des ausgewechselten beschädigten Gegenstandes anzusetzen, im übrigen sind die Kosten nach Einheitssätzen für die Arbeitsstunde zu berechnen (§ 9 I). Bei Verlust ist der Zeitwert zu ersetzen."

4 AusfBest: „Unter Feuerschaden ist auch der damit zusammenhängende Wasserschaden zu verstehen. Wünscht ein Teilnehmer die Angabe des Feuerversicherungswerts seiner Fernsprecheinrichtung, so ist ihm der überschläglich ermittelte Zeitwert (AB 2 zu § 5 II B 2) zu nennen."

5 Vgl. VerlBed/RfBest 1930 § 14 Anm. 4 (S. 416).

6 Dispositivrecht; vgl. FernMAnlG § 23 Anm. 1 und 4 (S. 81 f.).

6a Ersatzgespräche: A: für Schnellverkehrsgespräche und Ferngespräche, die zugunsten anderer Ferngespräche oder der Übermittlung von Blitztelegrammen unterbrochen worden sind.

1. Schnellverkehrsgespräche (§ 17 Anm. 20), die zugunsten von Ferngesprächen oder der Übermittlung von Blitztelegrammen unterbrochen sind, werden wiederhergestellt, wenn der Teilnehmer, der das unterbrochene Gespräch angemeldet hatte, dies spätestens eine Stunde nach der Unterbrechung beantragt. Bei der Gebührenberechnung werden die auf volle Minuten abgerundeten Gesprächszeiten des unterbrochenen Gesprächs und des Ersatzgesprächs zusammengezählt, auf die Summe wird 1 Minute gutgerechnet. Wird auch das Ersatzgespräch aus dem gleichen Anlaß unterbrochen, so kann für ein weiteres Gespräch keine freie Gesprächszeit mehr gewährt werden. Die Bestimmung gilt auch für Ferngespräche zwischen VStSA o F und ihrem ÜF, die zugunsten anderer Ferngespräche usw. aufgetrennt werden, sowie für alle sonstigen Ferngespräche, die in vereinfachter Weise (§ 17 Anm. 19a) hergestellt werden, wenn sie zugunsten anderer Ferngespräche usw. getrennt werden.

2. Sind solche Gespräche bei öffentlichen Sprechstellen mit Münzfernsprecher, die zum Schnellverkehr oder Fernverkehr zugelassen sind, angemeldet worden, so wird als Ersatzgespräch ein Gespräch von 3 Minuten Dauer ohne Erhebung einer weiteren Gebühr gewährt.

3. Bei den VSt sind die Gesprächsblätter über die von öffentlichen Sprechstellen herrührenden Schnellverkehrsgespräche oder Ferngespräche, deren Auftrennung möglich ist, nach ihrer Erledigung mindestens eine Stunde lang aufzubewahren.

4. Wird bei einer öffentlichen Sprechstelle mit gewöhnlichem Apparat ein Ersatzgespräch gefordert, so hat der Beamte bei der öffentlichen Sprechstelle zunächst die erneute Zahlung der Gesprächsgebühr zu verlangen. Bei der VSt wird die Verbindung unverzüglich hergestellt. Die öffentliche Sprechstelle zahlt die zuviel entrichteten Beträge zurück.

5. Bei Ersatzgesprächen, die von einem Münzfernsprecher aus beantragt werden, wird der Anrufende zunächst mit der besonderen Dienststelle verbunden. Diese prüft, ob von diesem Münzfernsprecher aus in der letzten Stunde eine Verbindung mit demselben Teilnehmer des anderen ON angemeldet war, und veranlaßt zutreffendenfalls die unentgeltliche Herstellung der Ersatzverbindung.

B: bei Falschverbindungen im Schnellverkehr und im vereinfachten Fernverkehr.

6. Im Schnellverkehr und im vereinfachten Fernverkehr (s. Abs. 1) wird für Gesprächsverbindungen, die durch Vorgänge im Betrieb mit einer anderen als der verlangten Sprechstelle hergestellt worden sind, ein Ersatzgespräch von 3 Minuten Dauer ohne Erhebung einer weiteren Gebühr gewährt, wenn die Verbindung mit der falschen Sprechstelle nicht länger als 1 Minute gedauert hat und der Antrag im Anschluß an diese Verbindung oder spätestens 10 Minuten nach ihrer Beendigung gestellt wird.

7. Wird die VSt durch Flackerzeichen aufmerksam gemacht, so stellt sie die richtige Verbindung sogleich her.

8. Beantragt der anmeldende Teilnehmer oder eine öffentliche Sprechstelle mit gewöhnlichem Apparat die Ersatzverbindung erst nach Trennung der falschen Verbindung, so wird wie folgt verfahren:

a) wenn das Gesprächsblatt für das Gespräch mit der falschen Sprechstelle vorliegt, so prüft die Beamtin an Hand dieses Gesprächsblatts, ob ein Ersatzgespräch gewährt werden kann, und stellt zutreffendenfalls die Ersatzverbindung her;

b) wenn das Gesprächsblatt für das Gespräch mit der falschen Sprechstelle nicht vorliegt, so teilt die Beamtin dem Antragsteller mit: „Ich lasse das Gesprächsblatt heraussuchen und die Gebühr streichen, falls es sich um die gleiche Anmeldung handelt. Sie erhalten Nachricht." Sodann stellt sie die Verbindung her. Die Aufsicht usw. sucht das zugehörige Gesprächsblatt heraus, prüft, ob eine Ersatzverbindung gewährt werden kann und streicht zutreffendenfalls das erste Gesprächsblatt. Darauf wird der Antragsteller verständigt.

9. Wird von einer öffentlichen Sprechstelle mit Münzfernsprecher, die zum Schnellverkehr oder Fernverkehr zugelassen ist, ein Ersatzgespräch für eine Falschverbindung verlangt, so wird, wenn das Gesprächsblatt an dem Arbeitsplatz vorliegt, nach Abs. 7 oder 8a verfahren. Liegt das Gesprächsblatt nicht vor, so wird die öffentliche Sprechstelle zunächst mit der Aufsicht usw. (s. Abs. 8b) verbunden. Diese sucht das Gesprächsblatt heraus und prüft, ob ein Ersatzgespräch verlangt werden kann. Trifft dies zu, so veranlaßt sie die Herstellung der Ersatzverbindung" (PABl. 1930 S. 453).

7 Wegen Gewähr für Mängelfreiheit bei teilnehmereigenen Nebenstellenanlagen s. § 5 Anm. 12.

8 Auch nicht für die richtige Ausführung der Antrags- und der Zwangssperren; s. ferner § 19 I Abs. 3 und III Abs. 4. — Wegen genereller Ablehnung vgl. auch Ziff. 8 u. 9 bes VerlBed f. RfVermittl.Anl (S. 444).

9 S. aber § 19 Anm. 11.

§ 30.

Schlußbestimmungen.

I Soweit durch die FspO nicht Bestimmungen getroffen sind, werden die Bedingungen für die Benutzung von Fernsprecheinrichtungen von der DRP festgesetzt.

Die zu erlassenden Bestimmungen werden in den amtlichen Blättern[1] der DRP veröffentlicht.

II 1 Ergeben sich bei der Berechnung von Fernsprechgebühren (§ 28 IV) Bruchpfennige, so wird jeder einzelne Gebührenbetrag so gerundet[2], daß ein halber Pfennig und mehr als ein voller Pfennig angerechnet, Bruchteile unter einem halben Pfennig aber unberücksichtigt gelassen werden.

2 Bei der Berechnung der laufenden Gebühren für Teile eines Monats wird jeder Monat zu 30 Tagen gerechnet.

3 Bei der Berechnung der Gebühren für Leitungsstrecken, die für volle Längeneinheiten von zwei, zehn oder 100 m festgesetzt sind, werden überschießende Längen für voll gerechnet.

III Auf den Fernsprechverkehr mit dem Ausland findet diese FspO insoweit Anwendung, als nicht auf Grund besonderer Vereinbarungen etwas anderes bestimmt ist.

IV 1 Auf Bayern und Württemberg finden die Bestimmungen über priv. Nebenstellenanlagen in den §§ 5 II zu C und III zu C, 6 IV, 7 IV und V zu C, 8 IV und V zu C und 27 IV sowie die Bestimmungen über den Vororts- und Bezirksverkehr im § 18 I und II keine Anwendung.

2 An Stelle der Bestimmungen im § 12 II Abs. 1 und 2 gilt für Bayern folgendes:

Sache des Teilnehmers ist es, daß die beantragten Einrichtungen auf dem von ihm bezeichneten Grundstück ungehindert und ohne Entschädigung hergestellt und instandgehalten werden können. Bei der Aufhebung der Einrichtungen beseitigt die DRP die Apparate und die Zuleitungen auf dem Grundstück; dagegen übernimmt der Teilnehmer die durch die Aufhebung veranlaßten Ausbesserungsarbeiten.

Berlin, den 15. Februar 1927.

RPMin: Schätzel.

1 PABl.
2 S. indessen § 3 II und § 28 zu a.

Anlage zur FspO.

Gebührenübersicht

Nr.	Gegenstand	Bestimmung der FspO
1	2	3
	A. Gebühren der Fernsprechordnung (abgekürzt).	
1	Hauptanschluß Grundgebühr (vgl. Ziff. 11)	§ 4 II Abs. 2
2	Ausnahme-Hauptanschluß	§ 4 IV
3	Posteigene und teilnehmereigene Nebenstellenanlage (vgl. Ziff. 11)	§ 5 III zu A u. B
4	Private Nebenstellenanlage	§ 5 III zu C
5	Ausnahme-Nebenanschluß	§ 5 V
6	Regel-Querverbindung	§ 6 V
7	Ausnahme-Querverbindung	§ 6 VII
8	Posteigene und teilnehmereigene Anschlußdosenanlage (vgl. Ziff. 11)	§ 7 V zu A und B
9	Private Anschlußdosenanlage	§ 7 V zu C
10	Posteigene und teilnehmereigene Zusatzeinrichtungen (vgl. Ziff. 12)	§ 8 V zu A und B
11	Apparatbeiträge für posteigene Sprechstellen [1] (vgl. Ziff. 1, 3, 8)	§ 9 II
12	Apparatbeiträge für posteigene Zusatzeinrichtungen [1] (vgl. Ziff. 10)	§ 9 II
13	Zuschlag für je 100 m Hauptanschlußleitung außerhalb des 5-km-Kreises	§ 10 I
14	Vorrangbehandlung bei der Herstellung und Veränderung von Fernsprecheinrichtungen	§ 12 IV Abs. 2 u. § 13 VI
15	Genehmigungspflichtige Übertragung	§ 13 V Abs. 4

[1] Neben den Apparatbeiträgen werden die Selbstkosten der Einführungen und Innenleitungen und der Anbringung der Apparate berechnet.

Nr.	Gegenstand	Bestimmung der FspO	Nr.	Gegenstand	Bestimmung der FspO
1	2	3	1	2	3
16	Gebührenpflichtige Druckzeilen im amtl. Fernsprechbuch	§ 14 III Abs. 1	23	V-Gespräch (vgl. Ziff. 22)	§ 19 II Abs. 2
17	Zu gewährleistende Mindesteinnahme für eine gemeindliche öffentliche Sprechstelle	§ 15 II zu c	24	N-Gespräch	§ 19 III Abs. 3
18	Bescheinigung über bezahlte Gebühren für Benutzung öffentlicher Sprechstellen	§ 15 IV	25	Dauerverbindung	§ 21 IV Abs. 1
19	Ortsgesprächsgebühr	§ 15 III, § 16 II, III	26	Unfallmeldedienst	§ 22 III Abs. 1 und 3
20	Ferngesprächsgebühr	§ 17 II Abs. 1—3, § 25 II Abs. 2	27	Gebühr für die Aufgabe von Telegrammen durch Fernsprecher	§ 23 II
21	Vororts- oder Bezirksgespräch	§ 18 II	28	Übermittlung der Zeit	§ 23 III
22	XP-Gespräch	§ 19 I Abs. 4	29	Nebentelegraph	§ 24 I Abs. 3
			30	Besonderer Telegraph	§ 24 II Abs. 3
			31	Verhängung der Sperre	§ 28 III Abs. 1

B. Gebühren der Ausführungsbestimmungen zur Fernsprechordnung

Nr.	Gegenstand	AusfBest zu	Gebühren einmalig RM	Gebühren monatlich RM	Drittelgebühr für teilnehmereigene Einrichtungen RM
1	2	3	4	5	6
1	**Ausnahme-Ö und -GÖ:**	§ 2 III 2			
a	Kostenzuschuß für je 100 m kostenpflichtige Anschlußleitung		15,00	—	—
b	Gebühr für die Instandhaltung der kostenpflichtigen Leitung für je 100 m		—	0,50	—
c	Zuschlag zur Ortsgesprächsgebühr bei Entfernungen				
	von mehr als 5 bis 15 km		0,05	—	—
	von mehr als 15 km		0,15	—	—
2	**Dienstverlängerung:**	zu § 3 II			
	Vergütung für jede Mehrstunde				
a	an allen Werktagen				
	8 bis 21 Uhr		—	18,00	—
	21 bis 8 Uhr		—	27,00	—
b	an allen Sonn- und Feiertagen				
	8 bis 21 Uhr		—	3,00	—
	21 bis 8 Uhr		—	4,50	—

c	nur an Sonn- und Feiertagen, wenn werktags keine Mehrstunden verlangt werden					
	8 bis 21 Uhr			—	6,00	—
	21 bis 8 Uhr			—	9,00	—
3	**Hauptstelle mit Mehrfachanschlußapparat:**	§ 5 III zu A Ziff. 1b				
	zu 2 Leitungen			ſ. unter A 11 a u. e	0,60	—
	zu 3 Leitungen				1,00	—
		poſteigen	teilnehmereigen			
4	**Besonders kostspielige posteigene und teilnehmereigene Nebenstellenanlagen:**[1]	§ 5 III zu A Ziff. 6				
a	je 10 eingebaute Parallelklinken		§ 5 III zu B Ziff. 1	15,00	0,40	0,13
b	je 10 eingebaute Doppelunterbrechungsklinken			30,00	0,80	0,27
c	je 10 eingebaute Besetztzeichenlampen			15,00	0,80	0,27
d	je 10 eingebaute Wähltasten			30,00	0,80	0,27
e	Rückstellklappenschrank über Regelausstattung			300,00	3,00	1,00
f	Glühlampenschrank der allgemein üblichen Bauart			1200,00	30,00	10,00

[1] Neben den Kostenzuschüssen werden die Selbstkosten der Einführungen und Innenleitungen und der Anbringung der Apparate berechnet.

Nr.	Gegenstand	AusfBest zu		Gebühren		Drittelgebühr für teilnehmereigene Einrichtungen
				einmalig RM	monatlich RM	RM
1	2	3		4	5	6
		posteigen	teilnehmereigen			
g	Glühlampenschrank Hamburger Bauart .			450,00[1]	13,00	4,33
h	Batterieladestrom für Glühlampenschränke			—	6,00	6,00 (volle Gebühr)
i	Zuschlag für Zweitnebenstellen, die in ZB. und SA-Netzen an eine Schrankschaltung herangeführt sind			25,00	0,40	0,13
k	Zuschlag für jede über eine Reihen- oder Geheimschaltung zu einer Schrankanlage führende Leitung		§ 5 III zu B Ziff. 1	15,00	0,40	0,13
l	Mithörverhinderungsschalter bei Geheimstellen			4,00	0,10	0,03
m	Rundgesprächsschalter gewöhnlicher Art .			15,00	0,20	0,07
n	Besonders kostspielige über die Regelausstattung hinausgehende Einrichtungen, für die durch FO und AB keine Gebühren festgesetzt sind			Mehrkosten	in der Regel 1 vH der Mehrkosten	in der Regel 1/3 vH der Mehrkosten

[1] Werden nicht mehr beschafft.

5	**Lieferung des Mikrophonstroms und Batterieladestroms** für den Innenverkehr in teilnehmereigenen Nebenstellenanlagen für jede Nebenstelle	§ 5 III zu B Ziff. 1	—	—	0,10
6	**Teilnehmereigene SA-Nebenstellenanlagen mit selbsttätiger Auswahl freier Amtsleitungen:**	§ 5 III zu B Ziff. 1			
a	belegtes SA-Anschlußorgan, abgesehen von denen unter b		—	—	0,80
b	SA-Anschlußorgan, das mit Querverbindung mit Durchwahl nach anderen Nebenstellenanlagen belegt ist		—	—	2,40
c	SA-Nebenstellenschrank		—	—	10,00
7	**Unmittelbare Verbindung**	§ 6 I			
	100 m posteigene Leitung		—	0,50 (0,25)[1]	—
8	**Besondere Schalteinrichtung** für Anschlußdosenanlagen (Klinkenkasten)	posteigen: § 7 V zu A; teilnehmereigen: § 5 III zu B Ziff. 1	Selbstkosten	1 v H der Selbstkosten	½ v H der Selbstkosten

[1] Die in Klammern stehenden Sätze und Abkürzungen gelten für den Fall, daß die Gebühren jedem Teilnehmer nur zur Hälfte angerechnet werden.

Nr.	Gegenstand	AusfBest zu	Gebühren einmalig RM	Gebühren monatlich RM	Drittelgebühr für teilnehmereigene Einrichtungen RM
1	2	3	4	5	6
9	**Zusatzeinrichtungen**[1]:				
a	α) Fernsprechendverstärker	§ 8 V zu A, § 9 II Ziff. 6; § 8 V zu B	100,00	7,00	2,33
	β) Benaudi-Endverstärker für Wechselstromanschluß		470,00	10,00	3,33
	für Gleichstromanschluß		340,00	10,00	3,33
b	Kassiervorrichtung bei Nebenstellen		30,00	2,50	0,83
c	Drehschauzeichen		2,00	0,20	0,07
d	Starkstromanschalterelais		9,00	0,50	0,17
e	Wechselschalter mit 2 Einfachkontakten	§ 8 V zu A Ziff. 1, § 9 II Ziff. 6	0,50	0,10	0,03
	Wechselschalter mit 4 Doppelkontakten		1,00	0,20	0,07
	Wechselschalter mit 6 Doppelkontakten		1,50	0,30	0,10
	Wechselschalter mit 8 Doppelkontakten		2,00	0,40	0,13
f	Prüfschrank zu 50 Leitungen, bei größeren Schränken für je 50 Schalter Fassungsvermögen	§ 9 II Ziff. 6	30,00	—	—
g	10 eingebaute Prüfschalter	desgl. und § 8 V zu A Ziff. 1	15,00	0,80	—

[1] Neben den Apparatbeiträgen werden die Selbstkosten der Einführungen und Innenleitungen und der Anbringung der Apparate berechnet.

		posteigen	teilnehmereigen			
h	Dosenfernhörer ohne Stiel	§ 8 V zu A Ziff. 2, § 9 II Ziff. 6	§ 8 V zu B	1,00	0,10	0,03
i	Edelgasrohr	§ 8 V zu A Ziff. 17		—[1]	0,30	0,10
10	**Einheitssatz für die Arbeitsstunde**	§ 9 I				
a	eines Oberinspektors oder Abteilungsbauführers			4,25	—	—
b	eines Obersekretärs, Oberbauführers oder Oberwerkführers			3,75		
c	eines Bautruppführers, Werkmeisters oder Werkführers			2,50 / 2,50		
d	eines Oberleitungsaufsehers oder Leitungsaufsehers			2,25		
e	eines Telegraphenhandwerkers, der Arbeiten ausführt im Gedinge			2,10	—	—
	im Zeitlohn			1,90		
f	eines Telegraphenarbeiters, der Arbeiten ausführt im Gedinge			1,90		
	im Zeitlohn			1,70		
g	eines Telegraphenbaulehrlings			0,60		

[1] Werden neu nicht mehr zugelassen.

Nr.	Gegenstand	AusfBest zu	Gebühren einmalig RM	Gebühren monatlich RM	Drittelgebühr für teilnehmereigene Einrichtungen RM
1	2	3	4	5	6
11	**Beförderung eines Telegraphenarbeiters usw. mit Postkraftwagen** für jedes km	§ 9 I	0,10	—	—
12	**Einrichtungskosten bei der Umwandlung von PrO in Hauptanschlüsse**	§ 15 VI Abs. 4	10,00[1]	—	—
13	**Mindesteinnahme für ÖMünz bei Privaten**	§ 15 VII	—	20,00	—
14	**Heraussuchen eines erledigten Gesprächblatts**	§ 17 III Abs. 1	0,20	—	—
15	**Zusatzgebühr für ein XPL- oder NL-Gespräch**	§ 19 I Abs. 4 und 5, § 19 III Abs. 3 und 5	0,80	—	—
16	**Dauerverbindung mit der Feuerwehr**	§ 21 IV Abs. 1	—	4,50	—
17	**Benutzung von Verstärkern in Dauerverbindungen** für jede Stunde	§ 21 IV Abs. 1	0,10	—	—
18	**Vergütung für die Besorgung von Unfallmeldungen**	§ 22 III Abs. 1	0,60	—	—

[1] Gilt nur, wenn die wirklichen Einrichtungskosten nicht mehr bekannt sind.

19	**Vergütung für den besonderen Unfallmeldedienst** in einem OR	§ 22 VII	—	$^1/_5$ der Vergütung unter B 2	—
20	**Umfangreiche Nachforschungen:**	§ 25 IV			
	bis zu einer Stunde		1,00	—	—
	darüber hinaus für jede Viertelstunde....		0,25	—	—
21	**Stundungsgebühr**	§ 28 II zu a	0,50	—	—
22	**Zinssatz für rückständige Gebühren**	§ 28 II zu a	2 v H über Reichsbankdiskont	—	—

C. Gebühren für genehmigungspflichtige Hausanlagen

Nr.	Gegenstand	Für die Genehmigung ist zuständig	Die Gebühr beträgt monatlich RM
1	2	3	4
1	Hausanlagen mit nicht mehr als 2 Sprechstellen[1] in demselben Orte oder im Zustellbezirk derselben PAnst oder im Anschlußbereich derselben VSt	Wenn die Sprechstellen der Hausanlage sämtlich im Anschlußbereich derselben VSt liegen, das VA, dem die VSt untersteht, sonst OPD	—
2	Hausanlagen mit mehr als 2 Sprechstellen, jedoch mit Ausnahme der Anlagen unter 4, deren Sprechstellen sämtlich in demselben Orte oder im Zustellbezirk derselben PAnst oder im Anschlußbereich derselben VSt liegen oder voneinander nicht mehr als 5 km entfernt sind, für jedes Grundstück, auf dem sich eine Sprechstelle der Hausanlage befindet		1,30
3	Andere Hausanlagen als unter 2, jedoch mit Ausnahme der Anlagen unter 4, für jedes Grundstück, auf dem sich Sprechstellen der Hausanlage befinden, wenn die größte Entfernung zwischen zwei Hausstellen beträgt		

[1] Als Sprechstellen einer Hausanlage gelten auch die Abfragestelle der Nebenstellenanlage, die gleichzeitig Abfragestelle der Hausanlage ist, und die durch Rückfrageleitungen mit der Hausanlage verbundenen Haupt- und Nebenstellen.

	mehr als 5 bis zu 15 km	OPD	3,90
	„ „ 15 „ „ 25 „	OPD	5,20
	„ „ 25 „ „ 50 „	RPM; bei Anlagen, die ausschließlich Feuer- und Unfallmeldezwecken dienen, OPD	9,10
	„ „ 50 „ „ 75 „		11,70
	„ „ 75 „ „ 100 „		15,60
	über 100 für je 100 km mehr		3,90
4	Hausanlagen nach 2 und 3 von gemeinnützigen Starkstromunternehmungen, die ausschließlich zu Mitteilungen über Betriebsangelegenheiten (Störungen, Stromabgabe, Schaltungen) benutzt werden,		
	für Grundstücke mit dauernd dienstbereiten Hausstellen	Wie unter 2 und 3, jedoch sind die OPD bis zu Entfernungen von 50 km zuständig	die Hälfte der Gebühren unter 2 und 3
	für Grundstücke mit nur zeitweilig dienstbereiten Hausstellen[a]		ein Achtel der Gebühren unter 2 und 3

[a] Bei Hausstellen mit Anschlußdosen wird die Gebühr nicht für das Grundstück, sondern für jeden vorhandenen tragbaren Apparat erhoben.

Vorschriften über Fernsprechdienstanschlüsse

Vom 12. Dezember 1929 (RBesoldBl. 1930 S. 20).

Für die Reichsverwaltung — ausgenommen die Deutsche Reichspost[1] — werden folgende Vorschriften über Fernsprechdienstanschlüsse erlassen:

1 Die gleichen Vorschriften gelten, mit einigen Ergänzungen (s. I A Nr. 1 u. 2, II A Nr. 4, III Nr. 13) auch für die DRP (Vf d. RPMin 20. 2. 1930, PABl. S. 104).

I. Fernsprechanlagen in Diensträumen.

A. Einrichtung.

[1]Nr. 1. In Diensträumen dürfen Fernsprechanlagen nur insoweit hergestellt werden, als es die dienstlichen Bedürfnisse erfordern und ausreichende Haushaltsmittel für Herstellung, Unterhaltung und Betrieb zur Verfügung stehen. Die Art der Anlage und die Anzahl der Fernsprechanschlüsse bestimmt die oberste Reichsbehörde. Sie kann diese Befugnis auf unmittelbar nachgeordnete Behörden übertragen, wenn diesen auch die Bewirtschaftung der entsprechenden Haushaltsmittel obliegt.

[1]Nr. 2. (1) Die Art und Größe der Fernsprechanlagen in Dienstgebäuden richtet sich nach den örtlichen Verhältnissen und dem Umfang des dienstlich notwendigen Fernsprechverkehrs. In jedem Falle ist der Grundsatz einer sparsamen und wirtschaftlichen Verwendung der Haushaltsmittel zu beachten. Unter Berücksichtigung dieser Gesichtspunkte ist zu entscheiden, wie viele Hauptanschlüsse (vgl. § 4 der Fernsprechordnung vom 15. Februar 1927 — FO —) und Nebenanschlüsse (vgl. § 5 FO) erforderlich sind, ob ein Teil

der Sprechstellen als reine Hausstellen (vgl. § 5 I Abs. 2 FO) anzulegen ist, ferner ob die Anlage von Vermittlungsstellen mit Selbstanschluß oder Handbetrieb zweckmäßiger ist, ob die Anlagen als posteigene, teilnehmereigene oder private Nebenstellenanlagen (vgl. § 5 II FO) herzustellen sind, ob Querverbindungen (vgl. § 6 FO) zu anderen Behörden anzulegen sind usw.

(2) Für kleinere Behörden kann auch die Anlage von Nebenanschlüssen an Vermittlungsstellen anderer Behörden in demselben Orte in Frage kommen. Nebenanschlüsse von Reichsbehörden dürfen jedoch an Hauptanschlüsse von Privatpersonen nicht angeschlossen werden.

(3) Nebenanschlüsse und Querverbindungen von Privatpersonen an Vermittlungsstellen von Reichsbehörden sind nur zulässig, wenn eine unmittelbare Fernsprechverbindung der Behörde mit der Privatperson aus dienstlichen Gründen zweckmäßig und nach der Fernsprechordnung (vgl. insbesondere § 5 I 3 und § 6 I) zulässig ist. Aus solchem Anlaß darf eine Vermehrung der Hauptanschlüsse und des Bedienungspersonals bei der Behörde nicht eintreten und der dienstliche Sprechverkehr nicht beeinträchtigt werden, vgl. im übrigen Nr. 3 Abs. 2.

1 Bei der DRP entscheiden über die Einrichtung von dienstlichen Fernsprechanlagen in Diensträumen die OPD, für Reihenanlagen, soweit sie nicht als Musterschaltungen für Ausbildungszwecke dienen, und für SA-Anlagen ist jedoch die Genehmigung des RPM erforderlich. Private Nebenstellenanlagen kommen für die DRP nicht in Betracht.

B. Mitbenutzung für Privatgespräche.

Nr. 3. (1) Von Fernsprechanschlüssen in Diensträumen dürfen in dringenden Fällen nach näherer Bestimmung der für ihre Einrichtung zuständigen Behörde (vgl. Nr. 1 Satz 2 oder 3) Privatgespräche geführt werden. Die für solche Fälle dem Reiche von der DRP in Rechnung gestellten Gebühren für Fern-, Vororts- und Bezirksgespräche sowie für aufgegebene Telegramme sind der Reichskasse zu erstatten. Gebühren für Ortsgespräche werden von Reichsbeamten nicht, von anderen Personen nach zu treffenden besonderen Vereinbarungen eingezogen.

(2) In den Fällen der Nr. 2 Abs. 3 hat sich die Privatperson vor der Herstellung der Anlage schriftlich zu verpflichten, der Reichskasse folgende Kosten zu erstatten:

a) Die von der zuständigen Behörde unter Wahrung der finanziellen Belange des Reichs festgesetzten Anteilsbeträge für Einrichtungskosten und Apparatbeiträge.

b) Die laufenden Gebühren für das Vorhandensein der Anlage.

c) Die Gebühren für die über die Vermittlungsstelle der Reichsbehörde geführten Fern-, Vororts- und Bezirksgespräche sowie für durch Fernsprecher aufgegebene Telegramme.

d) Die Gebühren für die über die Vermittlungsstelle der Reichsbehörde geführten Ortsgespräche; die Zahl dieser Ortsgespräche ist durch fortlaufende Zählung (Strichzählung) festzustellen; ist dies nicht möglich, so bemißt sich der zu erstattende Betrag an Ortsgesprächsgebühren nach dem Gesamtbetrag der der Vermittlungsstelle von der DRP in Rechnung gestellten Ortsgesprächsgebühren geteilt durch die Zahl der vorhandenen Nebenanschlüsse.

(3) Die zu erstattenden Gebühren sind von den Haushaltsausgaben wieder abzusetzen; sie können auch von den dem Reiche von der DRP in Rechnung gestellten Beträgen unmittelbar abgesetzt werden.

II. Fernsprechanschlüsse in Wohnungen.

A. Einrichtung.

[1]Nr. 4. (1) In Wohnungen von Reichsbeamten dürfen Fernsprechanschlüsse auf Reichskosten nur eingerichtet werden, wenn es aus dienstlichen Gründen erforderlich ist, daß diese Beamten auch außerhalb ihrer Dienststunden durch Fernsprecher erreicht werden können. Solche Anschlüsse dürfen nur mit Genehmigung der obersten Reichsbehörde, die auch die Art des Fernsprechanschlusses bestimmt, nach Maßgabe der zur Verfügung stehenden Haushaltsmittel hergestellt werden. Die oberste Reichsbehörde kann für besondere Fälle die Genehmigungsbefugnis auf unmittelbar nachgeordnete Behörden übertragen, wenn diesen auch die Bewirtschaftung der entsprechenden Haushaltsmittel obliegt.

(2) Dienstliche Fernsprechanschlüsse in Wohnungen sollen tunlichst als Nebenanschlüsse zu den Hauptanschlüssen der Behörde eingerichtet werden. In Ausnahmefällen können auch Hauptanschlüsse eingerichtet werden, insbesondere wenn infolge weiter Entfernung der Wohnung von der Behörde für den Nebenanschluß so hohe Leitungszuschläge (vgl. § 5 III A 2 FO) zu entrichten wären, daß die Gebühr für den Nebenanschluß

einschließlich der Leitungszuschläge ebenso hoch oder höher wäre als die Grundgebühr für den Hauptanschluß. Ausnahmehaupt- und Ausnahmenebenanschlüsse (vgl. § 4 IV und § 5 IV FO) dürfen nur bei dringendem Bedürfnis nach strenger Prüfung der Wirtschaftlichkeit mit Zustimmung der obersten Reichsbehörde angelegt werden.

(3) In einer Wohnung dürfen nur ein dienstlicher Fernsprechanschluß (Haupt- oder Nebenanschluß) und in Ausnahmefällen ein besonderer Wecker und zwei Anschlußdosen (vgl. § 7 FO) auf Reichskosten angelegt und unterhalten werden. Kosten für die vom Wohnungsinhaber etwa beantragte Anlage weiterer Anschlüsse und Anschlußdosen sowie von sonstigen Zusatzeinrichtungen (vgl. § 8 FO) sind vom Wohnungsinhaber zu tragen.

1 Bei der DRP bleibt die Entscheidung über die Einrichtung von dienstlichen Wohnungsanschlüssen dem RPM vorbehalten, für Württemberg ist die OPD Stuttgart zuständig. Für die Übertragung solcher Anschlüsse auf den Dienstnachfolger sind die OPD zuständig.

Nr. 5. Im allgemeinen ist die Behörde gegenüber der DRP Inhaberin der Fernsprechdienstanschlüsse.

Nr. 6. (1) Wünscht ein Reichsbeamter bei Einrichtung eines dienstlichen Hauptanschlusses in seiner Wohnung ausnahmsweise aus besonderen Gründen als Inhaber des Fernsprechanschlusses der DRP gegenüber aufzutreten, so hat er alle hieraus entstehenden Lasten und Pflichten zu übernehmen (vgl. jedoch Abs. 4); insbesondere hat er an die DRP die Einrichtungskosten und Apparatbeiträge (vgl. § 9 FO) sowie etwaige andere Kostenzuschüsse (vgl. § 10 FO) zu entrichten.

(2) Wird ein Anschluß der im Abs. 1 genannten Art oder ein bereits bestehender Fernsprechanschluß des Wohnungsinhabers als dienstlicher Wohnungsanschluß auf die Behörde übernommen, so trägt das Reich die Übertragungsgebühren. Die von dem Wohnungsinhaber bezahlten Einrichtungskosten, Apparatbeiträge usw. werden ihm jedoch nicht erstattet.

(3) Die spätere Übertragung eines dienstlichen Hauptanschlusses auf einen Reichsbeamten persönlich kann nur bei seinem Ausscheiden aus dem Reichsdienst oder bei Einziehung des dienstlichen Anschlusses zugelassen werden. Die vom Reiche früher gezahlten Einrichtungskosten, Apparatbeiträge usw. sind dann von dem Beamten nicht zu erstatten. Dem Antrage des Beamten auf Übertragung eines Hauptanschlusses muß stattgegeben werden, wenn er seinerzeit die Einrichtungskosten und Apparatbeiträge selbst bezahlt hat. In beiden Fällen hat der übernehmende Beamte die Übertragungsgebühren zu entrichten.

(4) In den Fällen des Abs. 1 sind dem Anschlußinhaber vom Reiche folgende Beträge monatlich zu erstatten:

a) Die Grundgebühr (vgl. § 4 II Abs. 2 FO) abzüglich eines entsprechend Nr. 9 Abs. 1 I vom Wohnungsinhaber zu tragenden Kostenbeitrages von 3 *RM*.

b) Die Ortsgesprächsgebühren bis zu dem Betrage für 40 Ortsgespräche; wenn der Wohnungsinhaber nachweist, daß er mehr als 40 dienstliche Ortsgespräche hat führen müssen, so ist ihm ein entsprechend höherer Betrag für Ortsgespräche zu erstatten.

c) Die Gebühren für Fern-, Vororts- und Bezirksgespräche (vgl. §§ 17 und 18 FO), soweit sie nachweislich auf dienstlich notwendige Gespräche entfallen.

Nr. 7. Die Kosten einer Anschlußverlegung beim Wohnungswechsel trägt die der DRP gegenüber als Inhaber geltende Partei. Bei einer Verlegung des Anschlusses innerhalb der Wohnung hat der Wohnungsinhaber in jedem Falle die Kosten zu tragen, wenn die Verlegung auf seinen Antrag erfolgt.

B. Mitbenutzung für Privatgespräche.

Nr. 8. Die Benutzung des dienstlichen Fernsprechanschlusses für Privatgespräche kann dem Wohnungsinhaber auf Antrag widerruflich gestattet werden. Der Wohnungsinhaber kann von der privaten Mitbenutzung des Fernsprechanschlusses zum Schluß eines jeden Monats zurücktreten. Der beabsichtigte Rücktritt ist der vorgesetzten Behörde bis zum 10. des Monats zu melden. Personen, die nicht zum Haushalt des Wohnungsinhabers gehören, darf die private Benutzung eines dienstlichen Fernsprechanschlusses — abgesehen von Einzelfällen — nicht gestattet werden. In den Fällen der Nr. 6 Abs. 1 ist eine Genehmigung zur privaten Mitbenutzung des Fernsprechanschlusses nicht erforderlich.

Nr. 9. (1) Bei privater Mitbenutzung eines Dienstanschlusses, dessen Inhaberin die Behörde ist (vgl. Nr. 5), sind von dem Wohnungsinhaber

I. folgende monatliche Kostenbeiträge zu entrichten, und zwar ohne Rücksicht darauf, ob die Anlage eine posteigene, teilnehmereigene oder private ist:

a) 3 *RM* für Fernsprechhauptanschlüsse und für Fernsprechnebenanschlüsse, von denen auch nach

Schluß der Dienststunden der Behörde Gespräche über das Fernsprechamt geführt werden können.

b) 2 *RM* für Nebenanschlüsse, von denen nach Schluß der Dienststunden der Behörde über das Fernsprechamt Gespräche nicht geführt werden können.

c) 1 *RM* für zwei Anschlußdosen.

d) Für besondere Einrichtungen, die auf Antrag des Wohnungsinhabers und auf seine Kosten über den nach Nr. 4 Abs. 3 Satz 1 dienstlich zulässigen Umfang hinaus angelegt sind, z. B. Nebenanschlüsse an den Hauptanschluß des Wohnungsinhabers, weitere Nebenanschlüsse außer dem dienstlichen Nebenanschluß, weitere Anschlußdosen über zwei Stück hinaus und Zusatzeinrichtungen (vgl. § 8 FO), Beiträge in Höhe der durch die Fernsprechordnung für entsprechende posteigene Anlagen festgesetzten Gebühren.

II. folgende Gebühren der Reichskasse zu erstatten:

A. Gebühren für Ortsgespräche, und zwar

a) für Fernsprechhauptanschlüsse, die für den Anschluß von der DRP in Rechnung gestellten Ortsgesprächsgebühren, soweit sie den Betrag für 40 Ortsgespräche im Monat (Dienst- und Privatgespräche) übersteigen; wenn der Wohnungsinhaber den Nachweis erbringt, daß er mehr als 40 dienstliche Ortsgespräche hat führen müssen, so ist ein entsprechend geringerer Betrag für Ortsgesprächsgebühren zu erheben;

b) für Fernsprechnebenanschlüsse in Höhe eines Betrages, der von der Behörde nach der Zahl der monatlich im Durchschnitt über die Zahl von 40 Gesprächen hinaus geführten Ortsgespräche festgesetzt wird; die Durchschnittszahl der hiernach der Bemessung dieses Betrages zugrunde zu legenden Ortsgespräche ist auf Grund von Zählungen, die auf Anordnung der Behörde von Zeit zu Zeit zu wiederholen sind, zu ermitteln; wenn der Wohnungsinhaber nachweist, daß er im Durchschnitt mehr als 40 dienstliche Ortsgespräche von seinem Nebenanschluß aus führen muß, so ist bei der Festsetzung des monatlichen Betrages eine entsprechend größere Zahl von Dienstgesprächen zu berücksichtigen; wenn die Zählungen in der Vermittlungsstelle der Behörde nicht durchgeführt werden können, ist der Wohnungsinhaber mit den Zählungen zu beauftragen; er hat die Richtigkeit der Zählungen pflichtgemäß zu versichern.

B. Gebühren für private Fern-, Vororts- und Bezirksgespräche sowie für Privattelegramme.

(2) Die in Abs. 1 unter I genannten Beiträge sind stets für volle Monate zu entrichten, unabhängig davon, von welchem Tage ab die private Mitbenutzung des Anschlusses gemäß Nr. 8 zugelassen ist. Wenn der Dienstanschluß oder die besonderen Einrichtungen erst im Laufe eines Monats neu angelegt sind, sind die Beträge nur anteilig für die Zeit von der Fertigstellung ab zu erheben.

(3) Reichsbeamte der Besoldungsgruppen A 9 bis 12, Reichsangestellte der Vergütungsgruppen III und

IV und Reichsarbeiter können von der Entrichtung der Kostenbeiträge gemäß Abs. 1 I von der zuständigen Behörde (vgl. Nr. 4 Abs. 1 Satz 2 oder 3) befreit werden, wenn ihr privater Sprechverkehr so gering ist, daß die Erhebung dieser Beiträge eine besondere Härte darstellen würde.

(4) Die in Abs. 1 unter I genannten Kostenbeiträge sind als Haushaltseinnahmen zu buchen. Die nach Abs. 1 II zu erstattenden Gebühren sind von den Haushaltsausgaben wieder abzusetzen; sie können auch von den dem Reiche von der DRP in Rechnung gestellten Beträgen unmittelbar abgesetzt werden.

Nr. 10. Bei Fernsprechhauptanschlüssen, deren Inhaberin die Behörde ist, kann nach Zustimmung des Wohnungsinhabers mit der DRP vereinbart werden, daß die Gebührenrechnungen nicht der Behörde, sondern dem Wohnungsinhaber zugestellt werden. In diesen Fällen hat der Wohnungsinhaber an die DRP den Gesamtbetrag der Gebührenrechnung zu bezahlen. Die Behörde erstattet ihm die dem Reiche zur Last fallenden Beträge nach Nr. 6 Abs. 4.

C. Haftung für Schäden.

Nr. 11. Die Kosten für Beseitigung von Schäden an der Fernsprecheinrichtung, den Apparaten, Leitungen usw., welche durch Verschulden des Wohnungsinhabers, seiner Haushaltsangehörigen oder anderer Personen entstehen, hat der Wohnungsinhaber unbeschadet seiner sonstigen Pflicht zur pfleglichen Behandlung der Fernsprecheinrichtung zu tragen.

III. Schlußbestimmungen.

Nr. 12. Die in diesen Vorschriften für Reichsbeamte getroffenen Bestimmungen gelten in gleicher Weise für Soldaten, Reichsangestellte und Reichsarbeiter.

Nr. 13. Wenn sich in Ausnahmefällen aus der Anwendung dieser Vorschriften besondere Härten ergeben, kann mit Zustimmung des Reichsministers der Finanzen eine Sonderregelung[1] getroffen werden.

1 Die Sonderreglung trifft der RPMin.

Nr. 14. Diese Vorschriften treten am 1. April 1930 in Kraft. Gleichzeitig treten die bisher gültigen Grundsätze über die Einrichtung und Benutzung von Fernsprechanschlüssen in Diensträumen und Wohnungen (Anhangsbestimmungen Nr. II zu den Dienstwohnungsvorschriften von 1922) außer Kraft.

Berlin, den 12. Dezember 1929.

Der Reichsminister der Finanzen.

Vf. betr. Funkgespräche[1] mit Schiffen in See.

(PABl. 1929 S. 354.)

Vom 15. November an wird — zunächst versuchsweise — ein Sprechverkehr zwischen Fernsprechteilnehmern im Inland und solchen Schiffen in See, die mit Funksprechgerät für die Wellen 160 und 190 m ausgerüstet sind, über die Küstenfunkstelle Cuxhaven innerhalb deren Reichweite (etwa 250 Seemeilen) unbeschränkt zugelassen. Die Namen der Schiffe — zur Zeit 25 — sind die folgenden: Die Hochseefischereifahrzeuge Amsel DFOA, Cranz, Ditmar Koel DFOD, Bremen DFOE, Bahrenfeld, Edward, Königsberg DFOK, Nachtigall, Nordland DFOO, Plauen DPOP; die Lotsenfahrzeuge Altenbruch DDAO, Kersten Miles DDSB, Simon von Utrecht DAAS, Walter Körte,

Weser DFOF; die Zollfahrzeuge Hindenburg DAHI, Hohwacht DAIH, Hummel DAEW; der Seezeichendampfer Arkona DAHD; der Seebäderdampfer Adler; die Fahrzeuge Hüxter, Vorwärts DFOV, Chemnitz DDFG; die Feuerschiffe Elbe Eins und Elbe Vier.

Diese Fahrzeuge sowie weiter hinzutretende sind auch aus dem vom Internationalen Büro des Welttelegraphenvereins in Bern herausgegebenen Verzeichnis der Bordfunkstellen zu ersehen. Es handelt sich also zunächst hauptsächlich um Hochseefischereifahrzeuge, Seebäderdampfer und Küstenfahrzeuge.

Die Gebühren für den Dienst werden wie folgt festgesetzt:

a) eine Küstengebühr von 7,50 *RM* für 3 Minuten Gesprächsdauer,

b) eine Bordgebühr von 4,50 *RM* für 3 Minuten Gesprächsdauer,

c) die im Inlandsverkehr geltende Gesprächsgebühr (Ausgangsanstalt Cuxhaven) nebst allenfalls entstehenden Nebengebühren (V-Gesprächsgebühr usw.).

Für überschießende Minuten werden die Gebühren zu a, b und die Ferngesprächsgebühren anteilig für die Minute berechnet. Die Vorbereitungszeit für die Herstellung der gesamten Verbindung bleibt bei der Berechnung der Gesprächsdauer außer Betracht. Im übrigen gelten für die Ferngespräche die Bestimmungen wie für Ferngespräche im Inlandsverkehr[2], doch werden die Küsten- und die Bordgebühren für Gespräche in der verkehrsschwachen Zeit nicht ermäßigt.

1 Am 15. März 1930 wurde ein einseitiger Funktelegrammdienst mit Schiffen in See über Funksprechsender der Küstenfunkstellen Cuxhaven und Swinemünde eröffnet. Die Telegramme

werden von den Küstenfunkstellen an die Schiffe ohne Meldung und ohne Empfangsbestätigung zu drei bestimmten Zeiten je zweimal gegeben. — Versuchsweise sind Funkgespräche auf Kurzwellen im Weitverkehr mit Ozeanschiffen über die Hauptfunkstelle Norddeich zugelassen (PABl. 1930 S. 214).

2 S. § 17 FspO (S. 306).

[1] Bestimmungen über den Rundfunk [2]

(PABl. 1930 S. 161.)

Auf Grund des § 2 des Gesetzes über Fernmeldeanlagen vom 14. Januar 1928 (RGBl. I S. 8)[3] wird mit Wirkung vom 1. Mai 1930 folgendes bestimmt:

Die Befugnis zur Errichtung und zum Betrieb einer Rundfunkempfangsanlage[4] wird unter den in der Anlage[5] aufgeführten Bedingungen verliehen. Die Verleihung wird in jedem einzelnen Falle durch Aushändigung einer Urkunde[6] (Verleihungsurkunde für den Rundfunk) erteilt.

Die neuen Bedingungen gelten auch für alle vor dem 1. Mai 1930 erteilten Genehmigungen zur Errichtung und zum Betrieb einer Rundfunkempfangs- oder -vermittlungsanlage[7], ohne daß es eines Umtausches der Genehmigungsurkunden bedarf.

Berlin, den 11. April 1930.

RPMin: Schätzel.

1 Hierzu s. S. 407, 418, 441. — Vorg.: RPMinVf, betr. telegr. „Wirtschaftsrundspruch" 30. 12. 1922 (PABl. 1923 S. 1; aufgeh.: PABl. 1924 S. 103) und betr. telephon. „Unterhaltungsrundfunk" 24. 10./30. 11. 1923 (PABl. S. 885, 1059), erneuert: WirtschRdSpruch 31. 10. 1924 (PABl. S. 615) und UnterhRf Mai 1924 (PABl. S. 254), März 1925 (PABl. S. 183), sämtlich aufgehoben: AusfBest zur RfBek 1925 (Abs. 1 zu A); ferner: Bek über den UnterhaltungsRf 24. 8. 1925 (PABl. S. 448), aufgeh. s. u., AusfBest

zu A. — Wegen der früheren „Verbreitung von besonderen (verschlüsselten) Wirtschaftsnachrichten durch den UnterhRf" s. PABl. 1924 S. 502, aufgeh.: Vf 718 ebd. S. 649; vgl. auch Vf 180 PABl. 1925 S. 183 Ziff. 14.

2 Gemeint ist allein der früher so bezeichnete telephonische UnterhaltungsRf; dieser geändert in „Rundfunk": August 1926 (PABl. S. 369); seither gilt auch die Bezeichnung: „Wirtschaftsrundfunk". (Vorg: telegraphischer „Funkwirtschaftsdienst" 1920; seit 1. 10. 1922 telephonisch betrieben.) — Zur Unterscheidung vom „Rundfunk" werden die gewerblichen Zwecken dienenden Funknachrichtendienste unter Weglassung der bisher angewendeten Silbe „rund" seit März 1930 bezeichnet als:

„Wirtschaftsfunk",
„Pressefunk",
„Hochseefunk",
„Sportfunk".

Der Sammelbegriff für diese Dienste (vgl. VerlBed § 8) heißt seitdem „Gewerbliche Funkdienste" (PABl. 1930 S. 131).

3 Siehe S. 58.

4 Gemeint sind private RfEmpfangsAnl; private RfSendeAnl sind allein die „privaten Versuchssender", s. AusfBest zu A.

5 S. die nachstehenden „Verleihungsbedingungen", auch abgedruckt auf der Rückseite der Verleihungsurkunde.

6 S. AusfBest zu C 4; wegen Vorlegungs- u. Rückgabepflicht s. §§ 3 u. 18 VerlBed.

7 Ebd. zu B 2b.

Anlage[1].

Verleihungsbedingungen[2–5].

1 S. o. Anm. 5; AusfBest s. S. 418.

2 Die RfBest 1930 erklären sich durch ihre Bezugnahme auf § 2 FernMAnlG 1928 als einen generellen Verleihungsakt, d. h. als bloßen Ausfluß der Anstaltsordnung (= FernMAnlG), nicht als AnstO selber. Daher keine Mitwirkung des PVerwRats (§§ 2 und 6 RPFinanzG; s. Teil I S. 78) beim Erlaß der RfBest.

3 Inhalt des RfRechtsverhältnisses: a) zwischen DRP

und Sendegesellschaft: Hergabe der posteigenen FkSendeAnl und Weiteres gemäß der Verleihungsurkunde (s. u.: § 9 VerlBed Anm. 2); keine Betriebsvermittlung durch die DRP (außer im Falle einer Benutzung von Drahtanlagen des tel AuslandsVerk für RfZwecke und im Bereich der sog. „Funksonderdienste" mittelst Rfs, d. h. der Nachrichten für Seefahrer, Peilstellendienst, Funkfeuerdienst), vgl. FernMAnlG § 2 Anm. 4 g. E. zu II (S. 60); — politische RfNachrichten dürfen die RfSendegesellschaften nur von einer durch die Reichsregierung bezeichneten Nachrichtenausgabezentrale beziehen (Drahtlose Dienst-AG, Berlin); s. ReichstDrucks. 1924/26 Nr. 2776.— b) zwischen DRP und Hörer: kein Anspruch auf Zulassung, vgl. § 7 (Anm. 5) FernMAnlG; GebPflicht des Hörers (§ 10), mit Rechtsweg im Streitfalle; keine Haftung der DRP (§ 9); Haftung des Hörers aus Mißbrauch oder aus Fehlern der EmpfAnlage (§§ 5, 7, 12, 14), mit Rechtsweg im Streitfalle. — Das Tel- und FspGeheimnis (Art 117 RVerf, Teil I S. 10) kann nur nach Maßgabe des § 8 VerlBed gewährleistet werden.

4 Das RfRechtsverhältnis ist als Ausfluß der TelAnstOrdnung (FernMAnlG) öffentlichen Rechts. Kein Rechtsweg außer im Haftungs- und im GebStreit (näheres s. Teil I S. 28 *).

5 Rf im Sinne der RfBest 1930 ist kein Nachr„Verkehr" im Sinne des Art. 88 RVerf, da die notwendige Gegenseitigkeit des NachrAustausches fehlt; vielmehr einseitiger Bekanntgabebetrieb. — Die AnstOrdnung (FernMAnlG) wächst mit der Schaffung des Rf über ihre ursprüngliche verfassungsmäßige Aufgabe hinaus (vgl. auch § 10 Anm. 2); die Berechtigung dazu liegt in der Tatsache, daß die Handhabung der RfOrdnung durch den Staat unwidersprochen vom Interesse der Allgemeinheit gefordert wurde (1918/19) und wird.

§ 1[1].

Die Verleihung berechtigt[2] zur Errichtung und zum Betrieb einer einzigen Empfangsanlage. Der Inhaber darf jedoch für seine Empfangsanlage mehrere Luftleiter[3] und Erdleitungen[3] errichten; auch darf er mehrere Empfangsapparate sich selbst herstellen oder anschaffen. Auf Grund einer Verleihung dürfen aber niemals mehrere Empfangsapparate gleichzeitig betrieben werden[4].

1 S. AusfBest zu B Ziff. 1.

2 Kein klagbares Recht. — Die früheren Vorschriften (Art I RfBek 1925 u. § 2 der zugehörenden Bedingungen): „Ein Anspruch auf Erteilung der Genehmigung (jetzt: „Verleihung") besteht nicht" und: „Der Genehmigungsinhaber hat keinen Anspruch auf eine Belieferung mit Nachrichten" fehlen in den AusfBest/RfBest 1930, übereinstimmend mit § 7 FernMAnlG; vgl. indessen die Besond. VerlBed. f. RfVermittlungsAnl (S. 441) § 1 Abs. 2.

3 Siehe § 6.

4 Folgen der Zuwiderhandlung s. §§ 14, 15.

§ 2[1].

Der Inhaber der Verleihung darf an seine Empfangsanlage Hörvorrichtungen für Personen, die mit ihm in Wohnungsgemeinschaft leben, anschließen, auch wenn diese selbst eine Verleihung nicht besitzen.

Soll eine andere Wohnung an die Empfangsanlage angeschlossen werden, so ist dies nur gestattet, wenn für jeden unmittelbaren Anschluß wenigstens ein Bewohner der anderen Wohnung eine Rundfunkverleihung besitzt. Die für einen unmittelbaren Anschluß geltende Rundfunkverleihung berechtigt nicht dazu, neben dem Anschluß noch eine Empfangsanlage für den unmittelbaren Rundfunkempfang (§ 1) zu errichten oder zu betreiben. Hörvorrichtungen dürfen an den Anschluß in gleicher Weise, wie es im Absatz 1 gestattet ist, angeschlossen werden.

Empfangsanlagen mit mehr als 10 unmittelbaren Anschlüssen in anderen Wohnungen sind Rundfunkvermittlungsanlagen[2]. Für sie ist neben der

Rundfunkverleihung noch eine besondere Verleihung[3] erforderlich.

1 S. AusfBest zu B Ziff. 2.

2 Vorg.: Vf 23. 6. 1928 (PABl. S. 305).

3 Siehe S. 441.

§ 3[1].

Die Errichtung und der Betrieb der Empfangsanlage sind nicht an einen Ort, insbesondere nicht an die Wohnung gebunden[2]. Die Verleihungsurkunde[3] und die letzte Gebührenempfangsbescheinigung[4] müssen aber an der Stelle, wo die Empfangsanlage betrieben wird, auf Verlangen[5] vorgezeigt werden.

1 S. AusfBest zu B Ziff. 3.

2 Die Freizügigkeit gilt nur im Verhältnis zwischen dem EmpfBerechtigten („Inhaber") und der DRP; vgl. übrigens § 11.

3 Vgl. RfBest Anm. 6 (S. 407).

4 S. § 10.

5 Gemeint ist: der DRP-Beauftragten (§ 13); vgl. AusfBest zu F Ziff. 1 Abs. 2 (S. 434).

§ 4.

Wohnungsänderungen[1] sind der Zustell-PAnst[2] unverzüglich[3] schriftlich mitzuteilen[4].

1 Auch vorübergehende.

2 Begriff des § 38 PostO 1929 (Teil I S. 259).

3 Inhaltsgleich mit dem BGB-Begriff.

4 Die frühere Vorschrift (§ 17 RfBek 1925): „Die Genehmigung (jetzt: „Verleihung") erlischt ohne weiteres, wenn der Inhaber entgegen § 11 (jetzt: § 4) Wohnungsänderungen nicht mitgeteilt hat und mit der Zahlung der Gebühren ... im Rückstand bleibt" ist in die VerlVed 1930 nicht übergegangen.

§ 5[1].

Die Errichtung und Instandhaltung der Empfangsanlage sind ausschließlich Sache des Inhabers der Verleihung[2].

Wird der Rundfunkempfang durch Sendeanlagen, die öffentlichen Zwecken dienen[3], oder durch Änderung des Sendeverfahrens oder der Wellen beeinträchtigt, so ist es Sache des Verleihungsinhabers, die Empfangsanlage auf seine Kosten so zu gestalten[4], daß sie nicht beeinträchtigt wird.

1 S. AusfBest zu B Ziff. 4 u. 9.

2 Auch die Beschaffung der etwa erforderlichen Zustimmung Dritter, z. B. der Gebäudeeigentümer, Wegeunterhaltungspflichtigen und Polizeibehörden zur Errichtung von Luftleitern und Außenleitungen (§ 6), ist ausschließlich seine Sache.

3 Nicht: private Versuchssender (AusfBest zu A).

4 Wegen des umgekehrten Falles s. § 12; vgl. auch § 7.

§ 6[1].

Die Luftleiter von Empfangsanlagen und die Leitungen, die zum Anschluß an Empfangsanlagen dienen, müssen so ausgeführt werden, daß ihre Bauteile im Innern von Gebäuden von sämtlichen Teilen der Fernmeldeanlagen der DRP mindestens 1 m entfernt bleiben. Ein kleinerer Abstand ist zulässig, wenn besondere Umstände eine gegenseitige Beeinflussung ausschließen. Die Erdleitungen von Empfangsanlagen dürfen mit Fernmeldeanlagen der DRP nicht in Berührung kommen.

Für den Abstand zwischen Luftleitern oder Außenleitungen von Empfangsanlagen und Fernmeldeleitungen, die öffentlichen Zwecken dienen, außerhalb von Gebäuden sowie bei Kreuzungen sind die jeweils gültigen „Vorschriften für Außenantennen" des Verbandes Deutscher Elektrotechniker[2] zu beachten. Die gleichen Vorschriften, soweit sie sich auf „Kreuzungen von Hochspannungsleitungen" oder auf „Kreuzungen von Niederspannungsleitungen" beziehen, müssen befolgt werden, wenn Fernmeldeleitungen der vorgenannten Art und Starkstromleitungen (Hoch- oder Niederspannungsleitungen) durch Luftleiter oder Außenleitungen von Empfangsanlagen gleichzeitig gekreuzt werden.

Abweichungen von den Bestimmungen im vorstehenden Absatz 2 sowie Kreuzungen von Fernmeldeleitungen der DPR sind nur nach vorheriger Zustimmung der DRP zulässig.

1 S. AusfBest zu E Ziff. 1—5 u. F Ziff. 2; § 6 ist Sondervorschrift gegenüber § 12 (Störungsverbot) u. abweichend gegen § 23 FernMAnlG.

2 Im Falle der Zuwiderhandlung bestimmt sich die Verantwortung für Schaden mit nach denselben „Vorschriften". — Wegen Änderungspflicht s. § 7.

§ 7[1].

Der Verleihungsinhaber hat Luftleiter, Erdleitungen und Anschlußleitungen auf seine Kosten sogleich zu ändern[2], wenn sie den Bestimmungen des § 6 nicht entsprechen oder den Ausbau, die Änderung oder die Aufhebung von Fernmeldeanlagen, die öffentlichen Zwecken dienen, behindern oder gefährden.

1 S. AusfBest zu E Ziff. 1—5 u. F Ziff. 2.

2 Vgl. § 5 Anm. 4; anders: § 23 FernMAnlG.

§ 8.

Die Verleihung berechtigt nur zur Aufnahme

a) der Darbietungen des Rundfunks;

b) der „Nachrichten an alle"[1];

c) der Wellen der Versuchssender[2].

Sollte unbeabsichtigt sonstiger Verkehr empfangen werden, so darf er weder niedergeschrieben noch anderen mitgeteilt[3] noch irgendwie gewerbsmäßig verwertet werden[4]. Sonstiger Verkehr im Sinne dieses Absatzes sind auch die Nachrichten der besonderen Funknachrichtendienste des In- und Auslandes, z. B. des Hochsee-, des Presse-, des Sport- und des Wirtschaftsfunks[5], zu deren Aufnahme nur die Teilnehmer an diesen Diensten berechtigt sind.

Die gewerbsmäßige Verbreitung der Darbietungen der Rundfunkgesellschaften[6] ist nur mit Zustimmung der Reichs-Rundfunk-Gesellschaft m. b. H.[7], Berlin, oder der aussendenden Rundfunkgesellschaft zulässig. Urheberrechtliche Bestimmungen werden hierdurch nicht berührt.

1 Nichts veröffentlicht.

2 AusfBest zu A.

3 M. a. W.: die Verleihung der Befugnis zum Betrieb einer privaten FkEmpfAnl schließt kein Recht zum Eindringen in anderweit bestehende FunkVerk- oder -NachrVerhältnisse ein (Protest); die Tatsache des Eindringens ist technisch nicht abzustellen. — Wegen der Folgen von Zuwiderhandlungen s. § 18 FernMAnlG (S. 76) und §§ 14, 15 VerlBed 1930 (Ansprüche des Geschädigten gegen den Unberechtigten regeln sich nach BGB usw.). — Vgl. § 11 FernMAnlG.

4 Über § 11 FernMAnlG hinausgehend.

5 S. RfBest (S. 407) Anm. 2 a. E.

6 D. s. die RfUnternehmer; vgl. § 9 Anm. 2.

7 D. i. die zentrale Leitung der RfGesellschaften (Anm. 6) und Dachgesellschaft für die einzelnen RfSendegesellschaften, begründet Februar 1926 (Stuttgart); dem RPM ist ein maßgebender Einfluß gesichert (PABl. 1926 S. 167).

§ 9.

Für gute und störungsfreie Übermittlung wird keine Gewähr[1] geleistet[2].

1 Vgl. vielmehr § 5 Abs. 2. Wegen dauernd schlechten Empfangs als erheblichen Billigkeitsgrundes zu vorzeitigem Verzicht (§ 17) s. AusfBest zu B Ziff. 8a.

2 Die von der DRP zugelassenen Rundfunkgesellschaften sind nach den ihnen auferlegten Genehmigungsbedingungen verpflichtet, ein den Anforderungen ihres Beirats entsprechendes Programm zu liefern, soweit ihnen hierzu eine Sendeanlage der DRP zur Verfügung steht. „Die Sender gehören der DRP. Die Zusammenstellung und Abgabe der Vortragsfolgen durch Besprechung des Senders ist Sache der Sendegesellschaften. Die Vortragsfolgen der Sender werden in den Fachzeitschriften und auszugsweise in der Tagespresse veröffentlicht. Die DRP übernimmt keine Verantwortung für die Zusammenstellung, Abgabe und Veröffentlichung der Vortragsfolgen. — Die Rechtsstellung der Sendegesellschaften ergibt sich aus der ihnen erteilten Genehmigung der DRP, über die die OPD am Sitze der Gesellschaften nähere Verfügungen erhalten. Die Ausgaben der Gesellschaften werden durch den Anteil an den im Rf aufkommenden Gebühren gedeckt, den die DRP den Gesellschaften entsprechend ihrem Bereich überweist. Gewisse gemeinsame Interessen der Sendegesellschaften werden durch die Reichs-Rundfunk-Gesellschaft m. b. H. wahrgenommen" (PABl. 1925 S. 445).

§ 10[1].

Die Gebühr für jede Verleihung[2] und jeden angefangenen Kalendermonat[3] beträgt 2 *RM*. Die Gebühr ist nach dem Inhalt der Verleihungsurkunde monatlich oder vierteljährlich im voraus fällig und ohne Rücksicht darauf zu entrichten, ob die Anlage betrieben wird oder nicht. Eine Änderung der in der Verleihungsurkunde angegebenen Zahlungsweise ist schriftlich spätestens 10 Tage vor Ablauf des Zeitraums, für den die Gebühr bezahlt ist, bei der Zustell-PAnst zu beantragen. Die Zusteller sind nicht berechtigt, von der in der Verleihungsurkunde angegebenen Zahlungsweise abzuweichen.

1 S. AusfBest zu D Ziff. 1—6; wegen Rückzahlung ebd. zu B Ziff. 8a.

2 Daher an die DRP zu zahlen; die Geb ist keine zivilrechtl. Gegenleistung des Hörers an die Sendegesellschaft; vgl. Überschrift Anm. 4. — „Öffentl. Abgaben" nach § 61 KonkursO. — Dagegen besteht ein Vergütungsanspruch der Sendegesellschaften gegen die DRP, der aus der GebEinnahme bestritten wird (vgl. § 9 Anm. 2). Nach h. M. ist daher die GebEinnahme der DRP umsatzsteuerpflichtig (vgl. Teil I S. 75); wegen Herausfallens des RfBetriebs aus dem Bereich der verfassungsmäßigen VerkVersorgungsaufgabe (Art. 88) s. Überschrift Anm. 5.

3 Keine GebFreiheit des „Anmeldemonats" mehr (s. PABl. 1925 S. 184, II 1 Abs. 2); keine Mindestdauer der GebPflicht (früher: 6 Monate; PABl. 1925 S. 445; AusfBest zu A, Abs. 5 Ziff. 6).

§ 11[1].

Für verlorengegangene Verleihungsurkunden werden auf Antrag Doppel gegen eine Gebühr von je 50 RM ausgestellt.

1 S. AusfBest zu B Ziff. 5 u. D Ziff. 7.

§ 12.

Durch die Empfangsanlage darf der Betrieb von Tel- und FspAnlagen, die öffentlichen Zwecken dienen[1], sowie von FkAnlagen[2] nicht gestört[3] werden.

1 D. h. nicht: NebenTel und besondere Tel (§ 24 FspO, S. 349), private NebenstellenAnl, Querverbindungen usw. (§§ 5 u. 6 FspO).

2 Auch private Anl.

3 Vgl. § 23 FernMAnlG (S. 81). — Wegen Störung durch

Antennen s. §§ 6 u. 7. — Strafnormen s. §§ 15, 19 FernMAnlG; vgl. auch unten §§ 14 und 15.

§ 13[1].

Beauftragten der DRP ist das Betreten der Grundstücke und Räume, in denen sich die Empfangsanlage oder Teile von ihr befinden, jederzeit zu gestatten [2].

1 S. AusfBest zu F Ziff. 1—15.

2 Vgl. § 12 Abs. 3 TelWegeG (S. 99) u. § 12 IV FfpO (S. 280).

§ 14[1].

Bei Verstößen gegen die Verleihungsbedingungen kann die Verleihung entzogen[2] werden, auch wenn die Verstöße nicht nach dem FernMAnlG 1928[3] strafbar sind; der Verleihungsinhaber ist verantwortlich[4] für jeden, der seine Anlage benutzt[5].

1 S. AusfBest zu F Ziff. 1—15.

2 Wegen Änderung und Widerrufs s. § 15.

3 §§ 15, 19 (S. 74, 77); nicht: §§ 317 ff. StGB (S. 477).

4 Vgl. FfpO § 29 Ziff. 2 und 4; Rechtsweg zugelassen; Sondervorschriften über Antennen s. §§ 6 u. 7.

5 Z. B. durch Mithören (nicht verboten).

§ 15[1].

Die DRP kann die Verleihung jederzeit widerrufen oder ändern[2]. Der Verleihungsinhaber hat alle hieraus für die technische Änderung seiner Empfangsanlage oder in irgendwelcher anderer Beziehung entstehenden Kosten[3] zu tragen.

Beim Widerruf wegen Nichtzahlung der Gebühren bleibt die Gebührenpflicht[4] bis zum Ende des Kalendermonats bestehen, in dem der Widerruf in Kraft tritt.

1 S. AusfBest zu B Ziff. 6, C Ziff. 6 u. F Ziff. 13.

2 Wegen Entziehung s. § 14.

3 S. §§ 5 (Anm. 4) und 7 (Anm. 2).
4 Vgl. § 10.

§ 16[1].

Die Verleihung ist nur mit Zustimmung der DRP übertragbar[2].

1 S. AusfBest zu B 7.
2 Vgl. FernMAnlG § 2 Anm. 4 (S. 59).

§ 17[1].

Der Inhaber kann auf die Verleihung verzichten[2]. Der Verzicht muß schriftlich erklärt werden und ist nur zum Ablauf eines Kalendervierteljahrs zulässig; er muß spätestens am 25. des letzten Monats des Kalendervierteljahrs bei der Zustell-PAnst eingehen. Beim Vorliegen erheblicher Billigkeitsgründe können die zuständigen PA den Verzicht auch zum Ablauf eines jeden anderen Kalendermonats zulassen. Der Verzicht ist erst rechtsgültig, wenn er schriftlich bestätigt ist. Der Tag, an dem der Verzicht wirksam wird, wird dem Verleihungsinhaber in der schriftlichen Bestätigung mitgeteilt.

1 S. AusfBest zu B Ziff. 8 u. C Ziff. 6.
2 Das „Erlöschen der Verleihung" (§ 17 der Bedingungen 1925) als Wirkung des Verzichts ist in die VerlBed 1930 nicht mit übergegangen; vgl. indessen AusfBest zu C Ziff. 6 u. Besondere VerlBed für RfVermittlungsAnl (S. 441) Ziff. 11 u. 12.

§ 18[1].

Nach Ablauf der Verleihung ist die Anlage sogleich außer Betrieb zu setzen[2]. Luftleiter[3], Erdleitungen und Anschlußleitungen sind auf Verlangen[4] der DRP zu beseitigen. Die Verleihungsurkunde ist der Zustell-PAnst zurückzusenden[5].

1 S. AusfBest zu B Ziff. 9.

2 Entspricht § 22 FernMAnlG (S. 79); bei Zuwiderhandlung s. § 15 ebd.

3 S. §§ 6 u. 7.

4 Lies: erst auf Verlangen usw.

5 Daher kein BGB-Eigentum des Inhabers an der Urkunde.

Ausführungsbestimmungen[1].

1 Vorg.: AusfBest zur RfBek 1925 (PABl. S. 445).

A. Allgemeines.

Die bisherigen Vorschriften[1] über den Rundfunk — einschließlich der Bestimmungen über die Vereine der Funkfreunde (PABl. 1924, S. 259)[2] — werden durch die vorstehenden Bestimmungen über den Rundfunk und die nachstehenden Vorschriften ersetzt. Wegen der privaten Versuchssender[3] haben die OPD besondere Vf erhalten.

1 D. i. die RfBek 24. 8. 25 nebst AusfBest (PABl. S. 443) und den Änderungen: PABl. 1925 S. 523, 591; 1926 S. 225, 293; 1928 S. 305 f.; 1929 S. 333.

2 D. i. Abschnitt C der Vf zur Neureglung des UnterhRf von 1924 (o. T.), PABl. S. 249; sie waren 1925 z. T. in Kraft geblieben zufolge Abschn. A der AusfBest zur RfBek 24. 8. 1925 (PABl. S. 445).

3 Vorg.: PABl. 1924 S. 259 f. u. 270; in Kraft geblieben 1925 wie zu Anm. 2.

B. Im einzelnen.

1. (Zu § 1 VerlBed)

a) Will jemand mehrere Empfangsapparate gleichzeitig betreiben, so muß er für jeden Empfangsapparat eine Verleihung besitzen. Die Zahl der

Verleihungen an eine Person, Firma usw. ist nicht beschränkt.

b) Die fabrikmäßige Herstellung von Funkgerät und die Aufbewahrung fertigen Geräts stellen keine Errichtung von Rf-Empfangsanlagen dar. Ebenso ist der Erwerb und Besitz von Empfangsapparaten — auch sog. Koffergeräten — ohne weiteres statthaft; dagegen ist für den Betrieb von Geräten, die für sich allein ohne Luftleiter und Erdleitungen als Empfangsanlagen verwendet werden können, die gleiche Verleihung wie für gewöhnliche Empfangsanlagen erforderlich.

Der Selbstbau von Funkgerät stellt den Beginn der Errichtung einer Empfangsanlage dar und ist nur auf Grund einer Verleihung zulässig.

c) Die OPD können Unternehmern, die sich gewerbsmäßig mit der Einrichtung von Rf-Empfangsanlagen befassen, auf schriftlichen Antrag widerruflich gestatten, unter folgenden Bedingungen Rf-Empfangsanlagen auf achttägige Probe einzurichten:

1. Der Unternehmer hat von der Absicht, bei einer bestimmten Person oder Firma eine Rf-Empfangsanlage auf Probe einzurichten, der Zustell-PAnst, in deren Bezirk die Anlage eingerichtet werden soll, schriftlich Mitteilung zu machen; nach Fertigstellung der Anlage hat der Unternehmer dieser PAnst den Tag der Fertigstellung sogleich schriftlich anzuzeigen.
2. Innerhalb 8 Tagen — den Tag der Fertigstellung der Anlage mitgerechnet — hat der

Unternehmer der erwähnten PAnst unverzüglich schriftlich mitzuteilen, ob die Anlage endgültig übernommen wird oder nicht.

3. Falls die Anlage nicht übernommen wird, ist sie sofort abzubrechen.

4. Wird die Anlage endgültig übernommen, so übersendet das zuständige PA dem Inhaber die Verleihungsurkunde; die Verleihungsgebühren für übernommene Anlagen sind vom 1. des Monats an zu zahlen, in den der Tag der Fertigstellung fällt (vgl. jedoch D Ziff. 1).

5. Wird die Anlage nicht übernommen, so ist für die Zeit des Probebetriebs eine Gebühr nicht zu entrichten.

Bei Nichtbeachtung der Bedingungen unter 1 bis 3 finden auf den Unternehmer die Bestimmungen des § 15 (Abs. 2a) FernMAnlG (Errichtung oder Betrieb genehmigungspflichtiger Fernmeldeanlagen unter Verletzung von Verleihungsbedingungen) Anwendung.

2. (Zu § 2 VerlBed)

a) Zur Wohnungsgemeinschaft zählen auch die Untermieter sowie Gäste (auch Gäste eines Hotels, eines Fremdenheims u. dgl.).

In gemeinnützigen Anstalten (Krankenhäusern, Heilanstalten, Heimen usw.) gehören Ärzte, Beamte, Schwestern und Angestellte, die eine für sich abgeschlossene Wohnung haben, nicht zur Wohnungsgemeinschaft der Anstalten im Sinne der vorstehenden Ausführungen. Das gleiche gilt sinngemäß für die Angestellten usw. von Hotels, Fremdenheimen u. dgl.

In Zweifelsfällen entscheidet die zuständige OPD, wobei nicht engherzig zu verfahren ist.

b) Empfangsanlagen, die von vornherein mehr als 10 unmittelbare Anschlüsse in anderen Wohnungen erhalten sollen, unterliegen den besonderen Verleihungsbedingungen für Rf-Vermittlungsanlagen sogleich, andere Empfangsanlagen erst dann, wenn der 11. unmittelbare Anschluß in einer anderen Wohnung hergestellt werden soll.

Die besonderen Verleihungsbedingungen für Rf-Vermittlungsanlagen sind in Beilage 1 (S. 441) abgedruckt.

Wegen der Behandlung der Anträge auf Verleihung der Befugnis zur Errichtung und zum Betriebe von Rf-Vermittlungsanlagen haben die OPD besondere Vf erhalten.

3. (Zu § 3 VerlBed)

a) Können die Verleihungsurkunde und die letzte Gebührenempfangsbescheinigung[1] an der Stelle, wo die Empfangsanlage betrieben wird, nicht vorgezeigt werden, und versichert der Inhaber der Anlage glaubhaft, daß er eine gültige Verleihungsurkunde besitze und die fälligen Gebühren entrichtet habe, aber im Augenblick nicht in der Lage sei, den Beweis dafür zu erbringen, so ist ihm zunächst aufzugeben, die rechtmäßige Errichtung oder den rechtmäßigen Betrieb der Anlage alsbald nachzuweisen. Eine Strafverfolgung[2] ist in solchen Fällen erst einzuleiten, wenn sich die Versicherung des Inhabers als unzutreffend erweist.

b) Reisende oder Vertreter von Firmen usw., die sich mit dem Verkauf von Funkgerät oder mit der

Einrichtung von Rf-Empfangsanlagen befassen, müssen, wenn sie bei Personen, die selbst keine Verleihung besitzen, Empfangsapparate vorführen, eine auf ihren eigenen Namen oder auf den Namen ihres Auftraggebers lautende gültige Verleihungsurkunde und die letzte Gebührenempfangsbescheinigung bei sich haben. Im übrigen gelten für derartige Vorführungsanlagen die Bestimmungen im § 1 VerlBed. Der Kaufliebhaber ist nicht befugt, die vorgeführte Anlage auf Grund einer dem Reisenden oder Vertreter oder deren Auftraggeber erteilten Verleihung zu betreiben. Die Bestimmungen über den achttägigen Probebetrieb (vgl. Ziff. 1c) werden hierdurch nicht berührt.

1 S. § 10 VerlBed.

2 S. zu F Ziff. 6.

4. (Zu § 5 VerlBed) Beeinträchtigungen des Rf-Empfangs durch andere Einrichtungen der DRP als Sendeanlagen, z. B. durch Polwechsler, Maschinen, sind auf Kosten der DRP zu beseitigen, sofern das durch Änderung an den Einrichtungen der DRP möglich ist.

5. (Zu § 11 VerlBed) Doppel für verlorengegangene Verleihungsurkunden werden durch das PA ausgestellt, welches die Rf-Gebühren[1] erhebt. Wegen Verrechnung der Gebühr für die Doppel s. D Ziff. 7.

Werden Formblätter als Doppel oder zur Ausstellung einer Verleihung für begrenzte Zeit benutzt (vgl. C Ziff. 6), so ist dies von einem zweiten an der Einziehung und Verrechnung der Rf-Gebühren nicht beteiligten Beamten auf dem Stammabschnitt zu bescheinigen.

1 S. § 10 VerlBed.

6. (Zu § 15 VerlVed) Der Widerruf einer Verleihung wegen Nichtzahlung der Gebühren[1] kann bei nachträglicher Zahlung[2] der Gebühren zurückgenommen werden.

1 S. § 10 VerlVed.

2 Wegen nachträglicher Verleihung vgl. F Ziff. 7.

7. (Zu § 16 VerlVed) Die Übertragung der Verleihung ist möglichst einfach durch Änderung des Namens usw. auf der Stammkarte und der Verleihungsurkunde zu vermerken; dabei ist auch der Tag der Übertragung anzugeben. Kann die Verleihungsurkunde nicht vorgelegt werden, so ist für die neue Urkunde eine Gebühr von 50 *RM* zu entrichten. Wegen Verrechnung dieser Gebühr s. D Ziff. 7.

Zu Übertragungen, die offensichtlich dem Zwecke dienen, die Zahlung der Rf-Gebühren zu umgehen, ist die Zustimmung zu versagen.

8. (Zu § 17 VerlVed)

a) Als erhebliche Billigkeitsgründe gelten z. B. Todesfall des Verleihungsinhabers, dauernde Verlegung des Wohnsitzes an einen anderen Ort, dauernd schlechter Empfang[1], schwere wirtschaftliche Notlage. Im Falle des vorzeitigen Erlöschens der Verleihung aus Billigkeitsgründen sind auf Antrag die für die Zeit nach dem Erlöschen etwa im voraus entrichteten Gebühren zurückzuzahlen[2].

b) Den Verleihungsinhabern, die gemäß § 17 VerlVed auf die Verleihung verzichten, ist eine Empfangsbestätigung folgenden Inhalts durch Brief mit Zustellungsurkunde[3] zu übersenden:

„Ihr Verzicht auf die Rundfunkverleihung ist hier vermerkt worden. Er wird mit Ablauf des Monats .... wirksam. Bei dieser

Gelegenheit wird auf den § 18 VerlBed aufmerksam gemacht, demzufolge nach Ablauf der Verleihung die Empfangsanlage sogleich außer Betrieb zu setzen und die Verleihungsurkunde der Zustell-PAnst zurückzusenden ist.

Unter Bezugnahme auf FernMAnlG §§ 15 und 22 wird ersucht, Luftleiter, Anschlußleitungen und Erdleitungen[4] Ihrer Empfangsanlage innerhalb 7 Tagen, beginnend am ...., zu beseitigen. Es bleibt vorbehalten, die Erledigung nachprüfen zu lassen."

Handelt es sich um Luftleiter, Anschlußleitungen usw., die für Wohngebäude von vornherein für alle Wohnungen vorgesehen sind und als Bestandteile der Wohnung gelten (vgl. E Ziff. 5), so ist das Verlangen, die Luftleiter usw. zu beseitigen, in der Regel nicht zu stellen.

1 Vgl. § 9 VerlBed Anm. 1.
2 Vgl. zu E Ziff. 13.
3 §§ 27, 41 PostO 1929 (Teil I S. 240, 267).
4 §§ 6 u. 7 VerlBed.

9. (Zu § 18 VerlBed) Die PA können in besonderen Fällen auf Antrag gestatten, daß von der Beseitigung der Luftleiter, Erdleitungen und Anschlußleitungen[1] ausnahmsweise abgesehen wird, wenn mit einer mißbräuchlichen Benutzung nicht gerechnet zu werden braucht und eine Gefährdung von Belangen der DRP nicht zu befürchten ist. Die Pflicht zur ordnungsmäßigen Unterhaltung der Anlagen (s. § 5 VerlBed) besteht in diesen Fällen unverändert weiter; hierauf ist bei der Genehmigung der Anträge besonders hinzuweisen.

1 §§ 6 u. 7 VerlBed.

C. Behandlung der Verleihungsanträge[1].

1. Den Antragstellern ist in jeder Weise entgegenzukommen; auch die Anmeldung am Fernsprecher ist zuzulassen. Schriftliche Anmeldungen können dem zuständigen PA auch durch Vermittlung von Rf-Gesellschaften, Funkhändlern und Unternehmern von Rf-Vermittlungsanlagen zugeleitet werden. Die Rf-Gesellschaften usw. dürfen solche Anmeldungen dem Zusteller der für sie zuständigen Zustell-PAnst mitgeben, auch wenn der Anzumeldende im Bereich einer anderen Zustell-PAnst wohnt.

Hat sich ein Antragsteller an eine nicht zuständige Dienststelle gewendet, so ist sein Antrag gleichwohl entgegenzunehmen und an die zuständige Dienststelle weiterzuleiten. Anträge im Bereiche von PAg oder PSt sind von den Abrechnungs- oder den Leit-PA zu erledigen.

Für die Anträge empfiehlt sich die Verwendung eines Formblatts (Postkarte) nach dem Muster der Beilage 2 (S. 446). Das Formblatt ist von den PAnst unentgeltlich zu verabfolgen und auf Wunsch durch die Zusteller zu überbringen und abzuholen.

1 Vorg. zu C: PABl. 1926 S. 293. — S. auch Nachtrag S. 480.

2. Antragsteller, die das 16. Lebensjahr noch nicht vollendet haben, müssen eine Einverständniserklärung ihres gesetzlichen Vertreters (Vaters, Vormundes usw.) vorlegen.

3. Die Verleihung ist zu versagen, wenn begründeter Verdacht besteht, daß mit der Anlage Mißbrauch getrieben werden soll. Der Umstand, daß ein Antragsteller wegen Schwarzhörens[1] in Untersuchung steht oder be-

straft worden ist, bildet keinen Grund zur Versagung der Verleihung.

1 Delikt nach F Ziff. 1.

4. Das zuständige PA fertigt nach Prüfung der eingehenden Anträge[1] die Verleihungsurkunde nebst Stammabschnitt (Beilage 3) aus.

1 Wegen der früheren Beanstandung aus Gründen ausländischer Staatsangehörigkeit s. AusfBest/RfBek 1925 zu B Ziff. 2 (PABl. S. 445); aufgeh: PABl. 1927 S. 86, 367. — Vgl. jedoch zu F Ziff. 14 Anm. 4.

5. Die Prüfung der Anträge und die Aushändigung der Verleihungsurkunden sind, wenn irgend möglich, so zu beschleunigen, daß die Urkunden dem Antragsteller im allgemeinen spätestens am Tage nach dem Eingange des Antrags zugestellt werden können; hierauf ist besonderer Wert zu legen, da der Antragsteller erst dann zur Errichtung und zum Betriebe der Empfangsanlage oder zum Anschluß an die Empfangsanlage in einer anderen Wohnung berechtigt ist, wenn er sich im Besitze der Verleihungsurkunde befindet.

Werden Anträge persönlich bei den zuständigen PA gestellt, so ist den Antragstellern, sofern sie den Beamten bekannt sind oder sich über ihre Person genügend ausweisen und sonst keine Bedenken vorliegen, die Verleihungsurkunde möglichst sogleich auszuhändigen.

6. Wird eine Verleihung nur für einen bestimmten Zweck oder für eine begrenzte Zeit beantragt, z. B. für einen oder mehrere Vorträge, eine Ausstellung, für durchreisende Ausländer, so kann die Verleihung von vornherein auf die beantragte Zeit beschränkt werden. In diesem Fall erlischt[1] die Verleihung mit dem angegebenen Endzeitpunkte. Die Verleihungsgebühren sind

sogleich bis zum Ende der angegebenen Zeit zu erheben. Den Antragstellern ist die gewöhnliche Verleihungsurkunde auszufertigen. Der Hinweis auf die Gebühreneinziehung auf der Vorderseite der Verleihungsurkunde und der 2. Absatz des § 15 VerlBed auf der Rückseite der Urkunde sind zu streichen. Der Wortlaut des § 17 a. a. O. ist wie folgt handschriftlich zu ändern: „Die Verleihung gilt bis zum .... 19...".

1 S. Anm. 2 zu § 17 VerlBed.

7. Die Formblätter zu den Verleihungsurkunden erhalten die PA von den OPD, die sie bei der Reichsdruckerei zu bestellen haben. Die Formblätter werden in Heften zu je 50 Blatt geliefert und bestehen aus der eigentlichen Verleihungsurkunde, die an der durch Strichdurchlochung gekennzeichneten Stelle abzutrennen ist, und aus einem Stammabschnitt, der im Hefte verbleibt. Der Abschnitt ist mit laufender Blattnummer versehen, die auf der Verleihungsurkunde wiederholt ist; in der linken oberen Ecke des Abschnitts und der Verleihungsurkunde ist die von den OPD zu bestimmende Nummer des Heftes handschriftlich mit Tinte oder Tintenstift einzutragen. Die OPD führen über die Abgabe der einzelnen Hefte einen Nachweis.

8. Die Zahl der Verleihungsinhaber ist von den PA nach dem Stande vom 1. des Monats der OPD zum 3. j. M. und von den OPD dem Tel- und FkBüro des RPM zum 6. j. M. durch Postkarte zu melden.

Die Meldungen der OPD an das Tel- und FkBüro des RPM sind nach dem Muster der Beilage 4[1] zu fertigen.

1 Nicht mit abgedruckt.

D. Gebühren.

(Zu § 10 VerlBed)

1. Die Pflicht zur Gebührenzahlung beginnt im allgemeinen mit dem Monat, in welchem die Verleihungsurkunde ausgehändigt wird, bei Empfangsanlagen auf Probe (vgl. B Ziff. 1c4) mit dem Monat, in welchen die Fertigstellung der Anlage fällt. Geschieht die Aushändigung der Urkunde oder die Fertigstellung einer Anlage auf Probe nach dem 20. eines Monats, so wird für den laufenden Monat keine Verleihungsgebühr erhoben, sofern die Anlage nicht etwa nur für begrenzte Zeit gewünscht wird (vgl. C Ziff. 6).

Bei der Aushändigung der Urkunde sind sogleich die nächstfälligen Gebühren zu erheben.

2. Auf vierteljährliche Zahlung der Verleihungsgebühren ist hinzuwirken. Wegen etwaiger späterer Änderung der Zahlungsweise vgl. § 10 VerlBed. Anträge auf Vorauszahlung von Gebühren für einen längeren Zeitraum, z. B. wegen Antritts von Reisen, sind möglichst entgegenkommend zu behandeln. Die Entscheidung über die Anträge auf Änderung der Zahlungsweise haben die PA den Verleihungsinhabern schriftlich mitzuteilen.

Bei Antragstellern mit wechselndem Wohnsitz können die PA vierteljährliche Gebührenzahlung fordern.

3. Für die Einziehung und Verrechnung der Rf-Gebühren und für das Verfahren bei nicht rechtzeitiger Zahlung dieser Gebühren bestehen besondere Bestimmungen. Wegen der Beitreibung von Rf-Gebühren wird auf § 9 FernMAnlG hingewiesen.

4. Die PA können von der Beitreibung (Ziff. 3) der Rf-Gebühren Abstand nehmen, wenn erhebliche Billig-

keitsgründe hierfür vorliegen oder die Gebühren und Kosten voraussichtlich nicht beigetrieben werden können.

5. Ist der Antragsteller mit der Zahlung von Rf-Gebühren im Rückstand und ist die Verleihung aus diesem Grunde widerrufen worden, so darf ihm eine neue Verleihung nur nach Zahlung der rückständigen Gebühren erteilt werden.

6. Die Verleihungsgebühren können durch die PA auf Antrag erlassen werden:

a) Blinden; ferner solchen Schwerkriegsbeschädigten, die infolge ihres Leidens in ihrer Bewegungsmöglichkeit und im Besuche von öffentlichen Vorführungen ernstlich behindert sind und sich in bedrängter wirtschaftlicher Lage befinden;

b) Krankenhäusern, Heilanstalten, Heimen usw., die vorzugsweise zur Aufnahme der Personen unter a dienen; ferner öffentlichen oder gemeinnützigen Anstalten für Geisteskranke, Sieche und Fürsorgezöglinge, sowie solchen öffentlichen oder gemeinnützigen Anstalten, die der vorbeugenden Armenpflege oder der Wohlfahrtspflege dienen;

c) solchen Personen, die infolge schwerer körperlicher Leiden in ihrer Bewegungsmöglichkeit und im Besuche von öffentlichen Vorführungen dauernd ernstlich behindert sind und sich in bedrängter wirtschaftlicher Lage befinden.

Ferner können die Verleihungsgebühren durch das RPM, das RPZ oder die OPD erlassen werden den ihnen unterstellten Angehörigen der DRP sowie Forschern und Sachverständigen auf dem Gebiete des Funkwesens, wenn die Betreffenden von der DRP zu vergleichenden Beobachtungen, Messungen usw. in Anspruch genommen werden.

In Grenzfällen zu a und b ist wohlwollend zu entscheiden.

Zu b wird bemerkt, daß der Gebührenerlaß sich nicht auf etwaige Anschlüsse in den für sich abgeschlossenen Wohnungen von Ärzten, Beamten, Schwestern und Angestellten der erwähnten Anstalten bezieht (vgl. B Ziff. 2a).

Von den unter c erwähnten Personen sind nur diejenigen Antragsteller zu berücksichtigen, die von sich aus glaubhaft nachweisen, daß die in dem genannten Absatz erwähnten Voraussetzungen auf sie zutreffen. Als Unterlagen hierfür genügen da, wo die PA nicht etwa aus eigener Kenntnis ein Urteil über die persönlichen und wirtschaftlichen Verhältnisse der Antragsteller haben, amtliche Bescheinigungen. Als solche sind anzusehen

α) bei Rentenempfängern: der letzte Rentenbescheid, u. U. in Verbindung mit einer Bescheinigung zu β oder γ über das körperliche Leiden;

β) bei Personen unter Fürsorge: eine Erklärung der Bezirksfürsorgebehörde, daß sämtliche Voraussetzungen zutreffen;

γ) bei nicht fürsorgeberechtigten Antragstellern: entweder eine Bescheinigung wie zu β, die die Gesuchsteller in den meisten Fällen von ihrer Fürsorgestelle erhalten werden, oder eine entsprechende Bescheinigung der Ortsbehörde.

U. U. können diese Antragsteller zur Beantwortung von Fragebogen angehalten werden, die von den unter β und γ genannten Stellen zu bescheinigen wären. Ärztliche Bescheinigungen und andere Unterlagen, deren Beschaffung mit Kosten für die Antragsteller verbunden ist, sind nicht zu verlangen, können aber, wenn sie aus anderem Anlaß etwa schon erteilt sind und vorgelegt werden, als Ersatz der Bescheinigungen zu α bis γ angenommen werden. Ein Eindringen in die wirtschaftlichen Verhältnisse der Antragsteller durch die PA ist zu vermeiden. Nur in begründeten Ausnahmefällen, in denen ein offenbarer Mißbrauch vermutet wird, ist u. U. eine Nachprüfung der Angaben durch die Postdienststellen vorzunehmen. In Zweifelsfällen ist die Entscheidung der OPD einzuholen.

Die körperlich Behinderten, denen auf Grund des vorstehenden Absatzes c die Verleihungsgebühren erlassen werden, haben dem zuständigen PA jährlich einmal nachzuweisen, daß die Voraussetzungen für den Gebührenerlaß noch gegeben sind.

7. Die im § 11 VerlBed und unter B Ziff. 5 und 7 genannte Gebühr von je 50 Rpf für die Ausfertigung von Doppeln von Verleihungsurkunden oder von neuen Verleihungsurkunden ist in Freimarken auf dem Stammabschnitt der neuen Verleihungsurkunde zu verrechnen. Die aufgekommenen Beträge sind erfolgsstatistisch dem Funkwesen gutzuschreiben.

E[1]. Luftleiter, Erdleitungen und Anschlußleitungen.
(Zu §§ 6 und 7 VerlBed.)

1. Die Befolgung der Vorschriften über die Luftleiter, Erdleitungen und Anschlußleitungen (§ 6 VerlBed) ist gelegentlich anderer Arbeiten von den TBA und von dem BA zu überwachen, bei dem sich der Störungssucher für das betreffende ON befindet; bei schwierigeren Verhältnissen (Kreuzungen oder Näherungen zwischen Luftleitern oder Anschlußleitungen und Hochspannungsanlagen usw.) hat das BA das

TBA zu benachrichtigen, um Gefährdungen der Leitungen der DRP zu verhüten.

1 Wegen der Anbringung von RfEmpfangsanlagen in Reichsdienst- und -mietwohnungen s. Dienstwohnungsvorschriften 2. 12. 1929 (PABl. 1930 S. 5) Ziff. XVII: „Die Einrichtung von RfEmpfangsanlagen in Dienstwohnungen ist zulässig. Die Errichtung von Außenantennen bedarf aber der schriftlichen Genehmigung der Aufsichtsbehörde (höhere Reichsbehörde), die nur widerruflich zu erteilen ist. Sie ist davon abhängig zu machen, daß die Antennenanlage technisch ordnungsmäßig durchgebildet und unterhalten wird und für Blitzschutz gesorgt ist. Die Aufsichtsbehörde hat die Anlage, nachdem sie fertiggestellt ist, durch einen fachkundigen Beamten prüfen zu lassen. Für diese Abnahmeprüfung ist eine Gebühr von 2 *RM* zu erheben. Mit der Genehmigung ist der Wohnungsinhaber zu verpflichten, bei Wegnahme der Antenne oder bei Räumung der Wohnung alle Eingriffe in den Gebäudezustand zu beseitigen. — RfAntennen auf gemeinsamen Hausböden (Trockenspeichern) usw. sind unzulässig, dagegen Innenantennen, Zimmer- und Rahmenantennen in der Wohnung und in dem ausschließlich zur Wohnung gehörenden Bodenraum ohne weiteres gestattet". — Gleichlautend Ziff. XV der Mietwohnungsvorschriften vom gleichen Tage (PABl. 1930 S. 39); im 2. Satz heißt es indessen „Anbringung von Außenantennen" statt „Errichtung (usw.)". — Vorg.: AusfBest/RfBek 1925 zu D Ziff. 6.

2[1]. Anträge von Verleihungsinhabern auf Mitbenutzung von Fernsprechleitungen und von Erdleitungen für Betriebs- und Sprechstellen der DRP sowie von Erdleitungen posteigener Gestänge zu Rf-Zwecken sind grundsätzlich abzulehnen. Dagegen können die TBA Anträgen von Verleihungsinhabern auf Mitbenutzung posteigener Dachgestänge zur Anbringung von Luftleitern und Anschlußleitungen entsprechen, wenn sonst die Herstellung unmöglich oder mit großen Kosten verbunden wäre und wenn die Anlagen der DRP dadurch baulich nicht behindert und elektrisch nicht beeinflußt werden. Anträge auf Mitbenutzung von posteigenen Bodengestängen sind im allgemeinen abzulehnen. Glauben die TBA in Ausnahmefällen auch solchen Anträgen stattgeben zu sollen, so ist besonders nachdrücklich darauf zu achten, daß die Belange der DRP dadurch nicht beeinträchtigt werden. Die Genehmigung kann unter sinngemäßer Anwendung der Bestimmungen über Mitbenutzung posteigener Gestänge[2] zur Anbringung von Privatleitungen erteilt werden. An zwei oder mehreren posteigenen Gestängen darf ein Luftleiter oder eine Anschlußleitung nur angebracht werden, wenn zwischen diesen Gestängen keine Leitungen der DRP vorhanden sind. Soweit es die Belange der DRP unbedenklich gestatten, ist den Wünschen der Rf-Verleihungsinhaber möglichst entgegenzukommen. Wegen der Gebühren vgl. Ziff. 3.

Für die Erteilung der Zustimmung zu Kreuzungen von Fernmeldeleitungen der DRP durch Luftleiter oder Anschlußleitungen (vgl. § 6, Abs. 3 VerlBed) sind die TBA zuständig.

1 Vorg.: § 14 der „Bedingungen" zur RfBek 1925 (PABl S. 443).

2 Hierzu Instruktionsvorschriften (ADA VII, 1 § 17); vgl. Ziff. 3. — Wegen Mitbenutzung von posteigenen oder von der DRP angemieteten Gebäuden zur Befestigung des Luftdrahts s. PABl 1926 S. 225 (aufgeh.).

3. Für die Mitbenutzung von posteigenen Gestängen[1] zur Anbringung von Luftleitern oder Anschlußleitungen haben die Verleihungsinhaber alle Selbstkosten der DRP für Arbeit und TBZ bei Herstellung und Instandhaltung nebst Unkostenzuschlägen zu erstatten.

Eine Anerkennungsgebühr oder Vergütung ist nicht zu fordern.

Die gemäß Absatz 1 erstatteten Beträge sind im „Einnahmenachweis über Funkgebühren im Inlandsverkehr" zu verrechnen.

1 Vgl. Ziff. 2 Anm. 2.

4. Für Bastelstuben von Funkvereinen usw. dürfen Luftleiter, die nur zur Prüfung von Apparaten bestimmt sind, ohne besondere Verleihung errichtet werden.

5. Wenn Luftleiter einschl. Zuführungen zu den Wohnungen sowie Erdleitungen bei dem Neubau eines Gebäudes oder aus sonstigem Anlaß von vornherein für alle oder verschiedene Wohnungen als deren Bestandteile angelegt werden ohne Rücksicht darauf, ob sie von den Wohnungsinhabern jemals benutzt werden, so ist hierin noch nicht der Beginn der Errichtung einer Funkanlage zu erblicken. Es ist somit nichts dagegen einzuwenden, daß Hausbesitzer von sich aus für jede Wohnung einen sachgemäßen Luftleiter nebst Erdleitung errichten.

F. Überwachung[1] und strafrechtliche Bestimmungen.

(Zu §§ 13 und 14 VerlBed.)

1. Die PA haben die Zusteller[2] anzuweisen, auf ihren Zustellgängen auf etwaige nichtgenehmigte[3] Funkanlagen und nichtgenehmigte[3] gebührenpflichtige Anschlüsse an Funkanlagen zu achten; ferner haben die Störungssucher[4] gelegentlich anderer Arbeiten bei neuhergestellten Luftleitern[5] und Außenleitungen festzustellen, ob es sich um genehmigte Anlagen handelt. Das Vorhandensein einer Verleihungsurkunde

allein genügt nicht; es muß vielmehr durch Nachprüfen der Empfangsbescheinigung oder durch Rückfragen beim zuständigen PA festgestellt werden, ob auch die Gebühren[6] entrichtet sind.

1 Vgl. § 6 FernMAnlG (S. 65).

2 S. § 38 PostO 1929 (Teil I S. 261).

3 Sog. „Schwarzhören" (vgl. Ziff. 8 Anm. 2); Strafbarkeit: § 15 FernMAnlG (nicht § 347 StGB).

4 D. h. Beamte des TelBau's.

5 §§ 6 u. 7.

6 § 10.

2. An der Überwachung haben sich die TBA nach Möglichkeit zu beteiligen. Zu diesem Zweck haben die TOBf und BTrf neue Funkanlagen und gebührenpflichtige Anschlüsse an Funkanlagen, die sie gelegentlich der Arbeiten an den Fernsprechanlagen wahrnehmen, unter Benutzung von Postkarten mit entsprechendem Vordruck dem zuständigen PA zu melden, es sei denn, daß ihnen die bereits erteilte Verleihung einwandfrei bekannt ist. In gleicher Weise ist zu prüfen, ob gegen die Bestimmungen über die Luftleiter, Erdleitungen und Anschlußleitungen (vgl. §§ 6 und 7 VerlBed) verstoßen ist.

3. Für jeden Fall der Anzeige einer nichtgenehmigten Funkanlage oder eines nichtgenehmigten gebührenpflichtigen Anschlusses an Funkanlagen bei der DRP durch Personen, die der DRP nicht angehören, können die OPD diesen Personen im Rahmen der zur Verfügung stehenden Mittel eine Belohnung von 10 *RM* gewähren. Die Namen[1] der Anzeigenden sind — auch dem Gericht — nur dann bekanntzugeben, wenn die Anzeigenden mit der Nennung ihres Namens einverstanden sind.

1 Vgl. Ziff. 10.

4. Wenn der Inhaber einer nichtgenehmigten Funkanlage oder eines nichtgenehmigten gebührenpflichtigen Anschlusses an eine Funkanlage sich vor[1] deren Entdeckung selbst meldet und um die Verleihung nachsucht, kann die OPD, falls nicht besondere Gründe dagegen sprechen, von weiteren Schritten gegen ihn absehen.

1 Vgl. Ziff. 8.

5. Werden nichtgenehmigte Funkanlagen oder nichtgenehmigte gebührenpflichtige Anschlüsse an Funkanlagen entdeckt, so ist die OPD, e. F. durch Fernsprecher, zu benachrichtigen. Ist in einzelnen Fällen unverzügliches Handeln notwendig, so hat das VA von sich aus das Erforderliche zu veranlassen und der OPD umgehend Meldung zu erstatten.

6. Im Falle der Ermittlung nichtgenehmigter Funkanlagen oder nichtgenehmigter gebührenpflichtiger Anschlüsse an Funkanlagen hat die OPD Strafanzeige zu erstatten. Liegt ein bloßer Versuch oder nur eine fahrlässig begangene Verfehlung vor und kann eine Verleihung überhaupt erteilt werden, so ist in der Regel dem Täter Gelegenheit zu geben, eine nachträgliche Verleihung mit rückwirkender Kraft unter Nachzahlung etwaiger Gebühren zu beantragen (vgl. Ziff. 7).

7. Bei nachträglicher Verleihung[1] gemäß vorstehender Ziff. 6 ist im allgemeinen die Verleihungsgebühr für 6 Monate (12 *RM*) einzuziehen. Weist jedoch der Täter nach, daß er seine Empfangsanlage usw. erst seit weniger als 6 Monaten errichtet oder betrieben hat, so hat er die Gebühr lediglich für die Monate nachzuzahlen, für welche sie zu entrichten gewesen wäre. Ist

erwiesen, daß die Anlage schon seit mehr als 6 Monaten widerrechtlich besteht oder betrieben wird, so ist die Gebühr für die gesamte Zeit nachzuerheben.

1 Wegen nachträglicher GebZahlung s. zu B Ziff. 6.

8. Wenn der Inhaber einer nichtgenehmigten Funkanlage oder eines nichtgenehmigten gebührenpflichtigen Anschlusses an eine Funkanlage nach[1] deren Entdeckung und Einleitung des Strafverfahrens die nachträgliche Verleihung beantragt, so kann die OPD allgemein bei Vergehen leichterer Art, wenn nicht besondere Gründe dagegen sprechen, auf die Einstellung des Strafverfahrens und des polizeilichen Verfahrens auf Beseitigung der Anlage oder des nichtgenehmigten gebührenpflichtigen Anschlusses hinwirken.

Bemerkt wird, daß durch diese mildere Handhabung der Bestimmungen bei leichteren Fällen kein Freibrief für Schwarzhörer[2] erteilt werden soll. Gegen Inhaber von Funkanlagen, die eine Anlage absichtlich ohne Genehmigung errichten oder betreiben, ist nach wie vor mit aller Schärfe vorzugehen, insbesondere gegen frühere Inhaber einer Verleihung (Genehmigung) zur Errichtung und zum Betrieb einer Funkanlage, wenn diese Inhaber nach Erlöschen der Verleihung infolge Verzichts[3] oder Entziehung[4] die Anlage weiterbetreiben oder ohne Verleihung neue Anlagen errichten. Die Nachprüfung gemäß B Ziff. 8b ist daher in möglichst großem Umfange durchzuführen.

1 Vgl. Ziff. 4.
2 Vgl. Ziff. 1 Anm. 3.
3 § 17 VerlBed.
4 § 14 ebd.

9. Beauftragte[1] der DRP sind berechtigt, sich an Durchsuchungen zu beteiligen, die zur Verfolgung einer

nach § 15 FernMAnlG strafbaren Handlung (u. a. unbefugtes Errichten, Ändern oder Betreiben einer Funkanlage; Nichtbefolgung der von der DRP getroffenen Anordnung, die Funkanlage usw. nach Fortfall der Verleihung innerhalb bestimmter Frist zu beseitigen) vorgenommen werden. Die zwangsweise Außerbetriebsetzung oder Beseitigung unbefugt errichteter, geänderter oder unbefugt betriebener Funkanlagen usw. ist Sache der Polizei (vgl. §§ 21 und 22 FernMAnlG).

1 § 13 VerlBed.

10. In geeigneten Fällen ist nach rechtskräftiger Verurteilung die Bekanntgabe der Verurteilung — jedoch ohne Angabe von Namen[1] — durch den in Betracht kommenden Rf-Sender zu veranlassen.

1 Vgl. Ziff. 3.

11. Die nach der Vf vom 4. Juni 1927, III/VI Z 717, anzufertigenden Übersichten über die im Laufe jedes Kalendervierteljahrs zur Erledigung gekommenen Fälle der Entdeckung und Verfolgung nichtgenehmigter Funkanlagen, sind von den OPD künftig jeweils zum 1. Februar, 1. Mai, 1. August und 1. November an das Tel- und FkBüro des RPM zu übersenden. Leermeldungen sind erforderlich.

12. Von dem Rechte der DRP, eine genehmigte Empfangsanlage oder Teile von dieser durch ihre Beauftragten besichtigen zu lassen (§ 13 VerlBed), ist nur auf Anweisung der Amtsvorsteher oder Abteilungsleiter der VA (vgl. F Ziff. 1 und 2) und nur in solchen Fällen Gebrauch zu machen, in denen begründeter Verdacht besteht, daß gegen die VerlBed verstoßen wird. Mit derartigen Feststellungen sind nur erfahrene Beamte zu beauftragen, die eingehend zu unterweisen sind.

13. Bei Verstößen gegen die VerlBed hat das zuständige PA, wenn die Verstöße nur leichterer Art sind, den Verleihungsinhaber auf die Einhaltung der Bedingungen hinzuweisen. In schwereren Fällen oder bei wiederholten Verstößen oder bei Nichtzahlung der Gebühren trotz wiederholter Mahnung kann das zuständige PA die Verleihung entziehen (§§ 14 und 15 VerlBed), und zwar für eine bestimmte Zeit oder dauernd, ohne daß dem Verleihungsinhaber deswegen ein Anspruch auf Erstattung[1] oder Erlaß von Gebühren zusteht.

Anträge auf Strafverfolgung von Verstößen gegen die VerlBed nach § 15 Abs. 2 und 3 FernMAnlG sind nur zu stellen, wenn nach dem Ergebnis der Ermittlungen der Aufwand eines Strafverfahrens gerechtfertigt erscheint und wenn es nicht genügen würde, den Täter zu verwarnen oder ihm die Verleihung zu entziehen (vgl. vorstehenden Absatz).

Für die Stellung der Anträge auf Strafverfolgung sind die OPD zuständig.

1 Vgl. zu B Ziff. 8a.

14. Zur Errichtung und zum Betrieb von Rf-Empfangsanlagen[1] auf Wasserfahrzeugen[2] in deutschen Hoheitsgewässern[3] (einerlei, ob es sich um deutsche oder fremdländische Wasserfahrzeuge handelt) ist grundsätzlich die Verleihung der DRP erforderlich. Werden Rf-Empfangsanlagen auf Wasserfahrzeugen in deutschen Hoheitsgewässern ohne Genehmigung der DRP errichtet oder betrieben, so bestehen (abgesehen von den z. Z. geltenden Ausnahmebestimmungen hinsichtlich des Betriebs der Rf-Empfangsanlagen auf niederländischen[4] Wasserfahrzeugen) keine Bedenken, gegen die Inhaber

dieser Anlagen gemäß den allgemeinen Bestimmungen vorzugehen. Bei fremdländischen Wasserfahrzeugen genügt jedoch das Vorhandensein der Anlage allein noch nicht zum Einschreiten. Gegen die Inhaber wird erst dann vorzugehen sein, wenn im Einzelfalle begründeter Verdacht besteht, daß sie gegen die deutschen Bestimmungen verstoßen haben. Für deutsche Fahrzeuge für Seefahrt und Binnenschiffahrt ist die Verleihung auch dann erforderlich, wenn die Rf-Empfangsanlage außerhalb der deutschen Hoheitsgewässer errichtet oder betrieben werden soll. Gegen Inhaber von solchen Rf-Empfangsanlagen, die im Ausland auf deutschen Wasserfahrzeugen ohne Verleihung der DRP errichtet oder betrieben worden sind, ist jedoch bei der Einreise oder beim Aufenthalt in Deutschland nicht gleich ein Strafverfahren einzuleiten, sondern die Inhaber sind zunächst zu veranlassen, die Verleihung nachträglich nachzusuchen[5]. Wenn deutsche Schiffe während ihres Aufenthalts außerhalb der deutschen Hoheitsgewässer die Rf-Darbietungen mit einer genehmigten Bordfunkanlage gebührenfrei aufnehmen, ist nicht dagegen einzuschreiten.

1 Die Bek über die SchiffsTel 16. 7. 1908 (S. 82) erstreckt sich nicht auf RfAnlagen.

2 Vgl. §§ 4 u. 5 FernMAnlG (S. 64); wegen Luftfahrzeuge s. Ziff. 15.

3 Unterbegriff zu „Hoheitsgebiet" (§ 5 w. v.).

4 Vgl. zu C Ziff. 4 und zu F Ziff. 15.

5 S. hierzu Anm. 3 zu § 15 FernMAnlG (S. 74).

15. Die Bestimmungen in vorstehender Ziff. 14 gelten sinngemäß auch für Luftfahrzeuge[1] jeder Art. Ausnahmebestimmungen für einzelne Länder[2] bestehen nicht.

1 Ziff. 14 Anm. 2.
2 Ebd. Anm. 4.

G.[1] Übergangsbestimmungen

1. Die Urkunden über die vor dem 1. Mai 1930 erteilten noch gültigen Genehmigungen zur Errichtung und zum Betrieb einer Rf-Empfangs- oder -Vermittlungsanlage sind nur auf besonderen Wunsch der Genehmigungsinhaber gegen eine Verleihungsurkunde nach neuem Muster umzutauschen. Die neuen Bestimmungen sind jedoch einheitlich auf alle Anlagen anzuwenden (vgl. RfBest, Abs. 3).

1 Der im amtlichen Text hier anschließende Abschnitt H, „Zusammenstellung der wichtigsten Änderungen und Ergänzungen" ist, da lediglich textwiederholend, nicht mit aufgenommen.

2. Der Bedarf an Formblättern zu den neuen Verleihungsurkunden ist sogleich in der üblichen Weise zu bestellen. Bis zum Eingang der neuen Formblätter können die bisherigen Formblätter weiterverwendet werden; sie sind später umzutauschen.

Nach Eingang der neuen Formblätter sind die bei den Dienststellen lagernden Bestände an unbenutzten Formblättern des bisherigen Musters entsprechend ADA IV, 3 § 21 unter der Bedingung des Einstampfens oder sonstiger Vernichtung gelegentlich zu verkaufen.

Beilage 1
(AB unter B Ziff. 2 b)

Besondere Verleihungsbedingungen[1] für Rundfunkvermittlungsanlagen[2]

1 VerlBed 1930 § 2, Anm. 3 (S. 410); Vorg.: PABl 1928 S. 306.
2 Ebd. Anm. 2.

1. Der Antrag auf Verleihung der Befugnis zur Errichtung und zum Betrieb einer Rundfunkvermittlungsanlage ist bei der OPD zu stellen, in deren Bezirk die Anlage errichtet werden soll.

Ein Anspruch auf die Verleihung besteht nicht[1].

1 VerlBed 1930 § 1, Anm. 2.

2. Dem Antrag ist ein Plan[1] beizufügen, aus dem der Verlauf der Leitungen der beabsichtigten Anlage ersehen werden kann. Die Verleihung gilt nur für die Grundstücke, die im Plane verzeichnet sind. Eine Ausdehnung der Anlage auf weitere Grundstücke ist erst nach Genehmigung durch die zuständige OPD zulässig.

1 Vgl. TelWegeG § 7 Anm. 4 (S. 97).

3. Die Rundfunkvermittlungsanlage darf nur dazu dienen, die mit dem Empfangsapparat aufgenommenen Darbietungen deutscher Rundfunkgesellschaften[1] auf Leitungen zu übermitteln. Etwaigen Einsprüchen der zuständigen Rundfunkgesellschaft gegen die Zusammenstellung der über die Rundfunkvermittlungsanlage zu verbreitenden Darbietungen[1] hat der Inhaber der Verleihung, nachstehend Unternehmer genannt, sogleich nachzukommen. Zuständig ist die Rundfunkgesellschaft, in deren Sendebezirk die Rundfunkvermittlungsanlage gelegen ist[2].

1 VerlBed 1930 § 8 Anm. 6 u. 7, § 9 Anm. 2 (S. 413 f.).
2 Zuwiderhandlungen: s. § 15 (2a) FernMAnlG (S. 74).

4. Der Tag der Inbetriebnahme der Anlage ist vom Unternehmer[1] dem zuständigen PA sofort mitzuteilen. Gleichzeitig ist ein Verzeichnis der an die Anlage angeschlossenen Teilnehmer vorzulegen.

1 Ziff. 3 Satz 2.

5. Mit der Einrichtung der Hörstellen[1] in anderen Wohnungen darf erst begonnen werden, wenn wenigstens ein Bewohner der anderen Wohnung eine Rundfunkverleihung besitzt oder die zuständige OPD die Einrichtung ausnahmsweise besonders gestattet hat. (Als „Hörstellen" gelten Einrichtungen, die es ermöglichen, Rundfunkdarbietungen durch Anschließen von Fernhörern, Lautsprechern, Fernsehapparaten u. dgl. an Anschlußdosen aufzunehmen, die durch Leitungen mit der Rundfunkvermittlungsanlage verbunden sind[2]).

Änderungen — Zu- und Abgänge —, die sich gegenüber den im Verzeichnis eingetragenen Teilnehmern ergeben (vgl. Ziff. 4), sind dem PA jeweils bis zum 3. des nächsten Monats schriftlich bekanntzugeben[2].

1 Vgl. Ziff. 12.
2 S. Ziff. 3 Anm. 2.

6. Die Teilnehmer an der Rundfunkvermittlung dürfen von dem Unternehmer weder unmittelbar noch mittelbar verpflichtet oder beeinflußt werden, die Aufnahmeapparate (Fernhörer, Lautsprecher, Fernseher oder dgl.) bei ihm oder bei bestimmten Firmen zu kaufen oder Apparate bestimmter Firmen zu verwenden; auch darf es ihnen nicht verwehrt sein, neben dem Anschluß an die Rundfunkvermittlungsanlage gegen Entrichtung der betreffenden Gebühren[1] noch einen Anschluß an eine andere Rundfunkvermittlungsanlage oder Empfangsanlage zu haben oder eine Anlage für den unmittelbaren Rundfunkempfang zu errichten und zu betreiben[2].

1 § 10 VerlBed 1930.
2 S. Ziff. 3 Anm. 2.

7. Die Rundfunkverleihung gibt ihrem Inhaber

kein Recht gegenüber dem Unternehmer[1] auf den Anschluß. Hierfür sind lediglich die privaten Abmachungen zwischen ihm und dem Unternehmer maßgebend.

1 Ziff. 3 Satz 2.

8. Die Teilnehmer an der Rundfunkvermittlung haben der DRP gegenüber keinerlei Ansprüche. Etwaige Beschwerden wegen Mängel des Betriebs oder sonstiger Mängel haben sie an den Unternehmer[1] zu richten und unmittelbar mit ihm auszutragen.

1 Ziff. 3 Satz 2.

9. Der Unternehmer ist verantwortlich[1] für alle Unzuträglichkeiten, die sich aus mißbräuchlicher Benutzung der Teilnehmeranlage ergeben; er haftet für alle Schäden[2], die der DRP aus mißbräuchlicher Benutzung erwachsen.

1 Vgl. § 14 VerlBed 1930 (S. 416).
2 Vgl. § 29 FspO (S. 374).

10. Die Befugnis zur Errichtung und zum Betrieb der Rundfunkvermittlungsanlage wird unter dem Vorbehalt der Rechte Dritter, insbesondere der Rechte der deutschen Rundfunkgesellschaften[1], verliehen. Sie ist ohne vorherige Zustimmung der DRP nicht übertragbar[2]. Die DRP kann die Verleihung jederzeit widerrufen oder ändern[3]; alle hieraus entstehenden Kosten irgendwelcher Art hat der Unternehmer zu tragen.

1 Ziff. 3 Anm. 1.
2 § 16 VerlBed 1930.
3 § 15 ebd.

11. Wird die Rundfunkvermittlungsanlage nach der Verleihung der Befugnis zu ihrer Errichtung und ihrem Betriebe nicht innerhalb 6 Monaten in Betrieb genommen, so erlischt[1] die Verleihung, ohne daß der

Unternehmer hieraus irgendwelche Ansprüche an die DRP herleiten kann.

1 Vgl. VerlVed 1930 Ziff. 17 Anm. 3.

12[1]. Nach Ablauf der Verleihung der Befugnis zur Errichtung und zum Betriebe der Rundfunkvermittlungsanlage ist die Anlage sogleich außer Betrieb zu setzen[2]; Luftleiter, Erdungsanschlüsse, Anschlußleitungen und Anschlußdosen sind auf Verlangen der DRP zu beseitigen. Die Verleihungsurkunde ist dem zuständigen PA zurückzugeben, falls der Unternehmer auf Grund dieser Urkunde nicht eine gewöhnliche Empfangsanlage oder einen Anschluß an die Empfangsanlage oder an die Rundfunkvermittlungsanlage eines anderen Verleihungsinhabers betreiben will. Das gleiche gilt sinngemäß für Anschlüsse an die Rundfunkvermittlungsanlage (Hörstellen)[3], wenn die Verleihung für den Anschluß erlischt[4].

1 § 18 VerlVed 1930 (S. 417).
2 Zuwiderhandlung: § 15 (2b) FernMAnlG (S. 74).
3 S. Ziff. 5 Anm. 1.
4 S. Ziff. 11.

Beilage 2
(AB unter C Ziff. 1)

Antrag auf Rundfunkverleihung

Ich beantrage die Verleihung der Befugnis
zur Errichtung und zum Betrieb einer Rundfunkempfangsanlage
zum Anschluß an die Rundfunkempfangsanlage des (Name, Wohnort, Straße, Nr.) ....
....

zum Anschluß an die Rundfunkvermittlungsanlage des (Name, Wohnort, Straße, Nr.) ....
....

Als Empfangsgerät will ich ein Detektorgerät / Röhrengerät benutzen. Die Verleihungsgebühr werde ich vierteljährlich / monatlich im voraus zahlen.

.............................., den ....

....
(Eigenhändige Unterschrift des Antragstellers, Vor- und Zuname, u. a. auch Angabe ob Frau oder Fräulein)

Stand: (Beruf, möglichst genaue Angabe erwünscht) ....

Wohnung: ....

Staatsangehörigkeit: .... Fernsprecher: ....

(Vorderseite.)*)

Beilage 3
(AB unter C Ziff. 4)

Verleihungsurkunde für den Rundfunk.

Herrn
Frau
Fräulein

in ....,

.... Straße/Platz Nr. ....

wird hiermit unter den umseitigen Bedingungen die Befugnis zur Errichtung und zum Betriebeiner Rundfunkempfangsanlage oder zum Anschluß an eine Rundfunkempfangsanlage verliehen.

Die Verleihungsgebühr ist für ....

mit .... RM erstmalig entrichtet; die weiteren Gebühren zieht das Zustell-Postamt

....

für je 1 volles Kalendervierteljahr
monatlich

im voraus ein.

Deutsche Reichspost

Tagesstempel

Postamt

*) Auf der Rückseite befindet sich ein Abdruck der Verleihungsbedingungen.

Richtlinien der Reichsregierung für die Regelung des Rundfunks*).

Der Reichstag hat anläßlich der Beratung des Haushalts des Reichsministeriums des Innern eine Entschließung angenommen, in der die Reichsregierung ersucht wird, die Richtlinien über die Regelung des Rundfunks dem Reichstag vorzulegen. Der Reichsminister des Innern hat jetzt folgende Richtlinien und Bestimmungen dem Reichstag übermittelt.

a) Richtlinien über die Regelung des Rundfunks.

Mit der fortschreitenden Entwicklung des Rundfunks ergab sich die staatspolitische Notwendigkeit, Maßnahmen zu treffen, um eine politisch oder kulturell mißbräuchliche Ausnutzung der rundfunktechnischen Möglichkeiten zu verhindern.

Die rechtliche Handhabe hierzu bot das Gesetz über das Telegraphenwesen des Deutschen Reichs vom 6. April 1892 (RGBl. S. 467) in Verbindung mit dem Gesetz, betreffend die Abänderung dieses Gesetzes, vom 7. März 1908 (RGBl. S. 79) und der Verordnung zum Schutze des Funkverkehrs[1] vom 8. März 1924 (RGBl. I S. 273). Hiernach dürfen Funkanlagen nur mit Genehmigung der Reichstelegraphenverwaltung errichtet oder betrieben werden. Die Reichsregierung war damit in der Lage, die Zulassung des Rundfunkbetriebes von Bedingungen abhängig zu machen, die sie zur Wahrung politischer und kultureller Belange für zweckmäßig und erforderlich hielt. Im Rahmen dieser Bedingungen wurde im Zusammenwirken mit den Ländern zur politischen und kulturellen Über-

*) Dt. VerkehrsZtg 18. 12. 1926 (Nr. 51) S. 542.

wachung der Rundfunkdarbietungen folgende Regelung getroffen:

1 Aufgeh: VO 28. 12. 1927 (RGBl. I S. 513); vgl. Bek des FernMAnlG (S. 56), Anm. 3.

I. Die politische Überwachung[1] des Rundfunks.

1. Nach Artikel 2 Ziffer 2 der den Rundfunkgesellschaften erteilten Genehmigung ist der Nachrichten- und Vortragsdienst der Rundfunkgesellschaften nach bestimmten „Richtlinien" auszuführen. An der Spitze der Richtlinien steht der Satz, daß der Rundfunk keiner Partei dient, sein Nachrichten- und Vortragsdienst daher streng überparteilich zu gestalten ist. Zur Sicherstellung der Überparteilichkeit ist angeordnet, daß die Rundfunkgesellschaften nur solche politischen Nachrichten verbreiten dürfen, die ihnen von einer hierzu von der Reichsregierung bestimmten Nachrichtenstelle zugeleitet werden. Die Rundfunkgesellschaften brauchen die Nachrichten dieser Stelle nicht restlos zu übernehmen. Es ist ihnen aber untersagt — von Lokalnachrichten und den sogenannten „Auflagenachrichten" (Ziffer 5 und 6 der Richtlinien) abgesehen —, andere politische Nachrichten zu bringen als solche, die ihnen die Nachrichtenstelle vermittelt hat.

1 Kein Ausfluß aus § 6 FernMAnlG (S. 65); zweifelhaft, ob vereinbar mit Art. 118 RVerf 1919.

2. Zur Nachrichtenstelle im Sinne der Richtlinien hat die Reichsregierung die Drahtloser Dienst A.-G. in Berlin bestimmt. 51 v. H. der Aktien dieser Gesellschaft befinden sich in den Händen des Reichs, die restlichen 49 v. H. verteilen sich auf den Reichsverband der Deutschen Presse, die Verleger Scherl und Mosse,

Wolffs Telegraphisches Bureau und die Telegraphen-Union. Die Gesellschaft ist gemeinnützig. Dem Aufsichtsrat gehören zwei Vertreter der Reichsregierung, acht Vertreter der Landesregierungen, sieben Abgeordnete des Reichstags und des Preußischen Landtags, acht Vertreter der Minderheitsaktionäre und ein Vertreter der Rundfunkgesellschaften an. Die Gesellschaft hat den Rundfunkgesellschaften gegenüber das Recht, sich über die Abwicklung der von ihr vermittelten Nachrichten laufend berichten zu lassen, auch den Wortlaut in der verbreiteten Fassung anzufordern (Ziffer 8 der Richtlinien). Weitergehende Überwachungsrechte stehen ihr als Nachrichtenstelle nicht zu.

3. Die allgemeine politische Überwachung der Rundfunkdarbietungen der einzelnen Rundfunkgesellschaft ist den sogenannten politischen Überwachungsausschüssen übertragen. Artikel 3 Ziffer 1 der Genehmigung bestimmt darüber folgendes:

> Zur Überwachung des Nachrichten- und Vortragsdienstes der Gesellschaft, der Innehaltung der Richtlinien und zur Entscheidung über alle mit der Programmgestaltung zusammenhängenden politischen Fragen wird ein Überwachungsausschuß eingesetzt. Er besteht in der Regel aus drei Mitgliedern, von denen eines vom Reich, die anderen von der zuständigen Landesregierung bestimmt werden. Die Anstellung des für die Programmgestaltung verantwortlichen Vorstandsmitglieds bedarf seiner Genehmigung. Bei Verstoß gegen die Richtlinien oder Nichtbefolgung seiner Anweisungen hat der Überwachungsausschuß das Recht, die Abberufung dieser Persönlichkeit zu verfügen. Die Mitglieder des Überwachungs-

ausschusses müssen in den Aufsichtsrat der Gesellschaft gewählt werden.

Die sonstigen Aufgaben und Befugnisse der Mitglieder der Überwachungsausschüsse sind in den der Genehmigung beigefügten „Bestimmungen für den Überwachungsausschuß der Sendegesellschaften" geregelt.

II. Die kulturelle Überwachung des Rundfunks.

Nach Artikel 3 Ziffer 2 der Genehmigung ist bei jeder Gesellschaft zur Mitwirkung an der Gestaltung des Programms hinsichtlich der Darbietungen auf dem Gebiete von Kunst, Wissenschaft und Volksbildung ein Beirat zu bestellen. Seine Mitglieder werden nach Anhörung der Gesellschaft von der zuständigen Landesregierung oder der von ihr benannten Stelle im Benehmen mit dem Reichsministerium des Innern berufen. Das Nähere über die Aufgaben der Beiräte ist aus den „Bestimmungen über den kulturellen Beirat der Sendegesellschaften" ersichtlich.

b) Richtlinien für den Nachrichten- und Vortragsdienst der Sendegesellschaften.

1. Der Rundfunk dient keiner Partei. Sein gesamter Nachrichten- und Vortragsdienst ist daher streng überparteilich zu gestalten.

2. Die Gesellschaft erhält, soweit in den Ziffern 5 und 6 nichts anderes vorgesehen ist, die von ihr zu verbreitenden Nachrichten durch Vermittlung einer vom Reich bestimmten Stelle, nachstehend Nachrichtenstelle genannt.

3. Die von der Nachrichtenstelle als „Auflagenachrichten" bezeichneten Nachrichten müssen unverzüglich, unverkürzt, unverändert und unentgeltlich verbreitet werden.

4. Unter den übrigen durch die Nachrichtenstelle vermittelten Nachrichten steht der Gesellschaft die Auswahl frei. Sie ist berechtigt, die Wortfassung dieser Nachrichten abzuändern und zu kürzen, jedoch darf dadurch der Sinn der Nachricht nicht geändert werden.

5. Die Gesellschaft ist verpflichtet, außer den Auflagenachrichten der Nachrichtenstelle (Ziffer 3) auch solche Nachrichten unverzüglich, unverkürzt, unverändert und unentgeltlich zu verbreiten, die ihr mit dieser Auflage von den zuständigen Landesregierungen oder der von ihnen bekannten Stelle zugeleitet werden.

6. Die Gesellschaft kann unpolitische Nachrichten, wie insbesondere Sport-, Wetter- und Wirtschaftsnachrichten, auch von anderen Stellen beziehen. Sie kann ferner lokale Nachrichten aus ihrem Bezirk verbreiten, aber immer unter Wahrung der Richtlinie 1.

7. Die Bestimmungen in Ziffer 3 und 5 finden auf Vorträge entsprechende Anwendung.

8. Die Gesellschaft hat der Nachrichtenstelle über die Abwicklung der von dieser vermittelten Nachrichten und Vorträge laufend zu berichten und ihr auf Anfordern den Wortlaut in der verbreiteten Fassung mitzuteilen.

9. Die Vermittlung der Nachrichten und Vorträge durch die Nachrichtenstelle erfolgt zu den Selbstkosten der Nachrichtenstelle zuzüglich eines Pauschals, das die Verwaltungskosten der Nachrichtenstelle deckt. Bei dem Abschluß von Verträgen der Nachrichtenstelle mit Nachrichtenbureaus ist, soweit es sich um die Preis-

festsetzung handelt, die Gesellschaft zu beteiligen. Dasselbe gilt für die Feststellung des Pauschals. Kommt eine Einigung zwischen der Nachrichtenstelle und Gesellschaft nicht zustande, so entscheidet ein Schiedsgericht, das aus je einem Vertreter beider Teile und einem gemeinschaftlich von ihren gewählten Vorsitzenden besteht.

Erläuterungen zu 3, 5 und 7:

Reich und Länder sind darüber einig, daß als Auflagenachrichten und -Vorträge nur amtliche von einer obersten Reichs- oder Landesbehörde ausgehende oder genehmigte Nachrichten und Vorträge in Frage kommen.

c) Bestimmungen für den Überwachungsausschuß der Sendegesellschaften.

1. Der Überwachungsausschuß wählt aus seinen Mitgliedern einen Vorsitzenden und einen stellvertretenden Vorsitzenden.

2. Der Überwachungsausschuß hat sich über die Darbietungen der Gesellschaft zu unterrichten. Er kann zu diesem Zwecke von dem Vorstand und Redakteur jede ihm erforderlich erscheinende Auskunft verlangen und selbst oder durch einzelne seiner Mitglieder die Bücher und Schriften der Gesellschaft einsehen.

3. Die Gesellschaft ist verpflichtet, sich in allen politischen Fragen der Programmgestaltung mit dem Überwachungsausschuß in Verbindung zu setzen und seine Entscheidung abzuwarten.

4. Die Gesellschaft hat die bei ihr eingehenden Beschwerden über politische Darbietungen dem Überwachungsausschuß zur Kenntnis zu bringen.

5. Die Gesellschaft hat das Programm der Darbietungen den Mitgliedern des Überwachungsausschusses laufend einzureichen und auf Anfordern auch Inhaltsangabe und Wortlaut der Darbietungen mitzuteilen. Von wesentlichen Programmänderungen ist der Vorsitzende des Überwachungsausschusses unverzüglich in Kenntnis zu setzen.

6. Der Überwachungsausschuß ist berechtigt, gegen das Programm oder Teile davon Einspruch zu erheben, soweit es sich nicht lediglich um Fragen der Kunst, Wissenschaft und Volksbildung handelt.

Dieses Einspruchsrecht erstreckt sich nicht auf die der Gesellschaft von der Nachrichtenstelle und den Landesregierungen übermittelten Auflagenachrichten und Vorträge im Sinne der Ziffer 3, 5 und 7 der Richtlinien für den Nachrichten- und Vortragsdienst. Hat ein Mitglied des Überwachungsausschusses gegen die Verbreitung einer solchen Darbietung Bedenken, so teilt er dies den im Überwachungsausschuß vertretenen Regierungen unverzüglich mit. Bis zur Entscheidung unterbleibt die Verbreitung.

7. Der Überwachungsausschuß tritt nach Bedarf auf Einladung des Vorsitzenden oder auf Antrag eines Mitglieds zusammen. Ort und Zeit bestimmt der Vorsitzende. Die Gesellschaft hat auf Verlangen einen Versammlungsraum unentgeltlich zur Verfügung zu stellen.

8. Der Überwachungsausschuß ist beschlußfähig, wenn zwei Mitglieder anwesend sind. Bei Stimmengleichheit entscheidet die Stimme des Vorsitzenden.

9. In dringenden Fällen kann der Vorsitzende des Überwachungsausschusses, sofern eine rechtzeitige, gegebenenfalls telephonische Verständigung mit den

übrigen Mitgliedern nicht möglich ist, selbst eine Entscheidung treffen, hat diese hiervon aber umgehend zu benachrichtigen.

d) Bestimmungen über den kulturellen Beirat der Sendegesellschaften.

1. Der Beirat besteht aus mindestens drei, höchstens sieben Mitgliedern. Die Berufung der Mitglieder erfolgt widerruflich auf ein Jahr. Wiederberufung ist zulässig.

2. Der Beirat wählt aus seinen Mitgliedern einen Vorsitzenden und einen stellvertretenden Vorsitzenden.

3. Der Beirat hat die Gesellschaft hinsichtlich ihrer Darbietungen aus Kunst, Wissenschaft und Volksbildung zu beraten und zu überwachen. Er ist berechtigt und verpflichtet, Vorschläge für die Gestaltung des Programms zu machen. Die Gesellschaft kann Angelegenheiten der Programmgestaltung der Begutachtung des Beirats unterbreiten.

4. Der Beirat tritt auf Einladung des Vorsitzenden nach Bedarf zusammen. Ort und Zeit bestimmt der Vorsitzende. Die Gesellschaft hat auf Verlangen einen Versammlungsraum unentgeltlich zur Verfügung zu stellen.

5. Die Gesellschaft ist verpflichtet, den Beirat zu allen grundlegenden Sitzungen über die Programmgestaltung einzuladen. Welche Sitzungen als grundlegend anzusehen sind, unterliegt der näheren Vereinbarung zwischen dem Vorsitzenden des Beirats und der Gesellschaft. Bei mangelnder Einigung entscheidet die zuständige Landesregierung.

6. Die Gesellschaft hat das Programm der Darbietungen laufend den Mitgliedern des Beirats einzu-

reichen und dem Vorsitzenden des Beirats, soweit es sich auf Darbietungen auf dem Gebiet der Kunst, Wissenschaft und Volksbildung bezieht, auf Anfordern auch Inhaltsangabe und Wortlaut der Darbietungen mitzuteilen. Von wesentlichen Programmänderungen ist der Vorsitzende des Beirats unverzüglich in Kenntnis zu setzen.

7. Der Beirat ist berechtigt, gegen das Programm oder Teile davon Einspruch zu erheben. Der Einspruch bedarf eines förmlichen Beschlusses und ist zu begründen. Die Gesellschaft hat dem Einspruch stattzugeben.

8. Der Beirat ist beschlußfähig, wenn mindestens drei Mitglieder anwesend sind. Die Mehrheit der abgegebenen Stimmen entscheidet.

9. Der Beirat gibt sich eine Geschäftsordnung.

10. Der Beirat hat darauf zu achten, daß Parteipolitik bei den Darbietungen ausgeschaltet bleibt. In Zweifelsfällen hat er sich mit dem Überwachungsausschuß der Gesellschaft rechtzeitig in Verbindung zu setzen.

11. Die Tätigkeit des Beirats ist ehrenamtlich. Bare Auslagen sind den Mitgliedern von der Gesellschaft zu erstatten.

12. Das Reichsministerium des Innern und die zuständigen Landesregierungen sind berechtigt, sich in den Sitzungen des Beirats durch je einen Vertreter vertreten zu lassen. Die Vertreter haben alle Rechte der Mitglieder des Beirats, außerdem auch die in Nr. 6 vorgesehenen Rechte des Vorsitzenden des Beirats. Sie sind zu allen Sitzungen des Beirats einzuladen.

Zuständigkeitsordnung.

Vom 13. März 1928 (PABl. S. 115)[1].

Auszug.

1 Vorg.: Vorläufige ZuständigkeitsO 20. 3. 1923 (PABl. S. 113).

Eingangstext s. Teil I S. 95

§ 1.

Reichspostministerium.

A. Allgemeine Angelegenheiten s. Teil I S. 97.

B. Postangelegenheiten ebd. S. 99.

C. Telegraphen-, Fernsprech- und Funkangelegenheiten.

1. Aufstellung des Gesamtplans für die Ausgestaltung des Telegraphen-, Fernsprech- und Funknetzes.
2. Planung[1] neuer Fernkabellinien und allgemeine Reglung der Fernkabelunterhaltung unter Heranziehung der Deutschen Fernkabel-Gesellschaft. Planung neuer Seekabellinien und allgemeine Reglung der Seekabelunterhaltung.
3. Grundsätzliche Reglung des Verhältnisses zu den am Funkwesen beteiligten Behörden als Zentralbehörde für das gesamte Funkwesen[2]. Grundsätzliches der Wellenverteilung[2a].
4. Grundsätzliche und allgemeine Fragen
   a) des gesamten Telegraphen-, Fernsprech- und Funkbetriebsdienstes sowie der Sonderdienste[3],
   b) der Fernsprechnebenstellenanlagen und Querverbindungen[4],
   c) der Hergabe von Leitungen an Behörden und Private[5],
   d) der dienstlichen Fernsprechanschlüsse,

e) der Planung[1], des Baues und der Unterhaltung der ober- und unterirdischen sowie der Unterwasser-Telegraphen- und Fernsprechlinien,
f) des Schutzes der Telegraphen-, Fernsprech- und Funkanlagen sowie des Personals gegen Einwirkungen von atmosphärischen Entladungen und Starkströmen[6],
g) der Stromversorgungsanlagen,
h) der Rohrpostanlagen und dgl. für den Telegraphen- und Fernsprechbetrieb einschl. der Stadtrohrposten[7],
i) des Fernsprechrechnungswesens,
k) der gesamten Telegraphen-, Fernsprech- und Funktechnik,
l) der genehmigungspflichtigen Funkanlagen[8].

5. Genehmigung[9] im einzelnen
a) der Einführung des Selbstanschlußbetriebs und des Schnellverkehrs sowie der technischen Einrichtungen für solche Anlagen; der technischen Einrichtung der Handämter ZB, der Fernämter und Verstärkerämter nebst den zugehörigen mechanischen Förderanlagen,
b) der Bauanschläge über technische Einrichtungen und Funkanlagen, soweit die Anschlagsumme 50 000 RM übersteigt,
c) der Auslegung und Beschaltung von Fernkabeln und der Auslegung, Umlegung und Beschaltung von Seekabeln sowie der Auslegung von Fernleitungskabeln und der Umschaltung von mehr als 60 km langen Fernleitungen in Kabel,
d) der Ein-, Aus- und Umschaltung bestehender

Anstalten bei Telegraphen- und Fernsprechverbindungen mit dem Ausland,

e) der Aufhebung von Ortsnetzen[10] und Vereinigung mehrerer Ortsnetze zu einem einheitlichen Ortsnetz,

f) der Herstellung von Leitungen jeder Art, wenn die Kosten im Einzelfall 10 000 RM übersteigen oder wenn die Leitungen über die Reichsgrenzen hinausgehen,

g) der Herstellung, Veränderung und Erweiterung von Rohrpostanlagen[7] außerhalb der posteigenen Grundstücke.

1 §§ 7 ff. TelWegeG (S. 95 ff.).
2 Vorg. zur DRP-Funkbetriebsverwaltung s. S. 23.
3 s. Anm. 3 zu § 11 FernMAnlG (S. 70); Vorg.: § 1 RfVek 1925 (PABl. S. 443).
4 §§ 5 und 6 FspO 1927 (S. 237, 260).
5 FspO § 5 II zu B und C (S. 239, 241).
6 FernMAnlG 1928 § 23 Anm. 9 (S. 82).
7 RohrpostO 1923 (Teil I S. 302).
8 Vgl. FernMAnlG § 2 Anm. 10 und § 3 Ziff. 2.
9 Nicht gemeint ist: Verleihung nach § 2 FernMAnlG.
10 § 2 FspO 1927.

D bis F: s. Teil I S. 100, 102, 103.

§ 2.

Reichspostzentralamt.

Eingangstext s. Teil I S. 106.

A. Allgemeine Angelegenheiten s. Teil I S. 106.

B. Postangelegenheiten ebd. S. 109.

C. Telegraphen-, Fernsprech- und Funkangelegenheiten.

1. Zusammenfassende Vorarbeiten zur Aufstellung des Gesamtplans für die Ausgestaltung des Tele-

graphen-, Fernsprech- und Funknetzes einschl. der örtlichen Betriebsstellen im Benehmen mit den OPD.

2. Überwachen der Herstellung und Güteprüfung von Fernkabelbauzeug; Abnahme der fertigen Fernkabellinien hinsichtlich der elektrischen Eigenschaften; Ausarbeitung der Beschaltungspläne für das Fernkabelnetz im Benehmen mit den OPD; technische Ausarbeitung, Überwachung und Nachprüfung der erforderlichen Meßeinrichtungen.

3. Schaffen neuer Absatzwege durch Einrichtung von Mehrfachschaltungen; Mitbenutzen von Fernkabeladern für Telegraphier- und Rundfunkzwecke; Umschaltung oberirdischer Fernleitungen in Kabel; Verbessern des elektrischen Zustandes aller Leitungen durch geeignete Anordnung und durch Einbau technischer Vorrichtungen zur Beseitigung störender Lautübertragung (Induktionsschutz) im Benehmen mit den OPD, soweit nicht diese Angelegenheiten den OPD zur selbständigen Erledigung übertragen sind[1]. Die OPD haben ihre Induktionsschutzpläne dem RPZ zur Prüfung einzusenden, wenn sie noch nicht zur selbständigen Erledigung sämtlicher Induktionsschutzarbeiten ermächtigt sind.

4. Vereinbarungen mit den OPD über die infolge Erweiterung des Fernkabelnetzes und dessen Mitbenutzung für Telegraphier- und Rundfunkzwecke notwendigen Änderungen in der Verwendung einzelner oberirdischer Telegraphen- und Fernsprechleitungen vorbehaltlich der Genehmigung des RPM.

5. Entwickeln, Normalisieren und Typisieren der Bau-

formen und der Bauweise für die Linien und Leitungen, für die Betriebsstellen einschl. der Stromversorgungs- und Förderanlagen sowie für die Teilnehmer- und sonstigen Anlagen; Beschaffen der hierzu erforderlichen Unterlagen; Prüfung von Baustoffen in mechanischer Hinsicht.

6. Entwickeln der Bauformen für die Vorkehrungen zum Schutze der Telegraphen-, Fernsprech- und Funkanlagen gegen unmittelbare oder mittelbare Beeinflussung durch fremde elektrische Nachrichtenanlagen und durch Starkstromanlagen[2].

7. Beraten der OPD bei der Anwendung der Schutzvorkehrungen an Starkstromanlagen[2] und bei der Feststellung der zu erstattenden Mehrkostenbeträge; Vorprüfen aller Rechnungen über Mehrkosten für Schutzvorkehrungen an Hochspannungsanlagen; Zulassen von Baustoffen bei Hoch- und Niederspannungskreuzungen.

8. Entwickeln der Maßnahmen zur Verhütung von Störungen der Telegraphen-, Fernsprech- und Funkanlagen und von Gefährdungen des Personals durch Fernwirkungen von Starkstromanlagen[2], e. F. auf Grund von Versuchen und Messungen im Bereiche der letzteren; Beratung der OPD bei Anwendung jener Maßnahmen.

9. Planen, Veranschlagen und Ausführen der technischen Funkanlagen sowie Ändern und Erweitern vorhandener Funkanlagen im Benehmen mit den OPD, mit Ausnahme von einfachen Funkempfangsanlagen.

10. Beraten der OPD beim Planen[3] und Ausführen der Telegraphen-, Fernsprech-, mechanischen Förder- und der in Punkt 9 ausgenommenen Funk-

anlagen, der Fernrohrposten und Förderanlagen; Beraten der OPD bei Änderungen und Neueinrichtungen der Telegraphenbetriebsstellen.

11. Zulassung von Schaltungen für private Nebenstellenanlagen[4].

12. Mitwirken bei der Bauausführung von Anlagen nach Ziffer 10, bei deren Planung[3] das RPZ beratend tätig gewesen ist, und bei der Lieferungsvergebung an Unternehmer.

13. Örtliche Prüfung der Planungen[3] für Linien- und Ämterbau und der Bauweise sowie Feststellung von Starkstromeinwirkungen auf Telegraphen- und Fernsprechlinien in den OPD-Bezirken im besonderen Auftrag des RPM.

14. Festsetzen der Nummern[5] für Telegraphen- und Fernsprechleitungen, soweit es sich nicht um Sp-[6] und um sonstige Nahverkehrsleitungen (einschl. ÜL-SA) handelt, deren Nummern die OPD bestimmen.

15. Aufstellen und Berichtigen des Verzeichnisses der Telegraphenleitungen I. und II. Kl. und des Fernleitungsbuchs nach den Mitteilungen der OPD.

16. Aufstellen und Berichtigen des Verzeichnisses der Telegraphenanstalten im Deutschen Reich und des amtlichen Verzeichnisses der für den Welttelegraphenverkehr geöffneten Anstalten.

17. Aufstellen von Betriebsübersichten zur Ermittlung der Leistungsfähigkeit von Telegraphen-, Fernsprech- und Funkanlagen; Auswerten der Unterlagen und Abgabe von Vorschlägen über Verbesserungen der Betriebsmittel zur Ersparnis von Personal usw. im Benehmen mit den OPD.

18. Aufstellen von Leitübersichten für den großen in-

ländischen und den ausländischen Telegraphenverkehr im Benehmen mit den OPD.

19. Anstellen und Beurteilen von Versuchen bei den Fernsprechvermittlungsstellen, den Telegraphen- und Funkbetriebsstellen der OPD, die eine Betriebsverbesserung oder technische Verbesserung bezwecken, im Benehmen mit den OPD und nach Einholung der Zustimmung des RPM.

20. Allgemeine Funkreglung für die DRP. Reglung des Nebeneinanderarbeitens aller Funkdienste im Reich (Funkbetriebskommission); Überwachung des gesamten Funkbetriebs[7].

21. Zulassen von genehmigungspflichtigen Funkanlagen[8] nach den besonderen Bestimmungen; Beraten der OPD über genehmigungspflichtige Funkanlagen, soweit die OPD zuständig sind[9].

22. Behandlung sämtlicher Meldungen zum Eintritt als technischer Telegraphensupernumerar; Sorge für die einheitliche Ausbildung der Anwärter der telegraphentechnischen Laufbahnen und Mitwirkung bei der Fortbildung der Beamten dieser Laufbahnen; Sorge für die einheitliche Ausbildung des technischen Personals in den Bau- und Lehrwerkstätten; Einrichtung von Unterrichtskursen, Verwertung der auch bei anderen Verwaltungen mit Unterrichtseinrichtungen gemachten Erfahrungen; Abnahme von Prüfungen für Berufsfunker[9].

23. Ausarbeiten der Dienstbehelfe, Dienstanweisungen und Lehrmittel für den Bau und die Technik der Telegraphen-, Fernsprech-, Funkanlagen und Fernrohrposten sowie für den Störungsdienst; Mitwirkung bei der Ausrüstung der OPD mit Ingenieurgerät.

24. Beschaffen von Dienstmützen für Telegraphenarbeiter.
25. Durchführen der Vorschriften über die Kraftfahrzeughaltung durch die Telegraphenbaubeamten.
26. Vorbereiten und Ausarbeiten der Unfallverhütungsvorschriften für die Arbeiter im Telegraphenbaudienst.

1 S. § 3.
2 S. § 1 zu C Anm. 5.
3 Ebd. Anm. 1.
4 Ebd. Anm. 4.
5 FspO § 4 I Abs. 2 (S. 231).
6 D. s. Telegraphenleitungen mit Sprechbetrieb.
7 S. § 6 FernMAnlG (S. 65).
8 S. § 1 zu C Anm. 7.
9 Ebd. Anm. 2; VO 8. 10. 1921 (RGBl. S. 1282, PABl. S. 187), Laufbahnbestimmungen vom 25. 3. 1927 (PABl. S. 117; Vorg.: desgl. 17. 10. 1921, Zentralbl. S. 869, PABl. S. 188, und 15. 5. 1925, PABl. S. 275).

§ 3.

Oberpostdirektionen[1].

(s. Teil I S. 110.)

1 Die frühere Zuständigkeit zu Vereinbarungen, betr. PresseBildTel (s. BildTelBf 1927 Ziff. 2 und 7 Abs. 1, PABl. S. 457) ist mit Aufhebung der Einrichtung 1930 fortgefallen. — Vgl. ferner: ZugfunkBf 1925 Eing Anm. 4 und zahlreiche Zuständigkeitsvorschriften in FspO 1927, RfBest 1930 und deren AusfBest.

Den OPD obliegt im besonderen:

Herstellung von Sp-Leitungen[1] und Veränderungen an solchen Leitungen einschl. des Ausbaues der eindrähtigen Sp-Leitungen[1] zu Doppelleitungen;

Beschränkung der Angaben in der Nachweisung über den Gesamtbestand der Telegraphenanlagen, die sich im

Eigentum von Behörden und Privatpersonen befinden, auf die genehmigungspflichtigen Anlagen[2];

endgültige Feststellung der Nachweisung der Durchschnittskostenbeträge für die Arbeiten zur Herstellung von 1 km Anschlußdoppelleitung und zur inneren Einrichtung einer Fernsprechstelle;

Festsetzung der zusätzlichen Bezeichnung der Telegraphenanstalten[3];

Weiterbeförderung von Telegrammen von einer PAnst ohne Telegraphenbetrieb an eine Eisenbahnstation in besonderen Fällen[4].

Übernahme der Herstellung und Unterhaltung von Telegraphen- und Fernsprechanlagen für Dritte auf Antrag von Behörden, wenn es sich um Anlagen handelt, die staatlichen oder gemeinnützigen Zwecken dienen sollen, z. B. um Anlagen in Überschwemmungsgebieten[5]. Anträgen von Privaten ist nur dann stattzugeben, wenn besondere, auch die TV angehende Umstände vorliegen. Das gleiche gilt für die Behandlung der Anträge auf Mitbenutzung des Telegraphengestänges durch Dritte und auf Vermietung von Kabeladern an Dritte[6].

Behandlung von Starkstromangelegenheiten nach Maßgabe der darüber besonders ergehenden Richtlinien.

Vorübergehende Verwendung brauchbarer Apparate zu Lehr- und Übungszwecken;

Umänderung oder Umbau von Apparaten sowie Änderung einzelner Apparatteile, bei Abweichungen von den Regelformen im Benehmen mit dem RPZ;

Bereithaltung anderer als aus Trockenelementen zusammengesetzter Ersatzstromquellen im Einvernehmen mit dem RPZ;

Einrichtung des Sammlerbetriebs bei OB-Fernsprechvermittlungsstellen und Instandsetzung von Sammlerbatterien ohne Kostenbegrenzung, selbständige Entscheidung wegen der Entschlammung einer Sammlerbatterie.

1 S. § 2 zu C Anm. 6.

2 § 2 FernMAnlG (S. 58).

3 Vgl. TelO § 6 VIII zu b 6 (S. 133).

4 Vgl. EisenbTelRegl § 8 (S. 175).

5 Vgl. FernMAnlG § 3 Ziff. 1 zu 1 (S. 62).

6 Keine BGB-Miete, vielmehr widerrufliches Nutzungsverhältnis zwischen DRP und Unternehmern oder Benutzern von PrivatTelAnlagen (PABl. 1927 S. 66, 504).

§ 4.

Verkehrsämter.

(s. Teil I S. 112.)

Die VA sind zuständig *) für:

Anlegung von Klingelzügen oder elektrischen Weckleitungen zur Erweiterung der Dienstbereitschaft, zur Erleichterung des Dienstbetriebs oder zur Vermehrung der Betriebssicherheit innerhalb der Grenzen des Postgrundstücks.

Abgabe des Uhrenzeichens an die VAnst mit beschränktem Tagesdienst nach näherer Vereinbarung mit diesen Anstalten. Meldung an OPD.

In größeren Ortsnetzen (mit besonderer Ermächtigung durch die OPD) Einrichtung und Aufhebung von PrO und von öffentlichen Sprechstellen mit Münzfernsprechern bei Privaten, e. F. im Benehmen mit dem zuständigen TBA; Erklärung von Teilnehmersprechstellen zu öffentlichen Sprechstellen und umgekehrt. Meldung an OPD.

---

*) PABl. 1928 S. 125, Vf 137 zu C.

Selbständige Anbringung von Weckverbindungen zwischen den Klappenschränken und Wachtzimmern usw. für Unfallmeldezwecke durch sämtliche VA auch hinsichtlich der PAg und Hilfstellen ihres Geschäftsbereichs, e. F. im Benehmen mit dem zuständigen TVA.

Entscheidung darüber, bei welcher Dienststelle Telegramme mittels Fernsprechers von Fernsprechteilnehmern entgegenzunehmen sind[1].

Verwaltung der Batterien, Apparatbedürfnisgegenstände, Einführungs- und Zimmerleitungsgegenstände usw. durch einen Beamten des VA.

Genehmigung von Rundfunkempfangsanlagen[2].

Genehmigung privater Hausanlagen[3], deren Sprechstellen sämtlich im Anschlußbereich desselben Ortsnetzes[4] liegen.

1 TelO § 5 Anm. 4 (S. 131).

2 **Vorg.**: AusfBest B zur RfBek 1925 (PABl. S. 443) und Ziff. III zu 1 der EinführungsVf zum ÄnderungsG 1927 (PABl. S. 503).

3 V. s. die „Hausstellen" gemäß FspO § 5 I Abs. 2 (S. 238).

4 § 2 FspO (S. 228).

Vf, betr. Geschäftsführende OPD[1].

(PABl 1928 S. 165)

(Auszug)

1 Vgl. § 3 ZuständigkeitsO 1928, S. 464; Änderungen s. PABl. 1930 S. 175 f.

Eingangstext: Teil I S. 113.

A. Postangelegenheiten ebd. S. 115.

B. Telegraphen-, Fernsprech- und Funkangelegenheiten.

4[1]. Telegrammverkehr mit dem Ausland (Laufzettel)

1 Wegen Ziff. 1 bis 3 s. Teil I S. 115, 116, 118.

a) Aufgabe.

Bearbeitung der Laufzettel bei Telegrammen des Wechselverkehrs (ADA VI, 1 § 25 AB zu VIb).

b) Einteilung.

Lfd. Nr.	Geschäftsführende OPD	Für den Telegrammverkehr des ganzen Reichspostgebiets mit
1	Berlin	Frankreich und Großbritannien
2	Breslau.......	Österreich, Polen, Tschechoslowakei und Ungarn
3	Düsseldorf	den Niederlanden
4	Gumbinnen (bis auf weiteres)	der Freien Stadt Danzig, Lettland, Litauen und Memelgebiet
5	Hamburg	Dänemark und Norwegen
6	Köln	Belgien
7	Konstanz (bis auf weiteres)	Schweiz
8	Stettin	Schweden
9	Trier (bis auf weiteres)	Luxemburg und dem Saargebiet

5. Telegrammverkehr mit dem Ausland (Abrechnung)

a) Aufgabe.

Vorbereitung der Abrechnungen aus dem Telegrammverkehr mit dem Ausland (ADA XI, 2 § 63).

b) Einteilung.

Lfd. Nr.	Geschäftsführende OPD	Für den Telegrammverkehr des ganzen Reichspostgebiets mit
1	Berlin	Frankreich, Großbritannien und der Indo-Europäischen Telegraphengesellschaft in London
2	Breslau.......	Österreich, Polen, Tschechoslowakei und Ungarn
3	Düsseldorf	den Niederlanden
4	Gumbinnen (bis auf weiteres)	der Freien Stadt Danzig, Lettland und Litauen einschl. Memelgebiet
5	Hamburg	Dänemark und Norwegen
6	Köln	Belgien
7	Konstanz (bis auf weiteres)	Schweiz
8	Stettin	Schweden
9	Trier (bis auf weiteres)	Luxemburg und Saargebiet

6. Fernsprechweitverkehr.

a) Aufgabe.

1. Betriebstechnische Überwachung des Fernsprechweitverkehrs;
2. Sorge für einen hochwertigen elektrischen Zustand in den Fernleitungen;
3. Überwachung des Betriebsdienstes bei den Verstärkereinrichtungen;
4. Lösung schwieriger, über den laufenden Betriebsdienst hinausgehender Aufgaben (schwierige Störungen, Inbetriebsetzung besonders wichtiger Leitungen);
5. Sorge für Aufrechterhaltung eines guten Übertragungszustandes der mit Verstärkern betriebenen

Fernleitungen für Fernsprechbetrieb und für Übermittlung von Rundfunkdarbietungen;

6. Überwachungsmessungen an diesen Fernleitungen.

b) Einteilung.

Lfd. Nr.	Geschäftsführende OPD	Für die Strecken
1	Berlin	Berlin—Magdeburg, Berlin — Bitterfeld, Berlin—Senftenberg, Berlin—Gassen, Berlin—Angermünde, Berlin—Perleberg
2	Bremen	Bremen—Rotenburg, Bremen—Bremerhaven, Bremen—Emden, Bremen—Osnabrück
3	Breslau.......	Breslau—Gassen, Breslau—Gleiwitz, Breslau—Greiffenberg
4	Dortmund	Dortmund—Bielefeld, Dortmund—Münster—Osnabrück, Dortmund—Essen, Dortmund—Schwelm, Dortmund—Siegen
5	Dresden	Dresden—Oschatz, Dresden—Plauen, Dresden—Greiffenberg, Dresden—Senftenberg, Dresden—Grenze gegen Prag
6	Düsseldorf	Düsseldorf—Essen, Düsseldorf—M. Gladbach, Düsseldorf—Köln, Düsseldorf—Schwelm, Mülheim—Duisburg—Krefeld, Mülheim—Emmerich—Grenze gegen Arnheim
7	Erfurt	Weimar—Eisenach, Eisenach—Fulda
8	Frankfurt (Main)	Frankfurt (Main)—Fulda, Frankfurt (Main)—Aschaffenburg, Frankfurt (Main)—Mannheim, Frankfurt (Main)—Koblenz, Frankfurt (Main)—Siegen, Frankfurt (Main)—Kassel
9	Hamburg	Hamburg—Rotenburg, Hamburg—Kiel—Flensburg, Hamburg—Lübeck—Rostock, Hamburg—Perleberg
10	Hannover	Hannover—Magdeburg, Hannover—Rotenburg, Hannover—Bielefeld, Hannover—Kassel

Lfd. Nr.	Geschäftsführende OPD	Für die Strecken
11	Karlsruhe	Karlsruhe (Baden)—Mannheim, Karlsruhe (Baden)—Pforzheim, Karlsruhe (Baden)—Freiburg (Baden)—Grenze gegen Basel, Horb—Appenweier—Grenze gegen Straßburg
12	Köln	Köln—Aachen—Grenze gegen Lüttich, Köln—Koblenz, Köln—Schwelm
13	Königsberg (Pr.)	Königsberg (Pr.)—Pillau, Königsberg (Pr.)—Grenze gegen Danzig
14	Leipzig	Leipzig—Bitterfeld, Leipzig—Halle—Magdeburg, Leipzig—Weimar, Leipzig—Hof, Leipzig—Oschatz
15	Stettin	Stettin—Angermünde, Stettin—Stolp—Leba, Stettin—Stralsund—Rostock
16	München	München—Greding, München—Scharnitz, München—Ulm
17	Nürnberg	Nürnberg—Hof, Nürnberg—Passau, Nürnberg—Greding, Nürnberg—Feuchtwangen, Nürnberg—Aschaffenburg
18	Speyer	Ludwigshafen—Neustadt—Kaiserslautern
19	Stuttgart	Stuttgart—Feuchtwangen, Stuttgart—Ulm, Stuttgart—Pforzheim, Stuttgart—Horb—Grenze gegen Schaffhausen

7. Fernkabel.

a) Aufgabe.

1. Beseitigung der Störungen in den Fernkabeln;
2. Überwachung der Fernkabel, Bereisungen;
3. Überwachungsmessungen;
4. Richtighaltung des Planzeugs zu den Fernkabeln;
5. Umlegung von Fernkabeln, wenn Eingriffe in das Kabel erforderlich sind (Schneiden, Öffnen von Lötstellen);

6. Verfügung über die Vorratskabel und Spulenkasten des Fernkabelbezirks;
7. Güteprüfung des von der DFKG bestellten Bauzeugs für Fernkabelanlagen durch die Kabelabnahmebeamten nach Anleitung des RPZ (in Bayern nach Anleitung des RPZ TRA Abt. München);
8. Einsendung monatlicher Übersichten über geprüftes Fernkabelbauzeug an die OPD Leipzig (in Bayern an RPZ TRA Abt. München);
9. Feststellung des Bleiminderverbrauchs bei Herstellung der Fernkabel.

b) Einteilung.

Lfd. Nr.	Geschäftsführende OPD	Für die Fernkabelstrecken
1	Berlin	Berlin—Magdeburg, Berlin—Bitterfeld, Berlin—Senftenberg, Berlin—Gassen Berlin—Angermünde, Berlin—Perleberg
2	Bremen	Bremen—Rotenburg, Bremen—Bremerhaven, Bremen—Emden, Bremen—Osnabrück
3	Breslau.......	Breslau—Gassen, Breslau—Gleiwitz, Breslau—Greiffenberg
4	Dortmund	Dortmund—Bielefeld, Dortmund—Münster—Osnabrück, Dortmund—Essen, Dortmund—Schwelm, Dortmund—Siegen
5	Dresden	Dresden—Oschatz, Dresden—Plauen, Dresden—Greiffenberg, Dresden—Senftenberg, Dresden—Grenze gegen Prag
6	Düsseldorf	Düsseldorf—Essen, Düsseldorf—M. Gladbach, Düsseldorf—Köln, Düsseldorf—Schwelm, Mülheim—Duisburg—Krefeld, Mülheim—Emmerich—Grenze gegen Arnheim

Lfd. Nr.	Geschäftsführende OPD	Für die Fernkabelstrecken
7	Erfurt	Weimar—Eisenach, Eisenach—Fulda
8	Frankfurt (Main)	Frankfurt (Main)—Fulda, Frankfurt (Main)—Aschaffenburg, Frankfurt (Main)—Mannheim, Frankfurt (Main)—Koblenz, Frankfurt (Main)—Siegen, Frankfurt (Main)—Kassel
9	Hamburg	Hamburg—Rotenburg, Hamburg—Kiel—Flensburg, Hamburg—Lübeck—Rostock, Hamburg—Perleberg
10	Hannover	Hannover—Magdeburg, Hannover—Rotenburg, Hannover—Bielefeld, Hannover—Kassel
11	Karlsruhe (Baden)	Karlsruhe (Baden)—Mannheim, Karlsruhe (Baden)—Pforzheim, Karlsruhe (Baden)—Freiburg—Grenze gegen Basel, Horb—Appenweier—Grenze gegen Straßburg
12	Köln	Köln—Aachen—Grenze gegen Lüttich, Köln—Koblenz, Köln—Schwelm
13	Königsberg (Pr.)	Königsberg (Pr.)—Pillau, Königsberg (Pr.)—Grenze gegen Danzig
14	Leipzig	Leipzig—Bitterfeld, Leipzig—Halle—Magdeburg, Leipzig—Weimar, Leipzig—Hof, Leipzig—Oschatz
15	Stettin	Stettin—Angermünde, Stettin—Stolp—Leba, Stettin—Stralsund—Rostock
16	München	München—Greding, München—Scharnitz, München—Ulm
17	Nürnberg	Nürnberg—Hof, Nürnberg—Passau, Nürnberg—Greding, Nürnberg—Feuchtwangen, Nürnberg—Aschaffenburg
18	Speyer	Ludwigshafen—Neustadt—Kaiserslautern
19	Stuttgart	Stuttgart—Feuchtwangen, Stuttgart—Ulm, Stuttgart—Pforzheim, Stuttgart—Horb—Grenze gegen Schaffhausen

8. Seekabel.

a) Aufgabe.

1. Überwachung des Zustandes der der DRP gehörenden oder von ihr instand zu haltenden Seekabel auf Grund der Ergebnisse der regelmäßigen Messungen;
2. Beseitigung von Kabelfehlern (Vorbereitung, Überwachung, Durchführung);
3. Ausbildung geeigneter Beamten des telegraphentechnischen Dienstes für die Instandsetzungen im Benehmen mit den beteiligten OPD;
4. Verwaltung und Ergänzung der Seekabelmeßgeräte sowie der Bestände an Vorratskabeln;
5. Bearbeitung der Kabelkarten, Kabelbeschreibungen und sonstigen Nachweise.

(Für kürzere Seekabel zwischen der Küste und den vorgelagerten Inseln, deren Instandhaltung und Legung keine besonderen Schwierigkeiten bietet, sind die einzelnen OPD selbst zuständig; ADA VII, 1 § 18 unter a und § 38 unter d).

b) Einteilung.

Lfd. Nr.	Geschäftsführende OPD	Für die Bezirke
1	Oldenburg (Oldb.) (bis auf weiteres)	Bremen, Hamburg, Kiel, Königsberg (Pr.), Köslin, Oldenburg (Oldb.), Schwerin (Mecklb.), Stettin.

9. Fernsprechverkehr mit dem Ausland (Sprechbeziehungen)

a) Aufgabe.

Zulassung der Sprechbeziehungen für alle noch nicht zugelassenen Orte Deutschlands.

b) Einteilung.

Lfd. Nr.	Geschäftsführende OPD	Für das ganze Reichspostgebiet im Verkehr mit
1	Berlin	Frankreich
2	Frankfurt (Main)	Italien

10. Fernsprechverkehr mit dem Ausland (Abrechnung)

a) Aufgabe.

Vorbereitung der Abrechnungen aus dem Fernsprechverkehr mit dem Ausland.

b) Einteilung.

Lfd. Nr.	Geschäftsführende OPD	Für den Fernsprechverkehr des ganzen Reichspostgebiets mit
1	Berlin	Frankreich
2	Breslau.......	Polen, Tschechoslowakei, Österreich, Ungarn, Jugoslawien
3	Düsseldorf	den Niederlanden und Großbritannien
4	Frankfurt (Main)	Italien
5	Gumbinnen (bis auf weiteres)	der Freien Stadt Danzig, Lettland, Litauen
6	Hamburg	Dänemark
7	Köln	Belgien
8	Konstanz (bis auf weiteres)	Schweiz
9	Stettin	Schweden und Norwegen
10	Trier (bis auf weiteres)	Luxemburg

11. Seefunkabrechnung.

a) Aufgabe.

Abrechnung über Küsten-, Bord- und Landgebühren aus dem Seefunkverkehr sowie zusammenfassende Verkehrsstatistik für den Seefunkdienst.

b) Einteilung.

Lfd. Nr.	Geschäftsführende OPD	Für die Bezirke
1	Hamburg	aller Küsten-OPD

12. Rundfunk.

a) Aufgabe.

Zusammenfassende Hauptleitung aller technischen Fragen des Betriebs der Rundfunksender im Bereich eines Rundfunksendebezirks, und zwar:

1. Sorge für die Aufrechterhaltung eines guten Übertragungszustandes der Aufnahme-, Übertragungs- und Sendeeinrichtungen des Netzes;
2. Anweisung der Dienststellen, durch welche Maßnahmen der gute Übertragungszustand des Rundfunknetzes beim Auftreten von Fehlererscheinungen wiederherzustellen sein wird;
3. Überwachung der Störungsbeseitigung;
4. Sorge für die Vornahme täglicher Messungen zur Festlegung der normalen Einstellung der Verstärker und Sender;
5. Unterrichtung an Ort und Stelle unter Zuziehung des Funkreferenten der beteiligten OPD;

6. Veranstaltung von Versammlungen der Funkreferenten.

b) Einteilung.

Lfd. Nr.	Geschäftsführende OPD	Für die Bezirke
1	Köln	Aachen, Dortmund, Düsseldorf, Köln, Münster (Westf.) (Westdeutscher Rundfunk A.-G.)

(Ausdehnung auf andere Rundfunksendebezirke bleibt vorbehalten.)

Reichs-Strafgesetzbuch

Vom 31. Mai 1870 (BGBl S. 197, 648), Bek 26. 2. 1876 (RGBl S. 40, 119).

(Auszug).

§ 317.

Wer vorsätzlich und rechtswidrig den Betrieb einer zu öffentlichen Zwecken dienenden Telegraphenanlage dadurch verhindert oder gefährdet, daß er Teile oder Zubehörungen derselben beschädigt oder Veränderungen daran vornimmt, wird mit Gefängnis von einem Monat bis zu drei Jahren bestraft.

§ 318.

Wer fahrlässigerweise durch eine der vorbezeichneten Handlungen den Betrieb einer zu öffentlichen Zwecken dienenden Telegraphenanlage verhindert oder gefährdet, wird mit Gefängnis bis zu einem Jahre oder mit Geldstrafe bis zu neunhundert Mark bestraft.

Gleiche Strafe trifft die zur Beaufsichtigung und Bedienung der Telegraphenanlagen und ihrer Zubehörungen angestellten Personen, wenn sie durch Vernachlässigung der ihnen obliegenden Pflichten den Betrieb verhindern oder gefährden.

§ 318a.

Die Vorschriften in den §§ 317 und 318 finden gleichmäßig Anwendung auf die Verhinderung oder Gefährdung des Betriebes der zu öffentlichen Zwecken dienenden Rohrpostanlagen.

Unter Telegraphenanlagen im Sinne der §§ 317 und 318 sind Fernsprechanlagen mitbegriffen.

§ 319.

Wird einer der in den §§ 316 und 318 erwähnten Angestellten wegen einer der in den §§ 315 bis 318 bezeichneten Handlungen verurteilt, so kann derselbe zugleich für unfähig zu einer Beschäftigung im Eisenbahn- oder Telegraphendienste oder in bestimmten Zweigen dieser Dienste erklärt werden.

§ 320.

Die Vorsteher einer Eisenbahngesellschaft, sowie die Vorsteher einer zu öffentlichen Zwecken dienenden Telegraphenanstalt, welche nicht sofort nach Mitteilung des rechtskräftigen Erkenntnisses die Entfernung des Verurteilten bewirken, werden mit Geldstrafe bis zu dreihundert Mark oder mit Gefängnis bis zu drei Monaten bestraft.

Gleiche Strafe trifft denjenigen, welcher für unfähig zum Eisenbahn- oder Telegraphendienste erklärt worden ist, wenn er sich nachher bei einer Eisenbahn oder Telegraphenanstalt wieder anstellen läßt, sowie diejenigen, welche ihn wieder angestellt haben, obgleich ihnen die erfolgte Unfähigkeitserklärung bekannt war.

Nachträge.

S. 59/60 Anm. 4: als Ziffer 7 (S. 60) tritt hinzu: 7. **Polizeifunkanlagen** (vgl. PABl 1927 S. 503); die generelle Verleihung ist den Ländern erteilt (28. 1. 1928; s. Drucks. d. Reichsrats 1927 § 435).

S. 181 Anm. 4. **Zugfunkverkehr.** Der FspVerk mit fahrenden EisenbZügen (D-Zügen) auf der Strecke Bln—Hmb ist von und nach allen Orten Deutschlands zugelassen (PABl 1929 S. 257).

S. 188, **Bildtelegraphie:**

Bildübertragungen zwischen zwei privaten oder einer privaten und einer öffentlichen Bildstelle.

(PABl 1929 S. 426.)

Bildübertragungen beliebiger Dauer, die von privaten Bildstellen mittels eigener Apparate oder zwischen einer privaten und einer öffentlichen Bildstelle ausgeführt werden, sind während der verkehrsschwachen Zeit unbeschränkt, während der verkehrsstarken Zeit dagegen nur unter den nachstehenden Bedingungen zugelassen:

1. Die Übertragungen dürfen nicht in die Stunden des stärksten Verkehrs fallen. Welche Stunden als solche des stärksten Verkehrs in einer Verkehrsbeziehung gelten, wird von Fall zu Fall amtlich vereinbart.
2. Es müssen Leitungen ganz verfügbar sein, oder die Wartezeit an den in Frage kommenden Leitungen darf nach dem Regelverkehr zu der für die Übertragung gewünschten Zeit nachstehende Grenzen nicht überschreiten:
   a) 15 Minuten bei einer Leitungslänge von weniger als 500 km,
   b) 30 Minuten bei einer Leitungslänge von 500 bis 1000 km,

c) 45 Minuten bei einer Leitungslänge von über 1000 km.

Für die Bildübertragungen werden folgende Gebühren erhoben:

1. während der verkehrsstarken Zeit die Gebühr für gewöhnliche Gespräche von gleicher Dauer,
2. während der verkehrsschwachen Zeit
   a) bei Übertragungen, die für einen ganzen Monat vereinbart sind, oder bei einmaligen Übertragungen von mindestens einer Stunde die Hälfte der Gebühreneinheit,
   b) bei einmaligen Übertragungen von kürzerer Dauer als einer Stunde $^3/_5$ der Gebühreneinheit.

Wird auf der einen Seite eine private und auf der andern eine öffentliche Bildstelle benutzt, so erhebt das Amt, dem diese unterstellt ist, von dem Absender oder Empfänger einen Zuschlag zu den vorstehenden Gebühren. Dieser beträgt in Deutschland 2 *Rpf* je qcm übertragener Bildfläche.

Bildübertragungsversuche unterliegen denselben Bestimmungen.

S. 302 Anm. 6. **Poststellen.** Wird am Orte einer GO eine Poststelle eingerichtet, so ist die GO für Rechnung der Postkasse nach der Poststelle zu verlegen; sie verliert die Eigenschaft einer GO. Die Gemeinde wird von den Verpflichtungen gemäß II frei (Vf d. RPM 31. 12. 1927 I/VI 216/5).

S. 425, C zu 1 (Abs. 3). **Behandlung der RfVerleihungsanträge.** Wo es zweckmäßig erscheint, können den RfGesellschaften, Funkhändlern und Unternehmern von RfVermittlAnlagen Formblätter zur Vermittlung von Anmeldungen überwiesen werden (PABl 1930 S. 236).

Sachregister.

(Die Zahlen verweisen auf die Seiten.)

A.

Ablauf der RfVerleihung 445.
Abschriften von Tel 136, 158.
Abtretung des Anspruchs auf GebErstattung 361.
Ältere Anlage s. frühere A.
Änderung von: Apparaten 465, GebZahlungsweise 428, Rufnummern 377, RfAnlagen 412, 416, 438, Sendeverfahren 411, Sprechstellenanlagen 358, 365, 375, TelAnlagen 477, TelAnschriften 150, TelTexten 150, Verleihungen für RfVermittlungsanlagen 444; des Verzeichnisses der Teilnehmer an einer RfVermAnl 443.
Aëronautisches Observatorium 26, 34, 60, 316.
Akustische Anlagen 58, 83—85.
Alleinrecht des DR 21, 25, 32, 57, 63, 218.
Allgemeine Erfordernisse der Telegramme 127.
AnerkennungsGeb 434.
Anmeldemonat 415.
Anrufnummern 231 (s. auch Änderung).
Anschlußbereiche 228.
Anschlußdosen 267.
Anstaltsgeschäfte 29, 36.
Anstaltsmittel 20, 32.
Anstaltsnutzung 26 f., 66, 171, 221, 374 (s. auch Benutzung).
Anstaltsordnung 13, 15, 17, 23, 25, 34—36, 66, 68, 218, 407 f.
Antenne s. Luftleiter.
AntwortTel 137, 145, 177 f.
Anweisung f. d. FkTelDienst 26, 85.
Apparatbeitrag 240, 245, 273, 276, 286, 290 f., 293, 300 f., 345, 350, 357 f., 364 f., 367 f., 396, 398.
Aufgabe von Tel 130.
Auflagenachrichten 452.
Aufrechnung 221, 236, 286, 303, 358, 366.
Aufwertung 34.
Ausästungen 89, 98, 104—106.
Ausführungsbestimmungen zur FspO 219.
Auskunft 46, 70—72, 76, 145, 149, 158 f., 222, 227 f., 320, 377, 453.
Ausländer 426, 439 f.
Ausland 25, 28—30, 34, 60, 129, 136, 138, 143, 146, 148, 164, 173, 176, 188—203, 315 f., 351, 408, 440, 459, 468, 475.

Auslegung (Begriff d. Unfall-Meldg) 342, 346.
Ausschließung v. d. Benutzung d. Tel 159, 377 (s. auch Entziehung, Rechtsverwirkung).
Ausschlußfrist 360 (s. auch Verjährung).
Ausweispflicht 36, 129, 148 f., 158, 303, 312, 316, 426.
Außerbetriebsetzung 51 f., 79 f., 86, 417, 424, 438, 445.

B.

Bäume 89, 98, 105.
Bahngelände 171 (s. auch Eisenbahnen).
Bastelstuben 434.
Bau verleihungsfreier Anlagen 62.
Bayern 22 f., 35, 53, 103, 155, 170, 230, 381, 472.
Beamtenhaftung (§ 839 BGB) 159.
Beeinträchtigung s. Störung.
Befreiung v. d. Kostenbeitragspflicht 403.
Befristung 284, 288, 310 f., 319, 321; 323, 329, 361 (s. auch Fristen).
Beglaubigung von TelUnterschriften 129 f.
Behörden 21, 42, 62, 63, 97—101, 109 f., 126, 248, 258 f., 278, 302, 312, 343, 360, 370, 394 ff., 453, 465.
Behördenorganisation der DRP 22, 33.
Beitreibung s. VerwZwangsverfahren, Zwangsvollstreckung.
Bekanntgabe 232, 275, 296, 366, 371, 380, 409, 414, 417, 438, 443, 453 f., 456 (s. auch Verkündung, Veröffentlichg.).
Belastungsprüfung v. FspAnschlüssen 233.
Belohnungen f. Anzeige von Schwarzhörern 435 (s. auch Vergütung).
Benutzung des Tel 121.
Berichtigung von Tel 149, 157.
Beschädigung v. Sprechstelleneinrichtungen 364.
Beschlagnahme 52, 71 f., 79, 208, 227.
Beschwerde 88, 110, 121.
Beseitigung von Anlagen 48, 51 f., 74, 79, 86, 89, 266, 381.
Besondere FspEinrichtgn. 364.
Besondere FlNachrichtendienste 60, 141, 413.
Besondere Telegraphen 20, 28, 217, 351, 361, 366, 415.
Bestellungen im ZugTelVerk 182 ff.
BestimmungsAnst (Begriff) 158.
Betreten v. Bahngelände 112, 282; Gebäuden, Grundstücken 100, 281, 416.
Betriebsbefugnis 21, 25, 32, 40, 58, 74, 249; s. auch Errichtungsbefugnis.
Betriebsrecht 170 f.
Bezahlte Antwort 137, 145, 177 f.
Bezirksverkehr s. VorortsVerk.
Bildtelegraphie 28, 120, 134, 157, 163, 165, 172, 188—202, 479.
Billigkeitsgründe 366 f., 374, 414, 417, 423, 428.

Blinde 429.
BlitzFkTel 136.
Blitzgespräche 183, 307, 311, 322, 325, 331.
Blitzschutz 432, 458.
Blitztelegramme 130, 136 f., 160, 183, 306, 378.
Briefkasten 130, 136, 154.
Brieftelegramme 30, 141, 143f., 146, 148, 157, 160—162, 172.
Bundesratsbeschluß 1868: 111, 170.

C.

Chiffrierte Sprache 123, 125, 132 f.
Code-Telegraphie 127.
ContinentalTelCo AG 21, 28.

D.

Dauer d. Gespräche, keine Mitteilung darüber 317.
Dauer d. Teilnehmerschaft 362.
Dauerverbindungen 339.
Delegation 24—26, 104, 119, 217, 219, 394, 397.
Deutsch-Atlantische TelGes 21.
Deutsche BetriebsGes f. drahtl. Tel. 21.
Deutsche TransradioGes 21.
Dienstanschlüsse 394—404, 457.
Dienstpausen 339.
Diensträume s. Dienstanschlüsse.
Dienststunden der TelAnst 122, 230 (s. nachträgl. Dienstschluß).
Dienstwohnungen 397—403, 432.
Doppel der Verleihungsurkunde 415, 422, 431.
Dradag 408, 449.
Drahtfunk 58.
Drahtlose Anlagen 21.
Dringende Gespräche 182, 239, 260, 279, 299, 307, 311—316, 325, 328, 331, 335, 338 f.
Dringende Telegramme 137, 139, 141, 143, 145, 157, 160, 176, 183.
Dritte 230, 238, 245, 250, 258 f., 262, 266, 278 f., 290, 294 ff., 367 f., 375 f., 411, 444, 465.
Durchschnittsgebühr 185.
Durchschnittsgesprächszahl 402.
Durchschnittskostenbeträge 465.
Durchschnittswortzahl 179.
Durchschittszeitwert 255.
Durchsuchung 25, 51, 65, 78 f., 437.

E.

Eheleute als FspAnschlInhaber 292 f.
Eigenmacht 369, 374.
Eigentum an: Baumpflanzungen 98, eingezogenen Sachen 78, FspBüchern 297, FspEinrichtungen 221, 239, 260, 267, 270, 275, 277, 282, 377, Gebäuden 411, Grundstücken 87, RfVerlUrkunden 418, TelUrschriften 134.
Eildienst G. m. b. H. 33.
Einmalige SchaltungsGeb 242.
Einmal. Apparatbeitrag 273.
Einmaliger FspBeitrag 34, 221, 236.
Einmaliger Kostenbeitrag 232.
Einmaliger Kostenzuschuß 234, 237, 262, 276 f., 287, 302, 353.

Einrichtungskosten 270.
Einsichtnahme in TelUrschriften 134.
Einspruch 97, 108—110.
Einstellung des TelDienstes 121, 159, 361 f., 368 ff., 376.
Einstweilige Verfügung 282.
Einteilung der Telegramme 123.
Einvernehmen m. d. Gesprächsanmelder 336 (s. auch Vereinbarung).
Einziehung von: FspAnschlüssen 399, Gerät 50, 77, 86, Wegen 89.
Eisenbahnen 21 f., 26, 28 f., 58 f., 63 f., 66, 68 f., 76, 92, 99—103, 111—117, 122 f., 127, 131, 135 f., 138, 140, 142, 144 f., 148, 155—157, 164, 170—188, 195, 248, 282, 305, 316, 465, 478 (s. auch Bahngelände).
Eisnachrichtendienst 26, 30.
Elektrische Ströme 376, 433.
Elektrisierung der Reichsbahn 115 f.
Elektrizitätsunternehmen 21 f., 41, 59—62, 341.
Empfängerrechte, selbständige 118, 135, 146—148, 151, 153 f., 163 f.
Empfangsanzeige bei Tel 139f., 145, 154, 162, 177.
Enteignung 58, 86, 100.
Entgegenkommen bei RfVerleihungen 425, 428, 430 f., 433.
Entlassung, vorzeitige aus dem Teilnehmerverhältnis 364.
Entziehung des Rechts auf Zulassung zum Verkehr 240, 242, 269, 288, 293, 301, 341, 345, 368 ff., 377, der RfVerleihung 416, 437, 439.
Entziehung elektrischer Arbeit 50, 70, 77.
Erlöschen der Gebührenforderung 360, der Verleihung 80, 216, 410, 417, 423, 426, 437, 444 f.
Erlaß der RfGeb 429, 431, 439.
Ermäßigte Gebühren 125, 143 f., 146, 193, 221, 240, 306, 321, 342, 405.
Ermessen: der DRP 295, 364, der TelVerw 148, 152, der VermStelle 313.
Errichtungsbefugnis 21, 25, 32, 40, 58, 74, 249, 408, 410 f., 419, 421, 426, 434, 437 f., 444.
Ersatzanspruch s. Haftungsordnung.
Ersatzgespräche 378.
Erstattung von Gebühren und Kosten 27, 30, 37, 93, 122, 139, 144, 150, 159—163, 188, 198, 284, 300, 305, 338, 341, 344, 347, 354, 361 ff., 366, 379, 396 f., 399, 401, 403, 415, 423, 439 (s. auch Abtretung).
Erweiterte FspAnschlußsperre 371.
EuropRadio 34, 36.
EuropWolff 21, 36.

F.

Falschverbindungen 379 f.
Falschzählungen 305.

Fehler im FspBuch 334, 377, in der RfEmpfAnlage 408.
FernGeb, Mitteilung der Höhe 308.
Fernmeldeanlagen, Begriff 39.
Fernsprechbuch 254, 258, 279, 294—297, 333 f., 359, 376 f.
Fernsprecher: bei Anmeldung von Einzeldauerverbindungen 340, bei Anträgen auf Rf-Verleihung 349, 425, bei der TelAuflieferung 130, 135, 176, 356, 358, 396, 402, 467, bei der TelZustellung 128, 135 f., 151, 159, 197, 348, 377.
Fernsprechgeheimnis s. Telegraphengeheimnis.
Fernsprechlinien, Begriff 87.
Fernsprechordnung 165, 217 ff.
Fernsprechteilnehmer 278.
Fernverkehr 306.
Fernsprechwesen (Verf 1919) 18.
Fernsprechzensur 226.
Feuermeldung 63.
Feuerschaden 342, 346 f., 375, 378.
Firmenwortlaut (FspBuch) 297.
Fragetelegramm 138, 161.
„Freibrief für Schwarzhörer" 437.
Freimarken s. Postwertzeichen.
Fremde Nachrichten 73 (vgl. Rechtswidrigkeit).
Fristen 31, 53, 75, 80, 96 f., 100, 108 f., 128, 149, 157 f., 160 f., 163, 178 f., 185, 197, 208, 212, 218, 233, 235, 237, 242, 255, 259, 263, 281, 283, 288, 299, 301, 303 f., 305 ff., 313 ff., 318 f., 325, 328, 331, 335 ff., 338 ff., 342, 344, 354, 356 ff., 359 ff., 362, 365, 367, 369 ff., 372, 376, 378, 414 f., 416 f., 419 f., 422, 426, 428, 436 f., 439, 444, 455 (s. auch Befristung).
Frühere Anlage 82, 90—93, 95.
Fürsorgeberechtigte 430.
Funkangestellte 28.
Funkanlagen, Begriff 40, 57.
Funkbetriebsverwaltung 23, 459.
Funkdienst 21, 23, 26 f., 142, 220.
Funkfreunde 418.
Funkgerät 39, 64, 419, 421, 443.
Funkgespräche m. Schiffen in See 404.
Funkhändler als Vermittler von Anträgen auf RfVerleihung 425.
Funkrecht, Begriff 31, 37.
Funksonderdienste 408.
Funksprechsender 405.
Funkstellenverzeichnis 145.
Funktelegramme 144 f., 162, 405.
Funkvereine 60, 434.

G.

Gebäude 87, 100, 267, 287, 302, 375 f., 411, 424, 432 f., 435.
Gebühren im Planfeststellungsverfahren 110.
Gebührenerlaß s. Erlaß.
Gebührenfreiheiten 119, 178, 415, 429 f.
Gebührenordnung 24—47, 35, 43 f., 54, 119, 134 f., 147 f.,

155 f., 163, 165—170, 176 f., 179, 182, 191, 199—202, 218—393, 405, 414—447, 476.
Gebührenstreit 25, 31, 34, 134, 220 f., 356 f., 408.
Gefährdung einer TelAnlage 477 f.
Gefahr: als Zustellungsausschlußgrund 156, der Gesprächsverzögerung 315, des GebVerlustes 371, des Postinteresses 424, 433, für Dienstleitungen 432, gemeine G 342.
Geheime Anschlußnummern 294, 297.
Geheime Bedeutung von Ziffern 125.
Geheime Sprache 123, 126, 160.
Gemeindeanlagen 41, 67, 217, 248.
Gemeindesprechstellen 298 ff., 302.
Gemeindeversorgung 59, 61 f.
Gemeindliche öffentl. Sprechstellen 217 f., 333 f., 344, 480.
Gemeinnützige Unternehmungen 21 f., 41, 60—62, 248, 256, 420, 429, 450.
Gemeinsamer Anschlußantrag 285.
Gemischte FspAnlagen 253, 258.
Gemischte Sprache 123, 125 f., 132.
Genehmigung s. Konzession; von Bahnlinien 101.
Genossenschaften 258, 292.
Gesamtrechtsnachfolge 288, 292.
Gesamtschuldschaft 279, 288.
Geschäftsfähigkeit 25, 36, 59, 122, 129, 156, 278, 425.
Geschäftsnachfolge 287, 291 f.
Geschäftsverlegung 364, 367.
Gesellschaften 258.
Gesprächszensur s. Telegrammzensur.
Gewähr f. GebAufkommen 299, 302 f., für Mängelfreiheit e. FspAnlage 37, 221, 254, 380.
Gewalt, offene 375.
Gewerbliche Funkdienste 407.
Gewerbsmäßige Reinigung von Apparaten 368 (s. auch Mißbrauch).
Gewerbsmäßigkeit s. Mißbrauch.
Gewohnheit 63.
Glaubhaftmachung 305, 421.
Glückwunschtelegramme 129.
Goldfranken 192, 194.
Grundeigentümer 218, 221.
Grundstück 32, 53, 63, 87, 95, 99 f., 228, 239, 241, 249 f., 254 ff., 258, 260 f., 265, 270, 272, 276, 280 ff., 375 f., 381, 442.

H.

Haftungsordnung 26 f., 30, 35, 37, 87, 128 f., 139, 159 f., 179, 190, 197, 204, 206 f., 279, 288, 302 f., 306 f., 311, 313, 315, 323, 325 f., 331—334, 338, 341, 345, 347, 357, 369, 371—380, 403, 413 f., 416, 444 f.
Haftungsstreit 24, 31, 220 f., 377.

Handelsmarken 132.
Handelsnachrichten 142.
Hauptanschlüsse 231.
Hausbesitzererklärung 100, 221, 280 ff.
Hausstellen 395, 467.
Heerestelegraphie 57.
Herausgabeanspruch 134.
Herbeirufen von FspTeilnehmern 322 ff., 356.
Herstellung der Anschlüsse 279.
Hinterlegung von Kosten 158, 357.
Hochfrequenzanlagen 249 f.
HochseeRf 34, 37, 60.
Hörstellen 443, 445.
Hoheitsanordnungen 126.
Hoheitsgebiet, deutsches 65, 83, 440.
Hoheitsgewässer 84, 439.
Hoheitsrecht 38, 42, 47, 50.

J.

Inhaber von: FspDienstanschlüssen 398, RfVerleihungen 409 ff.; s. auch: Unternehmer.
Innere Unruhen 375.
Instandhaltung 240 f., 254, 268, 270, 277, 280, 283, 349 f., 352, 381, 411, 424, 433, 466, 474 (s. auch Unterhaltung).
Internationaler FunkTelVertrag 27 (s. auch WeltFkV.).
Internationaler TelVerkehr 15, 26 f., 35 f., 60, 118, 129, 164, 194 f.

K.

Kabel 20 f., 69, 95, 106 ff., 112, 116 f., 202—217, 256, 280, 474.
Kabeladermiete 221, 465.
Kabelpfand 28, 202—217.
Kanäle 256.
Kauf (FspAnl) 239 f., 268.
Klagbare Ansprüche s. Rechtsweg.
Klage gegen d. Grundeigentümer 282 (Duldung)
Kleinere Arbeiten (FspO) 284.
Körperverletzung 376.
Konkurs 156, 216, 221, 283, 366, 371 ff.
Konzession (Rf) 22, 33, 35, 40, (s. auch Verleihung).
Kosten 68, 88—90, 92—94, 99, 104, 108, 110, 112, 115 f., 158, 174, 210, 218, 230—232, 234, 239 f., 245, 251, 254, 256, 259, 267 f., 273, 275 ff., 280, 282, 286 f., 289, 297, 299, 303, 317, 320, 343, 345 f., 349 f., 352, 357 f., 364 ff., 403, 411, 416, 422, 430, 432 f., 444, 452, 459—461, 465 f.
Kraftversorgungsunternehmen 21, 59, 61 f.
Kreistelegramme 126, 299.
Kündigung 128, 130, 217 f., 231, 233, 255, 263, 275, 282 f., 286, 290, 293, 317, 338, 340, 354, 362, 365 ff., 369, 371 f.
Künstliche Telegrammwörter 124.
Kultureller RfBeirat 33, 451, 455.
Kurzanschriften 124, 128 f., 136, 142 f., 156, 191.

L.

Laufbahnbestimmungen (Fk-Personal) 464.
Lichtbilder von Tel 158, 189 ff.
Lichtversorgungsunternehmungen 21, 59, 61 f.
Lindenberg 26, 34, 316.
Lokalnetz 67, 226.
Luftfahrt 21, 30, 46, 69, 73, 76, 126, 440.
Luftfunk 60.
Luftgespräche 315 f.
Luftleiter 408—447.
Luftpost, zur Weiterbeförderung von Tel 146, 196, 198.
Luftraumbenutzung 81, 89, 96, 99, 106 f.
Luftraumkreuzung 100, 112, 115.
Luftverkehr 88.

M.

Mängel des RfEmpfangs 423.
Mängelfreiheit (Gewähr) 37, 221, 254, 380.
Mehrfachanschlüsse 238, 253, 274.
Mehrfachtelegramme 140 f., 144 f., 162.
Meldung, Begriff 58.
Menschliches Leben, Sicherheit auf See 122.
Miete 33, 61 f., 221, 279.
Mietwohnungen in Dienstgebäuden s. Dienstwohnungen.
Mißbrauch 47, 76, 121, 262, 282, 290 f., 293 f., 301, 306, 309, 312, 316, 345, 351, 368, 408, 413, 424 f., 431, 444, 448 (s. auch Rechtswidrigkeit, Täuschung).
„Mit aller Schärfe" 437.
Mitbenutzung von Bau- usw. Anlagen der DRP 112, 277 f., 293, 295, 432 f., 460, 465 (s. auch Miete); von Dienstanschlüssen 400.
Mithören 227, 275, 416.
Monatsgespräche 36, 281, 337, 457.
Morseschrift 131, 134.
MünzFsp 218, 327, 379 f.

N.

Nachbarortsverkehr 93 f.
Nachforderung nicht erhobener Gebühren 360.
Nachforschung nach Telegrammen 158 (s. auch umfangreiche N.).
Nachlaß von Gebühren s. Erstattung.
Nachrichten, Begriff im FkVerk 40, im übrigen 58.
Nachrichten an Alle 413.
Nachrichtenbüros 142.
Nachrichtenstelle (RfSendedienst) 451 ff.
Nachsendung v. Tel 136, 144, 146 ff., 177, 198.
Nachträgliche Ablehnung eines Gesprächs 324, 330, n. Änderung der Zuteilung zur FspVermittlAnstalt 230, n. Dienstschluß 335, n. Feststellung, daß der Herbeizurufende eigenen FspAnschl besitzt 335, desgl. der unrichtigen Angabe des Herbei-

rufungsbezirks 327, 332, n. GebZahlung 437, n. Konzession 52, 59, 75, 79, 436 f., 440, n. TelWiederholung 139.
Nebengebühren 162, 179.
Nebenstelle 221, 237 ff., 272, 298, 308, 362, 366, 374 f., 380 f., 394, 397, 401 f., 415, 462.
Nebentelegraphen 20, 130, 151, 159, 217, 349 ff., 361, 415.
„Nicht gleich ein Strafverfahren" 440.
Niederländische Wasserfahrzeuge 439.
Niederschlagung v. GebForderungen 372, 374.
Notstand 303.

O.

Observatorium, aëronautisches 26, 34, 60, 316.
Öffentl. Abgaben 415.
Öffentl. Kranken- usw. Anstalten 429.
Öffentl. Sprechstellen 298.
Öffentl. Zwecke 411 f., 415, 477 f.
Öffentl.-rechtliche Anstaltsnutzung 118, 122.
Öffentl. FspNetz 226.
Öffentl. Interesse 66, 85, 91 f., 95.
Öffentl. Wohl 264, 340, 354, 368.
Offene Gewalt 375.
Offene Sprache 123, 126 f., 131—133, 136, 142 f., 160.
Offene Telegramme 151.
Optische Telegraphie 58, 83—85, 145.
OrtsFspNetz 134.
Ortsgespräche 176, 302 ff., 321, 325, 396, 399, 401.
Ortsnetz 135, 185, 226, 228 ff., 249, 259 ff., 277, 284, 289, 297, 308, 315, 321 f., 330, 335, 340, 345, 348, 365, 367, 371, 379, 431, 459, 466 f.
Ortsverkehr 93, 134, 299, 303.
Ozeanbriefe 30.
Ozeanschiffe 406.

P.

Peildienst 30.
Pfändung 59, 216, 221, 361.
Plan 89, 96 f., 101, 104, 107—109, 442, 457 f., 461 f.
Planabschrift 98.
Politische Nachrichten 142, 408.
Politische Notwendigkeit (Rf) 448.
Politische RfÜberwachg. 449 ff.
Polizei 21, 51 f., 63, 71, 79 f., 87, 98 f., 102, 111, 227, 303, 343, 411, 437 f.
Polizeifunkanlagen 479.
Postanweisung (tel) 30, 129, 142, 157, 172.
Poststellen 480.
Postwertzeichen 131, 135, 162, 178.
Pressebildtelegraphie 464.
Pressegespräche 36, 238, 260, 279, 299, 307, 312 f., 316, 339.
PresseRf 21, 33, 37, 60.
Pressetelegramme 30, 126, 142, 144.
PrivatFspAnschlüsse 241, 246—249, 255 f.

Privatgespräche über Dienstanschlüsse 396, 400.
Privatgrundstücke 20, 25, 28.
Privat-Öffentl. Sprechstellen 218.
Privattelegraphen 238, 250.
Private Bildstellen 479.
Private Funkbetriebsanlagen 250.
Private Funkgespräche 312.
Private Versuchssender 407, 411, 413, 418.
Programmrat 33.

Q.

Querverbindungen 260, 395, 415.
Quittung über: Bilder 197, RfGeb 410, RfVerzichterklärung 423, Staatstelegramme 154, Telegramme 175, 406, Tel mit Empfangsanzeige 140, Tel- usw. Geb 130 f., 299.

R.

Raumfunk 58.
Rechnung s. Kosten.
Recht auf Anschluß an e. Rf-VermittlAnl 444, auf Geb-Zurückzahlung 356, des Anst-Nutzers 66 f., 121.
Rechtsverwirkung im FspVerk 240, 242.
Rechtsweg 21, 24—26, 31, 34, 37, 42, 59 f., 63, 66 f., 82, 88, 91—93, 96, 98, 100 f., 122, 134, 163, 220 f., 250, 357, 377, 408 f.
Rechtswidrigkeit im TelVerk 45, 49, 70, 75, 121, 142, 226, 245, 368 ff., 409, 412 f., 416, 418, 420 f., 423, 437, 442 f., 450.
Reichsfunkbetriebsverwaltung 23.
Reichsrundfunkgesellschaft 33.
Reichswehr 63, 85, 87, 104.
Rekommandierte Telegramme 131, 139.
Rentenempfänger 430.
Republikschutz 126 (s. Schutz).
Rheinlandabkommen 22, 29, 58.
Rohrpost 196, 458 f., 462, 478.
Rückgabe der Verleihungsurkunde 407, 417, 424, 445.
Rückstände s. Schulden.
Rücktritt 400.
Rufnummer s. Anrufnummer.
Rundfunk 27 ff., 37.
Rundfunkbestimmungen 406—447.
Rundfunkgeheimnis s. TelGeheimnis.
Rundfunkgerät s. Funkgerät.
Rundfunkkommissar 33.
Rundfunkrichtlinien 448.
RfVerleihungsbedingungen 407—447.
Rundfunkvermittlungsanlagen 97, 409, 441—445 (s. auch Änderung).

S.

Saargebiet 144, 146.
Schadenersatz 88, 90, 93, 97, 99 f., 122 (s. auch Haftungsordnung).
Scheck (tel) 30.

Schiffahrt 42, 64 f., 69, 439 f., (s. auch Seefahrt).
Schiffe in See 404 ff.
SchiffsFspAnschlüsse im Hafen 268.
Schiffsfunkverkehr 60, 64 f., 221.
Schiffstelegraphie 59, 78, 82, 92, 440.
Schließfach 128, 140, 151.
Schmuckblattelegramme 136, 144, 146.
Schnellverkehr 378 ff.
Schriftform 147, 153 f., 156, 163, 175, 279 ff., 285, 288, 290 f., 312, 323, 334 f., 338 ff. 368, 371, 373, 396, 410, 414, 417, 419 f., 423, 425, 428, 432, 443.
Schuld der Telegraphie 163, 347, des Teilnehmers 361.
Schulden (Geb) 279 f., 283, 301, 358, 367, 370, 372, 410, 416, 423, 429, 439.
Schutz der Fernmeldeanlagen 458, 461.
Schutz der Republik (Ges 1930) 228.
Schutz des Funkverkehrs (VO 1924) 24, 47 f., 50, 57, 74, 78—80, 221, 448.
Schutz gegen Diebstahl 377.
Schutzvorrichtungen im FspVerk 249 f.
Schwarzhören 425, 435.
Seefahrt 21, 30, 42, 45 f., 73, 76, 83 f., (s. auch Schiffahrt).
Seefunkverkehr 144, 146, 157, 476.
Seewarte 26, 60.
Semaphortelegramme 145, 157
Sonderdienste (Rf) 27, 30, 45, 60, 70.
Sondergebühr 153.
Sonderleistungen im TelVerk 150, 152, 160.
Sondertelegramme 163.
Spätere Anlage 81 f., 92—94, 99.
Sportfunk 37.
Sprache der Telegramme 123 f., 136, 142 f.
Sprachwidrige Zusammenziehungen 132 f.
Sprechtelegraph 33, 141, 184.
Staatsangehörigkeit (ausl.) 426.
Staatsverträge 1920 s. Übergangsverträge.
Stangenmiete 221.
Starkstromanlagen 81 f., 375, 461, 465.
Starkstromunternehmungen 60 (s. auch gemeinnützige Unt.).
Stillschweigende FspAnschl-Übernahme 293.
Störungen 26, 47, 49, 76 f., 81, 89 f., 92, 96, 113, 159, 303 f., 338, 342, 346, 376 f., 422, 462, 471, 476.
Strafrecht 21, 24 f., 38 f., 42, 45—48, 50 f., 65, 70—72, 74—81, 86, 212, 227, 242, 342, 360, 411 f., 414 f., 421, 434—440, 477 f.
Straßenbahnen 77.
Straßenbauverwaltungen und -beamte 86, 99, 111.
Strichzählung 396.
Stundenverbindungen 335.
Stundung von Geb 135 f., 178, 357 f., 370.

T.

Täuschung s. Mißbrauch.
Technische Nothilfe 346.
Teilerstattung von Geb 361.
Teilzahlungen 277, 357 f., 370, 402.
Telegrammbeförderungsvertrag 20.
Telegrammzensur 26 f., 121 f., 162, 312.
Telegraphenfreimarken 135.
Telegraphengeheimnis 25, 27, 38, 44—48, 68, 119, 122, 175, 227, 298, 408, 413.
Telegraphenmonopol 19.
Telegraphenordnung 15, 23 f., 26 f., 117, 164 f., 172, 202.
Telegraphenregal 19.
Telegraphenreglement 14, 23, 118, 170.
Telegraphenregulativ 13 f., 23, 66, 69, 118, 141, 150, 155, 163.
Telegraphenschlüssel 126.
TelVereinsverträge 14.
Telegraphenwesen (RVerf 1919) 19.
Telephonautomat s. MünzFsp.
Testamentsvollstrecker 292.
Todesfall 364, 423.
Transozean G. m. b. H. 21, 28.
Transportanstalten 62 f.
TransradioGes 21, 46, 60.
Trennen von Gesprächsverbindungen 306, 314, 321 f., 378 f.

U.

Übergangsverträge 1920: 22, 53, 87, 104.
Überlassung posteigener Leitungen für private Hausstellen 256.
Überleitungsämter 180—188.
Übertragung: der Befugnis zur Errichtung usw. einer RfVermittlAnl 444, von Fsp-Anschlüssen 281, 287 f., 291, 293 f., 398 f., von RfVerleihungen 417.
Überwachung 21, 32, 43, 59, 63, 65 f., 76, 174, 227, 242, 431, 434—440, 448—456, 460, 463, 469 ff., 474, 476.
Überweisung (= roter Postscheck) 129, 142.
Überweisung von Kurzanschriften 129.
Umfangreiche Nachforschungen 357, 360.
Umleitung von Gesprächen 235, 310, 319, 321, 358.
Umsatzsteuer 254, 303, 415.
Umschaltung 363.
Umtausch von Verleihungsurkunden 406, 441.
Umtelegraphierung 173.
Umwandlung von: FspAnschlüssen 236, 281, 290, 293, 362 f., 367 f., von Gesprächen 313, 315 f., 322, 332, 335.
Unbewohnte Räume 377 (s. auch vorübergehend nicht bewohnte R.).
Uneinziehbarkeit von Geb 374.
Unentgeltliche Leistungen 119, 131, 136, 151 ff., 254, 259, 261, 270, 272, 276 f., 279, 282, 284, 286, 294, 296, 298, 300 ff., 304, 344, 351, 369, 379, 420, 425, 428.

Unerlaubte Handlung (BGB.) 377.
Unerreichbarkeit des Teilnehmers 136.
Unfallmeldung 30, 36 f., 231, 299, 342 ff., 377 (s. auch Auslegung).
Unfallverhütung 464.
Unterbrechung von Gesprächen s. Trennen.
Unterhaltung verleihungsfreier Anlagen durch die Post 62 (vgl. Instandhaltung).
UnterhaltungsRf 37, 60, 221.
Unternehmer als Inhaber einer RfVermittlAnl 442, als Vermittler von Anträgen auf Rf-Verleihung 425.
Unverhältnismäßige Kosten 93, dgl. Schaden 90, 92.
Unzustellbarkeit 142, 144 f., 148 f., 157, 185, 199, 334.
Urheberrecht am FspBuch 297.

V.

Verabredete Sprache 124, 126, 132 f.
Veranlassung (= Verschulden) 161.
Verantwortung s. Haftungsordnung.
Verbote s. Rechtswidrigkeit.
Verein 259, 278, 293.
Vereinbarung mit dem Ausland 381, mit dem Unternehmer einer RfVermittlAnl 444, von Monatsgesprächen 337 (s. auch Einvernehmen).
Verfassungen 1849, 1867, 1871: 14; 1919: 18, 25 f., 69, 87, 121, 164, 176.
Vergleichsverfahren 221, 283, 372.
Vergleichung von Tel 139, 141, 145, 160.
Vergütung an Polizeibeamte 99, 104, 111, an die Reichsbahn 113, für Unfallmeldungen außerhalb der Dienstzeit 348 (s. Belohnungen).
Verhinderung des Betriebs 77, 477 f., der Überwachung 76.
Verjährung 31, 100, 134, 283, 374 (s. auch Ausschlußfrist).
Verkehrswege 28, 87, 95, 99, 351, 411.
Verkündung 27, 164, 220, 381.
Verlegung von FspAnschl bei Wohnungswechsel 400.
Verleihung, Begriff 41, im übrigen 58, 63, 249, 406—447 (s. auch Ablauf).
Verleihungsanträge, Vermittlung durch RfGes usw. 480.
Verleihungsfreiheit 21, 32, 62, 114, 215, 248, 434.
Verleihungsurkunde 25, 28, 35, 37, 406—447 (s. auch Doppel).
Verlust von Tel 199.
Vermutung des Mißbrauchs 294, für offene Sprache 127.
Veröffentlichung 165, 172, 219, (s. auch Bekanntgabe, Verkündung).
Versailler Friede 22, 29.
Verstöße s. Rechtswidrigkeit.
Versuchsanlagen 40, 60.
Versuchssender s. private Versuchsanlagen.

Vertrag: auf Grund der Hausbesitzererklärung 281; betr. Ausnahmequerverbindungen 267.
Vertragsfreiheit 122.
Verwaltungsrat 25, 117.
Verwaltungszwangsverfahren 25, 34, 38, 43, 67 f., 110, 135, 220, 283, 370—375, 428 f.
Verzeichnis der Börsenämter 320, der Bordfunkstellen 405, der Teilnehmer an einer RfVermittlAnl 442.
Verzicht auf: Ausführungszeit von Gesprächen 316, 335, Bekanntmachung 213, Gebührenanteil 188, RfVerleihung 414, 417, 423, 437, Vorrang 160, Weitergabe einer Nachricht 334.
Verzögerung von: Gesprächen 324, 329, 377, Telegrammen 159 f., 199.
Verzug 37.
Volljährigkeit s. Geschäftsfähigkeit.
Vollmacht 149 f., 154, 156.
VollzugsO 27, 36, 129, 134, 164, 202.
Voranmeldung 185—187, 322.
Vorbereitung von Anlagen 91 f.
Vorführungsanlagen (Rf) 422.
Vorlegung: der RfGebQuittung 410, 421, 435, der RfVerleihungsurkunde 407, 421, 423, 434, des Telegrammschlüssels 126.
Vorortsverkehr 93, 307, 321 f., 381, 396, 399, 402.
Vorrang bei: Beförderung 123, 126, 136 f., 160, 172, Herstellung von FspAnschlüssen 281, 284, 289, 313 f., 316 f., 340, 342.
Vorrechte 66, 340.
Vorschuß auf FspGeb 355, 359.
Vorübergehend nicht bewohnte Räume 366, 377; vorüb. notwendige FspAnlagen 364, 366.

W.

Wasserbekämpfung 342, 465.
Wasserfahrzeuge 439 f.
Wasserschäden 375, 378.
WasserstandsbeobachtungsTel 126.
Wasserwerke 60.
Wegerecht 28, 53, 86.
Wegeunterhaltung s. Verkehrswege.
Weitergabe kurzer Nachrichten 332 ff., 377.
Wellenverteilung, internationale 29.
Weltfunkvertrag 27, 36, 76.
Welttelegraphenvertrag 27, 30, 120, 134, 145, 164, 202.
Wetterdienst 26, 30, 34, 60, 143, 195, 316.
Wettertelegramme 126.
Widerruf von Vereinbarungen 340 ff., 416, 423, 429, 444.
Wiederholter Zahlungsverzug 371.
Wiederholung von Tel 145, 149, 160 f.
Wirkliche TelWörter 124.
Wirtschaftliche Notlage 423, 429 ff.
Wirtschaftsfunk 33, 37, 60, 220.

WochenendTel 29, 126.
WohnungsRfAnschluß 409, 421, 426, 443 ff.
Wohnungsgemeinschaft 409, 420.
Wohnungswechsel 400, 410, 423, 428.
Wortzählung 131.

Z.

Zählfehler 305.
Zahlkarten (tel) 129, 142.
Zahlungsanweisung (tel) 129, 142.
Zahlungsverkehr (tel) 30.
Zeit (Bekanntgabe) 349, 377.
Zeitpunkt: der Anschlußübertragung 294, der GebZahlung 360, des Abschlusses der Vorarbeiten zum FspBuch 295.
Zeitungen 142, 312, 339, 360.
Zeitwert 239, 255, 276, 378.
Zeitzeichendienst 26, 30, 60, 165.
Zensur s. GesprächsZ., TelZ.
Zinsen 204, 207, 209, 236, 357 f., 360, 370.
Zufahrtswege 112.
Zugbenutzung durch Postbeamte 112.
Zugfunk 172, 180, 464, 479.
Zugfunkverkehr 26, 29, 60, 165.
ZugTelGesellschaft 21, 180, 185, 188.
Zulassung zum Tel- usw. Verkehr 408, 442 (s. auch Recht).
Zulassungsgrundsatz der TelO 119, 218.
Zurückgestellte Tel 126.
Zurücknahme des Widerrufs 423.
Zurückstellung von Gesprächen 310, 317, 319, 321, 323, 329.
Zurückzahlung von Kosten 259, 264, 267 (s. auch Erstattung).
Zurückziehung von Anträgen auf FspAnschluß 280, 289, von Gesprächsanmeldungen 337, von Telegrammen 149 f.
Zusatzeinrichtungen 270.
Zuschläge für Leitungen 276.
Zuständigkeit 22, 33 f., 229, 236 f., 249, 254 f., 257 f., 266, 302 f., 315, 337, 345 f., 360, 367, 369 f., 371, 374, 395, 398, 404, 421, 425, 431, 433, 439, 442 f., 457—467.
ZuständigkeitsO 22, 60, 75.
Zustellanstalt 158, 294, 410, 415, 417, 419, 424 f.
Zustellung von GebRechnungen 403, von Telegrammen 27, 29 f., 123, 127—130, 136—139, 144 f., 147, 151—155, 159, 177, 184, 197 f., 347, des Fernsprechbuchs 296, von Nachrichten 324, 334.
Zustellung im Verfahren 97, 110, 204 f., 213, 423.
Zustimmung 103, 107.
Zuwiderhandlung s. Rechtswidrigkeit.
Zwangsvergleich 372.
Zwangsvollstreckung 204, 214 ff. 222 (s. auch Verwaltungszwangsverfahren).
Zweckverbände 21.

Nachweis wichtiger Gesetzesausgaben

mit und ohne Erläuterungen, größere und kleinere Kommentare, Lehrbücher, Sammelwerke, Entscheidungssammlungen, Zeitschriften

Zusammengestellt vom Verlage Walter de Gruyter & Co., Berlin W 10

Mai 1930

Inhaltsübersicht

	Seite
I. **Allgemeines, Sammelwerke**	3
II. **Bürgerliches Recht**	5
1. Bürgerliches Gesetzbuch	5
Schuldverhältnisse insbesondere	7
Sachenrecht insbes.	8
Familienrecht, Erbrecht	9
Aufwertung	10
2. Handelsrecht	10
Gesellschaften	12
Wechselordnung u. Scheckrecht	13
Schiffahrtsrecht	13
Genossenschaften	15
Verschiedenes	15
Bank und Börse	16
III. **Grenzgebiete des Bürgerlichen Rechts**	17
1. Privat- u. Sozialversicherung	17
2. Arbeitsrecht	19
3. Gewerberecht	20
4. Geistig-gewerbl. Rechtsschutz	21
IV. **Zivilprozeß**	24
Freiw. Gerichtsbarkeit	26
Konkursordnung und Zwangsvollstreckung	27
V. **Strafrecht und Strafprozeß**	28
Strafgesetzbuch	28
Nebengesetze	30
Strafprozeßordnung	31
VI. **Öffentliches Recht**	33
1. Staats- u. Völkerrecht	33
2. Verwaltungsrecht	37
Reichsrecht	37
Landesrecht	41
3. Steuerrecht	45
VII. **Entscheidungs-Sammlungen u. Zeitschriften**	47

I. Allgemeines, Sammelwerke.

Handwörterbuch der Rechtswissenschaft. Unter Mitberatung von Reichsgerichtspräsident Dr. E. Bumke, L. Busch, Oberreichsanwalt Dr. L. Ebermayer, Geh. Justizrat Professor Dr. Fr. Endemann, Geh. Justizrat Professor Dr. E. Heymann, Senatspräsident am Reichsgericht Dr. O. Strecker, Präsident des Bayrischen Obersten Landesgerichts Staatsrat Dr. K. v. Unzner herausgegeben von Dr. jur. **Fritz Stier-Somlo,** o. Professor an der Universität Köln, und Dr. jur **Alex. Elster,** Berlin. 6 Bände. Lexikon-Oktav. 1926/29.
In Halbleder geb. RM. 304.—

Dazu erscheint im Sommer 1930 ein Ergänzungsband, der das Handwörterbuch bis auf den letzten Stand von Wissenschaft und Praxis fortführt.

„Es zeigt sich doch jetzt immer mehr, daß Ihr Handwörterbuch ein ganz großer Wurf war. Wie ich höre, wird es auch in der Praxis in steigendem Maße benutzt.“ Professor Dr. Nipperdey, Köln.

Bürgerliches Rechtslexikon. (Nach dem Bürgerlichen Gesetzbuch, dem Handelsgesetzbuch und sonstigen Reichs- und Landesgesetzen.) Von E. **Christiani,** weil. Amtsgerichtsrat. Vierte, durchgearbeitete und verbesserte Auflage von Dr. Alexander **Elster,** Rechtsanwalt Dr. Hugo Hoormann, Amtsgerichtsrat Georg Krause, Lexikon-Oktav. IV, 474 Seiten. 1930 . . . . Geb. RM. 15.—

Christianis „Bürgerliches Rechtslexikon“ erscheint nach seinen großen Erfolgen vor dem Kriege nunmehr in vierter Auflage. Die besondere Art der Stichwortaufteilung und die verständliche Darstellung haben es in alle Kreise gelangen lassen, die stets eine Gelegenheit zu zuverlässiger Rechtsbelehrung haben müssen.

Hedemann, J. W., **Einführung in die Rechtswissenschaft.** Zweite, erweiterte und umgestaltete Auflage. Oktav. XXII, 566 Seiten. 1927. (Lehrbücher und Grundrisse der Rechtswissenschaft Bd. IX.)
RM. 14.—, geb. RM. 16.—

*„. . . Das Buch Hedemanns, welches die Aufgabe einer Einführung am reichsten und umfassendsten auffaßt und löst . . .“
Juristische Wochenschrift.*

Sternberg, Theodor, **Einführung in die Rechtswissenschaft.**
I. Teil: Methoden- und Quellenlehre. Zweite, neugestaltete Auflage. Verbesserter Neudruck. 190 Seiten. 1927. (Sammlung Göschen Bd. 169.)
Geb. RM. 1.80

II. Teil: Das Rechtssystem. Erste Hälfte: Grundbegriffe und Privatrecht. Zweite, vermehrte Auflage. 133 Seiten. 1922. (Sammlung Göschen Bd. 170.) . . . . Geb. RM. 1.80

Eine in ihrer Knappheit ganz ausgezeichnete Darstellung der juristischen Begriffe und Probleme.

Schröder, Richard, und **Glitsch,** Heinrich, **Deutsche Rechtsgeschichte. schichte.** Sechste, verbesserte Auflage. Groß-Oktav. Mit einer Abbildung im Text, fünf Tafeln und einem Bildnis. 1124 Seiten. 1922.
RM. 26.—, in Halbleder geb. RM. 30.—

Dieses bekannte Lehrbuch hat sich seit langen Jahren bestens bewährt.

Fehr, Hans, **Deutsche Rechtsgeschichte.** Zweite, verbesserte und ergänzte Auflage. Oktav. 416 Seiten. 1925. (Lehrbücher und Grundrisse der Rechtswissenschaft Bd. X.) RM. 13.—, geb. RM. 14.50

Das Buch gibt eine plastische Darstellung der deutschen Rechtsgeschichte, die eine Anhäufung von Stoff ausdrücklich vermeidet, vielmehr das Schwergewicht auf eine mehr ideengeschichtliche Behandlung des Gegenstandes legt.

Schröder, Richard, und **Glitsch,** Heinrich, **Deutsche Rechtsgeschichte.** Zweite Auflage. Neudruck.
I. Bis zum Ende des Mittelalters. 160 Seiten. 1929. (Sammlung Göschen Bd. 621.) . . . . Geb. RM. 1.80
II. Die Neuzeit. 90 Seiten. 1929. (Sammlung Göschen Bd. 664.) Geb. RM. 1.80

Eine gemeinverständliche kurze Darstellung der deutschen Rechtsgeschichte.

Giese, Friedrich, **Preußische Rechtsgeschichte.** Übersicht über die Rechtsentwicklung der preußischen Monarchie und ihrer Landesteile. Ein Lehrbuch für Studierende. Groß-Oktav. 256 Seiten. 1920. RM. 5.—, geb. RM. 6.50

„Das Buch ist nicht ein, sondern das (bisher fehlende) Lehrbuch der preußischen Rechtsgeschichte."
Dr. Karl Strupp im „Verwaltungsarchiv".

von Mayr, Robert, **Römische Rechtsgeschichte.** I. Buch. Die Zeit des Volksrechtes. 1. Hälfte: Das öffentliche Recht. 150 Seiten. 1912. (Sammlung Göschen Bd. 577.) . . . . Geb. RM. 1.80
2. Hälfte: Das Privatrecht. 117 Seiten. 1912. (Sammlung Göschen Bd. 578.) . . . . Geb. RM. 1.80
II. Buch: Die Zeit des Amts- und Verkehrsrechtes. 1. Hälfte: Das öffentliche Recht. 158 Seiten. 1912. (Sammlung Göschen Bd. 645.) Geb. RM. 1.80
2. Hälfte: Das Privatrecht I. 122 Seiten. 1913. (Sammlung Göschen Bd. 646.) . . . . Geb. RM. 1.80
Das Privatrecht II. 150 Seiten. 1913. (Sammlung Göschen Bd. 647.) Geb. RM. 1.80
III. Buch. Die Zeit des Reichs- und Volksrechtes. 111 Seiten. 1913. (Sammlung Göschen Bd. 648.) . . . . Geb. RM. 1.80
IV. Buch. Die Zeit der Orientalisierung des römischen Rechtes. 155 Seiten. 1913. (Sammlung Göschen Bd. 697.) . . . . Geb. RM. 1.80

Stammler, Rudolf, **Lehrbuch der Rechtsphilosophie.** Dritte, vermehrte Auflage. Groß-Oktav. XVI, 396 Seiten. 1928. RM. 13.—, geb. RM. 15.—

„. . . Ein Werk aus einem Gusse, ein herbes Werk von größter wissenschaftlicher Strenge, eine Schule, durch die jeder gehen muß, der mit den rechtsphilosophischen Problemen der Gegenwart ringt."
Schweizerische Juristenzeitung.

Stammler, Rudolf, **Rechts- und Staatstheorien der Neuzeit.** Leitsätze zu Vorlesungen. Zweite, vermehrte und verbesserte Auflage. Oktav. IV, 116 Seiten. 1925. . . . . RM. 3.50, geb. RM. 4.50

Ein unentbehrlicher Führer durch die Rechts- und Staatstheorien der Neuzeit.

Stammler, Rudolf, **Wirtschaft und Recht** nach der materialistischen Geschichtsauffassung. Eine sozialphilosophische Untersuchung. Fünfte, durch einen Nachtrag ergänzte Auflage. Oktav. VIII, 704 Seiten. 1924. . . . . RM. 14.—, geb. RM. 16.—

„Das Werk Stammlers darf den Ruhm in Anspruch nehmen, unter allen Büchern, die in der letzten Zeit auf dem hier in Betracht kommenden Gebiet erschienen sind, die stärkste Wirkung hervorgebracht zu haben." *Historische Zeitschrift.*

Friedrichs, Karl, **Der Allgemeine Teil des Rechts.** Eine Darstellung der gemeinsamen Lehren des öffentlichen und des privaten Rechts. Groß-Oktav. X, 306 Seiten. 1927. . . . . . . RM. 12.—, geb. RM. 13.50

„Eine solche Arbeit fehlte bisher in der juristischen Literatur. Friedrichs ist wie kein anderer berufen, eine grundlegende Arbeit über dieses Gebiet zu schreiben." *Mitteilungen des Preuß. Richtervereins.*

Maas, Georg, und **Magnus,** Julius, **Abkürzungsverzeichnis der Rechtssprache.** Abkürzungen der Bezeichnungen von Rechtsquellen, Behörden, Entscheidungen usw. des deutschen und österreichischen Rechts. Oktav. IV, 140 Seiten. 1929. . . . . RM. 4.—

„Bis jetzt fehlte eine Zusammenstellung, die in zuverlässiger Weise die gebräuchlichsten Abkürzungen wiedergab. Diese Lücke füllt das neue Buch in glücklicher Weise aus." Der junge Rechtsgelehrte.

Endemann, Friedrich, **Grundriß des römischen Privatrechts.** Oktav. X, 256 und 30 Seiten. 1925. (Lehrbücher und Grundrisse der Rechtswissenschaft Bd. XII.) . . . . RM. 9.—, geb. RM. 10.50

„. . . ein nach jeder Richtung hochstehendes Werk."

Der junge Rechtsgelehrte.

Stammler, Rudolf, **Aufgaben aus dem römischen Recht.** Der „Institutionenübungen für Anfänger" vierte Auflage. Oktav. IV, 92 Seiten. 1919. Mit Figuren im Text . . . . Geb. RM. 5.—

Zum selbständigen Einarbeiten in das System des römischen Privatrechts.

II. Bürgerliches Recht

1. Bürgerliches Gesetzbuch

Lehmann, Heinrich, **Allgemeiner Teil des Bürgerlichen Gesetzbuches.** Dritte, vermehrte und verbesserte Auflage (9. bis 12. Tausend). Oktav. XIV, 439 Seiten. 1928. (Lehrbücher und Grundrisse der Rechtswissenschaft Bd. I.) . . . . RM. 12.—, geb. RM. 13.50

„Es liegt ein großer pädagogischer Wert in diesem Buch. Es wird sich unter den Studenten rasch großer Beliebtheit erfreuen."

Das Recht.

Leonhard, R., **Der Allgemeine Teil des Bürgerlichen Gesetzbuches** in seinem Einflusse auf die Fortentwicklung der Rechtswissenschaft. Groß-Oktav. XVI, 537 Seiten. 1900. (Recht des Bürgerlichen Gesetzbuches in Einzeldarstellungen Nr. X.) . . . . RM. 10.—

Die Sammlung „Recht des Bürgerlichen Gesetzbuches" umfaßt systematische Darstellungen des BGB. aus der Feder erster Juristen der Wissenschaft und Praxis.

Oertmann, Paul, **Allgemeiner Teil des Bürgerlichen Gesetzbuches.**

I. Einleitung. Lehre von den Personen und von den Sachen. Dritte, verbesserte Auflage. 136 Seiten. 1926. (Sammlung Göschen Bd. 447.) Geb. RM. 1.80

II. Erwerb und Verlust, Geltendmachung und Schutz der Rechte. Dritte, verbesserte Auflage. 147 Seiten. 1928. (Sammlung Göschen Bd. 448.) . . . . Geb. RM. 1.80

Nach der die Vorgeschichte des BGB. und einzelne für seine Bedeutung und Anwendung wichtige Hauptfragen behandelnden Einleitung bespricht der Verfasser die Lehre von den Personen und von den Sachen. Er verarbeitet den Inhalt der einzelnen Gesetzesparagraphen wissenschaftlich und erörtert dabei auch mehrfach Fragen, die im BGB. selbst nicht geregelt, höchstens gestreift werden.

Plancks Kommentar zum Bürgerlichen Gesetzbuch nebst Einführungsgesetz. Bisher herausgegeben von E. Strohal. Bearbeitet von E. Brodmann, L. Busch, J. Ebbecke, F. Flad, M. Greiff, K. Gunkel, P. Knoke, M. Landois, A. Lobe, Fr. Oegg, H. Siber, O. Strecker, K. von Unzner. Vierte, völlig neubearbeitete Auflage. Lexikon-Oktav. Bisher sind erschienen:

I. Band: Allgemeiner Teil. 606 Seiten. 1913. RM. 15.—, geb. RM. 17.—

II. Band, 1. Hälfte: Recht der Schuldverhältnisse. (Allgemeiner Teil.) 640 Seiten. 1914 . . . . RM. 15.—, geb. RM. 17.—

II. Band, 2. Hälfte: Recht der Schuldverhältnisse. (Besonderer Teil.) 1296 Seiten. 1928 . . . . RM. 49.—, geb. RM. 52.—
III. Band: Sachenrecht. 1464 Seiten. 1920. RM. 30.—, geb. RM. 33.—
IV. Band: Familienrecht. 1. Hälfte §§ 1297—1588. 701 Seiten. 1928. RM. 26.—, geb. RM. 28.—
V. Band: Erbrecht.
Erste Lieferung: §§ 1922—1984. 192 Seiten. 1924 . . RM. 6.—
Zweite Lieferung: §§ 1985—2063. 160 Seiten. 1926 . . RM. 7.—
Dritte Lieferung: §§ 2064—2196. 256 Seiten. 1929 . . RM. 12.—

„Für jeden Praktiker, der tiefer in den Rechtsstoff eindringen muß, um die zur Entscheidung stehende Frage zu prüfen, ist Plancks Kommentar immer ein zuverlässiger Ratgeber und seine Erläuterung und Meinung von hohem Wert und Gewicht, stets sorgfältiger Beachtung wert.“ Zentralblatt für freiwillige Gerichtsbarkeit.

Das Bürgerliche Gesetzbuch mit besonderer Berücksichtigung der Rechtsprechung des Reichsgerichts. Erläutert von Dr. Busch, Erler, Dr. Lobe, Michaelis, Oegg, Sayn, Schliewen und Seyffarth, Reichsgerichtsräten und Senatspräsidenten am Reichsgericht. Siebente, unveränderte Auflage. 5 Bände. §§ 1—2385. Lexikon-Oktav. 3182 Seiten. 1928 . . . . . RM. 125.—, in Halbleder geb. RM. 150.—
I. Band: Allgemeiner Teil. Recht der Schuldverhältnisse I. (Allgemeiner Teil.) — II. Band: Recht der Schuldverhältnisse II. (Einzelne Schuldverhältnisse.) — III. Band: Sachenrecht. — IV. Band: Familienrecht. — V. Band: Erbrecht. Alphabetisches Sachverzeichnis.
(Das Werk wird nur komplett abgegeben.)

„Eine neue Auflage dieses für die Praxis wertvollsten Kommentars ist ein Ereignis für die Juristenwelt.“ Blätter für Rechtspflege im Bezirk des Kammergerichts.

Achilles-Greiff, Bürgerliches Gesetzbuch nebst Einführungsgesetz. Mit Einleitung, Anmerkungen und Sachregister. Nach dem Tode des ersten Herausgebers Dr. A. Achilles in Verbindung mit J. Altstötter, Oberamtsrichter in Sonthofen, O. Meyer, Oberlandesgerichtspräsident in Celle, Dr. J. Kieckebusch, Land- und Amtsgerichtsrat in Kassel, Dr. O. Strecker, Senatspräsident am Reichsgericht i. R. in Leipzig, herausgegeben von Dr. M. Greiff, Wirkl. Geh. Oberjustizrat, Oberlandesgerichtspräsident i. R. in Berlin. Dreizehnte, vermehrte und verbesserte Auflage. Mit Erläuterungen der Verordnung über das Erbbaurecht, des Gesetzes über die religiöse Kindererziehung und des Gesetzes für Jugendwohlfahrt. Groß-Oktav. XXIII, 1304 Seiten. 1930. (Guttentagsche Sammlung Deutscher Reichsgesetze Bd. 38/39.) . . . . RM. 24.—

„Das ausgezeichnete Buch, das einer weiteren Empfehlung kaum bedarf, wird seine führende Stellung unter den Handausgaben ohne Zweifel behaupten.“ Juristische Rundschau.

Bürgerliches Gesetzbuch nebst Einführungsgesetz. Vom 18. August 1896 mit Berücksichtigung der bis zum 1. Januar 1928 ergangenen Abänderungen. Textausgabe mit ausführlichem Sachregister. Sechzehnte Auflage. (61. bis 66. Tausend). Taschenformat. 758 Seiten. 1928. (Guttentagsche Sammlung von Textausgaben ohne Anmerkungen mit Sachregister.) . . . . Geb. RM. 5.—

Die vorliegende Ausgabe zeichnet sich durch Vollständigkeit und besondere Ausführlichkeit des Sachregisters aus.

Lindemann, Otto, Ausführungsgesetz zum Bürgerlichen Gesetzbuche vom 20. September 1899 nebst einem Anhang: Verordnung zur Ausführung des Bürgerlichen Gesetzbuchs vom 16. November 1899. Nach dem Tode des früheren Herausgebers Kammergerichtsrat Dr. P. Siméon, erläutert von Geh. Oberjustizrat Otto Lindemann, Ministerialdirektor im Pr. Justizministerium. Vierte Auflage. Etwa 220 Seiten. 1930. (Guttentagsche Sammlung Preußischer Gesetze Bd. 23.) Geb. RM. 5.—

Die neue Auflage kommt im richtigen Augenblick, um dem fühlbaren Mangel an neuen Bearbeitungen der Ausführungsgesetze zum Bürgerlichen Gesetzbuch abzuhelfen. Sie ist völlig neu bearbeitet und nach den Ergebnissen von Gesetzge'ung und Rechtsprechung bis in die jüngste Zeit ergänzt.

v. **Schwerin**, Cl., Frhr., **Grundzüge des deutschen Privatrechts.** Zweite Auflage. Oktav. XII, 342 Seiten. 1928. (Lehrbücher und Grundrisse der Rechtswissenschaft Bd. XIII.) RM. 9.50, geb. RM. 11.—

„Was dem Studenten not tut, ist ein kurzgefaßtes Handbuch. . . . Ein ausgezeichnetes Hilfsmittel dieser Art ist das vorliegende Buch."
Zeitschrift für Rechtspflege in Bayern.

Wegner, Arthur, **Jugendrecht.** Ein Lehrbuch zur Einführung. Oktav. IX, 219 Seiten. 1929 . . . . RM. 6.—, geb. RM. 7.50

„Ein gleichartiges und gleichwertiges Werk über das Jugendgericht gibt es noch nicht." *Breslauer Zeitung.*

Schuldverhältnisse insbesondere

Hedemann, Justus Wilh., **Schuldrecht des Bürgerlichen Gesetzbuches.** Oktav. Zweite Auflage in Bearbeitung. (Lehrbücher und Grundrisse der Rechtswissenschaft Bd. II.)

„Die Schrift bietet die beste mir bekannte Einführung in das schwierige Recht der Schuldverhältnisse." *Staats- und Selbstverwaltung.*

Oertmann, Paul, **Schuldrecht.** (BGB. II.)
I. Allgemeine Lehren. Dritte, verbesserte Auflage. 142 Seiten. 1927. (Sammlung Göschen Bd. 323.) . . . . Geb. RM. 1.80
II. Die einzelnen Schuldverhältnisse. Dritte, verbesserte Auflage. 159 Seiten. 1929. (Sammlung Göschen Bd. 324.) . . Geb. RM. 1.80

„In knapper Form und gemeinverständlicher Ausdrucksweise ist ein vorzüglicher Überblick über den Stoff gegeben."
Leipziger Zeitschrift für deutsches Recht.

Meyer, Georg, **Das Recht der Beschlagnahme von Lohn- und Gehaltsforderungen.** Sechste Auflage. Taschenformat. 1927. Mit Nachtrag 1928. (Guttentagsche Sammlung Deutscher Reichsgesetze Bd. 55.) Geb. RM. 4.50

„Das Buch ist in flüssiger, übersichtlicher Form geschrieben und schöpft aus der Praxis für die Praxis; ein Handbuch nicht nur für den Juristen, sondern ebenso für das kaufmännische Büro, die Fabrik und das Handelsgeschäft." *Württembg. Wirtschafts-Zeitung.*

Seligsohn, Franz, **Haftpflichtgesetz.** Groß-Oktav. 349 Seiten. 1920. RM. 8.—, geb. RM. 9.50

„Das reiche Material hat der Verfasser mit logischer Schärfe und in knapper Form bearbeitet und damit ein mustergültiges Werk geschaffen, das für die meist veralteten Kommentare zum Reichshaftpflichtgesetz einen wertvollen Ersatz bietet."
Blätter für Rechtspflege im Bezirk des Kammergerichts.

Krieg, O., **Mietrecht und Wohnungsmangelgesetzgebung** im Reiche, in Preußen und in Berlin, einschließlich Hauszinssteuer, Kostenwesen und Rechtsentscheiden des Kammergerichts und des Obersten Landesgerichts. Zusammengestellt und mit ausführlichem Schlagwortregister versehen. Vierte Auflage. Taschenformat. XII, 594 Seiten. 1928. (Guttentagsche Sammlung Deutscher Reichsgesetze Bd. 156.) Geb. RM. 10.—

„Eine solche Ausgabe zu besitzen, ist wertvoll. Diese Ausgabe verdient schon wegen ihrer Vollständigkeit besondere Beachtung. Ein vortreffliches Sachregister ist beigegeben." *Juristische Wochenschrift*

Stölzle, Hans, **Viehkauf** nach Bürgerlichem Gesetzbuch und ausländischem Recht. Verordnung, betreffend die Hauptmängel und Gewährfristen beim Viehhandel. Von Eugen Fröhner. Sechste, vermehrte und wesentlich verbesserte Auflage. Taschenformat. 699 Seiten. 1926. (Guttentagsche Sammlung Deutscher Reichsgesetze Bd. 50.) Geb. RM. 15.—

„Das Buch ist Juristen wie Laien als lichtvoller Ratgeber in alle.. Fragen nur auf das wärmste zu empfehlen."
Deutsche Juristen-Zeitung.

Hoffmann, J., Abzahlungsgeschäfte. Vierte Auflage, besorgt von K.-A. Crisolli. Taschenformat. Im Druck. (Guttentagsche Sammlung Deutscher Reichsgesetze Bd. 34.)

„Jeder, der mit Abzahlungsgeschäften zu tun hat, kann sich bestens aus dem Büchlein informieren. Der Kommentar ermöglicht es auch dem Laien, sich mit allen einschlägigen Fragen vertraut zu machen."
Berliner Intelligenz-Blatt.

Harnier, Ed., Sicherung der Bauforderungen. Dritte Auflage. Taschenformat. 122 Seiten. 1912. (Guttentagsche Sammlung Deutscher Reichsgesetze Bd. 93.) . . . . Geb. RM. 1.80

„Die vorliegende Neubearbeitung der kleinen Ausgabe des äußerst schwierigen Gesetzes findet einen weiterstreckten Interessenkreis. Nach einer äußerst klaren Einleitung werden seine Bestimmungen an der Hand der Gesetzesmaterialien und auf dem Boden des geltenden Rechts, unter Herstellung des Zusammenhanges mit ihm, in knappen Anmerkungen erläutert." Mitteilungen der Handelskammer Breslau.

Göppert, H., Gesetz, betreffend die gemeinsamen Rechte der Besitzer von Schuldverschreibungen. Zweite Auflage, bearbeitet von E. Trendelenburg. Taschenformat. 156 Seiten. 1915. (Guttentagsche Sammlung Deutscher Reichsgesetze Bd. 52.) . . . . . Geb. RM. 1.50

Dungs, H., Sechs Haager Abkommen über internationales Privatrecht. Taschenformat. 116 Seiten. 1910. (Guttentagsche Sammlung Deutscher Reichsgesetze Bd. 98.) . . . . Geb. RM. 1.50

„Die diesen Abkommen vom Verfasser beigefügten Erläuterungen sind kurz und klar gefaßt und entsprechen den allgemeingültigen Anschauungen. Der Kommentar von Dungs kann nur angelegentlichst empfohlen werden." Juristisches Literaturblatt.

Bogeng, G., Die Haager Abkommen über das internationale Privatrecht. Taschenformat. 173 Seiten. 1908. (Guttentagsche Sammlung Deutscher Reichsgesetze Bd. 90.) . . . . Geb. RM. 2.—

Sachenrecht insbesondere

Hedemann, Justus Wilh., **Sachenrecht des Bürgerlichen Gesetzbuches.** Oktav. XXXII, 507 Seiten. 1924. (Lehrbücher und Grundrisse der Rechtswissenschaft Bd. III.) . . . . . . RM. 12.—, geb. RM. 13.50

„Ein trotz seiner Kürze ausgezeichnetes und inhaltreiches Lehrbuch, nicht nur für den Studierenden, sondern auch für ältere Juristen. Die Arbeit ist wissenschaftlich tiefgründig und doch gemeinverständlich geschrieben." Zeitschrift des Deutschen Notarvereins.

Kretschmar, F., Sachenrecht.

I. Allgemeine Lehren. Besitz und Eigentum. Zweite, verbesserte Auflage. 142 Seiten. 1922. (Sammlung Göschen Bd. 480.) Geb. RM. 1.80

II. Begrenzte Rechte. 144 Seiten. 1923. (Sammlung Göschen Bd. 481.) Geb. RM. 1.80

Diese Bändchen bieten die Grundzüge des Sachenrechts in gedrängter und klarer Form.

Lenzen, Georg, **Das Deutsche Pfandleihrecht.** Kommentar zum preußischen Pfandleihgesetz unter Berücksichtigung der außerpreußischen Gesetze. Oktav. XXVI, 266 Seiten. 1929 . . . . Geb. RM. 20.—

„Diese zusammenfassende Darstellung ist die erste ihrer Art und sehr verdienstlich. Das Buch regt zu allerhand Fragen an."
Juristische Wochenschrift.

Günther, Hermann, **Erbbaurecht.** Taschenformat. 167 Seiten. 1919. (Guttentagsche Sammlung Deutscher Reichsgesetze Bd. 135.) Geb. RM. 2.—

„Günther ist ausführlich, ohne weitschweifig zu sein; ausgezeichnete Vorbemerkungen geben vorzügliche Übersicht und wahren den Zusammenhang. Überall ist der bisherige Rechtszustand, der ja für absehbare Zeit seine Bedeutung behält, mit in das Bereich der Betrachtungen gezogen. Der Praxis wird das Werk von hervorragendem Nutzen sein." Beiträge zur Erläuterung des deutschen Rechts.

Arnheim, Hugo, **Grundbuchordnung.** Kommentar zur Grundbuchordnung für das Deutsche Reich nebst den für Preußen erlassenen Ausführungsbestimmungen. Zweite, völlig neubearbeitete Auflage. Lexikon-Oktav. 959 Seiten. 1913 . . . . RM. 15.—

„Der Band weist außerordentliche Gründlichkeit, Klarheit und Übersichtlichkeit auf. Man kann wohl sagen, daß kaum eine Frage auftauchen wird, die nicht wenigstens berührt wäre; die bisher zutage getretenen Fragen aber sind sämtlich in der eingehendsten Weise erörtert." Zentralblatt für freiwillige Gerichtsbarkeit.

Fischer, Otto, und **Fischer,** Norbert, **Grundbuchordnung für das Deutsche Reich** nebst den preußischen Ausführungsbestimmungen. Neunte, durchgearbeitete und ergänzte Auflage. Taschenformat. 322 Seiten. 1927. (Guttentagsche Sammlung Deutscher Reichsgesetze Bd. 42.) Geb. RM. 5.—

„Eine der vortrefflichen alteingeführten Handausgaben der Guttentagschen Sammlung, bei der schon die Auflagenziffer für die Brauchbarkeit in der Praxis spricht. Nach wie vor ist das Buch ein vortrefflicher Wegweiser und Berater." Juristische Wochenschrift.

Ricks, Gerhard, **Die Grundbuchpraxis.** Ein Handbuch für den täglichen Gebrauch in Grundbuchsachen. Achte Auflage. Groß-Oktav. XII, 412 Seiten. 1929 . . . . RM. 12.—, geb. RM. 14.—

„Das Buch hat einen Anspruch darauf, in der Praxis geradezu verschlungen zu werden. Es ist aus der täglichen Praxis heraus für die Praxis lebensfrisch und unterhaltend geschrieben." Mitteilg. a. d. Württemb. Notariats-Praxis.

Friedlaender, Martin, **Hypothekenbeschaffung für Wohn- und Geschäftshäuser.** Handbuch für die Praxis der Grundstückswirtschaft. Groß-Oktav. VIII, 151 Seiten. 1929 . . . . . RM. 6.—, geb. RM. 7.50

„Das Buch gibt einen außerordentlich praktischen Überblick über alle Fragen der Hypothekenbeschaffung. Die anschauliche Art der Zergliederung und die gründliche Darlegung des Statuts sichern dem Buch eine weite Verbreitung." Deutsche Sparkassen-Zeitung.

Familienrecht, Erbrecht

Lehmann, Heinrich, **Familienrecht** des Bürgerlichen Gesetzbuches einschließlich Jugendfürsorgerecht. Oktav. XII, 352 Seiten. 1926. (Lehrbücher und Grundrisse der Rechtswissenschaft Bd. IV.) RM. 11.—, geb. RM. 12.50

„Die Schilderung Lehmanns ist überall anregend und fesselnd. Das Werk kann allen Rechtsstudenten und Referendaren zur Anschaffung dringend empfohlen werden." Der junge Rechtsgelehrte.

Titze, Heinrich, **Familienrecht.** (BGB. IV.) 169 Seiten. Neudruck. 1924. (Sammlung Göschen Bd. 305.) . . . . Geb. RM. 1.80

Endemann, Fr., **Erbrecht.** Oktav. XII, 166 Seiten. 1923. (Lehrbücher und Grundrisse der Rechtswissenschaft Bd. V.) RM. 3.—, geb. RM. 4.50

„Dieser Leitfaden behandelt den spröden Stoff des schwierigen Erbrechts in meisterhafter, fesselnder Darstellung." Zeitschrift des Bundes Deutscher Justizamtmänner.

Blume, Wilh. von, **Erbrecht.** (BGB. V.)

I. Einleitung. Die Grundlagen des Erbrechts. 75 Seiten. 1913. (Sammlung Göschen Bd. 659.) . . . . Geb. RM. 1.80

II. Die Nachlaßbeteiligten. Mit 23 Figuren. 131 Seiten. 1913. (Sammlung Göschen Bd. 660.) . . . . Geb. RM. 1.80

Riesenfeld, S., **Die Erbenhaftung nach dem Bürgerlichen Gesetzbuch.** Groß-Oktav. 2 Bände. 1916 . . . . . RM. 15.—, geb. RM. 18.—
I. Band: Die Grundsätze der Haftung. XII, 461 Seiten.
II. Band: Das Inventar und die Mittel der Haftungsbeschränkung. VIII, 455 Seiten.

„Ein hervorragendes Werk, das in allen Teilen die vollständige Beherrschung des schwierigen Stoffes erkennen läßt und sich dabei durch klare und gemeinverständliche Darstellung auszeichnet."
Sächsisches Archiv für Rechtspflege.

Aufwertung

Michaelis, Richard, **Das Aufwertungsrecht** nach den Aufwertungsgesetzen und nach allgemeinem bürgerlichem Rechte. Kommentar zu den Gesetzen vom 16. Juli 1925 über die Aufwertung von Hypotheken und anderen Ansprüchen und über die Ablösung öffentlicher Anleihen sowie systematische Darstellung des Aufwertungsrechts außerhalb dieser Gesetze. Zweite, gänzlich umgearbeitete Auflage des Kommentars zur Dritten Steuernotverordnung vom 14. Februar 1924 (Aufwertung). Mit einer Fristentabelle von H. Hoormann. Groß-Oktav. X, 516 Seiten. 1926. Mit Nachtrag 1927. (de Gruytersche Sammlung Deutscher Gesetze. Handkommentare.) . . . . Geb. RM. 16.—

„Es handelt sich um ein ganz erstklassiges Werk, das sich für jeden Aufwertungsinteressenten als unentbehrlich erweisen wird."
Deutsche Allgemeine Zeitung.

Berliner, Ludwig, und **Pfaffenberger,** Ernst, **Aufwertung von Versicherungsansprüchen** mit Durchführungsbestimmungen.

I. Teil. Oktav. 235 Seiten. 1925. (Guttentagsche Sammlung Deutscher Reichsgesetze Bd. 164.) . . . . Geb. RM. 6.50

II. Teil: Sach- und Transportversicherung; Unfall- und Haftpflichtversicherung. Oktav. 112 Seiten. 1926. Mit Nachtrag. (Guttentagsche Sammlung Deutscher Reichsgesetze Bd. 164a.) . . Geb. RM. 3.50

„Eine ganz ausgezeichnete, wohldurchdachte Darstellung und Erläuterung des Aufwertungsrechtes des gesamten Versicherungswesens, eine unentbehrliche Ergänzung zu jedem Gesamtkommentar über das Aufwertungsgesetz." *Zentralblatt für Handelsrecht.*

2. Handelsrecht.

v. Gierke, Jul., Handelsrecht und Schiffahrtsrecht. Dritte, ergänzte Auflage. Groß-Oktav. XIV, 744 Seiten. 1929. (Lehrbücher und Grundrisse der Rechtswissenschaft Bd. VI.) RM. 21.—, geb. RM. 22.50

„. . . ein außerordentlich hochstehendes, immer den neuesten Stand der Lehre und der Rechtsprechung widerspiegelndes Lehrbuch des Handelsrechts im weitesten Sinn." *Der junge Rechtsgelehrte.*

Lehmann, K., und **Hoeniger,** H., **Lehrbuch des Handelsrechts.** Dritte Auflage. Erster Halbband, enthaltend die Lehre vom Handelsstand und von den Handelsgesellschaften. Groß-Oktav. 432 Seiten. 1921 RM. 10.—

Ein großangelegtes Lehrbuch des Handels- und Schiffahrtsrechts.

Lehmann, K., und **Hoeniger**, H., **Deutsches Handelsrecht.**

I. Einleitung. Der Kaufmann und seine Hilfspersonen. Offene Handelsgesellschaft, Kommandit- und stille Gesellschaft. 117 Seiten. 1921. (Sammlung Göschen Bd. 457.) . . . . Geb. RM. 1.80

II. Aktiengesellschaften, Gesellschaften mit beschränkter Haftung, eingetragene Genossenschaften. Handelsgeschäft. 126 Seiten. 1924. (Sammlung Göschen Bd. 458.) . . . . Geb. RM. 1.80

Eine gemeinverständliche Darstellung in gedrängter Form.

Hein, Joh., **Die Zusammenhänge zwischen Steuerrecht und Handelsrecht und ihre Entwicklung**, untersucht an dem Gewinn und an der Bewertung. Eine bilanzrechtliche und bilanzkritische Darstellung mit praktischen Beispielen. Groß-Oktav. X, 280 Seiten. 1928.
RM. 10.—, geb. RM. 12.—

„Das Buch führt in klarer Gestaltung in die Probleme des Bilanzrechts ein. Eine übersichtliche Gliederung ermöglicht eine schnelle und doch gründliche Einführung. Darüber hinaus stellt das Buch eine wesentliche Förderung für die dringend notwendige wissenschaftliche Behandlung des Steuerbilanzrechts und seiner Zusammenhänge mit den verwandten Rechtsmaterien dar.“ Zeitschrift für Handelsrecht.

Veröffentlichungen der Vereinigung der Handelsrechtslehrer deutscher Hochschulen.

Bericht über die erste Tagung der Vereinigung in Berlin am 7. und 8. **März 1927 (Senatssaal der Universität).** Mit Beiträgen von **Ernst Heymann, Hans Wüstendörfer, Otto Schreiber** und **Arthur Nußbaum.** Oktav 65 Seiten. 1928. . . . . RM. 5.—

Das Handelsrecht zeigt heute unter den privatrechtlichen Materien die meisten wissenschaftlichen und gesetzgeberischen Probleme und entwickelt am meisten Initiative. Unter diesen Verhältnissen werden sich die Veröffentlichungen der Vereinigung der Handelsrechtslehrer deutscher Hochschulen als besonders fruchtbar und förderlich erweisen.

Staubs Kommentar zum Handelsgesetzbuch. Zwölfte und dreizehnte Auflage. Bearbeitet von Heinrich Koenige, Albert Pinner, Felix Bondi. Vier Bände und ein Registerband. Groß-Oktav. 4000 Seiten. 1927 . . . . Zusammen RM. 157.—, in Halbleder RM. 183.60

„Der Staubsche Kommentar ist das klassische Hilfswerk zum Deutschen Handelsgesetzbuch und für die Beurteilung der zahlreichen schwierigen Fragen dieses Gesetzes maßgebend geworden; es stellt ein unentbehrliches Mittel zur Erfassung und zur Anwendung des Gesetzes dar.“ Frankfurter Zeitung.

Mosse, Albert, und **Heymann**, Ernst, Handelsgesetzbuch (ohne Seerecht). Mit den ergänzenden Vorschriften des Bürgerlichen Gesetzbuchs und einem Anhang, enthaltend das Einführungsgesetz, das Depotgesetz, die Bestimmungen über Börsentermin- und Differenzgeschäfte u. a. Nebst Erläuterungen. Im Anschluß an die Textausgabe von F. Litthauer. Siebzehnte Auflage. Unter Mitwirkung von Karl August Crisolli. Oktav. VIII, 693 Seiten. 1926 (Guttentagsche Sammlung Deutscher Reichsgesetze Bd. 4.) . . . . Geb. RM. 14.—

„Die Litthauer-Mossesche Ausgabe des Handelsgesetzbuches hat bei allen Praktikern seit langem den wohlbegründeten Ruf größter Zuverlässigkeit und übersichtlicher Anordnung, die mit möglichster Knappheit des Ausdrucks gepaart sind. Das Buch ist ein zuverlässiger Führer durch das immer schwieriger werdende Gebiet des Handelsrechts.“ Vossische Zeitung.

Handelsgesetzbuch nebst Einführungsgesetz und Seerecht. Elfte Auflage. 381 Seiten. 1924. (Guttentagsche Sammlung von Textausgaben ohne Anmerkungen.) . . . . Geb. RM. 2.60

Die handliche Ausgabe enthält den genauen Gesetzestext mit einem das Zurechtfinden sehr erleichternden Sachregister.

Baum, G., **Das vertragliche Wettbewerbsverbot** (Konkurrenzklausel). Nebst Kommentar zum Gesetze vom 10. Juni 1914. Taschenformat. XII, 231 Seiten. 1914. (Guttentagsche Sammlung Deutscher Reichsgesetze Bd. 115.) . . . . Geb. RM. 3.—

Gesellschaften

Brodmann, Erich, **Aktienrecht.** Kommentar. Groß-Oktav. XII, 580 Seiten. 1928. (Gewerbe- und Industrie-Kommentar Bd. IV.)
RM. 28.—, geb. RM. 30.—

„Mit unvergleichlichem Geschick hat der Verfasser Großartiges geleistet — Brodmann ist Trumpf!“ Zeitschrift für Aktiengesellschaften.

Solmssen, Georg, **Probleme des Aktienrechts** unter besonderer Berücksichtigung ihrer Entwicklung in den Vereinigten Staaten von Amerika. Zweite Auflage. Oktav. I, 127 Seiten. 1928 . . RM. 2.50

„Sämtliche Momente, die bei der Prüfung der Frage, ob und inwieweit das geltende deutsche Aktienrecht änderungsbedürftig ist, haben eine eingehende und umfassende Erörterung gefunden. Allen, die sich mit dieser recht heiklen Frage befassen, kann die Anschaffung des Werkes wärmstens empfohlen werden.“ Badische Wirtschafts-Zeitung.

Hachenburg, Max, **Kommentar zum Gesetz, betr. die Gesellschaften mit beschränkter Haftung.** (Früher **Staub-Hachenburg.**) Fünfte Auflage unter Mitarbeit von Fritz Bing und Walter Schmidt. 2 Bände . . . . RM. 43., geb. RM. 47.—
I. Band: §§ 1—34. Groß-Oktav. VI, 527 Seiten. 1926.
II. Band: §§ 35—84. Groß-Oktav. II, 452 Seiten. 1927.

„Was Hachenburg in seinen Neubearbeitungen aus diesem Buche gemacht hat, ist erstaunlich. Sein reiches juristisches Wissen, sein überlegener und kritischer Verstand, seine vorzügliche Gestaltungskraft und seine nur wenigen Juristen eigene vielseitige Auslegungskunst haben etwas Großes, Unvergleichliches geschaffen. Man findet selten ein literarisches Werk, in welchem Rechtsgelehrsamkeit und praktisches Können vereint einem Spezialgesetz so zugute kamen wie hier.“
Zeitschrift für Aktiengesellschaften.

Brodmann, Erich, **Gesetz, betr. die Gesellschaften mit beschränkter Haftung.** Kommentar. Groß-Oktav. VIII, 304 Seiten. 1930. Gewerbe- und Industrie-Kommentar Bd. I.) . . . . RM. 16.—, geb. RM. 18.—

„Übersichtliche, klare Anordnung der Erläuterungen, tiefes Eindringen in die Einzelheiten des Gesetzes unter steter Berücksichtigung des Wirtschaftslebens, erschöpfende Wiedergabe der Rechtsprechung, namentlich des Reichsgerichts, sind die besonderen Vorzüge des Werkes, das damit ein unentbehrliches Rüstzeug werden wird.“ Badische Rechtspraxis.

Parisius, Ludolf, und **Crüger,** Hans, **Das Reichsgesetz, betr. die Gesellschaften mit beschränkter Haftung.** Textausgabe mit Anmerkungen und Sachregister. Achtzehnte Auflage, bearbeitet von Adolf Crecelius und Fritz Citron. Taschenformat. 244 Seiten. 1929. (Guttentagsche Sammlung Deutscher Reichsgesetze **Bd. 32.)**
Geb. RM. 3.50

„Die äußerst sachkundig erläuterte Ausgabe wird von den interessierten Kreisen freudig begrüßt werden. Wir können das Bändchen der bekannten Sammlung bestens empfehlen.“
Badische Wirtschafts-Zeitung.

Klumpp, Hermann, **Beiträge zur Rechtsstellung der Geschäftsführer einer G. m. b. H. nach deutschem und französischem Recht.** Oktav. XVI, 180 Seiten. 1928 . . . . RM. 6.—

Im G.m.b.H.-Recht hat die Stellung des Geschäftsführers besondere Bedeutung. Die vorliegende Arbeit, die unter Auswertung der umfangreichen Literatur eine eingehende Untersuchung dieser so wichtigen Frage nach deutschem und französischem Recht darstellt, wird in juristischen und geschäftlichen Kreisen Interesse finden.

Starke, Arthur, **Offene Handelsgesellschaften, Kommanditgesellschaften und stille Gesellschaften** von der Errichtung bis zur Auflösung. Nebst Vertrags- und Anmeldeformularen und mit Berücksichtigung des Steuerrechts. Oktav. XIV, 167 Seiten. 1928 . . . . RM. 5.—

Eine systematische Darstellung für Studium und Praxis.

Wechselordnung und Scheckrecht

Staubs Kommentar zur Wechselordnung. Fortgesetzt von J. Stranz und M. Stranz. Zwölfte Auflage, bearbeitet von M. Stranz und Martin Stranz. Groß-Oktav. 432 Seiten. 1929.
RM. 16.—, geb. RM. 18.—

„Staub-Stranz ist der Kommentar zur Wechselordnung. Auch die jüngste Auflage des Kommentars gibt einen echten Staub-Stranz. Weiterer Kommentar dazu ist überflüssig.“ Juristische Wochenschrift.

Stranz, J., und **Stranz,** M., **Wechselordnung** vom 3. Juni 1908. Kommentar. Zwölfte Auflage von M. und M. Stranz. Taschenformat. VIII, 396 Seiten. 1923. Mit Nachtrag 1926. (Guttentagsche Sammlung Deutscher Reichsgesetze Bd. 5.) . . . Geb. RM. 3.50

„Die Ausgabe der Wechselordnung mit ihrem äußerst nützlichen, guten Kommentar ist sehr zu empfehlen. Erfreulicherweise enthält das Bändchen auch die Bestimmungen der Zivilprozeßordnung über Urkunden- und Wechselprozesse im Anhang.“ Badische Wirtschaftszeitung.

Wechselordnung in der Fassung der Bekanntmachung vom 3. Juni 1908 (RGBl. S. 326ff.). Mit einem Anhang, enthaltend den Wechselprozeß und Nebengesetze. Textausgabe mit Einleitung und Sachregister. Taschenformat. 102 Seiten. 1928. (Guttentagsche Sammlung von Textausgaben ohne Anmerkungen.) . . . . Geb. RM. 1.50

Vorteilhafte Anordnung, ein zuverlässiges Sachregister, das das Gesetz erschließt, Handlichkeit und sauberer Druck zeichnen auch die neue Auflage der Wechselordnung aus, deren Einleitung den letzten Stand dieser Materie erfaßt und deren Anhang „Nebengesetze“ bis auf die letzte Zeit ergänzt ist.

Michaelis, Richard, **Scheckgesetz** mit allen einschlägigen Nebengesetzen, den ausländischen Gesetzen und dem Deutschen Postscheckgesetz mit Postscheckordnung. Kommentar. Groß-Oktav. VII, 339 Seiten. 1927. (Gewerbe- und Industrie-Kommentar Bd. II.) RM. 16.—, geb. RM. 18.—

„Wenn irgendein Buch, so entspricht dieses einem Bedürfnis.“ Berliner Tageblatt.

Schiffahrtsrecht

Schaps, Georg, **Das deutsche Seerecht.** Kommentar zum vierten Buche des Handelsgesetzbuches (als Ergänzung zu Staub's Kommentar nebst Erläuterungen zu den seerechtlichen Nebengesetzen. Zweite, vollständig umgearbeitete Auflage herausgegeben von Max Mittelstein † und Julius Sebba.

I. Band. (Handelsgesetzbuch: Viertes Buch.) Groß-Oktav. VIII, 1041 Seiten. 1921 . . . . RM. 25.—, geb. RM. 28.—

II. **Band.** (Seerechtliche Nebengesetze.) **Bearbeitet** von J. Sebba. XVI, 1108 Seiten. 1929 . . . . RM. 52.—, geb. RM. 55.—

„Die alte, auf der Staubschen Kommentierungsmethode beruhende Auflage erfreute sich mit Recht schon großen Ansehens. In diesen bewährten Bahnen leistet die zweite Auflage an Vollständigkeit, Übersichtlichkeit und Genauigkeit das Höchste, was Wissenschaft und Praxis nur wünschen können." Juristische Wochenschrift.

Brandis, Otto, **Das deutsche Seerecht** (mit Ausschluß des Seeversicherungsrechts.) I. Allgem. Lehren: Personen und Sachen des Seerechts. 130 Seiten. 1908. II. Die einzelnen seerechtlichen Schuldverhältnisse: Verträge des Seerechts und außervertragliche Haftung. 156 Seiten. 1908. (Sammlung Göschen Bd. 386/87.) . . . . . Geb. je RM. 1.80

Knitschky, W. E., **Die Seegesetzgebung.** Fünfte Auflage, bearbeitet von O. Rudorff. XXIV, 1024 Seiten. 1913. (Guttentagsche Sammlung Deutscher Reichsgesetze Bd. 19.) . . . . . . Vergriffen.

Sieveking, Gustav, **Das deutsche Seeversicherungsrecht.** Kommentar zum zehnten Abschnitt des vierten Buches des Handelsgesetzbuches. Lexikon-Oktav. 218 Seiten. 1912 . . . . . . RM. 5.—, geb. RM. 6.80

„Der Kommentar ruht auf einer vortrefflichen Grundlage und zeigt sich auch in seinem Inhalte dieser Grundlage durchaus würdig. Er ersetzt ein Lehrbuch und kann daher auch zur Einführung in das Seeversicherungsrecht empfohlen werden."

Leipziger Zeitschrift für deutsches Recht.

Ritter, Carl, **Das Recht der Seeversicherung.** Ein Kommentar zu den Allgemeinen Deutschen Seeversicherungsbedingungen. Groß-Oktav. 2 Bände. 1494 Seiten. 1924. (Friederichsen, de Gruyter & Co., m. b. H., Hamburg.) . . . . Geb. RM. 100.—

Allgemeine Deutsche Seeversicherungs-Bedingungen. Im Jahre 1919 herausgegeben von den deutschen Seeversicherern nach Beratung mit deutschen Handelskammern und Fachverbänden unter Vorsitz der Handelskammer Hamburg. 16.—20. Tausend. 50 Seiten. 1925. (Friederichsen, de Gruyter & Co., m. b. H., Hamburg.) . . . . RM. 2.—

General Rules of Marine. Insurance 1919 adopted by the German Underwriters. Authorind Translation by Dr. Alfred Sieveking, larger in Hamburg. 64 Seiten. 1920. (Friederichsen, de Gruyter & Co., m. b. H., Hamburg.) . . . . RM. 3.—

Materialien zu den Allgemeinen Deutschen Seeversicherungs-Bedingungen. Im Auftrag der vereinigten Handelskammern herausgegeben von Prof. Dr. E. Bruck. Groß-Oktav. 2 Bände. 678 Seiten. 1920. (Friederichsen, de Gruyter & Co., m. b. H., Hamburg.) . . . . RM. 10.—

Bene, F., **Der Begriff des Versicherungsfalles in der Seeversicherung.** (Hamburger Rechtsstudien, herausgegeben von Mitgliedern der Rechts- und Staatswissenschaftlichen Fakultät der Hamburgischen Universität, Heft 1.) Groß-Oktav. 75 Seiten. 1928. (Friederichsen, de Gruyter & Co., m. b. H., Hamburg.) . . . . RM. 4.50

Elkan, H. H., **Die Bedeutung des Interesses für die Veräußerung der versicherten Sache.** (Hamburger Rechtsstudien, herausgegeben von Mitgliedern der Rechts- und Staatswissenschaftlichen Fakultät der Hamburgischen Universität, Heft 2.) Oktav. 58 Seiten. 1928. (Friederichsen, de Gruyter & Co., m. b. H., Hamburg.) . . . . . . RM. 4.—

Makower, H., **Gesetze, betreffend die privatrechtlichen Verhältnisse der Binnenschiffahrt und der Flößerei.** Nach den Materialien erläutert. Sechste, vermehrte Auflage, bearbeitet von E. Loewe. Taschenformat. 458 Seiten. 1923. (Guttentagsche Sammlung Deutscher Reichsgesetze Bd. 36.) . . . . Geb. RM. 4.—

„Das vorzüglich bearbeitete Buch dürfte mit seinen klaren und verständlichen Erläuterungen für jeden, der in irgendeiner Weise mit der Binnenschiffahrt und der Flößerei zu tun hat, ein nie versagender Ratgeber sein." Schiffbau.

Sebba, Jul., **Seewasserstraßenordnung.** (Polizeiverordnung zur Regelung des Verkehrs auf den deutschen Seewasserstraßen vom 31. März 1927.) Taschenformat. 493 Seiten. 1928. (Guttentagsche Sammlung Deutscher Reichsgesetze Nr. 171.) . . . . Geb. RM. 8.50

Die vorliegende Ausgabe ist für die an dem neuen Gesetz interessierten beiden Fachgruppen, die der Nautiker und der Juristen, von gleich großer Bedeutung. Diese Verbindung zweier Kenntnisgebiete gibt dem vorliegenden Kommentar seine besondere Note und seinen großen Wert.

Genossenschaften

Parisius, Ludolf, **Crüger,** Hans, **Crecelius,** Adolf, und **Citron,** Fritz, **Reichsgesetz, betreffend die Erwerbs- und Wirtschaftsgenossenschaften.** Kommentar zum praktischen Gebrauch für Juristen und Genossenschaften. Elfte, neubearbeitete Auflage. Groß-Oktav. XV, 598 Seiten. 1928 . . . . RM. 28.—, geb. RM. 30.—

„Crüger beherrscht wie kein anderer Theorie und Praxis des Genossenschaftswesens, auch nach der wissenschaftlichen Seite hin."

Juristische Wochenschrift.

Parisius, Ludolf, und **Crüger,** Hans, **Das Reichsgesetz, betreffend die Erwerbs- und Wirtschaftsgenossenschaften.** Textausgabe mit Anmerkungen und Sachregister. Zwanzigste, neubearbeitete und erweiterte Auflage von Hans Crüger, Adolf Crecelius und Fritz Citron. Taschenformat. 297 Seiten 1930. (Guttentagsche Sammlung Deutscher Reichsgesetze Bd. 29.) . . . . Geb. RM. 4.—

„In knapper und klarer Form werden die gesetzlichen Bestimmungen abgehandelt und alles zum Verständnis unbedingt Erforderliche in den Anmerkungen beigebracht. Das Werk kann nur empfohlen werden." Ministerialblatt f. d. Preuß. innere Verwaltung.

Verschiedenes

Schreiber, Otto, **Handelsrechtliche Nebengesetze.** Taschenformat. VIII, 1002 Seiten. 1926. (Guttentagsche Sammlung Deutscher Reichsgesetze Bd. 162.) . . . . Geb. RM. 14.—

„Die Sammlung ist ein unentbehrliches Hilfsmittel für den Praktiker. Die Zusammenstellung ist sehr zuverlässig; auch das Sachregister von Kleffel verdient volle Anerkennung."

Zentralblatt für Handelsrecht.

Staffel, W., **Verordnung gegen Mißbrauch wirtschaftlicher Machtstellungen** vom 2. November 1923. Kommentar. Oktav. 108 Seiten. 1927. (Guttentagsche Sammlung Deutscher Reichsgesetze Bd. 167.) Geb. RM. 3.50

„Die für das Wirtschaftsrecht so wichtige Kartellverordnung findet hier eine eingehende Kommentierung. Die Erläuterungen werden daher um so unentbehrlicher für die wirtschaftliche Praxis auf diesem Gebiete sein." Industrie- und Handelszeitung.

Lusensky, F., Gesetz über die Handelskammern. Taschenformat. (Guttentagsche Sammlung Preußischer Gesetze Bd. 21.)

Neue Auflage in Vorbereitung.

„Das Buch ist ein vortrefflicher Berater aller derer, die in der Handelskammerorganisation sind oder zu ihr in Beziehung stehen. Es kann warm empfohlen werden."

Zeitschrift für Polizei- und Verwaltungsbeamte.

Göppert-Seydel, Hypothekenbankgesetz vom 13. Juli 1899 (mit den Änderungen durch die Gesetze vom 14. Juli 1923, vom 26. Januar 1926 und 21. Dezember 1927). Textausgabe mit Einleitung, Anmerkungen und Sachregister. Dritte Auflage bearbeitet von Dr. **Martin Friedländer.** Taschenformat. VIII, 202 Seiten. 1929. (Guttentagsche Sammlung Deutscher Reichsgesetze Nr. 51.) . . . . RM. 5.—

Die vorliegende Auflage des bekannten „Göppert-Seydel" ist den veränderten Verhältnissen entsprechend vollkommen umgearbeitet worden; sie berücksichtigt sowohl die nach dem Kriege erfolgten Änderungen und Ergänzungen des Gesetzes und des Aufwertungsrechtes wie auch die Judikatur und das Schrifttum bis auf die letzte Zeit. Damit kommen die Vorzüge des „Göppert-Seydel" der Praxis und Wissenschaft wieder in ihrem ganzen Umfange zugute.

Bank und Börse

Koch, R., und **Schacht,** Hjalmar, **Die Reichsgesetzgebung über das Münz- und Notenbankwesen.** Textausgabe mit Anmerkungen und Sachregister. Siebente, völlig neubearbeitete Auflage. Taschenformat. XVIII, 617 Seiten. 1925. (Guttentagsche Sammlung Deutscher Reichsgesetze Bd. 26.) . . . . Geb. RM. 14.—

„Dieser Kommentar zeichnet sich durch Vollständigkeit und Reichhaltigkeit aus und bietet außerdem in der Einleitung einen vortrefflichen Überblick über die Entwicklung des deutschen Noten- und Geldwesens während der letzten Jahrzehnte."

Monatsschrift für Handelsrecht und Bankwesen.

Nußbaum, Arthur, **Bank- und Börsenrecht.** Eine Sammlung von Gesetzen und Geschäftsbedingungen. Taschenformat. XII, 622 Seiten. 1927. (Guttentagsche Sammlung Deutscher Reichsgesetze Bd. 169)

Geb. RM. 11.—

Die vorliegende Sammlung der verstreuten bank- und börsenrechtlichen Vorschriften fehlte bisher in der kaufmännischen und juristischen Bankpraxis ebenso wie im handelsrechtlichen und betriebswirtschaftlichen Unterricht. Ihr Erscheinen wurde daher vielseitig begrüßt. Die Sammlung berücksichtigt auch die dem freien Verkehr entstammenden Rechtsbildungen.

Kommentar zum Börsengesetz. Im Auftrage des Centralverbandes des Deutschen Bank- und Bankiergewerbes (E. V.) bearbeitet von H. Rehm, H. Trumpler, Heinrich Dove, Ernst Neukamp, R. Schmidt-Ernsthausen, James Breit. Mit einem Vorwort von J. Rießer. Lexikon-Oktav. VIII, 464 Seiten. 1909.

RM. 12.—, geb. RM. 13.50

„Einen so guten Kommentar zum Börsengesetz hat es noch nie gegeben. Wer sich darein vertieft, wird reiche Belehrung daraus schöpfen über das Börsenwesen im allgemeinen und über seine Rechtsübung und Rechtsprechung im besonderen."

Sächsisches Archiv für Rechtspflege.

Hemptenmacher, Th., **Börsengesetz.** Dritte Auflage von O. Meyer. Taschenformat. XXIII, 373 Seiten. 1915. (Guttentagsche Sammlung Deutscher Reichsgesetze Bd. 41.) . . . . Geb. RM. 3.50

„Das Bändchen bringt neben einem kurzen Überblick und einem vorteilhaft erweiterten Anhang das Börsengesetz nebst Ausführungs-

bestimmungen. Alles in allem schließt sich auch dieses Bändchen wieder den übrigen Textausgaben der wegen ihrer unbedingten und erschöpfenden Sachlichkeit bekannten Guttentagschen Sammlung Deutscher Reichsgesetze würdig an." Bayrische Handelszeitung.

Lusensky, F., Gesetz, betreffend die Pflichten der Kaufleute bei Aufbewahrung fremder Wertpapiere (Depotgesetz). Neue Auflage in Bearbeitung. (Guttentagsche Sammlung Deutscher Reichsgesetze Bd. 40.)

„Die beste Bearbeitung des sogenannten Depotgesetzes." Zeitschrift für Aktiengesellschaften.

Frohner, G., Aktiensonderdepot und Legitimationsübertragung. (Hamburger Rechtsstudien, herausgegeben von Mitgliedern der Rechts- und Staatswissenschaftlichen Fakultät der Hamburgischen Universität, Heft 3.) Groß-Oktav. VII, 114 Seiten. 1929. (Friederichsen, de Gruyter & Co., m. b. H., Hamburg.) . . . . RM. 7.—

Schwerin, Frh. Cl. von, Recht der Wertpapiere (einschließlich Wechsel- und Scheckverkehr). Oktav. X, 234 Seiten. 1924. (Lehrbücher und Grundrisse der Rechtswissenschaft Bd. 7.) RM. 7.—, geb. RM. 8.50

„Das Buch löst seine Aufgabe, den Studierenden eine Einführung in die Materie des Wertpapierrechts zu geben, ausgezeichnet, vor allem deshalb, weil es eine gute theoretische Fundierung mit einer dem Lehrzweck entsprechenden Darstellung des praktischen Rechts und der Rechtstatsachen verbindet." Deutsche Juristenzeitung.

Bank-Archiv. Zeitschrift für Bank- und Börsenwesen. Unter Mitwirkung von hervorragenden Fachmännern herausgegeben von Geh. Justizrat Prof. Dr. Rießer, Berlin. Schriftleitung: Rechtsanwalt Otto Bernstein, geschäftsführendes Mitglied des Centralverbands des Deutschen Bank- und Bankiergewerbes. Quart. Jährlich 24 Nummern. XXIX. Jahrgang. 1929/30 . . . . Pro Halbjahr RM. 12.—

„Ein von sachverständigen Mitarbeitern unterstütztes Organ, das in der glücklichen Vermischung von wissenschaftlichen Aufsätzen mit Mitteilungen aus der bankmännischen und gerichtlichen Praxis einen Berater von exzeptionellem Werte bildet." Frankfurter Zeitung.

Zeitgemäße Bankrechtsfragen. Festgabe der Rechtsabteilung der Disconto-Gesellschaft zum 70. Geburtstage des Herrn Dr. jur. Arthur Salomonsohn. Quart. 126 Seiten. 1929 . . . RM. 8.—, geb. RM. 10.—

„Der Band enthält 8 vorzügliche Aufsätze. Die Verfasser befassen sich mit Problemen, die in der Rechtsabteilung einer Großbank oft zur Debatte stehen und deren endgültige Klärung ein praktisches Bedürfnis ist." Wirtschaftl. Nachrichten.

Verhandlungen des VII. allgemeinen deutschen Bankiertages. Köln 9.—11. September 1928 auf Grund stenographischer Berichte. Groß-Oktav. 436 Seiten . . . . RM. 10.—

III. Grenzgebiete des Bürgerlichen Rechts

1. Privat- und Sozialversicherung

Koenige, Heinrich, und **Petersen, A., Gesetz über die privaten Versicherungsunternehmungen** vom 12. Mai 1901. Textausgabe mit Anmerkungen und Sachregister. Dritte, umgearbeitete Auflage. Taschenformat. 856 Seiten. 1927. (Guttentagsche Sammlung Deutscher Reichsgesetze Bd. 62.) . . . . Geb. RM. 20.—

„Der Verfasser hat es meisterhaft verstanden, reiche Literatur und Judikatur zu dem wichtigen Grundgesetz der Privatversicherung mit seiner eigenen selbständigen Auffassung von der Bedeutung der Gesetzesbestimmungen in Verbindung zu bringen. Für Theorie und Praxis der Privatversicherung wird das Werk dadurch zu einem unentbehrlichen Hilfsmittel." Deutsche Versicherten-Zeitung.

Bruck, E., Reichsgesetz über den Versicherungsvertrag nebst dem zugehörigen Einführungsgesetz vom 30. Mai 1908. Sechste, vollkommen neubearbeitete Auflage. Taschenformat. 708 Seiten. 1929. (Guttentagsche Sammlung Deutscher Reichsgesetze Bd. 83.) Geb. RM. 14.—

„Die Vorzüge, welche die früheren Auflagen schon zeigten, die Fülle des Gebotenen, die Beherrschung des Stoffes, die anschauliche und doch knappe Sprache, und dies alles in dem engen Rahmen einer Textausgabe, kleinen Handausgabe mit Anmerkungen, sind auch dieser vierten Auflage in hohem Maße eigen."
Mitteilungen für die öffentlichen Feuerversicherungs-Anstalten.

Moldenhauer, Paul, Das Versicherungswesen.

I. Allgemeine Versicherungslehre. Vierte Auflage. 152 Seiten. 1925. (Sammlung Göschen Bd. 262.) . . . . Geb. RM. 1.80

II. Die einzelnen Versicherungszweige. Zweite Auflage. 130 Seiten. 1923. (Sammlung Göschen Bd. 636.) . . . . Geb. RM. 1.80

„Das Buch ist für jeden, der sich mit dem Versicherungswesen und seinen Zweigen vertraut machen will, ein trefflicher Führer."
Versicherungspost.

Veröffentlichungen des Reichs-Aufsichtsamts für Privatversicherung. Groß-Oktav. Jahrg. 1—2, je 2.50. Jahrg. 3—16, je 6.—. Jahrg. 17—21, je 7.50. Jahrg. 22, 15.—. Jahrg. 23, 18.—. Jahrg. 24, 21.—. Jahrg. 25, 50.—. Jahrg. 26, 51.50. Jahrg. 27, Heft 1—3, 28.—. Jahrg. 28, Heft 1, 6.—; 2, 13.—; 3, 9.—.

Versicherungsstatistik für 1902 über die unter Reichsaufsicht stehenden Unternehmungen. Herausgegeben vom Reichsaufsichtsamt für Privatversicherung. Lexikon-Oktav. LXXVII, 384 Seiten. 1905. RM. 10.—
— für 1903 bis 1917 . . . . Je Jahrgang RM. 10.—

Berliner, Ludwig, und **Pfaffenberger,** Ernst, **Aufwertung von Versicherungsansprüchen** mit Durchführungsbestimmungen.

I. Teil. Oktav. 235 Seiten. 1926. Mit Nachtrag. (Guttentagsche Sammlung Deutscher Reichsgesetze Bd. 164.) . . . . Geb. RM. 6.50

II. Teil: Sach- und Transportversicherung; Unfall- und Haftpflichtversicherung. Oktav. 112 Seiten. 1926. (Guttentagsche Sammlung Deutscher Reichsgesetze Bd. 164a.) . . . . Geb. RM. 3.50

„Ein bedeutsamer Kommentar, durch den die gesetzlichen Bestimmungen von der juristischen und versicherungstechnischen Seite aus eingehend erläutert werden. In seinem straffen, systematischen Aufbau, der Geschlossenheit der Darstellung muß man das Buch als ein Standardwerk für das gesamte versicherungsrechtliche Aufwertungsgebiet bezeichnen.
Ein unentbehrlicher Ratgeber in allen interessierten Kreisen."
Versicherungs-Post, Berlin.

Lippmann, Karl, **Die Reichsversicherungsordnung** in der Fassung der Bekanntmachung vom 15. Dezember 1924 und des Gesetzes über das Reichsschiedsamt vom 22. Januar 1925 nebst dem Einführungsgesetze, den wichtigsten Ausführungsvorschriften, den ergänzenden Gesetzen und Verordnungen sowie den Verordnungen über das Verfahren. Oktav. XV, 589 Seiten. 1925. (Guttentagsche Sammlung Deutscher Reichsgesetze Bd. 161.) . . . . Geb. RM. 11.—

Ergänzungsband, enthaltend den vollständigen Wortlaut der neuen Fassung des Unfallversicherungsgesetzes sowie die Ergänzungen der übrigen Bücher der RVO. Oktav. 224 Seiten. 1926. (Guttentagsche Sammlung Deutscher Reichsgesetze Bd. 161a.) . . . Geb. RM. 4.—

Zweiter Ergänzungsband, enthaltend weitere Änderungen und Ergänzungen durch die in der Zeit von Anfang 1926 bis Mitte 1928 erlassenen Gesetze und Verordnungen. Zweite, vermehrte Ausgabe, Stand vom 1. Juli 1928. Oktav. 71 Seiten. 1928. (Guttentagsche Sammlung Deutscher Reichsgesetze Bd. 161b.) . . . . . RM. —.80

Dritter Ergänzungsband, enthaltend weitere Änderungen und Ergänzungen durch die bis Mitte 1929 erlassenen Gesetze und Verordnungen. Oktav. 81 Seiten. 1929. (Guttentagsche Sammlung Deutscher Reichsgesetze Bd. 161 c.) . . . . RM. 1.—

„Das Buch dürfte sich in der Bibliothek eines jeden finden, der sich mit der Reichsversicherungsordnung befaßt. Es gehört zu den praktisch wertvollsten.“ *Deutsche Allgemeine Zeitung.*

Reuß, Max, und **Hense,** Fritz. **Das Reichsknappschaftsgesetz** vom 1. Juli 1926 nebst Einführungsgesetz. 2. Aufl. Taschenformat. XVI, 640 Seiten. 1926. (Guttentagsche Sammlung Deutscher Reichsgesetze Bd. 155.) . . . . Geb. RM. 12.—

„Die Herausgabe des Gesetzes bedarf keiner besonderen Empfehlung. Das Buch kann allen, die auf dem Gebiete des Knappschaftswesens tätig sind, aufs wärmste empfohlen werden.“

Zeitschrift für Bergrecht.

Angestelltenversicherungsgesetz vom 28. Mai 1924. Zweite Auflage. Taschenformat. 143 Seiten. 1927. Mit Nachtrag. (Guttentagsche Sammlung Deutscher Reichsgesetze. Textausgaben ohne Anmerkungen.) Geb. RM. 2.50

Diese neue Ausgabe entspricht der neuesten Fassung des Gesetzes unter Berücksichtigung der letzten Änderungen und Verordnungen. Das beigefügte Sachregister erleichtert das rasche Zurechtfinden in den einzelnen Bestimmungen des Gesetzes.

Manes, Alfred, **Sozialversicherung.** 7., ergänzte Aufl. 1928. Kl.-Oktav. 139 Seiten. (Sammlung Göschen Bd. 267.) . . . . Geb. RM. 1.80

„Es gibt keine andere Darstellung der geltenden Sozialversicherung, die in solch erfreulicher Kürze und Sachlichkeit durch die annähernd 2400 Paragraphen führt.“

Hanseatische Rechts- und Gerichts-Zeitschrift.

Schmeißer, Herbert, **Handbuch der Arbeitslosenversicherung.** Mit einer Einführung und Erläuterungen. Taschenformat. 2. Aufl. im Druck. (Guttentagsche Sammlung Deutscher Reichsgesetze Bd. 165.)

„Das Buch gibt in kurzer, aber ausreichender Form eine Darstellung des gesamten Rechtsstoffes der Erwerbslosenfürsorge unter Anpassung an die praktischen Bedürfnisse.“ Kommunalpolitische Blätter.

2. Arbeitsrecht

Depéne, Hans, **Das Arbeitsgerichtsgesetz.** Taschenformat. 180 Seiten. 1927. (Guttentagsche Sammlung Deutscher Reichsgesetze Bd. 168.) Geb. RM. 3.60

„Zur Einarbeitung ist das vorliegende Buch besonders brauchbar, weil es sich nicht um einen Kommentar mit vielen Details handelt, sondern um eine Textausgabe mit einer ausführlichen, von einem hervorragenden Sachkenner verfaßten Einleitung. Daß die entsprechenden Bestimmungen anderer einschlägiger Gesetze gleich mit abgedruckt sind, ist ein großer Vorteil.“ *Wirtschaftliche Rundschau.*

Arbeitsrechtliche Spruchsammlung. Beiträge zum Deutschen Handwerksblatt . . . . Pro Quartal RM. 0.90

Günther, Adolf, und **Schneider,** Richard, **Arbeiterschutz und Arbeitsrecht.** Zweite Auflage. Taschenformat.

I. Teil: **Arbeitszeitschutz.** Das Arbeitszeitnotgesetz und die übrige arbeitszeitrechtliche Gesetzgebung des Reichs seit dem 9. November 1918. 386 Seiten. 1927 . . . . Geb. RM. 7.50

„Der Kommentar umfaßt die gesamte arbeitszeitrechtliche Gesetzgebung von der Staatsumwälzung bis zur Gegenwart. Er ist ein Führer durch das weite und unübersichtliche Gebiet der arbeitszeitrechtlichen Gesetzgebung. Ein ausführliches Sachregister soll die praktische Benutzung erleichtern.“ Die Wirtschaftsgenossenschaft.

II. Teil: Gesetz über die **Beschäftigung Schwerbeschädigter** nebst den einschlägigen gesetzlichen Bestimmungen. 404 Seiten. 1928. (Guttentagsche Sammlung Deutscher Reichsgesetze Bd. 138a/138c.)
Geb. RM. 8.—

„Das Buch stellt nicht nur beim Studium des Gesetzes ein wertvolles Hilfsmittel dar, sondern ist auch für den Handgebrauch des Arbeitsrechtspraktikers unentbehrlich.“ Berliner Wohlfahrtsblatt.

IV. Teil: **Betriebsstillegungsverordnung.** 240 Seiten. 1929. (Guttentagsche Sammlung Deutscher Reichsgesetze. Bd. 138 d.) Geb. RM. 6.50

Tilly, Dr. Helmuth Tczerclas von, **Internationales Arbeitsrecht.** Unter besonderer Berücksichtigung der Internationalen Arbeitsorganisation. 120 Seiten. 1924. (Sammlung Göschen Bd. 882.) . . . . Geb. RM. 1.80

Es ist das erste Werk, das in klarer, kurzer und allen leicht verständlicher Weise das gesamte grundlegende Tatsachenmaterial — und zwar nur dieses — auf dem umfassenden Gebiete des internationalen Arbeiterschutzes von dessen ersten Anfängen bis in die neueste Zeit bietet.

3. Gewerberecht

Hiller, Fr., und **Luppe,** H., **Gewerbeordnung für das Deutsche Reich nebst Kinderschutzgesetz und Hausarbeitsgesetz** sowie den für das Reich und Preußen erlassenen Ausführungsbestimmungen. Einundzwanzigste, veränderte Auflage. (143. bis 148. Tausend.) Taschenformat. 931 Seiten. 1928. Mit Nachtrag vom 11. 2. 1929. (Guttentagsche Sammlung Deutscher Reichsgesetze Bd. 6.) . . . . . . Geb. RM. 11.—

„Ein Wort der Empfehlung für dieses Buch zu sagen, erübrigt sich. Hervorgehoben sei, daß diese Auflage alle Vorzüge der früheren Auflagen in sich schließt. Die zahlreichen neuen Gesetze sind erschöpfend berücksichtigt.“ Zeitschrift des Deutschen Notarvereins.

Brassert, H., **Allgemeines Berggesetz** für die preußischen Staaten mit Kommentar. Zweite Auflage, bearbeitet von Hans Gottschalk. Groß-Oktav. XXIX, 1291 Seiten. 1914. RM. 27.—, geb. RM. 30.—

Sonnenfeld, Hugo, **Die reichsrechtlichen Bestimmungen, betreffend den Handel mit Drogen und Giften.** Dritte, veränderte Auflage. Taschenformat. 435 Seiten. 1926. (Guttentagsche Sammlung Deutscher Reichsgesetze Bd. 64.) . . . . Geb. RM. 12.—

„Die Arbeit gehört einem Spezialgebiet an, mit dem nicht jeder Jurist zu tun hat. Wird er einmal genötigt, sich auf dieses Gebiet zu begeben, so ist er um so dankbarer für eine Arbeit, die sofort den Eindruck größter Sachkunde und vollständiger Materialsammlung macht, und deren Führung man sich unbedenklich anvertrauen kann.“

Vossische Zeitung.

Lebbin, Georg, **Nahrungsmittelgesetze** mit Erläuterungen. Zweite, stark vermehrte Auflage in zwei Bänden.

I. Band: Das Lebensmittelgesetz vom 5. Juli 1927 mit Nebengesetzen (Margarine, Fleisch, Milch, Süßstoff, Essigsäure usw.). Erläutert von G. Lebbin und R. Gießner. Taschenformat. XVI, 419 Seiten. 1928. Geb. RM. 8.50

II. Band: Getränkegesetze und Getränkesteuergesetze (Wein, Bier, Branntwein, Mineralwasser). Unter Mitarbeit von Rechtsanwalt Dr. Kniebe. Taschenformat. XII, 400 Seiten. 1926. (Guttentagsche Sammlung Deutscher Reichsgesetze Bd. 54b.) . . . . Geb. RM. 10.—

„Das Werk ist für unsere Leser und überhaupt die ganze Fachwelt der Getränkeindustrie unentbehrlich, muß doch jedermann mit den einschlägigen Gesetzesbestimmungen sich soweit wie irgend möglich vertraut machen, wenn er nicht in Nachteile geraten will. Die Anschaffung des Buches kann bestens empfohlen werden."

Branntweinmonopol.

Voß, Werner, **Die reichs- und landesrechtlichen Bestimmungen auf dem Gebiete des Gesundheitswesens. Taschenformat** 608 Seiten. 1929. (Guttentagsche Sammlung Deutscher Reichsgesetze Bd. 172.) Geb. RM. 11.—

„Das Buch wird seiner Aufgabe, fast den gesamten Gesetzesstoff in einem einzigen kleinen Bande in die Hand zu geben, gewiß gerecht und wird sich schnell als unentbehrliches Hilfsmittel für jeden erweisen, der öfter mit dem Gesundheitswesen zu tun hat." *Reichsverwaltungsblatt.*

4. Geistig-gewerblicher Rechtsschutz.

Pietzcker, Eduard, **Patentgesetz und Gebrauchsmusterschutzgesetz.** Kommentar unter Berücksichtigung der vorgeschlagenen und weiter beantragten Abänderungen des Patentgesetzes. Erster Halbband: §§ 1—12 PatG. Groß-Oktav. 427 Seiten. 1929. (Gewerbe- und Industrie-Kommentar Bd. V, 1.) . . . . . RM. 26.—, geb. RM. 28.—

„Die überall zutage tretende geistige Leistung macht Pietzckers Kommentar für jeden, der sich mit diesem Rechtsgebiet zu beschäftigen hat, zum unentbehrlichen Rüstzeug."

Markenschutz und Wettbewerb.

Seligsohn, Arnold, **Patentgesetz und Gesetz, betr. den Schutz von Gebrauchsmustern.** Siebente Auflage. Oktav. 1930. In Bearbeitung.

„Die Vorzüge des Buches sind bekannt. Klare, leichtfaßliche Sprache, wissenschaftliche Vertiefung, dabei starke Betonung der Praxis, lückenlose Behandlung aller Probleme sind die Vorzüge, die den Seligsohnschen Kommentar zum unentbehrlichen Rüstzeug jedes im gewerblichen Rechtsschutz Tätigen gemacht haben."

Mitteilungen vom Verband Deutscher Patentanwälte.

Lutter, R., **Patentgesetz.** Nebst Ausführungsbestimmungen, völkerrechtlichen Verträgen und Patentanwaltsgesetz, unter eingehender Berücksichtigung der Rechtsprechung des Reichsgerichts und der Praxis des Reichspatentamts. Neunte Auflage. Taschenformat. XV, 467 Seiten. 1928. (Guttentagsche Sammlung Deutscher Reichsgesetze Bd. 22.) Geb. RM. 10.—

„Der jetzige Verfasser hat einen völlig neuen Kommentar geschaffen, der in seiner Knappheit und Sparsamkeit dem ursprünglichen Zweck gerecht wird, aber an wissenschaftlicher Durcharbeitung und Gründlichkeit die vorangegangenen Auflagen weit überragt."

Gewerblicher Rechtsschutz und Urheberrecht.

Elster, Alexander, **Urheber- und Erfinder-, Warenzeichen- und Wettbewerbsrecht.** (Gewerblicher Rechtsschutz.) Zweite, stark erweiterte und völlig umgearbeitete Auflage. Mit Abdruck der Gesetzestexte. Oktav. XII, 611 Seiten. 1928. (Lehrbücher und Grundrisse der Rechtswissenschaft Bd. VIII.) . . . . RM. 18.—, geb. RM. 19.50

„Seit Kohler und Osterrieth endlich wieder das lang entbehrte Lehrbuch. Hier unternimmt ein wahrhaft selbständiger und ideenreicher Kopf den Versuch, eine wirkliche Synthese zu schaffen."

Juristische Rundschau.

Neuberg, J., **Der internationale gewerbliche Rechtsschutz.** 2. Auflage. 128 Seiten. 1923. (Sammlung Göschen Bd. 271.) . . . Geb. RM. 1.80

Neuberg, Johannes, **Gesetz, betr. das Urheberrecht an Mustern und Modellen,** und Gesetz, betr. den Schutz von Gebrauchsmustern, nebst den zu beiden Gesetzen ergangenen Ausführungsverordnungen und abgeschlossenen internationalen Verträgen. Textausgabe mit Einleitung, Anmerkungen und Sachregister. Taschenformat. 192 Seiten. 1911. (Guttentagsche Sammlung Deutscher Reichsgesetze Bd. 102.) Geb. RM. 2.40

„Die Anmerkungen sind kurz, klar, treffend, mit Nachweisungen aus der Judikatur und aus der Literatur versehen. Sie ermöglichen auch dem mit der Materie nicht vertrauten Praktiker eine schnelle Orientierung über den Stand der Frage."

Zeitschrift für das gesamte Handelsrecht.

Daude, Paul, **Die Reichsgesetze über das Urheberrecht an Werken der Literatur und der Tonkunst und das Verlagsrecht** vom 19. Juni 1901 in der Fassung des Gesetzes vom 22. Mai 1910 zur Ausführung der revidierten Berner Übereinkunft. Oktav. VIII, 293 Seiten. 1910. RM. 6.—

„Der Zusammenhang der erläuterten Gesetze mit dem Strafgesetzbuch, dem Bürgerlichen Gesetzbuch und anderen Gesetzen ist in leichtverständlicher Weise praktisch dargestellt. Es wird vorzügliche Dienste leisten." *Deutsche Literatur-Zeitung.*

Lindemann, O., **Gesetz, betr. das Urheberrecht** an Werken der Literatur und der Tonkunst. Vierte Auflage. Taschenformat. 171 Seiten. 1921. (Guttentagsche Sammlung Deutscher Reichsgesetze Bd. 60.) Geb. RM. 1.80

„Die Arbeit ist nicht bloß eine Gesetzesausgabe, sondern ein wertvoller Kommentar des Gesetzes. Das Werk sei jedermann auf das beste empfohlen." *Juristische Wochenschrift.*

Fuld, Ludwig, **Gesetz, betr. das Urheberrecht an Werken der bildenden Künste und der Photographie.** Zweite Auflage. Taschenformat. 192 Seiten. 1925. (Guttentagsche Sammlung Deutscher Reichsgesetze Bd. 81.) . . . . Geb. RM. 6.—

„Der zwar kleine, aber inhaltreiche und daher sehr beliebte Kommentar von Fuld erscheint in zweiter, völlig neubearbeiteter Auflage. Überall ist dem Stande der heutigen Rechtsprechung und wissenschaftlichen Auffassungen Rechnung getragen. In einem Anhang sind die einschlägigen internationalen Übereinkommen abgedruckt. Alle Interessenten werden mit Freuden die neue Auflage begrüßen."

Danziger Juristische Monatsschrift.

Heinitz, Ernst, und Marwitz, Bruno, Das Reichsgesetz über das Verlagsrecht. Textausgabe mit Einleitung, Anmerkungen und Sachregister. Dritte Auflage. Taschenformat. 136 Seiten. 1922. (Guttentagsche Sammlung Deutscher Reichsgesetze Bd. 61.) . . . . Geb. RM. 1.60

„Dieser kurze Kommentar ist durch seine knappen, das Wichtige klar vortragenden Darlegungen dazu berufen, eine Lücke auszufüllen, die sich für den Praktiker des Verlagsrechts seit Jahren ergab. Man darf deshalb das Erscheinen dieser neuen Auflage aus der Feder des Spezialisten des Verlagsrechts mit größter Freude begrüßen."
Börsenblatt für den Deutschen Buchhandel.

Elster, A., Das deutsche Urheber- und Verlagsrecht. 128 Seiten. 1923. (Sammlung Göschen Bd. 863.) . . . . Geb. RM. 1.80

„Erstaunlich ist, wie Elster diese beiden so viel umstrittenen Gesetze auf so engem Raum in vortrefflicher Weise zur Darstellung gebracht hat." *Deutscher Journalistenspiegel.*

Heymann, E., Die zeitliche Begrenzung des Urheberrechts. Oktav. 74 Seiten. 1927. (Sitzungsberichte der Preußischen Akademie der Wissenschaften zu Berlin.) . . . . RM. 5.—

Elster, A., Das deutsche Erfinderrecht. (Patent- und Musterschutzrecht). 118 Seiten. 1924. (Sammlung Göschen Bd. 891.) . . Geb. RM. 1.80

„Die Aufgabe, einen Überblick über das deutsche Erfinderrecht zu geben, ist im Rahmen der kurzen Erörterungen mit viel Geschick gelöst. Deshalb wird das Büchlein auch bei allen Gruppen der am Patentrecht interessierten Personen seine Freunde finden."
Gewerblicher Rechtsschutz und Urheberrecht.

Seligsohn, Jul., Geheimnis und Erfindungsbesitz. Groß-Oktav. 147 Seiten. 1921 . . . . RM. 3.—

Reininger, G., Der Schutz des Urheberrechts im deutschen Rundfunk. Oktav. 88 Seiten. 1929 . . . . RM. 4.—

„Eine interessante, zeitgemäße, namentlich auch für geistige Neuschöpfer wichtige Studie." *Badische Rechtspraxis.*

Wolff, F., und Crisolli, K.-A., Das Recht der Reklame. Lexikon-Oktav. 424 Seiten. 1929 . . . . RM. 20.—, geb. RM. 22.—

Mit diesem Buch ist erstmalig eine systematische erläuternde Zusammenstellung der hauptsächlichsten Bestimmungen gegeben, die von Reklame handeln, bzw. mit Reklame in irgendeinem Zusammenhang stehen. In der Praxis macht sich das Fehlen einer solchen Bearbeitung sehr bemerkbar, da die Reklame in der Gesetzgebung kein in sich abgeschlossenes Gebiet bildet, sondern ihre gesetzlichen Grundlagen in den mannigfachen Bestimmungen des privaten und öffentlichen Rechts findet. Die Verfasser haben die einschlägige Rechtsprechung und Literatur bis in die neueste Zeit berücksichtigt.

Pinner-Elster, Gesetz gegen den unlauteren Wettbewerb. Achte, sehr vermehrte und umgestaltete Auflage. Taschenformat. 254 Seiten. 1927. (Guttentagsche Sammlung Deutscher Reichsgesetze Bd. 37.) Geb. RM. 5.—

„Das Buch ist mehr als eine bloße ‚Textausgabe mit Anmerkungen', nämlich ein richtiger Kommentar, und wird in der Praxis ausgezeichnete Dienste tun."
Senatspräsident am Reichsgericht Dr. Lobe, Leipzig, i. d. Jurist. Wochenschrift.

Wassermann, Martin, Der unlautere Wettbewerb nach deutschem Recht. I. Generalklausel, Reklameauswüchse, Ausverkaufswesen, Angestelltenbestechung. 160 Seiten. 1911. II. Kreditschädigung, Firmen- und Namenmißbrauch, Verrat von Geheimnissen, Ausländerschutz. 151 Seiten. 1911. (Sammlung Göschen Bd. 339 u. 535.) . . . Geb. je RM. 1.80

Born, A., **Reichspreßgesetz** vom 7. Mai 1874 nebst den einschlägigen Bestimmungen der Reichsverfassung, des Reichsstrafgesetzbuches, der Gewerbeordnung usw. Mit Kommentar und Sachregister. Dritte Auflage. Taschenformat. 176 Seiten. 1924. (Guttentagsche Sammlung Deutscher Reichsgesetze Bd. 53.) . . . . Geb. RM. 4.—

„Das Werk bringt eine sehr reichhaltige Kommentierung des Stoffes, die um so wertvoller ist, als den Entscheidungen der Wortlaut der Urteilsbegründungen beigefügt ist. Sämtliche einschlägigen Bestimmungen der das Pressewesen berührenden Gesetze sind aufgeführt, eingehend besprochen und in Beziehung zueinander gebracht worden. Als Nachschlagewerk in Zweifelsfällen wird das Buch von großem Nutzen sein." Ministerialblatt für die preußische innere Verwaltung.

Hagens, Alfred, **Warenzeichenrecht.** Kommentar. Groß-Oktav. VIII, 408 Seiten. 1927. (Gewerbe- und Industrie-Kommentar Bd. III.) RM. 22.—, geb. RM. 24.—

„Eine ausführliche Darstellung, die zeigt, daß der Verfasser das gesamte Fachschrifttum und die reichhaltige Rechtsprechung restlos beherrscht. Ich habe gefunden, daß nicht ein einziger Fall von Bedeutung fehlt." Markenschutz und Wettbewerb.

Seligsohn, Arnold, **Gesetz zum Schutz der Warenbezeichnungen.** Dritte Auflage, bearbeitet in Gemeinschaft mit Martin Seligsohn in Berlin. Groß-Oktav. IV, 416 Seiten. 1925. RM. 15.—, geb. RM. 16.50

„Der Kommentar zeigt alle Vorzüge des in der Wissenschaft und Praxis des gewerblichen Rechtsschutzes gleich ausgezeichneten Juristen: volle theoretische und praktische Beherrschung des Stoffes, klare Darstellungsgabe, sorgsame Behandlung und treffsicheres Urteil." Badische Rechtspraxis.

Freund, G. S., **Magnus,** Julius, und **Jüngel,** Friedrich, **Das deutsche Warenzeichenrecht.** Sechste, neubearbeitete Auflage. Teil I: Die internationalen Verträge. VI, 247 Seiten. Mit 4 Tafeln. 1924. (Guttentagsche Sammlung Deutscher Reichsgesetze Bd. 87a.) Geb. RM. 9.—

„Das ganze Werk mit seiner Fülle von Gesetzen, Verordnungen, Verträgen, Bekanntmachungen bildet eine Quellensammlung für das internationale deutsche Zeichenrecht, ohne die man fortan nicht mehr auskommen kann." Gewerblicher Rechtsschutz und Urheberrecht.

IV. Zivilprozeß

Fischer, Otto, **Lehrbuch des deutschen Zivilprozeß- und Konkursrechts.** Groß-Oktav. XII, 488 Seiten. 1918 . . . RM. 8.—, geb. RM. 10.—

Kisch, Wilh., **Deutsches Zivilprozeßrecht.**

I. Band. Vierte, verbesserte Auflage. 115 Seiten. 1929. (Sammlung Göschen Bd. 428.) . . . . Geb. RM. 1.80

II. Band. Vierte, verbesserte Auflage. 168 Seiten. 1929. (Sammlung Göschen Bd. 430.) . . . . Geb. RM. 1.80

III. Band. Vierte, verbesserte Auflage. 148 Seiten. 1929 (Sammlung Göschen Bd. 430.) . . . . Geb. RM. 1.80

Diese Auflage wird jedem, der sich auf gemeinverständliche Weise über unser geltendes Zivilgerichtswesen unterrichten will, gute Dienste leisten, und kann namentlich den Studierenden des Rechts als Einführung bestens empfohlen werden.

Sydow, R., Busch, L., und Krantz, W., Zivilprozeßordnung und Gerichtsverfassungsgesetz nebst Anhang, enthaltend Entlastungsgesetze. Handkommentar unter besonderer Berücksichtigung der Entscheidungen oberster Gerichte. Neubearbeitete, zwanzigste Auflage.
Erster Band: Einführungsgesetz und Zivilprozeßordnung §§ 1—703. Groß-Oktav. VIII, 872 Seiten. 1930. (de Gruytersche Sammlung Deutscher Gesetze, Handkommentare.) . . . . . Geb. RM. 18.—
Der Bezug des ersten Bandes verpflichtet zur Abnahme des zweiten Bandes.

„Der Wert des Werkes ist längst anerkannt. Es gibt wohl keinen Praktiker, der sich seiner nicht mit besonderer Vorliebe bedient. Vollständigkeit, Übersichtlichkeit, Zuverlässigkeit und Ausführlichkeit der Erläuterungen sind auch diesmal dem allgemein beliebten Buche als seine hervorstechendsten Vorzüge treugeblieben. Für die Praxis ist es unentbehrlich."

Zeitschrift des Bundes Deutscher Justizamtmänner.

Zivilprozeßordnung mit Gerichtsverfassungsgesetz und Einführungsgesetzen in der Fassung der Bekanntmachung vom 13. Mai 1924 mit den bis 1. April 1929 ergangenen Abänderungen. Textausgabe mit Sachregister. Taschenformat. 440 Seiten. 1929. (Guttentagsche Sammlung von Textausgaben ohne Anmerkungen.) . . . Geb. RM. 3.50

Die handliche Ausgabe enthält den genannten Gesetzestext mit einem das Zurechtfinden sehr erleichternden Sachregister.

Sydow, R., Busch, L., und Krantz, W., Gerichtsverfassungsgesetz mit Einführungsgesetz. Unter besonderer Berücksichtigung der Entscheidungen des Reichsgerichts. Zehnte Auflage. Taschenformat. 347 Seiten. 1925. (Guttentagsche Sammlung Deutscher Reichsgesetze Bd. 14.) Geb. RM. 6.—

„Das Buch bedarf keiner Empfehlung, es empfiehlt sich selbst durch die Fülle dessen, was es bietet. Gesetzgebung und Rechtsprechung sind bis in die neueste Zeit berücksichtigt."

Leipziger Zeitschrift für Deutsches Recht.

Rausnitz, Julius, Gebührenordnung für Notare vom 28. Oktober 1922 (GS. 404) nebst den einschlägigen Vorschriften des Preußischen Gerichtskostengesetzes vom 28. Oktober 1922 (GS. 363), beide in der Fassung der Gesetze vom 12. April 1923 (GS. 107), 18. Dezember 1923 (GS. 556) und der Verordnung vom 28. Juni 1924 (GS. 573). Sechste, umgearbeitete Auflage. Oktav. 158 Seiten. 1925. (Guttentagsche Sammlung Preußischer Gesetze Bd. 4.) . . . Geb. RM. 7.—

„Der in seiner äußeren Form sehr handlich und gut ausgestaltete Kommentar kann nur auf das wärmste empfohlen werden. Er wird sehr bald ein unentbehrlicher, weil nie versagender Ratgeber werden, der die Berufsarbeit sehr erleichtern wird." *Juristische Wochenschrift.*

Sydow, R., Busch, L., und Krieg, O., Die Deutsche Gebührenordnung für Rechtsanwälte, das Gesetz, betreffend die Erstattung von Rechtsanwaltsgebühren in Armensachen, und die Preußische Landesgebührenordnung mit Erläuterungen. Auf der Grundlage der Sydow-Busch'schen Textausgabe mit Anmerkungen in dreizehnter Auflage unter Mitaufnahme des Gesetzes über die Erstattung in Armensachen neubearbeitet. Taschenformat 496 Seiten. 1929. (Guttentagsche Sammlung Deutscher Reichsgesetze Bd. 17.) . . . . Geb. RM. 9.—

„Die Erläuterung der Gebührenordnung bietet besonders Wertvolles. Sie steht schon lange unter den Anmerkungsausgaben mit an erster Stelle. Und das mit Recht."

Zeitschrift des Bundes Deutscher Justizamtmänner.

Sydow, R., **Busch,** L., und **Krieg,** O., **Deutsches Gerichtskostengesetz nebst Gebührenordnung** für Gerichtsvollzieher und für Zeugen und Sachverständige in den neuesten Fassungen. Auf der Grundlage der Sydow-Busch'schen Textausgabe mit Anmerkungen neubearbeitet in elfter Auflage. Taschenformat. XI, 433 Seiten. 1928. (Guttentagsche Sammlung Deutscher Reichsgesetze Bd. 15.) . . . . . . Geb. RM. 7.50

„Die neue Auflage bietet unter gründlicher Berücksichtigung der gesamten einschlägigen Rechtsprechung eine zeitgemäße, übersichtliche und erschöpfende Erläuterung des Gesetzes. Für den täglichen Gebrauch in der Praxis erscheint diese Textausgabe mit Anmerkungen als unentbehrlich."

Dr. Natter in der „Württembergischen Zeitschrift für Rechtspflege".

Lindemann, Otto, **Preußisches Gerichtskostengesetz** (neueste Fassung). Nach dem Tode des früheren Herausgebers P. Siméon erläutert. Achte, völlig umgearbeitete Auflage. Taschenformat. 439 Seiten. 1928. (Guttentagsche Sammlung Preußischer Gesetze Bd. 17.)
Geb. RM. 8.—

„Die achte Auflage dieser bekannten Ausgabe des Preußischen Gerichtskostengesetzes ist entsprechend den bedeutsamen Änderungen der letzten Jahre völlig umgearbeitet. Die gesamte Rechtsprechung wurde eingehend berücksichtigt, so daß hier eine Erläuterung vorliegt, die Zuverlässigkeit und Vollständigkeit in sich verbindet."

Mitteilungen des Preußischen Richtervereins.

Freiwillige Gerichtsbarkeit

Jastrow, Hermann, und **Günther,** Hermann, **Die Gesetze des Reiches und Preußens über die freiwillige Gerichtsbarkeit.** Textausgabe mit Einleitung, Anmerkungen und Sachregister. Siebente, vermehrte Auflage. Taschenformat. 548 Seiten. 1928. (Guttentagsche Sammlung Deutscher Reichsgesetze Bd. 46.) . . . . Geb. RM. 9.—

„Die Anmerkungen unterrichten in zuverlässiger Weise über die wichtigste Rechtsprechung des Reichsgerichts und der deutschen Oberlandesgerichte auf dem Gebiete der freiwilligen Gerichtsbarkeit. Ein ausführliches Sachregister erhöht die Brauchbarkeit des bewährten Buches, das auch in der neuen Auflage seinen Zweck auf das beste erfüllen wird." *Juristische Wochenschrift.*

Die Gesetze des Reiches und Preußens über die freiwillige Gerichtsbarkeit. Textausgabe mit Sachregister. Taschenformat. 168 Seiten. 1930. (Guttentagsche Sammlung von Textausgaben ohne Anmerkungen mit Sachregister.) . . . . RM. 3.—

Das Buch enthält in der bekannten Art der Guttentagschen Gesetzesausgaben außer dem „Gesetz über die Angelegenheiten der freiwilligen Gerichtsbarkeit" alle in dieses Gebiet fallenden sonstigen Gesetze, Ausführungsbestimmungen, Abkommen, Verordnungen usw. in absolut zuverlässigem Abdruck und ein das Zurechtfinden sehr erleichterndes Sachregister.

Szkolny, Felix, und **Kober,** Leopold, **Das Notariatsrecht,** unter besonderer Berücksichtigung des materiellen Rechts und des Steuer- und Stempelrechts erläutert. Oktav. 236 Seiten. 1926. (Guttentagsche Sammlung Deutscher Reichsgesetze Bd. 163.) . . . . Geb. RM. 8.50

„Die Darlegung des materiellen Rechts, soweit es in der täglichen Anwendung den Notar hauptsächlich beschäftigt. Es wird die Beurkundung einzelner Rechtsgeschäfte und anderer Rechtsvorgänge behandelt. Die Ausführungen verwerten die neueste Lehre und Rechtsprechung eingehend, die Darstellung ist leicht faßlich und klar, einzelne Muster vervollkommnen das anschauliche Bild."

Zeitschrift des Deutschen Notarvereins.

Szkolny, Felix, **Die Belehrungspflicht des Notars.** Oktav. 52 Seiten. 1927. . . . . RM. 2.—

„Ein trotz seines geringen Umfanges sehr nützliches Buch, für das wir dem Verfasser Dank wissen müssen. Es ist zu begrüßen, daß die Beschäftigung mit dem Notariatsrecht zunimmt, und es besteht die Hoffnung, daß dies eine günstige Einwirkung auf die Handhabung des Notariats nicht verfehlen wird."

Zeitschrift des Deutschen Notarvereins.

Konkursordnung und Zwangsvollstreckung

Jaeger, Ernst, **Kommentar zur Konkursordnung** und den Einführungsgesetzen. Mit einem Anhang, enthaltend das Anfechtungsgesetz, die Vergleichsordnung, Auszüge aus den Kostengesetzen, Ausführungsgesetze und Geschäftsordnungen. Sechste und siebente, neubearbeitete Auflage. Groß-Oktav. Der Umfang des Gesamtwerkes umfaßt etwa 100 Bogen. Die Ausgabe erfolgt in Lieferungen.

Gesamtpreis etwa RM. 80.—

Erster Band. Erste Lieferung (§§ 1—16). 296 Seiten. 1928. RM. 16.—

Erster Band. Zweite Lieferung (§§ 17—27). Seite 297—472. 1929. RM. 10.—

Erster Band. Dritte Lieferung. Im Druck.

„Das Jaegersche Werk ist ohne Zweifel der beste von den mehreren guten Kommentaren zur Konkursordnung, die wir besitzen."

Zeitschrift für Deutschen Zivilprozeß.

Sydow, R., **Busch**, L., und **Krieg**, O., **Konkursordnung** und Anfechtungsgesetz mit Erläuterungen. Auf der Grundlage der Sydow-Buschschen Textausgabe mit Anmerkungen in fünfzehnter Auflage unter Mitaufnahme der Vergleichsordnung neubearbeitet. Taschenformat. 816 Seiten. 1929. (Guttentagsche Sammlung Deutscher Reichsgesetze Nr. 13.) . . . . Geb. RM. 12.—

„Die Erläuterungsbücher von Sydow-Busch sind als Kommentare mittleren Umfanges seit vielen Jahren in der Juristenwelt rühmlichst bekannt." *Juristische Rundschau.*

Fischer, K., und **Schäfer**, L., **Die Gesetzgebung, betr. die Zwangsvollstreckung in das unbewegliche Vermögen** im Reiche und in Preußen. Bearbeitet von J. Krech und O. Fischer. Zweite Auflage. Lexikon-Oktav. XVI, 728 Seiten. 1910 . . . RM. 15.—, geb. RM. 18.—

„Unter den zahlreichen Bearbeitungen des Zwangsvollstreckungsgesetzes ist der Kommentar von Fischer und Schäfer wohl der wissenschaftlich bedeutendste. Überall sind die Erläuterungen systematisch, manchmal geradezu lehrbuchartig aufgebaut, die leitenden Gedanken treten trotz der Fülle der behandelten Einzelfragen klar und deutlich hervor."

Zeitschrift für Rechtspflege in Bayern.

Krech, J., und **Fischer**, O., **Die Gesetzgebung, betr. die Zwangsvollstreckung in das unbewegliche Vermögen** im Reiche und in Preußen. Textausgabe mit Einleitung, Anmerkungen und Sachregister. Zehnte Auflage, bearbeitet von O. Fischer. Taschenformat. 266 Seiten. 1929. (Guttentagsche Sammlung Deutscher Reichsgesetze Bd. 43.)

Geb. RM. 5.—

„Einer besonderen Empfehlung dieser handlichen Ausgabe, deren Hauptteil das Gesetz über die Zwangsversteigerung und Zwangsverwaltung bildet, bedarf es nicht. Gesetzgebung, Rechtsprechung und Rechtslehre sind bis zur Gegenwart berücksichtigt."

Sächsisches Archiv für Rechtspflege.

Samter, M. K., Handbuch zum Verfahren der Zwangsversteigerung und Zwangsverwaltung nach dem Reichsgesetz vom 24. März 1897 (Fassung vom 20. Mai 1898). Zweite Auflage, vermehrt durch einen Nachtrag und ein Selbstexaminatorium. VIII, 400 Seiten. 1912. RM. 5.—

Im ersten Teil dieses Handbuches sind, seinem Einführungszweck entsprechend, die allgemeinen und materiellrechtlichen Grundlagen des Verfahrens kurz dargestellt, deren Aneignung jüngeren Juristen besonders schwer fällt. Im zweiten Teil ist das Verfahren in organischer Plastik zur Darstellung gelangt, um auch älteren Juristen, in strepitu fori, eine leichte und doch voll ausreichende Übersicht der in Betracht kommenden Vorschriften und Rechtsgrundsätze zu gewähren.

Kretzschmar, F., Die Zwangsversteigerung und die Zwangsverwaltung. 110 Seiten. 1911. (Sammlung Göschen Bd. 523.) . . Geb. RM. 1.80

V. Strafrecht und Strafprozeß

Strafgesetzbuch

Ebermayer, Ludwig, **Lobe,** Adolf und **Rosenberg,** Werner, **Das Reichsstrafgesetzbuch,** Leipziger Kommentar mit besonderer Berücksichtigung der Rechtsprechung des Reichsgerichts. Vierte, vermehrte und verbesserte Auflage. Lexikon-Oktav. X, 1282 Seiten. 1929. RM. 56.—, in Halbleder geb. RM. 63.—

„Zusammenfassend wird man sagen müssen, daß der Kommentar nun wohl endgültig an die Spitze der großen Kommentare zum StGB. getreten ist.“ Zeitschrift für Rechtspflege in Bayern.

Kohlrausch, Eduard, **Strafgesetzbuch für das Deutsche Reich mit Nebengesetzen.** Textausgabe mit Anmerkungen und Sachregister. Früher von Dr. Fr. v. Liszt u. Dr. E. Delaquis. Neunundzwanzigste Auflage. Taschenformat. X, 562, *48 Seiten. 1930. (Guttentagsche Sammlung Deutscher Reichsgesetze Bd. 2.) . . . Geb. RM. 8.—

„Ein Buch, an Hand dessen eine schnelle und zuverlässige Orientierung über die wichtigsten Auslegungsfragen möglich ist. Es dient in gleicher Weise dem Studierenden zur Einführung in eine Lektüre des Gesetzes wie dem Praktiker zur schnellen Auffindung einer Entscheidung.“

Rechtsanwalt Dr. Max Alsberg in der „Juristischen Wochenschrift“.

Liszt, Fr. v., **Lehrbuch des deutschen Strafrechts.** Fünfundzwanzigste, vollkommen durchgearbeitete und zum Teil umgestaltete Auflage, besorgt von Dr. E. Schmidt, Professor an der Universität Breslau. Groß-Oktav. XXXIV, 976 Seiten. 1927. RM. 27.50, geb. RM. 30.—

„Das Lisztsche Lehrbuch wird auch in dieser neuen Bearbeitung seinen ersten Platz und seinen Weltruf sich bewahren.“

Zeitschrift des Deutschen Notarvereins.

Gerland, H. B., **Das deutsche Reichsstrafrecht.** Oktav. 600 Seiten. 1922. (Lehrbücher und Grundrisse der Rechtswissenschaft Bd. XVI.) RM. 10.—, geb. RM. 11.50

„Durch knappe, geradezu klassische Kürze zeigende Darstellung gelang es Gerland auf engem Raume eine ungeheure Fülle des Stoffes zu bieten und auf jede Frage Antwort zu geben.“

Juristische Wochenschrift.

Gerland, H., Der Entwurf 1925. Allgemeiner Teil. Kritische Bemerkungen. Oktav. 96 Seiten. 1925 . . . . RM. 5.—

„Eine außerordentlich interessante Abhandlung. Die Schrift stellt ein fast unentbehrliches Hilfsmittel für jeden dar, der sich mit den einschlägigen Fragen zu beschäftigen hat."

Mitteilungen des Preußischen Richtervereins.

Aschrott, P. F. u. Kohlrausch, Ed., Reform des Strafrechts. Kritische Besprechung des Amtlichen Entwurfs eines Allgemeinen Deutschen Strafgesetzbuchs. Auf Veranlassung der Deutschen Landesgruppe der Internationalen Kriminalistischen Vereinigung unter Mitwirkung erster Fachgenossen herausgegeben. Gr.-Oktav. V, 415 S. 1926. RM. 18.—

„Die gestellte Aufgabe ist glänzend gelöst. Kaum ein Punkt ist übersehen worden, der die Kritik herausfordert. — Niemand, der an der endgültigen Gestaltung unseres Strafrechts Anteil nimmt, darf an dieser Sammelkritik achtlos vorübergehen."

Geh. Hofrat Prof. Dr. v. Lilienthal in der „Deutschen Juristen-Zeitung".

Zeitschrift für die gesamte Strafrechtswissenschaft. Gegründet von **Fr. von Liszt und A. Dochow.** Unter ständiger Mitarbeiterschaft hervorragender Fachmänner herausgegeben von Dr. K. von Lilienthal, Professor in Heidelberg, Dr. Ed. Kohlrausch, Professor in Berlin, und Dr. W. Gleispach, Professor in Wien. Der Jahrgang besteht aus 8—9 Heften. Quart.

Bd. 1—43. 1881—1922. Je RM. 15.—. Bd. 44. 1922. RM. 25.—. Bd. 45. 1924. RM. 21.—. Bd. 46—49. 1925—1929. Je RM. 30.—.

Sammlung außerdeutscher Strafgesetzbücher in deutscher Übersetzung. Herausgegeben von den Schriftleitungen der Zeitschrift für die ges. Strafrechtswissenschaft u. d. Mitteilungen der Internationalen Kriminalistischen Vereinigung. Nr. 1—43. 1881—1914 . . Preise auf Anfrage.

Nr. 44:

Japanische Strafgesetze. I. Schwurgerichtsordnung vom 18. April 1923 und strafrechtliche Nebengesetze. Übersetzt von Hyoichiro Kusano, Reichsgerichtsrat in Tokio, Tadao Sugiura, Oberlandesgerichtsrat in Sapporo, und Dr. jur. Fritz Bartelt in Berlin. II. Strafvollzugsgesetz vom 28. März 1908 nebst Ausführungsverordnung vom 16. Juni 1908. Übersetzt von Dr. jur. Toshita Tokiwa, Gerichtsassessor in Tokio, und Dr. jur. Werner Gentz, Justizrat beim Strafvollzugsamt in Kiel. Oktav. 55 Seiten. 1927. RM. 3.—

Nr. 45:

Die Auslieferungsgesetze Norwegens, Schwedens und Finnlands. Mit einer systematischen Darstellung der Grundzüge des nordischen Auslieferungsrechts im Hinblick auf den Erlaß eines deutschen Auslieferungsgesetzes Von Dr. jur. Ernst Wolgast, Privatdozent in Königsberg i. Pr. Groß-Oktav. VIII, 487 Seiten. 1928. . . RM. 20.—

Nr. 46:

Das Türkische Strafgesetzbuch vom 1. März 1926. Gesetz Nr. 765. (Türkisches Gesetzblatt Nr. 320 vom 13. März 1926.) Das Ausführungsgesetz zum Türkischen Strafgesetzbuch vom 26. April 1926. Deutsche Übersetzung von Dr. K. Ziemke. Oktav. 138 S. 1927. RM. 5.—

Nr. 47:

Entwurf eines griechischen Strafgesetzbuches. Übersetzt und eingeleitet von Demetrius G. Venturas, Rechtsanwalt in Korfu, Griechenland. Oktav. 123 Seiten. 1928 . . . . RM. 7.—

Nr. 48:
Italienischer Vorentwurf zu einem neuen Strafgesetzbuch. (Progetto di un nuovo codice penale.) In deutscher Übersetzung von Dr. K. Bunge, Landgerichtsrat in Berlin. Oktav. XXXII, 244 Seiten. 1928 RM. 10.—

Nebengesetze

Lindemann, Otto, **Sammlung der wichtigsten preußischen Strafgesetze.** Zweite Auflage. Taschenformat. 372 Seiten. 1912. (Guttentagsche Sammlung Preußischer Gesetze Bd. 34.) . . . . . Geb. RM. 3.50

„Die durch mehrere wichtige Gesetze erweiterte zweite Auflage dieses unentbehrlichen Ergänzungsbandes zu den in Einzelausgaben erschienenen Preußischen Gesetzen ist durch die Wiedergabe der noch geltenden vereinzelten alten Strafvorschriften nebst trefflich unterrichtenden Vorbemerkungen und Erläuterungen besonders wertvoll. Nur mittels einer solchen ausgezeichneten Sammlung ist es möglich, auch die zerstreuten Gebiete des Strafrechts völlig zu beherrschen." Deutsche Juristen-Zeitung.

Fraustädter, Werner, **Deutsches Auslieferungsgesetz** vom 23. Dezember 1929 und andere neuere Vorschriften der Rechtshilfe in Strafsachen, einschließlich der Auslieferung. Textausgabe mit Einleitung, Erläuterungen und Sachregister. Etwa 150 Seiten. 1930. (Guttentagsche Sammlung Deutscher Reichsgesetze Bd. 86.) . . . . Geb. RM. 4.—

Das Auslieferungsgesetz hat durch die Neufassung vom 25. 12. 1929 eine starke Umgestaltung erfahren, die zur Hearusgabe der vorliegenden Neubearbeitung geführt hat. Diese enthält eine ausführliche Erläuterung der neuen Bestimmungen sowie einen Abdruck der wichtigsten Verträge und Vorschriften und ermöglicht einen vollständigen Überblick über den gegenwärtigen Stand des deutschen Auslieferungsrechtes.

Kirchner, Rudolf, **Gesetz über den Verkehr mit Kraftfahrzeugen.** Vierte Auflage. (Guttentagsche Sammlung Deutscher Reichsgesetze Bd. 92.) In Vorbereitung.

„Ein sehr wertvolles Hilfsmittel für Anwendung und Auslegung des wichtigen Gesetzes." Leipziger Zeitschrift für deutsches Recht.

Lindemann, Otto, **Polizeiverordnungen in Preußen.** Zweite Auflage. Taschenformat. 189 Seiten. 1912. (Guttentagsche Sammlung Preußischer Gesetze Bd. 36.) . . . . Geb. RM. 2.50

Abhandlungen des Kriminalistischen Instituts an der Universität Berlin. Herausgegeben von Dr. **Franz von Liszt,** o. Professor der Rechte. Sonderverzeichnis kostenlos. Vierte Folge. I. Band.

Heft 1:

Dannenberg, Herbert, **Liberalismus und Strafrecht im 19. Jahrhundert unter Zugrundelegung der Lehren Karl Georg von Waechters.** Oktav. IV, 66 Seiten. 1925 . . . . RM. 3.—

Heft 2:

Tarnowski, Dr. Hans, **Die systematische Bedeutung der adäquaten Kausalitätstheorie für den Aufbau des Verbrechensbegriffs.** Oktav. X, 340 Seiten. 1927 . . . . RM. 18.—

Heindl, Robert, **System und Praxis der Daktyloskopie** und der sonstigen technischen Methoden der Kriminalpolizei. Dritte, neubearbeitete und vermehrte Auflage. 900 Abbildungen im Text und 21 Bildertafeln. 780 Seiten. Groß-Oktav. 1927 . . . . . RM. 36, geb. RM. 40.—

„Ein Werk, mit dem wohl für geraume Zeit die Literatur dieses Gebiets ihren krönenden Abschluß gefunden haben dürfte. — Es darf erwartet werden, daß jeder Richter, Rechtsanwalt und Verteidiger sich dieses vorzüglichen Werkes bedient." Deutsche Juristenzeitung.

Kleine kriminalistische Bücherei.

Band 1:

Schneickert, Hans, **Die strafrechtlichen Aufgaben der Polizei.** Für den Polizeiunterricht und die Polizeipraxis. Taschenformat. 182 Seiten. 1921. RM. 2.—

Band 2:

Philipp, Lothar, **Beobachtungs- und Ermittlungspraxis im Polizei- und Detektivdienst.** Taschenformat. 180 Seiten. 1923 . . . RM. 2.—

„Alles in allem: ein Buch, für den Fachmann lesenswert, für den Anfänger ein guter Leitfaden, für den Laien interessant."
Zeitschrift für gerichtliche Schriftvergleichung.

Band 3:

Manteuffel, H. v., **Falschspieler.** Formen und Technik des Spielbetruges, nebst einem Anhange: Der Spielprofessor und sein angeblich sicheres System beim Spiele gegen eine öffentliche Roulettebank. Taschenformat 90 Seiten. 1923 . . . . RM. 2.—

Gerade heutzutage, wo die Spielleidenschaft so weite Kreise zieht, ist es von besonderem Reiz, diese klare, flüssige und lehrreiche Darstellung zu verfolgen.

Band 4:

Schneickert, Hans, **Kriminalistische Spurensicherung.** Sammlung dienstlicher Anweisungen und sachverständiger Ratschläge für den Dienstgebrauch und für Polizeischulen. Zweite, vermehrte und verbesserte Auflage. Taschenformat. 96 Seiten. Mit 2 Abbildungen. 1925. Geb. RM. 3.—

„Alle Einzelheiten werden hervorgehoben und als möglicherweise wichtige Beweismomente in einem vielarmigen System zusammengefaßt. In der Durchführung seiner Aufgabe hat der Verfasser tatsächlich alles berücksichtigt, was für das Beweisverfahren von Bedeutung ist und sein könnte." Archiv für Kriminologie.

Band 5:

Rehfeld, P., **Gerichtsärztliche Tatbestandsfeststellungen** im Dienste der Polizei. Ein Leitfaden für Polizei- und Kriminalbeamte. Taschenformat. 133 Seiten. 1927 . . . . Geb. RM. 3.50

„Die Bearbeitung gibt eine geschlossene, einheitliche Behandlung des Stoffgebietes durch einen Arzt, wie sie anderweitig in der kriminalistischen Literatur nicht vorhanden ist." Deutsches Polizeiarchiv.

Strafprozeßordnung

Kohlrausch, Eduard, **Strafprozeßordnung** und Gerichtsverfassungsgesetz. Textausgabe mit Einleitung, Anmerkungen und Nebengesetzen. In Verbindung mit Dr. Hermann Mannheim, Landgerichtsrat und Professor in Berlin, bearbeitet von Dr. Eduard Kohlrausch, Professor der Rechte in Berlin. Zweiundzwanzigste Auflage (101. bis 104. Tausend). Taschenformat. XI, 510 Seiten. 1930. (Guttentagsche Sammlung Deutscher Reichsgesetze Bd. 12.) RM. 7.50

„Das Buch ist nicht nur für den Praktiker, der sich rasch unterrichten will, sondern auch für den Studierenden, zumal wenn ihm die wirtschaftlichen Verhältnisse die Anschaffung umfangreicher Kommentare nicht ermöglichen, von größtem Wert."
Oberreichsanwalt Dr. Ebermayer in der „Juristischen Wochenschrift".

Feisenberger, Albert, **Strafprozeßordnung und Gerichtsverfassungsgesetz.** Handkommentar. Groß-Oktav. IX, 517 Seiten. 1926. Mit Nachtrag. 1927. (de Gruytersche Sammlung Deutscher Gesetze. Handkommentare.) . . . . Geb. RM. 17.—

„Eine glänzende Arbeit, die bald in der Hand jedes Strafrichters und Rechtsanwalts sein wird. Geradezu vorbildlich ist der Handkommentar für den Umfang der Heranziehung der Rechtsprechung. Alles Wesentliche ist berücksichtigt." Danziger Juristische Monatsschrift.

Beling, E., **Deutsches Reichsstrafprozeßrecht** mit Einschluß des Strafgerichtsverfassungsrechts. Oktav. XIV, 568 Seiten. 1928. (Lehrbücher und Grundrisse der Rechtswissenschaft Bd. XVII.)
RM. 15, geb. RM. 16.50

Die Eigenart des vorliegenden Lehrbuches des Reichsstrafprozeßrechts ist, daß es dem Verständnis der Gesetzestexte vorarbeiten und zu ihnen hinführen will. Gerade das, was nicht im Gesetz steht, ist die Hauptsache; die Gesetzesparagraphen sind Ziel, nicht Ausgangspunkt. Insbesondere aber stellt der Verfasser die Regelungsinhalte des geltenden Rechts in die heutige rechtspolitische Gedankenwelt hinein und gibt ein auch äußerlich scharf hervortretendes System, das den Lernenden befähigt, die Fülle der Einzelheiten unter allgemeinen Ordnungsgesichtspunkten zusammenzusetzen.

Rosenfeldt, E. H., **Deutsches Strafprozeßrecht.** 2 Bände. 128 und 148 Seiten. 1926. (Sammlung Göschen Bd. 938/939.) Geb. je RM. 1.80

„Eine wissenschaftlich hochstehende, auf einem knappen Raum zusammengedrängte, klar und originell geschriebene Einführung in den deutschen Strafprozeß.“ *Schweizer. Zeitschrift für Strafrecht.*

Löwe, F., und **Rosenberg,** Werner, **Die Strafprozeßordnung für das Deutsche Reich** vom 22. März 1924 nebst dem Gerichtsverfassungsgesetz. Kommentar. Achtzehnte, neubearbeitete Auflage. Lexikon-Oktav. 1332 Seiten. 1929 . . . . . RM. 44.—, in Halbleder geb. RM. 50.—

„Der Löwesche Kommentar hat sich in Wissenschaft und Rechtsprechung eine so hervorragende Stellung erworben, daß er zum unentbehrlichen Ratgeber für Theoretiker und Praktiker geworden ist. Der Kommentar steht nach wie vor an erster Stelle und ist ein Meisterwerk in der Kunst einer klaren, übersichtlichen und erschöpfenden Darstellung dieses außerordentlich spröden Stoffes.“
Zeitschrift des deutschen Notarvereins.

Feisenberger, Albert, **Strafprozeßordnung und Gerichtsverfassungsgesetz,** in alter und neuer Fassung synoptisch gegenübergestellt. Mit ausführlichem Sachregister. Taschenformat. 265 Seiten. 1924. Mit Nachtrag. 1927. (Guttentagsche Sammlung Deutscher Reichsgesetze Bd. 158.) . . . . Geb. RM. 4.50

„Die Ausgabe ist für die Praxis auf längere Zeit unentbehrlich. Die synoptische Darstellung erleichtert die Arbeit und schützt vor Gedächtnisfehlern.“ *Juristische Wochenschrift.*

Aschrott, P. F., **Die Reform des Strafprozesses.** Kritische Besprechungen der von der Kommission für die Reform des Strafprozesses gemachten Vorschläge. Auf Veranlassung der Internationalen Kriminalistischen Vereinigung, Gruppe Deutsches Reich. Groß-Oktav. XII, 120 und 784 Seiten. 1906 . . . . RM. 12.—

Beiträge zur Reform des Strafprozesses. Herausgegeben von Dr. Franz **Adickes,** Dr. P. F. **Aschrott,** Dr. K. **von Lilienthal,** Dr. Fr. **von Liszt.** 2 Bände. Groß-Oktav. I. Bd. Heft 1—6. 1908. RM. 9.70. — II. Bd. Heft 1—5. 1909. RM. 15.10.

Frede, L. u. **Grünhut,** M., **Reform des Strafvollzuges.** Kritische Beiträge zu dem Amtlichen Entwurf eines Strafvollzugsgesetzes. Oktav. VII, 264 Seiten. 1927 . . . . RM. 10.—

Die in dem vorliegenden Buch zusammengefaßten Beiträge üben nicht nur eine Einzelkritik an den Bestimmungen des Entwurfs, sondern dienen zugleich unter dem Gesichtspunkt der gegenwärtigen gesetzgeberischen Aufgabe der wissenschaftlichen Grundlegung des ganzen Strafvollzugsproblems.

VI. Öffentliches Recht.

1. Staats- und Völkerrecht.

Fischbach, O. G., **Allgemeine Staatslehre.** Zweite Auflage. 136 Seiten. 1928. (Sammlung Göschen Bd. 358.) . . . . . Geb. RM. 1.80

„Das Buch darf einer breiten Öffentlichkeit als ausgezeichnete Einführung, den Fachgenossen aber, jung und alt, als Musterbeispiel wissenschaftlichen Bemühens um die denkbar beste Leistung anempfohlen werden, wie man ihm heute nicht allzu häufig mehr begegnet."
Reichsverwaltungsblatt.

Fischbach, O. G., **Allgemeines Staatsrecht.**
I. Teil. 139 Seiten. 1923. (Sammlung Göschen, Bd. 415.)
Geb. RM. 1.80
II. Teil. 151 Seiten. 1923. (Sammlung Göschen Bd. 416.)
Geb. RM. 1.80

Diese Bearbeitung bringt nicht bloß einen leicht faßlichen gemeinverständlichen Überblick über alle Zweige des Staatsrechtes, sondern auch in den einzelnen Partien viele gründliche wissenschaftliche Erörterungen der einschlagenden Probleme und kritischen Beleuchtung der verschiedenen Rechtsansichten.

Stier-Somlo, Fritz, **Deutsches Reichs- und Landesstaatsrecht I.** Oktav. XVI, 726 Seiten. 1924. (Lehrbücher und Grundrisse der Rechtswissenschaft Bd. XVIII.) . . . . RM. 16.50, geb. RM. 18.—

„. . . Von den zurzeit vorhandenen größeren Lehrbüchern des Reichsstaatsrechts das geeignetste." *Juristische Wochenschrift.*

Stier-Somlo, Fritz, **Reichsstaatsrecht.** I. Grundbegriffe des Staatsrechts. Verfassungsgeschichte vom Ende des 18. Jahrhunderts bis zur Reichsverfassung vom 11. August 1919. 108 Seiten. 1927. (Sammlung Göschen Bd. 967.) . . . . Geb. RM. 1.80
II. Das geltende Reichsstaatsrecht. 114 Seiten. 1927. (Sammlung Göschen Bd. 968.) . . . . Geb. RM. 1.80

Stier-Somlo, Fritz, **Preußisches Staatsrecht.** Zweite Auflage. 136 Seiten. 1927. (Sammlung Göschen Bd. 298.) . . . . Geb. RM. 1.80

„Die drei schmalen Bändchen werden nicht allein als wünschenswertes Orientierungsmittel für den Laien und den angehenden Juristen zu begrüßen sein, sondern auch dem im praktischen Berufsleben stehenden Juristen Anregung und Belehrung bieten."
Juristische Wochenschrift.

Arndt, Adolf, **Die Verfassung des Deutschen Reiches.** Dritte Auflage. Taschenformat. 1927. (Guttentagsche Sammlung Deutscher Reichsgesetze Bd. 137.) . . . . RM. 8.—

„Für alle, die sich auf dem schwierigen Gebiet der Reichverfassung orientieren wollen, liegt hier ein vorzügliches Nachschlagewerk von gediegener Wissenschaftlichkeit vor."
Staats- und Selbstverwaltung.

Stier-Somlo, Fritz, **Kommentar zur Verfassung des Freistaates Preußen.** Groß-Oktav. 319 Seiten. 1921 . . . . Geb. RM. 3.—

„Die Darstellung ist flüssig und knapp und ist als treffliche Orientierung über das neue Verfassungswerk, eine Orientierung, die ihre notwendige Ergänzung in dem vorzüglichen Kommentar Stier-Somlos findet, sehr zu empfehlen." *Zeitschrift für öffentliches Recht.*

Arndt, Adolf, **Die Verfassung des Freistaats Preußen** vom 30. November 1920. Mit Einleitung, vollständigem Kommentar, Landeswahlgesetz und Sachregister. Taschenformat. 158 Seiten. 1921. (Guttentagsche Sammlung Preußischer Gesetze Bd. 1.)

Geb. RM. 2.—

„Die Einleitung ist eine vortreffliche staatsrechtliche Abhandlung, die unter Berücksichtigung und Verwertung der einschlägigen Literatur in die Entstehungsgeschichte und in die Bedeutung der Verfassungsurkunde einführt. Der Kommentar wird denjenigen, die sich mit den einzelnen Bestimmungen der Verfassung vertraut machen wollen, ein willkommener Ratgeber sein."

Zeitschrift für Polizei- und Verwaltungsbeamte.

Veröffentlichungen der Vereinigung deutscher Staatsrechtslehrer.

Heft 1: Der deutsche Föderalismus. Oktav. 1924 . . . RM. 5.—

Heft 2: Der Schutz des öffentlichen Rechts. Oktav. 1925. RM. 12.—

Heft 3: Die Gleichheit vor dem Gesetz. Der Einfluß des Steuerrechts auf die Begriffsbildung des öffentlichen Rechts. Oktav. 1927. RM. 7.—

Heft 4: Das Recht der freien Meinungsäußerung. — Der Begriff des Gesetzes in der Reichsverfassung. Oktav. 1928 . . . . . RM. 10.—

Heft 5: Wesen und Entwicklung der Staatsgerichtsbarkeit. — Überprüfung von Verwaltungsakten durch die ordentlichen Gerichte. Oktav. 1929 . . . . RM. 12.—

Heft 6: Bundesstaatliche und gliedstaatliche Rechtsordnung. Verwaltungsrecht der öffentlichen Anstalt. Berichte von Fritz Fleiner, Josef Lukas, Lutz Richter und Arnold Köttgen. Verhandlungen der Tagung der deutschen Staatsrechtslehrer zu Frankfurt a. M. am 25. und 26. April 1929. Mit einem Auszug aus der Aussprache. Oktav. IV, 166 Seiten. 1929 . . . . RM. 9.—

Schling, Emil, **Kirchenrecht.** Zweite Auflage.

I. Teil. Einleitung. Quellen, Verfassung und Verwaltung der katholischen Kirche. Anhang: Die griechisch-orthodoxe Kirche. 119 Seiten. 1922. (Sammlung Göschen Bd. 377.) . . . . Geb. RM. 1.80

II. Teil: Das evangelische Kirchenrecht. Die Stellung des Staates zur Kirche und das Verhältnis der Religionsgesellschaften zueinander. 87 Seiten. 1927. (Sammlung Göschen Bd. 954.) . . . Geb. RM. 1.80

Edler v. Hoffmann, H., **Deutsches Kolonialrecht.** 150 Seiten. 1907. (Sammlung Göschen Bd. 318.) . . . . Geb. RM. 1.80

Reier, Otto, **Sozialisierungsgesetze.** Taschenformat. 214 Seiten. 1920. (Guttentagsche Sammlung Deutscher Reichsgesetze Bd. 141.)

Geb. RM. 2.20

„Das Werk stellt die erste zusammenfassende kommentarische Darstellung der Sozialisierungsgesetzgebung dar und ist für alle Interessenten unentbehrlich." *Zentralblatt der Reichsversicherung.*

Delius, H., **Die Beamtenhaftpflichtgesetze** des Reiches und der Länder. Vierte, vermehrte und vollkommen neubearbeitete Auflage. Taschenformat. 384 Seiten. 1929. (Guttentagsche Sammlung Deutscher Reichsgesetze Bd. 94.) . . . . Geb. RM. 10.—

Hohenstein, Adolf, und **Goldbaum,** Wenzel, **Reichsschädengesetze.** Textausgabe mit Anmerkungen. Oktav. 360 Seiten. 1922. (Guttentagsche Sammlung Deutscher Reichsgesetze Bd. 150.) . . . Geb. RM. 4.—

„Im ganzen ist das vorliegende Werk nicht nur ein wertvolles Hilfsmittel für den Fachmann, sondern ist besonders jedem Geschädigten zu empfehlen, der sich über seine Ansprüche orientieren will."

Auslandswarte.

Wörterbuch des Völkerrechts und der Diplomatie. Begonnen von Professor Dr. Julius **Hatscheck** †. Fortgesetzt und herausgegeben von Dr. Karl **Strupp,** Professor an der Universität Frankfurt a. M., Associé de l'institut de droit international, membre de l'Academie Diplomatique Internationale. Lexikon-Oktav.

Band I: Aachen—Lynchfall. VI, 860 Seiten. 1924.
RM. 35.—, in Halbleder geb. RM. 40.—

Band II: Maas—Utschiali. 779 Seiten. 1925.
RM. 35.—, in Halbleder geb. RM. 40.—

Band III (Schluß): Vasallenstaaten—Zwangsverschickung. Ferner Anhang: Abessinien—Weltgerichtshof; Sachverzeichnis und Mitarbeiterregister. II, 1316 Seiten. 1929.
RM. 62.—, in Halbleder geb. RM. 67.—

„Der Vorsprung, den entsprechende Werke in französischem Sprachgewande bisher hatten, ist nunmehr in Deutschland eingeholt. Die Form der alphabetischen Zergliederung des Stoffes ermöglicht eine breitere Behandlung der Einzelfälle, die im internationalen Rechtsleben nicht selten von größerer Bedeutung als vorzeitig aufgestellte Abstraktionen sind." *Zeitschrift für Völkerrecht.*

Anzilotti, Lehrbuch des Völkerrechts. Übersetzt und herausgegeben vom Institut für ausländisches öffentliches Recht und Völkerrecht, Berlin. I. Band. Groß-Oktav. 444 Seiten. 1929. RM. 19.—, geb. RM. 20.—

Mit der Herausgabe der Übersetzung dieses Lehrbuches des berühmten Völkerrechtlers ist das Institut für ausländisches öffentliches Recht und Völkerrecht einem in Deutschland außerordentlich fühlbaren Bedürfnis entgegengekommen. Das Buch ist nicht schlechthin eine Übersetzung der italienischen Originalausgabe, sondern berücksichtigt auch die gesamte Rechtsprechung und Literatur der letzten Zeit und stellt somit das zurzeit modernste Lehrbuch des Völkerrechts überhaupt dar.

Niemeyer, Theodor, **Völkerrecht.** 168 Seiten. 1925. (Sammlung Göschen Bd. 865.) . . . . Geb. RM. 1.80

Dieses Bändchen gibt in gedrängter Form eine vollständige Übersicht über das Völkerrecht.

Beiträge zum ausländischen öffentlichen Recht und Völkerrecht. Herausgegeben im Auftrage des Instituts für ausländisches öffentliches Recht und Völkerrecht in Berlin in Gemeinschaft mit Friedrich Glum, Ludwig Kaas, Rudolf Smend, Heinrich Triepel von Viktor **Bruns.** Groß-Oktav.

Eine Sammlung einschlägiger wissenschaftlicher Abhandlungen, Materialsammlungen, Übersetzungen besonders wertvoller ausländischer Werke u. a.

Heft 1:

Staatsrecht und Politik. Rede beim Antritt des Rektorats der Friedrich-Wilhelms-Universität zu Berlin am 15. Oktober 1926. Von Heinrich **Triepel.** 40 Seiten. 1927 . . . . RM. 2.—

Heft 2:

Volksentscheid und Volksbegehren. Ein Beitrag zur Auslegung der Weimarer Verfassung und zur Lehre von der unmittelbaren Demokratie. Von Dr. Carl **Schmitt,** o. ö. Professor der Rechte an der Universität Bonn. 54 Seiten. 1927 . . . . RM. 2.60

Heft 3:

Der Aufbau des britischen Reiches. (Der Verhandlungsbericht der Reichskonferenz von 1926.) Eingeleitet und herausgegeben von Gerichtsassessor Dr. K. **Heck,** Referent am Institut für ausländisches öffentliches Recht und Völkerrecht. 152 Seiten. 1927 . . RM. 6.—

Heft 4:

Die Souveränität. Ein Beitrag zur Theorie des Staats- und Völkerrechts. Von Dr. H. **Heller,** Privatdozent und Referent am Institut für ausländisches öffentliches Recht und Völkerrecht. 177 Seiten. 1927 RM. 8.50

Heft 5:

Die Missionsfreiheit nach den Bestimmungen des geltenden Völkerrechts. Von Dr. Theodor **Grentrup,** S. V. D. 112 Seiten. 1928. RM. 5.50

Heft 6:

Das Minoritätenproblem und seine Literatur. Kritische Einführung in die Quellen und die Literatur der europäischen Nationalitätenfrage der Nachkriegszeit, unter besonderer Berücksichtigung des völkerrechtlichen Minderheitenschutzes.

Allgemeiner Teil. Von Jakob **Robinson,** Rechtsanwalt in Kaunas (Litauen). 265 Seiten. 1928 . . . . RM. 9.—

Heft 7:

Der Reichssparkommissar. Von Dr. Karl **Bilfinger,** o. ö. Professor der Rechte an der Universität Halle. 68 Seiten. 1928 . . . RM. 3.60

Heft 8:

Die völkerrechtliche Stellung der fremden Truppen im Saargebiet. Von Dr. jur. J. M. **Bumiller,** Referent am Institut für ausländisches öffentliches Recht und Völkerrecht, Berlin. 156 Seiten. 1928. RM. 9.—

Heft 9:

Das Recht des Ausnahmezustands im Auslande (Frankreich, Belgien, Niederlande, Italien, England, Irland). Bearbeitet im **Institut für ausländisches öffentliches Recht** und Völkerrecht. 296 Seiten. 1928. RM. 14.—

Heft 10:

Die Beziehungen zwischen dem Parlament und den Gerichten in England. Eine rechtsvergleichende Studie. Von Heinrich B. **Gerland.** 137 Seiten 1928 . . . . RM. 8.—

Heft 11:

Zu den Problemen des fascistischen Verfassungsrechts. Akademische Antrittsvorlesung. Von Dr. Gerhard **Leibholz,** Privatdozent an der Universität Berlin, Referent am Institut für ausländisches öffentliches Recht und Völkerrecht. 112 Seiten. 1928 . . . . RM. 5.—

Heft 12:

Der deutsche und der französische Reichswirtschaftsrat. Ein Beitrag zu dem Problem der Repräsentation der Wirtschaft im Staat. Von Dr. Friedrich **Glum,** Privatdozent an der Universität Berlin, Wissenschaftliches Mitglied des Instituts für ausländisches öffentliches Recht und Völkerrecht. 188 Seiten. 1929 . . . . RM. 9.—

Heft 13:

Das Wesen der Repräsentation unter besonderer Berücksichtigung des Repräsentativsystems. Ein Beitrag zur allgemeinen Staats- und Verfassungslehre. Von Dr. Gerhard **Leibholz,** Privatdozent an der Universität Berlin, Referent am Institut für ausländisches öffentliches Recht und Völkerrecht. Groß-Oktav. 214 Seiten. 1929 . . . . RM. 14.—

Zeitschrift für ausländisches öffentliches Recht und Völkerrecht. Im Auftrage des Instituts für ausländisches öffentliches Recht und Völkerrecht herausgegeben von Dr. Viktor **Bruns**, Professor an der Universität Berlin, Leiter des Instituts.

Band I, Teil 1: Abhandlungen. 43 Bogen . . . . RM. 43.—

Band I, Teil 2: Urkunden. 5 1/2 Bogen . . . . RM. 54.—

Der neuen Zeitschrift für ausländisches öffentliches Recht und Völkerrecht ist es als Aufgabe gesetzt, die wichtigsten, die Wissenschaft und die Praxis beschäftigenden Probleme des Völkerrechts und des außerstaatlichen öffentlichen Rechts zu behandeln. Sie wird zu all diesen Fragen eingehend Stellung nehmen und über alle wichtigen Ergebnisse der Gesetzgebung und der Rechtsprechung auf diesem Gebiete im In- und Ausland eingehend berichten. Der I. Jahrgang der Zeitschrift wird in zwei Bänden herausgegeben; künftig erfolgt das Erscheinen vierteljährlich.

Kraus, H., **Internationale Schiedssprechung.** Eine Sammlung der für das Deutsche Reich verbindlichen Verträge und Vertragsbestimmungen, die sich auf internationale Gerichtsbarkeit, Schiedsgerichtsbarkeit, sowie Vergleichsverfahren beziehen, nebst den dazugehörigen deutschen Regierungsdenkschriften. Taschenformat. XXXVI, 348 Seiten. 1929. (Guttentagsche Sammlung Deutscher Reichsgesetze Bd. 174. . . . . Geb. RM. 10.—

„Die vorliegende Dokumentensammlung füllt eine Lücke aus, da es bisher schwer war, alle schiedsrichterlichen Verpflichtungen des Deutschen Reiches auf einmal einzusehen.“ Friedenswarte.

Strupp, Karl, **Das Werk von Locarno.** Eine völkerrechtlich-politische Studie. Oktav. 180 Seiten. 1926 . . . . RM. 10.—

„Die lückenlose Mitteilung aller für das Verständnis und die Auslegung wichtiger Urkunden macht das aktuelle Buch zu einem außerordentlich wertvollen Mittel der Erkenntnis des Inhalts und der Tragweite dieser grundlegenden Staatsverträge.“ D. A. Z.

Deutschland unter dem Dawes-Plan. Entstehung, Rechtsgrundlagen, wirtschaftliche Wirkungen der Reparationslasten. Von Professor Max **Sering,** Universität Berlin. Oktav. VIII, 237 Seiten. 1928. RM. 10.—

„Nicht nur dem Juristen und Volkswirtschaftler, sondern auch dem Laien verständlich, gibt das Werk einem jeden wertvollen Einblick in Deutschlands wirtschaftspolitische Abhängigkeit, die sich bis in die kleinsten Betriebe hineinzieht, die jedes einzelne Glied des deutschen Volkes betrifft.“ Prakt. Rundschau.

2. Verwaltungsrecht.

Reichsrecht

Blume, E., und **Weirauch,** W., **Die Eisenbahn-Verkehrsordnung** vom 16. Mai 1928 mit Allgemeinen Ausführungsbestimmungen sowie dem Internationalen Übereinkommen über den Eisenbahnfrachtverkehr vom 30. Mai 1925 und dem Internationalen Übereinkommen über den Eisenbahn-Personen- und Gepäckverkehr vom 12. Juni 1925. Textausgabe mit Anmerkungen. Vierte Auflage. Taschenformat. X, 482 Seiten. 1928. (Guttentagsche Sammlung Deutscher Reichsgesetze Bd. 91.) Geb. RM. 9.—

„Ein treffliches Hilfsbuch für alle, die sich mit dem Eisenbahnverkehrsrecht theoretisch und praktisch zu beschäftigen haben. Der Kommentar wird besonders auch den Gerichten und den Anwälten

gute Dienste leisten, da die Ausführungsbestimmungen zur Eisenbahnverkehrsordnung, die vollständig abgedruckt werden, sonst nur in den Tarifen veröffentlicht werden, die in den Kreisen der Juristen weniger bekannt sind. Allen, die es angeht, kann daher die Anschaffung der neuen Auflage dringend empfohlen werden."

Juristische Wochenschrift.

Fischer, D., und **Staedler,** E., **Die deutsche Post- und Telegraphengesetzgebung.** Teil I: Postrecht (mit Ausschluß des internationalen Rechts). Siebente Auflage. 47*, 586 Seiten. 1929. (Guttentagsche Sammlung Deutscher Reichsgesetze Bd. 7.) . . . . Geb. RM. 15.—

Mit der vorliegenden Neuauflage dieser lange Zeit vergriffen gewesenen Ausgabe wird dem Wunsche zahlreicher Interessenkreise entsprochen: Die neue Bearbeitung ist gegenüber der letzten Auflage wesentlich vermehrt und in allen Teilen neugestaltet. Sie enthält die Quellen des Postrechts, wobei die Postordnung in ihrer letzten Fassung (vom Januar 1929) erscheint.

Dem Ganzen wurde erstmalig eine Systematik des geltenden Postrechts vorangestellt; die Gesetzestexte wurden sorgfältig erläutert, Rechtsprechung und die einschlägige Literatur bis auf die letzte Zeit berücksichtigt.

Sebba, Julius, **Seewasserstraßenordnung.** (Polizeiverordnung zur Regelung des Verkehrs auf den deutschen Seewasserstraßen vom 31. März 1927.) Taschenformat. 493 Seiten. 1928. (Guttentagsche Sammlung Deutscher Reichsgesetze Bd. 171.) . . . . Geb. RM. 8.50

„Es bedarf hierbei wohl nicht der besonderen Hervorhebung, daß die Kommentierungsmethode des rühmlichst bekannten Neu-Herausgebers von Schaps-Seerecht auch in dem vorliegenden Werke eine knappe und doch gründliche geworden ist."

Verkehrsrechtliche Praxis.

Busse, Rudolf, **Luftrecht einschließlich Luftverkehrsgesetz und Pariser Luftverkehrsabkommen.** Taschenformat. XVIII, 448 Seiten. 1928. (Guttentagsche Sammlung Deutscher Reichsgesetze Bd. 170.) Geb. RM. 10.—

Das vorliegende Buch sucht in einem nationalen und internationalen Teil einen klaren Überblick über das gesamte Luftrecht zu geben; der neueste Stand der Rechtsprechung ist hierbei berücksichtigt. Den erläuterten Gesetzesabkommenstexten ist eine systematische Einführung in das gesamte Luftrecht mit seinen vielseitigen Rechtsdisziplinen vorausgeschickt.

Zeitschrift für das gesamte Luftrecht (ZLR.). Herausgegeben von Dr. jur. Otto **Schreiber,** o. Professor an der Universität Königsberg i. Pr., Geh. Regierungsrat, Leiter des Instituts für Luftrecht. Erscheint in Bänden zu je vier Heften.

Band I 1926/28 . . . . RM. 50.—, geb. RM. 55.—
Band II, Heft 1 . . . . RM. 10.—

„Organisation und Inhalt der Zeitschrift machen einen vorzüglichen Eindruck. Im Interesse ihres hohen sachlichen Zieles sind ihr weite Verbreitung und bester Erfolg zu wünschen."

Weltwirtschaftliches Archiv.

Volkmann, Kurt, Die Straßenverkehrsordnungen nebst den einschlägigen Nebenbestimmungen. Taschenformat. 312 Seiten. 1929. (Guttentagsche Sammlung Deutscher Reichsgesetze Bd. 175.) . . . Geb. RM. 7.—

„Das übersichtliche Werkchen, das uns eine schnelle Information über auftauchende Rechtsfragen auf diesem besonderen Verkehrgebiete verschafft, kann Polizeibeamten, Gerichten, Anwälten, Fuhrwerksbesitzern, Kraftfahrern und Radfahrern zur Anschaffung empfohlen werden."

Verkehrsrechtl. Rundschau.

Kirchner, Rudolf, **Gesetz über den Verkehr mit Kraftfahrzeugen** vom 3. Mai 1909. Vierte, völlig neubearbeitete Auflage. (Guttentagsche Sammlung Deutscher Reichsgesetze Bd. 92.) . . In Vorbereitung.

„Der Verfasser hat sich mit der nicht unschwierigen Materie auf das beste vertraut gemacht und seine Kenntnisse mit großer Gewandtheit in logischen, klaren und ausführlichen Erläuterungen zum Gesetze verwertet.“ Zeitschrift für Polizei- und Verwaltungsbeamte.

Aumer, Georg, **Der Kraftfahrzeugverkehr.** Richtlinien für Polizeibeamte und Kraftfahrer. Mit 79 Abbildungen und Figuren. Zweite Auflage. Taschenformat. 208 Seiten. 1928 . . . . Geb. RM. 4.50

„Ein kleines, aber nicht nur für jeden Polizeibeamten, sondern für jeden bei einem Kraftfahrzeugunfall — sei es nur als Zeugen — Beteiligten interessantes Kapitel über Hinweise auf Feststellungen bei Unglücksfällen und eine Übersicht über den Kraftfahrzeugbestand schließen die interessante Schrift, die — wenn sie sich auch ihrem Zweck entsprechend von juristischen Erörterungen fernhält — doch auch dem Juristen eine Fülle rechtstatsächlichen Materials, das gerade auf diesem Gebiete besonders wichtig ist, bietet.“

Juristische Wochenschrift.

Holzapfel, W., **Die Siedlungsgesetzgebung** im Reich und in Preußen. 347 Seiten. 1920. (Guttentagsche Sammlung Deutscher Reichsgesetze Bd. 140.) . . . . Geb. RM. 3.—

„Die zur Ausführung jener Gesetze bestimmten Behörden und auch die literarische Forschung wird dem Verfasser für seine mühevolle Arbeit Anerkennung zollen.“ Archiv für öffentliches Recht.

Behrend, Ernst, und **Stranz-Hurwitz,** Helene, **Sammlung von Wohlfahrtsgesetzen** des Deutschen Reichs und Preußens nebst den allgemeinen Wohlfahrtsgesetzen von Sachsen, Thüringen, Hamburg, Mecklenburg-Schwerin und -Strelitz, Oldenburg, Lippe und Lübeck.

Teil I: Taschenformat. 560 Seiten. 1923 . . . . . Geb. RM. 5.—

Teil II: Nebst Ausführungsgesetzen sämtlicher Länder zum Reichsjugendwohlfahrtsgesetz. Taschenformat. XVI, 551 Seiten. 1925. (Guttentagsche Sammlung Deutscher Reichsgesetze Bd. 152 und 152a.) Geb. RM. 9.—

Teil I und II zus. RM. 12.—

„Die kurzen, alles Wesentliche zusammenfassenden Einleitungen zu den einzelnen Gesetzen sind mit außerordentlicher Sachkunde und Klarheit geschrieben; sie genügen zusammen mit den Literaturangaben völlig für den Praktiker, um die Gesetzestexte richtig handhaben zu können. Das Werk ist für alle in der Wohlfahrtspflege Arbeitenden unentbehrlich und sehr praktisch.“

Nachrichtendienst des Deutschen Vereins für öffentliche Fürsorge.

Wegner, Arthur, **Jugendrecht.** Ein Lehrbuch zur Einführung. Oktav. IX, 219 Seiten. 1929 . . . . RM. 6.—, geb. RM. 7.50

„Ein gleichartiges und gleichwertiges Werk über das Jugendrecht gibt es noch nicht.“ Breslauer Zeitung.

Drewes, Paul, und **Sandré,** Emil, **Das Reichsgesetz für Jugendwohlfahrt** vom 9. Juli 1922 und **Jugendgerichtsgesetz** vom 16. Februar 1923 nebst Nebengesetzen. Zweite Auflage. Taschenformat. XVI, 496 Seiten. 1928. (Guttentagsche Sammlung Deutscher Reichsgesetze Bd. 154.) Geb. RM. 11.—

„Eine sehr handliche Gesetzesausgabe. Sie bietet in ausführlichen geschichtlichen und rechtlichen Vorbemerkungen und Einleitungen wertvolles Material zur Einführung in den Willen und Geist beider Gesetze und gibt in knappen, aber ausreichenden Erläuterungsbemerkungen zu den einzelnen Bestimmungen dem Praktiker die erforderlichen Unterlagen zur richtigen Anwendung. Das Werk dürfte sich in der Praxis beliebt machen.“ Blätter für öffentliche Fürsorge

Sandré, Emil **Verordnung über die Fürsorgepflicht.** Vom 14. Februar 1924. Mit Einschluß der für die Durchführung dieser Verordnung in Frage kommenden reichs- und landesgesetzlichen Bestimmungen. Taschenformat. 342 Seiten. 1925. (Guttentagsche Sammlung Deutscher Reichsgesetze Bd. 160.) . . . . Geb. RM. 6.—

„Die Zusammenstellung der bis in die jüngste Zeit ergangenen gesetzlichen Bestimmungen, die in Beziehung zur Fürsorgepflichtverordnung stehen, gibt der Sandréschen Arbeit ihre besondere Bedeutung. Die Anmerkungen sind zahlreich und zeichnen sich durch einen feinen, klaren Stil aus. Das Buch ist übersichtlich geordnet und leicht zu handhaben.“ *Schleswig-Holsteinsche Wohlfahrtsblätter.*

Szczesny, Viktor, **Das Lichtspielgesetz** vom 12. Mai 1920 mit der Ausführungsverordnung Einleitung, Gebührenordnung und Sachregister. Taschenformat. 106 Seiten. 1920. (Guttentagsche Sammlung Deutscher Reichsgesetze Bd. 147.) . . . . Geb. RM. 1.50

„Das neue Lichtspielgesetz hat hier eine ausführliche Kommentierung gefunden. Das Buch kann bei der gründlichen Behandlung des Stoffes als ein geeignetes Hilfsmittel für die Praxis bezeichnet werden.“ *Preußische Gemeinde-Zeitung.*

Wündisch, Ernst, **Das Gesetz über Schußwaffen und Munition** vom 12. April 1928 (RGBl. I S. 143) nebst der Ausführungsverordnung der Reichsregierung vom 13. Juli 1928 (RGBl. I S. 198) und dem Preußischen Erlaß zur Durchführung des Gesetzes vom 7. September 1928 (MBliV. S. 925). Taschenformat. 139 Seiten. 1928. (Guttentagsche Sammlung Deutscher Reichsgesetze Bd. 173.) . . . . Geb. RM. 5.—

Durch das neue Gesetz über Schußwaffen und Munition vom 12. April 1928 sind auf diesem für die Öffentlichkeit so wichtigen Gebiet neue Rechtsverhältnisse geschaffen worden, für die die Praxis exakte Erläuterungen wünscht. Eine solche Erläuterung stellt das vorliegende Buch dar, das, von einem auf diesem Gebiet besonders erfahrenen Sachkenner bearbeitet, eine absolut zuverlässige Darstellung der neuen Bestimmungen enthält. Außer dem Gesetzestext sind die für die Praxis wichtigen Ausführungsbestimmungen des Reiches und Preußens abgedruckt. Auf Übersichtlichkeit, Leichtverständlichkeit und Vollständigkeit der Erläuterungen, die die Hauptvorzüge der Guttentagschen Sammlung sind, wurde auch bei diesem Gesetze Wert gelegt.

Fraustädter, W., und **Kreutzberger,** M., **Das deutsche Ausländerrecht.** Die Bestimmungen des Reichsrechts und preußischen Landesrechts. Textausgabe mit Erläuterungen und Sachregister. Taschenformat. 396 Seiten. 1927. (Guttentagsche Sammlung Deutscher Reichsgesetze Bd. 166.) Geb. RM. 9.—

„Eine höchst begrüßenswerte Veranstaltung, aus dem Bedürfnis der Praxis hervorgegangen und mit vollendetem Sachverständnis unternommen. Sowohl die Vollständigkeit der mannigfach verstreuten gesetzlichen Bestimmungen als deren Anordnung, Registrierung und Erläuterung durch Ausführungsbestimmungen, Gerichtsentscheidungen, Verwaltungspraxis ist vortrefflich.“
Niemeyers Zeitschrift für internationales Recht.

Voß, Werner, **Die reichs- und landesrechtlichen Bestimmungen auf dem Gebiete des Gesundheitswesens.** Zusammengestellt und mit Anmerkungen versehen. Taschenformat. 608 Seiten. 1929. (Guttentagsche Sammlung Deutscher Reichsgesetze Bd. 172.) . . . . . . Geb. RM. 11.—

„Der Band enthält eine Sammlung der Gesetze, Verordnungen und Bestimmungen auf dem Gebiete des Gesundheitswesens, wie sie in dieser Vollständigkeit sonst nicht besteht. Dadurch erst ist ein zuverlässiger und rascher Überblick über die einschlägigen weit verstreuten Bestimmungen gewährleistet.“
Württ. Zeitschr. f. Rechtspflege.

Hippel, W. von, **Reichsviehseuchengesetz** vom 26. Juni 1909 nebst Ausführungsvorschriften und dem preußischen Ausführungsgesetz. Zweite Auflage. Taschenformat. 486 Seiten. 1913. (Guttentagsche Sammlung Deutscher Reichsgesetze Bd. 103.) . . . . Geb. RM. 4.—

Boxberger, L. von, **Vogelschutzgesetz** vom 30. Mai 1908 nebst den das Flugwild betreffenden Bestimmungen der Preußischen Jagdordnung. Taschenformat. 57 Seiten. 1909. (Guttentagsche Sammlung Deutscher Reichsgesetze Bd. 89.) . . . . Geb. RM. 1.—

Landesrecht

Bitter, von, **Handwörterbuch der Preußischen Verwaltung.** Dritte, vollständig umgearbeitete Auflage. Unter Mitwirkung zahlreicher hoher Reichs- und preußischer Staatsbeamten herausgegeben von Dr. Bill Drews, Staatsminister a. D., Präsident des Pr. Oberverwaltungsgerichts, und Dr. Franz Hoffmann, Wirklicher Geheimer Oberregierungsrat, Berlin. Lexikon-Oktav. 1928.
RM. 120.—, in Halbleder geb. RM. 132.—

Erster Band, 1. Halbband: Abbaugerechtigkeiten—Fleisch- und Viehagenten. 552 Seiten.

2. Halbband: Fleischvergiftung—Kyffhäuserbund. Seite 553 bis 1134 und IX Seiten.

Zweiter Band: Lackfabriken—Zwischenkredit. VII, 1220 Seiten.

(Im Verlage der Firmen: Walter de Gruyter & Co., Berlin; Carl Heymanns Verlag, Berlin; Roßberg'sche Verlagsbuchhandlung, Leipzig.)

Das zentrale Werk der Praxis des Verwaltungsrechts.

Reichelt, H., **Verwaltungsgesetzbuch für Preußen.** Systematische Zusammenstellung der wichtigsten Verwaltungsgesetze und Verordnungen für Praxis und Unterrichtszwecke. Lexikon-Oktav. VII, 1302 Seiten. 1914 . . . . Geb. RM. 7.60

„Das Buch ist sehr wertvoll, dem Praktiker unentbehrlich und leistet demjenigen, der sich auf eine Prüfung vorbereitet, vorzügliche Dienste. Allen Verwaltungsbehörden wird das Buch warm empfohlen."
Preußische Verwaltungs- und Finanz-Zeitung.

Friedrichs, K., **Die Gesetzgebung über die allgemeine Landesverwaltung** und Zuständigkeit der Verwaltungs- und Verwaltungsgerichtsbehörden. Dritte, durchgesehene Auflage. Taschenformat. XXIII, 295 Seiten. 1927. (Guttentagsche Sammlung Preußischer Gesetze Bd. 42.)
Geb. RM. 5.—

„Der Wert dieser Arbeit liegt darin, daß er eine erschöpfende und klare Übersicht über das tatsächlich geltende Verwaltungsrecht bringt. Das Werk ist ein vorzügliches und nie versagendes Hilfsmittel."
Gesetz und Recht.

Fischbach, Das Reichbeamtengesetz vom 31. März 1873 in der Fassung der Bekanntmachung vom 18. Mai 1907 mit allen Abänderungen und Ergänzungen. Taschenformat. 311 Seiten. 1930. (Guttentagsche Sammlung Deutscher Reichsgesetze Bd. 82.) . . . . . . Geb. RM. 6.—

Die vorliegende Erläuterung des Beamtengesetzes durch den bekannten Staatsrechtlehrer kommt einem besonderen Bedürfnis der Praxis entgegen, die s. Zt. eine den neuesten Fortschritten der Wissenschaft und Rechtsprechung entsprechende Handausgabe sehr entbehrt. Bemerkenswert ist, daß auch verwandte Gesetze und Verordnungen der einheitlichen Erläuterung unterzogen wurden, so daß dieses Buch für die Praxis ein der Sache wie der Erläuterungsart wichtiges Hilfsmittel darstellt.

Pfafferoth, Carl, **Preußische Beamtengesetzgebung.** Fünfte Auflage. XIV, 280 Seiten. 1916. (Guttentagsche Sammlung Preußischer Gesetze Bd. 2.) . . . . Geb. RM. 2.40

Dultzig, Eugen von, **Das preußische Disziplinargesetz für die nichtrichterlichen Beamten.** Taschenformat. XIV, 364 Seiten. 1914. (Guttentagsche Sammlung Preußischer Gesetze Bd. 51.) . . . . Geb. RM. 4.20

„Der Verfasser kennt das Disziplinarrecht aus eigener Tätigkeit und aus langer Erfahrung. Diese hat er zu einem praktischen Nachschlagebuch für alle praktischen Fragen des Disziplinarrechts ausgestaltet. Bei tunlichster Kürze sind doch recht erschöpfende, klare und anschauliche Erläuterungen entstanden, die das Verständnis und die Anwendung des Disziplinarrechts in zweckmäßiger Weise erleichtern. Das Büchlein verdient volle Beachtung."
Zeitschrift für Polizei- und Verwaltungsbeamte.

Hagemann, Rudolf, **Hinterlegungsordnung** vom 21. April 1913. Taschenformat. 175 Seiten. 1914. (Guttentagsche Sammlung Preußischer Gesetze Bd. 53.) . . . . Geb. RM. 2.20

„Das in der vorteilhaft bekannten Guttentagschen Sammlung erschienene Buch darf als ein Hilfsmittel zu dem nicht immer ganz einfachen Verständnis der neuen Hinterlegungsvorschriften bestens empfohlen werden; es ist klar, übersichtlich und ausführlich."
Zentralblatt für freiwillige Gerichtsbarkeit.

Aschrott, P. F., **Gesetz über die Fürsorgeerziehung Minderjähriger.** Vom 2. Juli 1900. Nebst Ausführungsanweisungen. Dritte Auflage. Taschenformat. 374 Seiten. 1917. (Guttentagsche Sammlung Preußischer Gesetze Bd. 28.) . . . . Geb. RM. 2.80

„Das Buch gewährt nicht nur einen klaren Einblick in die gegenwärtige Gestaltung der Fürsorgeerziehung in Preußen, sondern es gibt auch über die Zweifelsfragen, welche bei der Auslegung des technisch ziemlich unvollkommenen Fürsorgeerziehungsgesetzes in besonders reicher Fülle auftauchen, durchweg eine erschöpfende und zutreffende Auskunft."
Das Recht.

Marcks, A., **Gesetz, betr. die Unterhaltung der öffentlichen Volksschulen.** Taschenformat. 194 Seiten. 1906. (Guttentagsche Sammlung Preußischer Gesetze Bd. 39.) . . . . Geb. RM. 1.80

„Das handliche Büchlein wird, von sachkundiger Seite herrührend und praktisch angelegt, Verwaltungsbeamten, Schulvorständen, Lehrern beim Gebrauch gute Dienste leisten."
Schulblatt der Provinz Brandenburg.

Ledermann, W., und **Brühl,** L., **Die Städteordnung für die sechs östlichen Provinzen Preußens.** Zweite Auflage. Taschenformat. 593 Seiten. 1913. (Guttentagsche Sammlung Preußischer Gesetze Bd. 32.) Geb. RM. 6.—

„Der Kommentar, eine hervorragende Arbeit, ist von der Kritik und der Praxis so einmütig günstig aufgenommen worden, daß er auch in seiner zweiten durch Gesetzgebung, Literatur und Rechtsprechung der letzten zehn Jahre bereicherten Ausgabe keiner weiteren Empfehlung bedarf."
Kommunale Praxis.

Wölbling, P., **Bildung der neuen Stadtgemeinde Berlin.** Zweite Auflage. Taschenformat. 114 Seiten. 1920. (Guttentagsche Sammlung Preußischer Gesetze Bd. 59.) . . . . Geb. RM. 1.40

„Die Ebenmäßigkeit mit den Kommentaren anderer Gesetze der Guttentagschen Sammlung erringt der Verfasser durch seine strenge Sachlichkeit. Damit muß seinem Werk die Beachtung bei der Durchführung des Gesetzes und bleibender Wert gesichert erscheinen."
Soziale Praxis.

Holzapfel, W., **Umlegungsordnung.** Taschenformat. 144 Seiten. 1921. (Guttentagsche Sammlung Preußischer Gesetze Bd. 60.) . . RM. 1.80

„Holzapfel, der hervorragende Kenner der Auseinandersetzungsgesetze, erläutert die Vorschriften der Umlegungsordnung in seiner scharfsinnigen Art in durchaus erschöpfender Weise und gibt in diesen Erläuterungen ein außerordentlich anschauliches Bild von der Umlegung der Grundstücke. Das Buch ist auch für Laien leicht und gut verständlich und kann jedem, der für die Umlegung Interesse hat, zur Benutzung angelegentlich empfohlen werden."

Preußisches Verwaltungsblatt.

Holzapfel W., **Gesetz über Landeskulturbehörden.** Taschenformat. 176 Seiten. 1919. (Guttentagsche Sammlung Preußischer Gesetze Bd. 57.) Geb. RM. 2.—

„Der Titel gibt den Inhalt des Werkchens vollständig an, hinzuzufügen ist aber, daß die Erläuterung, die umfangreich und eingehend ist und der praktischen Handhabung des Gesetzes Schritt für Schritt folgt, aus der Feder eines Mannes herrührt, der durch seine sachliche Qualifikation als gründlicher Kenner der Materie für eine zuverlässige Führung die größte Gewähr bietet. Dankenswert ist die Gründlichkeit der im bescheidenen Rahmen geleisteten Arbeit."

Verwaltungs-Archiv.

Meyer, O., **Gesetz, betr. die Anlegung und Veränderung von Straßen und Plätzen in Städten und ländlichen Ortschaften.** Taschenformat. 211 Seiten. 1913. (Guttentagsche Sammlung Preußischer Gesetze Bd. 50.) RM. 3.—

Strauß-Torney, Hugo von und **Saß,** Carl, früher **Friedrichs,** R., **Gesetz, betr. Anlegung und Veränderung von Straßen und Plätzen** in Städten und ländlichen Ortschaften. (Straßen- und Baufluchtengesetz.) Kommentar. Sechste Auflage. Groß-Oktav. 211 Seiten. 1920. RM. 8.—, geb. RM. 9.50

„Das Werk zeigt eine Reichhaltigkeit und Vollständigkeit, die sonst wenigen Kommentaren eigen ist, und übertrifft hierin noch weit die früheren Auflagen. Besonders erwähnenswert ist die geschickte Anordnung der Erläuterungen und das praktische Inhaltsverzeichnis."

Wochenschrift des Architektenvereins zu Berlin.

Heine, H. **Die preußischen Baupolizeigesetze** nebst den sonstigen einschlägigen Reichs- und Landesgesetzen. Taschenformat. 404 Seiten. 1928. (Guttentagsche Sammlung Preußischer Gesetze Bd. 64.) Geb. RM. 8.—

Diesem Band ist die Aufgabe gestellt, die in erster Linie in Betracht kommenden Gesetze und sonstigen Vorschriften und die im Zusammenhang hiermit entstehenden Rechtsfragen in übersichtlicher Weise zusammenzufassen und zu erörtern. Die Rechtsprechung des Oberverwaltungsgerichts und anderer Gerichte ist hierbei berücksichtigt worden.

Goldschmidt, O., **Gesetze gegen die Verunstaltung landschaftlich hervorragender Gegenden mit Ausführungsanweisungen.** Taschenformat. 152 Seiten. 1912. (Guttentagsche Sammlung Preußischer Gesetze Bd. 49.) Geb. RM. 2.40

„Der Kommentar bietet eine sachgemäße, sorgfältige und erschöpfende Erläuterung der einzelnen gesetzlichen Bestimmungen. Er wird als ein durch Vollständigkeit und Zuverlässigkeit ausgezeichnetes Hilfsmittel jedem Freunde des Heimatschutzes ein willkommener Ratgeber sein." *Jahrbuch des Verwaltungsrechts.*

Wulff, G., und **Herold,** F., **Wassergesetz** vom 7. April 1913. Mit Einleitung, Erläuterungen und Sachregister. Zweite, umgearbeite Auflage von G. Wulff. Taschenformat. XVI, 665 Seiten. 1928. (Guttentagsche Sammlung Preußischer Gesetze Bd. 52.) . . Geb. RM. 12.—

„Gründlichkeit und trefflichere Kürze bilden einen besonderen Vorzug des Werkes.“ Ministerialblatt f. d. preuß. innere Verwaltung.

Lohmann, W., **Gesetz, betr. die Feuerbestattung.** Taschenformat. 79 Seiten. 1912. (Guttentagsche Sammlung Preußischer Gesetze Bd. 47.) Geb. RM. 1.50

„Der Verfasser, der als Mitglied der Kommission des Abgeordnetenhauses an dem Zustandekommen des Gesetzes hervorragend beteiligt war, konnte als zuständiger Bearbeiter des Gesetzes in erster Linie gelten. Der kleine Kommentar ist besonderer Aufmerksamkeit sicher.“ Jahrbuch des Verwaltungsrechts.

Holtgreven, A., und **Wolff,** Th., **Das Wildschadengesetz** vom 11. Juli 1891. Kommentar. Vierte, vermehrte und verbesserte Auflage. Oktav. VIII, 216 Seiten. 1902 . . . . RM. 4.—

„Dieses Werkchen will einerseits die juristisch zweifelhaften Punkte des Wildschadengesetzes wissenschaftlich erörtern und klarstellen und andererseits allen denjenigen, welche bei der Handhabung dieses Gesetzes in irgendeiner Weise, sei es als Private, Beamte, Grundbesitzer oder als Jagdberechtigte, beteiligt sind, ein praktischer Berater sein.“ Allgemeine Forst- und Jagdzeitung.

Born, A., **Das preußische Fischereigesetz** vom 11. Mai 1916 in der geltenden Fassung. Taschenformat. 428 Seiten. 1928. (Guttentagsche Sammlung Preußischer Gesetze Nr. 62.) . . . . Geb. RM. 7.50

Die Ausgabe bietet eine bis jetzt fehlende neue Darstellung des Fischereigesetzes, in der vor allem die neue Rechtsprechung eingehend verwertet ist. Außer dem Fischereigesetz, das eine ausführliche Erläuterung gefunden hat, sind die wichtigen Ausführungsverordnungen und im Anhang die einschlägigen Bestimmungen anderer für die Anwendung des Fischereigesetzes in Frage kommenden Gesetze berücksichtigt.

Born, A., **Die preußischen Jagdgesetze** in ihrer geltenden Fassung. Mit Erläuterungen versehen. Taschenformat. 433 Seiten. 1928. (Guttentagsche Sammlung Preußischer Gesetze Nr. 63.) . . . Geb. RM. 8.—

„Das Buch kann zur Belehrung und Handgebrauch den Gerichten, Landratsämtern, Gemeinden und Forstbehörden sowie allen jagdlich interessierten Personen warm empfohlen werden.“ Leipziger Ztsch. f. dtsch. Recht.

Kunze, F., **Das Jagdscheingesetz.** Zweite Auflage. Taschenformat. 157 Seiten. 1899. (Guttentagsche Sammlung Preußischer Gesetze Bd. 19.) . . . . Geb. RM. 2.—

„Die eingehenden Anmerkungen und die im Titel hervorgehobenen Beigaben machen den kleinen Kommentar zu einem vortrefflichen, in der Praxis schwer entbehrlichen Hilfsmittel zur Auslegung des Gesetzes.“ Zeitschrift für die gesamte Strafrechtswissenschaft.

Caro, H., **Gesetz, betr. Austritt aus der Landeskirche,** vom 14. Mai 1873. Taschenformat. 190 Seiten. 1911. (Guttentagsche Sammlung Preußischer Gesetze Bd. 46.) . . . . Geb. RM. 2.40

„Ein sehr praktisches Buch, das in den Anmerkungen zum Wortlaut des Gesetzes eine reiche Fülle von Material bietet für alle möglichen Fragen, die mit Aus- und Übertritt zusammenhängen. Das genau gearbeitete Inhaltsverzeichnis ermöglicht bei gelegentlicher Benutzung ein leichtes Auffinden des Nötigen.“ Deutsch-Protestantische Bücherschau.

Kollenscher, M., **Rechtsverhältnisse der Juden in Preußen.** Taschenformat. VIII, 199 Seiten. 1910. (Guttentagsche Sammlung Preußischer Gesetze Bd. 45.) . . . . RM. 2,40

„Eine zusammenfassende, erschöpfende Darstellung der in den verschiedensten Quellen zerstreuten zahlreichen Judengesetze und Verordnungen. Jede Synagogengemeinde und jeder, der sich mit jüdischen Angelegenheiten beschäftigt, müßte dieses Buch besitzen." Jüdische Rundschau.

3. Steuerrecht

Nieberl, A., **Reichsabgabenordnung** vom 13. Dezember 1919 nebst Einführungsverordnung vom 18. Dezember 1919 und Übergangsverordnung vom 11. Oktober 1921. Textausgabe mit Anmerkungen und ausführlichem Sachregister. Zweite, neubearbeitete Auflage. Taschenformat. 1927. (Guttentagsche Sammlung Deutscher Reichsgesetze Bd. 143.) . . . . Geb. RM. 12.—

„Die Darstellung ist leicht verständlich und klar. Das Sachregister ist gründlich bearbeitet. Jedenfalls wird das Buch, das einen mit der praktischen Handhabung der RAbgO. vertrauten Verfasser erkennen läßt, nicht nur den Steuerbeamten, sondern auch dem rechtsuchenden Publikum und seinen Beratern ein willkommener guter Führer auf diesem Gebiet sein." Juristische Wochenschrift.

Michaelis, Richard, **Die Dritte Steuernotverordnung** vom 14. Februar 1924. Mit besonders ausführlicher Berücksichtigung der Vorschriften über die Aufwertung und die öffentlichen Anleihen. Taschenformat. VIII, 388 Seiten. 1924. (Guttentagsche Sammlung Deutscher Reichsgesetze Bd. 157.) . . . . Geb. RM. 7.—

„Ganz besonders zu rühmen ist der Kommentar von Michaelis, der dank seiner eingehenden und gründlichen Bearbeitungsweise erheblichen Einfluß auf die Praxis gewonnen hat." Juristische Wochenschrift.

Hollaender, Adolf, **Einkommensteuergesetz und Körperschaftsteuergesetz** nebst den zugehörigen Aus- und Durchführungsbestimmungen, Verordnungen und Erlassen. Taschenformat. XXXIX, 697 Seiten. 1926. Mit Nachtrag. 1928. (Guttentagsche Sammlung Deutscher Reichsgesetze Bd. 151.) . . . . Geb. RM. 24.—

„Das auf die Bedürfnisse der Praxis abgestellte und ihnen gerecht werdende Buch wird jedem gute Dienste leisten, der sich handelnd oder leitend auf dem äußerst unsicheren, ohne Hilfsmittel überhaupt nicht begehbaren Boden der heutigen Einkommensteuer zurechtfinden muß." Juristische Rundschau.

Pick, **Reichsbewertungsgesetz.** Textausgabe mit Anmerkungen. In Bearbeitung.

Wrzeszinski, Richard, und **Simon**, H. Veit, **Vermögenssteuergesetz und Reichsbewertungsgesetz.** Kommentar . . . . . . In Bearbeitung.

Schachian, Herbert, **Erbschaftsteuergesetz**, Fassung vom 22. August 1925, mit Anmerkungen. Vierte Auflage. Oktav. 65 Seiten. 1926. RM. 2.50

„Eine vollständige Darstellung des Erbschaftssteuerrechts und der zugrunde liegenden bürgerlich-rechtlichen Vorschriften des Erbrechts. Als wissenschaftliche und praktische Leistung steht der klar und scharf geschriebene Kommentar in vorderster Reihe unter seinen Rivalen; er ist als Wegweiser besonders zu empfehlen." Juristische Wochenschrift.

Hoffmann, U., **Die preußischen Erbschaftsteuergesetze.** Taschenformat. 561 Seiten. 1905. (Guttentagsche Sammlung Preußischer Gesetze Bd. 20.) . . . . RM. 3.—

Lindemann, Otto, **Umsatzsteuergesetz** (neueste Fassung) mit Ausführungsbestimmungen. Vierte, vermehrte und verbesserte Auflage. Taschenformat. 518 Seiten. 1926. (Guttentagsche Sammlung Deutscher Reichsgesetze Bd. 132.) . . . . Geb. RM. 10.—

„Es handelt sich um einen ausführlichen, gediegenen und klar abgefaßten Kommentar, der den weiteren Vorzug besitzt, auf dem laufenden zu sein. Das Werk kann allen Interessenten nur warm empfohlen werden." Industrie- und Handelszeitung.

Meyer, E. H., **Gesetzgebung über Steuer- und Kapitalflucht.** Zweite Auflage. Taschenformat. 129 Seiten. 1921. (Guttentagsche Sammlung Deutscher Reichsgesetze Bd. 145.) . . . . . . Geb. RM. 1.60

„Das Büchlein enthält den Text der einschlagenden vier Gesetze samt den vier Verordnungen gegen die Kapitalabwanderung bzw. Kapitalflucht, eine kurze Übersicht über den Inhalt der Gesetze und sehr knapp gehaltene Anmerkungen. Sein Wert liegt in der handlichen Zusammenfassung der einschlagenden Vorschriften."

Juristische Wochenschrift.

Lindemann, Otto, **Grunderwerbsteuergesetz** (neueste Fassung) mit den Ausführungsbestimmungen. Zweite, völlig umgearbeitete Auflage. Taschenformat. 186 Seiten. 1926. Mit Nachtrag 1927. (Guttentagsche Sammlung Deutscher Reichsgesetze Bd. 139.) . . . . Geb. RM. 4.—

„Das Buch wird manchem in den mannigfachen Streitfragen des in der Praxis sehr einschneidenden Gesetzes ein willkommener Ratgeber sein. Die Erläuterungen zeichnen sich durch Klarheit und Gemeinverständlichkeit im besten Sinne aus." Württembergische Industrie.

Hagelberg, E., und **Krämer,** L., **Grunderwerbsteuergesetz** vom 12. September 1919 (RGBl. S. 1617) in der Fassung des Gesetzes vom 11. März 1927 (RGBl. I S. 72) nebst Einleitung, Sachregister und Ausführungsbestimmungen und der einschlägigen Vorschriften des Finanzausgleichs-Steuermilderungsgesetzes und Steuerstrafrechts. Für die Praxis erläutert. Zweite, völlig umgearbeitete und erweiterte Auflage. 1928. Groß-Oktav. 355 Seiten . . . . Geb. RM. 15.—

„Die verhältnismäßige Kürze ihrer Erläuterungen bei großer Vollständigkeit ist zu rühmen. Das Buch ist nicht nur für den Juristen, sondern auch für den gebildeten Laien, namentlich Grundstücksmakler und Hausbesitzer, von großem, praktischen Wert."

Zeitschrift d. Deutsch. Notarvereins.

Hagelberg, E., und **Krämer,** L., **Wertzuwachssteuerrecht.** Kommentar. Groß-Oktav. 256 Seiten. 1929 . . . . . RM. 12.—, geb. RM. 13.50

Die Verfasser kommentieren die neue Wertzuwachssteuerordnung für Berlin und die preußische Mustersteuerordnung. Ihr Buch ist ein Leitfaden für die Steuerpflichtigen und ihre Rechtsberater und die mit der Wertzuwachssteuer befaßten Behörden. Es stellt die rechtliche und wirtschaftliche Bedeutung der Bestimmungen klar: Die Rechtsprechung des Preußischen Oberverwaltungsgerichts wurde erschöpfend berücksichtigt. Auch Spezialfragen wie die Aufwertung und das Schwarzkaufwesen wurden behandelt.

Hoepker, Heinrich, **Die Industriebelastungsgesetze** vom 30. August 1924 nebst den Durchführungsbestimmungen zum Gesetz über die Industriebelastung. Taschenformat. XV, 200 Seiten. 1925. Mit Nachträgen. (Guttentagsche Sammlung Deutscher Reichsgesetze Bd. 159.) Geb. RM. 4.—

„Die Anmerkungen sind erschöpfend und führen den Leser mit Geschick in die schwierige und neue Materie ein. Rechtsanwälte sowie Kaufleute, für welche die Industriebelastung in Frage kommt, werden das mit einem guten Sachregister ausgestattete Werk mit gleichem Nutzen gebrauchen!" Industrie- und Handels-Zeitung.

Eiffler, Kurt, **Staatliche Verwaltungsgebühren.** Gesetz über staatliche Verwaltungsgebühren vom 29. September 1923 nebst Gebührenordnungen und Ausführungsbestimmungen. Taschenformat. 192 Seiten. Mit Nachtrag. 1925. (Guttentagsche Sammlung Preußischer Gesetze Bd. 61.) Geb. RM. 6.—

„*Das Buch ist für alle preußischen staatlichen und kommunalen Behörden unentbehrlich.*" *Deutsches Beamtenarchiv.*

Loeck, P., und **Eiffler,** K., **Preußisches Stempelsteuergesetz** mit den gesamten Ausführungsbestimmungen. Unter besonderer Berücksichtigung der Entscheidungen der Verwaltungsbehörden und der Gerichte herausgegeben. Zehnte, neubearbeitete Auflage. Taschenformat. 476 Seiten. 1928. (Guttentagsche Sammlung Preußischer Gesetze Bd. 18.) Geb. RM. 13.—

„*Die zahlreichen Auflagen zeugen für die Güte und praktische Brauchbarkeit des Buches, das durch den von Eiffler hinzugefügten Anhang auf den gegenwärtigen Rechtsstand gebracht ist.*" *Finanz-Ministerialblatt.*

Lebbin, Georg, **Nahrungsmittelgesetze** mit Erläuterungen. Zweite, stark vermehrte Auflage in zwei Bänden.
Zweiter Band: **Getränkegesetze und Getränkesteuergesetze** (Wein, Bier, Branntwein, Mineralwasser). Unter Mitarbeit von Rechtsanwalt Dr. Kniebe. Taschenformat. XII, 400 Seiten. 1926. (Guttentagsche Sammlung Deutscher Reichsgesetze Bd. 54b.) . . . . . . Geb. RM. 10.—

„*Die wichtigsten Gesetze sind eingehend kommentiert und so vollständig ergänzt, daß die Sammlung als unentbehrliches Hilfsmittel, wie es in dieser Art bislang noch fehlte, für den Sachbearbeiter bei Behörden und Verbänden sowohl als auch für den Kaufmann der Branche zu begrüßen ist.*" *Württembergische Wirtschafts-Zeitschrift.*

Wündisch, Friedrich, **Das Tabaksteuergesetz** vom 12. September 1919 nebst den Ausführungsbestimmungen vom 26. Februar 1920. Taschenformat. 286 Seiten. 1920. Mit Nachtrag 1925. (Guttentagsche Sammlung Deutscher Reichsgesetze Bd. 146.) . . . . Geb. RM. 4.—

„*Endlich ein Kommentar zum Tabaksteuergesetz! Die Ausgabe kommt den Wünschen der Praxis nach einer erschöpfenden Darstellung des neuen Gesetzes in umfassender Weise entgegen. Das Buch bildet eine ausgezeichnete Informationsquelle für alle Fragen, die in der Praxis vorkommen.*" *Deutsche Tabak-Zeitung.*

VII. Entscheidungs-Sammlungen und Zeitschriften.

Entscheidungen des Reichsarbeitsgerichts. Herausgegeben von den Mitgliedern des Reichsarbeitsgerichts. Oktav.
Band I. 1928. Band II. 1928/29. Band III. 1929. Band IV. 1929/30. Band V. 1930. . . . . Je RM. 6.50, geb. RM. 8.—

Entscheidungen des Reichsgerichts. Herausgegeben von den Mitgliedern des Gerichtshofes u. d. Reichsanwaltschaft. Oktav. (2 Sammlungen.)

1. **Entscheidungen in Zivilsachen.** (Werden in Heften im Umfange von etwa 5 bis 6 Bogen sowie in vollständigen Bänden, geheftet und gebunden, ausgegeben. Jährlich 4 Bände.) 1.—127. Band. Je RM. 6.50, geb. RM. 8.—

2. **Entscheidungen in Strafsachen.** (Werden in Heften im Umfange von 5 bis 6 Bogen sowie in vollständigen Bänden, geheftet und gebunden, ausgegeben. Jährlich 1 Band.) 1.—63. Band. Je RM. 6.50, geb./ RM. 8.—

FSC
www.fsc.org
MIX
Papier | Fördert
gute Waldnutzung
FSC® C083411

Kolibri 360 GmbH
Ferdinand-Jühlke-Straße 7
99095 Erfurt, Deutschland
produktsicherheit@kolibri360.de